JOH. GUILIELMI BAIERI

COMPENDIUM

THEOLOGIAE POSITIVAE,

ADJECTIS NOTIS AMPLIORIBUS,

QUIBUS

DOCTRINA ORTHODOXA AD ΠΑΙΔΕΙΑΝ ACADEMICAM EXPLICATUR
ATQUE EX SCRIPTURA S. EIQUE INNIXIS RATIONIBUS THEO-
LOGICIS CONFIRMATUR,

DENUO EDENDUM CURAVIT

CAROL. FERD. GUIL. WALTHER,

SS. THEOLOGIAE DOCTOR ET PROFESSOR.

———— ◆ ————

EDITIO AUCTIOR ET EMENDATIOR.

————————————

VOL. I.

PROLEGOMENA.

————————————

IN URBE SANCTI LUDOVICI
EX OFFICINA SYNODI MISSOURIENSIS LUTHERANAE.
(Luth. Concordia-Verlag.)
MDCCCLXXIX.

EMMANUEL PRESS

Labia sacerdotis custodient scientiam. Mal. 2:7

Published by Emmanuel Press, Ltd.
2900 Burton St. SE, Grand Rapids, Michigan 49546 USA
www.emmanuelpress.us
February, 2006 A+D

ISBN 0-9763832-4-1

M. JOH. CASP. ZEUMERI

VITA JOH. GUILIELMI BAIERI.

Magnus hic theologus quamvis benignae fortunae radios per totam
vitam senserit, adversae tamen nebulae nubesque nonnunquam fuerunt
ortae. Statim enim illa circa vitae, in quam *Noribergae* d. 11. No-
vembr. A. C. 1647. ingressus est, primordium vim suam b. Baiero
objicere videbatur, dum parens ipsius, Dn. *Johannes Guilielmus Baierus,*
vir integerrimus, *civis ac mercator* dictae urbis, ante filioli natalem vitae
pausam fecerat, moestaque mater *Susanna Schroeck,* matrona pia et
honesta, tum mariti obitu, tum aliis casibus adversis, terroribus ac
aerumnis concussa foetum adeo imbecillem ediderat, ut de vitae conservatione dubitaverit quilibet. Sed Deus et matrem et infantem benigne
conservavit, ut hic seq. 12. Nov. per baptismum Salvatori suo consecratus sit. Quo facto pia mater omnem adhibuit operam, ut filius
probe educaretur et Deo aliquando in ecclesia inserviret. Quem in
finem prae corporalibus spiritualia dona exoptans illi ut a teneris statim unguiculis pietatis capita inculcarentur studuit. Ut etiam ad
bonarum artium notitiam perveniret, eadem theologum illum magnum,
Joh. Mich. Dilherrum, nec non clarissimum *Martinum Beerium,* utrumque jam beatum, consuluit et consulentibus obtemperavit. Illorum
enim suasu b. noster Baierus fidelis alicujus praeceptoris informatione
domi est fruitus, deinde in scholam ad Sp. S. missus M. *Joh. Jac. Wi-
dero,* tunc tertiae classis praeceptori, postea vero rectori, ad disciplinam traditus in tirociniis Latinae et Graecae literaturae, nec non in
poësi ita est eruditus, ut ad altiores quoque classes brevi tempore accesserit. A. C. 1659. gymnasium ibidem frequentare coepit, praeceptoribus usus conrectore *Georgio Wiedemanno* ac anno seq. rectore
M. *Johanne Heldio,* a quibus ea institutus est industria, ut in Graecis, Ebraicis, logicis, rhetoricis, poësi, ethicis, geographicis, doctrina

sphaerica et theologia sufficientia posuerit fundamenta. A. 1662. et seq. publice audivit in Ebraicis, ethicis, politicis laudatum *Dilherrum*; in logicis, metaphysicis et phyśicis theologum et philosophum clarissimum, *Danielem Wuelffer;* in historia universali et pontificum *Mart. Beerium;* in oratoria celeberrimum philologum, *Christoph. Arnold,* ac denique in studio disputatorio aliisque clarissimum D. *Joh. Georgium Fuchs,* postea Aegidiani auditorii rectorem. A. C. 1664., aetatis vero 17. Altdorfum concessit, ubi in numerum studiosorum receptus frequentavit lectiones magnifici *Joh. Pauli Felwingeri,* t. t. academiae sceptra tenentis; excellent. *Jo. Conrad Duerrii,* theologiam et moralia, Prof. P. *Abdiae Treu,* mathesin, *Georg. Matthiae Koenigii,* historica et Graeca, *Christoph. Molitoris,* Ebraica, Chaldaica, Syriaca et Arabica proponentium. Praeterea in philosophicis et rabbinicis ingentem adhibuit operam, praecipue a. 1667, 16. Jan. *Socratem tanquam ideam philosophi et politici* in oratione aliqua publ. proposuit, quam laudatus *Duerrius,* eo tempore decanus, publica luce dignam judicavit. Seq. 11. Maji dissertationem *de pugna rationis et affectuum* solenni eruditorum examini exhibuit, ac denique, eruditione ipsius probe explorata, summos in philosophia honores est consecutus. Ne autem a scopo aberraret, mature etiam de studio theologico fuit solicitus. Auscultavit igitur saepe dictum *Duerrium* institutiones catecheticas *Dieterici* et loca Scripturae s. classica etc. explicantem; Dn. *Johannem Weinmannum* in *1. Ep. ad Corinth.* commentantem et Dn. *Lucam Fridericum Reinhardum* suam synopsin theologiae proponentem. A. 1669. mens. August. Jenam se contulit et a rectore academiae magnif. *Sebastiano Niemanno,* SS. Theol. Doct. et Prof. nec non Superint. gener., in studiosorum numerum est receptus. Quo facto summe reverendi D. *Musaei,* Theol. Prof. primarii, praecipue informationem amavit pariter ac desideravit variisque collegiis disputatoriis contra Reformatos, Socinianos etc., item lectorio de controversiis nostratium domesticis interfuit. In homileticis secutus est b. *Georgii Goezii,* Prof. Mor. ac denique Superintendentis gener. et Past. primar., ductum. Quamvis autem philosophica minime neglexerit, sed ita excoluerit, ut alios eru-diverit et publice disputando praesidis vice bis sit functus, maximam tamen operam theologiae ita dedit, ut non solum praeter laudatos theologos Musaeum et Niemannum etiam summe reverendum D. Bechmannum, Theol. Prof. celeberrimum, audiverit, sed et privatim suas meditationes ad res divinas direxerit. Id quod inter alia patet ex disputatione illa egregia *de Auctoritate Concilii Nicaeni primi et oecumenici contra Daniel. Zwicke-rum* Socinianum et *Christ. Sandium* Arianum etc., sub praesidio D. Nie-

manni a. 1671. ante et post meridiem ventilata. A. C. 1673. jussu
serenissimi principis Saxo-Gothani, qui professoris munus illi clementissime promiserat, summos in theologia honores a summe reverenda
facultate theolog. decenter petiit, cui desiderio ut satisfieret, candi-
datum huncce (d. 25. Jul. receptum) d. 26. ad examen praeliminare,
quod *tentamen* vocant, illa admisit, quod secuta sunt specimina publica, nempe 27. ejusd. mensis lectio cursoria, Dom. XI. post Trinit.
concio δοχιμαστιχή, d. 29. Jul. disputat. inauguralis, d. 30. examen
rigorosum ac tandem praemium, titulus nempe licentiaturae in solenni
consessu proclamatus. Cum circa anni jam dicti exitum D. *Niemannus*
Slesvicum Holsatiae vocaretur, beato nostro Baiero non solum pro-
fessio theologica ordinaria, sed etiam historia ecclesiastica cum sala-
rio clementissime tradebatur. In hoc suo officio igitur confirmatus,
d. 2. Jun. a. 1674. lectiones publicas auspicatus est. Quemadmodum
autem (ex quo continuatio laborum indefessa apparet) aulas non visi-
tavit, nisi ad serenissimos principes clementissime accersitus, ita illorum mandato obtemperavit et aliquoties comparuit, inprimis cum
a. 1682. cum *Episcopo Tinensi*, legato pontif., de negotio unionis
inter Protestantes et Romano-Catholicos sermonem conferret. Etiam
sereniss. abbatissa Quedlinburgensis consiliis b. nostri Baieri saepe
est usa ejusque expeditiones semper clementissime approbavit. Ex his
quilibet colligere potest, quam fidelis et Deo et principibus fuerit.
Accedit, quod saepe decani et tribus vicibus rectoris munere ea dexte-
ritate et prudentia functus sit, ut de ipso longe lateque percrebuerit
fama. Quare cum Halae Saxonum academia nova plantaretur et
a. 1694. inauguraretur, b. noster a serenissimo fundatore professor
theologiae primarius primusque rector clementissime vocabatur, quam
vocationem etiam, serenissimis academiae Jenensis nutritoribus consentientibus, secutus, per omne officii novi tempus fidelem ac pruden-
tem sese praebuit usque ad annum seq. 1695., quo a sereniss. principe ac domino, Dn. *Guilielmo Ernesto*, duce Saxoniae, J., C. et M. etc.,
Vinariam revocabatur, ubi *consiliarius ecclesiasticus, concionator auli-
cus supremus, superintendens generalis, nec non ad D. Petri et Pauli
pastor primarius* constituebatur; 16. Jul. igitur ad Vinarienses se rece-
pit, d. 21. ejusd., IX. nim. post Trin., ordinatus et praesentatus est,
sed propter adversam valetudinem concionem praeparatoriam seu pro-
oemialem, ut sic nominem, XIII. post Trin. demum habuit. Matrimonium ejus quod attinet, consentientibus utriusque parentibus d. 31.
Aug. 1674. nuptias Jenae celebravit cum virgine lectissima *Anna
Catharina*, summe reverendi D. Musaei, saepe laudati, filia secunda,
ex qua sex filios suscepit, quorum tres in prima aetate denati totidem-

que np. M. *Johannes Wilhelmus*, inclytae facultatis philosoph. Jenensis h. t. adjunctus, genuinus b. parentis aemulus, *Johann. Jacobus*, medicinae Doct. et Pract., jam Noribergae degens, et *Joh. David*, phil. Mag. et theol. cultor, adhuc in vivis sunt. Quemadmodum autem verum christianum eum fuisse constat, ita et crucianum verum esse oportuit. Deus enim crucem ex adversariorum telis corporisque gravitatibus compositam ipsi imposuit, nam non solum a nativitate statim imbecilli fuit corpore, ut ex supra dictis patet, sed morbi quoque vehementiores eum saepe macerarunt, quod praecipue fiebat a. 1691. d. 24. Octobr., quo morti erat proximus. Sic etiam cum academiae Fridericianae valediceret, a. np. 1695., ex colica et calculo acerbos percepit dolores, cumque Vinariam vix salutasset, doloribus arthriticis vagis scorbuticis vehementer affligebatur. Et quamvis recreari inceperit, ita ut muneri suo ad breve tempus praeesse potuerit, inconstans tamen fuit valetudo, siquidem 11. Octobr. febre catarrhali laborare coepit, cui licet excellentissimi pariter ac experientissimi medici optima opponerent medicamina, nullam tamen illorum vim propter metamorphosin febris catarrhalis in malignam continuam sensit, quare corpore et sanguine Salvatoris sui, tanquam optimo viatico, fruitus, d. 19. mensis et anni dicti, hora septima vespertina placide obdormivit.

Tractatus et dissertationes, quas typis exscribi curavit, sunt sequentes:

TRACTATUS IN QUARTO:

Gründliche Erweisung und Vertheidigung der reinen Lehre von der Nothwendigkeit des gläubigen Erkänntnüsses Christi, wie auch von der Nothwendigkeit und Krafft des äusserlichen Wortes Gottes und Sacraments der H. Tauffe, wider die heutigen Irr-Geister oder so genannten Quäcker; samt einer in der Stadt-Kirchen zu Jena am andern Christ-Feyertage gehaltenen Predigt etc. 1681.

Collatio Doctrinae Pontificiorum et Protestantium a. 1686.

Collatio Doctrinae Quakerorum et Protestantium, una cum Harmonia errorum Quakerorum et Heterodoxorum aliorum. 1694.

IN OCTAVO:

Compendium Theologiae Homileticae. 1677.

Compendium Theologiae Positivae, edit. a. 1686. 1691 et 1694.

Gründliche Erweisung, dass Lutherus, und die es mit Ihm gehalten, weder an der Trennung der Kirchen, noch der ihnen beygemessenen Ketzereyen schuldig seyn etc. Hall. 1691.

Compendium Theologiae Moralis. Jen. 1698.

Compendium Theologiae Exegeticae. Jen. 1698.

DISSERTATIONES:

a. Philosophicae:

De pugna Affectuum et Rationis. Altdorff. 1667.
De Scientia et Ignorantia Peccantium. Jen. 1670.
De Mixtura Virtutum et Vitiorum. 1672.

b. Theologicae:

Synopseos et Examinis Theologiae Enthusiastarum recentiorum seu Quakerorum Dissertationes V.:

1. De Principio Theologiae Revelatae. 1682.
2. De Principio verae cognitionis de DEO. 1683.
3. De Consistentia et Harmonia Revelationis immediata cum Scripturae ѕ. aliorumque mediorum usu etc. 1686.
4. De Norma et Judice controversiarum Doctrinae fidei et morum, prior. 1691.
5. De Norma et Judice controversiarnm etc. posterior. 1691.

Decas dispp. theolog. in acad. Jenensi habitarum recusa a. 1695. *continet dispp. seqq.:*

1. De Auctoritate Concilii Nicaeni primi et oecumenici etc. 1671.
2. De Concilio Gamalielis Act. 5, 38. 39. 1680.
3. De Paulo Samosateno, ejusque haeresi, examine etc. 1680.
4. De Impanatione et Consubstantiatione, Pontificiorum et Reformatorum quorundam accusationibus opposita. 1677.
5. De agone mortis. 1683.
6. De Praegustu Vitae aeternae contra G. Keithum Quak. 1684.
7. De Praegustu aeternae damnationis. 1684.
8. De Statu et Ubi animarum ad vitam naturalem rursus ordinatarum. 1681.
9. De Regno Ecclesiae glorioso per Christum in his Terris erigendo, contra Chiliastas etc. 1678.
10. De Fide, Christo redeunte vix invenienda ex Luc. 18, 8. 1686.

Reliquae dissertationes juxta seriem annorum sunt seqq.:

Examen Dialogi Erbermanniani inter Lutherum et Arium. *Pro Licentia.* 1673. *Praes. D. Sebast. Niemanno.*
Examen Dialogi Erbermanniani inter D. Joh. Musaeum et Philosophum Sinensem. 1674.
De Universalitate Gratiae Divinae ad 1 Tim. 2, 4. 1675.
De falso jactata dignitate et potestate Romanorum Pontificum tempore Justiniani Imp. contra Arn. Corn. a Belderen. 1675.
Synopsis Theologiae Nat. collatae cum Revelata. 1676. (*Inaug. M. Henrici a Lithe, Past. Eccl. Onoldo-Brandenb. et Cons. Consist.*)
De Principio Theologiae. 1678.
Discussio Argumentorum Nicol. Stenonis, pro deserenda Religione Lutherano-Evangelica et amplectenda Pontificia. 1678.
De Purgatorio Pontificiorum, utrum ex s. Augustino probari possit? contra Anonymum (Nic. Stenonem). 1678.
De Quaestione, Utrum Pontificii, an Nostrates in Religionis negotio, conscientiae suae rectius consulant? contra Anonymum (eundem). 1680.
Prodromus Vindiciarum, pro legitima vocatione Ministrorum Ecclesiae nostrae contra Pontif. 1681. (*Inaug. M. Velthemii.*)
De Superstitione seu Vana Observantia. 1682.

De Peccati Origin. Existentia et Essentia. 1683.
Summa Concionum Christi Matth. 4, 17. et Marc. 1, 15. 1683. (*Inaug. Joh. Mart. Coleri.*)
De Peste diurna et nocturna ad Psalm. 91, 5. 6. 1683.
De Usu causae Merentis in Controversiis Theol. 1684.
Scrutinium Scrutatoris, contra Anonym. Pontif. 1686.
De falso jactata perpetua luce et visibilitate Ecclesiae, contra Anonym. Pontif. 1685.
De Propagatione fidei per vim armorum, a praxi Ecclesiae aliena. 1686.
De Statu pie defunctorum pacifico ex Esa. 26, 20. 1686.
De Termino Vitae. 1686.
De Connexione Fidei et Operum. 1686.
De Propag. Fidei per Revelationes fictas, a praxi Ecclesiae aliena. 1686.
De Ministris Ecclesiarum Aug. Conf. rite vocatis et ordinatis contra Pontif. 1686. (*Inaug. M. David Rupert. Erythropel. Rev. et Seren. Episc. Osnabr. a Sacris Aulicis.*)
Περὶ λατρείας λογικῆς, ad Rom. 12, 1. 1687.
De Jure et Privilegio Primogeniturae ex Gen. 49, 3. et Deut. 21, 17. 1687.
De Visitatione Gratiae Divinae ad Luc. 19, 44. 1687.
De Affectantibus Parochiam ex 1 Tim. 3, 1.
Jesus Christus solus atque unicus Sacerdos et sacrificium expiatorium Mundi. 1688.
De Provida Dei cura circa peccata hominum. 1688.
De Flagellationibus Pontificiis. 1688.
De Statu Exinanitionis Christi Θεανθρώπου. 1688.
De Peccantibus ad mortem, an pro iis orandum sit? ad 1 Joh. 5, 16. 1688.
De Differentia Dispensationis et Tolerantiae in Causis Ecclesiasticis, praesertim Matrimonialibus. 1688.
De Methodo veram Ecclesiam Lumine Rationis inveniendi, contra Script. Ex-Calvinistam Pontific. 1688.
De Raptu Christi in coelum ante susceptum munus Propheticum, contra Socinianos. 1688.
De Sacerdotio Christianorum Regio ex 1 Petr. 2, 9. 1689.
De Resistentia Hominum malitiosa in opere conversionis. 1689.
De Christo praedicante in Inferno, ex 1 Petr. 3, 18. 19. 20. 1689.
De Adoratione Christi secundum Humanam Naturam e Philip. 2, 9. 1690.
De cognitione DEI et Christi, ex Joh. 17, 3. 1690.
De Praeda Robusto erepta, ad Esa. 49, 24. 25. 1690.
De Religione Magna Romanensium. 1691.
De Omnipraesentia Christi secundum Carnem. 1691.
De Regno Christianorum Spirituali ex Apoc. 1, 6. 1691.
De Vaticiniis per ignorantiam et Prophetiis fortuitis. 1691.
De Lege Evangelica. 1692.
Χριστολογία Johannitica e Joh. 1. 1692. (*Inaug. M. Christoph. Staender.*)
De Scrutinio Fidei et Christi in nobis, ad 2 Cor. 13, 5. 1692.
De Nazarenis Christo, Christianis et Haereticis, ad Act. 24, 5. 1692.
De Dilectione DEI in nos effusa, ad Rom. 5, 5. 1692.
De Ψευδυπόθεσι Judaeorum, ex Joh. 7, 27. 1692.
De Aqua lustrali Pontificiorum (vom Weih-Wasser). 1692.
De Ambitione Haeresium Causa. 1692.
De Confirmatione cum Mundo fugienda, ad Rom. 12, 2. 1693.
De Assumtione Seminis Abrahae, ad Ebr. 2, 16. 1693.
De Justificationis et Renovationis Nexu et Discrimine, ad 1 Joh. 1, 7. 1694.
De Christianorum Migratione in Oppidum Pellam imminente Hierosolymorum excidio. 1694.
De Habitu Mortis et Resurrectionis Christi ad justificationem nostram, ad Rom. 4, 25. 1694.

In academia Halensi prodierunt hae VI.

De 'Αδυναμία implendi legem. 1694. (*Inaug. M. Wolffg. Melch. Stisser, Elect. Brandenb. Inspectore et Past. Ad. D. Ulric. Hal. etc.*)

De Efficacia Ministerii Eccles. per malos administrati, ad Art. VIII. Aug. Conf. 1694. (*Inaug. M. Joh. Mich. Langii, Past. Vohenstrus.*)

De Controversiis inter Chauvinum et Urignyum de Religione Naturali agitatis. 1694. (*Inaug. M. Joh. Mich. Franc. Buddei, Pr. P.*)

Minister Evangelicus rite vocatus. 1694.

De Monarchianis Antitrinitariis Antiquis et Recentioribus, ad Art. I. A. C. 1695.

De Transitu ab uno extremo ad alterum in rebus Theol. *Theses* 12. 1695.

Aliorum scripta, sub praesidio Baieriano publice ventilata, sunt:

B. Martini Chemnitii Judicium de Controversiis, quae superiori tempore circa quosdam A. C. Articulos agitatae sunt, denuo editum et Dispp. XII. pertractatum. 1676.

B. Joh. Ernesti Gerhardi Sylloge Decadum Theologicarum, denuo prelo ac Disquisitioni publicae subjecta a M. Joh. Ernesto I. E. F. I. N. Gerhardo. 1691.

SERENISSIME DUX,

DOMINE CLEMENTISSIME.

Permitte servo tuo, qui in umbra academica vitam
degit, ut te principem, augusto imperio praeditum, ad
literarias operas spectandas invitare queat. Neque enim,
dum in excelso aetatem agis, musarum officinas fastidire
soles. Neque animam tuam sublimem ita occupare possunt regiminis secularis negotia, ut non ea quoque, quae
ad scholas, praesertim τῆς θεοσεβείας, pertinent, in partem curarum veniant, quando tuis auspiciis non minus,
quam caeterorum SERENISSIMORUM NUTRICIO-
RUM, academia haec florem suum ac felicitatem se debere, quotidie profitetur. Redeunt per te in lucem et
novo velut spiritu animantur veterum ac praestantissi-
morum ecclesiae doctorum vasta volumina, quae tuae
quoque pietatis ac μεγαλοπρεπείας monumenta futura
sunt, aere perenniora, et nec innumerabili annorum serie
diruenda. Ego vero, qui nec laudem ingenii, neque am-
plitudinem eruditionis ac meritorum, nec molem scriptorum illorum assequi possum, praesentem tamen libellum
TUAE SERENITATI, DOMINE, offero, non quo me-

reri me quicquam posse confidam, sed quo TIBI me totum debere tester. Neque, credo, vitio vertes, si, quid consilii ad hunc ausum in animo meo fuerit meque permoverit, apertius exponam.

Quatuor ac decem abierunt anni, ex quo parenti TUO, Ernesto Pio, gloriosissimae et in omnem aetatem perennaturae memoriae principi, dissertationem historicotheologicam, vindicandae innocentiae atque auctoritati Concilii Nicaeni primi et oecumenici, a criminationibus *Danielis Zwickeri* Monarchiani et *Christophori Sandii* Ariani conscriptam, atque in lyceo hoc Jenensi disquisitioni publicae expositam, humillime obtuli; gratiam autem ac benignitatem laudatissimi principis, ex voto quidem, verum ultra spem atque dignitatem meam, planè insignem ac singularem obtinui, ita ut non solum tenue istud pignus devotissimae mentis meae clementissime acceptum esse, sed mearum quoque fortunarum incrementa mihi promitti, mox intelligerem. Ac factum est, ut primum quidem de professione theologiae extraordinaria mihi demandanda agitarentur, et cum SERENISSIMIS hujus academiae NUTRITORIBUS caeteris communicarentur consilia, postea vero, interveniente professoris ordinarii, nunc μακαρίτου, *D. Sebastiani Niemanni,* ex hac academia ad supremum munus ecclesiasticum in ducatu Slesvico-Holsatico obeundum, discessu, ex consensu libero atque auctoritate communi omnium SERENISSIMORUM NUTRICIORUM, functio ab illo relicta mihi committeretur, quam, divina gratia vires animi corporisque imbecilles roborante ac per varia rerum discrimina, velut porrecta manu, me ductitante, nunc per annos prope duodecim sustineo ac, licet non sine infirmitatis meae conscientia, fretus tamen divino auxilio atque eorum, quos Dei vicem in terris gerentes veneror, tutela et favore, opus vocationis, licet non ex asse, tamen fideliter animoque ob gravitatem muneris ac sensum periculorum quotidie solicito, prompto tamen simul ac lubenti, facio.

Ab eo autem tempore, quo provinciam hanc suscepi, mox equidem a seniore tum temporis collegii theologici, meoque socero, *Johanne Musaeo,* τῷ νῦν ἐν ἁγίοις, negotium mihi datum est conficiendi compendium quoddam theologiae positivae, quod abs TUO, SERENISSIME PRINCEPS, PARENTE, tunc superstite, jam beatissimo, pridem jussus esset, ut vel ipse illud conficeret, vel alii, juxta formam docendi a se frequentatam, elaborandum committeret. Ac me quidem, fateor, absterruit aliquandiu ab hoc opere, praesertim luci publicae exponendo, non solum laboris ipsius ratio, qui, quamvis tirocinia theologiae continere videatur, revera tamen eo spectat, ut, quod alias philosophus dixit, *principium* sit *dimidium totius*, verum etiam, quod, ad saeculi nostri mores atque aliena exempla attendens, intelligerem, vix aliquid ita solidum ac limatum edi posse, quod non in aliorum censuras incurrat ac in materiam augendarum litium convertatur. Ne tamen deessem muneri meo et accedenti commilitonum nostrorum desiderio, coepi in lectionibus publicis proponere compendium theologiae positivae, paucis quaternionibus comprehensum. Nunc tandem, post annos quasi decem, cum interea multis vicibus ad illius filum ducendi mihi essent sacri studii cultores, precibus illorum locum dedi, qui partim sterilem describendi laborem declinare volentes, partim errores calamorum, quos jam alii, qui descripserant, admisisse videbantur, multiplicari magis, quam agnosci semper, judicantes, monuerunt, ut, quod semel usui academicae juventutis destinatum esset, mittendo in compendium labori, typis committeretur. Itaque secundis curis et cum uberiore explicatione eorum, quae antea thesibus ac notis paucis et brevibus continebantur, in lucem edere decrevi.

Sed cum simul intelligerem, b. *Musaei* nostri in hoc studio labores adeo non cum corpore defuncti ex oculis hominum aut mentibus excessisse, ut non potius multi, ad hanc academiam concedentes, patronorum suorum consiliis aut hortatibus nixi, postularent, ad scripta viri, quae exstent, sese mox deduci ejusque doctrina plenius imbui, non abs re fore existimavi, si in hoc theologiae positivae compendio quasi summam quandam eorum exhiberem, quae laudatus doctor in scriptis variis sparsim, pro diversitate argumentorum, quae tractabat, tradiderat, ita ut hac ratione praepararentur animi juvenum ad accuratiorem tractationem theologiae positivae, ipsi studio polemico, quoad varias cum variis sectis controversias, Deo juvante, non parum servituram. Quanquam nec negare possum, semper mihi displicuisse morem illorum, qui alienam operam in suae laudis materiam convertere malunt, quam, quid aliis et quibus debeant, sincere profiteri. Ego vero pietatis lege me devinctum ac persuasum fateor, ut insignibus b. *Musaei* non de me tantum, verum de ecclesia nostra ac re literaria meritis publicum quoddam gratitudinis signum statuerem, praesertim cum scriptis illius ἀνεκδότοις, ex voto multorum ac celebrium virorum in lucem dandis, impedimenta quaedam hactenus obstiterint, praesens autem opella nostra evulgandis, quae adhuc latent, b. *Musaei* scriptis praemissa, non tam animum, quam facultatem reddendae ἀντιπελαργήσεως mihi defuisse testari queat.

Caeterum addidi quoque in notis compendii hujus nomina et loca, nec raro verba ipsa theologorum nostratium variorum atque ὀρϑοδοξίας laude florentium; unde consensus eorum cum nostris et his, quae b. *Musaeus* jam ante docuerat, cognoscatur. Quanquam enim contentus esse poteram, s. Scripturae dictis et ei superstructis rationibus theologicis sententias ipsas firmasse, modos autem loquendi, seu scholae academicae terminos, materiae substratae, quam vocant, congruos et ab heterodoxo sensu aut collusione cum adversariis alienos, ostendisse: quia tamen et concordia doctorum unius ecclesiae, etiam quoad ea, quae non ingrediuntur fundamentum fidei, sed ad quaestiones annatas, quas appellant, vel ad usum terminorum ac phrasium pertinent, jucunda est cognitu atque aliquando utilis, et praeterea novitatis ac singularitatis affectatae non solum culpa, sed et suspitione carere cupiunt boni, ideo non defugi operam illam, qua aliorum doctorum cum hac docendi forma ὁμοδοξία monstraretur.

Accipe igitur, DOMINE CLEMENTISSIME, SERENITATI TUAE dicatum humillime libellum, qui cum auspiciis beatissimi atque immortalis memoriae PARENTIS TUI eique consecratus prodire jampridem debuisset, nunc sero ad TE, FILIUM tanti principis, et successorem dignissimum, tendit. Et quemadmodum non minore gratia, quam is, me indignum dignatus es hucusque et fovisti et recreasti: ita porro tutela TUA ac munificentia frui permitte. Deus, cui anima TUA et res omnes curae sunt, quemque pro salute TUA devotissimi pectoris precibus invocare non desino, vitam ac vires semper vegetas, regimen felicissimum, domum florentissimam, et quicquid principis Deo dilectissimi vota optare possunt, ex divitiis inexhaustae bonitatis suae largiatur!

Scrib. in academia ducali Saxo-Jenensi, die XIII. Martii, a. Chr. MDCLXXXVI.

SERENITATI TUAE

ad preces et obsequia humillima deditissimus servus

JOH. GUILIELMUS BAIERUS.

LECTORI BENEVOLO

gratiam, misericordiam et pacem a Deo Patre et domino
nostro Jesu Christo

precatur

JOH. GUILIELMUS BAIERUS, D.

Quod anno superiore LXXXVI. primum in lucem emisi *compendium theologiae positivae*, inde anno XCI. secundis curis auctius edidi, jam tertia vice sisto, non solum a mendis typographicis solicitius purgatum, verum etiam indice rerum verborumque locupletatum. In quo quidem posteriore negotio operam mihi vicariam, sed merito laudandam praestitit vir perquam reverendus et clarissimus Dn. Henricus Christophorus Ludwig, ecclesiae christianae Rudolphopolitanae in illustri illa comitum Schwarzburgicorum sede diaconus bene merentissimus, amicus noster multis nominibus colendus, qui, cum olim ad primam editionem inter commilitones alios me excitasset ipsoque compendio hactenus familiariter usus esset, tanto promtior etiam fuit, uti prae aliis aptior, ad parandum indicem accuratum, quem et sine fastidio confecit et usibus aliorum offert. Superavit autem profecto spes nostras divina bonitas, quae libello huic, nec amplo, neque ad fastum aut delicias aut detrimentum aliorum composito, sed ad sinceritatem doctrinae fidei academicaeque paediae cultum servandum tuendumque destinato, fautores bene multos largita est, quos egomet mecum habitans, et partim ignarus artium, quibus emendicari suffragia aliorum atque applausus solent, partim religioso timore ab illis alienatus, vel quaerere vel obtinere non potuissem. Factum tamen est, ut non solum repetitis vicibus cum studiosa juventute academica, privatorum collegiorum sociis, tractandum esset, sed etiam disputationibus publicis triginta subjiciendum hoc compendium.

Cui quidem posteriori instituto occasionem dederat nobilissimus et doctissimus Dn. Justus Christophorus Boehmerus, Hannoveranus, s. theologiae tunc apud nos cultor, praestantissimis accensendus, cujus ad praeclara quaevis non minus feliciter enitens, quam naturae beneficio aptum atque a doctrina instructum ingenium his etiam exercitiis perfici voluit; quemadmodum programma nostrum, hic subjectum, quo tunc ad disputationes audiendas juventutem academicam invitabamus, etiamnunc testatur.

Quamvis enim, exeunte anno illo, divina manus me in morbum vehementem conjecerit, ac non solum opera illa disputatoria inhibita tantisper, sed et spes vitae nostrae longioris in mea pariter atque amicorum mentibus collapsa fuerit: placuit tamen Deo, ὅς ἐκ τηλικούτου θανάτου ἐρρύσατο ἡμᾶς, uti ad alia muneris negotia me reducere, sic efficere simul, ut et illud curriculum emetiri possem, in quo etiam ac tam frequente cum selectis ex doctiore juventute antagonistis sexaginta certamine ad finem usque adeo probatum se dedit *Boehmerus*, ut vivida vis mentis ejus atque in expendendis solvendisque dubiis objectis promtitudo ac dexteritas cum eleganti modestia sociata, non innotesceret solum confluentibus magno numero studiosis, sed et animos ad egregia conamina, velut signo elato, accenderet.

Distractis autem compendii exemplaribus utriusque editionis, cum tertia paranda esset, non tam novis accessionibus extendendam hanc putavi, quam secundae conformem reddendam. Equidem et causam dederat nonnemo vindicandi assertiones duas, quas cum b. Musaeo communes habemus, ipse autem nuper admodum utroque nomine b. doctori dicam scripsit; alteram scilicet *de regeneratione infantum a christianis parentibus genitorum, sed ante baptismum morte decedentium*, alteram *de efficacia Scripturae*, tanquam *Dei organo* aut *instrumento*, a Deo ad producendos supernaturales effectus divina virtute elevato. Quoad priorem perhibet, *Musaeum putare, quod pia tantum sit illa opinio, qua statuitur, Deum in infantibus parentum fidelium, decedentibus ante baptismum, regenerationem ac fidem extraordinarie operari, quodque ea ex Scriptura et verbo Dei probari non possit.* Ad posteriorem refert, quod hac phrasi, *scilicet Scripturam sacram elevari Dei concursu supernaturali ad assensum sui per se immediate causandum,* usus fuerit Musaeus, quodque *naturam et propriam vim verbi praedicati non sufficientem esse ad conversionem hominis producendam,* docuerit, *utpote quoniam sit instrumentum co-operativum sive etiam causa instrumentalis, cujus vis seu δύναμις nativa et propria, qua in effectum influere possit, sit ignobilior, quam ad effectum producendum requiritur, nisi accederet Spiritus Sancti operatio.* Ita duplici nomine b. Musaeum ἑτεροδοξίας postulat. Quo minus autem in his censuris examinandis novam operam ponendam esse putaverim, ratio est, quod, utrique jam in nostro compendio primae et secundae editionis factum esse satis, deprehendo. Nam de infantibus parentum fidelium, absque baptismo decedentium, part. III. cap. *de baptismo*, quod in prima editione nonum est, altera decimum, § 8. not. *b.* ostendi, b. Musaeum non negare, quod regeneratio horum infantum per gratiam extraordinariam ex Scriptura probari possit (neque enim dicere, esse de ea *spem non dubiam,* nisi spei fundamentum in revelatione divina

*

Scripturis comprehensa agnosceret); sed loqui eum de certo modo
agendi et regenerandi eos per gratiam extraordinariam; de quo modo
nihil determinatum inveniat in Scripturis.   Atque haec cum ex nostris
illis, tum ipsius b. Musaei discursibus satis clara erant, prout et alias
nihil frequentius est in theologia, quam ut τὸ ὅτι credendum esse dicatur, licet τὸ πῶς, aut quomodo quid fiat, tanquam non revelatum,
non aeque credatur.   Ne dicam, quod censor ipse eodem loco, quo
Musaeum impugnat, scribit: *Qua via et quomodo Deus ex infantibus
aliquid faciat, nobis ita est obscurum, ut non nisi pauca de ipsorum regeneratione et ea fere non intellecta loquamur.*   Ad posteriorem accusationem
quod attinet, patebit ex conspectu compendii nostri, cap. II. proleg.
§ 39. nota *m.*, non tam b. *Musaeo*, quam antecessoribus ejus, viris
orthodoxis ac de ecclesia Christi optime meritis, *D. J. Majori, D. J.
Gerhardo* et *D. J. Himmelio*, quorum in consiliis Dedekennianis signata
vestigia is secutus est, imo ipsi *Aug. Confessioni et Formulae Concordiae,*
denique *D. S. Glassio, G. Cundisio, Chr. Chemnitio, J. E. Gerhardo,
C. Schluesselburgio, Th. Thummio,* et theologis Lubecensibus, *Hamb.* et
Luneb. dicam scribi, quando ab omnibus illis discrimen *Dei et verbi ejus*
aut Scripturae s., tanquam *causae principalis et instrumentalis,* et quod
virtus illa infinita Deo quidem sit essentialis, verbo autem, quod non
est ipse Deus, sed λόγος προφορικὸς, non aeque essentialis et propria
sit aut esse possit, solicite inculcatur.   Licet enim ex adverso dicatur,
non tam instrumentum esse (verbum Dei) *quam medium, si velimus* ἀκρι-
βολογεῖν; attamen nec theologos memoratos neglectae ἀκριβολογίας ac-
cusandi causam vidit b. *Musaeus,* neque nos videmus; praesertim quod
illi in certamine cum Enthusiastis terminum *organi* aut *instrumenti*
gravibus ex causis retinendum esse, monuerunt, uti nos indicavimus.
De *elevatione* Scripturae videri possunt, quae p. 138.*) (prius p. 143.)
habentur, ubi et sensum phraseos genuinum, et consensum b. *Gerhardi* et b. *Chr. Chemnitii* exposuimus.   Speramus etiam, censorem
illum, his observatis, quae fortassis hactenus non vidit, benignius de
b. doctore nostro judicaturum.   Tu vero, lector benevole, his, quae
bono animo scripta exhibemus, ita utere, ut infirmitates humanas ab
homine alienas non esse, quae vero recte dicta sunt, in Dei gloriam
converti debere memineris; cujus gratiae te una mecum pie commendo.

   Scr. d. XXIX. Decembr. anno Chr. MDCXCIII.

---

*) scl. editionis tertiae.

JOH. GUILIELMI BAIERI

De

ΣΥΖΗΤΗΣΕΙ Concilii Hierosolymitani

Actor. 15, v. 2. et 7.

PROGRAMMA INVITATORIUM AD DISPUTATIONES PUBLICAS THEOLOGICAS.

Quo major est dignitas primi illius concilii, quod apostolorum aetate in illa matre ecclesiarum, Hierosolymis, celebratum fuit, hoc magis operae pretium est, considerare συζήτησιν istam, quae partim occasionem dedit habendo concilio, partim in eo jam inchoato locum habuisse legitur. Scilicet jam pridem Antiochiae, Lucas memorat, *ortam* fuisse στάσιν καὶ συζήτησιν οὐκ ὀλίγην, *seditionem* (uti vulgo vertitur) *et disquisitionem non parvam, cap. 15. Act. v. 2.*, et porro, congregatis apostolis ac presbyteris, ut dispicerent de negotio sibi objecto, mentionem facit πολλῆς συζητήσεως γενομένης, v. 7. Quamvis enim priore loco vulgatus interpres solam στάσιν, non item συζήτησιν legerit, *factam seditionem non minimam*, dicens, veterum tamen codicum Graecorum atque interpretum orientalium consensus voces ambas conjungit, et ex pontificiis quoque *Erasmus* ac *Bartholomaeus Petri* posteriorem vocem necessario hic legendam judicarunt. Est autem συζήτησις vulgato quidem, v. 7., *conquisitio*, velut ad literam vocum simplicium. *Erasmus, Arias Montanus, Beza, Schmidius*, aliique *disceptationem* aut *disquisitionem* magis Latine et ex usu reddiderunt. Recte etiam *Martinus* in lexico: συζητεῖν, ait, *cum in gentilibus scriptoribus tum in novo testamento de disputationibus, collationibus, aliquando altercationibus usurpatur. Id autem Latinis non est conquirere.* Sed ut citati versus utriusque ex *cap. 15. Actor.* rationem distinctam habeamus, primum quidem videndum est, quo sensu dicatur στάσις καὶ συζήτησις γενομένη τῷ Παύλῳ καὶ τῷ Βαρνάβᾳ. Στάσιν *seditionem* vulgo reddunt auctores et cum *Suida* pro *bello intestino* habent. Atqui fatendum est, Paulum ac Barnabam seditiosos aut contentiosos neutiquam fuisse, *servos potius Domini, non pugnaces, sed placidos erga omnes, tolerantes malos, cum lenitate erudientes eos, qui contrario animo sunt affecti*: quales Paulus ipse esse alios jubet *2 Tim. 2, 24. 25.* Itaque factum est, ut in interpretatione versus 2. *Actor. 15.* auctor *glossae interlinearis* scriberet, factam esse seditionem

a Judaeis contra Paulum et contra Barnabam. *Erasmus* etiam propterea
συζητήσεως vocem a vulgato omissam voci στάσεως jungendam putat,
quia *alioqui non quadret, quod sequitur, cum Paulo et Barnaba.* Sed quia
in textu dicitur, factam esse στάσιν et συζήτησιν illam τῷ Παύλῳ καὶ τῷ
Βαρνάβᾳ πρὸς αὐτοὺς, *adversus illos* videlicet, de quibus v. 1. dicebatur,
quod venerint *a Judaea,* non autem, quod facta sit αὐτοῖς (Judaeis,
sive a Judaeis) πρὸς τὸν Παῦλον καὶ τὸν Βαρνάβαν; propterea jam olim
alii cum *glossa ordinaria* reddiderunt, factam fuisse illam *a Paulo et
Barnaba, contra illos, qui haec dicebant* (nimirum: *nisi circumcidamini
ritu Mosis, non potestis servari v. 1.*). Et Caspar Sanctius in h. l.
pag. 287. scribit: *Paulo et Barnabae* (nomina intelligit) *in dativo sunt,
et vim habent agentis personae, quae apud Latinos saepius in passiva voce in
ablativo ponuntur.* *Quare sensus est, Paulum et Barnabam contentionem
suscepisse contra eos, qui circumcisionem necessariam putabant.* Ne autem
hac ratione maneat aut crescat difficultas de culpa seditionis aut tumul-
tus in Paulum et Barnabam conjicienda, ideo monet Sanctius, *seditionem hic nil significare ab odio profectum, sed tantum studium atque conatum
veritatis defendendae contra impugnatorum contentionem et vim.* Et Barth.
Petrus Lintrensis ad h. l.: *Hoc vocabulum* (στάσις, quod vulgatus vertit
seditio) *fere in malum sumitur apud Latinos, et tamen non potest hic in
malam partem accipi; quare non secundum usum, sed secundum vim origi-
nationis suae intelligendum erit, ut sit secessio, separatio, dissensio.* Eodem
tendit *Beza,* qui vocem στάσεως interpretatus est *repugnantiam,* quasi
scriptum esset ἀνθιστάσεως; *seditionis* nomen autem *nullo modo convenire
huic loco,* judicat. Sed et *Cornelius a Lapide, Ludovicus de Dieu,* aliique non seditionem, sed *secessionem, dissensionem, litem* aut *controversiam*
denotari existimant. B. *Lutherus* noster, retenta significatione vulgari seditionis indeterminate, ratione personarum, mentionem fieri ar-
bitratur ac tantum συζήτησιν tribui *Paulo et Barnabae.* Sic enim
transtulit: *Da sich nun ein Aufruhr erhub, und Paulus und Barnabas
nicht einen geringen Zank mit ihnen hatten etc.* *Glossatores* autem
Vinarienses declaraturi, quod ad sensum spectet, in textu non expressum, seditionem illam ortam esse dicunt *inter conversos ex Judaeis
et ex gentilibus,* quorum *illi noluerint hos pro genuinis agnoscere christianis.*
Similiter in paraphrasi sua *Lucas Osiander.* Sed et *Hugo Grotius* in
annotat.: *Hi dativi* (personarum, τῷ Παύλῳ, καὶ τῷ Βαρνάβᾳ) *ad* συζήτησιν *pertinent, non ad* στάσιν. Et addit: *Paulo et Barnabae imposita
necessitas cum illis hominibus disputandi.* Nec sane alienum est ab usu
loquendi, ut duo conjungantur nomina rerum cum uno verbo aut par-
ticipio, nec tamen illorum utrumque aeque spectet personam aut personas, quae sequuntur; eaque ratione h. l. dici potest, *factam esse*

στάσιν, *seditionem,* excitantibus Judaeis, more suo contentiosis; *factam*
autem esse συζήτησιν, *disceptationem non parvam inter Paulum et Barna-*
bam ab una et illos *pseudodoctores* ex conversis Judaeis ab altera parte:
cum tumultuantibus his et jugum legis vel invito populo imposituris
non possent Paulus et Barnabas non contradicere, aut sinceritatem
doctrinae una cum libertate christiana non vindicare. Sic ergo disceptatio tribuitur Paulo et Barnabae, non seditio culpabilis. Et quod
Lutherus in versione dixerat, *litem* aut *rixam* non parvam, nicht einen
geringen Zank, fuisse his cum adversariis, id ipsum etiam glossatores
non male sic exposuerunt, eine heftige Disputation und öffentliches
Gespräch; ac ad v. 7. et ad verba, da man sich nun lange mit einander gezankt, addunt: durch Rede und Widerrede sich unter einander
von diesem Handel besprochen hatte. Jam enim ipsius συζητήσεως ab
his viris sanctis habitae formam propius contemplaturi, facile observa-
mus, id actum fuisse, ut primum *quaestio* controversa perspicue propone-
retur; hinc *argumenta* ab utraque parte occurrentia conferrentur atque
expenderentur. Sane confusum genus colloquii, si maxime antagonistis seductoribus placuisse dicas, ab hominibus Dei alienum fuisse, fatendum est. Nec proinde clamoribus certatum, aut dictis male cohaerentibus rem actam putabimus. Ipsum potius vocabulum συζητεῖν idem
esse ac *collatis argumentis et sententiis per mutuas interrogationes et respon-*
siones disputando aliquid disquirere, etiam b. *M. Chemnitius* observavit ad
Marci 1, 27. Harm. ev. c. XXXVII. p. m. 504. Ac respondent loca
plura *Marci 8, 11. cap. 9, 10. 14. 16. cap. 12, 28. Lucae 22, 23. cap.*
24, 15. Actor. 6, 9. cap. 9, 29. Nec nisi per accidens fit, ut in alterca-
tionem σηζήτησις degeneret. Ita vero et quae v. 2. et quae v. 7. fuerit
disceptatio ab orthodoxorum parte, jam clarum est. Nec male *Arias*
Montanus ad v. 7., *magnam* illam *conquisitionem,* quam vulgatus appella-
verat, expositurus, *disceptatio,* ait, *argumentatioque* (fuit) *ex variis divinae*
Scripturae locis et ex rationibus et consequentiis deductis a consideratione gen-
tium et Judaeorum utriusque populi collatione. Et laudatus saepe *Bartho-*
lomaeus Petri p. 396. docet, *Judaizantes tunc strenue certasse pro sua sen-*
tentia; Paulum et Barnabam cum aliis sapientibus contrarium affirmasse et
rationes Judaizantium dissolvisse. Quibus observatis, in pudorem dari
potuissent magistri artis novae inter pontificios, praesertim *fratres Wa-*
lenburgii, qui in method. august. pag. 168. scripserunt: *Probationes et*
consequentiae non sunt sufficiens fundamentum fidei, si in se ipsis conside-
rentur, seposita auctoritate supernaturali Christi et apostolorum, quasi scilicet *consequentias* semper ita *in terminis* a Christo, aut apostolis, qui
suam *auctoritatem* in formandis illis praetendant, factas esse oporteat.
Sane h. l. Paulus, licet apostolus, in illa συζητήσει suam auctoritatem

non allegavit. Petrus autem et Jacobus, cum calculum praeberent
Paulo et Barnabae, non tamen suam simpliciter auctoritatem urgere
deprehenduntur; quin potius veritate Scripturae vet. testam., quae in
confesso erat, supposita, probationibus inde petitis et firma consequentiae lege agnoscendis insistendum atque acquiescendum esse monent.
De controversia ipsa, quae non tantum ceremonialis legis aut circum-
cisionis observantiam praecise attinebat, verum legis moralis pariter
ac ceremonialis habitudinem ad justificationem, ideoque observationis
atque impletionis necessitatem atque usum, jam non licet agere prolixius. Disputationis solum theologicae exemplum notamus, quod,
a sanctissimis viris praestitum, nos moneat, non esse, cur putemus,
sufficere in ecclesia, si docendo, hortando, monendo homines ad pietatis exercitia ducere aut movere nitamur, negligamus autem, quae ad
vindicandam doctrinam coelestem confutandosque errores pertinent.
Aliter profecto apostolis visum esse oportuit, qui exortis erroribus non
arbitrati sunt, silendo, cedendo, blandiendo, aut quaesita quoquo modo
tranquillitate et pace aut immunitate a certaminibus, consuli posse
saluti ecclesiae, sed potius *disceptationem non parvam* ingredi et sustinere
maluerunt. Ac nostro tempore, jamque in immensum auctis multi-
plicatisque et vario colore pictis erroribus, adeo non licet nobis esse
otiosis aut securis, quasi sua sponte collapsurae sint haereses, modo in
asceticis pietatis occupemur et in his versari jubeamus alios, ut potius
Israelitarum exemplo, altera manu aedificare, altera arma gestare necessarium sit. Sed neque putandum est, artem ipsam belligerandi
adversus haereticos immediate nos edoctum iri, quaeque ad statum
controversiarum tot modis variantium, ad πρῶτα ψεύδη adversariorum,
ad dolos multiplices detegendos spectant, immediate nobis revelatum,
aut per nos tanquam instrumenta passiva divinitus praestitum iri.
Imo postquam nobis Deus id beneficii concessit, ut instauratis artibus
ac scientiis liberalibus, velut adminiculis, uti nobis liceat ad enervan-
das haereses ac velut armis suis conficiendas, ingratos esse adversus
Deum oportet, qui occasionem excolendi animum in talibus, et peri-
tiam eorum in usum ecclesiae convertere detrectant. At bene est,
quod nec in hac academia desunt meliores animae, quae quamvis theologiam practicam esse non nesciant, imo quicquid est scientiae sacrae,
ad aedificationem suam aliorumque in fide et moribus adhibendum esse
omnino judicent, non tamen theologiae polemicae exercitia fastidiunt,
sed in his, post tirocinia pridem posita, etiam ad certiora certamina,
publico nomine, si ita Deo visum fuerit, gerenda, sancto non minus,
quam sedulo studio sese praeparant. Ita mihi nunc in orchestram pro-
ducendus est vir juvenis nobilissimus ac doctissimus

DN. JUSTUS CHRISTOPHORUS BOEHMERUS,

HANNOVERANUS,

s. theol. cultor, ingenii bonitate, elegantia morum, alacritate studii, jamque factis doctrinae progressibus omnino laudandus, qui cum avunculi sui, reverendissimi domini Gerhardi, liberi ac imperialis coenobii Loccensis abbatis et ecclesiarum per ducatus Grubenhagensem, Calembergicum et Göttingensem directoris excellentissimi, spes de se conceptas, ἐὰν ὁ Θεὸς θελήσῃ, impleturus, sed et insignia multa familiae omni laude exsplendescentis exempla animo contemplatus esset, jam in eo est, ut post publicas privatasque ἀκροάσεις et meditationes atque exercitationes frequentes, juxta *compendii nostri theologici* filum, totius doctrinae sacrae summam *disputationibus XXX* publice defendendam in se suscipiat, idque, nostro praesidio usurus, hac charta nuntia ex loco publico significari voluit.   Ac meum sane est, non tantum non deesse conatibus ejusmodi piis et rei christianae profuturis, sed vel maxime id operam dare, ne eliminatis velitationibus academicis, in ipso decretorio certamine cum adversariis inopia militum laboret ecclesia.   Scilicet inter cacoëthes inutiliter disputantium et otiosam aut superstitiosam abstinentiam a disputationibus necessariis atque utilibus, velut inter Scyllam et Charybdim, navigandum nobis est.   Nec deerit, qui res nostras sua sapientia et bonitate moderatur, Deus opt. max., quem in vota ac preces vocamus.   Cujus auxilio fretus, jam ad exercitium hoc d. **XXIX.** hujus mensis inchoandum, inde hebdomatim continuandum, clarissimos, nobilissimos et praestantissimos dominos commilitones, socios atque arbitros, meo et laudati Boehmeri nomine officiose invito, et amorem ac studia perpetua polliceor. P. P. D. XVI. Augusti anno Christi **MDCXCI.**

CORRIGENDA.

Pag. 9. lin. 13. a fine loco *hinc* lege *hic.*
,,   11. ,,   5. ab init. ,,   *ἐνδημῆσαι* lege *ἐκδημῆσαι.*
,,   11. ,, 14. a fine   ,,   *inesse* lege *in esse.*
,,   13. ,, 16. ,,   ,,   *modus* lege *modis.*
,,   20. ,,   7. ab in. ,,   *fornicam* lege *formicam.*
,,   22. ,, 11.   ,,   ad *contrarium* adde *theologia.*
,,   45. ,,   1.   ,,   loco *fortan* lege *forsan.*
,, 117. ,, 10.   ,,   ad *prius* adde *bibliis.*
,, 163. ,, 17. a fine loco *ut* lege *aut.*
,, 185. ,, 11.   ,,   ,,   *traditione* lege *traditioni.*

I. N. I.

COMPENDIUM THEOLOGIAE POSITIVAE.

————•◦•————

ΠΡΟΛΕΓΟΜΕΝΩΝ

Caput I.

DE NATURA ET CONSTITUTIONE THEOLOGIAE.

§ 1.

Theologia[a] vi vocis[b] denotat λόγον περὶ τοῦ Θεοῦ, id est, sermonem aut rationem[c] de Deo. Ex usu loquendi autem importat habitum[d] cognoscendi Deum et res divinas easque docendi,[e] confirmandi ac defendendi, talem quidem, qui objecto[f] conformis est et in homines pro statu hujus[g] vitae[h] cadit.[i]

a) Patribus Graecis hoc nomine jam olim appellata, prout *Clemens Alex.* Lib. IV. Strom. sub initium, p. m. 475 A. ἐπιδρομὴν τῆς θεολογίας vocat quam Latini cursum theologicum dicerent. Et *Justinus Martyr* exhort. ad gentes p. 4. τῶν ποιητῶν θεολογίαν nominat. Non autem firmiter probat *Valesius,* quod in annotat. ad Euseb. hist. eccles. L. I. c. 1. scribit: *Veteres theologicen dixisse, quam nos vulgo theologiam vocamus.*

CALOVIUS: „Si primam vocis (theologiae) impositionem attendas, videtur ea *gentilibus* tribuenda, a quibus postmodum in ecclesiae usum dimanavit." (Isagog. ad ss. th. Ed. 2. L. I. p. 8.) Primus *Pherecydes Syrius* (sec. 6. A. C.) *theologi* nomen habuisse perhibetur, qui librum composuit, cui „θεολογία" titulus est („φιλοσοφῆσαι περὶ τῶν οὐρανίων καὶ θείων", teste Josepho c. Apion. L. I. c. 2.). Atque ita vocati sunt *Homerus* ac *Hesiodus,* uterque θεογονίας autor (Herodot. Hist. L. II. c. 53.), *Epimenides* Cretensis (Sextus Empiric. adv. Mathemat. IX, 29.), *Sanchuniaton,* τῆς „τῶν Φοινίκων θεολογίας" autor (teste Euseb. Praeparat. ev. I. p. 31.). Graeci et Romani theologiam φιλοσοφίαν περὶ τῶν

1

ϑείων i. e. περὶ τῆς γενέσεως καὶ φύσεως καὶ λατρείας τῶν ϑεῶν intellexerunt.
ARISTOTELES: ,,Θαλῆς (φησὶν), τὸ ὕδωρ ἀρχὴν τῆς φύσεως εἶναι τοῖς ὑγροῖς.
εἰσὶ δέ τινες, οἱ καὶ τοὺς παμπαλαίους καὶ πολὺ πρὸ τῆς νῦν γενέσεως καὶ πρώτους
ϑεολογήσαντες οὕτως οἴονται περὶ τῆς φύσεως ὑπολαβεῖν· 'Ωκεανόν τε γὰρ καὶ
Τηϑὺν ἐποίησαν τῆς γενέσεως πατέρας κτλ."   (Metaphys. I, 3.)   CICERO:
,,Principio Joves tres numerant ii, qui *theologi* nominantur."   (De
N. D. III, 21.)   EUSEBIUS: ,,Πᾶσα ἡ ἐκτὸς τῆς ἐκκλησίας τοῦ ϑεοῦ λεγομένη
ϑεολογία ... ἀπρεπής ἐστι."   (In Psalm. in collect. nova Montefalc. T. I.
p. 313.)

b) Θεολογία nomen abstractum est, et, si derivationem grammaticam spectes descendit a concreto ϑεολόγος; licet, attendendo ad denominationem logicam, concretum seu denominativum ab abstracto,
tanquam forma denominante, habeat appellationem.   Vid. b. *Jac.
Martini* LL. theol. disp. I. th. 9. p. 3.   Dicitur autem ϑεολόγος is, cui
adjacet aut inest ὁ λόγος περὶ τοῦ Θεοῦ.   Sic *theologi* nomen accipitur
in ἐπιγραφῇ apocalypseos.   Sic apud *Lactantium* de ira Dei cap. XI.
p. m. 638. et *August.* L. XVIII. d. C. D. cap. XIV. Tom. VI. Opp.
p. m. 620. Conf. b. *Musaei* Introd. in theol. p. 2.

N. HUNNIUS: ,,Forma est causa interna, per quam res est id, quod
est, sive, quae dat esse rei." (Canones logici. Wittebergae, 1621. p. 176.)

CALOVIUS: ,,Quod ad ecclesiae attinet usum sacrum (theologiae),
reperitur nomen illud in Apocalyptici auctoris designatione, qui ϑεολόγος inscribitur in titulo libri, qui an sit ab ipso auctore profectus, necne,
in ambiguo est; quod nomen Johanni peculiariter assignatum volunt Dd., quod is prae caeteris divinitatem Filii Dei asserat atque
confirmet." (Isag. ad ss. th. Ed. 2. 1665. I. 8. sq.) ATHANASIUS: ,,῾Ηι
φησὶ καὶ ὁ ϑεολόγος ἀνήρ· 'Εν ἀρχῇ ἦν ὁ λόγος." (C. gentes 'or. Opp. ed. Bo-
nutius. I. f. 35.)

LACTANTIUS: ,,Ii omnes, qui coluntur ut dii, homines fuerunt et
iidem primi ac maximi reges, sed eos aut ob virtutem, quia profuerant
hominum generi, divinis honoribus affectos esse post mortem..., quis
ignorat?... Quod quum vetustissimi Graeciae scriptores, quos illi ϑεο-
λόγους nuncupant, tum etiam Romani, Graecos secuti et imitati, docent." (De ira Dei c. 11.)

AUGUSTINUS: ,,Per idem temporis intervallum exstiterunt poëtae,
qui etiam *theologi* dicerentur, quoniam de diis carmina faciebant; sed
talibus diis, qui, licet magni homines, tamen homines fuerunt... Nec
a fabuloso deorum suorum dedecore etiam ipsi se abstinere potuerunt
Orpheus, Musaeus, Linus.   Verum isti *theologi* deos coluerunt, non
pro diis culti sunt." (De Civit. D. L. XVIII, 14.)

c) Sic *Augustin.* L. VIII. de C. D. cap. 1. p. m. 87.: *Verbo
Graeco* (theologiae) *significari intelligimus de divinitate rationem sive sermonem.*   Quamvis enim theologia quoad rem non solum sit λόγος περὶ
τοῦ Θεοῦ, verum etiam ἀπὸ τοῦ Θεοῦ, καὶ πρὸς τὸν Θεὸν, non tamen vis
vocis omnia haec aeque atque illud significat, sed nomen Θεοῦ in compositione cum nomine λόγος objectum denotat, prout φύσις, ἀρετή,
ἄστρα in compositis φυσιολογία, ἀρετολογία, ἀστρολογία.   Confer. b.
Jac. Martin. l. c. § 12. 13. 14. p. 3. 4., b. *Gerh.* in Exeg. LL. p. 1.,
b. *Musaeum* in Introd. p. 1.

CALOVIUS: ,,*Dei* nomen in hac vocis compositione proprie quidem
Deum notat, sed sub aliqua amplitudine, non tantum ratione naturae
vel essentiae spectatum, sed etiam ratione *operum*, vel prout *res divinae*
simul connotantur." (Isagog. I, 6.)

d) Non enim propter qualemcunque cogitationem aut sermonem de Deo aut rebus divinis statim homines usitate dicuntur theologi (etsi forte dicantur θεολογεῖν), sed qui ex habitu ratiocinari aut disserere de Deo possunt ac solent. Quando etiam doctrina de Deo, qua Deus et res divinae proponuntur et explicantur, in casu recto theologia appellatur, locutio *metonymica* est, non propria. Causae enim nomen pro causato ponitur. Vid. b. *Mus.* Introd. p. 3., b. *Koenig* Compend. theol. pos. p. 4. § 27.

> N. HUNNIUS: „*Habitus* est qualitas crebris exercitationibus acquisita (et talis promtitudo, qua facile et promte exequimur ea, quae prius difficilius et cum molestia perficiebantur), ita confirmata, ut sine maxima mutatione tolli nequeat." (Canones log. p. 426. sq.)

e) Ut sit scientia, vel habitus scientiae ἀνάλογος. Quae autem in homines simpliciores, docendi imperitos, cadit notitia Dei, theologos denominare non solet. Sic bb. *Theologi Lipsienses* in Append. Consil. Dedek. fol. 137 A. monent, *propter aliqualem verbi Dei notitiam neminem proprie appellari theologum,* scilicet quod theologia proprie dicta, praeter *cognitionem apprehensivam et dijudicativam, comprehendat etiam finem, qui est instituere, saltem aptum reddere ad instituendum hominem ad salutem aeternam consequendam.* Conf. b. *Meisn.* P. III. Ph. S. p. 104.

f) Ad habitum mentis enim requiritur τὸ ἀληθεύειν h. e. *verum enuntiare* de objecto suo, *affirmando aut negando.* Ideoque hoc loco non curamus theologiae gentilis genera diversa, mendaciis et superstitionibus impiis plena: μυθικὸν s. *fabulosum,* in quo poëtae, et πολιτικὸν seu *civile,* in quo sacerdotes occupati fuerunt. Imo vero et φυσικὸν seu *naturale,* quod philosophi sibi vendicarunt, quamvis quoad nomen conveniat cum theologia naturali, quam § seq. laudamus, tamen, prout penes philosophos gentiles deprehenditur, non paucis erroribus contaminatum et nomine theologiae non omnino dignum est. Unde et *Clemens Alex.* θεολογίαν ὀρθὴν καὶ ἀληθῆ, rectam et veram, vocat eam, quae absolute hoc nomen mereatur, L. V. Strom. f. m. 569 A. 574 B. Qua ratione simul universa haereticorum ματαιολογία removetur. Conf. b. *Gerh.* in Exeg. § 13. 14. p. 6. 7. et b. *Mus.* Introd. p. 3. 4.

> AUGUSTINUS: „*Mythicon* (genus) appellant, quo maxime utuntur poëtae, *physicon,* quo philosophi, *civile,* quo populi. *Primum,* quod dixi, in eo sunt multa contra dignitatem et naturam immortalem ficta. In hoc enim est, ut deus alius ex capite, alius ex femore sit, alius ex guttis sanguinis natus; in hoc, ut dii furati sint, ut adulteraverint, ut servierint homini; denique in hoc omnia diis adtribuuntur, quae non modo in hominem, sed etiam quae in contemtissimum hominem cadere possunt... *Secundum* genus est, de quo multos libros philosophi reliquerunt; in quibus est, dii qui sint, ubi, quod genus, quale, a quonam tempore, an a sempiterno fuerint, an ex igne sint, ut credit Heraclitus, an ex numeris, ut Pythagoras, an ex atomis, ut ait Epicurus, sic alia; quae facilius intra parietes in schola, quam extra in foro ferre possunt aures... *Tertium* genus est, quod in urbibus cives, maxime sacerdotes, nosse atque administrare debent. In quo est, quos deos publice colere, quae sacra et sacrificia facere quemque par sit... Prima theologia maxime accommodata est ad theatrum, secunda ad mundum, tertia ad urbem." (De Civitate Dei. VI, 5.)

CALOVIUS: „Adhibetur *vox theologiae* varie: 1. ἀκύρως et καταχρηστικῶς, improprie et abusive, de *falsa* th., tum quae circa *Deos falso
dictos* occupatur, qualis erat *gentilium* theologia, tum quae *Deum quidem verum* proponit, at *non vere*, qualis est *haereticorum* theologia;
2. κυρίως et γνησίως, proprie ac vere, de *vera* th., quae Deum, *prout se
patefecit*, proponit. . . Quamquam enim antiquior videatur usus vocis
graecae apud paganos, non magis tamen proprius est, quam dii gentilium proprii dii sunt.“ (Isag. I, 12.)

QUENSTEDTIUS: „*Distinctio* theologiae in veram et falsam *nomi-
nalis* tantum est et mere seu pure *aequivoca.* Falsa enim theologia,
quae et opinabilis vocatur, non nisi nomen theologiae participat et
καταχρηστικῶς tantum ita dicitur, cum potius ματαιολογία et ψευδολογία ex
1 Tim. 4, 2. et Tit. 1, 10. dicenda sit, et non magis theologia sit, quam
equus pictus est equus.“ (Th. did.-pol. P. I. c. 1. s. 1. th. 2. f. 3.)

g) Theologiam *viatorum* alias appellant, prout vitam hanc, *viam*,
qua tenditur ad metam aut ad patriam coelestem, dicunt. Vid. infra
ad § 5. not. b.

h) Etsi enim exactissima cognitio DEI in ipso *Deo*, nec minus in
Christo homine per communicationem divinorum idiomatum vi unionis personalis locum habeat, *angeli* quoque in bono confirmati et homines *beati* Deum perfectius, quam quisquam nostrum, cognoscant;
quia tamen usus loquendi non fert, ut propterea vel *Deus*, vel *Christus*,
vel beati homines, aut angeli *theologi* dicantur, facile apparet, eam
significationem hic relinqui, quae alias obtinet, quando cum addito
theologiam viatorum dicimus. Interim illa cognitio, quam Deus de se
ipso habet, ab auctoribus (non tam ad usum loquendi, quam ad vim
significandi pro ratione etymi spectantibus) theologia ἀρχέτυπος dicitur,
quippe quae non dependeat ab alia cognitione Dei in subjecto alio,
tanquam ab exemplari causa; ipsam potius, tanquam formam et exemplar, licet in minori perfectionis gradu (quod nec alias in ectypis insolens est) imitetur ea cognitio Dei ac rerum divinarum, quam angeli
atque homines habent ex divino beneficio quaeque ideo ἔκτυπος dicitur. Conf. b. *Mart.* l. c. disp. II. § 23. sqq. pag. 27., b. *Gerh.*
in Exeg. § 15. pag. 7., b. *Himmel.* Syntagm. pag. 2. § 10. 11. 12.
Quae vero in Christo secundum humanam naturam est per communicationem idiomatum ex vi unionis personalis cognitio Dei et rerum
divinarum, cum sit ipsa scientia infinita, quam Christus secundum
divinam naturam ab aeterno habet, spectata in ordine ad Deum, tanquam certum objectum, utique est ipsa theologia ἀρχέτυπος, non alia
aut ἔκτυπος; licet humanae naturae non competat *subjective*, sed *com-
municative*, non ex se, sed propter unionem personalem. Habitualis
autem illa cognitio Dei, quae in H. C. N. naturaliter est, sicut ἔκτυπος
recte dicitur, ita a theologia unionis recte distinguitur. Vid. b. *J. F.
Koenig* in Theol. pos. pag. 2. § 15., inprimis vero b. *Musaeum* Introd.
Cap. I. § 4. sqq. ad finem, pag. 4. ad 23.

QUENSTEDTIUS: „Theologia *archetypa* est substantia et quoad rem
ipsa infinita Dei essentia; *ectypa* est habitus et in genere qualitatis
continetur. Theologia ἀρχέτυπος est origo et principium omnis sapientiae; ἔκτυπος vero est illius ἀπόῤῥοια καὶ ἀπαύγασμα, emanatio quaedam
et relucentia aut effigies. . . Theologia ἀρχέτυπος non solum *in* Deo est,
sed et *ipse Deus*, qui hic mirabiliter est ἐπιστητὸν, ἐπιστήμων καὶ ἐπιστήμη,

scitum, sciens, scientia, hoc est, ipsum subjectum, quod scit, ipsum objectum, quod scitur, et ipsa scientia, sive res theologica, theologus et theologia. Nam Dei esse, scire et sapere idem sunt. Cum ἀρχέτυπος theologia naturae divinae essentialis sit; proinde ut ipsa Dei essentia, ita haec ϑεοσοφία communis est Patri, Filio et Spiritui S. Probamus hanc thesin ex Matth. 11, 27. et 1 Cor. 2, 10. 11." (L. c. th. 3. 4. f. 5.)

RUDELBACHIUS: „Ich weiss nicht, ob jemand auf den *Schriftgrund* dieser Eintheilung (in ἀρχέτυπος und ἔκτυπος), dieses Begriffes der Theologie, aufmerksam gemacht hat. Allein, wo könnte er wohl zu suchen sein, als in den Worten des Herrn Matth. 11, 27.: ‚Niemand kennet den Sohn, denn nur der Vater; und niemand kennet den Vater, denn nur der Sohn, und wem es der Sohn will offenbaren', sowie in dem apostolischen Begriffe von der fortgehenden μεταμόρφωσις aller Gläubigen, folglich auch der Neutestamentlichen Lehrer, in das Bild des Herrn, dessen Herrlichkeit sie wie in einem Spiegelbilde schauen (κατοπτριζόμενοι, 2 Cor. 3, 18.) — durch welches Wort der Apostel doch wahrlich nicht blos eine Provinz des christlichen Lebens, sondern das ganze Leben in Christo, mithin auch die Bedingung der wahren Theologie als der Spitze desselben bezeichnet hat?" (Zeitschrift. 1848, I, 7.)

i) Peculiaris est acceptio vocis ϑεολογίας apud scriptores ecclesiasticos, qua partem doctrinae sacrae denotat, alteri, quam οἰκονομίαν vocant, contradistinctam. Sic enim illius nomine denotatur ea, quae est de. Dei essentia, personis et attributis; *haec* vero de incarnatione et officio Christi filii Dei agit. Vid. *Greg. Nazianz.* Orat. XXXVIII. in Natal. Christi sive Theophania, *Basil.* Ep. CXLI., *Cyrill.* L. I. in Joh.

CHRYSOSTOMUS: „Οἱ μὲν (tres priores evangelistae) ἡστραψαν τὴν οἰκονομίαν, ὁ δὲ (Johannes) βροντᾶ τὴν ϑεολογίαν." (Homil. 106.) ATHANASIUS: „Πατὴρ γὰρ αὐτοῦ (Christi) ἐστιν ὁ ϑεὸς κατὰ φύσιν, ἡμῶν δὲ κατὰ χάριν· καὶ ϑεὸς αὐτοῦ γέγονε κατ' οἰκονομίαν διότι ἀνϑρωπος." (De hum. nat. suscepta. Opp. I, 468.) BASILIUS M.: „Ubique mentes nostras confirmat Spiritus S., ne, dum alteri accedimus, altero excidamus, hoc est, ne, dum *theologiae* attendimus, *dispensationem* (οἰκονομίαν) Christi contemnamus, et fiat, ut, dum sublimitatem divinae naturae assequi nequimus, incidamus in impietatem." (Epist. 141. Opp. T. II, f. 107.) GREGOR. NAZ.: „Ἄλλος ἐστὶ λόγος τῆς ϑεολογίας ἢ τῆς φύσεως, ἄλλος τῆς οἰκονομίας."

HOLLAZIUS: „Quotuplici sensu vox, theologia, accipitur? Sensu quadruplici: a) *generalissime*, pro quavis de Deo doctrina, licet falsa aut erroribus mixta sit; b) *generaliter*, pro theologia vera, sive ea originalis, sive participata, sive viatorum, sive beatorum, sive naturalis, sive revelata sit; c) *specialiter*, pro theologia revelata, hominem viatorem ad aeternam salutem perducente; d) *specialissime*, pro doctrina de Deo uno et trino." (Examen th. Prolegom. I. q. 6. p. 3.)

§ 2.

Theologia vera hominum in hac vita, pro duplici ratione cognoscendi, duplex[a] est: *Naturalis* et *revelata*. Illa principiis seu lumine naturae, haec supernaturali[b] manifestatione seu revelatione nititur. Utraque versatur circa Deum, non solum ut in se est, sed tanquam finem et bonum hominis summum.[c]

HOLLAZIUS: „Per *lumen naturae* heic intelliguntur principia naturae et rationis, quibus notitia Dei naturalis velut rationi cognoscendi innititur; quae *luminis* appellationem sortita sunt, quod intellectui sunt ratio cognoscendi res alias et ad eum se habent, ut lumen, quod, coloribus conjunctum, potentiae visivae est ratio videndi et cognoscendi colores, ad potentiam visivam se habet. Scite inquit *Phil. Melanchthon* in erot. dial. p. m. 234: ut lumen in oculis conditum est ad cernenda corpora, ita lumen in mente sunt notitiae innatae, quibus provehimur ad qualemcunque notitiam Dei.“ (Exam. P. I. c. 1. q. 5. p. 188.)

a) Eodem redit distinctio theologiae in *naturalem* et *supernaturalem*. Posteriorem hanc speciem *supernaturalem ab ortu*, et revelatam aut *revelationis theologiam a gratioso communicationis modo appellitamus*, ait b. *J. Mart.* l. c. Disp. IV. § 3. p. 80. Est autem et hic discrimen ejusmodi, ut inter Christianos theologia revelata aut supernaturalis theologia absolute, naturalis vix aliter, quam cum hoc suo additamento, naturalis theologia dicatur. Conf. b. *Mus.* Introd. Cap. III. § 1. p. 105.

b) Alias enim verbum *revelare*, in generaliori significatione, etiam ad naturalem notitiam pertinet, prout vox Graeca φανερῶσαι accipitur *Rom. 1, 19.* Sed hic revelatio strictius sic dicta intelligitur, qua vel res occultae et latentes, seu naturaliter non cognoscibiles, manifestantur, et quasi *deteguntur, aut sublato velamine conspiciendae praebentur*, cui respondet vox Graeca ἀποκαλύπτειν, *Luc. 10, 22.*, vel rerum quarumvis, etiam quae ductu luminis naturae cognosci possunt, peculiaris manifestatio, supernaturaliter a Deo facta, denotatur. Vid. Introd. b. *Mus.* Cap. III. § 25. n. 5. p. 155. et Tract. de Convers. Disp. VI. Cap. II. § 29. p. 359.

c) De revelata theologia infra distinctius patebit. De naturali vel inde hoc certum est, quod nulla alia disciplina sibi hanc insignem operam vendicare potest quodque Dei perfectiones, si haec consideratio absit, explicari satis et cognosci non possunt. Vid. b. *Mus.* Introd. Cap. II. § 1. pag. 23. Similiter b. *Jacob. Martini* de theologia viatorum, qua naturalem pariter et supernaturalem complectitur, *finem* ejus *internum* (s. intermedium) dicit esse *Dei rerumque divinarum contemplationem et piam vitam; externum* vero eumque *ultimum, aeternam conversationem beatissimam cum Deo*, Disp. III. § 37. p. 57. Conf. Disp. I. § 80. et 89. p. 18. 20.

§ 3.

Theologia naturalis est scientia,[a] et quidem practica,[b] in qua occurrunt[c] finis, subjectum operationis et causae atque media, itemque objectum[d] materiale ac formale.[e]

N. HUNNIUS: „*Scientia* pro fine habet cognitionem. Omnis quippe scientia est ἄπρακτος... Totaque adeo essentia scientiae in eo consistit, ut tantum subjectum suum *cognoscat;* quo facto, tota conquiescit, nec ulterius (nisi forte ratione finis accidentarii et externi) progreditur.“ (Can. log. p. 5. sq.)

a) Est enim habitus evidens circa objectum necessarium, conclusiones ex principiis necessariis deducens. Conf. b. *Mus.* Introd. Cap.
II. § 3. pag. 28. Seu, ut loquitur b. *Jac. Martini* l. c. Disp. III.
§ 47. p. 58.: *Procedit ex principiis naturalibus secundum se notis, naturali
intellectus lumine: Unde*, quod addit l. c. § 54. pag. 59., *certae et verae
conclusiones de Deo et rebus divinis colliguntur et constituuntur.*

b) Dari scientias practicas, *Aristoteles* agnovit I. Nicom. I. et VI.,
Metaph. II., quique eum sequuntur: *Ammonius, Alexander Aphrodi-
saeus, Franc. Bonamicus, Antonius Montecatinus, Conimbricenses, Scher-
bius, Piccartus*, et qui horum loca indicat b. *Joh. Conr. Duerrius*,
Institut. eth. p. 2. 3. et Not. ad Isag. Piccarti. Theologiam autem
esse practicam scientiam, constat, quia conclusiones ejus omnes, si non
formaliter, saltem *virtualiter* practicae sunt. Illas dicimus, quae formaliter ac directe praescribunt operationem aliquam, quae (quantum ad
praesens) ad cultum Dei pertinet, ideoque ab homine in hac vita exerceri debet, v. g. Deus est invocandus, proximus in necessitatibus est
adjuvandus. Has appellamus, quae cum formaliter non praescribant
operationem aliquam ad cultum Dei pertinentem, spectant tamen et
intra ambitum hujus ipsius scientiae faciunt ad inferendas conclusiones
formaliter practicas; prout v. g. haec: Deus est causa bonorum, quibus indigemus, et ista: Proximus a Deo aeque, ac nos, diligitur; licet
formaliter non praescribant homini operationem aliquam, faciunt tamen
ad priores illas formaliter practicas, quas diximus, inferendas; ideoque
cum et ipsae sint ac tractentur praxeos causa, pro practicis recte habentur. Conf. b. *Mus.* Introd. Cap. II. § 4. p. 29. et Cap. III.
§ 4. p. 125.

J. G. WALCHIUS: „*Virtualiter* wird in der Metaphysik der Scholasticorum dem Wort *formaliter* entgegengesetzt und hat die Bedeutung, dass etwas von dem andern in Ansehung der Existenz und des
Wesens nicht wirklich, sondern nur *der Kraft nach* gesagt wird; z. E.
der König ist allenthalben seines Landes, nicht formaliter, als wäre
er wirklich an allen Orten, sondern virtualiter, weil er überall seine
Bedienten hat, die statt seiner da sind. Wir sind alle vorher in Adam
gewesen, nicht formaliter oder wirklich u. actu, sondern virtualiter,
der Kraft nach. Dieser beiden Wörter bedienen sich die Theologen,
wenn sie sagen, die ganze Theologie sei praktisch nicht formaliter, als
wenn darinnen nur solche Sätze wären, die an und für sich praktisch und etwas zu thun oder zu lassen vorschrieben, sondern virtualiter, weil auch die theoretischen Sätze die Kraft der praktischen bei
sich haben." (Philosophisches Lexicon, sub tit. Virtualiter, p. 2737.) ·

c) Nempe quatenus est habitus practicus, ubi primum occurrit
finis, a quo movetur voluntas agentis ad agendum; deinde *subjectum*,
quod substernitur operationi, quam praescribit habitus practicus; porro
causa efficiens finis (si non rei, tanquam per operationem efficiendae aut
obtinendae, tamen operationis, qua rem illam, quae bonitatem summam in se continet, adipiscimur); causa quoque *impulsiva*, movens
eum, qui efficit aut confert finem ad efficiendum aut conferendum
finem; denique *media*, quae, si non et ipsa causae rationem ad finem
consequendum habent, quando is alterius beneficio indebito seu gratuito obtinetur (quemadmodum h. l., ut mox indicabimus), sunt tamen

conditiones ex parte subjecti requisitae. Conf. Introd. b. *Musaei* pag. 29. sqq. ad 44. Distinctionem mediorum, *quorum alia antecedant rem, ut causae alicujus rationem habeant, a qua res illa pendeat; alia nudum antecessum ordinis notent, et inter causas rei et rem ipsam duntaxat interjecta sint, necessitate non efficientiae, sed praesentiae,* tradit etiam b. *H. Hoepfnerus* Disp. II. de Justif. § 25. p. 113. et Disp. XI. § 5. p. 1021, ubi distinguit inter *medium organicum* seu *causale,* et *medium viae,* quod *ordinem antecessus et consequentiae* notat. Eandem etiam agnoscit b. *Balth. Meisnerus* Anthropol. S. Deoc. III. Disp. XXVIII. § 20., e. g. quod luctus peccatoris habeat rationem medii, *non meriti.* Similiter dari conditiones, *quae tantum determinant subjectum salvandum, non continent vel exprimunt salutis causam,* his verbis docet in Consid. theol. Photin. Cap. II. pag. 177. Dari *conditiones, quae continent remotionem obstaculorum, non promotionem aut causationem ipsius finis* (justificationis aut salutis), scribit in Anthr. l. c. § 21. Consentit prorsus et distinctionem inter *conditionem subjecti* et *causam effectus* saepius inculcat b. *Gerhardus* Conf. cath. L. II. P. III. art. XXIII. cap. VI. p. 777. 779. Et B. *Hoepfnerus* l. c. Disp. XI. Aph. I. § 6. et § 48. sqq., Aph. II. § 19. p. m. 1021. 1022. 1031. 1032. 1047., inter conditionem *causalem,* et eam, quae est *nudi ordinis,* vel *signi,* distinguere jubet. Uterque, Gerhardus et Hoepfnerus ll. cc. concedunt, conditiones non causales habere relationem aliquam *ad finem;* quamvis *non* habeant *relationem* velut *causae* ad causatum suum.

d) Scilicet quatenus est scientia; ubi occurrunt cum *res cognoscenda* sive de qua conclusiones inferuntur; tum illud, ex quo prius cognito conclusiones deducuntur, sive quod primo cognitum est *ratio cognoscendi* caetera. Illud *materiale,* hoc *formale* objectum appellatur. Conf. Introd. b. *Mus.* c. II. § 14. 15. p. 47. 48.

e) Constat autem ex dictis, theologiam naturalem esse habitum ex toto practicum. Quamvis enim, quemadmodum Deus duobus modis considerari potest 1) in se absolute, 2) in ordine ad hominem, ut est ejus finis ultimus et summum bonum, ita theologia naturalis pro hac duplici Dei consideratione duplex aliquando dicatur: *non* tamen ideo *duae* sunt theologiae naturales; sed *una* est theologia naturalis, sub quam tanquam unam scientiam utraque consideratio cadit; ita ut unius et ejusdem scientiae (theologiae naturalis) sit, explicare finem (Dei essentiam et perfectiones essentiales) et media consequendi finis (seu summi boni illius), unius et ejusdem scientiae (theologiae naturalis) sit considerare finem objectivum et regulam operationis circa eundem, quam radicaliter et virtualiter in se continet, ex eodem cognito eruere et tradere. Ac fatendum est, quod Dei essentia et perfectiones essentiales non possint ita absolute explicari et cognosci, quin simul in iis ratio summi boni explicetur et cognoscatur, quodque theologia naturalis non satiet hominis appetitum cognitione Dei nuda, sed accendat potius in homine majus desiderium fruendi illius; quod prolixe ostendit b. *Musaeus* Introd. Cap. II. p. 24. 25. 26.

§ 4.

Finis, ad quem ultimo et per se[a] tendit, et omnia, quae tradit, eo refert theologia naturalis, est ultima hominis beatitudo,[b] quo nomine Deum,[c] tanquam finem *objectivum*, et consecutionem atque fruitionem ejus, in operatione[d] intellectus et voluntatis perfectissima[e] consistentem, tanquam finem *formalem*, complectimur.[f]

CALOVIUS: ,,*Finis* theologiae naturalis est *non* quidem *praeparatio* hominis ad supernaturalem gratiam suscipiendam, uti vult Alstedius in praecognit. theol. libr. cap. 15; qui finis concedi nequit, nisi de theologia naturali ante lapsum; sed *manuductio* hominis ad ulteriorem Dei indagationem, quae in statu integritatis sese habebat per modum alicujus praeparationis, in statu post lapsum mere est *paedagogica*, cum nulla in nobis sit ἱκανότης, nulla a nobis praeparatio ad supernaturalem gratiam.‘‘ (Isag. L. I. p. 63. sq.)

IDEM: ,,Distinguendum inter *gratiam* immediate *salutiferam* et gratiam quandam *paedagogicam*. *Illam* dicimus, quae directe ad conversionem animarum ducit; *hanc*, quae *ducit ad ecclesiam*, ad quam perducti, mediante praeconio verbi, salutifera gratia frui possint. *Illam* gentilibus, verbi Dei revelatione destitutis, denegamus; *hanc* autem concedimus, quae etiam ad ἀναπολογίαν eorum sufficit. Rom. 1, 21.‘‘ (L. c. p. 83.)

REUSCHIUS: ,,Finis theologiae naturalis *absolute spectatae*, a Deo per se intentus, est beatitudo; theologiae vero in homine lapso et peccatore finis, per se intentus a Deo, est *paedagogia ad theologiam revelatam*. Atque si haec negligatur culpa hominum, finis th. nat. per accidens est *inexcusabilitas* hominum in pernicie ipsorum seu convictio eorundem, quod sua culpa pereant. Cf. Act. 17, 26. sqq. Rom. 1, 19. 20.‘‘ (Annotatt. in Baieri Compend. p. 23.)

M. CHEMNITIUS ostendit, Deum sui notitiam gentibus naturaliter manifestasse: 1. propter externam *disciplinam*, 2. ut *quaeratur* Deus, 3. ut reddat homines *inexcusabiles*. Cf. Locc. theol. loc. de Deo, c. 1. s. 4. fol. 20. sq.

a) Alias enim non negatur, *finem theologiae naturalis* hunc recte dici, *reddere hominem inexcusabilem, eundemque paulatim manuducere ad theologiam supernaturalem*: de quo vid. b. *Himmelius* Syntagm. Disp. I. § 20. Nempe hinc finis post lapsum introductamque corruptionem generis humani et hominibus restaurandis communicatam theologiam supernaturalem demum accessit, adeoque *per accidens*, cum in primaevo statu hunc finem non intenderet auctor luminis naturae ac theologiae naturalis; sed eum, quem in thesi indicamus. Vid. *Jac. Mart.* Disp. II. § 46. 52. 53. p. 32. 33. 34.

b) Est enim theologia naturalis 1) scientiarum practicarum nobilissima, ideoque finem perfectissimum tractat, 2) agit de Deo, ut summo bono, adeoque ut obtinendo, 3) agit de homine, tanquam beando absolute. Homo autem absolute beatus non fit nisi in Deo. Vid. Introd. B. *Mus.* Cap. II. § 6. p. 30.

c) Qui omnem bonitatem in se continet et solus potest explere appetitum. Unde *Augustinus: Fecisti nos*, ait, *Domine, ad te, et inquie-*

tum est cor nostrum, donec requiescat in te, Lib. I. Confess. Cap. I. Conf. Introd. *Mus.* l. c. et *Jac. Mart.* l. c. Disp. II. § 55. sqq. p. 34.

d) Est enim bonum homini proprium, adeoque in operatione animae rationalis collocandum. Vid. Introd. *Mus.* Cap. II. § 9. p. 35. Actu intellectus potimur Deo seu conjungimur ei, attingentes rationem boni, quod in Deo est; actu voluntatis eodem fruimur seu inhaeremus illi, tanquam bono nostro impetrato. B. *Mus.* l. c. p. 36. 37.

e) Nempe ut satiare possit appetitum. Ideoque aliam esse oportet operationem, quam quae in hac vita locum habet, ubi cognitio Dei imperfecta est; voluntas vero desiderium habet perfectioris conjunctionis cum Deo; licet, qualis sit futura cognitio Dei post hanc vitam, videlicet intuitiva et clara, non possit homo per lumen naturae distincte cognoscere. *Mus.* l. c. p. 37. 38. *Jac. Martini* Disp. III. § 35. 36. 37. p. 56. 57.

f) Ita, ut uterque finis, junctim sumti, unum completum finem constituant. Alias enim per Deum aut in Deo non beamur, nisi certa operatione eo potiamur et fruamur. Operatio etiam animae nostrae, qualiscunque sit, beatos nos non efficit, nisi circa Deum versetur. *Mus.* l. c. § 9. p. 34.

§ 5.

Subjectum operationis[a] est homo viator[b] seu ad beatitudinem aeternam tendens.[c]

> MUSAEUS: ,,In theologia naturali constitui subjectum operationis recte hominem viatorem, ex requisitis subjecti operationis intelligitur. Requiritur enim ad illud in unaquaque scientia practica: cum ut careat ea perfectione, quae ei pro fine est, tum ut ejusdem particeps fieri possit per principia et media, quae in ea praescribuntur. Quod utrumque homini viatori, per se et in suo primaevo statu spectato, convenit. Hoc ipso enim, quod viator h. e. in via ad adipiscendam beatitudinem constitutus est, caret perfectione ea, quae theologiae naturali pro fine est, beatitudine scilicet. Ejus vero particeps fieri poterat in suo statu primaevo per principia et media, quae in ea praescribuntur. In statu peccati autem homo viator beatitudinis quidem per principia et media, quae theologia naturalis praescribit, particeps fieri non potest; sed hoc per accidens est. Per accidens enim est, quod homo peccavit et per peccatum fine suo, ad quem conditus est, excidit. Per hoc tamen jam in statu peccati non desinit esse subjectum theologiae naturalis. Actus practici enim, quos ipsa praescribit, stringunt eum jam quoque non minus, quam in statu integritatis, licet ad finem, cujus gratia sunt, per eos pertingere non possit." (Introductio in th. Jenae 1678. p. 41 sq.)

a) Sive id, quod operationi, quam theologia naturalis, in respectu ad consequendam beatitudinem, praescribit, substernitur. Dicitur alias *finis CUI. Mus.* l. c. § 10. p. 41.

> J. SCHARFFIUS: ,,*Finis cui* est usus rei in alio, cui finis procuratur; ut medicinae finis cui est aegrotus, huic enim procuratur bonum medicinale. *Finis cujus* est, cujus acquirendi gratia efficiens movetur et agit; ut sanitas est finis cujus in medicina." (Metaphysica exemplaris. Ed. 5. Witteb. 1649. p. 127.)

b) Qui opponitur *comprehensori;* sicut alias status *viae* et status *patriae* distinguuntur, ex *1 Cor. 9, 24.*, ubi, qui in terris vivunt, *currentibus ad metam,* qui beate vita defunguntur, *metam comprehendentibus* assimilantur, et *2 Cor. 5, 6. et 8.*, ubi, qui in hac vita sunt, *peregre abesse* (ἐνδημῆσ.ι) *a Domino* et desiderio commorandi apud Dominum, ubi tanquam *domi habitare* (ἐνδημῆσαι) possint, tangi dicuntur. Conf. *Philipp. 3, 12. 13.* et Introd. *Mus.* Cap. I. § 8. p. 13. Non autem dicimus hoc loco hominem peccatorem, sed viatorem : quia hactenus agimus de theologia naturali, praecise et in se spectata, qua ratione praescindit a statu integritatis et corruptionis. Vid. *Mus.* Introd. Cap. II. § 10. p. 41.

c) Et quidem quatenus ad beatitudinem deducendus est, adeoque potissimum ratione intellectus et voluntatis. De subjecto enim operationis in scientiis practicis ex fine ferendum est judicium. B. *Mus.* l. c. § 30. p. 87.

§ 6.

Ad causas beatitudinis referuntur 1. efficiens, quae est Deus,[a] 2. impulsiva interna, quae est bonitas seu gratuitus favor Dei.[b]

a) Non natura, aut doctrina, aut assuefactio. His enim post hanc vitam nihil demum acquiritur ; sed tunc accipitur, quod respondet vitae priori, bene aut male transactae. Cumque beatitudo consistat in cognitione Dei perfectissima, certum est, hanc homini neminem posse conferre, nisi Deum ipsum. B. *Mus.* l. c. § 11. p. 42.

REUSCHIUS : „Bona cuncta praeter Deum sunt finita, eoque mutabilia et inconstantia, per consequens eorum possessio ac intuitio non praestare potest perpetuam et summam voluptatem, eoque nec perpetuam et summam felicitatem nec beatitudinem. Quodsi ergo rationalis creatura velit adspirare ad beatitudinem, itemque ad felicitatem perpetuam et consummatam, *Deum possidere* debet i. e. per operationes immediatas ita sibi praesentem et unitum habere semper, ut illas in se experiatur seu Dei intuitionem habeat. Sed Dei intuitionem nemo largiri potest, nisi Deus ipse ; unde medium causale beatitudinis et felicitatis consummatae est Deus.“ (Annotatt. in Baieri Compendium. Jen. 1757. p. 15.)

b) Non justitia, bonitati contradistincta. Homini enim, qui 1) inesse et operari dependet a Deo, et 2) quicquid boni agit, ex debito agit, ad Deum jus nullum, nullum meritum proprie et stricte dictum est. B. *Mus.* l. c. § 12. p. 43. Atque haec causa est, quam ob rem causae impulsivae internae tantum, non aeque externae, mentionem fecimus.

GERHARDUS : „Cui non competunt *proprietates meriti,* illud non potest esse meritorium. Atqui bonis operibus nostris non competunt proprietates meriti. Ergo non possunt esse meritoria. Assumtum probatur hoc modo. *Meriti natura ac ratio postulat haec quatuor :* 1. *Ut opus illud, quo meremur, sit nostrum.* Quod enim non afferimus ex nostrarum virium phano ac luco, sed ex alterius liberalitate obtinemus, per illud non possumus Deo ejus mereri, sed debitum obsequium tantummodo reddimus. 2. *Ut sit opus indebitum.* Quod enim jam ante debitum est, illud non constringit ad nova beneficia eum, cui ex debito praestatur. Contradictoria haec sunt, opus debitum alicui exhibere, et opere illo, jam ante debito, aliquid mereri. Admodum impudens sit oportet, qui quasi bene meritus praemium sibi ob id poscit, quod debita solvit. 3. *Ut sit utile atque commodum illi, cui praestatur.* Si enim ex opere nostro nulla accedit alteri utilitas, nunquam id pro merito agnoscet. 4. *Ut sit et pretio et dignitate aequale illi, quod pro opere nostro redditur.* Si enim inaequalitas quaedam est inter laborem et mercedem, inter opus et praemium, tum meritum ex condigno non habet locum. Minister, principis nomine distribuens eleemosynam, non meretur ea re quippiam, quia non dat de suo; qui solvit mercedem laboranti, non meretur quippiam apud eum, quia nihil dat, nisi quod debet; qui regi sitienti dat phialam aquae, si ab eo donaretur civitate, non posset dici liberalitate sua tantum donum meruisse, cum inter datum et acceptum nulla sit proportio. *Jam vero opera bona* 1. *non sunt nostra, sed Dei*, per Spiritum suum in nobis efficaciter agentis, opera. Deus est, qui inclinat cor nostrum ad sua testimonia. Ps. 119, 36. 37. Phil. 2, 13. 1, 29. Joh. 15, 5. 2 Cor. 3, 5. Id sancti agnoscunt Es. 26, 12.: ,Domine, omnia opera nostra tu operatus es in nobis.' Ex eo, quod Deus in nobis ex mera gratia operatur, ex bonis, inquam, operibus, an Deus *nobis* obstrictus, an non multo magis *nos* Deo? Quin potius dicamus cum propheta Osea 13, 19.: ,Ex nobis perditio nostra, tantummodo in Deo salus nostra.'.. Certe nemo sanae mentis dixerit, eam esse venditionem proprie dictam, quando exiguo pretio ab ipso divite pauperi donato domus quaedam emitur, sed est donatio domus, non quidem immediata, tamen mediata; ac si vel maxime detur intercedere quandam emtionem καταχρηστικῶς sic dictam, nondum tamen evictum est, eandem esse rationem vitae aeternae; eam enim propter opera nostra nobis dari ex scripturis demonstrari nequit.... 2. *Opera nostra bona jam ante multis nominibus Deo sunt debita jure creationis, conservationis, dominii, redemtionis, sanctificationis etc.* Imo quicquid agimus, non est totum id, quod Deo debemus, sed nostri erga Deum officii pars duntaxat quaedam; proinde ,si vel maxime omnia, quae praecepta nobis sunt, faceremus, tamen dicendum nobis foret, quod simus servi inutiles.' Luc. 17, 10. Ergo cum opera nostra sint jam ante Deo debita, merces non redditur illis ex debito. Si opera sunt debita, merces est indebita; si merces est debita, opera sunt indebita. 3. *Opera nostra nullam utilitatem Deo afferunt.* Job. 22, 2. 3.: ,Nunquid Deo proderit vir? Sed proderit sibi ipsi intelligens. Nunquid voluntas omnipotentis (Schaddai i. e. Dei ad omnia sibi ipsi sufficientis), quod justificeris, et nunquid utilitas ei, quod perficias vias tuas?' Ps. 50, 12.: ,Si esuriero, non dicam tibi, quia orbis meus est et plenitudo ejus', (non indiget Deus sacrificiis populi sui, ergo nec aliis operibus nostris)... 4. *Nulla est aequalitas inter opera nostra et vitam aeternam, quae est bonum infinitum.* ,Passiones non sunt condignae (τὰ παθήματα οὐκ εἰσι ἄξια) ad futuram gloriam', Rom. 8, 18.; ergo nec opera sunt condigna. Excipient fortassis: bona opera esse quidem debita nec Deo afferre quoddam commodum, nihilo tamen minus esse meritoria, quia Deus propter opera vitam aeternam reddere promisit. Sed si vel maxime daretur, vitam aet. propter opera reddi (quod ipsum μέγα λίαν αἴτημα), nondum tamen posset dici, bona opp. esse vitae aet. ex condigno meritoria, propter defectum proprietatum, quae ad merita proprie sic dicta requiruntur. Primo homini pro sancto erga Deum obsequio et pro perseverantia in opp. bonis vitae aet. possessio esset tradita; interim tamen, si proprie et accurate loqui velimus, illa primi hominis obedientia non fuisset vitae aet. meritoria, cum fuerit jam ante debita, cum nihil commodi ex ea Deo accesserit, cum nulla inter obedientiam temporalem et aeternam beatitudinem proportio intercedat. Quae ergo praesumtuosa audacia est, homini post lapsum, qui renovatus quidem Dei Spiritu, interim tamen ex parte adhuc carnalis est et sub peccatum venumdatus, hoc adscribere, quod ne quidem in statu integritatis ipsi competeret!" (Loc. de bonis operibus, § 102.)

IDEM: „Quaecunque praemia bonis operibus Deus reddit, ex gratuita bonitate reddit; eadem tamen ut *justus* judex (Ebr. 6, 10.) reddit, non quia nobis quicquam debet, sed quia *promisit*, et ex veritate,
quae est pars justitiae, id, quod gratis promisit, praestat. Non inter-
cedit hic debitum quoddam nostrum, quo Deum nobis obstringimus,
sed debitum quoddam Dei, quo sese gratuita promissione nobis obstrinxit." (L. c. § 119.)

§ 7.

Media[a] consequendae beatitudinis in theologia naturali sunt actus mentis et voluntatis circa Deum occupati,
quibus recte agnoscitur[b] et colitur Deus. Dicuntur uno
nomine religio.[c] Continentur lege naturae seu morali,[d]
et partim directe atque immediate[e] circa Deum occupantur, partim directe hominem ad seipsum,[f] vel ad proximum,[g] consequenter tamen ad Deum[h] ordinant.

a) Intelligimus media generalius sic dicta, quae idem sunt, atque
conditiones non causales, ex parte subjecti beandi requisitae, de quibus diximus § praecedente 3. nota c. Patet autem illud hoc loco ex eo,
quod § 6. diximus, Deum gratuito suo favore moveri ad beandos homines, quo ipso excluditur medium causale seu meritorium a parte
nostra. Neque meritum alienum, quod apprehendendo nostrum fiat,
theologia naturalis agnoscit. Unde necesse est, media, quae hic dantur, conditiones tantum esse, adeoque media in significatu laxiore et
minus proprie dicta. Conf. b. *Mus.* l. c. § 13. p. 43. 44.

b) *Non potest* enim *religio a sapientia separari, nec sapientia a religione secerni, quia idem Deus est, qui et intelligi debet, quod est sapientiae,
et honorari, quod est religionis. Sed sapientia praecedit, religio sequitur,
quia prius est, Deum scire, consequens colere.* Vid. *Lactant.* Lib. IV. de
Vera sap., cap. IV. p. m. 176. Nonnunquam tamen ipsa agnitio Dei
nomine *cultus* divini comprehenditur: scilicet, quod *principium* cultus
divini est, *nosse, quem colas.*

BALDUINUS: „*Religio* duobus modus accipitur: 1. de *virtute* morali, quae justum debitumque honorem Deo tribuit; 2. de certo *statu*
et conditione vitae multorum hominum, qui speciali modo ac regula se
Deum colere putant." (Tract. de cas. consc. p. 143.)

CALOVIUS: „Juxta nomen ὁμωνύμως acceptum distinguitur religio
in veram et falsam... *Falsa* religio de quovis Dei cultu supersti-
tioso, ut et haereticis de Deo et rebus divinis opinionibus, dicitur;
quo pacto vocamus religionem paganam, mahometanam, papisticam,
calvinisticam etc., quae nonnisi *aequivoce* hoc nomine veniunt." (Isag.
I, 280. sqq.)

H. KROMAYERUS: „Religioni *opponitur* tum *impietas* i. e. contemtus Dei, cum quis etiam contra dictamen conscientiae vivit, ac si
Deus non esset; tum ἐθελοθρησκεία i. e. *cultus electitius* (ut θρησκεία τῶν
ἀγγέλων, Col. 2, 18.); tum ex parte *hypocrisis*, quando cultus iste gestibus quidem corporis, sed mente aliena peragitur." (Scrutinium
relig. p. 4.)

CALOVIUS: „*Abusive* religio dicitur apud pontificios, cum eam definiunt statum hominum, ad perfectionem christianam per paupertatis, continentiae et obedientiae vota tendentium (Bellarm. 1. 2. de monachis c. 2.). Haec autem pontificiorum religio mera est superstitio.“ (Isag. P. I. p. 278.)

c) *Nomen religionis a vinculo pietatis deductum est, quod hominem sibi Deus religaverit et pietate constrinxerit: quia servire nos ei, ut domino, et obsequi, ut patri, necesse est. Lactantius* 1. c. Cap. XXVII. p. m. 349. 351. Denotat autem vox religionis in significatione strictiore *vel* habitum voluntatis, quo inclinamur ad devotionem et honorem cultumque Deo debitum propter ejus excellentiam; *vel* actus ipsos honorandi aut colendi Deum propter excellentiam ejus, et connotat ex parte intellectus agnitionem Dei rectam, ex parte voluntatis virtutes alias (aut actus virtutum), quae (qui) ad Dei honorem cultumque diriguntur; in laxiore vero significatione importat complexum omnium virtutum aut actuum, ad Dei cultum pertinentium. Vid. b. *Mus.* Introd. Cap. II. § 2. p. 25. 27. et in Refut. Tract. Theol. Pol. de libert. philos. § 37. p. 19. et § 47. p. 28.

CALOVIUS: „Variae occurrunt *nominis* (religionis) rationes, praecipue autem quatuor: 1. Masurius Sabinus in Comment. de Indigenis, referente A. Gellio l. 4. Noct. Att. c. 9., *a relinquendo* dictum putat. ‚Religiosum‘, inquit, ‚est, quod propter sanctitatem aliquam remotum ac sepositum a nobis est, verbum a *relinquendo* ductum, tanquam ceremonia a carendo.‘ Sic etiam religiosum dici innuit Macrob. 1. 3. Saturnal. c. 3. et in eandem sententiam adducit Servium Sulpitium. Hoc pacto templa ac delubra *religiosa* dicta censentur, quod ob sanctitatem reverenda ac reformidanda potius sunt, quam invulganda; dies autem religiosi, quod ex contraria causa propter ominis diritatem relinquendi. — 2. Cicero l. 2. de N. D. et Zwinglius l. de vera et falsa rel. et alii *a relegendo* derivant; ‚qui tota die‘, inquit Cicero, ‚precabantur et immolabant, ut sibi sui liberi superstites essent, superstitiosi sunt appellati, quod nomen patuit postea latius; qui autem omnia, quae ad cultum deorum pertinerent, diligenter retractarent et tanquam *relegerent*, dicti sunt religiosi a relegendo, ut eligentes ab eligendo et ex intelligendo intelligentes.‘ — 3. Augustinus l. 10. de C. D. c. 4. *ab eligendo* a quibusdam innuit deductum, quod iterum eligamus Deum per religionem. ‚Ipse‘, inquit, ‚est fons nostrae beatitudinis, ipse est omnis appetitionis finis. Hunc *eligentes*, vel potius *religentes* (amiseramus enim negligentes), hunc ergo religentes, unde et religio dicta perhibetur, ad eum dilectione tendimus, ut perveniendo quiescamus.‘ — 4. Idem Augustin. l. de vera rel. c. 55. et Hieron. in c. 9. Amos., ut et Ambros. l. de virginibus, nec non Lactantius Institutionibus div. l. 4. c. 18. *a religando* derivari dixere, ‚quod Deus hominem sibi religaverit et pietate quasi vinculo constrinxerit‘, dicente Lactantio; quod ‚religione quasi in fascem Domini vincti et *religati* simus‘, uti Hieron. ait l. c. Quae etymologia, ut praecipuis latinorum Patrum, nec non Gellio l. c. probata, ita rei naturae non minus, quam ipsi voci videtur convenientissima, quum et formam et finem religionis concinne innuat.“ (Isag. P. I. p. 275. sqq.)
LIVIUS: „Nullam scelere religionem exsolvi“ i. e. scelere nullam obligationem tolli. (Hist. l. 2, c. 32.)

d) Qua, quae creaturae rationali, quatenus rationalis est, conveniunt, ideoque ad mores seu rationem vivendi attinent, definiuntur et praescribuntur; opposita autem, seu quae illi disconveniunt, prohibentur. Estque lex illa Dei, tanquam auctoris naturae, digito seu influxu in ipsa creatione animae hominis implantata: de quo infra suo loco plura videbimus.

DANNHAUERUS: ,,*Lex moralis I. naturalis ac aeterna, est lex naturae*, non universae, qua omnis creatura constat ac ordinem suum tuetur; non communis homini et bestiae, quam improprie jus naturae appellat Ulpianus; sed speciatim 1. *lex naturae humanae* per se consideratae, quae hominem etiam solitarium obligaret, si non ad actum, tamen ad habitum, ut: Deum esse colendum, honorandos parentes, nemini inferendam injuriam, promissa servanda; quod tibi fieri non vis, alteri ne feceris; quod tibi vis fieri, id et tu alteri velis; αὐτοφονίαν esse illicitam. (Alias, quae hominem qua socium in aliqua republica ad pacem publicam servandam ex specialibus contractibus obligat, jus gentium appellari gaudet; cujusmodi jura sunt: non violare legatos, non uti in bello armis veneno illitis etc.) 2. *Per se bona* ac ideae sanctitatis divinae consentanea, adeo ut si vel maxime nunquam lata fuisset, tamen vero judicio videretur obligare. Unde non quia Deus voluit, exempli gratia, prohibere idolatriam, sed quia per se digna odio, peccatum est; sic adoramus Deum non tantum, quia ipse voluit, sed et quia Deus est noster. Ita obedientiam debemus Deo, non solum, quia Deus id jussit (alioquin etiam angelo jubenti parem obedientiam deberemus), sed quia res Dei sumus, consequenter ex naturali jure obligati. Praeceptum sive opus hujus legis primum ac generale est: bonum esse faciendum, malum fugiendum (quod principium tam commune est, quam illud theoricum: Impossibile esse, ut idem simul sit et non sit), honeste vivendum, neminem laedendum, suum cuique tribuendum. 3. *Immutabilis et aeterna;* quam enim impossibile est, normam hujus legis, quae est lex aeterna in divina mente, mutari, tam impossibile est, ejus radium mutari; ut sol incorruptibilis est, ita etiam solis radius. *Res*, quam jus naturae constituit, quandoque mutatur, non *jus*. Si exempli gratia creditor, quod ei debetur, acceptum ferat, jam solvere debitor non tenetur, non quia jus naturae desierit praecipere solvendum, quod debeo, sed quia, quod debebam, deberi desiit. Ita cum Deus occidi praecepit Isaacum (Gen. 22, 2.), non eo ipso parricidium fit licitum, sed quod Domino auctore fit, parricidium esse desinit. 4. Σύμφυτος *et connativa* per promulgationem inscriptam cordibus hominum digito Dei. . . II. Moralis *positiva* illa est, quae unice pendet a Dei voluntate, ac nisi Deus ita sanxisset, peccatum non haberetur.'' (Hodosoph. phaenom. VI. p. 240. 242.)

M. CHEMNITIUS: ,,Exagitantur a multis hae disputationes tanquam philosophicae, de quibus Paulus dixerit, Col. 2, 8.: ,Cavete, ne quis vos depraedetur per philosophiam et inanem deceptionem.' Sed candor adhibendus est in judicando, ne petulanter in nomine philosophiae turbentur et convellantur, quae recte et utiliter tradita sunt. *Considerentur potius causae, propter quas utile est observare consensum legis naturae cum decalogo*, et ostendantur metae, intra quas collatio illa se continere debet. Si quis enim illam collationem eo referre vellet, ut interpretationem decalogi inflecteret et restringeret tantum ad naturales legis notitias, ita ut contenderet, lege Dei argui tantum illa peccata, quae natura nota sunt, et satisfieri decalogo qualicunque obedientia, quam ratio ex lege naturae dictat et praestare potest, is, quia egrederetur veras metas, recte diceretur depraedari, Col. 2, 8. Et non est dubium, pharisaicas corruptelas inde traxisse originem. Plausibilis enim opinio est, interpretationem decalogi sumere ex lege naturae. Et haec imaginatio multos etiam in ecclesia fascinavit, qui finxerunt, patres ante Mosen salvatos fuisse per legem naturae etc. Adhibendum igitur est judicium in usu disputationis de lege naturae. In locis vero ostenditur vera ratio, *quomodo recte et utiliter quaeri et considerari possit consensus legum naturae cum decalogo*. Et traduntur *hae causae: Quia Paulus ex professo illam disputationem tractat Rom. 1. et 2. et tri-*

buit legi naturae honestissimas appellationes. Vocat enim Rom. 1, 18. veritatem Dei, v. 19. patefactionem Dei, v. 32. jus Dei, Rom. 2, 15. opus legis, scriptum in cordibus in ipsa creatione. Et quidem appellatio legis naturae inde sumpta est; inquit enim v. 14. : ,Gentes natura, quae legis sunt, faciunt.' Et grati agnoscamus illud beneficium, quod non voluerit lucem legis totam exstinctam per lapsum; sed voluit reliquias quasdam superesse, ut possit esse consociatio politica inter homines, in qua Deus per vocem evangelii colligat ecclesiam. Et reliquias illas esse magnifaciendas, monent Pauli vocabula. — 2. *Utilis est haec collatio, ut discamus amare, venerari et magnifacere sententias morales congruentes legi naturae, ubicunque extent et legantur apud poëtas, historicos, philosophos, legumlatores* etc. Quia sunt jus divinum et veritas Dei divinitus patefacta. Ita Paulus non est veritus in gravissima causa ex Menandro citare sententiam 1 Cor. 15, 33. : ,Corrumpunt bonos mores colloquia prava.' — 3. *Prodest etiam ad hoc, ut testimonium conscientiae etiam in non renatis magnifaciamus;* ne scilicet cogitationes accusantes (quas Paulus ita vocat Rom. 2, 15.), quando sentiuntur, retundantur hac imaginatione, quasi sit inanis quaedam phantasia, quam muliebre sit curare; sed statuamus, esse vere judicium *Dei*, arguentis peccata. — 4. *Ut ex illa collatione observetur, in quibus partibus obscurata sit naturalis notitia legis,* ubi judicium depravatum, et quae sint illa, sive peccata sive bona opera, quae ignota rationi in decalogo ostendantur. Hoc modo collatio legum naturae cum decalogo recte et utiliter potest adhiberi et quidem aliquo modo ita illustrabitur vera sententia. . . Secunda tabula legis naturae a'philosophis negative ponitur : Quod tibi *non* vis fieri, alteri ne feceris. Christus vero affirmative recitat Matth. 7, 12. : ,Quidquid vultis ut faciant homines vobis, et vos facite illis'; et diserte ostendit consensum hujus sententiae cum decalogo. Inquit enim : ,Haec est lex et prophetae', scilicet in secunda tabula.'' (Loc. th. P. II. fol. 96. sq.)

APOLOGIA A. C. : ,,Humana ratio naturaliter intelligit aliquomodo legem. Habet enim idem judicium scriptum divinitus in mente. Dieweil das *natürliche Gesetz,* welches mit dem Gesetz Mosi oder zehen Geboten übereinstimmt, in aller Menschen Herzen angeboren und geschrieben ist und also die Vernunft etlichermass die zehen Gebot fassen und verstehen kann, will sie wähnen, sie habe genug am Gesetz und durch das Gesetz könne man Vergebung der Sünden erlangen.'' (Art. 4. p. 87. sq.) ,,*Jus naturale* vere est jus *divinum,* quia est ordinatio divinitus impressa naturae. Ist's nun *natürlich* Recht, so ist es *Gottes* Ordnung, also in der *Natur* gepflanzt und ist also auch *göttlich* Recht.'' (Art. 23. p. 238.)

LUTHERUS : ,,Wenn das *natürliche Gesetz* nicht von Gott in das Herz geschrieben und gegeben wäre, so müsste man lange predigen, ehe die Gewissen getroffen würden; man müsste einem Esel, Pferde, Ochsen, Rinde hunderttausend Jahre predigen, ehe sie das Gesetz annähmen, wiewohl sie Ohren, Augen und Herze haben, wie ein Mensch; sie können es auch hören, es fällt aber nicht in das Herz. Warum? Was ist der Fehler? Die Seele ist nicht darnach gebildet und geschaffen, dass solches darein falle. Aber ein Mensch, so ihm das Gesetz vorgehalten wird, spricht er bald : Ja, es ist also, ich kann es nicht leugnen. Des könnte man ihn nicht so bald überreden, es wäre denn zuvor in seinem Herzen geschrieben. Weil es nun zuvor im Herzen ist, wiewohl dunkel und ganz verblichen, so wird es mit dem Worte wieder erwecket, dass ja das Herz bekennen muss, es sei also, wie die Gebote lauten, dass man einen Gott ehre, liebe, diene, weil er alleine gut ist und Gutes thut, und nicht allein den Frommen, sondern auch den Bösen.'' (Ausl. über etliche Capp. des 2. B. Mosis. 1525. III, 1575.)

IDEM : ,,Warum lehret und hält man denn die zehen Gebot? Antwort : Darum, dass die *natürlichen Gesetze* nirgend so fein und ordentlich sind verfasset, als im Mose. Darum nimmt man billig das Exempel von Mose.'' (Wider die himmlischen Propheten. 1525. XX, 211.)

e) V. g. ex parte intellectus actus meditandi et cognoscendi essentiam, affectiones, providentiam, opera et beneficia divina; ex parte voluntatis actus timoris, dilectionis, fiduciae, spei, patientiae etc., quibus respondent actus externi, per quos interni illi declarantur; v. g. preces, invocatio Dei et gratiarum actio, signis sensibilibus facta, sive in publico coetu, sive privatim, hymni et variae celebrationes Dei, perfectionum et beneficiorum ejus etc.

f) E. gr. actus interni, in moderandis affectibus occupati; actus excolendi animum honestis artibus ac scientiis; actus recte tuendi vitam, corpus, famam, opes etc., qui partim interni, partim externi sunt.

g) V. g. actus justitiae, quibus suum cuique tribuitur, actus liberalitatis, fortitudinis ad tuendam patriam, propinquos etc., qui itidem vel in animo eliciti, vel imperati et externi sunt.

h) Habent etiam rationem cultus divini, quatenus ad Deum, tanquam ad finem, ultimo referuntur et in ejus obsequium, laudem et gloriam fiunt. Vide de his omnibus b. *Mus.* l. c. § 33. sqq. p. 88. 89.

§ 8.

Quoad sufficientiam vero cultus divini, quem theologia naturalis praescribit, in ordine ad beatitudinem post hanc vitam consequendam, maxima occurrit et diligentissime observanda est diversitas, quoad diversos status[a] hominis, primaevum seu integritatis, et statum corruptionis seu peccati. In illo statu poterat homo, ductu theologiae naturalis et per concessas sibi vires, ad sufficientem Dei cognitionem cultumque Deo debitum, absque defectu seu peccato praestandum, pertingere, adeoque[b] hoc modo beatitudinem aeternam a Deo impetrare. In hoc posteriore autem statu per ipsius naturae corruptae conditionem a Deo aversus atque ad ea, quae Deo displicent, propensus est; cumque Deum propter peccata sibi infensum[c] habeat, non tamen invenit in theologia naturali medium, quo Deo laeso satisfacere[d] et cum eo in gratiam reduci[e] possit; imo neque, quae alias ad Dei cultum pertinent, perfecte[f] cognoscere sibique praescribere, neque eum cultum, quem Deo deberi vi luminis naturae intelligit, praestare[g] potest. Unde pro praesenti statu nulli hominum[h] sufficit theologia naturalis ad salutem.

a) Status illi diversi hactenus supponuntur, infra autem in theologia revelata suo loco manifestius tradentur.

M. Chemnitius: ,,Quae, qualis et quanta est illa *notitia naturalis* et quousque progreditur? — Vere loquendo: aut nulla, aut imperfecta, aut languida est. *Nulla*, quia de gratuita promissione remissionis peccatorum nihil novit tota philosophia; illam enim Filius Dei e sinu aeterni patris prolatam revelavit ecclesiae. Joh. 1, 18. Matth. 11, 27. et 1 Cor. 1, 21. et 2, 7. — *Imperfecta*, quia gentes aliquam tantum particulam legis noverunt. De interioribus vero cultibus primae tabulae nihil certi vel novit vel statuit ratio; tantum de quibusdam externis et civilibus negotiis docent quidam gentium philosophi. Interea miscent multa ἄτοπα καὶ παράδοξα, de quibus nec inter ipsos satis convenit. — *Languida*, quia, etiamsi impressum est humanis mentibus, esse Deum et praecipere obedientiam juxta discrimen honestorum et turpium, tamen assensio non tantum languida est, sed horrendis dubitationibus saepe excutitur. Sicut extat pulcherrima descriptio in Tuscul., ubi Cicero, disputans de immortalitate animae, dicit ad Antonium: ,Evolve diligenter librum Platonis, qui est de anima; amplius quid desideres, nihil erit. Feci, me Hercule, inquit Antonius, et quidem saepius; sed nescio, quomodo, dum lego, assentior, cum posui librum et mecum ipse de immortalitate animarum cogitare coepi, omnis illa assensio elabitur.'" (Loc. th. P. I. f. 20.)

b) Habebat enim Deum propitium atque ad beatitudinem aliquando sibi conferendam sine difficultate propensum. Conf. b. *Jac. Martini* l. c. Disp. III. § 84. sqq. p. 66. sqq., b. *Mus.* Introd. Cap. II. § 13. num. 4. pag. 45.

c) Licet enim Deus sit maxime bonus, est tamen etiam summe justus et peccatorum, sanctissimae legi suae adversantium, vindex gravissimus, idque ex vi immutabilis suae justitiae: quam ob rem, nisi laesae justitiae divinae satisfiat, bonitas Dei, quae Dei justitiam non tollit, ita cognosci non potest, ut ab ea expectari queat remissio peccatorum et salus, peccatori conferenda. Conf. b. *Musaei* Disp. peculiarem de Insuff. theolog. nat. ad sal. contra *Ed. Herbert. de Cherbury* (quae tractatui de aet. elect. decr. annexa est) § 64. p. 36. 37.

d) Hoc autem praecipuum est, quo absente, nullus Deo placens cultus exhiberi potest. *Necesse est enim, ut persona Deo antea placeat (idque propter solum Christum), si modo personae illius opera Deo placere et accepta esse debent,* verba sunt *Solidae Decl. Form. Conc.* Art. IV. p. 700. 701. *Quomodo autem etiam potest humanum cor diligere Deum, dum sentit eum horribiliter irasci et opprimere nos temporalibus et perpetuis calamitatibus? Lex autem semper accusat nos, semper ostendit irasci Deum. Non igitur diligitur Deus, nisi postquam apprehendimus fide misericordiam, tum demum fit objectum amabile,* verba sunt *Apol. A. C.* pag. 83. 84. conf. p. 66. Atque ita constat, theologiam naturalem, quae non potest suppeditare illud, quod primum est in statu post lapsum, unde incipit cultus Deo placens, non esse sufficientem ad salutem.

e) Quanquam enim theologia naturalis poenitentiam homini peccatori praescribat, qua doleat de peccatis: tamen haec poenitentia neque ad omnia peccata sese extendit, cum multa a nescientibus aut negligentibus committantur, originale vero peccatum ab homine sibi relicto ac relevatione supernaturali destituto non recte agnoscatur. Sed neque dolor ille de peccatis peccata, quatenus offensam Dei important et hominem irae Dei ac reatui poenae aeternae subjiciunt, eluere potest, licet retractationem quandam eorum importet. Vid. b. *Musaei* Disp. cit. § 37. sqq. p. 22. sqq.

f) Ob connatam intellectus, etiam in naturalibus, obscuritatem, de qua infra in L. de Pecc. Orig. Interim notatu digna sunt verba, quibus b. *G. Mylius* ostendit, *notitiam* (theologiam) *naturalem mancam esse et mutilam, quia*, inquit, *doctrinae coelestis partem duntaxat unam, eamque minimam, legem nimirum, et ne hanc quidem etiam integram, sed dimidiatam tantummodo inculcat, ignorata partim veri cultus divini, partim evangelicae salutis cognitione, in qua utraque nucleus ipse notitiae divinae inclusus latet.* Posit. de Deo, th. 13.

CALOVIUS: „Quod in specie ad *capita theologiae istius naturalis potiora*, sunt sequentia: 1. *De Deo*, qua naturam et attributa, nec non voluntatem Dei legalem ex parte et opera nonnulla; minime autem qua personas distinctas deitatis vel voluntatem Dei evangelicam et opera gratiae, aliaque mysteria divina, quae rationi prorsus ignota sunt. 2. *De lege Dei*, qua eadem e lege naturae habetur secundum praecepta utriusque tabulae. Huc pertinent Zaleuci leges, aurea Pythagorae verba, Socratis, Platonis moralia praecepta, Epicteti regulae, Jamblichi, Simplicii aliorumque Platonicorum, itemque Aristotelis et Peripateticorum monita egregia, leges XII tabularum etc. 3. De peccato et transgressione legis. 4. De poena peccati, quam etiam lex naturae et conscientia cujusque dictat propria. 5. De immortalitate animae et vita post hanc vitam, quam e Zoroastre, Hermete Trismegisto, Phocilide, Pythagora, Socrate, Platone, Xenocrate, Epaminonda, Cicerone, Plotino, Jamblicho etc. ostendimus Decad. dissertat. de Pseudo-Theol. Soc. p. 80." (Isag. L. I. p. 68. sq.)

g) Quia tota natura humana corrupta bonisque, quas habere debebat, viribus destituta et ad malum proclivis facta est. Pulchre iterum b. *Mylius* l. c. th. 12.: *Mentem scientia tingit et aspergit, cordis autem motus inconditos nimis languide subigit.* Confer cum his et praecedd. b. *Jac. Mart.* l. c. § 112. 113. p. 73., b. *J. Mus.* l. c. p. 45. 46. et Disp. cit. § 32. 33. p. 18. 19. 20.

h) Sive audiverit aliquid de revelatione supernaturali deque Christo mediatore, sive non. Per gratiam Dei enim et meritum Christi nemo quisquam salvatur, nisi qui praestitam a Christo satisfactionem pro peccatis fide apprehendit sibique appropriat, ut istud Deo irato, quasi suum esset meritum, sistatur. Vid. iterum Disp. cit. b. *Mus.* § 101. sqq. p. 6. sqq. et Dissert. ejusdem contra *Steph. Curcellaeum* in quaestione: *Utrum gentiles absque fide in Christum per extraordinariam Dei gratiam ad salutem aeternam pertingere possint?* etc.

CALOVIUS: „Non omnia, *quae in scriptis gentilium reperiuntur* theologica, ad theologiam naturalem referenda sunt: quaedam enim *ex abusu rationis et principiorum naturalium* promanarunt, ut sunt varii errores et falsae opiniones gentilium (de quibus in theologia gentilium fusius); quaedam profecta sunt *e revelatione divina*, non quidem tam directe facta gentilibus, quam e populo Dei profecta, per famam vel traditionem, ob conversationem et commercia nonnulla gentilium cum iis, qui fuere de populo Dei. Sic, cum patriarchae inter gentiles vixere, vestigia quaedam religionis a Deo patefactae inter ipsos relicta fuere, e. g. inter Aegyptios et Chaldaeos (qui inter gentiles pro summis theologis habiti), ex Abrahami institutione nonnulla remansere, unde Trismegisti et aliorum scripta theologica magnae auctoritatis inter gentiles extitere, in quibus non pauca christianae theologiae analoga de Deo, de verbo, generatione Filii Dei, SS. Trinitate etc. leguntur; quae occasionem dedere Socinianis cavillandi mysteria fidei, quod e gentilium scriptis hausta et profecta sint, cum potius gentiles ea ab ecclesia acceperint." (Isag. L. I. p. 67.)

CHEMNITIUS: „Approbatne Deus illam notitiam? — Id quaeris:
an Deus velit nos vestigia haec divinitatis suae in mentibus nostris
et in tota rerum natura quaerere et considerare? Respondeo: Sic;
quia Paulus hanc considerationem illustri titulo ornat, dum appellat
,veritatem Dei‘ Rom. 1, 18., et Christus jubet considerare volatilia
coeli, item lilia, quomodo crescant, Mtth. 6, 26. 28., Salomon in Prov.
6, 6. remittit pigrum ad fornicam. Et huc pertinet Ps. 104. integer et
totum 45. c. Ecclesiastici. Utinam vero amplissimum naturae librum
diligenter evolveremus, tunc re ipsa experiremur, verum esse, quod
nostrae aetatis vates cecinit: ,Praesentemque refert quaelibet herba
Deum.‘ Utinam etiam homo μικρόκοσμος seipsum consideraret, tunc
absque dubio illustria divinitatis vestigia deprehenderet. Sed fit proh
dolor illud, quod Es. 5, 12. dicitur: ,Opus Domini non considerant.‘
Quis ergo in ecclesia est verus et pius *usus* hujus naturalis notitiae?
Ebr. 11, 3. scriptum est: Creationem esse simulacrum invisibilium Dei;
sed additur: *per fidem*. Haec sententia ostendit verum usum vestigio-
rum divinitatis in rerum natura. Affirmat enim, rationem non posse
vere et utiliter ex effectibus opificem cognoscere, nisi accedat fides.
Non ergo initium faciendum est a naturali notitia; sed 1. mens confirmanda est ex verbo Dei et illustribus testimoniis, in quibus se Deus
generi humano peculiariter patefecit. Postea utiliter potest addi consideratio philosophicarum demonstrationum. 2. Notitia naturalis debet subordinari divinae revelationi in verbo; ita ut, sicubi dissentiat
vel pugnet, cedat naturalis divinae; quae etiam in illis, in quibus consentiunt, robur et certitudinem addit naturali. 3. Jucunda est consideratio, ex illa quasi scintilla tantum notitiae, quae reliqua est in natura, quam illustris fuisset notitia Dei in integra natura, quam firmus
assensus, quam obsequens obedientia conformis notitiae; et in quantum labefactata, imo paene exstincta sint haec omnia in hac naturae
depravatione, non potest melius considerari, quam in his vestigiis,
quae etiam propter hanc causam Deus voluit esse reliqua.“ (Loc.
theol. 1. de Deo c. I. s. 5. et 6. fol. 21.)

§ 9.

Interim theologia naturalis[a] tum quoad principia sua,
tum quoad conclusiones, quae ab illis pendent, vera[b] omnino ac certa est, neque theologiae revelatae verae[c] repugnat, licet, prout hominibus post lapsum actu inesse
deprehenditur, praejudiciis atque erroribus variis con-
taminatam esse, fatendum sit.[d]

a) Quae in se una, neque propter diversos status hominum ipsa
quoque quoad speciem alia atque alia esse putanda est; licet quoad
gradus perfectionis et imperfectionis diversitas admittenda sit. Confer
Mus. Introd. Cap. II. § 6. p. 32.

b) Dependent enim, velut constituentes theologiam ectypam, ab
auctore Deo, cui falsum repugnat. Et quemadmodum principia prima
sunt de his, quae aliter se habere non possunt adeoque necessario vera
sunt, ita conclusiones, quarum cum principiis istis necessarius nexus
est, similiter veras ac certas esse, constat. Huc referunt theologi
Lipsienses in App. Consil. Ded. fol. 143., quod Paulus *Rom. 1, 18.*
de gentilibus dicens, eos *veritatem retinere* etc., respiciat ad notitiam
naturalem, qualis in se est, quippe vera scientia aut cognitio.

MELANCHTHON: ,,Ut lumen oculis divinitus inditum est, ita sunt quaedam notitiae mentibus humanis inditae, quibus agnoscunt et judicant pleraque. Philosophi hoc lumen vocant *notitiam principiorum*, vocant κοινὰς ἐννοίας et προλήψεις. Ac vulgaris divisio nota est. Alia esse *principia speculabilia*, ut notitias numerorum, ordinis, syllogismi, principia geometrica, physica. Haec omnes fatentur esse certissima et fontes maximarum utilitatum in vita. Qualis enim esset vita sine numeris, sine ordine? Alia sunt *principia practica*, ut totum discrimen naturale honestorum et turpium; item, Deo est obediendum. Ac debebant quidem haec practica principia tam illustria nobis esse et firma, quam sunt notitiae numerorum; tamen quia propter labem originis accessit quaedam caligo et cor habet contrarios impetus discrimini honestorum et turpium, ideo homines non tam constanter assentiuntur his notitiis: Deo obediendum est, adulterium est vitandum, honesta pacta sunt servanda; sicut huic notitiae: Bis quatuor sunt octo. Manet notitia legum, sed assensus est infirmus propter contumaciam cordis. Notitia testimonium est, nos a Deo ortos esse ac Deo obedientiam debere, et accusat inobedientiam. Dubitatio vero et contumacia illustre signum est, naturam hominis non esse integram; sicut idem significant mors et calamitates infinitae humani generis et multa prodigiosa vitia. Haec Paulus Rom. 1. his verbis exposuit: ,Veritatem in injustitia detinent‘, id est, etsi impressa est hominibus vera notitia: quod sit Deus una quaedam aeterna mens, conditrix et conservatrix rerum, sapiens, bona, justa etc., et quod huic Deo obediendum sit juxta discrimen honestorum et turpium; tamen hae verae notitiae detinentur in injustitia, id est, captivae tenentur, non regnant, sed regnat injustitia, pugnans cum his notitiis, scilicet aversio voluntatis a Deo, contemtus Dei, fiducia propriarum virium, denique varii impetus pugnantes cum lumine divinitus insito mentibus. Ideo et assensus infirmior est, ac

,Fertur equis auriga, nec audit currus habenas.‘

Ideo philosophi, cum viderent, infirmam assensionem esse et rapi homines magno impetu ad diversas voluptates, quaesiverunt, utrum justa et injusta natura vel opinione discernantur. Qua de re dubitare, turpe et flagitiosum est, perinde ac si quis quaerat, an natura, vel casu bis quatuor sint octo. Lumen divinum in mentibus non exstinguendum est, sed potius excitandum, et confirmandus animus, ut agnoscat principia practica, eaque amplectatur, et statuat, revera tam certa et firma esse, quam sunt speculabilia, imo pariter esse decreta immutabilia Dei. Sicut et Paulus concionatur Rom. 1., inquiens: ,Deus ipsis ostendit‘; item Rom. 2.: ,Opus legis scriptum in mentibus eorum.‘ Vocat item has notitias jus divinum Rom. 1.: ,Qui cum jus Dei norint.‘ Est ergo vera definitio legis naturae, legem naturae esse notitiam legis divinae, naturae hominis insitam.‘‘ (Loci praecipui theologici. Lips. 1552. p. 199—202.)

c) Verum enim vero consonat. Neque est nisi unica veritas. Quanquam autem theologia naturalis non assequitur objecta, quae theologiae revelatae sunt propria; non tamen ideo quicquam eorum negat aut impugnat, seu oppositum statuit, sed judicium suum, tanquam de rebus extra sphaeram suam positis, suspendit. Imo si accesserit revelatio, certum est, naturalis nostrae cognitionis defectum addita cognitione sublimiore suppleri. Conf. b. *Musaei* Introduct. P. II. Cap. V. § 7. p. 324. sqq. et § 15. p. 337. 338. et libellum b. *Graueri* de unica veritate. Pleniorem vero collationem verae theologiae naturalis cum revelata a. 1676. sub praesidio nostro exhibuit in Disp. inaug. b. *Heinricus a Lith*, affinis desideratissimus.

GERHARDUS: „Per se et in se nulla contrarietas, nulla contradictio inter philosophiam et theologiam, quia quae de summis fidei mysteriis theologia proponit ex revelatione, illa philosophia sanior ac sincera novit non esse discutienda et aestimanda ex principiis rationis, ne fiat μετάβασις εἰς ἄλλο γένος, neve confundantur distinctarum disciplinarum principia distincta. Sic quando theologia docet, Mariam peperisse, et virginem mansisse, sanior philosophia non dicit, hoc assertum repugnare suae conclusioni, quod virginem parere sit ἀδύνατον; quia novit, conclusionem illam necessario cum hac limitatione accipiendam, quod virginem *naturaliter* parere, et talem manere, sit ἀδύνατον, cujus contrarium non asserit; dicit enim, *supernaturali* et divina virtute esse factum, ut virgo pareret. Quando vero philosophaster aliquis sua axiomata et effata vult esse tam generalia, ut ex illis etiam de summis fidei mysteriis sit judicandum, et sic fines alienos invadit, tunc *ex accidenti* contingit, ut verum theologice falsum dicatur philosophice, respectu scilicet habito non ad verum sanioris philosophiae usum, sed ad turpissimum ejusdem abusum. Sic justitia et juris ratio est ubique una, in conceptu scl. generali, interim tamen jus hujus provinciae non est idem cum jure alterius provinciae, sed quaelibet respublica suis specialibus vivit legibus. Ita veritas est una in conceptu generali, interim quaelibet disciplina sua habet axiomata, quae non sunt trahenda in aliud forum, sed in sua sphaera relinquenda, ne fiat μετάβασις εἰς ἄλλο γένος, quam ipsa sanior philosophia repudiat." (Exeges. locc. L. de S. S. § 474.)

LUTHERUS: „Sexto comparemus institutum istud (monasticum) etiam ad *rationem naturalem*, h. e., ad crassum illud lumen naturae, quae, tametsi lucem et opera Dei non attingat per sese, ita ut in affirmativis (quod ajunt) fallax sit ejus judicium, in negativis tamen est certum. Non enim capit ratio, *quid sit Deus*, certissime tamen capit, *quid non sit Deus*. Ita licet non videat, quid rectum et bonum sit coram Deo (nempe fidem), scit tamen evidenter, infidelitatem, homicidia, inobedientiam esse mala. Qua et Christus utitur, dum disserit Luc. 11., omne regnum in se ipsum divisum desolari, et Paulus, dum dicit 1 Cor. 11., nec *naturam* docere, ut mulier nudato capite prophetet. *Quod ergo huic rationi evidenter adversatur, certum est, et Deo multo magis adversari.* Quomodo enim coelesti veritati non pugnabit, quod terrenae veritati pugnat? quo modo et Christus Joh. 3. veritatem distinguit et ex utraque arguit: Si terrena vobis dixi et non creditis, quomodo, si coelestia vobis dixero, credetis?" (Opp. lat. varii argumenti. Curavit D. H. Schmidt. Francof. 1872. Vol. VI. p. 318. sq. Opp. Hal. Tom. XIX, 1940. Cf. *Lutheri* Theologische Abhandlung von der Frage: „Ob der *theologische* Satz: ‚Das Wort ward Fleisch‘, in der *Philosophie* wahr sei"; quod Luth. negat, quando committitur μετάβασις εἰς ἄλλο γένος. Vid. Opp. Hal. T. X, 1396—1402.)

CALOVIUS: „Fallitur Junius, 1) dum *falsae theologiae* assignat principia et notiones communes; quae, etsi imperfectam tantum notitiam inferant et cum falsitate conjunctae sint ratione subjecti qua corruptum hominis statum, per se tamen falsae non sunt, sed, vere a Deo ortum trahentes et naturae insculptae, detinentur quidem in injustitia, veritatem tamen continent, Rom. 1, 18. Fallitur, 2) dum radicem omnis falsae theologiae principia illa communia, quae κοιναὶ ἔννοιαι vulgo dicuntur, constituat, cum e vero non nisi verum sequatur nec ex ipsis communibus principiis, qua talibus, sed e corruptione eorum profluxerit falsa theologia. Fallitur, 3) dum philosophicam notitiam Dei falsam indigitat, eamque ortam e cultura naturalis notionis, asserit; quia et philosophica quaedam notitia de Deo vera est, imo omnis illa, quae proprie est philosophica (error enim philosophorum non est ipsi tribuendus philosophiae), et quicquid e naturalis notitiae cultura legitima usuque genuino oritur, verum est, non falsum, cum abusus saltem ejusdem gignat falsas opiniones, non usus." (Isag. I, 21.)

IDEM: „*Materia ex qua* sunt principia naturae lumine nota, unde deducuntur conclusiones pro rationis humanae modulo. . . *Principia* quidem permanserunt quodammodo e priori statu (integritatis), sed ea communia sunt et imperfecta; quae tamen a corruptione adventitia distinguenda, etsi non reperiantur in subjecto post lapsum, nisi cum illa corruptione.‟ (L. c. p. 64. 66.)

d) Sic theologiam φυσιχὴν aut naturalem philosophorum gentilium, una cum caeteris theologiae gentilis generibus, supra removimus, tanquam erroneam, not. *f.* ad § 1. Et homines vera revelatione divina destitutos, ratione quoque sua abusos atque in errores varios quoad cognitionem cultumque Dei fuisse abreptos, docemur ex ipsa revelatione *Rom. 1, 22.* sqq. Atque hinc est, quod cum veram revelationem non invenissent, falsas pro veris potius, quam nullas, revelationes amplexi fuerunt. Confer. b. *Himmel.* Syntag. Disp. I. § 23. sqq. ad 28.

§ 10.

Objectum formale [a] theologiae naturalis, tanquam scientiae practicae, finis [b] est, isque objectivus [c] seu Deus, quatenus ex lumine naturae [d] ante demonstrationem, per notitiam cum *insitam*, [e] seu lucem quandam [f] intellectui ingenitam et instinctum [g] naturae, tum ex inspectione creaturarum *acquisitam* vulgarem seu [h] communem, cognoscitur. [i]

a) Sive id, quod in theologia naturali primo cognoscitur, et cognitum est ratio cognoscendi caetera; juxta ea, quae diximus ad § 3. not. *d.*

b) In quavis enim scientia finem oportet esse quadantenus praecognitum, unde ad praxin seu operationem, ejus causa suscipiendam, homo inducitur. Vid. b. *Mus.* Introd. Cap. II. § 5. p. 29., § 15. p. 48.

c) Formalis enim finis cognitio, si non distincta, confusa tamen, pendet a fine objectivo; neque adeo ille, sed hic primo cognoscitur. *Mus.* l. c. § 15. p. 48.

d) Nam quatenus ex divina revelatione innotescit, non ad naturalem, sed revelatam theologiam cognitio ejus pertinet. *Mus.* l. c. p. 49. *Luminis naturae* appellatione autem intelligimus h. l. propositiones, quae Dei existentiam, essentiam et perfectiones essentiales declarant, quatenus vel ex principiis naturae et rationis per discursum, vel virtute intellectus agentis et phantasmatum ex terminis apprehensis per se immediate et citra discursum cognitae sunt. *Mus.* l. c. p. 50. 51. 52. Ac notandum est, objectum formale theologiae naturalis non constitui praecise lumen naturae, sed Deum ex lumine naturae cognitum. Illud enim non est ratio assentiendi theologiae naturali propria et proxima, sed nimis generalis et remota. *Mus.* l. c. et § 28. p. 85. 86.

J. GERHARDUS: „Cum Ps. 96, 5. dicatur, gentium deos esse daemonia, cumque diserte testetur Christus Joh. 5, 23., qui non honoret filium, eum nec honorare patrem: merito quaeritur, quo sensu dicat apostolus, quod gentiles aeternam Dei potentiam ac divinitatem ex creatione mundi cognoverint? Rom. 1, 20. *Resp.:* Distinguendum est inter *conceptum* Dei, ex creaturis ab ethnicorum mente haustum, et inter conceptus istius *applicationem;* ille fuit legitimus, haec vero minime. Quamvis enim aeternam potentiam ac divinitatem et, ut Plato loquitur, ,mentem aeternam, causam omnis boni in natura‘, vel, ut Aristoteles dicit, ,summum aliquod ens et primum omnis motus principium, ipsum ἀκίνητον‘, vel, ut Cicero loquitur, ,praestantem aeternam ac suspiciendam naturam‘ ex libro naturae deprehenderint: tamen illam non recte applicarunt uni illi Jehovae, qui est Pater, Filius et Spiritus S.; non Deo Patri, a quo Filius ab aeterno progenitus est et in tempore missus, ut esset mediator et redemptor generis humani; sed eam vel animalibus irrationalibus, serpentibus, reptilibus etc. tribuerunt, Rom. 1, 23., vel etiam ipsi diabolo, Ps. 96, 5., et siquidem ex proprio ingenio formam ac normam Deum colendi excogitarunt, ideo cordis sui idolum, non autem verum Deum coluerunt, id quod apostolus sic effert: ,Cum cognovissent Deum, non ut Deum glorificaverunt‘, Rom. 1, 21., ,veritatem Dei commutarunt in mendacia‘, v. 25.‘‘ (Loc. de natura D. § 14.)

e) Quae talis dicitur, non quod cognitio Dei actualis, aut species expressa, homini per naturam ante rationis usum insit; sed quia apprehensis terminis statim intellectui citra discursum inest, non secus, ac si cum ipsa natura ei actu implantata esset. *Mus.* l. c. § 19. p. 52.

f) Quae quidem non est species impressa, intellectui ante usum rationis per naturam inexistens; neque adeo habitus proprie dictus, neque etiam ipsa nuda δύναμις seu potentia cognoscendi: sed aliud potentiae cognoscendi superadditum aut innatum. Perfectio videlicet aliqua, per quam intellectus potens aut in potentia propinqua ad actus cognoscendi immediate eliciendos constituitur; quae, licet non sit habitus proprie dictus, habitui tamen ἀνάλογος est; quemadmodum b. *Musaeus* non solum in collegiis MSS. pluribus, verum etiam in Introd. Cap. II. § 19. p. 52. sqq. usque ad 80. prolixe docuit, et rursus asserit in der Ausführl. Erklärung p. 150. sqq. Sed et b. *Huelsemannus* in Praelect. ad Breviar. Cap. I. p. 1134. expresse fatetur, se *illi sententiae assentiri, quae naturalem illam cognitionem non per modum habitus, sed per nudam potentiam cognoscendi* (intelligit autem haud dubie potentiam propinquam) *connasci cum homine* statuit, adductisque locis *Rom. 1, 19. 20. 2, 14.* probat sententiam illam, et concludit, *cognitionem illam naturalem inesse homini per potentiam, non per infusum habitum.*

HOLLAZIUS: ,,Constat τὸ εἰ ἐστι sive existentia vera notitiae de Deo innatae; at τὸ τί ἐστι sive ejus definitiva ratio non adeo liquida est. Ex quo fit, ut a theologis etiam orthodoxis diversimode definiatur. . . . Quicquid est, quod ex illorum mente intellectui natura inesse sive ei *connatum* dici possit, necesse est, ut redeat ad ingenitam quandam perfectionem sive lucem intellectus, qua adjutus veritatem communium de Deo notionum apprehensis terminis statim citra discursum perspiciat. Atque in hoc fere conveniunt... Non tamen diffitemur, notitiam Dei insitam esse perfectionem quandam, homini viatori congenitam et *habitui analogam.* Quae analogia consistit in sequentibus: 1. sicut *imago Dei* in hominibus protoplastis fuit habitus, ita reliquiae ejusdem, ad quas pertinet lex naturae, Deum colendum esse dictitans, ad ipsius naturam quodammodo accedunt; cum partes homogeneae sint ejusdem naturae cum toto. 2. Sicut habitus est quaedam *perfectio, superaddita naturae,* eam facilitans ad operationem, ita quoque notitia

Dei naturalis superaddita est facultati cognoscitivae, illam inclinans ad apprehendendum quocunque modo Deum. 3. Sicut habitus est *difficulter mobilis*, ita profunde inhaeret ista notitia naturalis animae, nec penitus eradicari potest." (Exam. P. I. c. 1. q. 5. p. 189. sq.)

IDEM: ,,Idea, essentiam Dei repraesentans, intellectui humano congenita, suave est Cartesianorum somnium." (L. c. p. 195.)

CICERO: ,,Neque ulla gens tam fera, nemo omnium tam immanis est, cujus mentem non imbuerit deorum opinio. Multi de diis prava sentiunt, id enim vitioso more effici solet; omnes tamen, *esse* vim et naturam divinam, arbitrantur. Nec vero id collocutio hominum aut consensus efficit, non institutis opinio est confirmata, non legibus. Omni autem in re consensio *omnium* gentium lex naturae putanda est." (Tusc. qq. lib. 1.)

IDEM: ,,Omnibus innatum est et animo quasi insculptum, esse deos." (De N. D. lib. 2.)

HOLLAZIUS: ,,Possunt dari *athei* speculative tales, non per naturam, sed per justam Dei desertionem et diaboli excaecationem; non per totalem eradicationem luminis naturae quoad habitum, sed per suffocationem quoad actum et exercitium; non per totum vitae spatium et permanenter, sed tantum per quendam paroxysmum transeuntem ad aliquod tempus. Neque enim lex naturae patitur, ut rata et firma sententia alicui inhaereat, *non* esse Deum. Quanquam enim mens hominis impii lethargo quasi sopiatur, ut de Deo non cogitet; nullus tamen potest dari, in quo tandem conscientia se non vindicet et vel in ipsa morte neglecti Dei ipsum accuset." (Exam. P. I. c. 1. q. 5. p. 194.)

g) Qui nihil aliud est, quam inclinatio naturae in Deum, tanquam finem suum, quae intellectum, luce illa connata pollentem, velut addito pondere ad assensum, cum aliis communibus de Deo notionibus, tum praecipue illi, quae est de existentia Dei, immediate ac citra discursum, praebendum determinat. Vid. *Mus.* in Introd. p. 78. 79. 80. Ausführl. Erklärung p. 161. 162. 163.

h) Qualis vulgo omnibus, etiam simplicioribus, qui demonstrationum capaces non sunt, inesse solet, et vel ex aliorum, v. g. parentum, praeceptorum, magistratus populique, testificatione, vel ex inspectione creaturarum, per consequentiam quidem, sed facilem, et cuivis etiam illiterato obviam, comparatur. *Mus.* Introd. l. c. § 23. 24. p. 81.

i) Hanc itaque utramque notitiam supponit; inde autem, velut ex principio cognoscendi, regulam rectae operationis petit et suas conclusiones infert theologia naturalis, tanquam habitus demonstrativus. *Mus.* l. c. § 28. p. 86. Et sic b. *Himmelius* Syntagm. Disp. I. § 19. p. 3. scribit: *Naturalis theologiae duo sunt principia: internum, videlicet* χοιναὶ ἔννοιαι, *divinae imaginis rudera seu reliquiae, et externum, videlicet inspectio creaturarum.*

§ 11.

Ad objectum materiale[a] pertinent subjectum operationis,[b] et finis consequendi causae atque[c] media, imo suo modo etiam finis ipse, cum formalis,[d] tum objectivus, quatenus quidem hic exquisite per demonstrationem[e] cognoscitur.

a) Quo nomine intelliguntur res cognoscendae in theologia naturali, tanquam scientia, quas considerat et de quibus conclusiones suas
ad explicandam earum naturam probandamque veritatem ex aliqua
antecedente cognitione aut ex principiis quibusdam notioribus et prioribus infert. *Mus.* l. c. § 14. p. 47.

b) Hoc enim, in quantum finis consequendi causa certae operationi substernitur, sub considerationem theologiae naturalis, tanquam
scientiae practicae, cadit; licet fatendum sit, in statu corruptionis
plenam ejus rationem ipsiusque corruptionis pravitatem per lumen naturae, quantum quidem ejus adhuc reliquum est, non satis cognosci.
Mus. l. c. § 31. p. 87.

c) Horum enim habitudo ad finem manifestissima est, et videantur, quae diximus § 6. sqq.

d) Hujus enim cognitio, si non distincta (quam ductu luminis
naturae, quoad specificam ejus rationem, investigari non posse, diximus ad § 4. not. *e.*), saltem confusa a fine objectivo pendet indeque
peti potest.

e) Nempe existentia Dei pariter et attributa ac perfectiones essentiales ejus a posteriori ex rebus creatis, tanquam effectibus divinis,
earumque consideratione accuratiore demonstrari utique possunt, de
quibus scholae philosophorum passim agunt et consuli possunt. Interim
videbis *Mus.* l. c. § 26. sqq. p. 82. ad 86.

GERHARDUS: ,,*Liber naturae* docendi causa potest statui **duplex,**
internus et externus, unde notitia naturalis dividitur in ἔμφυτον, innatam
s. insitam, et ἐπίκτητον, acquisitam. Notitia *insita* originem habet ex
κοιναῖς ἐννοίαις, quae amissae imaginis divinae sunt obscura quaedam
rudera, ac vestigia amissae illius lucis, quae in hominis mente ante
lapsum fulgebat, quaedam scintillulae, per quas communis et antici-
pata notio, quod sit Deus, omnium hominum mentibus naturaliter est
insculpta. Eas ergo referimus ad librum naturae internum, ad quem
etiam pertinet liber συνειδήσεως, internae conscientiae testimonium,
quod scholastici vocant συντήρησιν; nam ex principiis nobiscum natis
practicus ille syllogismus in corde cujusvis hominis oritur: qui vitam
degit impiam, sentiet Dei vindicis iram. Ratio pendet ex eo, quia omnibus naturaliter insculptum, Deum esse, Deum esse colendum, Deum
esse scelerum vindicem. Subsumit conscientia impii: Ego vitam flagi-
tiosam duxi. *Acquisita* notitia ex libro naturae externo, videlicet ex
contemplatione operum et effectuum divinorum, vi naturalis discursus
a mente humana colligitur. Ut enim ex pluribus literis, ita ex pluribus
creaturis quasi liber quidam componitur, cum quaelibet creatura non
sit nisi quaedam litera digito Dei scripta, in quo legere et ex lectione
Deum cognoscere possumus." (Exeges. 1. 2. § 60.)

IDEM: ,,Prodest, quasdam demonstrationes in conspectu habere,
ut collatio cum notitia revelata institui possit: 1. *A moventium ordine.* Sensu percipimus, aliqua in hoc mundo moveri; omne autem,
quod movetur, necesse est ab alio moveri, cum nihil possit esse simul
actu et potentia secundum idem; sed in moventibus ac motis non datur processus in infinitum, quia non esset aliquod primum movens et
per consequens nec aliquid aliud, quia moventia secunda non movent,
nisi per hoc, quod sunt a primo mota. Necesse igitur est devenire ad
unum primum motorem, quem Deum vocamus. Hac demonstratione
utitur Philosophus lib. 7. et 8. φυσικ. ἀκροάσ. — 2. *Ab efficientium serie.*
Invenimus, in his sensibilibus esse ordinem causarum efficientium, nec
tamen in eis invenitur, nec est possibile, aliquid esse causam efficien-

tem sui ipsius, quia sic esset prius se ipso, quod est impossibile. Cum ergo in hujusmodi causis non detur processus in infinitum, ex eo, quod secundae causae non agunt, nisi in virtute primae, necesse est dare aliquam primam causam efficientem, quam omnes Deum vocant. Aristot. 2. Metaphys. text. 6. — 3. *Ab entium gradu et connexione.* In rebus creatis invenitur aliquod magis bonum ac minus bonum, aliquod magis ens ac minus ens. At hoc non potest in diversis bonorum et entium generibus locum habere, nisi prout quodlibet eorum magis vel minus appropinquat alicui summo bono ac summo enti; oportet ergo esse aliquid optimum et nobilissimum ens, quod communi consensu Deum vocamus. Ansh. in monol. c. 1. Huc pertinet etiam ea demonstratio: Quaecunque sunt, ea aut omnia sunt possibilia, aut non. Si omnia sunt possibilia, sequitur, quod quandoque ἁπλῶς nihil fuerit; possibile enim est, quod potest esse et aliquando non fuit; nam si semper fuit, non possibile, sed necessarium fuit. At multis modis absurdum est, aliquando simpliciter nihil fuisse. Ergo sequitur, non omnia esse possibilia, sed ad minimum semper aliquid fuisse, quod fuit necessarium. Hoc autem vel habet necessitatis causam, vel non. Si habet, tandem deveniemus ad aliquid, quod est necessarium per se; cum progressus in infinitum sit impossibilis. Si per se est necessarium, causam necessitatis non habet, sed potius est causa necessitatis in aliis; id ipsum autem est summum ens, quod Deum vocamus. Rich. l. 1. de trin. P. I. c. 7. — 4. *Ex certa propter finem operatione.* Videmus non solum entia ratione praedita, sed etiam ea, quae cognitione carent, operari propter certum finem, quia semper aut frequentius eodem modo operantur ac fines suos per debita media consequuntur; unde patet, quod non fortuito ac casu agant, sed ab intentione alicujus intellectus eas dirigentis operationes illae, quem intellectum vocamus Deum. Aristot. 12. metaph. t. 52., et ex eo Thom. P. I. q. 2. art. 3. — 5. *Ex naturali inclinatione.* Nulla inclinatio naturalis potest esse frustranea. At naturaliter omnes homines inclinantur ad credendum, aliquem esse hujus universi gubernatorem, quem Deum vocant; quod autem omnibus et omni tempore convenit, naturale esse videtur. Praeterea in repentinis cujusque habitus et inclinatio naturalis maxime dignoscitur; at in periculis repentinis omnes homines, ubi se humano auxilio destitutos cognoscunt, naturali quodam instinctu ad superiora convertuntur; ergo naturaliter ipsis insitum, quod sit aliquod summum rerum principium et gubernator universi. Savan. de verit. fid. l. 1. c. 6. D. Apost. Act. 14, 15—17. monstrat hosce fontes naturalium demonstrationum, ex quibus esse Deum demonstrari possit: 1. a rerum productione, 2. a conservatione, 3. a gubernatione, 4. a beneficiorum in genus humanum collatione, 5. a mentis humanae conditione, 6. a politica consociatione. Lactantius l. 1. div. Instit. c. 2.: „Nemo est tam rudis, tam feris moribus, qui, oculos suos in coelum tollens, tametsi nesciat, *cujus* Dei providentia regatur hoc omne, quod cernitur, non *aliquem* tamen esse intelligat 1. ex ipsa rerum magnitudine, 2. motu, 3. dispositione, 4. constantia, 5. utilitate, 6. plenitudine, 7. temperatione."" (Exeg. l. 2. de nat. Dei. § 61.) Cf. *Bock's* Vertheidigung der christlichen Religion. Königsberg. 1768. P. I. p. 136. sqq.

LUTHARDTIUS: „1. Die Beweise, die sich aus der *Reflexion auf die Welt* ergeben, sind a. bei der Reflexion auf das *Sein* der Welt: der *kosmologische* Beweis, der von der Welt auf den Welturheber zurückschliesst nach Röm. 1, 19. f. . . b. die Reflexion auf die *Beschaffenheit* der Welt ergibt den *physiko-theologischen* oder *teleologischen* Beweis, welcher von der *Zweckmässigkeit* der Welt auf eine höchste Intelligenz schliesst Ps. 104, 24. . . Daran schliesst sich der *historico-theologische* Beweis, welcher von der Teleologie der *Geschichte* auf einen höchsten Verstand und einen nach sittlichen Gesetzen waltenden Willen in derselben schliesst. 2. Die Beweise, die sich aus der *Reflexion des Menschen auf sich selbst* ergeben, sind a. der Beweis *aus der theoreti-*

schen Vernunft. Seine erste Form ist, aus der *Allgemeinheit der Gottes-idee* die Nothwendigkeit und damit die Wahrheit derselben zu folgern. Dieses argumentum e consensu gentium hat schon Cicero D. N. D. I, 17. Tusc. I, 13. und dann auch die christliche Wissenschaft bei Clem. Al. Strom. V, 14. Lact. div. instit. I, 2. Die zweite Form, aus der *Idee* in uns auf ihre Ursache ausser uns, die sie gewirkt hat, zu schliessen. Cartes. Medit. III.: Haec idea, quae in nobis est, requirit deum pro causa, deusque proinde existit. Die dritte Form ist der *ontologische* Beweis Anselms, Proslog. 2., welcher vom *Inhalt der Gottesidee* auf die Existenz Gottes schliesst: Convincitur etiam insipiens, esse in intellectu aliquid, quo majus cogitari non potest. Et certe id, quo majus cogitari nequit, non potest esse in intellectu solo. Si enim vel in solo *intellectu* est, potest cogitari esse et in *re*, quod majus est. — Existit ergo procul dubio aliquid, quo majus cogitari non valet, et in intellectu et in re. . . b. Der Beweis *aus der praktischen Vernunft* folgert in seiner ersten Form aus der *Thatsache des Sittengesetzes in uns* den Ur-heber desselben ausser uns: so schon Melanchthon und Calvin; in der zweiten Form aus der *Collision des Sittengesetzes* mit dem Glückselig-keitstrieb eine künftige Ausgleichung beider und so denn ein absolutes Wesen, welches beide ausgleicht." (Kompend. der Dogm. Dritte Aufl. Leipz. 1868. p. 64. sq. cf. Philippi, Kirchliche Glaubenslehre. II. p. 1. sqq.)

C. Hasius: ,,*Theismus* est ea persuasio, qua hominis ad Deum ratio quaedam religiosa statuitur, ut personae ad personam, neque un-quam alteri immiscetur. Willkührliche Unterscheidung der Kanti-schen Schule: *Theismus* Anerkennung Gottes als freie, moralische Intel-ligenz, *Deismus* nur als Urgrund des Weltalls. — *Atheismus* est ea per-suasio, qua numinis existentia negatur. — Die gewöhnliche Bestim-mung (des Pantheismus) nach Klein und Ammon: *Pantheismus* est opinio, qua statuitur, mundum a numine non esse diversum, sed ad ipsum Dei naturam pertinere (ἐν καὶ πᾶν), sive Deus cum mundo con-funditur. a. Pantheismus *materialis* vel *Jonicus*, quo ὕλην essentiam Dei infinitam esse sumitur (*Hylozoismus, Materialismus, Naturalismus*); b. Pantheismus *Stoicus*, qui mundum animal esse docet, cujus pars plastica sit Deus; c. Panth. *realisticus* s. *Spinozisticus*, quo unicam Dei essentiam duobus attributis infinitis, extensione et vi cogitandi infinita, sese exserere contenditur; d. Panth. *idealisticus* s. *Fichtianus*, quo om-nia, quae sunt, ab idea absoluta proficisci statuitur; e. Panth. *identita-listicus* s. *Schellingianus*, quo Deus ex principio suo absoluto se ipsum evolvens naturam atque spiritum discernere dicitur; f. Panth. *pan-logisticus* s. *Hegelianus*, quo summam notionem atque existentiam ean-dem esse asseritur. Sein (pantheismi) Gott ist nicht persönlich, aber die Personen bildende Macht, in denen er zum Bewusstsein seiner selbst gelangt. Eine gewisse Freiheit und Unsterblichkeit ist ihm vereinbar, aber nicht sittliche Freiheit noch individuelle Unsterblichkeit. Er ver-nichtet in seiner consequenten Durchführung sowohl die Religiosität überhaupt, welche ihm nur ein titanenhaftes Wechselverhältniss, im tiefsten Grunde nur eine Selbstliebe Gottes ist, keine menschliche Liebe und Anbetung des Höchsten, als auch das Bedürfniss der Versöhnung, welche ihm nur Naturereigniss oder dialektischer Schein ist." (Hut-terus redivivus. 11. Aufl. 1868. p. 107. sqq.) *Ammonius*: ,,Patet, *pan-theismum* quemvis intolerabilem arrogantiam fovere, materialismo patrocinari, libertatem moralem tollere, numinis sanctitatem omnium facinorum infamia polluere, omnes amoris Dei igniculos in mente hu-mana extinguere, et ipsos officii et virtutis nervos resolvere." (Summa rel. christ. Lips. 1830. p. 111.)

§ 12.

Partes theologiae naturalis tres[a] sunt: Prima de fine, secunda de subjecto operationis, et tertia de principiis ac mediis.

a) Quae juxta methodum analyticam, perinde ut in aliis scientiis practicis, collocari debent.

FLACIUS: „Solent scientiae potissimum *triplici ordine* tradi: per *synthesin* aut compositionem, sicut fiunt; per *analysin* aut resolutionem, ut ad usum adhibentur; et denique per *definitionem* ac divisionem, quomodo brevissime et citissime comprehendi queunt... Theologia per *synthesin* commodissime traditur, sicut et Grammatica, Dialectica, Geometria... Est synthesis ea methodus aut ordo, quae incipit *a primis et simplicissimis elementis, principiis aut causis,* eaque componendo eo usque progreditur, donec tandem totum corpus extruat et ad certum finem metamve desideratam perveniat. Ut grammatica ab elementis literarum incipiens componendo illa primum efficit syllabas, ex illis deinde voces, inde tertio sententias, ex quibus quarto integras disputationes, ac postremo inde conficit plena volumina... Nec mirum est, sacras literas historice tradi, nam et methodus utriusque est synthetica et pleraque sunt in eis historica aut res gestae... Quae per synthesin commodissime suoque naturali ordine exponuntur... Synthetica theologiae methodus (quae ei maxime propria est) incipit a Deo, tanquam simplicissimo elemento, prima causa aut motore, eumque varie cum homine componendo progreditur, donec ad ultimum finem i. e. ad eundem Deum perveniat juxta illud Rom. 11, 36.: ‚Ex quo, per quem et in quem omnia‘; quae est brevissima et synthetica theologiae summa... Secundum hanc methodum progrediuntur (quod ad totum corpus attinet) Catecheses, Institutiones, Loci et omnino pleraque doctrinae hujus compendia. Est enim ei, ut dictum est, commodissima, nam semper posteriora *natura* et etiam nunc *serie* ex prioribus oriuntur, dependent ac intelliguntur... *Analysis* theologiae ab ultimo ejus *fine* aut scopo i. e. a vita aeterna per proximas causas causarumque causas ad remotiores et tandem ad primos fontes atque adeo ad ipsum Deum, qui primus ac supremus veritatis fons auctorque est, omnia *resolvendo* ac pervestigando regreditur. Per hunc ordinem postilla et expositiones sacrarum literarum (quae quidem verae ac merae expositiones textus sunt et non in Institutiones degenerant) magna ex parte tractantur. Sic enim integrae disputationes aut scripta resolvuntur... Licet autem hac methodo theologiae corpus commode comprehendi ac tradi *non* possit, quod *prius* sunt in ea exponenda *posteriora* natura, quam priora; cum tamen illorum notitia ex horum expositione dependeat, utile fuerit, et hanc delineationem contemplari, quod, cum incipiat ab iis, quae *nobis* sunt priora seu magis necessaria magisque nota, cernimus hic, quaenam sint ei proximae causae aut media, per quae ad id pervenire queamus, de quo maxime angimur ac quaerere solemus etc... *Definitiva* porro methodus solet primum definitionem proponere... Qui ordo magis artificialis, quam naturalis est.“ (Clavis S. S. P. II, f. 54—59. Cf. Philos. Lexicon von J. G. Walch. Leipz. 1733. Vid. tit. Analyt. Methode, Synthet. Meth.: „Die *analytische* Methode hat ihren Beinamen von dem griechischen Wort ἀναλύειν, resolvere, daher sie auch im Lateinischen *methodus resolvens, resolutiva* genannt wird... Man versteht insgemein dadurch diejenige Ordnung in der Erkenntniss und Vorstellung der Wahrheit, da man *von dem Besonderen auf das Allgemeine,* von den Schlüssen auf die Principien komme, oder, wie die Peripatetiker reden, da man von

den *Endzwecken zu den Mitteln* schreite. . . Die *synthetische* Methode
hat ihren Beinamen von dem griechischen Wort συντίθημι i. e. compono,
daher sie auch im Lateinischen *methodus compositiva* genennet wird. . .
Man versteht dadurch insgemein diejenige Ordnung in der Erkenntniss und Vorstellung der Wahrheit, da man *von dem Allgemeinen auf
das Besondere oder von den Principien auf die Schlüsse* und besonderen
Wahrheiten (*von den Ursachen zu den Wirkungen*) komme. . . Da die
Mathematiker sich derselben fast allein bedient haben, so ist sie der
Mathesis fast wie eigenthümlich geworden, hat auch den Namen der
mathematischen Methode erlangt." (L. c.)

§ 13.

Describi potest theologia naturalis, quod sit scientia
practica, ex principiis naturae de Deo, praescribens homini viatori cultum Deo convenientem, eumque expli-
cans, confirmans ac defendens, consequendae in Deo et
a Deo beatitudinis aeternae causa.

Conf. Introd. b. *Mus.* l. c. § 41. p. 103. Et hactenus de theologia naturali.

§ 14.

Ut de theologia revelata recte informemur, ante omnia certum esse debet, dari supernaturalem quandam
revelationem[a] divinam. Hoc autem non nobis tantum,
qui in ecclesia nati sumus,[b] sed etiam gentilibus[c] constat.

a) Hoc enim ostenso, deinde non difficulter colligitur, dari habitum theologiae revelatae, quo homines quidam apti reddantur ad ea,
quae divinitus revelata sunt, ita cognoscenda, ut docere eadem atque
explicare, confirmare et defendere possint. Non solum enim revelatio
divina, immediate ad paucos facta, ideo illis obtigisse cognoscitur, ut
per hos, divinitus instructos, alii erudirentur; verum etiam ipsa revelatio expresse docet, *dari* a Deo *doctores ad instaurationem sanctorum,*
Ephes. 4, 12. et locis aliis.

CALOVIUS: „Dari *revelationem divinam*, siquis neget, principium
illud aliunde comprobatur, non tantum iis rationibus, quibus alias solet principiorum veritas adstrui, sed longe eminentioribus, quae omni
exceptione majores sunt. Evicto enim, si id negetur, quod Deus sit,
quodque aliquam oporteat extare rationem, qua Deus ab hominibus colatur, docendum: fieri non posse, quin Deus rationem ipsam patefecerit, ut debito modo coleretur; tum, Deum homines ad sui fruitionem perductos voluisse, ideoque modum etiam, quo perduci queant,
revelandum fuisse hominibus; tandem, patefecisse omnino sese Deum,
ex historia ostendendum, quam revelationem Deus illis miraculis et
documentis stipatam voluit, ex quibus infallibiliter certi reddimur,
eam vere divinam esse." (Syst. ll. th. Tom. I. Proleg. c. 3. s. 1. p. 268.)

b) Partim enim in prima aetate revelatio, scripturis comprehensa, ductu parentum aut praeceptorum nobis innotuit; partim ipsa illa revelatio de divina origine sua testimonium praebuit et fidem divinam ingeneravit. Conf. *Mus.* c. III. § 2. p. 106.

c) Hoc est, quod ad § 4. annotavimus ex b. *Himmelio:* ipsam theologiam naturalem *manuducere homines paulatim ad supernaturalem*, quo is refert loca *Rom. 1, 19. 20. Act. 17, 27.* Itaque gentiles, cum per lumen naturae nossent, esse Deum, et animam humanam post mortem corporis superesse, dari quoque status diversos bonorum et malorum post mortem, homines vero ad peccandum maxime propensos esse et quotidie Deum offendere, neque habere ex theologia naturali medium, quo Deum placare possint; facile in eam cogitationem venerunt, ut crederent, Deum pro sua bonitate peculiari revelatione viam et media salutis alicubi ostendisse. Constat etiam per experientiam, quod nulla gens in theologia naturali substiterit. Vid. b. *Mus.* l. c. et P. II. Cap. V. Sect. I. § 15. p. 387.

PLATO: ,,Νομίζοντες ἀθάνατον τὴν ψυχὴν καὶ δυνατὴν πάντα μὲν κακὰ ἀνέχεσθαι, πάντα δὲ ἀγαθά, τῆς ἄνω ὁδοῦ ἀεὶ ἑξώμεθα καὶ δικαιοσύνην μετὰ φρονήσεως παντὶ τρόπῳ ἐπιτηδεύσωμεν, ἵνα καὶ ἡμῖν αὐτοῖς φίλοι ὦμεν καὶ τοῖς θεοῖς, αὐτοῦ τε μένοντες ἐνθάδε καὶ ἐπειδὰν τὰ ἆθλα αὐτοῦ κομιζώμεθα, ὥσπερ οἱ νικηφόροι καὶ ἐνθάδε καὶ ἐν παντὶ τῷ αἰῶνι εὖ πράττωμεν." (L. 10. de Republ. Cf. Gerhard. loc. de vita aet. § 21.: ,,Immortalem esse animam statuentes, talemque, ut mala possit et bona omnia sustinere, viam semper ad superiora ducentem sequamur, justitiamque cum prudentia omni ratione colamus, ut et nobis ipsis simus et Dei amici, dum hanc ducimus vitam, et postquam virtutis praemia reportaverimus tanquam potiti victoria et triumphantes, et hic et in perpetuum feliciter habeamus.")

SALLUSTIUS: ,,Mihi pro vero constat, omnium mortalium vitam divino numine invisi, neque bonum, neque malum facinus cujusquam pro nihilo haberi, sed ex natura diversa praemia bonos malosque sequi." (Ad Caesar.)

CICERO: ,,Sic mihi persuasi, sic sentio: cum tanta celeritas animorum sit, tanta memoria praeteritorum, futurorumque prudentia, tot artes, tantae scientiae, tot inventa, non posse eam naturam, quae res eas contineat, esse mortalem; et cum simplex animi natura sit, neque habeat in se quicquam admistum dispar sui atque dissimile, non posse eum dividi; quodsi non possit, non posse interire." (De senect.)

OVIDIUS: ,,Nitimur in vetitum semper cupimusque negata."
(Amor. III, 4, 17.)

,,Quod licet, ingratum est, quod non licet, acrius urit."
(L. c. II, 19, 3.)

— — ,,Video meliora proboque,
Deteriora sequor."
(Met. 7, 21.)

HORATIUS: ,,Naturam expellas furca, tamen usque recurret."
(Epp. I, 20, 24)

LYCURGUS: ,,Papae, quam depravata est hominis natura." (Apud Stobaeum. Sentent. Serm. II, p. 31.)

PLATO: ,,Οἱ μὲν παλαιοὶ κρείττονες ἡμῶν καὶ ἐγγυτέρω θεῶν οἰκοῦντες ταύτην φήμην παρέδοσαν." (Phileb. p. 16.)

CICERO: ,,Antiquitas proxime accedit ad Deos." (De legg. II, 11.)

IDEM: „Si tales nos natura genuisset, ut eam ipsam intueri et perspicere, eademque optima duce cursum vitae conficere possemus, haud erat sane, quod quisquam rationem ac doctrinam requireret. Nunc parvulos nobis dedit igniculos, quos celeriter malis moribus opinionibusque depravatis sic restinguimus, ut nusquam naturae lumen appareat. Sunt enim ingeniis nostris semina innata virtutum, quae si adolescere liceret, ipsa nos ad beatam vitam natura perduceret; nunc autem simul atque editi in lucem et suscepti sumus, in omni continuo pravitate et in summa opinionum perversitate versamur, ut paene cum lacte nutricis errorem suxisse videamur.“ (Tuscul. III, 1.)

IDEM: „Harum sententiarum quae vera sit, Deus viderit; quae verisimilis, magna quaestio est.“ (L. c. I, 11.)

IDEM: „Socrati nihil visum est sciri posse. Excepit unum tantum, scire se, nihil se scire, nihil amplius.“ (Acad. pr. II, 23, 74.)

OVIDIUS: „Ah! nimium faciles, qui tristia crimina caedis
Fluminea tolli posse putetis aqua.“

(Fast. 1. 2. v. 45.)

CICERO: „Quem (scl. in quo erit perfecta sapientia) adhuc nos quidem vidimus neminem, sed philosophorum sententiis qualis futurus sit, si modo aliquando fuerit, exponitur.“ (Tusc. II, 22.)

§ 15.

Est autem habitus[a] theologiae revelatae scientia,[b] si non πρώτως aut in rigore sic dicta, saltem in significatu laxiore,[c] et quidem scientia practica.[d]

a) Theologiam revelatam *proprie loquendo* esse *habitum*, occasione certaminis Magdeburgici inter M. Andr. Cramerum et collegas, a. 1623. aperte pronunciarunt theologi *Wittebergenses*, ut *mirari se* dicerent, *hoc abs quoquam vocari in dubium*. Idem statuerunt theologi *Lipsienses* a. 1624., ut est in Append. Consil. Dedek. fol. 136., ac, si theologiae nomen accipiatur pro *doctrina*, id per *metalepsin* fieri dixerunt. Sed et alii plerique theologiam, οὐσιωδῶς seu *essentialiter* consideratam, *habitum* animi, συμβεβηκότως, *accidentaliter et relate*, doctrinam denotare monuerunt; scilicet, quod *accidat theologiae, ut doceatur et discatur.* Confer b. *Musaeum* Introd. P. I. cap. I. § 2. p. 3.

J. FECHTIUS: „Theologiam esse *habitum*, et quidem practicum, evidenter ex Ebr. 5, 14. elucescit. Quanquam enim ibi de perfectiori omnium *christianorum* ἐν τῷ λόγῳ τῆς δικαιοσύνης (seu doctrina christiana de justitia in Christo Jesu) impetranda notitia agatur; si tamen ea ἕξις est seu habitus τῶν τὰ αἰσθητήρια γεγυμνασμένα ἐχόντων (exercitatos per frequentem verbi lectionem et meditationem, auxiliante Spiritu S., mentis sensus habentium), longe magis eo titulo ipsa *theologia* gaudebit, quippe quae justitiam et salutem non pro se tantum impetrare, sed *implantare etiam aliis* intendit. Qui vero habitus discernit inter bonum et malum, supposita accurata rerum notitia (quippe quae sola per τὸ καλόν τε καὶ κακόν, bonum et malum, ipsa vocum natura jubente, haud intelligitur), eum *practicum* esse, nemo dubitare potest.“ (Philocalia S. p. 1.)

CALOVIUS: „*Genus I. remotius* est *habitus*, scl. intellectualis, isque principalis; quo *removemus* ceu genera inconvenientia 1. *doctrinam*, 2. *disciplinam*, quae duo *relata* sunt, quum theologia absolutum quid

sit, eidemque accidat, ut doceatur vel discatur; 3. *revelationem*, et
4. *agnitionem veritatis*, quae reducuntur ad praedicamentum actionis,
theologia autem pertinet ad praedicamentum qualitatis; *illa* insuper
principium theologiae est, non genus, *haec*, si habitualis intelligatur,
nonnisi genus remotum suppeditat. II. *Propinquum* genus est *habitus
practicus*, quia theologia natura sua ad praxin tendit, et quidem, prout
hic spectatur, ut perducatur homo ad salutem aeternam Joh. 20, 31.
Rom. 15, 4., nec cognoscitur quicquam in ea, ut in cognitione illa
sistatur, sed ob praxin. . . Unde *excludimus* 1. habitum *mixtum* vel
compositum: partim *theoreticum*, partim practicum, qui σιδηρόξυλον est,
quum idem habitus non possit ultimato in nuda cognitione subsistere,
ac simul ad praxin natura sua tendere; 2. habitum *medium* inter pure
speculativum et practicum, qui uti opponuntur sibi contradictorie, sic
nullum admittunt medium; 3. *intellectum* et *pendentem usum* Ravens-
pergeri; quia theologia una est tantum disciplina, unaque methodo
tradenda, analytica scl., non synthetica aut utraque; 4. *scientiam, sapientiam* et *prudentiam* quorundam; 5. *scientiam* et *sapientiam* Ant. Walaei,
qui utrumque genus conjungit, quia unus habitus nonnisi unum genus
admittit; 6. *scientiam* et 7. *sapientiam* aliorum; hi enim habitus sunt
theoretici, nec nisi contradictorie finguntur sapientia et scientia practica. Theologia autem non acquiescit in nuda cognitione, sed ad
praxin tendit, idque per se. Quamquam vero in Scripturis modo sapientiae 1 Cor. 2, 7. Jac. 3, 15., modo intelligentiae Col. 1, 9., modo
scientiae nomine veniat Joh. 17, 3., ea tamen *generis* loco ideo assignari
eidem non debent, quum *non omnia praedicata statim sunt generica*, nec
vulgari, sed eminenti ratione illa intelligenda sunt. III. *Proximum
genus est habitus practicus e divina revelatione haustus*, quia oritur e
revelatione divina, sive immediata, sive mediata. Alii dicunt θεόσδοτον
vel divinitus datum, quia est inter dona Dei, non quidem sanctificantia
praecise, sed ministrantia 1 Cor. 12, 8. Jac. 3, 15. Nonnulli, practicam
agnoscentes, malunt vel cum Keckermanno *prudentiam*, vel cum Ramo
artem definire. At prudentia versatur circa τὰ ἀνθρώπινα (6. Eth. c. 5.);
ars vero est habitus effectivus in opere externo occupatus et aliquod
ποίημα post se relinquens. Neutrum theologiae naturam exprimit.
Caeterum si *prudentiae* nomen ampliandum sit, aliis convenientius esse
hoc genus, non diffitemur, cum theologia practicus sit habitus, prout
etiam prudentia indigitatur Prov. 1, 2. Ps. 119, 104. 130. et prudentia
filiorum lucis, ut ab humana prudentia discernatur, Luc. 16, 8."
(System. locc. th. Proleg. c. 1. s. 1. Tom. I. p. 4. sq.)

b) Certe cum habitum mentis esse theologiam constet, non sine
causa disquiritur, ad quam speciem rectissime referatur, ut conceptum
generis propinquioris assequamur. Atqui inter habitus, qui hactenus
agniti fuerunt, nulla species est, ad quam rectius referatur, quam ad
scientiam. Tendit enim sua natura ad docendum, explicandum et
confirmandum res sibi substratas, tanquam certum ac determinatum
objectum, ideoque ex principiis certis conclusiones certas infert, seu
demonstrationes conficit, quod scientiae proprium est, nec ulli alii habitui aeque convenit. Vid. b. *Mus.* Introd. Cap. III. § 4. p. 112. 113.
Eodem tendunt, quae jam a. 1598. scripsit b. *G. Mylius* noster posit.
de verbo Dei et Script. sacr. th. 1.: *Quemadmodum quaelibet scientia ex
suis principiis per probationum et demonstrationum conclusa emergit, ita
theologiae* (tanquam scientiae) *in religione christiana suum quoque esse
principium etc.* Idem etiam in peculiari disp. an. 1602. habita ex professo exhibuit *methodum τῆς θεολογικῆς ἀποδείξεως*, et ostendit, ἀπόδειξιν,
*tametsi serpat per omnia scientiarum genera, tamen nuspiam perfectiorem
haberi, quam in theologia, in qua propter revelationem divinam tanta sit*

certitudo, ut par majorve dari non possit. Vid. thes. 45. et sqq. Itaque, qui theologiam revelatam agnoscunt esse habitum intellectus, et esse habitum docendi ac deducendi conclusiones certas de objecto peculiari ac determinato, ita, ut connexio extremorum sit necessaria, propterea quod conclusiones pendent ex necessariis ac certis praemissis, non sine causa genus theologiae constituunt scientiam, quia ratio formalis scientiae in hoc consistit, quod est habitus demonstrativus.

CALOVIUS: ,,Disquiritur, utrum theologiae genus assignari debeat *scientia proprie ita dicta*; quod negamus: 1. *E definitione scientiae*, quae est ἕξις ἀποδεικτικὴ ἐξ ἀναγκαίων 6. Ethic. c. 3. Theologia quippe non est ejusmodi habitus demonstrativus ex necessariis. Habet quidem etiam suas causas, ἀποδείξεις, sed πνευματικὰς, non vero ἐπιστημονικὰς, ut Apostolus 1 Cor. 2, 4. docet; quia ad has requiritur, ut affectiones per rationes suas probentur de subjecto necessario, et quidem praecipue a priori. Theologia autem nec subjectum demonstrationis habet, sed operationis potius, nec in demonstrandis affectionibus consistit, sed in tradendis salutis mediis, nec a priori potissimum, sed a posteriori probat, imo non ratione utitur, sed auctoritate divina, quae efficacissima quidem est probatio, non autem proprie dicta demonstratio, nec scientiam gignit, sed fidem requirit. 2. *E requisitis scientiae*, quae e definitione ejus et natura demonstrationis colliguntur: 1) Ratione subjecti, quod id debeat necessarium esse et universale. 2) Ratione affectionum, quae proprie inhaerere subjecto et de eo demonstrari debent. 3) Ratione principiorum, quibus a priori ex immediatis causis vel rationibus demonstrandae sunt affectiones. Hae enim conditiones non dantur in theologia, cujus a. objectum contingens est homo qua salvandus, imo versatur magis theologia circa singularia, quam universalia. b. Affectiones in theologia non traduntur hujus objecti proprie dictae, sed status potius ejus praecognoscitnr et de mediis, per quae finis introduci debeat, ex professo agitur. c. Unde nec principia affectionum adhibentur, quin potius omnia e revelatione divina probantur, sola Dei dicentis auctoritate, quae vel αὐτολεξεῖ in scripturis asseruntur, vel διανοητικῶς et per consequentiam e scripturis colliguntur. 3. *Ex indole et conditione scientiae*, quia scientia cognitio est evidens et perfecta; quod itidem theologiae non omnino congruit, cujus cognitio potius inevidens est, cum versetur non circa ἐπιστητὰ vel scibilia, sed circa τὰ πιστὰ seu credibilia, adeoque velit mysteria sua credi, non sciri; jubet rationem in iis cognoscendis captivari, non dominari. Ad haec imperfecta est cognitio theologiae in hac vita, docente apostolo 1 Cor. 13, 12. 4. *E fine scientiae*, quia scientiae finis theoria; at theologiae finis est praxis." (Isag. I, 239—241.) N. HUNNIUS: ,,Scientia pro fine habet cognitionem. Omnis quippe scientia est ἄπρακτος. Scientia certe cum fine suo convertitur et, ut acquisita, a fine non differt; totaque adeo essentia scientiae in eo consistit, ut tantum subjectum suum cognoscat, quo facto tota quiescit nec ulterius (nisi forte ratione *finis accidentarii et externi*) progreditur." (Canones logici. Witteb. 1621. p. 5. sq.)

CALOVIUS: ,,Observandum autem, non disquiri, utrum theologia *scientia* dici possit *laxiori vocis significatione*, nec etiam, an theologia potius scientia ob sui perfectionem, quam opinio aut imperfectus habitus dici debeat; quod asserit Thomas part. I. quaest. I. art. 2. Utrumque illud facile admittimus, cum et a Spiritu S. vocetur scientia laxa significatione 1 Cor. 12, 8. etc. et recte a Thoma, ut et ab August., passim doceatur, eam non solum opinionem, sed et scientiam esse; sed eo sensu non poterit scientia loco *generis* ei assignari, cum ista significatio minus propria sit, nec theologia tantum, sed et aliae disciplinae, etiam practicae, ratione perfectionis nominari possint scientiae, licet sub genere scientiarum proprie dictarum non sint." (Syst. Proleg. I, 42.)

RUDELBACHIUS: ,,Sie (die Theologie) ist eine durch den Geist Gottes vermittelte Wissenschaft. Das war es und nichts Anderes, was die Theologen von jener Richtung festhielten, wenn sie nun ferner die Theologie beschrieben als einen habitus practicus; sie wollen damit sagen, dass diese Wissenschaft, wie keine andere, durch unmittelbare Lebensströmungen bedingt ist. . . Sie wollen mit dem habitus practicus (wodurch sie, was den Anknüpfungspunct betrifft, sich auf die Seite der Scotisten gegen die Thomisten stellen, welche letztere die Theologie als eine theils speculative, theils praktische Wissenschaft fassten) jene verborgene Wirksamkeit des Geistes andeuten, welche der primus et perpetuus motor der wahren Theologie ist. . . *Wir können diese Bestimmung nicht aufgeben;* sie ist die lebendige Mitte unserer Betrachtung. Praktisch ist die Theologie durch und durch, praktisch durch die Wurzeln, Mittel und Bezüge. . . Im engeren Sinne praktisch sind die theologischen Disciplinen: Katechetik, Keryktik, Liturgik; nicht als ob sie allein ins Werk gesetzt werden sollten, sondern weil sie hauptsächlich das Wort in unmittelbarer Bewegung darstellen." (Ueber den Begriff der Theologie und den der Neutestamentlichen Isagogik. cf. Zeitschrift 1848. Vol. I. p. 8. sq. 27. sq.)

ANTITHESIS:

LUTHARDTIUS: ,,Die Theologie ist die kirchliche Wissenschaft vom Christenthum. . . In jener Definition (der älteren luth. Dogmatiker) ist aber sowohl die unmittelbare Beziehung der Theologie zur *Seligkeit,* als auch ihre Fassung als eine *persönliche Eigenschaft* zwar im besten Sinne des religiösen Ernstes gemeint, aber wissenschaftlich nicht richtig. . . Wie die Jurisprudenz die Wissenschaft vom Recht ist, im Sinne des Staates als der Stätte des Rechts, so die Theologie die Wissenschaft vom Christenthum, im Sinne der Kirche als der Stätte des Christenthums." (Kompend. der Dogm. 3. Aufl. 1868. p. 1. 2. 3.)

HARLESSIUS: ,,Die christliche Theologie ist die wissenschaftliche Erkenntniss des Glaubens nach seinem Grund und Wesen." (Theol. Encyklop. und Method. Nürnberg, 1837. Abschnitt I. § 4. p. 25.)

KAHNISIUS: ,,Theologie ist das wissenschaftliche Selbstbewusstsein der Kirche. Es war ohne Zweifel einseitig, wenn die alten Dogmatiker die Theologie blos (!) für den persönlichen habitus eines Theologen hielten: für eine aus dem Concretum eines Theologen entlehnte Abstraction. Mit Recht wurde dagegen von den Dogmatikern der Aufklärungszeit die objective Bedeutung der Theologie als kirchlicher oder christlicher oder religiöser *Wissenschaft* geltend gemacht, wie man auch die Jurisprudenz, Medicin, Philologie, Philosophie u. s. w. nicht blos für die specifische Eigenschaft eines Juristen, Mediciners u. s. w. ansieht, sondern für eine über die einzelnen Personen, die sie hegen und pflegen, übergreifende Wissenssubstanz." (Die Luth. Dogm. Zweite Ausg. Leipz. 1874. Band I. p. 8. sq.)

c) Nempe si ad scientiam simpliciter et proprie requiratur (quod juxta Aristotelem vulgo solet), ut ex principiis evidentibus ac per se notis demonstrationes conficiat. Fatendum enim est, theologiam revelatam in praecipuis doctrinae christianae capitibus, quae mysteria dicuntur, ex sola revelatione divina, quae naturaliter inevidens est, conclusiones suas deducere. Vid. b. *Mus.* in Introd. l. c. p. 116. 117. Interim satius est, retento nomine scientiae, in ipso conceptu generico theologiae ea exprimere, quae ipsi, tanquam habitui, non solum mentis, eique practico, verum et habitui conclusionum, seu demonstrativo, cum aliis habitibus mentis communia, sed ad designandum conceptum generis non remotioris, sed propinquioris, accommodata sunt; quam ut illa omittantur, ac tantum nomen habitus, aut habitus mentis, aut habitus intellectus practici, aut habitus ϑεοσδότου (quorum nullum exprimit naturam habitus demonstrativi), discentes docentesve alios contentos esse jubeamus.

d) Conclusiones enim omnes, si non *formaliter*, saltem *virtualiter*, practicae sunt. Illae formaliter aliquid agendum aut omittendum praescribunt: v. g. Deus trinunus est adorandus. Hae, ob conjunctionem cum aliis formaliter practicis, inferunt conclusionem formaliter practicam: v. g. Christum esse verum Deum, unde concluditur: E. in illum credendum est. Confer. b. *Joh. Olearii* Univ. theol. prooem. p. 8. 9. Eodem redit, quod b. *Gerhardus* scribit in exeg. LL. prooem. § 12. p. 5.: *Omnia, quae in theologia traduntur, ad* πρᾶξιν *spectant, si non immediate et directe, tamen mediate et indirecte.* Quod autem scientiae non repugnet, esse practicam, ostendit b. *J. Martini* l. c. Disp. II. § 13. sqq. p. 52. sqq. et Disp. IV. § 22. sqq. p. 86. Confer. supra § 3. not. *b.*

§ 16.

Finis theologiae revelatae[a] duplex est: *Internus*, qui consistit in actibus cognoscendi objecta theologiae, non quomodocunque, sed quatenus[b] accurate explicanda, confirmanda ac defendenda sunt, fidei et salutis hominum causa; et *externus*,[c] qui est ipsa fides et salus hominum, quaeque cum fide sunt conjuncta.

CALOVIUS: ,,Finis ultimus secundum quid, nimirum ex parte nostri, est salus aeterna, vel potius ad salutem aeternam perductio... Qui *finis* est S. Sacrae, idem finis est theologiae, cum utraque versetur circa idem objectum, scriptura proponat fidei articulos σποραδικῶς vel sparsim, theologia eosdem συστηματικῶς et ordinate explicet... Finis ejusdem est perductio ad Dei fruitionem vel aeternam salutem. Atque huc tendunt omnia, quae in theologia traduntur, quorum *licet nonnulla videantur theoretica, non tamen sub ratione theorias et merae contemplationis ergo proponuntur in theologia*, sed ob praxin; utpote cum Dei, angeli vel hominis natura cognoscitur, non id fit, ut in cognitione acquiescamus, sed directa potius est cognitio illa ad praxin, ut Deo fruamur, ἰσάγγελοι evadamus et ad beatitudinem adspiremus.'' (Isag. I, 183. sq.)

QUENSTEDTIUS: ,,*Absolute* et simpliciter theologia *non est necessaria*, ne quidem toti ecclesiae: potest enim Deus homines *immediate* h. e. sine ministerio hominum theologorum informare et convertere; sed *ex hypothesi*, posita scl. Dei voluntate. Placuit enim Deo nobiscum agere per verbum ejusque praedicationem, Rom. 10, 14., et scrutinium, Joh. 5, 39., hominesque perducere ad salutem via doctrinae et institutionis. (Notanter dico: sine ministerio *hominum* theologorum; τὸ immediate enim intelligi potest vel de ministerio *hominum*, vel de annuntiatione *verbi;* hac ratione Deus nullum unquam immediate convertit, sed *illa* ratione saepius.'' (Th. did.-pol. P. I. c. 1. s. 2. q. 2. f. 20. sq.)

CALOVIUS: ,,Haec πρᾶξις homines ad salutem perducendi constituit theologum, vel functio ejus propria est et officium ipsius theologi. Quanquam autem theologus non semper in eo occupetur, ut homines ad salutem aeternam perducat, habitu tamen isto instructus sit oportet homines ad salutem perducendi, qui natura sua eo tendit. Estque id agere proprium theologi munus, utut saepe functionem, eandemque sanctissime administratam, non sequatur ex parte subjecti finis ille externus, quem intendit, salus aeterna.'' (Isag. I, 190. sq.)

GERHARDUS: ,,Intermedius ac proximus finis est vel internus, *informatio* hominum ad salutem aeternam, vel externus, ipsa beatitudinis sive vitae aeternae *consecutio* Luc. 1, 77. Joh. 5, 39. 2.', ult. Rom. 15, 4. 2 Tim. 3, 16. *Quaecunque ergo ad hunc finem non ducunt nec conducunt, sive directe, sive saltem indirecte, sive immediate, sive mediate, ea non pertinent ad theologicam* γνῶσιν. Ex hoc facile colligitur, quid de quibusdam futilibus magis, quam utilibus scholasticorum quaestionibus et otiosis speculationibus, quas apostolus vocat μωρὰς καὶ ἀπαιδεύτους ζητήσεις 2 Tim. 2, 23., statuendum sit, videl. quod ad ματαιολογίαν potius, quam ad θεολογίαν pertinent. 1 Tim. 1, 6.'' (Exeges. locc. th. Prooem. § 26.)

MEISNERUS: ,,Deum cognoscit theologus tanquam finem, siquidem in fruitione Dei sita est nostra beatitudo; et cognoscit ipsum non ideo, ut in ista cognitione acquiescat, nec aliud desideret; sed potius, ut per istam cognitionem . . . et ipse et alii, qui ipsum audiunt, salutis aeternae participes fiant. *Hunc finem qui non semper intendit nec in omni sua theoria* (γνώσει) *respicit, is veri theologi nomen non meretur.''* (Philos. sobr. P. III. s. 5. c. 2. p. 163.)

ANTITHESIS:

LUTHARDTIUS: ,,Darum wird sie (die Theologie) bezeichnet (von den älteren Dogmatikern) als eine sapientia eminens *practica*, und verglichen mit der medicina; vergl. die Dedication von Gerhardi Meditationes sacrae. Dies beruht auf einer Verwechslung der theologischen *Wissenschaft* mit der kirchlichen Heilsverkündigung. Die *Nothwendigkeit* der Theologie, wie sie schon aus ihrer thatsächlichen Existenz erhellt, ist durch das *intellectuelle Bedürfniss* des Christen, wie durch das praktische der Kirche bedingt; ihre *Möglichkeit* in dem Verhältniss des Erkennens zum Glauben begründet.'' (Kompendium etc. p. 3.)

HARLESSIUS: ,,Wie jede wissenschaftliche Disciplin Product einer historischen Entwicklung der menschlichen Erkenntniss ist, so ist auch das Bedürfniss der theologischen Erkenntniss nicht *aus dem Wesen der Religion* an sich, sondern nur aus der historischen Entwicklung der Kirche, aus welcher die wissenschaftliche Theologie selbst hervorgegangen ist, abzuleiten und zu begreifen. *Die Nothwendigkeit der theologischen Erkenntniss liegt ihrer Potenz nach in der Natur des vernünftigen Geistes selbst, der, was er besitzt, nicht blos als ein gegebenes Besitzthum zu haben, sondern es als seine nunmehr eigenste Bewegung und als absolute Wahrheit zugleich wieder zu setzen gedrungen ist.''* (Theologische Encyclopädie. Nürnb. 1837. p. 26. sq.)

a) Tanquam scientiae practicae.

b) Hos enim actus per se attingit theologia, et theologus vi scientiae sibi inexistentis in potestate sua habet. Conf. b. *Musaeus* Introd. Cap. III. § 6. p. 127. et b. *Meisn.* P. III. Ph. S. p. 112., ubi, facta theologi cum medico comparatione, *finem internum* theologiae dicit esse τὸ *medicari theologicum, vel operari circa hominem salvandum;* ita ut theologus *munere suo recte perfunctus* dicatur, *si, quae in sua potestate sunt, ad sanandos restituendosque homines nihil omiserit, quanquam non omnes ad salutem perducat.*

c) Qui est extra potestatem theologi, nec vi scientiae, quae ipsi inest, semper attingitur, quod per experientiam constat. Conf. b. *Meisnerum* l. c.

§ 17.

Finis externus distingui solet in *ultimum* et *inter-medium*. Uterque porro distinguitur in *objectivum* et *formalem*. Objectivus est Deus, infinite perfectus et summe bonus. Formalis est operatio quaedam circa Deum, qua eo velut summo bono potimur et fruimur. Itaque objectivus finis utrinque unus est. Formalis vero alius est, si ultimum, alius, si intermedium spectes.

§ 18.

Nempe finis formalis ultimus consistit in intuitiva et clara Dei[a] cognitione, itemque amore[b] Dei intuitive cogniti intensissimo.

a) Sic Christus *Matth. 5, 8.*, *beatitudinem* eorum, *qui corde mundi sunt*, declaraturus, *Deum visuros* dicit. Et *Johannes* 1. Ep. 3, 2. beatitudinem futuram, *quae nunc nondum apparuerit*, in eo collocat, quod *Deum* (cujus *filii* sumus) *visuri simus, sicuti est*. Dicimur autem hac ratione potiri Deo, tanquam summo bono, quia Deus per actum illum intellectus apprehenditur nobisque intime praesens redditur atque unitur. Vid. b. *Mus*. Introd. Cap. III. § 11. p. 130. Plura dicemus infra suo loco.

b) Quo Deo, tanquam bono nostro, clare cognito seu apprehenso, inhaeremus propter ipsum. Neque enim fieri potest, quin voluntas in summum Dei amorem pertrahatur, quando intellectus eum, tanquam summum bonum nostrum, perfecte cognoscit. *Mus*. l. c. p. 131.

§ 19.

Finis formalis intermedius est fides[a] in Christum, tanquam causam impetrandae gratiae apud Deum. Eodem autem deinde pertinet amor Dei,[b] tanquam nobis reconciliati; imo et actus[c] alii, quibus divinae bonitatis participes reddimur; ac suo modo tota vitae sanctimonia.[d]

CALOVIUS: „Finis *intermedius* itidem distingui potest in *internum* et *externum. Hic* est *fides* hominum ad salutem perducendorum... *Internus* autem est quaevis *functio* theologorum faciens ad fidem et salutem hominum; cumprimis vero precatio, verbi divini praedicatio, sacramentorum dispensatio et disciplinae ecclesiasticae administratio.‟ (Isag. I, 192. sq.)

IDEM: „*Non* enim cognitionem theologus intendere debet unice *sui causa*, sed ut veritas cognita corde fiduciali apprehendatur; vera autem et viva est praxis fidei, e qua porro emanat et consequitur πρᾶξις εὐσεβείας ceu *fructus* verae fidei.‟ (L. c. p. 216. sq.)

HOLLAZIUS: „Per finem theologiae *intermedium* intelligitur illud salutis medium, quo finem *ultimum* seu aeternam beatitudinem consequimur. Atqui consequimur eam per fidem. Ergo . . . *Dilectio* in Deum et proximum, vitae *sanctimonia* et instauratio imaginis divinae fidem in Christum individuo nexu sequuntur, atque adeo ad *consequentia finis intermedii* theologiae pertinent, *sed non sunt causae* consequendae aeternae beatitudinis. Sunt nonnulli auctores, qui *sanctitatem* vitae vocant theologiae *finem intermedium concomitantem* cum Musaeo in Introd. theol. p. 135., vel finem *secundarium* cum Hildebrando in th. dogm. p. 21., vel finem *intermedium non causalem* cum Baiero. Cum quibus non litigabimus, cum illi fateantur, se finem theologiae *in latiori sensu* accipere.“ (Exam. theologic. acroamat. Prolegom. c. 1. q. 18. p. 13.)

QUENSTEDTIUS: „Distingue inter πρᾶξιν τῆς πίστεως s. *fidei*, et πρᾶξιν τῆς εὐσεβείας s. *pietatis*. . . Utraque praxis in theologia datur, *illa* tamen, non *haec*, a parte nostra est *unicum medium* vel perveniendi vel perducendi ad salutem; ac proinde *theologia non ob hanc, sed propter illam practica dicitur*.“ (Th. did.-pol. P. I. c. 1. s. 2. q. 3. f. 25.)

a) Per hanc enim potimur Deo, tanquam bono nostro, jam in hac vita; quatenus Christus, cujus meritum fide apprehendimus, fit nobis *placamentum, Rom. 3, 25.*, ut *pacem* habeamus *erga Deum, Rom. 5, 1.*, ac jus seu haereditatem *vitae aeternae, Joh. 3, 16.*

b) Sic dilectionem Dei cum vera et salutari *cognitione Dei* conjungit *Johannes* 1. Ep. 4, 7. 8. Ac certum est, actu amoris jam in hac vita nos inhaerere Deo, ac frui eo, tanquam bono nostro.

c) V. g. fiducia filialis, seu acquiescentia voluntatis in Deo reconciliato, tanquam causa caeterorum bonorum impetrandorum; ut tanquam *filii clamemus* ad Deum: *Abba, Pater! Rom. 8, 15.* Unde statim etiam locum habet spes bonorum illorum, spiritualium ac temporalium; prout l. c. vers. 24. *spe salvi facti* dicimur, i. e., salutem actu spei firmo expectare; et vers. 28. *certo persuasi*, adeoque etiam secure sperantes aut expectantes, fore, ut *omnia simul nobis adjumento sint in bonum.*

d) Nempe theologia ad totam vitae sanctimoniam omnino tendit atque, ut eam obtineat, occupata est in tradendis et confirmandis conclusionibus, quae eo ducunt ac tanquam ad scopum collineant; licet certum sit, eam non aeque, ut fides, rationem causae habere in ordine ad finem ultimum, verum, sicut vocem *medii*, ita et hic terminum *finis intermedii* in latiore significatione accipi oportere; quam ob rem etiam aliqui hic terminum *finis secundarii* aut *concomitantis* usurpant. Interim b. J. *Foersterus* in Probl. th. disp. I. scribit: *Finem* theologiae *architectonicum* consistere *in* πράξει, *quae* πρᾶξις *vel in fide, vel in vita exerceatur.* Th. 19. et sqq. ad 23. Et b. *Jac. Martini* l. c. § 34. p. 38. *finem externum* theologiae dicit esse *pietatem,* cujus vera *descriptio* habeatur *1 Tim. 1, 5.*: *Finis mandati est charitas ex puro corde, scientia bona et fide non ficta;* additque alterum locum *Ebr. 12, 14.*: *Sine sanctimonia nemo videbit Deum.* B. *Gerhardus* quoque in exegesi prooem. § 12. p. 5. πρᾶξιν illam, *ad quam, tanquam ad finem,* tendat theologia, consistere dicit *in facienda voluntate Dei,* juxta LL. *Matthaei 7, 21. Luc. 6, 46. Joh. 13, 17.* Quodsi ergo finis theologiae est vitae sanctimonia, in ea autem non subsistitur ultimo, sed datur finis ulterior, nempe salus aeterna; ita quidem, ut, quamvis sanctimonia vitae non praescribatur, ut per eam, tanquam causam, consequamur vitam aeternam, praescribatur tamen illa, tanquam ad viam vitae aeternae pertinens, per quam eundum est, ne hac excidamus: quidni sanctimonia vitae finis theologiae intermedius recte dicatur? quem si quis cum addito *finem intermedium non causalem* (respectu finis ultimi) dixerit, non repugnabimus.

§ 20.

Subjectum operationis[a] est homo peccator,[b] quatenus est ad salutem aeternam perducendus.[c]

GERHARDUS: „Quemadmodum in medicina praemittitur φυσιολογία ac παθολογία, quae affectiones subjecti (corporis scl. humani), circa quod, quatenus sanandum est, occupatur, considerat: sic in theologia, quae spiritualis est medicina, de natura hominis instituta ac destituta prius agitur, postea media ad finem theologiae (videl. hominis reparationem ac salutem) ducentia proponuntur.“ (Exeges. locc. Prooem. § 28.)

a) Dari subjectum operationis theologiae revelatae, agnoscunt nostrates theologi, qui theologiam revelatam pro habitu practico habent. Et quamvis alias philosophi doceant, subjectum operationis habituum ac scientiarum practicarum ἱκανότητα sive aptitudinem quandam naturalem ad operationem, quae praescribitur, praestandam afferre debere; quamvis etiam ipsam πρᾶξιν restringant ad ea, quae sunt ἐφ' ἡμῖν, sive in nostra potestate, hic autem praxis fidei a supernaturali Dei gratia et influxu pendeat, et homo ad eam natura ineptus sit, instar mortui: putant *tamen* nostri, sufficere h. l., quod finis nihilominus in hominem, tanquam subjectum, per certa media hic praescripta, virtute gratiae divinae, est introducendus, aut ipse ad finem per media deducendus est. Vid. b. *Gerhard.* in Exeg. l. c. § 28. p. 17., b. *Meisn.* Ph. S. P. III. p. 114. 121. Coincidit autem subjectum operationis cum *fine cui*. Vid. b. *Mus.* Introd. l. c. § 15. p. 136.

b) Seu peccato corruptus aut obnoxius, qualis est post lapsum omnis homo carnaliter genitus per omnem vitam. Neque enim statum peccati ita stricte accipimus, prout opponitur statui regenerationis; fatemur potius, hominem etiam regenitum porro indigere praxi theologica, quoadusque in via aut in hac vita est.

c) Nempe homo peccator subjectum operationis *materiale;* quatenus autem ad salutem formandus ac perducendus est, subjectum operationis *formale* constituit. Confer. b. *Gerh.* l. c., b. *Meisn.* Ph. S. P. III. p. 115.

§ 21.

Causa efficiens finis ultimi formalis[a] Deus[b] trin-unus[c] est.

a) Seu operationis illius, qua Deo ipso, tanquam summo bono nostro, perfecte potimur et fruimur.

b) Solus enim Deus potest intellectum humanum lumine gloriae donare, atque ita ad eliciendam illam operationem, quae naturalem vim intellectus finiti prorsus excedit, elevare. Solus etiam proinde voluntatem ita perficere potest, ut actus intensissimi amoris hujus boni in ea oriatur.

c) Est enim collatio beatitudinis opus ad extra, tribus personis commune.

§ 22.

Causa impulsiva interna est Dei[a] bonitas; externa ac meritoria meritum Christi.[b]

a) Non solum, quod homini ex justitia divina non debetur beatitudo; sed inprimis, si spectes beatitudinem peccatori dandam.

b) Cum enim justitia Dei, peccatis laesa, satisfactionem aut poenam ab homine exigat, gratia seu bonitas Dei non fit principium completum nostrae salutis, nisi intercedente merito, quo satisfiat justitiae divinae. Et sic Paulus *Rom. 3, 24.* conjungit, in ordine ad justificationem peccatoris, *gratiam Dei et redemptionem, quae est in Christo Jesu; et 1 Tim. 2, 4. et 6.*, cum dixisset: *Deum omnes velle salvos fieri*, statim addit *mediatorem Dei et hominum, qui semetipsum dederit pretium redemptionis*, ut possimus salvi fieri.

§ 23.

Sed et fides in Christum[a] causis salutis[b] recte accensetur.

a) Sic enim reliquis causis, gratiae seu amori Dei, quo *mundum* dilexit, et *filio* ejus *unigenito*, quatenus mundo is *datus* est, tanquam mediator, expians peccata mundi suo merito, fides sive τὸ *credere in eum* conjungitur *Joh. 3, 16.* Atque alias dicimur *salvari* διὰ τῆς πίστεως, per fidem, *Ephes. 2, 8.*, vivere ἐκ πίστεως, ex fide, *Rom. 1, 17. Gal. 3, 11. Ebr. 10, 38.* Particulae autem ἐκ et διά vim causae manifestam ibi habent.

b) Non autem in se et absolute spectata, ut est actus vel qualitas; neque quatenus est efficax per dilectionem, sed in ordine ad objectum, quod est Christus mediator. Quodsi ad certum aliquod genus causarum accedendum sit; sicut fatendum est, fidem non habere se ad salutem ac visionem beatificam, per modum causae efficientis, materialis, formalis, aut finalis, causalitatem autem ejus in eo consistere, quod, dum Deo meritum Christi, tanquam ab homine apprehensum, exhibet, hoc ipso Deum movet ad salutem homini illi ex gratia conferendam; ita ad genus causae impulsivae recte refertur fides; et quia non sua, sed meriti Christi dignitate Deum movet, ideo ad differentiam ipsius meriti Christi *causa impulsiva minus principalis* dici potest. Vid. b. *Mus.* Introd. l. c. § 18. p. 138. 139.

GERHARDUS: „Etiam nos dicimus, fidem esse causam justificationis, puta *instrumentalem*. Aliud est διὰ τὴν πίστιν, aliud διὰ τῆς πίστεως
justificari; *illud* causam *meritoriam* notat, *hoc* vero *instrumentalem*.
Non justificamur *propter* fidem, tanquam meritum aliquod, sed *per*
fidem, quae meritum apprehendit." (Loc. de justific. § 179.)

QUENSTEDTIUS: „Causa *movens* (praedestinationis) alia interna
est, alia externa. *Interna* est *gratia Dei* mere gratuita, excludens
omne omnino operum humanorum meritum sive omne id, quod nomine
operis vel actionis, sive per gratiam Dei, sive ex viribus naturae factae,
venit. Elegit enim nos Deus non secundum opera, sed ex mera sua
gratia. *Etiam fides ipsa huc non pertinet*, si spectatur tanquam ˚conditio,
magis vel minus digna, sive per se, sive ex aestimio, per voluntatem
Dei fidei superaddito; quod nihil horum decretum electionis ingredia-
tur tanquam *causa movens aut impellens* Deum ad tale decretum faciendum, sed id purae putae gratiae Dei est adscribendum, ut docet Huelsemannus Breviar. c. 15. th. 6." (Theol. did.-pol. P. III. c. 2. s. 1.
th. 10. f. 25.)

REUSCHIUS: „*Causa impulsiva principalis* est, quae propria bonitate proprioque valore movet causam efficientem ad agendum; *minus
autem principalis*, instrumentalis seu organica, quae id facit bonitate
aliena seu aliunde accepta alienoque valore." (Annotatt. in Baieri
Compend. p. 771.)

§ 24.

Et quia fides hominibus non nisi a Deo[a] confertur,
qui illam per verbum et sacramenta, tanquam per organa[b] producit et confirmat: ideo et haec inter causas
salutis recte numerantur.[c]

a) Non enim humanarum virium opus est, sed supernaturaliter
confertur homini, natura inepto ad credendum, ut infra videbimus.

b) Sic *Jac. 1, 21. verbum* Dei dicitur *semen*, unde nascuntur fideles;
adeoque tribuitur ei vis activa et vera causalitas in ordine ad fidem
in hominibus producendam. Et baptismus ad *Tit. 3, 5.* dicitur *lava-
crum regenerationis*; scilicet quod regeneratio ab illo, tanquam a causa,
pendeat.

c) Quia enim sunt causae fidei, quae est causa salutis, etiam salutis ipsius, tanquam causati, causae recte censentur.

CARPZOVIUS: „Hoc addi adhuc debet, Augustanam Confessionem
de verbo et sacramentis hic (art. 5.) agere, prout *operantia* media
sunt et per modum operationis *physicae* agunt, cum quaestio sit hoc
in loco: Unde fides sit? et an verbum et sacramenta eandem operentur? Praeter hunc enim operandi modum verbo et sacramentis alius
etiam competit, qui *moraliter* sese habet, et in *datione, porrectione* seu
oblatione, collatione et *obsignatione* boni justifici consistit. Neque enim
confundi debent actio verbi et sacramentorum, *quatenus fidem generant*, alunt atque excitant, et actio verbi, *prout ad justificationem concurrit proxime*. Cum enim in *priori* actione verbum et sacramenta sese
habeant ut *organa* tum *effectiva* virium spiritualium ad credendum, tum
excitativa motuum spiritualium fidei; in *posteriori*, scl. in justificatione, organa saltem *dativa* sunt, *collativa* et *obsignativa* boni justifici,
quod est obedientia Christi." (Isag. in libros symb. Ed. 2. Lips.
1675. p. 251.)

§ 25.

Objectum theologiae revelatae duplex est: *Materiale* et *formale*. Materiale sunt res[a] revelatae, quae in theologia revelata cognoscuntur. Atque huc pertinent non tantum subjectum operationis et causae ac media consequendi finis, sed et finis ipse,[b] quatenus habitu theologiae cognoscitur. Formale, seu principium et ratio cognoscendi, unde pendet cognitio rerum, quae in theologia revelata proponuntur, est revelatio divina.[c]

BROCHMANDUS: „Aliud est adaequatum, aliud proximum, aliud princeps theologiae *objectum*. *Adaequatum* theologiae objectum est, *quicquid Deus in verbo suo perscribi curavit*. Cum enim principium theologiae sit verbum Dei scriptum, fieri non potest, quin omne illud pro objecto theologiae agnoscendum sit, quod in S. S. traditum et perscriptum invenitur. Quocirca cum in S. S. non tantum agatur de Deo, de creatione, de primigenia angelorum et hominum integritate, de lapsu angelorum et hominum, de hominum per Christum restitutione; sed etiam de notitia Dei naturali, de caritate Deo et proximo debita, de rebus gestis plurimorum hominum, piorum et impiorum: non possunt non haec omnia esse subjectum theologiae juxta dicta Rom. 15, 4. 2 Tim. 3, 16. *Proximum* theologiae objectum est, quod oculus non vidit, auris non audivit, in cor hominis non descendit, *a Deo praeparatum hominibus et per Sp. S. revelatum*, Es. 64, 4. et 1 Cor. 2, 9. 10. Quae assertio firmatur his Scripturarum sacrarum testimoniis Joh. 1, 18. Matth. 11, 27. 16, 17. 1 Cor. 2, 7. 8. *Princeps* theologiae objectum est *Deus, quatenus se in Christo manifestavit hominibus peccatoribus ad salutem*. Huc faciunt haec testimonia 1 Cor. 2, 2. Joh. 5, 46. Act. 4, 11. 12.“ (System. univ. th. Ulmae. 1664. Artic. I. c. 1. s. 4. f. 2. sq.)

PFEIFFERUS: „Theologia positiva nil aliud est, quam coordinatio conclusionum de fide e S. S. recte intellecta deductarum'sive articulorum fidei e Scripturae S. oraculis solide probatorum, imo nil aliud, quam *ipsa Scriptura S.* in certos locos concinno ordine et perspicua methodo redacta; unde *ne unicum quidem membrum, quantillum etiam, in illo doctrinae corpore esse debet, quod non e S. S. probe intellecta statuminetur.*“ (Thesaur. hermeneut. p. 5.)

GERHARDUS: „Unicum theologiae principium est verbum Dei; *quod ergo in verbo Dei non est revelatum, non est theologicum.*“ (Loc. de creatione, § 3.)

CALOVIUS: „*Generale objectum* vel *considerationis* . . . dicuntur *res divinitus revelatae*, quatenus a nobis percipiendae sunt *ad salutem;* quo pacto b. Meisnerus P. III. Philos. sobr. s. 1. ethic. p. 174. objectum dicit ‚omnem rem divinam, qua ad salutem aeternam homo perduci potest.‘ Nec incommode idem Meisnerus noster censet, id omne uno vocabulo vocari posse *religionem*, utpote quae cuncta ad salutem necessaria, credenda et agenda, complectatur, et ad quam universa in systemate theologiae proponi solita referantur aut quendam respectum habeant; ut ita *religio* ipsa constituat *materiale* hujus objecti, *formale* autem, *quatenus per eam ad salutem promovemur*. Qua sententia etiam nos acquiescimus, donec commodius quid ostendatur, quo explicari possit generale objectum.“ (Isag. I, 273. sq.)

IDEM: ,,Oportet objectum theologiae ejusmodi assignare, quod respiciat veram beatitudinem, et necessum est, ea, *quae ad hunc finem non faciunt, removeri a tractatione theologica.*" (L. c. p. 264.)

IDEM: ,,*Ratio formalis objecti theologiae non est revelatio,* sed res revelatae *materiale* potius objecti constituunt, quae sub hac *formali* ratione spectantur in theologia, *qua respiciunt finem ultimum,* salutem aeternam." (L. c.)

a) Dicuntur autem hoc loco res revelatae, quae supernaturaliter a Deo sunt manifestatae, sive per lumen naturae etiam potuerint cognosci, sive non: ut ex seqq. patebit.

b) Alias quidem finis est principium cognoscendi in scientiis practicis; sed finis theologiae revelatae objectivus pariter et formalis non tam notus est, ut non sub alia prius cognita ratione cognoscendi, nempe revelatione divina, tradi et doceri debeat. Vid. b. *Mus.* Introd. l. c. § 24. p. 151. 152.

c) Vocatur alias *veritas prima revelans;* et uno nomine, si de theologia, qualis hodie est, loquamur, intelligitur Scriptura ϑεόπνευστος, quae de se ipsa per Dei concursum in animo hominis testificatur, et unde omnes conclusiones theologicae deducuntur; quod in seq. cap. docebitur.

§ 26.

Materiale objectum distinguitur[a] in *credenda* et *agenda.* Credenda dicuntur, quae ita subsunt fidei, ut formaliter[b] non sint operationes praeviis actibus practicis directae; sint autem credenda ab his, qui perventuri sunt ad salutem; v. g. Deum diligere genus humanum, Christum esse filium Dei et filium hominis, etc. Agendorum nomine intelliguntur ipsae operationes theologiae actibus practicis praescriptae, forte etiam habitus ad operationem transferendi, aut per operationem acquirendi, si non consequendae salutis causa, tamen, ne salute excidamus; e. g. apprehensio actualis aut habitualis meriti Christi, quam vocamus fidem, dilectio actualis aut habitualis, qua Deum, Christum et proximum diligimus, spes vitae aeternae, etc.

MUSAEUS: ,,*Credenda* hic dicimus, non quaecunque merentur fidem, sed quae *salutem adepturis* creditu necessaria sunt; nec *agenda* dicimus, quae quacunque de causa homini agenda incumbunt, sed quae, si non consequendae salutis causa, tamen *ne salute excidamus,* a Deo, ut agantur, instituta ac praecepta sunt. In scriptura enim divinitus inspirata reperiuntur sparsim admixtae historiae et res variae, eo ipso quidem, quod in ea continentur, *credendae,* sed quae ad nostram salutem nullam important habitudinem. Multa etiam *agenda* in Scripturis occurrunt, quae itidem ad hominis salutem aeternam non ordinantur et propterea in partem *objecti materialis* theologiae non veniunt, nisi fortan *indirecte et per accidens*, in quantum scilicet aliqua ratione indirecta et accidentali ad hominis salutem referri possunt. In scientiis practicis enim latitudo objecti aestimanda est ex fine." (Introd. in th. Jenae 1678. p. 156. sq.)

RUDELBACHIUS: „Die Hauptsache ist, sie (die alten Dogmatiker) halten den Grundbegriff der *Offenbarung* fest, welcher, nach unserer Ueberzeugung, allein das ganze Gebiet bemessen und einer jeglichen Glaubenslehre ihren Platz anweisen kann. Die Christologie, die Lehre von Christi Person und Werk, bleibt dennoch immer der durchschlagende Mittelpunct, auf welchen Alles vorbereitet, durch welchen Alles zum Ziele kommt." (Zeitschr. 1857. p. 382.)

a) Si vim vocum spectes, possunt convenire, et nonnunquam realiter idem sunt credenda et agenda. Nempe agenda hoc ipso, quod supernaturaliter sunt revelata, recte etiam possent vocari credenda; et contra, si quid credendum sit ita, ut ad operationem sit deducendum, aut tanquam operatio, quae fieri a nobis debeat, revera ad agenda pertinet. Vid. *Mus.* l. c. § 26. p. 156. Quomodo autem ex usu loquendi hic distinguantur, ex seqq. in thesi patet.

b) Et hac ratione constat, fundamentum distinctionis illius non esse hypothesin illam, quod theologia sit habitus partim theoreticus, partim practicus; nam et credenda, licet formaliter non sint πράξεις, tamen πράξεως causa tractari, supra diximus.

§ 27.

Credenda vocantur alias *articuli fidei*,[a] qui in *latiore*[b] significatione dividuntur 1. in articulos fidei *puros* et *mixtos*, 2. in *fundamentales* et *non fundamentales.*

a) Articuli fidei dicuntur, quia ex illis, tanquam partibus, arcto nexu cohaerentibus, constat fides seu doctrina fidei, quae credenda est; prout partes digitorum sibi invicem coaptatae et arcto nexu cohaerentes dicuntur articuli. Vid. *Mus.* Introd. Cap. III. § 30. p. 163. Alii articulos non tam fidei, quam *doctrinae fidei* appellant. Sed jampridem factum est, ut fides non tantum dicatur ea, *qua* creditur, verum etiam, *quae* creditur, seu doctrina fidei.

REUSCHIUS: „Articulus proprie notat partem vel *catenae*, vel humani corporis, quatenus cum aliis partibus connectitur." (Annotatt. in Baieri Compend. p. 39.)

b) Certum est, vocem articuli fidei aliquando in *strictiore* significatione accipi consuevisse; prout praecise denotat mysteria fidei ad salutem creditu necessaria, adeoque articulos puros, eosque fundamentales solos. Sic *Lutherus* Enarrat. in Ps. 45. Tom. III. Jen. lat. fol. 490.: *Vos hoc primum scitote, ait, articulos fidei vere esse sententias de talibus, quae oculus non vidit, auris non audivit, nec descenderunt in cor hominis, et per solum verbum et Spiritum sanctum docentur et intelliguntur. Et est ea natura omnium articulorum fidei, ut universa ratio ab eis abhorreat.* Similiter *Conr. Schluesselburgius* Lib. II. Theol. Calvin. p. 13. *usitatam definitionem articulorum fidei a nostris theologis traditam sic habere* pronunciat: *Articulus fidei est sententia seu doctrina non nota naturaliter, sed divinitus revelata et expresso verbo Dei tradita, vel indubitata consequentia inde extructa, de Deo, de ejus essentia, voluntate, verbo et sacramentis ac beneficiis Dei, ad cultum Dei verum et hominum salutem pertinens, fide apprehendenda.* Notum etiam est, quomodo b. *Hunnius* in Colloquio Ratisb. sess. XI. p. 351. sqq. prolixe contenderit: *Omnes omnino articulos fidei omnibus et singulis christianis necessario notos esse et credi debere.* Quibus respondent, quae de requisitis articuli fidei, stricte sic dicti, docuit b. *Musaeus* Quaest. IV. de syncret. § 13. p. 28. 29. Alias autem terminus articuli fidei in *latiore* significatione praesertim hodie frequenter accipitur ac divisionem in thesi indicatam admittit, eamque in rem prolixe disseruit b. *Musaeus* Introd. C. III. § 30. p. 162. sqq. Conf. Ausführl. Erklärung p. 111. sqq. et Quaest. IV. de syncret. in annotatt. p. 38.

N. Hunnius: ,,*Dogma* in hac thesi sumitur tantum de doctrina fidei et religionis christianae, idque in sensu latissimo, prout omnis doctrina, vera pariter sive divina, atque falsa sive haeretica, nomine dogmatis comprehenditur.'' (Διάσκεψις theologica de fundamentali dissensu etc. Witteb. 1626. § 179.)

Idem: ,,Nihil aliud significat *articulus*, quam partem coelestis doctrinae in verbo prophetico et apostolico revelatae. Ut vero nimia hujus declarationis latitudo quodammodo restringatur, *distinguo verbum historicum* a dogmatico et *doctrinas morales* seu praecipientes, quid faciendum, quid omittendum, a dogmatibus fidei sive docentibus, quid credendum, quid non credendum (quae proprie ac primo appellari solent dogmata). Et quia nunc non sum sollicitus de fundamento *pietatis*, sed *fidei*, non faciendorum, sed credendorum, prorsus removenda sunt *historica* et *moralia*, quae nunquam merentur appellari fidei articuli.'' (L. c. § 53. 54.)

Quenstedtius: ,,*Objectum, circa quod* occupantur articuli fidei, sunt τὰ πιστὰ s. credenda qua talia. . . Licet enim fides generaliter spectata versetur circa omnia, quae in verbo Dei continentur, sive historica ea sint, sive moralia, sive dogmatica; specialiter tamen versatur circa dogmata fidei s. credenda qua talia. Quod observandum, ne quis in Adami Tanneri Jesuitae absurditatem incidat, qui omne, quod creditur sive quod in Bibliis sacris occurrit, vim dogmatis obtinere et articulum fidei esse, in Colloquio Ratisbonensi sess. 11. ita asseruit, ut etiam ex incestu Judae et cane Tobiae caudam movente novos fidei articulos ridicule procuderet. Sic etiam historia de caudis vulpecularum Samsonis, de asina Bileami, de annis Methusalem, de aedificatione turris Babel etc. articulis fidei annumeranda esset.'' (Theol. did.-pol. P. I. c. 5. s. 1. not. 6. f. 349.)

Articuli Smalcaldici: ,,Pontificii allegant Augustinum et quosdam Patres, qui de *purgatorio* scripserint. . . At hoc in universum nihil nisi hominum et quidem unius atque alterius devotio fuit, *non constituens articulum fidei, id quod solius Dei est*. . . Regulam autem aliam habemus, ut videlicet *verbum Dei condat articulos fidei et praeterea nemo, ne angelus quidem*.'' (P. II. art. 2. p. 303.)

Hollazius: ,,Articulus fidei est pars doctrinae verbo Dei scripto revelatae de Deo et rebus divinis peccatori *salvando* ad credendum propositis.'' (Exam. etc. Proleg. c. 2. q. 12. p. 43.)

Quenstedtius: ,,*Forma* generica articulorum fidei non consistit in conformitate cum revelatione Dei scripta, sed in *relatione* distinctorum inter se fidei capitum cum *ad se invicem*, tum, et praecipue, *ad totum*, scl. ad totum corpus doctrinae coelestis, cujus partes sive particularia membra sunt. Et licet arcte inter se cohaereant, ut articuli in digito, *unus tamen extra alterum* est positus." (L. c. not. 7. f. 349.)

HOLLAZIUS: ,,Ad verum articulum fidei *requiritur:* ut *verbo Dei scripto* sit revelatus, ut *salutem* hominis respiciat, ut cum reliquis fidei dogmatibus arcte sit *connexus*, ut sit *inevidens*. . . (Statuendum est, quosdam articulos fidei esse inevidentes ratione objecti materialis et formalis, quosdam esse evidentes tantum ratione objecti *formalis*.)" (Examen etc. Proleg. c. 2. q. 14. p. 44.)

IDEM: ,,Articulus fidei accipitur vel collective vel distributive. *Collective* notat integrum doctrinae christianae caput; *distributive* designat quamlibet assertionem s. enuntiationem, quae partem doctrinae constituit. — Probatio: Doctrina christiana distribuitur in *capita* s. *locos theologicos*, capita in *theses* certas dividuntur. Tam *capita* doctrinae fidei, quam capitum *theses* appellantur *articuli fidei*, v. g. locus theologicus *de Christo* dicitur articulus fidei, et haec propositio: *Christus qua carnem sedet ad dextram Dei*, itidem nominatur articulus fidei." (L. c. q. 13.)

N. HUNNIUS: ,,Quae ad *aedificium* concurrunt, sunt triplicia: 1. quaedam *fundant et non fundantur*; 2. quaedam *fundant et fundantur;* 3. quaedam *fundantur et non fundant*. *Primi* generis est *fundamentum* et quae illud essentialiter ingrediuntur. *Secundi parietes* intermedii, qui inferioribus partibus innituntur et superiores portant. *Tertii cacumen*, tectum atque eo pertinentia. Siquidem vero tertius ordo nullo modo, secundus tantum ex parte et secundum quid, primus absolute *fundat*; ideo nec ultimus nec medius, sed unice primus *fundamenti* nomen tenet, ad quem ordinantur reliqui, sive id fiat immediate, sive alio mediante." (Διάσκεψις etc. § 13.)

KROMAYERUS: ,,Alii fidei articulos in fundamentales, circumfundamentales et praeterfundamentales dividunt. Per *fundamentales* eos, qui fidei salvificae definitionem ingrediuntur, eandemque propius attingentes; per *circumfundamentales*, qui remotius absunt aut per consequentias eliciuntur; per *praeterfundamentales* res indifferentes aut *res quaestionis* intelligunt." (Scrutinium religionum, p. 447.)

QUENSTEDTIUS: ,,Distinguunt dogmata ad salutem necessaria in ea, quae fundamentum fidei praecedunt, constituunt, et sequuntur, sive in *antecedentia* (seu *praesupposita*), *constituentia*, et *consequentia fidei*. Approbat hanc distinctionem Dn. D. Calovius in System. Theol. P. I. Gen. cap. 5. sect. 1. p. 776., sed ita, ut antecedentia et consequentia fidei non negentur scitu necessaria esse, nedum talia statuantur, quae possint salva fide plane negari aut reprobari, saltim quia fidei constitutionem non ingrediuntur, sed antecedunt aut consequuntur fidem. *Antecedentia* seu *praesupposita* illis sunt, quae fidem justificam et salvificam ipsam quidem non efficiunt, nec absoluta necessitate et immediate ad eandem requiruntur, necessaria tamen sunt ad id, ut dogmata fidem gignentia et constituentia recte credi et sarta tecta manere queant, quod illis non positis, aut ignoratis, aut negatis, fieri non posset. Fundamentum igitur fidei stabiliunt, juvant, conservant, fidem ipsam tamen primario non generant. . . Fidem proxime et immediate *constituentia*, sive articuli fundamentales, qui . . . fidem intrinsece constituunt et causantur, sunt capita doctrinae christianae de Dei φιλανθρωπία, de merito et satisfactione Christi universali, ejusque appropriatione in individuo facta. . . *Consequentia* fidei sunt, quae scil. ita fiduciam constitutam sequuntur, ut, nisi ponantur, ipsa iterum fiducia evanescat, utpote aeterna Dei duratio, justitia Dei executiva, sanctificatio Dei effectiva, idiomatum et operationum in persona Christi communicatio, officium Christi regium, ecclesiae existentia, hominis per poenitentiam conversio et conversorum justificatio (juxta quosdam), pax et tranquillitas conscientiae, studium pietatis erga Deum et caritatis erga proximum, verbi et sacramentorum efficacia etc." (Theol. did.-pol. P. I. c. 5. s. 1. thes. 5. 6. 7. 8. fol. 352. sqq.)

CATECHISMUS MAJOR: „Principio theologi nostri fidem hactenus in *duodecim articulos* diviserunt, quamquam, si omnes particulae, quas tradit scriptura et ad fidem referendae sunt, sigillatim comprehenderentur, multo plures sunt articuli, sed neque tam paucis verbis satis significanter possunt exprimi.“ (Lib. Conc. p. 449.)

SCHERZERUS: „Scholastici ajunt, *crevisse articulos fidei* quoad cognitionem explicitam; quod est mysterium et arcanum provehendi theologiam scholasticam.“ (System. th. p. 8.)

KROMAYERUS: „Praemittimus, 1. quod articuli ad salutem cognitu necessarii sint *omnium temporum*, i. e., quod in V. et N. T. locum inveniant, prout apostolus inquit ad Ephes. 4, 5.: ,Unus Dominus, *una fides*‘ (scl. *quae* creditur, non *qua* creditur, objectiva sive doctrina credenda, non subjectiva, quae Christi meritum apprehendit et subjectis suis distinguitur), ,unum baptisma, unus Deus et Pater omnium.‘ Et Act. 13, 32.: ἡμεῖς ὑμᾶς εὐαγγελιζόμεθα τὴν πρὸς τοὺς πατέρας ἐπαγγελίαν γενομένην, i. e., nos vobis annunciamus actu completam promissionem patribus factam. Differunt nimirum ἐπαγγελία et εὐαγγέλιον, quatenus in significatu strictissimo sumitur, quod illa sit concio de Christo exhibendo, haec sit concio de Christo exhibito. Utriusque igitur objectum est Christus; scripturae τέλος σκοπιμώτατον, id est, finis et centrum, ad quod in sacris omnia collineant, et quidem per fidem apprehendendus. Ita synodus apostolica statuit Act. 15, 11.: ,Per gratiam Domini nostri Jesu Christi credimus salvari, *quemadmodum et illi*, patres scl. V. T., jugum legis ἀβάστακτον, i. e. portatu impossibile, ferre non poterant. Quare cum fides *una* dicitur et articuli fidei ad salutem necessarii *omnium temporum*, intelligendum hoc est, quod ante et post Christum exhibitum obtinuerint, excluso tamen integritatis statu, in quo si perstitisset homo, non per fidem in Christi meritum, sed per obedientiam mandatorum divinorum justificatus et salvatus fuisset. Stantibus his: *quod dogma vel uni ex eo tempore fuit ignoratum, ad salutem praecise non fuit necessarium.*“ (Theol. did.-pol. P. I. Prooem. p. 1. sq.)

§ 28.

Articuli fidei puri dicuntur, qui unice ex revelatione divina cognoscuntur: qualis est articulus de SS. Trinitate, articulus de incarnatione filii Dei, et alii. Mixti dicuntur, qui non solum ex revelatione, verum etiam ex lumine naturae[a] constant: v. g. articulus de existentia Dei, deque attributis divinis.

QUENSTEDTIUS: „Dantur quaedam dogmata in Scripturis, quae sunt simpliciter πιστὰ et nullo modo per rationem cognosci possunt, sed illam longissime superant; sunt etiam quaedam πιστὰ κατὰ τὶ sive credibilia secundum quid, quae, etsi sint in Scripturis revelata et cognitu necessaria, ita tamen se habent, ut et *ratio per sua principia possit aliqualiter in eorum cognitionem devenire.* Hinc oriuntur articuli puri et mixti: *Illi* ex solo Dei Verbo petuntur et tantum creduntur, ut articulus de Trinitate, incarnatione etc. *Hi*, etiamsi ex lumine naturae aliquo modo innotescant, solum tamen creduntur, quatenus e revelatione divina constant; sic v. g. Deum esse, Deum omnium rerum curam habere, esse potentem, sapientem, unum, bonum etc., et scitur per evidentem demonstrationem et creditur propter divinam revelationem. Haec tamen omnia, quae lumine naturae quodammodo innotescunt, non creduntur, quatenus e naturae lumine, sed quatenus e divina revelatione habentur.“ (Theol. did.-pol. P. I. c. 5. s. 1. thes. 1. fol. 350.)

HOLLAZIUS: ,,Distinctio articulorum fidei in puros et mixtos dextre intelligenda est. Nam nullus articulus fidei *formaliter* consideratus, quatenus est articulus fidei, *mixtus* est; siquidem omnes articuli fidei pendentes a divina revelatione adeoque ratione objecti formalis inevidentes sunt. *Distinguuntur autem in puros et mixtos ratione objecti materialis.* Nempe res illae divinae, quae articulis fidei, quos mixtos vocant, exponuntur, partim ex ratione, partim ex supernaturali revelatione constant. Constant, inquam, ex principiis rationis *minus bene minusque tuto et plene*; e verbo autem revelato longe melius, certius et plenius innotescunt in salutem hominis. Adjice, quod *quaedam circumstantiae* circa res ex utroque lumine cognoscibiles *merae fidei et revelationis* sint. Exemplo sit *creatio* hujus universi intra hexaemeron consummata. Haud abs re inquit apostolus: πίστει νοοῦμεν, κατηρτίσθαι τοὺς αἰῶνας ῥήματι θεοῦ. Hebr. 11, 3.`` (Exam. Proleg. c. 2. q. 17. p. 45.)

QUENSTEDTIUS: ,,Articulorum fidei principium essendi est solus Deus, *principium cognoscendi non auctoritas ecclesiae, non humana ratio,* sed divina revelatio in verbo facta. Ubi observandum, quemlibet articulum fidei in S. Scriptura habere propriam suam et nativam *sedem*, ex qua etiam debet judicari, v. g. articulus de creatione sedem habet Gen. 1., articulus de divinitate filii Dei in N. T. Joh. 1., de peccato originis Rom. 5., de Coena Domini in verbis institutionis Matth. 26., Marci 14., Luc. 22., 1 Cor. 10. et 11., de justificatione Rom. 3., 4., 5., de electione Eph. 1. etc. Ex his ergo sedibus recte judicantur et explicantur articuli fidei, utpote in quibus *ex professo* tractantur. Quod cum negligant Papistae et Calvinistae, in maximas difficultates et gravissimos errores incidunt, v. g. illi, dum articulum de justificatione ex cap. 2. Jacobi explicatum volunt; hi, dum de coena Domini ex Joh. 6. cap. judicium sumunt.`` (Theol. did.-pol. P. I. c. 5. s. 1. th. 1. f. 349.)

BROCHMANDUS: ,,Non controvertitur, an in manu et potestate *ecclesiae* sit condere novos fidei articulos. Nam hoc *ne ipsis quidem apostolis* concessum fuit, teste Christo, qui discipulis injunxit, ut ea tantum, quae ab ipso acceperant, docerent, Matth. 28, 19. 20. Cui etiam monitioni paruisse apostolos, legimus Act. 26, 22. 1 Cor. 11, 23. 2 Cor. 13, 3. 2 Pet. 1, 6.`` (System. Artic. 25. q. 5. Tom. II. f. 236.)

a) Ac de his recte dicitur, quod non tantum *credantur*, verum etiam *sciantur*. Vocantur autem articuli fidei, non, quatenus evidenter ex principiis luminis naturae sciuntur, sed quatenus creduntur, seu quatenus propter revelationem divinam assensu fidei recipiuntur.

§ 29.

Articuli fidei fundamentales sunt, qui talem habitudinem ad fundamentum fidei et salutis important, ut eo salvo ignorari aut saltem negari non possint. *Fundamentum* fidei[a] autem dicitur cum *res* illa, cui fides et salus hominum innititur, et est Christus,[b] quatenus est causa nostrae salutis;[c] tum *doctrina*, qua res illa, cui fides innititur, continetur;[d] estque complexus plurium propositionum[e] divinitus revelatarum, quae habitudinem quandam ad salutem[f] important. Illud fundamentum *reale* sive *substantiale*, hoc fundamentum *dogmaticum* auctores appellant.

QUENSTEDTIUS: ,,*Forma* est arctissima et necessaria horum articulorum tum inter se, tum cum fundamento fidei *cohaesio*. . . Hinc tritum illud axioma: *Fides est una copulativa*, quo significatur, omnes articulos fidei fundamentales tam arcte esse concatenatos, ut, qui unum neget, neget etiam reliquos.'' (Theol. did.-pol. P. I. c. 5. s. 1. thes. 2. fol. 351.)

HOLLAZIUS: ,,Quidam articuli fidei fundamentales ῥητῶς sive disertis verbis in sacris litteris leguntur; quidam διανοητικῶς et secundum rem tantum in sacra Scriptura continentur, qui per manifestam et immotam consequentiam ex illa percipiuntur. *Expresse* scriptum legimus, tres esse, qui testificantur in caelo, Patrem, Verbum et Spiritum Sanctum, et hos tres esse unum 1 Joh. 5, 7.; Christum verum esse hominem 1 Tim. 2, 5., eundem verum esse Deum 1 Joh. 5, 21., unum mediatorem Dei et hominum 1 Tim. 2, 5., Filium Dei unigenitum Joh. 1, 14.; Spiritum Sanctum a Patre procedere Joh. 15, 26.; omnes gentes esse baptizandas Matth. 28, 19. *Per validam consequentiam* inferimus, Deum, unum essentia, personis esse *trinum*, Deum ab aeterno genuisse Filium ὁμοούσιον, Christum esse *unam personam* e duabus constantem naturis, Spiritum Sanctum etiam *a Filio Dei procedere*, *infantes* esse baptizandos etc.'' (Exam. Proleg. c. 2. q. 22. p. 52. sq.)

LUTHERUS: ,,Denn wo er (der Teufel) es dahin bringet, dass man ihm in Einem Artikel einräumet, so hat er gewonnen, und ist ebensoviel, als hätte er sie alle und Christum schon verloren, kann darnach auch wohl andere zerrütten und nehmen; denn sie sind alle in einander gewunden und geschlossen, wie eine güldene Kette, dass, wo man ein Glied auflöset, so ist die ganze Kette aufgelöset und gehet alles von einander. Und ist kein Artikel, den er nicht könne umwerfen, wenn er es dazu bringet, dass die Vernunft drein fället und klügeln will, und weiss darnach die Schrift fein darauf zu drehen und zu dehnen, dass sichs mit ihr reime; das gehet denn ein, wie ein süsses Gift. Darum sehen wir auch jetzt, weil der Teufel einmal Raum gewonnen hat, dass er immer eine Ketzerei und Rottengeschmeiss über das andere einführet, heute diesen, morgen einen andern Artikel angreift, als er bereits jetzt auf der Bahn ist durch seine Vorlauft, dadurch er Christi Gottheit, item die Auferstehung der Todten will wieder anfechten.'' (Predigt v. d. christl. Rüstung. 1532. IX, 450. sq.)

IDEM: ,, Gewiss ists, wer Einen Artikel nicht recht gläubet oder nicht will (nachdem er vermahnet und unterrichtet ist), der gläubt gewisslich keinen mit Ernst und rechtem Glauben. Und wer so kühne ist, dass er darf Gott leugnen oder Lügen strafen in einem Wort und thut solches muthwilliglich wider und über das, so er eins oder zweimal vermahnet oder unterweiset ist, der darf auch (thuts auch gewisslich) Gott in allen *seinen* Worten leugnen und lügenstrafen. Darum heissts, rund und rein, ganz und alles gegläubt oder nichts gegläubt. Der Heilige Geist lässt sich nicht trennen noch theilen, dass er ein Stück sollte wahrhaftig, und das andere falsch lehren oder gläuben lassen. Ohn wo Schwache sind, die bereit sind, sich unterrichten zu lassen und nicht halsstarriglich zu widersprechen. Sonst, wo das sollte gelten, dass einem jeden ohne Schaden sein müsste, so er einen Artikel möchte leugnen, weil er die andern alle für recht hielte (wiewohl im Grund solches unmöglich ist), so würde kein Ketzer nimmermehr verdammt, würde auch kein Ketzer sein können auf Erden. Denn alle Ketzer sind dieser Art, dass sie erstlich allein an Einem Artikel anfahen, darnach müssen sie alle hernach, und allesammt verleugnet sein: gleichwie der Ring, so er eine Bersten oder Ritz kriegt, taugt er ganz und gar nicht mehr, und wo die Glocke an einem Orte berstet, klingt sie auch nichts mehr und ist ganz untüchtig.'' (Kurzes Bekenntniss vom heil. Sacr. wider die Schwärmer 1544. XX, 2216. sq.)

IDEM: „In philosophia modicus error in principio in fine est maximus. Sic in theologia modicus error totam doctrinam evertit. Quare longissime discernenda sunt doctrina et vita. . . Est enim doctrina instar mathematici puncti, non potest igitur dividi, hoc est, neque ademtionem neque additionem ferre potest. . . Debet igitur doctrina esse unus quidam perpetuus et rotundus aureus circulus, in quo nulla sit fissura. Ea accedente vel minima circulus non est amplius integer etc. . . Quod si crederent esse verbum Dei, non ita cum eo luderent, sed summo honore afficerent, et sine ulla disputatione et dubitatione fidem ei adhiberent, scirentque unum verbum Dei esse omnia, omnia esse unum, item, scirent unum articulum esse omnes, omnes esse unum, et uno amisso omnes paulatim amitti. Cohaerent enim et quodam communi vinculo continentur. . . Quare si Deum in uno articulo negas, in omnibus negasti, quia Deus non dividitur in multos articulos, sed est omnia in singulis, et unus in omnibus articulis." (Comment. in ep. S. Pauli ad Gal. Cur. Dr. J. C. Irmischer. Tom. II. p. 334. sqq. Cfr. Hal. Tom. VIII, 2653—62.)

a) Fundamentum alias potissimum in architectonicis spectatur et denotat illud, quod primum est ex illis, quae aedificii constitutionem, velut partes ejus, ingrediuntur, estque ratio et causa, cur illud, quod fundat, nempe aedificium, sit aut esse possit. Unde h. l. $\varkappa\alpha\tau'$ $\dot\alpha\nu\alpha\lambda o\gamma\dot\iota\alpha\nu$ fundamentum fidei et salutis dicitur id, quod in fide salutari hominumque salute primum est, estque ratio et causa, cur fides salvifica et salus ipsa hominum sit aut esse possit. Vid. b. *Musaei* Introd. cap. III. § 34. pag. 166. 167.

QUENSTEDTIUS: „*Fundamentum fidei triplex* ab eodem D. Hunnio aliisque constituitur: substantiale, organicum, dogmaticum. . . *Organicum* est verbum Dei, quod, uti semen est, ex quo regenerantur christiani 1 Petr. 1, 23., sic fundamentum quoque dicitur, quatenus medium est generandae fidei ac principium doctrinae, quod substat et substernitur fidei, adeoque fundamentum fidei, conf. Ephes. 2, 20. 21. . . Unde *haeresis* non est error quivis verbo Dei contrarius, sed fundamentum ipsum fidei labefactans et evertens, sive *substantiale*, objectum fidei proprium, sive *organicum*, verbum Dei, principium et medium fidei, sive *dogmaticum*, ipsam illam doctrinam, ex qua fides concipitur et sustentatur." (Theol. did.-pol. P. I. c. 5. s. 1. thes. 2. fol. 350. sq.)

b) Sic Paulus *fundamentum*, cui ecclesia seu coetus fidelium et salvandorum, quatenus talis, adeoque fides salvifica hominum innitatur, dicit esse *Jesum Christum, neque aliud fundamentum, praeter hoc, posse poni*, 1 Cor. 3, 11.

c) Quemadmodum autem Christus per hoc est causa salutis nostrae, quod suo merito satisfaciens justitiae divinae benignam Dei voluntatem movet ad remittenda nobis peccata et conferendam salutem aeternam; ita non excluditur, sed includitur in fundamento fidei ac salutis Deus ipse, tanquam causa efficiens, ejusque gratia seu $\varphi\iota\lambda\alpha\nu$-$\vartheta\rho\omega\pi\dot\iota\alpha$, tanquam causa impulsiva interna conferendae nobis salutis. Vid. b. *Mus.* l. c. p. 169.

d) Sic *Ephes. 2, 20.* Paulus dicit, fideles *superstructos esse super fundamentum prophetarum et apostolorum*, id est, doctrinam ab illis praedicatam; imo *angulari lapide existente ipso Jesu Christo*, in quem ratio fundamenti ultimo redeat. *Musaeus* c. l. p. 171. 172.

e) Neque enim singuli articuli, qui fundamentales vocantur, seorsim spectati; sed omnes conjunctim sumti, fundamentum fidei dogmaticum constituunt.   Sublato autem uno alterove articulo fundamentali, fides ipsa et salus deficit.   *Mus.* p. 172.

N. Hunnius: „Dogma in theologia est doctrina circa fidem et religionem christianam.   Inter haec dogmata est *ordo*, ut sine quibusdam fides existat, sine aliquibus non existat; ideo *fundamentum dogmaticum* intelligo illam partem coelestis doctrinae, quae *sola homini proposita* justificam et salvificam fidem in eo generat et qua *non proposita* fides salvifica generari non potest.“   (Διάσκεψις. § 95.)

Hollazius: „Dicis: Unius rei unum tantum est fundamentum. E. non datur duplex fundamentum, nempe reale et doctrinale.   R. Fundamentum fidei salutisque substantiale et dogmaticum non sunt duo fundamenta adaequate contradistincta, neque differunt secundum rem, sed *secundum nostrum concipiendi modum* propter diversa connotata.   Etenim *Christus* est fundamentum ex parte *rei*; *doctrina* de Christo est fundamentum ex parte nostrae *cognitionis*. *Doctrina* autem de Christo nihil est aliud quam *Christus intellectu cognitus* et aliis ad cognoscendum verbo scripto aut praedicato propositus.   Non ergo differunt fundamentum dogmaticum et substantiale, nisi ut doctrina et doctrinae objectum, quae demum junctim sumta constituunt fundamentum reapse unum, quamvis mens nostra illud ut duplex concipiat.“ (Exam. Proleg. c. 2. q. 19. p. 47. sq.)

f) Aliquam sane habitudinem ad salutem omnes important, licet non prorsus aequalem, ut ex seqq. patebit.   Interim nec necesse est ad articulum fundamentalem, ut habitudo ejus ad salutem sub expressa necessitate credendi ad salutem tradatur in scripturis.   Quanquam enim hoc aliquando fiat, v. gr. quoad articulum de uno solo vero Deo deque Filio Dei misso in carnem, *Joh. 17, 3.*: sufficit tamen etiam, si in scripturis implicite et per consequentiam tradatur habitudo eorum ad salutem, quando illi, licet non sub expressa necessitate credendi, ita nihilominus proponuntur, ut nexus eorum necessarius cum fundamento salutis, Jesu Christo, ex ipsa illorum consideratione penitiore intelligi et per consequentiam pronam ac manifestam concludi possit.   B. *Musaeus* de Syncret. Q. IV. § 15. p. 30.

§ 30.

Articuli fidei fundamentales distinguuntur in *primarios* et *secundarios*.

Ratio distinctionis fundata est in inaequali habitudine et necessitate cognitionis explicitae eorum ad generandam ac sustentandam fidem.

§ 31.

Primarii vulgo dicuntur, qui[a] salva fide et salute non solum non negari, sed nec ignorari[b] possunt.

QUENSTEDTIUS: ,,Nec improbanda est eorum ... sententia, qui articulos fidei *simpliciter fundamentales*, quorum etiam ignoratio damnat, illos esse statuunt, qui *causam* aliquam nostrae salutis constituunt et explicant, ut sunt: ratione causae efficientis principalis *articulus de Deo Uno et Trino;* ratione causae impulsivae internae articulus *de amore Dei erga totum genus humanum* in peccatum prolapsum; ratione causae meritoriae *de Christi persona, merito et satisfactione;* ratione causae materialis doctrina *de homine peccatore* (cognitio peccati necessaria est non tamquam causa fidei aut medium, quo fiducia erga Deum excitari aut salus aeterna procurari queat — nec enim agnitio morbi est causa sanitatis —, sed tanquam conditio quaedam seu requisitum in subjecto ad salutem perducendo necessarium); ratione causae instrumentalis a parte Dei *de verbo Dei*, a parte hominis *de fide* sive fiduciali meriti Christi apprehensione; ratione causae formalis *de remissione peccatorum et imputatione justitiae Christi;* denique ratione finis articulus *vitae aeternae*. Ut ita hoc sit dogma fidei omnibus creditu necessarium: Deus Unus in essentia et Trinus in personis (*causa efficiens*) ex immenso erga genus humanum lapsum amore (*causa impulsiva interna*) omni homini peccatori peccata agnoscenti (*causa materialis*) per et propter Christum mediatorem ejusque meritum (*causa meritoria*) in verbo annunciatum (*causa instrumentalis a parte Dei*) et fide (*causa instrumentalis a parte hominis*) apprehensum peccata remittit et justitiam Christi applicat (*causa formalis*) et vitam aeternam donat (*causa finalis*)." (Theol. did.-pol. P. I. c. 5. s. 1. th. 10. f. 354.)

KROMAYERUS: ,,Ea dogmata fidem intrinsece constituunt, quae *definitionem* ejus ingrediuntur. Est autem definitio fidei salvificae: quod sit fiducia, qua quis credit, Deum propter Filii sui meritum sui tamquam peccatoris misereri velle, ne damnetur, sed salutem aeternam consequatur. Quae definitionem hanc non ingrediuntur, ea vel praesupponi vel consequi manifestum est. Sunt autem paucissima, quae fidei definitionem, ideam et conceptum ingrediuntur, et in iis nucleus ac medulla credendorum ad salutem continetur. Primum ingrediens est, quod debeat esse fiducia; alterum, quod Deus peccatoris misereri velit; tertium, propter Christum; quartum, peccatoris in individuo; quintum, ut ejusmodi homo aeternum salvetur." (Theol. posit.-pol. P. I. Prooem. p. 4.)

a) Seu, quorum cognitio explicita necessaria est ad id, ut fides salvifica generetur et sit. B. *Hunnius* de dissensu fundam. § 63. p. 41. 42., b. *Musaeus* Introd. p. 176. 177.

b) Ratio a priori est, quod ad salutis fundamentum reale apprehendendum aut retinendum cognitio illorum necessaria est. Fundamentum enim non generat fidem, aut causat salutem, nisi cognitum. *Mus.* l. c. p. 177.

§ 32.

Primarii articuli rursus distingui possunt[a] in *alios*, quorum res significata est de intrinseca ratione fundamenti realis: e. g.[b] articulus de Christo Θεανθρώπῳ,[c] item articulus de Christi merito et satisfactione pro nostris peccatis; et *alios*, quorum res significata, licet non sit de intrinseca ratione fundamenti realis, tamen cum eo arctissime connexa est, ita ut, nisi ipsa explicite sit

cognita, caetera fundamenti illius constitutionem ingre-
dientia ad generandam et sustentandam fidem salvificam
idonea futura non sint: e. g. articulus de Deo[d] eoque
Patre, Filip et Spiritu S.,[e] articulus de gratiosa Dei voluntate, qua vult[f] omnes homines salvos fieri, articulus
de[g] peccato, quo polluamur, Deo exosi reddamur ac poena
digni, articulus de justificatione seu remissione peccatorum per Christum impetranda,[h] deque fide, per quam
impetretur remissio peccatorum,[i] de vita beata,[k] quam
consecuturi sint, qui Deo propitio ex hac vita discesserunt.

a) Vid. *Musaeus* l. c. p. 173.

b) Nempe sicut fundamentum salutis reale sive substantiale est
Christus, quatenus est causa meritoria consequendae a Deo remissionis
peccatorum et salutis aeternae, juxta not. *b.* ad § 29.: ita articulus
de Christo ϑεανϑρώπῳ exhibet eum, qui est causa meritoria; et articulus
de satisfactione Christi pro peccatis exhibet id, quo is meretur remissionem peccatorum. Utrumque ergo est de ratione fundamenti realis.

N. Hunnius: „Qui profitetur ac docet, Christum esse fidei fundamentum, non propterea ipsum *realiter* ponit aut constituit, vel qui
ignorat aut abnegat, non propterea ipsum *realiter* destruit aut evertit.
Notionaliter fundamentum constituit, qui credit, ac profitetur, illud
vere et realiter positum esse.“ (Διάσκεψις, § 66. sq.)

c) Ad hoc enim, ut cognoscatur, *Christum satisfecisse pro nobis*,
necessarium est, ut sciatur, eum sustinuisse ac praestitisse aliquid,
quod homines sustinere aut praestare debuissent, adeoque esse *hominem*; necessarium quoque est scire, illud, quod praestitit aut sustinuit,
fuisse satis, aut habuisse valorem ac pretium sufficiens, adeoque Christum ipsum esse *Deum*. Sive autem hoc, *Christum esse ϑεάνϑρωπον*,
cognoscatur directe per praedicationem, sive oblique, dum ex effectu de causa
judicatur, perinde est; cognosci certe debet. Vid. *Hunnius* l. c. p. 183.
§ 294.

Dannhauerus: „Ἐν τοῖς πιστοῖς ϑεοπνεύστοις (facessat canis Tobiae
apocryphus) pars fundamentalis, *exochice principalis*, vitae spiritualis
radix et quasi balsamum est *verbum christosophicum*, radicale et finale,
causa ac fons vitae simpliciter, ad esse vitae spiritualis absolutissime
necessarium, quo sine vita spiritualis esse ac aeterna obtineri nequit
(nimirum ut leges fundamentales alicujus reipublicae cum domino stant-
que caduntque suo), cujus ignorantia, non duntaxat ea, quae dicitur
κατὰ διάϑεσιν, sed et κατ᾽ ἀπόφασιν, damnat, 2 Thess. 1.; adeoque hoc
hujusmodi πιστόν nec est ignorabile nec negabile salva salute.“ (Hodos.
Phaen. II. p. 667.)

d) Nam sicut inter causam meritoriam et inter causam efficientem, quae merito illius mota, effectum largitur, arctissimus nexus est;
ita, si quis ignoret, esse Deum, qui conferat remissionem peccatorum
et salutem, is neque Christum pro causa salutis meritoria agnoscere
potest. *Mus.* l. c. p. 173. 174.

e) Nosse enim *oportet Patrem, ideo ut non sit ignotus, qui gratiam adeo amplam humano generi offert. Si Patrem, ergo et Filium; nam qui ignorat Patrem, ignorat quoque Filium (et qui non habet Filium, is nec Patrem habet). Porro qua necessitate Patris agnitio poscit notitiam Filii, eadem agnitio spirantis Patris et Filii requirit notitiam Spiritus S.* B. *Hunnius* l. c. § 272. 273. p. 172. 173. et § 427. p. 270. Conf. b. *Mus.* Q. IV. de syncret. § 9. p. 26. *Notandum* autem: *aliud esse, mysterium trinitatis formaliter et distincte cum characteribus personalibus consideratum, seu quando simpliciter numerus ternarius numerans attenditur et praecise tres tantum personae, non plures, nec pauciores in Trinitate statuuntur: et aliud, materialiter seu secundum numerum numeratum, cum creditur Pater, Filius et Spiritus S.* Vid. b. *Joh. Meisnerus* Iren. dur. sect. II. § 211. sqq. p. 191. Conf. b. *Huelsem.* Dial. apol. p. 56.

APOLOGIA A. C.: ,,Primum articulum confessionis nostrae probant nostri adversarii, in quo exponimus, nos credere et docere, quod sit una essentia divina, individua etc., et tamen *tres sint distinctae personae ejusdem essentiae divinae et coaeternae,* Pater, Filius et Spiritus Sanctus. . . Et constanter affirmamus, *aliter sentientes extra ecclesiam Christi et idololatras esse* et Deum contumelia afficere.‘‘ (Lib. Conc. Art. I. p. 77.)

GERHARDUS: ,,Mysterium Trinitatis salvandis omnibus scitu ac creditu necessarium est. Ἔκθεσις: a) Excludimus ab hominibus salvandis non solum Trinitatis negationem, sed etiam ignorationem. Quaedam in verbo revelata ita comparata sunt, ut citra salutis discrimen possint ignorari, quamvis sine ejusdem periculo non possint negari; sed Trinitatis non solum negatio, verum etiam ignoratio est damnabilis. b) Non requirimus ab omnibus ecclesiae membris aequalem cognitionis gradum, cum lux notitiae spiritualis ac fidei in quibusdam sit illustrior, in quibusdam vero obscurior. c) Nec perfectam et plenam hujus mysterii κατάληψιν ac intuitivam notitiam a salvandis requirimus, cum ad eam in hac vita provehi non possumus Exod. 33, 20.; 1 Cor. 13, 9., quo sensu Cyprianus serm. I. de bapt. Christi recte pronunciat, quod sibi soli nota sit Trinitas. Sed hoc duntaxat asserimus, quod ad fidem catholicam omnibus salvandis necessariam non confusa et implicita, sed distincta et explicita trium divinitatis personarum cognitio et confessio requiratur. Demonstramus hoc 1) *ex tradita in Scripturis Dei definitione.* Qui non agnoscit Deum, prout in verbo suo se revelavit, is a vero Deo aberrat; qui definitionem Dei in Scripturis traditam ignorat vel negat, is Deum ipsum ignorat vel negat. . . 2) *Ex arctissima et indissolubili personarum Trinitatis unione.* Quarum personarum una non est extra aliam, earum una non potest agnosci, coli, invocari, nisi simul agnoscatur, colatur et invocetur etiam altera. . . . 3) *Ex diserta Salvatoris asseveratione Matth.* 11, 27.: Nemo novit Filium, nisi Pater, nec Patrem quis novit, nisi Filius et cui voluerit Filius revelare. . . 4) *Ex gentilium extra ecclesiam descriptione.* Gentiles ex naturae lumine cognoscere potuerunt, esse Deum eundemque esse unum, bonum, justum, scelerum vindicem. Sed quia Trinitatis mysterium in verbo et in solo gratiae lumine patefactum per naturae lumen cognoscere non potuerunt, ideo salutarem Dei agnitionem Scriptura eis derogat ac meram ἀγνωσίαν respectu ad salvificam notitiam habito illis tribuit. . . 5) *Ex mysterii hujus conditione.* Ignorato vel negato Trinitatis mysterio tota salutis οἰκονομία ignoratur vel negatur. . . 6) *Ex piorum veterum testificatione.* Athanasius in symb.: ,Fides catholica haec est, ut unum Deum in Trinitate et Trinitatem in unitate veneremur. Hanc fidem nisi quis integram inviolatamque tenuerit, salvus esse non poterit.‘ Gregorius Nazianzenus sub fine orat. II. de pace: τριὰς πᾶσί ποτε γνωθησομένη, τοῖς μὲν τῇ ἐλλάμψει, τοῖς δὲ κολάσει.‘‘ (Exeges. loc. III. §§ 2—8.)

MEISNERUS: „*Numerus* est vel *numerans* vel *numeratus*. Cum de
electorum numero quaeritur, intelligi hoc potest vel de numero ipso,
quem *numerantem* vocant, quantum nimirum sit sive *quot* hominum
milia sint electa; vel de numero *numerato* seu hominibus numeratis,
quinam in specie electi sint vel quae personae. Scholastici numerum
illum formalem, hunc materialem appellitant. Illo quaeritur: *quot*
sint electi; hoc autem: *qui* sint electi. Distinctio haec per exemplum
quoddam illustrari potest. Ut, si quis scit, principem quendam *ducen-
tos* ministros aulicos alere, ignorat autem, *quinam* illi sint: huic numerus aulicorum et certus est et incertus. Certus formaliter, quia novit,
quot sint; incertus materialiter, quia ignorat, *qui* sint. Unde patet,
quod discrimen inter numerum formalem et materialem minime sit
rejiciendum.“ (Anthropol. d. 18. q. 1. n. 1.)

f) Nempe voluntas illa Dei benevola et gratuita est *causa προηγουμένη, sive impulsiva interna impetrandae nobis remissionis peccatorum,*
cum qua proinde arctissime connectitur meritum Christi, tanquam
causa impulsiva externa, quae ne locum quidem haberet, si absque illa
esset. Si enim *Deus non dilexerit homines, ut propter eos dederit filium
suum unigenitum, nulla ratio erit, cur Deus Christi meritum, tanquam
alienum, acceptet a nobis tanquam nostrum: hoc enim totum dependet a
benevola Dei erga nos miseros homines voluntate,* scribit b. *Musaeus* Tract.
de Syncret. Q. IV. § 9. p. 26. Dogma autem hoc *de universalitate
gratiae divinae* (aeque ut alterum *de universalitate mortis Christi*) ad *literam universaliter acceptum, sicut omnino accipi debet, esse simpliciter omnibus ita creditu necessarium, ut nemo per verbum Dei ordinario et consueto
modo* (quicquid sit de *simplicioribus fidelium, et speciali modo gratiosae
operationis, quo Spiritus S. fidem in illis operatur*) *de se in individuo certus esse possit, Deum velle se fieri salvum (Christum esse pro se mortuum)
nisi per illas* doctrinae *partes actu cognitas et creditas,* expresse docuit
laudatus *Musaeus* l. c. p. 66. § 7. Cum quibus plane consentiunt, quae
scribit b. *J. Meisnerus* Iren. Dur. S. II. § 228. p. 200. et 201., ubi de
propositionibus illis *universalibus* disserens, *absque quibus,* ait, *si fuerit,
nemo certo scire atque statuere potest, beneficia Christi morte parta ad se
pertinere.* Addit autem et haec verba: *Si tamen omnino concesserim,
aliquem hominem, v. g. Adamum et Evam, fidem concepisse, aut adhuc concipere posse, qui forte de universali Dei benevolentia, universali Christi merito nunquam quicquam audiverunt, aut ob imbecillitatem intellectus, defectum
judicii, vel aliam ob causam eousque penetrare non potuerunt; nego tamen
id fieri posse, si intellectus contrario errore particularitatis imbutus sit.*

g) Christi satisfactio enim pro peccatis utique relationem quandam importat ad peccata. Vid. b. *Mus.* l. c. p. 27. Et *nisi quis sciat
homines peccare, et quisque in singulari intelligat, se peccasse, nulla est fides
speranda,* verba sunt b. *Hunnii* l. c. § 340. p. 206. conf. § 454. p. 291.
Nemo enim satisfactione mediatoris apud Deum se opus habere putaverit, qui se offendisse Deum non putaverit.

h) *Si enim justificatio nulla esset, Christi meritum nobis (peccatoribus)
nihil esset profuturum. Mus.* l. c. Et habet se Christus mediator ad
*remissionem peccatorum nostrorum, ut causa meritoria ad effectum, pro-
merendo acquirendum vel acquisitum.* Inter *causam meritoriam* autem et
effectum hic *perpetuus nexus est, ut si effectus, cujus causa meritum est, non*

detur: causa meritoria nulla futura, vel certe ejus conatus, labor, actio aut passio, promerendi effectus causa suscepta, vana et irrita futura sit. Mus. Introd. p. 173.

LUTHERUS: „Denn in diesem (Artikel von der Rechtfertigung) hanget und stehet es alles und zeucht die andern alle mit sich und ist Alles um diesen zu thun; dass, wer in den andern irret, hat gewisslich auch diesen nicht recht, und ob er gleich die andern hält und diesen nicht hat, ist es doch alles vergeblich. Wiederum hat auch dieser Artikel die Gnade, wo man mit Fleiss und Ernst dabei bleibet, dass er nicht lässt in Ketzerei fallen noch wider Christum oder seine Christenheit laufen. Denn er bringet gewisslich den Heiligen Geist mit sich, welcher dadurch das Herz erleuchtet und hält in rechtem, gewissen Verstande, dass er kann rein und dürre Unterscheid geben und richten von allen andern Artikeln des Glaubens und dieselben gewaltiglich erhalten und vertheidigen. Wie man auch wohl siehet bei den alten Vätern: wo sie bei solchen Artikeln blieben und ihre Lehre darauf gegründet oder daraus geführet, sind sie in allen Stücken fein rein blieben; wo sie aber *davon* gegangen und *ausser* diesem disputiret, sind sie auch irre gangen und weidlich gestrauchelt; wie auch den ältesten, Tertulliano und Cypriano, unterweilen geschehen ist. Und was mangelt noch, nicht allein den Papisten, sondern unsern Rottengeistern allen, so wider die Taufe und andere Artikel schwärmen, denn dass sie schon von diesem gefallen, sich nicht dafür bekümmert und dafür andere Dinge aufgeworfen und damit den Verstand verloren, dass sie hiervon nichts rechts lehren und keinen Artikel gewiss erhalten können? wie man in ihren Büchern wohl sehen kann; darnach von einem Irrthum in den andern fallen, bis sie zuletzt sich und andere Leute ins Verderben führen. Denn wo dies Erkenntniss Christi hinweg ist, da hat die Sonne ihren Schein verloren und ist eitel Finsterniss, dass man nichts mehr recht verstehet und kann sich keines Irrthums noch falscher Lehre des Teufels erwehren. Und ob man wohl die Worte vom Glauben und Christo behält (wie sie im Pabstthum blieben sind), so ist doch kein Grund einiges Artikels im Herzen, und was mehr da bleibet, das ist eitel Schaum und ungewisse persuasiones oder Dünkel, oder ein gemalter, gefärbter Glaube. Wie sie selbst ihren Glauben nennen fidem acquisitam et informem, das ist, ein loser, fauler, lediger Gedanke, der nichts thut noch taugt, weder hält noch kämpft, wenn es zum Treffen gehet, dass er halten und sich *beweisen* soll. Und zwar, dass ihr Rühmen vom Glauben und Christo ganz falsch und erlogen ist, beweisen sie selbst mit der That, dass sie diesen Artikel vom Erkenntniss Christi und rechtem Glauben nicht leiden wollen, sondern dawider toben mit Bannen und Morden. Wiederum, wo diese Sonne scheinet und leuchtet im Herzen, da ist ein rechter, gewisser Verstand von allen Sachen, dass man kann vest stehen und halten ob allen Artikeln: als, dass Christus wahrhaftiger Mensch ist, geboren von der Jungfrauen Maria, und auch wahrhaftiger, allmächtiger Gott, vom Vater in Ewigkeit geboren, Herr über Engel und alle Creaturen. Item, also gläubet und lehret er recht von dem Heiligen Geist, von der Taufe, Sacrament, guten Werken, Auferstehung der Todten, gehet also einfältiglich im Glauben, disputiret und klügelt nicht über Gottes Wort und richtet kein Gezänk noch Zweifel an. Und wo jemand kömmt, der solcher Artikel einen oder mehr *anficht,* so kann sich ein Christ wehren und dieselben zurückschlagen; denn er hat den rechten Meister (den Heiligen Geist), welcher allein diesen Artikel vom Himmel offenbaret, und allen denen gegeben wird, so dies Wort oder Predigt von Christo hören und annehmen. Darum wird sich ein solcher nicht lassen verführen in Ketzerei und Irrthum; und ob er schon etwa fehlet und strauchelt, doch (so er nur hiervon nicht fället) kommt er bald wieder auf die Bahn. Denn dies Licht die

Wolken und Finsterniss verzehret und vertreibet und ihn wieder weiset
und aufrichtet. Verleuret er aber dies Licht, so ist ihm nicht zu helfen.   Denn wo diese Erkenntniss weg ist, so nimmt sie es alles mit
ihr, und magst darnach alle Artikel führen und bekennen (wie denn die
Papisten *thun*), aber es ist kein Ernst noch rechter Verstand; sondern
wie man im Finstern tappet und ein Blinder von der Farbe höret reden,
die er nie gesehen hat.'' (Auslegung des 14., 15. und 16. Cap. St. Joh.
1538. VIII, 504—506.)

IDEM: ,,Siquidem amisso articulo justificationis amissa est simul
tota doctrina christiana. Et quotquot sunt in mundo, qui eam non
tenent, sunt vel Judaei, vel Turcae, vel Papistae, vel haeretici. . .·
Ex illa enim et in illa sola doctrina fit et consistit ecclesia.'' (Comm.
in ep. S. Pauli ad Gal. Cur. Dr. J. C. Irmischer. Tom. I. p. 20. sq. Cfr.
Hal. VIII, 1552. sq.)

IDEM: ,,Hic locus caput et angularis lapis est, qui solus eccle-
siam Dei gignit, nutrit, aedificat, servat, defendit; *ac sine eo ecclesia
Dei non potest una hora subsistere.*'' (Praef. D. M. Lutheri ad exposit.
J. Brentii in Proph. Amos. Vid. J. Brent. Opp. Tom. IV. p. 1087. Cfr.
Lutheri Opp. Hal. XIV, 191.)

i) *Si* enim *fides non esset, meritum Christi nobis nihil esset profuturum.*
Mus. Tr. de syncr. l. c. p. 27. Et quemadmodum necesse est scire,
Christum suo merito omnibus acquisivisse gratiam remissionis peccatorum; sic necessarium est, scire, meritum Christi actu prodesse ad obtinendam remissionem peccatorum credentibus.

k) Pertinent huc· suo modo, quae diximus in nota *h.* de articulo
justificationis.   Nam et vita aeterna habet se ad Christum ejusque
meritum, ut effectus ad causam, quemadmodum justificatio confert jus
vitae aeternae aut haereditatem ejus hominibus.   Et, *si quis ignoret,
dari vitam beatam, quam tandem aliquando consecuturi sint, qui Deo propitio ex hac vita discedunt; is nec Christum pro causa salutis nostrae meritoria agnoscere, nec in eo fiduciam impetrandae a Deo vitae aeternae defixam
habere potest.* *Mus.* in Introd. p. 173. 174.

N. HUNNIUS: ,,Fundamentum evertit, qui dogmata fundamentalia
tenet, negat tamen doctrinam aliquam fundamentalibus necessario
suppositam. Exemplo sunt Hymenaeus, Alexander, Philetus, qui circa
fidem facti sunt naufragi et quorundam fidem subverterunt, 1 Tim. 1,
19. 20. 2 Tim. 2, 17. 18.; quantumvis agnoverint gratiam Dei salutiferam et Christi meritum, et professi sunt, homines fide salvari, nihilo
minus naufragium fidei fecerunt negando *mortuorum resurrectionem.*'' '
(Διάσκεψις, § 356.)

§ 33.

Articuli fundamentales secundarii describi solent,
quod sint partes[a] doctrinae christianae, quae licet ignorari[b] possint salvo salutis fundamento; negari tamen[c]
salvo illo non[d] possunt.   Tales sunt articuli de personarum divinarum proprietatibus[e] characteristicis, de unione
personali distincte spectata, et communicatione idiomatum[f] in Christo, de peccato[g] originis, de decreto electio-

nis intuitu fidei[h] finalis, de justificatione per solam fidem, excluso operum merito[i] etc., quorum etsi cognitio explicita non est omnium fidelium simpliciorum, tamen negatio ex parte negantis stare non potest[k] cum fide et salute, nisi ingens simplicitas et ignorantia consequentiae, per quam negatio illa ipsi fundamento fidei per consequentiam adversatur, et animus ab errore, qui fundamento fidei directe adversatur, abhorrens ac meliorem interpretationem admittere paratus, intercesserit.[1]

LIBER CONCORDIAE: „Was denn die Condemnationes, Aussetzung und Verwerfung falscher und unreiner Lehre, besonders im Artikel von des Herrn Abendmahl betrifft, so in dieser Erklärung und gründlichen Hinlegung der streitigen Artikel ausdrücklich und unterschiedlich gesetzt werden müssen, damit sich männiglich wüsste vor denselbigen zu hüten, und aus vielen andern Ursachen keineswegs umgangen werden kann: ist gleichergestalt unser Wille und Meinung nicht, dass hiemit die Personen, so aus *Einfalt* irren und die Wahrheit des göttlichen Worts nicht lästern, vielweniger aber ganze Kirchen in- oder aus-erhalb des heiligen Reichs deutscher Nation gemeinet, sondern dass allein damit die falschen und verführischen *Lehren* und derselben *halsstarrige Lehrer und Lästerer*, die wir in unsern Landen, Kirchen und Schulen keinesweges zu gedulden gedenken, eigentlich verworfen werden, dieweil dieselben dem ausgedrückten Wort Gottes zuwider und neben solchem nicht bestehen können, auf dass fromme Herzen für denselben gewarnet werden möchten, sintemal wir uns ganz und gar keinen Zweifel machen, dass viel frommer, unschuldiger Leute, auch in den Kirchen, die sich bishero mit uns nicht allerdings verglichen, zu finden seind, welche in der Einfalt ihres Herzens wandeln, die Sache nicht recht verstehen und an den Lästerungen wider das heilige Abendmahl, wie solches in unsern Kirchen nach der Stiftung Christi gehalten und vermöge der Wort seines Testaments davon einhelliglich gelehret wird, gar keinen Gefallen tragen, und sich verhoffentlich, wenn sie in der Lehre recht unterrichtet werden, durch Anleitung des Heiligen Geistes zu der unfehlbaren Wahrheit des göttlichen Worts mit uns und unsern Kirchen und Schulen begeben und wenden werden." (Praefat. Electorum etc. p. 16. sq.)

APOLOGIA A. C.: „Etsi sunt in his etiam multi *imbecilles*, qui supra fundamentum aedificant *stipulas* perituras, hoc est, quasdam inutiles opiniones, quae tamen, quia non evertunt fundamentum, tum condonantur illis, tum etiam emendantur. Ac sanctorum *patrum* scripta testantur, quod interdum stipulas etiam aedificaverint supra fundamentum, sed quae non everterunt fidem eorum." (Conc. p. 155. sq.)

LUTHERUS: „Es ist zweierlei Ursache, dass die Sünden den Heiligen nicht schaden, und doch die Gottlosen daran erwürgen. Die erste ist, dass die Heiligen haben den Glauben an Christum... Die andere Ursache, dass die Heiligen durch den Glauben so verständig sind, dass sie allein an der Barmherzigkeit Gottes hangen, achten ihrer Werke gar nichts, ja sie bekennen aus Grund ihres Herzens, dass es eitel unnütze Werke und Sünden sind... Sehen wir nicht in Augustino viel Irrthum, welche er widerruft? die ihm wären alle verdammlich gewesen, wenn er nicht durch den Glauben wäre erhalten worden; sind sie doch des mehreren Theils wider den Glauben; aber das Bekenntniss und die Furcht Gottes hat sie ihm unschädlich gemacht. Wer ihnen nun nachfolgete, der folgete zu seinem Verderben." .. Es „geschieht noch ohne Zweifel viel frommen Christen, dass sie in einem

einfältigen Glauben ihres Herzens Messe halten, und achten, es sei ein
Opfer. Aber dieweil sie sich auf das Opfer nicht verlassen, ja, sie
halten's davor, dass alles, was sie thun, Sünde sei, und hangen allein
an der lautern Barmherzigkeit Gottes, werden sie erhalten, dass sie in
diesem Irrthum nicht verderben. . . Dieweil wir nun den Irrthum erkannt haben, so ziemet sichs nicht, dass wir weiter irren und die Messe
für ein Opfer halten. Denn es wäre wider den ganzen Glauben und
unser eigen Gewissen gesündigt. Hie könnte kein Glaube, kein Bekenntniss entschuldigen. *Du kannst nicht sprechen: Ich will christlich
irren.* Ein christlicher Irrthum geschieht aus Unwissenheit. . . Die
nun wissen und erkennen den Irrthum und ihm, gleich als obs kein
Irrthum wäre, noch anhangen, die folgen den Vätern nach, aber zu
ihnen werden sie nicht kommen.'' (Vom Missbrauch der Messe. 1522.
XIX, 1380—1385.)

a) Nempe sunt *partes* ac declarationes ipsorum fidei articulorum
primariorum potius, quam ut peculiares, integros, completos, et a caeteris distinctos articulos fidei constituant; licet in generaliori significatione articuli fidei recte dicantur, quatenus pertinent ad fidem et
cohaerent cum fundamento fidei: v. g. in articulo de persona Christi
partes tres de totidem generibus communicationis idiomatum continentur. Vid. b. *Musaeus* Tract. de syncret. p. 53. 54. Conf. Ausführl. Erklärung, p. 126. sqq.

> BALDUINUS: ,,Cum non omnium eadem sit ingenii capacitas vel
> occasio discendi, distinguendum hic est inter *substantiam* articulorum
> fidei et inter disputationes inde ortas, quae *explicationis* causa acces-
> serunt. Substantiam articulorum fidei quilibet idiotarum tenere debet
> et potest; disputationes vero et explicationes non requiruntur ab om-
> nibus. Est autem substantia articulorum fidei id, quod simpliciter,
> licet generatim et confuse, vocibus articuli significatur; ut, Deum Pa-
> trem, Filium et Spiritum S. non esse tres deos, sed unum Deum in
> tribus personis; si quis hoc credit in genere, satis est, licet in specie
> dicere non possit, quid persona sit, quae personales proprietates et
> quomodo hae inter se differant; haec enim ad scholas eruditorum et
> clariorem hujus articuli explicationem pertinent. Ita satis est pro rudi
> et imperito homine, scire, duas esse in Christo naturas, humanam et
> divinam, et Filium Altissimi vocari filium Mariae, Dominum gloriae
> crucifixum esse etc., quae omnia conceptis verbis Scriptura de Christo
> dicit; licet mysterium unionis personalis et communicationis idioma-
> tum exacte non intelligat, nec, quae de his disputantur, percipiat; haec
> enim etiam ad scholas eruditorum pertinent; et sic de caeteris.''
> (Tract. de cas. conscient. L. II. c. 1. cas. 7. p. 62. sq.)

b) Quo respectu dicuntur *secundarii*, et primariis contradistin-
guuntur. Juxta alios dicuntur creditu necessarii, *non secundum se,
positive et directe* (quod articulorum fundamentalium primariorum proprium sit), sed *ratione alterius, negative, indirecte.* Vid. b. *Hunnius*
De diss. fund. § 63. p. 42. et § 284. p. 178., b. *Meisn.* Iren. Dur.
S. II. § 227. p. 199.

c) Qua ratione *fundamentalium* articulorum nomen merentur et
retinent.

> QUENSTEDTIUS: ,,Quidam (art. fund.), etsi salva fide possint *igno-
> rari,* attamen eadem salva *negari nequeunt*; v. g. Deum infinitum, im-
> mensum, immutabilem esse, nomen Dei Jehovah incommunicabile esse,
> personas divinas certis proprietatibus characteristicis inter se esse

distinctas etc., plane *ignorari* potest citra fidei detrimentum et salutis dispendium, quia his ignoratis fiducia in Deum promittentem et Christum promerentem est inviolata, et multi simplices christiani haec et similia nunquam considerant, nec tamen propterea de fide et salute periclitantur; verum si quis *neget*, Deum infinitum, immensum, immutabilem esse, is, Spiritum veritatis mendacii arguendo et Deum transformando in idolum, honorem debitum illi rapiendo, adeoque in Deum gravissime peccando, fidei naufragium omnino faceret; ut recte docet D. Nic. Hunnius loco saepius alleg. § 58. sq." (Theol. did.-pol. P. I. c. 5. s. 1. th. 3. fol. 351. sq.)

IDEM: „Sunt alii articuli fidei, qui *non simpliciter fundamentales* seu causa salutis sunt, ad fundamentum tamen pertinent, *quorum negatio damnat et haereticum facit*, ut sunt dogmata de creatione, electione, ecclesia, sacramentis etc. Sunt porro articuli fidei *minus principales*, qui quidem ad credendum in Scriptura propositi sunt, non tamen sub necessitate ad salutem, *quorum negatio non per se, sed per consequentiam aliquam non adeo evidentem impingit* in aliquem fidei articulum fundamentalem, eumque evertit; *et haec negatio facit schismaticum*, v. g. peccatum non esse hominis substantiam, electionem non esse universalem etc.; et denique sunt *quaestiones adnatae*, quae inter eruditos de difficilioribus Scripturae locis agitantur." (Theol. did.-pol. P. I. c. 5. s. 1. th. 10. not. 1. fol. 355.)

d) Nempe quod *negatio hujusmodi articuli necessario et semper importat errorem fundamento fidei et salutis indirecte adversantem, et quo per consequentiam illud, vel aliquid, absque quo id salvum esse non potest, destruitur.* B. *Musaeus* l. c. p. 177.

e) Quemadmodum enim personae divinae in esse certarum personarum per certas proprietates aut characteres hypostaticos constituuntur, et ab aliis personis distinguuntur: ita, negatis proprietatibus, negantur esse personae divinae. Interim possunt Patrem, Filium et Spiritum S., tanquam unum verum Deum, credere et colere, qui *neque cogitarunt, quid differat persona ab essentia? in quo differat personalitas Spiritus Sancti a personalitate Filii seu Messiae? seu quis et qualis sit utriusque character proprius et discretivus? deque aliis hujusmodi consectariis.* B. *Huelsem.* Dial. Apol. p. 56. et b. *J. Meisner.* Iren. Dur. p. 191. 192.

f) Unio personalis enim et communicatio idiomatum continetur in Christi persona ϑεανϑρώπῳ, et ejus meritum praesupponit necessario utramque. Itaque qui personam Christi ϑεάνϑρωπον agnoscit et credit, is eo ipso, si non explicite, implicite tamen etiam unionem personalem et communicationem idiomatum credit. Et ex adverso, qui unionem personalem aut communicationem idiomatum negat, aut naturas vel proprietates naturarum confundit; is per consequentiam ipsum Christum ϑεάνϑρωπον negat, et vel tantum Deum, vel tantum hominem, vel duos Christos esse fingit. Vid. b. *Mus.* Introd. p. 175. 176.

g) *Scilicet ad fiduciam in Christum concipiendam non requiritur simpliciter ejus* (peccati orig.) *in intellectu notitia;* requiritur tamen *ad praecavendam opinionem contrariam, quae est persuasio connatae sanctitatis et facultatis, divina mandata servandi, qua si quis fallitur, ad agnitionem peccati et salutem nunquam perveniet.* B. *Huelsem.* Calv. irreconc. p. 475., b. *J. Meisn.* § 229. p. 201.

h) Prout enim decretum et executionem sibi accurate respondere
necesse est, ita si negetur, decretum electionis factum esse intuitu
fidei in Christum, per consequentiam etiam negabitur, Deum in tempore salvare homines intuitu fidei in Christum: quod ostendit b. *Mus.*
Tract. de aeterno el. decr., inprimis Cap. V. § 119. sqq.   Certum
tamen est, ignorantiam simplicem decreti illius non obstare fidei simpliciorum, qui gratiam Dei et meritum ac satisfactionem Christi nihilominus amplecti possunt, tanquam causam salutis, etsi de decreto
electionis non cogitaverint.

i) Ipsa sane scriptura fidem et opera in justificatione ita opponit,
ut ab unius positione ad alterius destructionem, v. g. a justificatione
per opera ad negationem justificationis per fidem, argumentetur *Rom.*
3. et 4.   Interim potest credere in Christum et per hanc fidem consequi
remissionem peccatorum, qui de justificatione per solam fidem, et non
per opera, non cogitaverit.   Unde et b. *J. Meisnerus* dogma illud inter
ea refert, *quae ex accidente et ideo tantum necessario fiunt, ne error oppo-*
situs aut falsa opinio intellectum subeat, quae id, quod semel recte constitu-
tum est, labefactet aut destruat.   L. c. § 239. p. 205.

k) Nempe qui articulum aliquem fundamentalem secundarium ita
negat, ut simul videre possit et videat, eo negato, per consequentiam
everti articulum aliquem fidei primarium ipsumque adeo fundamentum
fidei; is non solum indirecte, vi illius negationis, adversatur fundamento fidei, sed jam, per errorem ex illa negativa deductum, directe
destruit ipsum fundamentum fidei, et quo minus fides in ipso generari
aut esse possit, efficit.   Vid. *Mus.* l. c. p. 177.

l) Quia enim negatio articuli secundarii non adversatur fundamento fidei, nisi per consequentiam; consequentiam autem non capit,
qui ex simplicitate negativam illam amplectitur: ideo cum fundamento
ipso negatio ista in tali subjecto stare potest.   Et quia cognitio expressa articuli, qui negatur, ad generandam fidem et causandam salutem simpliciter necessaria non est; ideo negatio ejus, ex mera ignorantia et simplicitate profecta, stare potest cum cognitione caeterorum,
quae ad fundamentum ipsum, in quantum ad causandam fidem et
salutem cognitu necessarium est, pertinent, neque adeo fides ipsa et
salus necessario tollitur atque impeditur.   B. *Mus.* l. c. p. 177. 178.
Consentit b. *Huelsemannus* in Calvin. Irreconc. p. 432. sqq., ubi hoc
axioma exhibet: *Non omne dogma, quod ex sua natura aliquod fidei neces-*
sario praesuppositum aut eam consequens astruit vel destruit, idem in homi-
nis cujusque mente illud efficit; dumque ad *consequentiarum intelligentiam*
quaestionem redire monet, distinguendum putat inter *seductos ac dociles,*
et *seductores ac pertinaces*, idque exemplo articuli de communicatione
idiomatum declarat etc. Huelsemannum autem sequitur b. *Kromayerus*
Prooem. theol. pos.-pol. p. 4.

KROMAYERUS: „De *consequentiarum evidentia* praecognoscendum
(v. g. si pars altera neget, positis his vel illis hoc vel illud sequi), quod
distinguendum sit inter *seducentes* et *seductos*, inter *pertinaces* et *dociles*,
inter *heterodidascalos* et *heterodoxos*.   Seducti et dociles tolerandi sunt
et informandi; pertinaces et veritatis calumniatores gratia divina excidere, dubium non est.   Gravius enim judicium heterodidascalis,

quam heterodoxis tantum, simplicibus praesertim et docilibus, Salvator Matth. 5, 19. minatur. . . . Deinde *provocandum ad cujusque conscientiam*, an ea tranquilla sit in consequentiae istius negatione, an secus. Si non est tranquilla, sed circa negationem istam consequentiae fluctuat, ut fiducia in Christum propterea vacillet, is dubio procul fide et consequenter salute se privat.‘‘ (Theol. posit.-pol. P. I. p. 4.)

Aeg. Hunnius: ‚‚Sunt *errores leviores*, qui impingunt in articulos minus principales, quos errores apostolus assimulat *stipulae*, deflagranti igne tentationis, sic tamen, ut ipse errans salvus fiat retento fundamento salutis, apprehensa petra, Christo nimirum, et ut operis sui, quod super fundamentum extruxerat, jacturam faciat. (1 Cor. 3, 11—15.) *Aliud est, si quis ex contemtu dicat: sufficit mihi fundamentum salutis* et satis est mihi, in hoc articulo me recte sentire, ac interim nolit admittere informationem meliorem in reliquis. Talis erraret circa leviores quidem articulos, sed tamen non errore simplici, sed cum contemtu divini verbi conjuncto.‘‘ (Colloq. Ratisbonae hab. a. 1601. Lauingae. Sess. 14. p. 433. sq.)

Gerhardus: ‚‚Antequam Scripturae ederentur, non erat necessarium ad salutem, credere, aliquas esse divinas scripturas. Postquam vero editae sunt, distinguendum inter simplicem ignorationem et inter praefractam negationem. *Credere, quod sint aliquae divinae Scripturae, non est simpliciter et absolute necessarium ad salutem*, nimirum si ex simplici *ignoratione* illud procedat, quia multi salvati sunt, qui substantialia sive fundamentalia fidei christianae complexi sunt, licet ignorarent, esse aliquas divinas scripturas; sed qui post editas scripturas *pertinaciter negare* velit, esse aliquas divinas scripturas, is haereticus reddetur et a salutis possessione excludetur.‘‘ (Loc. de eccl. § 121.)

Huei semannus: ‚‚Evictum dudum a nostris (sit), tam a Filio, quam a Patre *procedere Spiritum S.* . . Si quis tamen ex imbecillitate intellectus vim harum consequentiarum non sentiat et nudae literae dicti c. 15. Joh. inhaerendum censeat, caetera vero orthodoxus sit, illi neque propter ignorantiam veritatis, neque *propter negationem ex nuda ignorantia profectam*, aut salutem adimimus aut inter haereticos eum computandum censemus, secus quam Bellarminus . . . aliique passim haereseos nomine ecclesiam Graecam deformantes propter negatam processionem Sp. S. a Filio.‘‘ (Praelectt. in Form. Conc. Art. 3. s. 1. c. 5. § 10. p. 282.)

Calovius: ‚‚Cum unum negatur aut evertitur fidei caput, unum dogma fundamentale, unus articulus e systemate credendorum, haeresis est *materialiter;* si accedat pertinacia, *formalis* haeresis est.‘‘ (System. VIII. p. 226. sq.)

Kromayerus: ‚‚Quid? quod *quaeris adulterina doctrina* extra et praeter verbum ϑεόπνευστον, quando *pertinaciter* defenditur, *haereseos nomine* γενικῶς *sumto* venire queat.‘‘ (Scrutin. rel. p. 480.)

Lutherus: ‚‚Ich habe vor 20 Jahren gelehrt, dass allein der Glaube ohn Werke gerecht mache, wie ich noch immer thue. Wäre aber dazumal einer aufgestanden, der da hätte gelehret, Möncherei und Nonnerei sollt Abgötterei und die Messe der rechte Greuel heissen, hätte ich solchen Ketzger nicht helfen verbrennen, so hätte ichs doch gehalten, ihm wäre recht geschehen. Und ich unbedächtiger Narr *konnte nicht sehen die Folge*, die ich müsste nachgeben, dass, wo es der Glaube allein thäte, so könnte es die Möncherei und Messe nicht thun. . . . Die Apostel zu Jerusalem (Apost. 15, 11.) sammt vielen tausend Jüden waren durch den Glauben allein gerecht worden, das ist, durch die Gnade Christi; noch hatten sie auch ihre Nestorios und Eutyches in der Haut; sahen diese Folge nicht, dass Mosis Gesetz nichts dazu thäte noch thun könnte, sondern wollten demselben auch geben die idiomata, so allein dem Lamm Gottes zustehen, und sprachen (wie droben gesagt) : die Heiden könnten nicht selig werden, wo sie sich nicht beschnitten und Mosis Gesetz hielten. Das war ebensoviel als Christum verleugnen mit seiner Gnade, wie St. Paulus sagt Gal. 2, 21.: ‚Ist aus dem Gesetz Gerechtigkeit, so ist Christus vergeblich gestorben‘; und Röm. 11, 6.: ‚Ist’s Gnade, so ist’s nicht Werk.‘ Aber die zu Jerusalem sagen so: Es ist wohl allein die Gnade, aber es muss gleichwohl [allein] auch das Werk sein; denn weil die Gnade solches noch nicht hat gethan, so muss es das Gesetz thun, wie es folget. Das heisst auf deutsch, sich selbst in die Backen hauen und nicht verstehen, was man redet. Die Schulen nennens (wie gesagt): antecedens concedere, und consequens negare, oder consequens destruere, antecedens affirmare, zugleich Ja und Nein sagen in einerlei Sachen.“ (Von Conciliis und Kirchen. 1539. XVI, 2737. 2740. sq.)

IDEM: „Sie unterscheiden nicht, irren und in Irrthum bleiben. Irren schadet der Kirche nichts, aber in Irrthum bleiben, das ist unmöglich; wie Christus spricht Matth. 24, 23., dass auch die Auserwählten in Irrthum geführt würden, wo es möglich wäre. Denn die Kirche bekennet im Vater Unser, dass sie sündige und irre, aber es wird ihr alles vergeben.“ (V. d. Winkelmesse. 1533. XIX, 1515.)

IDEM: „Wie St. Augustinus von sich spricht: Errare potero, haereticus non ero: Ich mag irren, aber ein Ketzer will ich nicht werden. Ursach: Ketzer irren nicht allein, sondern wollen sich nicht weisen lassen, vertheidigen ihren Irrthum für Recht und streiten wider die erkannte Wahrheit und wider ihr eigen Gewissen. Von solchen sagt St. Paulus Tit. 3, 10. 11.: ‚Einen Ketzer sollt du meiden, wenn er eins oder zweier vermahnt ist, und sollt wissen, dass ein solcher verkehret ist und sündiget autocatacritos‘, das ist, der muthwilliglich und wissentlich will in Irrthum verdammt bleiben. Aber St. Augustinus will seinen Irrthum gern bekennen und ihm sagen lassen. Darum kann er kein Ketzer sein, wenn er gleich irrete. Also thun alle andere Heiligen auch und geben ihr Heu, Stroh und Holz gern von sich ins Feuer, damit sie auf dem Grunde der Seligkeit bleiben. Wie wir auch gethan haben und noch thun.“ (Von Conciliis und Kirchen. 1539. XVI, 2664.)

IDEM: „Müssen wir doch bekennen, dass die Schwärmer die Schrift und Gottes Wort haben in andern Artikeln, und wer es von ihnen höret und gläubt, der wird selig, wiewohl sie unheilige Ketzer und Lästerer Christi sind.“ (Brief von der Wiedertaufe. 1528. XVII, 2675.)

IDEM: „Wobei wollte man sonst Unterschied nehmen, welches die rechte Kirche Christi, und welche des Teufels Kirche sei, ohne bei dem Gehorsam und Ungehorsam gegen Christum, sonderlich so der Ungehorsam öffentlich erkannt und verstanden, sich frevelich und frechlich entschuldiget und Recht haben will. Denn die heilige Kirche sündiget und strauchelt oder irret auch wohl, wie das Vater-Unser lehret; aber sie vertheidiget noch entschuldiget sich nicht, sondern bittet demüthiglich um Vergebung und bessert sich, wie sie immer kann; so ist’s ihr vergeben, dass alsdenn ihre Sünde nicht mehr Sünde gerechnet wird. Wenn ich nun bei dem Gehorsam und verstockten Ungehorsam nicht soll erkennen noch unterscheiden die rechte Kirche von der falschen, so weiss ich von keiner Kirche mehr zu sagen.“ (Brief wegen seines Buches v. d. Winkelmesse. XIX, 1579.)

§ 34.

Articuli non-fundamentales dicuntur, qui salvo fidei fundamento non solum ignorari, verum etiam negari, aut in utramque partem disputari[a] possunt. E. g. de peccato et rejectione perpetua quorundam angelorum, de immortalitate primi hominis ante lapsum, de Antichristo,[b] de origine animae per creationem vel traducem[c] etc.

FECHTIUS: ,,Articuli fidei sunt vel fundamentales, vel non-fundamentales. Ubi tamen observandum, distinctionem hanc non esse articulorum proprie dictorum, adeoque univoce sumtam, sed potius *distinctionem aequivocam,* dum articuli non-fundamentales improprie tantum et remotissime articuli fidei vocantur.‘‘ (Compend., universam th. complexum. Praecognita. C. 1. § 42. p. 29.)

CALVOERIUS: ,,Diligenter discernendum inter illa, quae sunt *necessaria creditu cuivis fideli* ac salvando, et illa, quae sunt *ecclesiae ad puritatem, ad expositionem, ad defensionem doctrinae salutaris necessaria;* et pertinet huc distinctio inter *articulos christianos ac catholicos,* et articulos *ecclesiasticos ac theologicos.‘‘* (Fissurae Sionis. Lips. 1710. p. 1172.)

QUENSTEDTIUS: ,,Ad articulos non-fundamentales, sive qui salvo fidei fundamento et ignorari et negari possunt, refert D. Hunnius l. c. § 65. dogma de perpetua angelorum quorundam rejectione; de immortalitate hominis ante lapsum; de Antichristo; de irremissibilitate peccati in Spiritum S.; de libertate christiana in ritibus etc. Haec sive ignorentur, sive negentur, *per se* nihil damni afferunt fidei, siquidem nullam causam fidei aut dogma fundamentale per sui negationem tollunt.‘‘ (Theol. did.-pol. P. I. c. 5. s. 1. th. 2. f. 350.)

a) Interim etiam in his cavendum est, ne errorem amplectendo aut profitendo in revelationem divinam Deumque ipsum temere peccetur; praesertim, ne contra conscientiam et cum seductione aliorum aliquid statuatur, quo labefactentur fulcra et veritas unius aut plurium articulorum fidei fundamentalium. Sic enim, tanquam per peccatum mortale, excuti tamen potest et solet Spiritus S. et fides. Quo tendunt, quae scripsit b. *J. Meisnerus* l. c. § 242. p. 207.

N. HUNNIUS: ,,Quando in sequentibus haec loquendi forma occurret: potest hoc aut illud dogma salvo fidei fundamento ignorari aut negari, minime hunc fore phraseos sensum, quod ista negatio aut ignoratio *salva fide* locum habeat; cum talis *negatio possit fidei esse exitiosa,* quantumvis fidei fundamentum non evertat.‘‘ (Διάσκεψις § 353.)

IDEM: ,,Fides tollitur per doctrinam, quae rationem habet *moralis peccati.* Duplex est doctrina homini salutaris; *una,* quae est proxima causa fidei sive quae facit, ut homo confidat in Deum et Christum, atque hinc peccatorum remissionem et salutem aeternam certo expectat; *altera,* quae quidem hanc fiduciam non operatur, interim homini a Deo proposita est sive ad fidem declarandam, sive ad discendum alia christianismo necessaria: qui deficit in priore doctrinae genere, is non solum periculose, sed etiam circa fidem errat; qui in posteriore, periculose errat, non tamen circa fidei doctrinam, sed *moraliter,* ita ut nihil decedat fiduciae (ratione doctrinae, unde fiducia nascitur), quam homo habet ad Deum, attamen provocetur ira Domini. Qua ratione negans historiam Simsonis, Davidis etc., negans, circumcisionem fuisse institutum divinum etc., hoc ipso nihil detrahit fidei fundamento seu doctrinae fundamentali, attamen non absque periculo salutis errat, quod Deo veritatis laudem adimendo mortali peccato illum offendat adeoque iram ejus in se provocet, quod cum dispendio fidei et salutis conjunctum est, nisi agatur poenitentia. Huc pertinet Christi nativitas a virgine aliaque dogmata complura, quorum negatio fundamentalem fidei doctrinam non evertit, vel etiam depravat, Dei tamen iram irritat, unde fides cadit per defectum efficientis causae, etiam stante illius fundamento.‘‘ (Διάσκ. § 350.)

HUELSEMANNUS: ,,Nego, ullam non veri dogmatis theologici approbationem innoxiam esse ab omni culpa; etsi namque culpa non omnis lethalis sit seu actu secundo condemnationem inferat, attamen actu primo est condemnabilis, quo modo apostolus τὸ condemnabile distinguit ab inferente damnationem actu secundo Rom. 8, 1... De qualitate enim dogmatis *secundum se* habemus expressum praeceptum 1 Pet. 4, 11., quod quicunque alteri aliquid credendum proponit, teneatur proponere λόγια θεοῦ... Consequens est, in relatione ad reatum coram Deo nullam propositionem ullius dogmatis theologici, directe aut indirecte ad fidem pertinentis et secundum se non veri, esse *adiaphoram;* quamquam in relatione ad consecutionem supremae gloriae possit esse actu secundo innoxia." (Praelect. F. C. p. 950.)

CARPZOVIUS: ,,Augustana Confessio non-fundamentalia dogmata *non parvi pendit,* sed saltem in *imbecillibus* ea condonari ait. (Isag. etc. p. 310.)

DANNHAUERUS: ,,Articulus fidei non est ... omnis glossa, assertio, sententia, quae in s. literis certam et liquidam definitionem non habet, quales sunt quaestiones de tempore creationis mundi, verno an autumnali? de anno et die nativitatis Christi; adde ἀειπαρθενότητα etiam post partum b. Virginis (quam, pontificios doctores secutus, Hornej. disp. 4. de sufficientia Scripturae s. p. 339. concedit articulum esse fidei, et contrariam sententiam Helvidii et Antidicomarianitarum recte sine dubio haereseos damnatam; at Basilius in Hom. de Nativit. Christi illam ex hac serie expunxit, eo ipso, quo per sententiam adversam negavit pietatis doctrinam violari neque ad mysterii sermonem pertinere asseruit); adde Psychopannychian*) et hujusmodi sententias alias, in quibus ingenia exerceri possunt, nec tamen ab his ut sacramenta ecclesiae praescribi debent. Gargara hujusmodi strumarum reperias in scholastica theologia, ubi unus hircum mulget, alter supponit cribrum." (Hodos. Phaen. 11. p. 667.)

BUDDEUS: ,,Multa in Scriptura sacra continentur, quae quia divinitus nobis patefacta sunt, fidem quoque iis adhibere tenemur, nec tamen ad salutem consequendam sunt necessaria. Multa praeterea requiruntur adeoque necessaria sunt, ut aliquis ecclesiae cujusdam particularis membrum esse queat, et multo magis, ut pastoris in ea fungi possit officio, quae tamen non aeque necessaria sunt ad salutem, adeoque de iis nobis sermo non est." (Institt. theol. dogm. p. 41.)

b) Vid. de his b. *Nic. Hunnius* l. c. § 65. p. 43.

QUENSTEDTIUS: ,,Distinguendum inter articulos fidei fundamentales, qui pertinent ad fidem salvificam, et inter *articulos, qui non sunt fundamentales, quorum cognitio etiam in verbo Dei traditur, et hi pertinent ad fidem dogmaticam seu historicam.* Ad hanc classem referimus doctrinam de *Antichristo* propter vaticinia Scripturarum, quae apud prophetam Danielem, apud S. Paulum et in Apocalypsi Johannis a Spiritu Sancto nobis sunt revelata. Non autem dicimus, quaestionem hanc de Antichristo esse talem, cujus decisio *omnibus christianis* ad salutem scitu sit necessaria, vel ignoratio *per se* damnabilis, cum et superioribus seculis fuerint et hodie sint multi christiani, erroribus papisticis minime dediti, qui absque hujus veritatis notitia sine dubio salvantur. Multi enim Patres de Antichristo discrepantes sententias protulerunt, quia longius remoti a complemento horum vaticiniorum liberius indulserunt suis opinionibus aut incertas aliorum sententias incautius arripuerunt et propagarunt." (Theol. did.-pol. P. IV. c. 16. s. 2. f. 1688.)

HUELSEMANNUS: ,,Quemadmodum in caeteris fidei articulis ii, qui veritatem rei ipsius conantur evertere, initium facere solent a negatione

---

*) Idem Dannhauerus: ,,Ψυχοπαννυχία fabula est sacris literis adversa, in quibus **martyres** Apoc. 6, 10. 11. voce magna sub altari clamant.'' (p. 719.)

necessariae de hac re notitiae, ita hodie fit cum doctrina de *Antichristo*. Quamquam enim modum *necessitatis* in thesi jam exposuimus, esse videlicet *hypotheticam, non absolutam*; existente tamen hypothesi, i. e. praesentia Antichristi praesentique periculo seductionis, doctrina de discernendo Antichristo a veris doctoribus non minus hodie necessaria est, quam doctrina de malitiis et insidiis diabolorum. Huc confer serias Christi et apostolorum Matth. 7, 24. Luc. 12, 42. sq. 17, 35. sqq. 21,ʼ8. 2 Thess. 2. 2 Tim. 3, 4. 2 Pet. 2. 1 Joh. 2, 4. Apoc. 11. 12. sqq. admonitiones de cavendis Antichristi insidiis, quibus pareri non potest sine distincta cognitione Antichristi. Verumtamen ut comminatio et signa diluvii jam imminentis et actu jam depluentis ridebantur tamen ab affinibus Noae, Gen. 6, 4. 13. Luc. 17, 27., sic etiam mutuae irrisiones et cavillationes Pontificiorum et Calvinianorum, objicientium sibi invicem Antichristi dolos in rebus ludicris et falsis, non immerito habentur pro derisione rei ipsius, ac si quis alterum Polyphemum, Medusam, Charontem aut alio ejusmodi nomine vocet, cujus subjectum in rerum natura non credit existere.'' (Praelect. ad Breviar. c. 22. p. 1229.)

    c) Ita sane existimavit b. Lutherus, quando etiam *urgente et instante D. Pomerano (Bugenhagio), ut determinaret certo, quid tandem de origine animae statuendum esset, reluctatus est;* et licet *inclinans in sententiam de traduce,* tamen *cum Augustino* maluit *sentire et pugnare, non esse pro articulo fidei habendum, contra dogmatistas audaces,* qui *parum in his rebus sint attenti* etc., referentibus b. *Joh.* Wigando, qui *se* ejus discursus *meminisse* ait, lib. de neutralibus et mediis p. 38. 39., et *And. Musculo* in LL. Comm. ex patribus collectis Lib. I. pag. 89. sqq., ubi exhibet *Excepta ex ore Lutheri in dissertatione habita hoc anno, quo obiit, 1546.* Ipse autem Wigandus l. c. p. 38., postquam rationes pro utraque parte adduxisset, concludit: *liberum esse, totam rem in medio relinquere, nec esse haeresin putandam, vel in hanc, vel illam sententiam deflectere.* Atque intra hos terminos substiterunt praeter b. *Musculum* l. c. etiam alii auctores Form. Conc.: b. *Mart. Chemnitius* LL. Th. P. I. L. de Pecc. orig. Q. IV. p. m. 234. ad 256. et b. *David Chytraeus* Comment. in Apoc. cap. III. p. 91. Conf. *Balduin.* Comm. in Ep. ad Tit. c. III. Q. I. p. 1519.

    Cf. Lutheri Disputation von der Unterscheidung der Personen in der Gottheit. Thes. 30—34. 41—50. Opp. Hal. Tom. X, 227. sqq.

    Reuschius: ,,Facile patet quoque, quod articuli fidei (simpliciter) non fundamentales in perspicuo sacrae Scripturae testimonio non habere possint sui rationem; nam si, posito hoc, negarentur, eo ipso divinitas sacrae Scripturae negaretur atque cognitio de fidei fundamento, quod ex sacra Scriptura innotescit unice, subrueretur. Vocantur quoque a nonnullis *problemata theologica,* quorum numerus est ingens atque in dies augeri potest; sed inutilis est eorum cognitio et vanae sunt de iisdem disputationes.'' (Annott. etc. p. 52.)

    Balduinus: ,,*Materiae theologicae,* de quibus disputant, non sunt unius generis. *Quaedam non sunt fidei, sed quaestionis,* vel non directe articulum fidei, sed *circumstantiam* tantum aliquam concernunt; qualis est disputatio de tempore creati mundi; de interitu mundi, num vel secundum substantiam vel accidens futurus sit; de statura resurgentium in novissimo die; de loco paradisi, in quo jam vivunt Enoch et Elias etc. De his et similibus quaestionibus, quia nihil certi in Scriptura decisum est, absque periculo probabile rationis judicium admitti potest; quin et in iis multa ignorari queunt salva fide christiana, et alicubi *errari* sine aliquo haeretici dogmatis crimine, inquit Augustinus lib. 2. de pecc. orig. cont. Pelag. et Celest. c. 23.'' (Disp. de cap. 2. Col. B. 1.)

RECHENBERGIUS: ,,*Problemata theologica* sunt quaestiones, quae in omnibus fere articulis theologiae tum theticae, tum polemicae, tum etiam exegeticae ac moralis occurrunt; sed cum substantiam fidei christianae et oeconomiae salutis in s. literis designatae non attineant, *pro et contra* in scholis disputari solent. Quia communi ecclesiae orthodoxae consensu nondum fuerunt determinatae, et nemo, sive tales quaestiones affirmet, sive neget, labe haereseos adspergi debet. Tales in theologia scholastica Romanensium inter Thomistas et Scotistas plurimae occurrunt." (Hierolex. sub tit. *Probl.* p. 1309.)

HUELSEMANNUS: ,,Ut *ministerialis causa proxima* seu individuum scribens librum quendam *canonicum* nomine tenus certo agnoscatur, nec in nomine committatur error, id negamus ad salutem esse creditu necessarium... Sive Philippus seu Bartholomaeus conscripserit illud evangelium, quod Marci nomine legitur, nihil facit ad fidem salvificam. ... Ex interna *rerum* indole, non *dicentis* qualitate, animadvertitur sacrae Scripturae ϑειότης." (Anti-Bellarminus. c. 9. § 10. p. 106. sq.)

IDEM: ,,Hunc librum esse *prophetae et non apostoli* et vicissim, et hoc vel illud fuisse auctoribus *nomen*, v. g. scriptorem Actorum apostolicorum, vel ignorare vel putare Barnabam, Josephum, aut alium quencunque praeter Lucam (cujusmodi rerum sive factorum certitudinem pontificii requirunt, ut scitu et creditu necessariam, eamque ex sola traditione depromendam), non est articulus christianae fidei, et quando cognoscitur, *non creditur divina fide, sed humana.* . . Quidam, ut Brochm. art. 2. c. 8. qu. 5., negant, necessariam esse ad salutem *notitiam quantitatis numericae librorum canonicorum.*" (Praelectt. in Form. Conc. Art. I. c. 3. § 12. p. 225.)

QUENSTEDTIUS: ,,Negamus, *librorum canonicorum catalogum* esse articulum fidei, reliquis in Scriptura contentis superadditum. Multi fidem habent et salutem consequi possunt, qui numerum librorum canonicorum non tenent." (Theol. did.-pol. P. I. c. 4. s. 2. q. 8. f. 135.)

§ 35.

Objectum formale theologiae, quod est revelatio[a] divina, per hoc[b] exercet munus suum, quod voluntatem humanam[c] afficit, pulsat et flectit, ut intellectui imperet assensum.

REUSCHIUS: ,,Objectum formale theologiae revelatae est revelatio seu sacra Scriptura, quatenus ope illius *a*) dogmata determinantur, atque *β*) horum cognitio ad eam claritatem evehitur, in qua est viva atque assensum habet immotum... Quapropter, qui, per facultatem cognoscitivam naturalem verum sacrae Scripturae sensum investigavit, hinc dogmata, quae regnum gratiae eidemque connexa explicant, determinavit atque illa, ad ulteriorem declarationem, in systema redegit, sed vivam horum dogmatum cognitionem per efficaciam sacrae Scripturae supernaturalem propter resistentiam malitiosam non est adsecutus, is *partem rationis formalis* in illa cognitione, quam de regno gratiae eidemque connexis habere debet per theologiam, obtinuit, scil. quod illa cognitio de regno gratiae eidemque connexis ex revelatione seu sacra Scriptura sit unice derivata; altera vero pars illius rationis formalis in hac cognitione, scilicet ut sit *viva*, deficit, eoque *objectum formale* theologiae ex parte modo habet locum in illo homine." (Annott. in B. Comp. p. 53. 55.)

a) Vid. supra § 25. et not. *c*.

b) Continet enim revelatio divina haec duo principia: Unum, *quicquid Deus dicit, seu revelat, id verum est;* alterum, *hoc,* seu (quando de theologia revelata ejusque objecto formali pro statu praesente loquimur) *quicquid in Scripturis s. continetur, Deus dicit.* Prius principium evidens est ex natura et attributis Dei per lumen naturae cognitis. Posterius inevidens est, adeoque, cum intellectus non possit veritatem ejus, seu identitatem praedicati cum subjecto, clare perspicere, necesse est, assensum intellectui a voluntate imperari ac propterea voluntatem ab ipsa revelatione allici seu moveri, ut intellectum ad assensum determinet. Sic *Act. 16, 14.* dicitur, *Dominum aperuisse cor Lydiae,* id est, animam, quae *cordis* nomine in scripturis saepe appellatur, efficaciter movisse, *ut attenderet his, quae a Paulo dicebantur,* seu ut voluntas ipsa intellectum ad attentionem ac praebendum assensum applicaret. Conf. b. *Mus.* Introd. c. III. § 39. p. 184.

c) Interim theologia formaliter spectata manet habitus intellectus. Non enim desinit esse habitus cognoscendi atque assentiendi; connotat autem aut supponit habitum quendam voluntatis, quem *piae affectionis* auctores vocant. *Mus.* l. c. § 40. p. 185.

§ 36.

Atque hinc constat, theologiam esse habitum in substantia sua[a] supernaturalem, actibus nostris[b] quidem, sed per vires gratiae et operationem Spiritus Sancti[c] acquisitum.[d]

a) Seu qualis *per se* et vi genuini objecti sui formalis est et esse debet; vel, quoad habitum assentiendi genuinum spectata. Nam si spectes praecise habitum apprehendendi objecta dudum revelata et apprehensa aliis tradendi, hoc sensu, si absit habitus assentiendi supernaturalis, sicut in homines non renatos atque impios cadit, ita non nisi aequivoce dicta theologia est. B. *Mus.* l. c. § 42. 43. p. 189. sqq. Conf. Dn. D. *Ph. J. Speneri* Tr. Germ.: Die allgemeine Gottes-Gelahrtheit etc. P. I. Qu. V. p. 185. sqq., ubi multorum theologorum nostratium loca consona afferuntur.

LUTHERUS: ,,Man findet mehr heidnische und menschliche Dünkel, denn heilige gewisse Lehre der Schrift in den Theologen. Wie wollen wir ihm nun thun? Ich weiss hie keinen andern Rath, denn ein demüthiges Gebet zu Gott, dass uns derselbe Doctores Theologiae gebe; Doctores der Kunst, der Arznei, der Rechten, der Sententien mögen der Pabst, Kaiser und Universitäten machen; aber sei nur gewiss, einen Doctor der heiligen Schrift wird dir niemand machen, denn alleine der Heilige Geist vom Himmel, wie Christus saget Joh. 6, 45.: ,Sie müssen alle von Gott selber gelehret sein.'" (An den christl. Adel etc. 1520. X, 383. sq.)

IDEM: ,,Duplex est claritas Scripturae, sicut et duplex obscuritas, una externa in verbi ministerio posita, altera in cordis cognitione sita. Si de interna claritate dixeris, *nullus homo unum jota in Scripturis videt, nisi qui spiritum Dei habet,* omnes habent obscuratum cor, ita ut, si etiam dicant et norint proferre omnia Scripturae, nihil tamen horum

sentiant aut vere cognoscant, neque credunt Deum, nec sese esse creaturas Dei, nec quicquam aliud, juxta illud Ps. 14.: ‚Dixit insipiens in
corde suo, Deus nihil est.' Spiritus enim requiritur ad totam Scripturam et ad quamlibet ejus partem intelligendam. Si de externa dixeris,
nihil prorsus relictum est obscurum aut ambiguum, sed omnia sunt per
verbum in lucem producta certissimam, et declarata toto orbi, quaecunque sunt in Scripturis." (De servo arbitrio. A. 1525. Opp. lat. ad
ref. hist. pert. cur. Dr. H. Schmidt. Vol. VII. p. 127. Cf. Hal. Tom.
XVIII, 2071. sq.)

IDEM: ,,So kannst du nun selbst schliessen, dass St. Matthäus
hier (5, 23.) nicht zu verstehen ist von den gemeinen Werken, die ein
jeglicher gegen dem andern thun soll, aus der Liebe, davon er Matth.
25, 35. ff. redet, sondern allermeist von dem rechten christlichen Werk:
als rechtschaffen lehren, den Glauben treiben und darinne unterrichten,
stärken und erhalten, damit wir bezeugen, dass wir rechtschaffene
Christen sind. Denn die andern sind nicht so gewiss, weil auch wohl
falsche Christen sich können schmücken und decken unter grossen,
schönen Werken der Liebe. Aber Christum recht lehren und bekennen, ist nicht möglich ohne den Glauben. Wie St. Paulus 1 Cor. 12, 3.
sagt: ,Niemand kann Jesum einen Herrn heissen, ohne durch den Heiligen Geist.' Denn kein falscher Christ noch Rottengeist kann diese
Lehre verstehen. Wie viel weniger wird er sie recht predigen und bekennen, ob er gleich die Worte mitnimmt und nachredet, aber doch
nicht dabei bleibet noch rein lässet? predigt immer also, dass man
greift, dass ers nicht recht habe, schmieret doch seinen Geifer daran,
dadurch er Christo seine Ehre nimmt und ihm selbst zumisset. Darum
ist das allein das gewisseste Werk eines rechten Christen, wenn er
Christum so preiset und predigt, dass die Leute solches lernen, wie sie
nichts und Christus alles ist." (Ausl. des 5. 6. 7. Cap. Matthäi. 1532.
VII, 623.)

MUSAEUS: ,,Qui in ecclesia natus et educatus est et a parentibus
cum lacte quasi imbibit opinionem, quod Scripturarum codex contineat
verbum divinitus patefactum et ex divina inspiratione in literas relatum,
is credit utique hoc propter testimonium et auctoritatem parentum.
Qua in fide confirmari potest auctoritate ecclesiae longe lateque per orbem diffusae et signis sive motivis credibilitatis aliis, quamvis hypocrita sit et per malitiam gratiae, hujus rei fidem certam divinamque per
verbum ipsum operaturae, obicem ponat. Etsi assensum praebeat Scripturis, licet fidei humanae tantum vel opinioni, potest porro studio humano sibi acquirere habitum Scripturas interpretandi, conclusiones ex
illis deducendi, confirmandi ac defendendi, idque rursum cum assensu
humana auctoritate nixo. Quod et experientia testatur. Reperiuntur
enim homines impii, quin et haeretici, qui in explicandis Scripturis et
conclusionibus inde deducendis, confirmandis ac defendendis saepe ex-
peditiores sunt, quam alii orthodoxi ac pientissimi theologi. Quae forsan causa est, cur theologiam simpliciter habitibus *naturalibus* et qui in
homines non renatos etiam cadunt, auctores graves adscripserint. Verum *haec, quam habitum naturalem esse ultro agnoscimus, aequivoce dicta theologia est et a theologia proprie dicta tanto distat intervallo, quanto fides humana vel opinio, ex motivis externis de veritate divinae revelationis animo concepta, a fide divina distat.* Ejus enim ratio
assentiendi ultima plane diversa est a ratione assentiendi ultima theologiae proprie dictae. Hujus enim ratio assentiendi ultima, uti dictum,
est prima veritas revelans, ut revelans, quae per relatam in Scripturas
revelationem, suo supernaturali concursu elevatam, intellectum et voluntatem *per se immediate movet,* hanc quidem ad assensum intellectui
imperandum, illum ad eundem in se eliciendum, ita ut assensus ultimo
in illa sistat. Illius vero ratio assentiendi ultima, ut modo ostensum,
est auctoritas humana, parentum scl. et ecclesiae, quae *fidem humanam,*
vel miracula aut motiva alia, quae *opinionem* generant; v. g. hypocrita

vel haereticus occultus, qui theologum mentitur, assentietur quidem
huic ex Scripturis a se deductae conclusioni: Christus est Deo Patri
ὁμοούσιος, propter hanc: Christus est Filius Dei unigenitus; sed non per
et propter se immediate creditam, ut in auctoritate primae veritatis
revelantis ultimo sistat assensus, sed quod videt, eam in Evangelio Johannis contineri. Quae autem in evangelio Johannis continentur, credit
esse vera, quod a teneris ita a parentibus vel praeceptoribus edoctus sit,
vel ab ecclesia acceperit, quae in eo continentur, esse a Deo revelata et
infallibiliter vera. Atque in hoc parentum, praeceptorum vel ecclesiae
testimonio, velut in ratione assentiendi ultima, sistit tandem assensus
ipsius. Sicut autem testimonium illud humanum est, ita non nisi fidem
humanam vel opinionem gignere potest; et ut theologiae, in hoc altero
sensu dictae, actus assentiendi, in hoc testimonio ultimo sistentes, in
substantia naturales et mere opinativi sunt, ita theologia ipsa sic accepta
habitus in substantia naturalis et mere opinativus est. Sed theologia
proprie dicta, quia in prima veritate revelante ultimo sistit, *habitus in
substantia supernaturalis et simpliciter certus est.* Nam prima veritas
revelans, quandocunque sustinet munus rationis assentiendi ultimae ac
per se immediate intellectum in sui assensum movet, gignit assensum
in substantia supernaturalem, eumque non opinativum, sed simpliciter
certum, cui falsum subesse prorsus repugnat... Non autem per actus
alios acquiri potest, quam eos, in quos per se et suapte natura movet
prima veritas revelans, ut revelans, tamquam ejus ratio assentiendi ultima, nempe per actus in substantia supernaturales, qui, veritate prima
intellectum per suam revelationem illuminante voluntatemque in consensum trahente eliciti, relinquunt post se *dispositionem* ad alios similes
actus inclinantem, ex quibus iteratis tandem gignitur habitus ejusdem
cum illis naturae h. e. in substantia supernaturalis... Repetendum,
theologiam posse accipi in significatu duplici. Uno, pro habitu decla-
randi, confirmandi et defendendi ea, quae nostrae salutis causa revelata
sunt, praecise veritate prima revelante, ut revelante, velut ratione assentiendi ultima, nixo. Altero, pro habitu eadem quidem ex Scripturis explicandi, confirmandi et defendendi, non tamen veritate prima revelante,
sed auctoritate humana aliisve *opinionem* generantibus motivis credibilitatis, velut ratione assentiendi ultima, nixo. Hoc posteriori significatu
acceptam theologiam cadere etiam in homines *non renatos,* largimur.
Sed haec, ut d. l. ostensum, *aequivoce dicta theologia* est. Priori autem
modo sumtam theologiam in homines non renatos cadere, negamus et
pernegamus. Est enim, ut ibidem docuimus: *habitus in substantia
supernaturalis, qui proinde non nisi in renatis locum invenit,* nec citra
supernaturalem Dei gratiam et concursum cum verbo suo, ad testifican-
dum de semetipso id elevantem, obtineri potest... Potest ergo fides
inesse homini sine habitu theologiae, non tamen contra theologiae proprie dictae habitus inesse cuipiam potest absque fidei habitu." (Introd.
in th. P. I. c. 3. §§ 43—45. p. 190—192. 193. 195. sq. 199.)

b) Puta hodie, et de lege communi, seu ordinarie. Nam alias
non negamus, habitum theologiae *modo extraordinario per immediatam
Dei illuminationem et inspirationem* obtineri posse, prout *prophetis et
apostolis* contigit. B. *Mus.* l. c. § 43. p. 192. 193., b. *Gerh.* Exeg.
prooem. § 17. p. 9.

c) Quam ob causam aliqui theologiam habitum ϑεόσδοτον appellant: quod hoc quidem sensu, seu habito respectu ad gratiosum Dei
concursum seu illuminationem, recte dici agnoscit b. *Mus.* l. c. § 44.
p. 169., licet, accepta voce sensu *Aristotelico* (cui εὐδαιμονία ϑεόσδοτος
dicitur I. Nicom. IX. in oppositione ad ea, quae nostro studio et labore
comparantur), theologiam nostram esse ϑεόσδοτον, non praeter causam
negaverit. L. c. p. 194.

GERHARDUS: ,,Fatemur sane, si genus quoddam ex habitibus intellectualibus ab Aristotele enumeratis theologiae tribuendum, inter omnes
sapientiam ad ejus naturam proxime accedere; interim si absolute consideretur, *rectius definitur per habitum* ϑεόσδοτον, quam per genus ex
habitibus intellectualibus Aristotelicis desumptum; cum, monente Sa-
vonarola lib. III. de scient. divis. p. 800., ,potius puritate cordis, operibus bonis, contemplatione et Spiritus Sancti illustratione, quam vi
ingenii, addiscatur', quod ex Joh. 6, 45. ibidem probat." (Exeg. loc.
prooem. § 10.)

QUENSTEDTIUS: ,,Non est quaestio . . . de habitu ϑεοσδότῳ ratione
immediatae infusionis, sed ratione inventionis, principii et objecti. . .
Distinguimus inter gratiam Spiritus S. assistentem et inhabitantem;
non tam per hanc, quam per *illam* habitus theologiae confertur. Est
enim haec informatio divina, qua fiunt theologi, operatio gratiae Spiritus S. non praecise inhabitantis, sed potius *assistentis*, quam gratiam
assistentem *certo modo* etiam habent irregeniti et impii. In illis vero,
qui et *re et nomine theologi* sunt i. e. qui non tantum habitu theologico,
ut sic, instructi, sed simul *renati* sunt sive fideles et pii, in illis theologia *non tantum a Spiritu S., sed etiam cum Spiritu S.* est et cum gratiosa ejus inhabitatione conjuncta." (Theol. did.-pol. P. I. c. 1. s. 2.
q. 3. f. 22. sq.)

DEYLINGIUS: ,,Habitus dicitur ϑεόσδοτος, quia continet *dona sanctificantia et administrantia,* a se invicem *non separanda.* Utraque χαρίσ-
ματα et dona sunt *supernaturalia,* quorum collatio et distributio Deo,
a quo πᾶσα δόσις ἀγαϑή Jac. 1, 17., vel Spiritui S. diserte adscribitur
1 Cor. 12, 4. 2 Cor. 3, 5." (Institut. prud. past. prooem. p. 2.)

d) Successive quidem, nec sine labore et studio aliquot annorum.
Quo sensu etiam b. *Scherzerus* dicit, theologiam esse *habitum acquisitum,
quia meditationem Ps. 1, 2.,* ad *quam apparatus artium ac linguarum prae-
requiritur, ac orationem Ps. 119, 18. includit,* System. theol. proleg.
§ 8. p. 3.; conf. b. *Gerh.* in Exeg. l. c. § 17. p. 9.

LUTHERUS: ,,Ueber das will ich dir anzeigen eine rechte Weise, in
der Theologie zu studiren, der ich mich geübt habe; wo du dieselbige
hältest, sollst du also gelehrt werden, dass du selbst könnest (wo es
Noth wäre) je so gute Bücher machen, als die Väter und Concilia. Wie
ich mich (in Gott) auch vermessen und ohn Hochmuth und Lügen rühmen darf, dass ich etlichen der Väter wollte nicht viel zuvorgeben, wenn
es sollt Büchermachens gelten; des Lebens kann ich mich weit nicht
gleich rühmen. Und ist das die Weise, die der heilige König David
(ohn Zweifel auch alle Patriarchen und Propheten gehalten) lehret im
119. Psalm; da wirst du drei Regeln innen finden, durch den ganzen
Psalm reichlich fürgestellet, und heissen also: Oratio, Meditatio, Tentatio. Erstlich sollt du wissen, dass die heilige Schrift ein solch Buch
ist, das aller andrer Bücher Weisheit zur Narrheit macht, weil keines
vom ewigen Leben lehret, ohn dies allein. Darum sollt du an deinem
Sinn und Verstand stracks verzagen, denn damit wirst du es nicht erlangen, sondern mit solcher Vermessenheit dich selbst und andere mit
dir stürzen vom Himmel (wie Lucifer geschah) in Abgrund der Höllen.
Sondern knie nieder in deinem Kämmerlein und bitte mit rechter Demuth und Ernst zu Gott, dass er dir durch seinen lieben Sohn wolle
seinen Heiligen Geist geben, der dich erleuchte, leite und Verstand
gebe. Wie du siehest, dass David in obgenanntem Psalm immer bittet:
Lehre mich, Herr, unterweise mich, führe mich, zeige mir, und der
Worte viel mehr, so er doch den Text Mosis und andere mehr Bücher
wohl konnte und täglich hörete und lase, noch will er den rechten Meister der Schrift selbst dazu haben, auf dass er je nicht mit der Vernunft
dreinfalle und sein selbst Meister werde. Denn da werden Rottengeister

aus, die sich lassen dünken, die Schrift sei ihnen unterworfen und leichtlich mit ihrer Vernunft zu erlangen, als wäre es Marcolfus oder Aesopi Fabeln, da sie keines Heiligen Geistes noch Betens zu dürfen. Zum andern sollt du meditiren, das ist, nicht allein im Herzen, sondern auch äusserlich die mündliche Rede und buchstabische Worte im Buch immer treiben und reiben, lesen und wiederlesen, mit fleissigem Aufmerken und Nachdenken, was der Heilige Geist damit meinet. Und hüte dich, dass du nicht überdrüssig werdest oder denkest, du habest es einmal oder zwei genug gelesen, gehört, gesagt, und verstehest es alles zu grund; denn da wird kein sonderlicher Theologus nimmermehr aus, und sind wie das unzeitige Obst, das abfället, ehe es halb reif wird. Darum siehest du in demselbigen Psalm, wie David immerdar rühmet, er wolle reden, dichten, sagen, singen, hören, lesen, Tag und Nacht und immerdar, doch nichts denn allein von Gottes Wort und Geboten. Denn Gott will dir seinen Geist nicht geben ohne das äusserliche Wort, da richte dich nach; denn er hats nicht vergeblich befohlen, äusserlich zu schreiben, predigen, lesen, hören, singen, sagen u. s. w. Zum dritten ist da Tentatio, Anfechtung, die ist der Prüfestein, die lehret dich nicht allein wissen und verstehen, sondern auch erfahren, wie recht, wie wahrhaftig, wie süsse, wie lieblich, wie mächtig, wie tröstlich Gottes Wort sei, Weisheit über alle Weisheit. Darum siehest du, wie David in dem genannten Psalm so oft klaget über allerlei Feinde, frevele Fürsten oder Tyrannen, über falsche Geister und Rotten, die er leiden muss, darum, dass er meditirt, das ist, mit Gottes Wort umgehet (wie gesagt) allerlei Weise. Denn sobald Gottes Wort aufgehet durch dich, so wird dich der Teufel heimsuchen, dich zum rechten Doctor machen und durch seine Anfechtungen lehren, Gottes Wort zu suchen und zu lieben. Denn ich selber (dass ich Mäusedreck auch mit unter den Pfeffer menge) habe sehr viel meinen Papisten zu danken, dass sie mich durch des Teufels Toben so zuschlagen, zudränget und zuängstet, das ist, einen ziemlich guten Theologen gemacht haben, dahin ich sonst nicht kommen wäre. Und was sie dagegen an mir gewonnen haben, da gan ich ihnen der Ehren, Sieg und Triumph herzlich wohl, denn so wollten sie es haben. Siehe, da hast du Davids Regel; studirest du nun wohl diesem Exempel nach, so wirst du mit ihm auch singen und rühmen in demselben Psalm, v. 72.: ‚Das Gesetz deines Mundes ist mir lieber, denn viele tausend Stück Goldes und Silbers.‘ Item v. 98. 99. 100.: ‚Du machest mich mit deinem Gebot weiser, denn meine Feinde sind, denn es ist ewiglich mein Schatz. Ich bin gelehrter, denn alle meine Lehrer, denn deine Zeugnisse sind meine Rede. Ich bin klüger, denn die Alten, denn ich halte deine Befehle‘ u. s. w. Und wirst erfahren, wie schal und faul dir der Väter Bücher schmecken werden, wirst auch nicht allein der Widersacher Bücher verachten, sondern dir selbst beide im Schreiben und im Lehren je länger, je weniger gefallen. Wenn du hieher kommen bist, so hoffe getrost, dass du habest angefangen, ein rechter Theologus zu werden, der nicht allein die jungen, unvollkommenen Christen, sondern auch die zunehmenden und vollkommenen mögest lehren; wie Christi Kirche hat allerlei Christen in sich, jung, alt, schwach, krank, gesund, stark, frische, faule, albere, weise. Fühlest du dich aber und lässest dich dünken, du habest es gewiss, und kützelst dich mit deinem eigen Büchlein, Lehren oder Schreiben, als habest du es sehr köstlich gemacht und trefflich gepredigt, gefället dir auch sehr, dass man dich vor andern lobe, willt auch vielleicht gelobet sein, sonst würdest du trauren oder ablassen. Bist du der Haar, Lieber, so greif dir selber an deine Ohren, und greifest du recht, so wirst du finden ein schön Paar grosser, langer, rauher Eselsohren: so wage vollend die Kost daran und schmücke sie mit gülden Schellen, auf dass, wo du gehest, man dich hören könnte, mit Fingern auf dich weisen und sagen: Sehet, sehet, da gehet das feine Thier, das so köstliche Bücher schreiben und trefflich wohl predigen kann. Alsdann bist du selig und überselig im Himmelreich, ja, da dem Teufel sammt seinen Engeln das

höllische Feuer bereitet ist. Summa: lasst uns Ehre suchen und hoch-
müthig sein, wo wir mögen. In diesem Buch ist Gottes die Ehre allein,
und heisst: Deus superbis resistit, humilibus autem dat gratiam. Cui
est gloria in secula seculorum. Amen.'' (Vorr. über den ersten Theil
seiner deutschen Bücher. 1539. XIV, 423—427.)

IDEM: ,,Darum ist die Schrift ein solches Buch, dazu gehöret nicht
allein lesen und predigen, sondern auch der rechte *Ausleger*, nämlich
die Offenbarung des *Heiligen Geistes;* wie wir auch in Erfahrung unserer Zeit sehen, so man aufs kläreste aus der Schrift die Artikel der
reinen Lehre erweiset und der Widersacher Irrthum verlegt, da es doch
nichts bei ihnen hilft, und ist noch nie ein Artikel des Glaubens gepre-
diget, der nicht mehr denn einmal angefochten und widersprochen wäre
von den Ketzern, welche doch dieselbige Schrift gelesen, so wir haben.
Aber zu solcher Offenbarung gehören auch *rechte Schüler*, die sich
gerne lehren und weisen lassen, wie diese fromme einfältige Jünger
(aus Emmaus), nicht Klüglinge und eigensinnige Geister sein und
selbstgewachsene Geister, die da mit ihrer Klugheit weit über den
Himmel reichen. Denn es ist auch eine solche Lehre, die da will unsere Weisheit zur Närrin machen und der Vernunft die Augen aus-
stechen, wo sie anders soll gegläubet und verstanden werden; denn
sie kömmt auch nicht aus Menschenweisheit, wie andere Lehre und
Künste auf Erden, so aus der Vernunft geflossen und die man wieder
darein fassen kann. Darum ist es auch unmöglich, mit der Vernunft
zu ergreifen; oder, so du dich es unterstehest zu messen und zu rech-
nen, wie sichs damit reime, so kömmst du gar davon; wie alle Ketzereien von Anfang her davon entstanden sind, und beide, Jüden, Heiden
und jetzt die Türken über unsere Lehre und Glauben toll und thöricht
werden, weil es der Vernunft und menschlicher Weisheit nicht gemäss
ist; ohne allein das fromme einfältige Häuflein, so auf dieser Bahn
bleibt und spricht: Gott hat es geredet, darum will ichs gläuben, die
können es fassen und verstehen; wie Christus selbst Matth. 11, 25.
saget und von fröhlichem Herzen Gott danket, dass er solches den
Weisen und Klugen verborgen und den Unmündigen offenbaret hat.''
(Kirchenpostille, Ev. am Ostermontag. XI, 917.)

§ 37.

Distinguitur autem theologia a fide, ut includens ab
eo, quod includitur. Theologia enim praeter fidem importat etiam facultatem explicandi et confirmandi ea,
quae revelata sunt.

Confer. *Mus.* § 45. p. 199. sqq., ubi etiam docet, theologiam perfectiorem esse fide, non *intensive*, sed *extensive*, p. 206.

DANNHAUERUS: *Theologica scientia et fides conveniunt* 1. *auctore.*
Utrumque lumen est ϑεόσδοτον, sed et utrobique opus oratione, meditatione, tentatione. Excipiendus hic casus conversionum extra ordinem
felicium, ubi una saepe concione animus humanus illuminatus veritati
statim cessit, fidemque concepit. Exempla legas in Actis apostolicis,
ubi τὸ fieri et factum esse novimus, modum fiendi nescimus; vide
Polemos. p. 30. Quo quidem pacto conversum legimus illum philosophum in celebri illa apud Ruffinum historia l. 1. c. 3. add. Sozom. l. 1.
c. 18. p. 431. sq. 2. *Objecto,* τῶν μὴ βλεπομένων. . . *Differunt* in mensura
1. *extensiva.* Fidei satis est, scire ad salutem necessaria. . . At theologia latius se effundit in totum corpus biblicum plene tractandum, e
linguis fontalibus cum versionum collatione exponendum, expoliendum,

conciliandum, ubi enantiophaniae occurrunt, ex historia, chronologia, topographia illustrandum, ab aenigmatum misturis evolvendum, consequentiis extendendum, a spiritibus planeticis vindicandum ac expoliendum... 2. *Intensione gradus.* Fides perfectionis gradum tenet ad soliditatem usque, theologia ad gradus perfectionem contendit. 3. *Protensione.* Fiduciae quidem alendae tota debetur vita, at fidei lumen catechesi finitur, locum relinquit aliis quoque studiis secularibus; theologia semper die ac nocte vacat rebus divinis unicis unice." (Hodos. Def. p. 8. sq.)

Idem: ,,Sicut elegantissima aliqua Alberti Dureri imago (e. g. Trojae incendium depictum) incurrit in oculum vel vulgarem, vel picturae arte imbutum: ille colores, figuras, lumina, umbras, historiam ipsam animadvertit; hic insuper affectus, mores, genium artis, decorum, symmetriam; hic plus videt, plenius, clarius. Jam quid est Scriptura s. universa, nisi pictura rerum divinarum? Quid sacer codex, nisi speculum, in quo sese Numen depinxit? Nemo christianorum est, qui non hic videre possit, quantum ei ad salutem sufficit, nec deest illi regula communis, quam cum sequitur, aberrare nequit. At theologus, pluribus subsidiis instructus, exercitationibus sensibus politus, pro gradu talenti et vocationis plus videre debet, nec videre tantum, sed et vindicare a pseudhermenia." (Herm. s. p. 2.)

Lutherus: ,,In andern Künsten gehets also zu, dass, wer viel höret und siehet, der wird gelehrt; aber in der Theologie und in der göttlichen Weisheit gilt weder hören noch sehen, weder tippen noch tappen; sondern das ist der Anfang allein, dass man höre und *gläube* dem Worte Gottes. Wers nun nicht also anfähet, dem solls fehlen, und er wird nichts ausrichten noch recht predigen, wenn er gleich der ganzen Welt Weisheit hätte. Das ist der Anfang, wenn man will gelehrt werden in geistlichen göttlichen Sachen. Der Anfang heisst: dem Worte Gottes gläuben." (Ausl. des 6. 7. 8. Cap. St. Joh. 1530. VII, 2261. f.)

§ 38.

Definiri potest theologia, quod sit scientia[a] practica, docens, confirmans ac defendens ex divina[b] revelatione ea[c] omnia, quae homini[d] peccatori cum ad fidem[e] in Christum cognitu, tum ad vitae[f] sanctimoniam factu sunt necessaria, consequendae a Deo[g] et in Deo[h] beatitudinis aeternae causa.[i]

Gerhardus: ,,*Theologia (sytematice et abstractive considerata)* est doctrina ex verbo Dei extracta, qua homines in fide vera et vita pia erudiuntur ad vitam aeternam. *Theologia (habitualiter et concretive considerata)* est habitus θεόσδοτος, per verbum a Spiritu Sancto homini collatus, quo non solum in divinorum mysteriorum cognitione per mentis illuminationem instruitur, ut, quae intelligit, in affectum cordis et executionem operis salutariter traducat, sed etiam aptus et expeditus redditur, de divinis illis mysteriis ac via salutis alios informandi ac coelestem veritatem a corruptelis contradicentium vindicandi, ut homines, fide vera et bonis operibus rutilantes, ad regnum coelorum perducantur." (Exeges. locc. Prooem. § 31.)

Quenstedtius: ,,Theologia, *systematice et abstractive* spectata, est doctrina ex verbo Dei exstructa, qua homines in fide vera et vita pia erudiuntur ad vitam aeternam. Vel: est doctrina e revelatione divina hausta, monstrans, quomodo homines de Dei per Christum cultu ad vitam aeternam informandi. Theologia *habitualiter et concretive* considerata, est habitus intellectus ϑεόσδοτος practicus, per verbum a Spiritu Sancto homini de vera religione collatus, ut ejus opera homo peccator per fidem in Christum ad Deum et salutem aeternam perducatur." (L. c. I. fol. 16.)

DANNHAUERUS: „Hodosophia sacra seu *theologia nostras* est lumen constans, coeleste, efficax in oculo spirituali, puro, illuminabili, quod hominem coelo exulem ad patriae coelestis beatitudinem ductu suavi reducit. . . Propriam definitionem si quis malit, teneat istam: Theologia nostras est habitus divinitus datus in conscientia pura ac animo devoto, qui hominem summe miserum efficaci doctrina ad salutem vitamque aeternam reducit." (Hodos. p. 6.)

PFEIFFERUS: „*Theologia positiva*, si rem recte aestimemus, nil aliud est, quam coordinatio conclusionum de fide, e Scriptura s. recte intellecta deductarum, s. articulorum fidei e Scripturae s. oraculis solide probatorum; imo *nil aliud, quam ipsa Scriptura s. in certos locos concinno ordine et perspicua methodo redacta."* (Thesaur. herm. p. 5. sq.)

DEFINITIONES NEOTERICORUM PRAVAE vid. „Lehre u. Wehre", Vol. XXI. p. 162—164.

a) Genus hoc est, de quo vide § 15.
b) Quod est objectum formale theologiae. Vid. § 25. et 35.
c) Haec et sequentia ad objectum materiale spectant.
d) Qui subjectum operationis est. Vid. § 20.
e) Tanquam finem intermedium primarium. Vid. § 19.
f) Quae ad finem intermedium secundarium spectat. Vid. § 19.
g) Velut causa efficiente finis ultimi formalis; quanquam et intermedii. Vid. § 21. et 24.
h) Finis ultimus hic est, objectivum et formalem complectens. Vid. § 17. et 18.
i) Confer. b. *Mus.* l. c. § 46. p. 206.

§ 39.

Partes theologiae revelatae juxta ordinem analyticum collocandae sunt, ut primo tractentur, quae ad[a] finem, deinde quae ad subjectum operationis, denique quae ad causas et media pertinent.

DANNHAUERUS: „Ipsa Scriptura methodi ἀκρίβειαν humanam non attendit; afflatus divini πολυτρόπως καὶ πολυμερῶς facti sunt. Sed sicut librum naturae Deus homini dedit, variasque in eo materias, sylvas, campos, montes, plantas, promiscue quasi conditas homini, ne otiaretur, curam, culturam, ordinis digestionem reliquit: ita librum Scripturae proposuit, variis argumentis refertum, ubi (quod de Aphorismis Hippocratis ille dixit) inani opera ordinem quaeras; sed ideo Christus doctores dedit ac donum didacticum, ut omnia in ordinem redigant, excolant, expoliant, vindicent atque fructus salubres dispensent." (Hodos. Praef. p. 5.)

TWESTENIUS: „Man sieht die *wissenschaftliche Anordnung* einer Dogmatik als etwas für ihren christlichen Gehalt und Charakter ziemlich Gleichgiltiges an, bedenkt aber häufig nicht, dass die Anordnung nicht ohne Einfluss auf die Dogmen selber sein und dass ihre wissenschaftlichen Principien von denen nicht getrennt werden können, wodurch die Ansicht und Gestaltung auch der Glaubenslehren bestimmt wird." (Vorlesungen über die Dogmatik u. s. w. Hamburg, 1838. I, 34.)

RAMBACHIUS: „Der methodus Aristotelico-scholastica ist der gemeinste, dazu Petrus Lombardus und Thomas de Aquino den Grund geleget. Das Vornehmste darin ist, dass nach der Vorschrift des Aristotelis die Theologie als eine disciplina practica also tractiret wird, dass 1. de fine objectivo u. formali, nehmlich Gott und der Seligkeit des Menschen, 2. de subjecto, 3. de mediis, quibus finis obtinetur, gehandelt wird, und dass alle Glaubensartikel secundum genera causarum exhibirt und mit terminis metaphysicis exprimirt werden. Nun ist es zwar nicht ungereimet, die disciplinas practicas, dazu die Theologie mit gehört, methodo analytica zu tractiren. Aber es ist doch auch diese Art mit vielen incommodis verknüpft, indem z. E. diejenigen, die dieser Methode scrupulose insistiren, nicht wissen, wo sie den Artikel de praedestinatione hinbringen sollen. Daher derselbe von einem hierhin, von einem andern dorthin locirt und translocirt wird. Die tractatio secundum genera causarum, dass man bei einer jeden Lehre causam efficientem, instrumentalem und finalem herhole, die giebt oft Gelegenheit, die deutlichsten Sachen zu intriciren und einerlei öfters vergeblich zu wiederholen. Durch die vielen terminos metaphysicos aber wird Gelegenheit zu vielen logomachiis und Wortstreiten gegeben und die dignitas hujus div. scientiae verdunkelt. Doch ist um desswillen diese Methode nicht gänzlich zu verwerfen, wenn man nur die incommoda, so damit verknüpfet sind, sorgfältig vermeidet." (Dogm. Theologie I, 144.)

RUDELBACHIUS: „Der Aufriss der älteren Dogmatiker, der nach den *locis theologicis*, war wesentlich ein *peripherischer*, und es ist ja nicht zu leugnen, dass Mancher in dieser Behandlungsweise von vorne herein mehr den Charakter der schichtenweisen Ablagerung, als der organischen Gliederung aufweis't, ja dass ganze loci (z. B. der de magistratu politico) nicht in das System hineingearbeitet, sondern mehr eine subsidiarische Nebenarbeit darstellen und die Grenzen der dogmatischen Wissenschaft verwirren. Allein, alles wohl erwogen, müssen wir dennoch, was die architektonische Frage überhaupt betrifft, uns auf die Seite der älteren Dogmatiker stellen. Jene loci sind nicht nur historisch entstanden (was sich von der ältesten Zeit an, wo überhaupt die Dogmatik als gesonderte theol. Disciplin gefasst wurde, leicht nachweisen lässt), sondern sie stellen überhaupt eine grund- und thatsächliche Entfaltung (von der Theologie im engsten Sinne zur Anthropologie, Christologie, Ecclesiologie, Eschatologie) dar und — was die Hauptsache ist — sie halten den Grundbegriff der *Offenbarung* fest, welcher, nach unserer Ueberzeugung, allein das ganze Gebiet bemessen und einer jeglichen Glaubenslehre ihren Platz anweisen kann." (Zeitschrift 1857. p. 382.)

BRETSCHNEIDERUS: „Das *System* steht dem Aggregat, der Menge, wo eins neben dem andern steht, entgegen, und ist im *strengen Sinne* des Worts Inbegriff von Sätzen, die alle einem *Princip* (d. i. einem allgemeinen Satze, in dem die andern Sätze als Folgesätze enthalten sind, und der daher der Grundsatz heisst) untergeordnet sind, und aus diesem in einer zusammenhängenden deutlichen Ordnung hergeleitet werden. In diesem Sinn können nur rein philosophische Wissenschaften Systeme sein. In *weiterem Sinn* aber nennt man Systeme einen Inbegriff von Erkenntnissen, die nach allgemeinen, in sich zusammenhängenden Ideen so geordnet sind, dass sie kein logisch vollendetes Ganzes bilden. In diesem Sinn können Wissenschaften a posteriori Systeme sein, z. B. die christliche Theologie." (System. Entw. aller in der Dogmatik vorkommenden Begriffe. p. 39.)

KLIEFOTHUS: „Es gibt zwei Weisen der systematischen Behandlung. Die erste geht blos darauf aus, ihren Stoff seiner Natur gemäss
zusammen zu ordnen. Sie ist die auf *empirische* Stoffe anwendliche.
Daher besteht ihr Charakteristisches in Zweierlei: Erstens muss sie
immer vis-à-vis dieses ihres empirischen Stoffes arbeiten, sie kann diesen ihren empirischen Stoff nur zusammenordnen, indem sie zugleich
ihn empirisch erkennt. Zweitens kann solch Zusammenordnen empirischer Stoffe ein in sich geschlossenes Ganzes, ein *System* nur dann ergeben, wenn dieser Stoff selbst in sich ein Ganzes ist. Wer z. B. die
Geschichte eines Menschenvolks schreibt, der wird diesen seinen empirischen Stoff allerdings auch zusammenordnen, aber ein System wird
das nicht ergeben, da die Geschichte eines Menschenvolks in sich
kein harmonisches Ganzes, vielmehr nur ein Stück aus der Menschen-
geschichte und überdem in sich durch die Sünde zerrissen ist. Dagegen
wird sich schon die *Naturgeschichte*, werden sich selbst grössere Par-
thieen der Naturgeschichte, z. B. Zoologie, Botanik, in dieser Wissenschaft systematisch behandeln lassen, da die Thierwelt, die Pflanzen-
welt als Werke Gottes voraussetzlich in sich ein harmonisches Ganzes
bilden; woraus wir denn aber auch zugleich sehen, dass solch System
sich vor Allem seine empirischen Quellen suchen und sich fortwährend
an dieselben halten muss, sich nur Hand in Hand mit der empirischen
Forschung erbauen und vor Abschluss dieser selbst nicht fertig werden
kann. Diese Art systematischer Behandlung, die wir die empirische
nennen wollen, ist mithin auch nur auf einen *Theil* empirischer Stoffe
anwendlich, und modificirt sich in Etwas bei jedem verschiedenen
Stoffe je nach der Natur der diesem Stoffe eignenden empirischen Er-
kenntnissquellen. Von ihr grundverschieden aber ist nun diejenige
Weise von *Systemsbildung*, welche den *speculativen* Philosophen aller
Zeiten vorgeschwebt hat: sie wollten, *ausgehend von irgend einem Einfachsten*, aus diesem Einfachsten unter Zurückweisung aller Empirie
durch *Selbstentfaltung* jenes Einfachsten ein System von Erkenntnissen
hervorgehen lassen, der Hoffnung, die unverbrüchliche Nothwendigkeit
jenes Entfaltungsprocesses werde solchem System und seinen einzelnen
Sätzen eine solche Richtigkeit und Gewissheit geben, dass es dann
hinterher nicht allein mit Allem, was die Empirie uns erkennen lässt,
sich decken, sondern auch für das *empirische* Erkennen erst den rechten
Schlüssel geben werde... Es bedarf nicht erst des Nachweises, dass
diese grundsätzlich von der Empirie absehende *speculative* Art von
Systemsbildung ganz etwas Anderes ist, als jene blos auf stoffent-
sprechende Zusammenordnung empirisch gewonnener Erkenntnisse
ausgehende erste Art. Sehen wir nun beide auf ihr *Verhältniss zu der
Heilslehre* an, so ist mir ausser Zweifel, dass die *speculative Methode*
weder ganz noch halb anwendlich auf dieselbe ist, da Gott sein Heil
geschichtlich in Wort und Werk offenbart hat, also auch will, dass es
auf *empirische* Weise von uns erkannt werde. Dagegen ist eben so
gewiss und selbstverständlich, dass ich die erste *empirische* Art systematischer Behandlung für anwendlich auf die Heilslehre halte, ja dass
sie mir auf die Heilslehre mehr als auf irgend etwas Anderes in der
Welt anwendlich erscheint, weil die Worte und Werke Gottes zum Heil
gewisslich in sich selbst ein harmonisches Ganzes sind. Wie denn
auch alle christlichen Dogmatiker aller Zeiten von dieser Methode Gebrauch gemacht haben. Nur bestehe ich eben darum mit allen diesen
Dogmatikern auch darauf, dass denn auch die Gesetze *dieser* Methode
innegehalten werden sollen, dass die Bildung der christlichen systematischen Theologie nur vis-à-vis der ihr eignenden Empirie erfolgen
dürfe... Verglich ich nun hiermit v. Hofmann's Systemsforderungen,
so lag in seinen eignen Aeusserungen zweifellos vor, dass ihm die
empirische Art der systematischen Behandlung nicht wissenschaftlich
genug dünkt, sondern dass er den Weg *speculativer* Systemsbildung
empfiehlt. Denn er sucht ein *Einfachstes als Ausgangspunct*, das soll
sich selbst entfalten, aus dem soll in unverbrüchlicher Nothwendigkeit

hergeleitet werden, dabei soll von *Schrift und Kirchenlehre abgesehen* werden, aber was herauskommt, wird sich mit den *hinterher* zu vergleichenden decken. Von alle dem, von diesen Kategorieen von Nothwendigkeit, Selbstentfaltung, Herleitung, weiss die empirische Art systematischer Behandlung nichts; aber die speculative weiss nicht allein davon, sondern sie hat in ihnen ihr Wesen." (Kirchliche Zeitschrift. Herausg. von Dr. Kliefoth u. Dr. Mejer. Vol. VI. p. 240. sqq.)

a) Quamvis enim finis non sit e censu rerum naturalium, ut alias in scientiis practicis, tamen ejus cognitio, ex revelatione divina petita, natura prior est cognitione mediorum, itidem ex divina revelatione petita. Conf. b. *Musaei* Introd. l. c. § 47. sqq. p. 209. sqq.

Π Ρ Ο Λ Ε Γ Ο Μ Ε Ν Ω Ν

Caput II.

DE PRINCIPIO THEOLOGIAE REVELATAE, SEU DE SCRIPTURA SACRA.

§ 1.

Principium cognoscendi, seu objectum formale[a] theologiae revelatae, est divina[b] revelatio, et quidem pro hodierno ecclesiae statu revelatio mediata, quae Scripturis s. tanquam signis sensibilibus continetur.[c]

a) Quoad rem enim coincidunt, licet ratione differant, quatenus *principium cognoscendi* dicitur in ordine ad conclusiones, tanquam principiata; *objectum formale* autem, quatenus intellectui objicitur ita, ut sit forma aut ratio formalis, dirigens ad cognitionem aliorum. Vid. *Mus.* Introd. P. II. c. I. § 1. p. 221. 222.

b) Vid. h. l. Cap. I. § 2. p. 5. 6. et § 25. p. 43. 44. Alii pro termino revelationis divinae adhibent terminum *verbi Dei*, quod eodem redit. Intelligunt enim *verbum divinae revelationis*. Vid. b. *Gerh.* Exeg. prooem. § 18. p. 9.

c) Olim equidem multis ac variis modis Deus usus est ad revelanda ea, quae ad hominum salutem pertinent: juxta *Ebr. 1, 1.* Speciatim 1) *alloquio* vocis articulatae, in aëre, praeter naturae ordinem efformatae; prout Patriarchis *Gen. 18, 2. 19, 1. sqq. 22, 1. sqq.*, Mosi *Exod. 3, 2. Num. 12, 6.*, populo Israëlitico *Exod. 19, 10. sqq.* contigit revelatio. 2) *Somniis* sive speciebus, phantasiae dormientium objectis. Vid. *Gen. 28, 12. Dan. 2, 1.* 3) *Visionibus* ecstaticis vigilantium, *Ezech. 1, 4. Dan. 10, 15. Act. 10, 10.*, denique 4) immediata *illuminatione* intellectus, extra somnum et visionem, vid. *2 Tim. 3, 16.*

2 Pet. 1, 21. At nunc, postquam Deus ea, quae de rebus revelatis ad salutem cognitu sunt necessaria, certis libris comprehendi voluit; desinentibus novis revelationibus, theologiae habitus antiquis illis, quae ad prophetas et apostolos immediate factae atque ita in literas relatae sunt, revelationibus, tanquam principio unico, ordinarie nititur.

QUENSTEDTIUS: „S. theologiae totiusque religionis christianae μόνον καὶ οἰκεῖον, unicum, proprium, adaequatum et ordinarium *cognoscendi principium* est divina revelatio sacris literis comprehensa, sive, quod idem est, sola s. Scriptura canonica est principium theologiae *incomplexum*, utpote ex qua sola dogmata fidei probanda et deducenda; *complexum* vero principium est haec *propositio:* ‚Quicquid s. Scriptura dicit, illud est infallibiliter verum, reverenter credendum et amplectendum.‘“ (Th. did.-pol. P. I. c. 3. s. 2. f. 48.)

IDEM: „*Probatur* thesis I. *ex Scriptura,* quae nos ad nullum aliud principium, quam ad ipsam s. Scripturam tanquam ad unicam fidei, morum ac cultus divini regulam remittit, Deuter. 4, 2. Josuae 23, 6. Es. 8, 20. Luc. 16, 29. II. *Ex rationibus,* quarum *prima* desumpta est *a Scripturae sufficientia.* S. Scriptura per se est sufficiens ad omnia dogmata fidei probanda, nec opus est, ut illi jungatur aut pontifex Romanus aut ecclesiae consensus et auctoritas, aut ratio humana, revelationesque et visiones privatae. *Secunda a principii proprietatibus.* In qualibet disciplina principia debent esse πρῶτα καὶ ἄμεσα, ἀληθῆ, ἀνυπεύθυνα, αὐτόπιστα, ἀναντίρρητα καὶ ἀναπόδεικτα etc., prima, immediata, vera, infallibilia, certa, indubitata, per se fide digna, praecognita, ante concessa et extra controversiam posita, indemonstrabilia etc. Vide Aristotel. l. I. Poster. c. 2., et lib. I. Topic. c. 1. num. 6. Ita quoque divinae hujus disciplinae et fidei christianae principia debent esse prima, vera etc.; alias fides christiana illis tuto inniti non posset. Ast omnia haec requisita et proprietates principiorum uni et soli s. Scripturae competunt. Ac *primam* quidem notam, quae exigit, ut omnes conclusiones theologicae exinde primo probentur, sacrae Scripturae convenire, inde constat, quod nihil produci possit, ex quo tanquam *priori* principio proprie et directe in theologia conclusiones deducantur. Est s. Scriptura illud ipsum, in quod omnes conclusiones theologicae tandem ultimo resolvendae sunt. *Secundo* est certae et indubitatae veritatis, imo ipsa veritas, Joh. 17, 17., verbum veritatis 2 Cor. 6, 7. Ephes. 1, 13. Jac. 1, 18. Sane cum Deus sit infallibilis, quomodo ipsius verbum poterit esse dubium aut incertum? Hancque veritatem et auctoritatem suam Scriptura *tertio* per se ipsam demonstrat, sibique ipsi fidem facit. Hinc Nemesius lib. de nat. hominis, c. 2.: ‚Divini verbi doctrina fidem ex se facit, quia est divinitus inspirata.‘ Clemens Alexandrinus lib. VII. Stromat. κυριακὴν γραφὴν vocat ἀρχὴν ἀναπόδεικτον. Pertinet huc illud Bellarmini lib. I. de V. D. c. 2.: ‚S. Scripturis, quae propheticis et apostolicis literis continentur, nihil est notius, nihil certius, ut stultissimum esse necesse sit, qui illis fidem habendam esse neget.‘ *Tertia ab inductione disciplinarum,* quarum duo in universum sunt genera, unum naturale, alterum supernaturale. Illud nititur ratione humana, hoc auctoritate divina. *Quarta ab auctoritate doctorum.*“ (L. c. f. 49.)

IDEM: „*Distinguendum inter tempora ante et post Mosen,* sive inter revelationem, quae divinitus facta est patriarchis et sine scripturarum adminiculo per annos 2454, juxta calculum Calvisianum, ab initio videl. mundi usque ad Mosen *viva voce fuit propagata;* et revelationem, quae a Mose et prophetis *literis est consignata. Illa* theologiae principium fuit usque ad Mosen, *haec* post Mosen. *Statim enim post primum canonem constitutum,* qui ex Pentateucho, libro *Jobi* et cantico Mosis constabat, *non amplius revelatio viva voce tradita, sed sola illa, quae literis erat consignata, religionis norma fuit ac principium.* Ad argum. pontificiorum: ‚Quodcunque fuit sufficiens principium rerum credendarum usque ad Mosis tempora, illud etiam sufficiens esse potuit principium post tempora Mosis', resp.: N. V. C.: Sufficiens fuit ad tempus, E. in perpetuum." (L. c. f. 51.)

IDEM: ,,*Dist.* inter illa, quae κατὰ τὸ ῥητόν, ipsis syllabis et verbis in Scripturis continentur, et illa, quae per proximam, immediatam et necessariam *consequentiam* inde deducuntur; non illa tantum, sed et haec theologiae rerumque credendarum principium sunt. ,Perinde namque sunt ea, quae ex Scripturis' (legitime et necessario) ,*colliguntur*, atque ea, quae *scribuntur*', inquit Nazianzenus lib. 5. de theologia. ,Multa autem', quod Basilius ait, ,continentur ἐν γραφῇ, quae non continentur ἐν γράμματι', h. e. habentur in s. literis *quoad sensum, non quoad literam.* Ipse Salvator in disputatione adversus Sadducaeos de resurrectione mortuorum consequentiis usus est Matth. 22, 31." (L. c. f. 52.)

IDEM: ,,Romani pontificis fictam infallibilitatem vel ejus decreta et definitiones pro religionis nostrae aut veritatum theologicarum principio agnoscere non possumus." (L. c.)

IDEM: ,,*Antithesis pontificiorum*, qui *quatuor* faciunt theologiae ac fidei principia, ut Bellarminus lib. II. de Conciliis, c. 12. § 1.: ,Verbum Dei scriptum, traditiones ἀγράφους, auctoritatem conciliorum et Romanum pontificem.' Caetera tamen huic uni ita subjiciunt, ut *reapse unicum* proprie agnoscant theologiae principium, scil. *pontificem Romanum.* Hinc illud theologiae pontificiae, inprimis Jesuiticae, est axioma: ,Quicquid Romanus pontifex docet et definit, illud est infallibiliter verum.' Inde Casaubonus in Exercitat. contra Baronium, Exercitat. XVI. n. 28. p. 360.: ,Romae constitutum est semel, veri rectique normam in causa religionis esse non verbum Dei, non antiquitatis consensum, sed ecclesiae, h. e. unius papae infallibilitatem.' Conf. Bellarm. l. III. de V. D. c. 15. respons. ad 15. argum., Melch. Canus l. V. Loc. theol. c. 5. Alphons. a Castro lib. I. adv. haeres. c. 8. solum papam hac ratione dicendum censet ,infallibilem', quia ,papa praecipua pars est et caput sedis apostolicae seu totius illius aggregati, quod simul sumptum infallibiliter in publica de fide definitione vera dicit.' Sed hanc sententiam refutant Jesuitae, passim asserentes: ,uti quidem papam doctoribus universalis ecclesiae pro consiliariis, infallibilitatem tamen pendere ab hoc tantum individuo, non a pluralitate consiliariorum.' Vide Pighium de hierarchia lib. IV. c. 8., Bellarm. lib. 2. de Consiliis c. 11. 16. 17., l. IV. de R. P. c. 2., Bannem in QQ. quaest. 1. art. 10. dub. 2. conclus. 3., alios. Atque ita mataeologiae papisticae unicum, vel certe supremum principium est Romani pontificis ficta infallibilitas. Bene b. D. Huelsemannus in Anti-Bellarmino cap. I. th. 20.: ,Principium', inquit, ,in quod papistica fides resolvitur, non potest esse omnium ratione utentium judicio, nisi futile et incertissimum. Ratio est, quod, etsi fingant, se resolvere fidem suam in s. Scripturam et primam veritatem juxta sensum universalis ecclesiae intellectam, interpretationem tamen universalis ecclesiae resolvunt in interpretationem unius hominis, qui appellatur ab iis R. pontifex.'" (L. c. fol. 53.)

PIUS IX.: ,,Docemus et divinitus revelatum dogma esse definimus: Romanum pontificem, *cum ex cathedra loquitur,* id est, cum omnium christianorum pastoris et doctoris munere fungens pro suprema sua apostolica auctoritate doctrinam *de fide vel moribus* ab universa ecclesia tenendam definit, per assistentiam divinam, ipsi in beato Petro promissam, ea *infallibilitate* pollere, qua divinus redemptor ecclesiam suam in definienda doctrina de fide vel moribus instructam esse voluit; ideoque ejusmodi Romani pontificis *definitiones ex sese, non autem ex consensu ecclesiae, irreformabiles* esse." (Constitutio dogmatica prima de ecclesia Christi, edita in sess. 4. concilii Vaticani: ,,Pastor aeternus." A. 1870. d. 18. Julii. Vid. Die Kanones und Beschlüsse des

Vaticanischen Concils. Deutsch-lat. Ausg. von G. Schneemann. Freiburg bei Herder, 1871. p. 45. sq.) De pontificis R. *fallibilitate* cf. *Gerhardi* Confessio catholica. Lib. I. P. II. c. 2. f. 77—111.

QUENSTEDTIUS: „Principium hoc pontificiorum: ‚Quicquid Rom. pontifex determinat, illud est infallibiliter verum‘, primum esse non posse, patet inde, quia aliunde id probare conantur, nim. ex ipsa Scriptura s. Matth. 16, 18. Joh. 21, 15. 16. 17. . . Qui 1. possunt errare in doctrina fidei atque hacretici fieri, 2. multa erronea dogmata de cathedra sanciverunt, et 3. sibi ipsis contradicunt: illi non possunt esse principium fidei et conclusionum theologicarum.“ (L. c. f. 51.)

IDEM: „Nec *ratio humana* seu naturalis theologiae et rerum supernaturalium principium est.“ (L. c. f. 55.)

IDEM: „*Probatur* thesis I. *ex natura mysteriorum fidei* . . II. *Ex natura rationis*, quae in rebus supernaturalibus prorsus coeca est. . . III. *Ex Scripturae silentio*. Nusquam Christus, prophetae, apostoli hoc principio usi leguntur, nec unquam in rebus fidei definiendis ad rationis judicium Scriptura nos remittit. Ita enim hactenus Calviniani nobiscum credidere: ‚Non scriptum non esse sentiendum.‘ IV. *Ab exemplis piorum*, qui in rebus fidei non sunt secuti rationis judicium, sed, illa frustra contradicente, crediderunt, ut Abraham, Rom. 4, 18., qui, contra spem (rationis orbitatem dictantis) sub spe (Dei promittentis) credidit, se fore patrem multarum gentium juxta dictum (Gen. 16, 5.): Sic erit semen tuum. Ac non infirmatus fide haud consideravit (οὐ κατενόησε) suum ipsius corpus jam emortuum. . . Confer exemplum Naëmanis 2 Reg. 5, 10. 11. 13., Pauli Gal. 15, 16. V. *Ab exemplis eorum, qui rationis judicium in rebus fidei secuti* vel errarunt gravissime vel perierunt miserrime, ut incredulus tribunus 2 Reg. 7, 12., Nicodemus Joh. 3, 4. 9., Thomas Joh. 20, 25., Sadducaei Matth. 22, 23.“ (L. c. f. 59.)

IDEM: „*Antithesis* I. *Scholasticorum*, quorum tota theologia nihil aliud est, quam theologiae et philosophiae mixtura, sive Erasmi judicio in Encomio Moriae, ‚ex divinis eloquiis et philosophicis rationibus tanquam ex Centaurorum genere biformis mixtione quadam conflata disciplina‘. In summis enim fidei mysteriis Scholastici ex principiis logicis, physicis ac metaphysicis, praetermissis vel levi manu tactis Scripturae dictis, conclusiones suas accersunt, ut c. 1. s. 1. th. 2. n. 8. p. 3. insinuavimus. II. *Pontificiorum* ac inprimis *Jesuitarum*, qui haud raro articulos fidei e rationis principiis probant, v. Bellarm. l. IV. de poenit. c. 5., l. III. de Eucharistia c. 22., l. II. de Missa c. 4., l. IV. de Christi anima c. 10., quandoque eosdem ex rationis principiis impugnant, v. Bellarm. l. IV. de Monachis c. 6., l. II. de justific. c. 7. (ubi negat ‚justitiae Christi imputationem, siquidem ea cum ratione pugnet‘), lib. IV. de Eccl. c. 11. Gregor. de Valent. lib. VIII. de analys. fid. cathol. c. 5., p. 101. inter documenta ‚ad Scripturam intelligendam et res fidei decidendas‘ hoc sexto et ultimo loco ponit, ‚ut consulatur etiam ratio naturalis‘. III. *Calvinianorum;* hos enim rationis magisterio mysteria fidei praepostere subjicere, vel etiam e principiis philosophicis eadem impugnare, et ex praxi et ex verbis eorum evidenter demonstrari potest. Vide Sturmium in Epist. Ambrosiana ad Pappum p. 5., Nicol. Taurellum in Epist. dedic. Triumphi, ubi philosophiam ‚fidei fundamentum‘ vocat, Ludov. Crocium in Assertion. A. C., disput. 1., Conrad. Vorstium, disput. XV. Anti-Pistoriana, ubi ait, ‚fidei principia duplicia esse, partim naturalia, ut sensus et ratio, tum axiomata omnia naturali rationis lumine nota, partim supernaturalia‘ etc. Goclenius Disput. XV. Metaphys. th. 1. scribit: ‚In sapientiae humanae et coelestis studiis dialecticae tum ministerium, tum magisterium, judicium ac imperium aliquod agnosco, h. e., dialecticam docendi et intelligendi res tam sacras, quam profanas et ministram et magistram, et judicem et reginam seu temperatricem quandam statuo.‘ Zwinglius in colloq. Marpurg. illud Averrois et Socinianorum suum fecit, ‚nihil esse credendum, quod ratione comprehendi nequeat, quia Deus nobis non proponat incomprehensibilia', referente Philippo in brevi annotat. ad Colloq. Marp., vide Historiam A. C. Chytraei p. 641. Dicit Vedelius in Ration. theol. l. III. c. 6. p. 513. 531. etc., ,rationem esse normam, non primariam, sed secundariam, cui aliquid perfectionis accedere possit.' Ast principium naturae, quod in theoria loquentes Vedelius et cum ipso Massonius faciunt principium fidei secundarium, illud in praxi et usu faciunt principium fidei primarium, ut demonstrat D. Jacob. Martini in tract. de principio fidei, disput. VII. § 9. sq. Keckermannus lib. I. System. Theol. c. 4. ita scribit: ,Deum lucem Spiritus S. sui per duas illas plane divinas disciplinas, metaphysicam et logicam, in mentibus hominum velle accendere, hoc igitur adminiculo usum'; ait porro: ,Mysterium hoc (SS. Trinitatis) se declaraturum esse.' Vide D. Menzerum in respons. ad defens. secun. Pruten. Convers. Crocii c. 2. tom. I. Opp. p. 858. sqq. Petrus Martyr praefat. super lib. Regum inquit: ,Non tam verbum divinum, quam et verba naturae sequenda esse in theologia.' IV. *Socinianorum*, qui rationem alterum theologiae principium praeter Dei verbum constituunt et religionem christianam ad eam inflectendam censent, utpote quorum hoc est axioma: ,Nihil in theologia verum est, quod a ratione non approbatur.' Item: ,Nihil credi potest, quod a ratione capi et intelligi nequeat.' Sunt verba Slichtingii Disput. de Trinit. contra Meisner. p. 125. Confer Smalcium disp. 4. de justific. contra Franzium fol. 137. et disp. 8. f. 421. ,Nullo modo verum esse potest, cui ratio sensusque communis repugnant', inquit Socinus de auctor. Script. p. 54. Sane blasphema illa SS. Trinitatis et Incarnationis oppugnatio ex nullo alio fonte fluxit, quam ex praedominantis rationis humanae dictamine, quod isti homines, tametsi videri nolint, dictamini Spiritus S. in s. literis loquentis longe praeferunt. Sic enim Osterodus Instit. Germ. c. 4. p. 31. scribit: ,Si ratio expresse demonstrat, quod trinitas personarum in Deo falsa sit, qui igitur unquam homini cordato in mentem veniat, quod illa nihilominus vera sit et ex verbo Dei probari queat.' V. *Arminianorum*, qui nihil, nisi rationi conforme in religione concedunt, rationi humanae judicium de mysteriis fidei committendum censent et committunt, vide Confess. eorum cap. I. § 16." (L. c. f. 57.)

IDEM: ,,*Distinguendum* inter rationem in homine *ante lapsum* et *post lapsum*. . . *Dist.* inter rationem passive sumptam pro *subjecto informationis*, et acceptam normaliter pro *principio probationis*. . . Illa in quavis rerum et sic quoque divinarum cognitione necessaria est ut *principium quo*, non enim nisi intellectu seu ratione homo intelligit; haec vero in rerum divinarum cognitione ut *principium quod* non admittitur. . . Sine *usu* rationis seu intellectus nemo in theologia versari potest; neque enim brutis aut animalibus rationis expertibus proponenda est theologia. Uti itaque homo sine oculis non potest videre, sine auribus non potest audire, sine lingua non potest gustare, ita sine ratione, sine qua ne quidem homo est, non potest percipere, quae fides (quam ,animam animae' appellat Augustinus, sermo 250. de tempore) περιφερεία sua complectitur. . . *Dist.* inter *principia organica*, qualia sunt grammatica, logica, rhetorica, studium linguarum etc., et principia *philosophica stricte dicta*. *Illa* in theologia adhibenda sunt (utpote adminicula theologiae acquirendae), cum sine illis nec sensus aut significatio vocum erui (quod grammaticae), nec figurae modique loquendi expendi (quod rhetoricae), nec connexiones et consequentiae percipi, nec discursus institui (quod logicae est) possint. Bene D. Balth. Meisnerus disput. de Calvinismo fugiendo th. 83.: ,Ratione suo modo utendum esse in rebus theologicis, quis nostrum unquam negavit? Annon utimur ipsi, quoties vel proprietatem linguae vel structuram totius contextus attendimus? Ex auditu est fides, Rom. 10, 18. Ad auditum vero usus rationis requiritur, ut vox a voce discernatur et aliquis sensus percipiatur. Sic in confirmando, in destruendo, in exponendo rationis

usum necessarium esse, non imus inficias, quia in omnibus τρόπος παι-
δείας et modus in logicis praescriptus observari debet.' — *Dist.* inter
principia rationis *generalia seu transcendentia*, quae de omni ente veri-
ficantur, et *specialia seu particularia*, quae in certa materia tantum
valent, ut physica, mathematica. *Illa* in theologia admittimus; sunt
enim non tantum intuitu finitae, sed etiam infinitae naturae formata,
unde et transcendentia vocantur. *Haec* vero tanquam conclusionum
theologicarum principia, ut scil. ex illis harum decisio et dijudicatio
dependeat, adhiberi posse negamus. — *Dist.* inter *quaestiones theologi-*
cas purae fidei, et *mixtas* (ubi alter terminus e philosophia, alter e theologia est petitus). In *mixtis* principia philosophica specialia, non
quidem decisionis et demonstrationis, sed tantum *illustrationis et secun-*
dariae probationis causa, ubi e Scriptura res definita est, adhiberi posse
concedimus. — *Dist.* inter rationis *ministerium*, cum instar ancillae
cedit herae seu dominae (ex antiqua comparatione Ambrosii, 2. de
Abrahamo c. 10.), et rationis *magisterium*, cum sibi judicium arrogat
de rebus ignotis et supra captum positis. . . *Dist.* inter rationem *sibi*
relictam sive juxta principia sua naturalia judicantem, et rationem *intra*
verbi divini orbem conclusam et castigatam sive e s. Scriptura illustra-
tam; *hanc* de rebus fidei judicare posse, non negamus; *illi* autem judicium de rebus fidei competere, inficiamur." (L. c. f. 55. sqq.)

IDEM: „Aliud est, rationem seu rationis principia in materiis theologicis *theoretice et verbis* pro principio venditare, et aliud, *practice et*
facto ipso illam seu principium probandi adhibere. *Illud* quidem de
multis Scholasticis, Jesuitis, Calvinianis et Socinianis dici nequit, *hoc*
vero commune est omnibus jam dictis heterodoxis." (L. c. f. 60.)

IDEM: „*Dist.* inter *contradictionem explicitam* et *implicitam; illa*
fit inter duas propositiones, quarum una rem affirmat, altera negat;
haec fit, quando in una eademque propositione praedicatum repugnat
subjecto. *Illa* vocatur *contradictoria oppositio* vel etiam contradictio
explicita, *haec contradictio in adjecto* vel implicita. Judicium contradictionis explicitae e regulis connexionum vel potius oppositionum
logices omnino petendum est; sed de implicita contradictione ratio
humana judicare nequit, cum rem ipsam non percipiat aut intelligat."
(L. c. f. 60. sq.)

IDEM: „Rom. 12, 1. per λογικὴν λατρείαν sive *cultum rationalem* non
intelligitur cultus, qui ex rationis arbitrio desumitur aut ad rationis
trutinam examinatur, sed opponitur hic cultus λογικός cultui ἀλόγῳ V. T.,
ubi victimae brutorum animalium Deo offerebantur; at christiani in
N. T. sistunt se Deo in hostiam viventem et non ζῶα ἄλογα, sed suamet
corpora Deo offerunt. (Nam λογικὴν λατρείαν apostolus h. l. per oblatio-
nem corporum nostrorum exponit, ac oblatio illa non vivi animalis
mactatione, sed veteris hominis mortificatione et renovatione absolvitur.)" (L. c. f. 62.)

IDEM: „*Objiciunt* adversarii: ,religionem multa habere *supra*, nihil
vero *contra* rationem. Resp. 1.: *Articuli fidei in se non sunt contra ra-*
tionem, sed solum supra rationem; *per accidens* vero fit, ut sint etiam
contra rationem, quando ratio judicium sibi de illis sumit ex suis principiis, nec sequitur lucem verbi, sed eosdem negat et impugnat. 2. Articuli fidei non sunt solum supra, sed et *contra rationem corruptam* et
depravatam, quae illos stultitiam esse judicat. Instat Smalzius Disp.
IV. contra Franz. p. 137.: ,Doceat quis unam sententiam s. literarum
pugnare cum ratione, et tunc ratio taceat in ecclesia.' Resp.: Cum
ratione in terminis suis sese continente nulla s. l. sententia pugnat, sed
cum ratione terminos suos egrediente omnia fidei mysteria pugnant, ut
trinitatis, incarnationis etc." (L. c.)

IDEM: „*Objiciunt: Ut parva lux magnae*, sic ratio Scripturae non
est contraria. Resp. 1.: *Per se* nulla hic est contrarietas, sed per accidens. Ratio intra sphaeram suam se continens non est Scripturae

contraria, sed quando sphaeram suam egressa et transgressa de summis fidei mysteriis ex suis principiis judicat. 2. Ratio contraria est
Scripturae non, qua lux est, sed *quatenus coeca* est et tenebrosa. 3. In
magna luce *plura videntur*, quam in minore etc. 4. Ratio corrupta vel
corruptus ejus usus repugnat theologiae, quando ex finitis infinita meti-
tur vel pro universalibus axiomatibus venditat, quae talia non sunt,
v. g. dum creationi opponit κυρίαν δόξαν suam: ,ex nihilo nihil fieri';
mysterio trinitatis: ,unum non posse esse trinum.' Neque enim ista
vere universalia sunt, quum verificari nequeant in omnibus singularibus.
Sic ,totum esse majus sua parte', scl. naturaliter, verum manet in philosophia; nihilominus tamen partes totius benedicti et miraculose aucti
possunt superare totum nondum auctum, Joh. 6, 9. 13. Sic ,finitum
non est capax infiniti', scl. capacitate physica et mathematica." (L. c.
f. 62. sq.)

IDEM: ,,*Objiciunt: Verum in theologia non est falsum in philosophia*, quia est una veritas. Resp. 1.: Veritas est una in conceptu
generali, interim quaelibet disciplina sua habet axiomata, quae non
sunt trahenda in aliud forum, sed *in sua sphaera* relinquenda. 2. Quando
theologia dicit: Virgo peperit, philosophia: virginem parere et manere
talem, est ἀδύνατον, non contrariantur; theologia enim non asserit,
virginem *naturaliter* parere et manere talem, sed dicit, supernaturali et
divina virtute id factum esse. — *Dist.* inter *philosophiam abstracte* et
ratione suae essentiae consideratam, et philosophiam *concrete* et ratione
existentiae in subjecto per peccatum corrupto spectatam; *priori* modo
veritati divinae nequaquam opponitur (non enim nisi unica et ratione
objectorum sibi invicem subordinatorum harmonica datur veritas);
posteriori vero modo ob intellectus ignorantiam et voluntatis perversio-
nem non raro ad depravationem et inanem deceptionem a philosopho
praepostere adhibetur, Col. 2, 8." (L. c. f. 63.)

IDEM: ,,Quando Vedelius lib. III. Ration. Theol. c. 6. rationem
nominat ,*normam fidei secundariam*, cui aliquid perfectionis accedere
possit', recte respondet Dr. Wellerus in Anti-Massonio P. 1. disp. 4. th. 9.
p. 107.: 1. quod σιδηρόξυλον sit, esse normam *secundariam*, cum norma
seu canon, definiente Varino, sit μέτρον ἀδιάψευστον, πᾶσαν πρόςθεσιν καὶ
ἀναίρεσιν μηδαμῶς ἐπιδεχόμενον. Et Basilius M. l. 1. c. 2. contra Eunom.
dicat: ,Ei est additio, cui aliquid deest, illa vero' (gnomon et regula),
,si quid ipsis deest, ne nominibus quidem istis congruenter poterunt
vocari.'" (L. c.)

IDEM: ,,*Urgent Calviniani*, se intelligere *rationem regenitam* seu
rationem humanam post regenerationem spiritualem factam, ut Calvinus lib. IV. Institut. c. 17. n. 26., Bucanus loc. 48. q. 68., Grynaeus in
Disp. Theol. de hom. ortu p. 515., Massonius part. I. p. 366. Respondet
b. Dannhauerus l. citando p. 58.: ,Obtineret aliquid haec regestio, si
ratio in homine reperiretur pura, sine fontis peccaminosi adhuc residui
affluxu; at turbata est aqua, similis aquae dulci, saltem suspecta ve-
neni, cum omne figmentum cordis humani malum sit omni tempore.
Et annon Sara regenita? et tamen promissum Domini ridet, irridet, ut
paradoxum.'" (L. c. f. 63. sq.)

BALDUINUS: ,,Quando *renati* etiam de rebus fidei disputare volunt
ex principiis rationis, tunc ratio ipsorum *corrupta* dicitur." (Disp. de
2. c. ep. ad Col. Witteb. 1617. B. 2.)

QUENSTEDTIUS: ,,Nec etiam *consensus primitivae ecclesiae aut patrum priorum post Christum saeculorum* principium christianae fidei est,
sive primarium, sive secundarium; nec divinam, sed tantum humanam
et probabilem fidem gignit. . . Hic est verus controversiae status: An
consensus doctorum ecclesiae quinque priorum post Christum saeculorum, quantum is e residuis hodie ipsorum scriptis hactenus ostendi
potuit, habendus sit pro principio secundario aut subordinato dogmatum fidei, non tantum quoad hominem, sed etiam quoad rem."
(L. c. f. 64.)

CHEMNITIUS: ,,Injuriam nobis facit Andradius, quod clamitat, nos in universum antiquitatis testimoniis nihil pendere, ecclesiae approbationem, fidem majestatemque labefactare. . . Fatemur, nos ab illis dissentire, qui fingunt opiniones, quae nulla habent testimonia ullius temporis in ecclesia, sicut nostro tempore fecerunt Servetus, Campanus, Anabaptistae et alii. Sentimus etiam, nullum dogma in ecclesia novum et cum tota antiquitate pugnans recipiendum." (Exam. Conc. Trid. De tradit. gen. 6. f. 71.)

QUENSTEDTIUS: *Probatur πόρισμα: Ex consensus illius nullitate* seu non-existentia. Multa antiquorum ecclesiae doctorum scripta sunt ἀνέκδοτα; pauca eorum, quae edita sunt, ad nos pervenerunt; plurima interciderunt; multi etiam patres, praesertim ex antiquissima antiquitate, parum vel nihil scripserunt, et quae adhuc supersunt patrum scripta, illa mutilata, interpolata et corrupta sunt. Consensus autem paucorum patrum non statim est consensus totius ecclesiae. — *Regerunt* adversarii: optima tamen scripta patrum a coelesti pronoea esse servata, viliora tamen periisse. Ast quis hujus rei fidem faciet? quis leges praescribet providentiae divinae? aut quis persuadebit, in busto bibliothecae seu Alexandrino, de quo Gellius lib. VI. Noct. Att. c. ult., seu Diocletianeo, de quo Dr. Dannhauerus in Christeid. p. 231., viliora tantum periisse monumenta, fati dentibus erepta esse cedro digna? Imo b. Lutherus divinae providentiae potius adscribit in der Vorrede über den 1. Wittenb. Theil, ,quod haud exigua scriptorum ecclesiasticorum pars pessum iverit, ne homines impendendum s. Scripturae lectioni ac scrutinio tempus patrum et conciliorum volutationi impendere necesse haberent.' — Instant: ex ἐκδότοις satis aestimari posse ecclesiae antiquae consensum. Resp., posse particulariter et probabiliter aestimari, concedo, nego de fide divina; posse in iis, in quibus συμψηφισμός apparet, non in aliis, ubi ipsimet in partes eunt; posse aestimari, si in aliquam fidei traditionem uno eodemque consensu aperte, universaliter et perseveranter conspirarint. Sic v. g. de canone Scripturae pulcherrimum habemus concentum doctorum veterum, si colligas omnia testimonia per quinque et plura saecula; ast ille consensus non perinde apparet in dogmatibus. Quanta saepe in patrum scriptis etiam de sensu Scripturae discrepantia? quantus saepe hiatus temporum? quanta locorum vacua, ubi nihil literis proditum? Respiceret ille quinquesaecularis consensus solum controversias coaetaneas, non ortas post quinque saecula haereses. Vide D. Dannhauer. Myster. Syncretismi p. 45. sq. 2. *Ex erroris imbecillitate*. . . 3. *Ex scriptorum suppositiorum multitudine.* Vix ullus est ex antiquis patribus, in cujus nidum alieni pulli, iique deformes, non sint suppositi. . . 4. *Ex consensus illius conditione* et qualitate. . . 5. *Ex requisitorum principii negatione."* (L. c. f. 66. sq.)

ARTICULI SMALCALDICI: ,,Pontificii allegant Augustinum et quosdam patres, qui de purgatorio scripserint, et non putant nos intelligere, ad quid et quare sic illi locuti sint. Augustinus non scribit esse purgatorium, nec etiam habet testimonium Scripturae, quo nitatur, sed in dubio relinquit, num sit, et inquit matrem suam petiisse, ut sui commemoratio fieret ad altare sive sacramentum. Ad hoc in universum nihil nisi *hominum* et quidem unius atque alterius devotio fuit, *non constituens articulum fidei, id quod solius Dei* est. Nostri autem pontificii sententias istas hominum citant, ut fides habeatur tetris, blasphemis et maledictis nundinationibus de missis pro animabus in purgatorio seu de inferiis et oblationibus etc. . . *Ex patrum enim verbis et factis non sunt exstruendi articuli fidei*, alioquin etiam articulus fidei fieret victus ipsorum, vestimentorum ratio, domus etc., quemadmodum cum reliquiis sanctorum luserunt. *Regulam autem aliam habemus, ut videlicet verbum Dei condat articulos fidei, et praeterea nemo, ne angelus quidem."* (P. II. art. 2. p. 303.)

QUENSTEDTIUS: „*Antithesis:* 1. *Pontificiorum*, ut Bellarmini lib. II. de Christo c. 2. . ., Gord. Huntlaei Controv. II. c. 28., asserentis: ‚Patrum concordem sententiam pro infallibili norma fidei ab omnibus habendam esse.‘ . . 2. *Crypto-Pontificiorum* in Anglia, ut Laudensium **a** Wilhelmio Laud, episcopo Cantuariensi decollato, descendentium. 3. *Novatorum*, qui ad ductum Vincentii Lerinensis duo theologiae et assertionum credendarum faciunt principia: unum primarium, s. Scripturam, alterum secundarium et subordinatum, nempe catholicum primitivae ecclesiae, et quidem quinque priorum post Christum saeculorum, consensum.“ (L. c. f. 65.)

CONCIL. TRIDENTINUM: „Tridentina synodus . . . perspiciens, hanc veritatem et disciplinam contineri *in libris scriptis et sine scripto traditionibus*, quae, ab ipsius Christi ore ab apostolis acceptae aut ab ipsis apostolis, Spiritu S. dictante, quasi per manus traditae, ad nos usque pervenerunt, orthodoxorum patrum exempla secuta, *omnes libros* tam veteris quam novi testamenti, cum utriusque unus Deus sit auctor, *necnon traditiones ipsas*, tum ad fidem tum ad mores pertinentes, tamquam vel oretenus a Christo vel a Spiritu S. dictatas et continua successione in ecclesia catholica conservatas, *pari pietatis affectu et reverentia* suscipit et veneratur.“ (Sess. 4. decret. de canon. scripturis. Ed. Smets. p. 14.)

CATECH. ROM.: „Omnis doctrinae ratio, quae fidelibus tradenda sit, *verbo Dei* continetur, quod *in Scripturam traditionesque distributum est*.“ (Prooem. q. 12.)

CALIXTUS: „*Duo sunt principia*: divinae legis auctoritas, tum deinde ecclesiae catholicae *traditio*.“ (De arte nova, p. 49.) Ad hoc Kahnisius: „Wenn Calixtus von zwei Principien in der Kirche sprach, der Schrift und der Tradition, so geschah dies offenbar auf Kosten des protestantischen Schriftprincips und war abermals eine Annäherung an die römische Kirche.“ (Der innere Gang des deutschen Protestantismus. 3. Ausg. Leipz. 1874. I, 105.)

THEOLOGI DORPATENSES: „Demgemäss enthält auch unser Bekenntniss ausser den symbolisch schon entwickelten und fixirten Artikeln und Dogmen des Glaubens auch solche Elemente des allgemein christlichen und kirchlichen Credo, wir meinen des apostolischen Symbolums, die theils noch *mitten im Werden begriffen*, theils noch **gar** nicht oder nur ansatzweise in die *geschichtliche dogmenbildende Bewegung* eingetreten sind, weil über sie sich auszusprechen, die *Kirche* bisher nur von einer Seite her veranlasst gewesen ist, oder weil sie überhaupt noch nicht Gegenstand ihrer näheren Erklärung und Bestimmung geworden sind.“ (Gutachten. 1866. p. 12.)

AUGUSTINUS: „Ego *solis* iis scripturarum libris, qui jam *canonici* appellantur, didici hunc honorem timoremque deferre, ut nullum eorum auctorum scribendo aliquid errasse, firmissime credam; alios autem ita lego, ut, quantalibet sanctitate doctrinaque praepolleant, non ideo verum putem, quia ipsi ita senserunt, sed quia mihi vel per illos auctores canonicos, vel probabili ratione, quod a vero non abhorrent, persuadere potuerunt.“ (Ep. 19. ad Hieron.)

HUELSEMANNUS: „*Vincentius Lerinensis* nulla hic auctoritas, et regula ejus stolida est: 1. propter *sequiorem aetatem*, quae incidit in medium saeculum quintum p. Chr.; 2. *propter defectum suffragiorum* ab aliis vetustioribus patribus, qui hanc regulam: ‚*Quicquid omnes ubique scriptores simul, aperte, frequenter, constanter scripserunt, id solum demum pro articulo fidei et vero habendum est*‘ etc., non solum nusquam approbarunt, sed aperte etiam rejecerunt, provocantes ad consensum apertum et literalem, qui est inter prophetas et apostolos.“ (Praelect. in Form. Conc. art. 16. s. 6. § 5. p. 876.)

QUENSTEDTIUS: „Urgent adversarii promissionem Christi Matth. 28, 20.: ‚*Ego vobiscum sum*‘ etc. Sed unde probabunt, ex gratiosa illa praesentia divina apud ecclesiam, quam Salvator ibi pollicitus est, promanasse, ut scl. testificationes ecclesiae doctorum seu patrum conspirantes principii secundarii seu subordinati locum obtineant? . . . Aliud est, esse normam ac regulam credendorum absolute, et aliud, esse normam et regulam sub certo respectu et quibusdam quasi limitibus. Confessiones et doctrinae corpora, v. g. Aug. Conf., Corp. Julium, Prutenicum, Form. Conc. etc., sunt norma et regula non simpliciter, sed sub certo respectu, norma tesseralis, testimonialis doctrinae publicae quarundam ecclesiarum particularium; principium vero et norma istius est s. Scriptura, ex qua confessionum istarum auctores deduxerunt id, quod ipsi credendum esse crediderunt et quod in territoriis suis credi voluerunt. . . Quod non est αὐτόπιστον, quod saeculorum tractu eget, nec ex se sufficit, quod simpliciter necessarium non est, quod aliquibus denegari potest etc., proprie dictum principium appellari nequit; sed haec omnia competunt principio huic inferiori, ut vocant, vel sub-principio. . . Cf. Huelsemannus, qui ita scribit: ,Praejudicium est, quod consensus patristici antiquitatem et universalitatem et continuitatem (quod ubique, quod semper, quod ab omnibus doctum est) tamquam κριτήριον infallibilitatis restringit ad *praecipua* capita fidei, *non ad minutas* divinae legis quaestiunculas, neque tamen determinavit, quae et quot numero sint illae quaestiones, quibus, ut ait, totius catholici dogmatis fundamenta nituntur; quae determinatio ubique necessaria est ad applicationem hujus regulae.'" (L. c. f. 67. sqq.)

IDEM: ,,Nec denique *visiones, apparitiones, revelationes privatae et alloquia interna angelica* in dogmatibus fidei probandis adhibenda sunt." (L. c. f. 69.)

IDEM: ,,*Status controversiae:* Quaeritur, utrum praeter vel extra s. Scripturam ex peculiaribus enthusiasmis et privatis revelationibus petenda sit norma sive credendorum, sive faciendorum. — *Dist.* inter visiones et revelationes *ante excessum apostolorum*, et *post mortem* eorum factas et nova fidei dogmata patefacientes; non de illis, sed de his nobis hic sermo est. — *Dist.* inter *verbum ἄγραφον* sive non scriptum, externum et *internum;* illud soli pontificii, hoc et pontificii et Enthusiastae itemque Sociniani et nonnulli Calviniani jactitant. . . . *Dist.* inter ἐνθουσιασμόν vel afflatum divinum verum, et apparentem, qui iterum vel est fictus vel praesumptus. Nos de posteriori enthusiasmorum genere, quod ordinarie ita vocari solet, hic agimus, adeoque per *enthusiastas* intelligimus homines fanaticos, qui afflatum, revelationes et inspirationes Dei vel fingunt vel praesumunt, et vel diabolicas vel melancholicas vel voluntarias illusiones et imaginationes, divinas revelationes vocando, se aliosque decipiunt. — *Dist.* inter Dei *potestatem* et ejusdem *voluntatem;* quod Deus possit novas revelationes dare, nemo negat, sed an velit, dubitatur. — *Dist.* inter voluntatem Dei *absconditam* et *patefactam;* haec e verbo Dei scripto aestimanda unice est; de illa, quia latet, pronunciari certi nihil potest." (L. c. f. 70.)

IDEM: ,,*Dist.* inter revelationes, quae *articulum fidei* spectant vel impugnant, et;quae concernunt *statum ecclesiae aut politiae*, communem vitam et futuros eventus; *illas* repudiamus, *has* vero non quidem ulli cum necessitate credendi obtrudendas, nec tamen temere rejiciendas esse nonnulli statuunt. B. *Balduinus* in Comm. in 1 Tim. 4. P. I. q. 1. inquit: ,Non dubitamus, Deum adhuc nonnullis interdum revelare futura, quae ad statum ecclesiae et reipublicae pertinent, in usum hominum annuncianda.' *Dist.* inter *Samuelem verum* et *Samuelem personatum* vel ejusdem spectrum; non ille, sed hic Sauli apparuit 1 Sam. 28. Praestigias enim satanae fuisse, circumstantiae textus ostendunt." (L. c. f. 75.)

ARTIC. SMALC.: ,,Quid multis? *Enthusiasmus* insitus est Adamo et filiis ejus a primo lapsu usque ad finem mundi, ab antiquo dracone ipsis veneno quodam implantatus et infusus, estque omnium haeresium et papatus et Mahometismi origo, vis, vita et potentia. Quare in hoc nobis est constanter perseverandum, *quod Deus non velit nobiscum aliter agere, nisi per vocale verbum et sacramenta, et quod, quidquid sine verbo et sacramentis jactatur ut spiritus, sit ipse diabolus.* Nam Deus etiam Mosi voluit apparere per rubum ardentem et vocale verbum. Et nullus propheta sive Elias sive Elisaeus Spiritum sine decalogo sive verbo vocali accepit. Et Johannes Baptista nec concipiebatur sine Gabrielis praecedente verbo, nec in matris utero saliebat sine Mariae verbo. Et Petrus inquit (2. ep. 1, 21.) : ‚Prophetae non ex voluntate humana, sed Spiritu Sancto inspirati locuti sunt, sancti Dei homines', qui sine verbo externo non erant sancti, nec a Spiritu Sancto ut non sancti seu profani ad prophetandum impulsi; sed sancti erant, inquit Petrus (Act. 28, 25.), quum per eos Spiritus Sanctus loqueretur." (P. III. art. 8. p. 322. sq.)

De spectro Endoreo (1 Sam. 28.) cf. *A. Pfeifferi* Dubia vexata S. S. V. T. p. 377—379. — De *praedictis* per Sp. S., per diabolum, ex astris cf. *Lutherus* Tom. XIV, 231. sqq. — De apparentibus mortuis, astrologia, necromantia, cf. *idem* T. XIX, 1385—96. XI, 1632—35. 436—42. — De enthusiastis cf. *idem* T. I, 2287—92.

QUENSTEDTIUS : „*Probationes* sententiae orthodoxae petimus : 1. a *Scripturae auctoritate*, quae nos revocat ab omnibus aliis principiis, a revelationibus et apparitionibus ad legem et ad testimonium Es. 8, 19., ad Mosen et prophetas Luc. 16, 29., Christus jubet, scrutari Scripturas Joh. 5, 39. Et sermoni prophetico attendendum esse, monet Petrus 2 Pet. 1, 19 : ‚usque dum dies illucescat et lucifer oriatur in cordibus nostris.' 2. A *sacrarum literarum perfectione* . . . 3. A *fidei certitudine*, quae ex s. literis unice petenda est Joh. 20, ult., 2 Tim. 3, 15. . . 4. A *promissionis defectu.* Nullibi revelationes immediatae aut visiones nostris temporibus expectandae promittuntur. Luc. 16, 29. damnatus epulo reprehenditur, quod revelationes mortuorum rogasset pro fratribus in vita superstitibus. 5. A *diabolica* in revelationibus istis *fraude et fallacia.* . . 6. A *revelationum istarum conditione ;* sunt enim obscurae, dubiae, incertae, suspectae, saepe absurdae, fallaces, periculosae, inutiles, non necessariae, verbo Dei contrariae, praestigiis et ludificationibus satanae obnoxiae, aliorum judicio subjectae 1 Cor. 14, 29. 32., ideoque pro principio theologiae ac fidei haberi nequeunt. 7. *Novelli prophetae* vaticinia sua non tam ex peculiari revelatione, quam *per plagium* quoddam ex Ezechiele, Daniele et Apocalypsi petunt. 8. *Angeli* illi, quos somniant adversarii, aut idem in fide annunciant, quod in verbo continetur, aut diversum et aliud ; si hoc, non sunt audiendi Gal. 1, 8., si illud, non est opus illorum patefactione. 9. Per revelationes enthusiastarum *convellitur ordo ministerii* sive ordo inter docentes et discentes divinitus in ecclesia sancitus." (L. c. f. 71. sq.)

IDEM : „*Objiciunt :* Multa a suis vere Spiritu prophetico *praedicta* fuisse, quae nostrorum temporum historia comprobarit. Resp. 1. : Petitur τὸ ἐν ἀρχῇ, et revelationes eventuum futurorum eorumque praedictiones jactantur, non probantur. 2. Supponitur falsa hypothesis, praedictiones omnes futurorum propheticas esse vel ϑεοπνεύστους. Sunt vero multae etiam δαιμονόπνευστοι, multae naturales, multae conjecturales, multae casuales, multae ambiguae et meri cothurni, quales plurimae inter gentiles ab oraculis et vatibus variis diaboli emanarunt, qui in verorum etiam prophetarum numerum referendi essent, si ex futurorum quorundam praedictione argumentum ducendum foret." (L. c. f. 74. sq.)

IDEM : „*Objiciunt :* Diserte apostolus Paulus 1 Thess. 5, 19. 20. ait, ‚Spiritum non esse restinguendum nec prophetias pro nihilo habendas.' *Resp. :* Non intelligitur hic per *Spiritum* spiritus fanaticus, sed motus Spiritus S. in cordibus fidelium accensi, qui (instar ignis sacri olim) fovendi semper sint, ne exstinguantur, et debeant semper ἀναζωπυρεῖσϑαι 2 Tim. 1, 6. Sic per *prophetias* non intelliguntur enthusiasmi, sed vel objective scripta prophetica, vel instrumentaliter eorum explicatio et applicatio, sive ex dono singulari, de quali prophetia sermo 1 Cor. 12 et 14, sive ex dono communi et ordinario." (L. c. f. 77.)

IDEM: „*Antithesis:* 1. *Fanaticorum* variorum, statuentium: ‚Dei et omnium credendorum dogmatum cognitionem non ex verbo Dei scripto, sed ex proprio unicuique *peculiariter facta revelatione et congenita luce*, ex raptibus, somniis, angelorum colloquiis, ex verbo interno, ex inspiratione (Einsprechen) Patris coelestis, informatione interna Christi essentialiter cum ipsis uniti, ex magisterio Spiritus S. intus loquentis et docentis, sapientiam altiorem, quam quae Scripturis sacris continetur, petendam esse.' Tali ἐνϑουσιασμῷ correptos fuisse constat permultos fanaticos, antiquos et recentiores; antiquis annumerari possunt *Montanistae, Donatistae, Adelphius*. . . Verba hist. Tripart. haec sunt: ‚Ea tempestate Messalianorum, quos εὐχήτας, h. e. orantes, appellant, haeresis est exorta. Vocantur autem et alia appellatione ἐνϑουσιασταί, i. e. afflati et divini. Hi enim cujusdam daemonis operationem expectant et hanc Sancti Spiritus praesentiam arbitrantur. Qui vero integro hujus rei languore participantur, aversantur operationem manuum velut malam, somnoque semetipsos tradunt et somniorum phantasias prophetias appellant. Hujus haereseos fuerunt principes Dadoes et Sabbas et Adelphius, Hermas et Symeones et alii.' Recentiores enthusiastae sunt, qui . . . ex orco prodierunt . . . sub ductu et auspiciis *Thomae Munzeri*, seditiosi illius Anabaptistarum antesignani in Thuringia, *Casparis a Schwenkfeld* in Silesia, *Theophrasti Paracelsi* in Helvetia, *Coppini* et *Quintini* in Piccardia, *Valentini Weigelii* in Misnia. Hi omnes non tantum scriptum Dei verbum, sed et revelationes, enthusiasmos, somnia et immediatam Dei vocem audienda et secundum illa regimen ecclesiae instituendum esse contenderunt. . . His adde *fratres roseae crucis, novellos prophetas, Joh. Warnerum, Georg. Richardum, Quackeros seu Tremulantes* in Anglia, qui etiam raptus divinos et revelationes immediatas somniant. Sic quoque *Jean de Labadie* publice gloriatus est de revelationibus coelestibus, colloquiis cum beatis sanctis atque b. virginis Mariae apparitionibus inter orandum sibi factis, ipsiusque asseclae; Deum immediate saepe sine verbo cum fidelibus agere, asserunt ac proinde, ‚ad internas Spiritus revelationes confugiendum, seduloque attendendum', monent. Ita et *Schurmannia*, εὔκλημ. p. 80., probare conatur, ‚praeter Scripturam dari hodieque prophetiam dogmaticam et internas revelationes.' 2. *Papistarum*, quos revelationes privatis, v. g. Brigittae, Catharinae Senensi, . . factas inter principia fidei admittere, ostendit Dr. Dannhauerus Hodom. Spiritus Pap. phantasm. I. p. 61. sq. . . 3. *Socinianorum*. Sic Faustus Socinus contra Erasmum Joh. p. 166. censet, Laelium Socinum . . . interpretationem eorum verborum Christi Joh. 8, 52.: ‚Antequam Abraham pater multarum gentium fiat, ego sum lux mundi', precibus multis ab ipso Christo impetrasse, eamque a Deo ipso patefactam esse. Ostorodus Instit. Germ. c. 1. requirit immediatas revelationes sive internam specialem illuminationem ad intelligendas Scripturas propheticas et maximam partem Apocalypseos Johannis. Vide Dn. D. Calovium ll. cc. 4. *Quorundam Calvinianorum*. Sic Andreas *Carolstadius* revelationes et visiones privatas magnifecit, quem libro ‚contra coelestes prophetas' b. Lutherus refutavit Tom. III. Jenens. cf. Sleidanum l. III. p. 61. et l. V. p. 117., ubi inquit: ‚Is, de quo supra dictum est, Carolstadius, a Luthero dissentiens, Witteberga relicta, clandestinis illis doctoribus, qui visiones et colloquia cum Deo simulabant, ut ante diximus, multo erat familiaris.' Et Huld. *Zwinglius*, qui ex peculiari revelatione sibi innotuisse vult per Spiritum, voculam ‚est' in verbis coenae positam esse pro ‚significat'. Hinc D. Dannhauerus Hodom. Spirit. Calv. Phantas. I. § 9. p. 59.: ‚Si primordia spectes, enthusiasmo fanatico Carolstadiano et Zwingliano non parum debet Calvinismus, quamvis postea videatur defecisse.'" (L. c. f. 70. sq.)

F. A. PHILIPPIUS: „Die *Quelle*, aus der die Dogmatik zu schöpfen hat, ist also die *durch die Offenbarung erleuchtete Vernunft* des dogmatisirenden Subjects. Die christliche Einzelpersönlichkeit weiss aber, dass die göttliche Offenbarung ihrem Inhalte und Zwecke entsprechend nicht nur einem einzelnen Subjecte gegeben, sondern für die ganze Menschheit bestimmt ist, sowie dass innerhalb der Menschheit sich eine Gemeinschaft derer vorfindet, an welchen diese göttliche Bestimmung der Heilsoffenbarung in Christo sich schon thatsächlich verwirklicht hat. Daher wird das dogmatisirende Subject das Bedürfniss fühlen, die Erleuchtung seiner Vernunft in Zusammenhang zu bringen mit der Erleuchtung der *Christus-Gemeinschaft* überhaupt, und die Uebereinstimmung seines individuellen Bewusstseins mit dem christlichen Gesammtbewusstsein wird ihm eine Bestätigung der Wahrheit des ersteren bieten... Um nun aber die Prüfung der verschiedenen kirchlichen Gemeinschaften richtig vollziehen und sich dann frei entscheiden zu können, bedarf es einer untrüglichen *Regel und Richtschnur*, nach welcher die Lehren dieser Gemeinschaften bemessen werden können... Dieser Norm wird dann mit der Lehre der Einzelkirche auch die Lehre der Gesammtkirche zu unterwerfen sein, um der Voraussetzung ihrer Richtigkeit das unverbrüchliche Siegel unbedingter Gewissheit aufzuprägen... Wir haben nun als *Quelle*, aus welcher die christliche Glaubenslehre ihren Stoff zu schöpfen hat, eine *dreifache* erkannt, nemlich die *erleuchtete Vernunft* des dogmatisirenden Subjectes, die *Lehre der Kirche* und die *kanonische Schrift* des Alten und Neuen Testaments. ... Aus unserer ganzen bisherigen Entwickelung geht von selbst hervor, dass die *Schriftlehre* bei uns nicht, wie in der älteren Dogmatik, an den jedesmaligen *Anfang*, sondern an das jedesmalige *Ende* des dargelegten Glaubensartikels treten wird, weil wir die *Schrift nicht als erste Quelle*, sondern *als letzte Norm* der dogmatischen Erkenntniss betrachten." (Kirchliche Glaubenslehre. Stuttgart 1854. I, 86—92. 226.)

LUTHARDTIUS: „Die Dogmatik ist die Wissenschaft vom Zusammenhang der Dogmen, welche sie *aus dem religiösen Glauben des Christen selbst zu reproduciren* hat... Die Schrift als *normativer Factor* des dogmatischen Systems gibt demselben seinen biblischen Charakter." (Kompendium der Dogmatik. Leipzig 1868. S. 5. 23.)

DE HOFMANN: „Es ist eine geläufige Forderung, dass man die kirchlich geltende Lehre an der Schrift prüfe, die Schrift aber nach dem Glauben auslege. Wo finde ich aber den Glauben, nach welchem ich die Schrift auslege, wenn nicht in mir? Denn ausser mir ist er kirchliche Lehre, die an der auszulegenden Schrift geprüft sein will. Und wäre es auch das apostolische Symbolum, aus welchem man neuerdings ein noch dazu keiner Handhabung fähiges Schriftauslegungsgesetz hat machen wollen, es muss auch dieses, gleichviel wie alte, Erzeugniss kirchlicher Thätigkeit erst wieder an der Schrift geprüft werden, nicht sowohl, ob es im Einzelnen richtig, sondern ob es jene Hauptsumme des Christenthums wirklich ist, welche unsere Väter vielmehr auch selbst aus der Schrift entnommen wissen wollten. Aus den deutlichsten Schriftstellen zusammengebrachte Hauptsumme göttlicher Lehre war ihnen der Glaube, nach welchem die Schrift ausgelegt werden sollte. Aber sie bewiesen damit nur, dass ihnen die Schrift wie eine Sammlung von Glaubensgesetzen erschien, was sie nicht ist. Auch lehrt die Erfahrung, dass wieder nur Heilsbegierigen oder Heilsgewissen die deutliche Schrift deutlich redet; und über den Umfang jener Hauptsumme ist nie Sicherheit, wohl aber über den Unterschied von Fundamentalem und Nichtfundamentalem bis auf diesen Tag fruchtloser Streit gewesen. Auch jene Forderung weis't demnach auf die Nothwendigkeit hin, sich des *Christenthums, wie wir es als gegenwärtigen Thatbestand in uns selbst tragen*, zu vergewissern... Jenes Verhältniss zu Gott, nachdem ich seiner theilhaftig geworden, hat ein selbständiges Dasein in mir begonnen, welches nicht von der Kirche abhängt, noch von der Schrift, auf die sich die Kirche beruft, auch nicht an jener oder dieser die eigentliche und nächste Verbürgung seiner Wahrheit hat, sondern in sich selbst ruht und *unmittelbar gewisse* Wahrheit ist, von dem ihm selbst einwohnenden Geiste Gottes getragen und verbürgt. Dennoch will und muss dasselbe, wo man es sich zur Erkenntniss und Aussage" (Lehrdarstellung) ,,bringen lassen will, rein nur es selber bleiben, unvermengt mit dem, ungestört durch das, was ausser ihm, also ausser uns wo irgend gelegen ist. Und ob das ausser uns Gelegene in noch so naher, in ursächlicher Beziehung steht zu dem in uns, und ob es sich als die gleiche Wahrheit unzweifelhaft zu erkennen gibt: hier gilt es, die eine nächste Aufgabe rein für sich, in geschlossener Selbständigkeit zu vollziehen. Freilich werden, *wo es recht hergeht*, Schrift und Kirche ganz das Gleiche bieten, was wir in uns selbst erheben. Aber es dort aufzufinden, ist eine zweite Aufgabe nach jener." (Der Schriftbeweiss. Nördlingen, 1852. 1ste Hälfte, S. 9. 10. 11.)

§ 2.

Intelligitur autem nomine Scripturae sacrae complexus ille seu volumen[a] librorum, qui non tantum res sacras[b] tractant et ad fidem ac vitae sanctimoniam[c] tendunt, verum etiam peculiari operatione Spiritus Sancti[d] consignati sunt, quos vulgo *Biblia*[e] appellamus.

a) Significat utique Scriptura sacra, ex vi vocis et usu loquendi, in casu recto, scripturam seu libros potius, quam sensum; etsi connotet sensum ac mentem Dei, tanquam id, quod exhibent et cujus exhibendi causa consignati sunt libri. Vid. b. *Hutterus* in Comp. Q. I. ex *Chemn.* Exam. conc. trid. et b. *Cundis.* in Not. § 3. p. 5. Similiter b. *Aegid. Hunnius* Disp. I. th. 50.: *Scriptura sacra volumen est, quod certis prophetarum, apostolorum et evangelistarum libris constat, qui biblici et canonici appellantur.*

b) Qua ratione *sacra* dicitur ab *objecto;* quod tamen cum aliis scriptis, catecheticis, homileticis etc. commune habet.

c) Ita sacra dicitur a *fine;* quod itidem ei cum aliis commune est.

d) Quae denominatio petita est a causa *efficiente*, et significatio maxime propria est Scripturae s., ut ex seqq. patebit.

e) Scilicet κατ᾽ ἐξοχὴν; et nomine plurali τῶν βιβλίων, qui multi, diversis locis ac temporibus scripti, in uno codice apparent; prout alias, non solum ἡ γραφὴ Joh. *2, 22.*, sed etiam αἱ γραφαὶ Matth. *21, 42.*, αἱ γραφαὶ ἅγιαι Rom. *1, 2.*, et ἱερὰ γράμματα *2 Tim. 3, 15.* citantur. Quanquam vero fatendum sit, in codice biblico praeter libros ex divina inspiratione profectos etiam alios ex parte objecti et finis quidem sacros, sed tamen humano studio consignatos una contineri et nomen Scripturae sacrae toti codici *per synecdochen* tribui consuevisse; hic tamen significationem *specialem* ac *propriam* retinemus.

REUSCHIUS: ,,Ratione loquendi *in singulari* innuitur, quod omnes sacrae Scripturae particulares libri *unum constituant totum* atque unum habeant auctorem primarium." (Annotatt. etc. p. 74.)

§ 3.

Causa efficiens principalis Scripturae s. Deus[a] trin-unus[b] est; per appropriationem[c] autem Spiritus Sanctus.[d]

a) Vid. *Rom. 3, 2. Paulus* Scripturam vocat λόγια τοῦ Θεοῦ, *eloquia Dei*, seu a Deo profecta, et *2 Tim. 3, 16.*, ubi Scriptura dicitur θεό-πνευστος, et hoc ipso eam a Deo efficienter dependere indicatur.

> GERHARDUS: „Inter *verbum Dei* et *Scripturam sacram* materialiter acceptam *non esse reale aliquod discrimen*. Probatur hoc 1. ex Scriptu-rae materia... 2. Ex phrasium ἰσοδυναμίᾳ... 3. Ex regula logica: Accidens non mutat rei essentiam... 4. Ex δεικτικῇ particula ab aposto-lis usurpata. Paulus de Scriptura Mosaica et homogeneis Vet. ac Novi Test. libris δεικτικῶς inquit: ‚Τοῦτ' ἐστι τὸ ῥῆμα τῆς πίστεως, quod praedica-mus‘, Rom. 10, 8. 1 Pet. 1, 25." (Exeges. l. 1. § 7.)

> QUENSTEDTIUS: „Ἐλλειπτικῶς haec (πᾶσα γραφὴ θεόπνευστος) dici, nemo non videt, deest enim, ut alibi in s. L. saepissime, vinculum verbi substantivi ἐστί, quod si interseras, perfectum evadit enunciatum: πᾶσα γραφή ἐστι θεόπνευστος. Subjectum est γραφή, Scriptura, non quaevis, sed determinate ἱερά, v. 15." (Theol. did.-pol. P. I. c. 4. s. 2. q. 3. f. 100.)

> IDEM: „Quamvis s. Petrus non praecise de *scriptione*, sed de *locu-tione*, qua viva voce sancti Dei homines prophetias, quae divinitus sibi contigerant, protulerunt et cum aliis communicarunt, loquatur; per λαλιὰν tamen et locutio et scriptio hic significatur et sub illa haec simul comprehenditur, v. Act. 2, 31. 3, 24. Rom. 3, 19. Jac. 5, 10. Uti enim a Spiritu S. acti et impulsi *locuti* sunt sancti Dei homines, ita etiam ab eodem acti et impulsi *scripserunt*. Imo προφητεία γραφῆς, h. e., prophetia Scripturae sive prophetica Scriptura, ut Erasmus vertit v. 20., olim allata est per scriptionem. Atque ita s. scriptores in scribendo non minus, quam in loquendo a Spiritu S. pependerunt et causae mere in-strumentales fuerunt." (L. c. f. 101. sq.)

b) Est enim Scriptura opus *ad extra*, et λόγος προφορικὸς Dei, se-cundum essentiam, sapientiam ac potentiam unius.

c) Seu, per modum loquendi Scripturis receptum, quo Spiritui s. velut opus proprium tribuitur, quod toti SS. Trinitati commune est.

d) Sic *Petrus 2. Epist. 1, 21.* dicit, *prophetas* in *scriptis* suis, juxta vers. 20., locutos fuisse, φερομένους ὑπὸ πνεύματος ἁγίου. Et Paulus scribens ad *Corinthios 1. Epist. 2, 13.* dicit, se *loqui sermonibus, quos docet Spiritus Sanctus*. Confer. *2 Sam. 23, 2.*, ubi David *Psalmorum* suorum originem refert ad *Spiritum Jehovae*, qui locutus sit in ipso.

§ 4.

Causalitas causae efficientis principalis[a] est ipsa θεο-πνευστία, seu *divina inspiratio*,[b] id est, actio ejusmodi, qua Deus non solum conceptus[c] rerum scribendarum[d] omnium, objectis conformes, sed et conceptus verborum ipsorum atque omnium,[e] quibus illi exprimendi essent, supernaturaliter communicavit intellectui scribentium ac voluntatem eorum ad actum scribendi[f] excitavit.

a) Sive *ratio formalis*, per quam Deus in esse *actu* causae ejus (Scripturae) constitutus est et influxum suum in illam praebuit.

b) Nempe sicut *2 Tim. 3, 16.*, ubi Scriptura θεόπνευστος dicitur, dependentia ejus a Deo, tanquam a causa, indicatur, ita simul constat, Deum per θεοπνευστίαν ipsam, a qua Scriptura θεόπνευστος denominatur, in esse causae efficientis Scripturae constitui. *Mus.* Introd. P. II. C. II. § 3. p. 245.

QUENSTEDTIUS: „*Dist.* inter divinam *revelationem*, et *inspirationem*. *Revelatio* formaliter et vi vocis est manifestatio rerum ignotarum et occultarum, et potest fieri multis et diversis modis, scl. vel per externum alloquium, vel per somnia et visiones (nam ,revelare', graece ἀποκαλύπτειν, est id, quod occultum erat, retegere). *Inspiratio* est actio Spiritus S., qua actualis rerum cognitio intellectui creato supernaturaliter infunditur, seu est interna conceptuum suggestio seu infusio, sive res conceptae jam ante scriptori fuerint cognitae, sive occultae. *Illa* (revelatio) potuit tempore antecedere scriptionem, *haec* cum scriptione semper fuit conjuncta et in ipsam scriptionem influebat. Interim non nego, ipsam θεοπνευστίαν sive inspirationem divinam dici posse revelationem secundum quid, quatenus scl. est manifestatio certarum circumstantiarum, item ordinis et modi, quibus res consignandae et scribendae erant. Quandoque etiam revelatio cum ipsa inspiratione divina concurrit atque coincidit, quando scl. divina mysteria revelando inspirantur et inspirando revelantur in ipsa scriptione." (Theol. did.-pol. P. I. c. 4. s. 2. q. 3. fol. 98.)

DANNHAUERUS: „Lux viae coelestis est Scriptura sacra canonicis veteris ac novi testamenti libris comprehensa, θεόπνευστος, h. e., divinitus inspirata; πᾶσα γὰρ γραφὴ (τῶν ἱερῶν γραμμάτων) ἐστὶ (hoc enim omnino supplendum, ne sit ἀνακόλουθον) θεόπνευστος καὶ ὠφέλιμος etc. Equidem epistola Davidis Uriae letifera fuit γραφή, non tamen γραφὴ ἱερῶν γραμμάτων. — Divinitus, inquam, inspirata a Patre, ut fonte sapientiae, et Filio Christo, per Spiritum cordis scrutatorem, cujus φορᾷ acti et moti locuti sunt sancti Dei homines. Nam quia finis Scripturae sacrae divinus est et supernaturalis, medium quoque supernaturale esse debuit, ,ut fides nostra non sit in sapientia hominum, sed in potentia Dei.' Ac ideo divina est Scriptura non quod omnem Deus suo digito immediate sicut legem (quam Deus scripsisse perhibetur, non duntaxat auctoritative et dictando, sed scribendo; ,scripsit in tabulis verba foederis decem', Exod. 34, 28. Quis scripsit? Dominus ipse, cum quo Moses fuit quadraginta dies etc.) exararit, sed quod per viros divinos exarasset ac eorum sibi Scripturam appropriasset tanquam suam. Caeterum θεόπνευσις Scripturae sacrae est a Sp. S. *non solum* 1. *aspirante*, cum *jussu* exteriori, aperto; eoque vel *generali*: ,docete omnes gentes', — ergo pes remotissimas, ad quas pes apostolorum non venit, ergo et novissimas, quibus apostolicum alloquium mors apostolorum praevertit; utrisque calamo succurrendum erat, idque necessario aliquo aliquorum. Tametsi enim Scriptura sit accidens verbi divini, tamen ei verbo, quod in omnes gentes inclarescere sine formidine mendacii debet, est essentialis, sicut albedo accidens est parietis, at de essentia parietis albi; — vel *speciali*, facta ad Esaiam et Johannem duodecies in Apocalypsi (1, 11. 19.; 2, 1. 8. 12. 18.; 3, 1. 7. 14.; 14, 13.; 19, 9.; 21, 5.); ubi ex qua causa Esaias scribere debuit, nimirum ex perpetuitatis cura; ex qua d. Johannes, quod exul in Patmo non posset viva voce docere: ex eadem etiam reliqui scriptores sibi scribendi negotium datum esse intellexere, qui, si absque divino mandato rem tantam susceperunt, ejusdem se peccati alligarunt, quo secretarius, injussu principis ad subditos diploma scribens, delinquit; — vel *specialissimo*, cum obligatione, determinatione ac raptu divino conjuncto, quo motus Judas necessitatem

sibi impositam fassus est; accessit occasio tanquam ἐπαναγκές τι; vide
Aeg. Hunnium de eccles. p. 201. sq. — Tum *paedagogia antecedanea,
directrice et erroris praecautrice*, quae quidem solam Scripturam praestitisset infallibilem, nondum tamen proprie ϑεόπνευστον; conjuncta fuisset
cum scribentis molestia et difficultate, de qua conqueritur auctor Maccabaeorum. (2 Macc. 2, 27.) Tametsi enim etiam ϑεόπνευστοι*) scrutinium adhibuerint ac studio in exercitio docendi, tamen scribendi raptum
fuisse sine molestia, ostendit cita illa et expedita recitatio (Jer. 36, 2.)
e memoria eorum, quae in charta exciderunt. *Non solum 2. sub- vel
post-spirante* per consequens testimonium, quo pacto paedagoga
censet et approbat, quae discipulus proprio marte edidit, ob easdem,
quas modo habuimus, rationes; *sed 3. inspirante* per gratiam prae-
sentissimam concomitantem; accurante, ne vel in puncto erraret scriptor, revelante de novo res ratione humana superiores, moderante con-
signationes eorum, quae vel visu vel auditu accepisset („Ut enim‘, verba
sunt Bellarm., ‚dicitur vera epistola principis, quae a principe dictatur,
etiamsi is, qui eam scripsit, antea sciebat, quae scripturus erat: ita dicitur et est immediatum Dei verbum, quod scriptum est ab evangelistis
Deo inspirante et dirigente, licet scripserint ea, quae viderant et audierant‘), suggerente, quae exciderunt, cavente errorem, ne levioribus
quidem exceptis,**) dictitante verba aptissima, sanctificante sibique
appropriante. — ‚Quod manu apostolorum scriptum est, ipsa manu Dei
scriptum est‘, August. l. I. de consens. evang. c. ult. —; sed et 4. *re-
spirante*, quoties debito ordine oraculum Scripturae sacrae quaeritur.
Ut organum musicum pneumaticum quasi reviviscit, spirat, sonat, quoties ex arte pulsatur: ita cum lectione, auditione ac meditatione pia
tractatur Scriptura sacra, Spiritus S. per eam respirat quasi, edit oracula divina, consilia ex cordis divini adytis ad salutem necessaria manifestat. Atque haec ϑεόπνευσις est Scripturae s. anima, a qua habet
suum esse divinum ac αὐτόπιστον, non aliunde.“ (Hodos. phaen. 1. E.
p. 18—20.)

c) Sane non tam *res*, secundum suum esse reale (qua ratione sunt
extra intellectum scribentis), quam *conceptus* rerum scripto exprimen-
darum inspirantur intellectui scriptoris.

d) Non solum autem rerum *sublimium*, humanae rationis captum
excedentium, sed et caeterarum *omnium*, quas Scriptura continet, tanquam in literas referendarum, conceptus scriptoribus sacris a Deo in-
spiratos fuisse credimus; cum πᾶσα γραφή, tota *Scriptura*, non aliqua
tantum pars ejus, divinitus inspirata dicatur. Inspiratio vero non
nudam *assistentiam* aut *gubernationem* ad praecavendos errores, verum
ipsam *conceptuum communicationem* aut *suggestionem* importat; prout
amanuensi in calamum dictantur, quae is scribere debeat. Vid. *Mus.*
Introduct. P. II. Cap. II. § 3. n. 4. 5. p. 246. sqq.

QUENSTEDTIUS: „*Dist.* inter *assistentiam et directionem* divinam
nudam, qua tantum cavetur, ne scriptores sacri in loquendo et scribendo
a vero aberrent, et inter assistentiam et directionem divinam, quae includit Spiritus S. *inspirationem et dictamen;* non illa, sed haec Scripturam efficit ϑεόπνευστον et hic locum habet.“ (L. c. q. 3. f. 98. sq.)

---

*) 1 Pet. 1, 10. 11. 2 Tim. 3, 14. 1 Cor. 7, 15., ubi apostolus Spiritu S. praeditus v. 40.,
tamen negat, illud suum praeceptum expresse a Domino traditum, sed a se demum cum
singulari Spiritus S. assistentia, erroris cautrice, argumentando collectum.

**) 2 Tim. 4, 13., ubi pennulae et membranae cura ostendit, vestis formam esse adia-
phoram ac membranas apostolicas non esse parvi pendendas.

IDEM: „*Dist.* inter s. Scripturae *infallibilitatem*, et *divinitatem;* illa ab assistentia divina est, *haec* ab inspiratione Spiritus S. Nec statim, quod per assistentiam et directionem Dei infallibilem scriptum est, ϑεόπνευστον seu inspiratum divinitus dici potest." (L. c. f. 99.)

CONF. AUGUSTANA: „Cur toties prohibet *Scriptura* condere et audire traditiones? Cur vocat eas doctrinas daemoniorum (1 Tim. 4, 1.)? Num frustra haec praemonuit *Spiritus Sanctus?*" (p. 66.)

APOLOGIA A. C.: „Num frustra existimant toties idem repeti? Num arbitrantur, excidisse *Spiritui Sancto* non animadvertenti has voces?" (p. 107.) „Habes igitur, lector, nunc apologiam nostram, ex qua intelliges, et quid adversarii judicaverint (retulimus enim bona fide), et quod articulos aliquot contra manifestam *Scripturam Spiritus Sancti* damnaverint." (p. 74.)

LUTHERUS: „Erstlich nennet er (David, 2 Sam. 23, 2.) den Heiligen Geist, dem giebt er alles, was die Propheten weissagen. Und auf diesen und dergleichen Spruch siehet St. Petrus 2. Ep. 1, 21.: ‚Es ist noch nie keine Weissagung aus menschlichem Willen hervorgebracht, sondern die heiligen Menschen Gottes haben geredet aus Eingebung des Heiligen Geistes.' Daher singt man in dem Artikel des Glaubens (im Nicänum) von dem Heiligen Geist also: ‚der durch die Propheten geredet hat.' Also giebet man nun dem Heiligen Geiste die ganze heilige Schrift... Höre nun, wer Ohren hat zu hören! Meine Reden sind nicht meine Reden, sondern, ‚wer mich höret, der höret Gott, wer mich verachtet, der verachtet Gott', Luc. 10, 16. Denn ich sehe, dass meiner Nachkommen viel werden meine Worte nicht hören, zu ihrem grossen Schaden. Solchen Ruhm dürfen wir, noch niemand führen, der nicht ein Prophet ist. Das mögen wir thun, soferne wir auch heilig und den Heiligen Geist haben, dass wir Catechumenos und Schüler der Propheten uns rühmen, als die wir nachsagen und predigen, was wir von den Propheten und Aposteln gehöret und gelernet und auch gewiss sind, dass es die Propheten gelehret haben. Das heissen in dem Alten Testament der Propheten Kinder, die nichts eigenes noch neues setzen, wie die Propheten thun, sondern lehren, das sie von den Propheten haben. ... So haben wir nun hier abermal zwo unterschiedliche Personen, den Vater und den Sohn; so ist der Heilige Geist ohne das da, der solchen Psalmen vom Vater und Sohn mit ihren Worten eingeführet, gemacht und geredet hat. Also ist die unterschiedliche Dreifaltigkeit der Personen in einem unzertrennlichen göttlichen Wesen, und dass der Sohn Mensch und Messias sei, bekennet, gleichwie es in den letzten Worten Davids bekannt ist. Ein fleischlich Herz läuft überhin oder denket, David habe es als ein frommer Mann gemacht von sich selbst oder andern, wie die blinden Juden thun: aber David will es nicht leiden, dass man sollte *ihm* die Worte zuschreiben. Es sind lustige liebliche Psalmen Israel (spricht er), aber ich habe sie nicht gemacht, sondern der Geist des Herrn hat durch mich geredt." (Ausl. der letzten Worte Davids. 1543. III, 2797. sq. 2802. sq.)

QUENSTEDTIUS: „S. Scriptura canonica originalis est *infallibilis veritatis omnisque erroris expers,* sive, quod idem est, in s. Scriptura canonica nullum est mendacium, nulla falsitas, nullus vel minimus error, sive in rebus sive in verbis; sed omnia et singula sunt verissima, quaecunque in illa traduntur, sive dogmatica illa sunt, sive moralia, sive historica, chronologica, topographica, onomastica; nullaque ignorantia, incogitantia aut oblivio, nullus memoriae lapsus Spiritus S. amanuensibus in consignandis s. literis tribui potest aut debet." (L. c. q. 5. f. 112.)

FORM. CONC.: „Toto pectore prophetica et apostolica scripta V. et N. T. ut *limpidissimos purissimosque Israelis fontes* recipimus ac amplectimur." (Declar. de compendiaria doctrinae forma. p. 631.)

LUTHERUS: „Ich bitte und warne treulich einen jeden frommen Christen, dass er sich nicht stosse an der einfältigen Rede und Geschichte, so ihm oft begegnen wird; sondern zweifle nicht daran, wie schlecht es sich immer ansehen lässt, es seien *eitel Worte, Werke, Gerichte und Geschichte der hohen göttlichen Majestät und Weisheit.* Denn dies ist die Schrift, die alle Weisen und Klugen zu Narren macht und allein den Kleinen und Albernen offen steht, wie Christus sagt Matth. 11, 25. Darum lass deinen Dünkel und Fühlen fahren und halte von dieser Schrift als von dem allerhöchsten, edelsten Heiligthum, als von der allerreichesten Fundgrube, die nimmer ganz ausgegründet werden mag, auf dass du die göttliche Weisheit finden mögest, welche Gott hier so alber und schlecht vorleget, dass er allen Hochmuth dämpfe. Hier wirst du die ᴵWindeln und die Krippen finden, da Christus inne liegt, dahin auch der Engel die Hirten weiset Luc. 2, 11. Schlecht und geringe Windeln sind es, aber theuer ist der Schatz, Christus, der drinnen liegt." (Vorr. auf das A. T. 1523. XIV, 2. sq.)

IDEM: „Damit ich auch denen will geantwortet haben, die mir Schuld geben, ich verwerfe alle heilige Lehrer der Kirchen. Ich verwerfe sie nicht, aber dieweil jedermann wohl weiss, dass sie zuweilen geirret haben, als Menschen, will ich ihnen nicht weiter Glauben geben, denn sofern sie mir Beweisung ihres Verstands aus der *Schrift* thun, *die noch nicht geirret hat.* Und das heisset mich St. Paulus 1 Thess. 5, 21., da er saget: ,Prüfet und bewähret zuvor alle Lehre; welche gut ist, die behaltet.' Desselben gleichen schreibet St. Augustinus zu St. Hieronymo: ,Ich habe erlernet, allein denen Büchern, die die heilige Schrift heissen, die Ehre zu thun, dass ich vestiglich gläube, keiner derselben Beschreiber habe je geirret.'" (Grund und Ursach aller Artikel, so durch die röm. Bulle verdammt worden. 1520. XV, 1758.)

QUENSTEDTIUS: „*Dist.* inter apostolorum statum *ante acceptum in die pentecostes Spiritum S.*, et inter eorum statum *post collatum* Spiritus S. donum; in illo erroribus erant obnoxii et laborabant quorundam dogmatum ignorantia et falsa apprehensione, vide Act. 1, 7. Luc. 24, 25.; in hoc vero a Spiritu S. in omnem veritatem deducebantur, Joh. 16, 13. — *Dist.* inter apostolorum *conversationem* et eorundem *praedicationem ac scriptionem,* sive inter infirmitates *vitae* et errores *doctrinae.* In *doctrina* nequaquam errare potuerunt apostoli post acceptum Spiritus S. donum; erat mens et lingua eorum quasi plectrum aut calamus ipsius Spiritus S. dantis, quod loquerentur, et loquentis in ipsis Matth. 10, 19., adeoque ducentis eos in omnem veritatem Joh. 16, 13. In *vita* vero et conversatione externa non fuerunt prorsus ἀναμάρτητοι, sed propter ingenitam originalem corruptionem infirmitatibus et lapsibus adhuc obnoxii, et interdum etiam ἀνθρωπινòν passi sunt, ut de duobus fratribus Matth. 20, 20. affirmat Theophylactus. — *Dist.* inter errorem in fide et *doctrina,* et inter errorem in *facto* aliquo speciali, quale fuit peccatum Petri Gal. 2, 11. sq., scl. vitium non praedicationis, sed conversationis, ut inquit Tertullianus libro de praescriptione. — *Dist.* inter errorem in *theoria fidei,* quo pacto nullus scriptorum s. erravit, et errorem *in praxi,* et sic erravit Petrus, quia ejus praxis et externa conversatio non congruebat cum theoria sive doctrina et professione fidei." (L. c. q. 5. f. 116.)

IDEM: „*Dist.* inter illos, qui a s. scriptoribus *introducuntur loquentes ex proprio motu,* ut Eva Gen. 4, 1., Cain cap. eod. v. 13., Hiob maledicens diem nativitatis suae c. 3, 1., Judaei Joh. 8, 48. de Christo affirmantes, quod daemonium habeat; et inter illos, qui *introducuntur loquentes ex instinctu seu afflatu Spiritus S.,* ut Stephanus protomartyr, Johannes baptista, ejusque pater Zacharias, Simeon, virgo Maria; non illi, sed hi scriptoribus θεοπνεύστοις sunt accensendi." (L. c. q. 3. fol. 99.)

Idem: „*Dist.* inter *execrationes* et *blasphemias,* v. g. Jobi, Judaeorum etc., et inter earundem *historicam relationem* et consignationem;
non inspiravit Deus ipsis Judaeis Christum ut daemoniacum procla-
mantibus blasphemias Joh. 8, 48., nec Jobo execrationem diei nativitatis suae c. 3, 1.; inspiravit vero sanctis amanuensibus suis, ut illas
scriberent et consignarent, non ad imitationem, sed ad cautionem et
vitationem.“ (L. c. q. 4. f. 104.)

Idem: „Dicit quidem *Lucas,* ‚se omnia penitus *assecutum* esse, idque per traditionem eorum, qui spectatores et ministri verbi fuerint,
ut inde etiam aliquam sibi fidem conciliaret; ast cum illa scriberet,
quae assecutus erat, non ex aliorum relatione aut memoria sua ea de-
promsit, sed e divina Spiritu S. inspiratione, qui mentem et calamum
direxit ipsique et res scribendas et verba, quibus eaedem scriberentur,
suggessit.“ (L. c. q. 4. f. 104.)

Lutherus: „Weil hier (1 Cor. 7, 12. 13.) St. Paulus bezeuget,
dies Stück rede nicht der Herr, sondern er, gibt er zu verstehen, dass
es nicht von Gott *geboten*, sondern *frei* sei, sonst oder so zu thun. Denn
er unterscheidet seine Worte von dem Worte des Herrn, ‚dass des
Herrn Wort soll *Gebot*, sein Wort aber soll *Rath* sein.“ (Ausl. des
7. Cap. der 1. Ep. St. Pauli a. d. Corinther. 1523. VIII, 1109.)

Quenstedtius: „Omnia, quae scribenda erant, a Spiritu S. sacris
scriptoribus in actu isto scribendi suggesta et intellectui eorum quasi
in calamum dictitata sunt, ut his et non aliis *circumstantiis,* hoc et non
alio *modo* aut *ordine* scriberentur.“ (L. c. q. 3. f. 98.)

e) Quemadmodum enim Scriptura sacra ex vocum et literarum
characteribus *scriptis* habet, quod est *scriptura:* ita quando Scriptura
tota, absolute, simpliciter et absque ulla restrictione ϑεόπνευστος dicitur
(juxta ea, quae in *not. praeced.* indicavimus), fatendum est, etiam
conceptus vocum, quae literis exprimerentur, scriptoribus sacris inspiratos fuisse; quod prolixius probavit et ad objectiones dissentientium
respondit b. *Musaeus* l. c. n. 7. sqq. p. 250. sqq. Quod autem semper
ita docuerit, clarissime ostendit in Tract. quaest. de Syncr. et Script.
S. L. I. Q. III. p. 319. sqq. Conf. Ausführl. Erklärung, Q. VI.
p. 42. sqq.

Quenstedtius: „Neque dicit apostolus: πάντα ἐν γραφῇ sunt ϑεό-
πνευστα, sed πᾶσα γραφὴ ϑεόπνευστος, ut ostendat, non modo *res* scriptas,
sed etiam ipsam *scriptionem* esse ϑεόπνευστον. Et quicquid de tota Scriptura dicitur, idem etiam de verbis ceu parte Scripturae non postrema,
necessario intelligendum est. Si enim vel verbulum in Scripturis
occurreret non suggestum vel inspiratum divinitus, πᾶσα γραφὴ ϑεόπνευστος dici non posset. Si, inquam, verba et voces non fuissent s. scriptoribus suggestae per ϑεοπνευστίαν, Scriptura s. non proprie, non absolute et simpliciter, sed improprie, secundum quid et quoad conceptus rerum significatarum saltem esset diceque posset ϑεόπνευστος, inspirata a Deo; perinde ut Scriptura humano studio in aliam linguam
translata proprie, absolute et simpliciter ϑεόπνευστος dici non potest,
quia ipsa verba formalia, quibus constat, a Spiritu S. per inspirationem
suggesta non sunt, licet secundum quid et cum apposito ϑεόπνευστος
dici queat, nempe quoad conceptus rerum scriptoribus s. olim inspiratos, qui verbis versionis significantur.“ (L. c. q. 4. f. 107.)

Idem: „1 Cor. 2, 12. 13. Hoc loco 1. *verba* a *rebus* per verba com-
municatis distinguuntur. . . 2. Opponuntur λόγοι διδακτοὶ ἀνϑρωπίνης
σοφίας, et λόγοι διδακτοὶ τοῦ Θεοῦ, verba, quae docet humana sapientia,
sive verba humana, etiam sapientissime excogitata, et verba, quae docet, suggerit et dictitat Spiritus S. (Genitivus enim causam efficientem exprimit, ut Joh. 6, 45.: ‚Erunt omnes διδακτοὶ τοῦ Θεοῦ, docti **a**

Deo', ex Jes. 54, 13.) *Illa λαλιᾷ* apostolica removentur, *haec* vero ipsi tribuuntur. Vult enim dicere apostolus: Sicut a Sp. S. sapientiam illam sive notitiam mysteriorum divinorum accepimus, ita quoque ab eo ipsa verba, quibus eam eloquimur, edocti sumus." (L. c.)

LUTHERUS: „*Unus apex doctrinae plus valet, quam coelum et terra.* Ideo in minimo non patimur eam laedi." (Comm. in Ep. S. Pauli ad Gal. Tom. II. p. 341. Ed. Hal. VIII, 2661.)

IDEM: „Wenn sie aber nicht so leichtfertige Verächter wären der Schrift, so sollte sie *ein* klarer Spruch aus der Schrift so viel bewegen, als wäre die Welt voll Schrift; wie es denn wahr ist. Denn mir ist also, dass mir *ein jeglicher Spruch die Welt zu enge macht.*" (Dass diese Wort, das ist mein Leib, noch feste stehen. 1527. XX, 982.)

IDEM: „Quod si demus unam epistolam aliquam Pauli, aut unum alicujus locum non ad universalem ecclesiam pertinere, jam evacuata est tota Pauli auctoritas. Corinthii enim dicent, ea, quae de fide ad Romanos docet, non ad se pertinere. Quid blasphemius et insanius hac insania fingi possit? Absit, absit, ut *ullus apex* in toto Paulo sit, quem non debeat imitari et servare tota universalis ecclesia." (De capt. Babyl. Opp. cur. J. C. Irmischer. Vol V. p. 27. Ed. Hal. XIX, 21. sq.)

IDEM: „Fatentur omnes, quod Christus Joh. 10. dicit: ‚Non potest solvi Scriptura', et ejus auctoritatem prorsus illaesam esse oportere, cui neque liceat contradicere, neque eam negare." (Operat. in Psalmos. Cur. J. C. Irmischer. Vol. III. p. 318. Ed. Hal. IV, 1763.)

IDEM: „Darum wenn Moses schreibet, dass Gott in sechs Tagen Himmel und Erde und was darinnen ist, geschaffen habe, so lass es bleiben, dass es sechs Tage gewesen sind, und darfst keine Glosse finden, wie sechs Tage ein Tag gewesen sind. Kannst du es aber nicht vernehmen, wie es sechs Tage sind gewesen, so thue dem Heiligen Geist die Ehre, dass er gelehrter sei, denn du. Denn du sollt also mit der Schrift handeln, dass du denkest, wie es Gott selbst rede. Weil es aber Gott redet, so gebühret dir nicht, sein Wort aus Frevel zu lenken, wo du hin willt, es zwinge denn die Noth, einen Text anders zu verstehen, denn wie die Worte lauten; nämlich, wenn der Glaube solchen Verstand, als die Worte geben, nicht leidet." (Predigten über das 1. Buch Mosis. 1527. III, 23.)

f) Quo pertinet, quod *2 Petr. 1, 20. 21.* dicitur, *propheticam scripturam* (προφητείαν γραφῆς) *non esse allatam olim hominis voluntate* (non suo motu et arbitratu protulisse homines illos suas prophetias), *sed actos* (φερομένους) *a Spiritu Sancto locutos fuisse* (seque accinxisse ad exercitium actus, ut loquendi, ita et scribendi). Partim enim ipsa inspiratio divina, qua suggeruntur, quae in literas referri debeant, importat influxum ad exercitium actus scriptionis; partim etiam certum est, scriptores sanctos expresso Dei mandato ad scribendum fuisse excitatos, e. gr. *Moysen,* Deuter. 31, 19., *Esaiam,* c. 8, 1. 30, 8., *Jeremiam,* c. 30, 2., *Johannem,* Apoc. 1, 11. 19. 2, 1. 8. 12. 18. etc., aut alias *occasionem et incentiva* ad scribendum per peculiarem Dei providentiam fuisse objecta, quibus de Dei voluntate certi redderentur. Conf. *Mus.* l. c. § 8. p. 257. sqq.

QUENSTEDTIUS: „*Dist.* inter *occasionem fortuitam* et accidentariam, et inter occasionem *a Deo subministratam;* scripserunt quandoque apostoli ex occasione, sed non fortuita, sed a Deo subministrata. Deus omnia ita direxit, ut completum perfectumque canonem fidei et vitae haberemus, Scripturas scl. propheticas et apostolicas, ita ut ejusdem directioni, instinctui et impulsui, non vero fortuitae et accidentali occasioni, Scripturae acceptae ferri debeant." (L. c. q. 2. f. 62.)

ANTITHESIS:

QUENSTEDTIUS: ,,*Antithesis:* 1. *Pontificiorum*, 2. *nonnullorum Calvinianorum*, 3. *Socinianorum*, 4. *Arminianorum*, denique 5. *Novatorum*, qui omnes ea, quae *naturali ratione* et aliunde vel per experientiam propriam et sensuum ministerio cognosci potuerunt (vel quorum scriptores ipsi αὐτόπται καὶ αὐτήκοοι extiterunt), quaeque *nihil ad salutem faciunt* et facti vel rei narratae *circumstantiam* spectant, itemque *leviora* videntur, non revelasse, inspirasse et dictasse Spiritum S., sed *solum* ad haec consignanda scriptores excitasse et simul gubernasse per *assistentiam et directionem* singularem, ne quid falsi, indecori aut incongrui admiscerent, vel aliquid humani in scribendo paterentur. Sic *Bellarminus* lib. de V. D. c. 15. ait: ,Aliter Deus adfuit prophetis, aliter historicis. Illis revelavit futura et simul astitit, ne aliquid falsi admiscerent in scribendo; his non semper revelavit ea, quae scripturi erant, sed excitavit duntaxat, ut scriberent ea, quae vel viderant, vel audierant, quorum recordabantur, et simul astitit, ne quid falsi scriberent.' ... Verba D. *Georg. Calixti* P. I. Resp. Moguntinis oppositi th. 72. haec sunt: ,Neque Scriptura dicitur divina, quod *singula*, quae in ea continentur, divinae peculiari revelationi imputari oporteat (v. g. de duob. filiis Abrahami, de patre Davidis, de serie et successione regum Jerosolymae et Samariae, quod Herodes fuerit rex Judaeae, Pilatus praeses, aut quod Timotheo scribit s. Paulus 2 Tim. 4, 13.: Penulam, quam reliqui Troade apud Carpum, adfer, cum venies), sed quod *praecipua*, sive quae primario et per se respicit ac intendit Scriptura, nempe quae redemptionem et salutem generis humani concernunt, nonnisi divinae illi peculiari revelationi debeantur; in caeteris vero, quae aliunde, sive per experientiam, sive per lumen naturae nota, consignandis divina assistentia et Spiritu ita scriptores sint gubernati, ne quidquam scriberent, quod non esset ex re, vero, decoro, congruo.'" (L. c. q. 3. fol. 99.)

IDEM: ,,Observa, *Suaresium* admittere θεοπνευστίαν (sive divinam inspirationem) ipsorum verborum Scripturae in omnibus, quae mysteria fidei concernunt et captum humanum excedunt; specialem autem assistentiam per custodiam ab omni errore et falsitate tantum in iis admittere, quae secundum se humana sunt et sensibus subjacent. *Bellarminus* l. II. de Conc. Auctor. c. 15. column. 264. scribit: ,Scriptores sacros non debuisse multum laborare in suis libris; satis enim fuisse, si laborarent scribendo vel dictando, si ederent vaticinia, vel ad summum revocando ad memoriam, quae viderant aut audierant, et cogitarent verba, quibus ea scriberent, si scribebant historias vel epistolas vel aliquid simile.' .. Huc pertinent etiam illi, qui methodum seu dispositionem, exornationem, ἑρμηνείαν, phrasin et stylum Scripturae humano ingenio atque industriae attribuunt, et non immediatae atque infallibili Spiritus S. inspirationi, quos inter eminet *Sebast. Castalio* in dialogo 2. de elect." (L. c. q. 4. f. 106. sq.)

CALVINUS: ,,Quum illic (Ps. 22.) queratur David, se hostibus praedae fuisse, metaphorice sub nomine *vestium* sua omnia designat, ac si uno verbo dixisset, spoliatum se ac nudatum ab improbis fuisse. Quam figuram dum negligunt evangelistae, a nativo sensu discedunt." (Commentar. super Joh. p. 190.)

IDEM: ,,Quum de praestantia hominum disserat propheta, apostolus Ebr. 2. ad Christi exinanitionem id trahit... Quod de brevi abjectione deinde tractat apostolus, non est exegeticum, sed ad suum institutum deflectit, quod alio sensu a Davide dictum fuerat. Sic Eph. 4, 8. locum Psalmi 68, 19. non tam intrepretatur, quam pia deflectione ad Christi personam adcommodat." (Opp. Tom. III. p. 24. ad Ps. 8.)

QUENSTEDTIUS: ,,*Antithesis: Pontificiorum*, qui nugantur, evangelistas et apostolos nullo divino mandato ad scribendum accessisse, sed

incidenter, ex occasione quadam accidentaria aliunde oblata, aut necessitate coactos. Item: Deum nec mandasse expresse, ut scriberent, nec
ut non scriberent. Apostolos nullibi testari, se ex Domini mandato
scribere. Ita *Bellarminus* l. IV. de V. D. c. 3. col. 169., ubi ait: ,Fal-
sum est, Deum mandasse apostolis, ut scriberent, legimus enim Matth.
ult. mandatum, ut praedicarent evangelium, ut autem scriberent, nusquam legimus. Itaque Deus nec mandavit expresse, ut scriberent, nec
ut non scriberent. Nec tamen negamus, quin Deo volente et inspirante
apostoli scripserint, quae scripserunt' etc. et c. 4. § 3. secundo prob.
inquit: ,Si Christo et apostolis fuisset propositum, V. D. coarctandi
et restringendi ad Scripturam, inprimis rem tanti momenti, Christus
aperte praecepisset et apostoli alicubi testarentur, se ex Domini mandato scribere, quemadmodum ex Domini mandato in toto orbe docuerunt, at id nusquam legimus.'" (L. c. q. 2. f. 94.)

IDEM: ,,*Antithesis:* 1. *Pontificiorum*, ut Alberti Piggii l. 1. Hie-
rarch. Eccles. c. 2. dicentis: ,Matthaeus et Johannes evangelistae potuerunt et labi memoria et mentiri', item: ,Quis certos nos reddet,
vera esse et certa, quae scribunt omnia de Christo (praesertim Marcus
et Lucas), quae nunquam viderant, sed crediderunt narrantibus aliis
etc.'; *Erasmi* in notis in cc. 2. et 27. Matthaei statuentis, ,ibi evangelistas testimonia hujusmodi non e libris deprompsisse, sed, memoriae
fidentes, ita ut fit, lapsos esse.' . . . 3. *Socinianorum*, ut Socini in
libello de auctoritate Scripturae, ubi cap. 1. p. 15. scribit: ,Quae-
dam in Scriptura per se ipsa falsa apparere, sed quae parvi sint momenti'; pag. 71. ait: ,fieri potuisse, ut evangelistae et apostoli in aliquibus leviter errarint.' . . . 4. *Arminianorum*, in praefatione apologiae suae et in specimine errorum tertio contra Leidenses; Episcopii
Institut. theolog. l. IV. s. 1. c. 4. p. 232, ubi asserit: ,Scriptores s. potuisse labi et reipsa lapsos esse memoria in rebus levibus et nihil ad
salutem pertinentibus etc.' . . 5. *Weigelianorum*, qui de scriptoribus
seu amanuensibus Dei, prophetis scl. et apostolis, docent: ,Eos ab
omni errore in dogmaticis immunes non fuisse.' Vide Weigelium in
Güldengriff p. 57." (L. c. q. 5. f. 114.)

R. F. GRAU: ,,Es haben die Theologen des 17ten Jahrhunderts
eine göttliche Art und Natur der heiligen Schrift gelehrt, welche, wie
sie nicht mit ihrer menschlichen und geschichtlichen Wirklichkeit
stimmt, so auch keineswegs als eine wahrhaft göttliche Art sich erweis't. Das Göttliche in Jesu Christo erweis't sich gerade dadurch als
wahrhaft göttlich, dass es ganz und gar in die menschliche Wirklichkeit
eingeht, in Geburt, menschliches Wachsthum und Entwickelung, ja
Leiden und Sterben, ob es auch der göttlichen Erscheinung und Herrlichkeit sich entäussern musste. So ist nun auch die heilige Schrift,
um untrügliche und umfassende Quelle der Wahrheit für die Kirche
und ihre gesammte Entwickelung zu sein, nicht auf die pur göttliche
Weise entstanden, dass der Heilige Geist, als der alleinige Autor, den
menschlichen Verfassern als blossen Schreibern oder Instrumenten so
Inhalt wie Worte dictirt habe. Auf Grund dessen wurden eben die
hohen und göttlichen Eigenschaften, als Vollkommenheit und Genug-
samkeit, Klarheit u. s. w. der heiligen Schrift zugeschrieben. Dies ist
ja die Inspirationslehre des 17. Jahrhunderts. Wir können dagegen
nur mit dem mitwissende Schriftforscher unserer Zeit sagen: ,Weder den
aus der Beschaffenheit des Textes, noch den aus der Beschaffenheit der
Sprache erwachsenden Fragen, nicht den schriftstellerischen Eigen-
thümlichkeiten der Verfasser, noch den nächsten Zwecken und den
davon stammendem Besonderheiten der einzelnen Schriften, nicht der
Mannichfaltigkeit der Lehrweisen, noch der Verschiedenheit der geschichtlichen Berichte konnte man gerecht werden, ohne mit jener dogmatischen Aussage, was es um die göttliche Eingebung der heiligen
Schrift sei, in Widerspruch zu kommen: sie vertrug sich, was die neu-
testamentliche Schrift anlangt, nur mit einer Evangelienharmonie, nicht

aber mit den Evangelien, und nur mit einer Sammlung von Lehrbeweis-
stellen, nicht aber mit den apostolischen Briefen. Eine nach ihr ge-
bildete Vorstellung von der Schrift würde mit der Wirklichkeit derselben
nur eine entfernte Aehnlichkeit haben.'*) . . . Nicht in einer menschlichen Scheingestalt, wie die Doketen lehrten, hat sich die Gottheit
auf Erden offenbart. So ist auch die menschliche Art, die geschichtliche Entwickelung der heiligen Schriften nicht blosser Schein, hervorgerufen durch eine äussere Accommodation des Heiligen Geistes an die
natürliche Art der menschlichen Verfasser. Hier gilt es, zu erkennen:
nicht trotz der Autorschaft des Heiligen Geistes ist die Schrift wahrhaft menschlich und geschichlich entstanden und geworden, sondern
gerade durch jenen Ursprung. Der Geist Gottes ist als der in der Welt
wirkende ein Geist der Geschichte und der Entwickelung; und er ist als
der Geist Christi ein Geist der Selbstentäusserung und Demuth. (!) . . .
Es ist jetzt kein Rückzug zu Quenstedt und Calov mehr möglich. . .
Die heilige Schrift ist uns nicht mehr ein grosser vom Himmel herab
gesandter Gesetzescodex mit seinen einzelnen Paragraphen, Beweis-
stellen genannt. Solche Auffassung müssen wir um des Glaubens
willen als doketisch und um der Wissenschaft willen als geschichts-
widrig zurückweisen. Die Schrift ist uns eine durch echt menschliche
und geschichtliche Entwickelung gewordene Schriftensammlung, welche Art dem in dieser Entwickelung waltenden Heiligen Geiste, als dem
Geiste Jesu Christi des Menschen- und Gottessohnes, nicht wider-
spricht, sondern allein entspricht. Die Grenzen des Göttlichen und
Menschlichen in der Schrift können überhaupt nicht mechanisch und
quantitativ bestimmt werden, so wenig, wie in der Person Jesu." (Ent-
wickelungsgeschichte des Neutestamentlichen Schriftthums." Güters--
loh 1871. I, 11. 12. 18. sq.)

KAHNISIUS: „Die altdogmatische Inspiration ruht auf dem Grund-
gedanken, dass die Schrift Gottes Wort ist, weil Gott der Heilige Geist
ihr eigentlicher Verfasser sei. Dies aber ist er, sofern er einmal den
heiligen Schriftstellern den Impuls zum Schreiben gab, dann aber ihnen
sowohl Inhalt als Worte dictirte. . . Die Unhaltbarkeit der altortho-
doxen Inspirationslehre wird Jedem in die Augen springen, der sich
nur die Mühe gibt, sich ein anschauliches Bild von derselben im Einzelnen zu machen. Soll man sich denken, dass der Apostel Paulus, als
er jenen zarten, urbanen, von einem leisen Humor berührten Brief an
Philemon schrieb, nur aufzeichnete, was der Heilige Geist ihm dictirte?
Denkt eine Inspirationslehre, welche alle Solöcismen und Barbarismen
der apostolischen Schriften, alle verfehlten Constructionen des Paulus,
alle ungenauen Citate, Differenzen in der Darstellung (und zwar in
Puncten, wo auf den Wortlaut etwas ankommt, wie bei den zehn Geboten, dem Vaterunser, den Einsetzungsworten des Abendmahles),
Entlehnungen aus anderen Schriften, rein persönliche Urtheile und
Ausdrücke u. s. w. dem Heiligen Geiste zuschreibt, wirklich würdig
vom Heiligen Geiste? . . . Mussten wir bei Propheten und Aposteln
selbst bei Empfängniss der Offenbarung einen menschlichen Coefficien-
ten annehmen, so konnten wir uns begriffliches Durcharbeiten und
Darstellung durchaus nicht ohne Mitwirkung der menschlichen Eigen-
thümlichkeit denken und durften auf ganz unverkennbare Thatsachen
einfach verweisen. Diese menschliche Seite tritt noch viel entschiedener bei Dichtern, lyrischen und didaktischen, und Geschichtsschrei-
bern hervor. Soll man annehmen, dass was David in seinem Herzen
empfand, der Heilige Geist in Gestalt eines Psalms dictirt habe?
Wenn der Evangelist Lucas nur niederschrieb, was ihm der Geist dictirte: wozu beruft er sich auf Ueberlieferung und Forschung? Wenn
Salomo's Sprüche, wie man doch selbst strengererseits zugibt, nicht

---

*) v. Hofmann, die heilige Schrift neuen Testaments zusammenhaengend untersucht,
Noerdlingen 1862. 1. Th. p. 9.

auf Offenbarung ruhen, sondern auf Lebensweisheit: welch ein Widerspruch liegt in der Annahme, dass der Heilige Geist menschliche Lebensweisheit dictirt habe! Werden dann nicht diese sehr cum grano salis zu nehmenden Regeln zu Gesetzen des Heiligen Geistes? Und diese Inspirationslehre auf ein Buch wie Koheleth übertragen: welche Monstrositäten entstehen uns! . . . Unter diesen prophetischen und apostolischen Schriften aber sind sowohl vom Gesichtspuncte des Ursprungs als des Inhaltes aus Unterschiede. Wir können das Deuteronomium nicht den vier ersten Büchern gleichstellen. Unter den Propheten stehen Obadia und Jona unter Jesaia, Jeremia, Ezechiel. Im Neuen Testamente treten die Pastoralbriefe (S. 531) und der Brief an Philemon auf eine zweite Linie. Das Wort der Offenbarung, welches innerhalb des Reiches alten und neuen Bundes ergeht, ist nur im Zusammenhange der Geschichte desselben zu verstehen. Und so treten denn die *Geschichtsbücher* alten und neuen Bundes in ihr kanonisches Recht, aber ein Recht *zweiten* Grades. Wie der Inhalt derselben das Zusammenwirken des Göttlichen und Menschlichen im Reiche Gottes ist, so sind auch die heiligen Geschichtsschreiber nicht nothwendig Männer der Offenbarung, sondern Männer, die im Geiste des Reiches Gottes stehen. Dahin gehören im Alten Testamente die prophetischen Geschichtsbücher in erster, die hagiographischen Ruth, Esra, Nehemia in zweiter, die Bücher Esther und Chronik in dritter Linie (S. 285 ff.). Im Neuen Testamente fallen in diese zweite Reihe in erster Linie die drei ersten Evangelien (S. 406 ff.), in zweiter die Apostelgeschichte (S. 518). Eine *dritte* Classe bilden die alt- und neutestamentlichen Hagiographen, deren Inhalt weder Offenbarung noch Geschichte des Reiches ist, sondern *das Leben im Reiche Gottes wie es sich im Einzelnen darstellt.* Dahin gehören im Alten Testament in erster Linie die Psalmen (S. 294 ff.), in zweiter die Sprüche Salomo's (S. 304), Hiob (S. 305) und Klagelieder Jeremias, in dritter das Hohelied (S. 303), Koheleth (S. 309) und Daniel (S. 369 ff.), im Neuen Testamente in erster Linie der Hebräerbrief und der 2. und 3. Brief Johannis, welche bei aller Wahrscheinlichkeit doch nicht sicher johanneischen Ursprungs und überdies mehr persönlichen Inhalts sind (S. 546), in zweiter die übrigen katholischen Briefe und die Apokalypse (S. 537 ff.). Wenn bei der *ersten* Classe die Persönlichkeit von wesentlicher Bedeutung ist, so tritt sie dagegen in der *zweiten* Classe zurück, da hier Alles auf die objective Wahrheit und den Geist der Darstellung ankommt. Es liegt aber in der Natur der *dritten* Classe, dass das Subject in Bedeutung tritt. Es ist nicht gleichgültig, ob ein Psalm von David ist oder nicht, die Sprüche von Salomo sind oder Anderen, Daniel echt oder unecht u. s. w. Aber man muss sich bei diesen Schriften dritten Ranges wohl hüten, auf Authentie zu viel stellen zu wollen. Mag dieser Versuch vom Standpunkte der Inspiration aus die Schrift in drei Classen zu theilen mangelhaft sein: jedenfalls ist eine Unterscheidung von Graden der Inspiration im Sinne der Schrift, wie sie denn auch in alter und neuer Zeit bedeutende Auctoritäten für sich hat." (Die lutherische Dogmatik historisch-genetisch dargestellt. Erster Band. Leipzig 1861. p. 666. sqq.)

IDEM: „Der Protestantismus steht und fällt mit dem Grundsatze von der alleinigen Auctorität der Schrift. Unabhängig aber ist dieser Grundsatz von der Inspirationslehre der alten Dogmatik. Sie wieder aufzunehmen, wie sie war, kann nur mit Verhärtung gegen die Wahrheit (!) geschehen." (Der innere Gang etc. Ed. 2. p. 241.)

THOMASIUS: „Sie (die heiligen Schriften) tragen durchaus das Gepräge der Individualität und Selbstthätigkeit ihrer Verfasser, sowohl in der Conception der Gedanken, als in der Ausführung und Darstellung. Man darf sich nur unbefangen an sie hingeben, so überzeugt man sich sofort, dass diese Schriften nicht ‚dictirt sind vom Heiligen Geiste‘." (Christi Person u. Werk. Dritter Theil. Erste Abth. 2. Aufl. p. 449. sq.)

HOFMANNUS: „Nicht wie erstere (die alttestamentliche Schrift)
entstanden, sondern was es um sie sei, bezeugt die letztere (die neu-
testamentliche). Denn wenn wir 2 Pet. 1, 21. von den alttestamentlichen Propheten lesen, dass es göttliche Wirkung, Wirkung des Heiligen Geistes gewesen, kraft welcher sie geredet haben; so ist dies
seinem nächsten Wortlaute und Zusammenhange nach nicht einmal
von allen einzelnen Bestandtheilen der alttestamentlichen Schrift gesagt, geschweige von deren Zusammenfassung in das einheitliche Ganze
derselben... Nicht auf irgend etwas, das irgend wann geredet worden, noch auf irgend etwas, das in der Schrift nur enthalten ist, sondern auf *das Ganze der Schrift* beruft sich Jesus... Wenn er also
einzelne Schriftstellen anführt, sei es um ihre Erfüllung in seiner Person und Geschichte aufzuzeigen, oder um seine Weisungen darein zu
kleiden, so meint er sie nicht in ihrer Vereinzelung, sondern die Schrift
als einheitliches Ganzes ist es, welche er von sich zeugen oder den
Willen Gottes aussagen lässt. Ebenso berufen sich die neutestamentlichen Schriftsteller nicht etwa nur auf dieses oder jenes Wort Mose's
oder David's oder Jesaja's, weil diese Einzelnen kraft des Geistes Gottes geredet haben, sondern die Schrift führen sie redend ein, mögen sie
den nennen, welcher dies oder jenes gesagt habe, oder nicht... Dass
die alttestamentliche Schrift ein Werk des Heiligen Geistes, dass sie
inspirirt ist, dessen gedenkt unser Lehrsatz nicht; aber nur deshalb
nicht, weil für uns ein für alle Mal feststeht, dass *alles*, was zur Fort-
führung der heiligen Geschichte dient, kraft einer Wirkung des Heiligen
Geistes geschieht, welcher hiefür dem Menschen in der Weise, wie es
für den jedesmaligen Zweck solcher Wirkung erforderlich ist, hinsicht-
lich seines Naturlebens bestimmend innewaltet... Nicht blos auf die
Schreibenden, sondern auch auf diejenigen ist solche Wirkung geschehen, welche die einzelnen Bestandtheile der Schrift zusammenstellten,
sei es zu Büchern, sei es zum Ganzen derselben. Darnach wird die
mannigfaltige Wirkung des Geistes Gottes, welche man unter dem einen
Namen der Inspiration zusammenbegreift, beschrieben sein wollen;
so zwar, dass man immer im Auge behält, wie das Einzelne je in seinem
Verhältnisse zu dem beabsichtigten Ganzen durch Wirkung des Heiligen Geistes hervorgebracht worden ist." (Der Schriftbeweis. Nördlingen, 1852. I, 567—573.)

LUTHARDTIUS: „Im Ganzen sucht die gläubige Theologie noch
eine Formel zu finden, in welcher sie den ‚gottmenschlichen‘ Charakter
der Schrift auszusprechen vermöge... Tholuck und Rothe haben die
Unhaltbarkeit der alten Lehre nachgewiesen... Es ist auszugehen von
der Nothwendigkeit und Bedeutung des *Ganzen der Schrift* für die
Kirche und von da aus sowohl die Gewissheit abzuleiten, welche zunächst die Kirche als Ganzes von dem Ganzen der Schrift und ihren
einzelnen Theilen hat, sofern sie integrirende Theile dieses Ganzen
sind, als auch auf die Gotteswirkung ihrer Entstehung zu schliessen,
so dass das Einzelne immer in Beziehung zum Ganzen gefasst, der
psychologische Zustand aber als der der Einheit von Receptivität und
Spontaneität begriffen wird. Die Schrift *ist* das normirende Wort
Gottes (für die Kirche) und *enthält* das seligmachende Wort Gottes
(für die Einzelnen). Vergl. Hofmann, Schriftbew. II, 2, 98—109."
(Compendium. Dritte Aufl. p. 255.)

DELITZSCHIUS: „Auch ist Theopneustia ein Gattungsbegriff, der
gar mannigfach abgestufte Geisteswirkungen unter sich begreift, je
nachdem der Schriftsteller sich productiv und continuativ, oder repro-
ductiv und applicativ zur Heilsoffenbarung und Heilsgeschichte verhält.
Aber in beiden Fällen erscheint das Göttliche unter den Affectionen des
Menschlichen. Im letzteren Falle sind sogar Irrungen in Reproduction
des Geschichtlichen und Gegebenen möglich, Gedächtnissfehler, Com-
binationsfehler, überhaupt solche Fehler, über welche die allergeist-
lichste menschliche Thätigkeit nicht absolut erhaben ist. Wer das

leugnet, der kennt die alt- und neutestamentlichen Geschichtsbücher nur oberflächlich, und wer sich daran ärgert, der versündigt sich an dem Heiligen Geiste, dessen ganz und gar nicht doketische liebreiche Herablassung (!) in die Menschlichkeit er vielmehr bewundern und preisen sollte." (System der bibl. Psychol. Leipzig, 1855. p. 319. sq.)

KURTZIUS: „Wir behaupten kühn und mit der sicheren Zuversicht, dem göttlichen Charakter der heiligen Schrift und Geschichte nicht im mindesten zu nahe zu treten, dass die heiligen Männer Gottes im A. und N. B., welche der Geist Gottes zu göttlichen Werken oder Worten trieb, gar wohl, was naturwissenschaftliche Erkenntnisse betrifft, in den zu ihrer Zeit allgemein herrschenden Irrthümern mitbefangen sein konnten. ... So konnte auch Moses gar manche physikalisch-irrige Ansicht über die Natur des Sternenhimmels oder des Erdinneren haben, als er im prophetischen Geiste die Geschichte der Schöpfung des Himmels und der Erde auffasste, ohne dass ihm diese Irrthümer dadurch hätten benommen werden müssen; denn die mosaische Schöpfungsgeschichte hat eben gar keine physikalische, sondern blos religiöse Belehrung zum Zwecke." (Bibel und Astronomie. Berlin, 1858. p. 8. sq.)

DIECKHOFFIUS: „Es wird wohl zugestanden werden müssen, dass die Art, wie man die Irrthumslosigkeit des Wortes der heiligen Schrift in der alten orthodoxen Dogmatik gefasst hat, eine unhaltbare ist, und dass man der negativen Kritik nicht mächtig werden kann, wenn man mit jenem Zugeständnisse meint zurückhalten zu müssen." (Kirchliche Zeitschrift von Kliefoth-Mejer. 1858. p. 757.)

PHILIPPIUS: „Dabei hat man sich nicht von vorneherein gegen die Anerkennung der Möglichkeit zu sträuben, dass manche untergeordnete Differenzen wirklich vorhanden seien, und darum ungelöst zurückbleiben. Denn es gibt ja hier allerdings ein Gebiet der unbedeutenden Zufälligkeit, wie die Aehnlichkeit eines Porträts nicht von der genau entsprechenden Länge der Nägel und Haare bedingt ist. Wie weit die Inspiration auch hier die menschliche Schwachheit völlig überwunden habe, scheint uns nur auf geschichtlichem Wege, nicht dogmatisch bestimmt werden zu können. Wir möchten deshalb wenigstens nicht a priori mit Calov sagen: Nullus error, vel in leviculis, nullus memoriae lapsus, — ullum locum habere potest in universa Scriptura sacra (Kein Irrthum, selbst nicht in geringfügigen Dingen, kein Gedächtnissfehler, — kann in der ganzen heiligen Schrift statt haben). Aehnlich äusserte schon Julius Africanus in Beziehung auf historisch-chronologische Schwierigkeiten im Neuen Testamente: τὸ μέντοι εὐαγγέλιον πάντως ἀληθεύει (Das Evangelium redet ja durchweg die Wahrheit)." (Kirchliche Glaubenslehre. Stuttgart 1854. I, 208. sq.)

Cf. RUDELBACHIUS: „Die Lehre von der Inspiration der heiligen Schrift, mit Berücksichtigung der neuesten Untersuchungen darüber von Schleiermacher, Twesten und Steudel, historisch-apologetisch und dogmatisch entwickelt." (Zeitschrift für die gesammte lutherische Theologie und Kirche. Herausg. von Dr. A. G. Rudelbach und Dr. H. E. F. Guericke. Erster Jahrg. 1840. Erstes Quartalheft, p. 1—59. Zweites Quartalheft, p. 1—66.)

§ 5.

Causa impulsiva[a] consignatae ex voluntate divina Scripturae sacrae interna est bonitas[b] Dei, externa[c] hominum salvandorum indigentia.[d]

a.) Quam necesse est agnoscere eos, qui *consilii* divini *causas* scrutantur, et tradunt, quam ob rem Deus *doctrinam coelestem, aliquamdiu*

per vivae vocis traditionem sine Scripturarum adminiculo conservatam, lite-
ris mandari voluerit.   Vid. b. *Gerh.* Exeg. L. I. § 19. p. 36.

GERHARDUS: ,,Scribendi mandatum tum demum Moses accepit,
cum Deus decalogi tabulas suo digito scripsisset. Exod. 34, 27.''
(Exeg. l. 1. § 16.)

b) Est enim communicatio Scripturae hominibus facta utique
beneficium Dei indebitum.

c) Quam vulgo προκαταρκτικήν vocant; qua ratione alias nostrates
voluntatis divinae de mittendo filio causam προκαταρκτικήν dicunt miseriam humanam, ita ut a causa meritoria valde differat.   Sic enim et
indigentia pauperis movet hominem divitem ac liberalem ad dandam
ei eleemosynam, nec tamen ideo pauper ille sua indigentia meretur
eleemosynam.

d) Scilicet 1) multiplicato genere humano, 2) vitae vero humanae spatio abbreviato, non aeque ut olim a patriarchis, immediata
revelatione Dei instructis, viva voce coram instrui poterant omnes homines.   Sed et 3) invectis variis doctrinae corruptelis, accedente
4) hominum informandorum infirmitate et memoriae imbecillitate, ut
tamen praesto esset revelatio, ad quam in omni necessitatis casu secure
confugi posset, *litera scripta* non abs re desiderabatur.   Atque ita divinae providentiae consultissimum visum est, capita divinarum revelationum scripto comprehendi.   Conf. *Gerh.* l. c. p. 37.

CHEMNITIUS: ,,Dignum est consideratione, cum per traditiones
puritas doctrinae non conservaretur et Deus non vellet amplius illa ratione uti, ut erroris corruptelis per novas subinde et peculiares revelationes repeteret, instauraret et conservaret puritatem ejus doctrinae,
quae ab initio mundi patriarchis patefacta et tradita fuerat, — dignum,
inquam, est observatione, quam aliam rationem tempore Moysis ipse
constituerit et ostenderit, ut scilicet scriptis, divina auctoritate et testimonio approbatis et confirmatis, puritas doctrinae coelestis propagare-
tur et conservaretur, ne quaestionibus aut controversiis de veteri ge-
nuina et pura patriarcharum doctrina exortis semper quaerendae et
expectandae essent novae et peculiares revelationes.   Illa vero historia
diligenter consideranda est.   Utiliter enim illustrabit et explicabit praesentem controversiam de sacra Scriptura, monstrata prima ejus origine.
Ostendit autem historia, quod judicio praecipue est *observandum, Deum
non tantum instituisse, sed ipsum suo facto et exemplo, cum primus verba
decalogi scripsit, dedicasse et consecrasse viam illam et rationem, ut per
Scripturas divinitus inspiratas conservetur et retineatur coelestis doctrinae
puritas.   Ita prima origo sacrae Scripturae Deum ipsum habebit auctorem.*
Loquimur autem de Scripturis divinitus inspiratis. . . Judaei fabulantur, librum Genesis a Mose conscriptum fuisse, priusquam Deus verba
decalogi scriberet, propterea quod Exodi 24. fit mentio voluminis foederis ante allatas tabulas decalogi.   Sed non animadvertunt, multa per
anticipationem seu per ὕστερον πρότερον in historia sacra dici; volumen
enim illud, cujus mentio fit Exod. 24., fuit liber Veteris Testamenti,
quod Deus in monte Sina pepigit cum filiis Israel, sicut manifeste scriptum est Ebr. 9.   Sed Exod. 34., cum Deus verba decalogi scriberet in
tabulis, Moses nondum scripserat volumen foederis, sed tunc primum
accepit mandatum scribendi.   Nullum igitur dubium est, quae Exod. 24.
de scriptione et dedicatione voluminis foederis referuntur, gesta esse
post ea, quae Exod. 34. describuntur, ita ut Deus decalogum prius scripserit in tabulis, quam Moses suos libros conscriberet. . ., et haec eo
recitari, ut observetur ex Scripturis divinitus inspiratis, quas ad poste-

ritatem Deus conservari et extare voluit, nihil scriptum fuisse ante tabulas decalogi Dei digitis conscriptas. *Multum enim facit ad dignitatem et auctoritatem sacrae Scripturae illustrandam, quod Deus ipse rationem comprehendendi literis doctrinam coelestem non tantum instituit et mandavit, sed quod illam primus scriptis verbis decalogi suis digitis initiavit, dedicavit et consecravit. Si enim ab hominibus primum scriptio sacrorum librorum inchoata fuisset, potuisset opponi praescriptio plus quam bis mille annorum, ubi in melioribus mundi temporibus et inter praestantissimos patriarchas sine scripto viva voce tradita fuit doctrina verbi divini.* Deus igitur ipse suis digitis fecit initium scribendi, ut ostenderet, quantum huic rationi, ut doctrinae puritas ad posteritatem scriptis conservetur, tribuendum sit. Quod vero tabulas lapideas sumpsit, in quibus verba decalogi scripsit, alia est ratio, quae explicatur 1 Cor. 3. *Ne vero ea, quae per homines Dei, miraculis et testimoniis divinis ad hoc ornatos, vel conscriberentur, vel conscripta comprobarentur, minoris vel nullius ad confirmationem dogmatum et refutationem corruptelarum auctoritatis haberentur, noluit Deus ipse totam legem conscribere, sed, scriptis verbis decalogi, Mosi mandatum dedit, ut reliqua ex ore ejus conscriberet.* Et ut populus Dei certus esset, Scripturam illam Mosis non humana voluntate allatam, sed divinitus inspiratam esse, Deus valde multis stupendis miraculis testimonio Mosis auctoritatem conciliavit et ante scriptionem et post et in ipsa scriptione." (Exam. conc. Trid. De S. S. f. 8. sq.)

QUENSTEDTIUS : ,,Quaestio 1. : An s. Scriptura fuerit *necessaria?* — Status controversiae : Quaestio est 1. non de s. Scriptura formaliter considerata, sed materialiter spectata ; 2. non de necessitate ex parte Dei, aut amanuensium Spiritus S., sed de necessitate ecclesiae ; 3. non de necessitate in quovis ecclesiae statu, sed de ecclesia hodierna in omnem orbem dilatata, ad consummationem seculi conservanda, revelationibus immediatis et doctoribus ϑεοπνεύστοις destituta post limites Scripturarum clausos ; 4. non de necessitate absoluta, sed hypothetica ; nec 5. quaeritur, an uni et alteri individuo Scriptura non fuerit necessaria, sed an toti ecclesiae." (L. c. q. 1. f. 89.)

IDEM : ,,Apostoli scripserunt non tantum, ut suorum temporum necessitati consulerent, sed ut omnium temporum hominibus relinquerent certam et exactam tum credendi, tum vivendi normam ac regulam, cf. Rom. 15, 4. Hinc Tertullianus contra Marcion. c. 5. ait : ,Ad omnes apostoli scripserunt, dum ad quosdam.' Et Cyrillus Prolog. in Joh. : ,Hac re commotus Johannes par esse putavit, tam praesentibus, tam futuris hujus evangelii conscriptione consulere.' " (L. c. q. 2. f. 96.)

ANTITHESIS:

QUENSTEDTIUS : ,,*Antithesis :* 1. Μισοχρίσων *pontificiorum* asserentium, Scripturam sacram non esse necessariam et posse ecclesiam Scriptura illa carere ; ita *Gregorius de Valentia* in Anal. fld. p. 388., ubi ait, ,doctrinam coelestem purius conservari posse per traditionem, quam per Scripturam.' *Bellarminus* l. IV. de V. Dei c. 4. contendit, ,ecclesiam sine Scriptura consistere posse, sine traditione non posse.' *Costerus* asserit, ,Christum nec ecclesiam suam a chartaceis Scripturis pendere nec membranis mysteria sua committere voluisse.' *Petrus a Soto :* ,Illud statuatur ut certissimum, quod hoc scribendi verba divina atque revelationes consilium ob imperfectionem et infirmitatem humanam est excogitatum a Deo, atque infirmioribus et imperfectioribus magis expediens ; sanctioribus vero et purioribus aut minus aut nullo modo necessarium.' Huc spectat vox impia illa cardinalis cujusdam, relata Tileno parte 1. disp. 2. th. 35. : ,Melius consultum fuisse ecclesiae, si nulla unquam extitisset Scriptura.' . . 2. *Fanaticorum*, ut *Anabaptistarum, Schwenkfeldianorum, Weigelianorum*, qui per hypotheses suas Scripturae necessitatem negant. Homines enim informandos a Scriptura, ut litera mortua et occidente, ad verbum internum naturale, ad divinas revelationes, angelorum colloquia etc. remittunt." (L. c. q. 1. f. 90.)

§ 6.

Causa efficiens minus principalis[a] Scripturae s. fuerunt homines[b] sancti,[c] prophetae[d] et apostoli.[e]

a) Non enim Deus, sicut olim semel decalogum, ita et Scripturam sacram, quam habemus, suis digitis, seu *immediata* operatione, in
literas redegit; verum opera hominum, tanquam amanuensium, usus
fuit, qui quoad *speciem* pariter et *exercitium* actus scribendi a Deo inspirante aut *conceptus* rerum et verborum scripto exprimendos suppe-
ditante, velut a causa principali, dependebant; quamvis ad *characteres*
literarum et syllabarum, calamo in membrana aut charta pingendos,
ex vi artis scriptoriae, *seu* naturalis, *seu* per supernaturalem influxum
semel collatae, ipsi per modum causae principalis sese haberent. Vid.
b. *Mus.* Introd. 1. c. et § 9. p. 259., it. de Syncr. et Script. S.
p. 322. 325.

> QUENSTEDTIUS: ,,Cyprianus serm. de eleem.: ,Spiritus S. erat
> scriba, prophetae erant ejus calami, quibus Spiritus S. scribenda dicta-
> bat.' Eleganter Augustinus lib. 1. de consensu evang. c. ult.: ,Quic-
> quid Servator de suis factis et dictis nos legere voluit, hoc scribendum
> illis (evangelistis et apostolis) tanquam suis manibus imperavit.' Solus
> ergo Deus, si accurate loqui velimus, s. Scripturae *auctor* dicendus est;
> prophetae vero et apostoli auctores dici non possunt, nisi per quandam
> catachresin; utpote qui potius Dei auctoris calami et ἀρχιγραμματέως
> Spiritus S., verbum dictantis et inspirantis, notarii et amanuenses fue-
> runt.'' (L. c. s. 1. f. 80. sq.)

b) Alias equidem a peccato non plane immunes, non tamen in
actu scribendi periculo errandi expositi, quippe Spiritui S. tunc plane
subjecti, ut nec memoriae lapsum aut alium quemcunque errorem ad-
mitterent, nec fallere velle possent.

c) Sic *2 Pet. 1, 21.* dicuntur *homines Dei*, h. e. homines *peculia-*
riter et immediate a Deo ad id vocati atque electi, ut divinas revelationes
scripto consignarent. B. *Gerh.* in Exeg. L. I. § 18. p. 35. Nam et
Ebraeis אִישׁ אֱלֹהִים est homo *Spiritu Dei gubernatus;* etsi alias nonnunquam vox latius accipiatur.

> QUENSTEDTIUS: ,,*Viri Dei vel homines Dei* appellabantur propter
> divinum munus, quo fungebantur; epitheton enim nominis Dei excel-
> lentiam denotat, ut Gen. 23, 6. et alibi. *Sancti* vero non tam propter
> sanctitatem inhaerentem aut imputatam, quam ratione singularis segre-
> gationis et peculiaris vocationis ad munus propheticum vel apostolicum;
> ita ut sanctum hic idem sit, quod segregatum et divino usui consecra-
> tum.'' (L. c. th. 7.-f. 83.)

d) Id est homines ante Christi incarnationem consignantes Scripturam, cujus nucleus erat Christus venturus. Vid. *Ebr. 1, 1.* Conf.
Mus. l. c. § 4. p. 252.

> LUTHERUS: ,,Ein Prophet wird genennet, der seinen Verstand von
> Gott hat ohne Mittel, dem der Heilige Geist das Wort in den Mund
> legt. Denn er ist die Quelle, und sie haben keinen andern Meister,
> denn Gott, 1 Cor. 14, 1. 2. Niemand kann einen Propheten machen
> durch menschliche Predigt und Lehre, 2 Pet. 1, 21., und ob es gleich

Gottes Wort ist, und ich das Wort auf das Allerreineste predige, so mache ich doch keinen Propheten; einen weisen und verständigen Mann kann ich machen. Als Matthäi am 23. Cap. v. 34. werden ‚Weise‘ genannt, welche von den Propheten die Lehre schöpfeten, denn Gott redet durch Leute und nicht ohne Mittel. Aber Propheten sind, die ohne alle Mittel die Lehre von Gott haben.‘‘ (Ausl. über etliche Capp. des 2. B. Mosis. 1525. III, 1172.)

e) Quo nomine non solum illi, quos Christus in diebus carnis ad docendum omnes gentes elegerat, additique post ascensionem ejus: *Matthias* (cujus tamen scripta non habemus, licet apostolum habendum esse sciamus) et *Paulus;* verum etiam viri apostolici, apostolis munere ac dignitate proximi, quales *Marcus* et *Lucas* evangelistae, scriptis publicis non minus quam praeconio vocis suae ecclesiam universam informaturi, designantur. Vid. *Mus.* l. c.

§ 7.

Materia, *ex qua*[a] s. Scripturae sunt verba, phrases et periodi,[b] in veteri[c] testamento juxta sermonem Ebraeum,[d] in novo[e] testamento juxta sermonem Graecum,[f] stylo ipso seu delectu et structura verborum pro diversis scribentium ingeniis, moribus, affectibus et charactere dicendi consueto variante, consignata.[g]

a) Sive illud, ex quo Scriptura s. composita est, quodque s. Scripturae et scriptis aliis, tanquam signis certarum rerum, commune esse potest. Alias enim fatendum est Scripturam non tam esse substantiam ex materia et forma compositam, quam unum per aggregationem partium. B. *Gerh.* Exeg. L. I. § 54. p. 73. Alii *materiale* dicere malunt, quam materiam.

b) Verba quidem in se absolute spectata materia *remota* s. Scripturae, eadem vero in contextu posita aut constructa ejusdem *materia propinqua* dici possunt. Vid. *Mus.* l. c. § 10. 11. 12. p. 259. sqq. Eodemque redire videtur, quod b. *Gerhardus* in Exeg. l. c. Cap. IV. § 54. p. 73. scribit: *Materiam ex qua Scripturae formaliter consideratae haud incommode statui posse ipsam compagem et seriem librorum biblicorum.* Conf. ejusd. Isag. LL. Disp. IV. § 2. p. 11.

c) Sive quoad libros ante Christum natum scriptos, qui vocabulo veteris testamenti, *systematice* seu *dogmatice* accepto, significantur.

d) Quanquam etiam Chaldaica quaedam intercurrant, v. g. *Gen. 31, 47.,* apud *Jerem. 10, 11. Dan. 2, 4. sqq.* usque ad Cap. 8, 2. et *Esdram 4, 8. sqq.* usque ad Cap. 6, 18. et a Cap. 7, 11. sqq. ad 27. Patet autem, Deum in adhibenda certa lingua accommodasse se ad statum populi, quem hactenus, velut electum in peculium, gratiosae revelationis inprimis participem reddere voluerat; ita ut, vigente statu Israelitarum libero, lingua patriarcharum Ebraea alloqueretur Deus populum, sed Chaldaeorum potentiae et linguae isti aut dialecto assuetis, similiter alloquendo eos condescenderet.

LUTHERUS: „Videtur textus (Es. 9, 6.) per punctatores corruptus, qui pro וַיִּקְרָא passivo scripserunt וַיִּקְרָא. Nam literae, sive cum punctis sive sine punctis leguntur, eaedem sunt, et optime constat grammatica. Sed Judaei, homines pestilentissimi, saepe depravant prophetarum sententias suis punctis et distinctionibus, et eorum *puncta, quae tamen sunt recens inventum*, plus volunt valere, quam simplicem et germanam et recte cum grammatica consentientem sententiam. Quare ergo non admodum moror superstitiones istas grammaticas, quanquam pro nobis stat grammatica, si recte punctetur." (Enarratio uberior c. 9. Esaiae. Opp. exeg. cur. Dr. H. Schmidt. Vol. XXIII. p. 410. sq. Cf. Hal. Tom. VI, 292.)

IDEM: „Non possum quidem rationem punctandi negare, sed non delector ea propter ambiguitatem, quae reddit Scripturam incertam eamque distrahit et discerpit. Munsterus alicubi allegat rabbinum, qui dicit: ‚Sine supra et infra non potest intelligi Scriptura sancta‘, hoc est, sine superioribus et inferioribus punctis. Idque verum est apud Hebraeos. Sed auctorem hujus lectionis non monstrant, nec afferunt certa argumenta, quare in hunc modum puncta addi oporteat, quin etiam arbitrariam punctorum usurpationem faciunt. Credo aliud vocabulum aliter legendum et intelligendum esse, ut hic מְטֶה et מַטֶּה, sed quis me certiorem facit, utra lectio sit verior, tametsi dicant secundum supra et infra legendum esse. Tempore Hieronymi nondum sane videtur fuisse usus punctorum, sed absque illis tota Biblia lecta sunt. *Recentiores* vero Hebraeos, qui judicium de vero sensu et intellectu linguae sibi sumunt, qui tamen non amici, sed hostes Scripturae sunt, non recipio. Ideo saepe contra puncta pronuntio, nisi congruat prior sententia cum novo testamento. Ex punctis enim nihil aliud relinquitur, quam merae divinationes: utrum מָטֶה aut מְטֶה legendum sit, et sic in aliis multis, quae scribuntur iisdem literis. Ideo non multum curo supra et infra rabbinorum, melius esset legere Scripturam juxta intra. Ac novum testamentum praebet nobis intellectum intralem, non superiorem aut inferiorem." (Enarratt. in Genesin [Gen. 47, 31.]. Opp. exeg. XI, p. 85. Hal. II, 2703. sq.)

GERHARDUS: Quaeritur: „An puncta vocalia literis in Bibliorum editione fuerint coaeva, an vero posterioribus temporibus addita? Prius affirmant. . . 2. ex nostris theologis plerique omnes. Chemnitius in Harmon. c. 51. Flacius part. 2. Clav. Script. Hafenrefferus in templo Ezech. etc." (Exeges. l. 1. § 333. sq.)

e) Quo nomine, *systematice* accepto, designari solent libri post Christum natum scripti.

f) Placuit autem Deo, Graeca uti lingua, quae inde ab aliquot saeculis inter Judaeos pariter et gentes fere omnes, in quibus ecclesia per praedicationem apostolicam plantanda ipsoque adhuc tempore consignatae Scripturae N. T. usitatissima erat. Atque ex hac συγκαταβάσει etiam factum est, ut graeca illa dictio esset Ἑλληνιστική, seu ebraismis permixta. Vid. b. *Mus.* l. c. § 11. p. 261. Et conf. b. *Scherz.* System. L. I. § 14. p. 14. Quamvis non ideo *soloecismos et barbarismos* Scripturae s. tribuendos esse dicamus: quod neque unquam statuit b. *Musaeus*, qui, cum olim in disquisitione philol. de stylo N. T. anno 1641. habita viros quosdam eruditos ac bene meritos, qui differentiam styli Scripturae et scriptorum aliorum in lingua graeca clarorum monstrare volentes, terminis illis, praeeunte inter patres veteres *Hieronymo*, usi fuerant, ab imputato crimine *impietatis* ac *blasphemiae in Spiritum Sanctum* commissae defenderet, ideoque argumenta scriptoris

cujusdam examinaret, et ἀσυλλογιστίαν notaret (eo more, quo etiam
b. *Huelsemannus* patres et recentiores, qui ita locuti sunt, excusandos
credidit, et b. *Musaei* Disquisit. illam secutasque Vindicias citat, Praelect. in F. C. art. I. c. III. § 5. p. 222.), non solum sententiam ipsam,
quod in Scripturis revera sint barbarismi et soloecismi, nunquam suam
fecit, verum etiam, quod eam non amplecteretur, aliquoties in eadem
disputatione et per integras vindicias testatus; in toto autem isthoc
negotio b. *Joh. Majoris*, theologiae t. t. professoris primarii, calculum
nactus est, cujus etiam carmen gratulatorium, quod quasi ἐπιτομή est
et ἀνακεφαλαίωσις omnium fere, quae in Disq. illa disputantur, disputationem ipsam hodienum ornat. Et legi meretur *appendix* b. *Musaei*
ad vindicias Disq. p. 457. 458., item Tr. de Syncr. et Scr. S. L. I.
p. 319. 320. Quam ob rem etiam b. *Scherzerus* in System. l. c. p. 14.,
licet soloecismos κακίαν seu *foeditatem* importantes, ac barbarismos grae-
citati ἑλληνιστικῇ oppositos Scripturae tribuendos neget, tamen b. *Musaei* Disq. de stylo N. T. commendat. Caeterum, quod de *evangelio
Matthaei et epistola ad Ebraeos* disputatur: Annon libri illi primum sermone ebraeo consignati fuerint? quod patribus non paucis visum fuit:
sufficit h. l., quod textus graecus illorum, qui hodie superest, seu originalis sit, seu ex alia lingua translatus, revera sit θεόπνευστος, adeoque in partem principii credendorum αὐτοπίστου recte veniat. Conf.
Mus. Introd. l. c. p. 261.

g) Sane enim res ipsa loquitur, genus dicendi in Scripturis alicubi
lenius et submissius, alibi *gravius et vehementius*, rursus alicubi *humilius,
minusque comtum*, alibi *magis grande comtumque*, aliquando *purius*, quoad
unius linguae usum, alias aliarum linguarum idiotismis *permixtum* apparere; cumque auctor Scripturae primarius unus sit, ac tota Scriptura
θεόπνευστος, fatendum est, Spiritum S. ipsum in suggerendis verborum
conceptibus accommodasse se ad indolem et conditionem amanuensium.
Vid. *Mus.* l. c. § 13. p. 262. 263. Hanc autem styli proprietatem,
quam quidam Scripturae *formam externam et accidentalem* dicunt, ad
materiam, tanquam *affectionem materialem*, recte referri, ex dictis colligitur. Conf. *Mus.* § 18. p. 272.

DANNHAUERUS: „*Verborum* θεόπνευσιν... firmant 1.: *Oracula divina*
(Exod. 4, 15. Num. 23, 12. 2 Sam. 23, 2. Es. 51, 16. Jer. 1, 9. 30, 1. 4.
Marc. 13, 11. Luc. 1, 70. 21, 15. Act. 2, 4.), quae Deum non sensuum
tantum, sed et oris prophetici ac apostolici, consequenter etiam literae
scriptae auctorem asserunt; neque alius vocis ore prolatae, alius scriptae fons est, quae Deo (Exod. 34, 27. Jer. 30, 2. 36, 2. 2 Tim. 3, 16.)
auctori etiam Scripturam clare tribuunt; quae negant, Scripturam esse
ἰδίας ἐπιλύσεως. (2 Pet. 2.) Id omne Spiritus Sanctus inspiravit, quod
non est ἰδίας ἐπιλύσεως; at verba etiam non sunt ἰδίας ἐπιλύσεως. Ergo
2. *differentia linguae authenticae et versionis*, quae nulla foret. Nam
sensus utrobique idem. Finge, verba etiam utrobique ab homine, nihil
intererit amplius. 3. *Proprietas styli uniformis* quoad substantiam in
utroque testamenti corpore, ut unum os omnium θεοπνευστων videatur;
quamquam quoad accidentalem styli conformationem singulari συγκαταβάσει *Sp. S. se dimiserit* ad ingenia, studia, nationes θεοπνεύστων; quo
factum, ut Esaias (regius sanguis) nitidius, Amos humilius, Lucas,
literis graecis imbutus, elegantius scripserit, sicut in organo musico
substantia cantici, harmoniae, toni (Phrygii Lydiive) una est, fistulis
autem acutioribus aliis, aliis obtusioribus se spiritus, qui inflat tibias,
accommodat." (Hodos. Phaen. 1. G. p. 30. sq.)

QUENSTEDTIUS : ,,*Dist.* inter *genus* loquendi, et inter ipsas *phrases,
verba et voces; genus* loquendi debebant scriptores s. quotidiano usui
et consuetudini, vel etiam informationi, et hinc quoque diversitas styli
praesertim prophetici oritur. Nam prout informati aut assuefacti **erant**
ad sublimius humiliusve loquendi scribendique genus, sic eodem **usus**
Spiritus S. sese hominum indoli *attemperare et condescendere* voluit atque ita res easdem per alios magnificentius, per alios tenuius exprimere ;
quod vero has et non alias voces vel aequipollentes adhibuerunt scriptores sacri, hoc unice ab instinctu et inspiratione divina est.   Spiritus S. enim ad scriptorum sacrorum captum ac indolem sese attem-
peravit, ut mysteria secundum consuetum dicendi modum consigna-
rentur. Adeoque ea verba Spiritus S. amanuensibus inspiravit, quibus
alias usi fuissent, si sibi fuissent relicti. . . In instrumento musico
fistulae inaequaliter canunt, sed ab uno movente musico. Verum haec
sententia, quod scl. Spiritus S. se *accommodaverit* ad organum suum
ejusque ingenium ac dicendi genus consuetum, non omnibus placet
causamque diversi sermonis esse existimant, quia ,Spiritus S. dat unicuique eloqui, prout ipse vult', Act. 2, 4., et quod non tam auctorum
dicendi facultatem, quam materiarum, de quibus dicere aut scribere
voluit, indolem respexerit. Ita D. Calovius System. Theol. Tom. I.
c. 4. q. 5. p. 574.'' (L. c. s. 2. q. 4. f. 109. sq.)

ANTITHESIS:

QUENSTEDTIUS : ,,*Antithesis :* 1. *Erasmi* in annotatt. ad c. 10. Actorum, statuentis, ,apostolorum sermonem non solum impolitum esse et
inconditum, verum etiam imperfectum, perturbatum, soloecismos plane
soloecissantem.'   2. *E Calvinianis Bezae*, qui, dum invectivam in
Erasmum scribit, annot. ad Act. 10, 46. soloecismos imprudenter admittit, inquiens p. 329. ed. Cantabrig.: ,Simplicitatem in scriptis apostolicis summam agnosco, hyperbata, anantapodota, soloecismos etiam
aliquos non diffiteor.' Et mox : ,Gravissimas causas habuerunt apostoli,
cur interdum etiam balbutiendum atque adeo cum vulgo soloecissan-
dum putarent.' Hinc Luc. 22, 20. in verbis institutionis τὸ ἐκχυνόμενον
citra soloecismum ad τῷ αἵματι referri negat.'' (L. c. q. 6. f. 120.)

§ 8.

Forma seu ratio formalis[a] Scripturae sacrae sunt
ipsi conceptus[b] rerum et verborum (quorum signa sunt
verba scripta), quatenus[c] mentibus scribentium divinitus
sunt inspirati.

a) Illud, inquam, per quod Scriptura sacra in esse suo *specifico,*
velut per rationem *a priori et propriam,* constituitur, atque ab **alia**
quavis scriptura distinguitur. B. *Mus.* l. c. § 15. p. 265.

b) Qua ratione quidam dicunt, *formam internam* aut *formale* Scripturae esse sensum. Vid. b. *Cundisius* ad Comp. Hutt. Q. I. p. 7.
Sensus enim verborum Scripturae nihil aliud est, quam conceptus
mentis, quibus objecta intellectui repraesentantur, et quando res ipsae
sub nomine sensus intelliguntur, certum est, eas non in se, sed prout
verbis et conceptibus significantur, spectari. *Musaeus* l. c. p. 269.

c) Sicut enim Scriptura s. per sensum verbis significatum in esse
generico Scripturae, ita per sensum, ut est θεόπνευστος, in esse *specifico*
seu in esse sacrae Scripturae constituitur.   Atque eodem redit, si

dicas, formam Scripturae esse θεοπνευστίαν; modo haec *non* accipiatur praecise pro *actione* inspirandi (sic enim ad causam *efficientem* pertinet, quod etiam observavit b. *Gerhardus* in Exeg. L. I. § 305. p. 322.), sed *terminative*, seu prout terminatur ad ipsos conceptus rerum et verborum in intellectu hominum sanctorum, qui scripto exprimi debebant. Unde etiam b. *Himmelius* in Syntagm. Disp. II. § 17. scribit, *formam Scripturae internam esse* θεόπνυιαν. Conf. b. *Mus.* l. c., qui etiam p. 266. ostendit, quomodo non solum in αὐτογράφοις scriptorum sacrorum codicibus, verum etiam in ἀπογράφοις librariorum, adeoque etiam nunc hodie Scripturae sacrae forma una et eadem maneat; scilicet, quod codices illi ἀπόγραφοι ad imitationem primigeniae Scripturae seu immediate seu mediate sunt concinnati, unde, multiplicatis quoad apices externos codicibus Scripturae, tamen conceptus θεόπνευστοι rerum et verborum iidem supersunt.

HUELSEMANNUS: „De differentia ejus, quod *materiale et formale verbi divini* vocatur, suscitarunt nonnulli ante 20 annos etiam in orthodoxa ecclesia quaestionem ex male intellectis nonnullis bb. Lutheri, Brentii aliorumque phrasibus. Decisa autem est illa controversia anno 1624 a theologis electoralibus et ducalibus et reducta inter hos terminos: 1. *Distinguendum* esse inter materiale et formale *verbi* et *verbi divini*. *Materiale verbi* est *sonus* hominis ore prolatus, articulatus et usu vulgari intelligibilis, quo sensu distinguitur a sono campanae, vel alio quovis hominum arbitrio introducto sermone, sed quod articulato sermone non profertur; quam differentiam ostendit apostolus 1 Cor. 14, 7. 8. 9. *Formale verbi* in genere est *sensus* quidam determinatus, indicans singularem rem vel personam, isque complexus vel incomplexus, de quo in theorematibus logicis agitur. *Materiale* autem *verbi divini* est *sonus intelligibilis de rebus divinis* a Deo mediate vel immediate prolatus, habens auctoritatem divinam obligandi ad fidem et obedientiam, quod demonstrant ex 1 Thess. 2, 13. Et *formale verbi divini* est ipsius *sensus divini*, audibili signo prolati, *determinatio de certa re* vel persona; quod itidem patet ex 1 Cor. 14, 8. 9. et seq. . . Quando terminus vel vocabulum *sacrae Scripturae* in concreto sumitur, ut plerumque sumitur et sumi debet pro verbo scripto, tunc non differre ab invicem formale verbi divini et formale Scripturae divinae, i. e. non differre formale verbi dicti a formali verbi picti, quia accidentalis illa forma non attenditur a scriptoribus ecclesiasticis, quando agunt de formali ipsius substantiae sive sensus ectypi, quem Deus sono, sive audibili sive analogo et legibili, expressit. Ratio est, quia lector Scripturarum concipit verba scribentis sub hac imaginatione, ac si scribentem audiret ista resonare voce, quae videt et legit ipsum significare per characteres, et propter hanc analogiam apprehensionis humanae, quae fit per oculos sive per lectionem cum apprehensione, quae fit per aures, deinde propter analogiam modi revelationis, qui fit per characteres, cum modo, qui fit per verba et sonos, Spiritus S. per meton. accidentis pro subjecto ipsos characteres vocat verbum Dei, et per meton. continentis pro contento appellat subjectum inhaesionis sive materiam, in qua picti sunt characteres verbum Dei portantes, verbum Dei, foedus Dei etc... *Pontificii, Calviniani et alii sectarii* habent verum Dei verbum et non habent. *Habent* quoad objecti veritatem et existentiam coram oculis et auribus eorum, quemadmodum quinque fratres epulonis dicuntur habere Mosen et prophetas Luc. 16, 29. *Non habent* quoad veritatem cognoscendi (cognitionis) seu quoad conformitatem conceptuum suorum cum mente Dei proponentis. Quo sensu Chrysostomus, Augustinus, Lutherus, Brentius aliique a Movio citati in responsione ad Triadem disputationum Mislentae p. 86. sq. negant, pontificios aliosque haereticos habere verum Dei verbum, addita ratione, quia veritas verbi divini non in signis verborum, sed vero eorum intellectu consistat. Ubi manifestum est, per vocabulum ,veritatis' non intelligi veritatem existendi, sed relativam veritatem cognoscendi." (Praelectt. Form. Concord. p. 431. sq. 433. sq. 435.)

QUENSTEDTIUS: ,,*Dist.* inter sensum verbi divini *grammaticum et externum,* et sensum verbi divini *spiritualem, internum et divinum. Ille formale* est verbi Dei, quatenus *verbum* est; *hic,* quatenus verbum *divinum* est; *ille* a quovis etiam *irregenito* percipi potest, *hic* vero nonnisi ab intellectu *illuminato* apprehenditur." (L. c. s. 1. th. 5. f. 81.)

§ 9.

Objectum Scripturae[a] *generaliter* loquendo sunt res sacrae omnes, in quarum commemoratione[b] occupatur Scriptura s., *speciatim* vero et *primario* res illae, quae ad hominum salutem per se ordinantur, et[c] *vel* ad dogmata creditu necessaria, *vel* ad vitam homini salvando convenientem spectant.[d]

a) Vocatur alias *materia circa quam.*

b) Certum enim est, Scripturam s. stylo historico consignatam varias res continere, quae, quamvis non aeque omnes sint cognitu necessariae, suo modo tamen omnes faciunt ad aedificationem ideoque objectum Scripturae recte dicuntur. Vid. *Mus.* Introd. § 14. p. 264.

c) Sic. b. *Gerh.* Exeg. L. I. § 52. p. 72. *legem et evangelium* dicit *primaria divinae revelationis capita, ad quae omnia, quae in Scripturis traduntur, revocari possint.*

d) Et hac ratione objectum Scripturae et objectum theologiae revelatae coincidunt; quamvis et ea, quae praeter objectum primarium in Scriptura sacra tractantur, suo modo ad theologiam revelatam, *vel* quoad illustranda fidei ac morum dogmata, *vel* quoad ipsius Scripturae interpretationem, pertineant. Vid. b. *Mus.* l. c. p. 265.

§ 10.

Finis *cui*[a] Scripturae sacrae sunt *in genere* quidem homines omnes citra status ecclesiastici et secularis discrimen,[b] tanquam ex Scripturis erudiendi non aliorum solum, sed et sua[c] opera; *speciatim* vero illi, qui ecclesiae doctores[d] sunt aut futuri sunt.

a) Sive subjectum, cujus bono destinata est Scriptura sacra. Vid. *Mus.* § 23. p. 277. 278. Quidam nomine *objecti,* sed a *materia circa quam* distincti, appellant, aut cum addito *objectum personale* vocant. Vid. b. *Gerh.* l. c. § 480. p. m. 525.

b) Patebit istud clarius, si attendatur ad *finem cujus* (de quo statim dicemus), qui ad omnes homines ex intentione Dei pertinet.

c) Certe in veteri pariter Israelitica et primitiva christiana ecclesia non solum Scriptura publice praelecta et populus inde informatus, verum etiam lectio Scripturae omnibus promiscue concessa et commendata fuit, idque ex mandato divino *Deut. 6, 6. 7.*: *Verba ista, quae ego praecipio tibi, acute ingeres filiis tuis ac loqueris de eis.* Similiter cap. 31, 11. 12., ubi jubet Deus *congregato populo, viris feminisque et parvulis et peregrinis, qui in portis* Israelitarum futuri essent, *legere totam,* quae tunc extabat, Scripturam. Et *Esaiae 34, 16.* promiscuam multitudinem alloquens propheta: *Quaerite,* ait, *ex libro Jehovae et legite, unum ex his non defuturum est etc.* Imo David *Ps. 1, 2. beatum* illum praedicat, qui in *meditatione legis,* seu Scripturae sacrae, occupatur *die ac nocte.* In N. T. autem Christus *Luc. 16, 29. et 31.* non obiter in parabola, sed vi ipsius scopi parabolae a singulis hominibus scripta *Mosis et prophetarum* omnino evolvenda, consulenda, et quae ibi traduntur, amplectenda esse dicit. Et *Joh. 5, 39. scrutinium Scripturarum,* quo ipsi lectores in sensum Scripturae et agnoscendum ejus *testificatione* Messiam, vitae aeternae consequendae causa, penetrare nitantur (hoc enim est ἐρευνᾶν τὰς γραφάς, instar eorum, qui in venas metallicas inquirunt, aut antra ferarum), populo Judaeorum commendat, sive mandato formali, sive approbatione minimum sua. Laudantur etiam christiani, in studio legendarum Scripturarum et scrutandi sensus diligentius versati: *Berrhoënses Act. 17, 11. et Timotheus,* cum adhuc adolescens, imo puer esset, 2. Ep. 3, 15.

QUENSTEDTIUS: ,,Non dicimus, *cuivis* homini Scripturae lectionem ἀπλῶς, *absolute* et simpliciter esse necessariam, ita ut sine ea fidem concipere et salutem consequi nequeat. Aliquando enim nullae fuerunt Scripturae, quae legi possent, ut ab initio mundi usque ad Mosen, cum tamen essent fideles, qui salutem aeternam consequerentur. . . Sed dicimus, *licitam* esse et *certa ratione necessariam* vel etiam *necessariam* lectionem biblicam κατὰ τί. necessitate hypothetica, si defectus et ἀδυναμία legendi non sit insuperabilis. . . Alterutrum enim est necessarium simpliciter ad esse, ut sic dicam, hominis fidelis, ut vel legat ipse, vel audiat lectum Dei verbum. . . Quando *privatum* s. Scripturae scrutinium ad domesticum pietatis exercitium piis patribus familias eorumque domesticis legere valentibus non interdicimus, sed fideliter commendamus, eo ipso non omnibus passim, doctis pariter et indoctis, permittimus, ut se judices constituant sacr. Literarum, h. e., ut s. Scripturas pro suo quisque judicio interpretetur atque ex iis, quae suo sensui sapiunt, dogmata colligant, ut Jesuita Costerus statum controversiae format, Apolog. II. contra Gomarum. Hoc ipsum enim nulli, neque docto, neque indocto, neque clerico, neque laico ullo modo concedendum.'' (L. c. s. 2. q. 21. f. 313. sq.)

IDEM: ,,Quoad praedicatum τὸ ἐρευνᾶτε quidam per imperativum, quidam per indicativum exponunt. Cyrill. l. III. in Joh. c. 4. et cum illo plerique pontificii ac nonnulli Calviniani, quos inter Beza, Piscator, Camerarius, Tossanus, ex nostris Brentius, Erasm. Schmidt aliique statuunt, τὸ ἐρευνᾶτε non imperantis, sed indicantis modo dictum esse, sive esse indicativum et designativum praxeos Judaeorum, non officii; q. d. Salvator: ,Vos scrutamini Scripturas non impie quidem, sed imperite, oscitanter, perfunctorie, sine fructu; nam cum de me reddant testimonium, non vultis ad me venire.' Argumentum desumunt ex antecedentibus et consequentibus. In illis reliqua verba ἔχετε, πιστεύετε, in his δοκεῖτε, θέλετε cum sint indicativi modi, inde ejusdem et hoc controversum esse colligunt. Athanasius vero, Augustinus, Chrysostomus, Theodoretus, Theophylactus, Lutherus, itemque Genuenses in postrema versione, aliique plurimi cum imperio, non cum indicio verbum ἐρευνᾶτε intelligendum esse censent; quibus nos quoque adstipulamur. . .   8. Si vel maxime quis de indicativo rigorose contendere velit, tamen fateatur oportet, imperativum non esse penitus excludendum.   9. Denique, sive indicetur, quid moris sit Judaeis, sive imperetur, quid facere debeant, nostrum tamen contra pontificios ex hoc loco desumptum argumentum firmum stat, scl. quod nec plebejis Scripturae investigandae σπουδὴ καὶ ἀκρίβεια vetita sit, sed quod omnes, cujuscunque sint ordinis, conditionis sive aetatis, ad Scripturae scrutinium admittendi, quin et instigandi sint." (L. c. f. 317.)

IDEM : „Si *ob haeresium periculum* laici sunt arcendi a Scripturarum lectione, multo magis clerici, episcopi et presbyteri, quia experientia hactenus comprobavit et Bellarminus ipse fatetur lib. I. de Rom. Pontif. c. 8. § 8.: ‚Vix quemquam fuisse haeresiarcham et inter haereticos paulo celebriorem, qui ex clero non prodierit.‘ " (L. c. q. 21. f. 325.)

ANTITHESIS:

QUENSTEDTIUS: „*Antithesis pontificiorum,* apud quos clericis et quidem solis (quamvis non omnibus, nec omni tempore, ut observat b. Meisnerus in Anti-Lessio p. 52.) potestas vernacule legendi sacros codices conceditur, *laici* vero a lectione s. Literarum in lingua vernacula arcentur et nonnisi paucissimis ea permittitur, illis videl., *qui ab episcopo aut inquisitore consilio parochi vel confessarii legendi facultatem impetrarunt,* qui legunt sensu papali, quosque nullum inde damnum accepturos esse existimant, et quae sunt annexae cautelae aliae. . .   **Nota** vero: 1. in papatu ad lectionem biblicam laico alicui concedendam requiri in genere *privilegium* episcoporum et inquisitorum singulariter et speciatim *in scriptis datum,* quo sine nefas sit et piaculum gravissimum, si quis de vulgo lectionem bibliorum aggrediatur.   2. In inquisitione, quam vocant, haereticae pravitatis *nihil magis haereticum et capitale* esse, quam lectionem biblicam. Et constat ex historiis, quosdam ad rogum esse condemnatos et ad ignem raptos ob Scripturae in vulgari lingua lectionem.   Hinc Molinaeus inquit: ‚Res horribilis, quod in terris, ubi dominatur inquisitio, *habere Biblia in lingua vulgari,* sit crimen igne expiandum.‘   Nec solum homines, sed et ipsos sacros codices flammis consumunt profani illi homines; ‚si apud quem Lutheri versionem germanicam deprehendant, eam auferunt et comburunt‘, ait Elias Hasenmuellerus in historia Jesuitica c. 11.   Quotus quisque vero laicorum tot difficultatibus praepeditus, tot minis absterritus, impune ausit a tyrannis illis veniam petere, librum tam interminatorie prohibitum, tam odiosum et flammis adjudicatum legendi?   3. Si alta ab haeresibus pax est in ecclesia, pati possunt, laicos Scripturas degustare, at non integris satiari, sed de ea tantum parte, quae mores informat et historias recitat, delibare nonnihil.   Quae vero fidei mysteria proponit et explicat, hanc partem seponi volunt.   Permittunt ergo tantum certorum librorum biblicorum lectionem.   4. Jubent decreta, ut permittatur laico nonnisi exemplar *versionis auctoris cujusdam catholici,* qui scl. in translatione sua non tam ipsos fontes, quam sensum ecclesiae romano-catholicae expresserit, docente Bonfrerio in praeloquiis ad s. Scripturam, c. 11. s. 9. p. 37.   5. *In liberis regnis et provinciis,* in quibus locum non habet inquisitio, v. g. in Germania, Gallia, Polonia, hoc *privilegio* utuntur pontificii, ut speciatim pluribus vel generatim omnibus, ‚verbo aut facto‘, ut loquitur Serarius, fiat potestas ab episcopis legendi vernacula biblia ex versionibus pontificiorum, ut in Germania leguntur Eckii et Dietenbergii versiones impune, in Gallia Lovaniensis versio gallica etc., scl. ut abstrahantur, qui sacrae lectioni avide inhiant, ab haereticorum, ut vocant, versionibus, a quibus magis sibi metuunt, quam ab illis, quas ipsi ad Vulgatam suam latinam exegerunt.   Ubi vero papa absolute regnat, ut in Italia, Hispania, Sicilia etc., nuspiam biblia vernacula lingua inveniuntur." (L. c. f. 314. sq.)

QUARTA REGULA INDICIS PII IV. (1564): „Cum experimento manifestum sit, si sacra biblia vulgari lingua passim sine discrimine permit-
tantur, plus inde, ob hominum temeritatem, detrimenti, quam utilitatis,
oriri; hac in parte judicio episcopi aut inquisitoris stetur: ut cum
consilio parochi vel confessarii bibliorum a catholicis auctoribus ver-
sorum lectionem in vulgari lingua eis concedere possint, quos intel-
lexerint ex hujusmodi lectione non damnum, sed fidei atque pietatis
augmentum capere posse; quam facultatem in scriptis habeant. Qui
autem absque tali facultate ea legere seu habere praesumpserint, nisi
prius ordinario redditis, peccatorum absolutionem percipere non possunt. Bibliopolae vero, qui praedictam facultatem non habenti biblia
idiomate vulgari conscripta vendiderint, vel alio quovis modo conces-
serint, librorum pretium, in usus pios ab episcopo convertendum, amit-
tant, aliisque poenis pro delicti qualitate ejusdem episcopi arbitrio
subjaceant. Regulares vero non nisi facultate a praelatis suis habita
ea legere aut emere possunt." (SS. oecum. Concil. Tridentini Canones
et decreta. Ed. D. Guil. Smets. Bielefeldiae 1851. p. 224.)

CLEMENS VIII.: „Animadvertendum est circa supra scriptam quartam regulam Indicis fel. rec. Pii papae IV., nullam per hanc impres-
sionem et editionem de novo tribui facultatem episcopis, vel inquisi-
toribus aut regularium superioribus, concedendi licentiam emendi, legendi aut retinendi biblia vulgari lingua edita; cum hactenus mandato
et usu sanctae romanae et universalis Inquisitionis *sublata eis fuerit
facultas* concedendi hujusmodi licentias legendi vel retinendi biblia vul-
garia, aut alias s. Scripturae tam N., quam V. Testamenti partes, quavis
vulgari lingua editas, ac insuper summaria et compendia etiam historica
eorundem bibliorum seu librorum s. Scripturae, quocumque vulgari
idiomate conscripta; quod quidem inviolate servandum est." (Obser-
vatio circa Quartam Regulam. Cf. Index etc. Coloniae sumpt. B. Gual-
theri 1602.)

d) Nempe illi non solum suo, sed et aliorum bono, quibus ministrant, ex Scripturis erudiendi sunt. Conf. *2 Tim. 3, 16. 17.*, ubi
Scriptura *utilis* esse dicitur *homini Dei* ad *opera omnia* officii *sufficienter
instruendo.*

§ 11.

Finis *cujus* Scripturae, isque ultimus,[a] est salus[b]
aeterna. Intermedius, respectu quorumvis hominum,
est fides[c] in Christum. Respectu ministrorum ecclesiae
peculiariter finis Scripturae sunt ipsae operationes ministeriales, ex revelatione divina pendentes.[d]

a) Scilicet *respectu nostri.* Aliis finis *absolute* ultimus, qui et *communis* omnium, quae a Deo fiunt aut dantur, est gloria Dei. Conf.
Gerh. Exeg. § 361. 362.

b) De qua vid., quae supra de fine theologiae revelatae diximus
Cap. I. § 17. et 18. p. 38., nempe finis ultimus theologiae et principii
theologiae idem est.

c) Sic *Johannes* cap. 20. evang. v. ult. finem intermedium Scripturae indicat et cum fine ultimo conjungit, inquiens: *Haec scripta
sunt,* proxime quidem ad hunc finem, *ut credatis Jesum esse Christum,
Filium Dei, et ut credentes* finem ultimum consequamini, seu *vitam aeter-*

nam *habeatis per nomen ipsius.* Caeterum non hic excluduntur actus
alii, qui cum fide conjuncti sunt, sed suo modo potius includuntur,
juxta ea, quae de fine theologiae revelatae intermedio diximus Cap. I.
§ 19. p. 38. sqq.

d) Sive πάντα ἔργα ἀγαθὰ illa, quae Paulus recenset et ad quae,
tanquam ad finem consequendum, Scripturam utilem esse dicit, videlicet ad διδασκαλίαν, seu *informationem hominum* in his, quae sunt scitu
necessaria, quoad fidei articulos ac totam doctrinam christianam; ad
ἔλεγχον, *ostensionem* seu *refutationem* errorum cum veritate coelesti
pugnantium; porro ad ἐπανόρθωσιν seu *correctionem* morum inordina-
torum per increpationes et correptiones, quibus abstrahantur homines
a peccatis; denique ad παιδείαν τὴν ἐν δικαιοσύνῃ, sive *exhortationem ad
justitiam,* sive ad justam et sanctam vitae conversationem *2 Tim. 3, 16.*
Vid. *Gerh.* in Comm. ad h. l., ubi etiam docet, quomodo παράκλησις
seu *consolatio,* cujus, tanquam finis, causa Scriptura consignata dicitur
Rom. 15, 4., vel sub διδασκαλίᾳ, vel sub παιδείᾳ comprehendatur.
Nimirum quatenus *vel* doctrinam de cruce ejusque origine, Deique im-
mittentis intentione, simul testimonia gratiae divinae sub ratione revelationis divinae exhibet, *vel* ad patientiam hortatur christianos. Atque
ita simul patet, fines hos, etsi non sint fines Scripturae in se simpliciter
spectatae, sed potius in ordine ad ministerium ecclesiasticum peculiariter consideratae, *consequenter* tamen dirigi ad fidem in Christum,
quoniam ministri ecclesiae docendo, redarguendo, corrigendo et insti-
tuendo alios id agunt, ut homines ad fidem in Christum, et quae eam
perpetuo comitatur, ad sanctimoniam vitae perducantur perductique
in his conserventur. Vid. *Mus.* Introd. l. c. § 22. p. 277.

§ 12.

Inter affectiones Scripturae s. primum[a] locum obtinet
ejus auctoritas[b] seu dignitas[c] manifesta,[d] movens intellectum humanum ad assensum[e] dictis ejus et voluntatem
ad obsequium[f] ejus mandatis praebendum.

a) Sic enim apparet, quomodo Scriptura s. obeat munus objecti
formalis theologiae revelatae.

b) Quam graece αὐθεντίαν dixeris, prout apud jurisconsultos
authentica instrumenta et scripta dicuntur, quae certam et justam
habent auctoritatem, ut ad assensum vel etiam obsequium obligare
possint.

c) Conf. b. *Cundis.* in not. ad Comp. Hutt. L. I. Q. 1. p. 20.

d) Non enim, ex usu loquendi, in auctoritate esse aut auctoritatem habere dicitur, nisi cujus dignitas, qua assensum aut obsequium
meretur, ita cognita est, ut animos eo alliciat.

e) Qua ratione auctoritatem Scripturae quidam ἀξιοπιστίαν, alii
αὐτοπιστίαν appellant, id est, auctoritatem in *dicendo* aut *testificando,*
ut habeatur *fides.*

f) Cui respondet vocabulum ἐξουσία, seu *potestas,* velut imperantis, sive auctoritas in praecipiendo.

§ 13.

Atque haec Scripturae auctoritas, *in se et absolute*, seu quoad rem[a] spectata, ab auctore Scripturae, Deo, unice[b] dependet et ex ejus veracitate[c] ac potestate[d] summa et infinita resultat.

a) Nempe auctoritas *primo* et per se competit ipsi auctori alicujus dicti aut scripti, v. g. legis, mandati etc., ac *fundamentum* auctoritatis *remotum* est perfectio auctoris in se spectata, *proximum* perfectio ejus cognita. Inde autem, seu propter dependentiam dicti aut scripti ab eo, qui auctoritate valet, ipsi quoque dicto aut scripto tali competit auctoritas; et sic Scripturae sacrae auctoritas in ipsa ϑεοπνευστία seu dependentia a Deo, tanquam ab auctore, cujus summa perfectio omnibus cognita est, fundatur. Vid. b. *Mus.* Introd. P. II. C. III. § 1. et 4. p. 282. et 288.

b) Non autem a causa minus principali, sicut nec aliae scripturae ab amanuensibus, sed ab eo, qui eas composuit aut in calamum dictitavit, auctoritatem habent. *Mus.* l. c. § 3. p. 289. Atque inde patet, quod Scriptura sacra nec ab ecclesia habeat auctoritatem, quippe quae illius auctor et causa efficiens non fuit. *Mus.* l. c. p. 290.

c) Sicut enim Deus propter infinitam scientiam ac bonitatem suam summe verax est in dicendo, ut nec falli nec fallere possit, unde illi loquenti merito assensus commodandus est: ita Scriptura sacra per suam a Deo verace dependentiam similiter digna est assensu omnium hominum.

d) Nam sicut Deus jure creationis supremum in homines, tanquam creaturas, habet dominium, cujus vi homines ad obsequium sibi praebendum obligare potest: ita Scriptura per hoc, quod est Dei verbum, digna quoque est, cujus praeceptis homines omnes obsequium praestent. Conf. *Mus.* l. c. § 6. p. 289.

§ 14.

Quoad nos autem, seu ut nobis constet,[a] Scripturam s. dignam esse, cui fides et obsequium praestetur, notas esse oportet non solum ipsas perfectiones Dei, verum etiam Scripturae a Deo dependentiam, seu ϑεοπνευστίαν.[b]

a) Conf. h. l. § 11. not. *c.*

b) Itaque haec notitia, licet *non sit pars constitutiva* auctoritatis Scripturae, neque *causa* vel *fundamentum* aut *pars fundamenti* illius in se spectatae, id est, dignitatis, quam auctoritatis nomen in casu recto importat: *conditio* tamen est, ex parte hominum, quorum animi per dignitatem Scripturae *cognitam* ad fidem et obsequium moveri debent, necessaria. *Mus.* § 11. p. 292.

§ 15.

Auctoritas Scripturae, quatenus spectat assensum[a] dictis ejus praebendum, *dupliciter*[b] considerari potest: *partim* praecise in ordine *ad causandum assensum* credendorum, per quem Scriptura habet, quod est *principium cognoscendi et objectum formale* fidei ac theologiae revelatae;[c] *partim* in ordine *ad dignoscendas* ab ipsa Scriptura Θεοπνεύστῳ et verace *scripturas et doctrinas* alias, quae de rebus fidei ac morum agunt; qua ratione Scriptura habet, quod est *canonica*, seu quod est *norma* ac regula discernendi verum a falso.[d]

a) Atque haec illa est, quam theologi communiter nomine auctoritatis Scripturae *simpliciter* intelligunt, in eaque explicanda fere unice occupantur. Ac fatendum est etiam, eandem esse ordine doctrinae *priorem* altera, quae importat vim obligandi ad obsequium mandatis ejus praebendum, quippe quae etiam nihil difficultatis habet, ubi illa ostensa fuerit. Vid. *Mus.* l. c. § 14. p. 294.

b) Quamvis enim *una* et eadem sit *auctoritas* Scripturae, in Dei veracitate ac dependentia Scripturae a Deo fundata, per quam ipsa, *cum* in ratione motivi formalis ad causandum fidei assensum, *tum* in ratione normae ad examinandas ac dijudicandas quaslibet scripturas et doctrinas alias, constituitur; sicuti tamen Scriptura paulo *aliter* adhibenda est per modum motivi formalis ad causandum assensum fidei (quippe quo munere doctrina Scripturae in quavis lingua fungi potest), *aliter* per modum normae ad dignoscendum verum a falso (quod Scriptura in textu primigenio tantum praestat): ita de auctoritate Scripturae ratione utriusque habitudinis merito distincte agendum est. Vid. *Mus.* l. c. § 15. p. 295.

c) Quam forte auctoritatem *motivam fideique causativam* dixeris.

d) Dicitur alias auctoritas *canonica* seu *normativa* veri et falsi. Conf. *Mus.* l. c.

§ 16.

Auctoritas Scripturae, in ordine ad causandum fidei assensum spectata, notitiam duorum principiorum complexorum requirit. Unum est: *Quaecunque Scriptura Deo inspirante consignata est, illa certo et infallibiliter vera est.* Alterum: *Scriptura sacra Deo inspirante consignata est.*[a] Prioris principii veritas fere dubio[b] caret. De posteriore vero paulo plenius dispiciendum est: quatenus *vel* de notitia fidei *humanae,*[c] qua Scripturae sacrae origo divina innotescit, *vel* de notitia fidei *divinae*[d] sermo est.

a) Confer., quae § 13. diximus.

b) Est enim naturaliter atque evidenter ex ipsis terminis apprehensis notum.

c) Quo nomine intelligitur notitia ejusmodi, cujus ratio assentiendi ultima est testificatio humana, aut alia ratio probabilis, *opinionem* gignens, seu ut judicetur, *credibile* esse, quod Scriptura sacra non sit humani ingenii inventum, sed a Deo ipso profecta vereque divina.

d) Id est, de cognitione *simpliciter certa* et formidinem omnem oppositi excludente, ob certitudinem divinae revelationis sive testificationis prorsus infallibilem, qua velut ratione assentiendi ultima nitatur.

§ 17.

Argumenta, quae divinam Scripturae originem humana fide agnoscendam, seu credibilem, declarant,[a] alia *interna* sunt, sive ex intrinseca Scripturae natura ac proprietatibus ejus desumta; alia *externa*, seu extra Scripturam aliunde desumta.

QUENSTEDTIUS: ,,*Tentati* non quidem eodem cum infidelibus censu habendi sunt, cum scintillam fidei ceu linum fumigans adhuc retineant; quia tamen nullum saepe aut exiguum *sensum* pristinae cognitionis de auctoritate Scripturae habent, agendum omnino cum illis de hoc capite est, ut supra ex b. Hunnio observavimus. *Obdurati* vero, si corrigibiles et sanabiles, iisdem argumentis, quibus infideles, constringendi sunt; cum hic pari passu ambulent, qui fidem nunquam habuerunt et qui semel acceptam amiserunt; si fuerint incorrigibiles et insanabiles, sibi et judicio divino relinquendi sunt. . . *Objicitur:* Si proprie et principaliter verbo divino propter seipsum creditur, frustra ei fides per alia argumenta conciliatur. *Resp.:* N. V. C. Sicut enim olim, cum *miracula* adhuc fierent, ideo ea edebantur, ut homines increduli ad fidem perducerentur, etsi etiam sine illis credi poterat nec propter miracula illa proprie et principaliter credendum erat: ita et hodie, cum miracula fieri desierunt, homines infideles recte per argumenta illa caetera ad fidem manuducuntur, utut etiam sine illis verbo nudo praedicato credi possit et saepe credatur.'' (L. c. P. I. c. 4. s. 2. q. 9. f. 146. sq.)

DANNHAUERUS: ,,Incidimus hic in quaestionem: Unde scis, Evangelium e. g. Matthaei esse Matthaei? epistolam ad Romanos esse d. Pauli ϑεόπνευστον ϑεοπνεύστως scriptam? — quaestionem scl. inter christianos de jure non audiendam, gravissimo Augustini judicio, homine ethnico, quam christiano digniorem, extortam tamen *adversariorum impudentia*, incautos hoc laqueo captantium ac ruborem, cum erubescere ipsi nesciant, excutere conantium; conscientiae itidem *tentatione*, qua fieri potest, ut hoc scrupulo vexetur, ac possibili, quam imponunt οἱ ἔξω, necessitate.'' (Hodos. Phaen. I. p. 20. sq.) Cf. Lutherus Opp. T. XIX, 1238. VI, 268. sq.

HUELSEMANNUS: ,,Quemadmodum antiqui, cum Judaei tum christiani, ex his principiis demonstrarunt, *Deum* solum esse Deum verum, deos gentilium non esse veros, quia obnoxii sint vel compositioni vel fragilitati vel vitiis et flagitiis; sciri namque ipsorum parentes, ortum, occasum, parricidia, adulteria etc., ut videre est etiam ex aliquot Scripturae locis, Deut. 32, 17. 18. 31. 32. Jes. 40—47. Jerem. 10, 3. 4. 5. sq. 11. 12. sq. . . : — ita ex iisdem principiis demonstrari potest et debet, quodnam *verbum* sit divinum.'' (Praelectt. Form. Conc. p. 216.)

a) Quanquam enim divinam fidem Scripturae sacrae praebendam ipsa non gignant, non tamen nullum, sed egregium praebent usum, videlicet ut contemtus et temeraria judicia de doctrina non satis cognita coërceantur, ac potius ingenerata animis hominum opinativa quadam, vel fidei humanae notitia de divina Scripturae origine praeparentur illi atque inducantur ad Scripturam s. cum studio et desiderio discendi legendam ac meditandam, ut, remotis obstaculis, Scriptura ipsa porro cum concursu Dei fidem divinam sibi praebendam producat; prout ex sequentibus patebit.

§ 18.

Interna argumenta alia ex parte *materialis* seu styli, alia ex parte *formalis* seu sensus ϑεοπνεύστου et rerum significatarum occurrunt.

Vid. *Mus.* Introd. P. II. Cap. V. S. I. sqq. p. 305.

§ 19.

Ad priorem classem pertinet styli simplicitas,[a] conjuncta cum gravitate solo Deo digna;[b] quodque non raro expresse sub ipsius Dei nomine[c] proponuntur credenda atque agenda.

a) *Non*, quasi dictio *confusa et commixta* sit, sine connexione et ordine verborum ac rerum (quod omnino falsum est), *sed* quia Scriptura *non* utitur verborum lenociniis et *fuco eloquentiae* secularis, ad captandos animos accommodato.

b) Scilicet quod quae *credenda* sunt, etsi maxime sublimia ac difficilia, tamen sine demonstrationibus per *nudas assertiones* quaeque *agenda* aut *omittenda* sunt, etsi et ipsa ardua ac molesta, tamen velut *pro auctoritate* et hominibus quidem *omnibus*, etiam illis, qui superiorem in terris neminem habent, *praecipiendo* aut *prohibendo* proponuntur. *Mus.* 1. c.

c) Seu quod tales occurrunt *verborum formulae*, quibus Deus introducitur loqui aut testificari, seipsum esse, qui per ministros suos, v. g. prophetas, hoc aut illud enuntiet. Quamvis enim, quatenus Deus ipse, sicut cum aliis, ita et cum hac parte seu doctrina Scripturae sacrae virtutem suam conjungens efficaciter in hominis animo operatur, non tam fides humana, quam divina oriatur; quod etiam agnoscit b. *Mus.* in Quaest. de Syncr. et Scr. L. I. Q. I. § 7. p. 84. et 195. Conf. Ausführl. Erklärung pag. 40. Quando tamen argumentum spectatur *praecise*, quatenus ad *stylum et formulas loquendi* pertinet, fatendum est, fieri posse ac solere, ut etiam pseudoprophetae ac seductores talia dicta proferant: unde et b. *Joh. Schroederus* in Opusc. de principio theol. Sect. I. Q. VII. n. 1. monet argumentum hoc *unum* ex illis esse, ex *quibus sigillatim sumtis non proclive sit concludere, quod planum est.* Et b. *Joh. Muellerus* Atheis. dev. P. I. cap. III. num. 3. p. 110. 111. itemque b. *Huelsemannus* in Comm. ad Jerem. cap. I. aphor. III. theor. p. 42. consentiunt. Interim et hoc certum manet et ad credibilem reddendam Scripturarum originem divinam non parum facit, quod, quando de conditoribus Scripturae aliunde (v. g. quod personae infames sint aut suspectae, vel ex materia substrata, vel ex defectu complementi praedictionum etc.) praesumi non potest, quod falso aut fallaciter locuti fuerint; utique vero prorsus consentaneum sit, Scripturam eam, quae cum tanta asseveratione Deum auctorem refert, non esse hominum inventum, sed verum Dei ipsius verbum. Conf. *Mus.* Introd. l. c. p. 309.

§ 20.

Ad posteriorem classem internorum argumentorum pertinent ea, quae petuntur a proprietatibus alicujus scripturae, si quam hominibus ad salutem instruendis divinitus destinatam esse, vel ipsa naturali ratione judice existimandum sit, quales[a] sunt: *veritas* assertionum sine admixtis erroribus,[b] *sanctitas*[c] perfecta, exclusis omnibus, quae inhonesta aut indecora sunt, *sufficientia*[d] eorum, quae tanquam credenda aut agenda tendentibus ad salutem proponuntur.

a) Vid. *Mus.* Introd. l. c. § 6. 7. pag. 317. 318. Et b. *Huelsem.* Prael. in F. C. A. I. c. II. § 4. p. 216. 217. Eodem vero, quantum ad rem attinet, redeunt, quae ab aliis ita proponuntur, ut referantur ad *perfectiones* ipsius *auctoris* Scripturae vere divinas: v. g. ad *veracitatem, sanctitatem, sapientiam et bonitatem* plane perfectam auctoris Scripturae, quatenus hae *ex ipsa Scriptura* reluceant; quod facta collatione haud difficulter patebit.

b) Sicut enim ab hominibus ad salutem aeternam perventuris requiritur vera cognitio Dei, et quae ad cultum ejus pertinent: ita ad Scripturam seu doctrinam, hominibus salutariter informandis divinitus concessam, vel ipsum naturae lumen requirit veritatem dogmatum ab omni errore puram.

c) Nempe sicut ab hominibus salvandis requiritur vita sancta, seu legibus divinis conformiter instituenda: ita Scripturam, verae religioni et saluti hominum destinatam, sanctam esse oportet, ut, quae ad sanctitatem vitae pertinent, ita tradat, ne quid turpe aut alienum ab honesto ac decoro ipsa proferat.

d) Alias enim, nisi ea, quae creditu factuque hominibus salvandis sunt necessaria, in tali Scriptura tradantur omnia sine defectu, Scriptura ipsa ad salutem perducere poterit neminem.

§ 21.

Veritas Scripturae probatur[a] *partim* per *inductionem* omnium dogmatum, quae salutis causa in ea traduntur et *vel* ex ipso lumine naturae[b] cognosci possunt, *vel* lumen naturae excedunt,[c] quorum nullum falsitatis convinci potest; *partim* ex *consensu*[d] librorum veteris et novi testamenti omniumque partium inter se; *partim* collatis *vaticiniis* rerum futurarum contingentium, talium cumprimis, quae praecise ex Dei et hominum voluntate libera pendent, *cum eventu*[e] seu complemento accurate illis respondente.

a) Vid. b. *Mus.* l. c. § 8. p. 319.

b) Haec enim, v. g. de Deo ejusque essentia, attributis, providentia, cultu ac vita juxta voluntatem Dei recte instituenda, traduntur in Scripturis non solum rectae rationi per omnia convenienter, verum etiam simplicius, certius et aliquando perfectius, quam pro hoc corrupto naturae statu per rationem sibi relictam cognosci possent. Unde non solum veritas Scripturae *quoad haec ipsa dogmata* patet, ac talis quidem, quae Deum, cujus perfectio vim naturae et rationis humanae immensum supergreditur, ejus auctorem arguit; verum etiam argumentum nascitur, quo colligatur, Scripturam hanc *etiam in aliis*, quae tradit quaeque lumen naturae excedunt, itidem veram atque a Deo profectam esse. *Musaeus* l. c. § 11. p. 321. 322. et § 14. p. 334.

> J. GE. HAMANNUS: „Die Vernunft muss sich mit dem Urtheile jenes Philosophen über des Heraklitus Schriften begnügen: Was ich verstehe, ist vortrefflich; ich schliesse daher ebenso auf dasjenige, was ich nicht verstehe." (Werke, I, 63.)

c) Atque ex his *alia* quidem cadunt *sub lumen naturae* secundum *genericam* quandam *rationem*, *excedunt* vero illud secundum suam rationem *specificam:* v. g. de *creatione* hujus universi et primorum hominum, de *statu* hominum cum *integritatis*, tum *corruptionis*, de fine ultimo seu beatitudine hominis, quae non tantum lumini naturae revera non adversantur, verum etiam, quando cognita sunt ex revelatione in Scripturis comprehensa, naturalem nostram cognitionem perficere ipsiusque defectum, velut sublimiore quadam cognitione accedente, supplere, ductu luminis naturae ipsius cognosci possunt. Unde rursus colligere licet, non solum Scripturam in talibus esse veram, verum etiam *Deo* auctore omnino *dignam*, imo non hominibus, sed *Deo* revelanti *tribuendam*. Vide *Musaeum* l. c. § 12. p. 324. sqq. et § 15. p. 336. sqq. *Alia* vero *lumen naturae simpliciter excedunt:* v. gr. de *trinitate* personarum divinarum in una essentia, de *incarnatione* deque duabus naturis et unitate personae Christi, de *redemtione* generis humani per Christi *passionem et mortem*, de *justificatione* per fidem in Christum, de *resurrectione* mortuorum, de *visione* Dei intuitiva et *clarifica-*

tione corporum, in quibus beatitudo nostra sit constituta etc., quae hoc ipso, quod tanquam mysteria a Deo ad salutem nostram revelata commendantur, pro veris ac certis, neque ab homine excogitatis, sed Deo supernaturaliter revelante primum cognitis et in literas relatis, haberi merentur et Scripturam etiam *in reliquis* suis partibus, atque adeo totam, veram et a Deo perfectam esse arguunt. B. *Musaeus* l. c. § 16. p. 338. sqq. Nam quamvis haec *mysteria* rationi corruptae (id est, suorum principiorum ductum ita sequenti, ut per μετάβασιν εἰς ἄλλο γένος ad res divinas transferat, quae non omnino, sed forte tantum in sphaera rerum naturalium universaliter vera sunt) *contradictionem* involvere *videri* possint, sufficit tamen, contradictionem *veram* in istis mysteriis (seu, quod idem simul affirmetur et negetur de eodem secundum idem et eodem tempore) evidentissime *demonstrari non posse*. Vid. b. *Mus.* l. c. p. 341. sqq.

d) Sane quod scriptores tam *multi*, ingenio, educatione, moribus *dissimillimi*, quidam etiam locorum ac temporum intervallis longissime *sejuncti*, deficiente occasione communicandi secum invicem animi sensa in literas referenda, tamen *in materia* tam *gravi* tamque sublimi, *religionem* ac *salutem* hominum attinente, in *unam sententiam* tam egregie et ubique conspirant, id veritatem Scripturae sic ostendit, ut simul in *unum* et eundem totius Scripturae *auctorem et conceptus* scripto exprimendos *singulis* atque *omnibus* illis *inspirantem*, uno verbo, Deum, spectare jubeat. *Musaeus* l. c. § 16. p. 345. Nam quae alicubi occurrunt et cum aliis pugnare videntur loca *obscuriora* aut difficiliora, *non* ideo revera cum illis *pugnant* ac potius pridem, interpretum eruditiorum opera, *conciliata* fuerunt. Vid. *Mus.* l. c. p. 346. sqq.

e) Nam *futura contingentia* ejusmodi certo et infallibiliter praesciri ac praedici nequeunt, nisi a Deo, cujus scientia infinita est (ut infra in L. de Deo videbimus); itaque Scripturam s., quae plena est talibus vaticiniis eventu comprobatis, v. g. de his, quae adventum Messiae ejusque circumstantias, item fata populi Judaici etc. attinent, ita esse *veram* cognoscitur, ut a Deo *omniscio et verace* profectam esse credendum sit. Conf. b. *Mus.* l. c. § 18. p. 364. sqq.

§ 22.

Sanctitas Scripturae per inductionem omnium verae religionis partium,[a] quibus homo cum directe ad *Deum*, tum ad *seipsum*, tum ad homines *alios* juxta voluntatem Dei aeternamque ejus legem ordinatur, quaeque in Scriptura sacra perfectius, quam alibi, traduntur,[b] constat.[c]

a) Vid. *Mus.* l. c. § 19. p. 368. sqq.

b) Vid., quae modo diximus ad § 20. not. c. et § 21. not. b.

c) Atque ita simul agnoscitur, Deum sanctissimum esse ejus Scripturae auctorem.

§ 23.

Sufficientia Scripturae sacrae ad salutem, prioribus affectionibus stantibus, utique necessario admittenda est, nisi ostendi possit, aliquid creditu aut factu necessarium esse homini salvando, quod in illa non contineatur.[a] Interim vero ea vel exinde cognosci potest, quod rationem *reconciliandi hominis peccatoris* cum *Deo*, quam nulla alia religio aut scriptura tradit, Scriptura sacra tam clare et perspicue monstrat.[b]

a) Et quia nemo hominum omnia illa, quae homini salvando scitu et factu sunt necessaria, nisi Deo revelante, nosse ac docere potest (nam et theologiam naturalem insufficientem esse, supra ostendimus cap. I. § 8. p. 17.): porro patet, Scripturae hujus, quae sufficit ad salutem, auctorem esse Deum. Conf. *Mus.* l. c. § 20. p. 373. et 377.

b) Exhibet enim rationem expiandi peccata per sacrificium mediatoris, a Deo ipso constituti, plane admirandam, quam gentiles per κακοζηλίαν suam inepte imitantes hoc ipso praestantiam ejus vel imprudentes confirmant. Conf. *Mus.* l. c. p. 374. 375. 376.

§ 24.

Inter argumenta *externa*, quibus Scripturae divina origo probatur, *primum* occurrit antiquitas,[a] seu quod Scriptura ratione *doctrinae* fidei ac morum *partim* cum ipsa mundi origine[b] coepit, *partim* paulo post ipsis primis hominibus innotuit,[c] ratione *vocum* scriptarum vero omnium gentilium libros aetate[d] antecedit.

a) Quae quidem suo modo ad signa interna referri posset, quatenus duratio rei a re ipsa tantum ratione differt; hic tamen spectatur, habita ratione *temporis*, quo duratio rei mensuratur, quodque duratio rei ipsi extrinsecum est. Vid. *Mus.* l. c. Sect. II. § 1. p. 378.

b) Si spectemus eam doctrinae partem, quae praeciso statu peccati homini cognoscenda erat, de Deo et cultu ejus deque vita juste et sancte degenda, quae deinceps relata est in s. Scripturas. *Mus.* l. c.

c) Quod attinet ea, quae homini peccatori cum Deo reconciliando sunt cognitu necessaria, quo spectat πρωτευαγγέλιον, *Gen. 3, 15.*

d) Vid. *Justin. Martyr.* Paraenes. ad Gentes p. m. 18. sqq., *Tertullianus* in Apolog. cap. XIX. p. m. 711. 712., *Eusebius* in Prooem. Chron., *Augustinus* de C. D. Lib. XVIII. Cap. XXXIV. T. X. Opp. p. m. 233. Conf. *Phil. Mornaeum* de Verit. Rel. Chr. Cap. XXIV. p. m. 405., *H. Grotium* de V. R. Chr. L. I. § 15. 16. p. 26. sqq., *J. H. Ursinum* Exerc. de Zoroastre etc., ubi etiam probare nititur, *primi omnino libri scriptorem fuisse Mosen.*

H. Grotius: „Accedit indubitata scriptorum Mosis antiquitas, cui nullum aliud scriptum possit contendere; cujus argumentum et hoc est, quod Graeci, unde omnis ad alias gentes fluxit eruditio, literas se aliunde accepisse fatentur, quae apud ipsos literae et ordinem et nomen et ductum quoque veterem non alium habent, quam Syriacae sive Hebraicae; sicut et antiquissimae leges Atticae, unde et Romanae postea desumptae sunt, ex legibus Mosis originem ducunt." (De Verit. rel. christ. Ed. Koecheri. L. I. § 15. p. 26. sqq.)

§ 25.

Alterum argumentum desumi potest ab ipsorum hominum, qui Scripturam sacram consignarunt, cum *notitia* rerum tradendarum,[a] tum *studio veritatis* sincero, absque ullo partium aut affectuum[b] studio; unde illos fide dignos esse, haud difficulter agnoscitur.[c]

a) *Partim* enim recensent *historias* rerum a se, *vel* suo tempore, et quibus ipsi interfuerunt, *vel* etiam anterioribus temporibus gestarum; omnium autem, quas recensent, sese gnaros fuisse, ipso opere ostendunt; *partim* dogmata e lumine naturae cognoscibilia sic proponunt, ut illorum cognitionem, qua alios superant, in ipsis mireris; *partim* denique exponunt, quae rationis captum excedunt, ubi non minus; imo si cogites, plerosque ex illis idiotas ac literarum, artium et sententiarum rudes fuisse, omnium maxime deprehendas ac tanquam divinitus collatam aestimes notitiam plane eximiam. Conf. *Mus.* l. c. § 12. p. 383. sqq., *H. Grotium* de V. R. Chr. L. III. § 5. p. m. 208.

b) Sane tantum abest, ut vel *metus* periculi, vel *spes* lucri aut commodi privati illos sive ad *scribendum*, sive ad quaedam inter scribendum *dissimulanda* aut *aliter*, quam res ipsa posceret, efferenda permovisse dici possit, ut potius ex adverso scripta ipsa testentur, quod *nec* adulari aliis aut gratiam captare, *nec* naevos suos ipsi dissimulare, *neque* odia, persecutiones et extrema pericula cum veritatis detrimento declinare didicerint. Vid. b. *Mus.* l. c. p. 387. sqq. et quae ex b. *Aeg. Hunnii* Tract. de majestate Scripturae arg. 10. adducuntur. Adde *H. Grot.* l. c. § 6. p. m. 210.

c) Nempe sicut omne *falsum* vel ab *ignorantia*, vel a mala *voluntate* proficiscitur, ita *notitia et veritatis studium* scriptorem ἀξιόπιστον faciunt.

§ 26.

Accedit *tertium* argumentum a *miraculis*[a] petitum, quibus scriptores sacri et suam *missionem*[b] *et doctrinae* a se propositae originem divinam[c] ostendunt.

a) Quo nomine intelliguntur opera aut effectus praeter ordinem totius naturae creatae producti, quique non nisi divina virtute produci possunt.

b) De miraculis *Mosis*, quod coram populo edita, multa, insignia ac liquidissimis testimoniis memoriae mandata, denique vere divina et a praestigiis satanae alienissima fuerint, vid. b. *Aegid. Hunnius* l. c. arg. 13. T. I. Opp. fol. 21. 22. 23.   Par autem est ratio miraculorum, quae *prophetae, Christus* ipse et *apostoli* patrarunt, seu quae divinitus edita ipsorum missionem et doctrinam a Deo profectam ostendunt, quorum copiam ipse sacer codex exhibet.   Vid. eund. arg. 14. et conf. *Mus.* l. c. § 13. p. 391. sqq.   Quod autem miracula *Petri* et aliorum sub initium N. T. etiam gentilibus innotuerint, docet *H. Grotius* de V. R. Chr. l. c. § 7. p. 212. 213.

c) Nempe Deus *miraculose* operando *non* assistit *seductoribus* ad fallendos hominum animos, seu ut persuadeantur, eos esse divinitus ad docendum missos ideoque audiendos, sed *his*, quos tanquam *vera et salutaria* proposituros ipse revera *misit*.

§ 27.

Sequitur *quarto* ecclesiae per orbem terrarum diffusae[a] jam inde ab apostolorum temporibus concors et plane consentiens testimonium[b] de origine Scripturarum divina.

a) Coetus, inquam, illius, qui Scripturae θεοπνευστίαν agnoscit, simul autem florem generis humani constituit et in quo bonae artes ac disciplinae honestique mores magis, quam usquam alias, vigent.

b) Neque enim credibile est, tam innumeram per totum orbem dispersam hominum prae aliis praestantium multitudinem in mendacium ejusmodi conspirasse aut conspirare potuisse, ut libros istos, quamlibet a carnis sensu et φιλαυτία humana abhorrentes, tanto in pretio haberent ac velut uno ore testarentur, divino afflatu fuisse scriptos, si tamen eos suus cujusque scriptor humano studio judicioque confecisset.   Conf. b. *J. Schroederum* de Princ. Theol. Cap. I. n. 12. et 14., b. *Mus.* l. c. § 4. p. 423. sqq.

§ 28.

Speciatim *quinto* notanda est *martyrum*[a] utriusque *sexus* variaeque *aetatis* ac *gentis* innumerabilium, *innocentiae* quoque et *sanctitatis* laude conspicuorum, in edendo vel inter gravissimos *cruciatus* ac suo sanguine et *morte* obsignando testimonio de doctrinae illius veritate atque origine divina *constantia et robur* plus quam humanum.[b]

a) Nempe hi, quamvis pars ecclesiae, peculiare tamen testimonium de doctrina christiana tulerunt, non *verbale* tantum, sed maxime *reale*, occasione *speciali* ex persecutionibus praestita.   *Mus.* l. c. § 5. p. 444. 445.

b) Quis enim crederet, homines istos tam multos tamque varios, rationis usu pollentes ac virtuti deditos, neglectis et velut conculcatis omnibus rebus terrenis, honore, opibus, familia, vita ipsa, singulos non solum, sed agminatim et per voluntariam tolerantiam acerbissimorum malorum, quibus se facile subducere potuissent, pro doctrinae illius divina origine adeo pugnaturos fuisse, nisi eam talem esse intime apud animum per ipsam Dei virtutem convicti et in malis istis sustentati et confirmati fuissent? B. *Mus.* l. c. p. 445. sq. Conf. *Schroederum* l. c. n. 11., *Grotium* lib. II. de V. R. Chr. § 22. p. m. 196. sqq.

§ 29.

Accedunt *sexto* doctrinae christianae tam *felix et subita* per totum terrarum orbem *propagatio*[a] et *septimo* inter tot persecutiones admiranda *conservatio.*[b]

a) Praesertim si expendas *obstacula* illa, *cum* ex parte *hominum convertendorum*, jam tunc aliis sacris curisque terrenarum rerum implicitorum, *tum* ex parte *ipsius doctrinae*, rationis captum supergredientis tamque difficilia postulantis aut praenuntiantis, *tum* ex parte *proponentium* doctrinam illam hominum, nec facundia, nec sapientia humana excellentium, ac potius in mundo contemtorum, *tum* denique ex parte *adversariorum* potentiorum atque callidiorum: quae omnia propagationem illam doctrinae impeditura videbantur. Unde facile est agnoscere vim divinam, quae impedimentis illis omnibus superior corda hominum occupaverit ac de divina origine ejus doctrinae certos reddiderit. Conf. *Mus.* l. c. § 6. p. 448. 449., *Hunnium* l. c. argum. 15. p. m. 33. sqq.

AUGUSTINUS: „Quisquis adhuc prodigia inquirit, ut credat, magnum ipse prodigium est, cum, toto mundo credente, non credat." (De C. D. l. 22. c. 8.)

b) Eadem prope ratio est conservationis, quae propagationis doctrinae, atque agnoscenda virtus et efficacia divina, *cum* quoad fidem in cordibus hominum producendam et roborandam, *tum* etiam quoad coërcendos ac retundendos sine vi humana tot ac tantorum hostium insultus. Conf. *Mus.* l. c. § 7. p. 449. sqq. et *Hunnium* arg. 16.

§ 30.

Neque negligenda sunt *octavo testimonia* reliquorum orbis terrae *populorum*, quod, quamvis a sacris illis alieni, tamen rebus gestis populi Dei[a] atque ipsi doctrinae[b] vel imprudentes perhibuerunt.

a) Vid., quae de *gentilibus* prolixius recenset b. *Hunnius* l. c. argum. 6. p. 39. sqq., quaeque in compendio exhibet b. *Schroederus* l. c. n. 15. De *Judaeis* quoque, facta Christi, quae vere miraculosa

erant, agnoscentibus (quamvis ea, blasphemo ausu, magiae adscribant),
et *Muhamedanis*, Christum tanquam prophetam a Deo missum et miraculis clarum celebrantibus, iidem videri possunt.

b) Huc enim pertinet, quod religio *pagana* sponte defecit, simul
ac humana auxilia defuerunt, quodque christianae religionis quaedam
dogmata ipsis gentilium sapientibus probata leguntur; ea vero, quae
difficiliora illic deprehenduntur, praestant tamen his, quae pagani peculiaria, nec minus difficilia creditu, imo plerumque absurda, habent,
quodque sacra religionis antiquioris et verioris ipsi per κακοζηλίαν
quandam imitantur. Vid. *Grotius* Lib. IV. n. 10. et 12. p. 282. 286.,
Hoornbeckius de conversione Indorum et gentilium. *Judaei* vero non
solum ex Scriptura V. T., quam retinent, verum etiam traditionibus
suis convinci possunt, venisse Messiam eumque esse Jesum Nazarenum,
in quem proinde credendum ejusque tantum merito consequenda sit
salus. Vid. *Grotius* Lib. III. de V. R. Chr. integro, *Mornaeus* de
V. R. Chr. Cap. XXIX. XXX. XXXI., *Hoornbeck.* Lib. de convertendis Judaeis. *Muhamedanam* vero religionem constat farraginem
quandam esse ex diversis religionibus conflatam, quae per se ipsam
evertitur et, facta collatione cum christiana, fasces submittere cogitur.
Vid. *Grotius* Lib. VI. integro.

KORANUS: „Denket daran, wie ihr, als ich vierzig Nächte mit Moses mich besprach, das Kalb vergöttert habt, was wir später euch ver-
ziehen, damit ihr dankbar werdet. Auch geben wir dem Mose die
Schrift und die Offenbarung zu euerer Richtschnur. . . Die Gläubigen,
seien es Juden, Christen oder Sabäer (Johannes-Christen), wenn sie
nur glauben an Gott, an den jüngsten Tag und das Rechte thun, so
wird einst ihnen Lohn von ihrem Herrn und weder Furcht noch Traurig-
keit wird kommen über sie. . . Einst offenbarten wir Mose die Schrift,
liessen ihm noch andere Boten folgen, rüsteten Jesus, den Sohn Mir-
jams, aus mit Ueberzeugungskraft und gaben ihm den heiligen Geist. . .
Sie sagen: Wir wollen nichts wissen, bis Gott selbst mit uns redet,
oder die Wunder uns zeiget. So sprachen auch Andere vor ihnen
schon; wahrlich denen, welche glauben wollten, haben wir hinläng-
liche Beweise schon gegeben." (Surae secundae c.: Die Kuh.) — „Die
Juden ersannen eine List, allein Gott überlistete sie. Gott sprach
nämlich: Ich will dich, Jesus, sterben lassen und dich zu mir erheben
und dich von den Ungläubigen befreien. . . Vor Gott ist Jesus dem
Adam gleich, den er aus Erde geschaffen und sprach: ‚Werde!' und er
ward. Diese Wahrheit kommt von Gott; sei daher kein Zweifler. . .
Es geziemt dem Menschen nicht, dass Gott ihm sollte Schrift, Weisheit und Prophetenthum geben und darauf zu den Leuten sagen: Betet
mich und nicht Gott an. . . Wer eine andere Religion, als den Islam,
annimmt, dessen nimmt sich Gott nicht an, der gehört in jener Welt zu
den Verlornen. . . O ihr Gläubige, seid nicht wie die Ungläubigen,
welche von ihren Brüdern, die im Lande umherreisen oder in den Krieg
gehen, sagen: ‚Wären sie bei uns zu Hause geblieben, würden sie
nicht gestorben und nicht getödtet worden sein': Gott bestimmte es
so, um ihr Herz zu betrüben." (Surae 3. c.: Die Familie Amrams.)
— „Weil sie nicht (an Jesum) geglaubt und wider die Maria grosse Lästerungen ausgestossen, darum haben wir sie verflucht. Sie haben ferner
gesagt: Wir haben den Messias, den Jesus, Sohn der Maria, den Gesandten Gottes, getödtet. Sie haben ihn aber nicht getödtet und nicht
gekreuzigt, sondern einen Andern, der ihm ähnlich war. . . Gott hat
ihn zu sich erhoben; denn Gott ist allmächtig und allweise. Aber vor
ihrem Tode werden die Schriftbesitzer alle an ihn glauben, aber am
Auferstehungstage wird er Zeuge gegen sie sein. . . Wahrlich, wir

haben uns dir offenbaret, wie wir uns offenbaret haben dem Noah und
den Propheten nach ihm, und wie wir uns offenbart haben dem Abraham, Ismael, Isaak und Jacob und den Stämmen, dem Jesus, Hiob,
Jonas, Aaron und Salomon. Wir haben auch dem David die Psalmen
eingegeben... Wahrlich, der Messias Jesus, der Sohn Marias, ist ein
Gesandter Gottes, und sein Wort, das er in die Maria übergetragen,
und sein Geist. Glaubet daher an Gott und seinen Gesandten, saget
aber nichts von einer Dreiheit. Vermeidet das, und es wird besser um
euch stehen. Es gibt nur Einen einzigen Gott. Fern von ihm, dass er
einen Sohn habe... Christus ist nicht stolz, um nicht ein Diener Gottes sein zu wollen." (Surae 4. c.: Die Weiber.) — „Wahrlich, das
sind Ungläubige, welche sagen: Gott ist Christus, der Sohn Marias.
Sage ihnen: Wer könnte es Gott wehren, wenn er den Christus, den
Sohn Marias, sammt seiner Mutter, sammt allen Erdbewohnern ver-
tilgen wollte?... Wir haben Jesus, den Sohn der Maria, in die Fuss-
stapfen der Propheten folgen lassen, bestätigend die Thora, welche in
ihren Händen war, und gaben ihm das Evangelium, enthaltend Leitung
und Licht, und Bestätigung der Thora, welche bereits in ihren Händen
war, den Gottesfürchtigen zur Leitung und Erinnerung. Die Besitzer
des Evangeliums sollen nun nach den Offenbarungen Gottes darin urtheilen; wer aber nicht nach den Offenbarungen Gottes darin urtheilt,
der gehört zu den Frevlern. Wir haben nun auch dir das Buch (den
Koran) in Wahrheit geoffenbaret, die frühern Schriften, welche in
ihren Händen, bestätigend, und zum Wächter darüber eingesetzt. Urtheile du nun nach dem, was Gott geoffenbart, und folge durchaus nicht
ihrem Verlangen, dass du abgehest von der Wahrheit, welche dir geworden. Einem jeden Volke geben wir eine Religion und einen offenen
Weg (religiösen Gebrauch)... O du Jesus, Sohn der Maria, gedenke
meiner Gnade gegen dich und deine Mutter, ich habe dich ausgerüstet
mit dem heiligen Geiste, auf dass du schon in der Wiege, und auch als
du herangewachsen, zu den Menschen reden könntest... Du schufst
mit meinem Willen die Gestalt eines Vogels aus Thon; du hauchtest
in ihn, und mit meinem Willen ward er ein wirklicher Vogel; mit meinem Willen heiltest du einen Blindgebornen und einen Aussätzigen,
und mit meinem Willen brachtest du die Todten aus ihren Gräbern."
(Sur. 5.) — „Sie schätzen Gott nicht so hoch, wie sie sollten, weil sie
sagen: Gott habe Menschen nie etwas geoffenbart. Sprich: Wer hat
denn das Buch geoffenbart, welches Moses als Licht und Leitung den
Menschen gebracht, welches ihr auf Pergament geschrieben, wovon
ihr Einiges öffentlich bekennet, aber den grössten Theil verheimlichet,
und wodurch ihr lerntet, was ihr und eure Väter nicht gewusst?...
Der Schöpfer des Himmels und der Erde, wie sollte er einen Sohn
haben, da er ja keine Frau hat?... Wen Gott leiten will, dem öffnet
er die Brust für den Islam; wen er aber in den Irrthum führen will,
dessen Brust will er so verengen, als wolle er zum Himmel hinauf-
steigen." (Sur. 6.) — (Der Koran. Aus dem Arabischen wortgetreu
übersetzt etc. von Dr. L. Ullmann. Crefeld 1840.)

§ 31.

Denique etiam *nono* accenseri merentur exempla *vin-
dictae* divinae[a] manifesta atque admiranda adversus *per-
secutores et violatores* hujus doctrinae.[b]

a) De quibus vid. *Hunnius* arg. 21., *Schroederus* num. 13.

b) Haec enim ostendunt, Deum Scripturam ipsam, velut a se
profectam, agnosci et coli velle, quando in illos, qui secus agunt, tam
graviter animadvertit.

§ 32.

Divinam fidem, qua Scripturae sacrae ex parte *formalis* (seu sensus aut doctrinae) divina origo[a] agnoscatur, *doctrina ipsa* Scripturae omni tempore[b] gignit, quatenus cum attentione lecta aut voce docentis proposita, explicata et auditu percepta, *per se immediate*[c] quidem, sed *virtute*[d] *divina*, quam sibi semper et indissolubiliter conjunctam[e] habet, adeoque, concurrente et virtutem hanc exserente Deo, *intellectum* quidem hominis illuminat, seu, excitata cogitatione sancta et objecto congrua, in assensum inclinat;[f] *voluntatem* vero ejus allicit ac movet,[g] ut intellectui assensum, sibi ipsi (doctrinae in Scripturis comprehensae) tanquam a Deo profectae praebendum imperet; et sic intellectum ipsum ad *assentiendum* sub ratione revelationis divinae determinet.[h]

a) Utique enim ad assensum fidei divinae, doctrinis revelatis praebendum, requiritur, ut ipsa illarum revelatio fide divina credatur. Vid. *Mus.* Introd. P. II. cap. VI. § 2. p. 463. sqq.

b) Nempe conceptus, per revelationis actum olim in sacrorum scriptorum intellectu producti, verbis Scripturae adhuc hodie comprehensi extant, et per verba Scripturae, sive docentium voce, sive Scripturarum lectione, ad nostrum intellectum transmissa, hodie in nobis similiter producuntur, moventque intellectum in assensum supernaturalem dependentiae suae a Deo. Vid. b. *Mus.* l. c. § 12. p. 468. sqq.

c) Seu ita, ut ratio assentiendi fidei divinae ultima sit ipsa revelatio divina in Scripturis comprehensa, in qua sistat assensus, neque in aliam revelationem distinctam, aut qualemcunque rationem assentiendi ulteriorem resolvatur. *Mus.* l. c. § 2. p. 466.

d) Nam revelatio divina, seu Scriptura sacra, per se sola *citra supernaturalem Dei concursum, non* est *completa* ratio motiva intellectus in sui, aut suae a Deo dependentiae assensum supernaturalem. *Verba* enim, ut talia, et praeciso omni concursu Dei supernaturali, non possunt intellectum ulterius movere, quam ad simplicem rerum, quas significant, apprehensionem; *res* autem, verbis revelationis intellectui repraesentatae, etiam tunc, quando apprehenduntur, in se inevidentes sunt; et quamvis sua bonitate insigni polleant, qua voluntatem in consensum trahere et ad imperandum intellectui assensum movere videri possent: quia tamen voluntas, in ordine ad spiritualia, natura inepta ac velut mortua est, ideo voluntas, deficiente supernaturali Dei concursu, non movetur ad imperandum intellectui assensum. *Mus.* l. c. § 5. p. 481. 482.

REUSCHIUS: ,,Fechtius ... *imperium voluntatis in intellectum* vocat σιδηρόξυλον a Scholasticis confictum. Generatim ex his patet, alios theologos existimare, quod naturae animae repugnet, voluntatem imperare adsensum intellectui, nam adsensum a cognitionis claritate dependere, quam anima per facultatem cognoscitivam, vi characterum in objectis perceptorum atque rationum ex his deductarum, obtineat, docere putant experientiam. Sed quoniam b. Musaeus psychologiae non adeo imperitus fuit, ut ejus principiis contrarie illum pronuntiasse, cum ratione sumi queat, alius procul dubio sensus erit verborum Musaei, ac a b. Fechtio aliisque perhibetur." (Annotatt. etc. p. 89.) Cf. Apol. A. C. art. 4. p. 139.

MUSAEUS: „Es ist bekannt, dass die logici die operationes mentis oder die Wirkungen des Verstandes abtheilen in *apprehensionem simplicium*, in compositionem et divisionem simplicium s. *judicium*, et in *discursum. Apprehensionem simplicium* nennen sie, wenn der Verstand einen terminum simplicem concipirt, v. g. lignum, lapidem, und davon nichts affirmirt oder negirt; wohin denn auch gezogen wird, wenn der Verstand eine ganze Proposition concipirt und fasset, aber absque judicio, so, dass er dieselbe weder bejahe, noch verneine, welchen actum cognoscendi wir apprehensionem simplicem nennen, auch in oppositione ad judicium. Die compositionem et divisionem simplicium oder *judicium* nennen sie, wenn der Verstand die terminos simplices apprehensos durch die copulam ‚est‘ zusammenfüget und eine affirmativam oder negativam propositionem daraus machet, so dass er dieselbe für recht oder für falsch halte. *Discursum* nennen sie, wenn der Verstand aus den erkannten und angenommenen principiis etwas anders folgert und schleusst. . . Was wir mit dem (auch tyronibus logices bekannten) Schultermino ‚apprehensionem simplicem credendorum‘ nennen, — das pflegen sonst die Theologi cognitionem sensus literalis der Glaubens und Lebenslehre zu nennen." (Der Jenaischen Theologen ausführliche Erklärung. p. 344. 350.)

e) Quamvis enim *auctoritas* Scripturae et ejus *efficacia* confundi non debeant, certum tamen est, hanc cum illa eatenus conjungi, quatenus concursus Dei, seu potentiae ejus, per quam Scriptura efficax est, in ordine ad dependentiam Scripturae a Deo assensu fidei cognoscendam requiritur. *Mus.* l. c. p. 490. De hac autem virtutis divinae cum verbo divino conjunctione plura videbimus infra, ubi de efficacia Scripturae agendum erit.

f) Nempe alias intellectus hominis sibi relictus, quando cogitationes suas in doctrinam sacram scripto aut viva voce sibi propositam et vi verborum simplici apprehensione cognitam defigit, adhibitoque judicio de ejus veritate aut falsitate (humana aut divina origine) disquirit; ineptus potius est, instar coeci, ad recte judicandum, imo inclinatus potius ad negandum, quae affirmantur, et affirmandum, quae illic negantur: juxta *1 Cor. 2, 14.* Itaque, ut ad rectius judicandum assensumque commodandum inclinetur, divinae virtutis concursu indiget. Conf. *Mus.* l. c. § 8. p. 492. sqq. 509. 510.

g) Nam, quia objecta spiritualia nobis inevidentia sunt, ideo ad superanda, quae ex parte intellectus oboriri solent, judicia perversa et actualem eumque supernaturalem assensum doctrinae sacrae praebendum necessarium est, ut voluntas (quae alias conditionem intellectus natura corrupti sequitur et mortua est ad spiritualia, seu ab illis alienata, *Ephes. 2, 1. Col. 2, 13.*), divinitus excitata, in consensum trahatur ejusque imperio intellectus (nihil quicquam obstantibus, quae hinc inde emergunt, dubitationibus) ad assensum determinetur. Conf. *Mus.* l. c. § 9. p. 516. sqq.

h) Probantur autem ea, quae diximus, 1) ex *1 Thess. 2, 13.*, ubi
Paulus, hilaris animo et *gratias agens Deo*, memorat, quod auditores
sui λόγον ἀκοῆς, sermonem, a se viva voce praedicatum *audituque perceptum, acceperint, non ut sermonem hominum, sed, sicut est revera, ut Dei
sermonem,* adeoque, doctrinam illam esse a Deo profectam, agnoverint;
addit autem, id inde factum esse, quod *Deus in ipsis, qui credunt,* ἐνεργού-
μενος, *efficaciter operatus fuerit,* seu quod, supernaturaliter concurrendo
cum verbo, testatus fuerit, hoc esse verbum suum, atque animos eorum
ad credendum fide divina illi, tanquam Dei verbo, moverit. 2) ex *1 Cor.
2, 4. 5.*, ubi Paulus dicit : *Sermo meus et praedicatio mea non erat in per-
suasoriis humanae sapientiae verbis, sed* ἐν ἀποδείξει πνεύματος καὶ δυνάμεως,
*in ostensione Spiritus et virtutis: ut fides vestra non sit sapientia hominum,
sed in potentia Dei.* Hoc enim nihil aliud est, quam quod doctrina a
Paulo tradita, cum non moveret ad assensum per argumenta ex sapientia humana depromta, moverit tamen per potentiam Dei et Spiritus S. sibi conjunctam et habuerit vim demonstrationis solidissimae,
ita ut, quamvis plena esset mysteriis inevidentibus, juxta *v. 7.* suam
tamen a Spiritu Sancto dependentiam, fide divina credendam, notam
faceret et ad fidei assensum efficaciter moveret animos illorum. Conf.
Mus. l. c. § 4. p. 475. 476. Quomodo autem, cum Spiritus S. per
verbum ex parte intellectus lucem quandam spiritualem operatur,
simul ex parte voluntatis pulsum aliquem et motus sanctos praestet,
exemplo conversorum : *Eunuchi, Act. 8, 36. 37., Lydiae,* cap. 16, 14. et
auditorum Petri, cap. 2, 37., ostendit *Musaeus* l. c. § 9. p. 522. 523.
Caeterum et hic notandum est, quod, *quibus argumentis olim persuasi
fuerunt auditores, ut crederent apostolicae praedicationi, iisdem argumentis
etiam hodie persuadeamur, credere ipsorum scriptis; eadem enim, quae docuerunt, scripserunt,* ait b. *Gerh.* T. I. LL. de Script. S. § 31. Nempe
*verbum Dei ab apostolis ex divina inspiratione praedicatum et Scripturae
ex divina inspiratione concinnatae non differunt, nisi accidentaliter, in
quantum illud verbis ore prolatis, hae verbis scripto consignatis constant. In
ordine autem ad intellectum hominis credentis una et eadem utriusque est vis
motiva ad assensum. Mus.* l. c. p. 476.

§ 33.

Atque hoc quidem argumentum *unicum*[a] est, quo
fides divina de divina origine doctrinae in Scripturis
comprehensae singulis hominibus ingeneratur; licet argumentorum fidem humanam gignentium usus fortasse
non[b] intercesserit. Sed tamen fatendum est, in ordine
ad convertendos alios de lege communi praemittenda esse
argumenta ista,[c] imo etiam in casu tentationis fidelibus
ipsis ad removendas difficultates quasdam ea non inutiliter[d] adhiberi, imo, pro ratione status illorum, esse quodammodo necessaria.

a) Nempe *reliqua argumenta conducunt quidem, cum ad movendum et suadendum, tum ad convincendum adversarium, sed non ad persuadendum, ita ut vel accendant, vel foveant aut sustineant fidei illam plerophoriam, qua velut coelesti radio omnes nebulae animi secum disceptantis dissipantur.* Quae plerophoria est beneficium Spiritus S., qui, ut loquitur *Augustinus, cathedram in coelo habet et docet corda intus;* verba sunt b. *Schroederi* l. c. num. 16., ubi agit de *Testimonio Spiritus S. interno.* Conf. b. *Huelsem.* Prael. in Form. Conc. Art. I. C. II. § 6. p. 217. 218. et quos ille praeter Schroederum consuli jubet, b. *Hunnium* Comment. in *1 Cor. 2, 1.* et *Meisnerum* in dica pontificiis scripta ob crimen calumniae, Th. 25. 26. Unde simul patet, quomodo argumentum *ab efficacia Scripturae* desumtum, pro diversa acceptione vocis, *nunc* ad classem eorum, quae humanam tantum fidem gignunt, referendum sit, *nunc* vero ad hoc ipsum unum argumentum, quod fidem divinam gignit, redeat. Nempe quatenus ex actibus externis et sensibilibus aliorum hominum, v. g. confessionis doctrinae fidei, vitae sanctioris ipsiusque martyrii, colligimus, proficisci illos ab ipsa Scripturae efficacia, seu arguere *doctrinae, quam complectuntur* Scripturae, *in ciendis, percellendis, accendendis et demulcendis animis efficacitatem:* sic, judice b. *Schroedero* l. c. et num. 9., argumentum hoc non accendit fidem divinam, nempe, *antequam accedit intrinsecum Spiritus Sancti testimonium, formans in mente singulorum fidelium hanc minorem et conclusionem: Hoc verbum his libris contentum est tale: Ergo est divinum;* quae verba b. *Huelsemanni* sunt l. c. Conf. b. *Cundis.* Not. ad Comp. Hutt. L. I. Q. IV. p. 22. 23. Quando autem efficacia Scripturae spectatur, quatenus se interius in singulorum cordibus per actus spirituales illuminationis, conversionis etc. exserit; sic nihil aliud est, quam ipsum illud testimonium Spiritus Sancti, quod is per suum cum doctrina illa concursum de doctrinae hujus origine divina in horum hominum cordibus edit et assensum operatur. Et sic efficaciam Scripturae concurrere ad cognoscendam Scripturae a Deo dependentiam, quae ad auctoritatem Scripturae requiritur, diximus ad § 32. not. *d.* Conf. *Mus.* Tr. de Syncr. et Scr. S. Q. I. L. de Scr. S. § 8. p. 185. et 196. sqq. Item Ausführl. Erklärung L. I. Q. V. p. 41. 42.

QUENSTEDTIUS: „1 Joh. 5, 6.: ,Spiritus est, qui testatur, quoniam Spiritus est veritas.' . . Vocem ,Spiritus' in subjecto positam proprie sumi pro tertia persona SS. Trinitatis, extra dubium est; statim enim v. 7. cum eadem μαρτυρίας attributione vocatur τὸ ἅγιον πνεῦμα. In praedicato vero per Spiritum metonymice intelligimus verbum Spiritus S. Evangelium de Christo, quod est peculiare ἔργον et ὄργανον Spiritus S., unde et ministerium Spiritus vocatur 2 Cor. 3, 6. Hoc ipsum itaque evangelium de veritate sua attestationem accipit ex Spiritus S. testimonio, quod is intus in cordibus nostris perhibet. Est autem illud *testimonium* (verba sunt D. Dorschei), ,a Spiritu S. per Scripturam et ex Scriptura in Scriptura sensus suos divinos imprimente promanans adeoque sese singulis hominibus etiam insinuans illisque de divinarum Scripturarum majestate fidem faciens, *nequaquam privatum*, sed est ipsum publicum et solenne divinitatis testimonium, ordinarium testificationis principium, in ecclesia unus idemque Spiritus.' Testatur autem Spiritus, quod doctrina Spiritus S. sit veritas h. e. verissima, quando interius per doctrinam a se patefactam et in Scripturis comprehensam in hominum cordibus operatur, ea pulsat, trahit ac movet, ut, eam **a**

Deo profectam sive vere divinam esse, credant. Hinc v. 10. subjungit
Johannes: ‚Qui credit in Filium Dei, habet testimonium in seipso.‘
Cf. 1 Cor. 2, 11. 12. Joh. 7, 16. 17.“ (Theol. did.-pol. P. I. c. 4. s. 2.
q. 9. f. 145.)

ANDREAS KNOESIUS: ,,Hanc *efficaciam* experitur, quicunque Scripturam sine repugnantia morosa adeoque cum animo veritatis cupido
legit vel audit, quam conditionem subjecti legitimam Christus Joh. 7,
17. describit, probe notandum. . . Excitantur in corde motus effica-
cissimi, et quidem cum conscientia originis, ita quidem, ut homo con-
scius sibi sit, quod propter hanc vel illam veritatem divinam in conscientia agnitam ita moveatur.   Diversi sunt hi motus pro diversitate
subjectorum, affectuum aliarumque circumstantiarum; interdum initium sumunt a dolore, uti ἐπανορθώσεις s. Scripturae vim suam demonstrant, interdum a laetitia, admiratione etc. Hi motus characterem
quendam divinitatis habent ita evidentem, ut per aliquod tempus objectiones fere sileant, nec in animo quidquam obstrepere audeat et
veneratio quaedam divinae veritatis in mente producatur. . . Quemadmodum Deus caeteris operibus suis, inde a sole usque ad contemtissi-
mum vermem et gramen, ea impressit attributorum suorum vestigia,
quibus opera divina esse cognoscuntur et ab humanis sine docta demonstratione distinguuntur per nudum sensum majoris, quam habent,
perfectionis: ita sanae rationi absonum videri non potest, quod Deum
voluisse statuamus, ut liber ille, qui specialem ejus revelationem continet, eodem modo a scriptis humanis internoscatur. . . Permagna est
differentia inter hoc testimonium, quod regeniti in statu gratiae experiuntur, et informatorium illud, de quo heic agimus, quod impiis quoque
competit, quatenus per gratiam praevenientem illud in iis sese subinde
exserit eosque de veritate verbi convincit. . . Quemadmodum is, qui
solem intuetur, lucidum esse ex ipso sensu lucis in oculos labentis
eumque afficientis, colligit: ita ex sensu divinitatis in s. S. latentis divinitas ejus indubie cognoscitur; ideoque qui divinitatem Scripturae ex
ipsa ejus divinitate h. e. divinitatis sensu probat, aeque *non petit principium*, ac ille non petit, qui aquam humidam esse probat ex ipso sensu
humiditatis, ut bene docet Fechtius Comp. theol. p. 34. sq. . . Nullius
plane momenti est objectio illa, quam non doctissimus solum Michaelis, sed et inficeta plebs saepenumero urget, dicens: ‚Biblia persaepe
legi, nec expertus sum hanc Scripturae efficaciam: ergo nullam habet.‘
Quum enim efficacia s. Scripturae sit ordinata et resistibilis, ut ex dictis constat, a defectu experientiae propriae male concluditur, quod
nobilissima haec affectio Scripturae s. desit. Aequeparum haec consequentia valet a defectu experientiae, atque in physica ab experimento
quodam male succedente falsitas propositionis evicta dici potest, antequam ostensum sit, experimentum exacte secundum regulas esse institutum. Etenim dudum monuimus, conditionem subjecti legitimam
describi a Christo Joh. 7, 17.“ (Institutt. th. practicae. Holmiae 1768.
4. p. 66—71.)

QUENSTEDTIUS: ,,*Dist.* inter *circulum,* et *regressum* apodicticum
seu demonstrativum. *Circulus* proprie est, quando probatio in orbem
redit et ab ignoto ad aeque ignotum progredimur, sive quando resolutio non fit in notius et certius, sed in aeque ignotum. *Regressus demonstrativus est, quando a cognitione confusa ad distinctam procedimus.*
Quando auctoritatem et divinitatem s. Scripturae ex testimonio intrinseco Spiritus S., et ex Scriptura s. testimonium Spiritus S. probamus,
non committimus circulum, sed est regressus demonstrativus. Differunt enim tamquam causa et effectus; Spiritus S. enim primario operatur et efficit talem probationem et obsignationem per verbum de verbo
Dei in corde fidelium, et haec obsignatio iterum testatur de Spiritu S.
tamquam effectus de sua causa. Pesantius in Tom. II. fol. 467. scribit:
‚tunc demum committi circulum, quando probatio fit ejusdem ab eodem
secundum idem‘, quod in hac nostra probatione non fit. Male ergo

nobis affingunt pontificii, . . ac si hic circulum committamus, dum ex
testimonio Spiritus S. Scripturam sacram et ex Scriptura s. testimonium Spiritus S. probamus. Hac enim ratione etiam circulus esset,
quando Moses et prophetae probant Christum, et Christus Mosen et
prophetas, vel etiam, quando Johannes Baptista, Christum Messiam,
et rursus Christus, Johannem Baptistam prophetam esse, testatur,
Joh. 1. Luc. 7." (L. c. f. 146.)

b) Vid. exemplum *Christiani Gersonis*, ex Judaeo christiani, apud
Musaeum Tr. de Syncr. et Scr. S. Q. II. L. de Scr. § 24. p. 244.

MUSAEUS: ,,Non ergo ecclesiae testificatio necessario requiritur
ad hoc, ut internum Sp. Sancti testimonium de Scripturarum divina
veritate in hominum cordibus se exserere possit. Idem evincunt exempla conversorum plurima. Inter alia illustre exemplum hanc in rem
praebet Christianus *Gerson*, Judaeus conversus, qui in historia suae
conversionis refert, se saepe miratum esse, quinam ille tam efficax
error sit, ut tot myriades hominum in superstitione christianorum de-
tineat, et contigisse aliquando, ut libri N. T. a foemella in vernaculo
idiomate sibi pignori darentur, a se autem, occasione inde sumta, lege-
rentur, non quod ullam ecclesiae christianae auctoritatem ipse agnosceret aut aliquid veri iis inesse existimaret, sed tantum, ut, quinam
christianorum errores essent, cognosceret. Inter legendum autem,
dicit, esse animum suum percussum, ut librorum divinitatem et majestatem quadantenus agnoscere inciperet, eosque desiderio discendi
excitatus iterum legeret et cum Scripturis V. T. conferret, et tum esse
in animo suo lucem tantam accensam, ut plena fide librorum auctoritatem et divinitatem agnosceret et fidem christianam profiteretur. Hic
sane testimonium illud internum Sp. Sancti exseruit se in legentis corde
per Scripturas lingua vernacula lectas absque ulla praecedente ecclesiae testificatione, quae quidem ab ipso fuisset agnita." (QQ. theolog.
de Syncretismo et S. S. 1679. p. 244.)

MELCHIOR ADAMI: ,,*Franciscus Junius* († 1602.), Lugdunum adolescens missus, cum legeret Tullii de legibus libros, venit ad ipsum
homo quidam et illa Epicuri verba: ,Nihil curare Deum nec sui, nec
alieni', multis confirmavit. Hoc venenum ita fuit in ipso corroboratum
auctoritate hominis et argutiis dictorum, ut animus ejus in malo isto
haerens occalluerit. Ex immani autem isto perditionis barathro miri-
fice ipsum eripuit Deus, postquam amplius annum perditissimis in deliciis jacuisset. A patre, qui resciverat filium, tali ἀϑεότητος veneno imbutum, domum revocatus ac ad lectionem N. T. invitatus, pestilentissi-
mam illam sententiam abjecit. Sed praestat audire ipsum de se con-
fitente: ,Novum Testamentum', inquit, ,divinitus oblatum aperio';
aliud agenti exhibet se mihi adspectu primo augustissimum illud caput
Johannis evangelistae et apostoli: *In principio erat Verbum*. Lego
partem capitis, et ita commoveor legens, ut repente divinitatem argumenti et scripti majestatem auctoritatemque senserim, longo intervallo
omnibus eloquentiae humanae fluminibus praecuntem. Horrebat corpus, stupebat animus, et totum illum diem sic afficiebar, ut qui essem,
ipse mihi incertus viderer esse. Recordatus es mei, Domine Deus mi,
pro immensa misericordia tua, ovemque perditam in gregem tuum re-
cepisti.' Haec Junius. Ab eo itaque tempore frigide alia omnia, fer-
vide autem, quae ad pietatem faciunt, cepit tractare." (Vitae German.
theologor. etc. Francof. 1653. II, 194. sq.)

c) Vid., quae diximus ad § 17. in nota, et conf. *Gerh.* L. I. de
Scr. S. § 22., ubi monet, *non* esse *jubendos* eos, qui auctoritatem Scripturae negant, ut *expectent*, donec *Spiritus S. in ipsorum cordibus immediate de Scripturae auctoritate testetur;* sed ducendos esse ad argu-

menta, cum externa, tum interna. Add. *Hunnius* Tr. de Maj. Scr. sub initium. Confer h. l. § 17. notam.

d) Nempe, *si* fideles *in tentationibus de auctoritate Scripturae dubitare incipiant, perinde cum illis agendum atque cum iis, qui negant. Est enim dubitatio negationi proxima,* verba sunt b. *Gerh.* l. c. § 20.

§ 34.

Auctoritas Scripturae s. *canonica*,[a] seu normativa, quam ex parte non solum sensus, sed ipsarum *vocum*[b] divinitus inspiratarum, seu textus primigenii, in ordine ad versiones[c] pariter, humano studio consignatas, et scripta ac doctrinas[d] alias judicandas habet, prout *in se* et absolute spectata,[e] fundatur in Dei inspirantis veracitate, et Scripturae, ratione vocum textus primigenii, a Deo dependentia; ita etiam in ordine *ad nos*, seu ut fide divina[f] credamus, Scripturae libros sub eo, quo nobis exhibentur, idiomate, i. e. verborum in certa lingua delectu, serie et contextu, esse divinitus inspiratos, et sic habere vim illam normativam, seu dignitatem canonicam, *non* sufficit *solum ecclesiae testimonium*,[g] verum et hic *internum Spiritus S. testimonium*, seu operationem, efficacem per ipsam Scripturam, concurrere[h] oportet.

a) De qua vide h. l. § 15. Vox autem χανόνος, id est *normae* aut *regulae*, quae proprie mathematica est, inde autem ad *leges civiles, ordines* ac *stationes militares*, nec non *librarum*, quibus mercatores utuntur, *lingulas* designandas transfertur (vid. b. *Chem.* Exam. C. Tr. P. I. S. de Libb. Can. p. m. 81. 82., b. *Cundis.* ad Compend. Hutt. L. I. Q. III. p. 15. 16.), occurrit, juxta similem analogiam, in ipsis Scripturis ad designandam certam regulam fidei et actionum christianarum, ut, quae illi congruunt, admittantur, discrepantia vero rejiciantur. Sic enim *2 Cor. 10, 13.* Paulus dicit, se non gloriari, nisi χατὰ τὸ μέτρον τοῦ χανόνος, *secundum mensuram regulae;* et *Gal. 6, 16.* pacem et misericordiam precatur et pollicetur omnibus, ὅσοι τῷ χανόνι τούτῳ στοιχήσουσιν, *quotquot juxta hanc regulam,* velut in ordine militari, *incedent.* Eademque phrasis recurrit *Phil. 3, 16.*

b) Nempe doctrina quidem Scripturae movet ad assensum sui, tanquam divinae, per concursum Dei, in quacunque proponatur lingua, et quibuscunque verbis, modo doctrina ipsa, qualis revelata est, sincere proponatur. Ut autem doctrina fidei ac morum, quae hic aut illic tanquam divina proponitur, ad genuinam normam revocetur, atque ejus seu ὀρθοδοξία aut veritas, seu ἑτεροδοξία, aut falsitas, accurate cognoscatur, accedendum est ad Scripturam ex parte verborum infallibilem, adeoque ad Scripturam sub eo idiomate, ubi verba ipsa ex divina inspiratione, non intercedente humano ac fallibili judicio, adhibita fuerunt. Conf. *Mus.* l. c. p. 540.

c) Versionum enim illarum aliquae revera erroribus sunt obnoxiae; et, si maxime occurrant, quae textui authentico sint exacte congruae, tamen in ratione certitudinis ac veritatis a textu primigenio dependent: adeoque auctoritatem non habent, nisi postquam convenientia earum cum textu authentico investigata et cognita est. *Mus.* l. c.

d) Unde, quando libri nostri *symbolici* aliquando *normae* aut *normalium librorum* appellatione veniunt, non tamen intelligitur norma *absolute* sic dicta, sed *secundum quid*, aut cum addito norma *secundaria*, *normata*, id est, minus proprie sic dicta. Vid. b. *Himmel.* in F. C. disp. I., *Grauer.* in A. C. P. I. p. 3. et Supplem. C. IV. p. 149.

CARPZOVIUS: ,,*Non impulsu* θεοπνεύστῳ scribuntur lib. symb., sicuti biblici scriptores sua canonica scripta confecerunt, *neque absoluta necessitate* et propter insufficientiam canonis biblici, prout Bellarminus l. 4. de verbo Dei c. 4. in ll. biblicis desiderat, quod catechesis non habeatur in illis; sed alia de causa scripti fuerunt, per necessitatem scl., quae in scholis *necessitas expedientiae* vocatur, ut scl. contentiones nonnullorum ingeniorum compescerentur, scandala apud infirmos praeverterentur et vafrities et malitia haereticorum agnosceretur. . . Quod *ex* Scriptura et *ad* ac *secundum* eam componitur, id non principium est, sed *principiatum*. Fateri equidem oportet nos, libros symbolicos etiam in praefatione pag. 34. sub *normae* nomine venire atque nomen istud libris symb. ecclesiae nostrae tribui. Verum principium et norma non simpliciter et ex aequo ut synonyma ab auctoribus praefationis hujus accipiuntur. *Siquidem etiam ad id, quod principiatum est, ex conventione dirigi ac dijudicari aliquid potest et nomen normae propterea mereri.* Et taliter vocabulum *normae* accipitur hoc in loco (in praefat. libri Conc. p. 21.) et apud scriptores primitivae ecclesiae, v. g. quando symbola oecumenica et imprimis apostolicum (ἐξοικῶς et ἐξαιρέτως ita dictum) vocantur a patribus κανὼν τῆς ἀληθείας ἀκλινῆς, ,canon veritatis minime versatilis' (Iren. l. 1. c. 1. § 19.), ,regula fidei immobilis' et ,irreformabilis' (Tertull.), ,norma praedicationis in commune per omnes gentes constituta' (Ruffin. et Vernant. Honor.), ,certa fidei regula, per quam credentes catholicam teneant unitatem, haereticam convincant pravitatem' (Aug. serm. de temp. hom. 181.). Et sic etiam normae vocabulum h. l. nil aliud significat, quam principium cognoscendi, ex quo deducimur in cognitionem alicujus conclusionis seu quaestionis, de qua controvertitur. Quale principium etiam est id, quod ab alio pendet, et aliunde probatum est, uti ostendit Aristoteles l. prior. analyt. c. 2. et 8. Non ergo absolute et simpliciter *norma* est symbolum, sed *in respectu ad ecclesias certas*, quae veritatem et certitudinem ejus ex Scriptura probatam praesupponunt. . . Quamvis vero negari non possit, nomenclatione hac aut encomio *non tantum discretivae, sed etiam definitivae normae* rationem libris symb. fuisse attributam; tamen cum maximo discrimine id fecerunt et . . . libros symbol. nonnisi pro *secundariis normis* habuerunt, ad modum illorum postulatorum, quae uti probationis indiga, ita tamen alibi probata sunt et etiam in disciplina certa ut indubia admittuntur.'' (Isagoge in libros eccles. lutheranarum symbolicos. p. 5. 6. 27. 28.)

IDEM: ,,Non negant auctores libri Concordiae, solam Scripturam esse unicam normam, ad et secundum quam omnia dogmata exigenda et judicanda sint, quin tot verbis profitentur . . ., nec tamen inficiantur, suo modo et sensu etiam haec symbola normam esse. . . *Plus tribuunt illis, quam nudam testificandi rationem.* . . Quando vero 2. liber symb. *norma* appellatur et *forma doctrinae*, ad et secundum quam etc., tunc id nonnisi secundum quid intelligitur *propter analogiam* aliquam, scl. externam, in eo consistentem, quod etiam secundum eam aliquid judicetur et aestimetur, licet non sit principium ejus, quod judicatur ac aestimatur. Et quidem 3. 'in quaestione instituta non tam de veritate doctrinae, quam de ejus receptione, vigore ac approbatione in certa ecclesia; an hoc dogma, v. g., Flacianum de peccato originis in ecclesia lutherana umquam fuerit receptum et approbatum? an doctrina Flacii cum doctrina ab initio reformationis tradita et approbata in ecclesia lutherana conveniat? Ut ita 4. liber symbolicus norma appelletur non ipsius fidei, sed professionis fidei, 5. non omnis, sed tantum quoad certa capita controversa, et quidem prout 6. illa in certis ecclesiis perennat. ... Atque ita nihil norma absolute ita dicta doctrinae nostrae detraxerunt nostrates, nec eidem librum symbolicum exaequarunt, sed quod symb. libri natura et ratio exigit, suo symbolico quoque libro attribuerunt et ad nullum extremum hic declinarunt. Nimirum 1. non tantum testari voluerunt de apprehensione doctrinae ac fidei, et quomodo eam ex verbo Dei haustam publice docerent, sed et 2. insuper libidini loquendi ac profitendi in nostris ecclesiis terminos ac limites ponere, inter quos docentes maxime se continere deberent, ac 3. quoque *normam suppeditare ac constituere, secundum quam de' aliorum scriptis judicari posset, non, an sint vera aut falsa (de hoc enim ex sola Scriptura judicandum), sed an cum doctrina ab initio in ecclesia lutherana recepta et tradita convenirent,* quo 4. ab aliorum spuriis scriptis puritatem doctrinae semel receptae turbantibus prohiberentur simplices et 5. sanctum purae doctrinae Lutheri depositum ad seram posteritatem hac ratione transmitteretur. Cf. p. 638." (L. c. p. 1143—45.)

G. WALCHIUS: „Norma *primaria* est, quae per se, id est, sua et propria virtute vim normae habet; *secundaria* vero, quae non per se, sed per Scripturae sacrae auctoritatem ac consensum cum ista virtute normae praedita est hincque a primaria dependet. . . Alii, quibus hae distinctiones adhuc a nobis enarratae displicent, distinguunt inter normam *decisionis* et *discretionis. Illa* sit principium illud αὐτόπιστον et plane infallibile, in cujus sententia utraque pars dissentientium adquiescere debeat; *haec* autem, sive norma discretionis, quaestionem controversam non quidem definiat, discernat tamen orthodoxos ab heterodoxis atque ostendat, quinam puriori doctrinae sint addicti. . . Existimat Wernsdorfius, symbola normam *cognitionis* dici posse, ita ut sint principium aliquod, cujus beneficio veritatum quarundam cognitionem consequamur; sed hoc unice ad Scripturam, tanquam normam, referendum esse videtur. . . Quae si quis consideret, facile intelliget, symbola adpellanda esse *cognitionis* normam, ubi cognitio non ad ipsam veritatem ejusque fundamentum, sed ad professionem referatur. Sunt symbola norma cognitionis, quatenus ex illis intelligatur, quaenam dogmata ecclesiae cujusdam sint propria.   Quando igitur quaeris, num hoc illudne dogma sit *Lutheranum,* hóc cognoscere debes ex symbolis, tumque sunt norma hujus cognitionis. Ubi autem quaeris, num hoc illudne dogma *verum* an falsum sit, id certe non ex symbolis tanquam norma, sed ex Scriptura sacra cognoscendum est." (Introd. in libb. eccl. symb. Luth. symb. p. 934—36.)

HOLLAZIUS: „*G. Mylius* in explic. A. C. p. 2. inquit: ,Quia A. C. firmissimo Scripturarum s. fundamento nititur, eam θεόπνευστον appellare jure optimo et possumus et debemus.' *D. Hutterus* in explic. l. conc. p. 1. scribit, auctorem libri conc. primarium s. αἴτιον κύριον constituimus non hominem aliquem, sive theologum, s. politicum, sed ipsum Deum Sp. S., fontem et largitorem omnis boni; usque adeo, ut θεόπνευστον, divinitus inspiratum, ipsum appellare minime dubitemus. Resp. . . Memorati theologi libros symb. sensu latiori vocant mediate θεοπνεύστους . . . 1. ratione objecti . . . 2. ratione mediatae illuminationis." (Exam. Proleg. II. q. 27. p. 58.) *Schelwigius* et *J. G. Neumannus* itidem, libros symb. θεοπνεύστους vocari posse, contendunt, jure dissentientibus *Loeschero* (vid. Unschuld. Nachrr. 1707, p. 117. 1710, p. 414. 735.), *Carpzovio* (Isag. p. 3.), aliis.

LUTHERUS: „Die christliche Kirche hat keine Macht, Artikel des Glaubens oder gute Werke, oder die Evangelia und heilige Schrift zu bestätigen als ein Richter oder Oberherr, hat's auch noch nie gethan, wird's auch nimmermehr thun. Die christliche Kirche wird aber wohl wiederum von dem Evangelio und von der heiligen Schrift bestätigt als vom Richter und Oberherrn. Die christliche Kirche bestätigt das Evangelium und heilige Schrift als ein Unterthan, zeigt und bekennet gleichwie ein Knecht seines Herrn Farbe und Wappen. Denn das ist gewiss, wer nicht Macht hat, das künftige und zeitige Leben zu verheissen und zu geben, der hat auch keine Macht, Artikel des Glaubens zu setzen." (Artikel von der christlichen Kirchen Gewalt. 1530. XIX, 1191.)

e) Sic enim diximus ad § 15. nota *b.*, unam a parte rei esse Scripturae auctoritatem, quae et causativa assensus fidei sit, et normativa doctrinae.

f) Posse autem istud ac debere fide divina credi, fatemur. Conf. *Mus.* Introd. l. c. p. 552.

g) Sic expresse docet b. *Musaeus* Introd. P. II. Cap. VII. § 3. p. 539.

QUENSTEDTIUS: „*Auctoritas* Scripturae nec ratione sui, hoc est, intrinsecae constitutionis, nec ratione nostri, hoc est, respectu cognitionis et manifestationis, *ab ecclesiae testimonio* unice vel necessario dependet." (L. c. s. 2. q. 8. f. 129.)

IDEM: „*Probatur* thesis: 1. *ex dicto Christi* Joh. 5, 34.: ,Ego non ab homine testimonium accipio'. . . 2. *Ex testimonio Samaritanorum* Joh. 4, 42., qui mulieri dicebant: ,Quia non amplius propter tuam loquelam credimus; ipsi enim audivimus et scimus, quia hic est vere salvator mundi, Christus.' . . 3. *Ex natura et conditione s. Scripturae.* . . . 4. *Ex natura et conditione ecclesiae.* . . 5. Denique *ab inconveniente.* Si auctoritas ecclesiae esset praecipuum motivum et medium, quo Sp. S. probaret ejus αὐϑεντίαν, sequeretur: 1. fidem nostram primo fundari in testimonio humano et ultimo in id resolvi; 2. vel intelligitur ecclesia universalis, et illius testimonium non datur; vel ecclesia particularis, et tale insufficiens est ac incertum; 3. vel auctoritas ecclesiae est praecipuum motivum respectu *fidelium,* at illi jam receperunt Scripturam; vel respectu *infidelium,* at illi non magis ecclesiae auctoritatem, quam Scripturae, admittent." (L. c. f. 132. sqq.)

CHEMNITIUS: „Scripta illa divinitus inspirata tunc, cum scriberentur, publica testificatione proposita, tradita et commendata sunt ecclesiae, ut ea, adhibita summa cura et providentia, incorrupta conservaret et quasi per manus traderet et commendaret posteritati. Et sicut vetus ecclesia tempore Mosis, Josuae et prophetarum, ita etiam primitiva ecclesia tempore apostolorum certo potuit testificari, quae scripta essent divinitus inspirata. Noverat enim auctores, quos Deus peculiaribus testimoniis ecclesiae commendarat; noverat etiam, quae essent illa, quae ab ipsis scripta erant, et ex iis, quae traditione vivae vocis ab apostolis acceperat, poterat judicare, illa, quae scripta erant, esse illam ipsam doctrinam, quam apostoli viva voce tradebant. Ita Joh. 21. apostoli testimonium et ecclesiae testificatio conjunguntur: ,Hic est discipulus ille, qui scripsit haec, et scimus, quia verum est testimonium ejus.' Ita Paulus certo signo notavit genuinas suas epistolas, 2 Thess. 3, 17. 18. *Habet igitur Scriptura canonicam auctoritatem principaliter a Spiritu S.,* cujus impulsu et inspiratione prodita est; *deinde a scriptoribus,* quibus Deus ipse certa et peculiaria veritatis testimonia perhibuit; *postea a primitiva ecclesia habet auctoritatem ut a teste, cujus tempore scripta illa edita et approbata fuerunt.* Haec vero testificatio primitivae ecclesiae de scriptis divinitus inspiratis postea perpetua successione per manus tradita est posteritati et in certis antiquitatis historiis diligenter conservata, ita ut *sequens ecclesia custos esset testificationis primitivae ecclesiae de Scriptura.* Maxima igitur est *differentia*: 1. inter testificationem *primitivae ecclesiae*, quae fuit tempore apostolorum; 2. inter testificationem ecclesiae, quae *proxime post apostolorum tempora secuta* est, quaeque primae ecclesiae testificationem acceperat; 3. et inter testimonium *praesentis* ecclesiae de Scriptura. Quae enim et nunc est et antea fuit ecclesia, si potest ostendere testimonia eorum, qui acceperant et noverant testificationem primae ecclesiae de germanis scriptis, credimus ei ut *testi probanti* sua dicta. Non autem habet potestatem statuendi aut decernendi aliquid de libris sacris, cujus non possit certa documenta ex testificatione primitivae ecclesiae proferre.'' (Exam. Conc. Trid. Sess. 4. decr. 1. fol. 47.)

QUENSTEDTIUS: ,,Si accurate loqui velimus, aliud est *dependere ab ecclesia*, et aliud *cognosci ecclesiae beneficio* sive per ecclesiam. . . *Disting.* inter *ecclesiam antiquam* . . . et inter ecclesiam *hodiernam.* . . Si vel maxime concederemus, ecclesiam esse medium cognoscendi auctoritatem Scripturae necessarium, non tamen *hanc*, sed *illam* potius intelligeremus. . . Aliud est, Scripturam divinam cognosci ex ecclesiae testimonio, et aliud, eam cognosci ex *solo* ecclesiae testimonio. Testatur enim experientia, plurimos sola s. Literarum lectione esse conversos sine ecclesiae propositione et auctoritate. . . exempla recenset D. Dorscheus, Theol. Zachar. P. II. l. 1. q. 1. p. 48.'' (L. c. f. 130.)

IDEM: ,,Bene Aeg. Hunnius in Coll. Ratisbon. anno 1601. habito, sess. 11. p. 247. ait: ,Quod epistola ad Romanos sit *Pauli*, habemus *ex ecclesiae primitivae testimonio*; quod autem sit sacrosancta, *canonica* et fidei regula, id non ex testificatione ecclesiae, sed *ex internis* κριτηρίοις habemus et desumimus.''' (L. c. f. 135.)

KROMAYERUS: ,,Inter phrases: credere *per* testimonium ecclesiae, et credere *propter* testimonium ecclesiae (fide scl. divina), scriptum hoc esse ϑεόπνευστον, distinguendum. Non propter testimonium, sed per testimonium ecclesiae, scriptum hoc Deum auctorem habere, credimus.'' (Scrutin. rel. p. 14.)

QUENSTEDTIUS: ,, *Objicit* Dreierus: Nuspiam scriptum extat, quod hic aut ille liber sit canonicus, et quod haec scripta sint divina, alia non, quod haec scripta sint integra, illa vero mutilata: ergo ecclesiae testimonio ad id opus esse, quia sine verbo credi nequit. *Resp.* . . Utut scriptum id non sit expresse, quoad *sensum* tamen et *factum* abunde id in Scriptura habetur. . . Nihil enim aliud est Scriptura sacra, quam illi ipsi divini libri ordine digesti. Quis ergo neget, extare in Scriptura, quinam sint libri divini? . . . Non esse autem corruptam aut mutilatam Scripturam, e divina providentia et expressa Christi assertione Matth. 5. constat, etiamsi non accedat ecclesiae testificatio.'' (L. c. f. 138.)

IDEM: ,,Ad illud *Augustini* libr. contra epist. fundamenti c. 5.: ,*Evangelio non crederem, nisi me ecclesiae commoveret auctoritas.*' Ibi enim Augustinus 1. *non causam* suae fidei, ut jam catholicus est, sed *occasionem*, qua a Manichaeismo ad divinarum Scripturarum amorem pervenerit, explicat. 2. Id, quod de ecclesia dicit Augustinus, in *primitivam ecclesiam* potissimum quadrat, quia pontificia ecclesia a primitivae consensu defecit. 3. Loquitur Hipponensis praesul *de sua persona tantum*, sive de se in individuo, non vero praescribit omnibus regulam. Posse autem aliquem ecclesiae auctoritate deduci ad credendum Scripturae, non negamus; omnes autem deduci debere, hoc erat probandum. 4. Loquitur de se non qualis tum erat, christianus et episcopus, sed qualis fuerat, *cum a Manichaeismo ad orthodoxam religionem deduceretur*; se scl. haud crediturum fuisse („crederem‘, dicit phrasi Aphricana, sibi familiari, pro ‚credidissem‘), nisi primum ecclesiae auctoritate commotus fuisset. . . Sunt praeterea occasiones credendi variae, utpote 1. fama de ecclesia ac vera religione, 2. conversatio infidelium cum fidelibus, 3. auctoritas parentum vel aliorum, 4. miracula, 5. martyrum constantia, 6. integritas vitae illorum, qui christianismum profitentur etc.“ (L. c. f. 137. sq.) Cf. *Lutheri* Bericht an einen guten Freund von beiderlei Gestalt, 1528. XIX, 1660—1665.)

ANTITHESIS:

Quenstedtius: „*Antithesis:* 1. *Pontificiorum;* ubi tamen distinguendi sunt *antiquiores* a *recentioribus. Illi* crudius et crassius Scripturae canonicae auctoritatem ab ecclesiae et quidem suae Romanae auctoritate et testimonio suspendunt, etiam ratione sui seu intrinsecae constitutionis sive canonisationis; ita ut Scriptura in se non sit authentica sine auctoritate ecclesiae. Hinc illa Andradii temeraria et impia vox lib. defens. Concil. Trident. fol. 150.: ‚Nil divinitatis inest Scripturae, nisi quantum accepit ab ecclesia.‘ . . *Hi* mitius et cautius, Scripturam quidem *in se* divinam esse ejusque auctoritatem quoad rem et secundum se dependere a Deo, censent, *in ordine tamen ad nos* auctoritatem divinam non obtinere Scripturam, contendunt, nisi propter auctoritatem ecclesiae. . . 2. *Novatorum,* ut D. *Horneji,* qui disput. theol. P. I. disp. 2. s. 2. de canon. Script. th. 77. sq. p. 116. et 119. dicit: ‚Verbum Dei non posse sine testimonio ecclesiae cognosci aut veros ejus libros a falsis et supposititiis discerni.‘ “ (L. c. fol. 131. sq.)

h) Fides divina enim aliunde non oritur, quibuscunque etiam de causis divinitas Scripturarum, non solum tanquam probabiliter vera, sed etiam tanquam humanitus infallibilis, credatur. Conf. b. *Huelsem.* Praelect. ad F. C. Art. I. C. II. p. 118.

§ 35.

Testatur autem Spiritus S. de certo idiomate[a] librorum Scripturae, quod tanquam θεόπνευστον agnoscendum sit, non excluso, sed adscito[b] testimonio ecclesiae, non cujuslibet tamen, sed[c] primitivae, ita quidem, ut discursus fidei fere huc[d] redeat: *Quo idiomate Scriptura sacra primitus consignata est, eo idiomate ab ipso Deo inspirata ad scribendum, et sic etiam ex divina inspiratione consignata est.* Atqui *Scriptura s. V. T. Ebraeo illo, quod hactenus usu receptum est, et Scriptura N. T. Graeco illo, quod usui nostro servit, idiomate primum consignata est.* Ergo *Scriptura sacra V. T. Ebraeo illo, quod hactenus usu receptum est, et Scriptura sacra N. T. Graeco illo, quod usui nostro servit, idiomate ab ipso Deo inspirata ad scribendum, et sic etiam ex divina inspiratione consignata est.* Major propositio, quae ipsius doctrinae in Scripturis comprehensae[e]

pars est, haud dubie est fidei divinae, et per virtutem
Spiritus Sancti, toti doctrinae sacrae intime conjunctam,
movet ad assensum fidei divinae. Minor propositio, quae
respicit factum aliquod singulare, idque sensibile, ab ipsa
doctrina sacrae Scripturae distinctum, ex testificatione
testium αὐτόπτων καὶ αὐτηκόων[f] pendet, prout alias in
probandis rebus facti et sensibilibus id fieri solet. *Conclusio* interim non desinit esse *de fide*, prout alias non
solum ex duabus praemissis revelatis, verum etiam ex
una revelata et altera metaphysice aut moraliter evidente
sequitur conclusio revelata et fide divina credenda.[g]

BRENTIUS: „Non loquimur nunc de ea traditione, qua nobis S. s.,
et quae in ea continentur, a majoribus in manus tradita sunt. Nam
hanc traditionem affirmamus esse certam, firmam et indubitatam.“
(Prolegom. Apolog. Wirtemberg. Francof. 1556. f. 141.)

CHEMNITIUS: „Secundum genus traditionum est, quod libri Scripturae sacrae non interrupta serie temporum (sicut Augustinus loquitur) et certa connexionis successione ab ecclesia custoditi et fideliter
ad posteros transmissi nobisque quasi per manus traditi sunt. Ita
Origenes dicit, se παραδώσει (per traditionem) didicisse, quod quatuor
evangelia in universa ecclesia sint indubitata. Et Eusebius, de libris
canonicis disputans, aliquoties utitur verbis traditionis, hoc est, ecclesiae testificantis de germanis et canonicis Scripturae libris. Et hanc
traditionem, qua nobis in manum dantur *sacrae Scripturae libri*, reverenter accipimus; nihil autem patrocinatur pontificiis, qui pugnant pro
dogmatibus, quae nullo Scripturae testimonio probari possunt. Ecclesia enim *illa* traditione fatetur, se alligatam esse ad vocem doctrinae
sonantis in Scripturis, et propagatione illius traditionis, posteritatem
etiam ad Scripturam alligatam esse, docuit.“ (Exam. Conc. Trident.
fol. 62.)

GERHARDUS: „Non est quaestio de traditionibus *historicis*, quibus
ecclesia primitiva libros biblicorum horum vel illorum auctorum ex
autographis et aliis rationibus a sensu petitis probavit et ad ecclesias
succedaneas hanc suam sensitivam cognitionem continuavit. Hasce
enim *historicas* traditiones sive ecclesiae testificationes concedimus non
contineri universim omnes in Scriptura sacra; sed negamus, eam con-
cernere ipsam verbi revelati substantiam et in se continere articulos
fidei. Quamvis enim sit fidei articulus, πᾶσαν γραφὴν θεόπνευστον, immediate inspiratas a Deo revelationis, se continentem, esse divinam
et canonicam; *non tamen est fidei articulus, sed historica assertio*, cum
ecclesia in particulari testatur, hunc vel illum librum esse hujus vel
illius auctoris; v. g. evangelium Matthaei esse Matthaei, epistolam ad
Hebraeos esse Pauli.“ (Conf. cathol. lib. 1. p. 2. c. 5. f. 126. b.)

a) Intelligitur autem nomine *idiomatis* h. l. non tantum *lingua*
ipsa certae gentis, aliarum gentium linguis contradistincta; sed (quemadmodum jam priore § 34. dictum est) ipse *verborum* in certa lingua
delectus, series, contextus etc., cui respondet nomen *syngrammatis*, quo in
hoc negotio usus est b. *G. Zeaemannus* in Tract. de Colloq. Ratisb.
Cap. IX. seu Exegesi Quaest. de Libris Can. pag. 91. 108. 112. Unde
nondum probant idioma Scripturae primigenium ex ipsa Scriptura,

qui ex assertionibus quibusdum Scripturae probant, Scripturam V. T. esse primum Ebraice, et Scripturam N. T. esse primum Graece conscriptam; ad idioma enim aut syngramma certum plus requiritur.

b) Nam interna vis illuminatrix Scripturae ita est conjuncta sensui in quavis lingua, ut non monstret praecise verba textus primigenii ab aliis verbis aequipollentibus ejusdem aut alterius cujusvis linguae, textus aut versionis distinguenda. Caetera vero, quae *ϑεοπνευστίαν* doctrinae, in Scripturis comprehensae, probant, *κριτήρια*, *vel* plane non attinent ad materiale seu verba Scripturae, sed ad formale aut doctrinam praecise; *vel*, quando suo modo ad materiale sive verba et contextum eorum pertinent, et confuse Deum etiam materialis Scripturae in aliquo, quodcunque illud sit, idiomate auctorem arguunt; *non* tamen *certum* et *determinatum idioma* aut *syngramma*, quo primitus quisque liber Scripturae consignatus sit, certo ostendunt. Superest itaque *testimonium ecclesiae*, quod *non* quidem *dignitatem canonicam* aut normativam *largitur* libris Scripturae in aliquo certo idiomate, *neque ad assensum fidei divinae*, qua *ϑεοπνευστία* talis idiomatis credatur, ipsum *sua virtute movet:* sed tamen, quatenus historice ostendit certum idioma aut syngramma, tanquam primigenium librorum Scripturae, sub quo a scriptoribus ipsis eos consignatos acceperit, ac certitudinem moralem de eo gignit, ita *conjunctum* cum eo, quod *Scriptura* ipsa docet, et cum quo *Spiritus S.* virtutem suam intime conjunxit, jam in discursu fidei locum habet; prout ex sequente (in thesi) argumento constat. Interim vid. b. *Mus.* l. c. § 6. p. 542. 543. 544. Item Tract. QQ. de Syncret. et Script. S. Q. II. L. I. de Script. § 5. 6. 7. p. 227. 228. et 273. Ausführl. Erklärung p. 9. sqq.

HOLLAZIUS: ,,Quando quaeritur: Estne evangelium Matthaei graece, an hebraice, primum scriptum? quaestio illa non dogmatica, sed historica est. Est enim quaestio facti in sensus incurrentis, de quo et scriptores canonici ipsi ore, subscriptione manus et traditione autographorum et ipsa autographa, ecclesiae tradita inque ea summo studio asservata, ad sensum testabantur. Hujus facti sensibilis testis est *ecclesia primitiva*, quae scriptoribus in carne viventibus sub vexillo Christi in terris militavit eorumque *αὐτόγραφα* ab illorum manibus accepit, nec non ecclesia subsequens, quae *temporibus proxime sequentibus*, cum ipsa librorum canonicorum *αὐτόγραφα* adhuc superesseut, manibus tererentur oculisque legentium, quo essent *idiomate* consignata, conspicerentur, floruit. Ecclesia autem *recentior* de canonicae Scripturae s. auctoritate testari per se non potest; sed si testari velit, necesse est, ut ad ecclesiam primitivam atque subsequentem recurrat et ab ea testimonium textus authentici mutuo sumat. Sic ab ecclesia Judaica *hebraei* idiomatis in veteri et ab ecclesia christiana primitiva textus originalis *graeci* in novo testamento testimonium petimus. Lubentes acceptamus *testimonium ecclesiae* primitivae, sed *non solum* illud. Adjungimus ei testimonium Scripturae, diuturnam conservationem in usum hominum salutarem et stili qualitatem. — Vetus testamentum stilo hebraico consignatum esse, colligimus ex Rom. 3, 2., ubi Paulus diserte scribit, Judaeis oracula Dei concredita esse. Ex quo effato Paulino argumentamur: Quaecunque oracula Judaeis concredita sunt, ut per ea sapientes redderentur in salutem per fidem, quae est in Christo Jesu, illa ipsis concredita sunt idiomate hebraeo. Atqui oracula Dei in sacro codice V. T. comprehensa etc. Ergo. Major constat, quia per nulla oracula, nulla dicta homo aut tota natio sapiens reddi potest in salutem, nisi verba vel oracula proponantur homini vel nationi

idiomate familiari et vernaculo, quod illa natio intelligit atque adeo
sibi ad salutarem usum applicare potest.   Minor liquet ex citato dicto
Paulino Rom. 3, 2., coll. cum effato ejusdem apostoli 2 Tim. 3, 15. —
Applicamus testimonium Pauli ad linguam Graecam Novi Testamenti,
et probabiliter colligimus: Quaecunque oracula concredita sunt omnibus gentibus, ut per ea sapientes redderentur in salutem per fidem,
quae est in Christo Jesu, ea lingua Graeca illis concredita sunt.   Atqui
oracula Christi et apostolorum in sacro codice novi testamenti comprehensa etc.   Ergo.   Minoris connexio ostenditur: Quemadmodum Deus
et prophetae oracula sua concrediderunt Judaeis lingua ipsis vernacula,
quam omnes Judaei intelligebant, nempe hebraea, ita Christus et apostoli sua oracula concrediderunt omnibus gentibus per totum orbem
terrarum latissime diffusis lingua vulgatissima omnibusque gentibus
notissima, nempe Graeca, ut per eam omnes gentes sapientes redderentur ad salutem.   Graviter inquit Cicero in orat. pro Archia poëta:
‚Graeca leguntur in omnibus fere gentibus, latina suis finibus, exiguis
sane, continentur.'"   (Exam. theol. Proleg. c. 3. p. 127. sq.)

c) Intelligitur autem ecclesiae *primitivae* appellatione ecclesia illa,
quae istis temporibus floruit, quibus scriptores librorum sacrorum vixerunt: nempe quoad libros *V. T.* ecclesia *Judaica*, a Mose ad Malachiam,
quoad libros *N. T.* autem ecclesia *christiana*, *apostolis* et eorum coope-
rariis *coaeva*, cui libri θεόπνευστοι a suis scriptoribus traditi fuerunt,
quaeque, sensuum testimonio nixa, nosse pariter et testari certo potuit,
quos libros, quo linguae et sermonis idiomate verborumque delectu ac
serie scriptos ex eorum, qui scripserant, manibus accepisset.   Vid.
Mus. l. c. p. 545.   Ecclesia vero sequentium temporum, in hac quaestione facti veteris nihil definire potest, nisi nixa testimonio ecclesiae
primitivae.   Idem l. c. p. 551.

d) Extat hoc argumentum in b. *Musaei* Introd. l. c. § 7. p. 554.
Conf. Ausführl. Erklärung p. 20., Tr. Quaest. de Syncr. et Scr. S.
L. I. Q. II. § 18. p. 237.

e) Huc enim pertinet, quod *2 Tim. 3, 16.* legimus: πᾶσαν γραφήν,
totam Scripturam esse divinitus inspiratam, quod idem est atque eam,
cum primum scriberetur, quoad ipsum etiam idioma, seu verba certae
linguae eorumque delectum, seriem et contextum esse ex inspiratione
divina profectam.   Conf. h. l. § 10. et notam *c*.

f) Sane quod primitivae ecclesiae testimonium ad agnoscendum
certitudine morali idioma primigenium librorum Scripturae non solum
olim revera editum fuerit, verum etiam ita supersit, ut hodienum eo
sufficiat, licet in ecclesia moderna nemo sit, qui πρωτότυπα viderit, lu-
culenter ostendit b. *Musaeus* Introd. p. 545. sqq. et Tr. QQ. de Syncr.
et Scr. S. l. c. p. 247. sqq., adductis simul pro hac sententia discursibus bb. DD. *Martini Chemnitii* p. 259., *Jacobi Andreae* p. 263., *Aeg.
Hunnii* p. 266. et *G. Zeaemanni* p. 296.   Quibus alii plures jungi possent, illi praesertim, qui contra pontificios (quorum nota fraus est, qua
a primitivae ecclesiae testimonio, in his scrutando et sectando, nos ab-
ducere nituntur) disputarunt; v. g. b. *Alb. Grauerus* Disp. Inaug. de
Scr. S. contra Costerum, praes. *P. Piscatore*, § 126., b. *J. Major* Tr.
contra Valerianum M. de Regula Cred. Resp. ad quartam Conseq.
Cap. 3. § 7. p. 367., b. *Gerhardus* in Exeg. L. I. § 75. sqq., b. *Sal.
Glassius* in *Glaubensgrund* Cap. II. p. 38. sqq. et Cap. VII. p. 231.,

b. *P. Haberkornius* contra Valer. M. Disp. II. Cap. IV. p. 71. 79. 102. 107. Add. b. *Georg. Mylius* Posit. de V. D. § 70. sqq., *Kromayerus* Theol. Prof. Pol. Art. I. p. 37. Fatendum autem est, laudatos doctores *non solum* de *auctoribus secundariis* librorum Scripturae, verum etiam de *idiomate*, imo maxime de eo agere ll. cc., scilicet, quod *penes ecclesiam veterem scriptorum sacrorum* πρωτότυπα *et αὐτόγραφα asservata ab iisque visa, lecta, fideliterque descripta fuerint:* quae sunt verba b. *J. Majoris* l. c. B. *Gerhardus* autem, ut et *Glassius* atque *Haberkornius* urgent illud *Tertulliani de authenticis literis apostolorum, quae in ecclesiis apostolicis* fuerint *recitatae, servantes vocem apostolorum* etc. *Kromayerus* quoque inter κριτήρια *libri canonici* N. T. quarto loco refert, *quod debeat habere testimonium ecclesiae primitivae christianae, quae αὐτόγραφα viderat, legerat, cognoverat.* Denique b. *Dan. Cramerus* in Isag. ad Libb. Prophet. et Apost. p. 15., ubi de discrimine librorum apocryphorum a canonicis agit: *Pendet,* ait, *tota* NB. *haec testificatio a prima inspectione autographi eorum, ad quorum id manus pervenit.* Manifestissime vero b. *Zeaemannus* (eo loco, quem b. *Musaeus* in Tract. QQ. de Syncret. et Scr. S. pag. 226. allegat, videlicet in Tr. Theol. et Scholast. de Colloq. Ratisb. Cap. IX. seu Exeg. Quaest. de Libb. Can. p. 91. et 108.) *historicam traditionem* veteris ecclesiae non solum ad quaestionem de auctoribus librorum sacrorum, verum etiam ad eam, quae est de *syngrammate* (ut nominat, quod alias *idioma* dicitur) refert, et de eo, tanquam objecto αἰσθητῷ aut *sensibili,* ecclesiam testari eique testimonio innitendum esse, affirmat.

> TERTULLIANUS: „Age jam, qui voles curiositatem melius exercere in negotio salutis tuae, percurre ecclesias apostolicas, apud quas ipsae adhuc cathedrae apostolorum suis locis praesidentur, apud quas authenticae literae eorum recitantur, sonantes vocem, repraesentantes faciem. Proxima tibi est Achaja? Habes Corinthum. Si non longe es a Macedonia, habes Philippos. Si potes in Asiam tendere, habes Ephesum. Si autem Italiae adjiceris, habes Romam, unde nobis quoque auctoritas praesto est statuta." (De praescriptionibus adv. haeret.)

g) Sic enim v. g. conclusio de fide est, qua homo renatus de se in individuo colligit: *Ego per baptismum factus sum filius Dei et haeres vitae aeternae.* Praemissae autem, quibus illa nititur conclusio, hae sunt: *Major* quidem revelata: *Quicunque baptizatus est, is per baptismum factus est filius Dei et haeres vitae aeternae;* quod docetur *Gal. 3, 27. Minor* autem, non revelata, sed vel aliorum hominum fide dignorum assertione, si quis in infantia, vel proprio sensuum testimonio, si in adulta aetate baptizatus sit, nixa, haec est: *Atqui ego sum baptizatus* (i. e. mihi affusa fuit aqua in nomine Patris, Filii et Spiritus Sancti, quod partim visu, partim auditu perceptum fuit). Conf. b. *Mus.* Introd. l. c. p. 554. 555., qui pluribus de hac ratione concludendi disseruit in Tract. de Usu princip. Rat. in Theol. Lib. II. c. XIII. sqq. p. 435. sqq. et Tr. de Convers. Disp. IX. p. 569. sqq.

§ 36.

Itaque libri canonici V. T., quos vetus ecclesia Judaica accepit et christianae tradidit,[a] sunt sequentes:[b]

Libri quinque Mosis, liber *Josuae, Judicum, Ruth, duo Sa-
muelis, duo Regum, duo Chronicorum, Esdrae unus, unus
Nehemiae* (aut Esdrae posterior), liber *Estherae, Jobi,
Psalmorum, Proverbiorum, Ecclesiastes, Canticum Canti-
corum, libri quatuor Prophetarum majorum*, qui sunt:
Esaias, Jeremias (cujus etiam sunt *Threni*), *Ezechiel, Da-
niel*, libri *duodecim Prophetarum minorum*, qui sunt:
*Hoseas, Joël, Amos, Obadias, Jonas, Michaeas, Nahum,
Habacuc, Zephanias, Haggaeus, Zacharias, Malachias*: qui
omnes incorrupti[c] in ecclesia supersunt.

a) Sic enim memorantur a Christo tanquam apud Judaeos indubitato inveniendi, et dividuntur in *Mosen et Prophetas Luc. 16, 29. 31.*,
in Mosen, Prophetas et Psalmos Luc. 24, 44. Cum qua divisione quodammodo convenit illa Judaeorum in תּוֹרָה seu *Legem*, נְבִיאִים seu *Prophetas* (quos porro dividunt in רָאשׁוֹנִים *priores, et* אַחֲרוֹנִים *posteriores*) et
כְּתוּבִים *scripta*, quae alias dicuntur ἁγιόγραφα; licet cavendum sit, ne
inaequalitatem perfectionis ac dignitatis, exemplo recentiorum Judaeorum, scriptis aeque divinitus inspiratis tribuamus. Vid. Dn. *Frisch-
muthi* Dissert. pecul. de hac divisione Scripturae.

b) De quibus singulis vidd. b. *J. Gerh.* in Exeg. L. I. Cap. VII.
p. 118. sqq., b. *Mich. Waltherus* in Officina bibl., b. *Dan. Cramerus* in
Isag. ad Libb. Proph. et Apost. et b. *Laur. Fabricius* in partitione codicis Ebraei. Haec enim recensere prolixius, non fert ratio instituti.

c) Christi tempore libros illos incorruptos superfuisse, negari non
potest, qui sane alias non ita absolute dixisset: *Habent Mosen et Prophetas, Luc. 16, 29., Scrutamini Scripturas, et illae sunt, quae testificantur
de me, Joh. 5, 39. 40.* De corruptelis potius, si quae tunc fuissent,
monuisset suos. Ac licet Judaeorum in tuenda vera doctrina et agno-
scendo Messia exhibito coecitatem et infidelitatem reprehendat, custodiam tamen ipsius codicis sacri, apud se depositi, fidelem iis tribuit ac
praedicat Paulus *Rom. 3, 2. c. 9, 4.* Post ista vero tempora, multiplicatis inter christianos apographis Scripturae, ne quidem locus relictus
fuit corruptioni *universali*, quae ad omnes codices se extenderet, praesertim si cogites, vigilasse pro verbo suo Dei providentiam. *Particularis*
autem corruptio quorundam codicum non tollit certitudinem Scripturae
θεοπνεύστου. Conf. b. *Glassii* Philol. S. Lib. I. Tract. I.

§ 37.

Qui autem praeter istos in codice biblico V. T. aliquando[a] comparent libri: *Judith, Sapientiae, Tobiae, Ecclesiasticus, Baruch, duo* (aut *tres*) *Maccabaeorum, (tertius
et quartus Esdrae), fragmenta Estherae, Danielis de Susanna, de Bel et Dracone Babylonico, orationes Asariae,*

trium puerorum et *Manassis,* cum nec ab ecclesia veteri[b] Israelitica, nec a Christo et apostolis,[c] neque a christiana ecclesia[d] proxime secuta pro Ξεοπνεύστοις habiti fuerint, aut canonicam[e] auctoritatem apud illos habuerint, ideo nec hodie eam habere[f] debent; sed ut discernantur a canonicis istis, recte dicuntur[g] apocryphi.

a) Nempe non solum in versione vulgata canonicis intermixti conspiciuntur, verum et alias in diversis diversarum linguarum versionibus editi leguntur, quippe non plane rejecti, utiliter legendi ad aedificationem.

b) Hi enim non habebant pro canonicis, nisi eos, qui lingua populo Dei tunc recepta consignati, sacerdotibus oblati, cognitaque vocatione atque inspiratione divina scribentium, et quod hi libri ab illis, hac verborum serie et contextu essent conscripti, ecclesiae commendati fuerunt. Confer. *Gerh.* Exeg. L. I. § 73. 74.

c) Nusquam certe in N. T. ad probandum aliquod caput doctrinae fidei quisquam illorum citatur. Conf. h. l. § 36. notam *a.*

d) Illa enim canonem Hebraeorum anxie secuta, neque ullum illi addere librum ausa fuit. Testes sunt *Melito* Sardensis apud Euseb. lib. IV. Hist. Eccles. cap. XXVI., *Origenes* apud eundem Lib. VI. c. XXV., *Eusebius* ipse lib. III. c. IX., inprimis *Hieronymus* in Prologo Galeato, et alii plures apud *Gerh.* in Confess. Cath. lib. II. art. I. Cap. I. p. 19. Confer. ejusdem Exeg. L. I. § 75. sqq.

e) Quod enim aliquando, et ab ipso quidem Augustino, *canonici* appellantur, id in propria et principali significatione accipi non potest: verum eo tantum sensu, *generaliore* profecto *et minus proprio,* dictum est, quo quemlibet librum in ecclesia utiliter legendum ita appellare placuit. *Gerh.* Exeg. § 156.

f) Quia ecclesia sequentium temporum in quaestione facti veteris nihil definire potest, nisi nixa testimonio ecclesiae primitivae; uti diximus ad § 35. not. *c.* sub finem.

g) i. e. *absconditi,* seu quod de eorum origine ex inspiratione divina non constiterit ecclesiae ejus temporis, quo prodierunt, neque adeo etiam constet ecclesiae succedentium saeculorum. Unde ipsi nec proferendi sunt in medium, cum canonica Scriptura postulatur; quamvis alias non plane abscondendi sint, verum utiliter legendi. Conf. *Chemnitium* P. I. Exam. Conc. Tr. Loc. I. Sect. VI. § 20.

§ 38.

Libri canonici N. T. sunt omnes illi, qui in codice biblico habentur: nempe non solum illi, de quorum Ξεοπνευστία nunquam dubitatum[a] fuit, qui sunt:[b] *Quatuor Evangelia, Matthaei, Marci, Lucae et Johannis, Acta apostolorum, Epistolae Pauli, ad Romanos una, ad Corin-*

thios duae, una ad Galatas, ad Ephesios, ad Philippenses, ad Colossenses, duae ad Thessalonicenses, duae ad Timotheum, una ad Titum, ad Philemonem, prior Petri et Johannis prima; verum etiam reliqua scripta, de quorum sicut scriptoribus, ita et origine[c] divina ab aliquibus olim dubitatum[d] fuit, hodie tamen lis nulla superest: videlicet *Epistola ad Ebraeos, posterior Petri, secunda et tertia Johannis, Epistola Jacobi, Epistola Judae et Apocalypsis Johannis:* quae omnia etiam incorrupta[e] supersunt.

a) Vocantur propterea πρωτοκανονικοὶ, seu *canonici primi ordinis.*

b) Vide de his b. *Mart. Chemnitium* P. I. Exam. sect. de scriptis evang. et de scriptis atque epistolis apostolorum, b. *Gerh.* Exeg. § 243. sqq., b. *Waltherum* in Offic. Bibl., b. *Cramerum* in Isagoge, etc.

c) Negari profecto non potest, quod de scriptoribus ita dubitaverint veteres, ut simul etiam auctoritatem libris θεοπνεύστοις propriam his denegarent. Sic enim *Eusebius* Lib. II. Hist. Eccl. c. XXIII. sub finem de epistola *Jacobi:* Ἰστέον, ὡς νοθεύεται; quod *Grynaeus* vertit: *Sciendum est, esse eam adulterinam. Valesius* autem: *Quam nonnulli spuriam ac suppositiciam existimant.* Et jam olim Ruffinus: *Sciendum, quod a nonnullis non recipiatur.* Ita ut, epistolam illam νοθεύεσθαι, ex mente Eusebii non quidem sit, esse spuriam, sed tamen haberi spuriam, adeoque non haberi θεόπνευστον. Neque enim de scripto θεοπνεύστῳ, quando scriptor, Dei amanuensis, solum ignoratur aut controvertitur, divinae autem originis esse ipsum scriptum constat, dixerint christiani: ὡς νοθεύεται. Similiter *Eusebius* L. III. Cap. XXV. librorum ἀντιλεγομένων, *quibus contradicitur,* aut *qui in dubium vocantur,* mentionem facit, eoque refert epistolam, quae dicitur *Jacobi,* et quae *Judae,* et secundam *Petri, Johannis* item alteram et tertiam. Imo νόθοις seu spuriis accenseri patitur *Apocalypsin Johannis,* quam quidam rejiciant, ἥν τινες ἀθέτουσιν, ait. Conf. L. VI. c. XXV. Quod tamen non de tota ecclesia christiana, sed particularibus quibusdam coetibus (qui non ipsi autographa sibi oblata inspexerant, neque de origine librorum illorum aliunde per testimonia satis certa edocti erant) intelligendum esse, ll. cc. indicatur. Expresse potius L. II. c. XXIII., *Veruntamen,* ait Eusebius de epistolis Jacobi et Judae, *has quoque cum caeteris in pluribus ecclesiis publice lectitari cognovimus.* Aut, si Ruffinum sequi malimus: *Nos tamen scimus, etiam istas cum caeteris ab omnibus paene ecclesiis recipi.* Et Lib. III. Cap. XXV. de Apocalypsi Joh. post verba allata: Ἕτεροι, ait, ἐγκρίνουσι τοῖς ὁμολογουμένοις, *alii inter libros omnium consensu probatos numerant.*

CHEMNITIUS: „Tertia igitur quaestio est, an ea scripta, de quibus *in antiquissima ecclesia* propter quorundam contradictionem *dubitatum* fuit, ideo quod testificationes primitivae ecclesiae de his non consentirent, *an, inquam, praesens ecclesia possit illa scripta facere canonica, catholica et paria illis, quae primi ordinis sunt.* Pontificii non tantum disputant, se hoc posse, sed de facto illam auctoritatem usurpant, in universum tollentes primitivae et antiquissimae ecclesiae necessariam distinctionem inter libros canonicos et apocryphos seu ecclesiasticos. Sed manifestissimum est ex iis, quae diximus, ecclesiam nullo modo habere illam auctoritatem; eadem enim ratione posset ctiam vel canonicos libros rejicere, vel adulterinos canonisare. *Tota enim haec res (sicut diximus) pendet ex certis testificationibus ejus ecclesiae, quae tempore apostolorum fuit,* quas acceptas proxime sequens ecclesia certis et fide dignis historiis conservavit. Ubi igitur non possent proferri certissima documenta primitivae et antiquissimae ecclesiae ex testificationibus veterum, qui non longe post apostolorum tempora vixerunt, libros illos, de quibus controvertitur, fuisse sine contradictione et dubitatione pro legitimis et certis acceptos et commendatos ecclesiae, non valent ulla humana decreta. Quam insolens enim est audacia, ita statuere: licet primitiva et sequens antiquissima ecclesia de libris illis propter multorum ecclesiasticorum contradictionem dubitarit, ideo quod non satis certa et firma auctoritatis ipsorum testimonia extarent, hoc tamen non obstante decernimus, debere illos pro omnino certis pari auctoritate cum illis, qui legitimi semper judicati sunt, recipi! Sed quibus documentis hoc vestrum decretum probatis? Respondet Pighius: Ecclesia habet illam potestatem, quod potest scriptis quibusdam impertiri canonicam auctoritatem, quam nec ex se, nec suis auctoribus habent. Quin igitur impartiantur illam auctoritatem vel fabulis Aesopi vel veris narrationibus Luciani? Non quod libros illos, de quibus controversia est, velim fabulis Aesopi comparari (tribuo enim illis cum Cypriano et Hieronymo honorificum locum, quem in veteri ecclesia semper habuerunt), sed ἐπαγωγῇ εἰς ἀδύνατον, sicut dialectici loquuntur, volui ostendere, *in disputatione de libris Scripturae ecclesiam non habere illam potestatem, quod possit ex falsis scriptis facere vera, ex veris falsa, ex dubiis et incertis facere certa, canonica et legitima sine ullis certis et firmis documentis,* quae ad hanc rem requiri, supra diximus. . . In hac testificatione alia etiam est ratio illius ecclesiae, quae fuit illis temporibus, cum libri illi primum scriberentur, et ejus ecclesiae, quae postea secuta est. Illa enim tantum conservat et ad posteros transmittit testificationem primae ecclesiae, non autem vel debet vel potest aliquid de libris illis statuere, cujus non habeat certa documenta ex testificatione primae ecclesiae. . . Tertia quaestio est: Qui libri sunt in canone, et qui non sunt in canone? sicut Hieronymus loquitur. Non autem de suppositiciis, adulterinis et falsis scriptis nunc loquimur, quorum catalogus extat apud Eusebium, et dist. 15. can. ‚Sancta Romana'. Sed de illis libris quaestio est, qui simul extant in Vulgata bibliorum editione, quique in ecclesiis a fidelibus leguntur. De illis quaeritur veteris ecclesiae testificatio, an omnes sint ejusdem certitudinis et paris auctoritatis. Est autem certissimum et manifestissimum, veteris ecclesiae hanc esse testificationem, quod ex illis libris quidam sint in canone, quidam non sint in canone, sed sint apocryphi. . . Ex scriptis V. T. inter apocrypha, quae non sunt in canone, numerantur liber Sapientiae, Syrach etc. Ex libris N. T., qui in prima et veteri ecclesia non habuerunt satis certa, firma et consentientia certitudinis et auctoritatis suae testimonia, hinc recensentur: Eusebius l. 3. c. 25.: ‚Scripta, quae non habentur pro indubitatis, sed quibus contradicitur, licet multis sint cognita, haec sunt: Epistola Jacobi, Judae, posterior Petri et altera cum tertia Johannis; Apocalypsin Johannis quidam reprobant, quidam certis et indubitatis scripturis adjudicant.' . . ‚Non est ignorandum, quod quidam in Romana ecclesia epistolam ad Ebr. reprobarunt, asserentes, contradici, quasi non sit Pauli.' . . Haec veterum testimonia ideo annotavi, ut non tantum notus sit catalogus scriptorum N. T., quae non habent satis certa, firma et consentientia auctoritatis suae testimonia, sed ut praecipue notari possint *rationes, quare de illis dubitatum* fuerit: 1. Quia apud veteres *non inventa fuerunt satis certa, firma et consentientia testimonia de testificatione primae apostolicae ecclesiae,* quod libri illi essent ab apostolis comprobati et ecclesiae commendati. 2. **Quia** *non* certo ex testificatione primae et veteris ecclesiae *constitit, an ab illis, sub quorum nomine editi sunt, libri illi conscripti essent,* sed judicati fuerunt ab aliis sub apostolorum nomine editi. 3. Cum *quidam ex vetustissimis* aliquos ex illis libris tribuerent apostolis, quidam vero *contradicerent*, res illa, sicut non erat indubitato certa, relicta fuit in dubio. Pendet enim tota haec disputatio a certis, firmis et consentientibus primae et veteris ecclesiae testificationibus, quae ubi desunt, sequens ecclesia, sicut non potest ex falsis facere vera, ita nec ex dubiis potest certa facere sine manifestis et firmis documentis. Contra haec tam manifesta antiquitatis testimonia *Tridentinum concilium* sessione quarta ita decernit: ,*Si quis libros integros cum omnibus suis partibus, prout in veteri Vulgata latina editione habentur, pro sacris et canonicis non susceperit, anathema sit.*' Sed unde hoc suum decretum contra antiquitatis testimonia probant et confirmant? Num proferunt certa et manifesta quaedam documenta ex testificationibus primae apostolicae et veteris ecclesiae, quod libri illi controversi eandem certitudinem et parem auctoritatem cum reliquis, de quibus nunquam dubitatum fuit, habeant? Nihil minus; neque enim possunt hoc facere. Sed rapiunt sibi hanc potestatem, quod papa cum suis praelatis possit et illis et forsan aliis etiam libris impertiri canonicam auctoritatem, quam nec ex se, nec ex suis auctoribus merentur et quam tempore apostolorum et primitivae ecclesiae non habuerunt, sicut Pighius contendit. Quin igitur aperte dicunt, quod res est? Licet probari non possit, libros illos vel a prophetis, vel ab apostolis sive scriptos, sive comprobatos et a prima veterique ecclesia certo et constanter receptos, imo licet contrarium manifestissimis antiquitatis testimoniis meridiana luce clarius probetur: hoc tamen non obstante statuimus et decernimus, certo hoc credendum esse, licet nulla a nobis hujus rei idonea proferantur documenta, quia (si dis placet) plenitudo hujusmodi antichristianae potestatis sepulta est in scrinio pectoris pontificii. — Dicunt anathema omnibus, qui libros apocryphos non recipiunt eadem certitudine et auctoritate, sicut canonicos. Anathema igitur erit Eusebius, Hieronymus, Origenes, Melito et tota prima apostolica ea ecclesia, ex cujus testificatione illa, quae supra de libris istis recitavimus, accepta sunt. . . Tota igitur disputatio in hac quaestione consistit: an certum et indubitatum sit, libros illos, de quibus haec controversia est, esse Scripturam divinitus inspiratam a prophetis et apostolis, quae divinitus auctoritatem illam habuerunt vel editam vel approbatam. Tota antiquitas respondet, non esse certum, sed propter multorum contradictiones fuisse dubitatum. Tridentinum vero supercilium anathema minatur, nisi quis illos susceperit pari, imo eadem certitudine et auctoritate, sicut reliquos libros, de quibus nunquam dubitatum fuit. Quid igitur mirum est, quod parasiti quidam pontificii disputarunt, papam posse novos fidei articulos condere, cum hoc loco novam Scripturam canonicam fabricare non vereatur? ut nullum amplius sit dubium, quis sit ille, qui, in templo Dei sedens, super omne, quod Deus dicitur, extollitur, 2 Thess. 2. — Numquid igitur simpliciter abjiciendi et damnandi sunt libri illi? Nequaquam hoc quaerimus. *Quem igitur usum habet haec disputatio?* Respondeo: *ut regula fidei sive sanae in ecclesia doctrinae certa sit.* Ex solis enim libris canonicis auctoritatem ecclesiasticorum dogmatum confirmandam veteres censuerunt, sicut testimonia supra allegata sunt. Solius canonicae Scripturae auctoritas idonea judicata fuit ad roboranda illa, quae in contentionem veniunt; reliquos vero libros, quos Cyprianus *ecclesiasticos*, Hieronymus *apocryphos* nominat, *legi quidem* voluerunt in ecclesia *ad aedificationem* plebis, *non ad auctoritatem ecclesiarum dogmatum confirmandam*. Non enim voluerunt illos proferri ad auctoritatem ex his fidei confirmandam. Et illorum auctoritas ad roboranda ea, quae in contentionem veniunt, minus idonea judicata fuit. Nullum igitur dogma ex istis libris exstrui debet, quod non habet certa et manifesta fundamenta et testimonia in aliis canonicis libris. Nihil, quod controversum est, ex istis libris probari potest, si non extent aliae probationes et confirmationes in libris canonicis. Sed quae in illis libris dicuntur, exponenda et intelligenda sunt juxta analogiam eorum, quae manifeste traduntur in libris canonicis. Hanc esse vetustatis sententiam, nullum est dubium. Sed concilium Tridentinum propter illam ipsam causam necessariam et verissimam hanc veteris ecclesiae distinctionem infringit, subvertit et tollit, quia (sicut Andradius meus inquit) non volunt se in has conjicere angustias, ut omnibus aliis praesidiis destituti a sola canonica Scriptura fidem mutuentur. Inquit enim synodus Tridentina, se ideo ex libris apocryphis facere canonicos, ut ostendat, quibus potissimum testimoniis et praesidiis in confirmandis dogmatibus et instaurandis moribus sit usura." (Exam. Conc. Trid. Ed. Genev. f. 48. sq. 50. 51. sq.) Idem docent Flacius, A. Osiander († 1617), Aeg. Hunnius, Hafenrefferus, C. Dietericus, F. Balduinus, Th. Thummius et a. Cf. „Ist derjenige für einen Ketzer oder gefährlichen Irrlehrer zu erklären, welcher nicht alle in dem Convolut des N. T. befindlichen Bücher für kanonisch hält und erklärt?" Vid. „Lehre und Wehre" II, 204—216.

d) Itaque etiam hodie a quibusdam *apocryphi* dicuntur, ab aliis commodius *canonici secundi ordinis* seu δευτεροκανονικοί. Non enim absconduntur, cum norma doctrinae postulatur, sed auctoritatem hanc inter christianos, praesertim nostros, hodie communiter habent. Vid. *Gerh.* Exeg. § 242.

GERHARDUS: „Nos quidem (illis) nondum permoveri possumus, ut libri hujus (Apocalypseos) auctoritatem rejiciamus, vel Cerintho eum attribuamus, sed Johannem apostolum illius auctorem statuimus. . . . Interim tamen, cum in primitiva ecclesia aliquamdiu apud quosdam de hujus libri auctore dubitatum fuerit, ideo ad secundi ordinis canonicos eum referimus; non quidem canonicam auctoritatem ei detrahentes, *interim nec reliquis libris canonicis, de quibus nunquam dubitatum fuit, simpliciter et per omnia ipsum conjungentes;* et aequissimo jure postulamus, interpretationem hujus libri instituendam esse talem, quae cum *primi ordinis canonicis libris* nulla ratione pugnet." (Disputatt. theologic. Jenae, 1655. p. 1015. sq.)

e) Vid. b. *Glassius* lib. I. Phil. S. Tract. II. Conf. *Buxtorfii* Anticriticam et *Hottingeri* Thes. Philol. fol. 118. sqq., ubi ostenditur, ne casu quidem et injuria temporum codices modernos *universos* et *capitaliter* esse corruptos.

§ 39.

Ad affectiones Scripturae s. pertinet porro *secundo* efficacia[a] ejus, seu quod habet vim aut potentiam activam,[b] supernaturalem[c] ac vere divinam,[d] ad producendos supernaturales effectus, scilicet mentes hominum convertendas, regenerandas et[e] renovandas, ex divina[f] ordinatione sibi, quoad sensum[g] spectatae, intime[h] et indissolubiliter[i] etiam extra usum actu primo[k] unitam; quaeque, accedente usu lectionis, auditus aut meditationis, sese actu secundo[l] exserit, ita ut effectus illi gratiae super-

naturales, prout a Deo, tanquam causa principali, sic ab
ipsa Scriptura, tanquam a causa efficiente[m] instrumentali,
simul et junctim, uno indiviso influxu[n] efficienter pro-
ducantur.

> QUENSTEDTIUS: ,,*Thesis:* Habet V. D. ex ipsius Dei ordinatione
> et voluntate etiam ante et extra usum legitimum intrinsecam, divinam
> et sufficientem, indifferentemque ad omnes homines vim et efficaciam
> ad spirituales et divinos effectus (cum gratiosos et salvificos, ut regene-
> rationis, conversionis, illuminationis, salvationis; tum punitorios, ut
> concussionis, mortificationis, damnationis etc.) immediate, vere **ac**
> proprie producendos.'' (Th. did.-pol. P. I. c. 4. s. 2. q. 16. f. 246.)

a) Quam cum auctoritate Scripturae conjungendam esse, diximus
not. *e.* ad § 32. Intelligimus autem nomine efficaciae (quo alias actus
secundus, seu actualis operatio, sicut apud Graecos nomine ἐνεργείας,
designatur) hoc loco ipsam δύναμιν ἐνεργητικήν, seu potentiam effectricem
spiritualium effectuum. B. *Mus.* Introd. P. II. c. VIII. § 2. p. 559.

b) Non vim mere *objectivam*, sed *effectivam*, seu productivam virium
ac motuum supernaturalium in intellectu et voluntate hominis, natura
coeci et mortui ad spiritualia amplectenda. *Mus.* l. c. p. 560.

c) Sane nec in *sermonis* cultu, neque gravitate *sententiarum*, aut
rationum pondere oratorio quaerendam, sed omni vi agendi creata ac
finita *superiorem*, quae proinde *non* tam Scripturae, seu ex parte vocum,
seu ex parte rerum significatarum *naturalis est, sed supernaturalis*, seu
cum natura Scripturae, ex divina ordinatione intime conjuncta; ut
in seqq. dicitur. Conf. *Mus.* l. c. § 3. 4. p. 561. 562. Sic autem etiam
majores nostri, occasione controversiae Rathmannianae, in App. Consil. Ded. Q. VI. § 3. fol. 263. b. 264. a. docuerunt, vim illuminandi
et convertendi competere Scripturae *non ex necessitate physica, nec naturali, sed supernaturali modo*, ac theologos, qui forte dixerint, verbum
Dei habere *vim* illam *naturalem*, usos fuisse voce illa non in oppositione
ad ὑπερφυσικὸν, sed in oppositione ad παραστατικὸν Rathmannianum;
interim cavendae ambiguitatis et litium causa abstineri posse ab illa
voce. Similiter l. c. § 9. et 10. p. 265. b. de termino τοῦ *essentialis*
monent, quamvis sano sensu dici possit, *vim illuminandi pertinere ad
essentiam verbi, prout alias non solum constitutiva, sed etiam consecutiva et
necessario connexa, ad essentiam alicujus rei pertinere putentur, nomine
essentiae* NB. *latius accepto; quia tamen hic terminus ambiguus et calumniae obnoxius sit, alium in ejus locum substitui ac dici posse, vim illuminandi, convertendi etc. pertinere ad totam perfectionem verbi, quia, non
indicata hac virtute, verbum Dei non possit perfecte describi.* Conf.
p. 225. b.

> HUELSEMANNUS: ,,Instrumenta (v. D. et sacr.) virtutem exercent,
> applicata ad subjectum idoneum, per modum causae instrumentalis
> *non physice quidem per contactum* agentis, sicut opium, rhabarbarum,
> venenum, ignis etc. physice agunt in subjecta idonea; sed *moraliter,*
> illustrando mentem, commovendo voluntatem, purgando affectus etc.,
> quemadmodum Christus in suscitatione Lazari compellando et jubendo
> eum non physice, sed moraliter dicitur egisse, scilicet respectu subjecti
> patientis. Sic enim τὸ moraliter hic accipiendum est, ut *opponatur non*

hyperphysico contactui et motui, sed contradistinguatur tantum motui et contactui physico, qui inter res materiatas versatur." (Praelect. in F. C. p. 436. sq.)

QUENSTEDTIUS: „Praetendunt Rathmannus et Movius, verbum Dei esse *solum ὄχημα et vehiculum Spiritus S.*, adeoque ipsi verbo Dei efficaciam divinam *non esse naturalem* sive intrinsecam; sed resp.: Non tam ipsum Dei verbum accurate loquendo, quam externum verbi *ministerium* vel externam et ministerialem verbi *οἰκονομίαν* esse ὄχημα vel vehiculum Spiritus S.; ipsum autem verbum est spiritus et vita Joh. 6, 63. Rathmannus *παραστατικὴν* et separabilem Spiritus S. et verbi unionem probare conatur ex verbis germanicis litaniae: ,Deinen Geist und Kraft zum Wort geben', vid. Rathmann. contra Dieder. p. 15., und in der *Erinnerung* p. 34. Verum et hic *verbi* voce ministerialis verbi *dispensatio* sive externa verbi praedicatio intelligitur." (L. c. f. 268.)

d) Nempe eadem illa infinita virtus, quae essentialiter, per se et independenter in Deo est, et per quam Deus homines illuminat et convertit, verbo communicata est, et, tanquam verbo communicata, divina tamen, hic spectari debet. Conf. *Jenens.* Consil. loc. cit. pag. 265. b. 266. b. 267. a. et p. praeced. 242. b., unde quaedam recenset b. *Mus.* Introd. l. c. Cap. V. p. 566. Probatur autem haec assertio ex Ep. ad *Ephes. 1, 19.*, ubi *virtus* aut potentia illa, per quam Deus, mediante verbo, homines *illuminat* et *convertit*, eadem esse dicitur cum *excellente* illa *magnitudine potentiae divinae et robore fortitudinis*, quod exseruit, *suscitans Jesum ex mortuis.* Atque hac ratione dicitur *Rom. 1, 16.*, *Evangelium esse potentiam Dei ad salutem omni credenti*, non, quod ipsum verbum evangelii in casu recto et proprie loquendo sit ipsa potentia Dei, quae ab essentia Dei realiter non differt (sic enim evangelium esset Deus ipse); sed quod sit *organum potens, usitata metonymia, de qua* D. *Glass.* Philol. S. L. V. Tract. I. p. 25., quem his verbis citat et sequitur b. *Dannh.* in Hodos. Chr. Phaen. I. p. 95. (64.) Nempe juxta Glassium dicitur *δύναμις* i. e. *organum aut medium, per quod Deus suam potentiam in credentibus ad salutem adducendis et conservandis exserit.* Atque eodem redit, quod is in Gramm. S. Tract I. Can. VII. p. 395. (27.) docet, poni l. c. *abstractum pro concreto, seu substantivum pro adjectivo cum insigni emphasi et energia; ita ut evangelium dicatur potentia,* h. e., *potens et efficax insigniter ad conversionem et salvationem hominum.* Similiter quando *Joh. 6, 63.* Christus ait: *Verba mea sunt Spiritus et vita*, utique indicatur verbi divini (non solum praedicati, sed et scripti) divina vis et efficacia, seu in ordine non ad significanda tantum, sed conferenda efficienter dona Spiritus S. et vitam spiritualem. Locutio autem *metonymica* est, non quidem signati pro signo, sed effectus pro causa; prout expresse majores nostri docuerunt in App. Consil. Ded. pag. 308. b.: Es ist solches (loquuntur de verbis Christi: die Wort, die ich rede, sind Geist und Leben) eine metonymica locutio, das äusserliche und innerliche Wort wird Geist und Leben genennet, weil es Geist und Leben mit sich bringet. Et paulo post: So man causam und effectum billig unterscheidet, so muss auch das lebendigmachende Wort, welches des geistlichen Lebens causa ist, und das Leben selber, welches des lebendigmachenden Worts effectus ist, jederzeit unterschieden werden. Confer b. *Glassium* Lib. V. Philol. S. Tr. I. cap. I. n. 1. p. 3., b. *Tarnovium* in Joh. cap. VI. P. 3. p. 555.,

b. *Th. Thummium* de Majest. Chr. *Θεανθρ.* p. 252. et, qui illos sequitur, **b.** *A. Pruecknerum* in Vindic. ad h. l. p. 624. Per hoc autem non negatur, sed adstruitur efficacia sive vis activa verbi. Quando enim verbum causa donorum Spiritus et vitae spiritualis dicitur, utique vim activam, velut rationem causandi, ei tribui necesse est. Caeterum efficaciam hanc verbi praedicati et scripti probant etiam loca *Rom. 10, 17.*, ubi *fides* dicitur esse *ἐξ ἀκοῆς*, seu ex *doctrina, auditu* (par est ratio lectionis) *percepta.* Particula *ἐξ* autem causalis est, et vim causandi in eo, quod auditur (aut legitur), arguit; et *Joh. 17, 20.*, ubi dicuntur homines *credituri* *διὰ τοῦ λόγου*, *per verbum*, adeoque vi particulae *διὰ*, ipsi *λόγῳ* aut verbo Dei, per apostolos praedicando, tribuitur vis excitandi fidem.

> QUENSTEDTIUS: „V. D. formaliter consideratum non est creaturarum catalogo accensendum, quum sit conceptus divinus vel mens Dei, consilium Dei, prout in s. L. describitur. Si dicas: V. D. aut creator est, aut creatura; respondemus, oppositionem non esse satis accuratam, quum non necessum sit, ut omne, quod non est creator, sit creatura Dei. Creatio certe non est ipse creator, nec tamen creatura est, qua instantia utuntur decisores Saxon. p. 238.; ideo dicunt nonnulli, v. D. esse aliquid Dei, ut Paulus loquitur, *τὰ τοῦ θεοῦ* 1 Cor. 2, 11., esse *ἀπορροὴν* quandam divinam. Divina utique virtus, verbo Dei communicata, *creatura non est.*" (L. c. f. 270.)

e) De quibus plura dicemus infra in LL. de regeneratione, conversione et renovatione.

f) *Virtus* enim *illuminandi in verbo est ex libera Dei voluntate*, aus freiwilliger göttlicher Ordnung, prout *majores* nostri scribunt l. c. p. 264. a. idque repetunt et inculcant; probant etiam ex *1 Cor. 1, 21.*: *Placuit Deo* (et libere constitutum est a Deo), *per stultitiam praedicationis salvos facere credentes.*

g) Certe quod vis illa *non verborum literis et apicibus, in charta scriptis*, realiter conjuncta et unita sit, fatentur *Jenenses* l. c. fol. 200. a. 240. a. 265. a. 270. b. *Sensui* autem *Scripturae, sive sit in mente apostolorum, sive ab ipsis per praedicationem exprimatur, sive scriptus sit in libro, sive sit in mente legentium*, conjunctam esse docent p. 240. a. 267. a. 273. b.

> QUENSTEDTIUS: „*Dist.* inter verbum Dei *materialiter* pro characteribus, apicibus, literis et syllabis in charta sive membrana haerentibus, quibus verbum salutis signatur, vel etiam pro sono et vocibus externis in aëre formatis, transeuntibus et evanescentibus (quae verbi divini *ὄχημα* sive vehiculum potius sunt, per quod illud ad aures et postea in cor hominis transfertur, quam ipsum verbum Dei), sed *formaliter* pro conceptu et sensu divino literis et syllabis in scriptione et vocibus in praedicatione expresso et exhibito. Isto modo tantum improprie et *σημαντικῶς* dicitur verbum Dei, hoc vero modo *κυρίως* et proprie est verbum Dei, sapientia Dei, mens Dei, consilium Dei. Non illis, sed huic vim et efficaciam divinam adscribimus. Neque enim statuimus, ipsis literis, characteribus, syllabis aut vocibus, qua talibus, vim quandam divinam conversivam, regeneratricem, illuminatricem etc. subjective inesse aut inhaerere." (L. c. q. 16. f. 246.)

h) Ita contra *Rathmannum* docuit b. *Musaeus*, vim illam *divinam communicari Scripturae non demum in usu per nudam παράστασιν et exter-*

*nam assistentiam, ita ut in se et extra usum spectata, vi illuminandi conver-
tendique hominum animos destituta, inefficax et litera mortua sit; sed Scripturam in se semper efficacem esse et vi illuminandi convertendique hominum
animos pollere, sive ea in usu, sive in se extra usum* spectetur. Introd.
l. c. § 6. p. 567. et § 7. p. 571.

i) Nempe vi illius ordinationis, libere quidem factae, sed nunquam
revocandae, prout *Jenenses* l. c. pag. 264. a. scribunt: Dass, vermöge
freiwilliger von Gott selbst gemachter Ordnung, die Kraft der Erleuchtung, Bekehrung und Seligmachung immerdar und unauflöslich
mit dem Wort vereinbaret.

k) Quanquam enim vis illa divina, quae ex parte rei est ipsa Dei
essentia, Scripturae, quae est λόγος προφορικὸς Dei, non ita communi-
cetur, ut ei formaliter et subjective insit (nam et *formale Scripturae divinae est sensus signorum non* ἀρχέτυπος *ille et immanens menti divinae,
sed* ἔκτυπος, *propositus, delineatus et repraesentatus per haec signa de rebus
divinis intelligibilia;* juxta mentem et verba b. *Huelsemanni* in Praelect.
Form. Concord. Art. VIII. S. I. Part. I. § 3. pag. 432.). Quam ob
rem Jenenses l. c. diligenter ac saepe monuerunt, *eandem* quidem *virtutem* competere *Deo et Scripturae,* verum *non eodem modo:* Deo enim
eam esse *essentialiter, principaliter, originaliter et independenter; verbo*
Scripturae autem eam competere *dependenter, participative* aut *per communicationem* (mittheilungsweise), vid. p. 225. b. 264. b. § 5. 267. a.
§ 14. 270. b. Utique tamen agnoscenda est *conjunctio virtutis divinae
cum verbo,* de qua videri possunt antecessores nostri l. c. p. 270. a.
271. a., ubi etiam eo referunt verba *Lutheri,* Tom. IV. J. L. f. 530. b.:
Habet scriptura inseparabilem comitem Spiritum Sanctum. • Item verba
Theologorum Wittebergensium in censura Tr. Movii: *Spiritus semper conjungitur cum verbo,* conf. p. 246. b. p. 264. a. 265. b. 266. a., quae verba
etiam adducit b. *Mus.* Introd. p. 569. 570. ac denique p. 577. 578.
docet, quomodo vis divina illuminandi et convertendi hominum animos conjuncta sit sensui Scripturae, cum *extra intellectum,* tum *quatenus
intellectu apprehensus est:* scilicet *in intellectu per actualem sui conjunctionem seu unionem cum speciebus rerum significatarum impressis et expressis;
extra intellectum* autem *spectato sensui eam inesse, quatenus Deus liberrima
sua voluntate ita ordinaverit, ut Scripturae sacrae, etiam extra intellectum,
Spiritus Sanctus sua divina vi et potentia illuminandi convertendique hominum animos semper et ubique adsit et cum eadem lecta, vel docentis voce proposita, simul ad hominis animum penetret, ubique cum speciebus rerum
significatarum impressis partim, partim expressis unita, ad conversionem
sese per illas exserat.*

QUENSTEDTIUS: „*Diversa est ratio sacramentorum* et verbi Dei,
quia sacramentorum natura consistit in actione, quae sine usu esse
nequit. At verbum Dei non consistit essentialiter in actu meditationis,
lectionis aut praedicationis, sed haec tantum accidunt verbo, quod illis
desinentibus in aeternum permanet. Non ergo valet: *Sacramenta*
extra usum non sunt, ita nec *verbum* extra usum est. Diversa enim est
ratio." (L. c. f. 272.)

l) Nempe *nisi ex parte hominum securitate carnis spinisve voluptatum
aut curarum hujus seculi ejus operatio impediatur.* Conf. *Mus.* l. c. § 7.
p. 571. 574. et *Antecessores* in App. Consil. Ded. p. 228. b., p. 241. a. b.,

p. 265. a., § 7. p. 269. a. b., p. 270. b., 271. a., quo postremo loco etiam explicantur verba b. *J. Brentii* in Confess. Wirtemb. cap. de Evang. p. 407., ubi statuit, *Evangelium, cum literis tantum continetur vel etiam voce pronuntiatur, sed extra suum legitimum usum, per se non esse efficax*: quae verba referunt et sua faciunt b. *Balduinus* Comm. in Ep. I. ad *Thess.* c. I. P. II. Q. I. p. 1127. et b. *Dannhauerus* in Hodos. Chr. Ph. I. p. 64. (94.) scilicet, quod intelligi debeant de *efficacia in actu secundo* spectata, quae locum non habeat extra usum auditus, lectionis, meditationis etc., adde p. 340. a. 350. a.

> QUENSTEDTIUS: „Verbi divini haec nativa vis et indoles est, ut *suadeat veritatem suam et nunquam non persuadeat*, nisi per voluntariam, adscititiam et naturali repugnantiae superadditam contumaciam operatio ejus excutiatur et impediatur." (L. c. f. 250.)

m). Sane discrimen hoc, *Dei* et *verbi ejus*, tanquam *causae principalis* et *instrumentalis*, in hoc negotio, et controversia Rathmanniana, ita solicite et frequenter inculcarunt antecessores nostri, ut non possent magis. Vidd. l. c. p. 225. a. fine, p. 227. b. princ., p. 228. a. sub finem, § 20. p. 231. b. sub finem, § 27. ex Form. Conc. pag. 236. a. in med., p. 240. a. b., p. 242. b. princ., p. 247. b. in med., p. 253. a. princ. et b. med., p. 254. a. princ. et med., ex F. C. p. 267. b. § 17., p. 343. b. in med., p. 344. a. princ. et med. Ubi inprimis observanda sunt loca p. 240. et 343. et maxime locus p. 267. § 16., cujus etiam meminit b. *Mus.* Introd. § 9. p. 593., ubi affertur distinctio inter *instrumentum passivum* et *cooperativum*, atque ostenditur, quod Scriptura, licet ab instrumentis passivis recte distinguatur, tamen non plane negari possit esse *instrumentum* (nempe cooperativum); praeeuntibus ipsis libris symbolicis, praeprimis Conf. Aug. art. V., conf. l. c. App. Consil. Dedek. p. 243. b., § 37. p. 272. a. fin. Atque hanc sententiam de termino *instrumenti* aut *causae instrumentalis* in hoc negotio, de verbo Dei in ordine ad effectus supernaturales congrue adhibendo nunquam deseruerunt aut mutarunt laudati doctores, imo potius data occasione repetierunt et inculcarunt; uti apparet ex b. *J. Gerhardi* Comm. in 1. Ep. Petri c. 1. v. 23. p. 136.: *Regenerationem, ut describit apostolus ex causa instrumentali, quae est verbum Dei* etc., b. *Himmelii* Syntag. Disp. XVIII. p. 20.: *Instrumentalis causa (poenitentiae) est Dei verbum* etc. Conf. ejusd. Colleg. Anal. Libri Conc. Disp. III. § 43., b. *Glassii* Philol. S. loco supra cit. not. *a.*, b. *Gothofr. Oundisii*, praeeunte b. *Huttero* in Comp. L. IX. de Lib. Arb. Q. XVI. et XXI. pag. 662. § 2.: *Verbum Dei est organon operandi* (conversionem) etc., et p. 671.: *Duae sunt causae conversionis: Una efficiens principalis, Spiritus S., altera instrumentalis, verbum Dei, quod est organon Spiritus S., quo conversionem hominis efficit*, b. *Christ. Chemnitii*, Comm. ad Rom. 1. v. 16. p. 38. et 43.: *Evangelium est* δύναμις τοῦ Θεοῦ, *id est, organum seu instrumentum potens et efficax* etc., b. *J. E. Gerhardi* in Isag. LL. b. parentis, L. XVIII. de Poenitentia, th. IX. p. 767.: *Causa poenitentiae* ὀργανικὴ *sive instrumentalis est Dei verbum*, etc. Quodsi autem theologi Saxonici in scripto Germ., A. 1629. occasione controversiae Rathmannianae edito, von der heiligen Schrift, p. 141. sqq., nomen et conceptum *instrumenti* aut *causae instrumentalis* verbo Dei non aeque tri-

buere videantur, observandum est, id dici in respectu ad *instrumenta*
(qualia Rathmannus sola agnovit, videlicet) *passiva, quae in se nullam
virtutem habent* (leidende Instrumenta, die in sich keine Kraft haben)
p. 141., *Instrumenta mere passiva et* άεργα (blosse unkräftige und leidende Werkzeuge) p. 142. 143., qualia vulgo nomine *instrumentorum*
appellentur, e quorum censu verbum Dei eximendum sit (das Wort
Gottes sei nicht in die Zahl der gemeinen leidenden Instrumente und
Werkzeuge zu setzen) p. 146., unde, seu ex hypothesi, quod vox *instrumenti*, sine addito, designare videretur *instrumenta passiva*, theologi illi
addiderunt, verbum Dei, hoc sensu strictiore, non esse instrumentum,
sed si eo nomine appellandum sit, vocem instrumenti έν πλάτει, *in latiore
significatu* accipi debere, p. 146. Scilicet ut non praecise passiva instrumenta denotet, sed activa non minus complectatur. Quod ipsum
etiam b. *Musaeus* agnoscit et inculcat, quando accurate et solicite distinguit inter *instrumenta* alia, *quae* cum *causa principali conjuncta non
sunt, nisi in usu* (quaeque coincidunt cum his, quae *passiva* dicuntur),
v. g. *securis, malleus* etc., et alia, *quae causam principalem etiam extra
usum sibi semper conjunctam habent supposito et virtute;* ac proinde etiam
virtutem agendi causae principalis semper in se habent (et sunt instrumenta
activa): qualia sint membra corporis humani, v. g. *manus;* et Scripturam sacram *non ad priorem, sed posteriorem* classem instrumentorum
refert, quippe quae, *ut semper, etiam extra usum, Spiritum Sanctum
supposito et virtute sibi conjunctum habet, ita habeat etiam ejus, tanquam
causae principalis, virtutem illuminandi et convertendi, semper, etiam extra
usum in se*, Introd. l. c. § 9. p. 588. 589., plane ad eum modum, quo
antecessores ejus in App. Consil. Dedek. p. 224. a. scripserunt: *Securis est instrumentum non conjunctum, sed separatum; non vivum, sed in-
anime; nec agit virtute insita, sed extrinsecus impressa, unde vocatur ex
hypothesi, praesertim Rathmanni, instrumentum passivum, quamvis suo modo
agat. Contra vero manus in corpore animato est instrumentum conjunctum,
vivum, insita et intrinseca vi agens, unde vocatur instrumentum activum et
cooperativum.* Conf. p. 267. b., ubi verbum Dei seu Scriptura sacra
ex passivorum quidem instrumentorum classe eximitur, *cooperativis* vero
accensetur. Imo vero et alias nostrates, quando adversus Schwenk-
feldianos et similes Enthusiastas disputant, quorum frequens objectio est
(qua sententiam nostram de efficacia Scripturae impugnare nituntur),
tribui hac ratione verbo seu Scripturae illud, quod sit Deo proprium,
respondent per distinctionem inter *causam principalem* et *instrumentalem;* illam esse *Deum*, hanc *verbum Dei.* Vid. b. *Conr. Schluesselb.*
Catal. Haer. Lib. IX. de Stenckfeld. p. 301. sqq., b. *Theodor. Thummium* in Imp. Weigel. Err. XII. p. 21., b. *Gerh.* in Dispp. Acad.
Disp. I. contra Weigel. § 19. p. 827. et nuper admodum Theologos
Lubec., Hamburg. et Luneb. in der *Lehr- und Schutzschrift* wider den
Guthmannischen Offenbarungs-Patron P. II. p. 273. 287. 311. 313.
506. sqq. Hoc autem admisso, quod Scriptura sit causa instrumentalis spiritualium effectuum, cum ex natura causae instrumentalis requiri
et declarandum esse videretur, quomodo *Scriptura ultra nativam suam
virtutem elevetur a causa principali ad producendos supernaturales effectus?*
docuit b. *Musaeus* l. c. § 11. p. 595. sqq., *Scripturam sacram* equidem
non elevari per virtutem causae principalis demum in usu sibi extrinsecus

supervenientem (cum eam jam extra usum sibi intime conjunctam habeat), *sed per hoc, quod Spiritus S. sua virtute illuminandi et convertendi cum Scriptura, cui eam jam pridem communicavit, in hominis illuminationem et conversionem simul actu influat eamque ad hos, velut sua* (scripturae) *nativa et propria* (a virtute Spiritus Sancti distincta) *virtute nobiliores effectus producendos, suae virtutis nobilioris* (quippe vere infinitae) *influxu adjuvet.* Qua ratione etiam b. *J. Gerh.* Tom. VI. L. de Min. Eccl. § 253. p. m. 406. scribit: *Placuit Deo, ad divinum illum effectum conversionis et salutis hominum verbum externum, tanquam causam instrumentaliter agentem, evehere.* Nec dubitavit b. *Christ.* *Chemnitius* in Disp. de Gratuita Justif. Hom. Pecc. coram Deo, § 18., defendere eandem sententiam, quod *Deus utatur verbo, tanquam causa instrumentali, et verbum, licet effectum per se et virtute propria non attingat, tamen ultra suam naturalem virtutem ad eum producendum a causa principali elevetur.* Confer autem cum his, quae hactenus diximus, b. *Musaei* Ausführl. Erklärung. Lib. I. Q. X. p. 57. sqq. ad 110.

QUENSTEDTIUS: ,,Verbum Dei, si ἀκριβῶς loqui velimus, *non tam instrumentum est, quam medium,* quum non omne medium instrumentum sit. . . Augustana quidem confessio instrumenti voce utitur verbumque Dei instrumentum conversionis vocat, sed ὡς ἐν πλάτει et imprimis *ratione materialis,* scl. externae scriptioni, praedicationis, οἰκονομίας seu dispensationis et ministerii, non autem proprie ratione internae virtutis Spiritus S. verbo communicatae. . . Dei namque potentia, quae de evangelio praedicatur, non est alia ab ipsius Dei potentia, sed ipsa Dei potentia. Quis autem hanc Dei potentiam instrumentum nominaret?" (L. c. f. 270.)

HUELSEMANNUS: ,,Quaenam est propria et naturalis et ordinaria virtus verbi Dei, ut Dei est, ultra quam illud oporteat *elevari* in conversione hominis? Quid est verbo Dei, quid est sacramentis, quid est fidei justificanti naturale, nisi quod Deus ipse per supernaturalem gratiam iis indidit? Quis fando unquam audivit, media a Dei parte ordinata ad hominum salutem, quale Calixtus apertis verbis fatetur esse Dei verbum, elevanda esse a Deo ultra propriam et naturalem et ordinariam virtutem suam, ut effectum consequi possint? Semen incorruptibile verbum Dei vivi et permanens in aeternum elevandum esse ultra propriam et naturalem suam virtutem? Quae tandem est illa vis et virtus superior virtute verbi Dei vivi et permanentis in aeternum, ad quam necesse sit, illud elevari? Numquid datur virtus virtuosior virtute Dei, potentia potentior potentia Dei, quo nomine appellatur evangelium, quod sit potentia Dei ad salutem omni credenti?" (Dialys. p. 407.)

IDEM: ,,Quamquam omni verbo Dei insit vis medicinalis eaque nunquam plane auferatur, fatemur tamen, eam a Deo *augeri magis vel minus, vel non augeri,* sed relinqui in statu *ordinariae* efficaciae, vide Psalm. 86, 10. Jes. 5, 5. sqq." (Praelect. Form. Conc. p. 440.)

ANTITHESIS:

QUENSTEDTIUS: ,,*Antithesis*: 1. *Schwenkfeldianorum, Weigelianorum, Enthusiastarum, Anabaptistarum aliorumque fanaticorum,* ut Theophrasti Paracelsi, *Andreae Osiandri,* Fabiani Teckel et Fankeri, Guilielmi Gnaphaei, *Herm. Rathmanni* et *Caspar. Movii,* qui omnes V. D. distinguunt in internum et externum, tanquam genus in duas diversas et separabiles actuque separatas species. Et soli verbo interno (per quod ipsum Dei Filium, vel Spiritum Dei e coelo venientem et in corde hominis operantem, vel etiam singulares de rebus fidei revelationes divinas immediatas et tacitas angelorum inspirationes intelligunt) efficaciam divinam adscribunt; verbo vero externo, ceu voci humanae, sono evanescenti et literae mortuae omnem vim et efficaciam et vim divinam derogant, vel nonnisi objectivam, significativam et repraesentativam, non autem effectivam virtutem ipsi tribuunt. . . Asserit Rathmannus, efficaciam divinam verbo Dei esse externam, quovis momento separabilem et mere παραστατικὴν („komme von aussen‘), Spiritum S. cum sua virtute sese conjungere verbo („werde bei- und zugefüget‘) in mente demum, animo, vel corde hominis, et id in usu demum legitimo vel salutari. Vide eum in der *Erinnerung* p. 13. 44. 49., ubi inquit: ‚Die Axt hauet nicht, wo nicht der Holzhauer der Axten erstlich eine Kraft und Nachdruck gebe; die Schrift bekehret nicht, wo nicht der Heilige Geist das Gnadenlicht und seine Kraft zur Schrift bringe.‘ . . 3. *Socinianorum*, qui etiam nullam aliam verbo scripto et praedicato, nisi significandi efficaciam tribuunt. . . 4. *Arminianorum*, qui in Bodechero ineptiente c. 11. § 4. non agnoscunt virtutem aliam Spiritus S., quam quae ,in communicatione materiae cognoscibilis consistit et quae omni homini communicatur‘. . . 5. *Plerorumque Calvinianorum*, qui etiam discrimen inter verbum Dei internum et externum amplectuntur. . . . *Joh. Calvinus* l. IV. institt. c. 14. § 17. inquit: ‚Notandum, quod externa actione figurat et testatur minister, Deum intus peragere, ne ad hominem mortalem trahatur, quod Deus sibi uni vendicat.‘ . . 6. *Quorundam pontificiorum*, qui etiam in significando et repraesentando efficaciam verbi divini tantum ponunt; sic enim Bellarminus distinguens inter concionem externam et internam lib. 1. de grat. et lib. arbitrio c. 13. col. 510. ait: ‚Externa (concio) solum proponit objectum, sed non infundit lumen menti ad illud cognoscendum, neque adspirat affectum ad illud diligendum.‘ . . 7. *Tremulantium* in Anglia. 8. *Johannis de Labadie.*‘‘ (L. c. f. 251—255.) Zwinglius: „Canonice sive regulariter loquendo, videmus, apud omnes populos externam praedicationem apostolorum et evangelistarum sive episcoporum *praecessisse* fidem. Quam tamen soli Spiritui ferimus acceptam. Videmus enim proh dolor! satis multos, qui externam evangelii praedicationem audiunt quidem, sed non credunt, quod Spiritus penuria usu venit. Quocunque igitur prophetae sive praedicatores verbi mittuntur, signum est gratiae Dei, quod vult electis suis cognitionem sui manifestare. Et quibus negantur, signum est imminentis irae.‘‘ (Ad Carolum fidei ratio. 1530. Vid. Abgedrungener Unterricht von kirchlicher Vereinigung von E. S. Cyprian. Tom. II. p. 34.)

n) Vide *Mus.* Intr. l. c. § 9. p. 580. sqq. Conf. antecessores in Append. Conf. Dedek. p. 266., ubi laudant illud Movii: *Spiritus S. et verbum Dei sunt duo distincta conversionis principia, sed in actu conversionis conjuncta, et stant quasi pro causa una; unde non nisi una, unica et indivisa actio verbi et Spiritus Sancti resultare potest.*

§ 40.

Porro *tertio* ad affectiones Scripturae s. pertinet[a] perfectio ejus, sive[b] sufficientia, per quam de omnibus, quae homini salutem[c] adepturo creditu factuque necessaria sunt, plene et perfecte[d] nos instruere potest.[e]

a) Imo fluxit ex eo, quod Scriptura s. est *principium* cognoscendi primum theologiae, quam proinde *adaequatam* esse oportet rebus omnibus habitui theologiae subjectis. Eodemque pertinet, quod supra

§ 20. et nota *d*. indicavimus, eam Scripturam, quae hominibus in religione vera ad salutem instruendis divinitus concessa est, oportere esse *sufficientem*. Conf. b. *Mus*. Introd. P. II. Cap. V. § 7. p. 317. 318.

b) Nempe hoc loco perfectio et sufficientia coincidunt; *nec tam* respectus habetur ad *numerum librorum*, quotquot unquam ab hominibus sanctis scripti fuerunt, ex quibus aliqui, quoad nomina auctorum aut titulorum, in superstitibus libris Scripturae citati, ipsi vero libri periisse putantur; *sed* spectatur perfectio Scripturae superstitis in ordine *ad finem*, ut ex seqq. patebit. Quanquam etiam de *libris* illis, quos nonnulli *deperditos* dicunt, observandum est, aliquos revera non periisse, verum adhuc, sub aliis quidem titulis, extare; prout v. g. verba *Nathan* et *Gad*, 1 Paral. 29, 29. citata, sub titulo librorum Samuelis, item prophetiam *Abiae* Silonitae et *Jeddonis*, 2 Paral. 9, 29., denique visiones *Hozai*, 2 Paral. 33, 19., sub nomine librorum Regum superesse, probabile est. Quod si vero aliqui a viris sanctis scripti libri revera perierint, eos tamen 1) non ex divina inspiratione, sed studio humano consignatos; 2) historicos etiam potius quam doctrinales fuisse; imo, si vel hoc 3) concederetur, periisse libros θεοπνεύστους, dogmata ipsa tamen in aliis libris superstitibus non minus recte et plene tradita comparere, certe 4) nullum librum, qui semel ex intentione Spiritus S. in partem canonis aut normae venerat, cum detrimento Scripturae canonicae, sive, ut ea desineret esse adaequatum principium et norma doctrinae fidei et morum, interiisse, statuendum est. Conf. b. *Gerh.* Conf. Cath. L. II. Art. I. Cap. IV. p. 254. sqq., quibus respondent, quae b. *Mus*. scripsit in continuatione introductionis, posthac ἐὰν ὁ θεὸς θελήσῃ edenda, Cap. IX.

c) Nempe *perfectionem* Scripturae in ordine ad *finem* ejus spectandam esse, modo diximus, et constans est nostratium sententia. Dicuntur autem perfecta ad finem, quibus nihil deest eorum, quae ad consequendum finem sunt necessaria. Finis autem Scripturae ultimus est salus nostra; intermedius, fides in Christum, cum qua necessario conjungitur sanctimonia vitae, ut diximus § 11.

QUENSTEDTIUS: ,,Dicitur s. Scriptura perfecta, *non perfectione absoluta*, omne scibile divinum et supernaturale comprehendente; haec enim ecclesiae in his terris militanti, cui Scriptura destinata est, non competit; sed perfectione *restricta*, sive in ordine ad ea, quae homini christiano et recte credendum et sancte ac pie vivendum in hac vita cognitu sunt necessaria. Alii vocant perfectionem *relativam*. . . *Non* dicimus cum pontificiis, Scripturam esse perfectam *implicite*, vel continere omnia ad fidem necessaria velut *in radice, in semine, in principio universali*, vel tanquam *in indice*, ita, ut ipsa quidem non contineat omnia, ostendat tamen, unde vel ubi ea petenda sint, remissione facta ad ecclesiam ejusque traditiones, ex quibus defectus illorum dogmatum, quae desiderantur, suppleri possit, quomodo τὸ contineri omnia in Scripturis explicant Bellarm. lib. 4. de V. D. c. 10., adde Stapletonus Relect. princ. fidei c. 5. q. 5. art. 1., Cardinal. Hofius, Jacob. Davius, episc. Ebroic., Tannerus etc. Sic enim quilibet pauper dives erit implicite, quia indicare potest, ubi sint divitiae, et quilibet illiteratus, qui ostendere potest, ubi sit academia, in qua doctores docent, pro docto habendus esset, et is abundare cibis dicendus, qui mensam opiparam et lautitiis variis refertam aliis ostendit. Hoc ipso ecclesia redditur perfecta et sufficiens ad omnia salutis dogmata, Scriptura vero imperfectissima, utpote quae, ut a se ad alium doctorem nos amandet, necesse habet. Nobis s. Scriptura ita perfecta et sufficiens est, ut contineat in se, non ostendat extra se, quicquid ad salutem scitu necessarium est. Norma remissiva non est norma, sed id, ad quod remissio fit. Pontificiis vero Scriptura est sufficiens ad omnia salutis dogmata, quia docet, ad illa omnia ecclesiam esse sufficientem, et perfecta, quia nos ablegat ad ecclesiae perfectionem. Verum ita sufficiens fuisset, scribi tantum haec duo verba: ‚Audite ecclesiam‘, vel potius juxta analysin pontificiam: ‚Audite pontificem Rom.‘ Ast ille non est is, de quo Scriptura dicit: ‚Hunc audite.‘ Matth. 17, 5.‘‘ (Theol. did.-pol. P. I. c. 4. s. 2. q. 10. f. 147. sq.)

d) Ita ut aliud principium, aut norma partialis alia, v. g. traditiones non scriptae, ei a latere non sint jungendae; cum dogmata fidei et morum omnia, nullo excepto, contineantur in Scripturis, aliqua quidem *αὐτολεξεὶ*, sive *κατὰ ῥητὸν*, *secundum literam*, *explicite* et *totidem verbis*, aliqua *κατὰ διάνοιαν*, *virtualiter* et *implicite*, ita, ut ex his, quae expressa leguntur, per consequentiam legitimam ac facilem colligi et cognosci possint. Conf. b. *Gerh.* in Exeg. L. I. c. XVIII. § 366. p. m. 385., qui et illud utiliter monet: *Id, quod scriptum fuit, quovis ecclesiae tempore perfectum canonem exhibuisse, cum divina revelatio in illis libris, respectu illius temporis, perfecte fuerit exposita.* Et sic, cum soli libri Mosaici extarent, perfectam fuisse Scripturam, respectu scilicet habito ad illud ecclesiae tempus, quo nondum extabant plures revelationes, quas Deus in literas redigi voluerit.* L. c. § 366. p. 386.

QUENSTEDTIUS: ,,Quaedam in Scripturis continentur *expresse*, quaedam *analogice*, quaedam *explicite*, quaedam *implicite*, quaedam *γενικῶς*, quaedam *εἰδικῶς*, quaedam *αὐτολεξεί*, quaedam *κατὰ πρᾶγμα*. Quaecunque ad salutem scitu necessaria sunt, aliquo horum modorum in Scriptura continentur.‘‘ (L. c. f. 160.)

BEBELIUS: ,,Ex dictis (Irenaei l. 1. c. 2.) apparet, quaedam in symbolo apostolico contenta hic esse omissa, et quaedam hic inserta, quae in apostolico tacentur, quod non fecisset Irenaeus in loco, ubi ex professo de symbolis agit, si credidisset, symbolum vulgo dictum apostolicum ab apostolis ut perfectam et perpetuam regulam et normam ecclesiae esse praescriptam. Frustraneus igitur est Jodocus Coccius in thes. cath. de scr. art. 29., cum ex hoc Irenaei loco probare vult, symbolum christianae fidei ab apostolis esse conscriptum. Aut enim ecclesia traditionem illam apostolicam diligenter non custodivit, aut Irenaeus mala fide vel saltem negligenter allegavit, nec enim, ut hodie extat, allegavit, ut, quod tutissimum est, ab apostolis sub hodierna forma non est concinnatum. Theophilus, episcopus Antiochenus, scripsit tres contra Autolycum gentilem libros: *σύμβολον καὶ ἀῤῥαβῶνα τῆς ἀληθείας*, ut sub finem lib. 3. ipse vocat; neque tamen uspiam symboli apostolici in recepta hodie serie meminit, sed frustulatim hinc inde tantum unum vel alterum articulum citat et explicat, ut dubitem, symbolum vulgo apostolicum dictum tum quidem temporis pro norma credendorum adaequata fuisse habitum.‘‘ (Antiquit. eccles. I, 235. sq.)

GERHARDUS: ,,Nondum indubitato demonstratum est, an ab ipsis apostolis, antequam in universum orbem praedicandi evangelii causa discederent, comportatum sit ac compositum (symb. apost.), quod major pars veterum scriptorum affirmat, an vero ex concionibus et scriptis apostolorum ab alio quodam collectum sit et ab apostolis comprobatum.‘‘ (Loc. de eccl. § 149.)

AUGUSTINUS in falso ipsi adscripto sermone scripsisse fertur: ,,Quod graece *symbolum* dicitur, latine *collatio* nominatur. Collatio ideo, quia collata in unum catholicae legis fides symboli colligitur brevitate, cujus textum vobis modo, deo annuente, dicemus. Petrus dixit: ‚Credo in Deum Patrem omnipotentem‘; Johannes dixit: ‚Creatorem coeli et terrae‘; Jacobus dixit: ‚Credo et in Jesum Christum, Filium ejus unicum, dominum nostrum‘; Andreas dixit: ‚Qui conceptus est de Spiritu Sancto, natus ex Maria virgine‘; Philippus ait: ‚Passus sub Pontio Pilato, crucifixus, mortuus et sepultus‘; Thomas ait: ‚Descendit ad inferna, tertia die resurrexit a mortuis‘; Bartholomaeus dixit: ‚Adscendit ad coelos, sedet ad dexteram Dei Patris omnipotentis‘; Matthaeus dixit: ‚Inde venturus judicare vivos et mortuos‘; Jacobus Alphaei: ‚Credo et in Spiritum Sanctum, sanctam ecclesiam catholicam‘; Simon Zelotes: ‚Sanctorum communionem, remissionem peccatorum‘; Judas Jacobi: ‚Carnis resurrectionem‘; Matthias complevit: ‚Vitam aeternam, Amen.‘ “ (Opp. ed. Erasm. Tom. V. f. 280.)

GERHARDUS: „Nec dici potest, *contraria* saltem prohibita esse, ne addantur, non autem ea, quae *diversa* sunt, siquidem *contrarium proprie non additur* priori, sed prius *abolet* et antiquat; diversum proprie additur, contraria se invicem tollunt, sed diversa simul consistunt; jam vero Deus non solum prohibet, legem suam aboleri, sed etiam ei aliquid addi.“ (Loc. de S. S. § 48.)

QUENSTEDTIUS: „Non prohibet *additiones*, quae a *divina voluntate* et auctoritate procedunt, sed quae ab *humana*. Homini enim Deus hic legem figit, non sibi.“ (L. c. f. 154.)

IDEM: „Dogmata, quae ἄγραφα et tamen ad salutem necessaria esse dicunt pontificii, haec sunt: Sanctorum invocatio; solenne jejunium; abstinentia a carnibus; suffragia vivorum pro mortuis; voluntaria vota in castitate et virginitate; ignis purgatorius; sacramenta confirmationis, extremae unctionis; missae sacrificium; sacerdotum coelibatus etc., ex recensione Joh. Driedonis de ecclesiast. Script. l. 4. f. 282., qui et ibidem addit: ‚Si in his contemnamus traditionem, non erit nobis ullum scutum, quo doctrinam fidei, quae nunc est, defendere valeamus.‘ Sed insaniae proximum est, dicere, ea, quae jam nominata sunt, dogmata esse illa ipsa, quae dicenda habuerit Christus et portare apostoli non potuerint, ad eundem locum Joh. 16, 12.“ (L. c. f. 160.)

IDEM: „Nomine traditionum non scriptarum intelligunt pontificii dogmata et decreta ad salutem creditu et factu necessaria, ab ipso quidem Christo et apostolis profecta, sed quae tamen in libris V. et N. T. nuspiam extant tradita. Has, inquam, traditiones ἀγράφους rejicimus. *Dist.* inter insufficientiam dogmatum, et insufficientiam claritatis et evidentiae seu propositionis expressae; volunt quidem videri Jesuitae, sese non propter illam, sed propter hanc traditiones Scripturae adjungere, aut earundem necessitatem asserere ad meliorem solum informationem; sed πρόφασις est, non αἰτία, praetextus, non causa vera. . . Pontificii statuunt, in Scriptura multa desiderari, quae sunt ad salutem necessaria, ut supra vidimus; ideo pertendunt, opus esse supplemento et traditionibus, quae vulgo verbum non scriptum appellantur. . . . Costerus enchirid. c. 1. ait: ‚Traditiones, impressas cordi ecclesiae, multis partibus superare Scripturas, quas apostoli nobis in membranis reliquerunt.‘ Traditiones itaque non scriptae in ecclesia Romana multo pluris fiunt Scriptura earumque est longe major auctoritas, quam Scripturae. Certe Baronius Annal. Tom. I, anno 53. n. 11. non est veritus scribere: ‚Traditiones excellere supra Scripturas, quando Scripturae non subsistunt, nisi traditione firmentur, traditiones vero sine Scriptis suam retinere firmitatem.‘ “ (L. c. q. 11. f. 162. sq.)

IDEM: „Loco 2 Thess. 2, 15.: ‚Tenete traditiones, quas didicistis, sive per sermonem, sive per epistolam nostram‘, hortatur Paulus Thessalonicenses, ut perseverent in omni doctrina abs se tradita, sive ea ex praesentis viva voce, sive ex absentis scripto hausissent. Nondum extabant omnes libri N. T. eo tempore, sed quis hinc concludat, extare nostro tempore dogmata non scripta?“ (L. c. f. 166.)

SCHERZERUS: „Perfectus est idem canon citra omne traditionum (dogmaticarum; de historicis, exegeticis et ritualibus enim, in quantum Scripturae non adversantur, nulla lis est) assumentum quoad doctrinam fidei ac morum. Nam 1. ,S. Literae eruditum reddere possunt' etc., 2 Tim. 3, 15—17. 2. ,Haec scripta sunt, ut credatis et per fidem salutem aeternam habeatis', Joh. 20, 31. Arguo: Quod perfectos reddit, perfectum est. Causa enim effectu nobilior esse non potest. Non indiget ergo traditionibus non scriptis. Aut enim 3. illae traditiones *diversum* quid *specie* praeter ea, quae scripta sunt, in fide ac moribus tradunt, aut *idem*. Si *hoc*, necessariae non sunt et a verbo scripto, quantum ad doctrinam, non differunt. Si *illud*, impiae et sub anathematis poena rejiciendae sunt (sive *contra* Scripturam sint, sive *praeter* eam, ut παρὰ sumitur Rom. 16, 17. 1 Cor. 3, 11., et Vulgatus ipse Gal. 1, 9. habet: ,Scriptura additionem et diminutionem non patitur.' Deut. 12, 31. Apoc. 22, 18. Ergo praeter eam nihil addi potest), Gal. 1, 9., nec viros ϑεοπνεύστους auctores agnoscunt. Illi enim probe sciunt, quod non oporteat sapere ὑπὲρ ὃ γέγραπται. praeter et ultra id, quod scriptum est 1 Cor. 4, 6. . . 4. Christus Matth. 15, 9. 13. traditiones humanas diserte rejicit. Et 5. Paulus οὐδὲν ἐκτὸς τῶν προφητῶν Act. 26, 22.; sicuti *Petrus* οὐδὲν ἄτερ γραφῶν apud Clementem Alexandrinum Strom. l. VI. f. 678. dicere voluit. 6. Traditorum fidem non tutam semper (adeoque nec certam) esse, vel Papiae Chiliasmus docet. Et 7. catalogum traditionum suarum in colloquio Ratisbonensi Sess. 1. edere noluerunt nec in hunc diem potuerunt papistae." (System. th. p. 22. sq.)

e) Sic enim expresse dicitur *2 Tim. 3, 15.*, *sacras Literas*, quas Timotheus *a puero noverat* (adeoque Scripturam V. T., quae tunc, cum Timotheus puer esset, sola extabat), *posse* eum σωφίσαι, eruditum ac *sapientem reddere* ad *salutem, per fidem, quae est in Christo Jesu*; ubi manifestissima est proportio Scripturae, tanquam principii perfecti ad finem suum, omnibus ecclesiae membris communem, videlicet fidem et salutem. Quodsi autem vel unum eorum, quae ad fidem pertinent et homini salvando cognitu necessaria sunt, in Scripturis non contineretur, utique Scriptura, quoad hoc ipsum a se omissum dogma, hominem in ignorantia relinqueret aut in errorem induceret, non autem sapientem reddere posset ad salutem consequendam. Pergit etiam apostolus l. c. et ostendit v. 16. et 17., Scripturam sacram esse perfectam in ordine ad finem doctoribus proprium. Dicit enim, *Scripturam*, sicuti *tota divinitus inspirata* est, ita etiam totam, seu quoad complexum eorum, quae continet, dogmatum, esse *utilem ad doctrinam, ad redargutionem, ad correctionem, ad institutionem in justitia*; utilem autem ad haec praestanda, non quomodocunque, sed ita, ut *homo Dei*, minister ac doctor ecclesiae divinitus vocatus, sit ἄρτιος, *perfectus* (*tenens omnes officii sui partes*, interprete *Estio*) ad *omne* istud *opus 'bonum*, adeoque ad *docenda* omnia, quaecunque sunt creditu necessaria; ad omnes oppositos errores solide *refutandos*; ad *fugam* omnium vitiorum et *culturam* morum, quoad omnes omnino virtutum species, persuadendam, ἐξηρτισμένος, *absolute* aut *perfecte instructus* sit et *apparatus*; quod fieri non posset, nisi ipsa Scriptura isthaec omnia in se contineret et sufficienter monstraret. Confer. *Joh. 20.* vers. ult., ubi ea, quae Johannes scripserat (non solum de rebus gestis Christi, verum etiam de doctrina, persona atque officio ejus), ideo, sive ejus finis causa, *scripta dicuntur*, *ut* homines his, quae scripta sunt, cognitis, *credant, Jesum esse Christum*, salvatorem illum mundi ac *Filium illum Dei*, et *ut credentes vitam habeant per nomen ejus.* Oportet ergo Scripturam ea, quae ad fidem salvificam salutemque ipsam cognitu necessaria sunt, sine defectu continere et docere omnia.

ANTITHESIS:

QUENSTEDTIUS: „*Antithesis:* 1. *Pontificiorum*, qui non omnia, quae ad salutem creditu sunt necessaria, in s. Scriptura contineri, adeoque traditiones ἀγράφους, quibus defectus Scripturae suppleatur, admittendas et ‚pari pietatis affectu‘ cum ipsa Scriptura accipiendas esse contendunt. Ita Concilium Tridentinum, Bellarminus, Costerus, Melch. Canus. Item statuunt, ‚ex sola Scriptura nullam unquam haeresin, nullum errorem aut potuisse, aut etiamnum posse sufficienter refutari sine praesupposita infallibili auctoritate ecclesiae‘, quod Jesuitarum in Colloquio Ratisbonensi effatum est. 2. *Novatorum*, qui cum Vincentio Lerinensi, monacho semipelagiano, monitorii c. 1. ita sufficere Scripturarum canonem dicunt, ‚ut nihilominus opus sit interdum, ut ei traditio vel testimonium ecclesiae jungatur‘. . . Ita D. G. Calixtus, Dreierus, Hornejus. . . 3. *Schwenkfeldianorum*, *Anabaptistarum et Weigelianorum*, statuentium, non ex sola Scriptura, sed etiam ex privatis, quas sibi fingunt, revelationibus et inspirationibus angelorumque colloquiis hodie doctrinam salutis discendam esse. 4. *Socinianorum*, qui illa tantum ad salutem cognitu necessaria esse asserunt, quae ῥητῶς et totidem verbis in Scripturis continentur.“ (L. c. q. 10. f. 150.)

§ 41.

Denique *quarto* inter affectiones Scripturae locum habet[a] perspicuitas, seu quod ea, quae creditu et factu homini ad salutem tendenti sunt[b] necessaria, verbis[c] et phrasibus ita claris et usu loquendi receptis, in Scriptura[d] proponuntur, ut quilibet homo,[e] linguae gnarus[f] et vel mediocri judicio[g] pollens verbisque[h] attendens, verum verborum[i] sensum, quoad ea, quae sibi sunt scitu necessaria, assequi et capita ipsa doctrinae simplici[k] mentis apprehensione amplecti[l] possit: prout ad assensum fidei, verbo apprehenso et rebus significatis praebendum, intellectus hominis per Scripturam ipsam ejusque lumen supernaturale,[m] seu virtutem divinam illi conjunctam perducitur.

a) Requiritur enim ad principium cognoscendi et objectum formale alicujus habitus, ut ipsum primo cognitum deducat in cognitionem caeterorum, quae habitui subjiciuntur; juxta ea, quae diximus Cap. I. § 3. nota *d.* et Cap. II. § 1. nota *a.*

LUTHERUS: „Sic dicimus, Scriptura judice omnes spiritus in facie ecclesiae esse probandos, nam id oportet apud christianos esse imprimis ratum atque firmissimum, Scripturas sanctas esse *lucem spiritualem, ipso sole longe clariorem,* praesertim in iis, quae pertinent ad salutem vel necessitatem. Verum, quia in contrarium persuasi sumus jamdudum, pestilenti illo Sophistarum verbo, Scripturas esse obscuras et ambiguas, cogimur primum probare illud ipsum *primum principium* nostrum, quo omnia alia probanda sunt, quod apud philosophos absurdum et impossibile factu videretur." (De serv. arb. diatr. Opp. ed. Schmidt. Vol. VII, 177. Hal. XVIII, 2157.)

b) *Non* enim hic objectum Scripturae *generale* in sua latitudine, sed *speciale* ac *primarium* illud spectamus: de quo actum est supra § 9. Alias enim, si ea omnia, quae in Scripturis occurrunt, percurras, fatendum est, multum obscuritatis deprehensum iri, v. g. in onomasticis, chronologicis, genealogicis, vaticiniis ante complementum etc., non autem aeque in *elementaribus fidei*. B. *Cundis*. Not. ad Comp. Hutt. L. I. Q. VII. p. 31.

c) Potest equidem perspicuitas Scripturae constitui *triplex*: *una* ex parte *rerum; altera* ex parte *verborum;* et *tertia* ex parte *luminis supernaturalis.* Sed *prima* (quae consistit in evidentia rerum, seu claritate in ordine ad distinctam earum cognitionem, vel per se et ex apprehensis terminis, vel propter principia, quae per se sunt cognita, et cum quibus illae necessarium nexum habent) hoc loco non attenditur. Quamvis enim in aliquibus Scripturae objectis, quae lumini naturae subjacent, locum habeat; tamen, quoad mysteria fidei, in quibus tradendis Scriptura praecipue occupatur, locum non habet. Quod autem nostratium quidam dixerunt, *res Scripturae non esse obscuras*, sic intelligendum est, quod res illae, licet in se sint inevidentes (prout etiam isti dixerunt, *res Dei esse obscuras*), tamen *in Scriptura* perspicue proponantur, ut locutionis istius sensus ad perspicuitatem verborum redeat. Conf. b. *Gerh.* Conf. Cath. L. II. Spec. Art. I. Cap. III. p. 210. De *tertia* (quae suo modo ad auctoritatem et efficaciam Scripturae redit) sub finem § agitur, et in nota *m.* plenius agetur. Interim de *secunda*, seu de *perspicuitate verborum*, notandum est, eam consistere in ipsorum verborum delectu et congruentia cum rebus significatis eorumque inter se connexione et ordine juxta communem usum loquendi, quam proinde b. *Lutherus claritatem Scripturae externam* vocavit. Lib. de Serv. Arb. T. III. Jen. Lat. fol. 169. a. Alii perspicuitatem *grammaticam* vocant. Vid. b. *Cundisius* ex b. *Hoepfnero*, not. ad Comp. Hutt. Q. VII. p. 30. Pluribus de triplici illa perspicuitate Scripturae disseruit b. *Musaeus* in Contin. ἀνεκδότῳ Introd. Cap. X.

LUTHERUS: „Hoc sane fateor, esse multa loca in Scripturis obscura et abstrusa, *non ob majestatem rerum*, sed ob ignorantiam vocabulorum et grammaticae, sed quae nihil impediant scientiam omnium rerum in Scripturis. Quid enim potest in Scripturis augustius latere reliquum, postquam fractis signaculis et voluto ab ostio sepulcri lapide illud *summum* mysterium proditum est, *Christum* Filium Dei factum hominem esse, Deum trinum et unum, Christum pro nobis passum et regnaturum aeternaliter? Nonne haec etiam in biviis sunt nota et cantata? Tolle Christum e Scripturis, quid amplius in illis invenies? Res igitur in Scripturis contentae omnes sunt proditae, *licet quaedam loca adhuc verbis incognitis obscura sint*. Stultum est vero et impium scire, res Scripturae esse omnes in luce positas clarissima, et propter pauca verba obscura res obscuras dictare. *Si uno loco obscura sunt verba, at alio sunt clara*, eadem vero res, manifestissime toti mundo declarata, dicitur in Scripturis tum verbis claris, tum adhuc latet verbis obscuris,

jam nihil refert, si res sit in luce, an *aliquod* ejus signum sit in tenebris, cum interim *multa alia* ejusdem signa sint in luce. Quis dicet
fontem publicum non esse in luce, quod hi, qui in angiporto sunt,
illum non vident, cum omnes, qui sunt in foro, videant?... Igitur tu
et omnes Sophistae, agite et producite unum aliquod mysterium, quod
sit in Scripturis adhuc abstrusum; quod vero multis multa manent abstrusa, *non hoc fit Scripturae obscuritate, sed illorum caecitate* vel socor-
dia, qui non agunt, ut clarissimam veritatem videant, sicut Paulus de
Judaeis dicit 2 Cor. 4.: Velamen manet super cor eorum, et iterum:
Si Evangelium nostrum opertum est, in iis qui pereunt opertum est,
quorum corda Deus hujus seculi excaecavit. Eadem temeritate *solem*
obscurumque diem culparet, qui ipse sibi oculos velaret, aut a luce in
tenebras iret et sese absconderet. Desinant ergo miseri homines, tenebras et obscuritatem cordis sui blasphema perversitate Scripturis Dei
clarissimis imputare... Sic et exempla tua, quae subjungis non sine
suspicione et aculeo, nihil faciunt ad rem, qualia de distinctione personarum, de conglutinatione naturae divinae et humanae, de peccato
irremissibili, quorum ambiguitatem dicis nondum esse resectam. Si
de Sophistarum quaestionibus circa has res agitatis intelligis, quid tibi
fecit innocentissima Scriptura, ut abusum sceleratorum hominum ob-
jicias illius puritati? Scriptura simpliciter confitetur trinitatem Dei
et humanitatem Christi et peccatum irremissibile. *Nihil hic obscuritatis aut ambiguitatis. Quibus* vero *modis* ista habeant, Scriptura non
dicit, ut tu fingis, nec opus est nosse, Sophistae hic sua somnia tractant, illos argue et damna, et Scripturas absolve. Si vero intelligis
de ipsa rei substantia, iterum non Scripturas, sed Arianos argue, et
eos, quibus opertum est Evangelium, ut clarissima testimonia de divinitate trinitate et humanitate Christi per operationem satanae dei sui
non videant. Et ut breviter dicam: *Duplex est claritas Scripturae,
sicut et duplex obscuritas,* una *externa in verbi ministerio posita,* altera
*in cordis cognitione sita. Si de interna claritate dixeris, nullus homo
unum jota in Scripturis videt, nisi qui Spiritum Dei habet,* omnes habent
obscuratum cor, ita ut, si etiam dicant et norint proferre omnia Scripturae, nihil tamen horum sentiant aut vere cognoscant, neque credunt
Deum, nec sese esse creaturas Dei, nec quicquam aliud, juxta illud
Ps. 14.: Dixit insipiens in corde suo, Deus nihil est. *Spiritus enim requiritur ad totam Scripturam et ad quamlibet ejus partem intelligendam.*
Si de *externa* dixeris, *nihil prorsus relictum est obscurum* aut ambiguum,
sed omnia sunt per verbum in lucem producta certissimam, et declarata
toto orbi, quaecunque sunt in Scripturis." (De serv. arb. diatr. Opp.
Vol. VII, 124—127. Hal. XVIII, 2068—2072.)

　　d) Saltem in iis locis, ubi *ex professo*, quod ajunt, de certo
dogmate fidei aut morum agitur, seu ubi *sedes* ejus continetur, ita ut
*nullus sit fidei articulus, nullum vitae praeceptum, quod non alicubi verbis
propriis, claris et perspicuis in Scriptura proponatur.* B. *Gerh.* Conf.
Cath. L. II. Art. I. Cap. III. p. 209. Certe enim *in iis, quae aperte
in scripturis sunt posita, inveniuntur illa omnia, quae continent fidem mores-
que vivendi,* dicente *Augustino* Lib. II. de C. D. c. IX., ubi et illud
adjicit: *Magnifice et salubriter Spiritus Sanctus ita Scripturas sanctas
modificavit, ut locis apertioribus fami occurreret, obscurioribus autem fastidia
detergeret. Nihil enim fere de illis obscuritatibus eruitur, quod non plenissime dictum alibi reperiatur.*

　　QUENSTEDTIUS: „Noluit Deus omnia et singula in S. L. aeque
clare et perspicue exponi, sed quaedam stylo magis recondito tradi:
1. ut nostra in legendis Scripturis diligentia excitaretur; 2. ut fastidium et contemtus rerum divinarum amoveretur (facile enim investi-

gata plerumque vilescunt); 3. ut humana arrogantia atque superbia labore domaretur; 4. ut congenitae coecitatis admoneremur; 5. ut nonnisi cum reverentia, nostri sanctificatione et praeviis precibus ad Scripturae lectionem accederemus, et 6. denique, ut desiderium vehementius alterius vitae et superioris academiae in nobis accenderetur." (L. c. f. 173.)

LUTHERUS: „Wenn euch aber jemand von ihnen antastet und spricht: Man muss der Väter Auslegen haben, die Schrift sei dunkel — sollet ihr antworten, es sei nicht wahr. *Es ist auf Erden kein klärer Buch geschrieben, denn die heilige Schrift; die ist gegen alle andere Bücher, gleichwie die Sonne gegen alle Lichter.* Sie reden solch Ding nur darum, dass sie uns aus der Schrift führen und sich selbst zu Meistern über uns erheben, dass wir ihren Traumpredigten glauben sollen. Es ist eine greuliche grosse Schmach und Laster wider die heilige Schrift und alle Christenheit, so man sagt, dass die heilige Schrift finster sei, und nicht so klar, dass sie jedermann möge verstehen, seinen Glauben zu lehren und zu beweisen. Das merke dabei: Sollte es nicht grosse Schande sein, dass ich oder du ein Christ genennet wäre, und wüsste nicht, was ich gläubte? Weiss ich aber, was ich gläube, so weiss ich, was in der Schrift steht, weil die Schrift nicht mehr, denn Christum und christlichen Glauben in sich hat. Darum, wenn der Glaube die Schrift nur höret, so ist sie ihm so klar und lichte, dass er ohne aller Väter und Lehrer Glossen spricht: das ist recht: das gläube ich auch. . . *Das ist wohl wahr, etliche Sprüche der Schrift sind dunkel, aber in denselben ist nichts anders, denn was an andern Orten in den klaren offenen Sprüchen ist. Und da kommen Ketzer her, dass sie die dunkeln Sprüche fassen nach ihrem eigenen Verstande und fechten damit wider die klaren Sprüche und Grund des Glaubens.* Da haben denn die Väter wider sie gestritten durch die klaren Sprüche, damit erleuchtet die dunkeln Sprüche, und bewiesen, dass eben das im Dunkel gesagt sei, das im Lichten. . . *Seid nur gewiss, ohne Zweifel, dass nichts helleres ist, denn die Sonne, das ist, die Schrift; ist aber eine Wolke dafür getreten, so ist doch nichts anders dahinten, denn dieselbe helle Sonne.* Also, ist ein dunkler Spruch in der Schrift, so zweifelt nur nicht, es ist gewisslich dieselbe Wahrheit dahinten, die am andern Orte klar ist, und wer das Dunkel nicht verstehen kann, der bleibe bei dem Lichten." (Auslegung des 37. Ps. v. J. 1521. V, 456. sqq.)

e) Non solum enim renati et fideles, verum etiam irregeniti et impii vi ipsius claritatis verborum ex instituto significantium, quae ad omnes lectores aequaliter sese habet, assequi possunt *notitiam* sensus per verba significati, *literalem* quidem seu *historicam; non* autem *salutarem* seu *fidei,* ut mox dicetur. Atque ita quidem docuit b. *Musaeus* in Dispp. de conversione, A. 1647. et seqq. habitis, ac postea A. 1658. Halae Saxonum denuo editis, Disp. IV. § 27. et seqq. et Tract. de Convers. A. 1661. Jenae edito, Disp. IV. c. II. § 44. sqq. p. 272. sqq., rursus in der Ausführl. Erklärung. Q. XLIV. p. 342. sqq. ad 397. Secutus autem est vestigia antecessorum bb. DD. *Joh. Majoris* et *Joh. Gerhardi,* quorum ille A. 1630. in Confut. Judicii a Valeriano M. de Acathol. Regula Cred. editi, Prop. III. Cap. I. Sect. III. p. 162. ex professo disputat de sententia Valeriani, quae *verum Scripturae sensum nemini concedit, nisi interius illustrato et a Spiritu Sancto edocto;* atque ipse (*J. Major*) ex adverso monet, *sensum SS. Litterarum verum et indubium vel esse conjunctum cum assensu cordis et conversionis fructu, vel eodem destitutum: hunc posse contingere infidelibus, utpote Judaeis; illum tantum esse fidelium.* Et notanter addit: *Quemadmodum apostoli, dono πολυγλωττίας immediato et extemporaneo et Spiritu Sancto ornati, mysteria regni coelorum proposuere variis gentibus, ut a singulis possent verbotenus intelligi et operante Spiritu Sancto fide suscipi, quamvis non defuerint, qui sensum quidem praeconii apostolici cepere, assensum vero dictis denegantes, fructum inde percepere nullum, Act. 13.; sic multi, linguarum, quibus Deus sua oracula extare voluit, gnari, sensum Scripturae in locis plurimis eruunt et percipiunt ex verbis (NB.) verum et genuinum; fructum interim et effectum illuminationis praepediunt improbi et a se repellunt ἀπιστία perditi.* Porro § 9. p. 365. scribit: *His ita se habentibus, non tam nude et crude dicendum erat a Valeriano, nullum certo assequi verum sensum sacrarum literarum, nisi interius illustratum et edoctum a Spiritu Sancto.* Et § 10.: *Censoriam itaque distinctionis virgulam adhibentes, corrigamus et castigemus propositionem istam in hunc modum: Omnis linguae biblicae gnarus certo assequitur verum sensum sacrarum literarum, quam vocum notarum significata pariunt, quamvis interius a Spiritu Sancto neque edoctus sit neque illustratus.* Deinde: *Nemo verum sensum sacrarum literarum in illis locis, quae agunt de articulis fidei, assequitur ita, ut assensum dictis adhibeat et fructum inde capiat, nisi Spiritu Sancto intus cor movente et illuminante.* B. *Gerhardus* autem A. 1625. in Exeg. L. I., postquam § 413. p. 447. distinxerat inter *claritatem Scripturae externam* et *claritatem* seu *illuminationem interiorem, a Spiritu Sancto petendam*, ita deinceps § 424. p. 461. ad *objectionem* Bellarmini contra perspicuitatem Scripturae, quam ex necessitate precum ad intelligentiam ejus consequendam, *Ps. 119, 18.* indicata, petiit, *respondet* per distinctionem *inter notitiam literae et Spiritus*: scilicet, quod *ad notitiam literalem articulorum fidei* sufficiat *claritas externa* Scripturae, ad *notitiam* vero *spiritualem requiratur interior Spiritus Sancti illuminatio per pias preces obtinenda.* Imo vero totum Collegium Theol. Jenense, et una cum eo etiam Facultas Theol. Witteb. in der Widerlegung des Rathmannischen Gegenberichts, num. 69. p. 365. a. ad quaestionem: Ob ein unbekehrter Jüde ohne vorhergehendes und herzutretendes Gnaden-Licht könne die heilige Schrift nach dem Buchstaben verstehen, und den sensum literalem daraus ergründen? *affirmative* respondent cumque exempla *Hieronymi, Graseri* et *Buxtorfii*, qui, ut verum sensum verborum Scripturae V. T. assequerentur, Judaeos consuluerunt, adduxissent, denique addunt: Ein ander Ding ist es, sich auf die Wörter und significationes vocum verstehen, und solche recht auslegen: ein anders, sich auf die res verstehen, und selbige recht einnehmen, recht appliciren, im Glauben fassen. Hierzu gehöret des Heiligen Geistes Gnaden-Erleuchtung und Handreichung: aber ad investigationem, explicationem et intellectum sensus literalis non item. Et num. seq. 70. p. 365. b. post. med.: Will Gegenbericht dahinaus, dass kein Unbekehrter könne den rechten Verstand, welchen die Wörter in der Schrift bei sich haben und von sich geben, id est, grammaticum et literalem, erlangen, es sei denn, dass der Heilige Geist mit seinem Gnaden-Licht herzu trete, so halten wirs nicht mit dem Gegenbericht, sondern bleiben bei unserer Meinung, die wir in voriger Post (NB.) erd- und nagelfest gemacht. Denn die vocabula, und welche selbige auslegen, und zum rechten Gebrauch ausrüsten, nämlich die Lexica, Dictionaria, wie auch die Libri Grammatici in Lateinischer, Griechischer, Hebräischer, Arabischer und andern Sprachen verfertiget, seynd humani ingenii inventa, gehören unter die dona naturae, nicht aber unter die dona Spiritus Sancti gratiosa: denn er nicht darauf bestellet (NB.) noch ausgegossen, dass er die praecepta Grammatices tradire, und lehre bei den Hebräern die radices suchen, oder lehre decliniren und conjugiren, und in Logicis enuntiationes und syllogismos machen, sondern dass er uns die Glaubens-Artikel aus der Schrift proponire und in der seligmachenden Wahrheit instruire. Es hat mancher den rechten Verstand der Worte, aber er hat nicht den seligen Verstand der Geheimniss, der zum Glauben gehöret; darum muss man auch allhier sich (NB.) vor aequivociren vorsehen. Possent autem praeterea adduci dicta ὁμόψηφα b. *Aeg. Hunnii* Disp. LXIV. Cap. III. § 6. 7. 8. Tom. V. Op. fol. 631., b. *Jac. Martini* LL. Th. Disp. XI. § 29. et 30. § 100. et seqq., b. *Conr. Dieterici* in Inst. Catech. de Scr. S. Q. XXX. resp. ad obj. I. pontif. p. m. 45., Theologorum Marpurgensium et nominatim b. *Joh. Steuberi* Disp. VII. de Aug. Conf. art. XVIII. § 56. p. m. 154., porro b. *Justi Feuerbornii* in Anti-Ostorodo Disp. II. § 3. p. 17., b. *H. Kromayeri* Theol. Pos.-Pol. A. I. antith. VI. p. 70.

f) Sic b. *Gerhardus* scribit: *Nos nequaquam affirmamus, quod Scriptura quibusvis sit clara et perspicua; sed illis, quibus nullum ab aetate, vel ab ignorantia linguae, in qua Scripturam legunt, est impedimentum.* Exeg. l. c. § 413. p. 447. 448. Et b. *Jac. Martini* l. c. § 99. sqq. monet, *quod non omnes Scripturam intelligunt,* oriri *ex privatione duplicium mediorum, naturalium et supernaturalium;* inter naturalia autem *primum* esse *cognitionem linguarum.* Nempe, ut b. *Musaeus* in Dispp. de Convers. A. 1647. sqq. habitis, Disp. IV. § 37. docet: *Illis* quidem, *qui linguarum, quibus originaliter conscriptum est verbum Dei, Ebraicae scilicet et Graecae, ignari sunt, aut ne legere quidem didicerunt, satis est, si dogmata fidei, in lingua vernacula sibi proposita, credant vera esse, et sensu eo, quo proposita ipsis sunt, a Deo in Scripturis sacris revelata, quem assensum in ipsis Spiritus Sanctus operatur, utpote qui per verbum etiam in vernacula lingua praedicatum efficax est in cordibus hominum, et de ipso testatur, quod sit divinum verbum. His* vero, *qui per verbum Dei in iis linguis, quibus originaliter conscriptum est, lectum aut praedicatum* (erudiri et) *converti debent, omnino necessarium est, ut linguas istas calleant, et, si non distincte de cujusque loci Scripturae, aliquod dogma fidei continentis, sensu simpliciter sint certi, credant tamen, ea dogmata, quae fundamentum salutis concernunt, singula in Scripturis sacris contineri, ita, ut de locorum illorum sensu* (ex verbis ipsis, ex instituto significantibus, mediante notitia ejus linguae, apprehenso) *nihil dubitent; alias enim credere non possent, ipsa dogmata esse vera, cum non alia de causa credantur vera esse, quam quia a Deo revelata sunt, seu quia eo sensu in Scripturis continentur.* Conf. antecessores in App. Consil. Dedek. l. c.

LUTHERUS: „Die Sophisten haben gesagt, die Schrift sei finster; haben gemeinet, Gottes Wort sei von Art so finster und rede so seltsam. Aber sie sehen nicht, dass aller Mangel liegt an den *Sprachen*; sonst wäre nichts leichteres je geredt, denn Gottes Wort, wo wir die Sprachen verstünden. Ein Türke muss mir wohl finster reden, welchen doch ein türkisch Kind von sieben Jahren wohl vernimmt, dieweil ich die Sprache nicht kenne." (Schrift an die Rathsherrn aller Städte Deutschlands, dass sie christliche Schulen aufrichten und halten sollen, v. J. 1524. X, 551. sq.)

g) Hoc est, quod b. *Gerhard.* l. c. requirit, *ne impedimentum ab aetate*, adeoque ne defectus judicii ex ratione aetatis occurrat. Par autem ratio est, si, qui aetate profectiores, judicio pueri sint.

h) Nempe, qui non ad verba ipsa attendit, sed praejudiciis suis indulget et verba Scripturae ad ea detorquet, etiam in locis perspicuis ac sensu genuino investigando errare potest; unde b. *Gerhardus* in Conf. Cath. L. II. A. I. C. III. p. 209. 210. requirit, *ne a praeconcepta opinione objiciatur impedimentum.* Confer b. *Glassii* Glaubens-Grund Cap. III. p. 103.

> QUENSTEDTIUS: ,,Noctuis ac vespertilionibus sol ipse obscurus est et verbum Dei lucifugis Scripturarum, ut haereticos quandoque appellat Tertullianus. Non itaque Scripturae aut orationi biblicae per se inest obscuritas, sed ,hominum vitio, velamine peccatorum cordis oculos obnubente, redditur obscura', ut ait Theodorus abbas apud Cassianum l. V. institut. c. 34. Vitium autem personae rei per se bonae imputandum non est. Recte Rivetus comment. in Hos. c. 14. Tom. II. Opp. p. 811. b.: ,Verbum Dei est lux, eaque clara et perspicua; sed ei accidit, quod Verbo Filio: Lux in tenebris luxit, sed tenebrae eam non comprehenderunt.' . . Requiritur *Spiritus S. illuminatio*, non quae lucem inferat *Scripturis*, sed quae lucidum efficiat *oculum*, quo legi debent ea, quae in Scripturis continentur. Sive dist. inter evidentiam et perspicuitatem Scripturae nativam et relativam sive comparate et in respectu ad capacitatem humani intellectus acceptam. In describenda autem Scripturae perspicuitate et facilitate relationem oportet institui non ad quemvis intellectum, qualitercunque affectum, etiam praeoccupatum haeresi vel erroribus et a satana excoecatum; sed ad intellectum per praevenientem Spiritus S. gratiam, lectionem, auditionem vel meditationem verbi divini concomitantem, illustratum; ut declarat apostolus 2 Cor. 2, 15. sq., c. 3, 5. et inprimis c. 4, 3. 4. . . Necesse enim est, ut legens Scripturas ab eodem Spiritu, a quo inspiratae sunt, assiduis precibus petat intelligentiam." (L. c. q. 12. f. 171. sq.)

i) Etsi enim *non omnes* fideles sint *doctores*, neque *omnes interpretentur*, juxta *1 Cor. 12, 29.*, habent tamen et theologi, unde (tanquam ex principio perspicuo) eruditi, ad *docendum et redarguendum* apti sint, juxta *2 Tim. 3, 16. 17.*; habent et caeteri fideles, ubi *inveniant vitam aeternam*, via, quae ad vitam ducit, sibi perspicue ostensa ab ipsis Scripturis, *Joh. 5, 39.*

k) Haec est, quam alias *notitiam literalem* aut *historicam* dicunt, et distinguunt a *cognitione salutari*, quae ad secundam mentis operationem pertinet et *judicium* congruum de sensu verborum tanquam vere divino, adeoque assensum plane certum ac fidei divinae (quod res significatae revera tales sint, quales verbis significantur) importat. Vid. *Musaeus* et caeteri auctores in not. *d.* citati suis locis.

l) Probatur autem perspicuitas illa verborum Scripturae 1) ex ipsa causa efficiente et finali Scripturae: quod videlicet, cum Deus, Scripturae auctor, eam consignari fecerit ideo, ut homines ex ejus lectione *erudirentur ad salutem per fidem, quae est in Christo Jesu*, juxta *2 Tim. 3, 15.*, ipse vero, tanquam *mentis et linguae artifex, diserte loqui* haud dubie *potuerit*, utique etiam credendum sit, eum *summa providentia voluisse, fuco carere ea, quae divina sunt, ut omnes intelligerent, quae omnibus loquebatur*, juxta verba *Lactantii* Lib. VI. Div. Inst. cap. XXI., conf. b. *Gerh.* in Exeg. l. c. § 415. p. 449., b. *Glassii* Glaubens-Grund, Cap. III. p. 73. 74. Et quemadmodum alias praecipua sermonis, ad informationem aliorum destinati, virtus est perspicuitas, perspicuum autem sermonem ita comparatum esse oportet, *non solum ut intelligere possis, sed ne omnino non possis intelligere*, juxta illud *Quintil.* lib. II. Instit. Orat. c. II., ita agnoscendum est, Scripturam sacram, quae πρὸς διδασκαλίαν, παιδείαν etc. a Deo ipso, perfectissimo ente, data est, in his, quae scitu necessaria sunt, pollere omnino perspicuitate, quae illi ex fine debetur. Quo accedit 2), quod Paulus *1 Cor. 14, 8. 9.*, ubi doctoribus ecclesiae diligentissime inculcat, ut fidei dogmata perspicuo et usitato sermonis genere proponant, quo ab omnibus facile intelligi possint, hanc addit rationem: *Etenim*, inquiens, *si incertam vocem tuba dederit, quis apparabitur ad bellum? sic et vos, per linguam nisi significantem sermonem dederitis, quomodo intelligetur, quod dicitur? Eritis enim in aërem loquentes.* Itaque, nisi dicamus, Scripturam non tam ad informationem hominum, quam *in aërem loqui*, et habere se *instar tubae, incertam vocem dantis, unde nemo apparetur ad bellum*, adeoque frustraneam esse Scripturam (quod citra impietatem dici non potest), fatendum est, vocum in Scriptura adhibitarum significationem lectoribus juxta usum communem loquendi notam, atque adeo sermonem Scripturae esse perspicuum. Conf. b. *Mus.* Dispp. de convers. A. 1647. seqq. habit., Disp. IV. § 28. Praeterea 3) *Deut. 30, 11.* dicitur: *Verbum hoc, quod loquor tibi, prope est in ore ac corde tuo, i. e. verbis significantibus ex usu communi* (et quasi ex ore hominum) *depromptis consignatum est, ita, ut facile possit intelligi* (prout alias cor, seu mens hominis certae significationi vocum assuevit). *Sic enim in versiculis antecedentibus ista propinquitas exponitur, quod verbum hoc non sit absconditum, ut ejus intellectus vel ex coelo, vel ex abysso peti debeat*, interprete b. *Kromayero* Theol. Pos.-Pol. Art. I. Thes. 6. pag. 67. Unde, licet *lex*, de qua Deus per Mosen loquitur, quaeque agendorum regula est, unam saltem Scripturae partem constituat, quia tamen Paulus θεόπνευστος haec ipsa, quae olim de lege a Deo dicta fuerunt, transfert etiam ad *evangelium de Christo et justitia fidei, Rom. 10, 6. 8.*, utique fatendum est, Scripturam, quoad evangelium aeque ac legem, ex parte verborum esse claram et perspicuam. Conf., quae in nota seq. dicemus.

QUENSTEDTIUS: „*Dist.* 1. inter ipsas *epistolas* Pauli et *mysteria,* de quibus Paulus in epistolis suis scribit. Quando Petrus dicit 2 Pet. 3, 16.: ‚ἐν οἷς ἐστι δυσνόητά τινα‘, non loquitur de epistolis Pauli, sed de mysteriis et dogmatibus in illis contentis. Relativum enim in Graeco non feminini, sed neutrius generis; non enim dicit ‚ἐν αἷς‘, sed ‚ἐν οἷς‘, adeoque τὸ ἐν οἷς non ad epistolas, sed ad proxime antecedentia περὶ τούτων, scl. ad res novissimas, referendum est; quam constructionem etiam Lorinus, Cornel. a Lapide, Estius, Gagnaeus hic agnoscunt. . . . Vult ergo dicere Petrus, Paulum in omnibus fere epistolis scripsisse de istis, nempe de quibus ipse hic scripserat, i. e. de judicio extremo et interitu mundi. . . 2. Non dicit apostolus πολλά, non πάντα, sed τινά, non multa, nec omnia, sed quaedam in istis, non epistolis, uti dictum, sed mysteriis esse intellectu difficilia; ex *rerum* itaque difficultate male concluditur obscuritas *Scripturae.* . . 3. Imo facit hic locus pro Scripturae perspicuitate; docet enim s. Petrus, ita tractari epistolas Pauli ab indoctis et instabilibus (ἀστηρίκτοις) propter multa mysteria δυσνόητα, ut nefarie ab aperta satis sententia in sensum non genuinum verba torqueantur. Detorsionis autem duplicem indicat occasionem, una est ignorantia, altera instabilitas. Neutra est a Scriptura, a qua utriusque potius est remedium, quod frustra inde peteretur, nisi esset in se lucida et solida." (L. c. f. 180. sq.)

IDEM: „*Obj.* locum 1 Cor. 13, 12.: ‚Cernimus nunc per speculum, in aenigmate.' . . Resp. 1.: Licet hoc loco Scriptura cum speculo et aenigmate comparetur, non tamen propterea tota obscura est dicenda; nam quod proprie speculum dicimus, claram, distinctam et expressam exhibet rei similitudinem. . . 2. Si quae l. c. nomine aenigmatis notatur obscuritas, illa non intelligenda est ratione *sermonis*, sed *rerum* in Scripturis propositarum, quas credere tenemur, licet jam non intelligamus, intellecturi autem in altera vita. 3. Apostolus cognitionem per speculum et in aenigmate omnibus viatoribus communem facit, nec quidem excipit seipsum et alios apostolos. Non enim ait: ‚*Vos* nunc cernitis‘, sed ‚*nos* nunc cernimus per speculum et in aenigmate‘. Cf. 2 Cor. 3, 18. Ergone etiam apostolo, cum haec scriberet, obscura erat Scriptura? . . . 4. Cognitio et perceptio in aenigmate et visio per speculum *comparatur visioni beatificae;* illam autem respectu hujus obscuram esse, facile damus." (L. c. f. 180.)

m) Scilicet hoc est, quod *Ps. 19, 9. lex Domini* (quo nomine non intelligitur praecise lex specialiter sic dicta et evangelio contradistincta, sed una ipsum *evangelium*, ut patet ex collatione *Rom. 10, 18.* adeoque tota doctrina, quae in Scriptura, tanquam objectum primarium, tractatur et de qua hic sermo est) dicitur *illuminare oculos, et sapientem efficere simplicem.* Et *Ps. 119, 105., verbum Dei esse lucernam pedi* hominis et *lumen semitae* ejus, nempe ut *prudens* sit et caveat sibi a *semita mendacii,* juxta v. 104. Rursus *2 Petr. 1, 19.* dicitur, ad *sermonem propheticum* (*Scripturae propheticae,* juxta v. 20.) esse *attendendum, tanquam ad lucernam lucentem* (ὡς λύχνῳ φαίνοντι) *in obscuro loco, donec dies illucescat, et lucifer exoriatur in cordibus nostris.* Omnia enim eo tendunt, ut intelligamus, Scripturam in his, quae homini in statu *viae,* quem vocant, manifesta esse debent, ne in errores inductus salutem non inveniat, adeoque, quoad doctrinam fidei et morum, id praestare intellectui (velut oculo mentis), quod lucerna accensa et lucens praestat viatori et oculis corporis ejus ad viam rectam, vitatis deviis ac sine offensione, calcandam. Oportet ergo Scripturam non solum *in se,* sed et *aliis* esse lucidam; et quia ad id, ut homo viam salutis recte cognoscat, duo requiruntur: *unum,* ut, quae sibi ad salutem tendenti sunt cognitu necessaria, simplici apprehensione mentis percipiat, *alterum,* ut illa apprehensa, tanquam vera ac divinitus revelata, amplectatur et fidei assensum commodet: ita Scripturam, quae in hoc negotio instar luminis ac lucernae lucentis se habere debet, duo haec praestare oportet: *unum,* ut, quae cognoscenda sunt intellectui, verbis ex instituto significantibus ac perspicuis repraesentet, ut simplici mentis apprehensione percipi possint; *alterum,* ut, quando res significata sublimior est et intellectus ipse debilior, aut plane corruptus, ita ut non possit suis viribus recte judicare de eo, quod verbis illis significatur, neque assensum, quem debet, ipse praebere aut elicere, Scriptura ipsa, virtute sua, tanquam illuminatrice, intellectum eo perducat et facultatem cognoscendi atque assentiendi largiatur.

QUENSTEDTIUS: ,,Objiciunt pontificii, Scripturas aliquando nominari a patribus faciles, claras, apertas ob *interpretem* facilem, clarum,
apertum, qui semper praesens in ecclesia. Resp.: Sic clara et aperta
dici poterunt etiam Sphyngis aenigmata, quia Oedipus ea solvere potuit.
Quis non videt, sic, tantum per accidens Scripturam perspicuam esse,
concedi? Bene Dannhauerus l. c.: ,Sic inter oracula Dei scripta et
Delphica non est differentia, et Scriptura Sphynx erit, papa Oedipus.' "
(L. c. f. 183.)

DANNHAUERUS: ,,,Est', inquit Gretserus, ,Scriptura lucerna, non
quod *per se* nobis luceat, sed quia, *quando ab ecclesia explicatur*, tum
demum nobis lucet.' Exemplo rem declarat: ,Metaphysica et mathematica efficiunt hominem sapientem et illuminant oculos, sunt lucerna;
at ubi illa hominibus lucet? num in casis et tuguriis rusticorum? —
Minime gentium! sed in scholis philosophorum et mathematicorum;
hic lucet, hic illuminat etc.' Ita Gretserus mendacii arguit Sp. S. Hic
enim clare vocat lucernam, non laternam, lucernam lucentem, non la-
tentem, lucernam, non colorem aut diaphanum, quod adventitio demum
lumine illustratum illuminat, per se lucem non habet. Si Scriptura
tum demum lucerna est, cum ab ecclesia illuminatur, etiam aër lucerna
dici poterit, etiam quodlibet diaphanum. Optime noster Aeg. Hunnius,
quamvis sophistice tractatus a Gretsero, ,eadem ratione posset dici,
nostris hominibus linguam Arabicam esse lucem et lucernam, idque
deinde sic interpretari: si ab illis intelligatur esse lucidam; sic et Si-
byllae folia et oracula Delphica lucernas dici posse.' ,Omnino', regerit
Jesuita, ,quicquid mentem illuminat, si explicetur, lucerna, lux dici
potest.' Nihil igitur amplius in omnibus literis, imo in mundo et extra
obscurum est; sic lucernae fuerint tenebrae Aegyptiae et, quibus infernus describitur, exteriores. Instantia de metaphysica et mathematica inepta est; utraque enim per se suo acumine est obscura nec
lucem facit, sed accipit ab intellectu; contrarium de se Scriptura ipsa
testatur." (Hodos. phaen. 1. L. p. 43.)

ANTITHESIS:

QUENSTEDTIUS: ,,*Antithesis*: 1. *Pontificiorum*, et quidem a. *crassi-
orum*, qui Scripturam totam tam obscuram, ambiguam et in omnes sensus flexibilem esse contendunt, ut nulla fere sententia in ea reperiatur,
quae non in varios et contrarios sensus flecti possit; aut si perspicuam
quandoque asserunt, id ob interpretem facilem, clarum et apertum intelligunt, qui semper praesens sit in ecclesia. Ita Martinus Cromerus,
Jesuitae Colonienses, Ruardus Tapperus, quorum haec sunt in Scripturam convitia et scommata: ,Scripturam esse instar nasi cerei (quae in
quamvis interpretationem flecti possit); esse instar vaginae, quae
quemlibet gladium admittit; esse velut plumbeam Lesbiae aedificatio-
nis regulam; esse verbum abbreviatum (cum commentariis indigeat);
gladium Delphicum' etc. b. *Mitiorum*, qui plurima quidem in Scripturis perspicue tradi fatentur, ut tamen non omnia, sed aliqua saltem
fidei dogmata ad salutem creditu necessaria in illis clare proponi asserant. Ita Bellarminus, Costerus, Becanus, Leonardus Marius. Gregor.
de Valentia lib. 5. analys. fid. c. 2. inquit: ,Scriptura de maximis etiam
fidei quaestionibus ita obscura et difficilis ad intelligendum est, ut
homines etiam bene literati, nedum vulgares fideles, in ejus inquisitione
facilę hallucinentur, ab eaque aberrent.' — 2. *Enthusiastarum et Weigelianorum*, quibus Scriptura est ambidextra, flexiloqua, obscura
lucerna, liber septem signaculis clausus obsignatumque aenigma,
vagina, non gladius Spiritus, litera occidens, vide Weigelii postill. part.
II. p. 185., Sebastian. Francum in prooemio paradoxor. 280. Weigelii
verba haec sunt: ,Die Schrift ist eine Beidefuest, man kann sie zu
beiden Sciten brauchen, es sei einer so unrecht als er wolle, dennoch
kann er die Schrift führen gegen seinen Widerpart.' — 3. *Praeadamita-*

rum conditoris, Isaaci Peyrerii, qui dicit, ,multa in Scripturis tanta in-
curia et caligine tanta scripta esse, ut nihil plerumque intricatius, nihil
obscurius legi possit; Deum perplexe et aenigmatice locutum esse cum
hominibus atque eadem in scriptis esse tradita'. Vide ipsum in system.
theol. lib. IV. c. 1. p. 184., et contra eum Samuelem Marcesium in
praefat. apolog. pro αὐθεντία Scripturae p. 8. sqq. — 4. *Arminianorum*, qui
e contrario s. Scripturam ita claram et perspicuam esse contendunt, ut
Spiritus S. illustratione et speciali gratiae lumine ad illius intelligentiam salutarem opus non sit.   Vid. Arnoldus contra Tilenum p. 441.
464.   Episcopius de perspicuit. Script. thes. 3. ait: ,Non posse non
etiam irregenitum quemlibet Scripturae sensum percipere.' Cf. Exam.
censurae c. 1. fol. 35. — 5. *Socinianorum*, qui a. etiam asserunt, quod
homo possit ,s. Scripturam solius intellectus auxilio absque speciali et
interna Spiritus S. gratia et illuminatione cum fructu intelligere'; ita
Ostorodus Instit. Germ. c. 1. p. 3. sq., cf. Catech. Racov. p. 224.
b. Smalzius contra Franz. D. 3. de persona Christi fol. 81., et refut. lib.
de erroribus Arianorum fol. 206. ,Christo studiose affectatam ambiguitatem' tribuit. Enjedinus explic. locorum fol. 136. totum evangelium
Joh. obscurum esse contendit; verba ejus l. c. haec sunt: ,Si obscuritas concisa, abrupta, minime sibi cohaerens et ex allegoriis constans
oratio sublimitas dicenda est, fateor, Johannem esse sublimem.'''
(L. c. f. 173. sq.)

§ 42.

Ut autem Scriptura ab hominibus,[a] etiamsi linguarum sanctarum, Ebraeae atque Graecae, imperitis,[b] ad
doctrinam fidei et morum cognoscendam consuli possit,
ideo versiones[c] Scripturae in quasvis linguas[d] extare et
ad legendas eas incitari homines[e] utile est.

a) Sunt enim finis *cui* Scripturae, vid. § 10. et notae *a. c.*

b) Vid. § 41. et nota *f.*

c) Seu translationes verborum Scripturae ex idiomate ignotiore in
idioma aut sermonem alium notiorem, quam Graeci μετάφρασιν vocant.

ANTITHESIS:

QUENSTEDTIUS: ,,*Antithesis pontificiorum*, qui tamen ipsi inter se
non consentiunt. Nam *initio* omnes bibliorum versiones damnabant,
negantes omnino, Scripturam in linguas vernaculas verti oportere, quia
id magis perniciosum esset, quam salutare; ita Petrus Sutor, Carthus.,
in libro de translat. bibliae c. 22. ,vernaculam et maternam bibliae'
(sic enim appellat) ,versionem' non tantum improbat, sed etiam pollicetur, ,se ostensurum, esse ineptam, temerariam, periculosam'...
Andradius in defensione fidei lib. IV. f. 241. inquit: ,Nihil jam ex per-
vulgatis s. bibliis et in vernaculas linguas conversis (si passim permit-
tantur), nisi pietatis interitum, religionis exitium fideique perniciem
sperare possumus'... ,Protestantium biblia purganda sunt non stylo,
sed rogo', inquit Gretserus lib. II. de libb. prohib. c. 10. Deinde vero
mitiores facti sunt papicolae, negaruntque, ecclesiam suam prohibere
vulgares versiones, ut Bellarm. lib. II. de V. D. c. 15., juxta quem
,papae, auctores indicis librorum prohibitorum, non ipsas prohibent
vulgares translationes, sed tantum usum earum certis terminis circum-
scribunt'... Sed verbis potius, quam reipsa differunt hae duae papistarum phalanges. Nam 1. iisdem utraeque utuntur argumentis ab iis-

dem incommodis petitis; quidni ergo censeamus, in eundem finem amice conspirare? 2. Posterioris sententiae auctores haud obscure significant, nemini licere s. biblia in linguas vernaculas vertere, nisi cui hoc a papa permissum sit; ast papa hoc nemini concedit, nisi quem sciat, ita versatum esse, ut errores, qui in vulgata versione latent, simul in vernaculas linguas transfundantur. Diversis ergo verbis Bellarminus idem dicit, quod prioris sententiae defensores. 3. Nemo existimet, pontifices eorumque Gnathones statuere, per se utile esse et expedire, ut s. Scriptura in linguas vulgares vertatur, si id absolute, non autem comparate intelligatur. Si enim nullae Lutheranorum aut Calvinistarum extarent translationes vulgares, omnes uno ore pronunciarent, non expedire, ut id fiat. . . Alii denique pontificiorum licitas esse ajunt versiones earumque lectionem, sed nullum fructum inde percipere laicos propter Scripturae obscuritatem." (Theol. did.-pol. P. I. c. 4. s. 2. q. 22. f. 330. sqq.)

d) Prout ecclesia per omnes orbis terrarum nationes et quarumvis linguarum populos plantari et conservari debebat. Vid. *Matth. 28, 19. Marc. 16, 15. Col. 3, 11.*

e) Nempe ut *verbum Christi in* illis *habitet abundanter* (πλουσίως ἐνοικείτω) atque alii alios *docere* et *commonefacere* possint. *Col. 3, 16.* Valent autem etiam hoc loco argumenta, quae attulimus in nota *c.* ad § 10. Conf. b. *Mus.* praef. Tr. de Convers. A. 1660. ed. p. 7. sqq. p. 21. sqq. Quamvis vero versiones humano studio concinnatae non habeant auctoritatem canonicam, quemadmodum textus θεόπνευστοι; quatenus tamen illae his conformes sunt, faciunt utique ad fidem fideique profectum consequendum et excludendos errores oppositos.

§ 43.

Sed ut verus sensus[a] verborum Scripturae, *literalis* praecipue,[b] qui unius loci non nisi unus est,[c] deinde vero etiam *mysticus,*[d] sicubi[e] is locum habet, recte intelligatur, ac non solum locorum clariorum sententia contra detorsiones heterodoxorum[f] firmiter teneatur, verum etiam loca difficiliora[g] ad profectum cognitionis spiritualis evolvi atque intelligi possint, leges bonae interpretationis[h] observari debent.

a) Seu conceptus mentis, quem auctor Scripturae per verba intendit et significare voluit.

b) Is enim *absolute* loquendo sensus verborum, et per verba proxime atque immediate significandus intendi dicitur; quae si proprie accipiantur, *sensus proprius,* si tropo quodam modificata sint, *sensus figuratus* dicitur. Confer. b. *Glassii* Phil. S. L. II. P. I. Tr. II. S. I. p. m. 260. sqq.

c) Est enim in omni lingua, in omni locutionis genere id usitatum, ut per una et eadem verba in uno eodemque contextu semel posita non nisi unum sensum significare intendat auctor, qui non ad decipiendos, sed docendos aut informandos alios loquitur. Quia ergo

Deus in Scriptura ad homines loquitur, modo humano et verbis ex instituto significantibus, seu ex usu loquendi consueto desumtis docendos, recte utique creditur, quod etiam in Scriptura unius dicti sensus literalis unus sit, non plures. Conf. b. *Glassii* Phil. S. l. c. p. m. 268.

d) Qui *non* significatur *proxime per* ipsa *verba*, *sed* per *res* verbis illis significatas, in quantum illae aliarum rerum typi, umbrae, figurae et signa vel symbola sunt. Dicitur alias sensus *spiritualis*. Conf. b. *Glass*. l. c. Tr. I. S. I. p. 249. Atque ita etiam constat, sensum *literalem priorem* esse mystico *natura* et *ordine*, juxta eundem l. c. Tr. II. S. II. p. 289., qui etiam in seqq. speciatim de sensu *allegorico*, *typico et parabolico* legi meretur.

e) Non enim in omni omnino Scripturae textu et in singulis locis duplex iste sensus, literalis pariter et mysticus, quaerendus et amplexandus est; vid. *Glass*. l. c. Tr. I. S. I. p. 248., ac distinguendae sunt v. g. allegoriae *innatae*, quae in Scripturis ipsis expresse traduntur ac proprie loquendo sensus mysticus Scripturae sunt, et *illatae*, sive ab interpretibus excogitatae accommodationes rerum verbis significatarum ad res alias, quae proprie loquendo non sunt sensus a Spiritu Sancto illic intenti. Vid. eund. Tr. II. S. III. art. III. p. 291. 292.

f) Nam quamvis ex verbis Scripturae, quae de dogmate aliquo ex professo agunt, in lingua nota propositis, homines etiam simplicissimi sensum verum ac determinatum citra difficultatem concipere possint: potest tamen et solet aliquando accidere, ut fraudibus heterodoxorum sensus etiam clarorum verborum pervertatur et conquisitis ratiunculis dubius reddatur (quemadmodum exemplis verborum institutionis et locorum variorum, quae Christi deitatem probant, manifestum est); cui ut recte occurratur, leges bonae interpretationis in subsidium vocari et sic sensus verus, legibus illis conformis, ab aliis falsis fictisque discerni debet.

g) Vide, quae diximus ad § 41. not. *b*. et *d*. Atque aliqua quidem Scripturae loca obscura sunt *per se* et *seorsim* spectata; aliqua *in respectu ad alia*, cum quibus pugnare videntur. Utrisque occurrendum est beneficio legitimae interpretationis. Vid. b. *Gerh*. de interpr. Script. § 64. sqq.

h) Non enim nostrates privatum cujusque spiritum sequendum statuunt, sed omnino agnoscunt leges bonae interpretationis, cum *generales*, quas recta ratio, tanquam in natura fundatas et interpretationi omnium scriptorum communes, suppeditat; tum *speciales*, quae in Scriptura sacra ipsa peculiariter animadversae fuerunt. Atque observantem utrarumque fuisse b. *Lutherum*, ostendit b. *Musaeus* in Praef. Tract. de Convers. p. 37. sqq. et Vindic. Bibl. Germ. Glossat. Disp. II. Th. 35. p. 111. sqq.

§ 44.

Leges interpretandi Scripturam, quoad sensum literalem, fere huc[a] redeunt: I. quod *vocum phrasiumque habitus et constructio juxta consuetudinem linguae sanctae*[b] *diligenter sint consideranda;* II. quod *ex antecedentibus et consequentibus, ex occasione, scopo, materia et aliis causis intentio loquentis sit investiganda;*[c] de quibus, ut et specialioribus aliis, quas sub se continent, regulis, in scholis theologiae exegeticae[d] prolixius agitur.

a) Ita b. *Franzius* duobus praeceptis inclusit, quae ad interpretationem Scripturae pertinent, quem sequitur b. *Glassius* Phil. S. L. II. P. II. S. I. p. 351. sqq.

b) Nempe ut alias cuivis linguae, sic etiam Ebraeo atque Graeco sermoni suus est genius atque idiotismi; de quibus consulendae sunt grammatica et rhetorica sacra b. *Glassii* in Phil. S., lexica quoque atque concordantiae et observationes criticae eruditorum. Sic enim non solum πολυσημία vocum, verum etiam ἔμφασις, nec raro solvendarum ἐναντιοφανειῶν occasio et medium agnoscitur.

c) Hanc olim agnovit et tradidit *Hilarius* Lib. IV. de Trinit. p. m. 37. et Lib. IX. p. m. 116.

d) Ac videri possunt ex nostratibus praeter *Gerhardum, Franzium* et *Glassium* ll. cc. etiam *Flacius* in Clave, *Dannhauerus* in Hermeneutica s., *Dan. Cramerus* in Isag. ad Libb. Proph. et Apost., *Georg. Grossehäyn* in epitome Hermeneut. s. aliique. Plura hic addere non fert ratio instituti.

§ 45.

Inprimis vero, ut mysteria fidei, in Scripturis tradita, recte agnoscantur,[a] observandum est, quod[b] *in propria et usitata verborum significatione sit persistendum,*[c] *quamdiu non manifesta circumstantia textus, aut subjectae materiae conditio, aliave urgens ratio ad impropriam significationem descendere cogit.*[d]

a) Quapropter hanc regulam peculiariter inculcandam putavimus.

b) Fundatur haec regula in naturali ratione intelligendi, qua jubemur ad eum attendere sensum, quem secundum communem verborum usum et significationem omnes concipiunt aut conciperent; alioqui enim nulla dabitur intelligentiae nostrae certitudo. Conf. b. *Musaei* Vindic. Bibl. Disp. II. § 35. p. 111. 112.

c) Quamvis etiam res significata remotior sit ab ingenio humano et conditione rerum aliarum, quibus assuevimus, cogitandum tamen est, hoc esse mysteriorum proprium. Adde b. *Musaei* Dissert. de S. Coena contra *Vorstium* § 5. p. 2.

d) Quodsi enim analogia fidei, aut loca parallela clariora, aut antecedentia et consequentia in contextu, scopusque dicentis, aut aliae circumstantiae significationi propriae vocum apertissime repugnent, vel etiam, admissa propria significatione alicujus vocis aut phraseos, manifesta et sole clarior contradictio sese ostendat; utique necessitas recedendi a propria significatione vocum interpreti imponetur.

§ 46.

Denique sicut ex Scriptura s., tanquam principio perspicuo, conclusiones theologicae, et quae fide divina credantur, recte deducuntur,[a] ita in argumentationibus ejusmodi, etiam quarum conclusio est *mere*[b] *theologica*, non
solum *principia* rationis *formalia*[c] haud dubie utiliter
adhibentur,[d] sed etiam principia rationis *materialia*[e] recte
usurpantur;[f] modo, cum *particularia* aut singularia sunt,
principio universali theologico subjungantur,[g] *universalia*
vero rationis principia non alia adhibeantur, quam quae
absolutae necessitatis sunt;[h] ita ut oppositum manifestam
importet contradictionem.[i]

a) Hoc enim nunquam negarunt nostri, etiamsi se *sola Scriptura*,
tanquam principio, norma aut regula, uti dicerent; sed potius asseruerunt, quoties se sua dogmata ex Scripturis *probaturos* aut quaestiones controversas *ad* Scripturam, velut *normam, revocari* velle, dixerunt.
Probare enim est, per consequentiam aliquid ex alio, velut conclusionem ex praemissis, deducere. Ad *normam* autem non tam revocanda
veniunt ea, quae in eo, quod norma est, formaliter affirmantur aut
negantur; quam ea, de quibus, utrum cum his, quae formaliter illic
continentur, conveniant, dubitatio orta est. Confer b. *Musaei* Tract.
de usu princ. Rat. L. I. sub initium, et Lib. II. Cap. XXX., item in
Tr. de Convers. Disp. IX. Cap. II. et III. Denique Disp. I. contra
Masenium, qua meditata ab eo concordia examinatur § 29. sqq.
p. 122. sqq.

b) Seu *articulus* fidei purus. Nam de his, quae ad articulos fidei
mixtos attinent ac praeter theologiam revelatam etiam in philosophia
ex lumine rationis tractantur, minus est difficultatis. Vide autem de
hac distinctione quaestionum theologicarum b. *Mus.* de Usu Princ.
Rat. Lib. I. Cap. VI. § 6., Cap. XIII. sqq. et Lib. II. Cap. I.

c) Sive quae ad *formam* syllogismorum pertinent et terminorum
dispositionem in figura ac modo, atque regulas consequentiarum attinent. Vid. *Mus.* Tract. cit. Lib. II. Cap. II.

d) Quamvis enim non omnes discursus theologici in forma syllo-
gistica expresse proferri debeant; quoties tamen ratio disputationis
seriae ac solidae postulat, non est opera ista subterfugienda. Alias
autem sufficit, discursus tales nectere, qui ad formam syllogisticam
sunt revocabiles.

e) Quo nomine intelliguntur propositiones lumine naturae notae
atque *evidentiam metaphysicam, physicam*, aut *moralem* habentes; quae
ad materiam argumentorum spectant et *majorem* aut *minorem* ex praemissis constituunt. Vid. *Mus.* l. c. L. II. C. II.

f) Sequitur profecto, si haec cum propositione theologica recte
conjungantur, conclusio non solum *vera* ac *certa*, verum etiam, quae

est *de fide*; quod ostendit b. *Musaeus* Tract. de Convers. Disp. VIII. et IX. Confer h. l., quae diximus in nota *g.* ad § 35.

g) Pertinet huc exemplum, quod attulimus l. c. Cui jungi potest et istud, quo homo argumentatur: *Omnis homo a Deo serio diligitur, et habet oblatam sibi serio gratiam et salutem. Ego sum homo.* E. *ego a Deo serio diligor etc.* Adde b. *Mus.* Tr. de Convers. p. 593. et 594.

h) V. g. *Quicunque habet perfectiones soli Deo proprias, is est verus Deus. Atqui Christus habet perfectiones soli Deo proprias.* E. *Christus est verus Deus.* Minor ex revelatione probari debet. Major lumine naturae nota est, sed absolutae necessitatis, et contradictionem implicat, si dicas, aliquem habere perfectiones, quae cum essentia divina realiter idem sunt, nec tamen habere essentiam divinam, aut non esse verum Deum.

i) Alias enim, si adhibeantur principia rationis non absolute, sed *secundum quid,* aut in *certo genere* universales ac necessariae, facile contingit, ut inferatur conclusio, mysteriis aut articulis fidei etiam primariis repugnans; quod exemplis *Antitrinitariorum* et aliorum patet. Vid. b. *Mus.* de Usu Princ. Rat. L. II. Cap. XIV. sqq. p. 451. sqq., item Tract. de Convers. Disp. IX. § 30. 31. p. 595. 596.

HOLLAZIUS: „*Principia rationis* vel sunt organica vel philosophica. *Organica* rationis principia dogmatibus fidei et morum explicandis atque confirmandis recte adhibentur. Ex principiis *philosophicis* articuli fidei mixti quadantenus innotescunt. Articuli autem fidei puri unice ex sacra Scriptura tanquam ex domestico, fundamentali et primordiali principio demonstrantur et cognoscuntur. Principia interim *philosophica absolute universalia* discursibus theologicis, velut principia communia, ministerialia et subservientia ad integrandum syllogismum plene expressum, coadhibere licet. — Principia *organica* dicuntur, quae ad disciplinas instrumentales, grammaticam, rhetoricam et logicam pertinent. Principia *philosophica* alia sunt *absolute et illimitate universalia,* quae constant nexu terminorum essentiali et simpliciter necessario, ut nulla instantia neque ex Scriptura labefactari queant, v. g.: Impossibile est, idem simul esse et non esse; quicquid est, quando est, necesse est esse; omnis spiritus est immaterialis etc. Alia sunt *limitate et secundum quid universalia,* quae in certo genere, ex hypothesi, aut secundum naturalis cognitionis sphaeram, vera quidem sunt, attamen limitationem admittunt et instantia quadam, si non ex natura, certe ex Scriptura petita infringi possunt, v. g.: Quot sunt personae, tot sunt essentiae; omne individuum humanum per se est persona; omne genitum numerica essentia diversum est a generante. — Sine usu *rationis* dogmata theologica neque percipere, neque confirmare, neque a strophis adversariorum vindicare possumus. Certe non brutis, sed hominibus sana ratione utentibus Deus aeternae salutis sapientiam in verbo suo revelavit, et serio iis injunxit mandato, ut verbum suum legerent, audirent, meditarentur, Deut. 6, 6. Joh. 5, 39. Requiritur itaque intellectus ut subjectum recipiens aut instrumentum apprehendens. Sicut enim sine oculis nihil videmus, sine auribus nihil audimus, ita sine ratione nihil intelligimus. Interim tamen ratio humana non est fons aut primordiale elementum, ex quo propria et proxima fidei principia deriventur. — *Principia organica* adhibentur, ut adminicula acquirendi habitus theologici, cum sine illis nec sensus aut significatio vocum erui (quod est grammaticae), nec figurae modique loquendi expendi (quod est rhetoricae), nec connexiones et consequentiae percipi, nec discursus formari (quod est logicae) possint. — Articuli fidei mixti vocantur, qui non solum ex revelatione, verum etiam ex lumine naturae constant, qui primario et tutissime usque ad πληροφορίαν fidei e Scriptura sacra probantur, secundario et minus tuto e principiis rationis deducuntur. Sic philosophi existentiam et attributa Dei in metaphysica et pneumatica ex principiis rationis probatum eunt. — De articulis fidei puris nihil novit ratio sibi relicta, sed ad mysteria fidei caecutit et caligat. Cujus caecitatis spiritualis gentium apostolus hominem admonet, 1 Cor. 2, 14. inquiens: ‚Animalis homo non suscipit ea, quae (sunt) Spiritus Dei; stultitia enim illi sunt, et non potest scire, quia spiritualiter dijudicantur.‘ Observandum heic est genuinum apostoli argumentum. Prius a congenita intellectus humani post lapsum corruptione sumitur. Quidquid homo animalis (e verbo Dei non illuminatus) non capit, sed naturali quodam fastidio tanquam absurdum respuit, illud ex principiis rationis dijudicari nequit. Atqui mysteria divina etc. Ergo. Posterius petitur a conditione mysteriorum. Quaecunque nonnisi spiritualiter (per lumen Spiritus S.) dijudicantur, illa judicio rationis non sunt aestimanda aut decidenda. Atqui mysteria fidei etc. Ergo. — In discursibus theologicis principia philosophica velut ministerialia et ad integrandum syllogismum subservientia recte applicari posse, ostenditur sequenti discursu theologico. Quodsi veritas humanae Christi naturae contra Marcionem probanda sit, ex s. Scriptura fundamentale demonstrationis theologicae principium depromitur:

Christus habet corpus et animam humanam. Matth. 26, 27. 28. Luc. 24, 39.

Ergo Christus est verus homo.

Dicis: Probetur consequentia sive connexio antecedentis et consequentis.

Probo consequentiam adhibito rationis principio:

Quicunque habet corpus et animam humanam, ille est verus homo. Christus habet corpus et animam humanam.

Ergo Christus est verus homo.

In hoc discursu nititur veritas conclusionis theologicae propositione minori e verbo Dei revelato petita, tanquam proprio, fundamentali et primordiali demonstrandi principio. Major propositio est principium rationis absolute universale et concurrit tantum ut principium commune, secundarium et ministeriale, sponte sua affluens et superadditum ad integrandum syllogismum et ostendendam δοκιμασίαν syllogisticam." (Exam. theol. Proleg. III. q. 4. p. 68. sqq.)

QUENSTEDTIUS: „In hoc syllogismo: Verus homo habet animam et corpus; Christus est verus homo: ergo Christus habet animam et corpus, — major est rationis evidentis et necessariae; minor est Scripturae; perspicuum autem est, subjectum et praedicatum quaestionis non jungi potestate et vi majoris, sed vi minoris, in qua est conjunctio terminorum, qui partim quoad sonum ipsum etiam, partim quoad virtutem et valorem saltem iidem sunt cum terminis conclusionis. Nam tametsi homo animam et corpus habeat, Filius Dei tamen animam et corpus non habuit, antequam esse homo inciperet. Causa igitur et principium conclusionis est proprie minor, quae est Scripturae. Major autem proprie nihil est, nisi declaratio termini unius, qui in minore praedicatur, et sic instrumentum et adjumentum intelligendi minorem et deducendi conclusionem." (Th. did.-pol. P. I. c. 3. s. 2. πόρ. 2. f. 64.)

HOLLAZIUS: „Quamvis mysteria fidei non contrarientur principiis rationis, non tamen ex his judicandum est de illis. Medicina et jurisprudentia sibi non contrariantur; neque tamen medicus ex processu juris ostendit methodum curandi febrem, neque JCtus ex anatomia petit modum dirimendi lites forenses. Ars pictoria et sutoria non pugnant inter se, neque tamen sutor ultra crepidam. Ratio recta, continens se intra limites objecti sui, non contradicit mysteriis fidei; per accidens autem fit, ut ratio corrupta, sphaeram suam egressa, enormis et effrenata revelationi divinae obluctetur. (Sociniani objiciunt:) ‚Omnis discursus ultimo resolvitur in illud principium: Impossibile

est, idem simul esse et non esse, quod principium est rationis. Ut itaque ultima in id fit resolutio, ita ultimum rationi defertur judicium.'
Resp.: Principium illud duobus modis potest considerari: 1. ut sit
commune contradictionis fundamentum; 2. ut approprietur rebus divinis et ad earum naturam coarctetur. Quamvis ratio formale ferat
judicium de communi ‘contradictionis fundamento: judicium tamen
reale et normale competit sacrae Scripturae, quatenus illud contradictionis fundamentum rebus divinis appropriatur. (Sociniani objiciunt:) ,Doctores evangelici haud raro utuntur principiis rationis in
syllogismis theologicis. Ergo Socinianos abusus rationis non possunt
accusare.' Resp.: 1. Evangelici in syllogismis theologicis utuntur
principiis rationis absolute universalibus, adversarii principiis particularibus, aut saltem limitate universalibus et ad sphaeram naturae aut
entis finiti adstrictis utuntur. 2. Evangelici utuntur principiis rationis,
non ut theologiae propriis, sed multarum scientiarum communibus;
non ut ministerialibus et quasi instrumentalibus, adjumentum intelligendi et deducendi conclusionem subministrantibus; non ut primordialibus, a quibus capiendum sit demonstrandi principium, sed ut superadditis ad ostendendam δοκιμασίαν syllogisticam. Id quod non attendentes adversarii, mysteriis fidei divinitus patefactis se praefracte
opponunt. V. g., mysterium Trinitatis impugnant hoc axiomate philosophico: Quot sunt personae, tot sunt essentiae. Mysterium incarnationis adoriuntur hoc principio rationis: Omnis natura intelligens et in
essendo completa est persona. Substantialem corporis Christi praesentiam e sacramento coenae sublatum eunt hoc lemmate: Omne corpus naturale est in uno determinato loco. Quae principia rationis,
cum adstricta sint ad naturae et entium finitorum sphaeram, perperam
venditantur pro absolute universalibus, neque sine μεταβάσει εἰς ἄλλο
γένος ad res merae fidei applicantur. Est ratio non dux theologiae, sed
pedissequa. Serviat ancilla Hagar dominae, non imperet: imperium
affectans aede sacra eliminetur.“ (L. c. p. 71.)

§ 47.

In normanda doctrina fidei et morum juxta Scripturas[a] non opus est *judice* peculiari,[b] proprie et stricte
dicto, qui pro auctoritate ferat sententiam[c] ac *visibilis*[d] sit.
Ut tamen nihilominus verum et falsum recte[e] dijudicetur, *partim* necesse est, id, quod proponitur et dijudicandum venit, solicite expendere ac statum quaestionis
sincere et accurate formare,[f] *partim* etiam sententiam
cognitam ita conferre cum Scripturis, ut *vel* claris ac
disertis verbis Scripturae, *vel* per necessariam consequentiam, ex perspicuis et claris verbis Scripturae, juxta
regulas bonae interpretationis intellectis, observatis etiam
legibus bonae consequentiae, deductam,[g] constet, illam
in Scripturis revera contineri, aut non contineri, vel contineri ejus oppositum. Atque hoc quidem judicium sicut
doctoribus et ministris ecclesiae, *cum* singulis,[h] *tum* in
concilio[i] congregatis competit, ita et ab *aliis christianis*[k]
suo modo exerceri potest.

a) Seu, ut Scriptura, tanquam norma, recte applicetur ad decidendas quaestiones, quae in theologia disputantur, tanquam de rebus creditu vel factu necessariis.

b) Nostrates enim, qui *Scripturam* dixerunt esse *judicem* controversiarum fidei, judicis voce usi sunt in significatione *impropria*, pro ratione judicandi, seu pro norma, juxta quam sententia sit ferenda, prout alias insolens non est, legem pro judice accipi. Conf. b. D. *Seb. Niemanni* Disp. pro loco in Fac. Theol. de Jud. Controv. fid. V. sqq. ad XII.

QUENSTEDTIUS: ,,In stricta significatione s. Scriptura judex dici nequit, sed Spiritus S. est supremus judex in controversiis fidei; s. Scriptura vero est vox supremi judicis, qua partibus litigantibus illius de re controversa sententia exponitur. Nihil tamen prohibet, quominus Scriptura latius loquendo dicatur judex, cum idem sit hoc loco, sive dicas: Spiritus S. in Scriptura et per Scripturam loquens est supremus judex, — sive dicas: Scriptura est supremus judex, quia Spiritus S. judicium suum non pronunciat immediate, sed per verbum sive per s. Scripturam; quo sensu dixit Aristoteles V. Nicom. c. 4.: ,Adire ad judicem, est adire ad jus. Judex enim nihil videtur aliud esse, quam jus animatum.'" (Theol. did.-pol. P. I. c. 4. s. 2. q. 15. fol. 215.)

IDEM: ,,Objiciunt pontificii: Quando de ipsa Scriptura controversiae moventur, illarum non posse esse judicem s. Scripturam, cum nemo judex esse possit sui ipsius et in propria causa, juxta illud Valentis, Gratiani et Valentiniani impp. rescriptum: ,Omnibus in re propria dicendi testimonii facultatem jura submoverunt.' L. Omnibus. 10. c. de testibus. — Resp.: In foro quidem civili nemo potest actoris, rei et judicis partes sustinere. At in judicio divino Deus accusat per legem, ipse testis et judex est idoneus. Christus ait Joh. 8, 18.: ,Ego is sum, qui testor de me ipso.' Dixerat autem v. 14.: ,Etiamsi ego testor de me ipso, idoneum est testimonium meum.' 2. Quando de ipsa Scriptura controversiae moventur, v. g. de ejus auctoritate, canone aut interpretatione, vel res nobis est cum infidelibus extra ecclesiam, vel cum illis, qui sunt in ecclesia; si quis infidelis praefracte negat, Scripturam esse verbum Dei: certum est, hujus controversiae Scripturam non posse esse idoneum judicem aut normam, quia ex principiis utrique partium communibus omnis institui debet disputatio; siquidem ut philosophi docent: In principio aliquo convenire necesse est, qui in conclusione convenire volunt. At talis disceptatio non est de aliquo dogmate fidei, sed de ipso fidei principio, quod tanquam verum, notum, primum, immutabile et indemonstrabile supponimus in nostra hac assertione adeoque infideles non libro Scripturae, sed naturae sunt convincendi et certis motivis extrinsece primum deducendi ad s. Scripturam. Si cum illo, qui est in ecclesia, de auctoritate Scripturae disceptatur, is ex ipsa Scriptura convinci debet, haecque controversia ex Scriptura dijudicari potest, modo status controversiae recte ponatur. Idem dicendum de canone, scl. non tam esse dogma fidei, quam principium fidei, quod necessario praesupponitur in dogmatis fidei eruendis. Etiam in controversiis de interpretatione Scripturae ipsa frui debet officio normae ac regulae. Nam metaphrasticam interpretationem ad originalem textum exigendam esse, extra dubium est. Interpretationis autem exegeticae ipsam Scripturam esse normam, patet ex eo, quod eodem Spiritu interpretanda est, quo primum fuit dictata. Supponitur insuper falsum, Scripturam institui judicem sui ipsius. Sufficit, si sit nostri judex et fidei normae nostrae, nec enim Scriptura opus habet judice, sed nos." (L. c. f. 223.)

IDEM: ,,Non est Scriptura ad auditionem causarum surda, aut ad proprie dictam sententiae dictionem muta. Non surda; causam enim

quodammodo cognoscit, ut patet ex Joh. 7, 51. Non muta (nisi in papatu, ubi prohibetur lingua nota loqui); loquitur enim, clamat, dicit,
docet, Marc. 15, 28. Joh. 19, 24. Rom. 3, 19. 4, 3. 9, 27. Cicero quidem lib. 3. de legibus appellat legem ‚magistratum mutum‘, magistratum autem ‚legem loquentem‘; quo sensu idem dici poterit de Scriptura
et pastoribus; uti enim magistratus, si secundum legem loquantur,
sunt lex loquens, sic etiam pastores, quando ex Scriptura loquuntur,
erunt Scriptura loquens. Edicta autem principum ipsaque s. Scriptura
muta dici possunt, donec praeconis voce innotescant, vel per lectionem
cuique sensus suos exponant. Praeco autem neque judex est edicto-
rum neque eorum interpres, nedum summus.“ (L. c. f. 224.)

IDEM: ‚‚*Dist.* inter judicium fori seu politicum, et judicium poli
seu ecclesiasticum. Non sunt exigendae rationes ecclesiae ad ordinationem reipublicae politicae. Aliud est ecclesiasticum ministerium, et
aliud politicum regimen et magisterium. Est ecclesia regnum Christi
invisibile et spirituale, Joh. 18, 36., in quo res geritur non corporalibus,
sed spiritualibus armis, 2 Cor. 10, 3. sq. In foro politico absurdum
est, si quis simul velit esse accusator, judex et testis, sed in Deo ejusque verbo haec omnia concurrunt.“ (L. c. f. 235.)

IDEM: ‚‚*Dist.* inter regimen V. T. politicum et regimen N. T.
ecclesiasticum; ab illo ad hoc n. v. c.; disparis enim regni dispar quoque est regimen. Non ergo sequitur: In V. T. unus fuit visibilis judex
politicus supremus: ergo et in N. T. debet esse unus ecclesiasticus.
Diversa est ratio regni seu populi Judaici in V. et christianorum in
N. T. In V. T. regimen erat sacerdotale, in N. T. est regale sacer-
dotium, 1 Pet. 2, 9.“ (L. c. f. 237.)

IDEM: ‚‚Fallunt pontificii perpetuo paralogismo ab ignoratione
elenchi, quia, quae de judiciis humanis in causis et litibus hujus saeculi dicuntur, accommodant ad judicia divina in causa fidei. Et quae
de judicibus inferioribus dicuntur, transferunt ad judicem supremum;
ast 1. judicis inferioris est, utriusque controvertentium partis rationes
et fundamenta inspicere, examinare et cognoscere. Quia enim ejus
munus est, secundum leges pronunciare, ideo opus habet investigatione,
ut inspectis fundamentis, litigantium utri parti faveant leges, disquirat.
Judex supremus, quaestione nude proposita citra disquisitionem illico
respondere potest vel affirmative vel negative, ut rationes partium
examinandas non suscipiat, cum penes ipsum sit ratio summa.
2. Scriptura s. proprie loquendo non inspicit quidem rationes et fundamenta controvertentium, sed nec ipsa proprie est judex, sed potius
vox judicis, judex vero est ipse Spiritus S., qui infallibiliter per ipsam
loquitur, qui vero rationes utriusque controvertentium partium adeo
non ignorat, ut vel ab aeterno perspectissimas habeat. Quodsi igitur
maxime propositio esset vera de judice ex hominibus assumpto, qui in
rerum ignoratione versatur, Spiritum S. tamen, quem nihil uspiam
latet, aut praeterit, nihil attingit. Adde 3., quod, ubi partes ita audi-
untur a judice, agatur de facto, non de jure.“ (L. c. f. 225. sq.)

ANTITHESIS:

PIUS IX.: ‚‚Nos traditione a fidei christianae exordio perceptae
fideliter inhaerendo, ad Dei Salvatoris nostri gloriam, religionis catholicae exaltationem et christianorum populorum salutem, sacro appro-
bante concilio, docemus et divinitus revelatum dogma esse definimus:
Romanum pontificem, cum ex cathedra loquitur, id est, cum omnium
christianorum pastoris et doctoris munere fungens pro suprema sua
apostolica auctoritate doctrinam de fide vel moribus ab universa ecclesia tenenda definit, per assistentiam divinam, ipsi in beato Petro promissam, ea infallibilitate pollere, qua divinus Redemptor ecclesiam
suam in definienda doctrina de fide vel moribus instructam esse voluit;
ideoque ejusmodi Romani pontificis definitiones ex sese, non autem ex

consensu ecclesiae, irreformabiles esse." (Constitutio dogmatica prima de eccles. Christi ed. in sess. 4. concilii Vaticani 1870, quae incipit: „Pastor aeternus.")

c) Quem alias judicem *auctoritativum*, item *decisivum, absolutum, principalem* appellant, nempe quod vi auctoritatis, qua pollet, litigantes obligare possit, ut in lata a se sententia citra ulteriorem inquisitionem aut haesitationem acquiescant. Vid. l. c. § 18., b. *Gerh.* Exeg. L. I. § 452.

d) Alias enim fatentur nostri, *Spiritum Sanctum* inprimis in his, quae claris et expressis verbis continentur in Scriptura, suo modo autem etiam quoad ea, quae per consequentiam ex Scripturis deducuntur, esse *judicem* controversiarum, eumque *auctoritativum.* B. *Niemann.* l. c. § 20. sqq. Scilicet quamvis vi externa non cogat homines in sua decisione acquiescere, quoad λόγον τὸν ἔξω, seu ne quid actu externo obloquantur; tamen, quando aperta est sententia Scripturae, tanquam vocis divinae, certum est, animos hominum, quoad λόγον τὸν ἔσω convinci, ut, nisi reclamante conscientia, nihil excipere possint.

e) Possent sane controversiae, quae ipsa fidei et morum dogmata, definitu scituque necessaria, attinent, omnes hac ratione dijudicari et finiri, modo exorta controvertendi occasione mentes pias, veritatis amantes atque eruditas afferrent, qui disputaturi sunt. Sic enim, sepositis praejudiciis studioque partium et pravis affectibus, argumentis vero utriusque partis ad Scripturae normam expensis, facile appareret, quaenam vera, quae falsa sententia sit, propter ipsam Scripturae, de his ex instituto agentis, perspicuitatem. Quod autem caeteras quaestiones attinet, quae salva fide in utramque partem disputari possunt, harum dijudicatio et finis non aeque postulari aut expectari debet.

f) Quo pertinet, ut ambiguitates vocabulorum et phrasium diligenter evolvantur et concessa seu indubitata a dubiis et controversis secernantur ac removeantur, id vero, de quo superest quaestio, terminis et phrasibus propriis maximeque congruis exprimatur.

g) Unde hic recurrunt, quae supra de interpretatione Scripturae et deducendis conclusionibus diximus § 44. sqq.

h) Eorum enim est, *recte secare* (ὀρθοτομεῖν) *sermonem veritatis,* 2 *Tim. 2, 15.*, *et profanas vocum inanitates, stultas et ineruditas quaestiones rejicere*, v. 16. 23., esse instructos non solum ad *doctrinam*, sed etiam ad *redargutionem* (ἔλεγχον), 2 *Tim. 3, 16. 17.*, ut possint *contradicentes convincere* (τοὺς ἀντιλέγοντας ἐλέγχειν), *Tit. 1, 9.*, *os obturare illis* (ἐπιστομίζειν αὐτούς), v. 11.

i) Imo judicium plurium in *synodo* congregatorum, si docti ac pii sint, non sine causa praefertur judicio *unius* aut *alterius, seorsim* ferentis sententiam. Ac si haberi posset concilium *universale*, omnium omnino christianorum concordia suffragia exhibens, valeret utique plurimum. Interim qualia habemus concilia, sicut infallibilitatis privilegium non habent, ita aeque ac singuli doctores judicium *discretionis*, non auctoritativae *decisionis* largiuntur. Non enim intellectum ad assentiendum et acquiescendum in suis decisionibus obligare possunt, nisi decisionum suarum cum Scripturis convenientiam demonstraverint.

HUELSEMANNUS: „Subjectum immediatum, cui delegata est a
Spiritu S. auctoritas judicandi de rebus fidei, seu, quod idem est, exponendi sententiam a Sp. S. in Scripturis jam latam, per verba aequi-
pollentia seu homogenea verbis Spiritus S. vel Scripturarum, et cui
promissa est infallibilitas, sic judicandi, non sunt soli doctores ecclesiae, sive in, sive extra concilium, neque sunt christiani seorsim spectati, minime omnium autem unus doctor, sive Romanus, sive Antiochenus, sive quicunque alius episcopus. Quae propositio probanda
est ex omnibus illis dictis et definitione subjecti, de quo loquuntur
omnia illa dicta, quibus fit promissio infallibilitatis et datur facultas
publicandi et exponendi Sp. S. sententiam. Falsissimum est enim,
ullum ex omnibus illis dictis habere pro subjecto $\check{\phi}$ promissionis vel
unum doctorem, vel solos doctores simul sumtos, sed habet pro
objecto totum coetum fidelium complectentem oves cum pastoribus,
Matth. 16, 18. 18, 20. Eph. 4, 11—13. Joh. 14, 16. 1 Tim. 3, 16. locisque
aliis." (Praelect. in F. C. p. 211. sq.)

k) Si enim adminiculis ad Scripturas sacras explicandas et controversias theologicas tractandas necessariis instructi sint, possunt satis
accurate dijudicare controversias. Simplicioribus vero sufficit, si ex
claris Scripturae dictis de his, quae scitu necessaria sunt, informati ea
omnia, quae ab illis discrepant, sibi cavenda esse meminerint; quamvis accuratiori examini controversiarum ipsi non sufficiant. Nam et
alias observandum est monitum *Philippi Mel.* in Resp. ad Art. Bavar.
Tom. I. Opp. p. 370.: *Sit ea modestia ingeniorum, ut honestas sententias,
et quidem divinitus traditas, modeste retineant, etiamsi non omnes praestigias,
quae contra struuntur, destruere possint.* Conf. b. *Chemn.* P. III. LL.
p. 82. et de Fundam. SS. Coenae c. X. p. 160.

LUTHERUS: „Ueber der Lehre zu erkennen und zu richten, gehöret
vor alle und jede Christen, und zwar so, dass der verflucht ist, der
solches Recht um ein Härlein kränket. Denn Christus selbst hat
solches Recht in unüberwindlichen und vielen Sprüchen angeordnet,
z. B. Matth. 7.: ‚Sehet euch für vor den falschen Propheten, die in
Schafskleidern zu euch kommen.‘ Dies Wort sagt er je gewiss wider
die Lehrer zum *Volk* und gebeut ihm, dass es ihre falsche Lehre meiden
solle. Wie können sie aber dieselben *meiden*, ohne sie zu *erkennen?*
und wie erkennen, wo sie nicht Macht haben, zu *urtheilen?* Nun aber
giebt er ihnen nicht allein *Macht* zu urtheilen, sondern *gebeut* es ihnen
auch; dass diese einzige Stelle genug sein kann wider aller Päbste,
aller Väter, aller Concilien, aller Schulen Sprüche, die das Recht zu
urtheilen und zu schliessen blos den Bischöfen und Geistlichen zu-
gesprochen, dem Volk aber, das ist, der Kirche, der Königin, es gott-
loser und kirchenräuberischer Weise geraubet haben... Wie ein jeder
auf seine Gefahr recht oder falsch glaubet, so hat auch ein jeder billig
dahin zu sorgen, dass er *recht* glaube; dass auch der gemeine
Menschenverstand und die Nothwendigkeit der Seligkeit es giebt, dass
das Urtheil über die Lehre nothwendig bei dem Zuhörer sein müsse...
(Es) ist wohl nicht zu leugnen, dass dieses geraubten Rechts Tyrannei
wohl über tausend Jahr gewährt habe. Denn schon im nicänischen
Concilio, welches doch noch das beste war, fingen sie schon an, Gesetze zu machen und sich solches Recht anzumassen. Und von der
Zeit an ist es bisher so eingerissen, dass nichts gänger noch fester ist,
weil es mit der Menge der Leute und langem Brauch bewiesen werden
kann, als dieses Recht; so dass heutiges Tages niemand leicht ist, der
es nicht für heilsam, gerecht und göttlich halte. Aber hier siehest du,
dass es lauter Kirchenraub und Gottlosigkeit sei wider die offenbarste
und unüberwindlichste Schrift Gottes." (Wider König Heinrichen in
England. 1522. XIX, 424. sqq.)

IDEM: ,,Alle Warnung, die St. Paulus thut Röm. 16, 17. 18. 1 Cor. 10, 15. Gal. 3, 4. 5. Col. 2, 8. und allenthalben, item aller Propheten Sprüche, da sie lehren, Menschenlehre zu meiden, die thun nichts Anderes, denn dass sie das Recht und Macht, alle Lehre zu urtheilen, von den Lehrern nehmen und mit ernstlichem Gebot bei der Seelen Verlust den Zuhörern auflegen; also, dass sie nicht allein Recht und Macht haben, alles, was gepredigt wird, zu urtheilen, sondern sind schuldig, zu urtheilen, bei göttlicher Majestät Ungnaden.'' (Grund und Ursach aus der Schrift, dass eine christliche Versammlung oder Gemeine Recht und Macht habe, alle Lehre zu urtheilen. 1523. X, 1799. sq.)

GERHARDUS: ,,Regerit Bellarminus: ,Populus cum sit rudis, non potest aliter judicare de doctrina pastoris, quam ex collatione cum doctrina praedecessorum et ordinariorum pastorum.' Resp.: Hoc falsum esse, ostendit exemplum Beroënsium, qui quotidie scrutabantur scripturas, sedulo inquirentes, an haec ita se haberent, quae a Paulo et Barnaba proferebantur, Act. 17, 11.; regulam judicii statuebant non doctrinam ordinariorum pastorum, sed Scripturas sacras, quo nomine a Spiritu Sancto commendantur. Ruditas illa populi, de qua Bellarminus loquitur, in papatu originem ducit ex prohibitione legendi Scripturam sacram, pro quo sacrilegio gravem olim reddent rationem illius auctores. Invertimus autem Bellarmini argumentum: Si ruditas populi non obstat, quominus possit doctrinam pastorum conferre cum doctrina praedecessorum vel ordinariorum pastorum, utique etiam non obstabit, quominus doctrinam pastorum conferre possit cum doctrina Christi, prophetarum et apostolorum, in scripturis proposita, et juxta hanc normam verum prophetam a falso discernere. Sed verum prius; ergo et posterius. Connexio majoris probatur, quia Christus, prophetae et apostoli tam perspicue docere possunt et vere etiam tam perspicue docuerunt, quam ordinarii pastores. Cum Christus, prophetae et apostoli docendi ministerio in his terris fungerentur, non eruditis solum, sed etiam rudi populo praedicarunt, atque eo quidem modo, ut doctrinam ipsorum intelligere possent; quomodo igitur scripta prophetarum et apostolorum adeo essent obscura et perplexa, ut ex illis de doctrina rudis populus judicare omnino nequeat? Certe non alia, sed eadem scripserunt prophetae et apostoli, quae viva voce praedicarunt. — ,At', inquit Bellarminus, ,si populus per se posset judicare de doctrina pastoris, non egeret praedicatoribus.' Resp.: Quae vero in hac illatione συνάφεια? Utrumque a Deo mandatum: ut scilicet populus judicet de doctrina pastoris, quod ipse Bellarminus antea disertis verbis illi concessit, et ut nihilominus sint certi et ordinarii in ecclesia ministri, ,non enim omnes doctores', 1 Cor. 12, 29. Eph. 4, 11. Aliud est, inquirere in veritatem doctrinae et haereses ab orthodoxia, pseudoprophetas a veris doctoribus discernere, quae vocatio *generalis* est, ad omnes christianos pertinens; aliud, publice in ecclesia docere, quae est vocatio *specialis*. Ex ovibus non facimus pastores, sed jubemus, ut sint ac maneant oves; interim nolumus eas esse brutas oves, quae non possint nec debeant discernere inter pastores et lupos. Pontificii ex auditoribus suis faciunt brutas oves, quae sine ulla discretione sequantur pastorem, si vel maxime ad noxia deducat pascua vel etiam in lupum vertatur; faciunt ex auditoribus psittacos a nutu praelatorum pendentes, ex praelatis angelos, qui plane sint infallibiles et ἀνυπεύθυνοι. . . . Ratio, quam Bellarminus addit, est plane antichristiana: ,Cum pastor ordinarius (inquit) et aliquis alius, qui praedicat, non vocatus, contraria docent, debet omnino populus pastorem suum potius sequi, quam illum alterum, qui non est pastor, etiamsi forte contingeret, ut pastor erraret.' At falsum est, quod pastorem ordinarium etiam errantem populus sequi debeat; hoc enim nihil aliud est, quam jubere, ut oves etiam ad noxia pascua suum sequantur pastorem, ut tenebras christiani praeferant luci, errores veritati, humanas constitutiones divinae auctoritati. Subjicit quidem Bellarminus, ,non esse credibile,

Deum esse permissurum, ut ordinarius pastor ita erret, ut decipiat simplicem populum'; sed frustra disputatur, an fieri possit, de quo manifeste constat, quod factum sit; ordinarios pastores saepius errasse et simplicem populum decepisse, absque insigni impudentia negari nequit; hic ergo urgemus Bellarminum et quaerimus, an ordinarios pastores etiam errantes populus sequi debeat? si adfirmate responderet, manifestum faciet, se operam venalem locasse ei, qui in ,Si papa' dist. 40. sic rugit: ,Si papa, suae et fraternae salutis immemor, negligens deprehenditur, inutilis et remissus in operibus suis, et insuper a bono taciturnus, quod magis officit sibi, et nihilominus omnibus, innumerabiles populos catervatim secum ducat, primo mancipio gehennae, cum ipso plagis multis in aeternum vapulaturos: hujus culpas istic redarguere praesumat mortalium nullus; quia cunctos ipse judicaturus a nemine est judicandus.' " (Loc. de minist. eccl. § 88.)

§ 48.

Definiri[a] potest Scriptura s., quod sit Scriptura,[b] Deo[c] inspirante,[d] per prophetas et apostolos[e] partim Ebraeo, partim Graeco idiomate[f] consignata, hominem peccatorem[g] de omnibus, quae creditu ac factu necessaria sunt,[h] instruens, ut fidem[i] in Christum consequatur, Deoque reconciliatus, sancte vivat, ac tandem[k] vitam aeternam Dei beneficio consequatur.

a) Conf. b. *Mus.* Introd. P. II. Cap. II. § 24. p. 278.

b) Vid. supra § 2. not. *a.* p. 92. Nec difficile est cognoscere, conceptum Scripturae *genericum* in hoc recte constitui, quod sacrae Scripturae et scripturis aliis commune est. Quod si *verbum Dei* generis loco substituere placeat, intelligendum certe erit verbum *externum* et *signum verbale.* Vid. b. *Mus.* l. c. p. 279. 281.

c) Quae hic et porro dicuntur, ad *differentiam specificam* pertinent, a causis Scripturae desumtam; ex quibus primum occurrit causa *efficiens principalis*, Deus. Vid. supra § 3.

d) Ita indicatur partim *causalitas* causae efficientis principalis, partim *formalis* causa Scripturae. Vid. § 4. et § 8.

e) Qui sunt causa *efficiens minus principalis.* Vid. § 6.

f) Pertinent ad *materiam ex qua*, sive ad materiale Scripturae. Vid. § 7.

g) Qui est *finis cui* Scripturae. Vid. § 10.

h) Sunt haec *objectum* primarium Scripturae. Vid. § 9.

i) Qui est *finis cujus intermedius.* Vid. § 11.

k) Qui est *finis ultimus.* Vid. l. c.

CONSPECTUS VOLUMINIS PRIMI.

JOH. GUILIELMI BAIERI

COMPENDIUM

THEOLOGIAE POSITIVAE,

ADJECTIS NOTIS AMPLIORIBUS,

QUIBUS

DOCTRINA ORTHODOXA AD ΠΑΙΔΕΙΑΝ ACADEMICAM EXPLICATUR
ATQUE EX SCRIPTURA S. EIQUE INNIXIS RATIONIBUS THEO-
LOGICIS CONFIRMATUR,

DENUO EDENDUM CURAVIT

CAROL. FERD. GUIL. WALTHER,

SS. THEOLOGIAE DOCTOR ET PROFESSOR.

EDITIO AUCTIOR ET EMENDATIOR.

VOL. II.

PARS PRIMA ET SECUNDA.

IN URBE SANCTI LUDOVICI
EX OFFICINA SYNODI MISSOURIENSIS LUTHERANAE.
(Luth. Concordia-Verlag.)
MDCCCLXXIX.

THEOLOGIAE POSITIVAE

PARTIS PRIMAE

Caput I.

DE DEO.

§ 1.

Dei[a] nomine[b] vulgo intelligimus ens omnium[c] excellentissimum, quo nihil melius esse vel cogitari potest; vel ens primum, quod a se et caeterorum entium omnium causa est, atque omnia conservat et gubernat.[d]

> QUENSTEDTIUS: „Definitio naturalis Dei cognitionis haec est: Notitia Dei naturalis est, qua, esse aliquod supremum Numen, idemque totum hoc universum et res omnes a se conditas sapientia et potentia sua gubernare, ex lumine naturae nobis innotescit." (Theol. did.-pol. P. I. c. 6. s. 1. th. 10. f. 366.)

a) Quod de Deo primum in theologia agendum sit, patet ex Proleg. Cap. I. § 3. not. c. p. 7. 8. collat. cum § 17. p. 38. et § 39. p. 76.

> GERHARDUS: „Cum *Scriptura sacra* sit unicum et proprium theologiae principium, ideo ab ea merito initium facimus. Quidam ab articulo de Deo explicationem locorum theolog. inchoandam censent, cum ipse sit principium essendi et ipsius Scripturae s. auctor; sed in disciplinarum tractatione non tam ad *essendi*, quam *cognoscendi* principium, nec tam ad rei dignitatem, quam tradendi et percipiendi facilitatem respectus habetur." (Exeges. l. I. § 1.)

b) *Proprie* videlicet accepto. Nam alias *Dei* vox *improprie* accipitur, quando transfertur ad creaturas caeteris excellentiores, v. g. *angelos* et *magistratus*, quin etiam ad *idola* gentilium, quae ex falsa hominum opinione habentur pro diis. Vid. not. *a.* ad § seq. 3.

> QUENSTEDTIUS: „An etiam ullibi in Scripturis tribuatur *ministris ecclesiae* sive sacerdotibus (nomen Dei), dubitatur. Pro affirmativa quidam adducunt verba Exod. 4, 16.: ‚Tu (Moses) eris ei (Aaroni) לֵאלֹהִים, pro Deo.' Ex quo loco probare conantur, sacerdotes etiam vocari אֱלֹהִים in s. S., quia Moses fuerit sacerdos. Ast Moses duplicem sustinuit personam sive duplex officium, politicum et ecclesiasticum; non ratione hujus, sed ratione illius vocatur Elohim, h. e., uti Aaron futurus erat Mosis interpres, sic Moses futurus erat judex et princeps Aaronis." (L. c. c. 7. s. 1. th. 10. f. 388.)

c) Nempe per experientiam constat, homines viatores omnes **Deum** non aliter concipere, quam in ordine ad res creatas. Vid. b. *Mus.* Introd. Cap. II. § 12. num. II. p. 76.

d) Quo pertinet, quod homines, inprimis in calamitatibus, **ad Deum** confugiunt, quodque *Optimum, Maximum* vulgo nominant, conf. *Senecam,* de Benef. cap. VI. et VII.; quodque nunc, ut *judicem,* inter se aliosque compellant; nunc, male sibi conscii, metuunt, velut sanctissimum ac potentissimum.

§ 2.

Inter nomina Dei, quae plura[a] in Scripturis V. T. occurrunt, eminet illud[b] יהוה, tanquam essentiale[c] et incommunicabile.[d]

a) Solent numerari *decem.* Ex quibus eminent *quatuor:* אל, אלהים, יהוה et ארני. Vid. *Hieronymus* Epist. CXXXVI. ad Marcellinum, et b. *Gerh.* P. I. LL. de Nat. Dei. § 21.

> GERHARDUS: „Hieronymus in epist. ad Marcellum tom. 3. p. 95. decem collegit Dei nomina: 1. אל. 2. אלהים. 3. א־הי. 4. צבאות. 5. עליון, 6. אשר אהיה. 7. ארני. 8. יה. 9. יהוה. 10. שרי... Nomen Jehovah (pro quo interdum in Scripturis legitur Jehovih, Gen. 15, 2. etc.) usitate dici solet τετραγράμματον, quia quatuor integrantibus constat literis... Hebraei scribunt, hoc nomen esse ἀνεκφώνητον, cujus causam reddit Galatinus lib. II. c. 1., quia denotat essentiam Dei ineffabilem... Nec hoc praetereundum, quod quidam colligunt, hoc esse nomen Dei proprium, quia ' apud Hebraeos inservit formationi nominum propriorum. Sic ab עקב Jacob, a צחק Isaac etc... Illud arbitrantur subtilius, vel potius coactum esse, quod quidam scribunt, per ' in hoc nomine denotari personam Patris, per ה Filium, per ו Spiritum S., qui a Patre et Filio procedit, per alteram ה naturam humanam Filii, quae in λόγου assumpta et sic in sanctissimae Trinitatis consortium (propter unionem personalem cum λόγῳ) est evecta, ut loquitur Ambrosius de resurrectione." (L. de nat. Dei § 21.)

b) Quod deductum putatur ex illo *Exodi 3, 14.:* אהיה אשר אהיה. *Sum (ero), qui sum (ero).* Quamvis enim a verbo היה vel הוה et futuro אהיה deducatur, non tamen ideo est ipsa tertia persona futuri, יִהְיֶה aut יְהֶוֶה *erit,* quod Deus loquens ad Mosen enuntiarit in prima persona, אֶהְיֶה *Ero.* Nam et nomen in grammaticis a verbo distinguitur, et puncta nominis Jehovah, quibus in Scripturis exprimitur, non sunt verbi puncta, sed nomini propria. Unde rectius dicitur, idem esse יְהוָֹה, quod apud *Johannem* in Apocal. c. 1, 4. enuntiatur: ὁ ὤν, καὶ ὁ ἦν, καὶ ὁ ἐρχόμενος; ut non praecise sub ratione *futuri* cujusdam exprimatur hoc nomine Deus, aut Messias, sed denotetur ens omnibus differentiis temporum superius: Ens, inquam, quod perfectissimo modo existit. Unde *Plato* pariter et *Philo* τοῦ ὄντος nomen simplex retinent, quod et *Damascenus* usurpat. *Junio* dicitur αὐτοών; *Scaligero* αὐταυτός; b. *Walthero* αὐταυτότατος.

c) Denotat enim essentiam non qualemcunque, sed κατ' ἐξοχήν; seu quod Deus tale ens sit, quale aliud nullum sit, aut esse possit; ens, quod non potest non esse.

d) Sane 1) in universa Scriptura nullus occurrit locus, in quo creaturae alicui nomen יהוה in casu recto tributum reperiatur. Et quando angelus apparens nomen hoc sibi vindicat, non tamen intelligendum esse creatum angelum, sed increatum, seu Filium Dei, contextus ostendit, v. g. *Exod. 3, 14.* Imo vero 2) Deus ipse nomen istud sibi *soli* vindicat, *Exod. 3, 14. Num. 6, 24. 25. 26. Esaiae 42, 8.* Et 3) alias Scriptura Deo illud tanquam *proprium* tribuit, *Exod. 15, 3. Es. 48, 2. 54, 5.* Addit etiam 4) quandoque voculam *exclusivam, Ps. 83, 19. Es. 37, 20.* Quibus accedit 5), quod nomini isti omnes *notae nominis proprii* conveniunt, v. g. *quod* caret numero plurali, *quod* non admittit ה demonstrativum, *quod* nulla admittit suffixa, *quod* nunquam ponitur in regimine. Atque ita docuit b. *Musaeus* in Coll. MSto contra Socinian. Disp. III. Q. II. Itemque in Coll. MSto Qu. Illustr. (quarum priores, de Syncret. et Scriptura s., typis editae extant), ad L. de Deo Q. II.

QUENSTEDTIUS: „Nomen Jehovah uni soli Deo proprium est et incommunicabile tum grammatice, tum logice. Sensu grammatico, cum requisita nominis proprii eidem ex asse conveniant; sensu vero logico, quia cum Dei nomen sit, ita Deo proprium est, ut nulli alii extra Deum competat. Quia nomen Jehovah soli Deo proprium et nulli creaturae communicabile, *hinc* recte secundae et tertiae SS. Trinitatis personae, h. e., Filii et Spiritus S. deitatem contra haereticos asserimus." (L. c. c. 7. s. 2. q. 1. f. 391. sq.)

IDEM: „Loca illa, in quibus Jehovah *Deus deorum* dicitur, non habent vocem Θεοῦ, sed nomen Elohim, v. g. El Elohim, Ps. 50, 1., quod nonnulli explicant Deus fortis; alii per appositionem, ut duo conjuncta censeantur Dei nomina; alii per constructionem Elohei Elohim, Deus deorum, ut Deut. 10, 17., ubi tamen utraque vox non sumitur proprie, et quidem prior eminenti et posterior sequiori significatione, ut vult Socinus (statuens, denotari eminentiam, ut in illo: Canticum canticorum, ens entium, i. e., eminentissimum); sed *prior* vox Elohim sumitur *proprie, altera improprie.* Per posterius enim Elohim vel ἀντιφραστικῶς intelliguntur dii gentium, vel μεταφορικῶς dii nuncupativi, scl. magistratus, judices." (L. c. c. 7. s. 2. q. 3. f. 407.)

LUTHERUS: „Erstlich, lass ich das fahren von den zehen Namen, als das nicht neu, sondern auch St. Hieronymus in epistola ad Marcellum anzeucht, da er sie zählet also, El, Elohim, Elohe, Zebaoth, Eljon, Ehje, Adonai, Ja, Jehovah, Schadai. Andere machens anders; ich halte nichts davon. Es sind wohl mehr Gottes Namen in der Schrift denn diese, als, Ab, Bore, Or, Chai etc. Vater, Schöpfer, Licht, Leben, Heil, und dergleichen. Und was kann guts heissen oder sein, das nicht Gott zuvoraus zugeeignet werden muss, als ders in ihm selber hat, wie Christus spricht: Gott ist allein gut; wir aber von ihm alles empfangen, was wir sind und haben. Aber jetzt wollen wir den einen Namen, Jehova genannt, handeln, mit welchem der Teufel und Jüden viel Zauberei und allerlei Missbrauch und Abgötterei treiben. Dieser Name Jehova, nach der Grammatica, kommt her von dem Wort Haja, oder Hava, das heisst lateinisch, fuit, in praeterito, esse; deutsch, wesen oder sein; und das 1. kann sein nota nominis verbalis, wie Josaphat, Jesaias, Jeremias, und viel andere Namen, und ist so viel, als im Lateinischen ens, im Griechischen on. Wir Deutschen müssen sprechen, *er ists,* und wird also Trigrammaton im Latein, Dygrammaton im Griechischen, Hexagrammaton im Deutschen, oder wollen wir schlecht IST nehmen, so ists auch Trigrammaton. Dass sie nun vorgeben, der Name Jehovah solle unaussprechlich sein, wissen sie nicht, was sie lallen; meinen sie die Buchstaben, so kanns nicht wahr sein, denn er heisst Jehova. Und so er kann mit Federn und Tinten geschrieben werden, warum sollte er nicht auch mit dem Munde, der viel besser denn Federn und Tinten ist, genennet werden? Oder warum heissen sie ihn nicht auch unschreiblich, unleserlich, undenkerlich? Summa, es ist faul Ding. Thun sie es aber von Ehren wegen, so sollten sie es auch in allen andern Namen thun, und dieselben auch unaussprechlich sein lassen. Denn es heisst: Du sollt Gottes Namen nicht miss-brauchen; darum ist das auch faul. So saget die Schrift nirgend, dass einiger Gottes Name soll unaussprechlich sein, sonst wären die alle unschuldig, so Gottes Namen missbrauchen, weil sie sagen möch-ten, sie hätten seinen Namen nicht können nennen, schweige denn missbrauchen. Das sagt sie wohl, Gottes Wesen, Gewalt, Weisheit, Güte, und was man mehr von Gott sagen kann, sei unaussprechlich, unmesslich, unendlich, unbegreiflich etc., dass nicht die Buchstaben oder Sylben, sondern dasjenige, so damit bedeutet wird, unaussprech-lich sei. Ja, so müsste man vom unaussprechlichen Namen Gottes reden. Denn er hat sein Wesen von niemand, hat auch keinen Anfang noch Ende, sondern ist von Ewigkeit her, in und von sich selbst, dass also sein Wesen nicht kann heissen, gewest, oder werden, denn er hat nie angefangen, kann auch nicht anfahen zu werden, hat auch nicht aufgehört, kann auch nicht aufhören zu sein; sondern es heisst mit ihm eitel Ist, oder Wesen, das ist, Jehova. 2 Mos. 3, 24. Da die Creatur geschaffen ward, da IST schon sein Wesen, und was noch werden soll, da IST er bereitan mit seinem Wesen. Auf diese Weise redet Christus von seiner Gottheit, Joh. 8, 58.: Ehe denn Abraham ward, bin ich; spricht nicht: Da war ich, als wäre er hernach nicht mehr; sondern: Ich bin, das ist, mein Wesen ist ewig, ist nicht gewest, wird nicht werden, sondern ist ein eitel IST. Darum, wie sein Ist, Bin, oder Wesen unbegreiflich ist, so ists auch unaussprechlich; denn keine Creatur kann begreifen das, so ewig ist. Daher die Engel ewig selig sind, denn sie können sich des ewigen Wesens Gottes nicht satt sehen und freuen, noch begreifen; und wo es zu begreifen wäre, so könnte es nicht ewig sein, müsste selbst auch ein Ende oder Anfang haben, und könnte niemand ein Wesen geben noch erhalten, weil es selbst ungewiss seines Wesens wäre. Weiter, ist seine Weisheit, Macht, Güte etc. auch ewig und unbegreiflich, weil es nichts anders, denn sein göttliches Wesen selbst sein muss. Zum dritten, das wohl höher ist, dass im göttlichen Wesen ist Gott Vater, Sohn, Heiliger Geist, drei Personen in einigem, ewigen, unbegreiflichen Wesen. Ja, solches alles von Gott sagen, das möcht ein unbegreiflicher, un-aussprechlicher Namen heissen? Wer will ein solch wunderlich Wesen nennen, ausdenken, aussprechen, ausschreiben? Auf die Weise werden vielleicht die Alten den Namen Jehova unaussprechlich genennet haben, weil er Gottes, nach der Grammatica, bedeutet, welches (wie gehört) ein eitel IST, von Ewigkeit, und drei Personen genennet wird." (Vom Schem Hamphoras etc. 1543. XX, 2564—66.)

    IDEM: „Non jacto me Ebraeum, sed certum est hanc vocem אל originem etymologicam habere a fortitudine, et significat Deum ipsum, quando est nomen, ut hic, estque unum de decem Dei nominibus. Ut Adonai, Jehovah, Tetragrammaton sunt propria Dei nomina, ita El nus-quam invenitur in singulari, nisi de vero Deo, ut Psal. 42.: Sitivit anima mea ad El, id est, fortem, et Psal. 50.: Deus deorum dominus locutus est. Sed tamen sive fortis appellative, sive Deus dicas, vide-tur significare proprium nomen Dei, et redit in idem. Malim tamen exponi Deus, etsi vocabulum Deus non exprimit appellationem forti-tudinis, nam nos hac voce nihil aliud intelligimus, quam ipsam divini-

tatem, quae est super omnia. Sed Ebraicum אֵל in singulari sic significat Deum, ut simul significet etymologiam originis, scilicet fortem.
Et haec fortitudo non est illa activa, de qua sequitur in voce גִּבּוֹר, sed
substantiva substantia, quae est sua natura, firmitas seu firmitudo, ut
lapis solidus firmus dicitur, cui quis certo et tuto innititur. Ideo in
translatione nostra germanica reddidimus Kraft. Quod enim in se ipso
non est debile et languidum, sed subsistens in sua soliditate et firmi-
tudine, id apud Ebraeos illa voce dicitur. Et haec est proprie hujus
fortitudinis significatio. Deus est ille fortis, id est, ipsa substantiva
firmitas, et invicta ac stabilis soliditas." (Exeget. opp. lat. Erlang.
Vol. XXIII, 426. sq.)

ANTITHESIS.

QUENSTEDTIUS: ,,*Antithesis*: 1. *Judaeorum*, qui nomen Jehovah
soli Deo proprium esse negant, ut argumentum pro deitate Christi ab
hoc nomine petitum labefactent. 2. *Pontificiorum quorundam*, ut Bellarmini, statuentium, nomen Jehovah etiam angelis tribui. 3. *Calvinianorum nonnullorum*, qui nomen Jehovah κοινώνητον, sed μετονυμικῶς,
faciunt; etsi enim, nomen hoc Dei proprium esse, agnoscant, alicubi
tamen illis, qui Deum repraesentarunt, tributum fuisse asserunt, ut
Calvinus, Instit. l. 1. c. 13. § 19. . . 4. *Socinianorum*, statuentium,
nomen Jehovah simpliciter positum etiam creaturis tribui. . . Enjedinus prorsus negat, ,nomen Jehovah Deo proprium esse, illudque non
solum personis, ut angelis, sacerdotibus, judicibus, sed etiam rebus
aliis creatis, ut arcae foederis, Hierosolymiae etc., tribui', contendit.
Socinus vero cum assectis concedit quidem, esse nomen Dei proprium,
ita tamen, ut ,angelis personam Jehovae aliqua in re sustinentibus'
etiam competat. 5. *Arminianorum et Novatorum*, quorum *illi* in apologia conf. c. 3. p. 51. nihil certius aut liquidius esse dicunt, quam
nomen Jehovah creaturis etiam passim in Scripturis attributum esse. . .
Hi vero contendunt, angelis tanquam legatis Dei nomen Jehovae tributum esse in s. literis, ut Calixtus et Dreierus." (L. c. q. 1. f. 392.)

IDEM: ,,*Antithesis*: 1. *Socinianorum*, qui a. statuunt, nomen *Elohim* promiscue creaturis et Deo attribui; item nomen אֱלֹהִים sua natura
commune esse et κατ' ἐξοχὴν solum Deo tribui. . . b. Quia Trinitatis
mysterium prorsus inficiantur, ideo constanter negant, voce Elohim
pluralitatem quandam in essentia divina inferri. . . 2. *Pontificiorum*,
ut Thomae, Bellarmini, al. . . 3. *Calvinianorum*, ut Calvini, Pet. Martyris. . . 4. Dr. *Calixti sen.* Qui omnes in eo consentiunt, vocem Elohim terminatione quidem esse pluralem, significatione vero singularem,
unicumque notare individuum, nequaquam in unitate essentiae divinae
personarum pluralitatem." (L. c. q. 2. f. 399.)

§ 3.

Similiter nomen Graecum Θεὸς, proprie acceptum,[a]
non tam dignitatis, quam naturae divinae nomen est.[b]

a) Alias quidem in ipsis Scripturis N. T. accipitur de *magistratibus*
Joh. 10, 34. 2 Thess. 2, 4., de *idolis* etiam *1 Cor. 8, 5.*, verum *improprie*
et per quandam ἀναλογίαν, veram aut fictam, ad eum, qui vere et proprie Deus est.

b) Quamvis enim nomen Θεὸς vi originis suae Deum ab *operatione*
aliqua denominare videatur (prout vel ἀπὸ τοῦ θεᾶσθαι, a *contemplando*

juxta *Damascenum* lib. de orthod. fide c. 12., vel ἀπὸ τοῦ θέειν, a *cur-rendo*, sive quod omnia penetret, foveat et conservet, vel ἀπὸ τοῦ θεῖν, a *ponendo* [quod exponitur per τὸ κατασκευάζειν καὶ ποιεῖν, *parere et facere*, quia Deus πάντων ποιητής, καὶ τῆς τῶν πάντων κατασκευῆς αἴτιος, h. e. *omnium factor* et causa *structurae omnium*]; vel ἀπὸ τοῦ αἴθειν, *ab-urendo*, quod sit quasi *ignis consumens* [vitia], *Deut. 4, 24.* deducitur); fatendum tamen est, quod, sicut audito nomine abstracto θεότης primo concipimus *naturam* sive *essentiam divinam*, ita nomine Θεός audito primum omnium concipiamus *suppositum, quod divinam habet essentiam seu naturam.* Sic etiam b. *Musaeus* docuit Coll. MS. contra Socin. l. c. Q. I.   Atque huc spectat, quod Scriptura distinguit Θεὸν φύσει, seu *natura*, et θεοὺς λεγομένους, deos *nomine* (non re, aut natura) *tales 1 Cor. 8, 5. Gal. 4, 8.*

> GERHARDUS: „Rectius dicitur, graecum Θεός et latinum Deus esse voces primitivas, quod ipsum etiam de vocabulo germano ‚Gott' dicimus." (Exeg. l. II. § 11.)

> QUENSTEDTIUS: „Confundunt Sociniani nomina appellativa et communia. Non omnia nomina appellativa sunt communia, aut pluribus conveniunt, ut sol et lumen sunt nomina appellativa, non vero communia, seu non conveniunt pluribus." (L. c. q. 3. f. 405.)

§ 4.

Esse Deum, probari[a] potest 1. ex intuitu hujus universi,[b] 2. ex testimonio conscientiae,[c] 3. ex consensu populorum cum gentilium, tum christianorum.[d]

a) Equidem inter christianos supponi magis, quam probari debere, videri potest; quia tamen non solum cum atheis, verum etiam alias, ob corruptionem naturae, cum dubitationibus mentium nostrarum decertandum est, ideo non sunt negligenda, quae existentiam Dei probant. Conf. b. *Gerh.* Exeg. L. II. § 58.

b) Prout Paulus *Rom. 1, 20.* scribit: ἀόρατα τοῦ Θεοῦ, *invisibilia Dei*, tanquam existentis, *rebus factis intellecta pervideri*, τοῖς ποιήμασι νοούμενα καθορᾶσθαι. Atque alias constat, quomodo, *cum in hoc universum convertimus oculos, deducamur oppido in cognitionem de ejus causa, et concipiamus aliquod ens primum, a quo in esse suo dependeat.* Vid. b. *Mus.* Introd. Cap. II. § 22. p. 74., § 24. p. 81. 82., § 25. et 31. p. 82. 83., ubi etiam memoratur, quomodo *exquisita et accurata cognitio existentiae Dei argumentis, ex exactiore hujus universi consideratione petitis, demonstretur, v. g. a moventibus inter se subordinatis ad unum primum motorem; a causis inter se subordinatis ad causam primam; a gubernatione hujus universi ad gubernatorem supremum* etc.

c) Sic Paulus *Rom. 2, 14. 15.* docet, τὸ ἔργον τοῦ νόμου, *opus legis* (id est, notitias illas de discrimine honestorum et turpium, cum relatione ad legislatorem supremum, seu Deum) *scriptum* esse (velut naturae aut Dei digito) *in cordibus* non solum *Judaeorum*, verum etiam *gentilium*, qui legem scriptam non habent; *una testimonium reddente ipsorum conscientia et cogitationibus sese mutuo accusantibus* (ita ut scelerati suorum scelerum convincantur ac vindictam divinam ipsi sibi denuntient), *aut etiam excusantibus* (ita ut boni rectitudine benefactorum erigantur). Vid. b. *Mus.* Introd. Cap. II. § 22. p. 57. 58. et Diss. de Insuffic. Lum. Nat. contra Ed. Herb. § 71. 72. p. 43. 44. Atque huc etiam suo modo pertinent, quae supra Prol. c. I. § 10. diximus de *notitia Dei insita.* Quod enim homines 1) per naturam sibi ipsis, velut ex auctoritate alterius superioris, praescribunt facienda et fugienda; adeoque 2) si quid secus faciant, inde fit, quod *veritatem,* seu veram de rebus agendis ex voluntate superioris cognitionem, *in injustitia,* velut captivam *detinent* (κατέχουσι), atque impediunt, quominus ea ad honestatem morum cultumque Dei verum se exserere possit, juxta *Rom. 1, 18.,* quodque 3) post patrata bona gaudent, post mala expavescunt; non cogitantes de praemiis aut poenis humanis: ea omnia arguunt *internum* et natura *insitum* sensum numinis (vid. *Mus.* Introd. l. c. p. 57. 58.). Licet non ideo, notitiam habitualem nobis connatam esse, dici debeat. *Quanquam enim* (scribit b. *Scherzerus* in Brev. Huelsem. Cap. II. p. 85. 86.) *dicta Rom. 1, 19. 20. 2, 14. cognitionem hanc referant ad φύσιν, non determinant tamen modum, quo φύσει inhaereat. Interim, quia damnationis causa ll. cc. refertur ad abusum τοῦ νοῦ sive intellectus, probabilius censuit* (Huelsemannus) *illam notitiam connasci cum homine per modum potentiae* (sc. *propinquae et sine ope praeceptoris*), *si exercitium intellectus accedat.* Rom. 1. (sic enim haud dubie legendum: non 2.), *19. 20. 21. 28. 32. 2, 2. sqq.* (puto, legendum 2, 14. sqq.). *Accedit, quod ibidem exercitationi intellectus opponatur, voluntaria ignavia, injusta detentio, qui habitus non sunt connati, nec oppositi aliis habitibus, sed potentiae, et inde fluenti actui, adeoque manifeste ostendunt, cognitionem illam naturalem inesse homini per potentiam, non vero per habitum infusum. Habitum scil. proprie dictum. Nam alias eadem mente docemus: per notitiam insitam, non actualem ante rationis usum, sed habitualem; non ἐνεργητικήν, per species expressas, sed ἑκτικήν, per implantationem habitus analogi.* Nimirum si notitiam habitualem *simpliciter* dicas nobis connasci, utique proprie dictus intelligetur habitus. Quod si *analogum* dicas, non esse habitum proprie loquendo, indicabis, sed aliquid habitui simile.

d) Non solum quantum attinet ad acquisitam notitiam de eo, quod sit Deus, verum etiam quoad insitam. Vid. *Mus.* l. c. p. 58. 59. 60.

ANTITHESIS.

GERHARDUS: „Circa hanc naturalem Dei notitiam 1. quidam *peccant in defectu,* qui eam plane negant, quod faciunt a. *Neophotiniani* (quorum πρῶτον ψεῦδος et origo erroris videtur ex eo pendere, quod negant, primum hominem ad immortalitatem esse conditum et justitiam quandam originalem habuisse, cujus divinae imaginis reliquiae sunt notitiae naturales). . . *Ostorodus,* Inst. c. 7. p. 10.: ‚Dass die Menschen von Gott oder von der Gottheit etwas wissen, das haben sie nicht von der Natur, noch aus Betrachtung der Schöpfung, sondern vom Hörensagen, sintemal sich Gott von Anfang den Menschen offenbaret hat.‘ . . b. *Flacius* P. I. Clavis in voce *legis* col. 563.: ‚Quod aliqua vera principia aut notitiae unius Dei ejusque gubernationis sunt adhuc in homine, concedi non debet.‘ Col. 566.: ‚Hominem de Deo natura non plus scire, quam brutum.‘ c. *Vorstius* in exeg. apol. c. 1.: ‚Notitia innata non est actualis nec habitualis, sed tantum potentialis,

hoc est, ipsa tantum cognoscendi potentia. d. Errant etiam illi, qui
temere et indistincte pronunciant, falsum esse ac dici, si gentiles affirmant, Deum esse aeternum, omnipotentem etc., cum apostolus diserte
vocet Dei veritatem. Rom. 1, 18. . . 2. *In excessu peccant*, qui eam
ad salutem consequendam sufficientem esse statuunt, quod faciunt .
a. *quidam ex patribus et scholasticis*, qui homines ante promulgatam a
Mose legem notitia naturali salvari potuisse et salvatos fuisse asserunt.
(Ut enim recte monet Augustinus, ep. 49.: ,Quadam indole animi delectant ethnicorum virtutes, ut non libenter illas damnemus.') *Clemens
Alexandr.* lib. I. strom.: ,Per se aliquando Graecos justificabat philosophia, multae enim sunt viae ad salutem.' *Justin.* apol. 2.: ,Qui μετὰ
λόγου vixerunt, christiani sunt, etiamsi non novisse Deum existimati
sunt, quales apud Graecos fuerunt Socrates, Aristides.' Similia occurrunt apud Irenaeum, Tertullianum, Epiphanium, Hieronymum, Chrysostomum etc. Sed Augustinus, Pelagiano certamine excitatus, ea, quae
incommode a veteribus dicta fuerant, correxit. Eandem fuisse *scho-
sticorum* sententiam, docet eamque refutat Acosta. . . b. *Quidam ex
pontificiis. Andradius* in defens. conc. Trid. l. III. p. 292.: ,Vera fides
et vera Dei cognitio ad justitiam et salutem aeternam non ex sacris
tantum literis divinisque oraculis, sed ex rebus etiam iis, quae sensibus
subjiciuntur, haberi potest.' . . *Erasmus* in praef. super. Tusc. qq.
Cic.: ,Me non admodum adversum habituri sunt ferendis calculis, qui
sperant, illum apud superos quietam vitam agere.' Idem in coll. relig.:
,Cum talia lego, vix mihi tempero, quin dicam: Sancte Socrates, ora
pro nobis.' Et postea: ,At ipse mihi saepenumero non tempero, quin
bene ominer sanctae animae Moronis et Flacci.' . . 3. *Quidam ex Calvinianis. Zwinglius* in expos. fidei ad regem exarata christian.
,Numam, Aristidem, Socratem etc. inter beatos coelites' collocat et,
Deum ,aliquid fidei sua manu in cor Senecae scripsisse', asserit, ex
quo jocus Viti Winshemii ortus: ,Cavete vobis, auditores, a caelo
Zwinglianorum; ego non libenter in illo coelo viverem, metuerem enim
mihi a clava Herculis.' Vide etiam Zwinglii elench. contra Anabapt.
tom. I. opp. fol. 35. Idem tom. I. ep. 1. f. 382.: ,Ethnicus, si piam
mentem domi foveat, christianus est, etiamsi Christum ignoret'; de
prov. tom. l. f. 358. de Seneca scribit, quod ,religiose de rerum creatione et conservatione locutus fuerit, quod divinum animum habuerit'.
Zwinglii patrocinium suscepit *Gualtherus*, ipsius gener. in apologia
edita anno 1545. pag. 52., ubi quibusdam rationibus Zwinglii opinionem
suffulcire conatur. . . 4. *Photiniani*, licet notitiam Dei naturalem
plane negent, salvis tamen suis hypothesibus aliter statuere non possunt, quam, cognitionem Dei ad salutem sufficientem gentiles etiam
extra ecclesiam habere potuisse. . . Catech. Racov. p. 25. 26. quae-
stioni: ,Quaenam sunt, quae ad essentiam Dei pertinent, prorsus ad
salutem necessaria?' respondet hoc modo: ,Sunt ea, quod Deus sit,
quod sit tantum unus, quod aeternus, quod perfecte justus, perfecte
sapiens et perfecte potens.' Ostorodus Inst. c. 3. p. 28.: ,Praeter haec
nihil aliud scimus cognitu necessarium, quantum ad essentiam Dei attinet.' Atqui ista omnia ex naturali notitia hauriri possunt, ergo juxta
Photinianorum hypothesin gentiles eorum, quae ad salutem sunt
necessaria, cognitionem ex natura petere potuerunt." (Exeges. loc. II.
§ 63. 81.)

        Lutherus: ,,Ich gedenke, wie M. Johannes Wesalia (der zu Mainz
Prediger gewest, zuvor zu Erfurt die hohe Schule mit seinen Büchern
regiert, aus welchen ich daselbst auch bin Magister worden) allein
darum musste verdammt sein von den verzweifelten, hoffährtigen
Mördern, genannt haereticae pravitatis inquisitores (ich sollt sagen,
inventores), Predigermönche, dass er nicht wollt sagen: Credo, Deum
esse, sondern sprach: Scio, Deum esse. Denn alle Schulen hielten,
dass Deum esse, per se notum sit, wie St. Paulus Röm. 1, 19. auch
sagt.'' (Von den Conciliis und Kirchen. 1539. XVI, 2743. sq.)

§ 5.

Ut autem, *quid* sit Deus, et *quis* sit, recte cognoscatur, ideo primum ea, quae ad *essentiam*[a] et *attributa*[b] divina, deinde illa, quae ad *personas*[c] divinas pertinent, distincte[d] spectari atque ex Scripturis[e] probari debent.

a) Intelligitur autem nomine *essentiae* divinae illud, quod *primo* in Deo concipitur et per quod Deus ab aliis rebus omnibus adaequate distinguitur, quodque nostro modo concipiendi *principium* et *radix* est omnium perfectionum, quae Deo per modum *proprietatum* tribuuntur.

b) Id est, perfectiones, quae essentiam Dei, seu id, quod in ipso primo concipimus, nostro modo intelligendi consequuntur atque ita Deo per *modum formarum adjacentium* tribuuntur, licet revera *non* sint *accidentia, neque* ab essentia divina *realiter differant.* Distinguuntur autem ab essentia divina pariter et inter se propter infinitam Dei perfectionem et intellectus nostri imperfectionem.

QUENSTEDTIUS: ,,Essentia, substantia, spiritus et consequenter reliqua attributa, quae Deo et creaturis simul tribuuntur, de Deo et creaturis rationalibus non σνωνύμως, univoce, nec ὁμωνύμως, aequivoce, sed ἀναλόγως, analogice, praedicantur, ita, ut Deo πρώτως et absolute, creaturis δευτέρως et per dependentiam conveniant; quae analogia proprie dicitur attributionis intrinsecae. . . *Univoce* proprie et stricte loquendo conveniunt, quae *et nomen et rem,* nomine illo denotatam, communem habent aequaliter, nulla ob dependentiam unius ab altero inaequalitate interveniente. *Aequivoce* conveniunt, quae *nomen* habent commune, sed non rem, nomine significatam. *Analogice* conveniunt, quae *et nomen et rem,* nomine designatam, communem habent, *sed inaequaliter,* cum nomen et res alteri πρώτως et absolute, alteri δευτέρως et per dependentiam conveniat.'' (L. c. c. 8. s. 2. q. 1. f. 422. sq.)

IDEM: ,,Est essentia Dei τὸ πᾶν καὶ οὐδὲν, omne et nihil. *Omne* est, quia omnium rerum perfectiones in ipsa sunt et, quidquid est, ab ipsa essentiam suam habet. *Nihil* vero est, non quidem defectu, quasi essentia divina deficiat, sed quoniam omnia, quae sunt, excedit.'' (L. c. s. 1. f. 409.)

IDEM: ,,Quia intellectus noster finitus infinitam et simplicissimam Dei essentiam uno conceptu adaequato adaequate concipere nequit, ideo distinctis et inadaequatis conceptibus, essentiam divinam inadaequate repraesentantibus, eandem apprehendit; qui conceptus inadaequati dicuntur affectiones et attributa Dei; *affectiones* quidem, quod essentiam divinam afficiant et denominent; *attributa,* quod ab intellectu nostro eidem attribuantur, etiamsi ab essentia divina non realiter, sed ratione tantum distinguantur.'' (L. c.)

CHEMNITIUS: ,,,*In Deum non cadit accidens*'. . . Extat haec regula apud Cyrillum, lib. 2. thesauri, c. 2. Et intelligitur *accidens,* sicut Bonaventura explicat, quod potest vel amitti, vel potuit substantiae prius existenti advenire, vel potest recedere manente substantia, ut virtutes in angelis, quas diaboli amiserunt manente substantia; vel potest saltem intendi remittive, vel mutationem recipere, ut virtutes in hominibus renatis. Quia ergo Augustinus inquit: ,*In Deo nihil est mutabile vel amissibile*', ideo nihil dicitur de eo secundum accidens. Est ergo verus et simplex hujus regulae sensus: Deum semper esse sui similem, non mutari vel tempore, vel nostra malitia. Item, a nostris virtutibus et actionibus *argumentandum esse ad Deum non a simili, sed a minori ad majus. . .* Ita quae praedicantur de Deo, ut veritas, bonitas, justitia, castitas, misericordia etc., non insunt illi sicut virtutes in angelis vel hominibus. Ita cum dicitur: caritas Dei, non intelligitur talis caritas, qualis est in creaturis (quae est accidens), mutabilis et amissibilis, sed significatur *essentia* serio et ardenter nos diligens. In creaturis aliud est persona, quae habet vitam, sapientiam, et aliud est vita, sapientia etc., quae est in persona; *in Deo vero non sunt res distinctae ab ipsa essentia*, sed vita, sapientia, gratia, misericordia, bonitas, caritas etc. sunt ipsa Dei substantia, nec possunt in eo, ut in hominibus, mutari. Objicitur vero, dici quaedam de Deo temporaliter. Ut: *Verbum caro factum est, creator*, adjutor in opportunitatibus, refugium factum nobis. Ergo haec praedicantur de Deo secundum accidens. Respondet Cyrillus loco superius allegato: ,Relatione ad creaturas quaedam dicuntur de Deo temporaliter, et dicuntur illa secundum accidens, non quod substantiae ipsius Dei aliquid accidat cum mutatione, sed *secundum accidens creaturae*, in qua fit mutatio, ut creator, refugium' etc. In scholis ita dicunt: Per essentiam vel inhaerentiam nihil praedicatur de Deo temporale, sed *per modum causae*, ut creator, vel *per modum unionis*, ut Verbum caro factum est. *Et tunc mutatio accidit circa creaturam. Non est inane scholasticorum figmentum haec regula,* sed sumta est ex manifestis Scripturae locis: Num. 23, 19. Mal. 3, 6. Ps. 102, 13. Jac. 1, 17. 1 Tim. 6, 16. Hebr. 13, 8. — Discendus quoque est *verus usus hujus regulae. Scholastici* enim ex pravo hujus regulae intellectu ademerunt Deo omnes affectus, ut etiam dulcissimam illam consolationem Ose. 11, 8. 9. affirment accipiendam esse *secundum effectionem tantum, non secundum affectionem.* Verum quidem est, quia in Deum non cadit accidens, commiserationem in ipso non esse talem affectum, sicut in nobis est; sed quia misericordia ejus non distinguitur ab essentia ejus, est quiddam *multo ardentius* in Deo, quam nos cogitare possumus.'' (L. th. l. de Deo. c. 3. f. 28.)

GERHARDUS: ,,Si attributa illa realiter differrent ab essentia Dei, utique Deus ex essentia et accidentibus esset *compositus*, et sic essentia divina non esset summe una et indivisa. . . Neque enim Deus alio quodam superaddito, sed se ipso, hoc est, sua essentia *bonus* est ideoque ipsa bonitas et summum bonum; non alio quodam essentiae superaddito accidente potens est, sed se ipso, hoc est, sua essentia *potens*, ideoque ipsa omnipotentia, et sic consequenter de aliis quoque attributis pronunciandum. Inde factum, ut potentia, bonitas, sapientia etc. nominentur *attributa, non autem qualitates vel accidentia.* . . Hinc regulae: *Nihil est in Deo, quod non sit ipse Deus.* Nulla in Deo sunt accidentia. Essentia divina identificat sibi omnia, quae sunt in divinis. Hanc divinorum attributorum cum divina essentia omnimodam identitatem comprobant primo dicta illa, in quibus Deus ipsa vita, ipsa lux, ipsa bonitas etc. appellatur. . . Deinde comprobat hoc locorum Scripturae collatio. Ps. 25, 6. orat propheta regius: ,Reminiscere miserationum tuarum, Domine, et misericordiarum tuarum, quae a seculo sunt. Delicta juventutis meae et ignorantias ne memineris, secundum misericordiam tuam memento mei, propter bonitatem tuam, Domine'; id conf. cum Es. 43, 25. . . Denique referenda huc sunt dicta, quae de *immutabilitate* essentiae divinae testantur. . . Quamvis vero attributa illa Dei nec inter se nec ab essentia divina realiter sint in Deo distincta: tamen sigillatim de illis ut agatur, intellectus nostri imbecillitas requirit. ,Condescendit nobis Deus, ut nos consurgamus', Augustinus de spec. c. 112., et cum homines simus, humano modo nobis loquitur.'' (Loc. theol. de N. D. §§ 47—51.)

QUENSTEDTIUS: ,,Quodcunque creaturae agunt et perficiunt diversis et distinctis virtutibus et qualitatibus, id omne agit et perficit Deus per essentiam. *Nos per essentiam nostram sumus homines, per qualitatem boni et sapientes*, per unam virtutem justi, per alteram libera-

les etc.; sed Deus per essentiam omne est et agit. Non valet ergo consequentia: Quorum effectus realiter diversi, imo contrarii sunt, illa
ipsa quoque realiter differunt." (L. c. q. 3. f. 436.)

IDEM: „Hinc regula theologica: *Attributa divina de se mutuo possunt praedicari in abstracto, quatenus sunt in Deo*, non autem quatenus
sunt in nostris conceptibus." (L. c. f. 435.)

ANTITHESIS.

QUENSTEDTIUS: „*Antithesis*: 1. *Scoti et Scotistarum* atque quorundam Nominalium, statuentium, ens, essentiam, spiritum etc. de Deo et
creaturis *univoce* praedicari. Ita Scotus, Occam, Gabriel Biel, et al.,
quos inter se profitetur *Slevoytus*, Prof. Jen., disput. academ. § 46.
p. 66., inquiens: ‚Cum itaque ens respectu inferiorum non sit analogum, quomodocunque etiam analogia explicetur, et vero iis non nomen
tantum, sed ratio etiam entis vere competat, nihil est, cur, univocum
istud esse, quisquam negare velit; nos inde Scotisticam scholam
sequimur et quosdam Nominales.' Haec ille. 2. *Quorundam scholasticorum* aliorumque, qui essentiam, substantiam, spiritum etc. de Deo et
creaturis intellectualibus nonnisi ὁμωνύμως seu *aequivoce* praedicari
statuunt, ut Aureolus, Polanus (asserens, ‚spiritum de Deo, angelis et
animabus hominum ὁμωνύμως seu aequivoce praedicari), Keckermannus,
Bartholinus (spiritum existimans de Deo aequivoce dici). Eandem
sententiam R. Mosi tribuit Thomas, quod scl. ens praedicetur de Deo
et creaturis aequivoce. Dionysius Petavius, tom. V. dogmat. theol.
l. I. c. 6. § 4. 5. p. 40. sq., ubi τὸ vere et proprie esse ac existere soli
Deo convenire, prolixe probat. — ... Thomas Part. I. q. 13. art. 5.
ita colligit: ‚Si aequivoce ista praedicarentur de Deo et creaturis, nihil
posset de Deo ex creaturis cognosci, nec demonstrari, sed semper in-
cideret fallacia aequivocationis. Et hoc est tam contra philosophum,
qui multa demonstrative de Deo probat, quam etiam contra apostolum,
Rom. 1, 17. sq.' Conceptus aequivocus sequentia infert absurda: 1. Sic
creaturae nudum entis nomen participarent et revera essent non-entia.
Sed quis Deum nuda produxisse non-entia assereret? 2. Si creatura
plane non-ens esset, ad Deum referri non posset ceu effectus et ens dependens. 3. Christus, assumens naturam humanam, assumsisset non-
ens." (L. c. s. 2. q. 1. f. 423. sq.)

G. THOMASIUS: „Diese (immanenten oder wesentlichen) Eigenschaften unterscheiden sich daher einerseits von den eigentlichen
Wesensbestimmtheiten (Sein, Bewusstsein, Wille), auf denen sie
ruhen, und nicht minder von den trinitarischen Relationen, welche persönliche Unterschiede in Gott *setzen*. Andrerseits aber müssen von
ihnen diejenigen ausgeschieden werden, welche blos Beziehungen
Gottes zur Welt ausdrücken... So z. B. drücken die Attribute der
Allmacht, Allgegenwart, Allwissenheit, Strafgerechtigkeit ohne Zweifel
Beziehungen Gottes zur Welt aus, sie lassen sich ohne Hinzunahme
des Weltbegriffs gar nicht vollziehen. Wären nun *diese* Attribute
wesentliche Eigenschaften, so *müsste* auch die Welt sein, damit Gott
sein könne... Jene Ausscheidung ist also unerlässlich... Sie findet
sich auch bei unsern a. D. D., welche die attributa in immanentia oder
absoluta, und in transeuntia oder relativa eintheilen, ... nur dass diesem richtigen Unterschied nicht die rechte *Folge* von ihnen gegeben
wird... Für die Christologie ist unsere Ansicht in so fern von
Wichtigkeit, als hiernach eine *Aufgebung* relativer göttlicher Eigenschaften ohne Gefährdung der wesentlichen gar wohl behauptet werden
kann." (Christi Person u. Werk. Erster Theil. Zweite Aufl. Erlangen,
1875. p. 49. sqq.)

QUENSTEDTIUS: „*Antithesis*: 1. Quorundam *Calvinianorum*, qui
contendunt, attributa Dei esse *non-entia*, improprie Deo tribui, nec
vere esse in Deo, Deum in se expertem esse idiomatum etc.; vide

Beckmanni disceptationem Scrvestanam P. I. p. 272. 294. (qui argumentatur: Quod quis non habet, illud alteri dare non potest; sed Deus
attributa non habet; ergo alteri, scl. naturae humanae Christi, ea dare
et communicare non potest); Massonii anatomiae univers. triumphi
tom. I. p. 330., et Sachsii disquisitionem c. b. Meisnerum, qui negant,
esse sive dari in Deo veri nominis idiomata, ut obtineant, humanae
Christi naturae nullum ejusmodi idioma potuisse communicari. . .
2. *Socinianorum*, qui etiam Deo *accidentia* tribuunt, ut Crellius de Deo
et attributis divinis c. 32. f. 348.   Negant quoque, proprietates divinas
a parte rei esse ipsummet Deum." (L. c. s. 2. q. 2. f. 427.)

c) Nempe quod Scriptura exhibet plures inter se realiter distinctos,
quorum quisque se habet per modum suppositi intelligentis, et quisque
essentiam illam ac proprietates divinas habere docetur, quemadmodum
infra videbimus.

d) Atque *illa* quidem, quae ad essentiam et attributa divina pertinent, praeter Scripturas etiam ex lumine naturae quodammodo cognoscuntur; *quae* vero ad personas pertinent, non nisi ex revelatione
divina cognosci possunt (de quo infra dicetur), ideoque illorum consideratio merito antecedit horum tractationem.

e) Quatenus enim aliqua ex his, ut modo indicavimus, ex principiis rationis cognoscuntur, sic eorum consideratio ad philosophiam
aut theologiam naturalem pertinet; hic autem revelatam theologiam
tractamus.

§ 6.

Essentia Dei[a] ita describi[b] potest: Deus est ens spirituale[c] a se subsistens;[d] vel brevius: Deus est spiritus
independens.

a) Prout attributis contradistinguitur.

b) *Definitionem* exquisite sic dictam, non est, cur quis postulet et
expectet.   Fatendum enim est, quod in hac vita essentiae divinae
quidditativam, propriam et adaequatam rationem cognitam et perspectam
non habeamus.   *Ex parte* enim tantum *cognoscimus*, juxta *1 Cor. 13, 12.*
Sic etiam b. *Musaeus* in Coll. MSto contra Socin. Disp. I. Q. V. § 12.
Conf. b. *Hafenreff.* L. de Deo, p. 27., b. *Franz.* Interpr. Script. S.
Orac. CIII. p. 226. 227., item Disp. V. de Sacrif. thes. 119., b. *Cundis.*
Not. ad Comp. Hutt. L. II. Q. II. p. 70. 71.

HAFENREFFERUS: „Perfecta et accurata essentiae Dei *definitio* in
hac quidem vita ab homine dari non potest; facilius autem, *quid non
sit,* quam *quid sit* Deus, explicatur.   Damascenus de orthodox. fid. l. 1.
c. 4., posteaquam de Deo, quod non sit corporeus, demonstrasset, tandem haec subjicit: ‚Sed non hoc substantiae ejus diffinitionem, ut
neque ingenerabile, sine principio, inalterabile et incorruptibile, et
quaecunque de Deo vel circa Deum esse praedicantur. Haec enim non
ejus quid est significant, sed quid non est. Atqui oportet eum, qui
vult alicujus substantiam adsignare, quid est, dicere, non, quid non
est. De Deo autem, quid est secundum substantiam, dicere, impossibile, convenientiusque de Deo longe est, per omnium ablationem facere
sermonem. Nam nihil eorum, quae sunt, est; non ut non-ens, sed ut

omnia entia supereminens et super ipsum esse ens.' Et post pauca:
‚Infinita illius divinitas est incomprehensibilis; et hoc solum ejus comprehensibile: infinitas et incomprehensibilitas. Quaecunque autem
per theologiam affirmativam de Deo dicimus, *non naturam* ejus, sed ea,
quae sunt *circa* naturam, insinuant. Nam etsi bonum, si justum, si
sapiens, si quid vis aliud dixeris, non naturam dicis Dei, sed ea, quae
circa naturam, οὐ τὴν φύσιν, ἀλλὰ τὰ περὶ τὴν φύσιν.'' (L. th. lib. 1. l. 1.
pag. 27.)

GERHARDUS: „Duo hoc loco quaeruntur: I. *An Deus possit definiri*... Respondemus *negate*. 1. *Ex generis defectu*... Deus, utpote
creator, et creatura infinito intervallo inter se distant, neque quicquam
est, quod aequaliter de utroque praedicari possit... 2. *Ex perfectione*.
Deus est summum ens et est merus ac purissimus actus. Quia est
summum ens, ideo non habet aliquod superius; jam vero, quicquid
proprie definitur, id per prius definitur... 3. *Ex sufficienti enumeratione*. Si D. proprie definiri posset, illa foret vel *essentialis*, vel *causalis* definitio. *Essentialis* esse nequit, quia illa constat genere et differentia specifica. Jam vero Deus non habet univocum aliquod genus
cum reliquis entibus, nec simplicissima ejus essentia ex genere et
differentia est composita. *Causalis* definitio itidem esse nequit, quia
D. est omnium rerum causa; sed Dei nulla datur causa, est ἀναίτιος,
ἄναρχος etc.'' (Exeges. loc. 2. § 89.)

DANNHAUERUS: „Definiri alias, quod infinitum est, certoque
genere ac differentia circumscribi nequit, multo minus uno conceptu
repraesentari. Omne genus proprie dictum cum suis speciebus ac individuis in plurali numero multiplicatur; ex. gr. Abraham est homo,
Isaac est homo, Jacob est homo; ergo Abraham, Isaac et Jacob sunt
tres homines. At in divinis eodem modo loqui fas non est; non licet
e. g. dicere: Pater est Deus, Filius est Deus, Sp. S. est Deus; ergo P.,
Fil. et Sp. S. sunt tres Dii.'' (Hodosoph. Phaen. III. B. p. 92.)

c) Quod quasi *generis* aut conceptus communioris locum obtinet.
Et sicut ens completum in *materiale* et *immateriale*, sive spirituale statim distinguitur: ita Deus *immateriale* seu *spirituale* ens esse recte censetur. Confer *Joh. 4, 24*., ubi expresse dicitur πνεῦμα ὁ Θεός, *Deus
(est) Spiritus.*

GERHARDUS: „Quando Deum dicimus *essentiam spiritualem* ex
Exod. 3, 14., vel *Spiritum* ex Joh. 4, 24., tum vox essentiae seu spiritus
non est universale quoddam νόημα ab individuis mente abstractum, Deo
et angelis ex aequo competens; sed significat rem infinitam, numero
unam, revera existentem, simplicissimam, tribus deitatis personis ex
aequo communem, quae *nec univoce nec analogice* de Deo et angelis
aliisve creaturis, sed *modo plane singulari* praedicatur, cum essentia
infinita et finita, spiritus increatus et spiritus creatus plus quam toto
genere differant. Ex quo principio unitas Dei seu divinae essentiae
deducitur.'' (Exeges. l. II. § 95.)

LUTHERUS: „Wer weiss, was ist, das Gott heisst? Es ist über
Leib, über Geist, über alles, was man sagen, hören und denken kann.''
(Dass diese Worte: Das ist etc. XX, 1005.)

d) Per hoc enim sicut Deus ab aliis rebus omnibus *adaequate* distinguitur; ita nihil est, quod in Deo, tanquam proprium et determinatum conceptum, *prius* concipere possis, quam quod *non* sit *ab alio*,
adeoque a se et necessario existat. Hoc autem etiam est, quod Scriptura Deum dicit *primum*, *Es. 41, 4. 44, 6. 48, 12*. *Primum* enim
esse, est, non agnoscere aliquid prius, a quo dependeat, seu a quo suum

esse habeat. Quod ergo tale est, utique a se subsistit. Confer *Exod.
3, 14.*, ubi Deus dicit, se *esse, qui est;* adeoque sicut rationem existendi
plane *peculiarem* sibi tribuit, ita indicat, se *non* existere *ab alio, neque
ita*, ut *possit non esse,* prout entia alia quaevis existant; verum *a se* ipso,
atque ita, ut ejus natura et essentia necessariam existentiam involvat.

§ 7.

Attributa divina[a] dividuntur in *negativa*[b] et *positiva.*[c]
Illa sunt: *Unitas, simplicitas, immutabilitas, infinitas, immensitas, aeternitas.* Ad horum classem pertinent: *Vita,
scientia, sapientia, sanctitas, justitia, veracitas, potentia,
bonitas, perfectio.*[d]

a) Quarum descriptionem communem vide in nota *b.* ad § 5.

b) Scilicet quod vel vi *vocum*, vel vi *significationis negationem* quandam aut remotionem imperfectionis alicujus ex his, quae in creaturis
occurrunt, important.

c) Quae cum respectu ad *perfectiones,* quas in creaturis deprehen-
dimus, et *per modum* illarum, licet in *eminentiore* gradu, concipiuntur.

d) De quibus singulis suo ordine agemus.

> HOLLAZIUS: „Est quaedam distinctio *perfectionum* divinarum ac
> *proprietatum.* Scilicet *perfectiones* sunt ea attributa, quae possunt qui-
> dem cum rebus creatis ac finitis determinata quadam mensura commu-
> nicari, Deo autem uni omni modo summoque gradu conveniunt, ut
> sunt: intellectus, voluntas, scientia, sapientia, justitia, potentia, bea-
> titas. *Proprietates* dico ea attributa, quae Deo uni omnino sunt ad-
> ferenda nulloque modo cadunt in ullam rerum creatarum.   Harum
> proprietatum aliae quidem sunt *naturales,* trium personarum divinitatis
> aeque communes, nimirum independentia, aeternitas absoluta, infinitas,
> immensitas, immutabilitas; aliae autem *personales,* quippe quibus aut
> singulae personae inter se differunt, aut una atque altera a tertia
> discernitur, nimirum aeterna generatio et spiratio, utraque vel activa,
> vel passiva.“ (Exam. th. P. I. c. 1. q. 21. p. 234.)

> QUENSTEDTIUS: „Attributorum horum duo sunt genera: quaedam
> essentiam divinam describunt absolute et in se citra respectum ad
> operationem, dicunturque *immanentia,* ἀνενέργητα seu quiescentia, quae
> scl. non sunt ordinata ad aliquos actus, ut immensitas, aeternitas,
> spiritualitas etc. Quaedam essentiam divinam describunt respective,
> ratione ἐνεργειας, seu *operativa* et ad extra se exserentia, sive quae ad
> certas operationes directa esse cognoscuntur, ut sunt potentia, scien-
> tia, justitia, misericordia.“ (L. c. c. 8. s. 1. th. 4. f. 409.)

§ 8.

Unitas Deo competit, cum *absolute* accepta, quae dicit
essentiam Dei indivisam;[a] tum *exclusive,* qua Deum tanquam unicum[b] cognoscimus, praeter quem non sit Deus
alius.[c]

a) Atque haec quidem cum *simplicitate* Dei *fere* coincidit, de qua mox acturi sumus. Quamvis enim alias *omne ens* esse *unum* dicatur, ita ut unum et multa, tanquam ens et entia, distinguantur. Quia tamen Deum non solum indivisum, sed et indivisibilem esse novimus, ita dicimus esse *unum absolute*, ut simul simplicem esse asseramus.

QUENSTEDTIUS: ,,Nobis de illa Dei *unitate* sermo est, quae ex solo lumine supernaturali hauritur et per revelationem Sp. S. nobis innotescit. Haec ipsa autem essentiae divinae unitas concipi quidem potest ab intellectu humano, abstracta Trinitate personarum et exclusa tantum pluritate deorum, sed talis conceptus non est pars fidei salvificae, quae unitatem essentiae divinae nunquam concipit affirmative et positive citra communionem essentiae divinae, quae est inter Patrem, Filium et Spiritum S. Qui itaque concipit essentiae divinae unitatem cum abstractione trium personarum, is in hoc conceptu praetermittit et ignorat quasi veram essentiam Dei, quae non est alia, quam una essentia Patris, Filii et Spiritus S.‘‘ (L. c. c. 8. s. 2. q. 4. f. 437. sq.)

IDEM: ,,Alii, Deum *numero unum* esse, dicunt, cum unum singulare etiam unum numero sit, non quod contineat, sed quod excludat numerum.‘‘ (L. c. f. 437.)

IDEM: ,,Tertullianus l. I. c. Marcion. ait: ,Deus, si *unus* non est, non *est*.‘ *Athanasius* orat. contra idola: ,Ἡ πολυθεότης ἐστὶν ἀθεότης‘, ,multitudo numinum nullitas numinum.‘ Habere multos deos, perinde est, ac si nullum agnoscas. Eph. 2, 12. apostolus docet, Ephesios, antequam Christo nomen dedissent, fuisse ,ἄθεοι‘ in mundo‘, utcunque colerent multas deorum myriadas. Ipsi saniores gentilium, tametsi persaepe, abrepti populari loquendi modo, *deos* dixerunt, unicum tamen Deum agnovere et fassi sunt.‘‘ (L. c. f. 439.)

ANTITHESIS.

QUENSTEDTIUS: ,,*Antithesis:* . . . *Tritheitarum*, quorum ἀρχηγὸς fuit Johannes *Philoponus*, in Aristotelis πλοκαῖς et tricis maxime exercitatus, apud Nicephorum lib. XVIII. c. 44. et 45., qui tres spiritus aeternos, essentiali numero differentes, statuebant.‘‘ (L. c. f. 438.)

b) Nempe ita unitas dicit negationem plurium ejusdem naturae sive rationis.

c) Probatur partim ex illis locis Scripturae, ubi Deus expresse dicitur unus, v. g. *Deut. 6, 4.*: *Audi, Israel, Dominus, Deus noster, Deus unus est. 1 Cor. 8, 4.*: *Non est Deus, nisi unus*, confer *Ephes. 4, 6. 1 Tim. 2, 5.*; partim ex illis dictis, quibus negatur, quod praeter eum alias Deus detur, v. g. *Deut. 4, 35.*: *Jehovah* ipse (est) *Deus* (et) *non* (est) *amplius* (Deus) *praeter eum.* Conf. *Es. 44, 6.*

§ 9.

Simplicitas Deo competit *absoluta*, per quam Deus ab *omni*[a] compositione *vera* et *reali*[b] liber est.[c]

QUENSTEDTIUS: ,,*Compositio* est plurium distinctorum, tertium quoddam constituentium, unio. Plurium illa unio esse debet. Nihil enim componit seipsum, sed plura simul posita efficiunt tertium quoddam compositum.‘‘ (L. c. s. 2. q. 5. f. 441.)

a) Nempe non solum a compositione *ex materia et forma,* quod ipsum esse spirituale Dei arguit, adeoque etiam a compositione *ex partibus integrantibus;* verum etiam ea, qua quid constat *subjecto et accidente,* item *natura et subsistentia realiter* distinctis.

b) Nam compositio *rationis,* v. g. quando concipimus Deum ut justum et sapientem et bonum etc., simplicitati etiam summae Deoque ipsi non repugnat.

QUENSTEDTIUS: ,,Nec patimur, Deo tribui *compositionem logicam,* quae est ex genere et differentia. . . Si in Deo datur compositio ex genere et differentia, Deus ad minimum erit species monadica ita, ut licet ratione quidem existentiae concrete et in actu exercito nonnisi res numero una sit, quae de natura deitatis participat; ratione tamen definitionis, quae conceptu generis et differentiae sistitur, ita comparata erit, ut ei multiplicatio in plura non repugnet. Talem autem multiplicationem de divina essentia cogitare velle, impium et absurdum est.‘‘ (L. c. f. 443.)

IDEM: ,,Nequaquam tamen interim reprehendendi sunt, qui ipsum (Christum) ὑφιστάμενον σύνϑετον appellant, non a pluribus hypostasibus aut naturis *in tertiam coëuntibus,* sed a duabus naturis in una hypostasi arctissime ac *intime cohabitantibus.‘‘* (L. c. f. 446.)

GERHARDUS: ,,An *Trinitas* personarum cum simplicitate Dei pugnet? Ita videtur Photinianis, unde, Deum triformem, tripersonatum et compositum a nobis introduci, clamitant. . . Nos sic progredimur: 1. Articuli fidei non sunt sibi invicem opponendi. Et simplicitas divinae essentiae, et trinitas personarum in verbo nobis proponitur; utrumque igitur fidei obedientia acceptandum. 2. Non statuimus, essentiam divinam a personis realiter distingui . . ., sed, essentiam divinam et tres personas deitatis esse realissime ac simplicissime unum, asserimus; nulla ergo hic compositio. 3. Proprietates personales divinam essentiam non multiplicant nec componuntur, cum una atque eadem essentia divina ꞏ it in Patre, Filio et Spiritu S.; in Patre ἀγενήτως, in Filio γενητῶς, in Spiritu S. ἐκπορ·υτῶς. . . 4. Quando igitur Photiniani urgent: Ubi tres vere et realiter distinctae personae, ibi non est mera et summa simplicitas; at in divina essentia secundum nostram hypothesin sunt tres vere et realiter distinctae personae — ibi majorem limitamus: ubi tres vere et realiter distinctae personae, quarum non est una et indivisa essentia, ibi non est mera et summa simplicitas. Jam vero trium divinarum personarum est una atque indivisa essentia.‘‘ (Exeg. l. II. § 134.)

c) Solet huc referri l. c. *Exodi 3, 14.;* ibi enim indicatur, quicquid est in Deo, hoc esse Deum ipsum. Quod autem Scriptura s. nonnunquam *membra* humana atque alia, quae in creaturis, praesertim hominibus occurrunt et compositionem in illis arguunt, Deo tribuit, id fit per *metaphoram,* eam quidem, quam ἀνϑρωποπάϑειαν aut συγκατάβασιν vocant atque ϑεοπρεπῶς exponi debet.

ANTITHESIS.

QUENSTEDTIUS: ,,*Antithesis:* 1. *Anthropomorphitarum* antiquorum, qui Deo membra corporea et partes integrantes adscripserunt. . . Itemque *Manichaeorum,* qui contenderunt, substantiam Dei frustatim in omnes creaturas diffusam esse. Sed hic error potius inter deliria, quam opiniones locum meretur.‘‘ (L. c. f. 441.)

THOMASIUS: ,,Endlich können wir nicht umhin, von unserem Gottesbegriff aus noch ein Bedenken gegen die Vorstellung von einer

Natur oder *Leiblichkeit Gottes* zu erheben. Dieser von Tertullian bereits ausgesprochene, von den Mystikern aller Zeiten häufig wiederholte Gedanke (Tertullian legte Gott Körperlichkeit, corpus et forma, bei, was jedoch nur der anthropomorphische Ausdruck für Substantialität und Persönlichkeit ist, wie Baur sehr gut bemerkt, S. 24.), klingt auch in der neueren *Theosophie* vielfach an; vor Allen bei *Oetinger*, den man als den Begründer derselben bezeichnen kann. Ausgehend von der gerechten Polemik gegen einen alle Realität verflüchtigenden Idealismus, macht dieser tiefsinnige Theosoph den Begriff des *Lebens*, der vita absoluta, mit Berufung auf Ez. 1. u. 10., als den allein adäquaten Gottesbegriff geltend. Nicht das Denken, nicht das Sein ist das Erste in Gott, sondern beiden voran geht das Leben. Dieses Leben ist Bewegung, gleichsam radartige, kreisende, sich aus sich selbst gebärende Bewegung, von Oetinger am liebsten intensum genannt . . ., ein lebendiger, sich aus sich selbst entwickelnder, erfüllender, geistiger Organismus. Aber diese Lebensbewegung lässt nun Oetinger sich nach aussen *zur Leiblichkeit verdichten*, in eine höhere Naturhaftigkeit ausbrechen, und vindicirt demnach Gott ein physisches Wesen, eine *geistleibliche Natur*, worin er erst seine volle Realität habe; denn zur konkreten Wirklichkeit gelangt das Geistige erst im Leiblichen (!). Und hiermit schliesst sich Oetinger rückwärts an *Jac. Böhme* an, dessen Grundgedanke von einer Natur in Gott auch dem System *Fr. Bander's* und seiner Schüler zu Grunde liegt. Aber auch die neueste Philosophie hat sich denselben vielfach angeeignet. Ich finde ihn bei *Billroth*, bei dem jüngeren *Fichte*, bei Hanne, am klarsten bei *Schwarz:* Das Wesen der Religion, Seite 185. Hier heisst es: ,Das weltsetzende Princip ist nicht reiner Geist, sondern die Einheit von Geist und Natur.' Diese Natur aber wird bestimmt als ,die reale Seite des göttlichen Wesens, welche das ewige Substrat ist, aus dem die zeitliche Welt in der unendlichen Vielheit ihrer einzelnen Dinge hervorgeht', als ,die ewige, vor- und urbildliche Welt in Gott, d. h. als die Welt, wie sie noch zusammengehalten wird zur Einheit von dem durchdringenden Geiste Gottes'. Hier ist also der Gedanke ganz klar. Und man sieht zugleich den eigentlichen Grund desselben. Es ist die totale Abneigung gegen die Schriftlehre von einer *Schöpfung aus Nichts*. Weil diese nicht begriffen werden könne (was ganz wahr ist), muss die Welt aus dem Wesen Gottes hervorgehen; sie entsteht, indem Gott die Natur aus sich entlässt, indem sie durch seinen Willen in Raum und Zeit auseinandergeht, aber als solche von seinem Geiste auch immerfort durchdrungen und geeint wird. S. 187. 193. Und eben hierin liegt für uns der Grund, warum wir diese Theorie entschieden abweisen müssen; sie macht die Schöpfung zu einer *Emanation* aus Gott, sie setzt die Substanz der Welt als wesentlich eins mit der Substanz Gottes, den Unterschied zwischen beiden blos in die Form der Existenz." (Christi Person und Werk. I. p. 36. sq.)

§ 10.

Immutabilitas Dei in eo consistit, quod Deus nulli mutationi neque secundum *esse*[a] neque secundum *accidentia,*[b] nec secundum *locum,*[c] nec secundum *voluntatem* aut propositum[d] est obnoxius.[e]

QUENSTEDTIUS: ,,Immutabilitas Dei est perpetua essentiae divinae et omnium ejus perfectionum identitas, negans omnem omnino motum, cum physicum, tum ethicum." (L. c. s. 1. th. 20. f. 414.)

a) Qua ratione Deus est *immortalis* aut *incorruptibilis*. Vid. *Rom.*
1, 23., ubi ἄφϑαρτος, *1 Tim. 1, 17.*, ubi βασιλεὺς ἄφϑαρτος, *1 Tim. 6, 16.*,
ubi *solus habere immortalitatem* (ἀϑανασίαν) dicitur.

b) Sic *Jacobi 1, 17.* dicitur, apud Deum non esse παραλλαγὴν ἢ
τροπῆς ἀποσκίασμα, *transmutationem aut vicissitudinis umbram*, qualis est
in hominibus, qui mutationes accidentalium perfectionum et imper-
fectionum varii generis subeunt.

c) Vid. *Jer. 23, 24.*: *Nonne coelum et terram ego impleo? inquit
Dominus*. Qui autem omnia implet, locum non mutat, nec mutare
potest.

d) Vid. *Num. 23, 19.*: *Deus est non homo, qui mentiatur, aut filius
hominis, quem poeniteat. An ipse dixerit et non faciet?* (qui nolit, quod
hactenus voluit) *an locutus fuerit et non praestabit illud?* Et *Proverb.
19, 21.*: *Voluntas Domini permanebit.* Et *Malach. 3, 6.*: *Ego, Dominus,
non mutor*; sed praestiti et praestabo, quod decrevi et promisi, non
mutabo voluntatem.

e) Quod *autem* in Scripturis *poenitentia*, quodque *motus localis*, de-
scensus aut ascensus Deo nonnunquam tribuitur, id ἀνϑρωποπαϑῶς
dictum est. Confer b. *Mus.* Disp. de Vol. Dei Antec. et Conseq.
§ 5. 6. p. m. 691. 692. Similiter *affectus* Deo tribuuntur; *illi* quidem,
qui in *formali* suo conceptu *imperfectionem* important, non nisi *metaphorice; caeteri* autem, qui formaliter *imperfectionem non* important, *revera*
quidem Deo competunt quoad conceptum formalem, sed *citra mutationem*, quam materialiter involvunt.

> GERHARDUS: „An *creationis* opus Deum fecerit mutabilem? Ne-
> gatur... In creatione duo consideranda: 1. agendi principium, 2. ef-
> fectum productum. Agendi principium est ipsa Dei essentia, cui per
> creationem nulla accessit mutatio, quia non novo voluntatis motu Deus
> in creatione aliquid voluit, quod prius ab aeterno voluit, sed in tem-
> pore id fecit, quod ab aeterno immutabili sua voluntate decreverat.
> In effecto producto est mutatio a non esse ad esse, sed hoc Deum
> ipsum non fecit mutabilem. Idem est judicium de quaestione: An *in-
> carnationis* opus Deum statuit mutabilem? Affirmat Socinus in defens.
> animadv. Posn. p. 66.: ‚Quis negare poterit, si Deus tunc revera in-
> carnatus est et homo factus, cum Christus Jesus de Spiritu S. in Mariae
> virginis utero conceptus est exque ea natus, ipsi Deo ejusque substan-
> tiae adventitium aliquid et novum, idque maximi momenti, accidisse?‘
> Atqui mansit eadem Verbi ὑπόστασις, licet alterius natura coeperit esse
> ὑπόστασις.“ (Exeges. l. II. § 154.)

§ 11.

Infinitas essentiae[a] Deo competit, quatenus essentia
Dei *nullis terminis* continetur.[b]

a) Alias enim infinitas non est peculiare Dei attributum, sed ad
attributa positiva varia se extendit, prout dicitur, scientiam, bonitatem, potentiam Dei esse infinitam etc.

> GERHARDUS: „Infinitatis duae quasi *species* statuuntur: Aeternitas
> et immensitas.“ (L. c. § 171.)

b) Probatur ex *Ps. 145, 3.* : *Magnus est Dominus et laudandus valde, et magnitudinis ejus non est finis* (vel pervestigatio). Intelligitur enim non magnitudo molis, seu quantitatis, quae in Deum non cadit, sed magnitudo essentiae.

GERHARDUS: ,,*(Deus) est infinitus inferius*, quia omnia sunt Deo minora et inferiora, adeoque infinito intervallo ab ipso distant. Est infinitus *superius*, quia a nullo suum esse accepit neque quicquam superius agnoscit. Est infinitus *ante*, quia non est a causa efficiente; ante eum non est formatum quicquam, Es. 43, 10. Est infinitus *post*, quia post eum non formabitur quicquam. Est infinitus *extra*, quia nihil extra ipsum est ipso superius. Est infinitus *intra*, quia est suum esse, a se et per se subsistens.'' (L. c. § 169.)

IDEM: ,,Intelligitur 1. non *infinitas* corporeae *quantitatis* nec *extensionis*, sed essentiae et perfectionis; 2. non infinitas *privativa*, sed *negativa*. Non-finitum *privative* est, quod nondum est assecutum ultimam suam perfectionem, sicut foetus in utero. Non-finitum *negative* est, quod ita caret termino et limitatione, ut finiri et limitari nec debeat nec possit. Ita *privative* infinitum dicitur id, quod etsi finem actu jam non habet, habere tamen potest, ut quantitas; *negative*, quod simpliciter non habet finem. 3. Quamvis etymon infiniti tantum respiciat finem, intelligitur tamen, esse terminum a quo, ut infinitus sit ac dicatur Deus, quia nec principium nec finem habet. 4. Infinitum philosophis est triplex secundum substantiam, quantitatem, continuam scilicet et discretam, et secundum qualitatem. In rebus creatis non datur actu infinitum nec secundum substantiam, quia omnis creata substantia est composita, nec secundum quantitatem, nec secundum qualitatem, quia quantitas et qualitas infinita in substantia finita esse nequit. Deus solus infinitus est, non quidem secundum quantitatem vel qualitatem, sed substantiam.'' (L. c. § 162.)

§ 12.

Immensitas Dei in eo consistit, quod essentia divina non potest ullis locorum terminis[a] mensurari aut includi.[b]

a) Imo potius, exhibentibus rebus aliis, Deus secundum substantiam suam *omnipraesens* est, ita quidem, ut nullo loco circumscribatur, omnibus tamen creaturis, idque sine extensione sui, quoad substantiam suam, at nihilominus indistanter adsit, prout vulgo cum immensitate, tanquam attributo negativo, omnipraesentia instar attributi positivi conjungi solet. Probatur autem immensitas (et omnipraesentia) Dei ex *Jer. 23, 24.* Nam qui *coelum et terram implet, repletive est* in coelo et in terra, quamvis *non* sit hic aut illic *circumscriptive*. Unde *Augustinus*, phrasin propheticam interpretaturus, dicit, Deum implere coelum et terram *praesente potentia, non absente natura*, L. VIII. de Civ. Dei, c. XXX. p. m. 694., eamque lectionem vindicat *F. L. Coquaeus* in Notis, qui et *Hilarii* locum citat ex L. V. de Trinit. : *Nullus sine Deo locus est.* Similiter: Quem *coeli coelorum non capiunt* juxta *1 Reg. 8, 27.*, is recte dicitur non posse mensurari ullis locorum terminis, cum coelum (supremum) ita describatur, ut ultra illud nihil creatum esse indicetur; simul autem recte dicitur, coelo pariter et his, quae coelo continentur, omnibus esse praesens, nullibi absens.

GERHARDUS: „*Immensitas* et essentialis Dei *omnipraesentia* ita intelligenda est: 1. Quod Deus non tantum virtute et efficacia, nec tantum visione et scientia, sed etiam tota et individua sua *essentia* sit omnibus rebus praesens, neque enim tantum potentia et scientia, sed etiam essentia est immensus et infinitus. Enter, praesenter Deus hic et ubique potenter... 2. Quod Deus sit ubique praesens *non συνεκτῶς*, ut comprehendatur, *sed συνεκτικῶς*, ut comprehendat et contineat omnia, *non περιεκτῶς et περιγράπτως, sed περιεκτικῶς*. Scholastici dicunt, Deum esse ubique ..., *nec definitive*, quo modo formae intelligentes, angeli scilicet et animae, sunt in loco vel potius in certo *ποῦ*, quia sunt essentiae finitate definitae; *sed repletive*, quod tamen non intelligendum est crasso et corporeo modo, quod Deus ita repleat omnia loca, sicut corpus, quod locum suum eo modo replet, ut impediat, ne in loco, quem occupat, aliud corpus locetur, sed *modo divino*, quod Deus, nullo loco conclusus, omnia loca propter essentiae suae immensitatem contineat. 3. Quod Deus ubique praesens sit *non* per essentiae suae *multiplicationem*, est enim ὅλως ὅλον τι, ens simplicissimum, ac proinde, ubicunque est, totus est; nec per essentiae suae *divisionem*, quia non est in dimidio mundi dimidius, sed ubique totus; nec per *extensionem* et *rarefactionem*, quia non est corporea quaedam moles, sed infinita essentia, incomprehensibilis virtus et inenarrabilis efficacia; nec per *commixtionem*, quia est essentia simplicissima et individibilis, in nullius rei compositionem veniens. 4. Quod Deus ubique praesens sit sua essentia *non subjective*, sicut accidens inhaeret subjecto, quia Deus nec compositus est, nec in compositionem venire potest, et ut aeternitatis notione tempus, sic immensitatis notione locus tanquam subjectum occupans excluditur; *sed effective*, ut principium et causa praesto est rei, quam efficit; Deus enim loco non continetur, sed ipse potius dat loco et rebus, quae sunt in loco, suum esse. Est praesentia *α. illocalis*, *β. impartibilis*, *γ*. rationi nostrae *incomprehensibilis*, *δ. efficax* et operosa, *ε. omnia instar minutissimi puncti in se continens.*" (Exeg. l. II. § 172.)

IDEM: „An recte dicatur Deus realiter existere *extra mundum in spatio imaginario?* ... Breviter, Deus, ut *ante* mundum conditum, sic hodie *extra* mundum conditum est *in se ipso*; ipse sibi et mundus et locus et omnia, ut inquit Tertullianus adv. Praxeam c. 5.:

‚Dic, ubi tunc esset, cum praeter eum nihil esset: Tunc, ubi nunc, *in se*, quoniam sibi sufficit ipse.' Dionys. Carthus." (L. c. § 186.)

QUENSTEDTIUS: „Cum nondum quicquam esset, praesentia ad extra, adeoque *omnipraesentia nulla* fuit, potentia tamen adessendi illocaliter omnibus ubi ab aeterno fuit; *differt itaque immensitas ab omnipraesentia;* ... *illa* aeterna est, *haec* nequaquam, sed cum creaturis coepit. Quando enim Deus voluit creaturas *existere*, voluit quoque *sibi praesentes sistere*, non per quandam accessionem ad perfectionem Dei, sed per excitationem rei non existentis." (L. c. c. 8. s. 1. th. 18. sq. f. 414.)

CALOVIUS: „Observandum, quod hi *gradus* ita *sese mutuo excipiant* et consequantur, ut posteriores semper praesupponant et praerequirant ante se priores, non autem vice versa. Sic *praesentia gratiae* praesupponit divinam *omnipraesentiam;* praesentia *gloriae* includit certa ratione vel praerequirit *gratiae* praesentiam; ac denique praesentia *unionis hypostaticae* supponit et praerequirit suo modo praesentiam *gloriae*, ut et praesentiam *gratiae*, imo et praesentiam *universalem* vel potentiae seu omnipraesentiam." (System. Tom. II. p. 613.)

LUTHERUS: „Der stolze hochmüthige Geist lässt sich dünken, wenn er blos daher sagt, es reimet sich nicht, solches will und solches würde daraus folgen, so müsse es also sein und dürfe es nicht beweisen. Zum dritten gibt er damit seine groben Tölpelgedanken an Tag, da er nicht anders von Gottes Wesen an allen Orten denket, denn als sei Gott ein grosses, weites Wesen, das die Welt füllet und durchaus raget. Gleich als wenn ein Strohsack voll Stroh stecket und oben und unten dennoch ausraget, eben nach der ersten leiblichen begreiflichen Weise. Da würde freilich Christus Leib ein lauter Gedicht und Gespenst sein, als ein grosser Strohsack, da Gott mit Himmel und Erden innen wäre; hiesse das nicht grob genug von Gott geredt und gedacht? Aber wir reden nicht also, sondern sagen, dass Gott ist ein solch ausgereckt, lang, breit, dicke, hoch, tief Wesen sei, sondern ein übernatürlich, unerforschlich Wesen, das zugleich in einem jeglichen Körnlein ganz und gar, und dennoch in allen und über allen und ausser allen Creaturen sei; darum darfs keines Umzäunens hie, wie der Geist träumet. Denn ein Leib ist der Gottheit viel, viel zu weit und könnten viel tausend Gottheit drinnen sein. Wiederum auch viel zu enge, dass nicht eine Gottheit drinnen sein kann. Nichts ist so klein, Gott ist noch kleiner; nichts ist so gross, Gott ist noch grösser; nichts ist so kurz, Gott ist noch kürzer; nichts so lang, Gott ist noch länger; nichts ist so breit, Gott ist noch breiter; nichts ist so schmal, Gott ist noch schmäler, und so fort an, ists ein unaussprechlich Wesen über und ausser allem, das man nennen oder denken kann." (Bekenntniss vom Abendmahl. 1528. XX, 1202. sq. cf. Schrift, dass diese Worte: das ist mein Leib, noch feste stehen. 1527. L. c. p. 1000—1009.)

IDEM: „Nec tamen recte hoc exemplum tractas et, inutiliter disputari coram multitudine, damnas illud, Deum esse in antro vel cloaca; nimis enim humana cogitas de Deo. Fateor quidem, esse quosdam leves concionatores, qui nulla religione aut pietate, sed vel cupiditate gloriae, aut studio novitatis alicujus, aut impatientia silentii levissime garriunt ac nugantur: at ii non placent neque Deo, neque hominibus, etiamsi Deum asserant esse in coelo coelorum. Verum ubi graves et pii concionatores sint, qui modestis, puris et sanis verbis docent, illi sine periculo, imo magno fructu, tale coram multitudine dicunt. Nonne oportet, nos omnes docere, Filium Dei fuisse in utero virginis et natum ex ventre? At quantum distat venter humanus ab alio quovis immundo loco? Et quis non foede ac turpiter posset illum definire? At illos merito damnamus, cum abundent verba pura, quibus eam necessitatem etiam cum decore et gratia dicimus. Item Christi ipsius corpus fuit humanum, sicut nostrum: quo quid foedius? Num ideo non dicimus, Deum habitasse corporaliter in eo, quod Paulus dixit? Quid foedius morte? Quid horribilius inferno? At propheta, Deum esse secum in morte et in inferno sibi adesse, gloriatur. Igitur pius animus non exhorret, audire, Deum esse in morte, vel in inferno, quorum utrumque horribilius ac foedius est, antro vel cloaca. Imo cum Scriptura testetur, Deum esse ubique et replere omnia, non solum dicit, eum esse in locis illis, verum necessario discet et noscet, eum ibi esse: nisi forte, si qua per tyrannum captus in carcerem aut in cloacam projicerer, quod multis sanctis contingit, non mihi licebit, Deum ibi invocare, vel credere, mihi adesse, donec venero in templum aliquod ornatum. Si ita nugandum de Deo nos docueris, et locis essentiae ejus offenderis, nec in coelo eum nobis residere tandem permittes; neque enim coeli coelorum eum capiunt, neque digni sunt." (De servo arb. c. Erasm. 1525. Vid. D. M. Lutheri opp. lat. varii arg. cur. Schmidt. Francof. Vol. VII. p. 141. sq. cf. Hal. Tom. XVIII, 2095. sq.)

ANTITHESIS.

GERHARDUS: „(Errant hoc loco:) 4. *Calviniani*, a. dum quidam ex ipsis negant, Deum sua *essentia* creaturis omnibus praesentem esse. Crocius, P. II. conv. Prutenicae, p. 497... b. Dum *dextram Dei*, ad quam Christus in sua exaltatione evectus est, statuunt, esse *certum in coelis locum*... c. Omnipraesentiam Dei definiunt per *nudam indistantiam* absque operatione." (L. c. § 179.)

b) Quod autem aliquando Deus dicitur *accedere* ad homines et **ab** illis *recedere*, non intelligendum est, quasi secundum essentiam suam aliquo loco circumscribi incipiat aut desinat, sed tanquam per ἀνθρωποπάθειαν dictum; sicut de immutabilitate diximus ad § 10. not. *e.* Nam et, quod Scripturae *specialem* quandam Dei in sanctis *habitationem* et *propinquitatem* tradunt, etsi praesentiam Dei indistantem quoad substantiam (sive ἀδιάστασιν) supponat, formaliter tamen significat certum aliquem *modum* praesentiae *modificatae*, seu talis, qua Deus praesens esse dicitur, ubi se praesentem esse per certas operationes manifestat, nempe quod hominibus *renatis* dona spiritualia praestantiora praesens confert atque auget, aut alias providentiae suae signa edit; *impiis* cum accedere dicitur, iram suam declarat etc.   Est *adventus* Dei *ad credentes, quo gratiae et beneficentiae exhibitio notatur, Exod. 20, 24. Joh. 14, 23.*   Est et *adventus Dei ad judicandum et puniendum, Esaiae 3, 13. 14.*: verba sunt b. *Glassii* in Philol. S. L. V. Tr. I. Cap. VII. p. 143. (1149.)   Ecce adventus Dei ad credentes in casu recto est ipsa exhibitio gratiae et beneficentiae! operatio, inquam, gratiosa et benefica, et ex adverso, respectu impiorum, operatio irae et justitiae vindicativae.   Quod autem, praeter specialem Dei (qui jam vi immensitatis suae omnibus intime praesens est) operationem gratiosam penes credentes, etiam ipsius essentiae *specialem approximationem* ad substantiam credentium inferat, nondum hactenus satis clare ostensum est.   Neque enim litera phrasium Scripturae, v. g. *veniemus ad eum*, etc. urgeri potest, quippe cujus rigida acceptatio, tanquam verbi aut phraseos ad *motum localem* proprie pertinentis, in Deum non cadit, et, vi oppositionis, inter τὸ *propinquum* et *remotum*, si ad ipsam Dei essentiam aut substantiam referatur approximatio, *distantiam* aliquam essentiae divinae ab essentia hominis, quae praecesserit (seu Deum prius abfuisse, antequam adveniret), tanquam terminum *a quo* significaverit, eaque ratione immensitatem essentiae divinae negare necesse fuerit.   Quodsi dicatur, negato certo modo praesentiae, non statim negari omnem adessentiam, nedum substantiarum praesupponi distantiam; simul tamen dicendum erit, essentiam divinam, praecisa illa nova approximatione sui (aut ante adventum illum novum) secundum substantiam, certo quodam modo (licet non simpliciter, certo tamen modo, ab operatione distincto) non adfuisse; et sic substantiarum divinae et humanae, certo quodam modo ab operatione distincto, dabitur aliqua aut praesupponetur distantia.   Quando autem meminimus, omnipraesentiam Dei secundum substantiam ita fundari in immensitate essentiae divinae, ut hac posita positaque simul existentia rerum a Deo distinctarum, seu creatarum, quibus Deus praesens dicatur, non possit non poni omnipraesentia ejusmodi, qua tota essentia divina rebus omnibus intime, *intime* inquam, praesens sit: profecto non solum aliquam adessentiam necessario agnoscemus, verum adessentiam ejusmodi, quae non recipit magis et minus; quatenus ut adessentia, praecisa operatione, spectatur.   Quamvis ergo praesentia Dei, quatenus efficacem Dei operationem extra se in creaturis importat, recipiat gradus, adeoque magis et minus; tamen essentiae aut substantiae divinae ea est ratio, ut, si adessentiam, praecisa operatione (non autem ipsam peculiarem operationem) spectes, novam quandam sui approximationem ad substantiam hominis (cui Deus praesens est, et in eo aut circa eum operatur) non importet, verum hanc potius excludat; cum ipsa sit intima, qua non interior, arctior aut propinquior 'detur, aut dari queat. Atque hoc est, quod nostrates non pauci (praecipue *Gerhardus* Disp. Isag. LL. Disp. IV. L. V. § ult. p. 106.) omnipraesentiam Dei *relate*, sive in respectu ad creaturas consideratam, dicunt esse *efficacem operationem cum adessentia conjunctam*, quae (*operatio*) deinceps diversos *gradus* ad-mittat, non ipsam adessentiam substantiae ad substantiam, quae alia atque alia, magis aut minus propinqua sit. In locis Scripturae autem, quibus adventus Dei ad homines indicatur, dicunt esse ἀνθρωποπάθειαν, *metaphorae* speciem, ab *homine* aut *rebus humanis* ad *Deum* aut *res divi-nas*, per quandam similitudinem designandas, translatis, desumtam, quam et συγκατάβασιν appellant, i. e. *condescensionem, quia in sermone sacrosancto Jehovah quasi descendat ad nos et verbis humanis mysteria sua coelestia exprimat.* Vid. *Glassius* l. c. p. 98. 99. (1116.) Hanc autem ἀνθρωποπάθειαν et συγκατάβασιν pro καταχρήσει venditare, atque hoc no-mine doctrinam et interpretationem locorum Scripturae, in ipsa *ἀνα-λογία* fidei fundatam, suspectam aut exosam reddere, partim usus lo-quendi ac definitiones in scholis rhetorum non patiuntur, partim veritatis et caritatis leges prohibent. Certe veteres ecclesiae nostrae doctores diversos gradus praesentiae Dei *non per diversas approximatio-nes essentiae divinae ad essentias creaturarum, sed per diversas operationes* Dei, per immensitatem essentiae suae omnibus aeque et semper prae-sentissimi, descripserunt. Frustra sententiam illam alteram quae-siveris apud interpretes dicti Christi *Joh. 14, 23.*: *Veniemus ad eum* (ego et Pater ad diligentem me) *et mansionem ibi faciemus* (quam tamen *sedem propriam* hujus doctrinae esse, alii putant): *Casp. Crucigerum* seniorem, *Joh. Brentium, L. Osiandrum, Aeg. Hunnium.* Alias autem *Nic. Selneccerum* quidem novimus ad quaestionem: *Daturne Spiritus S. iis, qui antea habent Spiritum S.?* respondisse: *datur quoad incrementum motuum sanctorum et donorum* P. I. Exam. p. 212. De approximatione essentiae, οὐδὲ γρῦ. Similiter *Joh. Wigandus*, cum considerationem suam methodicam de ubiquitate seu omnipraesentia Dei ederet, Jenae impressam anno 1591., doctrinam de ubiquitate in ecclesia deque in-habitatione in renatis proponens, nihil de substantiae divinae approxi-matione affert. *Aeg. Hunnius* autem QQ. et Resp. de S. Trinitate, T. I. Op. p. m. 121., expresse docet ac *teneri* debere monet, *esse aliud praesentiam essentiae* (qua Spiritus S. *adsit etiam impiis*), *aliud* vero *gratiosam ipsius inhabitationem; interim hanc illam indubitato supponere.* Antea dixerat, Spiritum S. dici *mitti* ἀνθρωποπαθῶς, *quemadmodum* Deus ipse per ἀνθρωποπάθειαν descendere dicatur, scilicet, quatenus *qui propter essentiae invisibilitatem prius videbatur abesse, nunc novo quodam opere praesentiam suam manifestat eamque quodammodo visibilem reddit.* Conf. Ejusd. Comm. in Cap. VI. Joh. T. IV. Op. fol. 759. Similiter *Balduinus*, unionem mysticam Dei et sanctorum hominum declaratu-rus, ad Cap. VI. prioris ad Cor. p. 17. P. II. Observ. 9. p. m. 358. a. *in adhaesione mutua Dei et hominis consistere*, perhibet. Hanc autem porro explicaturus, *adhaeret nobis Deus*, ait, *per communicationem suae gratiae, nos adhaeremus ipsi per fiduciam cordis, quae gratiam Dei appre-hendit.* Nihil de arctiore conjunctione substantiarum. Ex adverso, cum de amissione Spiritus S., quae fit per peccata contra conscientiam, ageret, Comm. in Epist. ad Ephes. cap. IV. P. II. Q. V. p. m. 922., non solum de amissione propinquioris adessentiae Spiritus S. quoad substantiam nihil docet, verum potius, *ita*, ait, *amittitur Spiritus Sanctus, non quasi substantia sua ab homine discedat* (sive simpliciter, sive secundum quid), *ea enim orbem terrarum replet, Sap. 1, 7.; sed quia gratiam suam ab homine aufert, solatio et auxilio privat.* B. *Gesnerus* etiam in Disp. V. pro libro Conc. Cap. VIII. § 11. *praesentiam gratiae* a praesentia *conversationis universalis* (quam alii adessentiam appellant) distinguit. *Accessum* ejus dicit fieri *per verbum; ratione durationis, qua Deus in fidelibus* μονὴν *facit,* fieri dicit, *ut filii Dei Spiritu Dei agantur, et sint templa Dei* etc., p. m. 138. Sic igitur etiam b. *Gerhardus* noster Tomo I. LL. (quem an. 1610. in lucem emisit) explicaturus diversos gradus praesentiae divinae, non solum diversitatem approximationis essentiae divinae non tradidit, sed potius expresse diversos illos gradus *tantum* NB. *differre effectibus,* seu *discrimen multiplicis praesentiae in sola effectuum diversitate consistere,* docuit, § 219. Imo et postquam *Gerhardus,* elapso quindecennio, *Exegesin* suam edidisset, atque interea temporis sententia illa de approximatione essentiae divinae ad substantiam hominis arridere *quibusdam* et innotescere coepisset; ipse tamen illi non subscribere, sed, allatis in *utramque partem* rationibus, *judicium* suum *suspendere* deprehensus est. In Harmonia vero Evangel. P. III. Cap. CLXXVI. p. 598. ad verba *Joh. 14, 23.* scribit, *adventum Patris et Filii* (ad fideles) fieri *peculiarium effectuum demonstratione, ac loqui Christum per quandam* συγκατάβασιν. Quam in rem *Augustini, Fulgentii* et *Bernhardi* verba adducit. Factum hoc anno 1627. Imo vero etiam in Comment. ad Deuter. (cui immortuus est) ad Cap. 4, 7.: *Per appropinquationem* Dei, ait, *intelligitur gratia et favor, praesentia gratiosa, benevola exauditio, liberatio ex periculis et adversis,* etc., p. 174. conf. p. 178. num. 5. et 6. Atque ita etiam collegae et successores ejus, in simplicitate doctrinae persistentes, ab amplectenda sententia altera abstinuerunt. Conf. b. *Musaei* Ausführl. Erklärung, Qu. 74. p. 610. sqq.

QUENSTEDTIUS: „Praesentia divina gratiosa, etsi generalem propinquitatem divinam, qua Deus coelum et terram replet, praesupponat, tamen in se includit etiam *specialem Dei propinquitatem,* ab illa generali vere distinctam, quae infert *non solum operationem* gratiae, sed etiam peculiarem *approximationem* essentiae divinae ad substantiam hominis fidelis. *Falsum* ergo, propinquitatem secundum substantiam respectu piorum et impiorum *eandem* esse, in hoc autem tantum differre, quod in sanctis propinquitas Dei secundum substantiam *cum operatione gratiosa,* in impiis vero tantum *cum operatione generali,* consistente in conservatione rerum in suo esse et harum gubernatione, conjuncta sit." (L. c. P. III. c. 10. s. 2. f. 902.)

LUTHERUS: „Omittamus etiam aliam quaestionem, quid Deus ante principium mundi fecerit, quieveritne, an non? Ad quam sic respondisse quendam refert in confessione Augustinus, Deum praeparasse infernum curiosa scrutantibus, scilicet, ut eluderet, ait Augustinus, violentiam quaestionis. Placet ergo Augustini modestia, qui profecto candide dicit, se in hujusmodi quaestionibus contrahere sui ingenii vela, quia etiamsi in infinitum speculemur et disputemus, tamen manent haec incomprehensibilia. Quodsi etiam illa, quae videmus et gerimus, non satis plane intelligimus, quanto minus haec assequemur?

Quid enim extra tempus, et ante tempus fuisse statues? aut, quid Deum, antequam tempus esset, fecisse cogitabis? Quare abjiciamus ista, et sentiamus, Deum ante conditionem mundi fuisse incomprehensibilem in sua essentiali quiete; nunc autem post creationem esse intra, extra, et supra omnes creaturas, hoc est, etiam esse incomprehensibilem. Aliud dici non potest, quia noster intellectus, quid extra tempus sit, non intelligit. Ideo Deus quoque se non manifestat, nisi in operibus et verbo, quia haec aliquo modo capiuntur; reliqua, quae propria divinitatis sunt, capi aut intelligi non possunt, ut sunt, esse extra tempus ante mundum, etc. . . Haec enim natura sic est peccato deformata, imo corrupta et perdita, ut non possit Deum nudum cognoscere, seu comprehendere, qualis sit. Ideo involucra ista necessaria sunt. Et insania est disputare multa de Deo extra et ante tempus, quia id est velle comprehendere nudam divinitatem, seu nudam essentiam divinam. Hoc quia impossibile est, ideo involvit se Deus in opera, et certas species, sicut hodie se involvit in baptismum, in absolutionem etc. Ab his si discedas, tunc abis extra mensuram, locum, tempus, et in merissimum nihil, de quo secundum philosophum non potest esse scientia." (Ad Gen. 1, 2. Vid. Exeget. opp. lat. Cur. Elsperger. Erlangae. Tom. I. p. 15—17.)

§ 13.

Aeternitas Dei, absolute sic dicta,[a] significat existentiam seu durationem Dei permanentem, sine principio et fine[b] omnique successione[c] aut vicissitudine.[d]

a) Non enim h. l. accipitur pro *tempore diuturno*, *non* pro duratione, quae initium agnoscit ac *tantum fine caret*, sed sensu *strictissimo*; quam *Boëthius* definivit, quod sit *interminabilis vitae tota simul et perfecta possessio*.

b) Sic enim importat *negationem terminorum* seu vitam *interminabilem*.

c) Qua ratione dicitur *possessio vitae tota simul*, i. e. expers partium sibi invicem succedentium; ita ut excludatur prius et posterius, praeteritum et futurum, adeoque initium, non solum quoad esse simpliciter, verum etiam quoad motum et operationem, ut sit potius duratio uniformis.

d) Probatur aeternitas Dei ex *Ps. 102, 28.*, ubi in oppositione ad *coelum* et *terram*, diu quidem, sed non sine initio aut fine existentiae, Deus dicitur *perstare*, tanquam omnis reclinationis, casus aut ruinae expers; dicitur *idem ipse* (semper) *esse*, sine ulla alteratione vel vicissitudine. Conf. *Ps. 90, 2.*, ubi dicitur Deus esse *a saeculo et usque in saeculum*; ita ut terminus nullus, nec principium neque finis, assignari Deo possit v. 4., *quod mille anni sint apud* Dominum *uti dies jam praeterlapsa*, ad indicandum, quod nulla sint apud Deum intervalla temporum, coram quo omnium saeculorum tempora velut unum quoddam ἀδιαίρετον νῦν se habent, uti *Aeg. Hunnius* interpretatur T. I. Op. fol. 85., *Gen. 21, 33.* et *Es. 40, 28.*, ubi עוֹלָם אֵל, *Deus saeculi*, item *1 Tim. 1, 17.*, ubi Βασιλεὺς τῶν αἰώνων, *Rex saeculorum* dicitur; nempe omni tempore superior, omnibus quidem saeculis coëxistens, non tamen saeculis aut tempore mensurabilis. Denique *Apoc. 1, 4. et 8. c. 11, 17. 16, 5.*: *Qui est, qui erat, qui futurus est.* Quamvis enim his verbis duratio Dei describi videatur per differentias temporis; si tamen recte attendas, hoc est, quod docetur, Deum ita *existere*, ut ante, quam a nobis concipitur existere, jam *extiterit* et possit concipi extitisse *in infinitum*, quodque possit etiam concipi *postea existere* aut *extiturus* in infinitum.

A N T I T H E S I S.

GERHARDUS: ,,Opponenda haec sunt . . . 5. *Photinianis*, qui et ipsi aeternitatem Dei labefactant: a. negando cum Vorstio, esse descriptionem aeternitatis proprie ac absolute sic dictae, quod Deus dicatur fuisse *ante mundum* conditum . . ., fine eo, ut argumentum, quod pro vera Christi deitate ex Prov. 8. et locis parallelis deducitur, labefactetur; b. *temporis successionem* et differentias in aeternitate statuendo." (Exeges. l. II. § 144.)

§ 14.

Vita[a] Dei, in *actu primo* spectata,[b] significat ipsam Dei essentiam seu naturam, quatenus se ipsam certo modo movet, aut concipi potest, ut principium operationis vitalis seu immanentis; in *actu secundo* denotat ipsam operationem immanentem,[c] procedentem a natura divina.

GERHARDUS: ,, *Vita* Dei est actus, quo essentia divina se actuosam esse demonstrat; tribus autem modis, ut scholastici docent, essentia divina se actuosam esse ostendit: *intellectu, voluntate* et *potentia* agendi; haec ergo tria ad vitam Dei pertinent: intellectus, voluntas et agendi potentia." (L. c. § 160.)

J. AD. OSIANDER: ,,Scientia Dei . . . non est *habitus*, essentiae divinae superadditus, sicut humana sapientia, sed est ipsa Dei essentia." (Colleg. theol. I, 290.)

a) Dicitur Deus *vivus, Gen. 16, 14. Josuae 3, 10. Ps. 42, 3. 84, 3. Es. 37, 4. Act. 14, 15.* Dicitur *vitam habere ἐν ἑαυτῷ, in se ipso, Joh. 5, 26., jurare per vitam* suam, *Deut. 32, 40. Ezech. 33, 11.* Atque homines jurant *per Deum vivum, 1 Reg. 17, 1.*

b) Nam et alias vita *duplici* sensu accipitur, quatenus in *actu primo* quidem significat *naturam* cujusque rei, *quae seipsam quodammodo movet*, in *actu secundo* autem ipsam *motionem* seu *operationem immanentem*, a tali natura procedentem, quae vel est *materialis*, nempe vegetativa aut sensitiva, vel *immaterialis*, rationalis puta seu intellectualis. In *Deo* autem et ex parte rei plane *idem* sunt *vita in actu primo* et *in actu secundo*, cum ipsum *esse* Dei sit *vivere* ipsius.

c) Atque hanc quidem, cum perfectissimum esse oporteat, immaterialem atque adeo *intellectualem* esse necesse est. Unde statim de intellectu et voluntate Dei agendum venit.

§ 15.

Scientia[a] Dei in eo consistit, quod Deus *se* et *res alias* a se distinctas, quae *sunt*, quaeque *esse possunt*,[b] *omnes*[c] secundum *esse* suum *proprium*,[d] quod singulae in se ipsis extra Deum habent, *uno* singulari *actu*,[e] *per se immediate*, citra speciem intelligibilem[f] aut discursum,[g] cognoscit; imo non solum ea, quae revera existunt aut extitura sunt, *sive* ex necessitate naturae, *sive* contingenter, per liberam voluntatis humanae[h] determinationem, verum etiam ea, quae futura *essent*, si *conditio* aliqua impleretur, quae tamen actu futura non sunt, quia conditio non impletur,[i] exacte intelligit.

a) Seu *intelligentia* ejus, quae, sive pro *potentia* intelligendi, sive pro *actu* aut actuali cognitione accipiatur, cum *essentia* divina *realiter idem* et simplicissime unum est, cum in Deum non cadat accidens, juxta § 9. et notam *a*.

b) Unde distinguitur scientia Dei in *naturalem* et *liberam;* scilicet, quod *illa* quidem Deo per naturam et necessario conveniat, quatenus Deus ab aeterno, et *antecedenter* ad omne decretum liberae voluntatis cognoscit cum *seipsum* necessario existentem, tum *res alias* omnes *possibiles, ut tales* (qua posteriore ratione etiam vocatur scientia *simplicis intelligentiae*); *haec* autem Deo conveniat, *consequenter* ad liberum decretum de rebus aliquando producendis, atque hac ratione Deus ab aeterno cognoscat omnes res, velut post liberum decretum suum futuras, quidque singulae atque omnes cum concursu divino sint acturae (qua ratione scientia *visionis* appellatur, quod per eam Deus res cognoscat secundum propriam suam existentiam, velut *coram intuendo*).

GERHARDUS: „*Distinguitur* Dei scientia . . . in theoreticam et practicam. *Theoretica* est, qua Deus simpliciter et absolute omnia cognoscit. *Practica* est, qua Deus quaedam ea ratione scit, ut etiam eadem operetur. Vocatur alias scientia *beneplaciti* et *approbationis*. *Prior* extendit se ad *omnia, posterior* tantum ad *bona. Prior* distincta est a voluntate, *posterior* cum voluntate juncta est. *Prior* agit in se ipsa, *posterior* agit in alio. *Prior* non est causa rerum, *posterior* vero est causa rerum. *Prioris* exemplum proponitur in medico, qui praescit, aegrum crastino die moriturum; *posterior* in latrone, qui praescit, altero die occisum iri eum, cui ipse violentas manus infert." (L. c. § 244.)

J. AD. OSIANDER: „Scientia Dei dicitur . . . alia *generalis*, qua novit res omnes et rerum causas, universalia et particularia, bona et mala; alia *specialis*, qua novit electos suos." (L. c. p. 290.)

c) Unde et *omniscientia* dicitur, et probatur ex *1 Sam. 2, 3.*, ubi Deus *scientiarum Dominus* dicitur, id est, omnem scientiam possidens. Similiter *1 Joh. 3, 20.*, ubi expresse dicitur: *Deus novit omnia*. Speciatim etiam observanda sunt loca, quibus Deus dicitur nosse arcanas

quorumvis *hominum cogitationes*, quas nemo alius norit aut nosse possit:
1 Reg. 8, 39. Ps. 7, 10. 34, 15. 139, 1. sqq. Proverb. 15, 3.

d) *Non* enim *solum* res creatas cognoscit, quatenus *in ipso* (Deo)
suum esse eminenter habent, verum etiam ita, ut intellectus Dei ad
illarum *esse*, quod *in se* ipsis habent, terminetur.

e) Nam quemadmodum potentia et actus intelligendi in Deo, ex
parte rei, ab essentia Dei non differunt, ita non multiplicantur realiter
actus intelligendi quoad diversitatem aut numerum objectorum.

f) *Species intelligibiles* enim, sicubi locum habent, objectorum vicem
gerunt suntque ab intellectu realiter distinctae et unum cum eo principium intellectionis completum constituunt. In Deo autem, ubi non
sunt actus intellectus realiter producti, ipse intellectus divinus per
modum speciei expressae repraesentat objectum.

g) Nempe quamvis alias vox *scientiae* importet *cognitionem rei per
causam*, adeoque *progressum* a *causa*, tanquam notiore, ad *effectum*, tanquam ignotius: quia tamen Deus, cui nihil ignotum est, non progreditur a cognito ad ignotum, ideo neque cognitio per demonstrationem
aut discursum Deo proprie tribui potest.

h) Et cognoscuntur quidem ea immediate in seipsis, tanquam in
se determinatam veritatem habentia (quippe quod contradictorie oppositorum v. g. *Adam peccabit; Adam non peccabit;* alterutrum oportet
esse verum, alterum falsum), adeoque vere cognoscibilia. Quod autem
Deus futura contingentia ejusmodi, quae ratione existentiae suae a
causa libera, seu indifferente ad agendum et non agendum (videlicet
ab arbitrio voluntatis creatae), pendent, cognoscat, quae *praescientia*
Dei peculiari nomine vocatur: probant *partim* tot *praedictiones* rerum
inter homines futurarum divinitus factae, *partim* quod Deus hoc velut
charactere a diis falsis se distinguit. Vid. *Es. 41, 22. 23. 42, 9. 43, 12.*

J. Ad. Osiander: ,,*Praescientia* dicitur non respectu *Dei*, sed respectu *rerum*. Ut enim in Deo non habet locum *postscientia*, etsi noverit praeterita: ita, accurate loquendo, sub futurorum in tempore cognitione Deo tribui non potest praescientia. Omnia enim Deo sunt praesentia, non quidem *actualiter*, per existentiam, verum *objective*, ex
perspicacia et latitudine intellectus divini." (L. c. p. 290.)

Gerhardus: ,,Quod *praescientia* Deo tribuitur, id fit respectu
nostri; ipsi enim omnia sunt praesentia, quae nobis adhuc futura, et
respectu rerum, quae in tempore fiunt, cum ab aeterno Deo sint nota."
(L. c. § 243.)

Lutherus: ,,Hie auf der Welt hat es wohl eine Maass, dass die
Zeit nach einander geht, der Sohn nach dem Vater, und also fort. Als,
dass wir ein Gleichniss geben: Wenn ein Holz fern von dir liegt, oder
dass du es nach der Länge ansiehst, so kannst du es nicht übersehen;
wenn es aber nahe für dir liegt, oder du oben darauf stehest, und
kannst es nach der Quer ansehen, so hast du es gar im Gesichte.
Also können wir auf Erden dies Leben nicht begreifen; denn es gehet
immer von Fuss zu Fuss nach einander, *bis an den jüngsten Tag, aber
für Gott stehet alles in einem Augenblick.* Denn für ihm sind tausend
Jahr Ein Tag, Ps. 90. 2 Pet. 3. Also ist ihm der erste Mensch ebenso
nahe, als der am letzten geboren soll werden, und siehet es alles zugleich an: wie des Menschen Auge zwei Dinge, die auch fern von einander sind, in einem Augenblick kann zusammenbringen." (Ad 1 Pet.
3, 19. Zweite Auslegung des 1. Br. St. Petri. Tom. Hal. IX, 788. sq.)

GERHARDUS: ,,Ut quodammodo explicetur, qua ratione certitudo et *immutabilitas divinae praescientiae non tollat rerum contingentiam et libertatis humanae voluntatem*, distinguendum est inter *necessitatem consequentis* (quam alias vocant absolutam, praecedentem, simplicem), quae oritur ex necessaria causae cum effectu ac intrinseca terminorum connexione; et inter *necessitatem consequentiae* (quam vocant hypotheticam, sequentem, comitantem, conditionalem, ex suppositione), quae oritur ex actu existentiae ab ipsa positione effectus, quia omne, quod est, eo ipso, quod est, necesse est esse. Hac *posteriori* necessitatis specie respectu divinae praescientiae necessaria sunt, quae ex causis contingenter et libere agentibus fluunt, atque haec necessitas non tollit libertatem, sed potius praesupponit.'' (L. c. § 255.)

LUTHERUS: ,,Optarim sane aliud melius vocabulum dari in hac disputatione, quam hoc usitatum, Necessitas, quod non recte dicitur, neque de divina, neque humana voluntate. Est enim nimis ingratae et incongruae significationis pro hoc loco, quandam velut coactionem, et omnino id, quod contrarium est voluntati, ingerens intellectui, cum tamen non hoc velit causa ista quae agitur. Voluntas enim sive divina sive humana nulla coactione, sed mera lubentia vel cupiditate quasi vere libera facit quod facit, sive bonum sive malum: sed tamen immutabilis et infallibilis est voluntas Dei, quae nostram voluntatem mutabilem gubernat, ut canit Boëthius: Stabilisque manens das cuncta moveri; et nostra voluntas, praesertim mala, se ipsa non potest facere bonum. Igitur quod non praestat vox, impleat intellectus legentis necessitatem, intelligens id quod dicere velles, immutabilem voluntatem Dei et impotentiam nostrae voluntatis malae, ut aliqui dixerunt necessitatem immutabilitatis, nec hoc satis grammatice nec theologice.'' (De servo arbitrio. Vid. Opp. lat. var. argum. Cur. Schmidt. Francof. 1873. Vol. VII. p. 134. sq.)

i) Unde dicitur scientia *de futuro* conditionato, tali quidem, ubi *conditio* cum *effectu* seu re futura *connexionem* habet, sed non nisi *contingentem*. Alias appellatur scientia *media*, nempe quod *objectum* ejus *inter res* sub ratione *possibilitatis* praecise spectatas, et *res absolute* futuras interjacet. Probatur autem, Deo competere scientiam futurorum conditionatorum ex *Matth. 11, 21.*, ubi testatur Christus θεάνθρωπος, scire se, quod cives urbium *Tyri* et *Sidonis in sacco et cinere acturi fuissent poenitentiam*, posita certa conditione, seu si *coram ipsis miracula* talia, qualia suo tempore in urbibus *Chorazin* et *Bethsaida* contigerunt, edita fuissent, qui tamen, non impleta conditione ista, revera conversi non fuerunt. Adde *1 Sam. 23, 11. sqq.* Confer etiam de *scientia Dei* Dissertationem Acad. pecul. b. *Frid. Bechmanni.*

ANTITHESIS.

GERHARDUS: ,,Omniscientiam divinam labefactant . . . 4. *Photiniani*, dum negant, Deum praescire futura hominum peccata... *Socinus* in prael. theol. c. 8—11.: ,Nulla ratio, nullum Scripturae testimonium proferri potest, ex quo aperte colligitur, Deum mala, ex voluntatibus hominum dependentia, scivisse, antequam fierent.''' (L. c. § 250.)

CALVINUS: ,,Nec alia ratione, quae futura sunt, *praevidet*, nisi quia, ut fierent, *decreverit*.'' (Institut. III, c. 23. s. 6.)

§ 16.

Sapientia[a] Dei importat exquisitissimum Dei consilium, quo causas et effectus omnes modo plane admirabili disponere et ordinare novit ad suum finem.[b]

a) Quamvis enim sub scientia Dei comprehendi videatur; quia tamen vulgo, et ab ipsa Scriptura, ad captum vulgi se accommodante, distingui et peculiariter tradi solet, ideo et hic seorsim indicanda fuit.

QUENSTEDTIUS: „*Sapientia* a *scientia* Dei distinguitur Rom. 11, 33., ubi profunditatis divitiarum καὶ σοφίας καὶ γνώσεως Θεοῦ fit mentio. *Illa* est attributum Dei *absolutum*, *haec relativum; illa* concipitur a nobis per modum *habitus*, haec per modum *actus.*“ (L. c. c. 8. s. 1. th. 26. f. 417.)

b) Probatur ex *Hiobi cap. 12, 13.*, ubi dicitur, *penes Deum esse sapientiam; illius* esse *consilium et intelligentiam;* et c. *28, 20. sqq.*, ubi, cum plenae sapientiae laus omnibus aliis adimitur, soli Deo eam asserendam esse docetur. Confer *1 Tim. 1, 17.*, ubi Deus μόνος σοφὸς, *solus sapiens* dicitur; et *Rom. 11, 33.*, ubi stupenda et *impervestigabilis* sapientia Dei celebratur.

§ 17.

Antequam ad caeterorum attributorum considerationem progrediamur, dicendum est aliquid de *voluntate* Dei,[a] seu, quatenus essentia divina habet se per modum[b] potentiae appetitivae, tendentis in bonum ab intellectu cognitum, ut volendum, et ad malum cognitum, ut aversandum.

a) Pertinent enim attributa sanctitatis, justitiae et veracitatis ad voluntatem divinam.

GERHARDUS: „*Voluntas* significat: 1. τὸ θελητικὸν, ipsam *facultatem* seu vim animae, qua volumus; 2. τὴν θέλησιν, *actum* volendi, quem barbari vocant volitionem, philosophi νοεράν ὄρεξιν; 3. τὸ θελητὸν, *objectum* sive rem, quam volumus.“ (L. th. de nat. D. § 163.)

b) Seu, ut *principium* actus *volendi* objectum appetibile et *nolendi* aut aversandi objectum disconveniens aut malum: quamvis *essentia* Dei et *voluntas*, ejusque *actus*, inter se ab intellectu divino quoad rem non differant, sed *realiter unum* sint atque idem.

GERHARDUS: „Quando Deo tribuitur voluntas, non intelligitur facultas quaedam volendi ab ipsa Dei essentia realiter distincta, quae per actum volendi, quem volitionem vocant, itidem distinctum ab essentia sese exserat; sed voluntas Dei est ipsa *Dei essentia* vel Deus volens.“ (Exeges. l. II. § 265.)

§ 18.

Actuum voluntatis divinae non dantur causae formaliter[a] causantes, dantur tamen virtualiter[b] causantes: *efficiens*,[c] *impulsiva* interna[d] et externa,[e] itemque *finalis*.[f]

a) Nam alias necesse foret statuere intra Deum aliquid realiter productum et ab essentia divina realiter diversum, cum *causa formaliter causans* et *causatum* differant, ut *aliud* atque *aliud;* ex adverso autem *contradictionem* implicet, si statuamus, *essentiam divinam* esse *independentem*, et tamen *aliquid*, quod quoad rem *idem* est *cum essentia* divina, esse *dependens*, tanquam vere et realiter productum ab alio. Confer b. *Musaei* Tract. de Aeterno Elect. Decr. cap. I. § 4. sqq. p. 2. sqq.

J. SCHARFFIUS: „Hisce terminis: formaliter et materialiter, varie utuntur et abutuntur. *Formaliter* sumitur 1. pro quidditate rei tota, ut sit idem, quod *quidditative.* Sic dicitur: homo est formaliter animal rationale. 2. Pro *ultima rei differentia.* Sic unitas formaliter dicit indivisionem. Sic genus pertinet ad materiale; sola differentia specifica, ut ita loquar, complet formalem rationem. 3. Pro *actualiter* seu pro eo, quod actu inest. Sic formaliter contradistinguitur τῷ virtualiter. Ita dico: Sol non est formaliter calidus, sed virtualiter. 4. Pro *principio agendi interno.* Sic homo formaliter est animatus, formaliter intelligit." (Metaphysica. Ed. 5. Witteb. 1649. p. 18.)

REUSCHIUS: „*Causae formaliter causantes* sunt proprie dictae causae, quae adeo a causato non tantum realiter, sed etiam essentialiter differunt, ut causa et causatum sint diversa entia seu, ut b. auctor loquitur, aliud atque aliud. Sed *extra Deum nihil existere potest, quod effectum in Deo producat*, quia Deus est independens et tanquam purus putus actus aliorum entium actiones recipere seu pati non potest. Item *nullus Dei actus potest producere alium in Deo actum tanquam ens diversum*, seu ut differant illi actus tanquam aliud atque aliud; quia Deus ita est simplicissimus, ut pluribus entibus constare nequeat. Quapropter neque extra Deum, neque intra Deum esse potest causa proprie dicta alicujus perfectionis in Deo obviae seu actus divini. Sed in puncto rationis saepe una Dei perfectio ante est concipienda, quam altera perfectio in Deo concipi possit; e. g. antequam concipere queam, quod Deus sit *aeternus*, praestruendum est in puncto rationis, quod sit *ens a se* atque existat necessario. Quoniam igitur cognitio, quae ex natura objecti est praestruenda, si alteram cognitionem concipere velim, hujus cognitionis vocatur ratio a priori, atque talis ratio a priori appelletur *causa virtualiter causans;* perfectionum seu actuum divinorum quam plurimorum dantur rationes a priori seu causae virtualiter causantes." (Annot. p. 175. sq.)

b) Seu rationes essendi a priori, quae nostro concipiendi modo instar causarum se habent, ita ut, si illud, cujus causa dicitur, causaretur, reipsa et vere in illo genere causae ejus existerent. Vid. *Mus.* l. c.

c) Sic *Deus* ipse est causa *efficiens actuum* voluntatis suae.

d) Nempe *alii* a divina *bonitate*, alii a *justitia* divina, quae Deum moverit, proficisci dicuntur.

e) Sic actus voluntatis, quo Deus *decernit* certis *hominibus* conferre *salutem*, agnoscit causam *impulsivam externam meritum Christi, fide* finali apprehendendum, atque ita praevisum, ut infra L. de Praedest. videbimus.

f) Ita Deus, quae volens facit, *gloriae* suae tanquam finis causa velle et facere dicitur.

§ 19.

Voluntas Dei distinguitur[a] in *naturalem* et *liberam.* *Illa* dicitur Deus velle, quod non potest non velle. *Hac* velle dicitur, quod etiam posset non velle, aut velle oppositum. *Priore* ratione seipsum,[b] *posteriore* ratione res creatas[c] velle dicitur.

a) Pro diversa habitudine ad diversa objecta.

b) Tanquam in quo omnis ratio boni sine defectu apparet, ita ut sit *objectum* voluntatis divinae *primarium,* quod ad voluntatem Dei necessariam habitudinem importat.

> GERHARDUS: ,,Deus vult seipsum ut finem, creaturas ut media.'' (Exeg. L. II. § 279.)

c) Quae, sicut contingentes sunt ac bonitatem non nisi finitam habent, ita non necessariam habitudinem important ad voluntatem divinam; quo refertur, quod *Ps. 115, 3.* dicitur, *Deum facere, quae vult,* adeoque libere velle et pro libera voluntate facere, quae facit.

> THOMAS: ,,Deus non necessario vult, quicquid vult; posito autem, quod aliquid velit, est necessarium, quia voluntas Dei est immutabilis.'' (L. I. c. gent. c. 83.)

§ 20.

Voluntas Dei libera distinguitur 1. in *efficacem* et *inefficacem.* Efficax dicitur, qua Deus aliquid vult tanquam efficiendum,[a] inefficax, qua Deo aliquid placet secundum se, licet non intendat illud efficere.[b] Efficax voluntas porro dividitur in *absolutam,* qua Deus aliquid vult sine conditione,[c] et *conditionatam,* qua vult aliquid sub conditione.[d] 2. In *absolutam,* qua vult aliquid potentia sua absoluta, seu ad causas secundas non alligata, efficiendum;[e] et *ordinatam,* qua vult aliquid, sua ordinata, seu ad causas secundas ac certum ordinem mediorum a se institutum alligata, potentia efficiendum.[f] 3. In *primam,* seu *antecedentem,* qua vult aliquid ex se solo, seu ex nativa sua inclinatione praecise, necdum habita ratione circumstantiarum;^g et *secundam*, seu *consequentem*, qua aliquid vult, consideratis circumstantiis, seu intuitu alicujus causae aut conditionis, ex parte creaturae, cui aliquid vult, spectatae.^h

a) Sic voluntas, non solum humana, verum etiam divina, qua Christus ϑεάνϑρωπος voluit dare se (secundum humanam quidem naturam) in mortem, aut ponere animam suam, et se offerre victimam pro peccatoribus, *Joh. 10, 18. Ebr. 7, 27.*, efficax utique fuit, quia hoc ipsum efficere intendit Christus. Et *alii* quidem voluntatem efficacem definiunt, quod sit ea, quae revera impletur, ita scilicet, ut non solum intendatur aliquid efficiendum, verum etiam efficiendo attingatur aut obtineatur; quod quidem in allato exemplo etiam locum habet. Juxta *thesin* autem efficax voluntas dicitur, qua aliquid intenditur efficiendum, sive sequatur effectus vel finis intentus obtineatur, sive non; qua ratione Deus, cum omnium hominum salutem efficace voluntate intendat, non tamen penes omnes obtinet. Confer b. *Mus.* Disp. de Volunt. Dei Antec. et Conseq., quae annexa est tractatui de Usu Princip. Rat.. § 14. p. 697.

b) Sic Christus ϑεάνϑρωπος voluit conservationem vitae humanae et declinationem mortis imminentis, *Luc. 22, 42.*, quippe quod ea *secundum se* placeret, ut tamen non mutaret voluntatem moriendi pro hominibus. *Alii* inefficacem voluntatem dicunt, quae non impletur, licet aliquid intendatur efficiendum; quam sententiam suis auctoribus relinquimus.

> AUGUSTINUS: „Voluntas Dei semper impletur, aut de nobis, aut a nobis." (Enchir. c. 100.)

c) Voluntas *absoluta*, ut ex thesi patet, *variis modis* dicitur; certa autem significatio petenda est ex eo, cujus respectu absoluta dicitur. Unde h. l. in respectu ad *conditionem* aliquam, et in *oppositione* ad *conditionatam* voluntatem dicitur. Atque hoc sensu Deus recte dicitur ab aeterno absolute voluisse creare mundum: voluit enim sine conditione. Recte etiam dicitur, velle absolute, ut illi, quos finaliter credentes praevidit, salventur. Vult enim et hoc sine conditione, cum fides finalis praevisa habeat rationem conditionis impletae, non pendentis.

d) Pertinet huc voluntas, qua Deus *omnes homines vult salvari*, nempe si crediderint; item qua Deus *plurima bona voluit Israelitis*, nempe sub conditione sincerae et constantis obedientiae, *Deut. 28.* Atque hanc voluntatem *non impleri* (cum Deus praesciverit, conditionem posse non impleri, ac non iri impletum), non est absurdum. Conf. b. *Mus.* Disp. cit. de Volunt. Antec. et Conseq. § 31. p. 710.

e) Dicitur absoluta a *lege, ordine* aut *cursu naturae*, seu *causarum secundarum*. Sic voluit Deus *stare solem, Jos. 10, 13.*, conf. Disp. cit. § 28. 29. p. 708.

f) Qua ratione Deus vult homines *electos salvare*, nempe *per media gratiae*. Unde simul patet, voluntatem *conditionatam* et *ordinatam non omnino coincidere*, licet primo intuitu ita videri possit. Alias autem

certum est, non esse absurdum, *posse voluntati Dei ordinatae resisti.*
Vid. b. *Mus.* l. c. § 30. sqq. p. 708. sqq., § 42. p. 719.

g) Sic *Chrysostomus* in Cap. I. ad Eph. homil. I. et *Damascenus*
lib. II. de orthod. Fide Cap. XXVI. voluntatem Dei, qua vult omnium
salutem, dixerunt πρώτην ἢ προηγουμένην, quamvis illud non ab omnibus eodem modo intelligatur. Vid. *Mus.* l. c. § 2. 3. p. 689. 690.,
§ 10. sqq. p. 695. sqq.

h) Et hanc quidem *aliqui* exponunt praecise de ea, quae ex *nostro
vitio* ortum ducit, seu qua vult Deus propter peccatum v. g. punire,
damnare etc.; *alii* latius accipiunt de ea, quaecunque in nobis sive
a peccato, sive *aliunde* causam vel occasionem habet. Et nostrates hac
ratione ad voluntatem consequentem referunt non solum eam, quae ad
incredulorum damnationem, verum et hanc, quae ad *salutem finaliter credentium, ut talium,* seu praevisa fide finali in Christum terminatur.
Vid. *Mus.* Disp. cit. § 2. 3. et 10. sqq. Manifeste autem *utraque* haec
voluntas Dei, antecedens et consequens, traditur *Matth. 23, 37.,* ubi
Christus θεάνθρωπος testatur, voluntatem suam *primum* sive *antecedenter* terminatam fuisse ad salutem populi Judaici, idque velut ex nativa
ac paterna inclinatione aut affectu; deinde vero, seu *consequenter,* habita prius ratione incorrigibilis eorum impietatis, terminari ad excisio-
nem et interitum Judaeorum.

DANNHAUERUS: ,,Est omnino in salutis nostrae negotio *gemina Dei
voluntas, antecedanea alia, alia consequens;* gemina, inquam, non re ac
essentia, sed nostrae rationis ordine, unum actum prae altero concipi-
entis. Nata est haec distinctio: 1. E mirabili *justitiae et misericordiae*
divinae inter se conciliandae *temperamento.* Extant enim in Scripturis
effata, quae *misericordiam* ostendunt in omnes salvandos pronam; extant alia, quae *justitiam* notant excludentem ab haereditate eos, qui
ordini divino refragantur. Opus igitur conciliatura, ne Spiritus S.
sibimet contradixerit. Insinuata 2. *parabolis Christi* Matth. 22, 1.
23, 37. Luc. 14, 16. cf. Matth. 5, 45. cum Amos. 4, 7., illic Deus dicitur
pluere super justos et injustos, hic pluere super unam civitatem et non
super alteram; complutam scl. esse urbem, quae Deo serviret, incom-
plutam squaluisse ac horruisse, quae idolis se praebuisset.'' (Hodos.
phaen. 7. p. 274.)

IDEM: ,,Caspar Sanctius ad Ez. 18. p. 419. non inepte haec monet:
,Voluntatis suae esse negat Dominus morti tradere peccatorem, et
tamen tradit morti et capitali, imo gehennali supplicio condemnat.
Ideo supra dicebam, Deum quasi invitum et renitente natura ad hominum quantumvis sceleratorum supplicium pertrahi, cui proprium est,
misereri semper et parcere, qui ea fertur pronitate atque impetu, quo
per declivem alveum flumina decurrunt. Duas hic theologi in Deo
voluntates agnoscunt; alteram *antecedentem* vocant, quae maxime indicat divinae naturae bonitatem, quae vult omnes homines salvos fieri,
neque de malo cujusquam cogitat, nisi aliquid accidat ab homine, quod
severam aliam voluntatem advocet ac sollicitet, quae voluntas vocatur
consequens, quae videlicet non tam orta a Deo est secundum suae naturae benignitatem, quam ob hominum peccata instimulata, quod sanare
vult, licet severiori medicina, aut punire vindice flagello. *Antecedens*
itaque ex Dei misericordia nascitur et bonitate, *consequens* quodammodo
ex hominum vitio. Hoc facile inductis intelligitur *exemplis.* Non vult
antecedente voluntate mercator projicere merces, quas amat valde et
maximo labore quaesivit, neque judex in crucem agere illum, quem
supplicio destinat capitali, aut medicus urere et secare, quem amat,

fratrem. Voluntate tamen *consequente* jactat mercator, tempestate cogente, merces in mare, quia aliter omnino pereundum esset, quas tamen, si posset, salvas esse vellet; et judex, quia id exigit et publica ratio et damnati merita, illum supplicio destinat, a quo tamen mallet, si haec absint, et ultricem virgam et publicam potestatem cohibere; neque medicus priori voluntate secaret aut ureret aegrotum, nisi id exigeret a consequente voluntate aut medicinae ratio aut aegroti neces- sitas. Sic ergo non est voluntatis Dei, nempe *antecedentis,* mors im- pii, non enim laetatur in perditione vivorum, Sap. 1, 13.; punit tamen et damnat *consequente* voluntate, quia id exigit recta ratio atque publica, ne peccata maneant impunita.'" (L. c. p. 274. sq. not.)

ANTITHESIS.

GERHARDUS: ,,Orthodoxiam labefactant h. l. . . 2. *Calviniani,* qui libertatem agendi sive liberam Dei voluntatem reliquis attributis divi- nis opponunt, id est, propter libertatem agendi Deo talia tribuunt, quae cum ipsius bonitate, justitia et sapientia pugnant. Sic dicunt, Deum impellere ad peccatum, Deum fecisse absolutum reprobationis decretum etc.; quodsi cum Dei justitia et sanctitate hoc pugnare dici- mus, eo confugiunt, quod Deus sit agens liberrimum, nullis legibus obnoxium. Atqui Deus eo modo libere agit, ut tamen non agat contra naturalem suam justitiam et bonitatem." (Exeg. l. II. § 278.)

§ 21.

Peculiari sensu *decretum*[a] Dei *absolutum* dicitur, ad excludendum respectum *causae impulsivae extra* Deum,[b] cui opponitur *non absolutum,* cujus datur causa impulsiva externa extra Deum, eaque virtualiter causans.[c]

a) Nempe *voluntatis* vox latius patet, quam *decreti.* Ac *velle* qui- dem dicimur, quaecunque sunt appetibilia secundum se, licet conside- ratis circumstantiis omnibus ea non velimus. Sed *decernere* demum proprie dicimur, quae consideratis omnibus circumstantiis efficaciter volumus. Unde et *voluntas antecedens* (de qua § praeced.) *decretum proprie loquendo* dici *non* potest. Confer b. *Aeg. Hunnium* sub finem Admon. ad Lectorem praemissae Tract. de Prov. et Praedest.

DANNHAUERUS: ,,*Decretum* divinum vel absolutum, vel hypotheti- cum. *Absolutum* est e. g. decretum creandi hoc ordine, hac dierum serie, hac meta; nulla hic conditio humana intervenit. Absoluti decreti fuit praeconium evangelii per apostolos, ἀκατάλυτος γὰρ ἡ βουλὴ αὕτη (i. e. insolubile consilium ejus), Act. 5, 39.; reprobatio satanae ad tartarum, unde proverbium illud theologicum: ,Si satanas resipisceret, salvaretur', est hypothesis ex conditione impossibili, aequipollens negativae simpliciter; eodem ferme modo intelligendum illud apostoli- cum Gal. 1, 8.: ,Si angelus e coelo etc.' Absoluto decreto sum natus ego, his parentibus, in hac regione, hoc tempore. Absoluta voluntas Domini fuit, Johannem morte naturali mori Joh. 21, 22. Regnat hujus- modi bule divina in θείοις ac miraculis, quorum (nunc) exhibitio a Dei unius nutu pendet; hoc nutu absoluto αἱμορροοῦσα hoc tempore, scl. post desperatam demum medicinam, convaluit, non ante. *Hypo- theticum* est, quod ex hypothesi, vocibus ,si, nisi' explicata, sancitum est: Num. 14, 12. 1 Sam. 13, 13. 2 Sam. 2, 16. 1 Sam. 2, 30. Jerem. 18, 8. Act. 27, 31. Luc. 13, 3. Sic hypotheseos fuit, Filium Dei incar-

nari, si scl. homo laberetur; at postquam incarnatio Filii decreta fuit, absoluti decreti fuit incarnationis executio. De hac igitur non habuerunt,
quod desperarent, illi judaizantes, rati, Judaeis esse promissum Messiam sub conditione, si Abrahamidae essent justi et boni, sin, non esse
venturum; refutati in Ps. 89, 34., ubi testis in coelo (qui fidem servat
etiam nunc in novissimo saeculo, quod antediluviano foedere sancitum
fuerat) v. 38., juramentum v. 36. omnem conditionis suspicionem
excludit, Hebr. 6, 17. Item in Christi passione τὸ ἀδικεῖσθαι est decreti
absoluti, indeprecabilis ac immobilis, Act. 4, 28.; at quod ea passio ab
Herode, Pilato, Juda inflicta fuerit, pertinet ad decretum hypotheticum:
Si Herodes, Pilatus, Judas Christum cruciabunt, ego decerno id permittere. Exsunto hic confatalia, non enim necessaria passioni fuit
Herodis, Pilati, Judae manus socia; potuisset Pater coelestis Filium
immediate cruciare, mactare, sacrificare, sicut Abraham Isaacum. Ita:
si Paulus constans in fide manebit, electus est; sin, reprobus. Tenenda
hic est differentia inter decretum Dei, et judicium νεμετικόν: omnis
κρίσις ultrix est decreta, non contra omne decretum est judicium νεμετικόν; illud potest esse absolutum, antecedaneum, praedeterminans,
absolute inevitabile; hoc hypotheticum est, consequens et evitabile vel
mitigabile. Atque hinc, si quid absolute decretum est, est et absolute
immutabile, irresistibile, impervincibile. ,Quis enim ejus voluntati
resistet?' Rom. 9, 19. Si hypothetice, mutabile per apocopen conditionis, divisim. Decretum compositum, integrum et una cum supplemento hypotheseos sumtum, mutari utique non potest. Potest per
apocopen hypotheseos, e. g. ,Ninive peribit', mutabile hoc; ,peribit,
nisi poeniteat', hoc immutabile.'' (Hodos. phaen. 3. P. p. 158. sq.)

b) Non solum formaliter causantis (sic enim omne decretum Dei
esset absolutum), sed etiam virtualiter causantis. Vid. § 18. not. *a.*

c) Qua ratione dicunt nostrates, decretum praedestinationis et
reprobationis non esse absolutum; agnoscere enim causam seu rationem
impulsivam externam: illud quidem, meritum Christi fide finali apprehensum; hoc vero, finalem incredulitatem: de quo plura suo loco
videbimus.

§ 22.

Occurrit etiam[a] distinctio voluntatis divinae in voluntatem *signi* et *beneplaciti*. *Illa* dicitur, quando *effectui*
aut objecto voluntatis divinae tribuitur *nomen voluntatis*,
scilicet tanquam signo alicujus voluntatis in Deo.[b] *Haec*
denotat *actum ipsum* divinae voluntatis, quo aliquid vult.
Unde patet, distinctionem esse *analogicam*.[c] Cavendum
autem, ne voluntatem signi *talem* fingas, cui *voluntas
beneplaciti*, quam *signum ex instituto* significare debet,
repugnet.[d]

a) Non solum apud *Lombardum* I. Sent. distinct. XLV. cap.
III. sqq. et dist. XLVII. c. II. et *Thomam* in I. Q. XIX. art. XII.,
verum etiam nostrates, b. *Balth. Meisnerum* Anthrop. Disp. XII. Q. I.
th. 1. et b. *Gerhard.* Exeg. L. de Deo § 269. aliosque.

b) Quo refertur *Matth. 6, 15.: Fiat voluntas tua!* i. e. fiant res et
actus, ad quos tua voluntas *praecipiendo* terminatur, tanquam efficiendos.

Et *c. 12, 50.*, ubi dicuntur *facere voluntatem Patris*, qui faciunt opera, quae Deus vult fieri. Porro *1 Thess. 4, 3.*, ubi dicitur, *hanc* esse *voluntatem Dei*, i. e. praeceptum atque adeo signum voluntatis divinae esse, quod praescribit *sanctificationem* nostram, *ut abstineamus a scortatione* etc. Quanquam simul objectum voluntatis aut praecepti divini seu res volita ac praecepta pro ipso praecepto accipi videatur. Auctores autem praeter praeceptum etiam alia, v. g. *consilium, prohibitionem, operationem* et *permissionem*, huc referunt.

c) Nempe quod membrorum distinctionis ea est *inaequalitas*, ut alterum *proprie*, alterum *improprie, secundum figuram* (ut illi dicunt) nomen voluntatis sibi vindicet.

d) V. g. si cum *reformatis*, scholasticorum vestigia deserentibus, dicas, *Deum velle omnium salutem* voluntate *signi, non* autem hoc ipsum velle voluntate *beneplaciti;* aut *praecipere* homini conversionem, *nec* tamen serio *velle*, ut is convertatur. Haec enim sapientiae, bonitati et aequitati divinae repugnant, ac certitudinem Scripturae tollunt. Conf. b. *Mus.* Tract. de Aet. El. Dec. c. XI. § 336. sqq. p. 253. sqq.

GERHARDUS: ,,Voluntas alia *signi*, alia *beneplaciti*. Hac distinctione scholastici et Calviniani utuntur, sed sensu diverso. Scholastici voluntatem *signi* definiunt *effectum* Dei, quando ipse foras progreditur, nobiscum agens per aliquod involucrum vel per externas res, quas possumus apprehendere, ut sunt verbum et sacramenta ab ipso instituta. Voluntatem *beneplaciti* vocant essentialem Dei voluutatem seu nudam *majestatem divinam*, quae est ipse Deus. . . Talia *signa* numerant *quinque*: praeceptum, prohibitionem, permissionem, consilium, operationem; unde versiculus:

Praecipit ac prohibet, permittit, consulit, implet.

Hoc scholasticorum sensu *Lutherus* tom. 6. Witeb. p. 98. in comm. c. 6. Gen. distinctionem illam repetit atque approbat: ,Nos (inquit) in N. T. habemus baptismum, coenam Domini, absolutionem et ministerium verbi; haec sunt, ut scholastici vocarunt, *voluntas signi*, in quae intuendum est, cum Dei voluntatem scire volumus; alia est *voluntas beneplaciti*, substantialis Dei voluntas seu nuda ipsius majestas, quae est Deus; ab hac removendi sunt oculi.' *Calviniani* ea distinctione abutuntur, dum, ad unum idemque objectum contrario modo se habere signi ac beneplaciti voluntatem, statuunt, unde voluntatem signi voluntati beneplaciti repugnare asserunt." (L. c. l. II. § 268.)

QUENSTEDTIUS: ,,Licet voluntas Dei una sit et simplicissima, variis tamen modis distinguitur. . . 3. In *absconditam* et *revelatam;* *illa* est arcana et imperscrutabilis; *haec* est in verbo Dei patefacta et infallibilis; *illa* versatur circa varia Dei judicia, quae s. Paulus vocat κρίματα ἀνεξερεύνητα, h. e. judicia imperscrutabilia, quia eorum rationem nulla creatura scrutando et indagando assequi potest, Rom. 11, 33. *Haec* circa negotium nostrae salutis occupata est. Non est autem cum *Calvinianis* opponenda absconditae voluntati Dei revelata, cum Deus sibi ipsi contrarius esse nequeat." (L. c. c. 8. s. 1. th. 27. f. 418.)

§ 23.

Inter attributa voluntatis Dei primum occurrit *justitia*, qua Deus partim *in se* justus est, quam peculiari nomine *sanctitatem*[a] vocamus, et importat rectitudinem

divinae voluntatis, qua omnia, quae recta atque bona
sunt, aeternae suae legi conformiter[b] vult; partim in
ordine *ad alios*, ita ut creaturis leges convenientes praescribat easque dirigat[c] et gubernet, servet etiam et impleat promissa[d] hominibus facta, bonos denique remuneretur[e] et malos puniat.[f]

a) Sic *Levit. 19, 2.*: *Sancti estote*, ait Deus, *quia ego sanctus sum.*
Conf. *1 Pet. 1, 15. 16. 17.*

b) Vid. *Deut. 32, 4.*: *Omnes viae ejus judicium* (justae sunt).
Deus (est) *veritas et non iniquitas, justus et rectus ipse.* Et *Ps. 92, 16.*:
Rectus (est) *Dominus, et non est iniquitas in eo.* Habet autem haec justitia Dei analogiam quandam ad justitiam *universalem*, quam philosophi vocant (qua omnibus legibus conformiter vivitur, unde omnium
virtutum complexus appellatur). Non tamen eo rigore, quo ab illis
hoc nomen accipitur, sed θεοπρεπῶς intelligenda est. Deus, qui legem
a superiore latam non habet, ipse sibi lex est. Et huc referri solet
illud *Ebr. 2, 10.*: ἔπρεπε τῷ Θεῷ, decebat Deum, conveniens ejus naturae perfectissimae erat.

> GERHARDUS: „Nostrates dicunt, *peccata non fieri simpliciter Deo·
> nolente* vel invito; nemo enim Deum potest cogere, nec quidquam Deo
> impediente et repugnante potest fieri; *nec tamen fieri Deo simpliciter·
> volente*, quia Deus nec vult nec approbat peccatum; sed *fieri Deo non
> volente.* Ea vero inter *nolens* et *non volens* est differentia, quod *illud*
> habet *privationem* voluntatis et principii activi una cum repugnantia et
> actione contraria, *hoc* autem tantum habet στέρησιν illam absque vio-
> lenta reluctatione... Ne quis igitur hac distinctione ad labefactan-
> dam orthodoxiam *de causa peccati abutatur*, ideo malumus sic loqui:
> *Deus quaedam vult, ut bona, quaedam permittit, ut mala.*“ (L. c. § 275.)

c) Est quidem *quoad rem eadem* rectitudo voluntatis cum *priore;*
sed cum *relatione* ad creaturas ducendas ad suum *finem*, et *rationem
vivendi* illis congruam *praescribendam.*

d) *Implere* enim, aut *praestare promissa* justitiae adscribi solet,
etsi ad *veracitatem* alias referatur, de qua mox dicemus. Interim ad
praesens facit, quod *Esaiae 45, 23.* dicit Deus: *Prodiit ex ore meo justitia, verbum, quod non revocabitur.* Et *Rom. 3.* memoratur *justitia* Dei
v. 4. 5., quatenus cum *veritate* coincidit v. 7., qua Deus *fidem* facit
dictis suis v. 2.

e) Unde peculiari nomine appellari solet justitia *remuneratoria;*
de qua vide *Rom. 2, 5. 6. 7.*, ubi ad δικαιοκρισίαν, seu *justum judicium
Dei* hoc refertur, quod *perseverantibus in bene faciendo vitam aeternam*
confert, et *2 Thess. 1, 6. 7. justum esse* dicitur *apud Deum, reddere his,
qui affliguntur, relaxationem.* Nec tamen propterea putandum est, homini ad Deum jus aliquod aut meritum proprie dictum esse, cujus vi
Deus homini aliquid boni debeat, cum potius, quicquid boni in homine
est, a Dei gratia sit, ac Deus *sua dona in homine coronet*, aut ex mera
gratia remuneretur. Itaque sicut justitia illa remuneratoria in amore

Dei et promissionibus divinis gratuitis fundatur, ita *non* tam *absolute* loquendo justitia dici solet, quam ad *bonitatem* aut *veracitatem* Dei refertur.

> GERHARDUS: „Quaeritur: An in Deo sit *justitia commutativa?* Thomas p. I. q. 21. art. 1. recte *negat*, quia, quicquid nos Deo dare possumus, id totum ab eo accipimus; unde ipse nullius est debitor, Rom. 11, 35." (L. c. § 234.)

f) Haec illa est, quam vulgo *vindicativam* aut *ultricem* vocant; de qua vid. ll. cc. *Rom. 2, 5. 8. 9.*, ubi Deus ex *justo judicio* hominibus *contentiosis, veritati non obtemperantibus, sed injustitiae, indignationem, iram et afflictionem* redditurus dicitur, et *2 Thess. 1, 6. 7.*, *justum esse apud Deum,* reddere *affligentibus* alios *afflictionem,* atque ita *infligere* Deum *ultionem iis, qui non noverunt Deum* etc. Conf. *Gen. 18, 20. Ps. 5, 5.*

> DANNHAUERUS: „Deus est judex justissimus, boni remunerator et mali vindex, qui nullum, ne minimum quidem peccatum transmittere potest, nisi vel in peccante, vel ejus vade sit exacta poena; cujus tota nemesis (quorsum κολαστικὴν justitiam recte retulit Aristoteles) commutativae ac arithmeticae proportioni quodammodo respondet, estque ἀνταποδοτικῇ culpae adaequata, ut, sicut peccatum est malum infinitum, ita ejus stipendium mors est infinita ac aeterna." (Hodos. Phaen. III. p. 112.)

§ 24.

Sequitur *veracitas*[a] Dei, per quam Deus constans est in dicendo vero[b] et servandis promissis.

a) Dicitur alias *veritas in dicendo* seu testificando, et distinguitur a veritate *in essendo* et veritate *in cognoscendo*, quae tamen utraque etiam Deo competit.

b) Nempe quod sicut per infinitam *intellectus* perfectionem, sive scientiam falli non potest, ita per infinitam *voluntatis* perfectionem non potest fallere. Vid. *Num. 23, 19.* (h. l. § 10. not. *d.*) et *Ebr. 6, 18.*: *Impossibile est Deum mentiri.*

§ 25.

Succedit *potentia*[a] Dei, per quam essentia divina efficax[b] est ad operandum ac producendum aliquid extra se, et quidem omne,[c] quicquid ullatenus possibile est et ex parte operantis non importat imperfectionem.[d]

a) Quae *vel* est ipsa Dei voluntas, ejus scientia practica directa, quae per se tam efficax esse creditur, ut, quaecunque vult, absque facultate seu potentia executiva, velut distincta, volendo producere possit; *vel* est ipsum esse Dei, quatenus scientiae ac voluntati divinae ad operandum extra se subordinatur; prout Deus per potentiam ea operari concipitur, quae libere voluit, adeoque operari per potentiam voluntatis actu libero directam et applicatam.

b) Unde *activam* potentiam intelligi constat; prout alias certum est, Deum omnis passivae potentiae plane esse expertem.

c) *Omnipotentia* vulgo dicitur, tanquam potentia efficiendi omnia, alias potentia *extensive infinita*, quippe quod non habeat terminum in latitudine suorum effectuum. Et probatur ex *Matth. 19, 26.*: *Apud Deum omnia sunt possibilia.* Et *Luc. 1, 37.*: *Apud Deum non est impossibile quicquam* (πᾶν ῥῆμα, omne, quicquid verbis significat, se facturum). Eodem pertinet, quod Deus dicitur παντοκράτωρ, *omnipotens*, πᾶν κράτος, omne robur, vim aut potentiam habens, aut κράτος εἰς τὰ πάντα, in res omnes *robur* aut *imperium* habens et exercens, *2 Cor. 6, 18. Apoc. 4, 8.*, quodque *omnis virtus et fortitudo* (δύναμις καὶ ἰσχὺς) ei adscribitur, *c. 7, 12.*

d) Sic enim non absurdum est, Deum non posse mentiri, esurire, dormire, quae posse non perfectionis, sed imperfectionis est quaeque proinde Deo, tanquam enti excellentissimo, repugnant. Nam et potentia Dei *intensive* perfecta, aut *in se* infinitae perfectionis est, prout David *Ps. 145.*, cum dixisset, *magnitudinis* divinae *non* esse *finem*, addit: *Generatio generationi narrabit opera tua, et fortitudinem* (potentiam) *tuam annunciabunt.*

QUENSTEDTIUS: ,,Objectum *omnipotentiae* divinae sunt . . . omnia illa, quae *contradictionem* non involvunt, qualia sunt: 1. illa, quae nullam *entis rationem* habere possunt; sic Deus factum infectum facere nequit; 2. ea, quae vitium aut defectum inferunt, ut: posse mentiri, peccare, mori. Talia enim facere posse, non potentiae, sed impotentiae argumentum est.`` (L. c. c. 8. s. 1. th. 36. f. 421.)

GERHARDUS: ,,Nos concedimus, Deum non facere ea, quae *contradictionem* implicant et quae sunt simpliciter impossibilia, sed addimus, distinguendum esse inter impossibilia *naturae*, et impossibilia *natura*. Impossibilia *naturae* sunt, quae usitatum naturae cursum superant, ut, solem stare, ignem non urere etc. Impossibilia *natura* sunt, quae rei definitioni et naturae repugnant ac implicant in se esse et non esse simul. Priora κατά τι, posteriora ἁπλῶς καὶ ὅλως dicunt impossibilia; priora igitur Deum posse, dicimus, posteriora non posse. . . Negamus vero, ex nostrae rationis principiis aestimandum esse, quaenam sint vere contradictoria *in fidei mysteriis*. Proinde urgemus haec theoremata: 1. Quae Deus in S. s. se facere posse asserit, seque facturum promittit, ea non sunt vere contradictoria, si vel maxime rationi nostrae talia videntur. . . Alias periclitaretur Dei veritas. . . 4. Evidenter et apodictice demonstrari nequit, aliquid implicare contradictionem, nisi plena et perfecta cognitio illius rei, cum cujus natura pugnare dicitur, antecedat.`` (Exeges. Loc. II. § 199.)

SCHERZERUS: ,,Deus se ipsum negare, mori, peccare, creaturis infinitam, ut nil desit, perfectionem dare, facere, ut praeteritum non praeterierit, ut dies crastina hodie sit, non potest; quia vel ex parte Dei, vel ex parte rei implicat. Si enim Deus mentiretur, moreretur, peccaret, Deus non esset; si creatura infinitam perfectionem haberet, creatura non esset; si praeteritum non praeteriisset, praeteritum non esset; si dies crastina hodie existeret, hodie non esset.`` (System. th. pag. 55.)

GERHARDUS: ,,Sicut scientia dicitur respectu scibilium, sic potentia dicitur respectu possibilium. *Impossibilia* ergo non cadunt sub potentiam, ac proinde potentiae infinitatem nequaquam limitant aut restringunt; si enim sub potentiam caderent, impossibilia non essent.`` (Exeg. Loc. II. § 195.)

SCHERZERUS: „Quemadmodum brutum ex sua phantasia non potest cognoscere, quid homo possit vel non possit; nec homo ex suo ingenio, quid valeat angelus: ita multo minus homo determinabit, quid possit vel non possit Deus, cum longe major ratione intelligendi distantia inter Deum et hominem, quam inter hominem et brutum existat. Quid? quod ne ex revelatione quidem id cognosci possit. Nullibi enim Deus nobis omnia absolute possibilia revelavit. Ergo cavenda est temeritas illa, ne praecipitanter dicamus: Hoc vel illud Deus non potest, quia non possum intellectu meo assequi." (Syst. th. p. 56.)

§ 26.

Potentia Dei distingui[a] solet in *ordinatam* et *absolutam*. *Ordinata* dicitur, quae Dei decreto vel lege aliqua determinata est ad operandum certo modo.[b] *Absoluta* vocatur, quae secundum se convenit, nec aliquo praevio decreto aut lege determinata est.[c] *Illi* potest resisti,[d] *huic* non item.[e]

a) Est equidem *una et eadem* potentia Dei infinita, sed quae *aliter* atque *aliter* se exserit, adeoque alio atque alio respectu ordinata et absoluta dicitur. Confer, quae diximus de voluntate Dei absoluta et ordinata § 20.

b) Seu qua Deus agit convenienter suae *legi* aut *decreto*, et sic ordini a se instituto, concurrendo cum causis secundis, et pro exigentia earum operando, v. g. cum conservat homines mediantibus alimentis, cum regenerat per media a se instituta, verbum et baptismum.

c) V. g. cum facit virginem parere, resuscitat mortuos etc.

KROMAYERUS: „*Qui libere naturae leges dedit, seipsum naturae legibus et ordini non obstrinxit.* Aureus est hic aphorismus adversus eos sectarios, qui rationis humanae decempeda christianae religionis agros metiuntur, ut sunt *Sociniani*, quibus ratio est religio, et *reformati*, qui, Deum nihil incomprehensibile rationi ad credendum nobis proponere, sibi persuasum habent; unde ipsam divinam omnipotentiam, si rationi aliquid contrarium ad credendum proponitur, in dubium vocare minime verentur. Quod autem *libere* Deus naturae leges dederit, v. g. ut ignis urat, virgo non pariat, humidum non claudatur terminis propriis, sed alienis, omne corpus grave deorsum feratur, omne corpus naturale sit in loco, a privatione totali ad habitum non detur regressus, corpora coelestia sint in perpetuo motu, suas constanter observent leges: id omne cursus naturae inhibitio liberrima circa jam dicta probat. Ignem enim non ussisse, Dan. 3, 28., virginem peperisse, Matth. 1, 25. Luc. 2, 7., humidum clausum fuisse terminis propriis, Ex. 14, 22., corpus grave sursum fuisse latum, 2 Reg. 6, 6. (corpus extimum loco non circumscribi, vel ipsi physici concedere coguntur, quod tamen nobis, qui locis sumus circumscripti, vix comprehensibile videtur), a privatione totali ad habitum (a morte ad vitam) datum fuisse regressum, Joh. 11, 43. et aliis Scripturae locis V. et N. Testamentorum, corporum coelestium motum inhibitum fuisse, Jes. 38, 8., leges etiam eorum fuisse mutatas et solis eclipsin in plenilunio fuisse conspectam, Luc. 23, 45. asseritur." (Theol. pos.-pol. P. II. p. 122.)

GERHARDUS: ,,Potentia *absoluta* multa potest Deus, quae tamen non facit. Ex inferno damnatos liberare posset; sed non liberat, quia justitia aeternam damnationem illis statuit." (L. th. de nat. Dei. § 130.)

d) Nempe quia causis secundis resisti et earum influxus impediri potest.

e) Alias enim potentia creaturae finita praevaleret potentiae infinitae Dei.

§ 27.

Bonitas Deo competit cum *absolute et in se*, quae est ipsa ejus *perfectio*,[a] seu essentia Dei, quatenus in se continet omnes perfectiones,[b] vel *formaliter*,[c] vel *eminenter*;[d] tum *respective*, seu in relatione ad creaturas, quibus Deus bonus est, quatenus *efficienter*[e] producit omnem bonitatem creatam; idque juxta perfectionem suam, velut ideam aut *exemplar*[f] perfectionis creatae; allicit quoque aut movet in sui, tanquam *summi boni*,[g] amorem ac desiderium.

GERHARDUS: ,,Quaeritur: An *solus* Deus per essentiam *bonus?* — Aliud est, rei *essentiam* esse bonam, aliud vero, rem *per* suam essentiam esse bonam. Cujuslibet rei creatae essentia est bona; unde de ipso *diabolo*, omnis mali auctore, Augustinus dicit: ,Diabolus, in quantum *est*, bonus est; omnis natura, in quantum est, bona est.' (De nat. boni c. 1.) Sed nulla res creata *per* suam essentiam, hoc est, per se ipsam et a se ipsa est bona. Si enim per suam essentiam esset bona, tunc esset bona *essentialiter*; si essentialiter esset bona, vi suae naturae et essentiae esset bona nec aliunde participatam haberet bonitatem, nec posset perfici per accidentia; quorum nihil de creatura, accidentaliter, mutabiliter, imperfecte et participative bona, dici potest; unde recte concludunt scholastici: ,Solum Deum per essentiam esse bonum.'" (Exeg. l. II. § 210.)

a) Nam bonitas et perfectio Dei per hoc tantum differunt, quod *perfectus* dicitur Deus absolute et in se; *bonus* autem non solum in se et absolute, verum etiam relative.

b) Sic *Matth. 5.* v. ult. dicit Christus: *Estote perfecti* (τέλειοι), *sicut Pater vester in coelis perfectus est:* h. e. volo, vos imitari, quoad licet, perfectionem in exemplo Dei vobis propositam. Et *Luc. 18, 19.* ait: *Nemo est bonus, nisi solus Deus.* Nempe creaturae quidem perficiuntur per ea, quae essentiae suae superadduntur; Deus autem, in quem non cadit accidens, per ipsam suam essentiam.

c) Quantum attinet ad perfectiones *simpliciter* tales, quae in suo formali conceptu non includunt imperfectionem.

d) Quod attinet ad perfectiones *secundum quid*, seu, quae in sua formali ratione perfectionem cum admixta imperfectione important; quae proinde *non* sunt in Deo *secundum rationem* suam *propriam, sed* per aliquid *praestantius*, aut per *virtutem eminentem* ad eas producendas in subjectis aliis. Sic *Ps. 94, 9.* dicitur: *An plantator auris, annon audiat? aut formator oculi, annon intueatur?* scilicet, quod absurdum sit, Deo, qui visum auditumque dedit hominibus, visum et auditum non tribuere. Videt itaque et audit, non tamen per vim sensitivam, sed modo praestantiore cognoscit, quod creaturae per visum auditumve assequuntur.

e) Unde dicitur bonus esse in genere *causae efficientis.* Quo pertinet, quod dicitur, *dare omnibus vitam et halitum per omnia,* quae sunt bona naturalia, *Act. 17, 25.,* inque ipso nos *vivere, moveri et esse,* v. 28. Sic etiam πᾶσα δόσις ἀγαθὴ, καὶ πᾶν δώρημα τέλειον, omnis donatio bona, et omne donum perfectum, ἄνωθεν, superne esse dicitur, *descendens a Patre luminum, Jac. 1, 17.,* et *1 Cor. 4, 7.: Quid* (boni) *habes* (o homo!), *quod non accepisti* (a Deo)?

f) Qua ratione dicitur bonus esse in genere *causae exemplaris,* prout videbimus in LL. de Creatione et Imagine Dei.

g) Quo respectu bonus dicitur in genere *causae finalis.* Confer *Ps. 73, 25. 26.,* ubi David, *coelum et terram,* quaeque in illis sunt, contemnens, *deficiente* licet *carne* sua et *corde* suo, *robur cordis* sui et *partem suam* (veluti haereditatis optatae, adeoque bonum, in quo acquiescat) dicit *esse Deum* in *saeculum.* Eoque pertinet, quod supra ostendimus, Deum esse *ultimum finem* hominis et theologiae, cum naturalis, tum revelatae. Proleg. cap. I. § 4. p. 9. sq. § 17. p. 38.

§ 28.

Quod ad personas divinas[a] attinet, simplicissime tenendum est, quod essentia omnesque perfectiones divinae sine divisione aut multiplicatione communes sint his tribus distinctis, quos Scriptura vocat Patrem, Filium et Spiritum Sanctum.[b]

a) Quarum consideratio ordine doctrinae nunc sequitur, vide supra § 5. notis *c. d. e.*

b) Summam mysterii hujus demonstrant loca *1 Joh. 5, 7.* et *Matth. 28, 19. Illic* enim dicitur: *tres sunt, qui testificantur in coelo, Pater, Verbum et Spiritus S., et hi tres unum sunt* (ἕν εἰσι). Loci αὐθεντίαν, tanquam partis Scripturae θεοπνεύστου, agnoverunt *Hieronymus,* accuratissimis codicibus usus, et qui ante certamen Arianum verba illa citavit, *Cyprianus* de simplic. Cler., postea etiam *Fulgentius* in Resp. ad Obj. ult. Arian. Confirmant etiam Codd. Complutensis, Antverpiensis, Britannicus, Rob. Stephani et bibliothecae Vaticanae. Conf. b. *Gerh.* in Disp. Acad. P. III. p. m. 1306. sqq. Manifestum autem est, *tres* illos, *Patrem, Filium et Spiritum S.,* exhiberi 1) tanquam inter se realiter distinctos; simul vero 2) tanquam *testantes in coelo* (scilicet majestatis suae), coelesti, seu suprema ac vere divina auctoritate et operationis efficacia, ex se pollentes, quippe 3) inter se *sint* (non tantum sentiant aut velint, sed *sint*) *unum,* adeoque Deus unus. In *altero* loco autem, ubi Christus jubet apostolos *baptizare in nomine Patris, et Filii, et Spiritus Sancti*, rursus 1) hi tres tanquam distincti copulantur, ita quidem, ut 2) *in nomine*, velut communi atque adeo auctoritate aequali eorum, administrari debeat baptismus, quo homines consecrentur Deo et gratiae ejus ac remissionis peccatorum (juxta *Joh. 3, 5.* et *Act. 2, 38. Tit. 3, 5.*) reddantur capaces; cumque 3) nullum sit nomen tantae dignitatis, in quo ritus tam gravis ac salutaris administrari possit ac debeat, praeterquam solius Dei (juxta *1 Cor. 1, 13.* et *Luc. 20, 4. sqq.*), patet, Patrem et Filium et Spiritum S. esse verum illum unum et aeternum Deum.

Cf. Apparatus criticus et Gnomon A. Bengelii ad 1 Joh. 5, 7.

KROMAYERUS: ,,In una divina essentia tres esse personas, etiam ex V. T. absque Novi adminiculo solide probari potest. Item, mysterium SS. Trinitatis patribus V. T. non fuit incognitum... *Prima* classis probationum continet ea Scripturae dicta, in quibus *pluralitatis* personarum deitatis fit mentio, quod sufficit adversus antagonistas, unicam duntaxat personam deitatis concedentes. Ejusmodi dicta sunt, in quibus nomen pluralis numeri cum verbo singularis numeri construitur, ut Gen. 1, 1. 3. Deinde cum Deus inquit cap. dicti v. 26.: ,Faciamus' etc., ubi pluralitatem et verbum et pronomen affixum innuit; 3. cum divina majestas per ironiam, non illusoriam, sed objurgatoriam his verbis protoplastos Gen. 3, 22.: ,Ecce, Adam factus est, ut unus ex nobis, scl. Elohim; quo in loco Deus indivisibilis in plures personas quasi dividitur; 4. cum personae deitatis ... se ita invicem alloquuntur Gen. 11, 7.: ,Agite, descendamus' etc. *Secunda* classis probationum continet ea Scripturae dicta, in quibus *duarum* personarum fit mentio, quod etiam adversus antagonistas sufficit. Talia sunt Gen. 19, 24.: ,Jehovah pluit a Jehovah.' Exod. 34, 5. Jer. 23, 33. Dan. 9, 17. Hos. 1, 7. Zach. 3, 2. 2, 9. Ps. 110, 1. cf. Matth. 22, 44. *Tertia* classis continet ea dicta, in quibus *trium* personarum fit mentio, utpote Gen. 1., ubi Dei, Verbi divini (id est, Filii, ut Ps. 33, 6. et Joh. 1, 1. exponitur) et Sp. Dei aquis incubantis et vim vitalem iisdem tribuentis commemoratio instituitur. Ps. 33, 6. Es. 48, 16. 63, 10. 11. Num. 6, 24—26. Ps. 67, 7. 8. Es. 6, 3. Jos. 22, 22. *Quarta* classis continet ea Scripturae dicta, in quibus *Deus dicitur habere Filium*, non adoptivum aliquem, sed naturalem ex essentia ipsius progenitum, ut Ps. 2, 7. Prov. 30, 5. (ex quo loco Christus depromsisse videtur problema Joh. 3, 8. 13.). *Quinta* classis probationum continet ea Scripturae dicta, ex quibus *numerus personarum ternarius* numerabilis eruitur. Nec enim in V. nec N. T. haec κατὰ τὸ γράμμα leguntur: In una divina essentia sunt distinctae personae, sed sufficit, tres tantum, nec plures, nec pauciores, in Scripturis inveniri posse, quibus nomen, attributa, opera et cultus divinus competat. Argumentum conflci posset tale: Si praeter Patrem adhuc duo sunt, nec plures, nec pauciores, quibus nomen etc. competit, sequitur, in una essentia divina tres esse distinctas personas. Sed verum est prius. E. et posterius. Minor probatur: De Patre concedunt adversarii, quod sit verus ille Deus Israelis. Sed nomen Dei proprium, attributa, opera et cultus etiam *Angelo* cuipiam, non creato, sed increato, angelo foederis Mal. 3, 1. et magni consilii angelo Es. 9, 6., Dei Filio... attribuuntur; e. g. Gen. 16, 10. 13. 22, 12. 14. 16. 48, 15. Ex. 3, 4. 6. 8. 12. 14. 18. 20. 14, 24. 13, 21. 22. 23, 21. 33, 14. Es. 64, 9... Praeterea *Spiritui S.* nomen Dei proprium tribuitur 2 Sam. 23, 1. 2. Es. 64, 10. (Ps. 95, 9.), omnipraesentia Ps. 139, 6., omnisapientia Es. 40, 13., opera divina Gen. 1, 1. 2. Ps. 33, 6. Job. 33, 4. Es. 61, 1. 11, 2., cultus adorationis Es. 6, 3. (Act. 28.) Ps. 95, 6. Ergo quodsi haec et similia patres V. T. vel legerint, vel audierint, conceptum de tribus personis deitatis in intellectu ipsorum formatum fuisse, quis iverit inficias? Supina negligentia neque in N. T. deest. In *sexta* classe collocamus ea testimonia, quae partim ex *chaldaica paraphrasi*, partim *Judaeis vetustioribus* sunt desumta. . . In *septima* classe ponimus, quod hic *articulus sit fundamentalis* et per consequens omnium temporum. Ephes. 4. 6.'' (Theol. posit.-pol. I, 146. sqq.)

GERHARDUS: ,,Mysterium *Trinitatis* non solum ex N., sed etiam *ex V. T.* confirmari potest ac debet. 1. Non hoc dicimus, quod testimoniorum de Trinitate in V. et N. T. sit *eadem claritas* et evidentia; quia clarior hujus mysterii revelatio N. T. fuit reservata. . . 2. Nec hoc volumus, quod in disceptatione contra pertinacem adversarium ab obscurioribus V. T. dictis *faciendum sit initium.* Sed hoc duntaxat asserimus, quod ex V. T. pro adstruendo Trinitatis dogmate quaedam *testimonia* afferri possint et debeant, cum Deus semper ab initio sese sic patefecerit, ut ecclesia omnibus temporibus Deum ita agnoverit, invocarit ac celebrarit, quod in una indivisa essentia sint tres distinctae personae. Hanc thesin probamus: 1. Ex thesi prima. Si enim dogma de Trinitate *omnibus salvandis scitu ac creditu necessarium* est, utique ejus vestigia in sacris literis V. T. extare oportet; alias Scripturae perfectio labefactabitur. 2. Ex ipsa *rei evidentia.* . . 3. Ex *prohibitione divina* Ps. 81, 10.: ,Non erit in te Deus alienus' (רָז Vulg. reddidit: Deus recens), ,nec incurvabis te Deo extraneo.' Atqui si Trinitatis mysterium in V. T. penitus fuisset ignotum, utique in N. T. per cultum Filii et Spiritus S. Deus recens introduceretur. Es. 43, 10.: ,Ante me non est formatus Deus et post me non erit.' Atqui si in N. T. Filius Dei est factus Deus, ut Photiniani volunt, ac divino cultu in N. T. affici coepit, utique post Deum Patrem alius formatus est Deus.'' (Exeges. l. III. § 20. sq.)

QUENSTEDTIUS: ,,Non est quaestio, an *indicia* aliqua et *vestigia,* sive dicta obscurius insinuantia hoc mysterium, sint in V. T., sed an aperta, clara, animumque convincentia S. Trinitatis testimonia: hoc nos, *illud* adversarii affirmant. . . Non est quaestio, an omnes in ecclesia Israelitica degentes, sive pii fuerint, sive *impii,* ex oraculis V. T. notitiam SS. Trinitatis haurire, vel, id ibi proponi et revelari, animadvertere et intelligere potuerint; cum etiam hodie in tam clara luce, in ipso ecclesiae gremio multi vivant Epicuraei et profani homines, qui de SS. Trinitatis cognitione parum sunt soliciti, — sed an pii et fideles illius dogmatis notitiam inde habere potuerint. Non est hic excludenda Spiritus S. illuminatio et illustratio, cum nemo sensum divinum dictorum Scripturae percipere possit, nisi cujus intellectus speciali gratiae lumine sit collustratus. . . Probatur thesis in genere: 1. a naturalis et revelatae theologiae sive θεογνωσίας distinctione; illa enim, cum hac Dei notitia collata, est valde imperfecta, imo fere nulla. . . 2. Ex fidei in V. et N. T. unitate, Eph. 4, 5. Ecclesiae V. T. communis nobiscum salus praesupponit communem nobiscum fidem. Non itaque credendum est, patres V. T. diversam et aliam fidem justificantem habuisse, quam nos, aut aliquid in N. T. creditu esse necessarium, quod in V. T. creditu necessarium non fuerit; sequeretur enim, successu temporis articulos fidei fundamentales quoad substantiam fidei vel mutatos vel auctos fuisse, quod utrumque absurdum. . . 3. Ex apostolorum diserta assertione. Act. 4, 12.: ,Non est in ullo alio salus' etc. Ubi omnes aliae viae salutis quam in V. tam in N. T. excluduntur, et una sola, scl. per Christum, Dei Filium, omnibus communis constituitur. Cf. Act. 10, 43. Petrus diserte ait Act. 15, 11.: ,Patres eadem gratia Domini Jesu Christi, eadem fide esse salvatos, qua et nos justificamur et salvamur.' . . 4. Ex doctrinae V. et N. T. identitate. Sic Paulus Act. 26, 22. ait: ,Testificor parvis et magnis, οὐδὲν ἐκτὸς, nihil extra illa dicens, quae prophetae praedixerunt futura esse et Moses.' Ad quae verba b. Dr. Huelsemannus in dialys. th. 17.: ,Hoc loco, inquit, quia praecedit particula ἐκτός universalis negativa, οὐδὲν λέγων ἐκτὸς, nihil locutus sum extra vel supra ea, quae prophetae et Moses locuti sunt,

excluditur omnis exceptio ullius dogmatis a Paulo propositi, quod non
identidem proposuerint Moses et prophetae. Ergo quaecunque insunt
Pauli apostoli scriptis, ea oportet identidem inesse scriptis Mosis et
prophetarum.'" (Theol. did.-pol. P. I. c. 9. s. 2. q. 3. f. 509. sqq.)

IDEM: „Solis V. T. testimoniis (Christus et apostoli) Judaeos
convicerunt et mysteria haec unice ex Scripturis V. T. demonstrarunt.
Matth. 22, 46. Act. 18, 24. 28. Aut itaque ἔλεγχος Christi et apostolorum fuit sufficiens et Judaei ex solis V. T. testimoniis convinci potuerunt, aut inepte Christus et apostoli ex invalido et inidoneo principio
cum illis disputarunt; quod dictu impium." (L. c. q. 4. f. 516.)

KROMAYERUS: „Mirari subit, quod haec thesis (Trinitatem ex
V. T. probari posse) ante annos non ita multos ab iis, qui Aug. Confessionis esse volunt socii, fuerit impugnata. Nec enim ipsos praeterire
potuit, quod *in conflictu cum Judaeis*, N. T. non recipientibus, ex solo
V. T. haec thesis a nostratibus tam firmiter fuerit asserta, ut ἀνίκητος
καὶ ἀκίνητος hucusque substiterit." (Th. posit.-pol. I, 146.)

ANTITHESIS.

QUENSTEDTIUS: „*Antithesis:* ... 5. *Novatorum*, qui dogmatizant:
‚Mysterium Trinitatis patriarchis et prophetis suo quodam modo *ex
peculiari Dei revelatione* cognitum fuisse; non tamen ita in libris V. T.
contineri, ut a quovis ibi deprehendi aut olim potuerit, aut nunc se-
posito N. T. possit. *Vestigia* ibi et *indicia* potius, quam aperta animumque convincentia dicta, pro Trinitate deprehendi." (L. c. q. 3. f. 510.)

LUTHARDTIUS: „Der Schriftbeweis aus dem *A. T.* . . ruht fast
durchweg auf unrichtiger oder gewaltsamer Exegese und überhaupt
auf einer ungeschichtlichen Anschauung, welche den allmäligen Gang
der Offenbarung verkennt. . . Jene Identificirung aber erklärt sich
daraus, dass *im* Engel Jeh.'s Jehovah selbst erscheint. . . Erst das
N. T. offenbarte thatsächlich die Gottheit des Messias. . . Das A. T.
enthält also nur die Voraussetzungen der trinitarischen Gotteserkennt-
niss, weil der trin. Gottesoffenbarung; erst das N. T. brachte mit
dieser auch jene." (Compend. 3. Aufl. p. 78. sq.)

KAHNISIUS: „Im A. T. tritt die Einheit und Einzigkeit Jhvh's so
entschieden hervor, dass was vom Messias und dem Heiligen Geiste
ausgesagt wird, nur den Keim göttlicher Persönlichkeiten in sich trägt."
(Die luth. Dogm. Zweite Ausg. I, 353.)

VILMARIUS: „Die alte Dogmatik behauptete zu viel, wenn sie behauptete, es habe nicht allein schon im Gesetz und vor dem Gesetz
sich Gott im Vater, Sohn und Geist *geoffenbart*, sondern auch die
‚Kirche des A. T.‘ d. h. die in Gottes Verheissung Feststehenden jener
Zeit diese Offenbarung Gottes im Vater, Sohn und Geist *gekannt*.
Weder das Eine noch das Andere kann in dieser Weise zugegeben
werden; Gott offenbart sich nicht, ehe er sich offenbart; und das hat
Er als Sohn und Geist erst gethan, als der Logos Fleisch geworden
war und der Geist war ausgegossen worden. Wo aber eine Offenbarung
nicht Statt findet, kann auch Erkenntniss derselben nicht statuiert
werden. Diese Ansicht zerstört die Offenbarung als *historischen Pro-
zess*, mischt Verheissung und Erfüllung durch einander, die doch von
Gott selbst so äusserst scharf auseinander gehalten werden, und ge-
fährdet sogar den Unterschied zwischen Gesetz und Evangelium (!).
Gerade das, dass die Juden in Christo das *Neue*, welches ihnen aber
geweissagt worden war, nicht anerkennen wollten, ist der Vorwurf,
welchen Christus ihnen macht; *nicht* (!), dass sie von dem, was sie
schon gehabt und erkannt hätten, *abfielen*." (Dogmatik. 1874. I, 275.)

HOFMANNUS: „Das alte Testament lehrt eben so wenig, dass Gott
ein in sich mehrfacher sei, als es die Einheit Gottes mit Bezug auf eine
Mehrfachheit in ihm lehrt." (Schriftbeweis. 1852. I, 85.)

§ 29.

Ad pleniorem hujus mysterii declarationem[a] observandum est: I. Patrem a Filio, Filium a Patre, et Spiritum S. ab utroque realiter[b] differre, ut revera alius sit
Pater, alius Filius, et alius Spiritus S.[c]

a) Hic tamen nondum terminis ecclesiasticis, sed tantum populari
modo proponendam.

b) Citra mentis nostrae operationem, seu nemine cogitante, aut
diversas nomenclaturas animo concipiente.

c) Sic Christus expresse dicit, *Patrem* esse ἄλλον, *alium a se, Joh.
5, 32. 37.*, et Spiritum S. παράκλητον, *consolatorem* sive *advocatum* fidelium, esse ἄλλον, *alium* a se et Patre, *Joh. 14, 16.* Idem vero vel ex
nominibus *Patris* et *Filii* patet, quodque ille ut *gignens*, hic ut *genitus*
describitur, *Ps. 2, 7. Joh. 1, 14. 18. cap. 3, 16.*, quodque Filius dicitur
missus a Patre, *cap. 10, 36. Gal. 4, 4.*, *Spiritus Sanctus procedere* a
Patre, *Joh. 15, 26.*, *mitti a Patre, Joh. 14, 26.*, *mitti a Filio, Joh. 15, 26.*
Nempe nemo sui ipsius pater est, aut sui ipsius filius. Nemo seipsum
generat, aut a se ipso generatur. Nemo a se ipso procedit, aut mittitur. Confer b. *Mus.* Dispp. a. 1649. habb. Disp. III. § 11. 12. 13.
p. 57. 58. 59.

ANTITHESIS.

QUENSTEDTIUS: „*Antithesis : 1. Praxeanorum, Noëtianorum, Sabellianorum et Samosatenianorum*, qui ut unam οὐσίαν, sic et unam ὑπόστασιν seu personam statuerunt, quae alio atque alio respectu jam Patris,
jam Filii, jam Spiritus S. induat nomen. . . Dicti inde veteribus
Patripassiani. 2. Arii et Arianorum, qui . . . Patris, Filii et Spiritus S.
ὁμοουσίαν acerrime impugnarunt, unde Ariani etiam *Triusiani* a Fulgen-
tio dicti sunt. . . 3. *Tritheitarum*, qui, ut Sabellii haeresin vitarent,
tres deos vel tres essentias divinas fingebant, unam essentiantem, duas
essentiatas. . . 4. *Photinianorum* veterum et recentiorum, qui Trinitatis mysterium negant, unde et *Antitrinitarii* jure dicuntur; scl. negant, Patrem, Filium et Spiritum S. ita personis distingui, ut sint
tamen unus ille verus Deus.“ (L. c. c. 9. s. 2. q. 1. f. 493.) Addendi
sunt *Swedenborgiani.*

§ 30.

Deinde II. observandum est: Non solum Patrem,[a]
sed etiam Filium[b] et Spiritum Sanctum[c] esse verum et
aeternum Deum.

a) Nam quod is, quem Scriptura dicit *Patrem Domini nostri Jesu
Christi*, sit verus ac summus Deus, ab omnibus, qui Scripturam recipiunt, *hodie* conceditur neque adeo hic ulterius probatur.

b) Probant, Filium esse verum et natura Deum, argumenta varia:

I. Quod Scriptura eum expresse *Deum* vocat (Dei nomen autem,
proprie acceptum, est nomen *naturae* divinae, vid. supra § 3. et not. *b.*

p. 7. 8.), vid. *Act. 20, 28.*, ubi *Deus* dicitur *suo sanguine redemisse ecclesiam.* Intelligitur autem Christus, Filius Dei; Pater enim et Spiritus S. in sua persona sanguinem non habent, Filius solus ἔνσαρκος habet. Alias autem adduntur *epitheta*, propriam significationem confirmantia, v. g. quod Christus, *Filius Dei*, dicitur *verus Deus 1 Joh. 5, 20.*, quod idem, aliquando visibiliter *appariturus*, dicitur *magnus Deus Tit. 2, 13.*, quod dicitur *Deus super omnia benedictus in saecula Rom. 9, 5.* (qua formula Deus summus describitur *Rom. 1, 25.*).

II. Ex *collatione dictorum Scripturae* V. et N. T., seu quod, quae in V. T. diserte de summo Deo dicta sunt, in Novo de Christo Dei Filio explicantur; ut v. g. sit argumentum: *Quem Israelitae praeter Mosen in deserto tentarunt, est verus atque aeternus Deus*, quod probatur ex *Num. 21, 5. 6.* Atqui Christus est is, *quem Israelitae praeter Mosen in deserto tentarunt*, juxta *1 Cor. 10, 9.* E. *Christus est verus Deus.* Similiter: *Cujus gloriam vidit Esaias* (c. 6, 1. sqq.), *is est verus Deus.* Atqui *Christus est is, cujus gloriam* (tunc) *vidit Esaias*, quod probatur ex *Joh. 12, 40. 41.* Ergo est *verus Deus.* Qua ratione etiam conferri possunt loca: *Ps. 68, 19.* cum *Ephes. 4, 8.* *Illic* enim is, qui *in altum adscendit et dona dedit hominibus etc.*, dicitur *Deus* יָהּ *v. 5.*, *Dominus* κατ' ἐξοχήν אֲדֹנָי *v. 12. 18. 20.*, *Deus Israelis v. 9.*, a quo stupenda illa opera populo praestita profecta fuerint, *v. 8. sqq.* *Hic* autem idem ille *Christus* fuisse perhibetur. Item *Ps. 97, 7.* *Ps. 45, 7.* *Ps. 102, 26.* *Ps. 110, 1.* cum *Ebr. 1, 6. 8. 9. 10. 13.* Nimirum, qui in Psalmis 1) *angelis Dei adorandus* proponitur et expresse appellatur יְהֹוָה *v. 1.*; cujus *thronus* 2) *aeternus*, ipse autem *Deus* dicitur; qui 3) *terrae fundamenta jecisse, coelos creasse, immutabilis* in *esse* suo describitur; et jam antea v. 1. nomine יְהֹוָה appellatus est; qui 4) *a dextris Dei sedere* dicitur: idem ll. cc. ad *Ebr. Filius Dei* esse docetur. Denique *Es. 40, 3.* et *Malach. 3, 1.* cum *Matth. 3, 3.* *Marc. 1, 3.* *Luc. 3, 4.* *Joh. 1, 23.* Scilicet eum, cui *via paranda* erat, יְהֹוָה ipsum esse, testantur prophetae. Hunc autem eundem esse *Christum*, docent evangelistae. Fingere autem in hoc negotio *subordinationem, dependentiam* aut *similitudinem*, aut nescio quid aliud, sub nomine *accommodationis* admittendum, ne necesse sit concedere identitatem et aequalitatem, alienum est a religione christiana. Conf. b. *Hackspanii* Disp. de Accommod. in Sylloge Dispp. p. 417.

III. Ex *generatione* Filii a Deo Patre argumentum nascitur hoc modo: Quicunque est genitus de substantia Dei Patris, ille est verus ac aeternus Deus. Atqui Christus, Filius Dei, est genitus de substantia Dei Patris. E. Major ex lumine naturae evidens est, quod docemur, *gignentem et genitum*, si *proprie* dicantur, esse ejusdem essentiae; ita ut contradictio sit, esse genitum ex aliquo, *proprie* loquendo, nec tamen habere eandem essentiam. Minor probatur ex *Joh. 1, 14. 18. c. 3, 16.*, ubi Christus dicitur Filius μονογενής, *unigenitus*, genitus, inquam, citra tropum, *non* praecise *dilectus*, aut *genitus improprie*, adoptatus etc. Conf. *Rom. 8, 32.* et *Joh. 5, 18.*, ubi dicitur Filius Dei ἴδιος, *proprius.*

IV. Ex *attributis* divinis (quae ab essentia divina realiter non differre, videmus § 5. not. *b.*), Christo assignatis, qualia sunt: 1) *aeternitas, Joh. 1, 1.* descripta, quod sit existentia ἐν ἀρχῇ, *in principio* (non *secundum quid*, ratione creationis, aut restaurationis hominum, sed *absolute*), ita, ut ante λόγον, seu Filium Dei, nihil plane extiterit, ipse vero *ab initio extiterit* πρὸς τὸν θεὸν, *apud Deum* (Patrem), ita ut neque hic extiterit ante λόγον, sed λόγος ei ab aeterno coëxtiterit. Conf. *Apoc. 1, 8.*, ubi eadem ratione, qua prius v. 4. Deus aeternus describebatur (vid. h. l. § 13. not. *d.*), de Christo dicitur: ὁ ὢν, καὶ ὁ ἦν, καὶ ὁ ἐρχόμενος, *qui est, qui erat, qui venturus est*, et additur sub persona Christi: ἐγώ εἰμι τὸ Α καὶ τὸ Ω, ἀρχὴ καὶ τέλος, et v. 11. ὁ πρῶτος καὶ ὁ ἔσχατος, carens initio, quia principium omnium, quae sunt, nec habens finem, quia ipse finis sit omnium. Conf. *Ebr. 1, 11.*, ubi aeternitas Dei, *Ps. 102.* descripta, Christo tribuitur. 2) *Omniscientia, Joh. 21, 17.*: *Domine, tu scis omnia*, cf. *c. 16, 30.* Item quod *in Christo* sunt omnes thesauri sapientiae ac scientiae, *Col. 2, 3.*, quodque Christus est *scrutator cordium* (quod non nisi divinae omniscientiae est, vid. § 15. not. *e.* p. 29. sq.), *Matth. 9, 4. Joh. 2, 24. 25. 1 Cor. 4, 5.* 3) *Omnipotentia, Joh. 10, 28.*, ubi ipse dicit, *neminem* posse *oves suas* (fideles suos) *e manu* sua *rapere*, nimirum quod potentia sua superet omnem potentiam finitam, et *Apoc. 1, 8.*, ubi expresse dicitur παντοκράτωρ, *omnipotens*.

> GERHARDUS: „Observa, prudenter quidem distinguenda esse dicta, quae de communicatione divinae essentiae per aeternam generationem juxta divinam naturam Christo facta loquuntur, ab iis, quae de donis vere divinis et infinitis, juxta humanam naturam personaliter ipsi communicatis, loquuntur; interim tamen ex posteriori dictorum genere non minus, quam ex priori, veram Christi divinitatem ἑπομένως et consequenter probari posse. Nisi enim humana natura τῷ λόγῳ esset personaliter unita, h. e., nisi Christus in personae unitate esset verus Deus et verus homo, non potuisset humana natura illius dignitatis per idiomatum communicationem particeps reddi." (Exeg. l. IV. § 48.)

V. Ex *operibus* vere divinis (quae naturam et perfectiones divinas in operante arguunt), Christo, tanquam causae principali, adscriptis; qualia sunt 1) *creatio* hujus universi, ποίησις τῶν πάντων, *Joh. 1, 3. Col. 1, 16.*, ita ut non solum *per ipsum* omnia producta dicantur (prout *per* Patrem, non certe ut causam minus principalem, sed principalem, Paulus se vocatum esse dicit *Gal. 1, 1.*), verum etiam in casu recto, ipse creasse omnia dicatur, *Ebr. 1, 10.* ex *Psalmo 102, 26.*: *Tu in initio, Domine!* (Fili Dei v. 8.) *terram fundasti* etc. 2) *Conservatio* hujus universi, prout *Col. 1, 17.*, ubi omnia creata per ipsum *consistere* (συνιστάναι) ac, ne dilabantur aut concidant, ejus virtute contineri dicuntur. Et *Ebr. 1, 3.* dicitur ipse φέρων τὰ πάντα, *portare* aut sustinere omnia, ne ruant ac pereant. 3) *Resuscitatio mortuorum* ac pridem sepultorum, idque pro libera voluntate, adeoque per modum causae principalis, *Joh. 5, 21. 28. 29.* Atque huc etiam 4) pertinet *contritio capitis serpentis*, seu destructio regni et potentiae diaboli, quae *semini mulieris*, seu Messiae promisso adscribitur, *Gen. 3, 15.* Est enim hoc revera opus divinum, ac Deum omnipotentem esse oportuit, qui peracturus erat; quemadmodum etiam docuit et, mysterium Trinitatis pluribus ex V. T. petitis argumentis demonstrari posse, ostendit b. *Musaeus* in Coll. MSto Quaest. illustrium L. de Deo Q. I.

VI. Ex eo, quod *cultus* vere divinus (quem Deus *alteri*, qui Deus verus non est, se *daturum negat, Es. 42, 7. c. 48, 11.*) ipsi, tanquam *aequali* cum Deo Patre, adscribitur, v. g. *Joh. 5, 23.*, ubi jubentur *omnes honorare Filium, sicut,* καθὼς, *honorant Patrem,* non alio genere cultus, qui non posset non esse dissimilis: Confer *Ebr. 1, 6.* et *8.*

QUENSTEDTIUS: „B. Chemnitius in LL. Theol. loc. de Filio Dei p. 52. sq. haereticos, qui veritatem deitatis Christi impugnarunt, in *tres classes* dispescit. In *primo* ordine sunt ἀνυπόστατοι, qui statuerunt, Filium Dei ante suam ex Maria nativitatem non habuisse subsistentiam, sed fuisse in Patre, velut potentia sentiens et intelligens est in anima; tales fuerunt *Ebion* et *Cerinthus, Paulus Samosatenus* et *Photinus,* quos hodie sequuntur Muhammedani et *Sociniani.* In *secundo* ordine sunt ἑτεροούσιοι, qui agnoscebant in Christo naturam sublimiorem, quam humanam, negabant tamen, ipsum Deo Patri esse ὁμοούσιον et consubstantialem. Horum coryphaeus fuit *Arius* saeculo quarto. In *tertio* ordine sunt ἀνόμοιοι, qui Christum dicebant ejusdem cum Patre substantiae, non autem cum eo potentiae. Tales erant *Aëtius,* ejusque discipulus *Eunomius.*‟ (L. c. c. 9. q. 6. f. 524.)

c) Spiritum S. esse verum atque aeternum Deum, probatur itidem:

I. Ex *dictis* Scripturae, quibus diserte vocatur Deus; prout Petrus *Act. 5, 3.* eum, *cui* Ananias, praeter apostolos atque inprimis, *mentitus,* seu cui mendacium suum obtrudere pro vero ausus fuerat, *Spiritum Sanctum* esse dicit, mox autem v. 4. *Deum* ipsum appellat. Et Paulus *1 Cor. 3, 16. 17.* fideles dicit esse *templum Dei* per hoc, quod *Spiritus Dei* in ipsis tanquam in templo *habitet.* Indicat ergo Spiritum S. Deum. Conf. *2 Sam. 23, 2.*, ubi David dicit: *Spiritus Domini locutus est in me, et sermo ejus super linguam meam.* Addit autem v. 3.: *Dixit Deus Israel, mihi locutus est petra Israel* etc. Eundem ergo, quem Spiritum Domini dicit, Dominum ipsum esse docet.

II. Ex *collatione* dictorum Scripturae V. et N. T. hoc modo: *qui locutus est ad Esaiam, et jussit eum ire ad populum* etc., *Es. 6, 9., is est verus ac summus Deus. Sed Spiritus Sanctus est is, qui locutus est ad Esaiam,* juxta *Act. 28, 25. Ergo* Spiritus S. est verus Deus. Similiter: *Qui locutus est per Davidem, Ps. 95, 8. 9. 10. 11., ille est Deus verus ac summus,* juxta v. 1. et sqq. ad 7. Atqui *Spiritus S. est is, qui locutus est* (verba illa) *per Davidem,* quod expresse dicitur *Ebr. 3, 7. 8. 9. 10.* Ergo est verus ac summus Deus. Repetenda autem sunt, quae supra in nota *b.* n. II. de *accommodatione* monuimus.

III. Ex *attributis* vere divinis, v. g. 1) *immensitate,* quae Spiritui Sancto adscribitur *Ps. 139, 7.*: *Quo ibo a Spiritu tuo?* etc., id est, nusquam ivero, ubi non sit Spiritus tuus immensus. 2) *Omniscientia,* quae illi tribuitur *1 Cor. 2, 10.*, nempe quod *scrutetur,* ἐρευνᾷ, non quod successive et cum labore aut molestia quadam nitatur cognoscere, sed quod plane penetret et, nemine alio revelante, per se ipse accurate cognoscat *profunditates Dei,* omnia arcana sensa et consilia mentis divinae, ita ut nihil lateat, aut maneat obscurum.

IV. Ex *operibus* vere divinis, v. g. 1) *creatione,* quam *Jobus* memorat cap. 33, 4., *Spiritus Dei,* inquiens, *fecit me, et spiraculum omni-*

potentis vivificavit me. Et David *Ps. 33, 6. Spiritu oris* Dei *omnem exercitum coelorum factum* esse praedicat. 2) *Largitione* ac *distributione voluntaria,* tanquam a causa efficiente principali, *donorum* spiritualium ministrantium, nec tantum communium, sed etiam extraordinariorum ac valde miraculosorum, quae Spiritui S. tribuitur *1 Cor. 12, 11.* 3) *Gubernatione* ecclesiae et *constitutione episcoporum,* seu ministrorum ecclesiae, *Act. 20, 28.*

ANTITHESIS.

QUENSTEDTIUS: „*Antithesis:* 1. Praxeae, Sabellianorum, Noëtianorum et Samosatenianorum saeculo secundo et tertio, unam tantum personam in Deitate admittentium, et *Macedonianorum,* Spiritum S. tantum pro motu quodam vel qualitate aliqua creata habentium. . . . 3. *Socinianorum,* qui vehementissime hypostasin Spiritus S. impugnant, statuentes, ,Spiritum S. non esse personam divinam seu summum Deum, sed esse virtutem quandam Dei, Patri et Filio communem et in utroque existentem, in Patre naturaliter, in Filio vero Dei beneficio et gratia.“ (L. c. q. 10. f. 560.)

IDEM: „*Antithesis:* 1. *Arii* et Arianorum, qui Spiritum S. creaturam Verbi, i. e., Filii Dei, adeoque κτίσμα κτίσματος, creaturam creaturae dixerunt, teste Epiphanio et Theodoreto. 2. *Macedonianorum,* qui peculiariter πνευματομάχοι dicti sunt, quod praecipue in oppugnanda Spiritus S. divinitate occupati fuerint, dicentes: ,Eum nudam creaturam esse.‘“ (L. c. q. 11. f. 564.)

ANTITHESES NEOTERICORUM.

KAHNISIUS: „Was Vernunft und Schrift fordern, eine absolute Persönlichkeit, findet seine Wahrheit in der Grundlehre, dass der *Vater* die göttliche *Urpersönlichkeit* ist. . . Ist der Vater die göttliche Urpersönlichkeit, der Sohn aus der göttlichen Urpersönlichkeit in geheimnissvoller Weise hervorgegangen, so liegt schon hier unzweifelhaft ausgesprochen, *dass der Sohn nur in des Wortes zweitem Sinne Gott ist.* . . . Die Symbole und Glaubensregeln drücken auf das Bestimmteste aus, dass der *Vater Gott in des Wortes einzigem und eigentlichem Sinne* ist, indem sie nur ihn Gott nennen.“ (Die lutherische Dogmatik. Erster Band. *Zweite* Ausgabe. Leipzig 1874. p. 351. 361. 399.) „Im Neuen Testamente nennt Jesus Christus im Bewusstsein seines vorweltlichen Seins (Joh. 17, 5.), *also nicht als Mensch,* sondern als fleischgewordener *Logos,* seinen *Vater* den *allein wahren Gott* (τὸν μόνον ἀληϑινὸν Θεόν), indem er ausdrücklich *sich,* den Gesandten Gottes, *von ihm unterscheidet.* Wo Gott im Subject steht, ist allezeit der Vater gemeint. . . Auf die Stelle 1 Tim. 3, 16. wird sich Niemand (!) berufen, da die Lesart Θεὸς kritisch gefallen (!) ist.“ (p. 353.) . . . „In der Lehre, dass Sohn und Geist ihren Entstehungsgrund in dem Vater haben, liegt mit logischer Nothwendigkeit, dass der *Vater,* der in nichts Anderem Grund hat (ἀγεννησία), *Gott in des Wortes einzigem Sinne* ist.“ (p. 400.) „An und für sich aber ist in diesem Namen (*Sohn Gottes*) *nicht die göttliche Persönlichkeit* Jesu Christi ausgesprochen. Diese liegt in den Attributen, welche Jesus sich, die Apostel ihm zuschrieben.“ (p. 360.) „Endlich liegt in dem Begriffe einer göttlichen Persönlichkeit, welche Mensch wird, um die Menschheit für immer als Natur in sich zu tragen, dass sie *nicht gleichstehen* kann der Urpersönlichkeit, welche, unveränderlich wie sie ist, die Endlichkeit nicht in sich aufnehmen kann, wie denn Jesus Christus nicht blos in einzelnen Worten (Joh. 5, 19. ff. 10, 29. 17, 3. ff.), sondern in seinem ganzen Verhalten zum Vater sich der göttlichen Urpersönlichkeit *unterordnet.*“ (p. 362.) „Jedenfalls ist dieses geheimnissvolle Entstehen einer gött-

lichen Persönlichkeit aus Gott von dem Schaffen verschieden und in
der Stelle Kol. 1, 15. mit der Schöpfung nur insofern zusammen-
gestellt (!), als die *Zeugung des Sohnes den Uebergang zur Schöpfung*
bildete." (p. 361.) „Was allerdings feststeht, ist, dass die Schrift
über die Entstehung des *Heiligen Geistes* aus Gott nichts sagt. Das
Urtheil der Kirche über die Origination des Geistes, dass er nämlich
aus dem Vater hervorgeht (ἐκπορεύεται), hat seinen Schriftgrund (?)
in den Worten Joh. 15, 26., welche aber, wie bemerkt, das ökono-
mische Ausgehn des Heiligen Geistes bedeuten." (p. 367.) „Man
beruft sich oft auf das Wort ὁμοούσιος, welches zu Nicäa und Constanti-
nopel dem Sohne beigelegt ward. Allein dieses Wort war von sehr
verschiedener Bedeutung... Dies Wort soll nur ausdrücken, dass die
Persönlichkeit Jesu in gleicher Weise wie die des Vaters *göttlicher Art*
war... Wir sehen hier deutlich, dass die Homousie *nicht Coordination*
war." (p. 379. 380.) „Nur liegt es im Begriffe jeder Person, dass sie,
die ein eigenes Ich ist mit den Kräften des Denkens, Wollens, Fühlens,
die göttlichen Eigenschaften in eigenthümlicher Weise hat. Dies verkannt
zu haben, ist ein grosser Mangel der älteren Theologen. Man dachte
sich die Eigenschaften als einen den drei Personen gemeinsamen Besitz.
Wie aber wollte man dann wieder Christo eine göttliche Natur zuschreiben, die auf das Innigste mit der menschlichen verbunden war,
wenn diese Natur zugleich die des Vaters und Geistes war? Man war
dann genöthigt, zur Lehre einer Menschwerdung der Gottheit fort-
zugehen, die doch gegen Schrift- (!) und Kirchenlehre (!) ist. Sind
Eigenschaften die Momente der göttlichen Persönlichkeit, Vater, Sohn
und Geist aber besondere Persönlichkeiten, so muss auch jede der drei
Personen die göttlichen Eigenschaften in besonderer Weise haben."
(p. 404.) „Vor Grundlegung der Welt waren Sohn und Geist beim
Vater. *Ob vor der Weltzeit eine himmlische Zeit war, da Sohn und
Geist noch nicht waren?* Ob der Process des Zeugens und Hau-
chens erloschen ist mit der Erzeugung des Sohnes und dem Hervorgehen des Geistes? Wie sich Zeugen und Hauchen unterscheiden?
Das sind Fragen, die sich nicht beantworten lassen." (p. 403.) „Seit
Petavius, dem Vater der Dogmengeschichte, ist allgemein zugestanden,
dass die *vornicänischen Väter* Sohn und Geist dem Vater untergeordnet
haben. Dazu haben aber neuere Forscher (Baur, Dorner, Ullmann)
das sichere (!) Resultat gefügt, dass auch die nicänischen (!) Väter
eine Subordination des Sohnes lehren." (p. 398.)

IDEM: „Der Vater ist also grösser als der Sohn. Nie kann der
Sohn, welcher in durch den Vater bedingter, somit *secundärer Weise*
Gott ist, der Vater sein. Nicht gleich Gott sein (ἴσον εἶναι Θεῷ), sondern
gottgleiches Sein (ἴσα εἶναι Θεῷ) d. h. die aus der göttlichen Urpersönlichkeit folgende Urseligkeit des Lebens (1 Tim. 5, 15.) konnte mög-
licher Weise der vormenschliche Christus begehren." (L. c. I, 461.)

HOFMANNUS: „Zufolge dieser allernächst liegenden Auffassung
ist ὁ λόγος Bezeichnung des verkündigten Jesus Christus und nicht
eines vorweltlichen und überweltlichen Wesens." (Schriftbeweis I,
102.) „Die Stelle (Luk. 1, 35.) besagt, dass das Kind, welches durch
Machtwirkung Gottes in Maria seines Lebens Anfang gewinnt, *um dess*
willen Gottes Sohn heisst. Wir stellen diese gültige Erklärung über
den Sinn, in welchem Jesus Gottes Sohn genannt wird, den Dogmatikern entgegen, welche leugnen, dass er um seiner Empfängniss aus
Heiligem Geiste willen so heisse (s. Quenstedt, Syst. II, p. 570. sqq.),
und welche vielmehr eine doppelte generatio unterscheiden, eine generatio aeterna, per quam habet, quod est Filius D., und eine generatio
temporalis, per quam habet, quod est homo aut filius hominis... Eben
der *Mensch* Jesus ist es, welcher auf Grund des mit seinem Lebens-
anfange gesetzten Verhältnisses Gottes zu ihm sich selbst Gottes Sohn
und Gott seinen Vater in ausschliesslichem Sinn nennt, und von den

Seinen der Sohn Gottes genannt wird." (p. 114.) „Wo sie (die
Schrift) von der Zeugung des Sohnes spricht, haben wir oben gesehen,
dass sie nicht einen ewigen, sondern einen geschichtlichen Vorgang
meint. Und eben so verhält es sich mit dem Ausgehen des Heiligen
Geistes." (p. 176. sq.) „Wenn sich nun aber darstellt, dass die
Schrift das trinitarische Verhältniss in Gott als ewiges nur lehrt, indem als geschichtliches, und dass sie es nicht nach dem benennt, wie
es ewiges, sondern nach dem, wie es geschichtliches Verhältniss ist;
so ist hiemit auch schon der weitere Erweis geliefert, dass nach der
Schrift das innergöttliche Verhältniss nicht ohne das Verhältniss Gottes zum Menschen gedacht sein will, und dass es also schriftmässig ist,
zu lehren, das innergöttliche Verhältniss sei *für* das Verhältniss Gottes
zum Menschen, oder, *Gott sei dreieinig, um der Gott des Menschen zu
sein.* Denn als geschichtliches haben wir es in der Schrift nur im
Zusammenhange mit der zwischen Gott und dem Menschen sich begebenden Geschichte, als *ewiges* aber nur von seiner Geschichtlichkeit
aus gelehrt gefunden. *Folglich steht es als ewiges in gleicher Beziehung
zu dem ewigen Willen Gottes,* welcher sich in der zwischen Gott und
dem Menschen sich begebenden Geschichte vollbringt, wie als geschichtliches zu dieser Geschichte selbst." (p. 177. sq.) „Schon den Auf-
erstandenen hatte Thomas mit dem jubelnden Zuruf erkannt und be-
grüsst: ὁ κύριός μου καὶ ὁ Θεός μου. Dass dieser Zuruf Jesu gelten will,
und nicht von Gott dem Vater verstanden werden kann, braucht man
nicht mehr zu beweisen... Der *Herr,* den er oft so genannt hatte,
war ihm jetzt *Gott* geworden: *nicht so, dass er in ihm das Subject*
ὁ Θεός *erkannte, sondern das Prädicat* Θεός *gab er ihm.* Und zwar gab
er es ihm in dem Sinne, in welchem es aus der Thatsache seines Sieges
über den Tod hervorleuchtete." (p. 126.) „Der Mensch Jesus Christus, welcher, als Welt und Zeit ihren Anfang nahmen, *bei* Gott war,
ist selbstverständlich, ehe er Mensch geworden, Gott gewesen, und
hat, als die Welt geworden, ihr Werden und Gottes Schaffen vermittelt
durch sich selbst. Als Mittler aber wird er bezeichnet durch δι' αὐτοῦ,
gleichwie es auch von ihm heisst, dass er *bei* und *solchergestalt* Gott
gewesen. Weil er von dem, welcher *Gott* ist, dem *Vater,* unterschieden
werden kann und will, als der in der Welt Mensch geworden ist und
Gott zu seinem Gotte hat, darum will er auch für das Verhältniss Gottes zur Welt als der vermittelnde bezeichnet, und so *von
Gott dem Schöpfer unterschieden* sein. Man wird nun freilich die
Stellen entgegen halten, wo *angeblich Jehova* und Christus als eine und
dieselbe Person erscheinen. Die ausgiebigste Stelle der Art wäre die
alttestamentliche Anführung Hebr. 1, 8. 9., wenn hier wirklich der
Sohn mit ὁ Θεός angeredet würde, indem dann nicht blos der Sohn als
Jehova benannt, sondern auch von Jehova unterschieden wäre."
(pag. 147.)

§ 31.

Denique III. observandum est, *Patrem, Filium et
Spiritum S. non esse tres Deos, sed Deum unum.*

Nempe jam supra § 8. docuimus, Deum esse *unum,* et praeter
illum non esse alium. Itaque ostenso interim, quod Pater, Filius et
Spiritus S. sint verus Deus, jam statim constat, quod sint unus Deus,
non dii plures.

QUENSTEDTIUS: „Deus *non dividitur in tres personas,* sed tres personae *inter se distinctae* unicam illam numero *essentiam* indivisam et
infinitam *indivisim participant;* ita ut quaelibet persona eandem essen-

tiam habeat sine ejus multiplicatione aut divisione; in hoc enim mysterio datur ἄλλος καὶ ἄλλος, alius atque alius, ὑποστατικῶς, *non ἄλλο καὶ ἄλλο*, aliud atque aliud, οὐσιωδῶς." (L. c. s. 1. th. 20. f. 469.)

Calovius: „Fides catholica de Trinitate non in hac loquendi formula praecise sita est, quod tres sint *personae* in una illa divina *essentia*, sed in eo, ut sincere credamus, Patrem, Filium et Spiritum S. unum esse Deum, ita tamen, ut Pater non sit Filius, sed alius a Filio, nec Sp. S. sit Pater vel Filius, sed alius a Patre et Filio; juxta Symbolum Athanasii, Deus est Pater, Deus Filius, Deus Sp. S., et tamen non tres Dii, sed unus est Deus, ut per omnia et Unitatem in Trinitate et Trinitatem in Unitate veneremur." (System. loc. th. Tom. III, p. 4.)

J. Ebartus: „Personae Trinitatis sunt quidem realiter, imo realissime a se invicem distinctae, sed ita, *ut quaelibet personarum tota illa essentia divina et nulla earum aliqua ejus pars sit*. Deus enim *in* tribus personis subsistit, non *ex* illis componitur." (Enchir. th. 1662. p. 76. sq.)

Hollazius: „Sociniani instant: In quocunque est tota essentia Dei, in illo tota est Trinitas. Atqui in qualibet persona divina etc. E. Respondeo: In quo est tota essentia Dei *sub omnibus tribus subsistendi modis*, in *illo* est tota Trinitas, concedo. At una persona divina habet essentiam Dei non sub tribus, sed *uno* subsistendi modo. Subsistit enim D. Pater ἀγεννήτως, F. D. γεννήτως, Sp. S. ἐκπορεύτως." (Exam. th. P. I. c. 2. q. 55. p. 347.)

§ 32.

Ad mysterium hoc distinctius exprimendum[a] et excludendas haereticorum sophisticationes[b] dixerunt christiani veteres, occidentales quidem seu Latini, *tres* esse *personas in una essentia* divina, orientales autem sive Graeci, esse τρεῖς ὑποστάσεις καὶ μίαν οὐσίαν;[c] quemadmodum peculiariter patres Nicaeni de Filio statuerunt, eum esse seu agnosci debere Patri ὁμοούσιον, id est *coëssentialem* aut *consubstantialem*.[d]

a) Scilicet ut, stante unitate Dei, distinctio realis inter Patrem, Filium et Spiritum Sanctum, tanquam ejusdem naturae ac aequalis dignitatis, manifestis terminis significaretur.

Gerhardus: „Non est probanda eorum temeritas, qui novis vocabulis ab ecclesia nondum receptis in hoc mysterio explicando utuntur. Rationem petimus: 1. a praecepto apostoli 1 Tim. 6, 20.: ‚Depositum custodi, devitans τὰς βεβήλους κενοφωνίας, profanas vocum novitates.‘ (Quidam legunt κενοφωνίας, ut inter has voces, ita inter res significatas est maxima cognatio, nova persaepe etiam vana, Act. 17, 21.) 2. Ab incommodo multiplici, quod illam temeritatem sequitur. Datur enim adversariis calumniandi occasio, sparguntur semina dissensionum in ecclesia, singularitatis oritur suspicio etc. *Contra vero moderati animi est, cum ecclesia non solum reverenter sentire, sed etiam loqui*, ac obsequentium liberorum est, matris vocem non dedignari. Augustinus lib. X. de Civitate Dei c. 23.: ‚Liberis verbis loquuntur philosophi, nec in rebus ad intelligendum difficillimis offensionem religiosarum aurium pertimescunt; nobis autem ad certam regulam loqui fas est, ne *verborum* licentia etiam de *rebus*, quae his significantur, impiam gignat opinionem.‘" (Exeg. l. III. § 45.)

LUTHERUS: „Es ist wohl nicht ein köstlich Deutsch, lautet auch nicht fein, Gott also zu nennen mit dem Wort: *Dreifaltigkeit* (wie auch das lateinische Trinitas nicht köstlich lautet), aber weil man's nicht besser hat, müssen wir reden, wie wir können. Denn (wie ich gesagt habe) dieser Artikel ist so hoch über menschlichen Verstand und Sprache, dass Gott als ein Vater seinen Kindern muss zu gute halten, dass wir stammeln und lallen, so gut wir können, so nur der Glaube rein und recht ist. Denn man will dennoch soviel mit diesem Worte sagen, dass da soll gegläubet werden, dass die göttliche Majestät sei drei unterschiedene Personen einigen, wahrhaftigen Wesens." (Kirchen-postille. Ep. D. Trin. XII, 830.)

b) Quorum *alii* dixerunt, solum Patrem esse verum Deum, Filium esse creaturam, Spiritum Sanctum esse creaturam per Filium factam, aut donum Dei in hominibus; *alii*, tantum diversa nomina uni illi atque aeterno Deo propter diversos respectus tribui, revera autem Patrem esse ipsum Filium ac Spiritum Sanctum, statuerunt, utrique variis quaesitis effugiis, quibus luci dictorum Scripturae se subducerent atque errores suos tuerentur et commendarent.

c) Quamvis enim Graeci et Latini aliquamdiu inter se contende-rint, atque *illi* quidem putaverint, nomine *personae* apud Latinos de-signari *officium* aut *habitum* externum, ac propterea tres personas non importare aut exprimere realem distinctionem Patris, Filii et Spiritus Sancti, Latini vero putarent, ὑπόστασιν denotare, in casu recto ipsam essentiam, ut, admissis tribus ὑποστάσεσι, statuendae sint tres essentiae: postea tamen, cum se invicem rectius intellexissent, factum est, ut Graeci dicerent τρία πρόσωπα et Latini tres *hypostases*.

LUTHERUS: „Wir haben das Wörtlein ‚*Person*' müssen gebrauchen, wie es denn die Väter auch gebrauchet haben; denn wir haben kein anderes." (Ad Joh. 1, 2. VII, 1407.)

d) Seu, qui est unius et ejusdem, non specie, sed numero, essentiae cum alio. Neque enim essentia divina multiplicabilis est ad modum speciei in pluribus individuis, sed unica et singularissima. Ideoque Filium, Patri ὁμοούσιον, ejusdem numero cum Patre essentiae esse oportet, non specie; licet alias, quae idem sunt numero, etiam specie unum sint, nempe ubi natura multiplicabilis in pluribus locum habet. Vid., quae disserui in Disp. de concilio Nicaeno § 72. sqq. ad 78. et Disp. de Paulo Samosateno cap. IV. § ult. p. 55. 56.

SCHARFFIUS: „Unum numerale dicitur *unum numero*, quod nume-ratur ut unum, adeoque unitate numerica determinatum est. Sic omne individuum dicitur unum numero: ut Petrus, hic homo, haec albedo, Bucephalus. Vocatur unum individuale, singulare, hoc aliquid. Ab aliis ita definitur: *Unum numero* est, quod ita unum est, ut secun-dum suum esse totum non possit dividi in plures entitates, quale ipsum est. — *Unum genere* dicuntur, quae sunt sub uno genere, sive proximo, sive remoto; vel quae conveniunt in eodem genere et habent oppositas differentias, ut species. Sic homo et bestia unum sunt genere, nempe in animali; sic temperantia et fortitudo sunt unum genere, nempe vir-tute; sic coelum et elementa unum sunt ratione corporis. *Unum specie* sunt, quorum essentia et definitio est una seu quae habent ean-dem naturam specificam. Sic omnes homines sunt unum specie. Similiter hic vel iste equus dicuntur unum in essentia specifica, licet numero sunt plura individua." (Metaphys. p. 44. 48.)

LUTHERUS: „Homoousius heisst einerlei Wesen oder Natur oder einerlei und nicht zweierlei Wesen, wie die Väter im Concilio hatten gesetzt und im Latein gesungen wird, Consubstantialis, etliche Coëxistentialis, Coëssentialis hernach nenneten. Solches hatten sie (die Arianer) zu Nicäa im Concilio angenommen und nehmens noch an, wo sie vor dem Kaiser und Vätern reden mussten. Aber bei den Ihren fochten sie es überaus hart an; gaben vor, solch Wort stünde in der Schrift nicht, hielten viel Concilia, auch noch bei Constantini Zeiten, damit sie das Concilium zu Nicäa schwächen möchten, richteten viel Unglücks an, machten hernach den Unsern so bange, dass auch Sanct Hieronymus, drüber verstürzt, einen kläglichen Brief schrieb an den Bischof zu Rom, Damason, und fing an zu begehren, dass man solch Wort, Homoousius, sollte auskratzen. Denn ich weiss nicht (spricht er), was doch für ein Gift in dem Buchstaben sei, dass sich die Arianer so unnütz darüber machen. Und ist noch vorhanden ein Dialogus, darin Athanasius und Arius zanken vor einem Amtmann, Probus, über diesem Wort Homoousius. Und als Arius hart darauf drang, es stünde solch Wort in der Schrift nicht, Athanasius wiederum mit derselben Kunst Arium fing und sprach: ‚Es stehen diese Worte auch nicht in der Schrift: innascibilis, ingenitus Deus, das ist, Gott ist ungeboren‘, welches die Arianer hatten gebraucht, zu beweisen, dass Christus nicht könnte Gott sein, weil er geboren wäre, Gott aber wäre ungeboren, etc. Und der Amtmann Probus urtheilt wider Arium. Denn es ist ja wahr, man soll ausser der Schrift nichts lehren in göttlichen Sachen, wie St. Hilarius schreibet 1. de Trinit. Das meinet sich nicht anders, denn man soll nichts anders *lehren*. Aber dass man nicht sollte brauchen mehr oder andere Worte, weder in der Schrift stehen, das kann man nicht halten, sonderlich im Zank und wenn die Ketzer die Sachen mit blinden Griffen wollen falsch machen und der Schrift Worte verkehren; da war vonnöthen, dass man die Meinung der Schrift, so mit vielen Sprüchen gesetzt, in ein kurz und Summarienwort fassete, und fragte, ob sie Christum homoousion lehren, ob der Schrift Meinung in allen Worten ist, welche sie mit falschen Glossen bei den Ihren verkehreten, aber vor dem Kaiser und im Concilio frei bekennet hatten. Gleich als wenn uns die Pelagianer wollten geführen mit diesem Wort ‚Erbsünde‘, oder ‚Adamsseuche‘, weil solche Worte in der Schrift nicht stehen; so doch die Schrift derselben Worte Meinung gewaltiglich lehret, als: dass wir in Sünden empfangen, Ps. 51, 7., alle von Natur des Zornes Kinder, Eph. 2, 3., und alle um eines Sünde willen Sünder sein müssen, Röm. 5, 12.“ (Von Conciliis und Kirchen. 1539. XVI, 2702. sqq.)

GERHARDUS: „Non potest simpliciter et sine commoda interpretatione addita probari, quod *Calvinus* lib. 1. Instit. c. 13. s. 15. scribit: ‚Utinam sepulta essent nomina (Trinitatis, ὁμοουσίας etc.), constaret modo haec inter omnes fides, Patrem et Filium et Spiritum S. esse unum Deum.‘ Nimirum de occasione et origine harum appellationum, quae fuit haeretica perversitas, non autem de ipso appellationum usu illud accipiendum erit.“ (L. c. § 43.)

§ 33.

Intelligitur nomine *essentiae* sive οὐσίας ipsa natura divina, qualis in se absolute, quaeque una cum attributis simplicissime una ac singularis,[a] atque ita etiam trium personarum non nisi una[b] est.

a) Juxta ea, quae diximus § 5. sqq.

b) Sic quidem, ut Patris, Filii et Spiritus S. unus quoque sit *intellectus*, quo intelligunt, una *voluntas* trium, qua volunt, una *potentia*, qua extra essentiam divinam operantur. Conf. *Joh. 5, 19.*

CHEMNITIUS: „*Essentia* hominum est aliquid communicabile, sed est nomen universale, quod per se revera non existit, sed cognitione tantum colligitur et intellectu comprehenditur. Essentia vero *in divinis* non imaginarium quiddam est, ut genus vel species, sed revera existit, quamvis est communicabilis. *Augustinus* eleganter hoc expressit. ‚Essentia‘, inquit, ‚praedicatur de Patre, Filio et Spiritu S. non ut genus de speciebus, nec ut species de individuis, nec ut totum de partibus, sed alio quodam ineffabili et incomprehensibili modo.‘ In toto enim hoc articulo illa regula Augustini diligenter est observanda: ‚Si non potes invenire, quid sit Deus, tamen caveas de eo sentire, quod non est.‘ Intelligit ergo ecclesia nomine essentiae non nomen universale, ut philosophi nominant essentiam humanam, sed naturam divinam revera existentem, quae communicabilis est et communis tribus personis, Patri, Filio et Spiritui S., et est tota in singulis. Et haec tantum nominis definitio est, inquit Nazianzenus. Quid antem sit, quoad definitionem rei, hoc nesciri dico, nisi quod attributa in definitione Dei posita dicimus esse ipsam Dei essentiam.“ (L. th. de Deo in specie, c. 2. s. 4. f. 36. sq.)

QUENSTEDTIUS: „Οὐσία et φύσις hic pro eodem sumuntur; πᾶσα γὰρ οὐσία φύσις λέγεται‘, inquit Aristoteles, IV Metaphys. Synonyma οὐσίας divinae in Scripturis sunt: θεῖα φύσις, ‚divina natura‘, 2 Pet. 1, 4., θεότης, ‚deitas‘, Col. 2, 9., θειότης, ‚divinitas‘, Rom. 1, 20. Communissima vero est appellatio οὐσίας τοῦ Θεοῦ et essentiae divinae apud doctores ecclesiae. — Οὐσίας vox in s. Scripturis non extat, attamen, quia fuit ex mente s. Scripturae, ab orthodoxis patribus in Nicaena synodo usurpata est, sicque in Chalcedonensi postea explicata, ut φύσις *plus notaret, quam* οὐσία. Est enim *essentia* simplex rei cujusque et omnibus suis proprietatibus atque accidentibus carens constitutio; *natura* seu φύσις est essentia jam suis illis proprietatibus vestita atque conjuncta. Itaque dixerunt patres, in una Christi persona esse non modo ipsas simplices οὐσίας, divinam nempe et humanam, sed etiam esse φύσεις, i. e. ipsas essentias una cum suis veris proprietatibus conjunctas.“ (L. c. s. 1. th. 6. f. 459.)

DANNHAUERUS: „*Essentiae* et *personae* . . . discrimen docuit cum hic, tum articulus de persona Christi; ut illic in una essentia tres personae, ita hic in duabus naturis una persona coelitus patefacta est.“ (Hodos. Phaen. 3. B. p. 93.)

GERHARDUS: „Maluerunt uti nomine essentiae quam substantiae, a. ut indicarent, Deum esse οὐσίαν ὑπερούσιον non inclusam categoriis, inter quas prima est substantia. Damascenus lib. I. c. 12.: ‚Deus est quoddam pelagus substantiae infinitum.‘ Vid. l. de nat. Dei § 32. b. Quia Deus non substat accidentibus, sicut essentiae rerum creatarum, sed attributa sunt ipsius essentia. c. Quia nomen substantiae est ambiguum, quandoque enim pro οὐσίᾳ, quandoque vero pro ὑποστάσει ponitur. Sic Hilarius in lib. de synod. dicit, ‚in Deo esse tres substantias‘, h. e., personas, quo sensu etiam quidam accipiunt, quod in latina versione Heb. 1, 3. Filius dicitur character substantiae Patris.“ (Exeges. l. III. § 60.)

§ 34.

Nomine *personae* seu ὑποστάσεως sicut alias significatur suppositum[a] intelligens, ita hoc loco indicatur, tres esse subsistentias seu personalitates[b] in una divina essentia,[c] adeoque tria supposita, Patrem, Filium et Spiritum Sanctum.

HUELSEMANNUS: ,,Notandum, quod scriptores ecclesiasticos attinet, vix binos aut trinos vocabula ista οὐσίας, ὑποστάσεως et personae perpetuo unoque significatu usurpasse.'' (Praelectt. in F. C. p. 258.)

a) Quo nomine *naturam*, tanquam *materiale*, et *subsistentiam* ejus, tanquam *formale*, complectimur. Sed si porro quaeras, quid vox latina *personae* aut *suppositi* in casu recto importet, naturam ipsam, an subsistentiam, utrinque difficultas occurret. Nam si *prius* dicatur, non apparet, quomodo, admissis in una Dei essentia tribus personis, negari deinceps possit, tres esse naturas, aut tres essentias divinas. Si *posterius* admittatur, idem hoc fore videtur, ac si dicas, τὸ *nigrum* in casu recto denotare ipsam *nigredinem*. Itaque fortassis dicendum est, personam in casu recto importare aliquid *conflatum ex natura et subsistentia*, sicut alias in conceptu compositi materialis ex materia et forma substantiali neutra pars compositi in casu recto ponitur. Vid. b. *D. Petri Musaei* Introd. in Loc. de persona Christi § 43. et sqq. Quod ad Graecos attinet, vocabulum ὑποστάσεως ipsis nunc *subsistentiam* ipsam praecise, nunc *suppositum* aut personam denotat; quemadmodum et Latini quidam vocabulo *substantiae* nonnunquam usi sunt, cum personam per substantiam definirent; licet alias naturam ipsam substantiae nomine appellare consueverimus.

SCHARFFIUS: ,,Suppositum et persona sunt unum et idem fere. Saltem enim differunt ratione naturae sive subjecti. Ita ut *suppositum* sit communis, et in omnibus completis substantiis per se ultimato, h. e., independenter subsistentibus, sive sint rationales, sive irrationales, obtineat. Sed *persona* tantum est in rationalibus et intelligentibus naturis, complete subsistentibus, utpote in hominibus, angelis et in Deo... Igitur *persona* strictior est supposito.'' (Metaphys. p. 252.)

CONF. AUG.: ,,Nomine *personae* utuntur ea significatione, qua usi sunt in hac causa scriptores ecclesiastici, ut significet *non partem aut qualitatem* in alio, sed *quod proprie subsistit* [das selbst bestehet].'' (Art. 1.)

QUENSTEDTIUS: ,,Vox ὑποστάσεως accipitur vel *concrete et materialiter*, prout implicat simul rem ipsam et rei modum notatque essentiam charactere hypostatico insignitam, i. e. personam, quo sensu Christus dicitur χαρακτὴρ τῆς ὑποστάσεως Θεοῦ, scl. Patris, Hebr. 1, 3., — vel *abstracte et formaliter*, prout ipsam personalitatem seu subsistentiam designat, quae est actus, modus seu gradus ultimus, quo natura intelligens subsistit complete et incommunicabiliter, quem Graeci vocant τρόπον ὑπάρξεως, modum subsistendi ultimum seu, ut alii exprimunt, modum entitativum, ultimo terminantem et complentem naturam substantialem et eidem dantem incommunicabilitatem. In hac significatione vox ὑποστάσεως in Scriptura non habetur, interim ex significatione materiali recte deduci potest... *Persona* (*concrete sumta*) est *substantia individua* (ut distinguatur ab universali) *intelligens* (per hoc a supposito, ut angustius a latiori, differt; omnis enim persona est suppositum, sed non omne suppositum est persona), *per se ultimato et immediate subsistens* (ut distinguatur a substantiis secundis, quae per se subsistunt, sed mediate et in substantiis primis, i. e. individuis; item a natura humana Christi, quae substantia quidem est individua et intelligens, sed non persona, quia non per seipsam ultimo et immediate, sed in λόγῳ subsistit), *incommunicabilis* (alteri nimirum personae), *non sustentata ab sive in alio*. A quibusdam additur *viva*, sed est abundans et non necessarium, quippe cum includatur in voce intelligentis, quod enim intelligens, hoc etiam vivum, non vero contra." (L. c. s. 1. th. 8. 12. f. 460. sq.)

CHEMNITIUS: „Vocabulum ὑποστάσεως vel personae aliter usurpatur in ecclesia, quam in vulgari consuetudine loquendi. In hominibus quid sit persona, scimus; quid sit in angelis, intelligimus. Petrus, Paulus, Johannes sunt tres personae, quibus communis est una natura humana, sed differunt valde multum: 1. substantia, quia totus a toto distinctus est; 2. tempore, ut Johannes est junior Petro; 3. voluntate, ut Paulus contradicit Petro Gal. 2, 11.; 4. potentia; sic Paulus prae caeteris laboravit 1 Cor. 15, 10.; 5. operatione, ut Petrus in circumcisione, Paulus in gentibus Gal. 2, 8. In Trinitate vero non ita distinguuntur personae, sicut angelus ab angelo, homo ab homine, inquit Cyrillus, ubi totus Petrus a toto Paulo localiter distinctus est; sed Joh. 14, 10. Christus inquit: ‚Ego in Patre et Pater in me est.‘ Item in creaturis non sequitur: ubi una persona est, ibi etiam esse reliquas propter naturam communem; quia unus angelus est in Persia, alter in Graecia Dan. 10, 13.; Filius vero dicit: ‚Pater non relinquit me solum, sed mecum est‘, Joh. 8, 29. Item in hominibus et angelis, ut dictum est, differunt personae tempore, voluntate, potentia, operatione; sed in personis Trinitatis est coaeternitas, una voluntas, una potentia, una operatio. Haec sunt Nazianzeni et Cyrilli. Et hoc discrimen necessario observandum est. Neque enim tantum est mysterium, ad quod etiam angeli obstupescunt, si ita esset una essentia, tres personae, sicut Michael, Gabriel, Raphael sunt tres personae, quibus unica angelica natura communis est et ex aequo convenit. Ex his fundamentis sumta est vulgaris regula: *Personae Divinitatis non essentialiter differunt*, ut in creaturis, ubi una quaevis suum proprium esse habet; *nec tantum est ibi distinctio rationis*, ut voluit Sabellius, *sed realiter distinguuntur, modo tamen nobis incomprehensibili et incognito...* Quodsi quis cavillari voluerit, vocabula essentiae et personae non esse satis propria ad designandum arcanum illud mysterium Unitatis et Trinitatis, is sibi hoc responsum habeat, quod Augustinus dicit l. 5. de Trin.: ‚Magna prorsus inopia humanum laborat eloquium. Dictum est tamen tres personae, non ut illud diceretur, sed ne taceretur omnino." (Loc. th. f. 36. sq.)

IDEM: „Persona wird auch nicht getragen oder erhalten mit einem anderen mitvereinigten Wesen, als, du bist eine Person, aber dein Leib allein ist nicht eine Person, denn er wird getragen von einer edlen Creatur, nämlich von der Seele, und so die Seele abscheidet, so zerfällt der Leib und verfaulet." (L. c. f. 37.)

REUSCHIUS: „Si dicatur, suppositum et personam denotare naturam in casu recto, illud, quod b. auctor (Baierus) putat, hinc non sequitur, scl. multiplicatio naturae pro numero subsistentiarum et personalitatum. Nam si dicas, suppositum esse naturam, quatenus complemento existentiae seu subsistentiae est determinata, non sequitur necessario, ut multiplicetur, v. g. triplicetur, natura pro numero ternario subsistentiarum; quum non repugnat, *unam eandemque numero naturam aliquot modis* cum complemento existere seu subsistere." (Annotatt. p. 90.)

b) Atque hae subsistentiae *relativae* sunt, non *absolutae*. Fundantur enim in relationibus divinis, de quibus mox plura dicentur. Absolutas subsistentias plures essentia divina una et simplex non admittit. Relativas autem subsistentias in Deo agnoscimus juxta revelationem; licet ratio sibi relicta de talibus nihil noverit.

c) Ita ut nulla quidem persona nullaque subsistentia ab essentia
divina realiter, sed sola ratione differat (quod ex simplicitate Dei constat); personae autem inter se propter oppositionem relativam realiter
ac citra mentis operationem distinguantur.

§ 35.

Quamvis autem Pater et Filius et Spiritus S. in
Scripturis *expresse non* dicantur tres ὑποστάσεις, *personae,*
aut tria supposita, *res* ipsa *tamen,* vocibus his significata,
in Scripturis utique continetur.

Sane *Patrem et Filium personam* esse, negare non possunt, qui
nomina torquere nolunt, sed in *generatione* vera ac reali fundari agnoscunt. Praeterea vero etiam *attributa* memorata, praesertim ea, quae
respectum habent ad operationem, v. g. omniscientia et omnipotentia,
inprimis vero *actiones* illae, creatio, conservatio, resuscitatio (de quibus
supra vidimus), suppositorum aut personarum sunt, tanquam *principio-*
rum quae, juxta vulgatum canonem. De *Spiritu S.* autem non minus
proprie, quam de Filio ac Patre, praedicantur *opera* personis propria,
v. g. quod singulis *distribuat dona, prout vult,* 1 *Cor. 12, 11.,* quod *con-*
soletur, arguat, doceat, Joh. 14, 16. et 26. cap. 15, 26. cap. 16, 8. et 13.
Ubi tropum fingere, velut ad eludendum mysterium, non licet.

> SCHARFFIUS: „Philosophi constanter docent, actiones esse suppo-
> sitorum." (Metaphys. p. 337.)
>
> B. MEISNERUS: „Omnes actiones et passiones de ipso supposito,
> veluti subjecto agente et patiente, propriissime dicuntur. Ad opera-
> tionem enim omnem requiritur existentia ejus, quod agit." (Philos.
> sobr. 1611. P. I. p. 310. sq.)
>
> GERHARDUS: „Nudae virtuti non competit corporalem speciem
> assumere, in ea apparere et descendere; quis enim unquam legit, audi-
> vit, vidit Dei misericordiam, sapientiam etc. in externa quadam forma
> assumta comparentem?" (Exeges. loc. III. § 82.)

§ 36.

Quamvis vero in hac vita satis intelligere aut explicare non possimus,[a] quomodo unius simplicissimae essentiae tres personae, ab ipsa quidem essentia tantum ratione,
inter se autem realiter distinctae, esse possunt: tamen,
quia utrumque revelatum est, utrumque etiam merito
credimus.[b]

a) Sane, si quid ratio nostra hic ausit definire (quod tamen in re
suos cancellos egrediente non debet), tantum abest, ut ex suis principiis demonstrationem firmam hujus dogmatis afferre possit, ut potius,
vel quae sunt aliena a quaestione, attulerit, *vel* in absurditatem manifestam illapsura (quemadmodum *Barthol. Keckermanni* exemplo docuit

b *Musaeus* Disp. peculiari, ψευδαποδείξει ejus opposita, quae tractatui de Usu Princip. Rat. annexa est, p. 661. sqq.), *vel* mysterium ipsum negatura aut impugnatura sit. (Quod exemplo Socinianorum et similium constat.)

DANNHAUERUS: ,,Caute, castigate, modeste totam de Deo notitiam tractandam, monet Chemnitius; praesertim in mysterio SS. Trinitatis, ineffabili mysterio, quod est ecclesiae proprium, nec extra eam quaerendum. Ut enim in gentilismum aliquid emanarit de λόγῳ, de υἱῷ Θεοῦ, tamen plagia illa sunt, e Mose et prophetis rapta. Nulla in hoc maximo Trinitatis mysterio vis est rationis. Egregie Hilarius l. 8. de Trin. inquit: ,Hoc ecclesia intelligit; hoc synagoga non credit; hoc philosophia non sapit: unum ex uno, et totum a toto Deum, et Filium neque per nativitatem Patri ademisse, quod totus est, neque hoc ipso totum non secum nascendo tenuisse.' Unde qui hic aliquid conati sunt e lumine rationis e. g. scholasticorum summista Becanus et post Lullium ac Keckermannum nuper Bisterfeld, adversariis sannas ac ludibria praebent. Quod e. g. argumentum petitur a summi boni communicabilitate, tam facile solvit philosophus ethnicus, quam pirum vulpes comest. Bonum est diffusivum, non ut mater foecunda est prolis, de se simile generando, sed ut sol se mundo communicat, non novum pariendo solem, sed radios suos indulgendo; vel ut nummus in manu liberalis, qui idem sine novo usurae alicujus fructu traditur, in manum egentis." (Hodos. Phaenom. III. p. 92.)

FECHTIUS: ,,Argumenta, quae ex ratione pro probando Trinitatis mysterio adducuntur, plane contrarium evincunt." Addit R. H. Rollius: ,,Quando Barthol. Keckermannus, Professor olim Gedanensis, l. 1. Syst. theol. c. 3. scripsit, Trinitatem personarum promanare ex ipsa Dei essentia, et Deum esse non posse, nisi tres habeat distinctos existendi modos s. personas, id ipsum ut probaret, supposuit, Deo competere intellectum et voluntatem, quorum actus non sint accidentia in Deo, sed substantiae, in ipsa essentia divina subsistentes, ideoque per intellectum aliam, aliamque per voluntatem productam esse personam. Sed huic rationi J. Musaeus haec opposuit: Inauditum est rationi humanae, quod intellectus, se ipsum intelligendo, et voluntas, se ipsam amando, personas a se distinctas producant; quin ratio contrarium potius ex suis principiis concludet. Perpetuo enim pugnare inter se videntur, essentiam Dei simplicissimam esse, et tamen in ea aliam per intellectum et aliam per voluntatem produci personam. Imo posito hoc, sed non concesso, infinitae in Deo statuendae essent personae." (Controversiarum Sylloge ed. a Rollio. 1768. p. 56. 59. sq.)

b) Et certi sumus, ea non implicare contradictionem, licet rationi quorundam hominum, a rerum finitarum natura et conditione male argumentantium, ita videri possit. Nempe *omnis cogitatio captiva* ducenda est *ad obediendum Christo,* juxta *2. ad Cor. 10, 15.*

KROMAYERUS: ,,Nulla hic est contradictio, quae fingitur nonnullis, Deum esse unum et trinum, sed saltem ἐναντιοφανὲς i. e. contradictio apparens, quia leges oppositionis legitimae negliguntur, nominatim lex πρὸς αὐτὸ i. e. respectu ejusdem. Si Deus unus esset essentia et trinus essentia, vel unus et trinus simul in personis, tunc forsan οἱ ἐξ ἐναντίας aliquid obtinerent; sed unitas πρὸς οὐσίαν, i. e. essentiam, trinitas πρὸς ὑποστάσεις, i. e. ad personas, refertur." (Theol. pos.-pol. II. p. 65.)

LUTHERUS: ,,Scriptura sancta docet, esse Deum simplicissime unum et tres (ut vocant) personas verissime distinctas. Harum personarum quaelibet totus est Deus, extra quam nullus est alius Deus. Nec tamen dici potest, quamlibet personam solam esse Deum. Hoc enim idem esset, dicere, Deum nullum esse, cum qualibet persona exclusa totus Deus esset exclusus et quaelibet persona esset exclusa. Hinc enim ratio corrupta originali peccato captivanda, imo extinguenda, est cum sua luce et sapientia in obsequium fidei. Aliud est, dicere, una persona est totus Deus, et una persona sola est unus Deus. Quomodo autem distinguatur persona a Divinitate ipsa, non est rationis inquirere nec angelis comprehensibile. Imo periculosum et cavendum est ibi, ullam esse putari distinctionem, cum sit quaelibet persona ipsissimus et totus Deus. Frustranea est cogitatio et nihili Scoti et similium, qui formulam vel aliam distinctionem hic finxerunt. Nesciunt, quid loquantur vel affirment, dum talibus sapientiae pharmacis rationem juvare volunt. Nam utcunque subtiliter ista dici videantur, ratio tamen non capit, distinctionem formalem esse aliam atque realem seu essentialem. Quia ratio non capit, unam rem indistinctam esse tres res distinctas: Excludenda igitur est mathematica et omnis totius creaturae cogitatio in credenda Divinitate. Quamvis non minus impossibile videatur, inter has tres res unius simplicis essentiae unam sine alia factam hominem: Vere tamen impossibilius est, unam indistinctam rem esse tres res distinctissimas. Credere igitur, Filium Dei esse hominem factum, minus est, quam credere, ipsum esse Patri et Spiritui S. consubstantialem. Quod dialectica arguit, haec suis regulis non quadrare, dicendum est: Mulier taceat in ecclesia. Nihil mirum, si Arius, Judaeus, Mahomet et totus mundus negent, Christum esse Deum.'' (Disputation in 38 Sützen. 1545. Thesis 1—18. Opp. Hal. X, 218—221. cf. Opp. lat. Jen. I, 534. sq.)

§ 37.

Caeterum distinguuntur personae divinae *actibus* personalibus,[a] *proprietatibus*[b] et *notionibus*[c] personalibus.

LOEBERUS: ,,Den Unterschied der göttlichen Personen sehen wir in den persönlichen Wirkungen (actus personales), auch in den persönlichen Kenntnissen (notiones personales) und persönlichen Eigenschaften (proprietates personales) der hochheiligen Personen der Gottheit. Die *persönlichen Wirkungen* sind diejenigen Wirkungen innerhalb des göttlichen Wesens (opera ad intra), vermittelst welcher eine Person der hochheiligen Gottheit von einer andern Person von Ewigkeit her das göttliche Wesen hat. Solcher Wirkungen sind zwei: die eine, da Gott der Vater von Ewigkeit seinen Sohn gezeugt und geboren hat (generatio), und die andere, da Gott Vater und Sohn von Ewigkeit den Heiligen Geist von sich ausgehen lassen (spiratio active talis)... Auf diese beiden persönlichen Wirkungen gründen die *persönlichen Eigenschaften*, nämlich, dass die erste Person Vater ist (paternitas), die andere der Sohn (filiatio) und die dritte der Heilige Geist oder der Ausgehende (processio s. spiratio passive talis, termino ,passive' tantum grammatice intellecto)... Es gehören endlich auch noch zu dem Unterschied dieser hochheiligen Personen ihre *persönlichen Kenntnisse*, woraus wir ihre persönlichen Eigenschaften ersehen können; als nämlich bei der ersten Person, dass sie weder geboren, noch von einer andern ausgegangen ist (innascibilitas et improcessibilitas, quatenus non est ab alio vel genitus, vel procedens); bei der andern Person, dass sie von der ersten Person geboren (generatio passive talis); bei der dritten aber, dass sie nicht geboren ist, sondern vom Vater und Sohn ausgeht (spiratio passive in sensu grammatico talis).'' (Ev.-luth. Dogm. St. Louis u. Leipz. 1872. p. 201. 204. 205.)

a) Dicuntur alias *opera ad intra*, quia intra essentiam divinam terminantur ad certam personam, quae personam alteram (aut reliquas) tanquam producentem (producentes) respicit. Et sunt opera illa *divisa*, i. e. non omnibus personis Divinitatis communia, sed huic aut illi propria, qua ratione *operibus ad extra* opponuntur, quae, a potentia activa tribus personis communi proficiscentia, ad affectum extra Deum realiter productum terminantur. Conf. b. *Mus.* Disp. de Deo (quae III. est ex illis a. 1649. habitis) § 42. p. 70. Interim nec negandum est, quod singulis personis divinis peculiariter adscribi soleat *opus* aliquod *ad extra*, seu opus externum, quo se persona illa peculiariter manifestaverit; sicut *creatio* Patri, *reconciliatio* Filio, *sanctificatio* Spiritui S. adscribi consuevit, etsi singula haec a tribus personis proficiscantur: quam *appropriationem* vocant auctores. Vid. b. *Mus.* l. c. § 54. p. 75.

GERHARDUS: ,,Quidam sic distinguunt: *Opera Trinitatis sunt triplicia:* a. *ad intra*, b. *ad extra*, c. *mixta*, quae πρὸς ἔσω ratione termini, πρὸς ἔξω ratione principii. *Illa* personalia, *ista* essentialia, *haec* et personalia et essentialia. *Mixtum* opus est incarnatio, quae trium personarum est efficienter et inchoative, solius autem Filii formaliter et terminative. Ex Scripturae dictis, quae de incarnationis opere loquuntur, discrimen illud manifeste colligitur. Pater misit Filium in mundum. Spiritus S. superveniens guttas illas sanguinis sanctificavit et a peccato mundavit, ex quibus corpus Christi formatum, ut, quod ex Maria natum fuerit, sit sanctum, ac divina virtute in beata virgine hoc operatus est, ut praeter naturae ordinem sine virili semine foetum conciperet. Filius descendit de coelo, obumbravit virginem, venit in carnem, factus caro, eidem participando, in ea se manifestando, eam in personae unitatem assumendo.'' (Exeg. l. IV. § 103.)

FECHTIUS: ,,Qui in operibus ad extra praeter differentiam ordinis quamcunque operationis inaequalitatem respectu divinarum personarum asserunt, divinae essentiae unitatem laedunt. Joh. 5, 17. 19. Creatio, redemptio, sanctificatio dum appropriari divinis personis dicuntur, ratio appropriationis non potest quaeri, nisi in similitudine ordinis operum cum ordine personarum.'' Rollius addit: ,,Non ergo dici potest, Patrem in opere creationis se potissimum manifestasse, quia hujus manifestationis nullum suppetit fundamentum. . . Quia Pater prima est persona SS. Trinitatis, conveniens est, primum illi opus divinum, quod est creatio, appropriari. Atque ita et in reliquis.'' (L. c. p. 56. 61. sq.)

b) Vocantur proprietates illae a quibusdam notiones συστατικαὶ, *constitutivae* cujuslibet personae in esse talis personae; nempe sunt relationes in actibus personalibus fundatae.

c) Sunt rationes quaedam cognoscendi, quibus concipiuntur a nobis personae divinae atque inter se ad intra, seu intra essentiam divinam distinguuntur. Et hae notiones *latius* acceptae comprehendunt etiam ipsas proprietates personales; *strictius* vero sumtae distinguuntur ab illis et dicuntur cum apposito notiones σημαντικαὶ καὶ γνωριστικαὶ, id est, *significativae* aut *indicativae*.

§ 38.

Actus personales duo sunt, generatio et spiratio.

§ 39.

Generatio[a] est actio[b] ad intra, qua Deus Pater de substantia sua[c] ab aeterno[d] produxit[e] Filium.

a) Non *tropica*, sed vere et *proprie* dicta, prout Pater et Filius in divinis non improprie, sed proprie dicuntur Pater et Filius. Conf. § 28. 29.

b) *Realem* actionem esse dixeris, quatenus habet *terminum* realiter productum et a producente distinctum; licet is *non* sit *effectus*, qui agnoscat causam efficientem, a qua differat tanquam aliud et aliud. Quodsi etiam distinctius de hac actione quaeras, fatendum est, et ipsam *actionem et potentiam* generandi activam nobis esse inscrutabilem. Sic enim et *Greg. Nazianz.* Orat. I. de Filio, Θεοῦ γέννησις σιωπῇ τιμάσθω, p. m. 209. med. Confer *Cyrilli* Hieros. Catech. XI. p. m. 118. E.

c) Hoc enim ad formalem generationis conceptum pertinet. Caeterum divina haec generatio non fit aut facta est *mediante semine*, quod sit decisum de substantia generantis; nec enim essentia divina est materiale principium, ex quo productus sit Filius, sed in eo tantum consistit, quod illa ipsa essentia, quae est Patris generantis, sit filio genito perfecte communicata. Conf. b. *Mus.* Disp. cit. p. 70.

d) Sic *Psalmo 2, 7.* dicit Deus Pater ad Messiam seu Christum (vide *Act. 13, 33.*): *Filius meus es tu, ego hodie genui te*, ubi vox הַיּוֹם denotat praesentissimum atque unicum aeternitatis momentum, ubi nec praeteritum quicquam est, nec futurum. Confer. *Mich. 5, 2.*, ubi propheta *egressiones* (nativitatem) Messiae dicit esse *ab olim, a diebus saeculi:* מקדם מימי עולם.

HUELSEMANNUS: „Neque vero, quando Act. 13, 32. 33. dicitur impleta filiatio Christi in resurrectione ejus, negatur eo ipso, non extitisse illum Filium ante resurrectionem, sed Deus dicitur ἐκπεπλήρωκε, ad supremum fastigium deduxisse quoad notorietatem et innotescentiam, in quod Ps. 2. dicitur: ,Filius meus es tu.' Non sequitur autem, quo tempore filiatio Christi plene innotuit, eo demum coepit." (Vindiciae S. Scripturae, p. 17.)

SCHERZERUS: „Ostensum, frustra Act. 13, 33. objici. Non sequitur: resuscitatio demonstrat, Christum esse Filium Dei; ergo Christus per resuscitationem tantum fuit genitus a Deo. Sicut non sequitur: alimentatio demonstrat, Petrum esse Pauli filium; ergo Petrus per alimentationem fuit genitus." (Syst. th. p. 68.)

ANTITHESIS.

HOFMANNUS: „Mit der Psalmstelle (Ps. 2, 7.) ist seine erste Einführung in dieselbe (in die Welt), also auch nicht die Auferweckung von den Todten, überhaupt nicht irgend ein einzelnes Begebniss aus dem Verlaufe der Geschichte Jesu, sondern der Anfang derselben, seine *Menschwerdung*, gemeint." (Schriftbeweis, I, 113.)

e) Quod autem produxerit Filium Pater per actum intellectus, in se ipsum (Deum intelligentem) reflexum, aut per τὸ *dicere*, demonstrari aut defendi non potest. Vid. b. *Mus.* Disp. cit. contra Keckerm. § 9. sqq. pag. 662. sqq.

QUENSTEDTIUS: „Est *generatio* aeterna Filii opus ad intra personale, quo Pater aeternus unius ejusdemque numero essentiae *communicatione* Filium sibi consubstantialem ab aeterno, vere proprieque,
modo tamen hyperphysico ac imperscrutabili, gignit. Est haec generatio Filii Dei *non figurata et metaphorica*, quomodo mens nostra gignit
conceptus, sed vera et maxime propria. Argumentamur ita: Ubicunque est communicatio essentiae, inferens relationem patris et filii, ibi
est generatio proprie dicta et substantialis; atqui in divinis est talis:
ergo. Haec generatio Filii Dei *non fit derivatione aut transfusione, nec
actione, quae incipiat et desinat, sed fit indesinente emanatione*, cui simile
nihil habetur in rerum natura. Deus Pater enim Filium suum *ab
aeterno genuit et semper gignit nec umquam desinet gignere.* Si enim
generatio Filii finem haberet, haberet etiam initium, et sic aeterna non
esset. *Nec* tamen propterea generatio haec dici potest *imperfecta* et
successiva; actus namque generationis in Patre et Filio consideratur *in
opere perfectus, in operatione perpetuus.* Licet generatio haec sit pro-
priissima et verissima, ipse tamen generationis modus nobis est in-
cognitus et ineffabilis. Adumbrari utcunque potest haec divina generatio *similitudine radiorum solis, fluentium a corpore solari jugi dependentia.* Nam ut sol non est antiquior suis radiis, nec gignens generato
prior est tempore: sic Pater aeternus ab aeterno generavit Filium. Et
sicut sol suos radios ab initio generavit et etiam nunc gignit et porro
generabit, nec tamen inde potest inferri, generationem radiorum solis
nondum esse perfectam: ita et Deus sapientiam suam aeternam ab
aeterno genuit et semper gignit nec unquam desinet gignere, nec tamen
idcirco dici potest, generationem Filii nondum esse perfectam. Id
videtur Sp. S. innuere Ps. 2, 7., ubi Pater Filium sic affatur: ,Tu es
Filius meus; ego *hodie genui* te.' Quibus verbis generatio Filii *sic*
exprimitur *in praeterito*, ut tamen dicatur fieri *hodie*, quia generatio
Filii *praesens* est et *nunquam desitura.* Grande tamen inter haec duo
discrimen est; sol enim substantia est, radii vero accidens; at substantia Filii eadem est cum substantia Patris." (L. c. c. 9. s. 1. th. 28.
f. 473. sq.)

LUTHERUS: „Monent quidam, an dicendum sit: Pater semper
genuit vel generat Filium, vel, an Filius semper natus sit vel semper
nascatur. Alterum modum loquendi qui tenent, causantur, Filium Dei
debere dici semper natum, quia praeteritum tempus perfectum, praesens imperfectum denotet. Hilarius et alii audent dicere, Filium semper nasci ex Patre et vivum ex vivo vivere et ex innascibili nasci. Sed
puto, hanc esse magis grammaticam vel philosophicam, atque theologicam, controversiam, qua caro seu ratio movetur. Cum certum sit,
in Divinitate, quia ipsa aeternitas est, nullum esse locum grammaticae
vel philosophiae, ubi idem est praeteritum, praesens et futurum. Unde
praeteritum tempus ,natus' de Filio idem facit, quod ,nascitur' praesens, et ,nascetur' futurum." (L. c. Thesis 20—25.)

GERHARDUS: „(Adversarii) scribunt: ,Scias, generationem ex Dei
essentia esse omnibus modis impossibilem. Si enim Christus ex substantia Patris genitus esset, *aut ex parte* ejus, *aut ex tota* genitus foret;
non *illud*, quia essentia Dei est simplicissima et indivisibilis, neque
hoc, quia Pater non amplius esset Pater, cum essentia Dei sit numero
una ac proinde non possit esse pluribus communis.' *Resp.*: Audimus
iterum argumentum non ex schola Christi, sed ex principiis humanae
rationis. Dicimus ergo: 1. Quando articulus fidei propriis et perspicuis verbis in Scriptura proponitur, non sunt urgenda contra illum
principia philosophica, quantumvis plausibilia. 2. Principium illud,
cui tota argumenti structura incumbit, tum demum locum habet, quando
essentia est finita; sed falsum plane est, ubi datur essentia infinita et
immensa. Pater gignendo communicat Filio totam suam et eandem
numero essentiam, nec tamen ea vel communicatione deperditur vel
quicquam ei decedit, nimirum quia est infinita et immensa. 3. Quid?

quod ne quidem in rebus naturalibus per omnia principium hoc valere potest. Homo generat hominem, lumen accenditur a lumine, neque tamen per generationem homini vel per accendendi actum lumini quicquam de sua essentia decedit." (L. th. de Deo Patre et Filio, § 164.)

IDEM: ,,Hoc loco moventur quaedam quaestiones: I. de divina Filii natura. 1. An Filius sit *αὐτόθεος* ? Terminus est ambiguus; aut enim *opponitur* essentiae divinae *communicationi*, et sic negamus, Christum esse *αὐτόθεον*, quia essentiam per aeternam a Patre generationem accepit; aut opponitur essentiae divinae *inaequalitati*, et sic concedimus, Christum esse *αὐτόθεον*. Gregorius de Valentia l. I. de Trinit. c. 22.: ,Filius, ut est persona, est ex alio; ut simplicissimum ens, non est ex alio.' Christus vere et *se ipso* Deus est, non autem *a se ipso* Deus est. . . Quaeritur: 4. An *Pater* possit dici *causa Filii?* Graeci patres termino *ἀρχῆς καὶ αἴτιον* in hoc mysterio promiscue utuntur, ut apparet ex Damasceni l. I. Orth. fid. c. 9. et 11.: ,Ὁ υἱὸς οὐκ ἄναρχος, τοῦτ' ἐστιν, οὐκ ἀναίτιος, ἐκ τοῦ Πατρὸς γάρ.' Sed Latini ecclesiae doctores nomen causae repudiant, *principii* vero nomine solo utuntur, dicentes, Patrem esse principium sine principio, Filium esse principium de principio, unde scholastici communi suffragio pronunciant, quod Pater non sit causa Filii, sed *principium;* quod Filius non sit causa Spiritus S., sed principium: latius enim patet vox principii, quam causae, ad quam se habet, ut genus ad speciem; omnis enim causa est principium, sed non omne principium est causa." (Exeg. l. IV. § 67. 70.)

QUENSTEDTIUS: ,,Non actus *intellectus* tantum per generationem Filio, nec actus *voluntatis* tantum per spirationem Spiritui S., sed simplicissimus, purissimus et indivisibilis actus *essentiae* divinae totus in Patre Filio, et simplicissimus purissimusque essentiae divinae actus totus in Patre et Filio Spiritui S. est communicatus." (L. c. q. 9. f. 552.)

IDEM: ,,Si Filius Dei proprie per *intellectum* et Spiritus S. per *voluntatem* procedit, personae SS. Trinitatis non sunt aequales. Nam 1. dici potest, illam personam, quae procedit per intellectum, hactenus voluntatis respectu disparem esse, et illam, quae per voluntatem procedit, intellectus ratione disparem esse. . . 2. Non potest ostendi commoda ratio, cur aliqua persona magis per intellectum procedat, quam per voluntatem, et vice versa. Nec discrimen illud quaeri debet in distincta operatione intellectus et voluntatis, quippe quae operatio et intellectus et voluntatis Patri, Filio et Spiritui S. communis est; sed oritur potius immediate ab ipsa *essentia*, sub tropo *ὑπάρξεως* Patri proprio subsistente et ad ejus personam determinata, quatenus is refertur ad Filium et cum Filio ad Spiritum S. per generationem et spirationem activam, non vero quatenus intellectus et voluntas in Deo concipiuntur. Et cur non etiam per *potentiam* diceretur aliqua persona procedere, quia etiam secunda persona SS. Trinitatis dicitur potentia Dei? 1 Cor. 1, 24." (L. c. f. 555.)

ANTITHESIS.

QUENSTEDTIUS: ,,*Antithesis:* 1. Quorundam patrum . . . 3. *Scholasticorum.* . . 4. *Philippi Melanchthonis*, qui in corpore doctrinae Misnico asserit: ,Filium Dei cogitatione a Patre genitum esse, quia Pater sese intuens et considerans gignat quandam substantialem sui imaginem et permanentem; sicut nostra mens accidentalem et evanescentem gignit.' Hoc somnium Philippi sectatores ejus (Philippistae) pro certo dogmate et articulo fidei propugnarunt." (L. c. f. 554.)

§ 40.

Spiratio est actio ad intra, qua Deus Pater et Filius[a] simul[b] de substantia sua[c] ab aeterno[d] produxerunt[e] Spiritum S.

a) Nam 1) sicut Filius dicitur *mittere Spiritum Sanctum, Joh. 15, 26. Luc. 24, 49.*, ita agnoscendum est, *Filium* etiam *spirare Spiritum Sanctum*, cum *missio* divinae personae fundetur in *processione* substantiali ejusdem a persona mittente, alius autem procedendi modus, quam *spiratio*, Sp. S. tribui non possit. Accedit 2), quod Spiritus S. non tantum *Patris, Matth. 10, 20.*, sed et *Filii Spiritus* dicitur *Gal. 4, 6. Rom. 8, 9. 1 Petr. 1, 11.* Dicitur enim Spiritus ejus personae, a qua spiratur. (Conf. Joh. 20, 22. Es. 11, 4. coll. cum 2 Thess. 2, 8.) Quodque 3) alias tolleretur inter Filium et Sp. S. relativa oppositio, adeoque et realis distinctio, nisi *Filius* sit *spirans, Spiritus S.* a Filio *spiratus.*

ANTITHESIS.

QUENSTEDTIUS: ,,*Antithesis :* In tertia, scl. recentiorum *ecclesiae orientalis* doctorum aetate acriter contenderunt Theophylactus, Bulgarorum archiepisc., Michael Cerularius, abusive dictus patriarcha Constantinopol., et alii, *Spiritum S. a solo Patre et nullo modo a Filio procedere,* quem errorem adhuc hodie *Graeca ecclesia* contra Latinam, praesertim Romanam, mordicus defendit. In antithesi itaque notandi sunt: 1. *Nestoriani,* qui in symbolo, in conc. Ephes. producto, ,Spiritum S. non habere per Filium suam subsistentiam, sed a solo Patre', asseruerunt. 2. *Recentiores Graeci,* quibus accensendi Moscovitae, Russi, Armenii, nec non Copti sive Aegyptii, Abyssini, Syri sive Melchitae, Hierosolymitani et Chaldaei, qui in hoc capite de processione Spiritus S. conspirant omnes negando ejusdem a Filio ἐκπόρευσιν.‛‛ (L. c. s. 2. q. 12. f. 573. sq.)

b) Ita ut, licet Pater et Filius sint revera duo supposita, tamen per unam et eandem virtutem spirativam producant Spiritum Sanctum, quo sensu dixerunt doctores, *Patrem* et *Filium* habere se tanquam *unum principium spirans* Spiritum S.

GERHARDUS: ,,Spiritus S. non procedit a Patre ἐμμέσως, interventu scl. Filii; hac enim ratione uni personae esset propinquior, quam alteri; sed procedit ἀμέσως *ab utroque,* velut ex uno fonte essentiali; ut enim Pater et ὁ λόγος sunt unum essentia, sic in producendo uno eodemque Spiritu consubstantiali sunt unum essentiale principium et sub essentiae unitate unum omnino in spirando συνδυαζόμενον, ita tamen, ut Pater facultatem illam spirativam habeat a seipso, Filius autem a Patre per ineffabilem generationem accipiat.‛‛ (L. th. de Sp. S. § 87.)

c) Nam spiratio in eo convenit cum generatione divina, quod denotat emanationem personae spiratae a persona spirante intra essentiam divinam; prout generatio dicit emanationem personae genitae a persona generante.

d) Sicut generatio aeterna est.

e) Per actum *voluntatis* autem seu *amorem* spirari Spiritum Sanctum, non audemus dicere. Conf. *Mus.* Disp. cit. § 10. sqq. p. 664. sqq.

§ 41.

Differre generationem Filii et spirationem Spiritus Sancti,[a] certum est; modum autem, quo differant, plenius definire non possumus.[b]

a) Non solum ratione *principii*, cum *generationis* principium sit solus Pater, quippe qui solus dicitur genuisse Filium, *spirationis* autem principium sit Pater et Filius, juxta § praeced. not. *a. b.*, verum etiam ratione *termini* producti. Neque enim *Spiritum Sanctum* dicimus *gigni* aut *esse genitum*, nec *Filium spirari*. Et quamvis in Scripturis Filius dicatur ἐξέρχεσθαι, non tamen dicitur ἐκπορεύεσθαι, sed hoc Spiritui Sancto proprium esse creditur.

b) Conf. b. *Gerhardus* in Loc. de Spiritu S. § 71., *Aug.* lib. 3. contra Maxim. c. 14., *Nazianz.* in Orat. de Spiritu S., et alibi.

KROMAYERUS: „Quid sit nasci, quid processus, me nescire sum professus." (Th. pos.-pol. II, 81.)

IDEM: „Spiritus S. a Patre et Filio immanenter emanat et emananter immanet." (L. c. p. 78.)

DANNHAUERUS: „Annon derogat divinae majestati Spiritus Sancti, quod nullam ipse de se personam producit aliam? Resp.: Hoc adeo de ipsius gloria nihil diminuit, ut potius aeterna majestas ejus isthinc inenarrabiliter illustretur... Nequaquam imperfectus haberi potest is, qui in sua substantia *personarum productionem illam finit et absolvit*, totamque Trinitatem in consummatae perfectionis velut orbem atque circulum sic reducit, ut in hoc suo Spiritu Pater et Filius unice acquiescant." (Hodos. phaen. 3. p. 94.)

§ 42.

Proprietates personales sunt tres:[a] *Paternitas*,[b] *filiatio*[c] et *processio* stricte sic dicta, sive spiratio passiva.[d]

a) Nempe pro *numero personarum*, quarum quaelibet per subsistentiam relativam in esse certae personae constituitur.

b) Fundata in generatione *active* spectata.

c) Fundata in generatione *passive* seu terminative spectata.

d) Non quod in Deum cadat aliqua passio realis, sed *grammatice* loquendo, seu quia Spiritus S. *spirari*, non spirare dicitur; quamvis ex parte Dei spiratio purus actus sit, omnis passionis expers. Conf. b. *Mus.* Disp. cit. de Deo § 6. p. 73. 74.

§ 43.

Notiones *speciatim* sic dictae[a] duae sunt: Innascibilitas,[b] et spiratio activa.

a) Seu a proprietatibus distinctae. Alias enim, *latius* sumta voce notionis et connumeratis proprietatibus, *quinque* sunt notiones.

HOLLAZIUS: „Ἀγεννησία notificat quidem Deum Patrem, et indicat, ipsum a nulla alia persona ducere originem; at non constituit illum in esse Patris, adeoque non ipsius character hypostaticus (s. proprietas personalis), sed notio personalis est." (Exam. th. P. I. c. 2. q. 10. p. 286.)

b) Nempe per *innascibilitatem* (ἀγεννησίαν) Pater innotescit, quatenus non est ab alio vel genitus, vel procedens (sic enim vocabulum ἀγεννησίας accipi consuevit; licet γέννησις sit Filio propria); per *spirationem activam* Pater et Filius, licet non inter se, a Spiritu Sancto tamen distinguuntur. Nec propterea multiplicantur personae, quia, juxta regulas theologorum, *in divinis omnia sunt unum, nisi ubi obviat relativa oppositio.* Ex parte Patris autem *paternitas, innascibilitas* et *spiratio activa* inter se *non* opponuntur *relative;* quemadmodum *nec* ex parte Filii *filiatio* et *spiratio activa.*

QUENSTEDTIUS: ,,Spiratio activa non est character vel proprietas Filii accurate loquendo, quia etiam Patri competit. *Proprietates* enim sunt characteres personarum, qui uni soli personae competunt et non alii. Et tales tantum tres sunt: Generatio activa, generatio passiva et processio seu spiratio passiva. Fallit ergo argumentum Socinianorum: ,Quot sunt in divinis relationes, tot sunt personae; sed quatuor sunt relationes, nempe paternitas, filiatio, spiratio activa et spiratio passiva. Ergo.' Negamus enim majorem, quia solae relationes *oppositae* multiplicant personas in Trinitate; quot itaque sunt relationes *oppositae* sive characteres hypostatici, tot sunt personae." (L. c. s. 1. th. 46. f. 482.)

§ 44.

Pater est *prima*[a] persona Divinitatis, non genita, nec procedens, sed ab aeterno de sua substantia gignens Filium, et cum Filio ab aeterno spirans Spiritum Sanctum.

a) Non tamen vel *tempore,* vel *natura* (qualis prioritas est causae, in ordine ad effectum), vel *dignitate;* omnes enim personae divinae sunt coaeternae, et cum essentia divina independente realiter idem et sibi invicem coaequales: sed tantum *ordine,* quem *naturalis enumerationis* quidam vocant, quippe fundatum in origine seu emanatione personae unius ab alia. Unde Pater, qui non est ab alio, sed a seipso, et est is, a quo procedit alius, nempe Filius et Spiritus Sanctus, primum locum obtinet.

QUENSTEDTIUS: ,,Ex *discrimine personarum reali* oritur earum *ordo* cum in subsistendo tum in operando... Ordo in *subsistendo* inter divinas personas probatur ex unius personae ab altera processione seu emanatione... Ordo in *operando* insinuatur in Scriptura *per particulas* διακριτικάς: ex, per et in. Rom. 11, 36.: ,*Ex* ipso et *per* ipsum et *in* ipso omnia.' Juxta s. patres particula ἐξ tribuitur Patri, διά Filio, εἰς Spiritui S. *Nullam* tamen hae particulae personarum Deitatis *inaequalitatem* in opere creationis inducunt, sed tantum *ordinem* earundem in agendo indicant. Tribuitur autem particula ἐξ diserte Deo Patri 1 Cor. 8, 6.: ,Unus Deus Pater, ex quo omnia'; διά autem Filio ibid.: ,Et unus Dominus Jesus Christus, per quem omnia'; itemque Joh. 1, 3.: ,Omnia per ipsum (Dei Verbum, v. 1.) facta sunt', cf. Ebr. 1, 2. Particula ἐν de Spiritu S. usurpatur 2 Thess. 2, 13. Uti vero ordo naturalis personarum divinarum non semper in Scriptura usurpatur, sed quandoque arbitrarius adhibetur, ut patet ex 2 Cor. 13, 13., ubi Filius Patri praeponitur, et Apoc. 1, 4. 5., ubi Filius Dei Spiritui S. (septem spirituum nomine metonymice designato) postponitur, ita et particulae illae permutantur, sicut διά Patri 1 Cor. 1, 9., Rom. 6, 4., Ebr. 2, 10., Filio ἐκ Joh. 16, 15., ἐν Col. 1, 14. 16., εἰς ib. v. 16., ἐν Patri et Filio ep. Judae

v. 1. tribuatur, quia ipsa *permutatione* ὁμοουσία *et* ἰσότης *personarum divinarum* evidenter asseritur et dignitatis inaequalitas excluditur." (L. c. s. 1. th. 17—19. f. 469.)

IDEM: „Juxta Athanasium contra Greg. Sabell., Pater est ῥίζα καὶ πηγὴ τοῦ υἱοῦ καὶ τοῦ πνεύματος. (L. c. th. 22. f. 471.)

IDEM: „*Fons* nullam habet ὑπεροχὴν et *majoritatem* in respectu ad fluvios, sed prioritatem saltem ordinis. Uti et sol in respectu ad radios, ita nec Pater, qui est fons Deitatis, est excellentior Filio; a processionis enim ordine ad praerogativam essentiae N. V. C... *Dist.* inter *ens primum*, quod opponitur creato et ab alio dependenti, et quod opponitur reliquis personis coaeternis ratione originis; sic Pater in divinis potest dici ens primum respectu reliquarum personarum, ut tamen hae sint et maneant coaeternae, h. e., ens simpliciter infinitum et primum cum Patre secundum essentiam ab aeterno. — *Dist.* inter denominationem *causae*, quae Patri in divinis respectu Filii tribui non potest; sic enim Filius esset ens dependens natura Patre posterior et numero essentiarum ab eodem differret; et inter denominationem *principii* non naturae seu causalitatis, sed comparationis, relationis et ὑπάρξεως respectu, unde Graeci patres, Patrem αἴτιον (causam) Filii dicentes, causam pro principio καταχρηστικῶς usurparunt; Latini vero nomen causae nullatenus admittere voluerunt... *Dist.* inter Christum ut *hominem in statu exinanitionis* constitutum, et Christum ut Deum consideratum. Christus Joh. 14, 28. dicit: ‚Pater major me est‘, sed hoc de se ut homine affirmat, qui se ut Deum cum Patre unum Joh. 10, 30. et Patri aequalem dixerat Joh. 5, 18. Secundum eam naturam Patrem se majorem dicit, secundum quam ad Patrem moriendo et resurgendo vadit. Recte et vere b. Lutherus Tom. VII. Jen. German. fol. 119.: ‚Verba Christi: ‚*Pater major me est*‘, non de origine Filii a Patre ratione deitatis, ut Origenes, Nazianzenus et Hilarius explicant, sed de humana natura per se sumta et praecise, sed potius de statu et conditione, in qua tum vivebat Christus, h. e. de statu exinanitionis accipienda esse docet.‘.. Pater dicitur Christi *Deus* Joh. 20, 17., *caput Christi* 1 Cor. 11, 3., in quantum homo est seu respectu humanae naturae, qui cum Patre unus est Deus ac caput et Dominus omnium, in quantum Deus et Dei Filius est. Unus enim est Dominus, per quem omnia 1 Cor. 8. 6. *Objic.*: ‚*Christum doctrinae suae et operum primum auctorem agnoscere Deum Patrem*, hunc ergo prae Filio habere ὑπεροχήν. Resp.: 1. Christum doctrinae et operum suorum rerumque ad salutem spectantium primam esse causam, non secundam tantum, universa docet Scriptura. 2. Licet Filius a Patre sit, idem tamen cum Patre Deus est, verbi divini auctor et operum omnium causa prima supremaque. Patri autem transscribit omnia cum respectu originis et generationis aeternae, tum respectu missionis suae temporalis. ‚Omnia, quae Pater facit, eadem similiter facit et Filius‘, Joh. 5, 19. *Objic.*: *Pater essentiam suam a seipso habet*: ergo excellentior est Filio, qui essentiam suam a seipso non habet. Resp.: 1. Ne in humanis quidem propterea, essentiae ratione, pater excellentior est filio. 2. Licet habere ab alio essentiam per dependentiam et causalitatem inferat inferioritatem, non tamen infert, habere per originem ac processionem. 3. Qui essentia unum sunt, eorum alter prae altero essentiae praerogativam et excellentiam non recipit. Sed Pater et Filius essentia unum sunt, 1 Joh. 5, 7. Joh. 10, 30. Ergo... *Hilarius aliique non pauci veteres Patrem majorem dicunt ratione originis;* at non majorem Filio, ut Deus est, sed ut Filius est; non ratione naturae, sed personae. Majoritatem illam unice ad personae originem referentes, salva essentiae unitate numerica, unde toto coelo distant a M. Nicolai profana ἑτεροδοξία, qui Filium, ut Deum, Deum et caput agnoscere Patrem contendit... Accuratiores tamen ecclesiae doctores originem non inferre aliquam excellentiam vel majoritatem agnoscunt, eamque ἀκυρολογίαν, quod Pater ratione originis major sit Filio, dimittunt. Calov... Nullus Graecorum patrum utitur hoc modo loquendi:

Pater dignior seu excellentior est Filio, vel majorem, quam Filius, habet auctoritatem, quamvis aliqui dicant, unam personam esse dignitate priorem alia. Non ergo debuit Clichtovaeus (qui jussu facultatis theol. in Sorbona Parisiensi sub initio superioris saeculi in b. Lutherum, armatus lepus, scripsit Anti-Lutherum inter alia) concedere, esse principaliorem seu perfectiorem modum subsistendi unius personae, quam alterius, quia haec verba non solum prioritatem ordinis, sed etiam majorem dignitatem et excellentiam naturae significant." (L. c. s. 2. q. 5. f. 519—521.)

GERHARDUS: ,,Observandum hoc loco, nomen ,*Patris*' (perinde ut nomen ,*Dei*') sumi in Scripturis vel οὐσιωδῶς vel ὑποστατικῶς. Si οὐσιω-δῶς accipitur, competit *toti Trinitati*, uni vero Deo, qui ratione creationis et conservationis Pater est omnium, specialiter autem ratione adoptionis et paterni affectus est Pater credentium. Si vero ὑποστα-τικῶς accipitur (id ubi fiat, ex eo colligi potest, quando nominatim fit mentio secundae personae, videlicet Filii a Patre ab aeterno geniti), tum *soli primae personae* convenit. Breviter: quando Divinitas *intra se* describitur, nomen Patris sumitur ὑποστατικῶς; quando vero fit collatio Divinitatis *ad creaturas*, nomen Patris sumitur οὐσιωδῶς et complectitur singulas tres personas." (L. th. de Deo Patre et Filio § 8.)

KROMAYERUS: ,,Achilles ipsorum (Socinianorum) est locus Joh. 17, 3.: ,Haec est vita aeterna, ut cognoscant te (Patrem) solum Deum verum et quem misisti, Jesum Christum.' Unde colligunt, solum Patrem, non autem Christum esse verum Deum. Sed respondemus: Exclusivam h. l. non opponi reliquis SS. Trinitatis personis, sed omnibus iis, quae sunt extra divinam essentiam, ut deastris gentilium, qui non sunt verus Deus et tamen certatim colebantur in mundo; secundum regulam logicorum: ,Exclusiva non excludit concomitantia.' Quid? quod Filius (quem Johannes in epistola I. c. 5, v. 2. verum Deum et vitam aeternam nominat) h. l. conjungatur cum Patre, ut sensus sit: Haec est vita aeterna, ut te Patrem et Jesum Christum, quem misisti, cognoscant esse solum verum Deum. ,Solum' propter multitudinem deorum gentilium, ,verum' propterea, quod dii gentilium non sunt τῇ φύσει Deus, Gal. 4, 8. Si quis tamen Christum, Dei Filium, cum Patre junctim per exclusivam deastris gentilium opponi, ut mediatorem vero h. l. a Deo distingui vellet, sensus esset: In θεογνωσία et χριστογνωσία cardinem salutis verti. Exclusiva haec propositio potius est *subjecti*, quam praedicati." (Th. posit.-pol. Art. 2. p. 173.)

ANTITHESIS.

QUENSTEDTIUS: ,,*Antithesis*: 1. *Arianorum, Eunominianorum*, aliorumque eorum complicum, qui Patri prae Filio *praerogativam* assignabant. . . 2. *Socinianorum*, qui Patrem Domini nostri J. C. verum et naturalem ejus patrem esse negant et saltem improprie et metaphorice patrem esse contendunt . . ., ac si non verus Pater est, sed tantum vicarius Patris. . . 3. *Pontificiorum*, ut *Bellarmini*, qui lib. I. de Christo c. 10. secundum rem praeeminentiam et majoritatem quandam Deo Patri respectu Filii assignat; scribit enim: ,Pater est fons et principium reliquarum personarum et ea ratione quandam majoritatem habet.' . . . Huc pertinet assertio *scholasticorum* nonnullorum, dicentium: ,Spiritum S. principalius procedere a Patre, quam a Filio; in Patre esse auctoritatem, in Filio sub-auctoritatem.' 4. *Quorundam Calvinianorum*, qui Patri ἐξοχήν et ὑπεροχήν quandam prae Filio etiam ratione deitatis tribuunt; ut *Calvinus* lib. I. Institut. c. 13. § 29., ubi inquit: ,Dei nomen, quamvis commune quoque sit Filio, tamen κατ' ἐξοχήν Patri interdum adscribitur, quia fons est et principium Divinitatis'; *Zanchius* magno verborum et argumentorum apparatu hanc ἐξοχήν defendere conatur. . . 5. *Arminianorum*, qui Patrem dignitate pariter ac potestate superiorem faciunt Filio ac Spiritu S., uti ex *Episcopio* lib. IV. Instit.

c. 32. videre est. . . *Subordinationem* quandam hic fingit. . . 6. M. *Henrici Nicolai*, logici Dantiscani, qui Filium et Spiritum S. sub summo Deo collocat et praerogativam Patri prae Filio et Sp. S. tribuit; item statuit, ,Verbum et Spiritum S. *aliquid in essentia* illa infinita, non essentiam infinitam' esse, aliquid ,summi illius Dei', non unum illum Deum; Deum Patrem esse ,inoriginatum et independentem Deum; Filium a Deo Patre secundum, originatum, dependentem, subordinatum; Spiritum S. a Patre tertium, ab utroque ortum, originatum Deum', profitetur." (L. c. f. 517. sq.)

§ 45.

Filius est *secunda*[a] persona Divinitatis, ab aeterno a Patre genita, a qua et Patris persona procedit ab aeterno Spiritus S.

a) Nempe quia Filius non quidem est a seipso, ab eo tamen alius, videlicet Spiritus Sanctus.

QUENSTEDTIUS: ,,Ὁμοουσίας *consequentia* sunt: 1. περιχώρησις seu ἐνύπαρξις, *circumincessio*, immanentia et inexistentia mutua et singularissima, qua una persona propter essentiae unitatem est in alia, Joh. 14, 11. 17, 21. 2. Personarum *aequalitas*, ut nulla persona major, nulla minor sit, neque Pater commode dici possit Deus κατ᾽ ἐξοχήν aut ratione modi subsistendi major Filio. 3. Perfectissima omnium perfectionum essentialium *communio*. 4. Ταυτότης, seu *identitas* tum ipsorum *operum* divinorum ad extra, tum *modi* agendi, ut ταῦτα καὶ ὁμοίως agant Joh. 5, 19., quamquam *non eodem ordine*. . . Nota est Augustini regula: ,*Opera Dei ad extra sunt indivisa*', h. e., omnibus tribus personis communia. Hujus regulae ratio est essentiae divinae ἑνότης seu unitas, potentiae agendi κοινότης seu communitas, operationum ὁμοιότης seu paritas, operumque Patris, Filii et Spiritus S. ταυτότης seu identitas, et hinc tandem consequitur denominationis ἰσότης seu aequalitas. Addenda tamen regulae Augustinianae haec clausula: *Servato ordine et discrimine personarum;* quia enim Pater *a seipso essentiam* habet, ideo etiam *a se agit*, Filius *a Patre* et Spiritus S. *ab utroque* agit et operatur, Joh. 5, 19. 20. *Obs.* ad hoc dictum: 1. ,Οὐ δύναται οὐδὲν ποιεῖν᾽ non *notat* ἀδυναμίαν, impotentiam seu imbecillitatem, ut Joh. 15, 5.: ,Sine me nihil potestis facere', cf. 2 Cor. 3, 5.; sed potius cum de *Deo* simpliciter praedicatur, *summam perfectionem naturae eodem modo operantis*, ut aliter se habere nequeat, designat; uti alias ἀδύνατον dicitur, Deum mentiri, cum sit ἀψευδής, Hebr. 6, 18. Tit. 1, 2. De Christo vero cum usurpatur, exprimit ipsius et Patris et essentiae et potentiae et voluntatis et operationis identitatem, unitatem, inseparabilitatem, ac simul τρόπον ὑπάρξεως, quod nim. Filius, sicut non a seipso, sed a Patre per aeternam generationem *essentiam* suam habet, sic quoque a seipso *operandi potentiam* non habeat aut a seipso agat, sed a Patre. Eodem plane sensu, quo Spiritus S. propter suam a Filio processionem non a seipso loqui, sed de illis, quae Christi sunt, accipere et annunciare dicitur Joh. 16, 13. A seipso ergo non *facit* Filius, ut Pater, cum non a seipso *sit*, sed a Patre, a quo, ut essentiam, ita quoque omnipotentiam habet. Paucis: ἀδύνατον, impossibile, est, ut Filius quicquam faciat, quod non viderit facientem Patrem, ob ὁμοουσίαν Filii cum Patre et originem Filii a Patre. *Observa*: 2. , Βλέπειν' Patrem facientem ἀνθρωποπαθῶς seu humano more dictum, sed θεοπρεπῶς seu Deo conveniente est intelligendum, notatque exactissimam *scientiam*, quam Filius a Patre non per doctrinam, ut discipulus, sed *per aeternam generationem*, ut Filius unigenitus, accepit. ,*Videt*' Filius, quae Pater facit, non post operationem, sed quia est sapientia Patris, per quam facit. Voluit autem Christus ita se conjunctum natura Patri ostendere, ut tamen distinctum significaret. *Conjunctum* ostendit, cum dicit, se facere non posse, nisi quod Pater *facit; distinctum,* cum ait, nisi quod *viderit* Patrem facientem; alius enim est, qui videt, alius, qui videtur. Facit se Patri aequalem, ita tamen, ut Filio convenienter loquatur. , *Visio'* v. 19. Filio tributa et , *δεῖξις',* demonstratio, v. 20. relate se habent. Ut igitur Pater Filio omnia *demonstrat operando per Filium, realiter,* non exemplariter, ita etiam Filius *videt in unitate sapientiae et potentiae* ὁμοίως *cum Patre operando.* Est enim , *δείκνυσιν αὐτῷ',* ,operabitur in ipso et per ipsum', *verbum vocale pro reali,* Joh. 10, 32. Act. 9, 16. 2 Tim. 4, 14. Quia Filius est imago Patris et splendor gloriae ejus Hebr. 1, 3., dicitur Pater demonstrare Filio et se demonstrare in Filio. Pulchre Cyrillus Alexandrinus l. II. in Joh. c. 137. inquit: ,Pater Filio demonstrat, quae ipse facit, non quasi depicta in tabulis, nec quasi ignorantem doctrina juvans. Omnia enim Filius, veluti Deus, novit, sed totum seipsum in natura Filii sic pingens, ut, quaecunque in se habeat, in Filio demonstret' etc. . . 3. *Particula* ἅ, *quaecunque,* ad opera interna seu ad intra, qualia sunt gignere, gigni, spirare, procedere, quae uni vel duabus personis in Deitate tantum competunt, non est extendenda, sed tantum de operibus *ad extra,* nec tamen solum de miraculis, ut volunt Sociniani, sed *de operibus omnibus externis* (creatione, conservatione, gubernatione universali etc.) est intelligenda. ,Quaecunque enim Pater facit (ad extra scl.), ταῦτα, eadem et Filius facit', *non similia* imitando, *sed eadem* opera simul operando. . . Eadem prorsus omnia, ut nihil excipiatur, ,ὁμοίως'. similiter, *eodem modo,* non disparitate quadam aut inaequalitate, sed *ex eadem essentia, sapientia, libertate, potentia* facit Filius. Recte Nazianzenus Orat. IV. de Theol.: ,Non ideo dicit ὁμοίως, quod sit operum similitudo, sed quod utriusque par sit facultas, parque potentia majestas.''' (L. c. s. 1. th. 21. f. 470. sq.)

§ 46.

Spiritus Sanctus est *tertia*[a] persona Divinitatis, non genita, sed procedens ab aeterno a Patre et Filio.

a) Quia non est a seipso, nec ab eo procedit alius, seu alia Divinitatis persona.

QUENSTEDTIUS: ,,Quoad *nomen* dicitur *Spiritus:* 1. *Ratione spiritualitatis* sive spiritualis essentiae et ob *effectus* spirituales; atque ita omnes tres personae Deitatis dicuntur et sunt Spiritus, Joh. 4, 24. 2. *A* τρόπῳ ὑπάρξεως seu *charactere hypostatico,* scl. spiratione aeterna; qua ratione nec Filius Spiritus est, sed sola tertia persona; huic enim nomen illud ratione πνέοντος Patris et Filii propriissime competit, quia ab utroque per spirationem ab aeterno procedit... *Sanctus* est et vocatur non modo *per essentiam,* qua ratione essentialis sanctitas cum Patre et Filio ei competit, Es. 6, 3.; sed etiam *a singulari charactere,* ab opere scl. sanctificationis, quod proxime et immediate Spiritus S. peragit et ad quod praestandum a Patre et Filio in corda credentium mittitur.'' (L. c. s. 1. th. 56. 57, f. 486. sq.)

LUTHERUS: ,,Diesen Geist Gottes heisst die Schrift darum den *Heiligen* Geist, dass, gleichwie das Amt des Sohnes in dem angezeiget wird, dass er ein Lehrer der Gerechtigkeit genannt wird, also wird der Geist Gottes vom *Amte* heilig geheissen. Denn er macht uns heilig, die wir durch die Sünde ganz und gar unheilig und gottlos geboren werden und sind.'' (Ad Joel 2, 28. 29. Opp. Hal. VI, 2315.)

§ 47.

Deus ratione essentiae et personarum simul spectatus describi[a] potest, quod sit ens spirituale, a se, in
Patre, Filio et Spiritu Sancto subsistens.

a) Solent *alias* afferri descriptiones prolixiores, quibus personae
etiam ab operibus ad extra, Pater a creatione, Filius a redemtione,
Spiritus S. a sanctificatione describitur. Quia autem opera haec Deo
et personis divinis non sunt coaeterna, maluimus retinere eam, quae
Deo et personis divinis, prout *in se* sunt *ab omni aeternitate*, convenit.
Conf. b. *Mus.* cit. Disp. III. § ult. p. 76.

> LUTHERUS: ,,Darum siehest du hier, worauf das *Symbolum des
> heiligen Athanasii* gegründet ist, welches also gefasset ist, dass ich
> nicht weiss, ob sint der Apostel Zeit in der Kirche des Neuen Testa-
> ments etwas Wichtigers und Herrlichers geschrieben sei.'' (Ad Joel
> 3, 28. VI, 2314.)

Caput II.

DE CREATIONE.

§ 1.

Inter opera, quibus Deus summam bonitatem suam[a]
exercuit, primo loco spectanda venit creatio.

a) Vid. cap. I. § 27. p. 44. et § 37. not. *a.* p. 64. Atque ita
patet ratio ordinis, quoad hunc locum, priori statim subjunctum.

> GERHARDUS: ,,Cum dicimus, Deum aliquid *facere,* non aliquem in
> operando *motum* illi inesse intelligimus, sed ejus sempiternae voluntatis
> novum aliquem significamus *effectum,* i. e., aeterna ejus voluntate novi-
> ter aliquid existere dicimus.'' (L. th. 1. de creatione § 4.)

§ 2.

Creationis vox denotat[a] productionem rei subsistentis,
vel *ex nihilo,* seu quae fit independenter a subjecto, vel
dependenter a subjecto, seu *ex* aliquo *subjecto,* verum ita
inhabili et indisposito, ut ex potentia ejus non possit produci talis effectus per virtutem agentis creati.[b]

> GERHARDUS: ,,Illa *subsistere* dicimus, quae non in alio, sed in se
> existunt.'' (Exeg. 1. III. § 57.)
> REUSCHIUS: ,,Res *subsistens* hic dicitur substantia i. e. ens, quod
> sua vi a Deo sustentata seu per se, ut alii loquuntur, existere potest,

adeoque quod separatum ab aliis entibus finitis existere seu separatam et propriam habere potest existentiam. Tò subsistere eapropter b. auctor alio sensu accipit, ac alias apud philosophos sumitur; cum subsistentia et subsistere dicatur existentia suppositi." (Annot. p. 195.)

a) Stylo *Scripturae* quidem et *proprie* loquendo. Nam *alias* etiam *morali* significatione dicuntur creari *magistratus, consules, duces,* etc. Et Scriptura ipsa dicit, creari in homine *cor novum,* i. e. conferri homini novas vires spirituales, quam creationem *metaphoricam* vocant. *Philosophi* autem creationis vocem *strictius* accipiunt pro productione rei ex nihilo praecise.

> QUENSTEDTIUS: ,,Non aliud notatur per τὸ *ex nihilo,* quam *terminus a quo,* hoc est, nihilum, ex quo omnia facta dicuntur, *non materiae,* sed termini a quo duntaxat rationem habet et de creationis ordine intelligi debet, et recte particula *ex* per *post* verti potest, ut Thomas observat, ut sensus sit: Post nihilum, velut terminum a quo, aliquid factum est." (L. c. s. 1. th. 13. f. 594.)

b) Occurrit duplex illa acceptio vocis *creandi, Genes.* cap. 1., et *prior* quidem v. 1. de creatione *in principio* facta, *posterior* v. 21. et 27. de creatione *aquatilium* ex aqua, *hominis* e pulvere terrae; collato cap. 2, 7. Plura ex seqq. patebunt.

§ 3.

Fit autem etiam productio ex nihilo *dupliciter,* quatenus producitur effectus *vel* independenter ab *omni* subjecto *seu* praeexistente *seu* coëxistente; qua ratione substantiae *immateriales,* angeli et anima (Adami), fuerunt productae;[a] *vel* producitur effectus, independenter *quidem* a subjecto praeexistente, *sed* tamen dependenter a coëxistente; qua ratione producta sunt corpora *simplicia,* v. g. coelum et elementa.[b]

a) Nempe substantiae, quae in *esse* suo a materia non dependent, naturae suae convenienter *productae* sunt etiam independenter ab omni materia.

b) Sane res materiales, eaeque simplices, sicut constant materia et forma quoad *esse* suum, materia vero illarum non extitit seorsim ante omnem formam, nec forma (materialis) extra materiam, ita in *fieri* dependent (tanquam composita) a materia, non tamen a materia praeexistente.

> REUSCHIUS: ,,Addidit b. auctor *coelum,* tamquam speciem peculiarem et diversam ab elementis Aristotelicis (apud Baier. de creatione § 22.). Sed coelum, qua coelum, atque a corporibus mundi totalibus, ut planetis, cometis et stellis fixis seu solibus, distinctum, constat aethere, qui amplissima illa spatia replet, eoque ab elementis Aristotelicis non distinguitur." (Annot. p. 199.)

> IDEM: ,,Corpora simplicia seu elementa physica independenter a praeexistente materia esse producta, asserit b. auctor, adeoque suppo-

nit ceu indubitatum, quod elementa metaphysica, ex quibus tamquam ex materia corpora simplicia composita sunt, in creatione prima singulatim et separatim non extiterint, contra, statim ab initio in ea unione, qua elementa physica efficiunt, producta sint. Sed modus creationis a libera Dei voluntate ex ratione optimi determinata dependet. Utrum vero singulorum elementorum metaphysicorum simultanea productio sine unione tamen, in qua constituunt corpora simplicia seu elementa physica, quae unio postea in separatione elementorum physicorum facta sit; an productio simultanea singulorum elementorum metaphysicorum statim in illa unione, qua elementa physica seu corpora simplicia constituunt, sit melior atque optimus creandi modus, adeoque ex ratione optimi decreta a Deo fuerit, determinari non potest cum certitudine; quum nulla certa principia vel ex ratione vel ex revelatione suppetant, ex quibus necessario sequatur alteruter modus creandi. Quapropter ea, *quae b. auctor tamquam indubitata asserit, talia non sunt, sed tantum probabilia.* Non tamen negatur, quod aliquam habeant probabilitatem." (Annot. p. 199. sqq.)

§ 4.

Reliqua creationis opera, seu corpora *mixta* producta sunt dependenter a materia praeexistente,[a] nempe ex ipsis corporibus simplicibus primum productis.[b]

a) Nam quamvis Deus per absolutam suam potentiam etiam corpora mixta posset producere independenter a subjecto praeexistente, placuit tamen Deo, efficere opus creationis convenienter ordini naturae, et producere corpora mixta ex praeexistentibus simplicibus.

b) Sic plantae ex terra, pisces ex aqua producti sunt; ut mox videbimus.

§ 5.

Juxta historiam creationis[a] absolvit Deus productionem hujus universi spatio sex[b] dierum.

LUTHERUS: „Hilarius et Augustinus, quasi duo maxima ecclesiae lumina, sentiunt, mundum creatum subito et simul, non successive per sex dies. Ac Augustinus mirabiliter ludit in tractatione sex dierum, quos facit mysticos dies cognitionis in angelis, non naturales. . . Nec etiam utile est, Mosen in principio tam facere mysticum et allegoricum. Quia enim nos vult docere, non de creaturis allegoricis, et mundo allegorico, sed de creaturis essentialibus et mundo visibili ac exposito sensibus, appellat, ut proverbio dicitur, scapham scapham, hoc est, diem et vesperam vocat, sicut nos solemus, sine allegoria, sicut evangelista Matthaeus capite ultimo hanc phrasin quoque retinet, cum scribit, Christum resurrexisse vespera Sabbatorum, quae in unam Sabbatorum illucescebat. Quodsi non satis assequimur rationem dierum, nec intelligimus, cur intervallis his temporis Deus voluerit uti, fateamur potius ignorantiam nostram, quam ut verba praeter rem ad alienum sensum torqueamus. Quod igitur ad hanc Augustini sententiam attinet, statuimus, Mosen proprie locutum, non allegorice aut figurate, hoc est, mundum cum omnibus creaturis intra sex dies, ut verba sonant, creatum esse. Quodsi causam non adsequimur, mancamus discipuli, et relinquamus magisterium Spiritui Sancto." (Ad Gen. 1, 1. Exeget. opp. lat. Cur. Elsperger. P. I. p. 8. sq.)

QUENSTEDTIUS: ,,Non esse omnia simul in uno momento aut instanti, sed *sex dierum spatio* a Deo creata, probatur: 1. *ex historia creationis* Gen. 1. descripta, in qua verba omnia historice et proprie intelligenda sunt, nec discedendum a clara litera, nisi analogia fidei, antecedentia et consequentia, aliaeque circumstantiae id suadeant; in illa autem planissimis verbis docet Moses, quid unoquoque die a Deo factum sit. 2. *Ex sabbathi sanctificatione* et ratione hujus rei, quae redditur Gen. 2, 3. Ex. 13, 6. 20, 11., quae nullius esset momenti, si Deus omnia unico momento creasset, non autem successive per dies plures. 3. *Ex ratione;* si omnia simul essent facta, danda esset ratio aliqua ordinis narrationis illius Mosaicae. Moses autem non observat ordinem naturae, non dignitatis, non cognitionis; relinquitur ergo ordo temporis.'' (Theol. did.-pol. P. I. c. 10. s. 2. q. 6. f. 613.)

ANTITHESIS.

QUENSTEDTIUS: ,,*Antithesis:* 1. *Nonnullorum patrum,* ut *Origenis* lib. 6. c. Celsum, *Athanasii* orat. 3. c. Arianos, *Augustini* lib. 4. de Gen. ad literam c. 22. sq. et lib. 2. de civit. Dei c. 29. sqq., *Procopii Gazaei* in Genesin, qui mundum uno momento a Deo creatum et sex dies allegorice interpretandos esse statuunt. . . 2. *Philonis* Judaei lib. de opificio mundi et lib. 1. allegoriarum legis Mosaicae pag. 29. . . Paucis: opinio illa, quod omnia uno instanti condita, a Rabbinis excogitata, a *Cajetano* et Melch. Cano (referente Domin. Banne) incrustata, a Nicolao Abramo, Jesuita, Mussipontano noviter propugnata, novisque paradoxis locupletata est; statuit enim hic: ,quod omnium rerum substantia, excepta hominis anima, primo momento temporis simul producta sit, quodque sex diebus per naturalem emanationem omnia secundum qualitates suas prodierint et inclinatione naturali ad locum naturalem contenderint', quam opinionem refutavit Dr. Calov. Tom. III. System.'' (L. c.)

VILMARIUS: ,,Die Untersuchung und Beantwortung der Frage, ob die Tage 24stündige, von der Axendrehung der Erde abhängige Tage oder Schöpfungs- (Restitutions-) Perioden von unbestimmter Dauer seien, kann die Dogmatik unbedenklich frei lassen. In der *Anwendung,* welche von diesen 6 Tagen schon Gen. 2, 2—3. und nachher im Gesetz gemacht wird, sind allerdings 24stündige Tage gemeint, und der Wortlaut (Abend und Morgen, 1. Tag, der 2. Tag etc.) scheint dafür zu sprechen. Dagegen ist die Bestimmung Ps. 90, 4. und 2 Petri 3, 8., wonach 1000 Jahre wie ein Tag und ein Tag wie 1000 Jahre vor Gott sind, der Annahme von Schöpfungsperioden nicht ungünstig. Diese Perioden könnten mit einer Dämmerung geschlossen und mit einer Dämmerung wieder angehoben haben, also durch eine Nacht, in welcher Gott *nicht* schuf, getrennt gewesen sein, haben aber nicht von der Axendrehung der Erde, sondern von andern Kämpfen um Licht und Finsterniss abgehangen.'' (Dogmatik. I, p. 247.)

a) Quae accurate describitur *Gen. c. 1. et 2.*

b) Vid. cap. 1. vers. ult. et cap. 2, 2. *Gen.*

§ 6.

Prima die, et cum hactenus nulla res creata, sed solus Deus existeret,[a] produxit Deus coelum[b] et terram,[c] itemque lucem,[d] quae diei et noctis vicissitudine constitueret.

a) Vid. *Gen. 1, 1.*, ubi vocabulum בְּרֵאשִׁית *adverbialiter et negative* exponendum est, ita ut nihil, ne materiam quidem aliquam hujus universi, prius extitisse, dicendum sit.

SCHERZERUS: ,,Principio, בראשית (ex quo Cabbalistae per temura primum Septembrem faciunt; et Dr. Calovius, etsi patres aliique theologi *vernum* tempus eligant, quae sententia nobis etiam aliquando placuit, Syst. III, f. 924., pro *auctumno* militat, quod alias in primo creationis anno bis debuissent fructus proferri, adeoque Deus statim ordinationem suam immutasset, quod improbabile), seu *primo instanti temporis* (adeoque *non in tempore*, creatio enim et tempus simul coeperunt) creavit Deus coelum et terram, Gen. 1, 1. Nullum aliud, quam *temporis* principium intelligi potest; non aeternitatis, quia principio caret; non aevi, quia haec duratio tantum creatorum spirituum est: ergo temporis. Inepte dicitur: In principio *mundi* creatus est mundus; aut: In principio *creationis* creavit Deus coelum et terram; remanet enim quaestio, quodnam principium intelligatur; at Moses lectorem non in suspenso reliquit." (System. theol. l. 1. § 8. p. 87. sq.)

QUENSTEDTIUS: ,,'Ακυρολογία est dicere, mundum aliquando non fuisse. Tὸ aliquando enim idem est ac aliquo tempore; sed dici non potest, aliquo tempore nondum fuisse, cum ante mundum conditum non fuerit tempus. Cautius loquitur, qui dicit, mundum non semper fuisse." (L. c. q. 2. f. 602.)

IDEM: ,,Probatur, *mundum non potuisse ab aeterno esse aut creari:* 1. Quia ab aeterno esse, uni et *soli Deo proprium* est, ita ut quicquid aeternum est, illud Deum esse necesse sit. 2. Quia involvit *repugnantiam* tum ex parte *Dei* creantis, qui Deum alium ab ipso diversum producere nequit, tum ex parte *creationis*, quia haec praesupponit aliquod initium, in quo fiat, tum denique ex parte *creaturae*, quae non est capax existentiae ab aeterno. Id quod esse non potest, nisi post non esse, non potest esse ab aeterno; at nulla creatura esse potest, nisi post non esse, creari enim est ex nihilo produci. Ergo. Quod ab aeterno existit, id sine sui initio existit; creatura autem, quandocunque creatur, fit ipsa, quia omnis effectus, dum a sua causa producitur, fit, et ab eadem suum esse accipit; quando autem fit creatura, esse incipit, si vero esse incipit, ab 'aeterno existere non potuit. Sunt enim contradictoria, existere cum sui initio, et non existere cum sui initio." (L. c. f. 601.)

IDEM: ,,Disputatio illa (an mundus ab aeterno creari *potuerit*) non concernit fidei articulum; ideoque neutra sententia haereseos, nedum atheismi alicujus accusanda. Nam nec illi, qui negant, creari potuisse ab aeterno, infinitae potentiae derogant, cum non ob defectum virtutis in Deo id negent, sed ob objectum impossibile, quod id contradictionem involvere judicent; nec qui affirmant, creationem aeternam actualem admittunt, sed solum possibilem illam faciunt nec contradictionem involvere arbitrantur." (L. c. q. 2. f. 599.)

IDEM: ,,Creatio mundi ex nihilo in tempore facta *ex lumine naturae* cognosci aut rationibus philosophicis apodictice et evidenter demonstrari *nequit*, sed ex sola revelatione divina innotescit, adeoque est articulus purae fidei ac merae revelationis." (L. c. q. 1. f. 596.)

b) Puta ipsum *coelum* sub *forma substantiali* coeli, et *terram* sub *forma substantiali* terrae; quod *partim* litera, seu propria significatio nominum *coeli* et *terrae* (quae sine insigni necessitate deserenda non est, juxta reg. de interpr. scr. supra Vol. I. p. 179. *Proleg.* c. II. § 45.), *partim* et illud probat, quod Moses ה emphaticum seu demonstrativum utrinque addit, quasi digito intenso, *hoc coelum* et *hanc terram* significans. Quod autem additur, terram fuisse תֹהוּ וָבֹהוּ, *vacuam et inanem*, equidem negat cultum et ornamenta terrae (quae hoc quidem sensu, et quod aquis involuta esset, *informis, rudis et indigesta moles* dici potuit), non autem negat formam terrae substantialem, de qua hic sermo est. Confer *Esaiae 34, 11. Jer. 4, 23.*, ubi devastatio terrae aut regionis Judaeorum, non abolitio formae substantialis terrae, istis vocibus designatur. Plura vide apud b. *Mus.* Disp. Theol. V. de Creat. § 26. sqq. p. 140. sqq. et Tract. Germ. Ausführl. Erklärung Q. 23. 24. 25. p. 183. sqq. Eodem autem plane modo b. *Hutterus* LL. Theol. de Creat. Q. III. p. 201. docuit, *coeli et terrae appellatione non intelligendas quidem esse partes istas universi, quales postea evaserunt, aut nunc visuntur oculis, admirando et stupendo opificio elaboratae, sed informem, rudem et confusam quodammodo massam, quam Deus postmodum certa ratione distinxit et elaboravit, ita quidem, ut coeli nomine veniat universum corpus coeleste, cunctos orbes complectens, perfectum quidem et integrum ratione substantiae et magnitudinis, sed tamen sine luce, sine motu et distinctione siderum etc., quae postea demum accesserunt; terrae quoque nomine in versu 1. Geneseos intelligendum veniat ipsum terrae elementum, quod postmodum tertio die ab aquis distinctum et separatum fuerit.* Addit autem notanter haec verba: *Sane nisi in principio statuatur creata esse terra, quatenus ratione substantiae consideratur, non apparet ex Mose, quando illa tandem creata sit. Nam quod de tertio die nonnulli obstrepunt, nimis dilutum est; siquidem Moses non dicit, die illo tertio creatam esse terram, sed Deum dixisse, ut appareat ex aquis arida sive terra.* Similiter autem docuit etiam b. *Gesnerus* Comment. in Gen. p. 11. et 12., *coelum, quod nunc aspectabile est,* l. c. intelligi; *terram* appellari *Tohu,* quae vox tum *formae et figurae accidentariae στέρησιν* denotet, tum quod fuerit *aquis permixta.* Eandem dici *Bohu,* quod *epitheton denotet terram fuisse 1)* incultam, *2)* sterilem, *utpote arboribus, herbis, gramine nondum exornatam, 3)* cultoribus, hominibus et animalibus, *destitutam.* Alii autem, qui *negare* videntur, coelum et terram sub sua forma tunc fuisse producta, non obscure produnt, se *non* loqui de *forma substantiali* corporum simplicium, *sed* in oppositione ad *elaborationem* secutam; certe terram atque aquam, licet nondum ab invicem separata, tamen die primo revera κατ' οὐσίαν extitisse, agnoscunt. Vid. b. *Selneccerus* Enarr. in Gen. p. 43., b. *Meisnerus* Phil. Sob. P. I. Sect. III. cap. III. Q. III. p. m. 510. et Q. IV. p. 544., b. *Friedlieb* Theol. Exeg. in Genes. Q. VII. p. 27. Inprimis vero in rem nostram, et quod vulgatum illud *Chaos* fuerit *globus ex tribus corporibus primis, coelo, aqua et terra, locis nondum distinctis, compactus* quodque *seminarium coeli, terrae et aquae* dicatur, *quia nullum horum corporum tum distinctum fuerit,* denique hoc sensu (non quoad negationem formae substantialis) *coeli, terrae et aquae* mentionem *per* πρόληψιν *fieri,* dici possit, pluribus docet b. *Scherzerus* in System. L. III. § 10. p. 90., ubi etiam laudat b. *Musaei* Disp. de Creat. hic a nobis citatam.

QUENSTEDTIUS: „*Coelum empyreum sive igneum,* quod primo die primoque instanti creationis productum et supra firmamentum locatum in angelorum beatorumque domicilium vel etiam ipsius Dei palatium plerique *scholastici* aliique *pontificii,* itemque *Calviniani* contendunt, est dulce sine somno somnium. . . Coelum beatorum etsi *non sit locus* physicus, nec tamen est nuspiam, sed *uspiam;* seu *non est ubique,* ne-

que nullibi, sed *alicubi*. Ubi vero sit praecise, definire temerarium est.
... *Dist.* inter certum, corporeum et determinatum locum a Deo creatum et beatis angelisque destinatum, quale coelum nec est, nec erit, et
inter πoῖ sive ubi beatorum a πoῦ damnatorum distinctum, in quo animae piorum post solutionem a corpore congregantur et coelestium bonorum participes redduntur, quod et nos concedimus... *Probatur*
adversae sententiae falsitas et nostrae veritas : 1. *Ex ratione...* 2. *Ex
Scripturae silentio.* Scriptura coelum beatorum respectu nostri *sursum*
esse dicit (verbis locum significantibus status et conditionis sublimitatem describens); sed quod sit spatium aliquod primo die creatum,
quoad substantiam corporeum, quoad quantitatem amplissimum et verus locus, quoad qualitatem lucidissimum, quoad durationem indefecti-
bile ab intrinseco, quoad situm supremum et supra omnes coelos aspe-
ctabiles evectum sive coelos stelliferos circulariter et undiquaque am-
biens : illud nuspiam Scriptura innuit, adeoque temerarium est, id ita
definire velle... 4. Ex Matth. 18, 10., ubi dicuntur *angeli in terra esse*
et parvulos custodire, ac *simul esse in coelis* et videre faciem Dei Patris
διὰ παντός, unde invicte concludimus, coelum beatorum seu angelorum
non esse locum creatum a terris remotissimum et supra coelum side-
reum positum, cum ea ratione angeli, dum in terris versantur, in coelo
esse nequeant. Adeoque angeli, qui ratione loci a terris non absunt,
pro ratione status et conditionis eodem tempore simul in coelis sunt.
Illa apparitionis coram Patre continuitas in coelis praesentiam et διακο-
νίαν apud sanctos atque parvulos in terris non tollit. Illud ergo ubi
angelorum potest esse in coelis, et hi coeli angelorum possunt esse in
terris apud parvulos, atque adeo nunquam sunt extra coelos angeli et
extra contemplationem Dei (quae est ipsum coelum seu beatitudo angelorum), ne quidem quando in terris ministrant sanctis. 5. Ex *visibi-
lium coelorum conflagratione* in extremo die, 2 Pet. 3, 7. 10. Ps. 102, 27.;
aut igitur coelum beatorum simul peribit, utpote coelo stellifero proxime incumbens ex adversariorum sententia, aut ab illa πανολεϑρίᾳ erit
excipiendum, atque haec exceptio ex Scriptura demonstranda.'' (L. c.
q. 9. f. 623. 625. sq.)

ANTITHESIS.

QUENSTEDTIUS : ,,*Antithesis :* 1. *Scholasticorum et pontificiorum
plerorumque*, qui de coelo beatorum, quod empyreum vocant, ejusque
situ, locatione et qualitatibus, item exercitiis beatorum in coelo isto
fictitio operose disputant et suaviter fabulantur, mere carnalibus et
mundanis quandoque speculationibus indulgentes... *Becanus* scribere
audet, coelum hoc empyreum habere solidissimum fundamentum in
Scripturis. ,Nam Scriptura docet, inquit, firmamentum et omnia producta esse secundo et quarto die.' Addit : ,firmamentum esse in medio
aquarum, ita ut quaedam aquae sint supra, quaedam infra firmamentum.
Si ita est, sequitur, coelum illud, quod in principio creatum est, esse
supra firmamentum et supra omnes aquas, quod sane non potest esse
aliud, quam empyreum.'.. 2. *Calvinianorum*, qui coelum beatorum
esse statuunt locum corporeum, creatum, supra mundum hunc corrupti-
bilem et supra omnes coelos habereque spatia et sedes distinctas loca-
les, in quibus localiter eatur, sedeatur, stetur, ambuletur etc... *Joh.
Cloppenburg*, exercit. de creatione disput. 3., ubi dicit : ,Primum primi
diei opus esse coelum extimum et summum, coelum tertium, coelum
coelorum, quod corporeum et consequenter locale, in quo solium Dei
et thronum Dei esse', asserit... Discrepant tamen in aliquibus inter
se, quidam enim coelum beatorum corporeae substantiae esse volunt,
alii vero locum quidem et locali situatione sursum ac creatum esse dicunt, an vero corpus sit, in medio relinquunt... 3. *Socinianorum*, qui
Deum certo loco compescunt, nec nisi in coelo substantia sua praesto
esse statuunt, quod ipsis est locus immortalitatis, domicilium Dei, con-

stitutum supra expansionem stelliferam. . . 4. *Arminianorum,* quorum antesignanus Episcopius lib. 4. inst. theol. sect. 3. c. 1. primum creatum vult coelum, ut aptum esset domicilium, in quo collocarentur angeli, quodque Deus voluerit esse palatium suum." (L. c. f. 624. sq.)

LUTHERUS: „Mosis igitur simplicissima est sententia haec: omnia, quae sunt, esse creata a Deo, ac principio primi diei creatam esse rudem molem luti seu terrae, et nebulae seu aquae, quibus postea per reliquum primi diei spatium infuderit Deus lumen, et fecerit apparere diem, quae ostenderet istam rudem molem coeli et terrae, non dissimilem rudi semini, sed tamen apto ad producendum aliquid." (Opp. exeg. Cur. C. S. T. Elsperger. T. I. Enarratt. in Genesin. Cap. 1, 1. pag. 11.)

ANTITHESIS.

J. H. KURTZIUS: „Wir nehmen den Codex der heiligen Offenbarungsurkunden zur Hand, und treffen gleich in der ersten Zeile auf das räthselhafte *Tohu va Bohu*, auf jene Wüstniss, Leerheit und Finsterniss, in welcher der erste Blick des heiligen Sehers die Erde, die durch das Sechstagewerk zur Stätte des Lichts und der Lebensfülle werden sollte, erblickte. . . Wir haben bereits in *vormenschlicher Zeit* eine Erde, und nicht minder eine *Geschichte*, die sich auf ihr und in ihr entfaltet hat. Der Prophet der Urgeschichte erblickte diese Erde als Wüste und Leerheit. *Voran* ging dem chaotischen Zustande der Verwüstung und Verödung ein Zustand der Ordnung, des Lichtes, des Lebens, wie er jeglichem Gotteswerke geziemt; und ebenso *folgte* eine schöpferische Restitution im Sechstagewerk, durch welche aus der Finsterniss das Licht, aus der Verwüstung und Verödung Ordnung und Lebensfülle hervorgerufen wurde, durch welche unsere jetzige Erde gegründet, gebildet, geordnet und belebt wurde. *Die Verwüstung war eine Folge des Falles der Engel,* woraus wir weiter schliessen, dass jene urweltliche Erde die Wohn- und Uebungsstätte desjenigen Theiles der Engel war, die sich gegen Gott empörten und dadurch ihr Fürstenthum verloren und ihre Behausung zu verlassen genöthigt waren. Die *Restitution* dagegen war ein Ergebniss des göttlichen Rathschlusses, vermöge welches er sich seinen Weltplan nicht stören lässt, vermöge welches er eine ganze Welt des Lebens, die ins Verderben gerathen war, wieder aus den Fluthen des Verderbens emporhebt, den Verderber von ihr exilirt und einen neuen Bewohner und Herrscher, den Menschen, auf sie setzt, — woraus wir weiter schliessen, dass der *Mensch, an die Stelle Satans und seiner Engel gesetzt,* auch dessen unterbliebene Aufgabe auszurichten, den gestörten Einklang des Weltalls, den durchbrochenen Zusammenhang des Ganzen, wiederherzustellen, und *ihn* selbst, den Zerstörer und Empörer, zu beseitigen und zu richten, berufen war." (Bibel und Astronomie. Zweite Aufl. Berlin, 1849. p. 94. 96.) „Die hier vertheidigte Auffassung ist schon sehr alt. . . Auch in späterer, neuerer und neuester Zeit ist sie sehr verbreitet, und nicht nur Theosophen und theosophisch tingirte Ausleger, wie J. Böhme, St. Martin, J. M. Hahn, Fr. v. Meyer, Hamberger etc., sind ihr zugethan, sondern auch so besonnene und nüchterne Männer, wie Reichel, Stier, G. H. v. Schubert, Kniewel, Drechsler, *Rudelbach, Guericke,* J. P. Lange, Schmieder, Ebrard, M. Baumgarten, A. Wagner, Michelis, Wichart, Lebeau, F. W. Krug etc. haben sich für sie ausgesprochen." (p. 95.) Idem statuunt D. Delitzschius (Vid. System der bibl. Psychologie. Leipz. 1855. p. 42—45.), D. Vilmarius (Dogmatik. Gütersloh 1874. I, 242. sq.).

c) Sed et *aquam* una cum terra productam fuisse, non ex praeexistente materia, colligi potest ex *Genes. 1, 1.* Confer b. *Hutterum,*

b. *Musaeum* et b. *Scherzerum* ll. cc. *Aërem* vero et *ignem*, si quis detur, elementarem, similiter cum caeteris elementis die primo creata fuisse, probabilis quorundam sententia est (prout aquae *appendicem* esse *aërem, tanquam elementum symbolicum*, nec abs re *tenebrarum super faciem abyssi* mentionem fieri, l. c. monet b. *Scherzerus*); quamvis alii aërem die secundo ex partibus aquae tenuioribus productum putent.

d) Vid. *Gen. 1, 3.* Intelligi autem videtur *corpus* quoddam aethereum et *lucidum*, dependenter a substantia coeli productum, et *solis vice* fungens. Conf. *Hutterus* l. c. Q. VIII. p. 211. et *Mus.* l. c. § 27. 28. p. 143. 144.

§ 7.

Secunda die divisit Deus aquas elementares[a] in aquas inferiores et superiores, interposito expanso[b] aëreo,[c] ita ut expansum illud attingeret[d] a superiore parte aquas subtiliores in nubibus[e] congregatas, a parte inferiore crassiores terrae superficiem ambientes.

a) Quae prima die non fuerunt loco distinctae a terra, sed cum ea unum confuse constituerunt globum, ita ut terra in illis, tanquam in abysso, lateret. *Mus.* l. c. § 30. p. 14. Nempe aquae eaedem intelliguntur *Gen. 1, v. 2. et 6.*

b) Vocatur a Mose רָקִיעַ c. 1, vers. 6., quod proprie *expansum* significat, fatentibus D. *Chytraeo,* L. *Osiandro,* S. *Gesnero,* J. *Gerhardo* et aliis.

c) Sic etiam accipiunt vocem non solum *Rabbini,* verum etiam b. D. *Erasmus Marbachius* Comm. in Gen. p. 10. Licet enim prima die productae sint et aquae elementares et forte etiam aëris elementum; quia tamen tunc moles aquae terram undique cingebat et partes aquae tenuiores aëri permixtae ad coelum usque, instar nebulae densioris, sese porrigebant, placuit Deo die secunda *facere,* ut aër haberet rationem *expansi* et medii intercedentis inter partes utrasque elementaris aquae. Conf. b. *Mus.* Disp. cit. § 30. p. 145. 146. Et Ausführl. Erklärung p. 196.

d) Hoc enim significant voces מֵעַל et מִתַּחַת, quae non tam verti debent: *supra* et *infra,* sed *a supra, desuper* (von oben), *in superiore parte,* et *ab infra, a parte inferiore* (von unten), adeoque confirmant sententiam illam, quod per רָקִיעַ istud *non aethereum* coelum (quod profecto non pertingit ad aquas inferiores), *sed aëreum* intelligi debeat, quod quamvis *non* secundum se *totum* (quod etiam verba textus non requirunt), revera tamen *secundum* aliquam sui *partem* interjacet inter aquas superiores et inferiores, et utrasque attingit. Vid. *Mus.* Disp. cit. § 37. p. 150. 151., Ausführl. Erklärung pag. 198. 199. 204. 205. Sic autem etiam *Marbachius* l. c. existimat, Deum *Genes.* l. c. *notis et pluvialibus aquis mediam aëris regionem assignare, ut ibi contineantur ad terrae irrigationem et foecundationem.* Et b. *Alb. Grauerus* ad quaestionem: *An supra coelos sidereos sint verae et naturales aquae?* respondet: *Dubitatur.* Vid. Quaest. Illustr. Disp. VIII. Coroll. I. p. 336.

> MEISNERUS: ,,Melior pars theologorum semper intellexit (Gen. 1, 7.) aquas proprie dictas, quas Deum singulari et mirabili ratione supra firmamentum vel coelum stellatum vere et realiter reposuisse defendunt.'' (Philos. sobr. P. I. s. 3. q. 3. p. 819.) Cf. Lutherus, Opp. T. I, 42. 49. sq.

e) Sic enim etiam *Ps. 104, 3. aquarum* nomine *nubes* intelliguntur. Conf. b. *Geierum* in Comm. Et b. *Marbachius Gen. 1, 7. 8. pluviales* aquas denotari credidit. Regio autem illa, ubi nubes sunt, *coelum* appellari non raro solet. Vid. *Gen. 1, 26. 28. 30.*, ubi *aves coelum pervolare* dicuntur, quae sane non in aethere, sed in aëre volitant. Conf. *Deut. 4, 17.* Et *cataractae coeli,* puta aërei, *apertae et clausae* dicuntur *Gen. 7, 11. cap. 8, 2.* Quod autem *Ps. 148, 4.* dicitur: הַמַּיִם אֲשֶׁר מֵעַל הַשָּׁמַיִם, id Lutherus vertit: Die Wasser, die oben am Himmel sind, et glossatores addiderunt: In den Regenwolken; ut adeo *expansum coelorum* complectatur et expansum seu coelum *aethereum et aëreum;* ex quibus nunc illud, nunc hoc, nunc utrumque pro diversitate praedicatorum et contextus intelligi debet. Adde b. *Mus.* Disp. cit. § 33. sqq. p. 148. sqq., Ausführl. Erklärung p. 200. sqq.

§ 8.

Tertia die congregatae sunt aquae inferiores, terram alluentes, in certos sinus aut alveos, quos vocavit Deus *maria.*[a] Reliquae autem partes terrae apparuerunt aridae; atque ex illis statim natae sunt herbae, arbores, frutices etc.[b]

a) Vid. *Genes. 1, 9. et 10.*

b) L. c. v. 11. et 12. Ita quidem, ut *terra* haberet rationem *principii* non *activi* seu efficientis, sed *passivi* et materialis. Vid. b. *Mus.* Disp. cit. § 53. 54. p. 166. Caeterum *lapides* et *metalla,* atque ipsum *hortum Eden,* seu paradisum hoc eodem die productum esse, non temere creditur. Vid. *Mus.* l. c. § 40. p. 153. Idem de *mineralibus,* quae *media* vocant (eoque *terras* varias, *salia, sulphura* et *bitumina* referunt), dicendum videtur.

§ 9.

Quarta die Deus fecit solem,[a] lunam et stellas caeteras,[b] iisque certum motum atque influendi virtutem indidit, ut tempora mensurarent atque influxu suo diversos in terris effectus possent producere.[c]

a) Nempe corpori lucido imperfecto, quod prima die erat conditum, pleniorem lucem ac perfectionem addidit, ut tunc demum solis rationem plane obtineret.

HOLLAZIUS: ,,Condidit creator sapientissimus *terram*, ut ordinarie et universaliter *non moveatur*, sed quiescat. Luminaribus autem coelestibus id muneris dedit, ut motu suo tempora definiant.'' (Exam. P. I. c. 3. q. 21. p. 369.)

CALOVIUS: ,,Locata *terra* est, non quae *moveretur*, sive in gyrum, seu alia ratione, nedum quae motu suo tempora definiret, quod luminaribus datum est officium, sed quae stabilis et immota consisteret. ,Fundavit terram super bases suas, non movebitur in aeternum unquam', Ps. 104, 5. Quamvis terra ex aquis ducta sit et undique aquarum, terram altitudine superantium, fluctibus alluatur; ita tamen fundata est divina virtute, ut nullo unquam tempore usque ad diem novissimum tota loco suo moveri queat. Cf. Job. 26, 7. 38, 6. 7. Eccl. 1, 11. Ideoque Scripturae s. adversantur, qui e terra *planetam* faciunt, terramve mobilem constituunt, sive utrumque diurnum et annuum, sive alterutrum motum ei adscribentes cum Copernico, Keplero, Lansbergio.'' (Syst. T. III. art. 5. c. 2. p. 952.)

IDEM: ,,Illi nunquam cum religione christiana in gratiam redibunt, *qui homines in luna collocant*, seque, si alarum remigio lunarum orbem attingere valerent, reapse id comperturos, asseverant, nisi Christum etiam pro selenitis (uti Origenes pro astris) mortuum et apostolos in lunae terram volitasse fingant, multisque aliis, religionem orthodoxam evertentibus, paradoxis sese implicent.'' (L. c. p. 961.)

ROLLIUS: ,,Quaestio: An Scriptura aliquando loquatur *ad captum vulgi erroneum?* orta est ex opinione Copernicana de motu telluris et quiete solis reliquorumque corporum coelestium. Cum enim Copernicanis objiceretur Scripturae auctoritas, terram in perpetuum consistere, solem contra oriri et occidere testantis, responderunt, Scripturam loqui ad captum vulgi erroneum. Falsa autem et blasphema in Deum, Scripturae auctorem, haec est sententia. Praeclara ea de re extat dissertatio b. Dr. *Rambachii*, in academia Halensi anno 1727. habita. Quo et pertinet dissertatio Dr. Henrici Ascanii *Engelkenii*, theologi Rostochiensis, de sententiis in Scripturam sacram injuriis et in tractanda illa minus tutis, quam b. *Schomeri* collegio novissimarum controversiarum Rostochii anno 1703. a se edito, praemisit.'' (Vid. Fechtii Sylloge, p. 28. sq.)

ACTA ERUDITORUM: ,,Hafenrefferus, theologus, suadet Keplero, amico, ut systema terrae motae excolat tanquam *hypothesin* ad salvanda phaenomena astronomo utilem, *abstineat autem a conciliatione cum Scriptura.*'' (Vol. anni 1719., p. 5.) Cf. Lutherus ad Gen. 1, 6. I, 44.

ANTITHESIS.

DEYLINGIUS: ,,Nec est, ut rerum conditarum divisione in coelum et terram offendamur. Nam Scriptura interdum sensuum experientiam sive ideas sensus maxime ferientes sequitur et de corporibus coelestibus perinde ac terrestribus non aliter loquitur, quam prout sensus illa nobis repraesentant, quia, quicquid de corporibus scimus, per sensus nobis innotescit. Quas loquendi formulas artis periti *opticas* appellare solent et a veritate physica distinguunt. Absit igitur, ut diviniorem Scripturam ad vulgi captum, i. e., ad errorem sese accommodare sive erronee loqui dicamus, quemadmodum multi ex *R. Cartesii* cumprimis schola imperite et impie opinantur. Quid autem obstat, quominus affirmemus et largiamur, Scripturam nonnullis in locis *non physice*, sed *optice* sive secundum observationem sensuum et sicut sensibus res comprehenduntur, locutam esse? Nonne ipsimet astronomi lunam ad hanc vel illam eclipticae partem referunt, in qua vere non est, sed oculis nostris apparet? Nonne loco optico innituntur omnes astronomorum tabulae, quae tamen non sunt indices errorum, sed observationum verarum? *Ille demum errorem vulgi errat, qui locum opticum pro physico habet*, quod Spiritus S., Scripturae auctor, nusquam fecit nec errorem vulgi respexit, sed nostram ὄψιν. Accedit, quod s. literae non philosophorum vel oblectandis vel instruendis ingeniis, sed animis hominum salutis avidorum instituendis, qui simplices magnam partem sunt et indocti, consignatae fuerunt. Ego profecto ingens bonitatis divinae argumentum in eo situm esse puto, quod non secundum physicam, sed opticam veritatem hujus universi constructio descripta fuit, ut videlicet ne offenderentur infirmiores et philosophiae rudes, quorum tamen in gratiam totam Scripturam s. confectam esse scimus, ut legant eam et facile intelligant." (Observ. s. P. I. p. 355. sq.)

b) Factae autem sunt luna et stellae reliquae *vel* immediate **ex** substantia coeli aetherei, *vel* ex illo, quod diximus, corpore lucido. *Mus.* Disp. cit. § 42. p. 155.

c) Vid. *Gen. 1, 14. 15. 16. 17.*

§ 10.

Quinta die animantia aquatilia ex aqua,[a] et volatilia ex terra[b] producta fuerunt.

a) Vid. *Gen. 1, 20.* Nempe *reptificant aquae, non* ut principium *effectivum*, sed ut *materiale*, prout de terra, respectu plantarum, diximus ad § 8. n. *b.* Et conveniens sane erat naturae horum animantium, ut ex aqua, licet non sola aut pura, producerentur. *Mus.* l. c. § 44. p. 155.

b) Vid. *Gen. 2, 19.*, ubi Deus *volucres coeli*, aeque ac bestias agri, *e terra formasse* dicitur. Convenientior quoque naturae horum animantium terra est, quam aqua.

LUTHERUS: „Manifestus textus est, volucres ex aqua productas petiisse aërem, in quo vivunt." (Ad Gen. 1, 20.) CALOVIUS ad eund. v.: „Ortus avium ex aquis indicatur." (Bibl. illustr. I, 228. Cf. System. th. Th. III. p. 967. Contradicit *Hollazius*.)

§ 11.

Sexta die produxit Deus animalia terrestria, cum quadrupeda, tum reptilia,[a] ex terra.[b]

a) Vid. *Gen. 1, 24.*

b) Atque in his sane animalibus terram esse elementum praedominans, manifestum est.

HAFENREFFERUS: „Quid sentiendum est de istis animalibus, quae vel ex varia diversarum specierum *commixtione*, vel ex *putredine* aut consimili quadam ratione hodie enascuntur, num et illa in primo creationis sextiduo facta sunt? Putredo in prima rerum creatione nulla fuit, nulla igitur tum ejus generis quoque animalia fuerunt, qualia sunt

lendes, pediculi, pulices, acarus, lumbrici et alia animalcula, quae ex
varia putredine varia enasci solent. Licet autem istiusmodi *actu* tum
non fuerint, *potentia* tamen in aliis animalium speciebus et materiae
habilitate latuerunt, quae modo variis rationibus inde producuntur.
Idem prorsus de istis animalium speciebus sentiendum est, quae diversarum specierum commixtione nascuntur, ut de mulo, lynce, leopardo
et aliis apud physiologos traditur.'' (L. th. L. I. Loc. 2. p. 70. sq.)

GERHARDUS: ,,Si quaeratur de herbis venenatis, de bestiis no-
xiis etc., respondemus verbis Augustini de Gen. ad literam 1. 3. c. 15.:
,Creata animalia noxia nihil homini nocuissent, si non peccasset. Pu-
niendorum namque vitiorum et terrenorum vel probandae vel perficien-
dae virtutis causa nocere coeperunt; fuerunt ergo creata innoxia, sed
propter peccatum facta sunt noxia.'' (Loc. de creat. § 33.)

§ 12.

Denique[a] hominem eodem die creavit Deus,[b] corpus
quidem ejus ex terra,[c] animam vero ex nihilo producens[d]
et corpori conjungens.[e]

a) Caeteris creaturis omnibus productis; cujus ordinis rationem
reddit *Philo Judaeus* Lib. de mundi opific. *Ut convivatores*, ait, *non
prius ad coenam vocantur, quam ad epulum necessaria praeparaverint; et
qui gymnicos ludos et theatrales exhibent, antequam spectatores in theatra vel
stadia congregent certatorum, et earum rerum, quae ad aurium vel oculorum
oblectamentum attinent, copiam parent: ita totius mundi princeps, tanquam
certaminis aut convivii dator, hominem ad epulas et spectaculum vocaturus,
quicquid ad utrumque pertinebat, apparavit, ut in mundum ingressus ille
statim inveniret et convivium et theatrum sacratissimum.*

b) Vid. *Gen. 1, 26.* et seqq.

c) *Genes. 2, 7.* factus dicitur מִן־הָאֲדָמָה, *ex terra*, quemadmodum
animantia bruta ex eadem facta dicuntur v. 19., ut hactenus commune
sit principium ortus hominis et bestiarum. Ac ratione originis suae
de terra nomen *Adami* traxit. Dicitur autem factus עָפָר, *pulvis e terra*,
v. 7., ubi quidam cum *Tertulliano* conjiciunt, Deum, *liquore* addito,
pulverem in limum et *quasi argillam coagulasse* atque ita corpus humanum
fabricasse; de quo tamen ex Mosis historia non satis constat.

LUTHERUS: ,,Gen. 2, 7. Hic redit Moses ad opus sexti diei, et
ostendit, unde cultor terrae venerit. Nempe, quod Deus eum finxerit
ex gleba, sicut figulus manu ex luto fingit ollam. Ideo supra non dixit,
sicut de aliis creaturis: Producat terra hominem; sed: ,Faciamus hominem', ut ostendat excellentiam generis humani et revelet Dei consilium singulare, quo usus est in condendo homine, etsi posthac homo
crescit et multiplicatur eodem modo, quo reliquae bestiae. . . Sed in
prima conditione ostendit Moses, maximam esse dissimilitudinem, si
quidem singulari tum consilio, tum sapientia, humana natura condita
et digito Dei formata est. Haec dissimilitudo, quae inter originem
hominis et pecudum est, etiam ostendit immortalitatem. Etsi enim
omnia reliqua opera Dei plena admirationis et valde magnifica sunt,
tamen hominem hoc arguit esse praestantissimam creaturam, si quidem
Deus in eo condendo consilium adhibet et novo modo utitur. Non relinquit eum fingendum terrae, sicut bestias et arbores. Sed ipse eum

format ad imaginem sui, tanquam participem Dei et qui fruiturus sit requie Dei. Itaque *Adam, antequam a Domino formatur, est mortua et jacens gleba; eam apprehendit Deus et format inde pulcherrimam creaturam, participem immortalitatis.* Haec si Aristoteles audiret, solveretur in cachinnum, et judicaret, esse, etsi non insuavem, tamen absurdissimam fabulam, quod homo quoad originem suam primam fuisset gleba, formatus autem sit divina sapientia, et sic conditus, ut esset capax immortalitatis. Nam etiamsi qui ex philosophis, ut Socrates et alii, asseruerunt immortalitatem animorum, tamen a reliquis philosophis irrisi, et tantum non explosi sunt. Sed an non magna est fatuitas, sic offendi rationem, cum videat adhuc hodie plenam admirationis esse hominis generationem? An enim non absurdum judicabis, hominem, qui in aeternum victurus est, nasci quasi ex una guttula seminis in lumbis patris? Major in hoc fere absurditas est, quam quod Moses dicit, de gleba digitis Dei formata. Sed ratio hoc modo ostendit, se plane nihil scire de Deo, qui sola cogitatione ex gleba facit non semen hominis, sed ipsum hominem, et, quod postea Moses dicit, ex costa viri facit feminam. Haec prima hominis origo est. Creato autem sic masculo et femina postea ex eorum sanguine divina benedictione generatur homo. Quanquam autem haec cum brutis communis generatio est, non tollit tamen illam gloriam originis nostrae primae, quod sumus vascula Dei ab ipso Deo ficta, quod ipse est figulus noster, nos autem lutum ejus, sicut Jesaias sexagesimo quarto loquitur. Idque non solum ad originem nostram attinet, sed per omnem vitam et usque ad mortem et in sepulchrum manemus lutum hujus figuli." (Exeget. opp. lat. Cur. Elsperger. Tom. I. Erl. 1829. p. 104—106.) Cf. S. Schmidtius, qui scribit: „Cum Gen. c. 1, 26. sqq. creationem hominis potius juxta qualitates, h. e. imaginem Dei datumque in omnia dominium, descripserit, hic (Gen. 2, 7.) partium essentialium clariorem mentionem fecit, corporis et animae. Formavit itaque Jehovah Deus אֶת־הָאָדָם, *hominem,* hoc est, eum, *qui fieri et mox esse debebat homo,* non enim totum hominem, sed corpus tantum hominis e terra fecit. Animam ita fecit et univit terreno mortuoque corpori, ut spiraverit eam, tanquam animam vitarum, h. e., non tantum per se immortaliter viventem, sed et corpus vivificantem et per nares spirantem. Inspiravit autem in nares hominis per Spiritum suum Sanctum, per quem imaginem Dei illi impressit. Sic factus est homo *in animam viventem,* h. e. in perfectum *animal* vivens secundum totam substantiam." (Super Mosis librum primum. Argentor. 1697. p. 24.) Chemnitius: „Sicut animae brutorum una cum corporibus dissolvuntur, evanescunt et intereunt, quia terra produxit animam viventem, ita ex descriptione creationis animae humanae dicit Salomon Eccles. 12, 7.: ‚Revertatur pulvis in terram suam, unde erat; et spiritus redeat ad Deum, qui dedit illum.‘ Ideo vocat spiraculum חַיִּים, i. e., vitarum, in duali numero, quod non tantum ad vitam durationis corporis restringatur, sed etiam ad vitam spiritualem in altero saeculo. Unde Christus dicit Matth. 10, 28.: ‚Nolite timere eos, qui corpus possunt occidere, animam vero non possunt occidere‘, et Jobi 12, 10. anima proprie tribuitur reliquis animantibus, hominibus vero spiritus. Inspirando creavit animam hominis, i. e., praeter spiritum vitalem, qui homini communis est pecudibus, Deus creavit animam rationalem, et dicitur inspirasse, quia transfudit in illam animam lucem, sapientiam, justitiam divinam etc., ut esset homo imago et similitudo Dei. Nam et Christus, restauraturus imaginem Dei in homine, usus est inspiratione, cum insufflando apostolis dabat Spiritum S., Joh. 20, 22.; et voluit sine dubio nos deducere ad cogitationem primae inspirationis." (Loc. th. loc. de creat. c. 5. f. 113.) Scherzerus: „Divina insufflatio immortalitatem sufficienter probat. Qui inflat, is de suo *quasi* largitur. Per voces autem נִשְׁמַת חַיִּים haec immortalitas non probatur; quia hac ratione etiam animae brutorum per Gen. 7, 22. immortales forent." (System. Loc. V. § 5. p. 114.)

LUTHERUS: ,,Gen. 2, 7. Hic nova quaestio oritur. Sicut enim
Moses nova phrasi hic de homine loquitur: ,Formavit Deus hominem
de limo terrae‘; de aliis autem animantibus supra non sic loquutus est:
ita quoque hic peculiare quiddam de homine dicit, inspirasse Deum in
faciem ejus spiraculum, quod de reliquis bestiis non dixit, cum tamen
omnibus bestiis, sicut homini, insit spiritus in naribus. Quaeritur igitur, cur hoc Moses sic voluerit dicere? Secundo quaeritur id quoque
(quanquam eodem pertinet), cum per totam Scripturam omnia animalia
vocentur animae viventes, cur tantum de homine hoc in loco dicatur,
factum eum esse in animam viventem? Supra quidem dixit: ,Producat
terra animam viventem, unumquodque in suo genere.‘ Sed hic multum mutat, et dicit: ,Homo factus est in animam viventem.‘ Haec
absque dubio moverunt patriarchas, sanctos patres et prophetas, ut
hujusmodi locos diligentius excuterent, quod ista singularis loquendi
ratio significat, Mosen insigne quiddam voluisse ostendere. Nam si
animalem vitam, de qua hic Moses loquitur, respicias, nulla differentia
est inter hominem et asinum. Habet enim animalis vita opus cibo et
potu; habet opus somno et quiete; corpora pariter cibo et potu sagi-
nantur et crescunt, inedia marcescunt et pereunt; stomachus cibum
accipit, et coctum transmittit ad hepar, quod sanguinem gignit, quo re-
staurantur omnia membra. Haec cum consideramus, nulla inter hominem et bestiam est differentia. Et tamen hominis vitam Moses ornat hoc
modo, quod de eo solo dicit, esse eum factum in animam viventem, non
simpliciter, sicut alias bestias, sed in animam excellenter viventem,
propterea quod ad imaginem Dei est conditus, quae imago procul dubio
in statu innocentiae singulariter reluxit in facie Adae et Hevae, sicut
post peccatum tamen gentes ex positu corporis, quod solus homo
erectus incedit et attollit oculos ad coelum, collegerunt, hominem praestantiorem esse creaturam inter omnes reliquas creaturas. Huc respexit Paulus, cum hunc locum citat, 1 Cor. 15. (v. 45.): ,Scriptum est,
primus homo Adam factus est in animam viventem, ultimus autem
Adam in spiritum vivificantem.‘ Animam viventem vocat vitam animalem, quae est edere, bibere, generare, augescere, quae omnia etiam in
brutis sunt. Per antithesin autem dicit, ultimum Adam factum esse in
spiritum vivificantem, hoc est, talem vitam, quae istis animalis vitae
conditionibus non indigeat. Docet etiam Paulus, etiamsi Adam non
peccasset, tamen victurum fuisse corporalem vitam, indigam cibi, potus, quietis, crescentem, generantem etc., donec per Deum ad vitam
spiritualem esset translatus, in qua vixisset sine animalitate, ut sic
dicam, nempe ab intra, ex solo Deo, et non ab extra, sicut antea ex
herbis et fructibus, idque sic, ut tamen homo habeat carnem et ossa,
et non sit mere spiritus, sicut angeli sunt. Respondeo igitur ad quaestionem, Deum per os Mosi etiam hoc in loco voluisse ostendere spem
futurae et aeternae vitae, quam Adam, si in innocentia perstitisset, post
animalem hanc vitam habiturus fuerat. Quasi dicat Moses: Factus est
homo in animam viventem, non simpliciter, sicut bestiae vivunt, sed
quam Deus posthac vivificaturus erat, etiam sine animali vita. Hanc
spem immortalitatis per Christum habemus nos quoque, quanquam
propter peccatum morti et omnibus calamitatibus sumus subjecti.
Adae melior fuerat futura conditio. In terra suaviter et cum summa
voluptate vixisset, deinde sine ulla molestia esset translatus de animali
vita in spiritualem. Nos ex animali vita ad spiritualem non nisi per
mortem, et post infinita pericula ac cruces transferimur. Ad hunc modum cum sanctis prophetis debemus Mosen diligenter inspicere, et observare, cur singulari consilio de homine dicat, quod aliter de reliquis
animantibus dixit: ut scilicet confirmetur in nobis fides et spes immortalitatis, quod, etsi homo secundum animalem vitam similis est caeteris
animantibus brutis, tamen habet spem immortalitatis, quam caetera animantia non habent; gerit imaginem et similitudinem Dei, quam caetera
animantia non gerunt.“ (L. c. p. 106—109.) Cf. A. OSIANDER, qui

scribit: „Respondeo, *hominem* dici formatum *ex limo terrae* non ratione operis in via, sed *ratione termini;* de perfecto enim et formato homine Moses loquitur, non de formando et producendo. Sicut autem his verbis indicat, quid Deus produxerit, quid formaverit, ut terminum creationis completum, ita deinde ad expositionem partium descendit, et quomodo singulae sint productae, exponit, nempe anima spirando, corpus formando, et formatum isti spirationi praesupponendo." (Colleg. th. syst. I. p. 224. sq.)

d) *Ibid. Insufflatio* enim illa, quae a Deo profecta dicitur, non potest denotare halitus corporei emissionem, cum Deus sit incorporeus; itaque nihil aliud, quam *immaterialitatem* actionis denotat quodque *effectus* productus sit *spiritus,* a corpore atque materia omni distinctus.

e) Ita ut *eodem momento* produceretur *corpus* ex limo et *anima* ei inspiraretur. Quamvis enim verbum יָצַר alias de *figulo,* ex argilla aut luto vas aliquod efformante, usurpetur, non tamen ideo successiva productio partium corporis aut formae heterogeneae in singulas partes successiva introductio, atque ita demum secuta corporis animatio cogitari debet, quando divinae virtutis opus intuemur. Neque ultra tertium similitudinis egredi licet.

A. Osiander: „*Trium* quidem mentio fit a Mose, sed *duorum* ut *partium essentialium,* tertii vero ut *compositi,* ex ista partium unione resultantis; quod compositum dicitur anima vivens, denominatione scl. facta a potiori." (L. c. p. 222.)

Quenstedtius: „Homo *duabus* tantum constat partibus essentialibus, anima rationali et corpore organico; adeoque nec spiritus tertia pars essentialis hominis est, nec anima rationalis solum, sed et corpus humanum essentialiter constituunt hominem... *Dist.* inter *spiritum,* prout notat animae *essentiam* (anima enim ipsa quoque spiritus est et essentia incorporea), et prout notat animae *qualitates,* motus et affectus, secundum quos modo laeta, modo tristis, modo fortis, modo imbecillis et timida dicitur anima." (L. c. c. 12. s. 2. q. 2. f. 738.)

Idem: „Weigelius suam *trichotomiam* adstruere annititur ex illis s. Scripturae dictis, quae distinctam animae et spiritus faciunt mentionem, ut Luc. 1, 46. 47. 1 Thess. 5, 23. Ebr. 4, 12. Sed laterem lavat; nam 1. non sequitur: S. Scriptura uspiam distincte meminit animae et spiritus, ergo est *essentialis* distinctio animae et spiritus illius. Non enim omnis διαίρεσις καὶ μερισμὸς est distinctio essentialis. 2. Per spiritum Scriptura s. in ejusmodi dictis non intelligit aliquem spiritum ab anima humana substantialiter differentem, sed partem animae superiorem (ut loquitur Dr. Feuerbornius). ,Solet enim anima', inquit idem, ,distingui in superiores et inferiores suas potentias et facultates.' Proptereaque et ipse Paulus vocat spiritum mentis Eph. 4, 23." (L. c. f. 739. sq.)

Idem: „Quando b. *Lutherus* Tom. VI. Witteb. f. 13. et Jen. I. f. 479. et alii nonnulli scriptores uspiam dicunt, quod hominis tres sint partes: corpus, anima et spiritus, nequaquam intelligunt tres partes essentialiter a seipsis differentes (docent enim diserte, animam quoad οὐσίαν esse spiritum illum, et hunc quoad substantiam et naturam esse illam), sed *partes adjunctivas.* Nec enim insuetum est, etiam divisionem subjecti in adjuncta vocare distributionem totius in partes. Sic v. g. philosophi potentias animae vocare solent partes, ut λογικὸν μέρος. Et Basilius in Ps. 33. τὸ λογικὸν hominis vocat μέρος διορατικόν, partem perspicacem; cf. Aristotel. l. VI. Ethic., Nicom. c. 1. Et sicut τὸ μέρος interdum sumitur late, ita ut etiam adjuncta dicantur τὰ μέρη, ita et μερισμὸς quandoque accipitur laxe et notat divisionem imperfectam, quam sic nonnulli vocant. *Dist.* inter *spiritum* constituentem hominem in esse naturali et *humanitatis*, et sic spiritus est anima rationalis; et spiritum constituentem hominem in esse spirituali et *christianitatis*, et hic est χάρισμα regenerans et sanctificans; itemque ponentem hominem in esse *corruptionis*, et hic dicitur spiritus vertiginis, Es. 19, 14., scortationis, Hos. 5, 4." (L. c. f. 740.)

BENGELIUS: „Jud. 19.: πνεῦμα μὴ ἐχοντες, spiritum non habentes; itaque spiritus non est pars essentialis hominis." (Gnomon ad l. c.)

QUENSTEDTIUS: „*Dist.* inter *instrumentum,* quo homo utitur, qualis est equus militis, malleus fabri, et *partem essentialem,* quae a forma informatur.*) Anima non utitur corpore ut instrumento, sed corpus ab anima informatur, nec unitur anima cum corpore extrinsece, ut citharoedus cum cithara, equus cum milite, faber cum malleo, sed intrinsece, quae unio interna facit ens per se et unam essentiam. *Abusive ergo corpus instrumentum animae dicitur* ob similitudinem, non ob rei veritatem ac naturam internam." (L. c.)

IDEM: „Objiciunt: „Corpus nostrum non manet semper idem numero, quomodo igitur pars sit? Quilibet enim a prima infantia multa corpora sensim detrivit. Ergo corpus illi non est essentiale, cum salvo homine possit abesse et adesse. Resp.: Manet utique idem numero corpus, quia idem forma, principio scl. individuationis."**) (L. c. f. 741.)

ANTITHESIS.

QUENSTEDTIUS: „*Antithesis*: 1. *Manichaeorum* et Heracleonitarum apud Hieronymum ad Hedib. q. 12. ep. 150. et Gennadium c. 20. tres partes essentiales hominis statuentium, corpus, animam et spiritum. 2. *Paracelsistarum* idem docentium... 3. *Enthusiastarum,* Schwenkfeldianorum, Weigelianorum, novellorum prophetarum, tertiam partem essentialem, scl. spiritum, in regeneratione homini accedere, somniantium... 4. *Joh. Amosi Comenii,* Calviniani, qui: ‚Componitur‘, inquit, ‚homo ex tribus, corpore, spiritu et anima. Corpus habemus ex elementis conflatum, spiritum habemus ex spiritu mundi, sed anima seu mens a Deo est. Corpus organon et habitaculum spiritus, spiritus vero habitaculum et organon est animae‘ etc... 9. D. Joachim *Luetkemanni,* professoris quondam Rostochiensis, qui docuit, ‚praeter animam et corpus aliquid aliud essentialiter requiri ad constitutionem hominis, et quidem substantiale aliquid, quod moriente homine corrumpatur, ob cujus entis absentiam Christus tempore mortis non fuerit verus homo, siquidem id praeter corpus et animam ad esse hominis requiratur, quod requisitum tertium idem numero, resurgente homine, ex mortuis redire‘ negavit; sed de his monitus declaravit sese, per tertium illud non partem hominis, sed animae et corporis modum, nempe unionem, quam ab utroque (anima et corpore) differre realiter et substantiale quid esse ajebat, abs se intelligi." (L. c. f. 738. sq.)

§ 13.

Condidit autem Deus initio unum tantum individuum humanum, nempe masculinum;[a] feminam[b] postea ex costa[c] viri dormientis[d] produxit.[e]

---

*) SCHARFFIUS: „Forma est causa interna, per quam res constituitur in suo esse, ut in homine est anima rationalis. Forma informans est, per quam res est id, quod est." (Metaphys. p. 115.)

**) SCHARFFIUS: „Principium individuationis est causa, propter quam res sit individua et singularis res." (L. c. p. 200.)

a) Atque hic est *unus* ille *Adam*, cujus in utroque capite *Gen. 1.* et *2.* fit mentio. Quod autem Adam aliquamdiu solus fuerit sine socia femina, constat ex cap. 2, 18. 19. et 20.

QUENSTEDTIUS: „*Adam*, sexta hexaëmeri primi die a Deo conditus, *omnium hominum primus* est totiusque generis humani per orbem universum parens. . . Non tantum problema est nostra sententia, sed *dogma fidei*, nec levioris momenti, sed valde arduum; tota enim theologia hoc de Praeadamitis commento corrumpitur. . . Objectionis summa haec est: Gen. 1. describi generis humani creationem, non ipsius Adami, cujus descriptio demum sequatur c. II." (L. c. c. 12. s. 2. q. 1. f. 733. sq. 736.)

ANTITHESIS.

QUENSTEDTIUS: „*Antithesis:* 1. Veterum *Arabum* haereticorum; Nabathaei enim et Sabaei, Arabum incolae, referente Joh. Henr. Hottingero histor. oriental. l. I. c. 8. in thesi, quod ajunt: ‚Adamo antiquiores homines produxerunt', utpote quem ex mari et femina aliorum more natum esse somniarunt. . . 2. *Caesalpini*, praeeunte *Avicenna* et *Cardano*, qui dixit: Ex putredine nasci homines instaʳ murium et ranarum. . . 5. *Praeadamitarum* conditoris *Isaaci Peyrerii*,' natione Galli, sed qui in Belgio peperit Praeadamitarum monstrum, professione quondam Calviniani, deinde post παλινῳδίαν pontificii, qui anno 1655. . . portentum hoc . . . ex orco protulit: Gentiles genere et origine a Judaeis diversos esse; Judaeos formatos a Deo in Adamo, gentiles antea creatos fuisse eadem, qua caetera animantia, die. . . Item: Conditi orbis epocham non ducendam esse ab illo principio, quod vulgo fingitur in Adamo, altius et a longissime retroneis saeculis id repetendum esse. Peyrerio adstipulatus est quidam Johannes Meffresozotius." (L. c. s. 2. q. 1. f. 734.)

b) Nempe quoad corpus, uti *Adamum* prius *ex* limo *terrae* produxerat Deus, scilicet secundum corpus. Vid. *Gen. 2, 7. 21.* et *22.*

LUTHERUS: „Vocabulum Ebraeum כֵּלָע costam et latus significat. Quare sic accipio, quod non nudam costam, sed vestitam carne acceperit Dominus, sicut Adam infra dicit: ‚Hoc est os ex ossibus meis et caro de carne mea.' Porro hoc quoque fecit Dominus per verbum suum, ne putemus, eum chirurgi more sectione aliqua usum esse. Dixit: Ex isto osse, sic induto carne, fiat mulier, et ita factum est." (L. c. p. 162.)

QUENSTEDTIUS: „*Costa*, ex qua mulier formata est, non mortua fuit aut inanimis, sed *animata*, utpote de vivo corpore divina manu sumpta. Atque ita *Eva secundum animam et corpus ex ea producta est,* non vero anima Evae a Deo immediate creata est ex nihilo ipsique divinitus indita, sed creata Adami fuit animae humanae ad Evam *tradux,* h. e., extitit ea non immediata creatione, sed propagatione et traductione. Ex costa animata animata formata est mulier Gen. 2, 22." (L. c. s. 1. th. 4. f. 731.)

HEERBRANDUS: „Terra, ex qua Adam creatus et formatus est, non erat viva, verum Adae corpus inspirata anima vivificatum est. Sed Evam Deus post ex Adae vivi costa exaedificavit et produxit vivam, nec in eam insufflasse scribitur, ut antea in Adam; sed tota ex Adam, corpore et anima simul, producta est et exaedificata. Qui alius fuit modus creationis, quam Adae. Ita semper Deus hominem ex homine, totum ex toto, etiam animam ex anima, sicut lumen de lumine accenditur, creare videtur. Hic enim ordo in natura est divinitus institutus, ut simile generet simile, brutum brutum, sic etiam homo hominem.

Nec hominis generatio imperfectior est generatione bruti. Et cum Scriptura loquitur de peccatis hominum, eorum corruptione et regeneratione, in utroque totum hominem intelligit: *Ego* in peccatis conceptus sum.' ,Nisi *quis* renatus fuerit etc.''' (Compend. th. Loc. de pecc. p. 306.)

c) Placuit autem Deo, mulierem ex parte corporis virilis producere *partim* ad ὁμοουσίαν utriusque conjugis, atque ita porro ad unitatem originis aut principii totius generis humani tanto clarius cognoscendam; *partim*, ut amicitiae conjugalis insigne fundamentum conspiceretur. Quanquam, si *Hugonem* de S. Victore audiamus, peculiariter observandum sit, *non de capite, nec de pedibus sumtum esse id, unde fieret mulier, ne aut domina, si de capite, aut ancilla, si de pedibus, putaretur: ideo de medio, id est, costa sumi debuisse, ut socia intelligeretur.*

d) Verus sane somnus fuit, non ἔκστασις, licet divinitus immitteretur. Ac voluit Deus Adamum non spectatorem esse formationis, sed formati operis admiratorem.

e) *Aedificasse* Deus costam dicitur, ut artificium structurae in machina corporis observemus.

§ 14.

In quo loco, seu in qua parte terrae Deus Adamum atque Evam produxerit, non[a] definimus. Extra paradisum autem conditos et in eum postea introductos fuisse,[b] putatur.

a) Nam quod Ebraei *agrum Damascenum* hic memorant, sublestae fidei traditio est, tacente Scriptura.

b) De Adamo quidem res clara est ex *Gen. 2, 7. 8.*, ubi narratur, quod Deus Adamum *tulerit et posuerit in paradisum.* Sic enim motus localis aut translatio Adami, extra paradisum aliquamdiu commorati, in paradisum utique indicatur. Mulierem autem non minus extra paradisum productam ac demum, postquam cum Adamo divinis auspiciis copulata esset, una cum eo in paradisum traductam *Basilius M.* putavit, quem recentiores non pauci sequuntur.

§ 15.

His vero operibus absolutis et elapso sextiduo, quievit Deus.[a] Neque species plures creaturarum condidit.[b]

GERHARDUS: ,,Post hominem quievit Deus ab operibus, quia homo sacrosanctae Trinitatis quietissimum futurum erat habitaculum.'' (L. de imag. § 10.)

a) Vid. *Gen. 2, 2.*

b) Licet innumeras addere potuerit. Alias autem non omnino quiescit aut feriatur Deus, prout in cap. de Providentia videbimus.

§ 16.

Quod ad causas creationis attinet, facile constat, Deum[a] trinunum[b] esse causam[c] efficientem principalem.

a) Vid. *Gen. 1.* et *2.* et confer *Esaiae 45, 12. Jer. 10, 11. Ps. 146, 6. Act. 4, 24. cap. 17, 24. Apocal. 4, 11.*, ubi Deum solum esse causam creationis, ostenditur.

b) Est enim opus ad extra. Confer *Gen. 1, 1.* et *26.*, ubi pluralitas personarum indicatur, nempe non solum per *nomen plurale* אֱלֹהִים, verum etiam per *verbum* et *suffixa duo pluralia* in vocibus: נַעֲשֶׂה בְּצַלְמֵנוּ כִּדְמוּתֵנוּ, *faciamus ad imaginem nostram* (velut plurium), *secundum similitudinem nostram* (plurium). Addantur loca, quibus supra cap. I. § 30. p. 51. 52. probavimus, creationem Filio et Spiritui S. aeque atque Patri competere.

c) *Unam*, inquam, causam, *non tres* causas *socias..* Potentia enim creandi trium personarum unica est. Conf. *Mus. Disp. cit.* § 15. p. 113. Ubi etiam quaestionem: *An tres personae recte dicantur tres creatores?* ita decidit, ut moneat, phrasin hanc *usu loquendi a scriptoribus ecclesiasticis nunquam fuisse receptam*, ac *tutius agere videri, qui ab ea prorsus abstinent, etsi forsan illa ex vi et significatione vocum defendi posse putetur.*

LUTHERUS: „Nun behält die Schrift die Weise, dass sie spricht: die Welt sei *durch* Christum und *vom* Vater und *im* Heiligen Geist geschaffen, welches alles seine Ursache hat, wiewohl nicht gnugsam erforschlich, noch aussprechlich. Doch, ein wenig anzuführen, brauchet sie solche Weise darum, also zu reden, dass angezeiget werde, wie nicht der Vater von dem Sohn, sondern der Sohn von dem Vater *das göttliche Wesen habe* und der Vater die erste ursprüngliche Person in der Gottheit sei. Darum spricht sie nicht, dass Christus habe die Welt *durch den Vater.* gemacht, sondern der Vater *durch ihn*, dass der Vater die erste Person bleibe und von ihm, doch durch den Sohn, alle Dinge kommen." (Kirchenpostille. XII, 212.)

ANTITHESIS.

PHILIPPI: „Fragen wir nun, in welcher besonderen Art und Weise bei diesen nach aussen gehenden Werken der einen, ganzen und ungetheilten Gottheit sich die einzelnen Personen *betheiligt* haben, so wird sich uns die Art ihrer Betheiligung an der *Schöpfung* durch einen analogischen Rückschluss aus der Art ihrer Betheiligung an der Erlösung ergeben. Wie nämlich die *Erlösung vom* Vater, der den Erlösungsrathschluss von Ewigkeit gefasst und den Sohn zur Verwirklichung desselben in der Zeit gesendet hat, ausgegangen, *durch* den Sohn als das Organ der objectiven Ausführung vermittelt und *im* Heiligen Geiste als der Potenz der subjectiven Zueignung der Erlösung in uns kräftig geworden ist: so werden wir auch in Bezug auf die *Schöpfung* zu sagen haben, dass sie *vom* Vater *durch* den Sohn und *im* Heiligen Geiste (daher die so genannten Particulae diacriticae ἐξ, διά, ἐν) vollzogen ist, und in der Form der Erhaltung sich fort und fort vollzieht. Der Vater ist der letzte Grund und Quell wie der Gottheit, so auch der Creatur, der Sohn derjenige, dessen *Vermittelung* sich der Vater bei der Schöpfung bediente, und der Heilige Geist derjenige, in dessen Kraft der Vater durch den Sohn den Schöpfungsrathschluss in thatsächliche Wirklichkeit umgesetzt hat. Wir sehen hier die **Wirksamkeit** auf alle Drei ziemlich gleichmässig *vertheilt*, wenn auch **die** Schöpfung auf den Vater in ursprünglicher Weise vorherrschend bezogen erscheint." (Kirchl. Glaubenslehre. Stuttgart 1857. II, 125. sq.)

§ 17.

Causam exemplarem creationis[a] constituunt ideae singularum creaturarum in intellectu divino[b] expressae.

a) Vid. *Gen. 1.*, ubi singulis fere operibus a Mose praemittitur formula haec: *dixit Deus.* Et subjungitur: *Vidit Deus, quae fecerat, et erant valde bona.* Quo ipso indicatur, divino intellectui observatas fuisse singularum rerum producendarum formas, quodque res productae revera imitatae fuerint formas illas ex intentione Dei, atque ita a Deo fuerint approbatae. Sed et alias causarum, quae per intellectum agunt, haec natura est, ut effectus ad imitationem alicujus formae animo praeconceptae producant; mundum vero, et quae in eo sunt, non casu, sed consilio Dei condita fuisse, hactenus certum est.

ANTITHESIS.

KAHNISIUS: ,,Das *Durch* drückt aus, dass er die Mittelursache ist, das *Zu*, dass er das Ziel alles Geschaffenen ist. Durch und zu aber sind nur die Entfaltungen des *In*, welches erstens die transeunte, zweitens die immanente Ursache bezeichnet, d. h., ausdrückt, *dass Christus die allem endlichen Sein zu Grunde liegende Idee ist*, woraus folgt, dass Christus auch das alles endliche Sein recapitulirende *Ziel* ist." (Die luth. Dogm. Lpz. 1861. P. I, 465.)

b) Non quidem ut accidentia, quales sunt nostrae ideae, sed ϑεοπρεπῶς intelligendae.

§ 18.

Causam impulsivam creationis in bonitate[a] Dei sola[b] quaerimus.

a) Vid. *Ps. 136, 5.* et seqq., ubi memoratis operibus creationis semper additur formula: *Quoniam in saeculum benignitas ejus* (חַסְדּוֹ). Neque difficulter idem cognoscetur, si praesupponamus, voluntate Dei libera mundum fuisse conditum.

b) Non jure quodam, quod creaturae ad sui productionem haberent ac Deum obligare possent.

QUENSTEDTIUS: ,,Neque causa creationis προηγουμένη ulla fuit praeter solius Dei *non ex necessitate naturae*, sed ex libertate voluntatis se communicantis beneplacitum." (L. c. c. 10. s. 1. th. 12. f. 593.)

§ 19.

Causam instrumentalem efficientem nullam[a] agnoscimus.

a) Sane, *an* angeli aut quicquid aliud a Deo distinctum est saltem *possit* esse instrumentum creationis ejus, qua aliquid fit ex nihilo, *incerta et curiosa* quaestio est. *Fuisse* autem revera ejusmodi causam aliquam creationis hujus universi aut partium ejus *neutiquam* dici potest. Filius Dei, *per* quem omnia facta dicuntur (habito nimirum respectu ad ordinem, quem ratione originis ad personam Patris habet), *non* tamen *proprie* loquendo est *instrumentum* Patris; cum potentia creandi eadem, quae Patris est, non autem ignobilior ei competat. *Impropriam* vero locutionem doctorum quorundam ecclesiasticorum excusare quidem, sed non imitari licet. Conf. *Mus.* Disp. cit. § 2. p. 129.

ANTITHESIS.

KAHNISIUS: ,,Die Zeugung des Sohnes ist der Anfang der Schöpfung, weil, was geschaffen ist, *in* ihm geschaffen ist (Kol. 1, 16.) d. h. der Sohn die immanente *Mittelursache* der Schöpfung ist.'' (Die luth. Dogm. Lpz. 1861. P. I, p. 464.)

§ 20.

Materia creationis rerum immaterialium nulla est; corporum simplicium materia datur, sed non existens ante formam; corporum mixtorum materia in corporibus simplicibus quaerenda est.

Vid. supra § 3. 4. et 5. *Mus.* l. c. § 24. 25. pag. 139. 140.

TWESTENIUS: ,,Der Ausdruck (,aus Nichts‘) ist aus der Vulgata genommen, welche 2 Macc. 7, 28. die Worte: ἐξ οὐκ ὄντων ἐποίησεν αὐτὰ ὁ Θεός, durch ex nihilo illa fecit Deus, übersetzt. — Man darf also nicht etwa das *Nichts* als gleichsam den *Stoff* denken, woraus die Dinge gebildet worden; dagegen liesse sich mit Recht das bekannte Axiom geltend machen: aus Nichts wird Nichts. Wir müssen nämlich die Richtigkeit jenes Grundsatzes zugeben, inwiefern der Sinn ist: Nichts werde ohne wirkende Ursache (in genere causarum efficientium), oder: Das Nichts könne nicht der Stoff von etwas sein (in genere causae materialis positive sumtae); wir geben ihm aber nicht zu, wenn dadurch geleugnet werden soll, dass Gott zum Schaffen keines Stoffs bedürfe (in genere causae materialis negative sumtae). — *Ex nihilo* bedeutet: non ex aliquo, non ex priori materia; non designat materiam, sed excludit. Obgleich dies aber eigentlich in dem Begriffe der Schöpfung schon liegt, so hatte man doch guten Grund, es noch besonders auszudrücken; denn eben dadurch wird, im Gegensatz der *Immanenz* und der *Disjunction*, welche dem *Pantheismus* und dem *Dualismus* zu Grunde liegen, das reine Verhältniss der *Dependenz* bezeichnet und behauptet... Wer die Welt als Eins mit Gott betrachtet..., kann zwischen Gott und Welt kein anderes Verhältniss annehmen, als was die orthodoxe Lehre zwischen Vater und Sohn annimmt und... *Zeugung* nennt. Ebenso wenig kann aber auch derjenige, der ausser Gott ein zweites... Princip des Daseins setzt, z. B. eine *ewige Materie*, Gott als den Schöpfer aus Nichts, er kann ihn nur als den *Weltordner oder Weltbaumeister* begreifen. Alle Religionen ausser denjenigen, die in der heiligen Schrift enthalten oder aus ihr (in gewissen Puncten) abgeleitet sind (der jüdischen, christlichen, muhamedanischen), schwanken zwischen diesen Gegensätzen, oder verfallen auf eine noch weniger statthafte Mischung derselben, den *Hylozoismus*, in welchem die Materie mit dem formen-

den oder belebenden Princip ursprünglich verbunden d. h. das Absolute
mit einem ursprünglichen, sein Wesen aufhebenden Gegensatze behaf-
tet gedacht wird." (Vorlesungen über die Dogmatik der ev.-luth.
Kirche. Band 2. Abtheil. 1. p. 75. sq.)

PHILIPPI: ,,Der Begriff der Schöpfung ist allein auf dem Boden
der positiven Gottesoffenbarung erwachsen, und wo er sich noch ausserhalb dieser Sphäre findet (wie im Muhamedanismus, Rationalismus),
ist er nachweisbar von dort entlehnt. Im vorchristlichen Heidenthume,
in welchem der Inhalt der natürlichen Menschenvernunft unvermischt
mit Offenbarungsideen ausgeprägt ist, findet sich die Idee der Schöpfung
nicht, denn alle heidnische Speculation, welche einerseits Wurzel, andrerseits Blüthe und Ausdruck der religiösen Volksanschauung ist,
geht entweder von der pantheistischen Lehre einer *Weltentwickelung*
oder der dualistischen einer *Weltbildung* aus.   Entweder wird Gott
gleichsam als der *Keim* betrachtet, aus welchem heraus sich die Welt
mit innerer Nothwendigkeit entfaltet hat, oder sie wird ihrem Stoffe
nach *gleich ewig mit dem weltbildenden Principe* gesetzt, so dass dem
göttlichen Verstande (νοῦς) die uranfängliche Materie (ὕλη), welcher
derselbe seine Ideen eingebildet habe, beigeordnet wird.   Im ersten
Falle ist Gott die ursprüngliche Substanz, der dunkle Urgrund der sich
evolvirenden Welt; im letzteren Falle ist ihm die Rolle des Weltbild-
ners oder Weltbaumeisters (δημιουργός) übertragen." (Kirchl. Glaubenslehre. II. p. 225. sq.)

ANTITHESIS.

DELITZSCHIUS: ,,Darum sagt die heilige Schrift nicht, dass Gott
die Welt aus dem Nichts (ex nihilo) geschaffen habe. . . Die Welt,
weit entfernt, vor ihrer Erschaffung nichts gewesen zu sein, hatte ein
ideales Dasein in Gott, und ihre Erschaffung war Ueberführung aus
diesem idealen Dasein in reales. . . Alles weltliche Sein ist aus dem
Sein Gottes *geboren* und nicht dermassen aus diesem herausgesetzt,
dass es nicht von ihm bedingt, getragen und umschlossen bliebe."
(Zeitschr. f. d. gesammte luth. Th. u. K. 1876. p. 61. 65.)

§ 21.

Modus creationis hujus universi, etsi ordini naturae
congruus,[a] tamen a physica aut naturali generatione
plane diversus,[b] infinitae sapientiae ac potentiae divinae
argumentum fuit.[c]

a) Nempe quod Deus primum *simplicia*, mixtorum corporum principia, et ex his deinde *mixta* produxit; rursus *imperfecte* mixta, v. g.
nubes, prius, postea *perfecte* mixta, et ex censu mixtorum primum
plantas, deinde *pisces, volucres, animantia terrestria*, omnia quidem ex eo
elemento, quod naturae illorum maxime convenit, in quo sunt, vivunt
et conservantur, denique *hominem*, creaturarum corporearum perfectis-
simam, earumque dominum futurum, ultimo produxit. Vid. *Mus.*
Disp. cit. § 28. sqq. p. 143. sqq.

QUENSTEDTIUS: ,,Creationis actio *tribus absolvitur gradibus*: 1. rudis materiae, quae totius universi quasi seminarium fuit, *productione*,
primo die facta; 2. creaturarum simplicium distinctione et *dispositione*,
per tres dies priores peracta; nam primo die lucem a tenebris, altero
aquas inferiores a superioribus, interposito firmamento, et tertio terram
ab aqua distinxit; et 3. mundi *exornatione* et consummatione, altero
triduo perfecta." (L. c. s. 1. th. 14. f. 594.)

b) Nam 1) *physica* generatio semper requirit *materiam praeexisten-tem; hic* autem, quod ad coeli et terrae productionem attinet, *materia non* extitit *ante* formam; ut vidimus § 2. 2) *Illic* requiritur *subjectum habile* et potentia passiva non nimis remota, alteranda certe et succes-sive disponenda ad formam actu recipiendam; *hic* vero etiam corpora mixta ex subjecto *inhabili* et *indisposito* ita sunt producta, ut dispositio-nes ad formam et *formae* ipsae *in materia in instanti* producerentur. *Mus.* l. c. § 49. 50. p. 161. 162. 163.

SCHARFFIUS: „*Potentia passiva* est vel naturalis, vel obedientialis. *Potentia naturalis* est realis inclinatio a natura insita ad aliquem actum, qui ab agente naturali potest perfici. Sic in semine est potentia natu-ralis passiva, ut ex eo per naturam producatur corpus animatum. Sic juxta potentiam naturalem e nuce fit corylus, de glande fit ardua quer-cus. . . *Potentia obedientialis* est, quae praeter suam naturam alterius efficaciae subjici potest, ut exinde fiat actus. Dicitur ita per ἀναλογίαν, quod agenti externo quasi obediat, h. e., non resistat sufficienter. Quae potentia non tam est in subjecto passibili, quam in agente, nempe quando virtus agendi tam valida est, ut etiam ex illo, quod de se non est habile, possit aliquid producere. Sic dicitur posse fieri ex lapidi-bus filios Abrahae; ubi tamen illa potentia ad filios Abrahae non est in lapidibus." (Metaph. p. 82. sqq.)

c) Patet hoc ex modo dictis, ac repetendum est, quod diximus § 17., Deum omnia *dicendo* creasse, seu imperio voluntatis suae in-tellectus scientia practica directae potentiam effectivam applicasse ad operandum; seu, ut alii docent, Deum *volendo*, seu ex vi ipsius actus voluntatis potentiae productivae rationem habentis effecisse in opere creationis, quae voluit. Conf., quae diximus de *potentia Dei* cap. praeced. I. § 25. p. 41.; *Mus.* l. c. § 51. p. 263. 264. 265.

§ 22.

Ut autem perennare posset mundus, produxit Deus corpora *simplicia* quidem ea conditione, ut *nunquam peni-tus corrumpantur;*[a] *mixtis* vero, quae vitam corruptioni obnoxiam habent, *vim generandi* aut multiplicandi se com-municavit[b] ad conservationem *speciei*, unde et cujusque speciei animantis duo *utriusque sexus* individua simul produxit.[c] Homini quoque primo feminam sociam mox adjunxit, et vim generandi iisdem indidit.[d]

a) *Coelum* sane *incorruptibile* est, non nisi per potentiam Dei de-struendum. *Elementa* vero, etsi, quatenus mixtorum corporum con-stitutionem ingrediuntur, mutationibus sint obnoxia, tamen secundum se *tota nunquam* intereunt; *mixta* autem, quae corrumpuntur, *in ele-menta*, ex quibus constant, resolvuntur.

b) Sic Deus creavit *herbam seminificantem semen, arborem* quoque *facientem fructum speciei suae, cujus semen in ea*, etc. *Gen. 1, 11. 12. 29.* Sic *aquatilibus* et *volatilibus* benedicens dixit: *Crescite et multiplicamini*, vers. 22.

c) In oppositione ad animalia caetera solus Adam dicitur non invenisse aliquamdiu *adjutorem similem sui, Gen. 2, 20.*

d) Vid. *Gen. 1, 27.,* ubi *masculi* et *feminae,* et vers. 28., ubi *benedictionis,* cujus vi *multiplicare se* ac *terram replere* possent, mentio fit. *Utrum* vero, *sicut bruta* habent vim sese multiplicandi per generationem, qua cum *concursu* Dei *generali* cum semen, tum mediante semine alterato ac disposito formam atque adeo animal *totum* producunt, ita vi benedictionis divinae homo ab homine quoad *animam* aeque atque *corpus* cum concursu Dei tantum *universali* generetur; *an* autem in generatione humana effectus *nobilior* sit, quam ut per homines (genitores) secundum se totum cum solo concursu Dei generali produci possit (nempe quod *anima* rationalis sua natura *immaterialis* sit ac *modum productionis* modo essendi *congruum* postulet, nempe ut producatur *independenter* a *materia* seu ex nihilo, ad quod causae secundae cum concursu Dei generali non sufficiant), adeoque vi benedictionis illius *Deus,* tanquam causa prima, ibi, ubi causae secundae deficiunt, *influxu speciali* concurrat et defectum generantium suppleat, antiqua ac difficilis quaestio est, in qua malumus ἐπέχειν juxta id, quod diximus de exemplis bb. *Lutheri, J. Wigandi, A. Musculi, M. Chemnitii* et aliorum, in Proleg. cap. I. ad § 34. not. *c.* Vol. I. p. 67. Notandum enim est, laudatos doctores *non* esse locutos *de modo speciali propagationis* animae *per traducem,* sed de dubitationibus quoad ipsam sententiam de *creatione animae et sententiam* de *propagatione* ejus creationi contradistincta, quae nomine *traducis* jam tunc veniebat. Hic, inquam, seu quando quaeritur, *utrum anima de animabus hominum derivetur, an extrinsecus* a Deo producatur, τὸ ἐπέχειν locum recte habere posse, non tam putarunt, quam asseruerunt. Ac Lutherus quidem, referente *Musculo* LL. CC. p. 90., *Augustinum* sequitur, *qui multa hic disputat* (pro sententia de creatione animae et pro altera de origine ejus per traducem) *et dicit, neutram partem esse hic affirmandam, sed esse suspendendam cogitationem; quanquam* (ait) *magis inclinat in eam sententiam, ut ex traduce oriatur anima, et tamen non vult certo asserere.* Pergit Lutherus apud eundem: *Ego quidem pro mea credulitate sentio, quod anima sit ex traduce; sed sciamus, quod in ecclesia loquendum sit cum reverentia et timore Dei et vereri Deum, in cujus conspectu loquimur. Non facile est statuendum hoc, quod ignoramus.* Ex his autem, quae l. c. sequuntur, manifestum est, b. Lutherum non solum ad argumenta, quae sententiae de traduce opponuntur, sed ad ea quoque, quae pro sententia illa afferuntur, responsiones dedisse. *Wigandus* autem, cum argumenta primum pro sententia de creatione animae, deinde pro sententia de traduce attulisset, ita discursum claudit, p. 38.: *Sed quo feror? Cum autem ista res tota adhuc sit obscura, et fortasse Deus singulari consilio eam quaestionem usque in alteram vitam distulerit nihilque inde periculi sit animae, itaque in medio relinquere liberum est.*

LUTHERUS: „Qui putant, vitium et peccatum in natura haerere, quod sit ex nihilo facta, parum absunt a contumelia creatoris, cum tale non sit in angelis, sole, stellis et toto coelo etc. Qui cogitaverunt, animam ex traduce esse, videntur non penitus aliena a Scripturis sensisse. Imo facilius defendent propagationem originalis peccati, quam ii, qui aliter sentiunt, cum (Augustino auctore) peccatum originale etiam impietas sit. Augustinus fatetur, sese ignorare, utra sententia certior et verior sit, nec fuit hactenus, qui eam quaestionem determinaverit. Nam quod Hieronymum sequuntur alii ex Ps. 33.: ,Qui finxit singulatim corda eorum', nihil ad rem facere, satis patet. Determinationes vero papae et suae synagogae, pro exterminatione seu execratione justissima causa habemus. . . Melius in hac re deceret ratio et poëta dicens: ,Patrem sequitur sua proles.' Constat, prolem lege communi non modo faciem, sed et mores et ingenium parentum referre. Ut nihil sit, quod dicitur: Anima intellectiva creando infunditur et infundendo creatur. Quis hoc probavit, aut quis prohibebit, simile posse dici de omni alia anima? Et difficiliorem facient quaestionem: quomodo Deus non sit iniquus, qui animam puram copulet carni et ab extrinseco polluat. Quamvis istam rem sine periculo christianus ignoret cum s. Augustino et universa ecclesia, abstinendum tamen est ab ea temeritate, quae vergere possit in contumeliam creatoris. Cum certum sit, Deum etiam angelos ex nihilo creasse victuros aeterna vita sine corruptione; quae difficultas Deum moretur, ne animam intellectivam tum ex nihilo, tum ex semine corrupto possit educere, sicut spicam uredine vitiatam educit ex grano vitiato, ut et multa alia vitiosa ex vitiosis proveniunt?" (Disp. th. de distinctione personarum in Divinitate. 1545. Tom. primus omn. opp. Jenae, 1579. fol. 536.)

QUENSTEDTIUS: ,,Non est quaestio: 1. An *anima* propagetur per modum *corporeae successionis*, quasi scl. anima ab anima generetur, sicut corpus ex corpore oritur. Nec 2. an propagetur per modum *transfusionis*, ut veluti ex transfuso quodam semine generetur. Nec 3. in quaestionem venit, an, si generetur anima, *a potentia materiae educatur* vel etiam decidatur aut dependenter a materia fiat. Sed 4. quaeritur, *an anima immediate a Deo creetur* et corpori praeparato infundatur, an vero *per traducem* vi benedictionis divinae a parentibus propagetur. . . Ἀποφατικῶς potius a nobis cognosci id potest, quam καταφατικῶς... Recte b. *Hunnius* in praelect. c. 2. Gen., ,Ut Evae, inquit, Deus non inspirat animam, sed totam ex toto Adamo, vivam ex vivo, anima et corpore producit, sic nunc per generationem ex toto homine propagatur totus; ut ergo corpus a corpore, sic anima propagatur ab anima tamquam lumen a lumine accenso.'" (L. c. c. 12. s. 2. q. 3. f. 741. sq. 745.)

GERHARDUS: ,,Nos modum propagationis inquirendum philosophis relinquimus, quippe quem in Scripturis expositum esse nondum vidimus; interim sententiam de propagatione animarum arcte tenemus, neque enim ob id neganda animarum *propagatio*, quia *modus* propagationis non est conspicuus. Mysteriis divinis hoc veluti solenne est, ut *rem* ipsam eorum Scriptura exponat, *modum* reticeat." (L. de imag. Dei § 117.)

QUENSTEDTIUS: ,,*Probatur thesis:* . . . 6. *ex absurdis.* 1. Si statuatur, animam a Deo immediate creari, vel *peccatum originis* negandum plane fuerit, vel Deus ab injustitia liberari non poterit, quorum utrumque absurdum; animae enim, quae creantur, et corpori infunduntur, vel sunt purae vel impurae; si impurae, Deus peccati auctor est; si purae, ergo Deus injustus est, qui puras et sanctas animas corpori impuro immittit. . . 2. Sequitur, *hominem non generare hominem totum* sive totum compositum, sed tantum ejus partem; qui vero non dat formam hominis, non generat hominem; nam homo sine forma, h. e., anima, non est homo. 3. *Patrem non esse causam physicam filii*, sed tantum *moralem*, h. e. non-causam. Causa enim moralis tantum aequivoce causa est. . . 4. A parentibus liberos habere non animam, sed tantum corpus et quidem corpus inanimatum. 5. Patrem generantem non communicare filio suam essentiam. 6. Christum solam carnem, non animam nostram assumpsisse, et sic solum corpus, non animam redemisse." (L. c. f. 745. sq.)

QUENSTEDTIUS: „*Antithesis:* . . . 3. *Quorundam patrum*, ut *Origenis* lib. περὶ ἀρχῶν c. 7. et *Gregorii Nysseni* lib. de opificio hominis c. 28. et 29., itemque *rabbinorum*, tradentium, animas humanas cum angelis omnes primo die simul conditas esse et apud Deum existere atque inde in corpora quotidie mitti. . . 4. *Hieronymi*, qui pro creatione animae adversus Ruffinum et alibi certat.   5. *Pelagii*, Coelestini et Pelagianorum apud Augustinum ep. 156., immediatam creationem animae propugnantium, ac proinde eam peccati labe immunem esse statuentium. 6. *Scholasticorum* et *pontificiorum* fere omnium, nominatim Lombardi, Thomae, Bellarmini lib. 4. de amissione gratiae et statu peccati c. 2. (ubi inquit: ‚Nos subscribimus sententiae, quae docet, hominibus singulis animas singulas non ex propagine, sed ex nihilo tunc primum creari atque infundi, cum in uteris matrum foetus concepti atque ad animationem praeparati sunt.‘) . . . 7. *Calvinianorum* plerorumque, . . . sententiam de animae creatione et infusione amplectentium. . . 8. *Brentii*, qui solus fere ex γνησίως Lutheranis theologis creationem animae diserte asserit. . . 9. *Novatorum*, ut D. G. Calixti, itidem statuentium, animam rationalem a Deo immediate per creationem ex nihilo produci et corpori immitti, ita tamen, ut parentes generantes sint quaedam velut occasio, exigens creationem illius animae.“   (L. c. f. 743. sq.)

§ 23.

Finis creationis ultimus est gloria sapientiae, bonitatis et potentiae divinae;[a] intermedius hominis utilitas.[b]

a) Seu ut per creaturas Dei bonitas, sapientia et potentia innotesceret, quatenus ex consideratione earum homo ad celebrandam bonitatem, sapientiam et potentiam excitari potest ac debet. Vid. *Ps. 19, 1. 104, 1. et 2. 136, 1. et seqq. 148, 1. et seqq.*

b) Vid. *Gen. 1, 28.* B. *Gerhardus* in Disput. Isag. XI. Sect. VI. de Creat. § 6. dicit: *Caetera Deus non jussisset fieri, nisi decrevisset hominem facere.* Aliquae enim creaturae ad humanae vitae *necessitatem*, aliae ad ejus *delectationem*, quaedam ut *remedia morborum*, alia ut *praesidia sanitatis*, quaedam ut *adminicula* rerum gerendarum, aliae ad *exemplum* et imitationem serviunt. Conf. *Lactant.* de Ira Dei c. XIII. et *Damasc.* L. II. de Orthod. Fide c. X., b. *Mus.* Disp. cit. § 56. 57. p. 167. 168. Atque ita non male quidam statuunt, *finem ᾧ* sive *cui omnia in bonum sunt creata*, esse *hominem:* macrocosmum in gratiam microcosmi esse conditum.

§ 24.

Definitur creatio, quod sit actio Dei trinunius[a] ad extra, qua Deus, bonitate sua[b] impulsus, mundum hunc, et quae in eo sunt omnia,[c] primum quidem corpora simplicia ex nulla praejacente materia, deinde ex corporibus simplicibus, tanquam inhabili et indisposita materia, corpora mixta, quin etiam independenter ab omni materia substantias immateriales produxit, ita ut quodlibet horum, juxta ideam[d] mentis suae, solo voluntatis imperio potenter[e] efficeret et sex dierum spatio totum opus absolveret, ad[f] sapientiae, potentiae et bonitatis suae gloriam atque hominum utilitatem.

a) Vid. § 16. p. 95. de causa efficiente.
b) Vid. § 18. p. 96. de causa impulsiva.
c) Vid. § 6. sqq. p. 79. sqq. de serie operum creationis.
d) Vid. § 17. p. 96. de causa exemplari.
e) Vid. § 21. p. 98. de modo creationis.
f) Vid. § 23. p. 102. de fine creationis.

Caput III.

DE ANGELIS.

§ 1.

Inter creaturas, quae de bonitate divina omnes participant, perfectissimae[a] sunt, quas Scriptura vocat angelos.[b]

a) Et sic ratio ordinis doctrinae patet.

b) Sic in *Epist.* ad *Hebr. 1, 4.*, cum probandum esset, Christum *omni* creatura excellentiorem esse, dicitur ille *melior esse angelis.* Oportet ergo, nullam dari creaturam his perfectiorem.

§ 2.

Etsi vero angelus[a] nomen *officii* est et ministrum seu legatum[b] denotat; tamen *peculiariter* hac appellatione significatur certa creaturarum species[c] ab hominibus et aliis creaturis omnibus ipsa natura sua[d] distincta.

a) Sicut apud Hebraeos vox מַלְאָךְ, cujus radix obsoleta לְאַךְ apud Aethiopes tamen superest et *mittendi* significationem habet. Vid. *Golius* in Lex. Arab. fol. 143., *Hotting.* Smegm. Orient. c. 5. p. 88. et c. 7. p. 164. Graeca autem literatura, a qua et Latinum nomen, manifestior est. Unde et *Hilarius* dicit, Scripturam, quando coelestes spiritus vocat angelos, *significationem officii testari*, Lib. V. de Trinit. Et *August.* Enarr. in *Ps. 104.*: *Angelus*, inquit, *officii nomen est, non naturae.* Vid. b. *Mus.* Disp. VI. de Angelis § 2. p. 69.

b) Unde etiam eo nomine appellantur *homines* quilibet, legatorum vice fungentes. Vid. *Gen. 32, 3. 6. Jacobi 2, 25.* Inprimis praecones seu *ministri verbi* divini, v. g. prophetae varii, *2 Paralip. 36, 15. 16.* Speciatim *Haggaeus* a se ipso cap. 1, 13., sacerdotes *Malach. 2, 7.*, Johannes, Messiae praecursor, *Malach. 3, 1.* et *Matth. 11, 10.* Quin ipse *Christus* κατ᾽ ἐξοχήν *angelus foederis Malach. 3, 1.*, nempe missus ad consummandum et annunciandum foedus gratiae a Deo cum hominibus initum, missus εἰς τὸ βεβαιῶσαι τὰς ἐπαγγελίας τῶν πατέρων, *ad confirmandum promissiones patrum, Rom. 15, 8.* (Quanquam et ipse datus sit לִבְרִית עָם, *in foedus populi*, *Esaiae 52, 6.*, tanquam *mediator Novi Testamenti*, καινῆς διαθήκης μεσίτης, *Ebr. 9, 15.*, quippe cujus *sanguine* pactum est foedus inter Deum et populum.) Missus autem est Filius Dei a Patre, non ut inferior a superiore, sed ob specialem operationem, per quam alicubi novo modo vel cum novo effectu esse incepit, cum relatione ad Deum Patrem, a quo per aeternam generationem processit, conceptam. *Mus.* l. c. § 5. p. 171.

QUENSTEDTIUS: ,,Quotiescunque et ubicunque vel nomen Jehovae vel attributum aut opus divinum et cultus divinus angelo, patriarchis aliisque fidelibus in V. T. apparenti, tribuitur, ibi intelligendus est *non angelus aliquis creatus, sed increatus, Filius nempe Dei*, princeps militiae coelestis, angelorum omnium Dominus, quippe qui non semel ineffabili quadam condescensione patribus in V. T. in assumpta aliqua visibili forma apparuit et sic *futurae suae incarnationi praelusit.* — *Apparitio non realis* stricte dicta, sed *objectiva tantum actio* esse videtur. Quid enim aliud est ,apparere‘, quam conspici aut videri? h. e. speciem sui sensibilem producere in sensorio atque inde per denominationem extrinsecam saltem agens denominari. Vid. Suarez: ,Non illud ipsum, quod apparet, est ille, qui apparet, sed medium tantum, quo, qui apparet, utitur.‘ A figura autem apparens denominatur, quia sub figura oculos videntis attingit.‘‘ (Theol. did.-pol. P. I. c. 11. s. 2. q. 11. f. 704.)

IDEM: ,,Non est confundenda unio παραστατικὴ, qua ad tempus formam visibilem Filius Dei adhibuit, in qua appareret, cum unione ὑποστατικῇ.‘‘ (L. c.)

IDEM: ,,Non statuimus, separatas fuisse in illis apparitionibus V. T. personas SS. Trinitatis, nec Patrem aut Sp. S. ibi fuisse, ubi Filius Dei se in assumpta figura conspiciendum praebuit. *Filius Dei* quidem formam illam externam assumpsit et in ea apparuit, *non Pater, non Spiritus S.;* non tamen ab ipsa formae illius productione, assumptione et apparitione reliquae SS. Trinitatis personae fuerunt separatae. Hoc ipsum enim ὁμοουσία et summa divinarum personarum intimaque περιχώρησις non permittit. Ubicunque una persona divina est et ad extra operatur, ibi et reliquae operantur, cf. Joh. 5, 19. *Confundit ergo Calixtus apparitionem et praesentiam personarum SS. Trinitatis.* Ὁμοουσία hoc requirit, ut, quandocunque et quomodocunque *apparet* una ex SS. Trinitate persona, et altera *adsit;* non tamen sequitur: personae divinae adsunt, ergo id ipsum, quod in apparitione divinitus ordinatum . est et dispositum, ad omnes personas divinas indiscriminatim pertinet. Fieri non potest, ut una persona alicubi *adsit* sine altera, ast fieri potest, ut una persona *appareat* certo quodam, ex consilio SS. Trinitatis adornato, corpore et sui apparitionem certis notis atque characteribus notificet.‘‘ (L. c. f. 705.)

ANTITHESIS.

QUENSTEDTIUS: ,,*Antithesis:* 1. *Judaeorum*, qui statuunt, Deum sese nonnisi per angelorum ministerium patriarchis revelasse; ut refert

Maimonides. 2. *Pauli Samosateni*, qui negavit, Filium Dei patriarchis adfuisse vel in V. T. apparuisse. Contradictum ipsi est in synodo Antiochena. . . 3. *Scholasticorum et pontificiorum*, qui, praeeunte *Pseudo-Dionysio Areopagita*, statuunt, Deum nunquam per seipsum in V. T. apparuisse, sed semper loco Dei angelum. . . Eum in finem inprimis angelorum creatorum apparitiones propugnant, ut suam ἀγγελολατρείαν stabiliant. 4. *Quorundam Calvinianorum*, qui in plerisque apparitionibus V. T. angelum creatum intelligunt, ut Calvinus. . . 6. *Arminianorum*, qui et hic socinianizant, statuentes, angelos loco Dei, non ipsum Filium Dei in V. T. apparuisse. . . 7. *Novatorum*, ut D. Georg. Calixti, qui . . . negativam defendit, . . . contendens omni molimine, ,non Filium Dei, sed angelum aliquem creatum in apparitionibus istis visum fuisse. Filium Dei nec angelum dictum esse, nec dici posse, vel singulariter apparuisse etc.'" (L. c. f. 706. sq.) LUTHARDTUS: ,,Ausserdem gehört hierher 1. die Frage über den Engel Jehova's, welcher nach altherkömmlicher Fassung als Jehova selbst oder als Logos in Engelgestalt verstanden und vertheidigt wird von Hengstenberg, Kahnis, Philippi, Keil u. s. w.; dagegen als creatürlicher Engel, welcher Jehova zum Träger und Organ seiner Manifestation dient, von Hofmann, Delitzsch, Kurtz u. s. w. Für die erste Ansicht spricht, dass sich der Malach Jahve mit Jehova identificirt und göttliche Ehre erweisen lässt. . . Für die zweite Ansicht aber a. die Bezeichnung selbst und der sonstige Sprachgebrauch dieses Worts; b. der neutest. Sprachgebrauch von ἄγγελος κυρίου; c. die neutest. Anschauung von der engelischen Vermittlung der Gottesoffenb. im A. T. überhaupt; d. der alttest. Gebrauch von Michael statt des Engels Jehova's in den späteren Schriften; e. die alttest. Stellen, in denen der Engel Jehova's unverkennbar ein creatürlicher Engel ist. Jene Identificirung aber erklärt sich daraus, dass im Engel Jehova's Jehova selbst erscheint." (Compendium. 3. Aufl. p. 78. sq.)

c) Quae tamen et ipsa ministeriis et legationibus divinitus destinata est. Sic enim dicuntur πνεύματα λειτουργικὰ ἀπεσταλμένα etc. *Ebr. 1, 14.*

d) Tanquam πνεύματα, spiritus completi, ut mox dicemus.

§ 3.

Dari tales naturas, seu angelos Scriptura[a] disertissime indicat.[b]

a) Vid. ad *Ebr. 1, 4. 5. 6. 7. 13. et 14.* Conf. *Ps. 91, 11. 104, 4. Matth. 4, 6. 11.* et alibi.

b) Ex lumine naturae autem evidenter *demonstrari vix* potest, quamvis *suaderi* possit rationibus probabilibus.

§ 4.

Causa efficiens angelorum Deus est,[a] qui eos ex nihilo,[b] in tempore[c] produxit; licet, quo die creati sint,[d] satis distincte non constet.

ANTITHESIS.

QUENSTEDTIUS: „*Antithesis:* 1. *Eorum,* qui angelos *Deo coaevos* et ab aeterno fuisse somniarunt, quae sententia Aristoteli XII. Metaphys. c. 16., Photino et Porphyrio, item Simonianis, Nicolaitis, Archonticis aliisque tribuitur. 2. *Illorum,* qui cum *Valentinianis,* angelos inferiores *a superioribus creatos* esse, delirarunt; apud Irenaeum l. 1. c. 1. et Epiphan. tom. II. l. 1. haeres. 23. 3. Antiquorum patrum Graecorum, ut *Origenis, Gregorii Nazianzeni, Basilii, Chrysostomi, Damasceni,* et Latinorum, ut *Ambrosii, Hieronymi, Hilarii, Isidori, Cassiani,* qui omnes, *ante mundum* huuc aspectabilem angelos conditos esse, asseruerunt... 6. *Socinianorum,* qui dubitarunt primo de praeexistentia angelorum ante mundum conditum et problematice tantum disputarunt, an angeli extiterint ante mundum creatum, ut patet ex Socino et Smalzio. Postea autem definitum est a Socinianis, angelos praeextitisse, et tanquam assertionem de fide certam defendunt, quod eam commodam eludendis locis de aeternitate Filii Dei credant, sive ut argumentum pro deitate Filii Dei ex aeternitate deductum elidant... 8. *Arminianorum,* ex quibus eandem opinionem, scl. Deum angelos multo ante hexaëmeron Mosaicum tempore condidisse, novis commentis exornat Episcopius... 9. *Rabbinorum,* quorum alii, bonos angelos primo die, perniciosos vero secundo vel quinto die conditos esse, asserunt. Alii ,sub vesperam diei sextae, eodem illo tempore aut sub illud, quo formata est femina, creatos simul esse volunt angelos seu daemones, ac satanam inde occasionem sumpsisse tentandae mulieris.'" (L. c. c. 11. s. 2. q. 1. f. 653. sq.)

Cf. Antithesis J. H. Kurtzii, vid. c. anteced. § 6. not. *b.*

a) Sic *Ps. 148, 2. et 5. Ps. 104, 4. Col. 1, 16.* creaturis annumerantur angeli.

b) Sunt enim substantiae simplices, et quemadmodum in esse, ita etiam in fieri a materia independentes.

c) Vid. *Proverb. 8, 22.,* ubi dicitur, *sapientiam* substantialem, sive Filium Dei fuisse *apud Deum ante opera* ipsius. Atque ita colligitur, sicut reliqua Dei opera aut creaturas, ita et angelos non coëxtitisse Deo et Filio ejus ab aeterno; quamvis et alias aeternitatem soli Deo convenire constet. Vid. h. l. cap. I. § 13. p. 27. sq.

d) Ante coelum et terram non sunt conditi, quia haec *initio,* adeoque prima ex creatis omnibus, sunt condita. Vid. *Gen. 1, 1.* Atque alias notum est, quod per existentiam *ante mundum* conditum aeternitas Dei describatur. Vid. *Ps. 90, 2. Esaiae 48, 13.* Non autem *post,* sed *intra* hexaëmeron creati sunt, quia, hoc elapso, quievit Deus ab opere creationis ordinario. Ante hominem autem conditos esse angelos, probari solet ex *Jobi 38, 7.* Imo credunt aliqui, ex hoc ipso loco posse intelligi, angelos *prima die* fuisse conditos, nempe quia, cum Deus *terram fundasset,* illico angeli Deum laudasse dicuntur. Sed haec non satis clara sunt; licet angelos nomine *filiorum Dei* denotari, juxta cap. 1, 6. non negemus, atque inter caeterarum creaturarum origines horum initium referri dicamus. Fortasse etiam, sicut hominem post alias creaturas, bono ejus destinatas, conditum novimus: ita et angelos, homini ministraturos (juxta *Ebr. 1, 14.*) ante hominem creatos esse, recte colligitur. Neque tamen necesse est, ut nominibus vel *coeli,* vel *lucis, Gen. 1.* metaphorice acceptis, angelos dicamus indicari.

§ 5.

Sunt autem angeli sua natura spiritus,[a] seu substantiae spirituales aut incorporeae,[b] ex materia et forma non constantes.[c]

a) Ita expresse vocantur *Ebr. 1, 14.*

b) Accipitur enim hoc loco vox spiritus *non* pro substantia corporea subtiliori, qualis est ventus, *Joh. 3, 8.*, aut *halitus* animantis, *Es. 2, 22.*, sed in *oppositione adaequata* ad *corpus*, eo scilicet sensu, quo accipitur *Jacobi 2, 26.* et quo accipi debet, quando tribuitur naturae non solum *viventi*, sed et *intelligenti*. Confer *Lucae 24, 39.*, ubi Christus, licet 1) secundum divinam naturam spiritualis essentiae esset, 2) ex parte humanae naturae animam spiritualem haberet, 3) post resurrectionem corpus spirituale accepisset, tamen negavit, se esse spiritum, cum veritatem corporis in natura humana demonstrare vellet. Sic etiam *Ephes. 6, 12.* carni et sanguini, i. e. naturae corporeae corruptibili, opponuntur angeli. Adde *Mus.* Disp. de Angel. § 24. p. 182.

KROMAYERUS: ,,Angeli *non ex Dei substantia* fuerunt producti. Aut enim per generationem, aut per aliam quandam participationem inde producti fuissent. *Non per generationem*, quia Filius est μονογενὴς, i. e., unigenitus, Joh. 1, 14. Joh. 3, 16. 1 Joh. 4, 8., est ἴδιος, i. e. proprius, Rom. 8, 32., qui Deum habet ἴδιον πατέρα, Joh. 5, 18. *Non per aliam quandam participationem*, quia essentia divina est ἀμέριστος, i. e. indivisibilis, ὅλως ὅλον τι, id est, totaliter totum quid, aliis, extra sinum Deitatis positis, incommunicabilis.'' (Theol. pos.-pol. I, 225.)

QUENSTEDTIUS: ,,*Dist.* inter angelos consideratos ἁπλῶς et absolute, et sic *spiritus* sunt; et spectatos συγκριτικῶς seu comparate, in respectu scl. ad Deum, et sic majorem habent *convenientiam cum substantia corporea*, quippe compositioni et mutabilitati obnoxii, quam cum Deo, et in hac relatione ad Creatorem antiqui ecclesiae doctores nonnulli angelis corpora assignasse videntur, juxta illud Damasceni lib. II. de orth. fide c. 3.: ,Μόνον γὰρ ὄντως ἄϋλον τὸ θεῖόν ἐστι καὶ ἀσώματον'; item: ,Angelos esse incorporeos πρὸς ἡμᾶς, sed corporeos tamen respectu Dei, ad quem relatione quadam omnino crassitiem obtineant et materiam.'' (L. c. q. 2. f. 658.)

ANTITHESIS.

QUENSTEDTIUS: ,,*Antithesis:* 1. *Pythagoricorum* et *Platonicorum,* qui commenti primum videntur, angelos non prorsus esse immateriales et spirituales, sed materiales et corporeas naturas... 2. *Judaeorum veterum;* his enim Grotius tribuit, quod angeli corpora sint, sed subtilissima... 3. *Muhammedanorum,* quorum alii ex igne elementari, pestilenti ac deputato, alii ex aëre daemones constare nugantur. 4. *Messalianorum,* veterum haereticorum, qui diabolum corporeum statuunt... 5. *Nonnullorum patrum,* ut *Justini* in dialogo cum Tryphone et apol. I., *Origenis,* lib. 2. περὶ ἀρχῶν c. 6. 8. et 23... *Tertulliani* lib. de carne Christi c. 6. (qui asserit, angelos unire sibi corpora hypostatice), *Basilii* l. de Sp. S. c. 16., *Cassiani* collat. 7. c. 13. De Augustino non satis constat, utrum corporeos esse angelos censuerit, an corporeae molis expertes: Lib. de Spiritu et lit. in genere scribit: ,Creatura omnis corporea est.'.. *Lactantius, Damascenus, aliique* angelis corpus aliquod, non tamen carneum, sed subtile, coeleste, igneum, vel aëreum assignant. .. 6. *Quorundam scholasticorum* et *pontificiorum,* qui angelis corpora

subtilissima tribuerunt... 7. *Nonnullorum Calvinianorum*, qui, angelos etiam absolute et in se consideratos corpora (etsi ab humanis distincta), eaque non ad tempus assumpta, sed sibi propria et essentialia,
concreata et semper retinenda habere, serio statuunt, ut Hieronymus
Zanchius... 9. *Arminianorum*, e quibus Simon Episcopius lib. V.
instit. theol. c. 2. p. 347. inquit: ‚Difficile esse, asserere, qualis sit angelorum spiritualitas, num cum corporalitate aliqua conjuncta, necne?‘
... 10. *Hugonis Grotii* (nullarum partium hominis), qui annot. in V. T.
ad Ps. 104, 4. aperte angelos corporeos facit.“ (L. c. f. 658. sqq.)

KURTZIUS: „Die Engel sind *Geister*, Ebr. 1, 14. Dadurch ist ein
Positives und ein Negatives über das Wesen der Engel ausgesagt. Das
Positive ist der Begriff der *Geistigkeit*, der freien selbstbewussten Persönlichkeit im Gegensatz zum unpersönlichen, unfreien Naturleben...
Das *Negative* ... ist, um uns der Worte J. T. Beck's (Christl. Lehr-
wissensch. I. S. 176. f.) zu bedienen, ‚die Negation der *Fleisch- und
Knochenhaftigkeit* und erdstofflichen Lebens, der Lebensform unsres
irdisch-räumlichen Lebens-Organismus, somit auch der Abhängigkeit
von den irdisch-räumlichen Lebensbedingungen und Bewegungsge-
setzen, ohne dass ihnen damit ein Leibes-Organ und ein demselben ent-
sprechendes Aussenleben abgesprochen wäre. Denn die Schrift eröff-
net uns ausser und über dem unsrigen, *wie es jetzt ist*, eine Sphäre des
Leibeslebens, das wie das diesseitige in seiner Fleisch- und Blutverdich-
tung in seinem erdstoffigen Character unserm Erdsystem entspricht
(1 Cor. 15, 45. ff.), so auch als treue Abgestaltung dem himmlischen
Weltsystem, und ebenso der Natur eines reinen Geistes (πνεῦμα) homo-
gen ist, wie unser diesseitiger Leib in seiner jetzigen Wirklichkeit
der Natur einer blossen ψυχή (des Seelenlebens).‘ Mit Recht gründet
der bezeichnete Gelehrte diese Behauptung ... zunächst auf 1 Cor.
15, 40...: ‚Es gibt himmlische Leiber (σώματα) und irdische Leiber.‘..
Die hier als himmlische bezeichneten Leiber können ... nur die Leiber
der Himmelsbewohner oder der Engel sein. Dies ist auch von neueren
... Exegeten (de Wette und Meyer) anerkannt, und nur aus unzuläng-
lichen Gründen von dem neuesten Ausleger (*Osiander*) wieder aufge-
geben worden ..., der darunter Sonne, Mond und Sterne nach V. 41.
verstehen will... Menschen- und Thierleiber bilden denselben Gegensatz zu den Engelleibern, der zwischen Erde und Himmel obwaltet.
Wie der jetzige Menschenleib Character und Wesen der jetzigen Erden-
stofflichkeit an sich trägt ..., so werden wir uns die Engel in einem
ähnlichen Verhältnisse ihrer Leiber zur Himmelstofflichkeit zu denken
haben ..., feiner, ätherischer, reiner und leuchtender, als die irdischen
Menschenleiber. Vgl. Matth. 22, 30. Luc. 20, 36... Matth. 28, 3. Hier
wird nicht das etwa nur momentan angenommene Menschenähnliche
seiner (des Engels) Erscheinung, sondern vielmehr gerade das Ausser-
und Uebermenschliche, also das specifisch Angelische, nicht seiner vor-
übergehenden Erscheinung, sondern seinem eigentlichen Wesen An-
gehörige geschildert... Die Leiblichkeit der Engel (ist) keineswegs
so starr und spröde, so abgeschlossen und gebunden zu denken, wie
die unsrige, sondern vielmehr als eine höchst bewegliche und flüssige,
die am Willen des Geistes nirgends die Schwerfälligkeit und Unwandel-
barkeit irdischer Leiblichkeit entgegensetzt, sondern sich als vollkom-
men adäquates und unterthäniges Organ des Geistes, seinem jedesmaligen Bedürfniss und Willen nachgiebig erweist... In der That ist
auch, selbst abgesehen von den positiven biblischen Zeugnissen, der
Begriff einer absoluten Leiblosigkeit an sich schon völlig unvereinbar
mit dem Begriff der Creatürlichkeit... ‚*Leiblichkeit ist das Ende der
Wege Gottes*.‘ Eine Creatur ohne Leiblichkeit ist gar nicht denkbar,
*weil alles Geschaffene als Geschaffenes nur in Raum und Zeit leben, wir-
ken und bestehen kann*, und die Leiblichkeit allein es ist, welche die
Creatur an Raum und Zeit bindet. Nur Gott allein ist ein absoluter
Geist, nur er allein steht ausser und über Zeit und Raum. *Ein ge-*

schaffener Geist ohne eine Leiblichkeit ... müsste in das Nichts zerstieben. Innerhalb der Creatur ist darum die Leiblichkeit die Bedingung aller Existenz, das Organ aller Thätigkeit, die Folie des Geistes; durch sie erhält die Creatur ihre Begrenzung, ihre Bestimmtheit und ihren Haltpunct; ohne sie würde sie haltungslos verschwimmen und *zerfliessen.* Die Leiblichkeit ist eine *Beschränkung für den geschaffenen Geist, weil sie ihn hindert, ewig, unendlich und allgegenwärtig zu sein.*" (Bibel und Astronomie. p. 78—84.)

c) Inter ea vero *corpora,* quae angeli aliquando *assumsisse* leguntur *(sive* illa ex aëre circumstante efficta sint, *seu* alterius cujuscunque naturae) et inter ipsam angelorum *substantiam* spiritualem non alia, quam *accidentalis unio* locum habet. Nam fuerunt in illis per modum *formae assistentis,* non *informantis.* Unde neque naturalem seu essentialem unionem hanc dicere licet. Conf. *Mus.* Disp. cit. § 38. sqq. p. 169. sqq.

SCHARFFIUS: ,,Vulgo forma alia dicitur informans, alia assistens. *Forma informans* est, per quam res est id, quod est. Haec enim *proprie* est forma rei, cum illa assistens saltem ita dicatur per analogiam. *Assistens forma* dicitur, quae motum et operationem alicujus rei dirigit, ipsam vero essentiam non ingreditur; ut auriga est forma assistens equorum, praeceptor discipuli." (Metaphys. p. 115.)

KROMAYERUS: ,,Quando in corporibus apparuerunt (angeli), non fuerunt pars essentiae ipsorum, sed a Deo conditore (non ipsis angelis) creata." (Th. posit.-pol. II, 132.)

A. OSIANDER: ,,Homines edunt et bibunt ob egestatem, angeli autem *instar flammae consumunt* cibum ob potestatem." (Colleg. th. P. II, 165.)

§ 6.

Sicut vero angeli essentiam spiritualem cum Deo et anima humana communem habent, ita differunt a Deo quidem, quod essentia ipsorum non infinita, sed *finita* est;[a] ab anima humana autem, quod *completa*[b] est illorum substantia.

a) Sicut enim angeli esse suum *non a se,* sed *a Deo* habent, ita non acceperunt esse, nisi *finitum* et limitatum.

b) Quippe non ordinatur illa sua natura ad alterum, cum quo, tanquam cum altera parte componente, constituat unum per se. Conf. b. *Mus.* l. c. § 35. sqq. p. 294.

§ 7.

Sunt porro angeli substantiae intelligentes,[a] ita ut *intellectus*[b] sit de essentia ipsorum.

a) Operationes enim ab intellectu proficiscentes passim in Scriptura illis tribuuntur, v. g. *laudare Deum Es. 6, 3., adorare Ebr. 1, 6., cognoscere,* quae in ecclesia praedicantur, *Ephes. 3, 10.* Et si qui inter homines cognitione prae aliis pollent, dicuntur *cognoscere bonum et malum uti angelus Dei, 2 Sam. 14, 20.*

b) Pro *potentia* intelligendi acceptus. Qui autem hinc procedit *actus secundus* intelligendi, seu *intellectio* aut *cognitio* est utique actus realiter productus, et *accidens* a substantia angelica distinctum; quemadmodum ex distinctionibus seqq. constat.

§ 8.

Cognitio angelorum triplex[a] constituitur: *Naturalis, revelata* et *beatifica.*[b]

a) Etsi enim *una* sit *potentia* cognoscendi in angelis, tamen *actus* intelligendi *variant* pro diversa ratione cognoscendi *vel* in eodem subjecto, *vel* in diversis. Vid. *Mus.* 1. c. § 52. 53. 54. p. 206. sqq.

b) *Illa* angelis *bonis* et *malis* aeque *communis est* propter identitatem naturae, licet et ipsa haec cognitio magis et minus admittat. *Ista fuit* omnibus *communis* ante lapsum quorundam. Postea vero ab his, qui *lapsi* sunt, *ablata* est, in poenam lapsus. *Boni* vero in statum gloriae traducti eadem *non* ita *indigent*, ut olim, *quamvis suo modo* ejus *participes* adhuc esse dici possint. *Haec* angelis in *bono* confirmatis *unice* competit.

§ 9.

Naturalis cognitio illa dicitur, qua angeli et *se* et *angelorum* sibi coëxistentium, coeli quoque et terrae, et quae in his continentur, omnium essentias, *Deum* denique ipsum cognoscunt; *illa* quidem cognitione clara,[a] *hunc* vero non nisi abstractive.[b]

a) Ita quidem, ut *se* ipsos sine specie intelligibili per suammet essentiam cognoscant, *caetera* vero per species sibi concreatas, seu in prima productione a Deo ipso impressas.

b) Hoc est, *a posteriori* et rebus creatis, perfectius tamen, quam est nostra cognitio abstractiva. Conf. *Musaeus* 1. c. § 56. p. 210. sqq.

§ 10.

Singularia tamen a se distincta, praesertim res materiales, quae alio atque alio tempore existunt, itemque accidentia, quae singulis competunt, successive et in tempore[a] cognoscere incipiunt.[b]

a) Non enim omniscientiam illis tribuere possumus. Et refertur huc, quod dicitur *Ephes. 3, 10.*, *ut nota fiat nunc principatibus et potestatibus in coelestibus per ecclesiam etc.* Conf. *1 Petr. 1, 12.*

b) Certe a notioribus ad ignota, mediante discursu, progredi possunt et solent.

§ 11.

Futura contingentia, quae a voluntate libera dependent,[a] certo et infallibiter[b] non cognoscunt;[c] licet con-
jecturalem notitiam[d] sagacitati ipsorum denegare non
possimus.[e]

a) Quae autem futura *a causis determinatis* et *secundum ordinem
naturae* semper eodem modo habentibus proficiscuntur, v. g. constella-
tiones astrorum, eclipses etc., ea *in suis causis* certo cognoscunt atque
hoc modo futura praevident; licet, quae Deus, *immutato* per potentiam
suam *absolutam ordine* naturae, facturus sit, *ignorent.*

b) Hoc enim *solius* Dei est, quo se velut *charactere* agnosci ab hominibus voluit. Vid. *Esaiae 43, 12.* et h. l. c. I. § 15. p. 29. sqq.

c) Nempe vi cognitionis suae naturalis. Quod autem Deus ipsis revelare possit, et aliquando soleat ejusmodi futura contingentia, ut certo
sciant, equidem non negatur (prout ad praedicanda futura adhibiti
aliquando fuisse leguntur); sed haec cognitio a praesenti aliena est.

d) Qua ratione futura *bella* et *seditiones* populorum, *peccata* et *prae-
claras actiones* singulorum hominum etc. cognoscunt, nempe ex *ingeniis*
hominum, *temperamentis, moribus* et *rebus praesentibus* diligenter spectatis, ita tamen, ut illa non sit, nisi *probabilis* et *incerta* ac saepe *fallax*
opinio.

QUENSTEDTIUS: ,,Diabolus sub persona Samuelis 1 Sam. 28, 19.
futurum interitum Saulis et filiorum ejus certe praedicere potuit, quia
ipsi demandata erat a Deo justo judice ejus rei *executio.* Notae quoque
ipsi erant vires utriusque exercitus, Israelitici et Philistinaei; nota
etiam tenebat arcana utriusque partis consilia, et quia insuper noverat,
Saulem justo Dei judicio poenae esse destinatum et Davidem ejus loco
jam in regem electum, inde facile colligere poterat proelii exitum. Vel
praedixit illud diabolicum spectrum illa futura contingentia non tam ex
certitudine scientiae, quam ex sagacitate conjecturae, aestimans secum,
collatis prophetarum vaticiniis, sibi non ignotis, animum, vires, causam
utriusque aciei. Neque τὸ ,cras' omnem nudae conjectationis superat
conditionem, quippe quod non praecise semper proximum diem, sed et
quodvis tempus futurum indeterminate in Scripturis significat, unde
λοξίας ille vates consulto ejus ambiguitate usus h. l. videtur Rainoldo.''
(L. c. s. 2. q. 3. f. 666.)

e) Ita enim futura contingentia *alterius* generis, quae ex causis
naturalibus quidem, sed variis *mutationibus* obnoxiis, aut ex *causis per
accidens* et casu concurrentibus proveniunt atque adeo diversimode,
nunc ita, nunc aliter eveniunt, v. g. *tempestates, morbos,* etc., non nisi
probabiliter praesciunt.

§ 12.

Similiter de cogitationibus hominum occultis angeli
non nisi ex signis aut effectibus collectam opinionem
habent.[a]

a) Nam et cordis humani accuratam et infallibilem cognitionem Deus sibi soli vindicat.   Vide *1 Regum 8, 39.* et h. l. cap. I. § 15. p. 29. 30.

> Quenstedtius: „Dan. 2, 10. 11. Magi et Chaldaei, fidi daemonum satellites, admotis licet cunctis suis artibus, tamen cogitationes Nebucadnezaris penetrare non potuerunt.   E contrario vero diabolus ex studiis Judae et ita a posteriori colligere poterat, ipsum ad avaritiam esse proclivem. . .   Quamquam mali angeli norint eas cogitationes, quas ipsi vel piis vel impiis suggerunt." (L. c. f. 664. 666.)

§ 13.

Cum intellectu in natura angelica conjungitur[a] *voluntas* libera,[b] seu potentia appetendi bona[c] et aversandi mala.

a) Nunquam enim potentia intelligendi est absque voluntate. Et voluntatem angelicam indicant actus *gaudii*, quo voluntas suaviter fertur in bonum praesens, qui angelis adscribitur *Luc. 15, 10., desiderii*, quo voluntas in bonum absens tendit, de quo vid. *1 Petr. 1, 12. cap. 5, 8.* Quanquam huc etiam pertineat angelorum cum *obedientia*, qua voluntatem suam superioris (Dei) voluntati conformant et conformiter agunt; tum *inobedientia*, qua voluntas eorum in alia tendit, quam quae vult Deus.   Vid. de illa *Ps. 103, 20.*, de hac *2 Petr. 2, 4.*

b) Atque haec libertas voluntatis angelicae in statu *viae* talis erat, ut posset angelus *indifferenter* appetere *bonum* et *malum*.   Qualis autem *hodie* sit libertas voluntatis angelorum bonorum et malorum, *infra* docebitur.

c) Sive *vera*, sive *apparenter talia*, pro diverso statu angelorum.

§ 14.

Competit etiam angelis facultas *loquendi*, seu manifestandi aliis[a] conceptus suae mentis, ita quidem, ut Deo,[b] angelis aliis,[c] et hominibus[d] loqui possint.[e]

a) Quod enim *sibi ipsis* per internos mentis conceptus loquuntur, id non differt a cognitione ipsa angelorum.

b) Pertinet huc, quod dicuntur *laudare Deum Esaiae 6, 3.* Confer *Apocal. 7, 11.*

c) Vid. *Esaiae* l. c., ubi dicitur *alter ad alterum clamasse.*   Confer *Zach. 2, 3.*

d) Vid. *Luc. 1, 13. 19.*, ubi angelus ad Zachariam, Baptistae patrem, et v. 28. 30. 35., ubi ad Mariam, Christi matrem; cap. 2, 10., ubi ad pastores, cap. 24, 4. 5. 6., ubi angeli duo ad mulieres Christum ungere volentes, *Act. 1, 10. 11.*, ubi ad discipulos, ascensus Christi spectatores, locuti leguntur.

e) Quaeritur autem de *modo* locutionis angelicae. Quamvis enim *Deo* loqui possint per solas cogitationes ad Deum v. g. laudandum aut rogandum directas, ut non opus sit aliis signis ad manifestandas illas intellectui divino omniscio; tamen, quomodo *inter se* colloquantur, explicatu difficile est. Probabilior interim prae caeteris ea est sententia, quod species intelligibiles alter alterius intellectui libere imprimat. Conf. *Mus.* l. c. § 67. 68. p. 216. sqq. *Hominibus* similiter per species intellectui illorum impressas, ac praeterea etiam per phantasmata phantasiae hominum objecta loqui posse videntur. Plerumque tamen in Scripturis locuti leguntur voce sensibili et distincta, ad vocis humanae imitationem efformata in aëre, quae tamen angelis, aeque ut hominibus, naturalis dici non potest, cum non fiat organis ad formandam vocem naturalem requisitis, quae loquenti per se competant.

§ 15.

Competit etiam angelis *potentia*, aut vis quaedam operandi extra se,[a] quae magna[b] quidem est, sed limitata ac finita.[c]

a) De quo ex ante dictis quodammodo constare potest. Nempe cum voluntas illis tribuatur, denegari non debet facultas aliqua exsequendi seu efficiendi, quae naturae suae et primaevo statui convenienter volunt. Conf. b. *Mus.* l. c. § 70. p. 219. 220. Et pertinet ad hanc facultatem seu potentiam, quod possunt sibi assumere corpora, quod possunt loqui ad homines voce sensibili. Vid. § 5. not. *e.* et § 14. 15.

BROCHMANDUS: „Angelos apparuisse hominibus *vestitos corporibus*, negari non potest. Nam Moses Gen. 18, 19. diserte memorat, locutos esse ipsos, lotos ipsis esse pedes, cibos sumpsisse, Lothum, apprehensa ejus manu, ex urbe Sodomitarum eduxisse; quae sane munia sine veris corporibus vere obiri non potuerunt. Hinc tamen nulla verisimilitudine exsculpi potest, angelos naturae suae conditione corporeos esse. . . . Caeterum disputatur, an angeli in assumptis corporibus *munia vitalia* vere obeant? Dubium autem nullum est, quin veluti angeli corporibus vestiti vere locuti sunt, ita etiam *vere comederint et biberint*. Neque enim Moses, qui talia memorat de angelis, ficta narrat, sed quae vere contigerunt. Non ignoro, inveniri, qui hic modum, quod dicitur, in scirpo quaerant. Sunt enim, qui contendunt, angelos vere non obire in assumptis corporibus munia vitalia, sed tantum in speciem, ita ut angeli visi fuerint Abrahamo et Lotho comedere, cum tamen revera non comederint. Sicut enim Moses vocat angelos viros, non quod tales essent, sed quod tales esse viderentur, sic etiam dixisse volunt Mosem, angelos comedisse, non quod vere comederint, sed quod visi fuerint comedere. Fidem facere conantur assertioni e verbis Raphaelis angeli in lib. Tobiae 12, 19.: ,Omnibus apparebam vobis, neque tamen comedebam aut bibebam, sed ita vobis videbatur.‘ Accedit, angelos nec cibos concoquere, nec in alimentum convertere potuisse, utpote spiritus, quae tamen requiruntur, ut quis vere dicatur comedere. Addunt, corpora ab angelis assumpta non fuisse vere vitalia, quare verae vitae propria munia per illa expediri non potuerunt. Quae argumenta speciem quidem veri habent, vera tamen non sunt. Etenim licet Moses angelos vocat viros, non quod vere essent viri, sed quod tales appare-

rent, postea tamen diserte docet, non viros, sed angelos fuisse.   Ac
nuspiam in contextu Mosaico scriptum invenio, τὸ comedere hoc sensu
de angelis usurpatum esse, quod comedere visi sint.   Quocirca veluti
angeli vere venerunt ad Abrahamum, vere sub arbore consederunt,
Lothi manum vere apprehenderunt, ita citra tropum dictum est, angelos
comedisse.   Locus vero e Tobia adductus non incommodat causae
nostrae.   Nam licet angelus neget, se naturae necessitate aut nutritio-
nis causa comedisse, ac eapropter cibum more hominum nec concoxerit,
nec in alimentum verterit, hoc tamen non impedit, quominus angelus
cibum dentibus vere fregerit et divina virtute nobis incognita consum-
pserit.   Nec necessarium esse ad veram comestionem, ut cibus in ven-
triculo concoquatur et in succum sanguinemque vertatur; testis locu-
ples est Christus Luc. 24, 41—43., qui post resurrectionem ad confirmandam resurrectionis suae veritatem coram discipulis suis comedit,
utut cibus in nutrimentum non sit conversus, hoc enim corporis glorificati natura non permittebat, Luc. 20, 36.   Frustra vero regeritur,
corpora ab angelis assumpta non fuisse vere vitalia.   Nam licet non
vivificabantur ab anima, virtute tamen angelorum singulari ita afficie-
bantur, ut apta essent, per quae loquela, tactus, motus et similia viventium opera exercerentur.   Hoc addimus, disputari a patribus et
doctoribus scholasticis, an corpora, quibus induti angeli apparuerunt,
ex nihilo a Deo creata sint, an vero ex praeexistente materia ab ipsis
angelis formata et assumpta sint?   Verum hic meam libens fateor ignorantiam." (System. univ. theol. art. 8. c. 2. q. 2. f. 98.)

b) Unde *fortes robore* dicuntur *Ps. 103, 20.*, *exercitus Domini Gen.
31.* ult., *fortes Matth. 12, 29.*, *fortes armati Luc. 11, 21.*, *angeli potentiae*
Christi *2 Thess. 1, 7.*, imo *robore ac virtute* multo *majores* hominibus
esse dicuntur *2 Petri 2, 11.* et effectus mirabiles passim illis adscribuntur in Scriptura.   Vide inprimis *2 Reg. 19, 35.* cladem exercitus Assy-
riorum, angeli opera factam.

QUENSTEDTIUS: „*Dist.* inter vim et *potentiam* angelorum *absolute*
et nude consideratam, et sic sufficiens est ad evertendum per motum
localem totum hoc universum et ordinem et compositionem ejus; et
virtutem atque potentiam eorundem spectatam limitate seu quatenus
illa *subjecta* et subordinata est divinae providentiae et ab ea gubernatur,
et tunc illud non potest. . .   Angeli boni sunt potentiores malis, quia
pios contra ipsorum insidias et insultus tutos praestant, Ps. 34, 8. Tob.
8, 3. Apoc. 12, 7." (L. c. s. 2. q. 4. f. 666. sq.)

c) Creatam enim ac divinae potestati et potentiae subjectam esse,
negari non potest.   Conf. *Jobi 1. et 2.*   Itaque *nec* extendit se ad ea,
quae excedunt finitam potentiam (prout v. g. non possunt angeli producere aliquid ex nihilo, aut suscitare mortuos), *nec* ad omnia, quae sub
finitam potentiam cadunt, immediate per suam potentiam efficienda,
sed ad ea tantum, quae naturae et potentiae ipsorum proportionata
sunt.   Unde, quamvis qualitatem spiritualem, seu speciem intelligibilem extra se in alio angelo aut homine producere possint, corporeas
tamen substantias immediate et per se producere aut immutare non
possunt, sed mediantibus causis naturalibus et applicando activa passivis.   Conf. b. *Mus.* l. c. § 71. 72. p. 220. 221.

QUENSTEDTIUS: „Ad exempla liberorum, quos vocant *infantes
suppositititios*, Wechselbälge, Kühlkröpfe, qui a diabolis procreati esse
narrantur, respondeo: illos aut fuisse vere diabolos in forma infantum
humanorum apparentes, aut veros quidem infantes, sed vel supposi-
titios, vel ex mulieribus, quae eos pepererunt congressu cum propriis

maritis, aut aliis viris genitos... *Dist.* inter *morbos*, quos diabolus *ipse*, vel per media naturalia, ut turbationem humorum, vel praestigias, *effecit* et immisit; et hos ipse rursus curare potest applicando medicamenta naturalia..., et inter morbos, qui *a Deo* hominum peccata puniente *dependent*, Amos 3, 6. In universum nullos satan vel immittere vel depellere morbos potest, nisi Deo permittente Job. 2, 7., Luc. 13, 16... *Dist.* inter *metamorphosin* seu transformationem specierum *fictam et fabulosam* seu aniles et poëticas mutationes, et metamorphosin veram seu inter transformationes magicas, et apparentes, quae fiunt vel per subtractionem et suppositionem rerum, vel per deceptionem sensuum exteriorum (quomodo magi Aegyptiaci virtute diaboli produxerunt ranas et serpentes), vel ex melancholia propria aut corruptione phantasiae, qua fit, ut homines falso sibi imaginentur, se bestias esse, et haec aut illa agere, — et *transmutationes veras*, quae fiunt virtute omnipotentis Dei vel ad declarandam justitiam vel ostendendam omnipotentiam, ut in uxore Lothi Gen. 19, 26., baculos Mosis Exod. 7, 11., aqua Joh. 2, 9. Illas diabolis concedimus, non vero has; h. e. naturaliter angelus, sive bonus, sive malus, speciem in speciem, v. g. hominem in canem, felem, lupum etc., transformare nequit, cum ejusmodi transmutatio sit nova quaedam creatio, quae soli Deo competit... D. *Dannhauerus* meletemat. de miraculis p. 61. docet: ,*Miracula magica*, sive quae sunt a satanica virtute, esse vel mere praestigiatoria, vel vera, quoad hypostasin. *Mere praestigiatoria*, inquit, sunt illa, quibus illudunt sensibus: 1. verum objectum removendo, 2. falsum et phantasticum objiciendo, vel verum etiam objectum peregrina specie pingendo (peregrina vero imagine pingit objecta, quando sua organa reddit invisibilia, et curat, ne sub determinata specie hominis, sed sub effigie bestiae vel arboris videantur); 3. sensus hominum pervertendo. *Vera quoad hypostasin* sunt illa, quae consistentiam habent; mira quidem sunt, non tamen miracula, quia non supra naturam ac potentiam daemoniorum, sed ab iis fieri possunt vel celerrimo motu locali, vel applicatione activorum cum passivis, vel modis aliis, quos humanus intellectus capere nequit.' Haec ille... *Dist.* inter *miracula haereticorum*, ut haeretici sunt et falsam doctrinam proferunt, et eatenus non possunt facere miracula, et inter haereticos, quatenus cum vera ecclesia consentiunt et ad confirmationem doctrinae et sacramentorum Dei miracula edunt; et sic nolim negare, Jesuitas in India et Japonia vera quaedam miracula edidisse. D. *Huelsemannus* De auxiliis gratiae disput. II. th. 19. § 21. p. 156. admittit, quaedam vera miracula a Jesuitis, Japoniensium doctoribus, esse patrata, in confirmationem non fidei papisticae, qua talis, sed communium dogmatum christianorum, quibus dogmata pontificia immiscuerant." (L. c. f. 668. sq. 671. sq.)

A. PFEIFFERUS: ,,Philo de Gigant. aliique intelligunt Genes. 6, 2. angelos bonos, in humanas libidines exardescentes et inde coelo pulsos. ... Verum haec opinio repugnat tum naturae angelicae Matth. 23, 30., tum loco Act. 17, 26., tum analogiae fidei de angelorum in bono confirmatione... Filii Dei, qui uxores ducunt et generant, non sunt angeli boni, nedum mali, sed homines pii eorumque posteri, qui, licet hic desciverint, dicuntur tamen filii Dei tum a statu priori, tum ob externam societatem cum vera ecclesia. Cf. Es. 1, 2. 63, 8. Hos. 1, 10." (Dubia vexata. Ed. 2. p. 59. sq.)

ANTITHESIS.

QUENSTEDTIUS: ,,*Antithesis*: 1. *Davidis Georgii*, qui angelos in cogitationes et motus animi humani transformat, aut cum illis confundit. 2. Eorum, qui negant, diabolos per sagas aliquid posse efficere... 5. *Talmudistarum* et *Cabbalistarum*, qui, angelos corporeos esse, generare et mori instar hominum, somniant... 6. *Sethianorum*, antiquorum haereticorum, contendentium, angelos cum mulieribus coiisse ad homines procreandos... Huc pertinet opinio eorum, qui, angelos ex mulieribus *gigantes* genuisse, putarunt, ex male intellecto loco Gen. 6, 2., ut *Philo, Justinus, Clemens Alexandrinus, Tertullianus, Lactantius, Sulpit. Severus.* Hinc D. Dannhauerus in Christeid. p. 271.: ‚Monstrosus angelorum incubitus et cum hominibus ante-diluvianis commixtio bucca fuit, quam veteres quasi certatim sunt osculati contra Scripturae auctoritatem, Act. 17, 26. Causam erroris, inquit Pamelius in paradoxo, dedit, quod LXX editio graeca vetus, quam et Tertullianus et patres anteriores, in eodem luto haerentes, sunt secuti, legeret: Οἱ ἄγγελοι τοῦ Θεοῦ, et latina Italica: Angeli Dei'. . . 7. *Bodini* . . ., *Paracelsi* . . . et aliorum, asserentium, homines in lupos, asinos, feles etc. transformari posse. . . 8. *Pontificiorum plerorumque*, qui, Samuelem vere suscitatum esse 1 Sam. 28, 18. et alios mortuos suscitari posse a diabolo, statuunt. . . 10. *Multorum pontificiorum* . . . statuentium, diabolum vera miracula facere posse." (L. c. f. 667. sq.)

Hofmannus: „Es ist unmöglich, unter den בְּנֵי־הָאֱלֹהִים, von welchen es dort (Gen. 6, 1. ff.) heisst, dass sie gesehen haben, wie schön die בְּנוֹת הָאָדָם waren, und dass sie sich solche zu Weibern genommen haben, etwas anderes, als *Geister*, zu verstehen. . . Die Fluth, welche das damalige Geschlecht der Menschen begrub, hat auch die Geister, welche in demselben ihr sündhaftes Wesen hatten, mit ihm aus der obern Welt verbannt: der gerichteten Welt angehörig sind sie mit ihr der Finsterniss verfallen, in welche jene versenkt worden ist." (Schriftbeweis. I, 374. sq. 376.)

Kurtzius: „Dass unter den *Söhnen Gottes* in Gen. 6, 2. 4. nicht fromme Sethiten, sondern überirdische Wesen, resp. *Engel*, zu verstehen sind, ist eine Thatsache, die aus dem Contexte so klar und unabweisbar hervortritt und die durch den . . . Sprachgebrauch des A. T. so fest begründet ist, dass die Hartnäckigkeit, mit welcher dennoch . . . die entgegenstehende Auffassung festgehalten wird, nur durch die Macht unüberwindlicher Vorurtheile . . . erklärlich ist. . . Die Engeldeutung ist ohne Frage die älteste. . . Sie gerieth aber seit dem Ende des 4. Jahrh. unter den Bann der Absurdität und Ketzerei. Theodoret, Chrysostomus, Kyrill von Alex. und Augustin schalten sie als ungereimt, Philastrius rechnet sie ohne Weiteres zu den Ketzereien. Dieser Bann lastete auf ihr, bis der *Rationalismus*, der die Zwangsjacke dogmatischer und traditioneller Vorurtheile . . . mit dem Offenbarungs-, Bibelund Engelglauben zugleich abwarf, vielleicht auch . . . seine Freude daran hatte, wieder ‚ein Stück Mythologie' in der Bibel nachweisen zu können, — bis also der Rationalismus Lexikon, Grammatik und Zusammenhang wieder in ihre alten Rechte einsetzte. . . Allmählig trug auch bei vielen . . . entschieden offenbarungsgläubigen . . . Auslegern . . . die Macht grammatisch-historischer Exegese den Sieg davon. . . Ich nenne nur den alten, wackern *Köppen* (‚Die Bibel, ein Werk der göttlichen Weisheit'), den orthodoxen *Scheibel*, den glaubenstrotzigen *Stier*, den reform. *Dietlein*, den Lutheraner *Drechsler*, ferner *Krabbe*, v. *Hofmann, Delitzsch, Baumgarten, Nägelsbach, Richers* etc." (Die Ehen der Söhne Gottes mit den Töchtern der Menschen. Berlin. 1857. S. 1. 11. sq.)

§ 16.

Ex essentia angelorum fluunt I. *simplicitas*, seu quod non sunt compositi ex partibus essentialibus, materia et forma, neque ex partibus integrantibus;[a] II. *incorruptibilitas*, seu quod non habent in seipsis[b] principium corruptionis; III. *illocalitas*, seu quod non sunt in loco.[c]

a) Nisi forte ipsa spiritualitas essentiae simplicitatem compositioni physicae oppositam formaliter importat. Per hanc tamen non negatur, eos compositos esse ex essentia et subsistentia, itemque ex subjecto et accidentibus, realiter distinctis. Vid. supra § 8.

> SCHARFFIUS: „*Partes essentiales* sunt, quae essentiam rei intrinsece constituunt *per unionem essentialem;* quomodo materia et forma sunt partes essentiales *corporis;* anima rationalis et corpus sunt partes essentiales *hominis*. *Partes integrantes* s. integrales dicuntur, quae integritatem rei complent *per uniouem quantitativam*, h. e., per cohaesionem continuam, ut in animalibus sunt capita, colla, venter, pedes, brachia, manus." (Metaphys. p. 192.)

b) Quod autem a Deo, a quo creati sunt, destrui et annihilari adeoque, licet formam non habeant, quae remanente subjecto abjici possit, tamen ab *esse* ad *non esse simpliciter* mutari possint, certum est. Vid. *Mus.* l. c. § 27. p. 185. Interim *aevum* seu duratio initium quidem habens, sed carens fine, recte illis adscribitur.

c) Quia enim materia carent, non sunt *quanti*, proprie loquendo, neque *circumscribi* possunt loco. Ideo tamen eos *non* dicimus esse *ubique*, sed in certo quodam ac *definito* πoῦ, quod vocant; ita ut etiam ab uno *ubi* ad alterum sese movere possint et res materiales aliorsum movere. Vid. *Matth. 8, 32.*, *ubi daemones*, ex homine obsesso, in quo aliquamdiu fuerant, a Christo *ejecti*, et *in gregem porcorum demigrantes*, *totum hunc gregem praecipitem egerunt in mare*. Conf. b. *Mus.* § 34. sqq. p. 193. et § 72. sqq. p. 221. 224.

> QUENSTEDTIUS: „Sunt angeli in certo spatio per designationem seu *definitive;* hoc est, eorum substantialis, non solum virtualis praesentia aliquo spatio definitur, ut ibi, non in aliis spatiis, nedum ubique sint; et quia angelus partium expers est, totus non tantum in toto loco est, sed et totus in qualibet, etiam minima, parte loci, imo in puncto, existere potest." (L. c.)
>
> IDEM: „Instructi sunt angeli facultate quadam ad *motum* expedite exercendum, ita ut *in momento* possint esse, ubicunque velint, et hinc propter velocitatem et celerrimum motum conferuntur ventis et flammae ignis Ps. 104, 4. Moveri, inquam, angelos de uno ubi in aliud *in instanti*, multi affirmant; alii tamen, quos inter Spanhemius et Maresius, volunt, angelos novum locum primo deserto non acquirere in instanti, sed cum aliqua mora, quia, licet ipsum mobile sit indivisibile, tamen spatium, ȟn quo movetur, extensum est et continuum, quod nulla creatura in instanti possit transire." (L. c. s. 1. th. 11. f. 634.)

§ 17.

Numerus angelorum[a] magnus, non autem a nobis definibilis[b] est.[c]

a) Sic *millia millium*, et *decies millies centena millia* angelorum memorantur, qui Deo serviunt, *Dan. 7, 10.* Et Christus *Matth. 26, 53.* sibi roganti facile *plus quam duodecim legiones angelorum a Patre missum iri*, docet. Sed et in uno homine *legio* integra *spirituum immundorum* fuisse legitur *Marc. 5, 8.* Legio autem apud Romanos communiter sex millium militum multitudo erat, etsi alias numerus variaret.

b) Hoc enim est, quod *innumerabilium angelorum* (μυριάδων) mentio fit *Ebr. 12, 22.*

c) Hoc autem suo, quantus quantus is est, numero angeli a Deo simul creati, non autem instar hominum per generationem aliorum ex aliis successive multiplicati sunt.

§ 18.

Differre angelos inter se certis *ordinibus* aut gradibus, dubium non est.[a] An autem etiam specie et essentia differant, non liquet.[b]

a) Ita colligitur ex diversis nominibus: qualia sunt *Cherubim Genes. 3.* v. ult., *Seraphim Es. 6, 2.*, ϑρόνοι, ἀρχαὶ, κυριότητες, ἐξουσίαι, δυνάμεις *Col. 1, 16. Ephes. 1, 21.*, *archangelus 1 Thess. 4, 16.*, quodque alias etiam mali angeli describuntur, tanquam ordinem inter se habentes, qualis est imperantium et parentium. Sic enim *Luc. 11, 25.* *Beelzebub princeps daemoniorum* dicitur, et *Matth. 25, 41.* mentio fit *diaboli* et *angelorum* ejus.

QUENSTEDTIUS: ,,Esse determinate *novem ordines* seu choros angelorum, hosque in tres classes seu *terniones*, quas *hierarchias* vocant, esse divisos, easque dignitate, gradibus et officiis sic distingui, ut scl. prima seu suprema Deum et divina immediate cognoscat et sequentem doceat, et haec rursum tertiam, ut prima secundae et secunda tertiae imperet, itemque, ut prima assistat tantum, non ministret etc.; de quibus *ex Pseudo-Dionysio Areopagita scholastici et pontificii*, praesertim Becanus, multis philosophantur — ut incerta et falsa rejicimus.‟ (L. c. s. 2. q. 8. f. 681.)

IDEM: ,,Ad summum e Scripturae locis, quae appellationes angelorum exhibent, haec colligi tantum possunt: 1. Quod dentur ordines inter angelos; 2. quod hic ordo angelorum stabiliri possit, ut a. sint ϑρόνοι, b. κυριότητες, dominationes, c. ἐξουσίαι, potestates, d. δυνάμεις, virtutes, e. ἀρχαὶ, principatus, archangeli et angeli, Col. 1, 16. Eph. 1, 21. 1 Pet. 3, 22., quamquam et his locis haec nomina inter se permutentur; 3. quod archangeli ordine superiores sint angelis; 4. quod archangelis superiores sint ἀρχαὶ et his superiores sint δυνάμεις, e Rom. 8, 38.; 5. quod ἐξουσίαι superiores sint angelis, atque istos etiam δυνάμεις praecedant ordine, e 2 Pet. 3, 22.; 6. quod inter ἀρχὰς et δυνάμεις ἐξουσίαι intercedant, ex Eph. 1, 21.; 7. quod ἀρχαὶ angelis quidem superiores, sed istis omnibus inferiores sint, ex eodem...; 8. quod illis praecedant κυριότητες. Jam si throni ab illis distinguendi sint, stabiliretur hic ordo: throni, dominationes, potestates, principatus, angeli... Cum in praedictis locis haec nomina inter se permutentur, et ignotum sit, an archangeli, Cherubim et Seraphim prioribus quinque vocabulis comprehendantur, an vero ab illis ordinibus distinguantur, nihil certi hic definiri potest.‟ (L. c. s. 2. q. 8. f. 682. sq.)

b) Sane b. *Augustinus* in Enchir. ad Laur. c. XXVIII. de differentia angelorum loquens, *dicant*, inquit, *qui possunt; ego me ista ignorare confiteor.*

§ 19.

Definiri possunt angeli,[a] quod sint substantiae spirituales[b] intelligentes,[c] completae et finitae.[d]

a) Quoad naturam omnibus communem spectati.
b) Vid. § 5. p. 107.
c) Vid. § 7. sqq. p. 109.
d) Vid. § 6. p. 109.

§ 20.

Naturae angelicae Deus in prima statim creatione[a] contulit perfectiones quasdam habituales, ad eliciendos actus sibi convenientes, consequendi per Dei gratiam finis supernaturalis causa. Quas perfectiones nomine *gratiae*[b] appellant auctores.

a) Non enim fingendus est status *purae naturae*, quem quidam vocant; sed agnoscendum, quod Deus, qui omnia valde bona fecit, angelos in primo ipsorum initio tales fecerit, quales esse oportebat, ut finem supernaturalem possent contingere. Conf. Epist. *Judae* v. 6., ubi angeli, qui *mali* facti sunt, dicuntur *non servasse suam originem* (τὴν ἑαυτῶν ἀρχήν). Bonos itaque prius fuisse necesse est. Vid. inf. not. ad § 25.

> QUENSTEDTIUS: „*Status purorum naturalium*, in quo angelos et homines primum conditos esse nonnulli *pontificii* dicunt, purum putum figmentum est; de eo enim altum in Scriptura est silentium." (L. c. q. 5. f. 674.)

b) Distinguuntur enim status angelorum in statum *gratiae* et *gloriae*, quorum ille praecedit, hic sequitur; de quibus distincte agendum est.

§ 21.

Sicut autem angeli ad finem suum tendentes Deum recte cognoscere, super omnia diligere, veracitati ejus credere, bonitati confidere, jussis obtemperare et vitam aeternam sperare debuerunt;[a] ita gratia illa, angelis ad actus istos praestandos divinitus concessa, importabat ex parte *intellectus* lucem[b] quandam habitualem,[c] cujus beneficio cognoscerent angeli, quae ad finem supernaturalem consequendum cognoscenda erant, sed naturae lumine cognosci non poterant;[d] ex parte *voluntatis* importabat justitiam[e] et sanctitatem habitualem,[f] qua poterant[g] actiones omnes legi Dei aeternae conformiter instituere et perficere.

a) Sane *media*, quibus angeli pervenirent ad finem sive beatitudinem suam, consistere oportebat in actibus mentis et voluntatis circa Deum suum et beatitudinis suae auctorem occupatis. Non tamen, si hoc praestarent, *mereri* proprie loquendo beatitudinem suam, sed per Dei gratiam seu favorem gratuitum atque indebitum consequi potuerunt. Unde *media* illa *non causalia* seu strictiore sensu, sed in *latiore* significatione dicta sunt, juxta ea, quae diximus Proleg. cap. I. § 3. Vol. I. p. 6. et § 7. p. 13.

b) Videtur autem illa constitisse in speciebus divinitus impressis, quibus Deus quasi locutus est angelis, et intellectui illorum res cognoscendae supernaturales sunt exhibitae, ita ut illae, non quidem evidenter, et quales in se sunt, verum cum relatione ad Deum loquentem possent agnosci, et intellectus angelicus hoc modo fieret principium sufficiens ad actus cognoscendi et assentiendi supernaturales.

c) Aliqui *fidem* aut *lucem fidei; b. Gerhardus habitum supernaturalem fidei* appellat, Isag. LL. Dispp. XIII. cap. IX. § 7. p. 557. Nempe *fidem*, scientiae evidenti contradistinguentes, *credere* angelos per fidem statuerunt, quod sub ratione veri cognoscerent; non tamen per evidentiam objecti, sed per auctoritatem dicentis aut revelantis Dei.

d) V. g. ipsum finem ultimum, seu visionem Dei beatificam aliquando expectandam, tanquam motivum obedientiae constantis interim praestandae; simul etiam mysterium SS. Trinitatis, quod terminos naturalis intelligentiae excedit, angelis autem cognoscendum erat, ut, qualis Deus erat quoad personas, talis coleretur. Incarnationis autem mysterium (cum Christus *angelos non assumserit, Ebr. 2, 16.*) et caetera Dei decreta libera angelis in statu viae per lumen gratiae fuisse cognita non dicimus.

e) Sive complexus virtutum supernaturalium, ut eset ὕλη ἀρετή, seu *justitia universalis.* Et pertinet huc ἀλήθεια, seu *veracitas*, aut fidelitas, integritas et sincera sanctitas, a qua diabolus defecisse dicitur *Joh. 8, 44.*

f) Auctores *spem* et *caritatem* vocant. Vid. *Gerh.* l. c. p. m. 557. Et spem quidem habuerunt angeli in statu viae, qua beatitudinem futuram, tanquam bonum absens et arduum, possibile tamen et revera (nisi ipsi obstiterint) consequendum, amplecterentur. Atque haec spes supponebat *fiduciam* in Deo tanquam causa consequendae beatitudinis collocatam, qua voluntas illorum in Deo tanquam bono praesente et causa alterius boni acquiesceret. *Caritas* vero pro objecto habebat cum *Deum*, cui rem aut officium gratum facere cupiverunt, tum socios *angelos* tanquam consortes naturae suae futurosque cohaeredes salutis, propter Deum diligendos.

g) Non tamen necessitabantur ad actiones sancte peragendas, sed retinebant *libertatem* aliter agendi ac deficiendi; quod ex sequente quorundam lapsu patet.

§ 22.

Atque ita patet, non omnino negari posse,[a] quod angeli ad *imaginem Dei* sint conditi.[b]

a) Fatendum est κατὰ ῥητὸν in Scripturis non extare, nisi forsan huc referre velis, quod angeli *filii Dei* dicuntur *Jobi 1, 6. cap. 2, 1. c. 38, 7.* quodque vulgo filius *imago* patris dicitur.

b) Sane *conformes* fuisse hac ratione angelos divino *Numini*, et accepisse hanc conformitatem *ex intentione* Dei, eam illis conferentis, certum utique est. Confer b. *Gerhard.* in Isag. Disp. XII. cap. VI. de Ang. § 26. p. 523.

§ 23.

Quamvis vero dona gratiae omnibus angelis a Deo fuerint collata, tamen gratia illa sibi concessa non omnes, sed aliqui duntaxat recte usi sunt; et orta hinc est distinctio angelorum in *bonos* et *malos.*

§ 24.

Boni dicuntur, qui in bonitate seu justitia et sanctitate, in qua conditi fuerant, perseverarunt, atque a Deo obedientiam ipsorum gratiose remuneraturo confirmati sunt in bono, ut bonitatem perdere, peccare aut mali fieri amplius non possint.

§ 25.

Mali vocantur, qui a bonitate primaeva sponte sua desciverunt[a] et gratia justo Dei judicio subtracta ita in malo sunt confirmati, ut ad bonitatem redire, bene agere aut non peccare nequeant.

a) Hoc enim est *non servare originem suam*, sed subire mutationem status primi in deterius, Ep. *Judae v. 6.* (Ἀρχή enim illa non quidem ipsam substantiam, in prima creatione acceptam, quae semper eadem manet, perfectiones tamen concreatas amissibiles denotat.) Et eadem ratione dicitur *non stare in veritate, Joh. 8, 44.*, qui prius in ea fuisse supponitur.

QUENSTEDTIUS: „Paucis: dicuntur mali *non ortu*, sed *lapsu, non entitate*, sed *qualitate.*" (L. c. s. 1. th. 29. f. 640.)

§ 26.

Quamdiu autem duraverit status gratiae, nempe priusquam angelorum alii in bono confirmarentur, alii a bono desciscentes mali fierent, non satis distincte[a] constat. Hoc certum est, distinctionem angelorum bonorum et malorum locum habuisse, antequam[b] homines primi laberentur.

a) Nam quod quidam putant, lapsum eorum die secundo creationis factum per hoc indicari, quod non addatur narrationi operum ejus diei: *Vidit Deus, quod* opera illa sint *bona,* id plane infirmum est, et notanda potius clausula generalis, *Gen. 1,* ult.: *Vidit Deus cuncta, quae fecerat, et ecce valde bona;* unde potius colligas, angelos elapso toto hexaëmero nondum fuisse lapsos.

b) Ita enim Christus vocat diabolum *homicidam* ἀπ' ἀρχῆς, et *patrem mendacii, Joh. 8, 44.; primum* inter omnes mendacem, et causam uti defectionis hominum a Deo, ita necessitatis moriendi hominibus inductae, quique malitiae consummatae specimen dedit in seducenda Eva, *Gen. 3, 1.* et seqq.   Contra autem procul dubio angeli in bono confirmati fuerunt, qui custodiverunt paradisum, cum homines lapsi essent inde ejecti, *Gen. 3, 24.* Vid. *Gerh.* ad h. l. in Comment. p. 124.

§ 27.

Sunt autem angeli boni per ipsam *beatitudinem* in bono *confirmati.*

§ 28.

Nempe postquam obedientiam suam in statu viae, etiam labentibus aliis angelis,[a] Deo constanter exhibuerunt, placuit Deo, eos *lumine gloriae* implere, ut ipsum *Deum* clare et *intuitive* possent[b] cognoscere.

a) Ac sunt, qui angelis his peculiarem operationem assignant, positam in pugna contra malos angelos et resistentia insultibus eorum opposita; de quo tamen Scriptura silet.

b) Hoc enim est *videre faciem Patris coelestis, Matth. 28, 10.* Et recte b. *Gerhardus:* Βλέπειν πρόσωπον θεοῦ, *praecise in sacris literis non notat expectare Dei mandatum (quanquam connotet), sed visionem beatificam.* Isag. LL. Disp. XIII. cap. IX. de Angel. § 9. p. 558.

§ 29.

Secutus autem est hanc visionem Dei[a] *amor* intensissimus, quo voluntas angelorum Deo ita inhaerere coepit, ut ab eo averti non posset.

a) Confer h. l. Proleg. cap. I. § 4. not. *d.* Vol. I. p. 10.

§ 30.

Et sic facta est *confirmatio* eorum *in bono*, sive deter-minatio voluntatis ad bonum, ut, quicquid agunt, id agant in ordine ad Deum, tanquam bonum infinite per-fectum perfecte cognitum, sine labe ulla,[a] ullo defectu.

a) Atque haec est ἀναμαρτησία seu *impeccabilitas* illa, angelis bea-tis adscribi solita. Peccatum enim ἀνομίαν sive *illegalitatem* importat. Summa autem legis est, diligere Deum super omnia. Itaque, qui Deum clare cognitum super omnia semper amant ac tanquam summum bonum incessanter amplectuntur, hoc ipso non possunt agere ἀνόμως, cum contradictionem implicet, aliquem, amando Deum super omnia, legi conformem esse, et simul peccando aberrare a lege.

§ 31.

Nec tamen tollitur *libertas* omnis voluntatis angelicae. Etsi enim illa non amplius sit indifferens ad bonum et ad malum,[a] indifferens tamen est in ordine ad bona creata, ita ut quodlibet eorum, quod vult, possit etiam non velle,[b] aut pro uno[c] velle alterum.[d]

a) Neque vero illa libertas volendi malum aeque atque bonum perfectionem importabat, ideoque in statu perfectionis angelorum ab-esse potest, imo abest.

b) Adeoque libera est libertate *contradictionis* sive *exercitii*.

c) Auctores libertatem *contrarietatis* seu *specificationis* appellant.

d) Scilicet, si bonum creatum non sit propter voluntatem Dei necessario appetendum; alias enim hoc casu ab angelis beatis omnino appetitur.

§ 32.

Ad illam vero beatitudinem[a] angeli boni utique aeterno[b] Dei decreto destinati, atque ita *electi* fuerunt.[c]

a) Neque enim dici potest, Deum in tempore angelis conferre, quod non ab aeterno decreverit, se aliquando collaturum. Et confer *1 Tim. 5, 21.*, ubi Paulus τῶν ἐκλεκτῶν ἀγγέλων, *electorum angelorum*, ex-pressam mentionem facit: paucos *ex* pluribus, seu integro coetu spiri-tuum *lectos* fuisse, quibus beatitudo, cujus omnes poterant fieri parti-cipes, conferretur, designans.

b) *Non* autem *absoluto*, seu omnem praevisam conditionem ex parte subjecti, libere, sed certo implendam excludente. Sicut enim Deus in tempore beatitudinem non nisi illis contulit, qui in bono perseverarunt: ita decretum aeternum de angelis aliquando salvandis nitebatur praevisione illius conditionis in tempore implendae. Et agnoscit quidem electio angelorum *causam* aut rationem *impulsivam internam* in Deo eligente, nempe bonitatem ejus, *non* autem causam impulsivam *externam*. Et licet ex parte intellectus divini supponat actum cognoscendi ad ipsam angelorum obedientiam constantem terminatum, tamen haec *obedientia* Deo creatori debita ac temporaria vim *meriti* apud Deum, aut vim impellendi voluntatem ejus ad decernendum, aut dandum beatitudinis aeternae bonum *non* habet.

CALOVIUS: „Si Deus in prima creatione angelis omnibus media sufficientia ad persistendum in bono, ut gloria aeterna fruerentur, concessit, falsum est, eorum nonnullos esse ad aeternam gloriam destinatos (reliquis rejectis, vel gratia illa praeteritis aut non instructis) ex *absoluto* Dei beneplacito. At prius verum est. E. et posterius.“ (System. T. IV, p. 71.)

c) Eo tamen sensu, quo Scriptura electionem hominum describit, quaeque respectum habet ad meritum Christi et fidem in illo defigendam, angelos electos fuisse non dicimus. Conf. b. *Gerhardi* Isag. LL. Disput. XIII. cap. IX. § 13. p. 561.

QUENSTEDTIUS: „Ad locum Jobi 4, 18.: ‚Etiam in angelis invenit stultitiam‘, ut Vulgatus habet . . .: sensus est: Si angeli etiam boni et justi contenderent cum Deo, quemadmodum tu facis, et persuadere ipsi vellent, quasi justiores essent illo (in certa aliqua causa), non tamen crederet verbis eorum, aut statueret, ita se rem habere. . . *Dist.* inter angelorum redemptionem, et amicitiae ac concordiae inter coeli terraeque incolas per passionem Christi factam instaurationem et eorundem reconciliationem; de hac, non de illa loquitur Paulus Eph. 1, 10. Col. 1, 19. 20., quando inquit, quod per Christum omnia in coelo et in terra reconciliata et sub unum caput redacta sint. *Obs.* Reconciliatio praesupponit offensionem. Angeli autem boni non offenderunt Deum. Ideo reconciliata omnia in coelis dicuntur, quod etiam illi, qui in coelis jam triumphabant, sanguine Christi Deo reconciliati sint, fideles nempe V. T. ante adventum Christi mortui.“ (L. c. f. 680.)

ANTITHESIS.

QUENSTEDTIUS: „*Antithesis:* 1. *Quorundam Calvinianorum*, ut Bucani, Parei, Ravanelli aliorumque, statuentium: ‚Angelos bonos citra intuitum perseverantiae et laudabilis consistentiae in veritate ex absoluto decreto in bono esse confirmatos.‘ Bucanus loc. VI. de angelis, ubi proposita quaestione: Cur angelorum, aliis a veritate deficientibus, alii in gratia et veritate perstiterint, subjicit: ‚Suprema causa est aeternum, firmum et immutabile Dei decretum et beneplacitum.‘ Et Piscator in Ausführlichem Bericht von den Hauptstücken christl. Lehre, p. 18. scribit: ‚Es ist gewiss, dass Gott von Ewigkeit beschlossen hat, etliche Engel und etliche Menschen selig zu machen, etliche aber zu verdammen.‘ 2. *Scholasticorum* et *pontificiorum*, ut Lombardi, itemque Thomae et Becani, statuentium: ‚Angelos obedientia sua non solum suam beatitudinem sive confirmationem in bono olim meruisse, sed etiam adhuc hodie eos aliquid mereri. . . 3. *Nonnullorum pontificiorum*, ut Philippi Diez, Gregorii de Valentia, Blasii de Viegas, Suaresii, qui adscribunt gratiam confirmationis et gloriam beatitudinis angelorum Christo mediatori ejusque merito, sive asserunt, angelos bonos per Christum esse redemptos, qui eos a lapsu praeservarit et gratiam ac beatitudinem promeruerit. . . 4. *Calvinianorum*, ut Calvini in cap. 1. Eph. et c. 1. Coloss., Bucani, Philippi Caesaris, Riveti, professorum Leidensium, Zanchii, docentium, ‚etiam angelos opus habuisse Christo mediatore non ad redemptionem a peccato, sed ad sui in concreata sanctitate et gratia conservationem et confirmationem, partim, quia non fuerint extra periculum lapsus, partim, quia ipsorum justitia et obedientia coram Deo sit manca et imperfecta, adeoque venia et perfectiore justitia opus habeant, sive ut illorum justitia, quae coram Deo manca est, justitia Christi tegeretur.‘ Otto Brunfeldius inquit: ‚Christi crux non solum hominibus, sed etiam angelis profuit, et omnis creatura cruce Domini purgata est.‘ 5. *Socinianorum*, ut Enjedini, asserentis: ‚Ad angelos bonos etiam pertinere regenerationem seu reformationem per sanguinem crucis Christi factam‘, et etiam malos angelos per Christum esse restauratos, quia multi spiritus mali post Christi adventum resipuerint et Deo reconciliati sint.“ (L. c. q. 7. f. 678.)

§ 33.

In vita sua beata[a] *operationibus* diversis funguntur angeli boni, quarum *aliae* ad ipsam beatitudinem eorum pertinent, *aliae* ministeriales[b] sunt, quibus angeli Deo[c] et Christo Θεανθρώπῳ[d] serviunt ac promovent hominum[e] salutem.

a) Non enim beatitudo in *otio* consistit, sed *partim* ipsa ἐνέργειαν quandam importat, *partim* praeterea admittit plures operationes ab his, qui beati sunt, exercendas.

b) Quam ob rem angeli, licet jam beati, iique πάντες, *omnes* (nemine, ne supremi quidem ordinis, excepto), sunt πνεύματα λειτουργικὰ, *spiritus muneri publico destinati* eoque *fungentes. Ebr. 1, 14.*

c) Tanquam creatori ac domino suo ac beatitudinis suae auctori, cui non possunt non esse subjecti, ideoque *efficiunt verbum ejus et voci auscultant Ps. 103, 21., faciunt voluntatem ejus in coelis Matth. 6, 10.* Deus autem illorum ministerio utitur non ex quadam indigentia, sed voluntate libera et providentiae suae suavi dispositione.

d) Προσχυνοῦντες αὐτῷ, *adorantes* eum, velut incurvati, aut ad pedes prostrati *Ebr. 1, 6.*, διαχονοῦντες αὐτῷ, *ministrantes* ei, commissa traditaque expedientes aut dispensantes, *Matth. 4, 11.*, idque praestant Christo etiam secundum humanam naturam (quod ex l. c. patet), quippe divinae majestatis etiam sic facto participi.

e) Propter voluntatem Dei, a quo sunt *missi*, ἀπεσταλμένοι, ad servitia humana; et ex affectu caritatis tanquam erga amicos et *cohaeredes salutis, Ebr. 1, 14.*

§ 34.

Prioris generis actiones sunt *partim* illae, in quibus essentialis angelorum beatitudo consistit, et sunt *speciatim* actus intuitive *cognoscendi* Deum, actus intensissime *amandi* Deum clare cognitum;[a] *partim* istae, quae *acci-*

dentalem quandam beatitudinem angelis[b] addunt, nempe
actus intelligendi objecta *alia* a Deo peculiariter revelata aut per experientiam in ecclesia percepta, v. gr. incarnationis mysterium,[c] conversionem hominis peccatoris;[d] quibus similiter ex parte voluntatis accedunt actus
amoris et gaudii.[e]

a) Vid., quae diximus § 28. et 29.

b) Accidentale enim augmentum beatitudo angelorum utique non
respuit; quemadmodum etiam ex parte hominum beandorum dantur
gradus gloriae, ut infra docebitur.

> QUENSTEDTIUS: ,,*Dist.* inter beatitudinem angelorum essentialem,
> . . . et inter beatitudinem accidentalem, quae consistit in revelatione
> novorum mysteriorum, in amore et gaudio extra Deum, scl. orto ex
> conversione et poenitentia peccatorum, et in hac angeli *proficere* pos-
> sunt, ut patet ex Luc. 15, 7.; hoc vero augmentum beatitudinis durabit
> *tantum usque ad diem extremi judicii.*'' (L. c. s. 2. q. 6. f. 675.)

c) Vid. *Luc. 1, 26. et 31. cap. 2, 13.*

d) *Luc. 15, 7. et 10.*

e) Nam *Luc. 2, 15.* ipsa glorificatio Dei laetitiae signum est, et
cap. 15, 10. χαρὰ ἐνώπιον τῶν ἀγγέλων τοῦ θεοῦ, *gaudium coram angelis Dei,*
esse dicitur. Utrinque amor angelorum supponitur. Glorificant enim
Deum tanquam bonum quemque amant; hominibus tanquam amicis
gratulantur; super eorum tanquam a se amatorum, quibus optima
quaeque optent, conversione gaudent.

§ 35.

Posterioris generis actiones[a] respiciunt *partim* homines pios singulos,[b] *partim* ipsos status hierarchicos[c] custo-
diendos et promovenda commoda eorum.

a) Quibus ita ministrant Deo, ut simul serviant hominibus.

b) Velut in communi, et ut homines sunt, non habita ratione
certi status aut ordinis, spectatos.

c) Seu classes aut ordines sacros hominum intra ecclesiam, ubi
alii praesunt, alii subsunt.

> LUTHERUS: ,,Tres hierarchias ordinavit Deus contra diabolum,
> scl. oeconomiam, politiam et ecclesiam.'' (Opp. lat. Jen. I, 524. b.)
> BRENTIUS: ,,Civitas non est in ecclesia, sed ecclesia in civitate.''
> (Gelehrter Männer Briefe von Schumacher. III, 193. sq.)

§ 36.

Piis *singulis* ministrant angeli,[a] quando eos in ipso
vitae *initio* atque infantia tuentur,[b] serviunt *adultioribus*[c]
in omni honesta functione, adsunt denique *morientibus.*[d]

a) An autem *cuique* homini *certus* angelus ad custodiam datus sit, pridem disquiri coepit. Hoc certum est, hominis custodiam non ita assignandam esse uni angelo, ut reliquorum auxilio destituatur. *Ordinarie* tamen *unum angelum pio cuivis ad custodiam destinatum, probabiliter dici potest, extraordinarie plures angelos ad singulos fideles mitti.* Vid. b. *Gerhard.* Isag. LL. Disp. XIII. § 7. Conf. *Gen. 32, 2. 2 Reg. 6, 17.*

QUENSTEDTIUS: „An unicuique fidelium *unus vel plures* angeli in custodiam a Deo dati sint, quaestio problematica est, non fidei articulus... Quando Christus dicit Matth. 18, 10.: ‚Angeli τῶν μικρῶν in coelis semper vident faciem Patris mei, qui est in coelis‘, non sequitur inde, unicuique τῶν μικρῶν ex angelis *unum* aliquem certum perpetuo addictum, sed hoc tantum dicitur, curae eorum angelos in genere destinatos esse. Scopus insuper Christi h. l. duntaxat est, parvos non esse contemnendos, sive illi physice, sive ethice, sive politice tales sint, cum Deus etiam angelos οὐρανίους ad custodiam et tutelam eorum adhibeat. Probabilior foret illatio, si Sp. S. loqueretur in numero singulari de angelo uniuscujusque ex illis parvis, et non indefinite de angelis parvorum istorum. — *Obs.* Graeci patres in sua opinione confirmati sunt falsa interpretatione versionis LXX interprett. Deut. 32, 8.: ‚Constituit terminos gentium juxta numerum angelorum Dei.‘ ... Illud Act. 12, 15.: ‚Ὁ ἄγγελος αὐτοῦ ἐστίν‘ (verba sunt fidelium Hierosolymae in domo Mariae congregatorum, cum s. Petrus in carcere miraculose liberatus fores noctu pulsaret), quidam accipiunt de nuntio *homine* a Petro e carcere misso... Ast quia vox ἄγγελος in Scriptura communiter pro spiritu accipitur, rectius alii vocem ἄγγελον non de nuntio aliquo homine, sed de spiritu coelesti intelligunt. Non tamen inde necessario sequitur, unumquemque fidelem habere unum assiduum et affixum semper angelum. Nam non valet consequentia: Christiani in domo Mariae congregati crediderunt, *Petrum* apostolum habere peculiarem angelum custodem, et quidem tunc, cum is in carcere tenebatur: ergo *omnibus*, et perpetuo quidem, ejusmodi angelus a Deo assignatus et addictus est. Non, inquam, valet ab eximio apostolo ad singulos homines. Nec eadem est ratio custodiae Dei circa homines profanos et impios, quae circa pios et quidem insignes. Proinde locus hic, quem testimonium prae caeteris omnibus insigne appellat Nazarius controvers. unica, singulis hominibus, tam fidelibus, quam infidelibus, singulos angelos ad custodiam a Deo deputari, non evincit. *Dist.* inter *opiniones* quorundam, et quidem plebejorum hominum, et *dogma* totius ecclesiae... *Dist.* inter assertionem *Scripturae*, et assertionem vel conjecturam *hominum*, qui in Scriptura loquentes introducuntur. Sane non omnia sana, quae a Judaeis, imo ab ipsis Christi discipulis quandoque coram eo adhuc in terris vivente proferebantur. Non est credibile, angelos custodes speciem, figuram, habitum, vocem, gestum assumere atque referre eorum, quorum custodes censentur. Etenim ista non simulantur, nisi illudendi et decipiendi gratia. Diabolus homines repraesentare solet... Quamvis de angelo custode non pauci ex patribus, imo et ipse Lutherus in oratione matutina et vespertina in catechesi praescripta (‚Dein heiliger Engel sei mit mir‘ etc.), saepius loquantur, nequaquam tamen illud exclusive intelligendum est.“ (L. c. s. 2. q. 9. f. 686. 690. sq.)

b) Sic dicuntur *angeli puerorum*, id est, curae illorum destinati, *Matth. 18, 10.*

c) *Castra metatur angelus Domini circum timentes Deum et eripit eos, Ps. 34, 8. Mandatum est angelis a Deo, ut custodiant* hominem Deo confidentem *in omnibus viis suis etc., Ps. 91, 11. 12.* Sic leguntur admonuisse de praesentibus rebus Josephum, Mariae maritum, *Matth. 1,*

19. 20. 2, 13. 19., Cornelium centurionem *Act. 10, 3. 5.*, praemonuisse de futuris *Apoc. 1, 1. 22, 6. 16.*, praestare opem ad declinandum malum *Ps. 91, 11. 12.*, defendere in malis, uti Danielem in fovea leonum, *Dan. 6, 22.*, eruere e malis, exemplo Petri, *Act. 12, 7.*, et apostolorum plurium simul, *Act. 5, 18. 19.*, solatium praebuisse paventibus: Zachariae, *Luc. 1, 13.*, Mariae, *v. 30.*, pastoribus, *c. 2, 10.*, mulieribus ad sepulcrum Christi venientibus, *Matth. 28, 5. Marc. 16, 6.* *Et sicut mali ventos Typhonicos, grandines, erucas, morbos, pestem et alia id genus mala hominibus infligere laborant: ita contra bonos* εὐετηρίαν, *tranquillitatem aëris, et ventos moderatos pluviasque foecundas suo modo adjuvare, salubritatem aëris tueri, et contra morbos remedia ostendere, dubium non est,* scribit *Er. Schmidius* ad *Ebr. 1.* eoque refert locum *Joh. 5, 4.* de angelo motore aquae in piscina Bethesdea. Addit: *Sic nullum dubium est, in thermis, fodinis metallicis et similibus angelorum* λειτουργίαν *Dei jussu accedere. Sed quotusquisque haec agnoscit!* p. 1297.

d) Prout *animam Lazari* dicuntur *portasse in sinum Abrahae, Luc. 16, 22.* Non, quasi anima separata seipsam movere non possit, sed ad significandum comitatum, honoris causa factum, aut, quod angeli hodogetae sunt animabus, monstrantes, quo eundum sit, juxta *Chrysostomum* Homil. XXIX. in Matth. Tom. II. Opp. fol. m. 270. C. D.

§ 37.

Ad officium angelorum ratione status *ecclesiastici* pertinet, quod promovent ministerium verbi, ac speciatim, quod promulgationi legis Mosaicae tanquam ministri adfuerunt;[a] quod Christi adventum in carnem annunciarunt;[b] quod impediunt idololatriae in ecclesiam introductionem,[c] intersunt coetibus sacris.[d]

a) Vid. *Deut. 33, 2.* et *Gal. 3, 19.*, ubi dicitur ὁ νόμος διαταγεὶς δἰ ἀγγέλων, *lex ordinata per angelos.* Quod de sono tubarum ab angelis excitato nostrates exponunt. Conf. *Act. 7, 53.*

b) *Luc. 1, 26. cap. 2, 9.*

c) *Judae* Epist. *v. 9.* Creditur enim lis illa angeli cum satana super corpore Mosis hinc exorta fuisse, quod satanas corpus Mosis a Deo occultatum producere in lucem niteretur ad praebendam Israelitis occasionem idololatriae, ideoque obstitisse angelum bonum.

d) Vid. *1 Cor. 11, 10.*, ubi argumentum ad persuadendam feminis facilius modestiam vestitus in coetibus sacris observandam ab angelorum boni ordinis et decoris amantium praesentia petit Paulus. Confer. *1 Tim. 5, 21.*, ubi Paulus Timotheum sollicitudinis in munere sancto prolixe monitum *per angelorum conspectum obtestatur.* Et certum est, angelos praesentes una nobiscum celebrare Deum, neque pauca removere impedimenta.

§ 38.

Statui *politico* ita serviunt angeli, ut impediant, quominus rumpantur vincula reipublicae,[a] adjuvent et defendant magistratum ejusque ministros,[b] arceant pericula, et hostes iniquos affligant.[c]

a) Sic *Dan. 10, 13.* dicitur, Deum misisse angelum in aulam regis Persarum, eo tempore, quo *seu* angelorum *seu* officialium aut consiliariorum malorum studio atque opera religio et justitia pessum iturae videbantur, ut, suppressis horum conatibus, tranquillitas et salus publica servaretur.

b) Ita legimus *Daniel 6, 22.* angelum a Deo missum conclusisse ora *leonum*, ne Danieli, ministro regni praecipuo, pro Dei gloria periculum subeunti, nocere possent.

c) Prout *2 Reg. 19, 35.* et *Es. 37, 36.* angelum Domini pio regi Ezechiae, bello injusto ab Assyriis petito, succurrisse et exercitum hostilem internecioni dedisse narratur.

§ 39.

Oeconomiae ministrant promovendo conjugia[a] piorum, custodiendo rem familiarem,[b] tuendo pignora familiae, liberos.[c]

a) Hoc Abraham, filii conjugium procurans, sperare se testatus est *Gen. 24, 7.*

b) Vid. *Job. 1, 10.*, ubi Deus dicitur *vallasse* aut vallo circumdedisse *domum* ejus, eo sensu, quo *Ps. 34, 10.* dicitur Deus immittere *angelum in circuitu timentium eum.*

c) Vid. *Matth. 18, 10.*

ANTITHESES AD §§ 35—39.

QUENSTEDTIUS: „*Antithesis* 1. *Gentilium*; ferax enim atque foecunda monstrorum genitrix gentilitas enixa olim genios est, hominum, locorum, regionum, urbium, aedium tutelares custodes. . . 2. *Rabbinorum* et *Cabbalistarum.* . . 3. *Muhammedanorum.* De Muhammedistica opinione videatur Phil. Lonizerus tom. I. Chronicor. Turcicor., ubi inquit: ‚Omnium Muhammedanorum firma haec est opinio, singulis infantibus, ut primum nati fuerint, binos addi angelos, quorum unus dextram, alter sinistram muniat.‘ . . 4. *Nonnullorum patrum*, praesertim Graecorum. Ex poëtarum enim, Platonicorum et Stoicorum commentis et Judaicis lacunis derivata ad christianos in primitiva ecclesia opinio est, singulis hominibus, maxime fidelibus, singulos angelos ad custodiam deputari. . . *Primasius* in ep. ad Hebr. c. 1., unicuique fidelium ab ortu nativitatis, vel potius a tempore baptismatis dari a Deo angelum ad sui custodiam, asserit. . . Et celebre est illud *Bernhardi* serm. 12. in Ps. 90.: ‚In quovis angulo, in quovis loco reverentiam habe angelo tuo, et ne audeas coram illo facere, quod me praesente non auderes.‘ 5. *Quorundam patrum*, ut *Origenis* . . ., *Chrysostomi* hom.

III. ad Col., auctoris imperf. oper. in Matth. hom. V., asserentium: Singulos homines habere non solum bonum angelum, a quo defendantur, sed etiam malum, a quo impugnentur... 6. *Scholasticorum* et *pontificiorum*, qui *septem* principales angelos constituunt, quibus cura et gubernatio ecclesiae ac totius mundi determinata sit... Notat hic Salmero, quod angeli illi septem a quibusdam vocentur: Michael, Gabriel, Raphael, Uriel, Saathiel, Ehudiel, Barachiel. Tria quidem priora nomina, ut Michaelis, Gabrielis et Raphaelis, in Scripturis s. inveniuntur; illis vero Urielem, Saathielem, Ehudielem et Barachielem partim ex 4. libro Esdrae, partim nescio unde adjecerunt. Faciunt, inquam, tutelares quosdam universales..., vel singulorum hominum, qui specialiter dicuntur angeli custodes; de quibus haec tanquam certa et indubitata ponunt: 1. Singulis hominibus, tam electis, quam reprobis, tam gentilibus, quam christianis, etiam ipsi antichristo, angelum bonum custodem praefectum. Vide scholasticos ad lib. II. sentent. Licet magister sententiarum Lombardus dubitet, annon unus angelus multorum etiam curam habeat; Thomas vero P. I. Summae q. 103. docet, ,singulis hominibus singulos angelos ad custodiam deputari'. Idem statuunt, quos magno numero laudat Gabriel Vasquez; Becanus inquit: ,Unicuique fidelium attributnm esse proprium angelum custodem, communis est patrum sententia.' 2. Statuunt, etiam angelum malum singulis hominibus assignatum, sed a daemonum principe deputatum. Et hunc vocant daemonem exercentem... 7. *Calvinianorum quorundam*, ut Hieronymi Zanchii, qui hanc thesin ponit: ,Cuique electo ordinarie certum propriumque angelum, qui perpetuus sit ejus custos et comes, jam inde a nativitate usque ad finem vitae a Deo assignari; extra ordinem vero plures etiam nonnumquam ad eum pro Dei beneplacito majoris consolationis causa a Deo mitti, verosimile est et cum sacris literis magis consentaneum.' Item Alstedii, Vossii et Hug. Grotii, qui sententiam de bono angelo custode singulis fidelibus assignato partim ut probabilem admittunt, partim ex professo defendunt. 8. D. *Horneji*, qui, jam dictam sententiam proxime ad veritatem accedere, existimat." (L. c. f. 686. sqq.)

§ 40.

Denique peculiare erit officium angelorum, quo fungentur *in die extremo*, quando Christum ad judicium accedentem comitabuntur ejusque adventum sono tubarum proclamabunt,[a] homines ex omnibus mundi partibus colligent,[b] pios ab impiis segregabunt,[c] illos ad dextram Christi[d] collocabunt, in occursum ei ductos in aëre,[e] hos, ad sinistram judicis constitutos,[f] mox in infernum praecipitabunt.[g]

a) Vid. *Matth. 25, 31. 1 Thess. 4, 15. 16.*
b) *Matth. 24, 31. Marc. 13, 27.*
c) *Matth. 13, 41. et 49.*
d) *Matth. 25, 32.*
e) *1. ad Thess. 4, 17.*
f) *Matth. 25, 32.*
g) *Matth. 13, 42. 50.*

§ 41.

Propter illas perfectiones, quibus angelos bonos pollere vidimus, quodque nobis plurimum favent ac prosunt, decet utique, ut eos *magnifaciamus*,[a] amemus, et caveamus, ne malis actionibus ipsos offendamus.[b]

a) Quod enim sanctis demortuis deberi *Augustana Conf.* docet Art. XXI. (scilicet *memoriam* eorum *proponi* posse, ut *imitemur bona opera* illorum), id similiter angelis recte exhibetur, praesertim, quod angelos actionibus nostris interesse alias constet.

b) Vid. *1 Cor. 11, 10.*; h. l. § 37. not. *d.*

§ 42.

Preces autem nostras ad angelos dirigere non decet. Hoc enim *vel* impium et idololatricum[a] est, *vel* saltem inutile et inconsultum.[b]

a) Nempe si preces *religiosas* cum fiducia ad ipsos tanquam largitores bonorum spiritualium dirigamus.

b) Qualescunque enim sint preces illae, fatendum tamen est, Scripturam *mandatum* nullum, nec *exemplum* aut *promissum* ullum nobis suppeditare. Et unde, quaeso, cognoscere licebit, angelos *intelligere* preces nostras, aut illis *delectari?* Imo *Apocal. 19, 10.* et *cap. 22, 8. 9.* angelus *simpliciter* et *constanter* repudiat cultum adorationis, ratione addita, quod *conservus* Johannis et consors fidei, ac *Deus* (in *oppositione* ad omnes, qui non sunt Deus, sed inter se conservi, adeoque *solus* Deus) *adorandus sit.* Quod quidem planum est, angelum *non* ex affectata *humilitate*, sed *serio* et propter solidas rationes agere, *nec* distinguere inter *gradus* religiosi cultus, quorum aliquis Deo soli, alius sibi competat. Unde, hujus loci ratione habita, praeclare *Augustinus* Lib. de vera Relig. cap. LV. *Honoramus angelos*, ait, *caritate, non servitute, nec eis templa construimus. Nolunt enim sic se honorari a nobis, quia nos ipsos, cum boni sumus, templa summi Dei esse norunt.*

ARTICULI SMALCALDICI: „Etsi angeli in coelo pro nobis orent . . ., inde non sequitur, angelos et sanctos a nobis esse invocandos, adorandos“ etc. (II, 2. p. 305.)

QUENSTEDTIUS: „*Dist.* inter τὸ adorare, quatenus significat exteriori corporis gestu honoris et *reverentiae signum* exhibere vel etiam ipsum *cultum civilem*, gestibus corporis externis significatum, et sic adoratio deferri potest tam angelis, quam hominibus excellentibus, — et τὸ adorare, quatenus notat aliquem propter omnipotentiae et sanctitatis eminentiam et *ut auctorem et datorem omnis boni interiori mentis intentione colere, invocare* et spem in aliquem ponere sive ipsum *cultum religiosum*, et sic nonnisi Deus est adorandus. Adeoque cum adorare in Scripturis indifferenter de cultu tam civili, quam religioso, usurpetur, non statim, ubi adorationis nomen reperitur, adoratio religiosa intelligenda est. Fallit ergo Becanus, qui, ubi legit, Abrahamum, Lothum, Bileamum adorasse angelos, confestim colligit, adorasse religiose. . .

Distinctiuncula illa pontificiorum inter *latriam* et *duliam*, quasi illa soli
Deo debita sit, haec angelis deferri possit, est qua rem, qua voces
extra, praeter et contra Scripturam conficta et excogitata.   Vox enim
et δουλείας et λατρείας tam de cultu creaturarum civili, quam de cultu
religioso solius Dei in Scripturis passim usurpatur; quoad rem cultus
alicujus *intermedii* inter religiosum et non-religiosum sive civilem voce
δουλείας denotari, in Scriptura nullum est vestigium. . .   Officiosam
δουλείαν angelis deferri posse, quae civilis etiam dici poterit, quatenus
ad unam civitatem nobiscum pertinent Hebr. 12, 12., nullum est dubium
(si scl. nobis appareant), non vero δουλεία religiosa." (L. c. c. 11. s. 2.
q. 10. f. 692. sq.)

ANTITHESIS.

QUENSTEDTIUS: „*Antithesis:* 1. *Platonicorum antiquorum,* qui
daemones natura, dignitate, locoque inter Deum et homines medios
esse volebant . . . ac proinde religiose colendos et sacrificiis placandos.
. . . 2. *Judaeorum*, qui etiam fuerunt angelolatrae. . . 3. *Antiquorum
haereticorum,* qui jamdum apostolorum tempore praetextu humilitatis
θρησκείαν ἀγγέλων, angelorum cultum, introducere voluerunt, Col. 2, 18.
. . . Item Simonis magi successorum, ut *Cajanorum*, quos angelos
coluisse et invocasse cum Epiphanio testatur Theodoretus. . . 4. *Socinianorum,* qui docent, angelos in V. T. adorari et religiose coli potuisse,
hodie vero id fieri non debere. . . 5. *Pontificiorum*, communiter contendentium, angelos et olim in V. T. recte adoratos et hodie adorandos
et religiose colendos esse, h. e. ad angelos recte preces fundi posse, ut
mediatores inter Deum et homines, et cultu aliquo medio inter civilem
et religiosum, qui tamen ad hunc referendus sit, esse prosequendos;
hocque ex theoria et praxi eorum constat. . . *Concilium Tridentinum*
bruto suo anathemate ferit eos, qui negant, sanctos (angelos scl. et
sanctos demortuos) suppliciter invocandos esse, sess. 25.   Verba concilii sunt: ,Impie sentiunt illi, qui stultum esse statuunt, sanctis in
coelo regnantibus voce vel mente supplicare' (mente alicui supplicare
est proprie religiose et divine adorare, docente Gerhardo.). . . *Bellarminus* . . . eos facit omnipraesentes: ,nullus enim horum est, inquit,
qui non ubique omnia videat', l. I. de b. s. c. 20. respons. ad 6.; omni-
scios. ,Non est verum, ait, quod assumitur, sanctos ignorare, quod ab
illis petamus'; omnipotentes: ,proinde non potentes modo, sed plane
omnipotentes esse illos (angelos, vel homines sanctos), quis jure in-
ficiari potest?'" (L. c. f. 693. sq.)

§ 43.

Malorum angelorum *lapsus* seu peccatum primum,
per quod desciverunt a bonitate concreata, et facti sunt
mali, qualenam fuerit, non satis clarum est; communiter superbia[a] fuisse putatur.

a) Sive inordinata sui complacentia et affectatio divini honoris ac
dominii.   Nempe spiritus in serpente latens, *Genes. 3, 5.,* vana polli-
citatione singularis similitudinis cum Deo Evam seduxit; et quia a
Christo adorari voluit, *Matth. 4, 9.,* prout consummatae superbiae specimen edidit, ita hoc peccato se primum polluisse existimatur.   Quia
etiam *initium omnis peccati superbia* dicitur, *Ecclesiastici* cap. 10, 14., colligitur hinc, etiam diabolici peccati, quod primum omnium erat, natales
illic inveniri.   Conf. *Gerhard.* Isag. Disp. V. § 11. cap. IX. § 8. 9.

QUENSTEDTIUS: ,,*Superbiam* fuisse primum angelorum peccatum, probabiliter colligitur: 1. ex 1 Tim. 3, 6.: ,Ne inflatus, τυφωθείς (Vulg.: in superbiam elatus), in condemnationem incidat diaboli', h. e. ne in eandem incurrat damnationem, quam ipse satanas per arrogantiam pertulit. Ita Chrysostomus, Gerhardus, alii. . . 2. Ex tentatione. . . 3. Ex perpetuo conatu, quo Dei gloriam in se transferre studet. . . Probatur haec sententia etiam a b. Luthero in Genes. 1. Basilius M., Cyprianus et Bernhardus *invidiam* superbiae jungunt.'' (L. c. s. 2. q. 12. f. 729.)

ANTITHESIS.

QUENSTEDTIUS: ,,*Antithesis :* Non lapsu, sed ortu quosdam angelos malos esse, h. e. ab initio suae existentiae sive a natura sua semper fuisse malos, statuerunt *Manichaei* et *Priscillianistae*. . . Quoad peccatum in specie statuunt: 1. *Josephus* et *Philo*, ut et nonnulli patres, velut Justinus, Athnagoras, Origenes, Clemens Alexandrinus, Tertullianus, Lactantius etc., primum diabolorum peccatum fuisse *intemperantiam* sive luxuriam et libidinem. Existimant enim, nonnullos angelos libidinibus sese inquinasse et feminarum concubitum adamasse. . . . 2. Alii existimant, affectasse diabolum *unionem hypostaticam* et eam excellentiam humanae naturae *invidisse*, ut Suarez.'' (L. c. f. 728.)

§ 44.

Lapsus autem est coetus malorum angelorum sub certo quodam duce aut principe, quem *diabolum*[a] Scriptura appellat, quique *vel* exemplo, *vel* suasione sua caeteros ad societatem ejusdem peccati induxit.[b]

a) In singulari, vid. *Joh. 8, 44.*, atque hic est ὁ ἄρχων τῶν δαιμονίων, *princeps daemoniorum*, *Luc. 11, 15.*, *serpens antiquus* et *satanas*, *Apoc. 12, 9.*

QUENSTEDTIUS: ,,Per *diabolum* intelligitur h. l. (Joh. 8, 44.) non princeps aliquis diabolorum, ut Matth. 12, 24., sed *tota caterva* malignantium spirituum, quia haec praedicata omnibus malis angelis competunt.'' (L. c. s. 1. th. 30. f. 640.)

b) Inde est, quod Scriptura mentionem facit *angelorum diaboli*, *Matth. 25, 41. Apoc. 12, 7.*

QUENSTEDTIUS: ,,Quo ordine angeli mali peccarint, an omnes simul, an unus post alterum, sive an primo unus ceciderit et alios suo exemplo et persuasione ad ἀποστασίαν et lapsum induxerit, de eo *scholastici* disputant, sed ἄτερ γραφῆς.'' (L. c. s. 1. th. 34. f. 643.)

§ 45.

Commisso peccato, angeli illi omnes *amiserunt gratiam* sibi concreatam, atque ita inciderunt in *miseriam* acerbissimam, sine spe restaurationis.[a]

a) Non enim, sicut hominibus, ita angelis poenitentiae tempus et locum concessit Deus, sed auxilium gratiae penitus denegavit; cujus consilii divini rationes a patribus traditas, vide apud *Gerh.* loc. cit. Disput. cap. IX. § 17.

QUENSTEDTIUS: „Scriptura nuspiam docet, remedium aliquod lapsui eorum paratum, vel lapsis *spatium poenitentiae* relictum fuisse; imo ἁπλῶς Deum pepercisse angelis peccantibus, negat Petrus 2. ep. 2, 4. Non posse autem diabolos agere poenitentiam salutarem, inde constat, quia destituuntur mediatore.“ (L. c. c. 14. s. 2. q. 5. f. 827.)

IDEM: „*Quare* Deus post lapsum angelorum et hominum se voluerit ostendere φιλάνϑρωπον, non φιλάγγελον, has adducunt probabiles rationes patres scholasticique: 1. quia angelica natura non tota periit, sed pars tantum, humana vero natura tota in uno; quod notat Augustinus enchirid. c. 29.; 2. quia natura angelica cecidit non tentata ab alio, humana tentata et seducta ab alio; illa per malitiam cecidit, haec per infirmitatem.“ (L. c. f. 829.)

§ 46.

Nempe *intellectus* illorum, non solum lumine gratiae, verum etiam lumine gloriae destitutus atque in contemplatione irae divinae ac suae miseriae defixus, velut obtunditur et caret recto de bonis agendis judicio.[a]

a) Hoc est, quod *Joh. 8, 44.* dicitur, *veritatem non esse in diabolo.* Quemadmodum enim *veritas*, in qua satanas primum conditus non stetit, erat plena integritas et ad actus sibi convenientes recte exercendos concreata δύναμις ac perfectio, quae rectum de rebus agendis judicium inprimis importabat; sic excidens a veritate satanas, et quando *veritas in ipso esse* negatur, hoc ipso cognoscitur carere vero et sano de rebus agendis judicio; unde et in dicendo verax non sit, sed mendax, deceptor et calumniator etc. *Alias* autem corruptio intellectus diabolici etiam hinc ostendi solet, quod satanas mortem Christi tanto studio promovit, non sentiens, inde sibi maximam contrahi adversitatem. Quae autem superest in angelis malis cognitio *naturalis*, ea nihil felicitatis illis, a Deo rejectis, addit.

QUENSTEDTIUS: „Diabolus ad Christum dicit: ‚Si filius Dei‘ etc. Aut ergo novit, Jesum esse Dei filium, non per certitudinem scientiae, sed per conjecturam opinionis firmae, ita ut *magis suspicari*, quam nosse, censendus sit, ut loquitur Hilarius; aut, si certo novit, Filium Dei esse, *impudenter insanus* fuit, ut qui putavit, se astutia et strophis suis ipsum Deum subversurum et pellecturum ad malum. . . Est in angelis malis aliqua *rerum supernaturalium cognitio*, sed cum extremo Dei et angelorum bonorum ac piorum hominum odio, nec non ignorantia, dubitatione, errore et oblivione conjuncta, Matth. 4, 6. Joh. 13, 2. 1 Cor. 2, 8. . . *Rerum naturalium scientia*, cum naturalis, tum experimentalis, insignis illis est: 1. *naturalis* ex spiritualis naturae subtilitate et judicii acrimonia; 2. *experimentalis*, eaque insignis, ex longi temporis usu; hinc b. Lutherus alicubi ait: ‚Diabolus est doctor non promotus, sed expertus.‘“ (L. c. c. 11. s. 1. th. 36. sqq. f. 644. sq.)

§ 47.

Voluntas amore Dei summo et gaudio inde hauriendo privata atque ita a Deo aversa obduratur[a] in malo, adeoque misere angitur et affligitur.[b]

a) *Non* ex peculiari influxu aut *determinatione* Dei, *neque* ex *absoluto* Dei *decreto, sed* propter illam *perfectionum* intellectus et voluntatis *subtractionem* antegresso *delicto* promeritam.

b) Nempe cognoscentes, *esse Deum,* cujus ideam ex animo plene expungere nequeunt; eundem etiam summe *potentem* et *in se* quidem atque angelis *aliis* bonis summe *bonum,* sibi vero irreconciliabiliter *adversum* semperque imminentem ac severum, non solum *non amant,* sed aversantur eum, et *adversantur* ei; cumque seipsos, suo, quod ajunt, jugo malum hoc sibi attraxisse cognoscunt, *sibi* ipsis *succensent,* et quasi rixantur secum (Deum ita simul et seipsos *odio* prosequentes). Unde cum aliis melius esse, quam sibi, cognoscunt, *invidia* felicitatis alienae et perpetuus *dolor* ob praesentiam malorum suorum continuam, necessario nascitur.

§ 48.

Itaque *libertas* voluntatis angelorum damnatorum *non* importat indifferentiam ad bonum aut malum, aut ad plura bona, *sed* versatur circa mala particularia, quatenus ex pluribus hoc eligere et non eligere, itemque aliud eligere possunt.[a]

a) Sub *specie* quidem *boni,* sed, quod revera bonum non est, fallente ipsos *judicio* suo *corrupto.*

§ 49.

Operationes, quas exercent angeli mali, variae sunt; imprimis vero notari debent, quae tendunt *in perniciem cum* hominum singulorum, *tum* statuum hierarchicorum.

§ 50.

Ita nocere conantur partim *corporibus* hominum, ut morbos immittant;[a] partim bonis externis seu *opibus,* ut corrumpant illas vel auferant;[b] partim ipsi *animae,* ut eam a Deo avertant et per peccata in damnationem pertrahant.[c]

a) Sic *Luc. 13, 11.* dicitur *mulier contracta*, συγκύπτουσα, habere *spiritum infirmitatis*, tanquam hujus causam, et *v. 16.* dicitur *satanas eam alligatam* hactenus tenuisse.

> QUENSTEDTIUS: ,,Tertullianus l. de fuga in persecutione c. 2.: ,Nec in porcorum', inquit, ,gregem diaboli legio habuit potestatem, nisi eam de Domino impetrasset, tantum abest, ut in oves Dei habeat. Possum dicere: porcorum quoque setas tunc apud Deum fuisse numeratas, nedum capillos sanctorum.'" (L. c. th. 52. f. 651.)

b) Vid. Historia *Jobi* cap. 1, 12. sqq.

c) Nam quod Christus *Luc. 22, 31.* de discipulis suis affirmat, *satanam appetiisse* (suo quodam velut jure, certe audacter prorsus, quaesivisse), *ut cribraret* eos, *tanquam triticum*, id eo spectat, quod satanas tentationibus variis apostolorum mentes agitare, turbare, fidem eorum labefactare, imo, si posset, excutere eam et scandalo ex passione Christi concepto ad ἀποστασίαν totalem, imo finalem perducere eos statuerit. Similiter, quod Paulus *Ephes. 6, 11. et 12. armaturam spiritualem* in certamine cum spiritibus malis commendat, supponit insultus horum, quibus animarum salus in discrimen adducitur. *Petrus* autem *1. Epist. 5, 8. 9. fide* ac *vigilantia* christiana resistendum esse dicit *hosti, quaerenti*, quem *devoret*, seu quem in extremam animae perniciem adducat.

§ 51.

Peculiariter huc pertinent *obsessio spiritualis*, per quam satanas efficaciter[a] impellit animos hominum impiorum[b] ad pessima scelera;[c] et *obsessio corporalis*, qua satanas secundum substantiam[d] suam intra corpora hominum[e] habitat et operatur[f] in illis ex permissione divina.[g]

a) Vid. *Luc. 22, 3.*, ubi dicitur *satanam intrasse in cor* (id est, *animam*) *Judae*, conf. *Joh. 13, 27.*; *immisisse in cor* ejus, menti illius hoc consilium ac propositum insinuasse, *ut proderet Jesum*, vers. *2.* Sic *Ephes. 2, 2.* dicitur *princeps mundi, spiritus* malus, ἐνεργεῖν, *efficaciter operari in filiis contumaciae*, hominibus infidelibus. Et *2 Cor. 4, 4.* dicitur *Deus hujus saeculi excoecare sensus incredulorum, ne illucesceret illis lumen evangelii*. Denique *2 Tim. 2, 26.* dicuntur illi, qui ministerio resistunt, ἐζωγρημένοι, *capti* velut bestiae vivae, a satana, et tanquam *laqueo* implicati ductique *ad ipsius* voluntatem.

> QUENSTEDTIUS: ,,*Obsessionis spiritualis* enorme exemplum fuit *Judas Ischarioth*... Jam ante quidem (satanas) miserat in cor Judae, ut Christum traderet (Joh. 13, 2.), imo biduo ante illam coenam ultimam in eum intraverat, cum adiit principes sacerdotum et pacta pecunia illis dominum suum promisit Luc. 22, 3., sed ibi intraverat non corporali, sed spirituali εἰσελεύσει, Judae persuadendo, ut traditionem Christi Judaeis polliceretur; post offulam vero intravit (Joh. 13, 27.), ut promissum scelus executioni mandaret, vehementius impellendo et omnino ipsum non corporaliter quidem, sed spiritualiter possidendo.

Hinc Augustinus tract. 62. in Joh. inquit: ‚Ante ut alienum impulisse, nunc possidere ut proprium.‘ Item *Pharisaei*, quos progeniem viperarum Johannes Baptista appellat Matth. 3, 7. ob venenum peccati et malitiae. Unde Joh. 8, 44. dicuntur ex patre diabolo esse non per creationem aut generationem, sed per imitationem 1 Joh. 3, 8., et per operum eorum cum operibus diaboli conformitatem. Et taliter obsessos adhuc hodie cum in ecclesia, tum extra ecclesiam dari, in confesso est apud omnes. *Subjectum quo* anima impii est, non mere *passive*, sed simul *active* et ut συνεργὸς diaboli se habens. Hinc dicitur Joh. 8, 44., quod velint impii desideria patris sui (diaboli) ποιεῖν, facere. Licet enim satan, quos spiritualiter obsidet et possidet, ad peccandum solicitet, eosque regat, ipsi tamen peccatis non solum delectantur, sed et illa summa cum voluptate perficiunt. *Causa efficiens* obsessionis spiritualis est diabolus, 1 Pet. 5, 8. Luc. 11, 24. sq. . . *Obsessio spiritualis* suis circumstantiis describitur Matth. 12, 43. sq. et Luc. 11, 24. sq.: ‚Cum immundus spiritus exiverit ab homine et veniens invenit eam (domum suam antiquam) scopis mundatam, tunc vadit et assumit septem alios spiritus nequiores ipso, et ingressi habitant ibi.‘ *Obs.:* 1.: *Quis?* Daemon, immundus ille spiritus, qui foeda immunditie sua, peccatis scl., cuncta contaminat, ita ut homo, qui thronus et templum Dei est, fiat cloaca diaboli. Tale scl. cor, qualis inhabitans diabolus est. 2. *Quid?* Exivit ejectus, rediit invitatus, ambulat vagans longe lateque quaerens, quem devoret 1 Pet. 5, 8. 3. *Unde* et a quo exivit? Ab homine, quem Christus a satana spiritualiter ipsum obsidente per verbum suum liberavit. 4. *Cur satanas rediit?* *a.* Quia, in locis desertis, hominibus vacuis, oberrans, non invenit gratam commodamque sibi habitationem; de repetendo ergo pristino habitaculo cogitabat. *β.* Quia homo, e quo ejectus erat, existimans, se per Christum a potestate satanae liberatum esse, secure in peccatis vivebat et ad pristinos mores redibat. 5. *Quando rediit?* Cum hanc derelictam domum suam vidit otio et vitiis optime ad palatum suum paratam et vacantem, ut additur Matth. 12, 44., Dei timore vacuam, voluptatibus diffluentem. 6. *Cum quibus venit?* Cum septem spiritibus nequioribus. Numerus septenarius pro multis more Hebraeorum sumitur; septem ergo spiritus nequiores sunt spiritus infernales alii plures. Sed quomodo πνεύματα πονηρότερα ἑαυτοῦ, seipso nequiores, pejores? Quia, sicut inter malos etiam spiritus ordo, ita quoque alter alterum malitia superat. Cum his ergo sociis suis in tali homine, socordiae, securitati aliisque peccatis dedito, habitat satan, tanquam rex in suo regno, tanquam dominus in suo domicilio. 7. *Quis hujus reditus et inhabitationis eventus?* Quod ultima illius hominis conditio sit pejor et deterior futura priore, scl. propter malitiam et ingratitudinem in Deum benefactorem, qui eum a satanae potestate liberaverat. *Causa promerens* et Deum movens, ut permittat, est peccandi studium. Non obsidet ἄθεον πνεῦμα, ut Synesius diabolum appellat, homines pro lubitu, sed ex Dei permissu. Videns enim Deus, hominem praefracte reluctari Spiritui S., ex justo judicio permittit satanae, ut spiritualiter eum obsideat et de peccatis in peccata ducat. *Forma* obsessionis spiritualis consistit 1. in propinquiori substantiae diaboli ad animam impii adessentia. Dicitur enim in eum intrare Joh. 13, 27., in eo habitare Luc. 11, 26., quae κατοίκησις non infert nudam diaboli per operationes appropinquationem, sed substantialem approximationem et adessentiam. 2. In efficaci et ad quaevis flagitia propellente συνεργείᾳ. Obsidet enim diabolus extreme impiorum *intellectum*, ne lumen evangelii videant, et, quae ad salutem eorum faciunt, intelligant 2 Cor. 4, 4. Obsidet eorum *voluntatem*, ut malis consentiant, *appetitum*, ut venenatas peccatorum delicias summa cum voluptate desiderent. Obsidet eorum *cor*, ne credant, *aures*, ne verbum Dei audiant, *oculos*, ne opus Dei spectent, *linguam*, ne orent, *vocem*, ne Deum laudent, *manus*, ne aliquid boni agant, *pedes*, ne viam justorum ambulent etc. Legatur de spirituali obsessione b. Chemnitii Harm. evang.

c. 65. p. 709. sq. 758. 978. *Eventus* obsessionis spiritualis plerumque
aeternum exitium est, Joh. 8, 21. 24. Ideo enim satanas obsidet homines, ut vitae aeternae naufragium faciant; *plerumque*, inquam, quia
ejusmodi obstinati peccatores *raro* resipiscunt, Joh. 8, 21. 24.: ‚In
peccatis vestris moriemini.‘ . . Recte ait b. *Gerhardus* in Disput. Isagog.
p. 610.: ‚Horribiliorem esse obsessionem corporalem, cum in sensus
incurrat; spiritualem vero esse graviorem et periculosiorem.‘ “ (L. c.
s. 1. th. 44. sqq. f. 648. sq.)

b) Qui propterea dicuntur ἐκ πατρὸς διαβόλου, *ex patre satana* esse,
uti Judaei, *Joh. 8, 44.*; υἱοὶ τοῦ πονηροῦ, *filii* illius *mali, Matth. 13, 38.*
seu *inimici* illius, qui est *diabolus, v. 39.*, morum satanicorum malitiosi
aemuli, uti dictis ejus audientes.

c) Qua ratione *desideria patris sui facere* dicuntur *Joh. 8, 44.*
Notandum autem etiam, quod scribit b. *Gerhardus* Harm. Evangel.
cap. CLXVIII. pag. 1161.: *Haec obsessio* (spiritualis) *tam subtilis est,
ut tum illi, quos occupat, tum alii quandoque judicent ab impulsu Spiritus
Sancti ea proficisci, quae spiritualem obsessionem satanicam consequuntur,
ut apparet in pertinacium haereticorum exemplo.*

d) Nempe non solum *adesse*, sed κατ’ οὐσίαν καὶ αὐτοπροσώπως inesse
corporibus hominum dicitur. Exempla autem τῶν δαιμονιζομένων, *dae-
moniacorum* seu obsessorum a malo daemone, multa sunt in Scripturis.
Vid. *Matth. 8, 28. 31. 32. Marc. 7, 25. sqq. Luc. 4, 35. 36.*

QUENSTEDTIUS : ,,*Forma corporalis obsessionis* consistit in inhabitatione maligni spiritus, vel etiam malignorum spirituum in corpore humano facta non tantum κατ’ ἐνέργειαν, sed etiam κατ’ οὐσίαν ipsam. Quod
vero immundi spiritus non modo κατ’ ἐνέργειαν, sed etiam κατ’ οὐσίαν in
obsessis habitent, probat diserta Christi assertio Luc. 11, 26., itemque
diabolorum ejectio et egressio Matth. 12, 43. Luc. 8, 2. 11, 14. 24. Hinc
recte docent scholastici, quod obsessio notet ,intimam et substantialem
praesentiam diaboli in obsessis‘, quodque daemones corpora obsessorum substantialiter intrent. Occupant autem corpus vel totaliter, cum
id totum permeant et afficiunt, vel partialiter, cum membra quaedam
ejus sibi vendicant, ut linguam Marc. 9, 17., linguam et oculos Matth.
12, 22. etc. Ad formam autem obsessionis requiritur non solum diaboli inhabitatio, sed etiam excruciatio, vide Matth. 9, 32. 15, 22.
Marc. 9, 18. Luc. 8, 27. ,Non satis est‘, inquit Thyranus, ,daemonium
hominem intrasse, ut obsessus dicatur, requiritur praeterea, ut in eundem saeviendi vel agendi a Deo obtinuerit facultatem.‘ Saepissime
etiam satan miserrime affligit homines extrinsecus per assistentiam,
non vero per informationem aut inhabitationem, ut suo exemplo docent
Jobus et Paulus, quos nemo sanus pro obsessis habebit; non enim
sequitur: Hic a satana excruciatur, ergo ab eodem possidetur. Ad
possessionem enim seu obsessionem utrumque requiritur, et inhabitatio
et excruciatio, sive ut αὐτοπροσώπως homini insit et noceat.“ (L. c.
th. 54. f. 651.)

e) Non solum *impiorum*, verum aliquando etiam *piorum;* quod et
experientia monstrat, et nostrates colligunt ex analogia similium affli-
ctionum, v. g. *Joh. 2, 12.*, cujus corpus satanas miserrime afflixit, et
Pauli *2. ad Cor. 12, 7. Quodsi enim Paulus, tantus apostolus, a satana
colaphizatus est, ne magnitudo revelationum ipsum extolleret; quid mirum,
si etiam satanae potestas ad tempus in corpora piorum concedatur?* ait *Gerh.*
l. c. Disp. XIV. cap. VIII. § 13.

f) *Excruciat* videlicet corpus hominis et per membra ejus *actiones* varias, *mirabiles* et *peccaminosas* perficit, ex quibus etiam, si non singulis, certe *conjunctim*, tanquam ex *signis*, vera obsessio corporalis, ab epilepsia aliisque morbis aut fascinationibus distincta, cognoscitur.

> QUENSTEDTIUS: ,,*Signa* obsessionis propria sunt: 1. Linguarum exoticarum seu peregrinarum, artium item et disciplinarum, quas obsessi nunquam ante didicerunt, nec liberati amplius norunt, scientia. 2. Rerum abditarum atque alibi in remotissimis regionibus gestarum, item futurarum notitia et indicatio. 3. Robur plus, quam humanum, seu praeternaturalis potentia. 4. Sine organorum dispositione avicularum, ovium, boum etc. vocum exacta repraesentatio. His adde 5. sermonis impuritatem, 6. gestuum deformitatem, 7. horrendam vociferationem Marc. 5, 5., 8. Dei blasphemationem et proximi cavillationem, 9. tum in corpus ipsum, tum in spectatores saevitiam et ferociam Matth. 8, 28. 17, 15. Marci 5, 5. Act. 19, 16. Ex his et similibus signis, quae tamen non simul omnia in singulis obsessis occurrunt, sed interdum plura, interdum pauciora, cognosci potest corporalis obsessio. Singularis tamen circumspectio hic requiritur, ne gravioribus morbis afflictos pro obsessis habeamus." (L. c. th. 56. f. 652.)

g) Quando videlicet Deus *vel* immediate, *vel* mediate, intercedente opera hominum *sive* bonorum, v. gr. ministrorum ecclesiae per excommunicationem majorem peccatorum enormium, de qua vid. *1. ad Cor. 5, 3. 1. ad Tim. 1, 20.*, *sive* malorum, aliis nocere studentium, v. gr. veneficiis aut exsecrationibus intercedentibus permittit, ut homines aliqui subjiciantur satanae. Quanquam vero *finis* hujus obsessionis ex parte *satanae* obsidentis sit *partim* ipsorum obsessorum, *partim* hominum aliorum damnum et pernicies; tamen ex parte *Dei*, istam permittentis ac *vel* peccata graviora, contemtum verbi, securitatem carnalem, blasphemias, conspirationem cum diabolo etc. severo judicio vindicantis, *vel* pios corporali castigatione corripientis et probantis, finis est manifestatio *potentiae, justitiae* et *bonitatis* suae *hominumque*, si non ipsorum *obsessorum*, saltim *aliorum* spectantium vel audientium *poenitentia, fides* et *salus*.

§ 52.

Similiter huc pertinet, quod daemones per *spectra*[a] hominibus illudunt[b] et seu animam seu corpus perdere aut affligere[c] student.

a) Quae quidem ὁράματα Graeci, Latini praeterea ad literam *visa* appellant; et in generali significatione, *alia* quidem sunt mere imaginativa, ex somnio, morbo, aut mala conscientia; *alia* vere talia sunt; eaque rursus *vel* divina, ex immediata operatione Dei, *vel* angelica, ex operatione bonorum angelorum, *vel* naturalia, ex ignorantia causarum physicarum aut superstitione orta, *vel* artificialia, *vel* denique diabolica, quae postrema spectrorum species huc spectat. Quanquam fatendum sit, non tantum ea, quae *visui*, sed etiam quae *auditui* (forte et aliis sensibus) objiciuntur, ad praesens pertinere.

b) Talia fuerunt, quorum mentio fit *Sap. 17, 3. sqq.* de plagis Aegyptiorum, quando *ἰνδάλματα*, seu *simulacra* (aut spectra) eos turbabant; quando *soni conturbantes ipsos circumstrepebant et visa (φάσματα) tristia flebilibus formis (τοῖς κατηφέσιν προσώποις) apparebant*; quando *pyra timore plena ultro apparebat (αὐτομάτη πυρὰ φόβου πλήρης)* ipsique *a visione, quae non erat aspectabilis, terrebantur* etc. Atque hos ludos fecerunt מַלְאֲכֵי רָעִים, *angeli malorum*, de quibus vid. *Ps. 78, 49.*, quos etiam LXX *ἀγγέλους πονηροὺς* reddiderunt. Sed et ad spectrorum classem pertinent שְׂעִירִים, *satyri* vulgo dicti, hircorum specie apparentes, de quibus vid. *Es. 13, 21. et 34, 14.* collat. cum *Levit. 17, 7. et 2 Chron. 11, 15.* una cum *Apocal. 18, 2.*

c) *Partim* terrendo, juxta *Sap. 17, 1. sqq.*, *partim* ad superstitionem, avaritiam etc. inducendo.

§ 53.

Speciatim statui *ecclesiastico* adversantur, quando spargendis haeresibus invigilant,[a] impediunt pios et salutares ministrorum ecclesiae conatus,[b] abducunt auditores a pia meditatione verbi, ut conversionem et salutem eorum intervertant,[c] excitant etiam persecutiones adversus doctrinam et ecclesiam christianam.

a) Ita *inimicus (ἐχθρὸς ὁ διάβολος) zizania* in agro ecclesiae *seminare* dicitur *Matth. 13, 27.* Paulus in *1. ad Tim. 4, 1. et 2.* haereses vocat *doctrinas daemoniorum*, scilicet his auctoribus tribuendas. Quod antichristus tantum mali infert ecclesiae, id *2. ad Thess. 2, 8. per operationem satanae* fieri dicitur.

b) Quod Paulo accidit in *1. ad Thess. 2, 18.*, ubi se *ad Thessalonicenses semel iterumque venturum* a satana *impeditum* esse scribit.

c) Hoc enim est *tollere verbum e cordibus audientium, Luc. 8, 12.* Idque variis modis fit, v. g. quando hominibus objicit, quae in materiam cogitationum peregrinarum cedunt, aut praejudicia affectusque varios excitat, quibus vel oblivio, vel vilitas verbi lecti aut praedicati inducatur.

§ 54.

In statu *politico* daemones iniqua et exitiosa consilia suggerunt imperantibus[a] atque alias multis modis turbant harmoniam reipublicae.[b]

a) Quale erat illud *de numerando populo*, quod Davidi suppeditavit, vid. *1 Chron. 22, 1.*, et istud Achabo datum, ut bello peteret Syrios, *1 Reg. 22, 21. 22.*

b) V. g. dissidiorum semina spargendo, juxta tritum illud: *Divide et regnabis.*

§ 55.

In *oeconomia* conjugibus ipsis,[a] liberis eorum[b] et bonis familiae[c] insidiantur.

a) V. gr. lites serendo, aut sollicitando ad libidinem; quem duplicem dolum animadvertere et cavere jubet Paulus *1 Cor. 7, 5.*

b) Vid. historia *Jobi, cap. 1.*, et filiae δαιμονιζομένης, *Matth. 15, 22.*

c) Vid. historia *Jobi* et *Tobiae.*

§ 56.

Interim *Deus* ipse etiam utitur *ministerio malorum angelorum* ad castigandos in hoc mundo *pios*[a] et puniendos *impios, tum* in vita,[b] *tum* post mortem.[c]

a) Vid. iterum historia *Jobi.*

b) Vid. *Ps. 78, 49. Angeli* enim *malorum, sive* dicantur esse angeli, malis aut damnis inferendis intenti, *sive* malorum hominum angeli, in oppositione ad eos, qui destinati sunt haeredibus salutis, utrinque spiritus mali recte intelliguntur. Conf., quae diximus in nota *b.* ad § 51. et nota *c.* ad § 52.

c) Vid. *Matth. 18, 34.* Etsi enim verba parabolica esse videantur, tamen, quia additur: *Sic et Pater coelestis vobis faciet,* recte intelligitur de immittendis in homines irreconciliabiles tortoribus, quibus sine fine affligantur, eoque nomine non alii rectius, quam angeli mali, denotari creduntur. Neque ideo lenietur miseria horum, cujus sensum indesinenter experientur.

SCHERZERUS: „Diabolos quod attinet, quaestio hic remanet: Num et illi damnatorum tortores et carnifices in inferno sint futuri? Quicquid aliis visum fuerit, nobis placet negativa. *α.* Deus sine ministerio angelorum beat in coelis. Ergo etiam sine ministerio diabolorum torquet in inferno. *β.* Diaboli ipsi torquebuntur. Ergo non aliorum tortores erunt. Unde deprecantur abyssum, Luc. 8, 31., propter tormenta ipsos manentia. *γ.* Diabolus primus et gravissime omnium peccavit, hominesque ad peccandum pellexit. Ergo gravius hominibus torquebitur; adeoque hominum tortor non est futurus. *δ.* Contra Dei justitiam est, ut seductorem hominum eundem constituat tortorem. Sic enim seductoris sors melior esset sorte seducti, quod justitiae repugnat. *ε.* Nullum ejus rei documentum extat in sacris Literis... De tortoribus Matth. 18, 34., plagis Luc. 12, 48. et percussionibus Prov. 19, 29. Scriptura parabolica non est argumentativa. Nec sequitur: quia diaboli tortores sunt in hac vita, eos etiam fore in altera. Multa enim in hoc saeculo permittuntur, quae, finibus quasi μακροθυμίας clausis, in altero concedi nequeunt." (System. loc. 24. p. 649. sq.)

RAMBACHIUS: „Die Teufel werden keine tortores sein, wie manche sich einbilden und Gerhardus in locc. th. l. de infern. § 73. et Dannhauerus in hodosoph. p. m. 1505. vermeinet. Item Fechtius in Sylloge p. 562." (Erläuterung der Grundlegung der Theologie, p. 1085.)

§ 57.

Habent autem diabolus et angeli ejus[a] etiam paratos sibi *cruciatus* et dolores ex *igne*[b] infernali.

a) Praeter poenas illas, de quibus supra actum est § 46. et 47.

b) Ita *Matth. 25, 41.* docemur, *diabolum* et *angelos* ejus per sententiam judicis poenalem ablegatum iri *in ignem* sibi *paratum.* Certe ultra poenam illam, quam hactenus sustinent, ad novum quoddam supplicium in *judicio* illo *magno* et extremo subeundum eos asservari constat ex *2 Petr. 2, 4.* et *Judae v. 6.* Distincte autem velle exponere, *quomodo* ignis, si corporalis sit, agat in spiritus, curiosum magis est, quam utile et necessarium.

QUENSTEDTIUS: „Cruciatus . . *symbolice* describuntur per *ignem* aeternum Matth. 25, 41. et per stagnum ignis et sulphuris Apoc. 20, 10. 14. Sic Petrus 2. ep. 2, 4. et Judae 6. *Observa:* 1. Ponit Petrus negatum pro affirmato contrario: Deus non pepercit malis angelis i. e. gravissime eos punivit. 2. Explicat Petrus et Judas, qualis illa poena sit. . . Tria ergo designantur: 1. *vincula*, quibus constricti tenentur, quae ‚catenae caliginis‘ et ‚vincula aeterna sub caligine‘ dicuntur. Ast quae nunc sunt vincula ad *custodiam*, ne pro libertate grassari possint, in magno illo judicii die erunt ad *poenam*, et quae nunc laxiora sunt, tunc erunt arctissima et gravissima. 2. ‚Tartarus‘ (quod nomen proprium Petri est l. c.), in quo detinentur tanquam in carcere, et ‚caligo‘, sub qua reservantur. Quocunque enim abeunt et ubicunque degunt daemones, suum infernum circumferunt, ut ait Beda in 3. c. Jacobi. Distinguendum itaque inter *statum* infernalem et πο ῦ inferni. Oberrant quidem nunc per mundum, catenati tamen sunt et vinculis constricti tenebrisque obvoluti, et carcerem suum secum semper trahunt.“ (L. c. c. 11. s. 1. th. 36. f. 644. sq.)

IDEM: „Ignis materialis non potest agere in spiritus; nihil enim potest agere extra sphaeram sui objecti. Et si ageret, spiritus debilior foret corpore, quod absonum.“ (L. c. c. 14. s. 2. q. 4. f. 821.)

FECHTIUS: „Ignis non materialis et tamen proprie dictus est aqua non humida et tamen proprie dicta. Qualis ille futurus sit, si non est elementaris, non liquet.“ Addit ROLLIUS: „Triplex de igne infernali datur sententia. Quidam metaphoricum esse statuunt, in tormentis conscientiae consistentem; alii elementarem et ejusdem cum nostro speciei; alii vicissim proprie dictum quidem, sed diversae ab elementari naturae. Huic vero sententiae ratio in thesi adducta opposita est.“ (Sylloge, p. 95. 100.)

§ 58.

Erunt autem poenae, quibus affliguntur angeli mali, aeternae.[a]

a) Dicitur sane πὸρ αἰώνιον, κόλασις αἰώνιος, vid. *Matth. 25, 41.* et *46.*, πὸρ ἄσβεστον, *ignis inextinguibilis*, *Marc. 9, 43.*

OSIANDER: „De salvandis aliquando diabolis crassum errorem erravit quondam in ecclesia vetustiore *Origenes* homil. 9. in Jeremiam, quem non sine nausea saeculo superiore circa reformationis initium refricavit Joh. Denckius anabaptista, qui sensit, Deum tandem omnium

hominum et diabolorum miserturum. Sed refutatur hic error: . . .
3. quod diaboli careant mediatore. Non angelos, sed semen Abrahae
assumsit Ebr. 2, 20. Τὸ δὲ ἀπρόςληπτον ἀθεράπευτον i. e. quod Christus
non assumsit, non redemit. . . Quo motus fuit Origenes et Denckius,
fuit argumentum ab infinita Dei misericordia desumtum. Sed respondemus, Deum non tantum misericordem, sed et justum esse, ipsiusque
justitiam citra satisfactionem esse ignem consumentem et ad ima tar-
tari pertingentem. Cur autem Deus angelis lapsis non aeque prospexe-
rit de λύτρῳ, ut hominibus, a posteriori videtur, quod ipsi donis excel-
lentissimis praediti non tantum malitia propria lapsi fuerint et adversus conditorem erecta manu rebelles insurrexerint, sed et homines
seduxerint et ab obedientia conditoris averterint, nec in angelis posteritatis ulla ratio habenda fuerit." (Th. posit.-pol. I, 305. sq.)

AUGUSTANA CONF.: ,,Damnant anabaptistas, qui sentiunt, hominibus damnatis ac diabolis finem poenarum futurum esse." (Art. 17.)

Caput IV.

DE IMAGINE DEI IN PRIMA CREATIONE HOMINI
COLLATA.

§ 1.

Post angelos in creaturarum coetu maxime eminent
homines,[a] de quibus ex historia creationis clarissimum
est,[b] quod Deus eos ad imaginem suam creaverit.[c]

a) Sic ratio *ordinis* doctrinae patet. Atque agendum hic est de
homine, quatenus in eo *divina bonitas* creatoris elucet, *antequam* ille,
ut *peccator* ad salutem *restaurandus,* operationi theologiae revelatae
substernatur. Alias considerationem ejus ad partem secundam, de
subjecto, referri posse non negamus.

b) Dicit enim Deus trinunus *Gen. 1, 26.: Faciamus hominem ad
imaginem nostram, secundum similitudinem nostram.* Et quemadmodum
decrevit Deus, ita effecit, ac revera *creavit hominem ad imaginem suam,
ad imaginem Dei creavit illum, masculum et feminam creavit illos, vers. 27.*

> GERHARDUS: ,,Quod Deus novo et hactenus insolito more de hoc
> thaumaturgemate *deliberationem* quasi suscipit, non opificis infirmita-
> tem, sed operis praestantiam arguit." (L. de imagine Dei, § 2.)

c) Seu, quod Deus contulerit homini *formam* quandam, *ad* sui
similitudinem egregie *expressam* (hoc enim est, quod nomine *imaginis*
denotatur). Notanter autem *loc. cit.* vocabulo *imaginis* additur vox
similitudo, ut intelligatur *imago simillima.* Et praeterea constat, caeteras creaturas, licet ad certam ideam intellectui divino obversantem conditas, dici quidem valde bonas, non tamen ad imaginem Dei conditas.

GERHARDUS: ,,Nos *imaginem* et *similitudinem* non ita distinguimus, ut illam ad animae essentiam, hanc ad sanctitatem, justitiam, Dei cognitionem etc. in homine referamus, sed *idem utroque vocabulo exprimi* et similitudinis vocem ἐξηγητικῶς accipiendam esse statuimus. . . Cum Deus, creaturus hominem, dicit Gen. 1, 26.: ,Faciamus hominem ad imaginem et similitudinem nostram', confestim v. 27. subjungit Moses: ,Et creavit Deus hominem ad imaginem suam, ad imaginem Dei creavit illum', atque ibi omittit vocem similitudinis. Unde colligimus: quod prius utroque vocabulo imaginis et similitudinis efferebatur, id jam sola voce imaginis enunciari, quippe jam antea declarationis gratia dictum erat, imaginem illam fore similem prototypo." (Loc. de imag. Dei. § 18. sq.)

LUTHERUS: ,,Supra diximus, quid similitudo Dei fuerit. Etsi autem fere omnes *pro eodem* accipiant *similitudinem et imaginem* Dei, tamen, quantum ego diligenti observatione potui deprehendere, est aliqua inter haec duo vocabula *differentia;* nam צֶלֶם proprie vocarunt *imaginem* seu figuram, ut, cum dicit scriptura (Num. 33, 52.): ,Destruite aras imaginum vestrarum'. Ibi vocabulum nihil significat aliud, quam *figuras* seu statuas, quae eriguntur. דְּמוּת vero, quod *similitudinem* significat, est *perfectio imaginis;* exempli causa, cum loquimur de imagine mortua, quales sunt in numismatibus, dicimus: Haec est imago Bruti, Caesaris etc. Sed ea imago non statim refert similitudinem, non ostendit lineamenta omnia. Quod igitur Moses dicit, hominem etiam ad similitudinem Dei factum esse, ostendit, quod homo non solum referat Deum in eo, quod rationem seu intellectum et voluntatem habet, sed etiam, quod habet similitudinem Dei, h. e., voluntatem et intellectum talem, quo *Deum* intelligit, quo vult, *quae vult* etc." (Opp. lat. Erlangens. II, 87. sq.)

§ 2.

Itaque imaginis divinae, quae in homine est, causam efficientem constat esse Deum[a] trinunum.[b]

a) Qui *decrevisse* pariter et *effecisse* eam legitur l. c.

b) *Pluralitas* quidem personarum divinarum constare potest ex nomine terminationis pluralis אֱלֹהִים et verbo plurali נַעֲשֶׂה, *faciamus,* quod sequitur duplex suffixum plurale in vocibus בְּצַלְמֵנוּ et כִּרְמוּתֵנוּ, *in imagine nostra* (plurium, qui facimus), *secundum similitudinem nostram* (plurium personarum, eam homini conferentium). Ternarius autem praecise numerus personarum hic supponitur ex doctrina de Deo, cap. praec. I. tradita. Nec negligendum est, quod alias dicitur, *opera ad extra esse indivisa.* Tale enim est, quo homini imago divina confertur.

§ 3.

Causa impulsiva interna[a] est bonitas[b] Dei.

a) Quam indicasse satis est, cum *externa* postulari *non* debeat.

b) Eadem, quam ipsius creationis causam impulsivam esse vidimus. Sic enim et hic factum est, ut Deus *hominem* faceret *valde bonum,* sua divina bonitate impulsus, homo autem bonus fieret per collatam sibi divinam imaginem.

Quenstedtius: „Sicut princeps imaginem suam in signum specialis gratiae donat, ita Deus ex singulari amoris et favoris affectu
homini imaginem suam impressit, non exterius appendendo, sed interius inserendo." (Th. did.-pol. P. II. c. 1. s. 1. th. 11. f. 840.)

§ 4.

Illud autem, quod Deus homini ad sui similitudinem
seu imaginem condendo tunc conferre voluit et contulit,
non in *una* quadam *persona*, sed *Deo trinuno,*[a] tanquam
causa exemplari, quaerendum est.

a) Redit huc, quod l. c. *Genes. 1, 26.* verbum et suffixum duplex
plurale occurrit. Sensus enim verborum est: *Nos, qui plures* (personae) *sumus, faciamus hominem ad nostram* (plurium unam communem)
imaginem.

Quenstedtius: „*Dist.* inter imaginem Dei et imaginem SS. Trinitatis... Dicit quidem Elohim Gen. 1, 26.: ‚Faciamus hominem ad
imaginem *nostram*‘, at in v. 27. adjicitur: ‚Et creavit Deus hominem
bezalmo, in imagine *sua.*‘ Quod itaque prius in plurali dixerat, mox in
singulari repetit; unde recte concludimus, imaginem quidem esse *plurium* h. e. omnium trium Deitatis personarum imaginem, sed juxta id,
quod in tribus istis personis *unum* est, essentiae nim. perfectionem,
quae aequaliter omnibus personis competit. Cap. 3, 22. imago Dei tota
in singulas personas distribuitur his verbis: ‚Ecce, homo fuit, sicut
unus ex nobis." (L. c. s. 2. q. 4. f. 858.)

Idem: „*Opinio Origenianorum et Osiandri* statuentium: ‚Adamum
ad similitudinem formae naturae humani Christi in mente divina praeconceptae esse creatum‘, refutatur: 1. ex Gen. 1, 26., ubi Deus Pater,
cum Filio et Spiritu S. loquens, non dicit: ‚Faciamus hominem ad imaginem *tuam*, scl. Filii incarnandi, sed *nostram.*‘ 2. Ex 1 Cor. 15, 45.,
ubi Christus dicitur ‚*secundus Adam*‘; jam vero, si creationem Adami
ordine praecessit idea vel forma humanae naturae Christi in mente
divina praeconcepta, ad cujus similitudinem Adam creatus fuerit, Christus primus Adam potius dicendus erat, quam secundus; ut taceam,
nos non Christo hoc sensu, sed Christum nobis similem factum esse,
excepto peccato Ebr. 2, 14. 3. Nullibi dicitur in Scriptura, hominem
creatum esse κατὰ τὸν υἱὸν, secundum Filium, sed κατὰ τὸν Θεὸν, secundum Deum indefinite sumptum. E contrario Filius Dei dicitur fuisse
ἐν ὁμοιώματι σαρκὸς ἁμαρτίας, in similitudine carnis peccati Rom. 8, 3., et
accepisse μορφὴν δούλου, formam servi Phil. 2, 7. 4. Repugnat ordo de-
cretorum divinorum. Decretum enim de homine formando ad imaginem Dei antecessit decretum de mittendo Filio Dei in carnem ad repa-
randam hanc effigiem amissam, ac proinde Filius Dei incarnandus in
posteriori non potest esse exemplar imaginis divinae homini concrean-
dae in priori. 5. Obstat missio Filii ipsa, quae facta est non ob similitudinem, sed ob beatitudinem hominis 1 Tim. 1, 15. 6. Imago Dei in
cognitione Dei, justitia et sanctitate constituitur, ut et in ἀφθαρσίᾳ,
Col. 3, 10. Eph. 4, 24. Sap. 2, 23., non autem in corporis membris, in
figura aut statura corporis. 7. Per lapsum imago Dei deperdita est,
corporea autem membra deperdita non sunt." (L. c. f. 861. sq.)

Hollazius: „Sententia Osiandri non convenit appellationi Christi
1 Cor. 15, 45., quod sit *secundus* Adam. Nam si creationem hominis
ordine *praecessit* forma humanae Christi naturae in mente divina praeconcepta, ad cujus similitudinem Adam creatus fuerit, Christus *primus*
potius Adam dicendus erit, quàm secundus." (Exam. P. III. c. 2. s. 2.
q. 1. p. 167.)

IDEM: „Filius Dei nec est, nec ullibi in Scripturis dicitur imago *SS. Trinitatis;* sic enim foret imago sui ipsius et Sp. Sancti, quod est ἄτοπον; sed est imago personae *Patris*, Ebr. 1, 3., ob aeternam a Patre generationem. Proinde Moses per imaginem Dei non praecise intelligit *Filium Dei.*" (L. c. P. II. c. 1. q. 9. p. 467.)

ANTITHESES.

QUENSTEDTIUS: „*Antithesis: Tertulliani, Origenianorum* et D. Andr. *Osiandri*, qui primum hominem ad imaginem et similitudinem naturae humanae, quam Filius Dei in tempore in personae suae unitatem assumturus erat, factum esse, existimarunt." (L. c. s. 2. q. 4. f. 860.)

PHILIPPI: „Der Sohn Gottes ist das Bild Gottes, der Mensch ist nach dem Bilde Gottes, also nach dem *Sohne*, zu seiner Aehnlichkeit geschaffen." (Kirchl. Glaubenslehre. II, 361.)

THOMASIUS: „Der Mensch war das creatürliche Abbild des den Vater schauenden, wollenden, liebenden, vom Vater gewollten, geschauten und geliebten *Sohnes* — und eben deshalb ruhte das Wohlgefallen des Vaters im Sohne auf ihm." (Christi Person und Werk. I, 202. Aufl. 2.)

VILMARIUS: „Das Urbild dieses Ebenbildes ist *Gott der Sohn*, und *so* vervollständigt die heilige Schrift Neuen Testaments die Lehre von der Schöpfung, wie dieselbe im Alten Testament gegeben ist." (Dogmatik. I, 237.)

HOFMANNUS: „Das zweite, was wir von dem Anfange der Selbstverwirklichung des ewigen Gotteswillens gesagt haben, ist dies, dass das Verhältniss zu Gott, in welches der Mensch einerseits als *bewusst freies Ich*, andererseits als sich zum Mittel seiner selbst dienende *Natur* geschaffen worden, Abbild des ungleich gewordenen innergöttlichen Verhältnisses, also der *Mensch Abbild Gottes des urbildlichen Weltziels* ist." (Schriftbeweis. I, 248.)

§ 5.

Atque haec imago Dei in homine *non* referri debet vel potest ad *omnia*, quae in Deo sunt.[a] *Neque* eo perfectionis *gradu*[b] est in homine, quo est in Deo.[c]

a) Ita v. g., quod Deus a se est, quod immutabilis, quod immensus, aeternus, infinitus est, non reperitur similiter in homine.

b) Ita, cum scientia et sapientia in Deo infinite perfecta sit, in homine tamen non nisi finita locum habuit. Cum sanctitas Dei cum impeccabilitate sit conjuncta, in homine tamen illa cum hac conjuncta non fuit.

c) Nam et alias constat, non requiri ad exemplar, ut quicquid in eo est perfectionis, exprimatur etiam in exemplato. Vid. b. *Mus.* Introd. in Theol. cap. I. § 5. p. 7. 8.

§ 6.

Ea vero, quam homo nactus est, imago divina dupliciter accipitur: I. *generaliter* et sine restrictione, qua-

tenus continet omnia, in quibus conformitas quaedam
hominis cum Deo archetypo locum habet; deinde II. *specialiter*, seu cum restrictione et κατ' ἐξοχήν, quatenus
importat praecipuam quandam hominis cum Deo similitudinem, cujus vi homo *absolute* loquendo imago Dei
expressa dici potest.

§ 7.

Generaliter accepta imago divina praeter justitiam
et sapientiam homini primo concreatam[a] includit suo
ambitu etiam ipsum esse spirituale animae humanae,
ejusque potentias, intellectum et voluntatem,[b] simul etiam
immortalitatem corporis[c] et dominium in creaturas alias.[d]

a) Sic b. *Gerhardus* Confess. Cath. L. II. P. III. Art. XX. cap. II.
p. 348. scribit: *Imago Dei et justitia originalis habent se ut totum et pars.
Nam imago Dei in primo homine fuit excellens quaedam conformitas cum
Deo archetypo. Haec conformitas fuit gemina. Una πρώτη, primaria,
altera vero δευτέρα seu minus principalis. Primaria conformitas sita fuit
in anima, et quidem partim in intellectu, partim in appetitu, eoque rationali
et sensitivo. Quae tres excellentiae uno justitiae originalis nomine efferuntur.
Minus principalis hominis cum Deo conformitas partim in conditione corporis, partim in externo dominio fuit posita, aut, ut alii progrediuntur, consistit minus principalis conformitas, primo in anima, tum quoad substantiam, tum quoad attributa; secundo in corpore, ratione impassibilitatis et
immortalitatis; tertio in toto homine, respectu externi dominii super omnia.*
B. *Joh. Wigandus* in Syntagm. Corp. Doctr. p. 402. de dicto *Gen. 1, 26.*
loquens: *Imago Dei*, ait, *ibi de tota hominis substantia intelligenda est:
quia, inquit, creavit hominem ad imaginem suam, non dicit, animam duntaxat
istius tanti boni capacem fuisse. Credimus autem, eam locutionem generalem, de omnibus ornamentis ac donis in hominum anima et corpore, quibus
aliquam Dei similitudinem, finitam tamen creaturaeque pro judicio omnipotentis Dei convenientem repraesentabat.* Conf. *Chytr.* Comm. in Genes.
cap. I. p. 57.

b) Cum enim inter esse spirituale Dei et esse spirituale animae
humanae, inter intellectum et voluntatem Dei et intellectum ac voluntatem hominis congruentia quaedam sit, sane nisi dicamus, casu quodam factum esse, quod homo in his similis est Deo, fatendum erit,
a Deo, seipsam tanquam causam exemplarem intuente, ita conditum
fuisse, adeoque hoc ipso imaginem Dei gerere hominem. Atque hoc
est, quod homo etiam post lapsum et extra statum renovationis imago
Dei dicitur *Gen. 9, 6. Jacobi 3, 9.* Nam quando *Gen. 9. homicidium*
(non tantum illud, quo homo fidelis, renovatus ad imaginem specialiter sic dictam, sed quo homo indeterminate, qualiscunque sit, temere
occiditur) *morte puniendum* statuitur et ratio praecepti hinc petitur,

quod homicidium quodlibet importet violationem *imaginis divinae*, quae
in homine occiso fuerit et quam imaginis suae violationem Deus tam
aegre ferat, ut morte violantis vindicari velit, certe, quando in occiso
non fuit justitia originalis, tanquam imago Dei specialiter sic dicta,
necesse est, conceptum imaginis divinae latius patere et ad ea se extendere, de quibus in thesi dictum est. Nam si dixeris, imaginem Dei
h. l. spectari, *non* quae fuerit *in* homine *occiso, sed* quae *olim* fuerit *in*
homine *primo* et communi omnium parente, licet ad eum, qui occiditur, non pertigerit, hoc profecto *longius petitum* erit et nexum praecepti
divini ac fundamenti ejus labefactabit. *Posterioris* autem loci, *Jac. 3.*,
par ratio est, quia *maledictum* in hominem non praecise renatum, sed
quemlibet conjectum, hoc nomine damnatur, quod sit contumelia imaginis divinae, nempe quod imago haec in ipso, cui maledicitur, existat
et cognosci queat. Adde b. *Mus.* Ausführl. Erklärung Q. XXVIII.
p. 210. sqq. Confer. b. *Grauer.* Praelect. ad Aug. Confess. art. II.
membr. 2. in Respons. ad argumenta Photinian., b. *Haffenrefferum*
LL. de Imag. Dei, b. *Gerhard.* Comment. in Genes. cap. IX. p. 243.,
Theol. *Lipsienses* in Append. Consil. Dedek. p. 139. et, quem citant,
b. *Tilem. Heshusium.*

GERHARDUS: „Creatus est homo in summa innocentia, in summa
animi et corporis puritate, ut in ipso, tanquam vivo speculo quodam,
imago Dei reluceret. Sic imago divinae sapientiae fulgebat in *intellectu*
hominis; imago bonitatis, μακροθυμίας, mansuetudinis, tolerantiae in
animo hominis; imago caritatis et misericordiae divinae fulgebat in
affectibus cordis humani; imago justitiae, sanctitatis et puritatis divinae
lucebat in *voluntate* hominis; imago bonitatis, benignitatis, veritatis in
gestibus et verbis hominis; imago divinae potentiae in *dominio* concesso
super omnia animalia." (L. de imag. D. § 37.)

ANTITHESIS.

QUENSTEDTIUS: „*Antithesis :* . . . 4. *Anthropomorphitaruw* vel An-
thropianorum, et *Audianorum*, qui in structura et lineamentis corporis
rationem divinae imaginis posuerunt. . . 5. *Pontificiorum*, et quidem
praecipue Jesuitarum, qui imaginem et similitudinem distinguunt, et
imaginem Dei ad ipsam animae rationalis substantiam, intelligendi
volendique facultate instructam, similitudinem vero ad perfectionem
supernaturalem, seu dona gratuita homini a Deo concessa, ut sapientiam, justitiam, sanctitatem, referunt, unde porro colligunt, per lapsum
non imaginem Dei, sed solam similitudinem deperditam esse. . .
6. *Calvinianorum*, qui imaginem Dei partim in substantia hominis,
partim in qualitatibus quaerunt. . . 7. *Flacii et Flacianorum*, contendentium, imaginem Dei fuisse ipsam primi hominis formam substantialem, ipsam animae rationalis essentiam, quae lapsu Adae penitus sit
abolita. . . 10. *Judaeorum.* Galatinus de arcanis cath. veritatis l. II.
c. 8. scribit: ,Priscos Judaeorum posuisse imaginem Dei in anima.'"
(L. c. s. 2. q. 4. f. 858. sqq.)

c) Haec enim respondet quodammodo immortalitati divinae, deque ea plura dicemus ad § 14.

d) In quo radius quidam majestatis divinae sese ostendit. Vide
infra § 15.

§ 8.

Specialiter accepta imago divina importat perfectiones quasdam accidentales, intellectui et voluntati primorum hominum concreatas, perfectionibus, quae in Deo sunt, conformes et collatas hominibus ad actiones suas recte instituendas ac perficiendas, finis [a] ultimi consequendi causa.

a) Sic *Gen. 1, ult.*, ubi omnes creaturae *valde bonae* fuisse dicuntur, recte colligitur, etiam hominem valde bonum, adeoque ad consequendum finem sibi praefixum perfectionibus necessariis instructum fuisse.

DANNHAUERUS: „(Imago erat) mutabilis et amissibilis. Igitur *anima* ipsa rationalis non est imago divina aut imaginis pars, quia anima non est amissa; at imago est amissa; imago tantum est in renovatis, anima etiam in impiis apparet; anima potius est mappa et speculum, in quo imago relucebat. ‚1. Memoriam (inquit Lutherus ad Gen. 1.), 2. voluntatem et 3. mentem habemus quidem, sed corruptissima et gravissime debilitata, imo, ut clarius dicam, prorsus leprosa et immunda. Si enim istae potentiae sunt imago Dei, sequetur, etiam satanam ad imaginem Dei conditum esse, qui profecto illa naturalia longe habet validiora, quam nos habemus. Sicut est memoria et intellectus summus et voluntas obstinatissima.' Sed nec *corpus* refert imaginem divinam. Quamvis in corpore etiam majorem perfectionem agnoscat Lutherus in Gen. 1.: ‚Plane enim existimo, ante peccatum Adae oculos ita fuisse acutos et claros, ut lincem et aquilam superaret. Leones autem et ursos, quorum maximum robur est, ipse fortior non aliter tractavit, quam nos catulos tractamus. Fructuum quoque, quorum usus est in cibo, longe major fuit tum suavitas, tum virtus, quam nunc.'" (Hodosoph. Phaen. V. p. 222.)

THOMASIUS: „Abzuweisen ist hier: a. die *altrationalistische* Vorstellung, die den Anfangszustand unsers Geschlechts thierartig denkt und den Menschen erst allmählich aus der Bestialität zur Humanität herauskommen lässt; b. die *Schleiermachersche*, welche die Sinnlichkeit immer schon eine Macht sein lässt, bevor das höhere Bewusstsein sich entwickeln kann, mithin das Böse letzlich von der Schöpfung herleitet; c. die *Hegelsche*, dass der Geist von der Natur anfange und erst aus derselben durch Entzweiung und Besonderung hindurch zum Selbstbewusstsein und zur Freiheit gelange; d. die von *Julius Müller* vertretene (und wohl auch wieder aufgegebene) von einem jenseitigen, vorzeitlichen Zustand der menschlichen Seelen, in den die gottwidrige Selbstentscheidung falle, die denn in dem geschichtlichen Sündenfall zur zeitlichen Erscheinung kommen soll." (Christi Person und Werk. I. p. 201. sq.)

§ 9.

Scilicet ex parte *intellectus* contulit Deus hominibus primis ad imitationem sui, tanquam causae exemplaris, *sapientiam* quandam, id est, lucem seu perfectionem aliquam habitualem intellectus, [a] ad cognitionem rerum divinarum, humanarum et naturalium eximiam [b] et pro statu primaevo [c] sufficientem. [d]

a) Ita ut intellectus hominis essentiam et voluntatem Dei *in tantum* cognosceret, quantum necesse erat ad id, ut intellectus cultum Deo convenientem, aut quantum satis erat ad juste et sancte vivendum, praescriberet. Sic in Epist. ad *Col. 3, 10.* dicitur *imago* divina in homine *restaurari* in actu renovationis per hoc, quod is deducitur ad salutarem *Dei agnitionem.*

b) Nempe ut actus cognoscendi *per omnia recte* seu rebus ipsis convenienter et *sine errore* possent institui.

QUENSTEDTIUS: ,,Homo conformis fuit divinae sapientiae; quod probatur 1. ex Scripturis dictis Col. 3, 9. 10. . . 2. Ex Adami factis, qualia sunt: a. ὀνοματοϑεσία sive nominum conveniens impositio Gen. 2, 19., quae erat non solum grammatica, quoad nomenclaturam animalium, sed vel maxime *logica* quoad verissimam definitionem; statim autem, ac in ejus conspectu sunt deducta animalia et coeli volatilia, ipsi fuerunt cognita. . . b. *Evae agnitio* v. 23. *Observa:* Magna hic est sapientiae extemporaneae abyssus. Adamo dormiente Eva ex ejus costa erat fabricata, et tamen ostendit *a.* materiam, ex qua ipsa prodierit, et pro parte corporis sui ipsam agnoscit; *β.* monstrat sexum a se diversum, et *γ.* in hac sexuum diversitate ordinem; *δ.* manifestat legem in Dei consilio hactenus absconditam, quod scl. ipse Evae sit conjungendus. . . Fuit haec Adami scientia excellens, plena, perfecta et *tanta, quantam nullus hominum post lapsum* sive ex libro naturae, sive ex libro Scripturae sibi acquirere potest. . . Finitam tamen fuisse et limitatam, inde patet, quia non novit Adam arcana Dei decreta, non cordium cogitationes, non futura contingentia, non numerum stellarum etc., mysterium incarnationis; totumque adeo evangelium sive doctrinam de Christo redemptore ignorasse Adamum integrum, credibile est, quia hoc ipsum scire non expediebat. Haec ipsa scientia Adami concreata *perfici* quoque magis magisque potuisset et *augmentum* admisisset, si perfectionem graduum spectes, tum per revelationem sive ulteriorem informationem Dei in supernaturalibus, tum per experientiam et observationem propriam in naturalibus.'' (L. c. s. 1. th. 15. f. 841. sq.)

THOMASIUS: ,,Der Mensch besass eine tiefe Einsicht in die Natur, Gen. 2, 19. 20., denn die *Sprache* ist die Verobjectivirung des Gedankens, das Wort der Name, das Lautbild für die Sache, die Benennung der Thiere *Bezeichnung ihres Wesens,* und setzt also ein inneres Verständniss der Natur, einen Geistesblick in ihre Tiefen voraus. Aber so wenig der Mensch dieses Verständniss erst durch Reflexion gewonnen hat, so wenig hat er die Sprache erst durch Abstraction gelernt, sondern beides beruhte auf einer Art unmittelbarer Intuition.'' (L. c. I, 179.)

ANTITHESIS.

QUENSTEDTIUS: ,,*Antithesis:* 1. Haereticorum antiquorum, ut *Pelagianorum* a. justitiam originalem plane negantium; b. Adamum rudem, expertem sapientiae conditum fuisse, asserentium; c. eundem quoque virtutis et vitii ignarum facientium, ac talem, quales nascuntur nunc infantes. . . 3. Antiquorum *patrum,* quorum alii formalem rationem divinae imaginis proprie dictae collocant in sola anima, excluso corpore, ut Basilius, Ambrosius, Augustinus, Nazianzenus. . . Nonnulli imaginem Dei de solo principatu et dominio in reliquas creaturas exponunt, ut Chrysostomus. . . 4. *Scholasticorum,* ut Cajetani, negantis, Adamum coeli, elementorum ac siderum exquisitam scientiam habuisse. Et licet scholastici notitiam rerum divinarum homini in statu integritatis non derogent, eam tamen ex illuminatione Spiritus S., inhabitantis in homine, deducunt. . . Iidem etiam ipsimet naturae huma-

nae *rebellionem* virium adscribunt, quae per donum supernaturale justitiae originalis compescenda fuerit. . . 5. *Pontificiorum* et inprimis
Jesuitarum, qui rectitudinem originalem *superiori animae parti* propriam faciunt *formaliter, inferiori* vero tantum tribuunt *effective,* quasi
in ista semper fuerit renitentia quaedam et proclivitas ad malum, coër-
cenda tamen a virtute superiori, hoc est, justitia originali. . . 7. *Neopho-
tinianorum,* qui crassam, stupidam et puerilem Adamo integro ignorantiam affingunt, negantes, imaginem vel similitudinem Dei sitam fuisse
in justitia, sanctitate et sapientia. . . Unicam et adaequatam imaginis
divinae rationem in dominio hominis super animantia constituunt. . .
8. *Arminianorum,* qui statuunt, animam Adami nescivisse bonum et
malum. Imaginem Dei sitam fuisse unice in dominio, cum Socinianis
asserunt. . . Inclinationem ad peccandum in homine ante lapsum
fuisse, contendunt, imo Deum homini repugnantiam adversus legem
indidisse, ajunt." (L. c. s. 2. q. 5. f. 868. sqq.)

c) Seu quoad ea, quae homini in *tali* statu condito et *ad finem*
sibi divinitus destinatum tendenti scitu *necessaria* erant.

d) Adeoque talem, quae tamen temporis progressu *posset augeri,*
non autem ita perfectam ac diffusam, ut se etiam *ad libera* Dei *decreta*
cognoscenda extenderet, *aut* accuratissimam rerum *naturalium* omnium
scientiam inferret.

§ 10.

Ex parte *voluntatis* collatae sunt homini a Deo vires
spirituales, seu *habitualis inclinatio* et promtitudo[a] ad
Deum[b] super omnia diligendum et facienda omnia[c] ex
praescripto intellectus[d] recte[e] illustrati, omittenda[f]
autem, quae ille omittenda judicaret, regendas item facultates[g] inferiores, ne ullatenus in actus inordinatos et
peccaminosos erumperent.

a) Haec est illa *justitia* et *sanctitas veritatis,* non fucata, sed sincera
et constans virtus; de qua, tanquam ad *imaginem divinam* inprimis
pertinente, vid. Ep. ad *Ephes. 4, 24.* Confer. *Eccl. 7, 30.*

ANTITHESIS.

QUENSTEDTIUS: „*Antithesis:* 1. *Pelagianorum,* qui Adamum et
virtutis et vitii expertem faciebant in statu innocentiae, ac talem, quales nunc nascuntur infantes. . . 2. *Scholasticorum et Jesuitarum* communiter docentium, hominem primitus conditum esse in puris naturalibus, sine gratia Dei sive justitia originali et sine ullo peccato; vel:
hominem a primo ortu tantum in naturalibus extitisse, quibus deinde
accesserit gratia tanquam naturae hominis jam constitutae superinfusa.
. . . 5. *Socinianorum,* docentium, hominem creatum esse non justum
et sanctum, sed tantum rectum, simplicem et innocentem, sicut quotidie
adhuc nascuntur infantes." (L. c. s. 2. q. 1. f. 847.)

b) Hic enim *primum* ac praecipuum *objectum* est officii **humani et**
dilectio Dei compendium totius legis observatae censetur.

ANTITHESIS.

HOFMANNUS: „Gott hat den Menschen geschaffen als sein Bild, ihn so geschaffen, dass er ihm gleicht: dies besagen die Worte, und es fragt sich nur, worin die Gottesbildlichkeit desselben bestehen soll. . . An die Gottähnlichkeit eines *sittlich heiligen* Wesens lässt der Zusammenhang *nicht* denken. . . Gegenüber der *Thierwelt* ist der Mensch gottähnlich. . . Demnach ist eben das, was ihn befähigt, die Welt um ihn her zu *beherrschen*, auch das, worin seine Gottesbildlichkeit besteht: ein bewusst freies Ich, ein persönliches Wesen zu sein, ist er geschaffen. Nicht ein sittliches *Verhalten* bedeutet demnach die Gottesbildlichkeit, sondern ein sittliches *Verhältniss*.“ (Schriftbeweis. I, 251. sq.)

c) Non tantum circa *Deum*, sed etiam circa *seipsum* et homines, si qui coëxtiterint, alios.

d) Alias enim voluntas est potentia coeca; oportet autem nihilominus eo inclinari eam, quo intellectus practicus suo dictamine tenderet.

e) Juxta ea, quae dicta sunt § praeced. 9.

f) Nimirum, ut legibus non tantum *affirmativis*, sed et *negativis* obedientia sincera ac plena praeberetur atque omnia, quae alio inclinare poterant voluntatem, declinari aut sperni possent.

g) Non solum potentiam *locomotivam*, sed vel praecipue *appetitum sensitivum*, qui in tali subjecto, ubi sensitivus rationali appetitui jungitur, eidem conformari adeoque ei subjici aut regi ab eo debebat.

§ 11.

Sed et *appetitus* ipse *sensitivus* ita tunc perficiebatur,[a] ut intellectus recto judicio et voluntatis sancto imperio promte et sine lucta se subjiceret, neque ulli motui inordinato, tanquam inevitabili, locum daret.[b]

a) Nam sicut appetitum sensitivum in homine non esse omnino rationis et moralitatis incapacem, alias constat; ita illum quoque instrui oportebat, ut constanter posset obedire facultatibus superioribus, neque in objecta sensibus grata ferretur, nisi convenienter rectae rationi; scilicet ut homo revera et perfecte justus, sanctus et *valde bonus* esset. *Gen. 1, ult.*

QUENSTEDTIUS: „Si ex conditione materiae, quae a Deo est, rebellio et inclinatio ad vitia consequitur, Deus omnino illius mali causa et auctor est, et peccatum fuit ante peccatum, et poena praecessit culpam, et Christus per se fuit peccato obnoxius; quae omnia sunt absurda et impia.“ (L. c. q. 2. f. 854.)

ANTITHESIS.

QUENSTEDTIUS: „*Antithesis:* 1. *Pelagianorum*, statuentium, rebellionem partis inferioris adversus superiorem homini fuisse connaturalem. . . 2. *Scholasticorum et pontificiorum*, ipsimet naturae rebellionem virium adscribentium, quae per donum supernaturale justitiae originalis compescenda fuerit. . . 4. *Socinianorum*, contendentium, carnem non tantum rebellem fuisse rationi, sed etiam eandem vicisse.“ (L. c. f. 851. sq.)

b) Hoc est, quod primi parentes in statu integritatis *non cognove-runt, se esse nudos. neque erubuerunt*, id est, nulla inordinata libidine appetitus sensitivi (quanquam praesente objecto, quod allicere poterat) vel leviter tacti fuerunt. *Gen. 2, 25.*

§ 12.

Atque haec sapientia, justitia et sanctitas primorum hominum ita obtinet rationem imaginis divinae, ut ea *sola* atque unica[a] sit, a qua homo, *absolute* loquendo, imago Dei appellari possit.

a) Magis certe, quam ipsa animae substantia spiritualis cum facul-tatibus essentialibus, in se praecise spectatis. Nam *sine sapientia* illa *mens* hominis coeca, sapientissimae menti divinae, *sine sanctitate volun-tas* depravata et rebellione appetitus sensitivi infecta purissimae sanctis-simaeque voluntati Dei *dissimilis* magis quam similis fuisset. Conf. b. *Mus.* Ausführl. Erklärung Q. 28. p. 215. et 221.

ANTITHESIS.

HOFMANNUS: ,,Daher wird sie (die Gottesbildlichkeit) fort-gepflanzt auch von dem *sündig* gewordenen Erstgeschaffenen, und nicht von dem *heiligen* Menschen, sondern von dem *Menschen*; darum dass er *Mensch* ist, heisst es nachmals, er trage *Gottes* Bild. Gen. 9, 5. Jak. 3, 9... Die Schrift versteht also unter der Gottesbildlichkeit des Menschen *nicht* ein *sittliches* Verhalten desselben, so dass mit dem Ein-tritte der Sünde die Gottesbildlichkeit *verloren* ginge.'' (Schriftbeweis. I, 252. sq.)

§ 13.

Fuit ergo etiam imago haec divina donum *naturale*, seu homini ad actus suos connaturales recte exercendos per naturam[a] *debitum*, quo absente, natura *non* fuerit *pura*, sed[b] *impura*.

a) *Alias* equidem etiam naturale dici potest, quatenus cum natura *coepit*, naturae seu essentialibus hominis facultatibus *inhaesit* easque ornavit ac *perfecit*, et cum ipsa natura ad posteros per carnalem gene-rationem *propagari* debuit. *Non* autem dicitur naturale, quasi vel *con-stituerit* essentiam hominis, vel ex essentia *necessario secutum* fuerit; certum est, ablatum fuisse, permanente hominis essentia.

QUENSTEDTIUS: ,,*Naturale* aliquid dicitur: 1. *constitutive*, quod ipsam naturam constituit, estque vel ipsa natura, vel pars ejus essen-tialis, ut anima et corpus. 2. *Consecutive*, quod naturam consequitur et a forma essentialiter manat, ut facultates animae, visibilitas, doci-bilitas etc. 3. *Subjective*, quod naturae arctissime ut proprietas nativa inhaeret. 4. *Perfective*, quod eam intrinsece exornat et perficit. 5. *Transitive*, quod naturaliter cum natura simul in alios propagatur. Quando justitiam primaevam Adamo *naturalem* vel connaturalem fuisse dicimus, non primo vel secundo, sed tertio, quarto et quinto modo naturale accipimus, videl. ob naturalem inhaesionem, perfectionem et propagationem. Ut ex opposito, videl. peccato origin., id elucescit, quod, quia nobis congenitum semper fixum haeret et ad posteros transit, recte naturale dicitur. . . Quando nonnulli e nostratibus dicunt, quod etiam *constitutive* justitia originalis primo homini naturalis fuerit, loquuntur non de natura ipsa in se, quae nunc omnibus communis est, sed de natura integra." (L. c. s. 2. q. 6. f. 888. sq.)

IDEM: „Si primus homo in statu integritatis perstitisset, imago Dei seu justitia originalis per naturalem generationem fuisset ad posteros propagata et sic fuisset *bonum haereditarium;* ex quo ipso etiam manifestum est, justitiam originalem fuisse primo homini naturalem. Supernaturalia enim non possunt magis esse haereditaria, quam fraenum pullis equorum vel sertum partui feminarum." (L. c. s. 1. th. 23. f. 846.)

IDEM: „Distinguendum inter imaginem divinam, et quae eidem necessario connexa sunt. Imago divina dicitur homini naturalis, quia est concreata, penitus infixa et transire potuit ad posteritatem, non autem connexa cum imagine divina, qualis v. g. fuit inhabitatio SS. Trinitatis; nam ubi ubi est imago divina, ibi est SS. Trinitas. Sed inhabitatio SS. Trinitatis est supernaturalis: tum quia se non habet per modum qualitatis concreatae, ut imago; tum quia praesupponit hominem jam creatum et constitutum in sua perfectione (prior enim est domus ordine, quam illius incola); tum quia illa inhabitatio Trinitatis non fuit ita penitus infixa aut sic comparata, ut etiam vi generationis vel mediante illa transiisset ad posteros, uti mediante generatione in statu integritatis transiisset imago." (L. c. s. 2. q. 6. f. 891.)

b) Sane enim, *carere* hominem perfectionibus illis, sine quibus non possunt intellectus, voluntas et appetitus sensitivus officio suo recte fungi, quidni *labem* quandam et impuritatem in homine importet? Quamvis enim *naturale* sit homini, quatenus corpore et anima constat, *habere appetitum sensitivum*, in objecta sua tendentem; quia tamen homo per naturam ordinatur ad vitam εὐσεβῶς, δικαίως καὶ σωφρόνως, pie, *juste ac temperanter* ducendam, tanquam ad actus sibi connaturales et finis ultimi, ad quem ipse tendit, consequendi causa requisitos; sane et *hoc* homini *naturale* est, habere *appetitum sensitivum* superioribus facultatibus *morigerum* et exacte respondentem; quoad quaslibet vero facultates habere perfectiones tantas, quantae necessariae sunt ad hoc, *ne* hominem, defectu quodam virium laborantem, *necesse* sit aliquando impingere aut *peccare*, sed ut posset homo potius officio suo sine labe aut enormitate recte et constanter fungi. Unde, absentibus talibus, dici non potest, naturalia hominis esse integra aut pura, quae potius corrupta atque adeo impura sunt.

ANTITHESES.

QUENSTEDTIUS: *Antithesis: 1. Scholasticorum et pontificiorum . . .,* statuentium, justitiam originalem *donum* fuisse non naturale et intrinsecum, sed *supernaturale et externum. . .* Hinc justitiam originalem fuisse, inquiunt, vel instar serti aut corollae, capiti virginis impositae, vel instar vestis homini adjacentis, non inhaerentis, vel instar crinium Samsonis, quibus resectis supernaturale quidem ipsius robur perierit, naturale tamen remanserit, vel instar freni, quo equus indomitus coërcetur, vel instar antidoti, quod extra corporis naturam est, pestem tamen vel venenum in naturae visceribus inhaerens reprimit, ne, in actum erumpens, hominem vita spoliet." (L. c. f. 889.)

KAHNISIUS: „Die Frage ist, ob diese Harmonie (mit Gott) das Product der dem Menschen *anerschaffenen Natur* ist, wie die lutherische Kirche lehrt, oder *übernatürliche Gnadengabe*, wie die römische Kirche lehrt. Eine Vermittelung dieses Gegensatzes liegt in der bei den Vätern, namentlich Irenäus, uns entgegentretenden Lehre, dass Adam, der dem Geiste Gottes als Geist des Lebens entsprungen war, in dem ihm *inwohnenden Geiste Gottes* das Band der Gemeinschaft mit Gott hatte. Erleuchtet, wie Johannes im Evangelium sagt (1, 9.), der Logos jeden Menschen (!), so wird das Licht des Logos d. h. der Heilige Geist auch den ersten Menschen eingewohnt haben. Und wenn es doch der Geist Gottes ist, der den Sünder erneuert zum Bilde Gottes (Ephes. 4, 24. Kol. 3, 10.), welches ein ewiges Einwohnen des Heiligen Geistes einschliesst, so scheint die Voraussetzung dieser Erneuerung durch den Geist zum Geist ein ursprüngliches Einwohnen des Geistes Gottes zu sein. Dies aber wird man *Gnade* zu nennen berechtigt sein." (Die Luth. Dogmatik. Leipzig. 1868. III, 290.)

§ 14.

Caeterum contulit Deus homini etiam ex parte *corporis* aliquam sui imaginem, quatenus non tantum 1. perfectiones animae per actus externos corporis se exseruerunt,[a] sed praeterea 2. ipsa membra corporis organici analogiam quandam habent ad attributa[b] divina; 3. vultus ad coelum erectus divinae majestatis speciem praebet;[c] inprimis vero 4. corpus immortale,[d] seu quod perpetuo poterat durare et ab omni corruptione liberum manere, immortalitatis divinae similitudinem ex intentione Dei habuit.

a) Atque ita imago divina, quae *in anima formaliter* erat, *participative* competit *corpori.*

b) Ita enim Scriptura per ἀνθρωποπάθειαν adscribit Deo oculos, aures, manus.

c) Nam sicut per hoc a similitudine caeterorum animantium homo recedit, ita ad similitudinem Dei quodammodo accedit et tanquam haeres vitae coelestis conspicitur.

d) Nam quamvis tunc *potentia* moriendi *remota* in corpus hominis, quippe materiale, utique caderet, *necessitas* tamen moriendi et *potentia proxima* abfuit, cum qualitates elementares, licet ex se contrariae, nihilominus accuratissima harmonia temperatae essent, ut passioni, quae ad interitum tenderet, locum non darent; atque ita homo ex parte corporis *potuerit non mori*, per ipsam naturae bonitatem, sine speciali Dei, velut necessitatem moriendi avertentis, auxilio. Quod autem corpus hominis in statu integritatis hoc sensu immortale fuerit, patet praecipue ex *Gen. 2, 17. Rom. 5, 12. cap. 6, 23.*, ubi origo mortis peccato adscribitur; adeoque in statu primo, ubi peccatum locum non habuit, mors quoque aut necessitas moriendi locum habuisse negatur. Dicitur autem, hominem primum ex parte corporis fuisse immortalem *natura; non* eo sensu, quo *Deus* natura immortalis est, cui per essentiam repugnat esse mortalem aut posse destrui, *neque* eo, quo *angeli,* per naturam immateriales, etiam natura immortales dicuntur, etsi a Deo annihilari possint. Sed quatenus ipsa natura corporis primi hominis talis fuit condita, ut *posset perpetuo vivere,* neque obnoxia esset morti, serius ocius subeundae.

> QUENSTEDTIUS: „Quoad *immortalitatem* non quaeritur . . . de omnimoda et absoluta moriendi impotentia . . ., sed de naturali, propinqua, immediata, absoluta, quae ad mortem certo naturaliter secuturam propendet. Nec de corpore in abstracto considerato, sed de toto concreto seu integro homine. Status itaque controversiae hic est: An Adam . . . nonnisi per supernaturalem Dei gratiam a morte vindicari et immortalis conservari potuerit: . . . *Dist.* inter *passibilitatem seu passionem internam* ex rei natura et constitutione fluentem, et *externam a principio externo,* aestu, frigore, bestiis, igne et mille aliis modis pervenientem; utraque ab homine integro abfuit. . . *Impassibilis* fuit homo primus . . . ratione externae violentiae, e. g. fulminum, et quae sunt alia; *immortalis* fuit et indissolubilis vi providentiae et manutenentiae et conservationis divinae, quatenus Deus praeservaturus erat hominem ab omni vi externa per singularem providentiam. *Dist.* inter *media* conservantia et immortalitati ancillantia, et inter *remedia* contrario emergenti opposita et praecaventia: cibus, arbor vitae etc. fuerunt ex numero priorum, nullum autem fuit in statu integritatis ex ordine posteriorum." (L. c. s. 2. q. 6. f. 877. sq.)
>
> IDEM: „In specie probatur corporis *impassibilitas: a.* Ex nuditate primorum parentum Gen. 2, 25., quae sine dolore tolerari non potuisset, si corpora fuissent passibilia et pluviae, aestui, frigori aliisque aëris incommodis et perpessionibus obnoxia; *β.* ex absentia causarum, tam externarum, quam internarum, quae oriebatur vel ex imagine Dei, vel ex peculiari Dei providentia; *γ.* ex plenaria restitutione imaginis divinae in altera vita circa corpora glorificatorum, quae prorsus erunt impassibilia." (L. c. f. 881.)

§ 15.

Denique addidit Deus homini *dominium*[a] in creaturas inferiores,[b] praesertim animantia bruta, quo itidem aliquam cum Deo, universi hujus domino, similitudinem[c] gessit.

a) Vid. *Gen. 1, 26. et 28. cap. 2, 16.* Positum autem fuit dominium illud non solum in *jure* ac *potestate* hominis in bestias et creaturas alias, verum etiam in *vi* ac *potentia* flectendi ea ad obsequium, sine difficultate et metu inferendi ab illis damni.

b) In *astra* enim atque *angelos* dominium illud se extendisse, non dicimus. Et loco cit. memorantur *pisces maris, volatilia coeli, bestiae et universa terra, et omnia reptilia,* quod nobis satis esse potest.

> LUTHERUS: „Ego credo, Adam ita potuisse uno verbo imperare boni, sicut nos imperamus assuefacto cani. . . Fiunt Adam et Heva rectores terrae, maris et aëris. Committitur autem eis hoc dominium non solum consilio, sed etiam expresso mandato. . . Ergo nudus homo sine armis et muris, imo etiam sine vestitu omni in sola sua nuda carne dominatus est omnibus volucribus, feris et piscibus. . . Quis potest

cogitare istam quasi portionem divinae naturae, quod Adam et Heva omnes omnium animalium affectus, sensus et vires omnes intellexerunt? Quale enim regnum fuisset, nisi hoc scivissent? . . . Si igitur volumus praedicare insignem philosophum, praedicemus primos nostros parentes, cum adhuc essent a peccato puri. . . Etiam stellarum et totius astronomiae rationem certissimam habuerunt. Quae autem efficimus in vita, ea non fiunt per dominium, quod Adam habuit, sed per industriam et artem. Sicut videmus, dolo et fraude capi aves et pisces; sic arte cicurantur bestiae. Nam quae maxime domestica sunt, ut anseres, gallinae, tamen per se et sua natura fera sunt. Ergo leprosum hoc corpus habet adhuc Dei beneficio speciem aliquam dominii in alias creaturas. Sed id perexiguum est et longe inferius illo primo dominio, ubi non arte, non dolis opus fuit, sed simpliciter divinae voci paruit creatura, cum juberentur Adam et Heva dominari eis. Ergo nomen et vocabulum dominii retinemus, ceu nudum titulum; ipsa autem res fere tota amissa est. Et tamen bonum est ista scire et cogitare, ut suspiremus illum venturum diem, in quo haec nobis restituentur, quae in paradiso per peccatum amisimus. Expectamus enim eam vitam, quam expectasset quoque Adam. Atque hoc recte miramur, et Deo ob id gratias agimus, quod nos peccato sic deformati, sic hebetes, stupidi et mortui quasi, per beneficium Christi expectamus eandem gloriam vitae spiritualis, quam Adam expectaturus erat, si mansisset in sua animali vita, quae imaginem Dei habebat." (Ad Gen. 1, 26.)

c) Et quidem, si imaginem Dei accipias *generaliter*, negari non potest, *partem ejus* in hoc dominio fuisse positam, juxta ea, quae in nota *a*. ad § 7. ex b. *Gerhardo* et b. *Wigando* diximus. Si *speciali* sensu illam sumas, non pars, sed *consequens* quoddam, aut appendix imaginis divinae dici potest. Vid. *Gen. 1, 27.*, ubi Deus hominibus, jam ad imaginem suam conditis, benedicens ait: *Dominamini piscibus maris et volatilibus coeli et universis animantibus terrae.*

§ 16.

Subjectum *quod*[a] imaginis divinae non solus Adam fuit, sed etiam Eva,[b] praesertim quatenus illa in justitia originali posita fuit.[c] Interim, quoad ea, quae non aeque ad consequendum finem utrique praefixum necessaria fuerunt, non omnimodam aequalitatem inter utrumque parentem asserimus.[d]

a) Sive suppositum, quod imaginem divinam gerere denominatur.

b) Vid. *Gen. 1, 27.* et *cap. 5, 1. 2.*, ubi expresse dicitur, hominem, quem Deus ad sui imaginem condidit, non fuisse unius sexus masculini individuum, sed *marem atque feminam.*

c) Sane loca *ad Col. 3, 10.* et *ad Ephes. 4, 24.*, ubi mentio fit imaginis Dei κατ᾽ ἐξοχήν sic dictae, ad quam homines renovari, seu quam recuperare debeant, non de *masculis* tantum, sed etiam de *feminis* loquuntur, quemadmodum et *Gal. 3, 28.* de his, qui sunt *in Christo Jesu,* per quem in illis restauratur imago divina, dicitur, quod in eis non sit ἄρσεν καὶ θῆλυ, *masculus* vel *femina*, tanquam hoc statu differentes. Et res ipsa docet, feminam ad actus sibi connaturales recte exercendos perfectionibus animae, seu justitia originali aeque indiguisse atque virum.

d) Ratione *scientiae* rerum *naturalium* Eva Adamo cessisse videtur. Et alias communiter docetur, quod satanas *Evam*, tanquam *infirmiorem*, aggredi tentando maluerit; eoque refertur, quod dicitur *1. ad Tim. 2, 14.*, *Adamum non fuisse deceptum, sed Evam.* Sed neque *dominium* aequale utrisque concessum fuit, cum *vir* etiam *caput mulieris*, et haec illi subjecta esset. Adde *1. ad Cor. 11, 7. 8.* Corpus tamen immortale, et quae alias ad essentiam hominis spectant, femina non minus habuit, quam vir.

LUTHERUS: „Haec fuerunt in Heva aeque atque in Adamo, sicut ostendit oratio Hevae, cum serpenti respondet de ligno in medio paradisi. Ibi satis apparet, novisse eam suum finem, ad quem esset condita, et auctorem ostendit, per quem id sciat. Ait enim: ‚Dominus dixit‘. Igitur non ex solo Adamo haec audivit, sed ipsa natura adeo fuit pura et plena cognitione Dei, ut verbum Dei per se intelligeret et videret.“ (L. c.)

QUENSTEDTIUS: „*Dominium* illud in animantia non soli viro, sed etiam mulieri fuit concessum (nam Gen. 1, 26. dominium per plurale יִרְדּוּ, dominentur, etiam mulieri collatum est)... Nam licet mulieri non fuerit concessum dominium in virum, attamen non negatum fuit ei dominium in reliqua animantia. Et certe ex loco 1 Cor. 11, 7. recte colligitur, quod et mulier imago Dei sit, quippe alias non posset dici imaginem Dei a viro accepisse. Ut distinguendum sit inter imaginem Dei exclusive sumptam et inclusive acceptam: vir est imago Dei exclusive h. e. tantum Dei et ita, ut non sit simul alterius alicujus; at mulier est imago Dei inclusive h. e. non tantum, sed ita, ut simul sit imago alterius alicujus, scl. viri; atque in hoc consistit viri prae muliere excellentia.“ (L. c. s. 2. q. 3. f. 856. sq.)

IDEM: „*Dist.* inter *sapientiam* et scientiam rerum physicarum, quam aeque mulier ac Adam habuit, et inter ejusdem scientiae diversos *gradus*, qui fuerunt inaequales.“ (L. c. f. 857.)

ANTITHESIS.

QUENSTEDTIUS: „*Antithesis:* 1. *Encratitarum* et *Severianorum*, qui sexum muliebrem tanquam impuram et per se malam creaturam damnarunt... 2. *Diodori Tarsensis*, quem mulierem negare ad imaginem Dei conditam Petavius ... notat ..., ipseque *Theodoretus* imaginem Dei ad solum virum restringit... 4. *Socinianorum*, statuentium, mulierem non esse ad imaginem Dei conditam, ex hac ratione, quia in dominio putant imaginem Dei consistere, quod in mulierem non cadat.“ (L. c. f. 855.)

§ 17.

Subjectum *quo*[a] imaginis divinae, *specialiter* sic dictae, fuerunt facultates animae humanae, intellectus, voluntas et appetitus sensitivus.[b]

a) Sive partes illae hominis, secundum quas imaginem divinam gerebat.

b) Vid. supra § 9. 10. 11.

§ 18.

Finis imaginis divinae, *specialiter* ac principaliter sic dictae, *proximus* erat hominum vita sancta[a] Deoque placens, *remotior* aut consequens[b] beatitudo aeterna; *generaliter* acceptae imaginis divinae finis communis est sapientiae, potentiae et bonitatis divinae[c] gloria.

a) Quemadmodum enim ipsa imago divina, hoc sensu accepta, importabat in homine vires ex parte intellectus, voluntatis et appetitus sensitivi, ad vivendum sancte juxta voluntatem Dei, has vires homini conferentis, intentio terminata fuerit ad talem hominis vitam, tanquam ad finem.

b) Ad quem, tanquam bonum *ultimum*, homini perveniendum fuerat, intercedente vita illa sancta, quique sine impedimento *secuturus* fuisset, si homo hanc imaginem retinuisset et propagasset. Certe ad vitam aeternam condidit cum imagine sua.

QUENSTEDTIUS: „*Adjuncta* imaginis Dei sunt: 1. Naturalis ejusdem ac *mutabilis inhaesio* Gen. 1, 27. Sap. 2, 23. Gen. 5, 3. 2. *Naturalis propagatio* Gen. 5, 3. Rom. 5, 12. 3. Amoenissima *habitatio* Gen. 2, 8. 4. *Donorum supernaturalium* accessio; cujusmodi sunt supernaturalis Dei favor, gratiosa SS. Trinitatis inhabitatio et resultans inde suavitas et delectatio.“ (L. c. s. 1. th. 23. f. 846.)

IDEM: „Homo integer post translationem ex hoc mundo in coelos vitam quidem aeternam habuisset, *salutem* tamen aeternam habere accurate loquendo dici non potuisset, cum salus duplex beneficium includat, privativum seu a malo culpae et poenae liberationem, et positivum seu vitae concessionem; quia itaque integer homo, cum in coelum translatum fuisset, ut non opus habuisset liberatione ab istis malis, ideo proprie non dici potuit *salvari*, sed vivere in aeternum.“ (L. c. s. 1. th. 22. f. 845.)

CALOVIUS: „Quousque proroganda in statu integritatis fuisset vita, nemo mortalium explicabit... Similiter dubium est, utrum natis filiis per successiones, an simul omnes transferendi.“ (System. P. IV. p. 445.)

c) Nam quod de creatione in genere diximus cap. II. § 23., id h. l. non minus, ac vel inprimis valet.

§ 19.

Definiri potest imago divina *specialiter*[a] accepta, quod sit complexus[b] plurium perfectionum in intellectu et voluntate,[c] imo et appetitu sensitivo primorum[d] hominum, a Deo[e] *trinuno*, et ex bonitate[f] ejus, in prima creatione, ad perfectionum divinarum[g] imitationem, illis collatus, vitae sanctae ac beatitudinis eorum, denique gloriae divinae promovendae[h] causa.

a) Seu *primario* aut principaliter sic dicta.

b) Hunc enim in casu recto importat, juxta § 8. et seqq.

c) Tanquam subjecto *quo*, juxta § 17. collat. cum §§ 9. sqq.

d) Qui sunt subjectum *quod*; vid. § 16.

e) Tanquam causa efficiente; vid. § 1. not. *b.* et § 2.

f) Quae se habet per modum causae impulsivae, juxta § 3.

g) Velut causam exemplarem imaginis (quae data est homini), tanquam exemplari; vid. § 4. et 5.

h) In quibus finis collatae imaginis divinae consistit, juxta § 18.

§ 20.

Imago divina *generaliter* sic dicta definiri potest, quod sit[a] complexus variarum perfectionum[b] animae et corporis humani, imo et totius suppositi primorum[c] parentum, a Deo trinuno, ex sua bonitate, juxta similitudinem suarum perfectionum, in prima creatione collatus, vitae sanctae ac beatae hominum, et gloriae divinae causa.

a) Vid. § 9.

b) Substantialium et accidentialium, internarum et externarum.

c) Haec et caetera, quae de subjecto *quod* et *quo*, deque causis efficiente, impulsiva, exemplari atque finali agunt, cum illis, quae in definitione priori tradita sunt, fere conveniunt.

Caput V.

DE PROVIDENTIA DEI.

§ 1.

Bonitatis divinae post[a] creationem manifestissimum argumentum est[b] providentia divina.

a) Unde et hic ratio ordinis patet.

b) Nimirum causa impulsiva ejus est bonitas divina, uti dicemus § 5.

§ 2.

Providentiae vox[a] a *providendo* derivata, alias *vi nativa*[b] videtur denotare futurorum, antequam fiant, cognitionem seu visionem; sed *ex usu loquendi* et *hoc* quidem *loco* τὸ providere idem est, quod *consulere*[c] *saluti* creaturarum. Et providentia divina denotat[d] non solum actum *intellectus*, quo Deus ea, quae rebus a se conditis in esse suo conservandis et ad fines suos deducendis conducunt, disponere et conferre novit, verum etiam actum *voluntatis*, quo juxta scientiam illam suam vult et statuit creaturas conservare et gubernare.

a) Cui in libro apocrypho Sapientiae respondet vox πρόνοια, quae in canonicis non aeque de Deo legitur. Ex Ebraeo respondet vox *videndi*, uti *Gen. 22, 8.* יְהוָֹה יִרְאֶה, *Deus videbit*, id est, providebit. Confer. *1 Sam. 16, 2.*

b) Praepositionem *pro* enim, sicut alias non raro, ita in compositione cum verbo *videndi* idem significare, quod *prae*, vel *ante*, pridem constat. Sic *Cicero* pro Muraena: *providere futurum;* et *Caesar:* *providere et praesentire.* Conf. Auct. L. II. ad Herenn., qui, *providentia, ait, est, per quam futurum aliquid videtur, antequam fit.*

c) Non enim, qui quovis modo futura videt, *providens* dicitur, sed qui, habita ratione status praesentis et futurorum, qui eventuri praevidentur, casuum, consulit indigentiae aut rebus suis vel aliorum. Quando autem providentiam divinam spectamus, vox ea respectum habet ad res alias a Deo distinctas et creatas, quarum curam Deus gerat, utilitatem promoveat.

d) Variant equidem hic sententiae, quatenus *alii* non tam actus immanentes mentis et voluntatis divinae, quam ipsos actus externos conservandi et gubernandi nomine providentiae significari contendunt, *alii* actum quidem immanentem eo nomine denotari docent, credunt autem, ad intellectum formaliter, ad voluntatem consequenter pertinere, *alii* vice versa. Quam tamen controversiam omnem non tam de re ipsa, quam *de vocibus* esse, facile cognoscitur. Omnes enim concedunt, ad providentiam in sua latitudine spectatam pertinere tum πρόγνωσιν seu actum intellectus, quo Deus praecognoscit, quid creaturis sit conducibile, tum πρόθεσιν seu actum voluntatis, quo, quae conducibilia praevidit, ordinare ac disponere vult, tum denique διοίκησιν seu ipsam creaturarum conservationem et gubernationem. Interim, si ad *vim vocum* spectemus, videtur providentia *non* tam actus *externos*, velut executivae potentiae, quam ipsam *curam* creaturarum in Deo, adeoque actus *intellectus* et *voluntatis* denotare, unde actus illi externi proficiscantur. Internorum illorum actuum autem utique hic *ordo* est, ut actus intellectus antecedat, succedat actus voluntatis, seu propositum conferendi, juxta intellectus dictamen, quae creaturis prosunt; etsi non tam consequatur providentiam ipsam, quam una cum actu intellectus praevio eum *intrinsece* constituat. Si vero *usum loquendi* spectes, fatendum est, *actibus conservationis et gubernationis*, qui sunt effectus, signa et characteres providentiae, ipsum providentiae nomen haud raro *per metonymiam* alias receptam adscribi solere.

§ 3.

Dari providentiam divinam, praeterquam quod ex lumine naturae constat,[a] ex Scriptura clarissimum est.[b]

a) Scilicet admissa *Dei existentia et creaturarum* a Deo sapiente, potente ac bono *dependentia*, negari providentia non potest.

> DANNHAUERUS: „Providentiam Deo asserit Scriptura, natura et conscientia. . . Experitur mens humana, historiis a mundo condito huc usque imbuta, observatrix periodorum fatalium, heroicorum motuum, ordinis rerum, harmoniae causarum musicae. Neque enim casu ac fortuito absque causa vel mnndum esse conditum, vel mutuis usibus respondentium rerum infinitarum admirabilem repente concentum ac concordiam quasi ex atomis temere coaluisse, palam est. Nihil non ad eum finem et usum, cujus gratia institutum est, congruere, indicium est, intelligentis ac ratione utentis artificis opus esse hunc mundum. Adde miracula, ϑεῖα, sensum cum ex beneficiis divinis, tum ex iis, quae acerbe accidunt atque moleste. Panis e terra, vinum e vite, quid nisi apertum est juge et perenne providentiae signaculum? Manasses in vinculis, Jonas in ceto, Julianus in praelio sensit Numinis vim cf. Sap. 11, 14. Adde et physiognomiae humanae varietatem, eo fine factam, ut se homines invicem dignoscere possent. Nisi mortales certis lineamentis ac diversitate formarum distincti invicem forent, mira in convictu quotidiano et humana societate perturbatio sequeretur. Imo nulla inter ipsos commercia fieri possent; eaque res ingentium malorum et immanium scelerum atque internecionis omnium esset occasio, si neque conjuges se mutuo discernerent, nec amicus ab hoste dignosceretur, neque liberi parentes, nec hi filias ab externis aut uxoribus suis ullo signo distinguerent. Scelerati denique ac facinorosi impune quidvis facerent, cum in illa communi omnium similitudine ac confusione delitescerent. Adde in animalibus alioquin brutis miram solertiam ac industriam in vita tuenda, in procurando pabulo, in quaerendis aut fabricandis latibulis ac nidis, in evitandis periculis, in persequendis ac captandis aliis.“ (Hodosoph. Phaen. III. p. 157.)

b) Non solum enim tota *Scriptura*, hominibus ad ipsorum salutem a provida Dei manu communicata, *effectus* atque *index* est providentiae, sed inprimis *Ps. 104.* integer, *Matth. 6, 20. et seqq.* illam declarant. Conf. *Jobi cap. 38. 39. 40. Act. 17, 25. sqq.* Nec male auctor libri *Sapientiae cap. 14, 3. Tua*, ait ad Deum, *Pater, providentia* (πρόνοια) *cuncta gubernat* (διακυβερνᾷ).

§ 4.

Causa efficiens[a] providentiae tota SS. Trinitas est.[b]

a) Puta *virtualiter* causans. Quamvis, *si* providentiae vocem pro ipsis actibus *externis* accipias, causa *formaliter* efficiens revera admittenda sit.

> REUSCHIUS: „*Causae formaliter causantes* sunt proprie dictae causae, quae adeo a causato non tantum realiter, sed etiam essentialiter differunt; ut causa et causatum sint diversa entia. Sed nullus Dei actus potest producere alium in Deo actum, tanquam ens diversum. . . Quapropter neque intra Deum esse potest causa proprie dicta alicujus

... actus divini. Sed in puncto rationis saepe una perfectio ante est concipienda, quam altera perfectio in Deo concipi possit; e. g. antequam concipere queam, quod Deus sit aeternus, praestruendum est in puncto rationis, quod sit ens a se atque existat necessario. Quoniam igitur cognitio, quae ex natura objecti est praestruenda, si alteram cognitionem concipere velim, hujus cognitionis vocatur ratio a priori, atque talis ratio a priori adpelletur *causa virtualiter causans.*" (Annotationes in B. Compend. p. 175. sq.)

LUTHERUS: „Gott ist's, der alle Dinge schafft, wirkt und erhält durch seine allmächtige Gewalt und rechte Hand, wie unser Glaube bekennt; denn er schickt keine Amtleute oder Engel aus, wenn er etwas schaffet oder erhält, sondern solchs alles ist seiner göttlichen Gewalt selbst eigen Werk. Soll er's aber schaffen und erhalten, so muss er daselbst sein und seine Creatur sowohl im Allerinwendigsten als im Allerauswendigsten machen und erhalten. Darum muss er ja in einer jeglichen Creatur in ihrem Allerinwendigsten, Auswendigsten, um und um, durch und durch, unten und oben, vorn und hinten selbst da sein, dass nichts Gegenwärtigeres noch Innerlicheres sein kann in allen Creaturen, denn Gott selbst mit seiner Gewalt. Denn er ist's, der die Haut macht; er ist's, der auch die Gebeine macht; er ist's, der die Haare auf die Haut macht; er ist's auch, der das Mark in den Gebeinen macht; er ist's, der ein jeglich Stücklein am Haar macht; er ist's, der ein jeglich Stücklein am Mark macht; er muss ja alles machen, beide, Stück und Ganzes: so muss ja seine Hand da sein, die es mache; das kann ja nicht feihlen. Hieher gehet nun die Schrift gewaltig Es. 66, 1. 2. . . .: Der Himmel ist mein Stuhl und die Erde meine Fussbank. Er spricht nicht: Ein Stück des Himmels ist mein Stuhl, ein Stück oder Ort der Erden ist meine Fussbank; sondern was und wo *Himmel* ist, da ist mein Stuhl, es sei der Himmel unten, oben oder neben der Erden; und was oder wo *Erden* ist, es sei auf dem Boden des Meeres, im Grabe der Todten oder im Mittel der Erden, da ist meine Fussbank. Nu rath, wo ist noch sein Haupt, Arm, Brust, Leib, so er mit den Füssen die Erde, mit den Beinen den Himmel füllet? Weit, weit reicht er über und ausser der Welt, über Himmel und Erden. Was kann oder will nu Esaia mit diesem Spruch, denn wie St. Hilarius auch hierüber spricht, dass Gott sei wesentlich gegenwärtig an allen Enden, in und durch alle Creatur in alle ihren Stücken und Örten, *dass also die Welt Gottes voll ist und er sie alle füllet.*" (Dass diese Worte Christi: Das ist mein Leib, noch feste stehen. Opp. Hal. XX, 1002—1004.)

b) Sicut aliorum actuum immanentium et operum externorum omnium. Vide autem speciatim de *Patre,* tanquam creaturis providente, *Matth. 6, 26. et 32.,* ubi *Pater noster coelestis volatilium* atque *hominum* curam gerere dicitur. De *Filio* ad *Ebr. 1, 3.* docetur, quod *portet omnia.* De Patre et Filio valet illud, quod Christus ait *Joh. 5, 17.: Pater meus operatur hucusque, et ego operor. De Spiritu S. 1. ad Cor. 12, 11.* dicitur, quod *distribuat dona* spiritualia ad conservationem et gubernationem ecclesiae.

ANTITHESIS.

HOFMANNUS: „Nicht so verhält es sich hiemit, dass Gott nur Ausserordentliches, anstatt durch die gewöhnlichen Naturkräfte, durch Engel wirkt: in dem ganzen Naturleben sieht die Schrift das Walten von Geistern. . . Was uns angeht, ist einzig dies, dass *alle guten und schlimmen* Erscheinungen des Weltlebens gleicher Massen auf das Walten und Wirken einer Geistervielheit zurückgeführt werden. . . Sie (die *Engel*) sind also geschöpfliche Wesen. . . Geschöpfliches Leben, in welches sich die einige Fülle des Wesens Gottes begibt, um darin zu einer Mannigfaltigkeit von Vermögen zu werden, dient dem ewigen Gotte, sich seiner Welt gegenwärtig zu machen. . . Wenn es geschöpfliches Leben ist, mittelst dessen sich die einige Fülle des göttlichen Wesens in die Mannigfaltigkeit derjenigen Eigenschaften ausbreitet, welche Gott, seiner Welt gegenwärtig, an ihr bethätigt; so kann und will er auch *ohne diese seine Selbstbethätigung an der Welt* gedacht werden.“ (Schriftbeweis. I, 282. 313. 325. sq.)

§ 5.

Causa impulsiva[a] ejus est bonitas Dei.[b]

a) Seu ratio movendi, eaque interna.

b) Vid. *Luc. 11, 13.*, ubi Christus ex eo, quod in *humanis patres* filiis suis prospiciunt, impulsi *amore* illo, quo prolem suam prosequuntur, concludit, multo *magis Patrem coelestem* pro sua bonitate summa et φιλανθρωπία rebus nostris prospicere. Et David *Ps. 136.*, in operibus providentiae divinae celebrandis occupatus, illud semper interserit: *Quoniam bonus* (est Dominus) *et in saeculum misericordia ejus.*

> FECHTIUS: „Si Deus manum suam vel ad momentum rebus quibuslibet subtraheret, e vestigio reciderent in nihilum.“ Addit ROLLIUS: „Ipsa Scriptura testatur, Deo manum suam subtrahente in pulverem redire creaturas.“ (Syllog. controvers. p. 80. 86.)

§ 6.

Objectum providentiae divinae[a] sunt creaturae[b] omnes et singulae,[c] cum inanimatae,[d] tum animatae, et ex his vegetabiles,[e] animantia bruta,[f] praesertim vero homines,[g] et maxime omnium[h] fideles.

a) Sive id, cui Deus prospicit, cujus curam gerit, commoda promovet etc.

b) Non Deus ipse; neque enim sui conservandi et gubernandi curam gerit, sed dependentium a se.

c) Sic ad *Ebr. 1, 3.* dicitur Filius Dei portare *omnia*, tanquam per ipsum creata, et *Col. 1, 17. omnia* per ipsum consistere docetur. Et fatendum est, nihil tam minutum aut exile in tota rerum universitate occurrere, ad quod sese providentia divina non extendat.

> J. J. RAMBACHIUS: „*Gegenstand* der göttlichen Vorsehung sind alle geschaffenen Dinge, keines ausgenommen, sichtbare und unsichtbare, lebendige und leblose, Himmel, Erde und Meer, und alles, was darinnen ist. Wie er alles *geschaffen* hat, so erstreckt sich auch seine *Vorsehung* auf alles. Er erhält 1. die *unsichtbaren* Geschöpfe, die Engel; denn die guten können sich ohne seine Weisheit nicht regieren und ohne seine Kraft nicht erhalten, die bösen ohne seine Erlaubniss nicht schaden und er setzt ihrer Bosheit Ziel und Schranken. 2. die *sichtbaren* Creaturen, und darunter die Menschen nicht allein, als das edelste Geschöpf, sondern auch alle unvernünftigen Thiere. In Egypten müssen Frösche und Läuse seine Befehle ausrichten. Es erstreckt sich aber solche Vorsorge über alle *Gattungen*, über alle *Arten*, ja über

alle *Einzelwesen* (Individuen) einer jeden Gattung; z. B. Gott sorgt
nicht nur über die *Gattung* der Creaturen, die Vögel heissen, sondern
für eine jede *Art*, Störche, Schwalben, Sperlinge, ja für ein jedes *einzelne Exemplar* (Stück) derselben, für einen jeden Storch, Schwalbe
und Sperling. Er sorgt nicht nur, dass die Bäume bleiben, erwachsen
und erhalten werden, sondern auch für einen jeden Baum, Zweig und
dessen Blatt. Jedes derselben ist unter seiner Regierung, wie Christus
lehrt Matth. 10, 29. Ein Sperling ist einer der verachtetsten und
(scheinbar) unnützesten Vögel, dennoch sagt Christus, dass deren
keiner umkomme, geschossen oder verletzt werde, ohne des Vaters
Willen. Luc. 12, 6.: Noch ist derselben vor Gott nicht eins vergessen.
Auch das Kleinste, Verachtetste und Unnützeste ist göttlicher Regierung und Vorsehung unterworfen. Christus versichert uns solches
Matth. 10, 30.: Nun sind auch eure Haare auf eurem Haupte *gezählet*,
dass keines anders ausfallen kann, als nach des Vaters Willen. Was
wir für *werthvoll* halten, zählen wir. Es bedeutet also eine genaue
Wissenschaft, und einen Fleiss zu erhalten. Wie das Sonnenlicht den
geringsten Wurm nicht verschmähet, also auch die Vorsehung Gottes
nicht. Das müssen wir also wohl merken, dass sich diese auch auf
die geringsten Dinge erstreckt. Es geht hier also nicht so zu, wie
etwa ein irdischer König durch eine allgemeine Verordnung für alle und
jeden seiner Unterthanen insgemein sorgt, obgleich viel tausend sind,
die der König nicht kennt. Gott kennt das *Kleinste* und sorgt dafür,
wie Christus, der Mund der Wahrheit, versichert. Zwar meinet die
Vernunft, es sei solches der Majestät Gottes unanständig, dass er sich
auch zu den geringsten seiner Creaturen sollte herunter lassen. Der
Heide Plinius meint, die göttliche Majestät werde befleckt, wenn sie
für verachtete Dinge sorge. Allein dies sind thörichte Gedanken, wie
sie auch der grosse Kirchenlehrer *Hieronymus* geheget. Denn dadurch
wird die *Ehre* desselben vielmehr befördert, und zwar 1. die Ehre
seiner unendlichen *Gütigkeit*, wenn er mit den Armen seiner Vorsehung
sowohl den niedrigsten Wurm, als den höchsten Engel umfasst. Ist's
Gott nicht unanständig, sie zu schaffen, warum sollt's ihm unanständig
sein, selbe zu erhalten? 2. die Ehre seiner *Macht* und *Weisheit*. Die
Kraft Gottes ist nicht weniger sichtbar in der Erschaffung der Mücke,
als eines Elephanten; also auch in der Erhaltung. Die *Weisheit* zeigt
ihre Vortrefflichkeit, wenn sie die Creaturen, die selbst den Zweck
ihres Wesens nicht wissen, zu solchem dirigirt und leitet. Es ist auch
unter den Creaturen an sich kein Unterschied, sondern er entsteht erst
aus der Beziehung auf uns; z. B. man glaubt, dass ein Wurm veräclit-
licher sei, als ein Löwe. Dieser ist freilich, wie wir ihn betrachten,
besser, als ein Wurm; allein sehen wir von der Beziehung ab, so hat
der geringste Wurm in seiner Art eben so viel Vortrefflichkeit, als ein
Löwe. Denn diese besteht nur in einer gewissen Beschaffenheit der
Theile, daraus der Leib zusammengesetzt ist. Es macht auch Gott
keine Beschwerung, wie man meinen möchte. Sein unendlicher Verstand kann nicht überladen, noch abgemattet werden." (Schriftm. Erläuterung der Grundlegung der Th. 1738. p. 157. sq.)

QUENSTEDTIUS: „Ut sol non inquinatur, licet sordes irradiet, ita
nec Deus, cum providentia sua res etiam minimas et abjectas illustrat.
Speculum repraesentat res sine ulla sui contagione, quomodo ergo
Deus contaminaretur rerum providentia? Quae Deus non dedignatus
est creare, quomodo conservare sua indignum judicaret majestate?
Impia apud Euripidem vox est: ‚Rex mundi magna curat, parva fortunae relinquit.' . . Recte Ammonius advertit, si neganda esset divina
providentia, rationabilius negaretur immortalibus et coelestibus, quae
minorem curam postulant, quia minoribus et paucioribus obnoxia sunt
mutationibus, quam hisce sublunaribus, caducis et mortalibus, quae
curam requirunt longe majorem. ‚Immortalia tutore non egent; haec
vero inferiora conservat artifex', ait Seneca Ep. 58." (Th. did.-pol.
P. I. c. 13. s. 2. q. 1. f. 768.)

d) Huc pertinet, quod *Jobus cap. 28, 25.*, Deum *ventis pondus facere, in mensura appendere, pluviis legem ponere et viam procellis sonantibus,* pronunciat.

e) V. g. quod *herbas, frumentum, oleum, vinum e terris produci* a Deo memorat David *Ps. 104, 14. 15. 16.*

f) V. g. quod *jumentis et pullis corvorum escam dare* dicitur *Ps. 147, 9.*, *pascere volatilia coeli Matth. 6, 26.*, singulorum *passerum* curam gerere *Matth. 10, 29. Luc. 12, 6.*

g) Sic de toto *genere humano,* tanquam *progenie Dei,* Paulus in concione Attica, *Act. 17, 28.*: *In Deo vivimus, movemur et sumus.*

h) Super hos enim *oculus* Jehovae inprimis intentus esse dicitur *Ps. 33, 19.* Et spectari debent non solum fideles *singuli,* sed et *coetus* eorum, qui vocatur *ecclesia, populus* et *peculium* Dei, *Ephes. 5, 29.*

QUENSTEDTIUS: „*Dist.* inter quietem et activitatem humanam et divinam; quies humana conjuncta est cum ignavia, desidia, inertia et lassitudine, uti et activitas cum labore, conatu, industria et molestia; sed ‚Deus novit quiescens agere, et agens quiescere‘, juxta Augustinum l. XII. de civ. Dei c. 17.‟ (L. c. f. 770.)

ANTITHESIS.

QUENSTEDTIUS: „*Antithesis:* 1. *Democriti, Epicuri, Plinii, Luciani* et alii Epicuri de grege porcorum, providentiam prorsus negantium et irridentium, imo cum C. Vellejo, senatore Rom., πρόνοιαν, anum fatidicam‘ vocantium. Epicurus apud Ciceronem lib. II. de nat. deorum providentiam Dei negans ita introducitur: ‚Nihil (inquit de Deo) agit, nullis cogitationibus implicatur, nulla opera molitur. — — Hunc Deum rite beatum dixerimus, vestrum vero laboriosissimum‘... Nota est Plinii hist. nat. lib. II. c. 7. impia vox: ‚Irridendum esse, quod curam rerum humanarum agat id, quod summum est‘; ratione ab eo adjecta: ‚Nihil est futilius, quasi tam tristi ac multiplici ministerio non posset non pollui.‘ *Lucretius* Epicureus casu vult ferri mundum... 3. *Averrois,* qui, in paraphrasi metaphysices tract. 4. in fine, Deo attribuentes cognitionem et curam rerum particularium de necessitate ei impietatem et injustitiam tribuere, impie asserit. 4. *Sadducaeorum,* Deum extra omnem inferiorum seu sublunarium curam et praevisionem positum esse, dicentium, teste Josepho lib. II. de bello Judaico c. 7. 5. *R. Mosis Maimonidis,* statuentis, ‚providentiam Dei esse tantum in individuis humanis‘... D. Hutterus in ll. theol. loc. 4. de prov. q. 2. p. 223. S. Hieronymum illis adnumerat, qui divina providentia plane indignum judicant, si ea statuatur circa res minutas et abjectas esse occupata. Verba *Hieronymi* haec sunt: ‚Caeterum absurdum est, ad hoc deducere Dei majestatem, ut sciat per momenta singula, quot nascantur culices, quotque moriantur; quae cimicum, pulicum et muscarum sit in terra multitudo, quanti pisces in aqua natent — — —. Non sumus tam fatui adulatores Dei, ut, dum potentiam ejus etiam ad ima trahimus, in nosmet ipsos injurii simus, eandem rationabilium et irrationabilium providentiam dicentes‘... B. Gerhardus tom. II. LL. de prov. § 58. inquit: ‚Nisi hoc dictum (Hieronymi jam adductum) ita accipias, quod Deus quidem singula exacte cognoscat, non tamen modo cognoscendi, qui fit per momenta et intervalla successive, sed notitia intuitiva, qua omnia ἀϑρόως simul aspicit, detrahet laudi divinae providentiae.‟ (L. c. f. 768. sq.)

§ 7.

Speciatim circa *homines* ita occupatur providentia, ut ad eorum vitae *ortum*,[a] *progressum*[b] et *finem*,[c] itemque *actiones* omnes[d] sese extendat.

a) Ita *Jobus cap. 10, 8. et seqq.*, Deum alloquens: *Manus tuae*, inquit, עִצְּבוּנִי, summa diligentia, cura et velut anxietate, *elaboraverunt me et fecerunt me accurate totum in circuitu; sicut lutum fecisti me.* Et David *Ps. 71, 6.* ad Deum dicit: *Tibi innixus sum ex utero; ex visceribus matris meae tu eductor meus.*

b) **V. g.** quoad *alimenta* et *amictum* caeteraque necessaria hujus vitae suppeditanda, *Matth. 6, 25. sqq.*; quoad arcenda *pericula* in *negotiis* quibusvis occurrentia, *Ps. 91, 1. sqq.* Conf. *Deut. 30, 20. Jobi 10, 12.*

c) Seu quoad *determinatum* tempus aut *numerum dierum* ac *mensium hujus vitae, Jobi 14, 5.* De quibus infra § 16. plura dicentur.

d) Cum *cogitationes* arcanas, tum *sermones*, tum *actiones externas* et conversationem cum aliis, *Ps. 139, 1. et seqq.*

§ 8.

Actus, ad quos circa creaturas exercendos[a] terminatur providentia, sunt *conservatio*, seu sustentatio singularum creaturarum[b] in existendo, et *gubernatio*, quae *partim* universalem cum causis secundis concursum,[c] *partim* specialem quandam, neque unius generis, operationem et agentium creatorum directionem[d] importat.

a) Vid. h. l. § 2. et notas.

b) Quam alias *creationis continuationem* vocant. Importat enim influxum indesinentem rebus creatis pro sua cujusque natura convenientem ac necessarium, ut in esse suo ac vi operandi persistere possit. Atque huc pertinent illae phrases, φέρων τὰ πάντα, portans aut gestans, ne collabantur, intereant aut in nihilum redigantur, *Ebr. 1, 3.*, et πάντα ἐν αὐτῷ συνέστηκε, *Col. 1, 17. Non solum*, ait Theophylactus, *haec ipsa creavit, sed eadem haec continet, et ita ut, si ab ejus providentia haec abducantur, pereant protinus necesse sit.*

FECHTIUS: ,,Frustra castigatur conservationis trita descriptio, quae dicitur esse *continuata creatio*.'' ROLLIUS addit: ,,Conservatio non dicitur hic creatio, sed continuata creatio sive creativae actionis continuatio. Neque enim Deus alia ratione creaturam conservare dicitur, quam quatenus actionem, qua creaturam primitus produxit, porro positive continuat. Hinc uti duratio rei in se nihil aliud est, quam continua existentia, ita conservatio nihil aliud esse intelligitur, quam continuata creatio. Et sicuti creatio essendi dat initium, ita conservatio dat essendi continuationem.'' (Sylloge controv. p. 79. 81. sq.)

c) Sic *Act. 17, 25. 26. Deus omnibus vitam et halitum per omnia dare atque ex uno sanguine* (concurrendo cum generantibus quibusque) *genus hominum fecisse* legitur.

QUENSTEDTIUS: „Ita quidem loqui consuevimus, Deum agere per creaturas; cujus locutionis hic sensus est, Deum proxime agenti dare et conservare virtutem agendi. Quatenus vero ipsa prima causa immediate cooperatur creaturae et influit una cum illa in actionem et effectum, sic falsum est, secundam causam *mediare* inter primam et effectum, cum aeque immediate effectus dependeat a causa prima, sicut a secunda." (L. c. s. 2. q. 3. f. 781.)

IDEM: „Quemadmodum eadem numero scriptio pendet a manu et calamo, nec pars una a manu et alia a calamo, sed tota a manu et tota a calamo: ita concursus Dei non est prior actione creaturae propria prioritate causalitatis, cum in re sit omnino eadem actio, adeoque totum effectum producit Deus, sicut et causa secunda, quod fit per actionem creaturae exteriorem, quae intime in actione creaturae includitur, imo una eademque est cum illa." (L. c. f. 782.)

IDEM: „Nec collocandus est iste causae primae concursus in actione aliqua *praevia* actioni causae secundae, quae vel moveat, excitet aut applicet illam ad istos actus suos. ‚Quando enim ignis proximus est materiae combustibili, non opus est, ut excitetur aliqua actione praevia ad calefaciendum, tamen opus est, ut Deus concurrat', ut observat Becanus. Terminaretur etiam sic iste concursus solum ad causam et non ad effectum vel actionem illius causae. Praeterea motio illa Dei ad agendum distincta est ab actione causae secundae, hic autem quaeritur de actione Dei, quae eadem sit cum actione causae secundae, non distincta." (L. c. f. 780.)

IDEM: „Si aliquid sine Dei cooperatione fieret, saltem in primo illo instanti, quo fieret, per se et sine Deo esset, quod est unum ἐκ τῶν ἀδυνάτων. Uti ergo res creatae postulant a Deo ceu efficiente supremo immediate conservari, ita et immediate fieri. Et sicut Deus creaturam suam suo *esse* privare potest per solam influxus subtractionem, quo res conservat, ita potest eandem sua naturali *actione* privare per solam negationem immediati concursus." (L. c. f. 785.)

GERHARDUS: „Non ex se et suis viribus res creatae subsistunt, sed portat Deus omnia verbo virtutis suae, Hebr. 1, 3., in ipso omnia συνέστηκε, Col. 1, 17., in Deo vivimus, movemur et sumus, Act. 17, 28. Esse creaturarum est esse fluxum, esse Dei est esse fixum; ut radiorum esse a sole, umbra a corpore, ita omnes creaturae a divina dependent conservatione... Conservatio, definiente Scaligero, nihil aliud est, quam existentiae continuatio. Esse et conservari acceptum fertur eidem auctori, eidemque principio. Ut ergo omnes creaturae suam essentiam, suas proprietates ac agendi vires in creatione et generatione a Deo acceperunt: ita ab eodem in essendo et agendo conservantur. Ergo continuus est quasi divinae potentiae omnia conservantis in res existentes omnes influxus, quo vel ad momentum subtracto nec agere, immo nec esse possunt. Quid magis homini naturale, quam moveri? et tamen *in Deo* movemur, Act. 17, 28. Quid magis soli naturale, quam singulis diebus oriri? et tamen Deus ἀνατέλλει τὸν ἥλιον Matth. 5, 45. Quamvis ergo naturaliter singulis rebus sua indita sit proprietas, eam tamen nec exserunt, nec exserere possunt, nisi divina virtute (ut ita loquar) essentientur et vegetentur. Ps. 104, 29. 30.: ‚Abscondis faciem tuam, turbantur; aufers spiritum eorum, deficiunt et in pulverem suum revertuntur; mittis spiritum tuum, creantur et renovabis faciem terrae.' Deut. 8, 3. Matth. 4, 4. dicitur, hominem non vivere ex solo pane, sed in omni verbo, quod egreditur ex ore Dei; quo non solum docemur, Deum absque mediis naturalibus posse hominem alere et conservare, sed monemur etiam, vim alendi non esse panis ita propriam, ut subtracto Dei verbo, quo panis primum creatus est et alendi vim obtinuit, nihilominus hominem alere possit, sed requiri continuum quasi verbi creantis et conservantis influxum, ut alendi vim sibi insitam exserat. Idem de re medica pronunciare possumus ac debemus. Non restituitur homo sanitati per herbas, sed per Dei verbum, quod herbis vim illam primitus insevit et adhuc hodie quasi instillat." (L. de prov. § 61—63.)

d) Ita v. g. causae secundae, in actu per naturam *nondum* constitutae, ad agendum divinitus applicantur; vid. *1 Reg. 18, 44.* de accelerata pluvia. Aliquando Deus causis secundis virtutem agendi *vel* plane *supernaturalem* confert, *vel* naturalem *amissam* aut *debilitatam restituit* et confirmat, aut auget; vid. *Judic. 16, 28. 29.* de robore Simsonis restaurato auctoque, *Gen. 17, 16. 17. et 19.* de potentia generandi Abrahamo centenario et Sarae nonagenariae atque alias sterili collata. Denique nonnunquam causas secundas per naturam in actu constituendas *impedit* Deus, quo minus effectus sequatur, prout *Deut. 28, 23.* minatur, se pluviam subtracturum populo inobedienti. *Talibus enim operibus Deus manifestum facit, se non esse alligatum ad causas physicas et ordinem libere a se institutum,* ait b. *Gerh.* Isag. LL. Disp. XVI. c. V. de Prov. § 12. p. 654.

B. MEISNERUS: „Sunt communes naturae leges, secundum quas (Calviniani) omnia fidei mysteria examinant et mensurant, ita ut nihil Deum posse existiment, quod sit contra ordinariam naturae et naturalium corporum constitutionem. ‚Nihil fit singulariter a Deo, quod naturam ab ipso creatam evertat', inquit Sadeel, de sacrament. manducat. c. 3. p. 93. edit. Genev. an. 96. ‚Si quid doceatur, quod sit contra naturam eamque evertat, statim pronuntiandum est, esse falsum, quandoquidem certum est, naturam a vero Deo constitutam veram esse.' p. 91. . . Sic potius statuendum, multa Deum posse, quae sint contra omnem naturam et a communi ordine quam longissime recedant. ‚Natura saepe legibus suis ipsa cedit, quid suo auctori?' ait Seneca in Hippol. v. 175. ‚Imperat naturae, non possibilitati obtemperat, non mensuras colligit, non pondus examinat. Voluntas ejus mensura rerum est, sermo ejus finis est operis', testimonio Ambrosii l. 2. Hexaëm. c. 2. ‚Cum omnis naturae cursus naturales habeat leges, supra hunc naturalem cursum creator habet apud se, posse de his omnibus facere aliud, quam eorum seminales rationes habent', voce Augustini de Gen. ad lit. c. 17. ‚Non ordine disponitur aut distringitur ejus potentia, sed ipse ordinis auctor est, cujus ordinis necessitas omnis ab eo pendet', suffragio Scaligeri Exer. 365. s. 8. Hinc pie cecinit Philippus:

Non Deus est numen Parcarum carcere clausum,
  Quale putabatur Stoicus esse Deus.
Ille potest solis cursus inhibere volantes,
  Ille velut scopulos flumina stare facit."

(Philosoph. sobr. I, 1171. sqq.) cf. *Kromayerus* citatus supra p. 43.

ANTITHESIS.

QUENSTEDTIUS: „*Antithesis:* 1. *Pelagii* haeresiarchae ejusque sectatorum, qui asserebant, se posse sine auxilio Dei movere manum, curvare digitum, sedere, stare, ambulare, teste Hieronymo. . . 2. *Ex scholasticis Durandi* de S. Portiano, qui concursum tantummodo remotum et per accidens admittit, docens: ‚Deum quidem concurrere ad actus causarum secundarum, verum non per se influendo in eosdem et eorum productiones, sed solum remote et per accidens; quatenus scl. agentibus particularibus primum dedit esse et facultatem operandi, et

tam esse, quam istam agendi vim, porro conservat.' . . 3. *Nicol. Tau-*
relli, qui vestigia legit Durandi, asserens: ,Magnam imprudentiam, indignitatem et impotentiam esse, si Deus concurrat ad opera naturae.'
,Si voluit', inquit, ,Deus semper operari, cur naturam fecit?   An
putas, Deum, si quid facere velit, concursu indigere naturae?'. . .
4. *Arminianorum*, quorum antesignanus *Episcopius* lib. IV. inst. c. 1.
conservationem appellat ,actum divinae providentiae, susque deque
habens, an actus dicatur positivus, quo Deus influit immediate in essentias, vires ac facultates hominis rerumque aliarum omnium; an actus
negativus, quo Deus essentias, vires et facultates rerum creatarum
non vult destruere, sed eos vigore suo relinquere, quoad vigere ac durare possunt ex vi per creationem ipsis insita. Perinde enim est (addit)
nobis, utrum credatur.' . . 5. *Eorum philosophorum et scholasticorum,*
qui ad alterum extremum declinarunt, negantes ex adverso, effectus
causarum secundarum proprie a causis illis produci, eosque volunt a
solo Deo ad praesentiam tantum causarum secundarum effici, ipsis
nihil agentibus. . . Suarez . . . fatetur, *Gabrielem Bielem*, qui ultimus
fere fuit eorum, qui inter Germanos scholasticae theologiae scriptis in-
claruerunt, in eam sententiam valde inclinare. Vide etiam *Thomam.*"
(L. c. f. 782.)

§ 9.

Habet autem providentia divina etiam ex parte
actuum,[a] ad quos terminatur, suos gradus[b] et prae caeteris creaturis respicit homines,[c] in genere humano autem
praecipue fideles.[d]

a) Nam de differentia ex parte objecti jam aliquid dictum est
§ 6., quamvis haec in illa fundetur.

b) Ita ut res alias conservet Deus et gubernet propter alias, quibus conservandis et gubernandis illarum conservatio aut gubernatio
serviat. Unde huc pertinet divisio providentiae divinae in *universalem*
et *particularem*, seu *generalem* et *specialem*, quibus quidam addunt *specia-*
lissimam aut *singularem*, quam tamen *Gerhardus* l. c. ad specialem providentiam reduci posse statuit.

c) Quemadmodum enim Deus creaturas alias primum creavit, ita
creatas conservare et dirigere constituit, aliquas ad humanae vitae in-
digentiam explendam, quasdam ad commoditatem majorem aut adminicula rerum gerendarum, denique ut exempla et incentiva officiorum
Deo praestandorum; quod ex ipsis *Psalmis 104.* et *136.*, sed et *Act. 17,*
25. 26. 27. manifestum est.

d) Prout *diligentibus Deum omnia adjumento esse in bonum,* πάντα
συνεργεῖν εἰς ἀγαθὸν, dicitur *Rom. 8, 28.* Et de ecclesia novimus, vi
providentiae divinae ita constitutum esse, ut *ne* quidem *portae infero-*
rum praevalere possint *adversus eam, Matth. 16, 18.*

§ 10.

Quod ad *ortum* hominis attinet, videtur Deus non
generali solum influxu, sed *speciali* etiam[a] concurrere ad
producendum hominem.

a) Prout b. *Gerhardus* de Prov. cap. VIII. § 71. p. 67. scribit: *vitae humanae ingressum peculiariter divina providentia regi.* Eaque ratione recte statuitur, quod Deus non tantum causae universalis, sed et *particularis* rationem habeat et causarum secundarum defectum suppleat, vel saltem eas in agendo dirigat et gubernet. Quod quidem *aliqui* sic exponunt, ut *partim*, spectata membrorum corporis varietate et nexu ac structura mirabili, causam efficientem particularem cum cognitione agentem requiri adeoque aliam quandam, quam quae in semine est (δύναμις πλαστική vulgo vocata), ac sublimiorem virtutem, quae non nisi ipsius Dei esse cogitari possit, speciali influxu concurrere statuant; *partim* etiam, considerata animae immaterialitate quodque illa ideo independenter a subjecto sive ex nihilo producenda sit, talis autem productio virtutem agendi infinitam postulet adeoque solius Dei propria sit, colligant inde, Deum ad productionem animae humanae specialem ac determinatum influxum praebere. *Alii* vero, etsi corpus pariter atque animam humanam ab ipsis parentibus, tanquam causis secundis, cum concursu Dei, tanquam causae universalis, produci credant, tamen, quod in productione et nativitate hominis varios casus et arcenda pericula ac singularia multa peculiaris curae ac favoris divini documenta aestimant, praeter universalem, etiam specialem aut particularem concursum Deo tribuunt, eoque referunt locum *Jobi cap. 10, 8. 9. 10. 11.*

§ 11.

Inter *actiones* hominis, ad quas Deus concurrit, distinguendae sunt[a] *bonae a malis*, et in genere bonarum, quae *civiliter* bonae[b] sunt, ab his, quae *spiritualiter*[c] sunt bonae.

a) Quamvis enim circa utrasque versetur, *modus* tamen versandi alius atque alius est, ut mox patebit.

b) Vocantur alias *naturales*, quatenus viribus naturae ab homine peragi possunt.

c) Dicuntur alio nomine *supernaturales*, quia vires hominis naturales excedunt, nec per eas fieri possunt, sed sublimioribus viribus indigent, a Deo conferendis.

§ 12.

Actiones *civiliter* bonas respicit divina providentia, non solum quoad impertiendum concursum *generalem,* verum etiam in respectu ad eas *praecipiendas,*[a] *adjuvandas*[b] et *approbandas.*[c] Ad *spiritualiter* bonas actiones eadem ratione se habet, sed ut praeterea etiam Deus ipse ad eas *peculiari* influxu concurrat.[d]

a) Prout *opus legis scriptum est in cordibus hominum*, unde *gentes natura* faciunt, *quae sunt legis*, Rom. *2, 15*.

b) V. g. animum addendo, aut motus heroicos excitando, prout regem Cyrum *vocasse* dicitur Deus *ejusque dexteram apprehendisse Esaiae 45, 1. 3.*

c) Quo speciatim pertinet, quod etiam *remuneratur* tales actiones, prout exemplo obstetricum Aegyptiacarum patet, quibus Deus *benefecisse et domos aedificasse* dicitur, postquam puerperis Israeliticis earumque foetibus auxilio fuerunt. *Exod. 1, 20. 21.*

d) Cum alias *ex nobis, tanquam ex nobis, non simus idonei, aliquid* ejusmodi *cogitare* nedum facere, *2 Cor. 3, 5.*

§ 13.

Ad *malas* actiones ita terminatur divina providentia, ut illis quidem, cum fiunt, concursus *generalis* impertiatur,[a] caeterum actiones multae, quae alias futurae erant, *impediantur*,[b] illae vero, quae fieri permittuntur, ita tamen *dirigantur*, ut ad bonum finem[c] tendant.

a) Sic enim in ipso movemur, quicquid agamus, *Act. 17, 28.* Sed ita simul constat, spectari hactenus actiones malas tantum, ut *actiones; non* autem, quatenus tales in sua specie atque adeo *malae* sunt.

> QUENSTEDTIUS: „Actus divinae προνοίας circa mala moralia seu peccata *antecedentes* sunt: 1. peccati *praevisio* sive praescientia aeterna. . . 2. Ejusdem *aversatio*. . . 3. *Prohibitio.* . . 4. *Impeditio.* . . . Actus *concomitantes* sunt: 1. Naturae male agentis *sustentatio.* Sic quando Eva extendebat manum ad pomum interdictum, sustentabat quidem Deus locomotivam, sed non adjuvabat actionem vitiosam, qua talem. Atque ita saepe manu et lingua, quam Deo sustentante movemus, Deum oppugnamus. In ipsis flagitiis et peccatis sustentat Deus membra, conservat vires et motus nostros, ex quo stupenda Dei longanimitas elucescit. 2. Actionis ipsius *quoad materiale spectatae coefficientia.* Duo enim sunt in actione peccaminosa, materiale et formale. *Materiale* est subjectum vitiositatis, ipsa videlicet actio, et hanc Deus comproducit. *Formale* vero est ipsa actioni adhaerens vitiositas, ad quam Deus nullo modo concurrit. 3. Ἀταξίας *permissio.* Permittit Deus peccatum et sinit hominem a sua lege deflectere. Haec ipsa vero permissio non omnem excludit impeditionem, sed tantum physicam h. e. eam, qua Deus in voluntatem hominis agit, ut natura est et ipsi potentiae impedimentum ponit; moralis vero impeditio cum permissione hac conjuncta est, cum non cessat Deus prohibere et dissuadere peccatum. Actus *consequentes* sunt: 1. *Directio* peccati ad bonum finem. 2. *Determinatio*, ita ut praescribat metas et terminos, quos transilire malitia humana non potest. Sic Pharaonis tyrannidi certos limites posuit. 3. Peccati *remissio*. . . 4. *Poenae irrogatio.*“ (L. c. s. 1. th. 30. f. 767.)

b) Sic adulterium *Abimelechi* cum Sara perficiendum impedivit Deus, *Gen. 20, 6.* Similiter persecutionem *Labani* Jacobo intentatam, *Gen. 31, 24. 29.* Et *Ps. 33, 10.* dicitur, *Jehovam irritum facere consilium gentium, irritas facere cogitationes populi.*

c) Sic Deus, permittens 1) peccata eorum, qui prae aliis excellere videntur, ipsos peccantes infirmitatis admonet, ne sibi nimis placeant aliosque contemnant; quo pertinet lapsus Petri, *Luc. 22, 32.* Aliquando 2) ex peccantium damnis alios emendare et excussa securitate solicitiores reddere intendit, *Luc. 17, 32.* Quando 3) pios ab impiis affligi permittit, afflictorum humilitatem et patientiam exercet, exemplo *Jobi, cap. 1.* Conf. *Jacobi cap. 5, 10. 11.* Nonnunquam 4) afflictionem piorum in occasionem melioris fortunae convertit et vel ipsos affligentes illorum opera juvari et emendari cupit; quod suo exemplo testatur Josephus *Gen. 50, 20.*

QUENSTEDTIUS: ,,*Permissio* est actus providentiae gubernatricis, quo Deus creaturas rationales ad peccandum sua sponte sese inclinantes per impedimenta, quibus agens finitum resistere nequit vel quibus non restiturum novit, a malo lege vetito non retrahit, sed justis de causis in peccata ruere sinit, Ps. 81, 13. Act. 14, 16. Rom. 1, 24. 28. *Permissio divina n o n est:* 1. blanda *indulgentia,* quasi Deus plane non curet, quando homines scelera committunt, nec 2. *relaxatio legis,* quod peccandi licentiam illis permittat, nec 3. est *impotentia* in Deo vel *intellectus,* quasi inscio ipso creaturae ita in peccata ruant, vel *voluntatis,* quasi probet vel adjuvet scelera, vel *defectus potentiae,* quasi non possit peccatum cohibere et actum peccaminosum impedire, nec 4. *otiosum spectatorem* ex Deo facit, qui nec vetet peccata, nec metam malitiae ponat et corripiat; *s e d* 5. est sapientissimi Dei *actus negativus,* quo creaturis rationalibus ad peccandum sua sponte sese inclinantibus *non physica et omnipotenti* actione sua impedimenta, quibus resistere neque-ant vel quibus non restituras novit, ponit, sed sinit illas ab ordine suo deflectere et peccare, vel a malo in lege prohibito non retrahit, sed justis de causis in peccata ruere sinit. *Permissio* 1. pro *objecto* habet non ipsam *actionem* creaturae, sed *malum* seu defectum actionis, quem non vult nec approbat nec juvat, sed permittit tantum. 2. Deus quidem permittit, sed non vult τὸ permissum, quod fit, *non quidem Deo absolute nolente* h. e. renitente ac impediente, *attamen non volente,* Ps. 5, 5. 1 Joh. 3, 8. Dei non impedire non est velle, sed permittere et simul etiam nolle, quatenus serio ei displicent, quae permittit. 3. *Permissio non est actio, sed actionis negatio.* Sic enim αὐτόχειρ abutitur concursu causae primae ad se interficiendum, negatur ipsi actio aliqua, impedimentum nefando illi facinori objiciens. 4. *Peccatum,* antequam patra-tur, Deus *vetat;* dum patratur, *permittit,* et permissionem *dirigit ad bonum finem.* 5. Permissio constat in indebitae resistentiae ac impedimenti violenti ac invincibilis *suspensione.* Permittit Deus peccata, *cum impedire non teneatur,* ad quam permissionem sequitur peccatum, non tamen causaliter, sed consequenter et eventualiter.'' (L. c. s. 1. th. 20. f. 763.)

H. MUELLERUS: ,,In der Regierung Gottes ist auch das Böse mit eingeschlossen. . . Im *Anfang* hindert ers entweder, oder lässets zu. Zuweilen *verhindert* er das Vermögen, dass wir die Sünde nicht können vollbringen, wie wir gern wollten; entweder macht er den Menschen gar zu nichte, wie dem Sennacherib geschehen ist, Esa. 37, 36., oder er schwächt und mindert des Menschen Kraft, wie dort Jerobeams Hand verdorren musste, die er ausgereckt hatte, den Propheten zu greifen, 1 Reg. 13, 4. Zuweilen hindert er das Vermögen mit gleichem oder grösserem Vermögen; wie er den vier Königen, die Loth mit sich führten, durch Abrahams Zug wehrte. Auch entzeucht er wohl dem Menschen dasselbige, daran er die Sünde begehen will, wie er Christum verbarg, da ihn die Juden steinigen wollten, Joh. 8, 39. Zuweilen verhindert er des Menschen Willen, dass er nicht begehrt die Sünde zu vollbringen, dazu ihn sonst die böse Lust neiget, und er auch

Vermögens genug hat. Dies Hinderniss aber ist kein Zwang, sondern
eine Beredung, da des Menschen Begierde durch gewisse Gründe überzeugt und vom Bösen abgehalten wird. Wir lassen uns bald bereden,
dass wir dieses oder jenes thun wollen, entweder weil es leicht zu thun
ist und wenig Mühe kostet, oder weil es Ergötzung, Nutzen und Ehre
bringet: so beredet auch Gott den Willen, dass er die Sünde nicht voll-
bringe, entweder weil es schwerlich, ja, oder wohl ganz nicht geschehen könnte, oder weil es nur Pein, Schande und Schaden bringen
würde. Auf diese Art beweget Gott die Pharisäer und Hohenpriester,
dass sie Christum nicht griffen; denn sie fürchteten sich vor dem Volk,
das ihn für einen Propheten hielt, Matth. 21, 45. Wenn nun Gott
weder des Menschen Vermögen noch Willen hindert, *lässt er die Sünde
zu;* dazu hat er das höchste Recht, denn er ist nicht schuldig sie zu
hindern. Wer hat ihm etwas zuvor gegeben, das ihm wieder vergolten
würde? Diese Zulassung besteht darin, dass Gott sein Wort zurück-
hält, dadurch er könnte den Willen brechen, oder die Kraft schwächen,
auch wohl gar den Menschen zu nichte machen. Darum mag die göttliche Zulassung keine Ursache der Sünde heissen, weil Gott aufhört zu
wirken, und lässt den Sünder allein wirken. Im *Fortgang* ordnet
und umschränkt Gott die Sünde. Er *ordnet* sie zuweilen auf etwas
anderes, als der Sünder im Sinne hat, dass sie daran muss vollzogen
werden. Denn ,des Königs Herz ist in der Hand des Herrn, wie
Wasserbäche; und er neigt es, wohin er will', Prov. 21, 1. Mancher
meinet, dass er dem Frommen schaden will, aber Gott regiert es so
wunderlich, dass das Leid den Gottlosen treffen muss. Zuweilen ordnet und richtet Gott die Sünde zu einem anderen Zweck, als der
Sünder meinet; das bezeugt Josephs Historia und seine eigenen Worte:
,Ihr gedachtet es böse mit mir zu machen; aber Gott gedachte es gut
(mit mir) zu machen, dass er thäte, wie es jetzt am Tage ist, zu erhalten viel Volks', Gen. 50, 20. Also muss oft mancher durch Gottes
Regierung dadurch erhöhet werden, wodurch ihn der Feind gedachte
zu erniedrigen. Auch *umschränkt* Gott die Sünde, wenn er seiner Zulassung gewisses Mass und der Sünde ein gewisses Ziel setzet. Oft
lässt er die Sünde nicht geschehen eben zu der Zeit, wenn der Sünder
gerne wollte, sondern ordnet es weislich, dass es zur andern Zeit
geschehe. Also suchten zwar die Juden Christum zu greifen, ,aber
niemand legte die Hand an ihn, denn seine Stunde war noch nicht
kommen', Joh. 7, 30. So lebt mancher nach Gottes Willen viele Jahre,
welchen wohl die arge Welt nicht ein Stündlein leben liesse, wenn der
Mann, der im Himmel wohnet, nur Ja sprechen wollte. Oft lässt
Gott die Sünde nur eine kurze Zeit geschehen, die der Sünder eine
lange Zeit gedachte zu treiben. Darum müssen um der Auserwählten
willen die Tage verkürzt werden, dass sie nicht dem Frevel der Bos-
haftigen gar zu lange unterworfen seien, Matth. 24, 22. Gott weiss
den Sündenweg mit Dornen zu vermachen, und eine Wand davor zu
ziehen, dass der Sünder seinen Steig nicht finden kann, Hosea 2, 6.
Gott Lob! dass die Welt nicht weiter laufen kann, als Gott zulässt,
sonst wäre ihres Wüthens und Tobens wider die Gottseligen kein Ende.
Oft lässt auch Gott die Sünde nicht so hoch steigen, als der Sünder
meint, denn er ist getreu, und lässt die Frommen nicht versuchen über
ihr Vermögen, sondern machet, dass die Versuchung so ein Ende ge-
winne, dass sie es können ertragen, 1 Kor. 10, 13. Am *Ausgang* straft
Gott entweder das Böse, oder vergibt es. Er *straft* es entweder zeitlich, oder ewig, und zeitlich, entweder äusserlich, oder innerlich. Die
äusserliche Strafe trifft den Leib, nimmt demselben sein Vermögen
oder Wohlwesen und belegt ihn mit allerlei Jammer und Elend; denn
das Elend hanget an der Sünde wie die Strahlen an der Sonne. Die
innerliche Strafe gehet die Seele an, die Gott entweder verlässt mit
seinem Geist und Gnaden, dass sie nichts anderes thun will und kann,
als sündigen; wie der natürliche Leib, wenn ihm der Lebensgeist ent-

zogen ist, nichts anders thun kann, als in Ohnmacht fallen; oder er
übergibt sie in die Gewalt des Bösen; entweder dass sie in kräftige
Irrthümer fällt und der Lüge glaubt, 2 Thess. 2, 11., oder dass sie in
einen verkehrten Sinn gegeben wird, zu thun, das nicht taugt, Röm.
1, 28. 29., oder dass sie gar in des Satans Gewalt und Stricke fällt und
(wenn sie nicht zur Erkenntniss des Heils kommt, dass also der Geist
erhalten wird) endlich mit Leib und Seele in der Höllen Schlund gewor-
fen wird. Die *Vergebung* der Sünden bestehet darin, dass er die
Schuld erlässt und die Strafe wegnimmt; doch mit Vorbehaltung der
Züchtigung zur Prüfung." (Himmlischer Liebeskuss. c. 5. § 7—10.
p. 35. sqq.)

§ 14.

Neutrubi tamen, *seu* in bonis actionibus, *seu* malis,
Dei providentia libertatem voluntatis humanae tollit.

Generalis enim concursus *non determinat* causas secundas, aut necessitatem agendi imponit. Similiter etiam *permittere* seu non impedire
actionem et permissam ad certum finem *dirigere, non* est agentem *determinare* ad hoc agendum. Quod autem actiones spirituales ita fiant in
homine a Deo, ut tamen possit homo Deo repugnare et facere, quo
minus fiant, diserte legimus a Christo affirmatum et exemplo Israelitarum ostensum *Matth. 23, 37.* Dicitur enim: *Ego volui vos congregare,*
i. e. ego non tantum id fieri optavi, sed, quod in me erat, contuli, ut
acciperetis fidem, per quam mihi jungeremini et salvaremini (id enim
contextus et vis similitudinis, a *gallina* petitae, indicat), *sed vos noluistis*
congregari atque effecistis, ne congregaremini. Conf. *Act. 7, 51.* Plura
dicemus in L. de conversione.

FECHTIUS: „*Modus, quo concurrit Deus* et cum creaturis cooperatur, est universalis, indifferens, indeterminatus. Nempe omnis causa
est vel *universalis*, quae ad effectum ita concurrit, ut speciem et rationem ejus propriam non determinet. Sicut sol ad omnium rerum generationem calore suo concurrit, nec tamen calor hic efficit, ut, quod
generatur, necesse sit canis vel alia species. Canis enim non est a sole,
sed cane pariente. Vel *particularis*, quae concurrit, effectum ad hoc
tale esse determinando. Sic pirus producit pirum. Jam Deus ad res
omnes priori modo tantum ordinarie, non posteriori concurrit. Dico
ordinarie. Nam extra ordinem et in quibusdam objectis, utpote in
rebus spiritualibus in homine efficiendis itemque miraculis et extra-
ordinariis quibusvis, Deum etiam determinate concurrere, non negamus. Id enim nisi hodie faceret Deus, preces nostrae plane essent
frustraneae. *Probatur:* 1. *A clarissima Scripturae littera,* quae passim
testatur, Deum quibuslibet rebus creatis motus suos relinquere, neque
determinando quicquam, nisi extra ordinem, necessitare. 2. *A natura
causae primae* et universalis, quippe quae ad omnia aequa operatione
concurrit, neque secundam ullo modo vel movet, vel determinat, ut
facit causa principalis in ordine ad instrumentalem. Atque ideo Dei
concursus actionibus humanis nullam plane imponit *necessitatem*, neque
ab extra, quae est violentiae, neque ab intra, quae est immutabilitatis.
Ab extra necessitat, qui cogit; ab intra necessitat, qui ita subjectum
disponit, ut, positis omnibus ad agendum requisitis, non possit non
agere. Neutram necessitatem infert concursus divinus, quia est indeterminatus, h. e., ut alii theologi loquuntur, quia Deus *sese attempe-*

rat causis secundis et particularibus, singulaque agentia secundum naturales motus suos agere permittit." (Compend. th. c. 5. § 19. 20. p. 137. sq.)

HEERBRANDUS: „Cum omnia providentia Dei regantur, necessarione, an contingenter res fiunt? — Ratione providentiae Dei, quae regit omnia, ut nihil vel inordinate fiat vel contra ipsius propositum et voluntatem, quaeque falli non potest: *necessario* omnia fieri recte dicuntur. ,Consilium meum stabit, et omnis voluntas mea fiet.' Isa. 46. Sed *non coacte*. 'Necessitate *immutabilitatis*, non *coactionis*. Relinquitur enim homini libertas voluntatis in actionibus rationi subjectis; quae, etsi providentia Dei reguntur, tamen non coguntur illa, sed volentes faciunt, quicquid faciunt. Fiunt igitur res necessitate, *non fatali* aut absoluta, sed, ut vocant, *consequentiae*. Posset enim natura res aliter habere et agere homo, ac fieri oppositum, non esset impossibile. Quia sua natura non sunt necessaria, sed revera *contingentia*. Sed quia sic eveniunt, et Deus videt omnia, sicuti fiunt, ideo respectu Dei videntis, qui in sua visione non fallitur, cum omnia praesens intueatur, ut fiunt, necessaria dicuntur necessitate, ut dictum est, consequentiae. Quodsi aliter fierent, Deus hoc ipsum quoque videret. ... Ratione itaque et respectu hominis, qui est proxima causa suarum actionum, libere et contingenter res fiunt et aguntur omnia in rebus humanis. Ut, quod David et Paris alienas rapiunt conjuges, fiunt haec quidem providentia Dei; sed hac Dei visione non impelluntur aut coguntur, ut illas rapiant; sed liberrima voluntate sua id faciunt et contingenter. Potuissent enim abstinere, et non rapere. Sic Joseph ab herili conjuge, etiam pellectus, tamen abstinuit. Similiter et Alexander Magnus et Scipio a captivis abstinent libere, volentes, contingenter, et non coacti: nihil ad haec in utrumque faciente providentia Dei." (Compend. th. p. 214—216.)

QUENSTEDTIUS: „Agentium rationalium agendi libertatem non tollit; sed potius concursu et influxu illo communi homo libere utitur, ac (quae stupenda est Dei longanimitas) abutitur, ut aëre, pane, vino; nullo tamen cum dedecore divinae majestatis. Non enim haec ipsa intra se, sed actus externus (qui est a Deo, non ipse Deus) abusui patet. Postquam itaque Deus decrevit, secundas causas non solum efficere, sed et conservare, decrevit etiam simul eorum actionibus cooperari. Quae lex, si absolute sumatur, non inducit necessitatem, sed solum est *debitum connaturalitatis*, ut cum *Suaresio* loquitur *Rutgersius* Instit. Metaph. l. 2. c. 9. Unde etiam Deus quandoque dispensat in ea lege, negando suum concursum: Eat in exemplum ignis in fornace Babylonica, qui, suavi Dei dispositione suae virtutis oblitus, sacram illam justorum trigam et indumenta eorum non adussit, Dan. 3." (L. c. s. 2. q. 3. f. 781. sq.)

ANTITHESIS.

QUENSTEDTIUS: „*Antithesis:* 1. *Ciceronis*, qui adversus fatum disputans, negavit praescientiam futurorum, l. 2. de divinit. Eandem quoque sustulit *Chrysippus*, vide *Augustinum* l. 5. de Civ. Dei c. 9. Et *Averroes*, qui itidem πρόγνωσιν Dei complecti sub se omnia, etiam singularia atque adeo etiam futura contingentia et mala, quae a voluntate hominum dependent, impie inficiatus est. 2. *Socinianorum*, Deo futurorum contingentium, sive bona sint, sive mala, infallibilem praescientiam derogantium, Deique praescientiam si detur, rebus praescitis inferre necessitatem, statuentium... 5. *Stoicorum*, qui ex praevisione Dei omnium, omnia fatali ordine et inevitabili rerum necessitate fieri, statuerunt. Vid. *Homerum*, qui Stoicorum delirium non ineleganti commento prodit Iliad. π. conf. *Ciceronem* l. 1. de divinit. 6. *Scotistarum* et *Dominicanorum*, qui contendunt, certam futurorum contingentium praevisionem non esse, nisi e determinatione voluntatis divinae...

7. *Calvinianorum,* qui etiam scientiam divinam suspendunt a divina ordinatione ac decreto efficaci ac proprie dicto. Ita *Piscator* in notis ad Vorstii libell. p. 261.: ,*Quicquid Deus futurum novit, id decrevit',* quod etiam ad peccata extendit. Ita ipse *Calvinus* Institut. l. 3. c. 23. f. 6. *Zanchii* vox est disp. de Provid. th. 7. T. VII. col. 594.: *Deum immutabili sua providentia non solum ut fierent, quae fiunt, constituisse, sed etiam, ut eo, quo eveniunt, modo omnia evenirent, ab aeterno ordinasse.''* (L. c. s. 2. q. 2. f. 772. sq.)

§ 15.

Terminum vitae humanae respicit divina providentia non solum, quatenus de *lege communi*[a] suum cuique temperamentum confertur, cujus vi ille ad certum vivendi spatium cum generali Dei concursu potest pertingere,[b] verum etiam quatenus hominibus quibusdam *prorogatur* vita ultra eum terminum,[c] ad quem illi viribus naturae erant perventuri; aliis vitae finis *citius* imminet,[d] quam secundum naturae cursum oportebat.

a) Nempe *post lapsum;* cum alias homo in statu primaevo immortalis fuerit, ut vidimus cap. praeced. § 14. p. 155.

b) Dicitur alias terminus vitae *naturalis,* de quo b. *Aegid. Hunnius* Qu. et Respp. de Provid. T. I. Op. fol. 714. scribit: *Ad vitae humanae metam Deus hominem* ὡς ἐπὶ τὸ πολὺ *natura mediante perducit. Quando enim deficit humidum radicale, una cum calido nativo, quando turbatur* κρᾶσις *humani corporis ejusque vires prosternuntur, fit, ut homo emoriatur. Deus* autem *concurrit ad constituendum hunc terminum non tantum praescientiae suae ratione, sed quia ipse sustentat ac regit naturam et causas secundas. Atque sic, mediantibus hisce, Deus, tanquam causa prima, illum, de quo dicimus, terminum praefigit.* Atque huc referri solet, quod dicitur *Ps. 90, 10.: Dies annorum nostrorum in iis* (seu quibus vivimus) *septuaginta anni* (sunt) *et si in fortitudinibus* (si polleat virtus naturae, juxta *Kimchium,* vel juxta *alios,* si numerus annorum invalescat), *octoginta anni.*

c) Exemplum manifestum praebet historia *Hiskiae, 2 Reg. 20, 1. sqq.* Atque hoc sensu quidam *terminum* fatalitatis *physicae* dicunt *dilatabilem.*

d) Sic *viri sanguinarii et dolosi dies suos ne ad dimidium* quidem *producturi* leguntur *Ps. 55, ult.* Et *Ps. 102, 25.* David orat Deum suum, *ne succidat* ipsum *in dimidio dierum* suorum. Et hoc est, quod alii terminum naturalem dicunt esse *abbreviabilem.*

§ 16.

Mutat autem divina providentia terminum vitae humanae naturalem[a] cum circa *pios* homines,[b] tum circa *impios.*[c]

a) Unde oritur terminus vitae *praeternaturalis,* quem *hyperphysicum* quidam vocant. Vid. b. *Gerh.* Isag. L. de Provid. cap. VI. Disp. XVI. § 23. p. 667.

b) Vocatur terminus *gratiae.*

c) Dicitur terminus *irae l. c.*

§ 17.

Piis Deus vitam *prolongat vel* in praemium obedientiae ipsorum,[a] *vel* propter utilitatem publicam.[b] Iisdem vitam *abbreviat, partim* ne per aliorum prava exempla corrumpantur,[c] *partim* ne videant calamitates eventuras atque angantur.[d]

a) Huc pertinet promissio quarti praecepti, *Exod. 20, 12.* Confer. *Prov. 3, 1. 2.,* ubi *longitudo annosaque vita* promittitur *custodientibus praecepta Dei.* Et cap. 4, 10. *multiplicatio annorum vitae percipientibus sermones Dei.*

b) Quod *Paulo* contigisse colligitur ex *2 Cor. 1, 8. sqq.,* quippe quod se *ex* praesentissimo *mortis* periculo ereptum dicit *subsidiaria opera; per precationem pro se* praestitam ab his, qui ministerio suo utebantur. Contigit autem et *Epaphrodito, Phil. 2, 27. 30.,* quem *morti revera proximum* ecclesiae bono ac suo solatio sanatum dicit apostolus.

c) Sic docet auctor libri *Sapientiae* cap. 4, 10. 11.

d) Testatur hoc exemplum *Josiae 2 Chron. 34, 28.* Confer. *Esaiae 26, 20.* cap. *57, 2.*

§ 18.

Impiis Deus justo judicio citius *abrumpit* vitam, quando *vel* ipse morbum lethalem aut mortem illis infligit,[a] *vel* infligere jubet[b] mortem, *vel* patitur, ut ipsi sibi per intemperantiam[c] seu crimina alia[d] morbos aut mortem violentam contrahant.

a) V. g. quando *pestis* immittitur aut, ut Scriptura loquitur, quando *Deus* homines *percutit, ut moriantur.* Conf. comminationem divinam *Deut. 28, 21. 22.* et exempla *Geris* et *Onanis Gen. 38, 7. et 10., Nabalis 1 Sam. 25, 38.* et *Chananiae* pseudoprophetae *Jer. 28, 16. 17.*

b) V. g. homicidis *Gen. 9, 6. Exod. 21, 12. 14. sqq.,* magis et sodomitis, idololatris et incestuosis *Exod. 22, 18. sqq. Levit. 18. et 20.*

c) Vid. exemplum *Benhadadi 2 Reg. 8, 15.,* quanquam experientia quotidiana his abundat. Conf. b. *Hunn.* l. c. p. 715.

d) Huc referuntur fata *Absolomi 2 Sam. 18, 14., Ahitophelis cap. 17, 23.* Atque hunc, quem postremum diximus, vitae terminum, *non* tam *positive* constituisse Deus et media, quibus attingatur, ipse ordinasse, quam non impedire aut *permittere* dicitur.

§ 19.

Atque ita etiam constat, *non* esse *absolute* necessarium,[a] ut quisque hominum eo tempore ac genere mortis, quo moritur, moriatur.[b]

GERHARDUS: ,,Quando quaeritur de vitae humanae termino, distinguendum primo omnium inter mortem simpliciter et absolute consideratam, atque inter horam et genus mortis. Mors ipsa post lapsum homini juxta ordinarium naturae corruptae statum ac cursum est necessaria. Ebr. 9, 27.: ‚ἀπόκειται, statutum ac definitum est hominibus semel mori.‘ Si de genere et hora mortis quaeratur, cavendum erit, ne vel in scyllam Epicuraeae temeritatis, vel in charybdin Stoicae necessitatis immergamur.‘‘ (Loc. de provid. § 78.)

a) Seu non esse a Deo, citra et ante omnem respectum ad causas aut circumstantias extra Deum inveniendas, absolute et immutabiliter decretum. Alias enim irritae forent *preces* et vota piorum, *promissiones* et *comminationes* divinae. Conf. b. *Hunn.* l. c. p. 713. Et b. *Gerhard.* in Disp. Isag. l. c. p. 667. scribit: *Terminus hyperphysicus seu divinus semper est hypotheticus, includens conditionem pietatis, vel impietatis, vel contemtus mediorum.*

b) Interim rationem, quam divina providentia respicit circa terminum vitae *singulorum* hominum, *curiosius* investigare nobis *non* licet, juxta illud *Joh. 21, 22.*, ubi Christus ad Petrum, de termino vitae Johannis solicitum, ait: *Si eum velim manere, donec veniam, quid ad te?* Et quemadmodum in aliis, ita in his, quae ad terminum vitae hominum attinent, saepe ἀνεξερεύνητα, *inscrutabilia*, sunt *judicia* divina, *Rom. 11, 33.*

DANNHAUERUS: ,,Quid sentiendum, quaeris, de *termino vitae fatali?* Ajo, *esse fatalem.* Nimis enim clara extant scripturae testimonia, ut, cum *dies* dicuntur חֲרוּצִים, *definiti, decisi, admensi, decreti,* Job. 14, 5. Ut os obstruatur τῷ αὐτοσχεδίως Epicuraeorum. Si capilli numerati, Matth. 10, 29. 30., quanto magis dies vitae? Si passerculus in terram non cadit sine nutu divino, quomodo sine providentia fortuito cadat homo? *Fatalitate vel absoluta:* 1. Quoad determinationem ad τόδε τι καὶ νῦν; tametsi enim longaevitas promissa sit filio parentibus morigero, tamen *terminus* longaevitatis praecise non est designatus, non annus. non hora, non momentum; ut hara nascendi absoluti est decreti, ita et moriendi. 2. Quoad genus mortis. Eccles. 3, 2. Etsi enim furi patibulum debetur, non tamen semper irrogatur; sic ordinarie ejus, qui sanguinem fundit, sanguis iterum effundendus est, Gen. 9, 6.; at latro saepe alio modo, quam sanguinis effusione, punitur, vel prorsus impune abit. 3. Quoad judicii divini τὸ ἀνεξερεύνητον ac αὐτεξούσιον, quo fit, ut filiolus, pius licet, opinione citius demetatur. *Vel 2. fatalitate hypothetica* aut *physica*, ex causarum naturalium fluxu aestimata, qua vita hominis ὡς ἐπὶ τὸ πολὺ septuaginta annis definitur, Ps. 90, 11. . . *Aut morali*, necessaria ex hypothesi, per denominationem extrinsecam; cujus nexus quasi choralis sic habet: Si David parentes suos, h. e. omnes, qui parentum loco sunt, ne quidem socero Saule excepto, honorabit, si Patrem coelestem religiose colet, si pie, juste, temperanter vivet, longaevus esto; sin, ad maturitatem non excrescet. Terminus hic seorsim acceptus *mobilis* est per apocopen, atque vel *dilatabilis* ex temperantia dicta, cura medica, pietate in parentes, gratia Dei extraordinaria, qualis Hiskiae contigit 2 Reg. 20, 1. sq. Es. 38, 1. sq., vel *abbreviabilis* intemperantia, medicinae neglectu, impietate Absalomica (quis enim dubitabit, quin Absalom, tam bona, ut formae, ita et valitudinis et virium constitutione praeditus, potuisset filum vitae longius ducere, quam duxit, quod ipse sibimet seditione in patrem incidit?), αὐτοχειρίᾳ, justa Dei vindicis ira, ,hoc anno morieris, quia apostasiam suasisti', Jer. 28, 16., aut ejusdem consilio arcano ac inscrutabili. Forent alioquin frustraneae promissiones longaevitatis et preces pro ea piorum, Exod. 20, 12. Deuter. 5, 16. et 33. Ephes. 6, 3., comminationes μικροβιότητος impiorum, Lev. 26, 25. sq. Ps. 55, 24.; semota poenitentia securitas plenis velis inveheretur; si terminus vitae plane fatalis esset, ridiculi forent, qui aut pericula fugerent, aut vitae servandae remedium quaererent. Nam quod fit necessitate plane inevitabili, id neque mediis ullis protrahi, neque periculis ullis abrumpi potest." (Hodos. Phaen. III. p. 170.)

§ 20.

Finis providentiae divinae *proximus* est utilitas hominum, inprimis piorum;[a] *ultimus* sapientiae, potentiae et praecipue bonitatis divinae gloria.[b]

a) Sic *Ps. 33, 19.* dicitur, *oculum Jehovae* intentum esse *super timentes eum et sperantes in misericordia ejus, ut eruat a morte animas eorum et vivificet eos in fame.* Et *Rom. 8, 28.*: *Diligentibus Deum omnia simul adjumento sunt* (συνεργεῖ) *in bonum.* Conf., quae diximus de gradibus providentiae § 9. Hic autem simul observandum est, sermonem esse de piorum hominum utilitate non praecise temporali, sed maxime spirituali, ad quam promovendam Deus per varios casus et multa rerum discrimina inprimis tendit.

b) Videantur *Ps. 104.* et *136.* integri. Atque hunc finem Deus semper obtinet, si maxime homines nonnunquam sua culpa efficiant, quominus ad ipsos redundet utilitas, quam Deus intendit.

§ 21.

Definiri potest providentia divina, quod sit voluntatis divinae, scientia Dei practica[a] directae, benignum[b] propositum de creaturis[c] omnibus, praecipue hominibus et in hominum coetu fidelibus, conservandis et[d] gubernandis, ad[e] ipsorum hominum utilitatem et divinae sapientiae, potentiae ac bonitatis gloriam.

a) Ita enim monuimus, providentiam in casu recto esse actum intellectus pariter et voluntatis divinae. § 2. not. *d.*

b) Quo nomine causam impulsivam indigitamus; de qua diximus § 5. Causa efficiens autem in ipsis vocibus voluntatis divinae et scientiae Dei involvitur; confer. § 4.

c) Objectum providentiae constituentibus, vid. § 6.

d) Qui sunt actus, ad quos providentia divina terminatur, vid. § 8.

e) Haec ad finem pertinent, de quo vid. § 20.

Caput VI.

DE BEATITUDINE AETERNA.

§ 1.

Cum constet, Deum esse summum bonum nostrum et finem theologiae objectivum,[a] jam porro de operatione, qua Deo velut summo bono plene ac perfecte[b] potimur et fruimur, tanquam fine ultimo[c] formali, ex Scripturis[d] dispiciendum est.

a) Vid. supra Proleg. cap. I. § 4. Vol. I. p. 9. et § 17. p. 38.

b) Scilicet beatitudo nostra consistit in operatione vitali perfectissima, quae suam perfectionem habet *partim* ex objecti, *partim* ex modi, quo objectum attingit, perfectione.

c) Quo obtento, appetitus noster plane satiatur.

d) Etsi enim homo in statu praesenti ductu luminis naturae cognoscere possit, post hanc vitam futuram esse aliam, in eaque bonis bene futurum, Deo benefacta remunerante, beatitudinem quoque animarum in cognitione constitutam; distinctiorem tamen beatitudinis illius et cognitionis Dei clarae notitiam ductu luminis naturae consequi non potest, sed ex revelatione divina discere debet. Confer. b. *Mus.* Introd. cap. II. § 9. num. IX. p. 38. 39.

GERHARDUS: „Ut per lapsum tristissimum imago Dei in homine ferme penitus fuit extincta et obliterata et bonum vitae aeternae amissum, ita quoque cognitio illius summi boni, ad quod homo primum conditus est, misere fuit obscurata et desiderium ejus fere totum elanguit. August. serm. 19. de verb. Apost.: ‚Hoc praecipue christianos a gentili errore discernit, quod hi hanc tantummodo vitam credunt, nos etiam futuram.' Interim tamen, ut quaedam imaginis divinae reliquiae et clarissimae illius lucis exiles scintillulae in anima hominis permanserunt, ita quoque tenuis quaedam notitia et generalis quidam appetitus illius beatitudinis permansit, ex quo fonte profluxit, quicquid apud gentiles de praemiis bonorum post hanc vitam expectandis, de animae immortalitate, de campis Elysiis occurrit. Sed haec *notitia*, uti dixi, est non solum *imperfecta* et *obscura*, . . . sed etiam, *assensus*, ex ea ortus, est *languidus et imbecillis*, imo in tentationibus et adversis facile evanescit. Plato in Phaedone: τὸ μὲν σαφὲς εἰδέναι περὶ τῆς μελλούσης ζωῆς ἐν τῷ νῦν βίῳ ἢ ἀδύνατόν ἐστιν, ἢ παγχάλεπον. . . Quando ergo dicitur, ‚quod omnis voluntas tendat ad beatitudinem', tum intelligendum id est de beatitudine in sua generalitate considerata, in cujus appetitu omnes communicant; sed prout beatitudo determinate accipitur pro illa, quae in visione Dei consistit, nec ab omnibus appetitur, nec omnes in illam tendunt." (Loc. de vita aeterna, § 33.)

§ 2.

Potitur autem homo Deo, tanquam summo bono, per hoc, quod intellectui ejus Deus intime praesens redditur

per actum cognoscendi perfectissimum, circa Deum occu-
patum; quae vulgo *visio*[a] *beatifica* vocatur.

a) Seu *cognitio* Dei *clara* et *intuitiva*. Quae *visio* dicitur, locutione
metaphorica, quod ea tam distincte et clare Deum cognituri simus,
quam distincte et clare cognoscimus rem, quam oculis videmus; *beatifica* autem, quod sit formalis ratio, qua constituimur beati. Quo pertinet, quod *Matth. 5, 8.* dicitur: *Beati mundi corde, quoniam Deum
videbunt.* De quibus verbis b. *Gerhardus* Comment. p. 259. *Plerique,*
ait, *accipiunt de visione beatifica in vita aeterna.* Et addit: *Videbunt
Deum, i. e. habitabunt cum Deo in vita aeterna et perfecte eum agnoscent.*
Confert etiam loca *1 Cor. 13, 12. 1 Joh. 3, 2. Ebr. 12, 14.* Et sane
Matth. 5, 8. manifeste indicatur visio Dei *intellectualis* seu spiritualis,
respondens munditiei cordis spirituali. Atque ita etiam intelligitur
locus *Ebr. 12, 14.* Quod autem *1 Cor. 13, 12.* dicitur, nos ea, *quae nunc
cernimus per speculum in aenigmate,* aliquando (abolita imperfectione
hujus vitae) *a facie ad faciem* visuros esse, etiam b. *Balduinus* in Ana-
lysi seu Explicatione exponit de *cognitione exactiore,* qua *Deum intime
et perfecte cognoscemus; esse enim hebraismum in phrasi a facie ad faciem;
alias Deum faciem non habere. Et haec, quae hactenus per similia docuit*
Paulus, *jam clarius proferre, tanquam summam totius negotii,* (quando ait:)
Nunc ex parte cognosco, tunc autem cognoscam, sicut et cognitus sum. Conf.
Paraphrasin hujus partis, et Quaest. II. ac III., item Aphoris. 8. Et
res ipsa loquitur, exhiberi intra genus visionis *intellectualis* membra
opposita pro statu *hujus* vitae et vitae *alterius.* Quod denique *1 Joh.
3, 2.* dicitur: *Carissimi, nunc filii Dei sumus, et nondum apparuit, quid
futuri sumus; scimus autem, quod, si apparuerit, similes ei erimus, quoniam
videbimus eum, sicuti est,* id de *cognitione* Dei (cujus filii sumus) eaque
perfecta, quanta in creaturam cadere potest, quae *in futuro saeculo* sit expectanda, pridem exposuit b. *Hunnius* in Comment. Confer de his aliisque locis b. *Dav. Chytraei* Lib. de Morte et Vita Aet. P. I. p. 172. sqq.

GERHARDUS: „Quoties vel Scriptura sacra vel ecclesiastici Scriptores in Dei *visione* ac cognitione beatitudinem statuunt, non notatur
nudus actus *intellectus,* sed connotatur quoque actus *voluntatis,* adeoque plena illius summi boni possessio et adeptio, quae per cognitionem
et amorem in vita aeterna obtingit. Sicut usitatissime verba notitiae
apud Hebraeos affectus et effectus sequentes connotant; qua de re sic
disserit Bonaventura 4. sent. dist. 49. q. 5. art. 1.: ‚Tres actus gloriosi
seu beatifici, perfecta Dei visio, perfecta dilectio et perfecta fruitio,
sunt inter se conjuncti et connexi; ideo per et propter hanc connectio-
nem tribuitur uni, quod est omnium; magis autem visioni tribuitur
propterea, quod in visione distinguitur status patriae a statu viae; non
sic in dilectione, quia utrobique est dilectio.‘“ (Loc. de vita aeterna.
§ 119.)

§ 3.

Ad hanc vero operationem intellectus rectius intelligendam *comparatio* instituenda est[a] inter cognitionem,
quam de Deo *in hac vita* habemus, et qualis *post hanc*

vitam expectanda est. Nempe in hac vita non nisi per *species* intelligibiles a rebus creatis desumtas et ex *verbo* revelato[b] conceptus *inadaequatos*[c] de Deo formare possumus; post hanc vitam *Deum*, et quae in eo *formaliter* sunt,[d] omnia, *actu simplici* et *uno*, absque specie intelligibili,[e] sumus cognituri.

a) Prout Scriptura ipsa nobis praeit *1. ad Cor. 13, 12.*, conferens, quae νῦν καὶ τότε, *nunc* et *tunc*, quoad cognitionem Dei ac rerum divinarum, nobis contingant. Et *Johannes 1. Ep. 3, 2.* scribit, οὔπω ἐφανερώθη, ἐὰν δὲ φανερωθῇ, *nondum nunc apparuit; quando autem apparuerit* etc.

b) Quae *abstractiva* cognitio communiter dicitur, et describitur alias, quod sit cognitio *vel* objecti actu *non existentis* (quae quidem ratio huc non quadrat, cum Deus semper ac necessario existat), *vel* objecti existentis quidem, verum *non* per speciem *propriam, neque immediate* et per ipsam suam substantiam cum intellectu conjuncti. Conf. b. P. *Musaei* Libell. de aet. beat. § 19. p. 8. 9.

c) Prout supra cap. I. § 6. not. *b.* p. 14. diximus, nos in hac vita *essentiae divinae quidditativam, propriam et adaequatam rationem cognitam et perspectam non habere.*

d) Nempe *essentiam, personas* et *attributa* divina. *Decreta* autem Dei libera (quae licet ex parte ejus, quod in casu recto important, sint intra Deum, tanquam actus voluntatis divinae, tamen quoad id, quod in obliquo connotant, involvunt aliquid extra Deum, et contingens, scilicet quatenus terminantur ad res extra Deum, in tempore futuras) et similiter *perfectiones* et *actiones creaturarum* vi cognitionis illius *non* aeque attingunt beati. Quo pertinet, quod *Matth. 24, 36.* et *Marci 13, 32.* angeli, etsi beati, *diem* extremi judicii *ignorare* dicuntur. Et de *Abrahamo* atque *Israele*, etsi beatis ac Deum clare videntibus, *Esaias cap. 63, 16.* ait: *Nescit nos, ignorat nos.* Interim non negatur, beatos posse ex *peculiari* Dei *manifestatione* quaedam cognoscere, quae ex vi visionis Dei beatificae non norunt; ut dicemus in § 6. et notis.

e) Unde vulgo *intuitiva* cognitio appellatur et describi solet, quod sit non tantum objecti actu *existentis*, sed quod praeterea intellectui, *sive* per speciem *propriam, sive immediate* per ipsam sui substantiam, *conjunctum* et praesens est cognitio. Atque hoc quidem loco *posterior* ratio locum habet. Scriptura *1 Cor. 13.* vocat *visionem de facie ad faciem*, et *1 Joh. 3. visionem* Dei, *sicuti est.* Alias notus est terminus *comprehensivae* cognitionis, a qua etiam beati *comprehensores* dicuntur, juxta *1 Cor. 9, 24. Phil. 3, 12. 13.* Dicuntur enim, in *oppositione* ad *currentes* in stadio, *comprehendere brabeum*, quod *formaliter* fit per ipsam hanc Dei visionem. *Non* tamen id *ita* intelligi debet, quasi intellectus hominum beatorum eodem modo Deum sit comprehensurus, quo Deus ipse se comprehendit; sed tantum, quod *nihil eorum, quae in Deo* formaliter *sunt, latebit* intellectum glorificatum. Conf. *August.* Epist. CXII. c. IX. Certe cognitio illa τέλειος, *perfecta*, est, ei, quae fit ἐκ μέρους, *ex parte*, contradistincta.

§ 4.

Itaque ad hanc Dei cognitionem sive visionem beatificam necesse est concurrere praeter *intellectum* hominis[a] etiam *lumen* gloriae[b] atque ipsam *essentiam* et *personas* divinas[c] cum suis *perfectionibus*.

a) Nempe quia visio illa est actus *vitalis*, ad intellectum formaliter pertinens.

b) Nam alias intellectus noster non est proportionatus et habilis ad Deum *perfecte* cognoscendum, quippe quod cognitio nostra naturalis omnis a sensibus quodammodo dependet. Itaque alio opus habet principio. Est autem *lumen gloriae* quoad rem habitus quidam spiritualis, intellectui supernaturaliter infusus eumque ultra vires suas naturales ad Deum in se clare cognoscendum elevans et, loco speciei impressae, ad actum cognitionis intuitivae eliciendum determinans. Ac dicitur *lumen*, quod intellectui, velut oculo mentis, idem praestat, quod lumen proprie dictum, v. g. solis, illuminando aërem et collustrando colores, oculo corporis praestat facitque, ut oculus receptas inde species videre et cognoscere possit. *Gloriae* lumen appellatur ideo, quod in statu *gloriae*, sive vitae futurae, juxta *1 Cor. 15, 40.* intellectui nostro ad Deum, qui *gloria* nostra est, intuendum nobis obtingit et *gloriosos* nos facit; sicut Moses ex aspectu Dei radios concepit, *Exod. 34, 29.*

c) Nempe quatenus cognitio illa non qualiscunque objecti, sed *Dei*, et quidem *clara* cognitio est. Conf. b. *Mus.* l. c. § 32. p. 17. 18.

§ 5.

Eadem haec visio beatifica non est actus liber,[a] sed *necessarius*, *cum* quoad exercitium, *tum* quoad speciem actus,[b] adeoque ab eo homines beati nunquam cessabunt, nec cessare poterunt.[c]

a) Alias enim actus *fidei* equidem, a lumine *gratiae* pendentes, *libere* eliciuntur, ut possint etiam non elici, et intellectus, in officio suo negligens, alium de objectis spiritualibus conceptum sibi formare. Verum hic alia ratio est.

b) *Intellectus* enim, cum non sit potentia libera, sed necessaria, positis omnibus ad hoc agendum requisitis (de quibus vid. § 4.) *non potest* hoc *non* agere; *voluntas* autem intellectum ab exercitio actus illius *avertere nequit*, quia *nec* luminis gloriae influxum, *nec* essentiae divinae cum intellectu conjunctionem tollere aut impedire potest. Sed *nec* vult voluntas avertere intellectum a contemplatione ejus objecti, quod bonum summum est et ab intellectu sibi perfecte repraesentatum.

c) Quod enim de sanctis angelis dicitur *Matth. 18, 10.*, quod *semper διὰ παντὸς videant faciem Patris, qui in coelis est*, id etiam de hominibus beatis valebit.

§ 6.

Quamvis vero *visio* beatifica *unice* circa Deum, et quae formaliter in eo sunt, contemplanda occupetur;[a] tamen intellectui beatorum in isto statu *aliarum* etiam rerum *cognitio* competet, ita ut *suam* quisque conditionem seu felicitatem, itemque *socios* beatitudinis,[b] per species quidem proprias, *sive* infusas, *sive* acquisitas,[c] perfecte et clare sit cogniturus.[d]

a) Est enim visio *Dei*, non objectorum aliorum.

b) Vid. *Matth. 17, 1. et 3.*, ubi apostoli, gustum tantum vitae aeternae habentes, Mosen et Eliam agnoverunt. Conf. b. *Dav. Chytraei* Lib. de Morte et V. Aet. P. I. p. 65. sqq., b. *Aeg. Hunn.* Tom. I. Dispp. Marp. disp. XLIII. p. 543., b. *Hutter.* Comp. L. XXXIV. Qu. 5., b. *Gerh.* T. VIII. L. ult. § 147. p. 1002.

GERHARDUS: ,,In Christi transfiguratione Petrus, Jacobus et Johannes vident et agnoscunt Mosen et Eliam, antea nunquam visos. . . Quemadmodum Christus filium viduae in Nain a se resuscitatum restituit matri suae, Luc. 7, 15., ac Petrus Tabitham ex mortuis revocatam παρέστησεν amicis et familiaribus, Act. 9, 41., sic in die restitutionis omnium, Act. 3, 21., pii liberi et cognati beatis parentibus, cognatis et amicis, quorum aliquos non viderunt in hac vita, ac vice versa parentes liberis restituentur ad suavissimam et jucundissimam conversationem in ejusdem felicitatis et gaudii κοινωνία. Gen. 15, 15.: ,Ibis ad patres tuos.‘ Deut. 32, 50.: ,Jungeris populis tuis.‘ 2 Sam. 12, 23.: ,Ego vadam ad eum.‘ Ebr. 12, 22. 23.: ,Accessistis ad civitatem Dei viventis et spiritus justorum perfectorum.‘ . . . Si dives epulo, in flammis infernalibus constitutus, Lazarum in sinu Abrahae agnovit, Luc. 16, 23., quanto magis beati socios et consortes suae beatitudinis agnoscent? Si Johannes, in utero materno adhuc latitans, Christum praesentem agnovit, Luc. 1, 41., quanto magis beati, in plenam coelestis felicitatis possessionem introducti, Christum, patriarchas, prophetas, apostolos et omnes beatitudinis suae consortes agnoscent? Si in hac vita liberi agnoscunt suos parentes et parentes agnoscunt suos liberos, utique etiam in vita futura Abraham, prophetae et apostoli, parentes spirituales, agnoscent filios suos spirituales, puta omnes electos, et vice versa. Absurdum enim foret, majorem cognitionem in hac, quam in futura vita, statuere.‘‘ (Loc. de vit. aet. § 147.)

IDEM: ,,An beati in vita aeterna agnatos suos inter *damnatos* sint visuri et agnituri? — Sicut Abraham vidit divitem epulonem in flammis inferni constitutum, quem ratione carnalis propaginis filium suum vocat Luc. 16. vers. 25., sic beati etiam suos notos et cognatos, quos in hac vita caros habuere, inter damnatos videbunt, quotiescunque voluerint; sed absque ullo commiserationis affectu et absque gaudii sui perturbatione, quia voluntas ipsorum divinae voluntati perfecte erit conformis. Quare quos a Dei facie in aeternum abjectos noverunt, illis etiam aliquod auxilium vel solatium ex inordinato amoris affectu minime optabunt; ut in eadem parabola divitis exemplum docet, quia ne guttulam quidem aquae ab Abrahamo impetrare potest. Ps. 58, 11.: ,Laetabitur justus, cum viderit vindictam.‘ Perturbatio ergo gaudii non est metuenda ex illa visione, quia abolitus erit omnis carnalis affectus, quo beati in hac vita cognatos suos fuere prosecuti. Deus multo ardentius dilexit genus humanum, quam in hac vita ullus

parens diligere potest suum filium, quia unigenitum suum Filium mundo
dedit et ad redimendum humanum genus in mortem tradidit, non tamen
ex intuitu damnatorum ipsius felicitas et gaudium ulla ratione turbari
poterit. Prov. 1, 24.: ,Ridebo in interitu vestro.' Major affectus ex-
tinguet minorem, spiritualis et coelestis carnalem." (L. c. § 148.)

c) Nempe itidem in virtute luminis gloriae, quod intellectum
perficit et naturalem ejus defectum supplet, ut non unius tantum objecti, sed plurium naturam intimius penetrare possit. Conf. b. P. *Mus.*
l. c. § 42. p. 25.

d) Atque ita etiam intellectus beatorum cognoscere poterit *decreta*
Dei libera, non per ipsam visionem beatificam, sed intercedente *peculiari revelatione,* si quam Deus illis communicare voluerit, lumine gloriae simul intellectum idoneum reddente, ut sine ulla haesitatione
assensum praebeat. Vid. b. P. *Mus.* l. c. § 41. sqq.

GERHARDUS: ,,In futura vita Dei et divinorum mysteriorum perfecta cognitio succedet. Tunc plene et perfecte intelligemus ea, ad
quorum notitiam intuitivam et claram in hac vita penetrare non potui-
mus; quomodo scilicet Deus sit in essentia unus, in personis trinus?
quomodo Filius Dei ab aeterno a Patre sit genitus? quomodo Spiritus
Sanctus ab aeterno a Patre et Filio procedat? quare Filius Dei, non
Pater, nec Spiritus Sanctus humanam naturam assumserit? quare
mediatorem nostrum Deum et hominem esse oportuerit? quomodo
divina et humana natura in Christo personaliter sint unitae? quomodo
Deus ex nihilo omnia creaverit? quo die angelos condiderit? etc. Tunc
plene et perfecte causas divinorum consiliorum et operum intelligemus,
creationis scilicet, redemtionis, sanctificationis, resuscitationis et glori-
ficationis; quomodo Deus hominem immensa sapientia creaverit, ineffabili bonitate conservaverit, infinita misericordia redemerit? quomodo aeterna sua omnipotentia ecclesiam adversus hostes defenderit
ac pios ex morte ad vitam aeternam suscitaverit? Tunc plene et perfecte naturam novi coeli ac novae terrae, adeoque omnium creaturarum
penetralia et intimos recessus cognoscemus; tunc non cogemur amplius conqueri, nos instar ciconiae Aesopicae ,vitrum lambere, pultem
non attingere', sed interiores rerum formas et proprietates praesenti
mentis intuitu conspiciemus. Quod si enim Adamus per concreatae
sapientiae lucem naturas animalium tam exacte potuit pernoscere, ut
singulis convenientia nomina imponeret, Gen. 2, 19., ac, Evam antea
non visam ex carne et ossibus suis aedificatam esse, intelligeret, v. 23.,
quanto magis beati, divino lumine collustrati, coeli terraeque mysteria
perfecte intueri poterunt.' . . Augustinus de triplic. habitac. cap. 4.:
,Ibi, quicquid nos nunc latet, manifestum erit, ibi ratio manifesta erit,
cur hic electus est, et iste reprobatus, cur hic in regnum assumtus, et
ille in servitutem redactus, cur alius in utero moritur, alius in infantia,
alius in juventute, alius in senectute. Cur alius pauper et alius dives;
cur filius adulterae baptizatur, et aliquando filius legitimae conjugis
ante baptismum moritur. Cur, qui bene incipit vivere, aliquando male
finit. Haec omnia et hujusmodi multa in libro vitae, hoc est, aeternae
veritatis et summae sapientiae, plana et aperta omnibus erunt. Ibi
omnes invicem suas cogitationes cognoscent etc.'" (L. c. § 73. sq.)

§ 7.

Interim visio illa Dei revera *beatifica*[a] est et, sicut
hominem summi boni[b] participem facit, ita eundem in
eam sortem deducit, ut *Deo* quam maxime *similis*[c] fiat.

a) Nimirum in hoc ipso *formaliter* consistet *vita* nostra *beata*, quod mens nostra intra se circa objectum perfectissimum perfectissime operabitur.

b) Uniendo scilicet Deum, ens perfectissimum, ad nos, idque intime in nobis.

c) Sic expresse dicitur *1 Joh. 3, 2.*: ὅμοιοι αὐτῷ ἐσόμεϑα. Atque huc pertinet *participatio* (κοινωνία) illa *divinae naturae*, de qua Petrus loquitur in *2. Epist. 1, 4.*, quae in hac quidem vita quodammodo inchoatur, in altera autem perficitur. Confer. b. *Gerhard.* in Comment. ad h. l. p. 39.

§ 8.

Caeterum eadem visio Dei, etsi formaliter ad intellectum pertineat, necessario tamen[a] *voluntatem* hominis beati ad *amorem* Dei[b] intensissimum[c] trahet; atque ita fiet, ut homo Deo, tanquam summo bono, *fruatur.*[d]

a) Scilicet hoc ipso, quod bonum summum atque infinitum clare cognitum est neque in intellectu locum habet vel *indifferentia* cognitionis (vid. notas *a. b.* ad § 5.), vel cognitio *comparativa*, ut quidam loquuntur, seu talis, qua bona alia, tanquam huic bono aequalia, aut eo praestantiora, seu ei praeferenda et magis expetibilia, possint cognosci.

b) Ita enim Scriptura cognitionem Dei cum ejus amore arctissime connectit, prout *1 Joh. 4, 7. 8.* legimus: *Omnis, qui diligit, ex Deo natus est, et cognoscit Deum. Qui non diligit, non novit Deum, quoniam Deus caritas est.* Unde certum est, quod beati quo perfectius cognoscunt Deum, hoc magis ament. Et Paulus *caritatem nunquam defecturam*, seu non in hac solum vita, verum et in altera locum habituram et, quantum ad hoc, *fide praestantiorem* dicit in *1. ad Cor. 13, 8.* Caritatis autem objectum praecipuum est Deus. Confer b. *Chytraeum* l. c. p. 173. 174., ubi etiam huc refert illud, quod, juxta *usitatissimam sacris Literis phrasin, verba notitiae et sensuum non nudam et solam agnitionem seu apprehensionem objecti in mente aut sensu, seu affectus etiam non simulatos in voluntate et corde, et effectus seu actiones, notitiam et visionem illam sequentes, complectantur.* Adde, quae habet p. 197. sqq.

c) Ita quidem, ut, licet *intellectio* natura *prior* sit *amore* Dei, *simul* tamen et eodem temporis momento (si sic loqui licet de statu aeternitatis) hic pariter cum illa in anima hominis beati locum inveniat.

d) *Frui* enim *bono* nihil est aliud, quam *amore ei inhaerere propter ipsum*, dicente *August.* Lib. I. de Doctr. Christ. cap. III.

§ 9.

Itaque etiam voluntas ad amorem Dei perfecte[a] determinata et sancta[b] non *poterit* a Deo deficere[c] et *peccare.*[d]

a) Vide, quae dicta sunt ad § 5. nota *b*. et § 8. *a*. Scilicet, quando voluntas non potest intellectum avertere ab exercitio intuitivae visionis Dei, ipsa sane ab intellectu, in Deum defixo et tanquam rem summe bonam repraesentante, voluntati, semper afficitur, inhiat et immoratur bono.

> GERHARDUS: ,,Deus est ipsa vita, lux, essentialis beatitudo; ergo ex visione Dei electi participant vitam, lucem et beatitudinem. Summum bonum perfecte cognitum non potest non amari; ergo ex visione Dei oritur perfecta Dei dilectio. Summum bonum perfecte cognitum et amatum non potest non laudari et glorificari; quod enim quis amat, illud etiam laudat; ergo ex visione et dilectione Dei oritur glorificatio et exultatio.'' (Harm. ev. c. 176. f. 1271.)

> IDEM: ,,Quia beati Deum, summum bonum, *intuitive ac perfecte* cognoscent, ideo etiam summo illo bono perfecte agnito per sanctum voluntatis motum inseparabiliter adhaerebunt ac proinde, ut ex mente omnis caligo ignorantiae, ita ex voluntate omnis ad malum proclivitas erit expulsa. In Deo, utpote infinito bono, omnia bona eminentissime continentur adeoque tota latitudo objecti voluntatis, ad quod naturaliter fertur, reperitur, ut nihil melius ab homine cogitari vel appeti possit; ex quo sequitur, beatos per suam voluntatem a Deo non posse se avertere aut aliud quid, nisi in ordine ad objectum illud adaequatum, appetere, cum in illo contineatur summa hominis perfectio, desiderii omnis complementum ac finis ultimus, quo obtento voluntas acquiescit, neque aliud quicquam desiderat. Proinde ex ipsa natura sui status, ex beatifica scilicet Dei visione, non tantum ex lege Dei extrinseca, ut quidam scholasticorum opinantur, beati erunt *in bono confirmati*. Quemadmodum in Christo nullus fuit inordinatus voluntatis motus, nulla peccati labes, nulla iniquitatis macula, sed exactissima cum norma divinae legis congruentia: sic in beatis voluntas immutabiliter eligit bonum ab intellectu agnitum ac monstratum sine ulla omnino ad peccandum pronitate. Quemadmodum angeli, quia ,semper vident faciem Patris, qui in coelis est', Matth. 18, 10., sunt in bono confirmati et a peccandi periculo liberati: sic beati, utpote futuri ἰσάγγελοι, perfecte sancti et in bono confirmati erunt per et propter beatificam Dei visionem.'' (Loc. de vita aet. § 75.)

b) Separata a vulgari, profana, impura ratione vivendi in hoc saeculo, Deo consecrata Deoque sanctissimo conformis, ita ut major sit sanctitas, quam quae protoplastis fuerat concreata.

c) Non solum, quod satanae insidiis mundique scandalis, minis et lenociniis non amplius expositi erunt beati quodque carnis tentatio et lucta ipsaque radix peccati originalis omnino aberit, sed propter illam plenam voluntatis inhaesionem in Deo. Atque haec est ἀναμαρτησία aut *impeccabilitas* illa, quae beatis adscribi solet, similis illi, quam in angelis beatis observavimus cap. III. § 30.

d) Pertinet huc *justitia* illa, in qua se post hanc vitam Dei *vultum visurum* esse asseruit David *Ps*. 17, 15. et quod dicitur ecclesia ἔνδοξος, *gloriosa* aut triumphans, *non habere maculam aut rugam*, *Ephes*. 5, 27., quod de sanctitate inhaerente ac perfectissima rectissime intelligitur. Aliqui sanctitatem hanc beatorum hominum vocant *isangelicam*, alludentes ad *Matth. 22, 30*. Referunt huc etiam *byssum* illam *mundam* et *splendidam*, quae consistat in *justificationibus sanctorum, Apoc. 19, 14.*

§ 10.

Quanquam vero per illam voluntatis determinationem, ad summum bonum constanter amplectendum, tollatur[a] libertas sive indifferentia ad bonum et[b] malum; aliqua tamen *libertas* praestantior revera locum habebit, quandoquidem circa bona plura, finita et particularia[c] poterunt beati agere et non agere hoc aut aliud agendum suscipere.

a) *Neque* vero haec perfectio *absolute* dicta est, sed tantum *in comparatione* ad potentiam, quae ad malum unice determinata est et bonum agere nequit, imo simul imperfectionis est, posse peccare. Confer. cap. III. de angelis § 31.

b) Summum enim et infinitum bonum non posse a beatis indifferenter appeti aut amari, dictum est ad § 8.

c) Nempe quia inter haec talia locum habet comparativa cognitio. Interim certum est, beatos, quicquid agunt circa diversa bona particularia, id omne ad Dei gloriam exacte ab iis referri. Et talis libertas propriissime dicta et perfectio simpliciter est, ideoque in angelos etiam (vid. supra cap. III. § 31.), quin etiam in Deum suo modo cadit.

§ 11.

Denique ex visione Dei nascitur voluptas[a] seu gaudium[b] ineffabile, quo afficiuntur homines, Deum intuentes[c] et amantes.[d]

a) Tanquam ἐπιγινόμενόν τι τέλος, seu *finis superexoriens*, **aut ultro accedens**, sicut Aristoteles alias loquitur, quando ex omni operatione perfecta delectationem seu voluptatem oriri docet, X. Ethic. cap. IV.

b) Seu cujus vi beatorum animus in boni praesentis possessione ac fruitione placide acquiescit. Unde recte dicitur gaudium *coeleste* et *spirituale*, Rom. *14, 17.*, *intimum ac plenissimum*, seu gaudium *cordis* Joh. *16, 22.* 1 Joh. *1, 4.*, velut nuptiale Apoc. *19, 7.*, aut *convivale* Luc. *22, 30.*, inter *cantica et tripudia*, velut *triumphantium*, aut ex carcere liberatorum Apoc. *5, 9. 14, 3.* Ep. *Judae v. 24.*, quo etiam spectat illud Es. *35, 10.*, ubi sub typo reversurorum ex captivitate Babylonica graphice describitur gaudium beatorum: *Redemti Domini revertentur et venient in Sion cum jubilo; et laetitia aeterna* (erit) *super caput eorum; et gaudium et laetitiam apprehendent; et fugient dolor et gemitus.* Conf. b. *Chytraeum* l. c. p. 207. sqq.

c) Sic enim *videre* et *gaudere* conjunguntur Es. *66, 14.* Joh. *16, 22.* Et Ps. *16, 11.* conjunguntur illa inter se: *Notificabis* (o Deus) *mihi semitam vitae* (et) *satietatis laetitiarum coram facie tua* (i. e. in conspectu tuo, seu, cum te videro), *jucunditates in dextera tua perpetuo.* Similiter Ps. *17, ult.: Videbo facies tuas* et *saturabor*, adeoque videns acquiescam

in te.. Imo vero etiam ipsa verba *videndi* in lingua sancta, praesertim
quando cum praepositione ב construuntur, acquiescentiam quandam in
bono seu delectationem importare solent. Vid. *Ps. 50, ult. : videre eum
faciam in salutem Domini.* Conf. *Tarnov.* ad *Mich. 4, 11.*, *Obad. v. 12.*
et *Geierum* in Psalmos passim.

> GERHARDUS: „Cum Deus sit summum et infinitum bonum, summa
> dulcedo, summa suavitas etc., ideo ex Dei visione non potest non oriri
> ineffabile gaudium et inexplicabilis voluptas.   Si tanta vis et efficacia
> solis creati est, ut suo calore rebus nascentibus vitam non modo im-
> pertiat, sed etiam animos hominum, imo omnes creaturas, diffusione
> radiorum lucis suae suavissime recreet et mirifice delectet: quanto in
> infinitum majori gaudio credendum est completum in (iri?) pectora
> piorum, quando creatorem solis, solem justitiae, causam omnis laeti-
> tiae ac salutis, non modo oculis suis intuebuntur, sed etiam intima
> ejusdem communicatione, discussis penitus peccatorum tenebris, ple-
> nissime perfruentur!   Secundariae et minus principales causae sunt
> reliqua vitae aeternae bona, tam interna, quam externa, tam corporis,
> quam animae, tam privativa, quam positiva, electis in vita aeterna ali-
> quando conferenda.   Gaudebunt electi *supra se* de Dei visione, *intra se*
> de animae et corporis glorificatione, *circa se* de sanctorum angelorum
> et omnium beatorum associatione, *infra se* de inferni evasione.   Habe-
> bunt gaudium *de* Christo, *in* Christo, *cum* Christo, *post* Christum, *per*
> Christum, *propter* Christum." (L. c. § 65.)

d) Alias equidem *amore languere* aut *marcere* homines possunt, *vel*
quando amant, cujus plene compotes fieri non possunt, *vel* quando in
ipso bono amato imperfectio et fastidium ejus locum habere potest, *vel*
appetitus ipse defatigatur: *hic* autem et *objecti* amati et *actus* ipsius
perfectio taedium aut moerorem omnem excludit et ex adverso per-
petuae laetitiae fons est.

§ 12.

Erit autem visio illa beatifica una cum amore et
gaudio inde nascentibus in *omnibus* hominibus beatis[a]
aeque perfecta.[b]

a) Non tantum enim Scriptura nullum hic discrimen facit, quod
in diversis subjectis locum sit habiturum (vid. loca cit. *1 Joh. 3, 2.
1. ad Cor. 13, 12.*), verum etiam res ipsa loquitur, quod, quando Deus
videtur, sicuti est, non possit ea cognitio intendi aut remitti, ut tamen
clara maneat et intuitiva.   Et, si visio eadem in omnibus est, amor et
gaudium inde nascentia itidem aequalia erunt.

b) Patet autem, sermonem esse de perfectione cognitionis *intensive*
spectata.   Quod enim *extensive* possit, non quidem visio beatifica Dei,
sed tamen cognitio aliorum objectorum, *major* aut *minor*, in beatis esse,
non negamus. Vid. § praec. 6.

§ 13.

Praeter haec autem, quae ad essentiam[a] beatitudinis
pertinent et quae porro[b] in anima formaliter consistunt,

placet Deo etiam alia dona[c] addere, quibus *corpora* beatorum quam maxime perficiantur et beentur.

a) Nempe *primus* conceptus beatitudinis, quo prior alius non datur (utpote, qui summi boni consecutionem et possessionem importat, quique per se expetendus est, ac naturae intelligenti primario competit), in ipsa *visione Dei* cum *amore* perfecto conjuncta consistit, inter quae tamen et ipsa aliquis ordo est, ut *amor visionem* praesupponat, licet tempore non differant.

b) V. g. cognitio aliorum objectorum, qua intellectus perficitur; de qua vide § 6. et notas.

c) Quemadmodum alias beatitudo dicitur *status omnium bonorum aggregatione perfectus;* qualis quando homini dandus est, omnes animae facultates ipsumque corpus perfici debet, ut sit beatitudo non animae tantum, sed totius hominis.

> GERHARDUS: „Corpus fuit organum bonorum operum in hac vita, 2 Cor. 5, 10., aequum igitur est, ut in communicationem praemii et consortium gloriae assumatur. Corpus per passiones et crucem conforme factum imagini Christi crucifixi; Gal. 6, 17.: ,Porto stigmata Christi in corpore'; aequum igitur est, ut conforme fiat imagini Christi glorificati. Inter corpus et animam est arctissima unio et intima conjunctio etiam in hac vita, ut tristitia, moeror et alii affectus animae ipsum corpus afficiant; utique ergo etiam in vita altera propter arctissimam et indissolubilem animae et corporis unionem gloria ac laetitia animae in corpus beatorum redundabit." (Loc. de vita aet. § 80.)

§ 14.

Consistet autem beatitudo corporum beatorum inprimis in eo, quod corpora futura sunt *spiritualia,*[a] id est, animae, quae spiritus est, et quidem *partim,* ut formae informanti,[b] *partim* ut principio moventi,[c] perfectissimo modo subjecta.

a) Vid. *1. ad Cor. 15, 44.* *Non* autem intelligi debet *mutatio* corporis *in spiritum,* qui per essentiam immaterialis est.

> LUTHERUS: „Er heisst nicht darum ein *geistlicher* Leib, dass er nicht leiblich leben, noch Fleisch und Blut haben sollte; sonst könnte er nicht ein wahrhaftiger Leib heissen. Nun aber heisst er ein geistlicher Leib, also, dass er sein Leben soll haben, und doch nicht mehr ein essender, schlafender, dauender Leib sein wird, sondern geistlich von Gott gespeiset und erhalten werden und das Leben gar an ihm haben. Darnach aber, wenn er also geistlich in Gott lebt, wird er auch herausgehen in Himmel und Erden, mit Sonn und Mond und allen andern Creaturen spielen, und auch seine Freude und Lust daran haben, und davon so satt und selig sein, dass er nimmermehr an ein Essen noch Trinken denken wird, und also gar ein geistlich Wesen oder Leben sein und heissen des ganzen Menschen, welches aus dem Geist entspringen und von oder durch Gott ohne Mittel gehen wird; dass wir nicht allein nach der Seele von ihm erleuchtet werden und ihn erkennen, sondern wird auch durch den ganzen Leib gehen, dass er so klar und leicht wird

sein, wie die Luft, so scharf sehen und hören, so weit die Welt ist, dass wir keines andern nothdürftig sein werden, dass wir uns erhalten und leben, und doch wahrhaftigen Leib haben. Gleichwie auch jetzt die Sterne am Himmel also gemacht sind, dass sie gar keiner Nothdurft bedürfen zu ihrem Wesen, und doch auch leibliche Creaturen sind; wiewohl sie nicht solchen irdischen, sondern himmlischen Leib haben." (Ausl. des 15. Cap. der 1. Ep. St. Pauli an die Cor. 1534. VIII, 1539.)

b) Quae est corporum *subtilitas*, cujus vi corpora ita substabunt animabus suis sine imperfectione, ac si ipsa essent spiritus; et sic etiam poterunt *penetrare* alia *corpora* solida.   Vide Epist. ad *Phil. 3, 21.* collatum cum *Joh. 20, 19. et 26.* itemque *Luc. 24, 37. 39.*   Nempe probatio huc redit: Si Christus corpore suo glorificato per fores, revera tunc clausas, penetravit ac substantialiter praesens videri potuit, nostra autem corpora, in statu vitae alterius, conformia futura sunt corpori Christi glorioso, sequitur, corpora nostra itidem sic fore subtilia, ut citra sui mutationem novam aut laesionem sui vel corporis penetrandi corpus aliud solidum penetrare possint.   Prius probatur partim ex ll. cc. *Johannis et Lucae*, partim ex *cap. 3. ad Phil.*   E. verum etiam est posterius.   Conf. Ausführl. Erklärung L. IV. Q. XXI. p. 175. 176.

GERHARDUS : ,,Dicimus, corpora beatorum fore *subtilia ac penetrabilia.* . .   Corpus subtile est, quod penetrat et a quo ablata est repugnantia existendi eodem loco cum alio corpore. . .   Beati erunt ἰσάγγελοι.   Jam vero angeli sunt essentiae subtilissimae, penetrandi facultate praeditae.   Act. 12, 12. angelus, Petrum ex carcere educens, nullis potuit valvis aut claustris cohiberi, quo minus Petro in carcere astaret.   Ergo etiam beatorum corpora erunt subtilia. . .   Christus in resurrectione clausum sepulchrum penetravit, post resurrectionem clausis foribus ad discipulos ingressus est, in ascensione penetravit coelos, ut in Harm. de resurr. multis fuit demonstratum.   Ergo etiam corpora beatorum hac proprietate erunt praedita." (L. c. § 98.)

QUENSTEDTIUS : ,,Erunt corpora beatorum *illocalia* i. e. loco physico corporeo non circumscripta.   Non erunt ubique, sed in certo ποῦ, definite, non circumscriptive; erunt enim a circumscriptione et ambitu externi loci, v. g. ab aëre aut alio elemento ambiente, immunia; elementa enim illa abolebuntur." (L. c. f. 800.)

c) Et haec est corporum *agilitas*, cujus vi facillime ac celerrime poterunt moveri corpora, quocunque animae eorum ea movere voluerint.   Vid. *1. ad Cor. 15, 43.*, ubi dicitur, *corpora* piorum, quae seminantur in infirmitate, *resurrectura* esse *in potentia* (ἐν δυνάμει), quod videlicet, cum in hac vita corpus hominis grave, tardum, lentum et pigrum sit, idem in resurrectione peculiarem δύναμιν seu potentiam et agilitatem sit accepturum, ut celerrime moveri possit.   Conf. Ausführl. Erklärung l. c. p. 176.   Ad eandem quoque corporum beatorum virtutem refertur, quod *1. ad Thess. 4, 17.* dicitur, *fideles raptum iri in occursum Domino in aëra.*   Sed si *modum* movendi explicari jubeas, recte opinor dixero cum *Augustino* L. XXII. de Civ. D. cap. XXX.: *Qui motus talium corporum sint futuri, temere definire non audeo, quod excogitare non valeo.*

GERHARDUS : ,,Dicimus, corpora beatorum fore *agilia*, id est, instructa facultate seu qualitate quadam supernaturali ad motum expedite exercendum, quia glorificata corpora per hanc dotem velocissime moveri poterunt, motu non solum progressivo, sed etiam eo, qui volatui similis erit; quinimo necessitas tarde ac localiter sese movendi a beatorum corporibus prorsus aberit. . . Christus ambulabat super aquas, Matth. 14, 25., post resurrectionem modo erat circa sepulchrum, modo Hierosolymis in medio discipulorum, modo associabat se euntibus Emaunta; nec tarde aggrediebatur, sed subito, adeoque in momento in aliis atque aliis erat locis. Si motu locali ac successivo Christus in coelum usque empyraeum ascendisset, aliquot annorum spatio altitudinem ejus penetrare non potuisset. Jam vero corpora glorificata erunt corpori Christi conformia. . . Si beati non possent esse in momento, ubicunque vellent, plurimum ipsorum desiderio ac proinde etiam felicitati decederet. Si enim successive ac localiter moveri deberent, qui in una coeli parte constituti, vix per aliquot annos ad consortes suae beatitudinis in altera coeli parte constitutos pervenirent." (L. c. § 96.)

IDEM: Quaeritur, an beati possint se movere *in instanti,* medio non pertransito? Negat Thomas in addit. q. 84. art. 3., cum corpus glorificatum moveatur in tempore, quamvis imperceptibili propter brevitatem. Sed probatur nobis modestia Augustini, l. 22. de civ. Dei cap. 30. sic scribentis: ,Qui motus talium corporum sint futuri, temere definire non audeo, quod excogitare non valeo. Tempus ibi non erit amplius, Apoc. 10, 6., ergo etiam poterunt in instanti sese movere.'" (L. c. § 153.)

IDEM: ,,Certum est, si quid *ponderis* in corpore glorificato mansurum. eo potentiae motrici nullum oblatum iri impedimentum, quo minus in momento illud moveri possit, quocunque velit; erit enim corpus spirituale, id est, spiritui perfectissime oboediens." (L. c. § 153.)

LUTHERUS; ,,Wir wissen, so schwach er (der Leib) jetzt ist, ohne alle Kraft und Vermögen, wenn er im Grabe liegt, so *stark* wird er hernach werden, wenn die Zeit kommt, dass er mit einem Finger wird diese Kirche tragen, mit einer Zehe einen Thurm versetzen können, und mit einem grossen Berg spielen, wie die Kinder mit einem Balle, und in einem Nu bis an die Wolken springen oder über hundert Meilen fahren. Denn alsdenn solls eitel *Kraft* heissen (wie jetzt eitel Schwachheit und Unkraft), dass ihm kein Ding unmöglich sein wird, wenn ers nur in Sinn nimmt; dass er allein möchte die ganze Welt schlagen und so leicht und behend werden, dass er des Augenblicks beide, hienieden auf Erden und droben im Himmel, schweben wird." (L. c. p. 1356. sq.)

§ 15.

Itaque etiam[a] *impassibilia* erunt corpora beatorum, ut nulli passioni corruptivae, *seu* ab internis, *seu* ab externis causis prodeunti, sint obnoxia,[b] adeoque sint *immortalia.*[c]

a) Ac fortasse quidem per eandem illam qualitatem supernaturalem, per quam spiritualia reddentur. Vid. h. l. § 14.

b) V. g. quod *neque* aestu *neque* frigore laedi poterunt, adeoque *nec* vestibus, quibus adversus injurias aëris muniantur, opus habebunt; quod fame et siti non affligentur, *neque* adeo cibo aut potu indigebunt; quod *nulli* intemperiei corporis, *neque* internae et adversae commotioni animorum erunt obnoxia. Confer *Apoc. 7, 16.* Eodemque referri solet illa ἰσαγγελότης beatorum, de qua *Matth. 21, 30.*

GERHARDUS; „Duplici respectu corpora beatorum erunt *impassi-bilia :* 1. *respectu passionum internarum,* quia in corporibus illis non habitabit amplius fomes concupiscentiae, vitiosas passiones producens; nulla in illis erit peccati macula; nulla inordinata πάϑη inerunt, sed modis omnibus erunt pura, sancta, incontaminata; 2. *respectu passio-num externarum,* quia nihil quicquam erit, quod passionem ac dolorem illis inferre possit; erit in eis divina quaedam qualitas, quae ab omni corruptiva alteratione eadem defendat; non laedentur ab aestu vel frigore; non a fera bestia ipsis imminebit periculum; nec igne, nec gladio poterunt penetrari." (L. c. § 89.)

c) Sic expresse tribuitur corporibus beatorum ἀφϑαρσία ϰαὶ ἀϑα-νασία, *incorruptibilitas* et *immortalitas, 1 Cor. 15, 42. 50. 52. 53. 54.* Quam facile constat aliam multo esse, quam ea fuit, quam in statu integritatis habuerunt protoplasti.   Neque enim tantum poterunt non mori, sed non poterunt mori beatorum corpora.   Quamvis enim Deus ea possit dissolvere, non tamen unquam volet.   Extra Deum nihil poterit ea corrumpere aut destruere.

§ 16.

Poterunt tamen nihilominus beati corpora sua pal-panda et videnda[a] exhibere, quando ipsi[b] voluerint.

a) Perinde, ut Christus suum corpus gloriosum discipulis exhibuit videndum et palpandum, vid. *Joh. 20, 20. et 27. Luc. 24, 39.*   Conf. ad *Phil. 3, 21.*

b) Poterunt enim etiam subducere aliorum sensibus, cum volue-rint, quod et Christus fecit, *non omni populo, sed praeordinatis testibus* se exhibens, *Act. 10, 41.,* et sancti, cum Christo resurgentes et *multis* (non promiscue quibusvis) *apparentes, Matth. 27, 53.*

QUENSTEDTIUS: „Observandum, *invisibilia* dici corpora beatorum in relatione ad oculos non glorificatos, saltem quoad possibilitatem *non* apparendi oculis aliorum.   Possunt enim etiam ab oculis nondum glori-ficatis corpora glorificata videri, si accesserit divina dispensatio.   Uti sancti, qui cum Christo resurrexerunt, vivi apparuerunt non omnibus, sed quibus oculi divinitus aperti.   Dicuntur autem oculi aperti, quibus objectum, quod natura sua ac forte coelesti est invisibile, ϰατ᾽ οἰϰονομίαν visibile redditur.   Atque ita pendet haec potestas apparendi et non apparendi ab oeconomia divinae voluntatis, etiamsi oeconomia illa exerceatur per animam glorificatam tamquam causam proximam.   Hinc de sanctis cum Christo resurgentibus dicitur, quod ἐνεφανίσϑησαν, appa-ruerint, Matth. 27, 53., h. e. seipsos fecerint visibiles (habet enim vox graeca, juxta Pasorem in Lexico, significationem hithpaelicam i. e. reciprocam), sed quibus? πολλοῖς, ergo non omnibus, quibus praesentes fuerunt." (L. c. P. I. c. 14. s. 1. th. 20. f. 800.)

GERHARDUS: „Dicimus, corpora beatorum fore *impalpabilia,* id est, quod non necessario actu tangantur ab illis, quorum tactus non-dum est glorificatus; nam et hic distinguendum inter δύναμιν et actum, itemque inter tangens glorificatum et non glorificatum. . .   Christus post resurrectionem discipulis suis sese palpandum et contrectandum praebuit non ex naturae necessitate, sed ex libera voluntate, non ex essentiali quadam corporis glorificati dispositione, sed ex divina dis-pensatione, οὐ νόμῳ φύσεως, ἀλλ᾽ οἰϰονομίας τρόπῳ (Damasc. lib. 4. orth.

fid. cap. 1.), ad comprobandam scilicet resurrectionis veritatem; sicut etiam eodem fine cum discipulis manducavit ac bibit, Act. 10. v. 41., non ex naturae necessitate, sed ex libera οἰκονομίᾳ per quandam συγ-κατάβασιν (Theoph. in c. 24. Luc., Beda in c. 20. Joh.) ac vulnerum cicatrices in glorificato suo corpore illis ostendit; interim potuit vero suo corpore praesens adesse, licet nec videretur, nec palparetur; ut apparet ex eo, quod discipulis in Emaus assidens subito fit ἀφαντος." (L. c. § 102.)

§ 17.

Accedet etiam corporibus beatorum *claritas*, seu[a] splendor[b] ingens.[c]

a) Ut *instar solis* luceant, *Matth. 13, 43.* Confer *1. ad Cor. 15, 41. sqq. Dan. 12, 3.*

b) Qui oculis non glorificatis sublimior erit, glorificatos tamen valde oblectabit.

> QUENSTEDTIUS: „*Claritas, non pelluciditas*, qualis est vitri, sed refulgescentia, qualis est solis et lunae, qualis erat faciei Mosis, cum ex monte rediret, itemque faciei Christi, Mosis et Eliae in monte Thabor Matth. 17, 12. Dan. 12, 3. dicitur: ,Qui autem docti fuerint, fulgebunt, sicut splendor firmamenti.' Matth. 13, 43.: ,Tunc justi fulgebunt, sicut sol in regno Patris mei.'" (L. c. f. 801.)

c) Atque ita etiam colligitur corporum beatorum, quoad *singulas partes, elegans proportio et pulchritudo.*

> GERHARDUS: „Summa coram Deo deformitas est peccatum, quae est animae labes ac macula; remota hac animae deformitate, corpus non potest non esse pulcherrimum. Corporis *deformitas* oritur vel ex membri alicujus mutilatione, ut in monoculis, mancis etc., vel ex quantitatis improportione, ex defectu debitae quantitatis, vel appositione alicujus disconvenientis, quando membrum aliquod est justo majus vel minus, vel ex coloris distemperatione etc. At hae et similes causae deformitatis omnes a beatis aberunt. Morbi et senectus depopulantur pulchritudinem. At in vita aeterna nec morbi nec senium habebunt locum." (L. c. § 94.)

§ 18.

Et quia anima, quatenus sensitiva est, *corporis* quibusdam partibus tanquam *organis* utitur, hac etiam ratione beatitudo piorum augebitur, ut *oculi* intuendo Filium Dei incarnatum salvatorem suum[a] et homines beatos[b] amicos, forte etiam *aures* hymnis[c] elegantioribus sese oblectare possint.[d]

a) Ita *Jobus Redemtorem suum suis oculis* se *visurum speravit*, cap. 19, 25. 26. Quod autem beati *oculis* corporum clarificatis ipsam *essentiam divinam* visuri sint, *non audemus asserere.* Non solum enim *Deus*, qui spiritus infinitus est, inter *objecta propria visus*, tanquam potentiae corporeae, *locum non* obtinet, quoad essentiam, attributa et personas suas; verum etiam, *si* maxime ostendi possit, visum, quatenus spectatur ut creatura Dei, *posse per potentiam* obedientialem assumi tanquam instrumentum ad producendam visionem Dei, tamen, quod illud *revera futurum* sit, *nunquam promisit* Deus in Scripturis.   Sane loca *Matth. 5. 1 Cor. 13. 1 Joh. 3.* et *Ebr. 12.* de visione intellectuali loqui, supra ad § 2. in nota vidimus.   *Balduinus, essentiam Dei corporis oculis, licet clarificatis, invisibilem* esse, statuit in Comment. ad *1 Cor. 13.* P. III. Q. IV. p. m. 490.   Et, ne hoc ipsi excidisse putes, repetit et prolixius ostendit in Comment. ad cap. I. Ep. ad Col. P. II. Q. II. p. 1054. 1055., *inter essentiam seu faciem Dei et inter oculum corporeum nullam prorsus esse proportionem.*   Provocat etiam ad consensum patrum, *Ambrosii, Hieronymi, Nazianzeni, Augustini,* et aliorum.   Rursus in Comm. ad *1 Tim. 6.* P. II. Q. III. p. 1383. 1384., ubi *Epitheton Dei,* quo *invisibilis* dicitur, perpetuum esse dicit, *quod ne quidem in altera vita sit cessaturum,* et repetitis ex priore loco Comm. ad cap. I. Ep. ad Col. quatuor argumentis; plura videre jubet apud *Chrysostomum, Tertullianum, Nazianzenum, Hilarium, Basilium, Irenaeum, qui omnes Dei naturam oculis corporis hominum neque in hac vita, neque in futura vita attingi posse, pluribus ostendant.*   Quicquid vero sit de hisce, certum est, sententiam illam, quae statuit, *visionem beatificam tantum intellectualem fore,* esse *probabilem,* etsi opposita non ideo statim rejiciatur tanquam falsa; quod et b. *Gerhardus* agnovit Tom. VIII. LL. § 144. p. 997. Conf. Ausführl. Erklärung L. IV. Q. XX. et XXII. p. 172. sqq. Et b. *Cundis.* Not. ad Comp. Hutt. p. 1385. 1386.

QUENSTEDTIUS: „An beati ipsam Deitatem seu divinam essentiam *oculis corporeis* glorificatis sint visuri in vita aeterna? — Resp. I. *Negant* 1. *quidam ex Patribus:* Irenaeus l. 4. c. 37., Origenes c. Celsum l. 7., Athanasius Orat. c. Idola, Theophylactus in 1 Cor. 13., Ambrosius l. 1. in Luc. c. 1., inprimis Augustinus ep. 112. ad Paulinam. 2. *Scholastici plerique, pontificii omnes et Calviniani.* Thomas p. 1. q. 12. a. 3.: ‚Implicat‘, inquit, ‚contradictionem, Deum videri oculo corporeo. Ergo ne quidem absoluta potentia illud fieri potest.‘ Becanus p. 1. Theol. Schol. c. 9. q. 6.: ‚Communis est sententia‘, ait, ‚quod impossibile sit, Deum clare et intuitive videre oculis corporis.‘ Ex Calvinianis P. Martyr Class. 1. Loc. Com. c. 4. § 2. inquit: ‚Errant, qui, Dei essentiam beatorum oculis videri, existimant.‘ His accedit D. *Calixtus* senior Concord. Evang. l. 2. c. 1... II. *Affirmativam* amplectuntur quidam ex nostratibus, ut *Chytraeus* l. de vita et morte p. 157., *Schilterus* disp. de vita aeterna th. 65., D. *Cramerus* tr. de sublimi corporis glorificati mysterio c. 16. p. 137... III. *Mediam viam tenent,* nihilque determinant *Augustinus* l. 22. de Civ. Dei c. 29., b. *Gerhardus* Loco de vita aeterna § 143. et 144., b. *Dorscheus* Considerat. Titulor. Dei ex 1 Tim. 6. § 32. in Pentadec. Statuunt, inquam, non esse temere negandum, divinam essentiam corporeis oculis visum iri, cum elevare possit Deus beatorum oculos ultra naturam suam, ut ipsam Deitatem videant, quia ob rationes physicas, ex communi et ordinario naturae cursu petitas, infinita Dei potentia limitari nequeat; neque tamen illud praecise definiendum esse, cum Scriptura modum visionis (an scl. mentalis, an vero corporalis futuris sit) non definiat, quamvis Deum a beatis conspiciendum esse asserat.“ (L. c. s. 2. q. 2. f. 812. sq.)

b) Vide h. l. § 6. et not. *b.*   Nam illa beatorum agnitio mutua **in statu** restauratorum corporum ad visum quoque horum se extendere **videtur.**   Confer auctores ibidem citatos.

c) Ita colligitur ex *Apoc. 7, 10.* et cap. *19, 4.*

GERHARDUS : ,,De Dei glorificatione quaeritur: I. An beati etiam *externa voce Deum sint glorificaturi?* . . . *Augustinus* l. 22. de civ. Dei cap. 30., omnia membra et viscera incorruptibilis corporis in laudibus Dei profectura, asserit, cujus laudis et praeconii quae futura sit ratio, quis in hac carnis infirmitate vel cogitando vel fando assequi potest? Scriptura, non solum vocali laude Apoc. 7, 12., sed etiam citharis aureis a beatis Deum glorificandum, asserit, Apoc. 5, 8. 14, 2. 15, 2., sed quilibet videt, hoc posterius, more hujus saeculi dictum, μεταφορικῶς esse accipiendum; unde vocantur κιθαραι τοῦ Θεοῦ, Dei vel divinae citharae. II. *Qua lingua* beati Deum sint glorificaturi et invicem collocuturi? *Unam* omnium beatorum fore linguam, probabiliter creditur, 1. quia futuri sumus omnes unus populus, una civitas in coelesti patria; 2. diversitas linguarum fuit poenae loco mundo immissa, at ab ecclesia triumphante aberit omnis poena; 3. ecclesia triumphans non erit deteriore loco, quam fuit militans, at ea semel usa fuit una communi lingua. III. *Quae vero erit illa beatorum lingua?* Galatinus lib. 12. de arcanis cap. 4. statuit, beatos lingua *hebraica* in Dei laudibus et mutuis colloquiis usuros. . . . Quidam contra statuunt omnes linguas, quibus in hac vita utimur, cessaturas, cum apostolus generaliter loquatur 1 Cor. 13, 8., ac aliam quandam sensibilem linguam, hac nostra longe nobiliorem et *coelestem*, beatis infundendam, quae deceat os et corpus gloriosum, qua Deum etiam vocaliter laudent. Quidam existimant, locuturos beatos, *quacunque lingua libuerit*, quia omnes omnibus erunt notae, proinde, quibuscunque velint, pro libitu uti poterunt. Sed haec futurae beatae experientiae rectius reservantur, quam scrupulose disputantur.‟ (L. c. § 146.)

d) Plura vero de his aliisque aliorum sensuum perfectionibus atque operationibus in statu vitae aeternae locum habituris definire in hac vita vix licet.

§ 19.

Juxta haec vero accidentalia dona beatitudinis, inprimis claritatem corporum,[a] *inaequalitas* quaedam beatorum[b] deprehendetur, prout alius prae alio plura virtutum christianarum specimina[c] in hac vita ediderit.

a) Vid. *1 Cor. 15, 41. Dan. 12, 3.* Quoad aliorum donorum inaequalitatem, etsi non aeque facile sit aliquid determinare, possunt tamen videri loca *Matth. 19, 28. Luc. 22, 30.*, ubi apostolis peculiaris quidam honor et gloria in die judicii, sub verbis hujus saeculi, de *mensa* omnibus deliciis instructa et *sessione* velut in *thronis* etc. promittitur.

b) Ita tamen, ut, qui minore gloria accidentali pollebunt, non ideo minus exsatiati, aut erga alios magis glorificatos invidi futuri sint, sed sua quisque forte, minimi maximique, contenti. Scite etiam b. *Gerhardus* L. de Inferno § 52. p. m. 616.: *Quicquid uni electorum accidit, tanto gaudio afficiet reliquos, ac si illis ipsis datum foret. Unde non erit ibi invidia disparis claritatis, ubi in omnibus regnabit unitas caritatis.*

GERHARDUS: ,,Certum est, beatorum omnium *felicitatem* et gloriam *unam fore objective*, quia beatitudinis objectum omnibus beatis commune est Deus; *unam subjective*, quia omnes animae potentiae et

omnia corporis membra in omnibus omnino beati coelesti gloria orna-
buntur; *unam ratione continuae et aeternae durationis*, quia omnium
beatorum felicitas erit continua, nunquam interrumpenda et sempi-
terna, nunquam finienda; *unam ratione securitatis*, quia omnes beati
aequaliter erunt certi, nullum amittendi hanc felicitatem et gloriam
sibi imminere periculum; *unam ratione satietatis*, quia omnes beati
plenissime et perfectissime satiabuntur illa gloria, quae unicuique ex
fonte divinae benignitatis obtinget; *unam ratione immunitatis ab omnibus adversis*, quia omnes beati ab omnibus omnino malis erunt liberati;
unam ratione dilectionis et communicationis inter omnes vigentis, quia
ob sincerissimam caritatem cujuslibet beati gaudium erit omnibus
beatis commune. Certum et hoc est, fore quandam beatorum *inaequalitatem et gloriae diversitatem. . . .* De eo autem dubitari potest, an *in
accidentali* duntaxat gloria animae vel corporis diversitas illa statuenda, an vero etiam *in essentiali*, ita ut in quibusdam beatis majus
lumen gloriae futurum sit, in aliis minus, propter quod unus beatus
alio perfectius et clarius divinam essentiam videat, ardentius Deum
amet et suavius eo fruatur, id quod a scholasticis quidem magno consensu docetur (unico Durando excepto, qui in 4. sentent. distinct. 49.
disputat: ,Omnes beatos aequaliter videre divinam essentiam et omnes
in praemio essentiali esse aequales‘); sed nostri rectius statuunt, quod
in accidentalibus duntaxat praemiis statuenda sit differentia:

,Omnibus una salus sanctis, sed gloria dispar‘.“
(L. c. § 120.)

ANTITHESIS.

QUENSTEDTIUS: ,,*Antithesis:* 1. Quorundam *Calvinianorum*, ut
Petri Martyris in Loc. Com. classe 3. c. 17. § 8.; qui primus superiori
saeculo a communi consensu patrum discessit et, futuros esse gradus
praemiorum et gloriae in vita aeterna, negavit; sed timide et titubanter.
. . . 2. Quorundam *Neo-Photinianorum*, qui statuunt, nullos post hanc
vitam futuros esse gradus praemiorum et suppliciorum, ut Smalcius. . .
3. *Jovinianistarum*, qui olim, omnes peccatores ut in culpis, ita et in
poenis pares fore, dixerunt, secuti Stoicos, qui et ipsi omnia peccata
fecerunt paria.“ (L. c. q. 3. f. 814.)

c) Sic legimus *Matth. 10, 41. et 42. Luc. 19, 17. et 19.* Sed haec
de *merito* operum accipi *non* debent. *Aliud* enim est, Deum, pro sua
liberalitate aut favore indebito, inaequaliter operantibus reddere praemia inaequalia; *aliud* est, Deum inaequaliter merentibus, ex vi operum
meritoriorum, reddere mercedem cuique debitam et diversis diversam
seu inaequalem.

§ 20.

Et sicut ea, quae diximus hactenus de beatitudine
aeterna, juxta Scripturas recte tenentur, ita plenam ac
perfectam ejus declarationem ᵃ in hac vita nemo invenerit.

a) *Nondum* enim *apparuit, quid futuri simus, 1 Joh. 3, 2.* Et *Es.
64, 4.* indeque *1. ad Cor. 2, 9.* dicitur, *oculum non vidisse, et aurem
non audivisse, et in cor hominis non adscendisse, quae praeparavit Deus diligentibus se.* Petrus quoque *1. Ep. 1, 8.* fidelibus promittit, quod sint
exultaturi χαρᾷ ἀνεκλαλήτῳ, *gaudio ineffabili.*

ANTITHESIS.

GERHARDUS: „*Antithesis:* 1. *Judaei* recentiores vitae aeternae gaudia in corporalibus voluptatibus, cibo, potu, Venere etc. collocant... 2. *Mahumetus* in Alcorano et Zuna, libris apud ipsius sectatores fidei authenticae et indubitatae, splendidissima palatia, regales epulas, choreas et virginum amplexus beatis in paradiso pollicetur, ac talem post resurrectionem beatorum vitam fingit, qua dulcissimis aquis, salutifero potu, pomis multimodis, fructibus variis, decentissimis atque mundissimis mulieribus, annulis aureis, vestibus sericis, lectis auleatis etc. beati fruantur... 3. *Chiliastae, Cerinthiani, Nepotiani* etc., regnum Christi in his terris mille annos in corporeis voluptatibus duraturum, docebant... 4. *Origenes* hom. II. in Num. putat, ‚in vita futura quosdam homines non Deum, sed angelos tantum visuros esse et Deum homines alios aliis angelis subjecturum esse.‘ Idem I. 1. περὶ ἀρχῶν c. 9. ‚perpetuum quendam felicitatis et miseriae circulum‘ confingit... 5. *Methodius* serm. de resurrectione videtur sentire, beatos post resurrectionem non in coelis, sed in paradiso futuros. ‚Oportet enim‘, inquit, ‚in propria sui habitus figura unumquodque creatum manere, ut omnia omnibus sint impleta: coeli angelis, throni potestatibus, lumina ministris, diviniores loci et pura lumina ipsis Seraphin, qui assistunt magno senatui universa continenti, mundus hominibus. 6. *Pepuziani* vitam aeternam et Hierusalem coelestem in hac vita constituebant. Pepuzam enim, locum quendam superioris Phrygiae, coelestem dixerunt esse civitatem et Hierusalem, de qua prophetae vaticinati sint, de qua Hebr. 12, 23., et Apoc. 21, 2., ad quam nobis omnibus sit aspirandum. Epiph. haeres. 49., August. de haeres. c. 27. 7. *Aeternales* referente Augustino de haeres. c. 67. ex Philastrio, mundum hunc etiam post resurrectionem mortuorum in eodem statu, in quo nunc est, docuerunt esse mansurum, neque ita esse mutandum, ut sit coelum novum, et terra nova, sicut sancta Scriptura promittit... 10. *Armenii* docuerunt, quod homines mediocriter mali post judicium non sint ituri in paradisum coelestem, sed mansuri in terra, et quod bonorum animae ducendae sint in terram et sicut aves super arbores volaturae... 11. *Pontificii*... fingunt certas quasdam aureolas vel laureolas, quarum alias virginibus, alias martyribus, alias doctoribus imponendas statuunt... Si quaeras, quis tandem sit ille corporis decor? respondet Scotus 4. sent. dist. 49. q. 5. art. 2., aureolas esse coronas, ita ut in capite martyris corona cernatur rubra, in capite virginis candida, in capite doctoris viridis; addit, martyres etiam fortassis in manibus gestaturos palmas, virgines alba lilia, doctores virides ramos incorruptibiles... De coelestibus beatorum gaudiis, exercitiis et choreaculis terrenas, carnales et pueriles cogitationes fovent. Cassanaeus part. 3. praefat. catal. glor. mund. considerat. I.: duodecim principales sedes sunt in paradiso, videlicet sedes ipsius Trinitatis et Deitatis, sedes Filii respectu humanitatis, sedes b. Mariae virginis et novem aliae sedes novem ordinum. Ex Bernhardino tom. 8. operum D. Brentii pag. 890. de exercitiis et choreis beatorum in coelo talis affertur discursus: ‚Quid facient beati in coelo empyraeo? quale exercitium habebunt? eruntne ibi choreae et saltationes?‘ Alius quidem respondet, quod in gloria non erunt tales gesticulationes; sed Bernhardinus diversum sentit. ‚Non moveant te‘, inquiens, ‚dicta illius doctoris. Vero similius enim est, quod illic fiant choreae et saltationes. Omnia enim, quae ad choream sufficiunt et requiruntur, ibi inveniuntur.‘.. Ne quis vero existimet, aniles illas fabulas, ab otiosis monachis confictas, a recentioribus pontificiis repudiari, ideo jubemus expendere ea, quae scribit Barradius lib. 10. comm. in conc. Evang. cap. 3... Confer ea, quae de limbo infantum a regno coelorum et inferno localiter distincto disputant, quaeque Bellarminus lib. 2. de purgat. cap. 7. habet de ‚prato quodam florentissimo, lucidissimo, odorato, amoeno, in quo degant animae, quae nihil patiantur, sed tamen ibi maneant, quia nondum idoneae sunt divinae visioni' etc., et apparebit, Elysios poëtarum campos a pontificiis postliminio in ecclesiam reduci. 12. Ex *Calvinianis* . . . plerique omnes de beatorum gaudiis, exercitiis et habitaculis ἐπίγεια φρονοῦσιν. Coelum enim definiunt locum aliquem certum corporeum, supra omnes coelos visibiles constitutum, mansionibus amplissimis distinctum, in quibus localiter sedeatur et ambuletur. . . De dotibus glorificati corporis nimis tenuiter et exiliter sentiunt: 1. Invisibilitatem διαρρήδην negant. . . 2. Illocalitatem non minus oppugnant. . . 3. Dotem agilitatis ac subtilitatis itidem minus recte explicant; negant enim, Christum resurrexisse clauso sepulchro; negant, ipsum ad discipulos ingressum clausis januis etc. *Zwinglius* part. I. resp. ad Confess. Luth. pag. 465. negat, quod ‚corpus Christi glorificatum monumenti lapidem obsignatum transierit, ac, lapidem sepulchralem angeli opera devolutum fuisse', asserit, ‚sicut crassus praetor rubris indutus caligis eo modo, quo Christus monumento exivit, egredi posset." (L. c. §§ 156—164.)

IDEM: ,,B. *Luthero* et nostrarum ecclesiarum doctoribus pontificii tribuunt, quod ipsi quoque in hac doctrinae coelestis parte a veritatis tramite aberraverint, felicitatem vitae aeternae in corporeis deliciis quaerendo. Probant ex eo, quod Lutherus in colloquiis ad mensam habitis fol. 454. et 455. sic loquatur: ‚Deus novam terram creabit et novum coelum, quin et nova creabit animalcula et catellos, quorum cutis erit aurea et pili de lapidibus preciosis' etc. . . *Resp.:* Cur non addunt etiam epistolam, quam de gaudiis paradisi ad filiolum suum Lutherus exaravit? Imitatur vir Dei stylum Scripturae et de statu futuri saeculi, qui in cor hominis non ascendit, per quandam συγκατάβασιν loquitur verbis hujus saeculi, quod ecclesiae doctoribus usitatum esse, ex Ottone Frisingensi § 156. audivimus." (L. c. § 165.)

§ 21.

Causae autem beatitudinis hujus[a] sunt: *Efficiens* quidem principalis, Deus trinunus; *impulsiva interna*, Dei bonitas; *externa principalis*, meritum Christi; *minus principalis* (impulsiva), fides in Christum.

a) Juxta ea, quae diximus in prolegomenis cap. I. § 21. sqq. Vol. I. p. 40. sqq. Plura de singulis suo loco distincte tradita sunt et tradentur.

§ 22.

Subjectum *Quod* sunt homines[a] *finaliter credentes*[b] et ex hac vita *egressi*[c] *omnes*[d] et *soli.*[e]

a) De beatitudine angelorum enim hic agendi locus non fuit, sed et supra suo loco actum est satis.

b) Oportet enim attinere ad ipsos id, quod est causa impulsiva beatitudinis.

c) In hac vita enim nemo mortalium ad visionem beatificam, et sic neque ad ea, quae hanc sequuntur, actu pertingit. Vid. *1 Joh. 3, 1. 1 Cor. 13, 9. 10. 11. 12. Phil. 3, 12. 13.* Conf. Disp. nostram de praegustu vitae aeternae.

ANTITHESIS.

GERHARDUS: „*Antithesis:* 1. *Origenes* hom. 10. in Lev. disputat, eos, qui crediderunt quidem, sed nihil emendationis adhibuerunt, salvari quidem, sed non sine infamiae nota. Idem, damnatos tandem liberandos et coelestis gloriae participes reddendos, opinatus est. . . 2. *Ex pontificiis quidam* gentilibus vera in Christum fide destitutis salutem tribuunt. . . 3. Idem dogma placuit quibusdam *Calvinianis*. *Zwinglius* in expos. fid. p. 159. Numam, Aristidem, Socratem etc. inter beatos coelites collocat, cujus patrocinium suscepit *Rudolph*. *Gualter.*, ipsius gener, in Apol. edita ann. 1545. *Bullingerus* istum Zwinglii foetum praefatione quadam ornavit, in qua eum vocat cygnaeam cantionem. Horrendum illud Zwinglii effatum (uti Bucer. in data ad ipsum epist. recte appellitat) partim defendere, partim excusare conantur *Embdenses* in commonef. de libro D. Hunnii p. 416., *Sohnius* in Exeg. Aug. Conf. tom. 2. p. 828., *Tossanus* in scripto contra Marbach., *Pareus* in Iren. p. 245., *Pelarg.* in Comp. Theol. correcto p. 289., sed argutiis perquam frivolis. . . Huc referendus etiam alter *Calvinianorum* error, quo infantibus etiam baptizatis fidem prorsus derogant, ex quo consequens est, aut omnes omnino infantes damnari, aut quosdam homines sine fide in Christum salvari; quorum utrumque Scripturis e diametro adversatur. *Calv.* lib. 4. Instit. cap. 16. § 20.: ‚parvuli baptizantur in futuram fidem.‘ Sibrandus *Lubertus* in comm. ad. 99 errores Vorstii p. 780. scribit: ‚Deum decrevisse aliquot infantes servare, qui, quamdiu in hoc mundo peregrinantur, neque crediderunt, neque credunt, neque credituri sunt.‘ *Piscator* in cap. 19. Matth. observ. 11.: ‚infantum potest esse regnum coelorum, etiamsi nondum credant, dummodo sint electi.‘ Item: ‚fidem in Scriptura nuspiam requiri, nisi ab adultis.‘ . . 4. *Franciscus Puccius Filidinus* ann. 1592 scriptum edidit ‚de Christi Servatoris efficacitate in omnibus ac singulis hominibus, quatenus homines sunt‘, in quo, inter caetera opinionum portenta, etiam ethnicis extra ecclesiam coelum promittit. . . 5. *Photinianos* hanc amplecti hypothesin, quod quilibet in sua religione, quamcunque etiam amplexus fuerit, salvari possit, sive sit Judaeus, sive Turca, sive anabaptista, sive Arianus, sive christianus, ostendit Georgius Zarnovecius Polonus.‘‘ (L. c. § 168.)

HOFMANNUS: „Der Apostel redet (Röm. 2, 14.) also von dem Falle, dass *Heiden*, ohne ein Gesetz, eine Offenbarung des fordernden Willens Gottes zu besitzen, dasjenige thun, was der in Israel geoffenbarte Gotteswille fordert, und sagt von solchem Thun derselben, dass es φύσει geschehe . . . . So sehr achtet es der Apostel für möglich, dass einer vermöge dieses Gesetzes im Stande sei, obzwar nur im Einzelnen, göttlicher Forderung gemäss zu handeln, dass er in Aussicht stellt, es möge etwa am Tage des Gerichts aus den durch das Zeugniss des Gewissens hervorgerufenen Gedanken eine *Selbstrechtfertigung vor Gott werden, die da gnädig angenommen werden kann* von dem, welcher sein Gericht durch JEsum Christum, den Mittler der Gnade, übt.‘‘ (Schriftbeweis. I, 494. 495. sq.)

IDEM: „Wie der Apostel Röm. 7, 14—25. nicht gemeint ist, alles Gutesthun der alttestamentlichen Gläubigen zu verneinen, so sagt er an der vorliegenden Stelle sogar von einzelnen Fällen eines Gutesthuns der *Heiden;* ohne damit dem zu widersprechen, was unser kirchliches Bekenntniss vom Menschen lehrt, wie er Gotte gegenüber an sich und abgesehen von allen Gnadenwirkungen beschaffen ist, dass er unvermögend sei zu einigem Guten und geneigt zu allem Bösen. Er weiss eben von einer Gnadenwirkung, nicht bloss des Gottes, welcher Christum gesandt hat, sondern auch des Gottes, welcher Christum senden wird, und zwar weiss er von ihr nicht bloss innerhalb des alttestamentlichen Heilsgemeinwesens, sondern auch ausserhalb desselben . . . . Der Geist Gottes, welcher ihnen einwohnt, sie leben zu machen, lässt sie nicht ohne jene Bezeugung Gottes, durch welche sie beides, seine Heiligkeit und ihre Sünde, aber auch seine Güte wie ihre Nichtigkeit, zu erfahren bekommen.   Hiedurch kann aber ein Verhalten gegen Gott in ihnen gewirkt werden, das er an dem Tage jenes Gerichts, welches Johannes nach der Auferstehung der Gläubigen geschaut hat, *mit dem Lohne ewigen Lebens erwiedern wird.*   Aber dies ist Gottes Werk und nicht ihr eigenes.   Gottes Liebe ist es, welche sie leben lässt, und durch seinen Geist, den Geist ihres Lebens, bezeugt er sich ihnen." (L. c. 2. Aufl. p. 570. sq.)

d) Vid. *Joh. 3, 16. et 36.*

e) Vi oppositionis, *Joh. 3, 18. et 36.*   Confer. *Matth. 24, 13. Apocal. 2, 10.*

§ 23.

Subjectum *Quo* beatitudinis[a] sunt *anima* ex parte *intellectus*[b] atque *voluntatis,*[c] et *corpus*[d] ejusque organa.

a) In sua integritate spectatae.

b) Ad quem formaliter spectat visio beatifica et quicquid est cognitionis accedentis.   Vid. § 2. sqq. ad 7.

c) Quo pertinent amor et gaudium, de quibus actum est § 8. et 11.

d) Quoad dotes illas, quas § 14. et seqq. vidimus, vid. § 18.

§ 24.

Finis beatitudinis humanae[a] est divinae[b] bonitatis,[c] sapientiae,[d] veracitatis[e] et[f] potentiae[g] gloria[h] aeterna.

a) Quem hic non distinguimus in ultimum et intermedium, cum ipsa beatitudo ex parte hominum sit finis ultimus, neque detur finis ulterior, nisi qui est simpliciter ultimus.   Gaudia beatorum autem intra ipsam beatitudinem contineri vidimus.

b) Dei quidem trinunius, auctoris nostrae felicitatis.

c) Prout enim electionis ad vitam aeternam finis est *gloria gratiae divinae, Eph. 1, 6.*, ita et actualis collationis vitae aeternae idem finis est.

d) *Partim* propter ipsam bonorum sublimitatem, qualia mentis nostrae captum excedunt, *partim* si spectemus beatitudinem tali subjecto, quod est homo peccator, salva justitia dandam aut datam.   Confer. *Ephes. 3, 9.*

e) Seu *fidelitatis* in servandis promissis et implenda vocatione ad vitam, *1 Thess. 5, 24.*

f) Supernaturales enim dotes illas esse vidimus non nisi ab infinita potentia expectandas inque ejus laudem cedentes.

g) Quidam seorsim hic memorant *justitiae* divinae gloriam; sed fatendum est, eam partim ad *bonitatem* Dei (prout *remuneratoria* dicitur), partim ad *veracitatem* (seu dictorum factorumque conformitatem) spectare.

h) Prout *Apoc. 7, 11. 12.* legimus, angelos coelitesque homines, *procumbentes ante thronum in facies suas et adorantes Deum, dicere: Amen, benedictio, et gloria, et sapientia, et gratiarum actio, et honor, et potestas, et vires Deo nostro in saecula saeculorum, Amen.*

§ 25.

Describi potest beatitudo aeterna, quod sit complexus[a] plurium perfectionum supernaturalium,[b] a Deo trinuno[c] ex mera gratia[d] propter meritum Christi[e] fide[f] apprehensum hominibus finaliter credentibus atque hac mortali vita defunctis[g] praecipue ex parte intellectus et voluntatis, simul tamen etiam ipsius corporis[h] obtingentium, quibus appetitus humanus plene satiatur[i] ad Dei trinunius gloriam[k] aeternam.

a) Est enim profecto beatitudo aeterna, in casu recto suaque integritate spectata, aggregatum quid ex variorum bonorum concursu; vid. § 13. not. *c.* Convenit autem hactenus etiam cum imagine Dei concreata (cujus restaurationem importat); de qua vid. cap. IV.

b) Qua ratione *partim* differt ab imagine Dei concreata, *partim* adhuc convenit cum donis gratiae in hac vita.

c) d) e) f) Sic indicantur causae beatitudinis efficiens et impulsivae, de quibus actum est § 21.

g) Qui sunt subjectum *Quod,* juxta § 22.

h) Ita subjectum *Quo* indicatur: partim primarium, ratione beatitudinis essentialis, in qua finis noster formalis consistit; partim secundarium, ratione caeterarum partium ad integritatem beatitudinis spectantium. Confer. § 24.

i) Sic enim patet ratio beatitudinis absolute dictae seu ultimae, vid. § 2. et 11.

k) In qua consistit finis beatitudinis, juxta § 24.

Caput VII.

DE MORTE SEU DAMNATIONE AETERNA.

§ 1.

Opponitur[a] beatitudini damnatio partim *privative,*[b] quatenus carentiam omnium bonorum, quae beatorum felicitatem ingrediuntur, importat, partim *contrarie,* qua-

tenus non nudam beatitudinis absentiam dicit, sed ad-
versitates et cruciatus positivos^c sensumque malorum
acutissimum continet.

a) Atque ideo doctrinae de beatitudine recte haec altera subjungitur, ut opposita juxta se posita clarius elucescant; quemadmodum et
fatendum est, eos, qui bonitate finis theologiae non facile moventur
(quippe terrenarum rerum amore corrupti), terreri posse interim consideratione miseriae alias expectandae. Tertium enim non datur, et
qui summum bonum non assequuntur, malum summum non effugient;
quod constat ex vi propositionum, quibus extrema sors hominum omnium ad duas classes revocatur. *Dan. 12, 2. Joh. 5, 28. 29. Matth.
25, 32. 33. et 46.*

b) Huc referri solet, quod status damnatorum vocatur *mors secunda, Apoc. 2, 11. cap. 20, 6. Mors* enim est privatio vitae. Et dicitur *secunda,* quod privationem vitae alterius, quam expleta hac vita
contingere poteramus, importat. Scriptores ecclesiastici *poenam damni*
appellant.

c) Ita idem status aliquando *opprobrii* seu *ignominiae,* aliquando
ignis aeterni nomine venit. Vid. ll. cc. *Daniel. et Matth.* Alias *poena
sensus* dicitur.

GERHARDUS: ,,Si impiis non metuenda esset gravior aliqua poena,
quam redactio in nihilum, non foret ipsis melius, non fuisse natos.‘‘
(Loc. de inferno seu morte aeterna. § 78.)

ANTITHESIS.

GERHARDUS: ,,*Antithesis:* 1. *Philo* videtur in ea fuisse sententia,
infernum nihil aliud esse, quam conscientiae horrorem... Hieronymus in ep. ad Avitam, enumerans *Origenis* haereses, inter alias etiam
hanc recenset his omnino verbis: ,Origenes lib. 2. περὶ ἀρχῶν ignem gehennae et tormenta, quae S. S. peccatoribus comminatur, non ponit in
suppliciis, sed in conscientia peccatorum.‘.. 2. *Photiniani* statuunt,
impios vel nunquam resuscitandos, vel post resurrectionem ac judicium
in nihilum redigendos; definiunt igitur damnationem per ἀνυπαρξίαν.‘‘
(L. c. § 77. sq.)

§ 2.

Inprimis carebunt damnati, ex parte intellectus, *vi-
sione Dei beatifica,*^a neque donabuntur *lumine gloriae,*^b
beatis divinitus collato.

a) Hoc est, *non videre vitam, Joh. 3, 36.* Eodem referri solet,
Ps. 49, 20. de impiis quod dicitur, quod in *aeternum non sint fruituri
luce,* et in N. T. damnatos *projectum iri in tenebras, Matth. 8, 12. cap.
22, 13.,* velut *a Domino, qui est mentium lumen, expulsos,* juxta *Prosper.*
lib. III. de vit. contempl. c. 12. (Conf. *Gerh.* T. VIII. L. de inferno,
§ 42. p. 590.) Quodque *discedere* a Christo *Matth. 25, 41.* et *relinqui
Luc. 17, 34.* dicuntur.

b) Imo et *lumine gratiae*, quod in hac vita contemserunt, ac recto de rebus divinis ac suis judicio carebunt.

LUTHERUS: „In den Verdammten bleibet dasselbige vernünftige Licht, ja, es wird nur heller, dass sie mehr davon gequälet werden." (Opp. T. XI, 256.)

§ 3.

Atque ita facile etiam patet, *amorem*[a] Dei, tanquam summi boni clare cogniti, et *gaudium*[b] inde resultans plane abfutura esse a damnatis.

a) Hic enim ex cognitione Dei, tanquam boni nostri, unice nascitur.

b) Quo refertur *defectus aquae, Zach. 9, 11.*, i. e. refrigerii, gaudii, voluptatis.

§ 4.

Corporum autem beatorum *dotes*, per quas ipsa glorificantur,[a] eodem modo damnatis denegabuntur.[b]

a) Claritas profecto, subtilitas et agilitas et impassibilitas aberit. Quae non nisi piis electisque promissa sunt.

b) Quanquam vero corpora damnatorum sunt futura *incorruptibilia*, tamen *neque* incorruptibilitas illa ex impassibilitate seu spiritualitate, tanquam intrinseca perfectione, proficiscetur, *neque* in gloriam corporum illorum cedet, sed in miseriae augmentum, ut haec sit aeterna; de quo infra dicetur.

GERHARDUS: „Quod corpora damnatorum dicuntur *spiritualia*, non est accipiendum sensu Origeniano, quasi nec carnem, nec ossa sint habitura; nec sensu eo, quo beatorum corpora dicuntur spiritualia et glorificata 1 Cor. 15, 45., sed *sensu latiore*, ut opponatur corpori animali, quod cibi, potus, vestium etc. adminiculo indiget." (Loc. de morte aet. § 66.)

IDEM: „Ut beatorum corpora erunt gloriosa 1 Cor. 15, 44. Phil. 3, 21., sic damnatorum corpora erunt *deformia*, tetra, abominanda. Sicut gloria beatorum refulgebit per ipsorum corpora instar lucis per vitrum resplendescentis, sic *ignominia* damnatorum ex anima in corpora ipsorum redundabit. Quodsi enim in hac vita malefici ac facinorosi tetrico vultu de occulta cordium suorum impietate testantur, ‚der Mord und Diebstahl siehet ihnen aus den Augen‘, quanto magis in damnatorum corporibus ac faciebus maculae ineluibiles peccatorum apparebunt!" (L. c. § 52.)

§ 5.

Inter poenas *positivas* primum occurrit *cognitio* illa intellectus, per quam damnati *Deum* abstractive et ex poenis,[a] *partim* ut Dominum summae majestatis, sed a

se gravissime offensum, *partim* ut judicem justum, sed
hoc ipso suorum peccatorum vindicem acerrimum, *partim*
ut patrem benignissimum, verum non sibi, sed aliis, qui
crediderunt et beati facti sunt, cognoscent.[b]

a) Sic *Apoc. 6, 17.* describuntur, tanquam cognoscentes *sedentem super thronum* seu Deum summa majestate pollentem, cujus *faciem*, extrema minitantem, imo inferentem, ferre non possint.

b) Itaque, licet Deum cognoscere ad perfectionem hominis pertineat, tamen sic cognoscere non est perfectionis, sed miseriae gravissimae.

§ 6.

Similiter *se ipsos* ita contemplabuntur, ut *peccatorum*
suorum multitudinem et gravitatem, *poenarum* etiam,
quibus affliguntur, meritum, acerbitatem et perennitatem
animo reputent.

Ita *Sapientiae 5.* sub initium proponitur damnatorum querela, qua suam *stultitiam* accusant seque *errasse, in via veritatis, iniquitatis et perditionis callibus expletos esse et perambulasse deserta avia etc.* confitentur, *superbiae, divitiarum et gloriationis* suae vanitatem meditantes.

§ 7.

Homines *alios*, qui *beati* sunt, spectabunt, tanquam
participes ejus felicitatis, qua ipsi destituuntur, et expertes calamitatum, quibus ipsi premuntur.

Sap. l. c. describuntur *videntes justum confidentia magna stantem coram ipsis et stupefacti propter salutem inopinatam ipsius etc.*

GERHARDUS: „Beatorum in coelo felicitatem non quidem in specie nec πρακτικῶς, interim tamen in genere ac ϑεωρητικῶς videbunt." (L. c. § 52.)

§ 8.

Itaque ex parte voluntatis orietur *odium Dei*, quippe
sibi infensi et implacabilis;[a] odium *sui* ipsorum, utpote
qui sibi ipsis causa miseriae fuerint;[b] *invidia*, ex adspectu alienae beatitudinis resultans;[c] *dolor* et tristitia
atque anxietas[d] propter ingentem malorum praesentium
cumulum et impatientia[e] ac *desperatio* perpetua.[f]

a) Vid. *Apoc. 6, 16. 17.*, ubi ingens aversatio Dei, cujus conspectum ferre non possint, indicatur. Et res ipsa docet, voluntatem damnatorum non ferri nec posse ferri in Deum, tanquam sibi bonum, quem irreconciliabiliter adversum habent et norunt. Neque abstinebit voluntas ab omni actu circa Deum occupato, quando Deus intellectui ipsorum obversatur, qualem se erga ipsos gerit, ipsique sensu irae divinae perpetuo affliguntur. Itaque, cum amare Deum non possint, *odio*, quod amori opponitur, eum prosequuntur, prout angeli mali, hostes Dei atque hominum ἄσπονδοι.

b) *Sap. 5, 4. 6. 7.* Accusatio enim illa displicentiam ac detestationem sui ipsorum indicat.

c) Ita l. c. v. 3. sqq. locuturi dicuntur de *justo* beato: *Hic erat, quem habebamus quondam ludibrio et communi probro. Quomodo relatus est in filios Dei, et in sanctis sors est illius?*

d) Huc pertinet θλίψις καὶ στενοχωρία illa, *compressio et coarctatio*, de qua *Rom. 2, 9.* Confer. *Sap. 5, 3.*, ubi dicuntur *gemere propter angustiam spiritus.* Atque ita *pavores, confusiones, fremitus, indignationem, morsus et cruciatus* acerbissimos damnatis adscribi legimus.

e) Occasionem effugiendi mala sua non invenientes, *quaerentes* ac *desiderantes mori*, seu omnino non esse, aut plane destrui, *Apoc. 9, 6.*

f) Pertinet huc et quasi complexum priorum malorum exhibet μανία, seu *furor* ille *horribilis*, quod damnatos *adversus Deum et omnes creaturas*, adeoque etiam *adversus se ipsos* pugnare dicit b. *Gerhardus.* Deo, ait, irascentur eumque blasphemabunt ob magnitudinem dolorum et poenarum, quas ab ipso sibi inflictas sentient. Irascentur omnibus creaturis, quod omni earum solatio destituti in aeternis tenebris maneant. Sibi ipsis mortem et exitium optabunt ob tormentorum atrocitatem ac dolorum acerbitatem, cum alias natura a morte abhorreat ac sui conservationem quaerat. L. de inferno § 52. p. 617.

GERHARDUS: „Quaeritur: An damnati retineant *fidem* et *spem*, quam in hac vita habuerunt? Quidam ex scholasticis. ut Alensis p. 3. q. 64. art. 7., Durand. 3. sent. dist. 23. q. 9. et alii affirmant... *Resp.*: 1. Fides salvifica, constans notitia, assensu ac fiducia, non est in damnatis, ut constat; alias enim non essent damnati. 2. Notitia historica articulorum fidei an in illis locum sit habitura, merito dubitatur, ἡ γὰρ γνῶσις καταργηθήσεται, 1 Cor. 13, 8. Si vis morbi ac dolorum inducit oblivionem scientiae humanae in hac vita, quanto magis cruciatus infernales scientiae divinae! 3. Assensus circa illum fidei articulum, quod sit Deus et quod sit vindex scelerum, erit in damnatis, perinde ut in daemonibus, sed coactus et expressus per sensum tormentorum, sibi inflictorum. Augustin. lib. de fide et operibus cap. 16.: ‚Fides daemonum exprimitur per timorem.‘ 4. Posset etiam haud incommode illud, quod de fide daemonum Jacobus asserit, ad hujus vitae curriculum referri, quod, eo adhuc durante, antequam diaboli cum hominibus damnatis in infernalem ignem projiciantur, credant, esse Deum, a quo aliquando sint in tartarum detrudendi; sed quando reipsa illos cruciatus experiuntur, non amplius credunt, sed sciunt et sentiunt. 5. Damnati sciunt, se in aeternum cruciandos, non per actum aliquem fidei supernaturalem, sed per judiciariam sententiam, quam in articulo mortis et cumprimis in die judicii accipiunt. 6. Erit in damnatis continua et perpetua desperatio, ac proinde etiam spes nulla. Nam minima spes dolorum magnitudinem levaret.“ (L. c. § 72.)

§ 9.

Hoc ipso autem *voluntas* damnatorum, a Deo plane
aversa, *determinata* erit[a] ad malum, ut, quicquid agunt,
Deo[b] displiceat, ipsique cogitationibus, dictis et factis,
indesinenter[c] *peccent.*

a) Quemadmodum enim dilectio Dei super omnia legis divinae
summa est, sic absentia amoris divini et odium Dei perpetuum non
potest non importare ἀνομίαν et disconvenientiam cum lege in facultatibus et operationibus damnatorum perpetuam.

FECHTIUS: ,,Fieri non potest, quin semper aut peccent, aut legem
non habeant, quod absurdum, 1 Joh. 3, 4.`` (Sylloge controvers. p. 95.)

b) Non potest sane placere Deo, quod ab animo impuro nec per
gratiam regenito, sed in poenam peccatorum a Deo deserto proficiscitur.

GERHARDUS: ,,Quaeritur: *An damnatorum actiones omnes sint
malae?* Passiones damnatorum moraliter bonae erunt, quia a justitia
et voluntate divina, omnis bonitatis regula, progrediuntur; quamvis
physice ac naturaliter damnatis sint malae, id est, adversae et inimicae.
Actiones vero damnatorum omnes erunt malae: 1. Quia damnati erunt
in malo obstinati ac obdurati. Pravitas voluntatis, in qua et cum qua
fuere mortui, immobiliter ac immutabiliter in perpetuum eis adhaerebit.
2. Quia semper erunt in actuali Dei odio, quod ex perpetua et immota
consideratione miserrimi status, in quo se norunt in omnem aeternitatem
permansuros, in ipsis oritur. Inde etiam perpetuo ac directe avertunt
se a Deo, summo bono, ad cujus gloriam omnia deberent referre.
3. Quia blasphemabunt Deum prae doloris et cruciatuum magnitudine,
Apocal. 14, 11. Jam vero ubi blasphemia Dei, cui unice summus honor
debetur, ibi nihil potest esse boni. 4. Quia etiam diabolorum actiones
omnes sunt malae.`` (L. c. § 76.)

c) Ubi enim ἀνομία, ibi peccatum. Et lex de diligendo Deo (quae
simul involvit legem negativam de non-odio habendo Deo) immutabilis est. Damnati ergo, licet pro ratione status praesentis non possint
Deum diligere, sed odisse possint, atque oderint; quia tamen conside-
rantur ut sua culpa et ex praecedentibus peccatis in hunc statum de-
lapsi, non ideo subducunt se ab obligatione legis immutabilis, quam
nec mors naturalis tollit, aut tollere potest, quando creatura, per naturam obligata legi, non prorsus desinet esse, neque rationalis creatura
esse cessat. Itaque terminus vitae hominis et μακροθυμίας divinae non
ideo sunt terminus peccati absolutus. Ac peccatorum suppliciis ita
locus est post mortem, ut tamen peccata peccatis puniri queant. Nec
absurdum est, divinam majestatem damnatos in perpetuo peccati adeoque offensionis suae statu relinquere, quando peccata illa damnati impune non ferunt, quippe miseriam extremam simul, dum peccant,
sustinentes neque unquam a miseria sua liberandi. Quanquam non
ideo statuamus, divinam majestatem blasphemiis damnatorum, actu
externo et velut uno ore commissis, perpetuo infestari. De voluntatis
corruptione profundissima, quae non potest non esse peccaminosa, tantum nobis sermo est.

J. Ad. Osiander: ,,Non est probabile, damnatos in inferno semper peccare, imprimis blasphemando.'' (Colleg. th. P. VI, 229.)

Dannhauerus: ,,Est mors secunda, a Deo irato immediate totius hominis damno sensuque cruciati, in inferno inflicta, ... damno ac jactura omnis boni (tenebris exterioribus explicata), consequenter etiam illius solatii, quod ex *blasphemiis* quadam quasi vindicta in Deum capere possent. ,Est vindicta bonum vita jucundior ipsa.' Videtur enim probabilius et ad gloriam divinam justius (quanquam hic judicium modeste submittamus), fore blasphemiarum et peccatorum contra Deum (cujus μακροθυμία cum hoc mundo finitur) modum ac terminum. Desperant damnati, sed sine peccato; desperatio enim proprie non est peccatum, sed tantum tristitia et conscientia peccati *e sententia damnatoria* et aestimatio impossibilitatis liberationis ac intermissio conatus assequendae gloriae. Neque tamen ideo sunt beati, qui non peccant actu, cum adhuc habeant peccatum, sed coërcitum.'' (Hodos. Phaen. 4. p. 197.)

§ 10.

Corpora damnatorum cruciabuntur[a] *igne* infernali *vero* ac *proprie dicto*[b] et *inextinguibili.*[c]

a) Ea enim revera punitum iri, constat ex *Matth. 10, 28.*, ubi dicuntur *corpora perdi in gehenna.* Conf. b. *Gerhard.* L. de Inferno § 83. p. 683. 684.

b) Vid. inprimis *Matth. 25, 41.*, ubi Christus judex, sententiam pro tribunali laturus, hoc supplicii genus damnatis aliquando indicaturus legitur, quem *proprie, non tropice* et obscure locuturum utique credimus. Atque alias frequentissimum est in Scriptura, ut supplicia damnatorum *ignis* nomine appellentur. Vid. *Es. 66, ult. Marc. 9, 47. 48. Apoc. 21, 8.* Ita vero etiam constat, ignem illum *non* fore *spiritualem* (sic enim proprie dictus ignis non fuerit), sed *materialem* et corporeum. Distinctius autem ejus naturam velle exponere, curiosum magis, quam utile est.

Quenstedtius: ,,Quando quaeritur, quid per *ignem infernalem,* cui jam addicti vel addicendi sunt diaboli et damnati, intelligatur, in diversas abeunt doctores, tam antiqui, quam recentiores, sententias. I. sententia est eorum, qui statuunt, infernalem ignem fore *materialem, corporeum, elementarem.* Ita quidem patres sentiunt, ut *Tertullianus* L. de anima c. 7. n. 30. et 40., et *Augustinus* T. 5. l. 21. de Civ. Dei c. 10., ubi ait: ,Cur non dicamus, quamvis miris, tamen veris modis etiam spiritus incorporeos posse poena corporalis ignis affligi? — — Imo spiritus daemones, licet incorporei, corporeis ignibus cruciandi.' Et post pauca: ,Gehenna illa, quod etiam stagnum ignis et sulphuris dictum est, corporeus ignis erit.' .. Hos omnes fere *scholastici* et *pontificii* sequuntur. .. Rationes pro hac sententia hae sunt potissimum: 1. Quia a litera non est recedendum, nisi evidens nos ab ea deducat necessitas, quare, quoniam Scriptura s. poenas inferni describit per ignem, ῥητῶς et in sensu literali hoc est accipiendum. 2. Quia tribuuntur igni infernali flamma, sulphur, fumus, ligna, utique ergo est ignis corporeus et proprie dictus. .. Ast hae rationes nondum satis probant, ignem inferni fore materialem et elementarem; nam 1) s. Scriptura diserte dicit, omnia elementa in die illo censorio esse conflagranda, 2 Petr. 3, 20.; sed cum hac mundi conflagratione et substantiali destructione, quam omnes ferme theologi probant, non potest

consistere assertio de infernali igne materiali et proprie sic dicto.
2) Nititur haec opinio falsa hypothesi quorundam patrum, scholasticorum et pontificiorum, scl. mundum non κατ' οὐσίαν, sed tantum κατὰ
ποιότητα interiturum, sive, mundum sine substantiae interitu, in melius
quoad accidentia commutatum iri. Qua sententia stante, ipsis concedendum erit, fore adhuc post judicium extremum, ut alia elementa,
ita etiam ignem proprie dictum, quo torqueri possint damnati.
3) Matth. 25, 41. infernalis ignis dicitur ignis aeternus. At vero materialis et proprie sic dictus ignis non potest esse aeternus, requirit enim
ad sui conservationem pabulum, quo alatur. 4) Quia ignis infernalis
aget etiam in diabolos et animas, ignis autem materialis non potest
agere in spiritus. Nihil enim potest agere extra sphaeram sui objecti.
Et si ageret, spiritus debilior foret corpore, quod absonum. . . Scholastici . . . dicunt, elevari ignem infernalem a causa principali, ut in
spiritum agere possit. . . Verum enim vero: 1) Haec sententia supponit ignem, qualis nondum probatus est a scholasticis. 2) Non sequitur: Deus potest ignem hunc elevare, ergo hoc igne sic elevato utitur.
3) Nec obstat, quod Scriptura per flammam, sulphur, fumum, ligna
hunc ignem describat; solet enim Scriptura de rebus ad futurum saeculum pertinentibus phrasibus hujus saeculi loqui, quemadmodum et
gaudia vitae coelestis per nuptias et convivia describit Matth. 8, 11.
Luc. 22, 30. . . II. sententia est, ignem illum, per quem coelorum
terraeque machina dissolvetur et destruetur, divino nutu damnatos
crassiore sui parte involuturum, huncque ignem *praeternaturalem*, per-
petuique cruciatus instrumentum fore. Ita sentit D. G. *Calixtus*. . .
Huic sententiae affinis est illa quorundam Calvinianorum, ut Keckel-
manni System. Th. 1. 2. c. 7., qui existimat, ‚ignes subterraneos divinitus auctos atque intensos impiorum corpora cruciaturos esse.‘ Eadem
est sententia *Zanchii* in 2 Thess. 1. Com. 6. Op. f. 458., *Alstedii* in
Theol. Polem. P. 4. controv. II. p. 376. Ast 1) unde talis ignis, omnibus mundanis creaturis consumtis per ignem? 2) D. *Dannhauerus*
Hodosoph. Phaen. 12. p. 1500. inquit: ‚Ignis, postquam depaverit
mundum in rogum datum, ex defectu alimenti in nihilum redibit.‘
3) Sequitur ex hac sententia, ignem infernalem nondum exstare, nec
damnatorum animas eo torqueri. Qui enim ignis demum post conflagrationem mundi futurus est, ille nondum est. . . III. sententia est
eorum, qui existimant, s. Scripturam describere *statum et conditionem*
damnatorum per ignem, non quod proprie detur aliquis in inferno
ignis, sed ut inde significaret *acerbissimos cruciatus et dolores* damnatorum. Sunt enim dolores, qui ab igne veniunt, omnium acutissimi
et maximi. Hanc sententiam amplectuntur ex patribus *Ambrosius*,
qui l. 7. in Luc. c. 14. de hoc igne sic disserit: ‚Neque corporalium aliquis stridor dentium, neque ignis aliquis perpetuus flammarum corporalium, neque vermis est corporalis.‘ *Damascenus*, qui l. 4. O. F. c. 28.
verbis extremis inquit: ‚Impios et peccatores venturos in ignem aeternum, οὐχ ὑλικὸν, οἷον τὸ παρ' ἡμῶν, ἀλλ' οἷον, εἰδείη ὁ Θεός, non materialem
illum, qualis est apud nos, sed qualem, novit Deus.‘ Ex nostris theologis b. *Aeg. Hunnius* . . . D. *Gerlachius* . . . b. *Balduinus*. ‚Hoc loco
illud monemus‘, inquit b. *Gerhardus* Harmon. Evang. c. 165. p. 910. a.,
‚ut in priore sententiae parte (Matth. 25.) per regnum, ad quod vocantur justi, summa felicitas, beatitudo, laetitia et gloria intelliguntur, ita
in hac posteriore sententiae parte per ignem, in quem damnati ablegan-
tur, summam infelicitatem, miseriam, dolores et cruciatus, *vel metaphorice vel certe synecdochice* significari.‘ D. *Dannhauerus* Hodos. p. 3.
docet: ‚Verba Christi Marc. 9. non debere accipi de elementari et corporeo igne, de vermibus corporeis, sed de igne immateriali ac exquisi-
tissimis doloribus.‘ Ejusdem sententiae sunt *ex Calvinianis Franc.
Junius, Tilenus, Danaeus, Raynoldus et alii*. Confirmatur haec sententia 1) ex Esa. ult. v. ult.: ‚Vermis eorum non morietur, et ignis non
extinguetur.‘ Qualis autem vermis, talis quoque ignis futurus erit.

Sed per vermem patres et scholastici spiritualem et analogicum vermem remordentis conscientiae intelligunt. Ergo et per ignem metaphorice exquisitissimus significatur dolor ac cruciatus. 2) Ex Matth. 25., ubi Salvator, ex instituto de extremo judicio et poenis infernalibus agens, cum dixisset: ,Discedite a me maledicti in ignem aeternum‘, statim subjungit: ,Et ibunt in supplicium aeternum.‘ Quae verba ultima videntur innuere, per ignem infernalem in genere designari supplicium gehennae gravissimum. — IV. denique sententia eorum est, qui hic ἐπέχειν malunt, quam certi aliquid statuere. Amplectitur hanc sententiam *Augustinus* L. 20. de Civ. Dei c. 16., ubi inquit: ,Hic ignis, cujusmodi et in qua mundi vel rerum parte futurus sit, hominem scire arbitror neminem, nisi forte, cui Spiritus divinus ostendit.‘ . . Eandem sequitur b. *Gerhardus* Loc. de Infern. § 69., ubi ait: Non ambigimus, ,divina potentia fieri posse, ut ignis corporeus cruciet diabolos et animas incorporeas, sed an ignis ille revera corporeus, materialis et visibilis, an vero incorporeus, invisibilis et immaterialis sit futurus, in medio relinquimus (quamvis in partem posteriorem magis propendeamus). Ac Deum serio precamur, ne per experientiae notitiam illud nobis manifestet. Praestat, omni studio per veram ac seriam conversionem de fugiendo igne esse solicitum, quam de natura illius ignis odiose et otiose digladiari.‘ Eadem habent D. *Althoferus* Harm. Evang. in Luc. 16, 25. et D. *Glassius* Phil. Sacr.‘‘ (Th. did.-pol. P. I. c. 14. s. 2. q. 4. f. 820—824.)

FECHTIUS: ,,Ignis non elementaris, et tamen proprie dictus, est aqua non humida, et tamen proprie dicta. Qualis ille futurus sit, si non est elementaris, non liquet.‘‘ (Controvers. syll. Giessae 1768. p. 95.)

c) Vid. *Matth. 3, 12.*, ubi πῦρ ἄσβεστον, et *cap. 25, 41.*, ubi αἰώνιον dicitur.

§ 11.

Sed et sensuum *organa sensusque* adeo ipsos peculiaribus poenis cruciatum iri, non improbabile est.[a] Et de *tactu* quidem, stante sententia de igne proprie dicto, dubium esse non potest.[b]

a) Nempe ut, qui per organa sensuum peccarunt, per eadem etiam puniantur.

b) Vid. § praeced. Quod ad reliquorum sensuum poenas attinet, *sunt, qui,* quoad *visum,* horrenda daemonum in certa specie apparentium spectacula, damnatorum quoque aliorum aspectum; quoad *auditum,* gemitus proprios ac sociorum plorantium ac dentibus stridentium; quoad *gustum,* sapores foedos ac sitim; quoad *olfactum,* foetorem ignis sulphurei locum habere putant. *Alii* tamen ea, quae in hanc rem ex Scripturis afferuntur, *metaphorice* et *parabolice* accipiunt de doloribus gravissimis, per ea, quae homini in hac vita accidere possunt acerbissima, depictis. Vid. b. *Gerhard.* L. de Inferno § 71. p. 665. 666. 667.

HAFENREFFERUS: ,,Quinam sunt illi cruciatus? Sunt animi et corporis (utrumque enim peccaverat) exquisitissimi dolores, orti ex pavore ac sensu justissimae irae vindictaeque divinae contra peccata, quorum tristissimam conscientiam secum circumferunt, quorum turpitudo patet, quorum etiam nulla in posterum remissio et inde poenarum uulla mitigatio aut finis sperari potest. Unde horribili lamentatione et ejulatu pristinam impietatem suam, qua jussa Domini, qua fraternas admonitiones et omnia salutis assequendae media, secure neglexerunt, miseri detestabuntur, sed frustra. Nam in perpetuo angore, tremore horribili, in pudore, confusione et ignominia, in igne inextinguibili, in fletu et stridore dentium, in aeternis et horrendis tenebris, avulsi a Dei gratia et favore, inter diabolos horrendum et sine fine in aeternum excruciabuntur. — Nondum tamen intelligo, quales illi sint cruciatus? *Resp.:* Quia futura damnatorum tormenta omnem humanae mentis aciem longe excedunt, ut neque cogitatione magnitudinem illorum unquam assequi valeamus, ideo quinam aut quales illi futuri sint, verbis satis exprimi non potest. Scriptura tamen, ut, maximos et exquisitissimos istos cruciatus esse, ostendat, illis rebus eos assimilat, quibus in hac vita summus et animi et corporis dolor excitari solet. Propterea nunc igni, nunc stridori dentium, nunc vermibus, nunc tristissimis tenebris, et quaecunque aliae res tristitiae et doloris plenissimae nominari possunt, comparantur." (Loc. th. l. 3. loc. 9. p. 484—486.)

GERHARDUS: ,,*Oculi* cruciabuntur daemonum aspectu, *aures* supplicii sociorum stridore et gemitu, *odoratus* intolerabili foetore, *gustus* rapidissima siti ac fame, *tactus et omnia membra* frigore et igne. *Imaginatio* patietur ab apprehensione praesentium dolorum, *memoria* a recordatione praeteritarum voluptatum, *intellectus* a consideratione bonorum amissorum et malorum, ad quae devenerunt, praesentium ac futurorum. Idem judicium esto de corporis membris, in quibus omnibus ac singulis damnati patientur, quia omnibus et singulis ad creatoris ignominiam abusi ad iniquitatis arma eadem converterunt. Rom. 6, 13." (L. c. § 53.)

IDEM: ,,Igni urenti ubique ferme conjungitur *vermis* rodens. Per eum vero intelligi videtur morsus conscientiae perpetuus et continuus, ex peccatorum recordatione ortus, rabida quaedam displicentia et infructuosa poenitentia, angor cordis maximus et nunquam interruptus. Ut enim vermes continuo morsu cadavera arrodunt, sic internus ille conscientiae vermis damnatorum animas perpetuo lancinabit. . Quemadmodum in cadaveribus putrescentibus nascuntur vermes, sic conscientia putrefacta vermes gignit spirituales et immortales." (L. c. § 51.)

IDEM: ,,Quaeritur: An praeter ignem et vermem etiam alia corporalia supplicia vere et proprie sic dicta in inferno statuenda? 1. *Bonaventura* 4. sent. dist. 44. art. 2. quaest. 2. disputat, in inferno non solum esse ignem punientem, sed *quatuor elementa*, quibus animae et corpora puniantur. . . 2. Verum *frigus* esse in inferno, statuit *Beda.* Eadem videtur sententia *Hieronymi* in comm. cap. 10. Matth. . . et aliorum quorum vestigiis insistunt plerique pontificii, statuentes, in inferno esse latissimum frigidissimarum aquarum receptaculum instar maris, in quod ex igne transeant damnati, a daemonibus rapti, et post ardorem patiantur frigus, ex quo stridor dentium oriatur. Sed dictum Jobi ex Hebraeo textu non est recte redditum. . . 3. *Stridorem dentium* in inferno esse statuunt, qui verum frigus illi attribuunt; sed quidam ex veteribus rectius metaphorice exponunt de livore ac furore damnatorum, ut vidimus superius. 4. *Fletum* exponunt de gemitibus continuis. *Hugo Victorinus* d. l.: ,Nulla in inferno vox nisi vae, vae sonat.' *Thomas* in addit. q. 97. art. 3.: ,Fletus potest esse in damnatis secundum quandam capitis et oculorum commotionem et turbationem, sed lacrymarum resolutio et fluxus in illis esse nequit. Edent magnos gemitus, atque ea faciunt, quae flentes facere consueverint, quamvis nullas lacrymas fundant.' Atqui si in voce fletus metaphoram agnoscunt, cur eam in aliis tantopere refugiunt et literae simpliciter insistunt? 5. *Fumum* verum, non metaphoricum, ex materia aeterni sulphuris natum, in inferno statuit *Bonaventura.* . . 6. *Foetorem sulphureum* proprie sic dictum plerique omnes hic agnoscunt, quin et addunt, ex corporibus damnatorum tetrum odorem emittendum per species intentionales, quemadmodum ex beatorum corporibus suavis odor exhalat. 7. *Fame ac siti* proprie dicta damnatos torquendos esse, plurimorum est opinio. Sed videtur simplicissimum ob argumenta superius exposita, haec omnia metaphorice ac parabolice accipere de summis et ineffabilibus damnatorum cruciatibus, qui depinguntur per ea, quae homini in hac vita obtingere possunt longe acerbissima ac molestissima." (L. c. § 71.)

§ 12.

Gradus poenarum infernalium fore,[a] negari non potest. Distinctius tamen illos definire pro diversitate quorumvis subjectorum,[b] non aeque facile est.

a) Sic Christus *Matth. 10, 15. cap. 11, 22. et 24. Luc. 10, 12.* Judaeis sui temporis, ac speciatim incolis urbium *Chorazin, Bethsaida et Capernaum,* graviores poenas denunciat, quam civibus urbium *Sodomae, Gomorrhae, Tyri et Sidonis.*

b) Equidem probabile est, *conscientiae* morsus vehementiores in illis fore deprehendendos, qui saepius graviusque contra conscientiam peccarunt; intensiores etiam quoad *corpus* dolores illis inflictum iri, qui corpore suo in hac vita ad exercenda peccata magis operosi fuerunt. De *infantibus gentilium* autem disquiri solet: *Utrum poena illorum, praeter carentiam visionis beatificae, etiam in realibus cruciatibus infernalibus constituta sit?* in qua quidem quaestione b. *Musaeus* maluit ἐπέχειν; vid. Ausführl. Erklärung Q. ult. p. 704. 705. Cui consona sunt, quae b. *Huelsemannus* scripsit in praelect. F. C. Art. VIII. S. II. M. I. § 3. p. 444. Prop. IX., *de infantibus gentilium hoc quidem pronunciare nos posse, quod juxta normam verbi revelati partem in aeterna beatitudine non habeant, Joh. 3, 36. 2 Thess. 1, 8.; de qualitate autem et quantitate supplicii nihil determinare.* Quod si vero, quae quorundam nostratium sententia est, spem aliquam salutis, infantibus his per extraordinariam Dei gratiam conferendae (quanquam fortasse spem cum majore formidine oppositi conjunctam, quam ubi de salute infantum christianorum absque baptismo decedentium sermo est) concipiamus adeoque eos damnatum non iri existimemus, quaestione de poena damni solius, aut etiam sensus, quoad hos, opus non erit.

QUENSTEDTIUS: „De infantibus parentum, qui extra ecclesiae pomoeria constituti sive qui foris sunt, ad nos nihil attinet judicare, juxta illud apostoli 1 Cor. 5, 13.: Τοὺς ἔξω ὁ Θεὸς κρινεῖ, cf. v. 12." (L. c. P. IV. c. 5. s. 2. q. 10. f. 1165.)

LUTHERUS: „In quo statu sint (non baptisati infantes) aut quid de iis fiat, commendamus divinae *bonitati.* Non habent fidem nec baptismum; num vero *singulari modo* eos recipiat Deus et det fidem, non exstat in verbo, nec nos statuere audemus." (Ad Gen. 25, 10. Exeget. opp. lat. Cur. Elsperger. Erlang. 1830. Tom. VI. p. 123.)

CARPZOVIUS: „Quod ab Augustana Conf. hic (artic. 2.) ponitur, id nonnulli doctores absolute acceperunt atque intellexerunt, quasi

omnes infidelium liberi extra ecclesiam nati hic damnentur, sententia-
que condemnatoria absolute in illos feratur; prout D. *Paul Tarnov.*,
Prof. Rostoch., in Comm. super Johann. part. 1. c. 3. quaest. 5. p. 265.
non modo hunc articulum cum Apologia, sed etiam antithesin articuli
IX. eo trahit atque refert, et ἐπεχοῦντας ac judicium de infidelium liberorum salute suspendentes, Hunnium in cap. 7. Genes. qu. ult. p. 183.,
Meisnerum in Decad. 1. Anthropol. disp. 7. q. 5. p. 208. et sqq., Ges-
nerum disp. 14. in F. C. cap. 11. θ. 52. p. 352., refutat.   Verum loquitur Aug. Conf., prout planum et clarum illud est, de illis, qui plane non
regenerantur.   Fieri autem non posse, ut infantes isti non *extraordinarie* regenerentur et membra ecclesiae fiant, Aug. Conf. non dicit.
Merito igitur ad quaestionem de horum infantum salute applicatur illud
apostoli 1 Cor. 5, 12.: ‚Quid mea (interest), de iis, qui foris sunt, judicare?‘   Non enim in dicto isto apostolus tantum de judicio jurisdictio-
nis, quod per ligantem clavem in putrida et scelerata membra ecclesia
habet, loquitur, sed in genere de judicio, quod circa paganos et externos a christianis fertur; nec, quod quidem Tarnovius objicit ac putat,
qui ita suspendit in hac quaestione judicium suum, aliud judicium fert,
quam quod Christus in Scripturis revelaverit Joh. 3, 18. 36. ac 2 Thess.
1, 8.   Nam quod Christus et apostolus in allegatis locis pronuntiarunt,
id perpetuo, uti verum manet, ita etiam a nobis probatur et asseritur
de perseverantibus in incredulitate sua.   Aliud autem est judicium,
quod fertur de statu infidelium, quatenus tales sunt et manent; aliud
vero est judicium de modis convertendi infideles, quo censemus et puta-
mus, etiamsi non ordinarie convertantur ac regenerentur, tamen modo
sibi cognito et extraordinarie Deum fide salvifica donare posse infidelium liberos, etiamsi id a nobis ignoretur, et non sequi, si ordinarie
non regenerentur illi, propterea damnare debere, cum Deus extraordinarie illis fidem salvificam possit concedere.“ (Isagog. in libros symb.
p. 153.)

DANNHAUERUS: „Superest, ut aliquid etiam dicamus, vel potius
non dicamus, de infantibus, τοῖς ἔξω. Nam de adultis, qui ob neglectum
baptismi, ad quem, sicut et poenitentiam, obligati sunt, quotquot judicio extremo sistendi sunt, expresso D. Pauli testimonio Act. 17, 30. 31.,
non quaeritur; de infantibus ethnicis cita morte abreptis solum manet
quaestio; sed manet quaestio. Hic fibula esto ac linea, ubi scriptura
(quae *ordinem* divinum describit, non item *oeconomiam*) expresse nihil
definit. Quanquam quod bene de iis speremus, faciat I. analogia fidei,
ex qua constat, neminem absolute reprobari, solam resistentiam actualem mediis fidei adversam damnare; cujusmodi contumacia in illis infantibus non est. 2. Exemplum infantum Ninivitarum. Erant illi geniti extra ecclesiam a parentibus idololatris; et tamen Dominus eos
ἐλεήμονι ὀφθαλμῷ respexit Jon. 4, 11., ne perderet eos morte prima, sed
gratiam vocationis ipsorum parentibus faceret atque parceret. Mirum,
his infantibus fuisse parcitum, aque morte prima ἀσυλίαν praestitam,
non item infantibus Sodomorum, antediluvianorum, Solymitanorum;
at desinet mirari, qui perpendet, Ninivitanos illos quoque cum parentibus suis suo modo poenituisse: caruisse lacte materno, atque hinc
vagitibus divinam clementiam implorasse, quin et a matribus ad illicium
misericordiae expositos. Nunc si infantibus extra ecclesiam natis Pater
misericordiarum cavet a morte *prima*, multo magis eisdem cavet a
morte *secunda*, quae omnium malorum maximum est.“ (Hodosoph.
Phaen. X. p. 506—508.)

SCHERZERUS: „Quod infantes christianorum absque baptismo de-
cedentes attinet, manet illud: non privatio, sed contemtus sacramenti
damnat.   De infantibus autem gentilium decedentibus, tanquam τοῖς
ἔξω, non judicamus, 1 Cor. 5, 12.   Quod vero omnes promiscue sint
damnati, ut asseramus, prohibent infinita Dei misericordia, universalis
Dei voluntas salvandi homines, nisi obicem ponant, meritum Christi
universale, Domini manus extraordinarie quoque salvandi non ab-

breviata et preces ecclesiae, ex mandato apostoli 1 Timoth. 2, 1. pro omnibus omnino hominibus fusae et in universali merito Christi (loc. cit. vers. 3. sqq.) fundatae. Quae frustra esse, quis nisi temere dixerit? Durum certe esset, infantem gentilem absolute damnare, eo quod non curaverit, seipsum baptizari, quod tamen in ipsius potestate non fuit. Contemtus igitur sacramenti, quippe qui in ipsis locum non habet, eos damnare nequit. Proinde nec cum b. Meisnero Anthropol. Decad. I. disp. 7. q. 2. p. 215. dubitamus, nec cum papistis eos plane damnamus, sed optime de ipsis speramus. . . Interim nec ex absoluto aliquo decreto, nec extra Christum, neque sine fide salvantur, quotquot etiam extra ecclesiam salvantur. Nemo enim sine fide in Christum placere Deo potest, Ebr. 11, 6., nec abbreviata est manus Domini, ut extraordinarie fidem in illis accendere non possit." (System. loc. VII. p. 169. sq.)

§ 13.

Causa *efficiens* malorum, quorum complexum[a] importat damnatio, *nec una, nec eodem modo*[b] tradi potest. Quatenus enim damnatio importat *privationem*[c] visionis beatificae amorisque et gaudii inde nascituri, causa ejus efficiens per se et proprie loquendo[d] non datur. *Positivorum* autem actuum *intellectus et voluntatis*[e] huc pertinentium causa est ipsa anima[f] a Deo deserta. *Malorum corporis* causae sunt partim ignis[g] infernalis, partim mali[h] angeli. Quatenus autem damnatio per modum *poenae*[i] spectatur, sic ad Deum[k] trinunum[l] Christumque[m] Θεάνθρωπον, tanquam causam,[n] referri potest.

a) Juxta ea, quae inde a § 2. ad 11. distincte tradidimus.

b) Certe *Deum* causam efficientem damnationis *absolute* loquendo dicere *non* audent nostrates. Sed et *promerentem* causam ab *efficiente* non immerito *distinguunt.* Caeterum *mala* ipsa status damnationis *variant,* ut nec omnia per modum causati genuini ad causam vere et realiter causantem, praesertim unam et proximam, se habere possint.

c) De qua vid. § 2.

d) Haec enim tantum est effectuum *realium* et *positivorum,* non *privationum.*

e) De quibus actum est § 5. et seqq. ad 9.

f) Eliciens intra se tales actus; quanquam et objecta, quod suum est, conferant. Certe voluntas, lumine gloriae gratiaeque sine omni spe restaurationis privata, ipsa se determinat ad malum.

g) Juxta § 10. et 11.

h) Vid. cap. III. de angelis § 56. p. 141.

(Cf. testimonia Scherzeri et Rambachii cit. P. I. c. 3. § 56.)

i) Ubi causa *poenae* est is, qui *punit* seu qui sua auctoritate et potentia facit, ut homines subjiciantur malo poenae; quam alii h. l. *causam infligentem poenae* damnationis appellant.

k) Qui *potest perdere* (et perdit) *animam et corpus* hominum impiorum *in gehenna, Matth. 10, 28.* Qui *reddet afflictionem* (damnationem aeternam, quod ex contextu patet) *affligentibus* fideles, *2 Thess. 1, 6.*

l) Est enim actus ille puniendi divinus opus ad extra.

m) Hic nimirum divini judicii executor, potestate et potentia divina utens, efficaciter jubebit impios, tanquam *maledictos, discedere a se in ignem aeternum,* ita ut hi mox actu eant *in supplicium aeternum, Matth. 25, 41. 46.* Is *cum incendio flammae ultionem infliget his, qui non noverunt Deum* etc., *2 Thess. 1, 7. 8.*

n) Subtrahet certe influxum omnem gratiae, denegabit influxum ad lumen gloriae visionemque beatificam conferendam necessarium. Unde necesse est, sequi carentiam visionis hujus et caeterorum bonorum, quae ex ea pendent.   *Nec* tamen ideo statuendum est, esse causam damnationis ex *absoluto* beneplacito aut decreto. *Consequentis* enim, *non antecedentis* voluntatis divinae hic actus est, quo fertur in poenam impiorum adeoque praecognitorum, quatenus tales sunt. Similiter *neque* putandum est, tribui Deo *influxum positivum specialem,* quo voluntas damnatorum *determinetur* ad ea, quae moraliter *mala* sunt. Nam et hoc alienum a Deo esse, ex dictis patet. Caeterum, si qui ex nostratibus *Deum damnationis causam* esse *negant,* simul tamen *affirmant,* Deum esse *decreti damnationis conditorem et severum executorem.* Vid. b. *Brochmandus* System. T. I. L. de Praedest. cap. II. Sect. II. p. m. 253. Qui et ipse Tom. II. L. de Inferno cap. I. Sect. III. p. 616. scribit: Deum *non* esse *inferni auctorem, neque quatenus est damnatio et ipsa perditio, Oseae 13, 9., neque quatenus medium huc ducens peccatum est, Ps. 5, 5. Jac. 1, 13.,* at *triplici alia ratione censendum esse Deum inferni auctorem, 1) quia locum inferni paravit* etc., *Matth. 25, 42.; 2) quia impios inferno adjudicat, Marc. 3, 29. Joh. 3, 18. 36.; 3) quia ipse Deus poenas istas horrendas quidem, sed justissimas, infligit* etc., *2 Petr. 2, 4. Judae v. 6. 2 Cor. 5, 10.* Sed et b. *Gerhardus* L. de Inferno § 27. docet, Deum certo modo esse *causam inferni* p. m. 559., et § sq. 31. id fieri dicit ratione *praeparationis, comminationis, irrogationis, conservationis,* p. 565. sqq. Eum sequitur b. *Scherzerus* System. L. XXIV. § 5. p. 644. sqq.

§ 14.

Causa *impulsiva interna*[a] poenae damnationis ex parte Dei est justitia Dei[b] vindicativa.[c]

a) Prout causam *interiorem* προηγουμένην h. l. eandem agnoscit b. *Gerhardus* l. c. § 33. p. 570.

b) Cui oportet satisfieri ab his, qui majestatem infinitam laeserunt, per passiones ipsorum, postquam alienam satisfactionem suam facere recusarunt.

c) Quidam huc addunt *veracitatem* Dei, aut infallibilem veritatem, qua moveatur ad implendas comminationes.   Nec male.   Quamvis et comminationes et impletio earum a justitia divina proficiscantur.

§ 15.

Causa impulsiva *externa*[a] sunt *peccata*[b] damnatorum non[c] expiata, inprimis[d] *proaeretica*, et maxime[e] omnium *finalis incredulitas*.

a) *Exteriorem* et προκαταρχτικὴν alii vocant, idem quoad rem indicaturi.

b) Quae singula atque omnia important *creaturae rationalis ad obedientiam Deo adstrictae* ἀποστασίαν, ut recte docet b. *Gerhardus* l. c., et sic digna sunt, quae rejectione a facie Dei vindicentur.

c) Nimirum penes homines fideles, vitae aeternae haeredes, etiam occurrunt peccata, quae tamen, quia per fidem in Christum sunt expiata, non fiunt actu causa damnationis illorum, sed in causando impediuntur, prout certum est, quod fideles actu non damnentur.

d) Sic enim *peccata consummata* (quae ex prava concupiscentia ortum ducentia, accedente voluntatis consensu pleno, foventur quasi et in lucem eduntur) *mortem gignere* dicuntur, *Jacobi 1, 15.* Confer. *Rom. 8, 13. 1 Cor. 6, 9. 10. Gal. 5, 19. 20. 21.*

e) Quam aliqui in statu novi foederis esse causam damnationis *immediatam* dixerunt, quippe quae *sola actu, proxime et immediate damnet, cum alias omne peccatum demeritorie damnet*, ut loquitur b. *Dannhauerus* Hodosoph. Phaenom. XI. p. 1412. (915.) Confer. b. *J. Fr. Koenig*, Theol. Pos. P. I. § 328. p. m. 65. Probant autem ex *Marc. 16, 16. Joh. 3, 18. 36.*, imo b. *Gerhardus* L. de Inferno § 29. p. m. 563. scribit: *Quamvis sola incredulitas sit causa damnationis formalis et adaequata, tamen propterea a damnationis causa non debent excludi peccata reliqua, tum quia damnant meritorie, tum quia sunt fructus et effectus incredulitatis etc.* Provocat etiam ipse ad L. de Bon. Oper. § 34., ubi similiter p. m. 41. 42. distinctione inter causam *immediatam* seu *formalem* et causam *meritoriam* usus est ad explicandam mentem Lutheri, qui Lib. de Libert. Christ. scripsit, *nullum malum opus facere malum et damnatum* (hominem), *sed solam incredulitatem.* Confer eundem L. de Inferno § 82. p. m. 681., qui etiam *incredulitatem, per quam Christi meritum repellitur, esse peccatorum omnium maximum, et esse causam, propter quam reliqua peccata* (quae remitti poterant) *non dimittuntur; ea manente, manere etiam reliqua peccata*, ex *Augustini* Comment. ad Joh. XVI. monet l. c. de Bon. Op. § 34. p. 41. Alias autem phrasin, quod peccatum originis sit *causa sufficiens, non* autem *adaequata damnationis, in materiam* litis cessisse, constat, ideoque, et quod Arminiani ea distinctione ad extenuandum peccatum originis abusi deprehenderentur, recte ab ea abstineri docuit b. *Musaeus* Ausführl. Erklärung L. VII. Q. XXXIX. p. 308., fassus tamen simul, quod omnino fatendum est, quod illi, qui actu damnantur, *si absque incredulitate fuissent, propter peccatum originis solum non fuissent damnati. Si enim abfuisset incredulitas, credidissent in Christum, et propter Christi meritum, fide apprehensum, fuissent salvati, non obstante peccato originis, quod in ipsis adhuc erat reliquum.*

QUENSTEDTIUS: „Omnia peccata *natura sua* sunt mortalia, id est, ex se aeternam mortem seu damnationem merentur, quia omne peccatum est ἀνομία et transgreditur legem Dei, facitque hominem totius legis reum Jac. 2, 10. Deut. 27, 26. Gal. 3, 10. Rom. 6, 23.: ‚stipendium peccati mors‘. . . Inprimis peccata *actualia proaeretica*, sive quae consulto et deliberato animo fiunt, sunt meritoria damnationis causa. Hinc s. Jacobus c. 1, 15.: ‚Peccatum consummatum generat mortem‘, i. e., peccati pleno et laeto assensu admissi maturus foetus est mors, non tam temporaria, quam aeterna, ut patet ex Rom. 8, 13. 1 Cor. 6, 9. 10. Gal. 5, 19. 20. 21. 2 Thess. 1, 6. 8. 9. Licet vero omnia peccata, *ut sic*, sint causa meritoria damnationis, formalis tamen, propria, immediata et adaequata damnationis causa est finalis ἀπιστία seu incredulitas, quae non solum meretur, sed et actu infert aeternam mortem ac damnationem, vi dictorum Marc. 16, 16.: ‚Qui non crediderit, condemnabitur.‘ Et Joh. 3, 18.: ‚Qui non credit, jam judicatus est‘, v. 36.: ‚Qui incredulus est Filio, non videbit vitam, sed ira Dei manet super ipsum.‘ *Observa:* 1) ‚Qui non credit‘, i. e., qui pertinaciter ad novissimum vitae halitum in incredulitate perseverat, ille actu damnatur. Sicut omnes morbi vi sua mortem pariunt vel per se lethales sunt, actu autem moritur, qui medicinam respuit, sic omne peccatum demeritorie damnat, sola vero ἀπιστία actu, proxime et immediate damnat sive solum is actu damnatur, qui auxilia coelestia pertinaciter susque habuit. 2) Dicitur, ‚non credens jam judicatus‘, non secundum manifestam finalis damnatoriae sententiae promulgationem et publicationem, in judicio tandem extremo futuram, sed propter decreti divini ab aeterno facti certitudinem et ratione judicii in verbo manifestati et incredulis promulgati, cujus executio sequetur in die novissimo. 3) Verbum μένει non solum praesentiam irae divinae, in quam propter peccata jam incidimus, sed simul illius praesentiae actum continuum et perpetuum propter contemtum evangelii Christi indigitat, ut sensus sit: Super damnatos manebit ira Dei instar gravissimi ponderis in aeternum.‘‘ (L. c. P. I. c. 4. s. 1. th. 30. f. 806. sq.)

LUTHERUS: ‚‚Durch Christum ist die Erbsünde aufgehoben, und verdammt nach Christi Zukunft niemand, ohne wer sie nicht lassen, d. i., wer nicht *glauben* will.‘‘ (Glossa marginal. ad Joh. 15, 22.)

SCHERZERUS: ‚‚Quanquam peccatum originis *ex se* mereatur damnationem et cruciatus infernales, adeoque causa damnationis *sufficiens* sit, non tamen est causa illatae damnationis actu (quae Dei est benignitas) *adaequata*. ‚Falsum est‘, inquit b. Menzerus, ‚peccatum originis in infantibus extra ecclesiam esse causam adaequatam reprobationis; nuspiam in Scriptura dicuntur homines tantum propter illud reprobari‘, Defens. part. II. Conversat. Prutenicae Doct. Crocii cap. 9. fol. 83. col. 80. 81. 82. Tom. I. Opp. fol. 951. ‚Nulla peccata, quantumvis atrocissima, mortem *actu* inferunt ac sunt directe et immediate mortifera et actu privant salute gratiae *praeter incredulitatem*‘, b. Hoepfner. Disp. X. de justif. cap. II. Aphor. III. § 21. fol. 911. Ut enim sola fides justificat: ita ‚sola incredulitas damnat‘, juxta b. Lutherum apud Menzerum f. 954. sq., scil. actu, proxime et immediate. Alias omne peccatum damnat *demeritorie*, Dannhauer. Hodosoph. 1412. coll. fol. 368. 585. sqq. 1405.: ‚Peccata, in quantum talia, non sunt proxima damnationis causa, sed in quantum sub incredulitate manent.‘ Lutherus de Libertate Christiana, et de Captivitate Babylon. adeo, ‚ut, si possibile esset, incredulitatem ab illis separari, peccatum non esset‘, idem Responsione ad Regem Angliae prope finem Tom. II. Jenensis f. 144. Altenb. Tom. II. f. 204. Ut in haec verba quoque erumpat: ‚Quod christianus, etiamsi velit, gravissimis etiam peccatis salutem perdere nequeat, nisi nolit credere‘, Lib. de Captiv. Babyl. Tom. II. Jen. Lat. fol. 285. et Tom. II. Witteberg. f. 78. Quo sensu intelligendum est illud: ‚Sola incredulitas damnat‘, id quod ex verbis Christi (‚Spiritus Sanctus arguet mundum de peccato, quia non credunt in me‘, Joh. 16, 9.) probat. Tom. VII. Jenens. fol. 85. Altenb. Tom. VIII. fol. 198. sq.‘‘ (Syst. loc. VII. p. 170.)

§ 16.

Subjectum *Quod*[a] damnationis[b] sunt homines[c] impii,[d] finaliter[e] increduli.[f]

a) Sive supposita, quae in casu recto damnari dicuntur. Quidam *objectum, cui paratus* infernus sit, alii *subjectum recipiens poenas infernales* appellant.

b) Quoad mala privativa et positiva, interna et externa, quae proinde non uno modo, sed aliter atque aliter subjectum afficiunt.

c) Hoc quidem loco; nam alias etiam diabolum et angelos ejus damnationi subjectos esse, diximus cap. III. de angelis § 45. sqq.

d) In quibus est, quod causae impulsivae externae damnationis vim et rationem habet, juxta praecedentem § 15. Catalogum autem damnandorum vide sis *Rom. 1, 29. ad 32. 1 Cor. 6, 9. 10. Gal. 5, 19. 20. 21. Ephes. 5, 3. 4. Col. 3, 5. 6. 2 Tim. 3, 2. 3. 4. 5. Apoc. 21, 8. cap. 22, 15.*

e) *Qui non noverunt Deum et qui non obediunt evangelio Domini nostri Jesu Christi, 2 Thess. 1, 8. Qui non credunt in Filium, Marc. 16, 16. Joh. 3, 18. 36.*, ideoque *non habent Filium, 1 Joh. 5, 12.*

f) Atque horum quidem numerus multo major est, quam haeredum beatitudinis; vid. *Matth. 7, 13. 41. Luc. 12, 32. cap. 13, 23. 24.*

§ 17.

Subjectum *Quo*[a] est anima[b] pariter et corpus[c] hominum illorum impiorum.

a) Seu pars illa hominis, secundum quam ille poenas patitur.

b) Ad quam formaliter pertinent carentia visionis beatificae, amoris gaudiique, et mala positiva intellectus et voluntatis, de quibus actum est § 2. 3. 5. sqq. ad 9.

c) Cui deerunt dotes corporum glorificatorum et inhaerebunt cruciatus ignis infernalis, juxta § 4. et 10.

§ 18.

Locum inferni quaerere aut definire velle in hac vita, inutiliter curiosum est;[a] quod autem certus locus damnatis destinatus sit, non est dubium.[b]

a) Conf. b. *Gerhardus* l. c. § 84. p. 686. sqq. Et facilius sane est, singularum sententiarum, quae hic aliquid definiunt, difficultatem ostendere, quam unam satis confirmare.

b) Nam Scriptura ipsa *inferni, carceris* etc. creberrimam mentionem facit.

QUENSTEDTIUS: ,,Ποῦ inferni certum est, distinctum a ποῦ beatorum et ab eo longo intervallo separatum, Luc. 16, 26. *Quale* vero et
ubi illud ποῦ sit, non constat. Alii collocant in mundo, et quidem determinate in centro terrae, ut pontificii, alii, quod etiam probabile,
extra mundum. Recte Chrysostomus: ,Μὴ ζητῶμεν, ποῦ ἐστιν, ἀλλὰ, πῶς
φεύγωμεν.'" (L. c. th. 34. f. 810.)

DANNHAUERUS: ,,Descensus hic est in κατώτερα, imo κατώτατα τῆς
γῆς (Ephes. 4, 9.) vel, ex graecismi indole, in loca, quae ipsa terra sunt
inferiora et terrae corpore non continentur; quod vere est omnium in-
fimorum infimum, *non geometrice*, sed mystice. Non κατὰ τὴν λέξιν, ut
loquitur Theophylactus, sed κατὰ τὴν δόξαν, ὁμοίωσιν καὶ ἀναλογίαν. ,Sicut
enim (ait Augustinus) secundum corpus (φυσικῶς) inferiora sunt graviora, ita secundum spiritum (ὑπερφυσικῶς) inferiora sunt tristiora.'"
(Hodos. Phaen. 8. p. 372.)

FECHTIUS: ,,Nec liquet, ubi sit infernus, qui tamen, quia ,paratus'
est (Matth. 25, 41.), creatus est." (Syllog. controvers. p. 95.)

GERHARDUS: ,,Quia hypothesis illa, quod infernus sit in centro
terrae, adhuc dubia est, et quia Scripturis nobis non est revelatum, an
ποῦ illud inferni, in quo damnati cum diabolis sustinebunt poenas, sit
creatum vel increatum, corporeum vel incorporeum, intra vel extra
hunc visibilem mundum, ideo praestat, de evasione potius, quam de
creatione inferni esse solicitum." (L. c. § 32.)

HUTTERUS: ,,Fuerunt jam olim, tum ex patribus, tum ex scholasticis, haud pauci, qui contenderunt, infernum, ad quem Christus descendit, esse locum quendam corporeum, in terrae visceribus profun-
dissime depressum; vel, uti Bellarminus scriptitat, in centro terrae
constitutum. Verum usque adeo vana, futilis et nugatoria haec est
assertio, ut refutatione prolixa minime opus habeat. Nam si infernus
est locus aliquis subterraneus, et quidem in centro terrae constitutus,
et vero terra haec in die novissimo igne conflagrabit, 2 Petr. 3, 3., utique infernum quoque ipsum in nihilum tum redigendum esse, foret
consequens. Quod falsum et absurdum. Purior contra et vere orthodoxa illa est sententia, quae statuit, infernum minime omnium definiendum esse per locum aliquem physicum sive corporalem, sive per ullam
aliam hujus universi partem; sed extra hoc universum per spirituale
quoddam, illocale et prorsus incorporeum systema sive ποῦ, in quo
perpetui furoris divini cruciatus ineffabilibus cum tormentis, tum in
corpora, tum in animas hominum, saevient et grassabuntur; quemadmodum vice versa coelum sive sedes beatorum non est ullus locus
corporeus sive physicus, nedum ulla coeli pars, sed spirituale quoddam
et illocale ποῦ sive ubi, in quo electi aeterna felicitate et ineffabilibus
gaudiis perfundentur. Caeterum ubi illud sit inferni systema futurum,
imo ubi jammodum sit, certe definire non possumus: praesertim cum
Scriptura ipsa hac de re nihil aperte pronunciet. Quae causa est, quod
de inferno tam varia atque dubia priscorum patrum fuit sententia;
quorum tamen primarii cum Esauvitarum et pontificiorum fabellis nihil
habent commune. Augustinus certe lib. 12. de Genesi ad lit. cap. 33.
sic scribit: ,Est prorsus inferorum substantia, sed eam spiritualem
arbitror esse, non corporalem.' Et paulo post: ,Inferi eo, quod infra
sint, latine appellantur. Sicut autem secundum corpus, si ponderis
sui ordinem teneant, inferiora sunt omnia graviora: ita secundum spiritum inferiora sunt omnia tristiora.' Quam in sententiam Brentius
etiam scribit: ,Cum de rebus spiritualibus et coelestibus sermo est,
haec vocabula, *supra* et *infra*, usurpantur quidem ex humana consuetudine, non definiuntur autem locis, sed dignitate et indignitate, majestate et abjectione, gaudio et horrore, laetitia et tristitia.'" (Libri Concordiae explic. p. 945—947.)

§ 19.

Aeternas[a] fore damnatorum omnium,[b] perpetuo superstitum,[c] poenas,[d] certissimum[e] est.

a) Ita ut nullum unquam finem sint habiturae; quemadmodum *Dan. 12, 2.* mentio fit *ignominiae aeternae, supplicii aeterni Matth. 25, 46., interitus aeterni 2 Thess. 1, 9.* Conf. *Judae v. 6. et 13.* et quae diximus ad § 10. nota *c.*

GERHARDUS: „*Aeternitas* poenarum infernalium probatur: I. *ex sacris literis*, in quibus describitur 1. καταφατικῶς, *affirmative* . .; 2. ἀποφατικῶς, *negative*. . . Excipiunt: ,Deum ideo poenas aeternas peccantibus esse minatum, ut eos a peccatorum perpetratione compesceret, quia creaturae suae aeterna supplicia *minari* debuit, non *inferre.*' Respondeo verbis Gregorii 1. 34. moral. c. 16.: ,Si falsa minatus est, ut ab injustitia corrigeret, etiam falsa pollicitus est, ut ad justitiam provocaret. Quis hanc eorum vesaniam toleraret, qui conantur astruere, verum non esse, quod veritas minata est, et dum satagunt, Deum perhibere misericordem, non verentur praedicare fallacem?' II. Eadem poenarum infernalium aeternitas probari potest *rationibus*, ex Scriptura deductis: 1. Ex perpetua *irae divinae* duratione. . . 2. Ex *chasmatos* confirmatione Luc. 16, 26. . . 3. Ex *januae occlusione* Matth. 25, 10. . . 4. Ex *beatitudinis oppositione* Matth. 25, 46. . . 5. Ex *poenitentiae remotione*. . . 6. Ex *ignis infernalis* descriptione. . . 7. Ex *peccati* turpitudine et confusione. Peccatum committitur contra Deum, qui est infinitum bonum; ergo etiam promeretur infinitas poenas. 8. Ex *voti frustratione* Apocal. 9, 6. . . 9. Ex *vinculorum injectione* Matth. 22, 13. . . . 10. Ex *daemonum associatione* Matth. 25, 41.“ (L. c. § 57. sq.)

b) *Sive* christianorum nomen in hac vita gesserint, ac *forte* etiam aliquamdiu vere fideles (sed πρόσχαιροι), *sive* prorsus infideles fuerint.

c) *Non* quod tandem *annihilandi* sint, sed in existendo *permanentes*, supplicia luant.

d) *Privativas* non solum, sed et *positivas* ipsiusque *ignis* infernalis, qui *non extinguetur* unquam, *Marc. 9, 44. 46. 48.* Confer. *Apoc. 14, 11. cap. 19, 3. cap. 20, 10.*

e) Non obstante misericordia divina, postquam terminus μαχροθυμίας elapsus est.

ANTITHESIS.

QUENSTEDTIUS: „*Antithesis:* 1. *Origenistarum*, sive, ut nonnulli volunt, Cerinthianorum, statuentium, temporanea esse daemonum et impiorum hominum tormenta finemque ea tempore aliquo habitura, Deo vindicta quasi exsaturato, item diabolos meriti Christi efficacia et virtute tandem aliquando pristinam felicitatem recepturos esse. . . Augustinus 1. de haeres. haer. 43. scribit, quod Origenes putaverit, ,etiam diabolos cum omnibus damnatis spem habere liberationis ex inferno'. . . Sunt tamen, qui Origenem ab hoc errore liberare conantur, contendentes, priores sententias ab iniquis ejus aemulis scriptis ipsius fuisse insertas, cum in multis locis aeternitatem poenarum infernalium diserte videatur adstruere. . . 2. *Pseudo-Ambrosii*, eundem errorem foventis. Scribit enim in expositione c. 3. ep. ad Ephes., ,praeconium Paulinum etiam profuisse angelis malis.' . . 3. Negari nequit, *Hieronymum* dubitanter scribere in comm. Es. 24. circa finem: ,Sciendum', inquit, ‚quod judicium Dei non possit scire humana fragilitas, nec de poenarum magnitudine atque mensura ferre sententiam, quae Domini arbitrio derelicta est.' 4. *Anabaptistarum,* qui superiori saeculo docere coeperunt, omnes damnatos atque ipsos etiam diabolos tandem salvandos esse et poenis seu cruciatibus ipsorum, quos peccatis suis promeriti sunt, finem aliquando impositum iri; quem errorem damnat et rejicit Aug. Conf. art. 17. 5. *Libertinorum,* qui Dei misericordiam omnibus omnino hominibus adeoque etiam daemonibus post judicium pollicentur. 6. *Socinianorum* quorundam, qui docent, angelos malos et impios non aeternum cruciandos, sed aeterno igne delendos, abolendos et in nihilum redigendos esse... 7. *Arminianorum,* in quorum confessione desiderant Leydenses, quod ‚satis clare ab iis explicatum non sit, an statuant infernales illos cruciatus in aeternum duraturos et ipsos homines impios et suppliciis illis affectos in poenis istis aeternum victuros'; siquidem verba ita ambigue concepta sint, ut Socinianus aliquis suam impiam sententiam de aeterna improborum hominum in ultimo judicio extinctione sub verbis illis quoque possit intelligere... 8. *Thomae* cum sectatoribus p. 1. q. 64. a. 2. et contra gentes l. 6. c. 9., ubi disputat, potuisse diabolos agere poenitentiam, si Deus ipsis tempus et auxilium gratiae concessisset. 9. *Misericordium doctorum veterum,* contra quos disputat Augustinus l. 21. de C. D. c. 17., qui non quidem diabolis, attamen damnatis hominibus spem liberationis fecerunt." (L. c. s. 2. q. 5. f. 826—828.)

§ 20.

Finis damnationis illius ex parte Dei[a] judicis est justitiae[b] vindicativae, veracitatis[c] et potentiae divinae gloria.[d]

a) Qui quidem *ex se,* et velut nativa inclinatione, mallet non damnare; certe creaturam, quae hactenus ut lapsa aut lapsura non spectatur, ne quidem velle potest damnare, ob infinitam bonitatem suam: quatenus autem *judex* est orbis terrarum (*Gen. 18, 25.*) eique obversantur peccatores et oblatae gratiae contemtores, *odit operantes iniquitatem* (*Ps. 5, 6.*) et elapso longanimitatis spatio rejicit eos a facie sua ac damnat.

b) Ab hac enim procedit actus ille puniendi et sic in gloriam illius tendit ex intentione Dei. Qua ratione dicitur, *justum esse coram Deo* (et proinde cedere in gloriam justitiae divinae), *infligere ultionem* (διδόναι ἐχδίχησιν) *iis, qui non noverunt Deum, ut poenam luant, interitum aeternum,* ὅλεθρον αἰώνιον, 2 *Thess. 1, 6. 8. 9.* Et *Rom. 2, 5., in die irae patefieri justum judicium Dei.* Confer. *Ps. 11, 7. Ps. 58, 11. 12. Apoc. 19, 1. 2. 3.*

c) Quoad *comminationes* impiis factas, quarum complementum est actualis damnatio illorum. Sic enim apparet, *verba illa esse fidelia et vera* (λόγους ἀληθινοὺς χαὶ πιστοὺς), quod *incredulis et execratis etc. pars sit in stagno ardenti igne et sulphure, quae est mors secunda, Apoc. 21, 5. 8.*

d) Tanquam praevalentis omnibus conatibus ac technis impiorum in hac vita. Unde homines beati, spectantes judicia Dei adversus impoenitentes, acclamant judici: *Halleluja. Salus, et honor, et gloria, et virtus* (ἡ δύναμις) *Deo nostro, Apoc. 19, 1. 2 Thess. 1, 9.* dicuntur impii poenas dare ἀπὸ τῆς δόξης τῆς ἰσχύος, *a gloria roboris* (aut potentiae) *Domini.*

§ 21.

Describi potest[a] status damnationis, quod sit complexus[b] plurium[c] malorum, quae Deus[d] trinunus vi justitiae suae[e] vindicativae hominibus impiis[f] et finaliter incredulis, ex parte animae et corporis,[g] propter peccata atque incredulitatem ipsorum[h] in inferno[i] infligit, aeternum[k] toleranda, ad justitiae, veracitatis et potentiae divinae[l] gloriam.

a) Juxta analogiam descriptionis status oppositi beatitudinis, cap. praec. VI. § ult.

b) Hunc enim in casu recto importat.

c) Quorum seriem vide § 2. sqq.

d) Juxta § 13. de causa efficiente.

e) Quae est causa impulsiva interna, juxta § 14.

f) Tanquam subjecto Quod; v. § 16.

g) Quae ad subjectum Quo pertinent, juxta § 17.

h) Haec enim est causa impulsiva externa; de qua vid. § 15.

i) Seu ποῦ damnatorum, juxta § 18.

k) Quae affectio damnationis est, § 19. indicata.

l) Quibus finis damnationis indicatur; de quo vid. § 20.

Caput VIII.

DE MORTE TEMPORALI.

§ 1.

Qui beatitudo summa seu ultima non in hac, sed in altera vita,[a] et similiter opposita summa miseria post hanc vitam demum contingit,[b] dispiciendum nunc est de illis, quae ad finem hujus vitae et ingressum ad vitam seu statum ulteriorem, juxta divinam revelationem, pertinent.[c]

a) Vid. Prolegom. cap. I. § 4. not. e. Vol. I. p. 10. Et P. I. cap. VI. § 3. et 20.

b) Vid. cap. VII. § 1. not. a.

c) Vocantur alias *novissima*, Graece τὰ ἔσχατα, et distinguuntur, quod *alia* respectu hominum *singulorum*, *alia* respectu *universorum* et mundi totius, ultima sint et dicantur. Ad *priorem* classem pertinent *mors et status animae* post mortem. Ad *posteriorem resurrectio* mortuorum et vivorum immutatio analoga, *judicium extremum et mundi conflagratio;* de quibus singulis distincte agendum est.

QUENSTEDTIUS: ,,Consideravimus hactenus *media salutis* proprie dicta... Sequuntur jam media laxius sumta, videl. quatuor novissima, ... quae non tam media sunt ad salutem obtinendam, quam *via*, per quam ad metam seu terminum ad quem tendimus." (Th. did.-pol. P. IV. c. 17. s. 1. th. 1. f. 1697.)

GERHARDUS: Communiter numerantur quatuor novissima, hoc inclusa disticho:

Mors tua, judicium postremum, gloria coeli,
Et dolor inferni sunt meditanda tibi...

Novissima, in genere accepta, ratione duplicis objecti sunt duplicia: 1. μακροκόσμου, 2. μικροκόσμου; μακροκόσμου novissimum est saeculi consummatio; novissima μικροκόσμου sunt quatuor: 1. mors. 2. resurrectio. 3. judicium. 4. mora aeterna, piorum scil. in coelo et damnatorum in inferno." (Loc. de morte, § 7.)

§ 2.

Ac primum quidem spectanda est[a] *mors*, quae est privatio[b] vitae hominum naturalis,[c] ex dissolutione animae et corporis[d] proveniens.

a) Tanquam singulis hominibus viatoribus viae finem imponens. Quamvis et ipsa dicatur *via omnis carnis Jos. 23, 14.*, scilicet, qua transitur ad terminum.

b) Non enim aliter, quam *privative*, mors opponitur vitae, et dicit absentiam vitae in subjecto ad vitam habendam apto, quodque vitam aliquamdiu habuit.

c) Seu, ut alii loquuntur, *privatio vitae animalis*. Neque enim hic mortem *spiritualem, fidelium* aut *infidelium*, neque mortem *aeternam*, sed *temporalem*, quae et mors *corporis* vocatur, spectamus.

d) Quae alias ad constituendum hominem, velut partes essentiales ad constitutionem totius, per naturam ordinantur et uniuntur, ita ut anima vitales operationes exerceat in corpore et corpus animatum hoc ipso vivat. Unde ex adverso, sublata unione illa, suppositum humanum vitam animalem vivere desinit, aut vita privatur; *nec* tamen ideo dissolutio illa animae et corporis ipsa mortis *forma* aut ratio formalis est, sed ab ea differt, ut antecedens a consequente. Quamvis enim non sit infrequens, mortem nomine ἀναλύσεως aut verbo ἀναλῦσαι describi, v. g. *2 Tim. 4, 6. Phil. 1, 23.*, non tamen illa formalis appellatio est. Corpus autem dicitur καταλυθῆναι, cum putrefit aut dilabitur, *2 Cor. 5, 1.*

QUENSTEDTIUS: ,,*Forma* mortis non est animae in nihilum redactio, sed a corpore solutio et ex corporis domicilio egressio sive animae a corpore localis separatio, animae et corporis divulsio, distractio; dico *localis separatio*, quia anima revera a corpore discedit et non amplius in eo manet, illud relinquit et *quoad praesentiam et quoad informationem;* Luc. 12, 20.: ,Hac nocte animam tuam a te repetent.' Utitur Salvator verbo ἀπαιτεῖν, wiederfordern, tamquam rem alienam, usui ad tempus concessam. Sic anima latronis conversi cum Christo erat in coelo, corpus vero in terra. Mortis quidem essentia, si accurate loqui velimus, consistit in sola λύσει, sed ejus necessarium consequens est διάστασις." (L. c. th. 11. f. 1701.)

§ 3.

Causa mortis *efficiens per se et proprie* loquendo[a] *non* datur. Interim spectari debent, quae sunt causae *dissolutionis animae* et corporis,[b] eaeque partim *physicae*,[c] partim *morales*.[d]

a) Est enim privatio, ut vidimus. Sed causae efficientes proprie sunt effectuum realium et positivorum.

b) Prout alias causae privationum dicuntur, quae sunt causae alicujus effectus, cum quo per se et necessario conjungitur privatio.

c) Sive, quae realiter agunt in unionem animae et corporis eamque destruunt.

d) Sive, quae non quidem realiter destruunt unionem talem, aliquid tamen ad ejus destructionem conferunt, unde haec illis recte imputatur.

§ 4.

Inter causas *morales* mortis primo numerandus est *diabolus*,[a] quatenus suasione sua[b] ad peccatum Evam induxit et sic mortis reatum[c] illi et peccati sociis attraxit.

a) Qui propterea *homicida* dicitur *Joh. 8, 44.*

b) Vid. *Gen. 3, 1. et seqq.* Sic nimirum causa causae mortis (seu peccati) est etiam causa causati (seu mortis ipsius).

c) Absque peccato enim protoplasti immortales, per peccatum demum mortales facti fuerunt, juxta cap. praeced. IV. § 15. not. *d.* Confer *Gen. 3, 3. 4. 19. et Sap. 2, 24.*, ubi dicitur, *invidia diaboli mortem intrasse* in mundum, et *Ebr. 2, 14.*, *diabolum habere* τὸ κράτος τοῦ θανάτου, *mortis imperium*, prout tyrannus homines a se victos morti destinat. Quamvis enim non de sola morte corporali, sed et de morte aeterna, sermonem ibi esse fateamur; hic tamen illud valet, quod diabolus inducens homines in peccatum κράτος seu potestatem consecutus sit in ipsos, ut morti subjiciendos, etiam temporali.

MEISNERUS: „Si mors ex necessitate physica et conditione naturae ortum traxisset, comminatio certe ista Gen. 2, 17. fuisset frustranea et nulla. Talem enim poenam indicere voluit Dominus, quae extra peccati statum nullum unquam locum fuisset habitura. Non autem intelligitur sola mors aeterna, sed omne id, quod nomine mortis in Scriptura venit, quam ob causam vocabulum mortis duplicatum et ‚morte morieris‘ a Domino dictum esse, recte existimant theologi. . . Mors in genere et universaliter vocatur ὀψώνιον τῆς ἁμαρτίας Rom. 6, 23. Quodsi igitur mors ex peccato primum promanavit, igitur naturae, prout illa a Deo creata, consequens non est, ideoque nec homo ab initio mortalis fuit conditus. Aliud enim est poena ἁμαρτίας et aliud conditio οὐσίας. Illud de omni morte affirmat Scriptura; igitur hoc posterius negandum, quia duo opposita simul stare nequeunt." (Philos. sobr. P. I. p. 883. sq.)

§ 5.

Deinde protoplasti non tantum *suae* ipsorum, sed et
posterorum mortis causa recte dicuntur;[a] Eva quidem,
quatenus non ipsa solum, daemoni suadenti obediens,
peccavit, verum etiam Adamum ad societatem peccati
pellexit[b] adeoque *sibi* et *Adamo* mortis reatum attraxit;
Adam vero, uxori auscultans et legem Dei violans, cum
ipse necessitatem moriendi subiit, tum omnibus secundum naturam ex se *descensuris* sicuti peccati, ita et mortis causa fuit.[c]

a) Licet mortem directe non intenderint, alia omnia potius even-
tura putantes. Vid. *Gen. 3, 3. 4.*

b) *Gen. 3, 6. 1 Tim. 2, 14.*

c) *Gen. 3, 6. 17. et 19. Rom. 5, 12.*

§ 6.

Deus autem *mortis causa non* est,[a] *nisi* quatenus ut
justus *judex*[b] primis parentibus immortalitatis donum
propter neglectum interdicti et severae comminationis[c]
abstulit[d] et sic homines morti, quam meruerunt, subjecit.

a) Absolute loquendo, ne putetur ipse, non habita ratione peccati,
sic instituisse. Is enim homines primos ἐν ἀφθαρσία condidit. Neque
morte, sed conservatione et vita hominum delectatur, *Sap. 1, 13.
cap. 2, 23.*

b) Spectatur itaque hic mors ut malum poenae, intuitu mali
culpae intercedentis, infligendum. Confer *Ps. 90, 7.*, ubi *ira Dei* dicitur nos *consumere*, et quae dicemus ad § 7. not. *c. d.* et 14. not. *d.*

> FECHTIUS: „Deus non est causa mortis, meritum ejus vel infli-
> gendo praecedens, Ez. 33, 11., et nec quidem secundum naturam suam
> esse potest, Matth. 19, 17. Est tamen causa mortem, si praecesserit
> meritum, et interminans, Ps. 7, 13. 14., et infligens, 1 Sam. 2, 6."
> Rollius addit: „Quo pacto mors spectatur ut malum poenae, intuitu
> mali culpae antecedentis inflictum." (Syllog. controvers. p. 373. sq. 376.)

c) Quae ipsi legi adjecta legitur *Gen. 2, 17.*

d) Nempe hoc est, quod homo, subtracto immortalitatis dono, *in
terram, unde sumtus est, reverti debere* dicitur *Gen. 3, 19.*

§ 7.

Causa *impulsiva* mortis *interna* ex parte *satanae*[a] est
odium ejus summum erga Deum atque homines;[b] ex
parte *Dei* autem[c] causa impellens interna est justitia
ejus[d] vindicativa, *externa* lapsus[e] protoplastorum.[f]

a) Qui haud dubie mortem humani generis directe intendit, atque ita alicunde impulsus merito cognoscitur ad volendum mortem.

b) Sic enim aegre tulit, creaturam, quae dono immortalitatis in laudem creatoris suamque beatitudinem praedita erat, intueri. Atque huc spectat *invidia* illa, de qua auctor libri *Sapientiae c. 2, 24.*, sive invidiam ex odio, sive odium ex invidia natum dicas. Unde fortasse etiam causam impulsivam *externam* mortis ex parte satanae dixeris esse beneficium immortalitatis hominibus a Deo collatum, quod aequo animo intueri non potuerit satanas.

c) Licet *non* voluntate *antecedente, consequente* tamen, mortem peccatorum volentis et infligentis, juxta ea, quae § 6. et notis *a. b.* diximus.

d) Quam *iram* appellat *Ps. 90, 7.* Dicitur autem ea nos *consumere*, quia Deum movet, ut nos morti subjiciat.

e) Sic enim per *peccatum mors intravit in mundum, Rom. 5, 12.* Confer h. l. § 5. et 6.

f) Ex parte ipsorum protoplastorum causam impulsivam non damus, quia illi mortem directe non intenderunt, juxta § 5. not. *a.*

§ 8.

Caeterum, si *peculiaria* mortis exempla[a] spectemus, causa moralis mortis valde variat, eamque aliquando *morientes*[b] ipsi, alias homines[c] *alii*, ac *spiritus boni*[d] aut mali[e] constituunt, nonnunquam homines morientes et alii, forte et spiritus *simul*[f] concurrunt; unde et causa impulsiva *multiplex* locum habet.[g]

a) Quae enim hactenus vidimus, ad mortem, ut primum in genus humanum *introductam*, fere spectant, praescindendo a certis casibus mortis singulorum hominum.

b) Quorum *aliqui* simul causa physica sunt mortis violentae applicando sibi ea, quae lethifera sunt, atque αὐτόχειρες vulgo dicuntur; quo pertinet exemplum *Saulis, 1 Sam. 31, 4. Alii* postulant occidi ab aliis, uti Abimelech ab armigero, *Judic. 9, 54., aut* saltem scientes volentesque offerunt se occisoribus, qua ratione Paulus Hierosolymam profectus est, *paratus mori pro nomine Domini Jesu, Act. 21, 13. Alii* intentione non directa, indirecta tamen, periculis moriendi se exponunt et pereunt, ut *Josias* rex, *2 Chron. 35, 20. sqq. Alii* delictis suis Deum aut magistratum lacessunt ad sui occisionem. Vid., quae diximus de termino vitae abrupto P. I. cap. V. de provid. § 18.

c) V. g. *qui* latrones aut homicidas pretio conducunt, *qui* imperio suo, suasionibus, minis, pollicitationibus inducunt *aut* alias quoquo modo promovent caedem humanam, prout *David* dicitur occidisse Uriam, cum jussisset eum collocari in acie et pugnantem deseri, *2 Sam. 11, 15. sqq. 12, 9.*, *Absalom* servorum opera fratrem Ammonem occidit, *ibid. cap. 13, 28. 29.* Eodem spectant, *qui* bovem cornupetam

non custodiunt, *Exod. 21, 29.*, multo magis, *qui* concitant bestias adversus hominem, quemadmodum in theatris hostes christianorum consueverunt.   Denique, *qui* pericula et causas mortis proximi, quas
arcere aut removere poterant, non arcent aut removent, uti vigiles,
qui de hoste appropinquante cives non monent, juxta *Ezech. 33, 6.*

d) Executores voluntatis divinae etiam in talibus, exemplo Herodis, ab angelo Domini percussi, ut a vermibus corroderetur vivus et
sic periret, *Act. 12, 23.*

e) Qui *partim* ipsi vitae hominum nocere desiderant, *partim* ad
castigandos pios et ad puniendos impios potestatem a Deo concessam
habent, prout destructio domus primogeniti filiorum *Jobi* et liberorum
hujus omnium violenta occisio satanae auctori non immerito adscribitur *cap. 1, 19.*   Conf. h. l. cap. III. de angelis § 51. 52. 56.

f) Ita sane ad caedem regis *Achabi* in praelio cum Syris *satanas*
pariter et *pseudoprophetae* ab eo gubernati, et simul *Achabus* ipse, bellum
injustum ingrediens, *Michae* autem prophetae monita spernens, *ille*
quidem directe, *isti* et *hic* indirecte mortem ipsius Achabi intendisse
et sic rationem causae omnes habuisse cognoscuntur, *2 Chron. 18,
2. 19. 21. 25. 33. 34.*

g) Major certe hic varietas pro differentia agentium hominum et
spirituum, quam ut omnes motivorum classes compendio proponi distincte possint.

§ 9.

Causae *physicae*[a] dividuntur[b] in *naturales, praeternaturales* et *violentas.*

a) Dissolutionis animae et corporis *partim* ut primum introductae,
partim ut postea penes homines mortales actu contingentis.

b) Alii *duas* species sive classes constituunt, sed *sensu* fere *eodem.*
Quae enim hic praeternaturales dicuntur, has illi *vel* ad naturales, *vel*
ad violentas referunt.

§ 10.

Naturalis causa[a] mortis est humidi radicalis absumtio
et calidi nativi extinctio,[b] ex qualitatibus primis paulatim in se invicem agentibus[c] proveniens.[d]

a) Nempe, quae proxime ex necessitate naturae (corruptae, non
integrae) orta est.

b) Qualis in hominibus longaevis et firma valetudine gavisis locum
habet, nullo intercedente morbo graviore, quemadmodum *Cicero* Cat.
Maj. longaevos descripsit, qui *non nisi annis maxime onusti decedant et
morte naturali.* Et *Aristoteles* mortem naturalem dixit, cujus principium
sit in ipso animali et γῆρας, *senecta,* appelletur, Lib. de Respir. ad
cap. XVII.

c) Sive quod vigor caloris nativi, qui inde a lapsu protoplastorum nutrimentum non satis purum habet, sensim languescit atque assumtum alimentum minus feliciter convertit adeoque, deficiente pabulo idoneo, calor ille nativus aut flamma vitalis magis magisque debilitatur ac tandem extinguitur, quam in rem Aristoteles corruptionem vitae naturalem dixit τὴν τοῦ θερμοῦ μάρανσιν διὰ χρόνου μῆκος γινομένην καὶ τελειότητα, *calidi marcorem ob temporis transacti longitudinem ac perfectionem*, l. c. cap. XVIII.

d) Atque ita non nisi *unica* causa mortis est *naturalis* proxima quidem. Alias enim praeter *temperamentum* naturale etiam *diaetam* et suo modo *medicinam* (quae cum immortalitatem dare nequeant, longaevitati conducunt atque ita, non tam, ut non moriatur homo, sed ne aliter, quam naturali morte moriatur, faciunt) huc referre solent.

§ 11.

Ad causas *praeternaturales*[a] pertinent *morbi* vehementiores,[b] quibus itidem calor nativus cum humido radicali extinguitur, sed praeter[c] naturam.

a) Quae etsi intra hominem occurrunt, *non* tamen ex *communi* necessitate naturae, sed *aliunde*, v. g. vitio diaetae in victu, aëre, somno et vigiliis, motu et quiete, vel etiam appetitus sensitivi passionibus admisso, oriuntur.

b) E. g. *febres, hydrops, phthisis, pestis aliique* morbi, qui ex causis potentibus excitantur ac partium corporis substantiam, temperiem reliquamque constitutionem evertunt, ac spiritus ita dissipant aut suffocant, ut natura non habeat, quo se amplius defendat aut in pristinum statum redire possit.

c) Sic philosophus θερμοῦ σβέσιν καὶ μάρανσιν, *calidi extinctionem ac marcorem*, etiam in morte non-naturali locum habere dicit, sed cujus principium sit ἐπίκτητόν τι πάθος, *adventitia quaedam passio*, l. c. cap. XVII. et XVIII.

§ 12.

Ad *violentas* causas referuntur *res externae*,[a] quibus corpori, vel parti corporis nobiliori aut ad vitam simpliciter necessariae vis ejusmodi infertur, qua nutritii sanguinis et spirituum generatio ac distributio impediatur aut tollatur.[b]

a) V. g. *telum* mortiferum, *ignis, aqua*, etc.

b) Sine his enim corpus ipsum ad functiones animae ineptum redditur et vita consistere nequit.

§ 13.

Subjectum mortis[a] sunt homines, non solum primi post lapsum,[b] sed et reliqui, ab his per carnalem generationem[c] propagati, omnes.[d]

a) Sive id, quod morti obnoxium est, et mori denominatur. Alii *materiam in Qua* appellant.

b) Juxta comminationem divinam *Gen. 2, 17. cap. 3, 19.* et eventum ei respondentem, *Gen. 5, 5.*

c) Christus enim, ἐκ πνεύματος ἁγίου conceptus, necessitati mortis subjectus non fuit.

d) Sic *mors in omnes homines transiisse* dicitur *Rom. 5, 12.* Et *Ebr. 9, 27.* omnes *homines hoc manere dicitur, ut semel moriantur.* Quod autem *Henoch et Elias* vivi in coelum sunt translati quodque homines *illi*, quos dies mundi extremus vivos deprehendet, mortem non sunt subituri (etsi et ipsi mortales sint ac morituri revera essent, nisi dies extremus terminum vitae, seu mortem alias subeundam, anticiparet), id peculiare et extraordinarium est. Atque hos *immutationem* morti *analogam* subituros, testatur apostolus in *1. ad Cor. 15, 51.* Consistit autem illa immutatio *non* in passione molesta aut dolorosa alicujus rei adversae, quae solutioni animae et corporis sit similis, *sed* in fine vitae mortalis seu animali, et transitu ad vitam aut statum alium (qui alias et de lege communi non fit nisi per dissolutionem animae et corporis), manentibus interim anima et corpore essentiali vinculo conjunctis, ac talis immutatio utique morti ἀνάλογος est, non tamen mortis rationem formalem habet. Sic enim ne quidem foret morti ἀνάλογος, sed mors ipsa. *Nec solum* illa hominibus extremo die superstitibus accidet, *verum* etiam Enocho atque Eliae olim contigisse recte dicitur.

§ 14.

Causa *finalis* mortis[a] ex parte *satanae*[b] est expletio odii erga Deum atque homines;[c] ex parte *Dei* vero[d] finis mortis *per se* spectatae[e] est peccatorum vindicatio, adeoque et justitiae divinae declaratio.

a) Quam necesse est *variare* pro diversitate causae efficientis aut infligentis; de qua supra § 4. 5. 6. 8.

b) Qui haud dubie eam directe intendit juxta § 4. et 7., idque finis alicujus, licet non veri boni causa, cum ipse corruptissimus sit.

c) Quanquam enim odium illud mali spiritus sit inexplebile, tamen, ut quoquo modo id explere possit, studet.

d) Confer. § 6. et 8.

e) Seu quatenus mors, qualis *sua natura* est, et prout a Deo primum humano generi immissa fuit, consideratur. *Per accidens* autem et *ex gratia* Dei factum est, quod certis subjectis, nempe *credentibus* in

Christum, Deo reconciliatis et a peccatorum reatu liberatis, mors *non est poena, proprie* quidem *dicta*, sed *finis miseriae* temporalis et *transitus* (μετάβασις) ad vitam meliorem, vid. *Joh. 5, 24.*, quodque *somnus Matth. 9, 24. Joh. 11, 11.*, *liberatio a corpore mortis hujus Rom. 7, 24.*, *dissolutio* (ἀπόλυσις) *exoptata Phil. 1, 23. Luc. 2, 29.*, *ingressus in requiem a laboribus Es. 57, 2. Apoc. 14, 13.* appellatur.

> LUTHERUS: „Arbor vitae habebat propter verbum vim vitae conservandae, ac Adae quoque vitam conservasset. Sed Deus iratus non vult ei post lapsum permittere regressum ad illam arborem, non ideo solum, ut admoneretur de peccato admisso, sed etiam, quia Adam habebat jam meliorem promissionem, quod semen mulieris esset contriturum caput serpentis, ut, quanquam subjectus esset corporali morti, tamen retineret spem immortalitatis per Filium Dei; sicut paterfamilias iratus, etsi non adimit filio haereditatis jus, tamen eum castigat, ejicit domo etc. Vult igitur Dominus Deus, hominem contentum esse promissione melioris vitae, quam ea fuit, in quam creatus est Adam. Nam etsi Adam de arbore vitae comedisset, et iterum esset restitutus priori vitae, non tamen fuisset tutus a Satana, quin iterum per tentationem ex ea excideret. Paravit itaque Deus homini talem statum, in quo certi simus, nos aeterna morte per semen benedictum nunquam morituros, etsi corporalis haec vita varie sit afflicta." (Ad Gen. 3, 23. 24. Exeget. opp. lat. I, 291. sq.)

§ 15.

Facta dissolutione animae et corporis, adeoque morte contingente, *anima* tamen *superstes* manet[a] et suis *operationibus*[b] extra corpus[c] seorsim fungitur.[d]

a) Sic Salomo *Eccles. 12, 7. pulverem* seu corpus hominis *in terram reverti* dicit, *quemadmodum fuerit, spiritum* vero *reversurum ad Deum*, qui *dedit illum*. Et Christus *Matth. 10, 28.* dicit, eos, *qui corpus occidunt, animam occidere non posse.*

> GERHARDUS: „Argumenta, quae ex lumine naturae proferuntur, quandam verisimilitudinis persuasionem de animae immortalitate inducere possunt, sed firmum, immotum ac ἀμετάπτωτον fidei fundamentum nequaquam exhibent. ‚Quis enim novit', inquit sapiens Eccles. 3, 19., ex naturalibus scil. principiis ac rationibus, ‚an spiritus hominis descendat sursum et spiritus jumentorum descendat deorsum?' ... Patet etiam illud ipsum ex loco Ciceronis lib. I. Tuscul. qq. non longe a principio. Ibi enim Atticus sic loquens introducitur: ‚Delectat me illa sententia, posse animos, cum e corporibus excesserint, in coelum quasi domicilium suum pervenire; idque probare mihi esse, deinde, etiam si non sit, mihi persuadere velim.' Respondet Marcus: ‚Quid tibi ergo opera nostra usus est? Num eloquentia Platonem superare possumus? Evolve diligenter ejus librum, qui est de animo, amplius, quod desideres, nihil erit.' Subjicit Atticus: ‚Feci me hercule et quidem saepius, sed nescio, quo modo, dum lego, assentior; cum posui librum et mecum ipse de immortalitate animorum coepi cogitare, assensio omnis illa elabitur.' Eadem dubitatio proponitur in Catone apud Cic. in Dial. de senectute. Philosophorum ergo de animae immortalitate sententiae multis dubitationibus sunt obnoxiae, nec dissimiles ventorum et fluctuum procellis, quibus navis χειμαζομένη in mari concutitur atque hinc inde circumagitatur." (L. de morte § 147.)

b) Puta his, quae *formaliter* pertinent ad *intellectum et voluntatem*, tanquam potentias *animae*, quatenus *humana* seu rationalis est, *essentiales*; quas et ipsas *superesse et non* esse *otiosas*, verum *intellectum* quidem species intelligibiles, quas in corpore habuit, retinere atque adeo etiam porro actus cognoscendi elicere posse, quibus deinde actus aliqui *voluntatis* circa objecta ab intellectu exhibita respondeant, recte creditur. Atque huc referri solet, quod *Apoc. 6, 10.* animabus martyrum notitia prioris status et desiderium quoddam adscribitur.

GERHARDUS: „Quia is (*Moses*) una cum *Elia* in transfiguratione Christi apparet, loquens cum Christo Matth. 17, 3., ideo verisimile est, Mosen statim a morte divinitus resuscitatum et in paradisum coelestem esse translatum; quo sensu a quibusdam accipitur, quod nemo invenerit sepulchrum ejus, Deut. 34, 6." (Loc. de resurr. § 28.) DANN- HAUERUS: „Quem (Mosen) ante transfigurationem montanam resur- rexisse nimis quam probabile est; apparuit enim non spectrum, sed contribulis ac socius Eliae in testimonium resurrectionis et gloriae Christi. Quanquam D. Winckelmannus in Luc. c. 9. aliam sequatur sententiam." (Hodos. Phaen. VIII. p. 375.)

c) Sic enim dicimur *peregrinari* (secundum animam, qua maxime homines sumus) *a corpore*, ἐκδημῆσαι ἐκ τοῦ σώματος; cum antea velut *domi essemus in corpore*, ἐνδημοῦντες ἐν τῷ σώματι, *2 Cor. 5, 6. et 8.*, ὄντες ἐν τῷ σκήνει, *in tabernaculo existentes*, prius, *ibid. v. 4.*

d) Quod autem animae defunctorum sciant distincte et determi- nate actiones ac res singulorum viventium, quae post illarum e corpore excessum contigerunt, praesertim preces cultusque varios ad se di- rectos, non dicimus.

DANNHAUERUS: „*Damnatas* animas postliminio redire posse, ipsi Romanenses inficiantur. I. *Animas sanctas seu coelites redire posse*, negant sacrae literae (2 Sam. 12, 23.): ,Num potero eum‘ (precibus) ,reducere?‘ item: ,Non revertetur‘ (Syrac. 38, 22.), i. e. ex genio lin- guae, redire potest; ,οὐ γάρ ἐστιν ἐπάνοδος (Luc. 16, 26.), ὅπως οἱ βούλοντες διαβῆναι (scl. e coelesti gloria) ἐντεῦθεν πρὸς ὑμᾶς μὴ δύνωνται.‘ Si non ad damnatos, ergo nec ad mortales. Eadem ratio impossibilitatis utrobique: sordes cum illa sorte non miscendae. Addo rationem: Anima sancta aut apparet in *proprio* corpore, aut in *alieno*, aut *aëreo* recens efformato. Nihil horum! Non in *proprio*, quia nec honestum, nec decens est, gloriosas animas corporum suorum diffluentium et tabi- dorum angustias ante resurrectionem subire, maxime si diu compu- truerint; non in *alieno*, quia id minus decet ac insuper fini apparitionis repugnat, qui est, germanis et propriis lineamentis atque notis exuvia- rum agnosci; non *aëreo*, quia anima separata non potest vi propria alia a se movere ex veriore sententia; caret enim organis corporeis. Ne- gandum insuper II., *coelites sanctos debere redire*, quia illae ψυχο- φανεῖαι nihil mortalibus profuturae, imo obfuturae essent. Primum id vivis utile non est, qui, si vivis non credunt, nec mortuis quidem cre- dent, ut Abraham diviti respondet. Deinde, ea res multorum errorum causa esse posset, dum daemon, fingens, se alicujus mortui esse ani- mam, homines ludificaret. III. *Negandum, prudenter velle.* Cur enim, qui tormentis omnibus exemti ac modo beati, a mortalibus δου- λείᾳ, ut ajunt, adorandi, servirent mortalibus? *Negandum IV.*, ali- quando *id factum esse*. Quidquid enim de illarum apparitionibus praedicatur, id omne a Satana quoque fieri potuit, se in angelum lucis transformante aut hyenae instar pastoris vocem simulante, ut oves deglutiat." (Hodosoph. Phaen. IV. p. 213. sq.)

QUENSTEDTIUS: „Quem *religiose invocamus,* is debet esse omni-praesens, omnipotens, omniscius, in eumque credere et sperare debe-mus. Atqui sancti non sunt omnipraesentes, non omnipotentes, non omniscii, in eosque non credimus, non speramus. Ergo. *Major* con-stat; scl. quod, qui invocatur, sit *omnipraesens,* docetur Deut. 4, 7. Ps. 91, 15. 145, 18. Esa. 55, 6. Ridet igitur propheta Elias preces sacerdotum Baalitarum, eo, quod Baal invocatus non adsit. Quod sit *omniscius* et καρδιογνώστης, inculcatur 1 Reg. 18, 27. Ps. 18, 7. 38, 10. 79, 11. Matth. 6, 6. Quod sit et debeat esse *omnipotens* (ut scl. possit succurrere defectibus nostris), passim Scriptura ostendit; vide Ps. 46, 1. 2. 62, 10. 11. etc. Quod in eum, quem invocamus, debeamus *credere et sperare,* docet apostolus Rom. 10, 14.: ‚Quomodo invocabunt eum, in quem non crediderunt?‘ *Minoris* veritas non est dubia, cum solus Deus sit καρδιογνώστης, ipse solus ubique praesens, ipse solus omni-potens, ut et audire et exaudire possit. Et cum jam dictum axioma Pauli sit immotum, non invocandum, nisi eum, in quem crediderimus, Rom. 10, 14., non video, qua ratione dicantur sancti angelique in-vocandi, quin eo ipso fidei nostrae columen et objectum constituantur, quod quam sit a Scriptura alienum, patebit cuivis legenti locum Jer. 17, 5. Idem esse objectum adorationis in decalogo et symbolo et ora-tione dominica et baptismo, ex ipsa coordinatione horum religionis capitum patet. Sed in symbolo, oratione dominica et baptismo non est objectum adorationis aliud praeter Deum, cf. Luc. 11, 12. 13. Matth. 6, 9. Hinc Coelestino tributum dictum: ‚Legem orandi esse legem credendi et agendi.‘ . . Qui defectus nostros privatasque miserias, curas, gemitus et suspiria ignorant, illi frustra invocantur. Sed sancti coelites defectus nostros etc. ignorant. Ergo. *Disting.* autem hic inter notitiam generalem et specialem, item inter praeteritorum ἀνά-μνησιν et praesentium γνῶσιν. Sic dives ille memoriam quinque fratrum suorum secum extulit etc. Quamvis itaque beati *in genere* nonnulla de statu militantis ecclesiae, cum qua sub vexillo crucis aliquando merue-runt, sciant, indeque *in genere pro ecclesia orent,* attamen τὰ καθ᾽ ἕκαστα, privatas unius cujusque miserias, curas, gemitus et suspiria omnino ignorant. Et proinde, nihil ab illis ex hac vita a nobis ablatis impetrari posse, patet: 1) ex apertis testimoniis, Job. 14, 21.: ‚Sive nobiles fue-rint filii ejus, sive ignobiles, nihil intelligent.‘ Eccles. 9, 5.: ‚Viventes sciunt, se morituros, mortui vero nihil noverunt amplius.‘ Esa. 63, 16.: ‚Abraham nescit nos, et Israel ignorat nos‘; cf. 2 Reg. 22, 20. 2. Ex beatorum perpetua laetitia, 2 Reg. 22, 19. 20. Esa. 65, 17. 18. Apoc. 21, 4. Ergo miserias posterorum suorum ignorant, quippe quibus laetitia ipsorum turbaretur.“ (L. c. P. IV. c. 11. s. 2. q. 4. f. 1446. sq.)

ANTITHESIS.

QUENSTEDTIUS: „*Antithesis:* 1. *Collyridianorum,* qui b. virgini religionis cultum et adorationem deferebant, contra quos Epiphanius haer. 79. disputans, ita loquitur: ‚In honore esto Maria; Pater vero et Filius et Spiritus S. adoretur, Mariam nemo adoret.‘ Item: ‚Quamvis Maria καλλίστη καὶ ἁγία, καὶ τετιμένη fuerit, non idcirco tamen est ado-randa.‘ 2. *Pontificiorum,* qui 1) *in genere* invocationem sanctorum pro-pugnant. Sic enim Conc. Trid. Sess. 25. p. 290.: ‚Mandat sancta syno-dus omnibus episcopis et caeteris docendi munus curamque sustinenti-bus, ut juxta catholicae et apostolicae ecclesiae usum etc. de sanctorum invocatione fideles diligenter instruant, docentes eos, sanctos una cum Christo regnantes orationes suas pro hominibus Deo offerre, bonum atque utile esse, suppliciter eos invocare.‘ Catechismus Trid. decreto concilii et Pii V. jussu editus exposit. orat. dom. p. 544. ait: ‚Sanctis, qui in coelo sunt, preces esse faciendas, ita certum esse in ecclesia Dei, ut piis nulla de eo dubitatio possit accidere.‘ . . 2) *In specie* faciunt sanctos defunctos seu beatos homines a. *intercessores.* Hinc illud vulgare: ‚Ora pro nobis‘. . .; b. *mediatores,* qui non solum preci bus, sed meritorum ostensione pro nobis intercedant. . . Sunt etiam papistis c. *redemtores.* Bellarminus L. 1. de indulgent. c. 4., ,non absurdum esse', pronunciat, ,si sancti viri redemtores nostri aliquo modo dicantur.' . . d. Bonorum corporalium et spiritualium *largitores.* Conc. Trid. Sess. 9. et ult. vult, ,fiducialiter invocandos esse sanctos, supplici mente confugiendo ad eorum opem et auxilium.' . . Intelligenda autem ista, quae hactenus de sanctis eorumque cultu et adoratione juxta mentem et πρᾶξιν pontificiorum diximus, de sanctis potissimum *canonizatis* sive a pontifice in canonem vel numerum sanctorum relatis. Quamvis enim concedant pontificii, unumquemque sanctorum coli et invocari posse, tamen cultum publicum non nisi canonizatis praestandum esse statuunt." (L. c. f. 1444. sq.)

§ 16.

Imo *piorum* animas *statim*, postquam a corporibus sunt separatae, *essentialem beatitudinem* consequi,[a] *impiorum* vero animas *damnationem* suam subire,[b] credimus.[c]

a) Vid. Ep. ad *Phil. 1, 23.*, ubi Paulus ideo *dissolutionem* desiderat, ut citius *sit cum Christo*, id est, in regno Christi glorioso; ita ut esse cum Christo idem illi sit ac beatitudine frui cum Christo. Et ipse Christus latroni poenitenti dixit: *Hodie mecum eris in paradiso*, id est, coelesti gloria mecum frueris, *Luc. 23, 43.* Quod porro Christus dicit *Joh. 5, 24.*, *credentes in* ipsum *transire de morte in vitam*, indicat, fideles morientes statim participes reddi vitae aeternae. Et *Apoc. 7, 4. et 15.* dicuntur *animae beatorum* martyrum esse *ante thronum Dei et servire ei die ac nocte; quae utique est quaedam beatitudinis descriptio.* Videatur b. *Mus.* Ausführl. Erklärung L. XIX. Q. XCII. p. 700. sqq.

QUENSTEDTIUS: ,,De statu animarum a corpore separatarum tres sunt potissimum sententiae. Quarum *prima* statuit, eas nec sentire quicquam, aut intelligere, nec laetari aut tristari, sed rerum omnium oblivione detineri et profundo quasi *somno* correptas dormire. Unde et hujus opinionis defensores dicti sunt Psychopannychitae. *Secunda* est, animas piorum post mortem in refrigerio quidem ac quiete esse, jamque coelestis illius beatitudinis *praegustum* habere, ipsam vero completam et consummatam possessionem ejus in extremo die demum eas adepturas esse. *Tertia* eaque verior docet, *plenam consummatamque beatitudinem*, quae in clara et intuitiva Dei visione consistit, animabus piorum obtingere, idque statim a morte et ante universalem resurrectionem corporum. Hanc animarum separatarum beatitudinem D. Koenig. in Theol. positiva § 291. appellat ,consummatam *secundum quid*'; absolute vero consummatam vocat eam, quae est *totius compositi* post animae et corporis redunitionem. . . Unde anima, antequam corpus ei uniatur, omnimodam perfectionem hactenus adepta non est, sed propter extensionem ad corpus absolute consummatam seu plenam et perfectam beatitudinem, *extensive* scl. in extremo die demum expectat. Non augebitur ergo beatitudo animae *intensive et in se*, sed extensive et extrinsece, scl. per gloriam corporis, quando in communionem laetitiae et gloriae coelestis consortium corpus redivivum assumetur. Et hoc vult b. Gerhardus, quando in LL. th. loc. ult. de vita aeterna § 109. inquit: ,Homines electi in hac vita πρόγευσιν quandam coelestium bonorum ac gaudiorum percipiunt.'" (L. c. P. I. c. 14. s. 1. th. 3. f. 789. sq.)

DANNHAUERUS; „Ψυχοπαννυχία fabula est sacris literis adversa, in quibus martyres Apoc. 6, 10. 11. voce magna sub altari clamant: ‚Usque quo, Domine, non vindicas sanguinem nostrum de his, qui habitant in terra?' Iisdem datae sunt stolae albae, et dictum est eis, ut requiescerent adhuc paululum temporis etc. At stolis albis, quae gloriae et festivitatis indices sunt, non dormientes, sed vigiles induuntur. Neque dormire dicendi, qui clamant et sequuntur agnum, quocunque iverit; quibus mors piorum lucrum et μετάβασις εἰς ζωήν Joh. 5, 24. vocatur. Quid lucratur, qui tot saeculis dormit? Praestitisset, in corpore mansisse et primitiis Spiritus frui. An vita plene fruitur, qui stertit? Cur apolysin Paulus optat, si ad tot saeculorum soporem illi migrandum fuerit? ‚Si', inquit Cicero lib. 5. de finib. n. 55. p. 154., ‚quispiam ita nonaginta annos velit vivere, ut, cum sexaginta vixerit, reliquos dormiat? Ne sues quidem id velint.' Anne dormierunt Moses et Elias, cum Christi se colloquio oblectarunt? Abraham, Isaac et Jacob, Matth. 17, 4., cum mensae coelesti accubuerunt? Matth. 8, 11. Nimirum ut Moses, Aaron, Nadab et Abihu Dei visione oblectati epulati sunt, Exod. 28, 11." (L. c. Phaenom. p. 719.)

LUTHERUS: „Homo in hac vita defatigatus diurno labore sub noctem intrat in cnbiculum suum tanquam in pace, ut ibi dormiat, et ea nocte fruitur quiete, neque quidquam scit de ullo malo sive incendii, sive caedis. Anima autem non sic dormit, sed *vigilat et patitur visiones, loquelas angelorum et Dei.*" (Exeget. opp. lat. Tom. VI. p. 120.) IDEM: „Darum machet das Ende gar einen grossen Unterschied unter dem Leiden der Christen und der Gottlosen. Denn ob sie schon beide zugleich erstochen und umgebracht werden, so fähret doch ein Christ von Mund auf in die ewige Freude, der Gottlose aber in Abgrund der Höllen." (Ad Joh. 1, 11. Tom. Hal. VII. p. 1518.) IDEM: „Derowegen sollen wir auch von unserm U. Rhegio ... gewiss versichert sein, dass er *selig sei* und das ewige Leben und Freude *habe* in der Gemeinschaft Christi und der triumphirenden Kirche im Himmel, allwo er nun *gegenwärtig* dasjenige lernet, siehet und höret, davon er hier in der streitenden Kirche nach der Vorschrift göttlichen Wortes gelehret hat." (Vorr. über Rhegii Erkl. der Prophezeyungen A. T. von Christo. 1542. Tom. Hal. T. XIV, 166.)

DANNHAUERUS: „De *Samuelis* apparitione aliquid dicendum hoc loco, quem verum non fuisse, sed personatum, hoc *syllogismo* conficimus: Is apparuit Sauli, qui 1. *propheta* non fuit; non enim erat illi Deus responsurus per prophetam vivum, v. 6.; qui 2. *inquietari* potuit, v. 15.; qui 3. dicere potuit, fore Saulem *una* cum filiis cras secum non status solum, sed et loci ratione, v. 19.; qui 4. se *adorari* passus, v. 14. At vero 1. Samuel propheta fuit, Act. 3, 24.; 2. inquietari non potuit, erat enim jam dum aeternae quieti assertus; 3. sine mendacio dicere non potuit, fore Saulem et filios Saulis cras secum; quomodo enim contribulis Samuelis (vel in limbo, juxta adversarios, vel in coelo juxta nos), qui in peccato mortuus, injussu summi Imperatoris de statione vitae decessit? 4. nunquam se adorari sustinuisset adoratione incurvata ad terram. Hoc itidem *dilemmate:* Aut ab impurissima Pythonissa evocati hi manes fuerunt, aut ultro venerunt, aut per incantationis praeventionem ab ipso Deo redditi fuerunt. Omnia absurda! Omnia impia! Primum, qui enim possint triumphantibus jam coeli civibus *jus dicere* coelo detrusi daemones? Secundum, quia non credibile, ultro venturum, qui sciat νεκρομαντείαν lege *vetitam.* Tertium, quia *blasphemum,* cogitare, Deum contra legem a se latam ad praevias necromantiae dispositiones, in opere aeternis flammis dignissimo, beatissimam animam ad nequissimi regis curiositatem inquietare voluisse. ... ‚At, vel dicendum, Scripturam esse mentitam, quae *Samuelem appellat,* vel prophetiam ex alia, quam divina, virtute esse potuisse.' *Resp.:* Neutrum sequitur; nam et Scriptura Baalem Deum vocat, neque tamen mentitur... Si ergo nec damnatae, nec beatae animae redire possunt, manet, quod diximus, principem tenebrarum sub istis larvis latere; nam tertium animarum statum, in illo regno conflictum, cui caligo aër est, impudentia murus, flamma purgatoria lux fidei, nulla adhuc suada persuadere potuit." (L. c. p. 214.) Cf. *Lutherus*, Opp. Hal. XIX, 1392. sqq.

FECHTIUS: „Ut bis demortui extra ordinem, ad declarandam divinam potentiam, bis naturae debitum solverunt, ita et extra ordinem eorum animas in loco statuve tertio fuisse et labe originali commaculatas mansisse, absurdum non est." (Syll. controv. p. 375.)

ANTITHESES:

QUENSTEDTIUS: „*Antithesis:* 1. *Psychopannychitarum*, qui animarum dormitionem quandam in sepulchro vel communi receptaculo quiescentium somniarunt; quam opinionem Hieronymus *Vigilantio* (Dormitantio potius, quia minus vigilanter de animae suae salute sibi prospexit) in libro adversus eundem tribuit. Eandem tenuerunt ex antiquis haereticis *Armeni*, statuentes, quod animae omnes, quantumvis sanctorum, usque ad ultimum judicii diem serventur in quibusdam abditis receptaculis, ubi nec Deum videant, nec beatae dici possint, nisi in spe. Ob quod dogma ab Innocentio III. et Benedicto XI. haereseos sunt damnati. Opinioni huic (quam Armenorum errorem vocat Sixtus Senensis Biblioth. s. l. 6. annot. 345. p. m. 714.), damnatae decretalibus epistolis Innocentii III. et Benedicti XI. Rom. pontif. (ex quibus Innocentius III. sedit sub initium saeculi 13.), *Johannes XXII.*, pont. Rom. post initium saeculi sequentis 14., subscripsit et decreto sancivit, sic esse credendum... 2. *Nonnullorum patrum* graecae pariter ac latinae ecclesiae, asserentium: ,Sanctorum animas corporibus suis solutas non statim ad beatificum Dei aspectum admitti, sed certis statisque extra coelum receptaculis, ubi nec mali quicquam patiantur, nec laetitiam et refocillationem sentiant, usque ad novissimum diem detineri, nec nisi illo demum illucescente, ipsisque cum corporibus per resurrectionem redunitis, suae beatitudinis participes fieri.'.. Ita *Justinus, Irenaeus, Tertullianus, Origenes, Lactantius, Chrysostomus, Theophylactus* aliique... 3. *Socinianorum*, juxta quos anima separata ante resurrectionem nihil sentit, agit aut patitur, h. e. nec coelesti beatitudine fruitur, nec poenis infernalibus afficitur... 9. *Pontificiorum*, qui (si hypotheses eorum attendantur) concedere coguntur, animas piorum post mortem, si non omnes, saltem eas, quae peccata venialia nondum remissa et poenas temporales pro peccatis mortalibus luendas secum apportant, non statim ad beatitudinem coelestem pervenire et ad visionem Dei admitti, sed ad certum tempus et interdum satis diuturnum hac gloria carere." (P. IV. c. 17. s. 2. q. 5. f. 1745. sqq.)

HOFMANNUS: „Der Zustand der Todten ist ein gleichartiger an Leib und Seele. Wer ohne Hoffnung des Heils abscheidet, dessen Leib ist auch hoffnungslos dem Tode verfallen; wer im Glauben stirbt, dessen Seele ist in einem Zustande, welcher dem Todeszustande seines verwesenden, aber der Auferweckung entgegenwartenden Leibes entspricht." (Schriftbeweis. Ed. 2. P. II, 480.)

IDDM: „Nachdem Christi verklärte Leiblichkeit das Haus Gottes geworden, und die Gottesgemeinschaft des Gläubigen Gemeinschaft mit dem in verklärter Menschennatur überweltlich lebenden Christus ist, hat der Christ die selige Gewissheit, dass sich seine Gemeinschaft mit Christo, wenn er aus dem irdischen Leben scheidet, in dem himmlischen Hause Gottes fortsetzt. *Selbst körperlos, wird er den Leib, in welchem die Fülle der Gottheit wohnt, zu seiner Wohnung haben.* Hat Christus die Seinen, so lange sie durch die Beschaffenheit ihrer Natur von ihm geschieden waren, persönlich in ihm, dem leiblich lebenden, leben lassen; so lässt er ihnen nun, nachdem sie ihrer Natur verlustig geworden, die seine statt der eignen sein." (L. c. III, 434.)

IDEM: ,,Im leiblichen Tode hört der Mensch auf, sich selbst zum Mittel seiner Selbstbethätigung zu besitzen. Etwas anderes aber, als dies, ist weder, was man den geistlichen, noch was man den ewigen Tod nennt. Der leibliche Tod ist an sich ein Tod für immer, und dass ihm noch ein zweiter folgt, kommt blos davon, dass die *Vernichtung des Stofflichen*, welches dem Einzelnen zu seiner Selbstbethätigung eignet, erst mit dem Ende aller Geschichte des Geschlechts, mit der Wandlung der gesammten körperlichen Schöpfung eintritt.'' (Schriftbeweis. I, 430.)

b) Oppositorum enim similis ratio est. Et vid. *1 Petr. 3, 19.*, ubi Christus, ad inferos descendens, dicitur *spiritibus*, qui tunc *erant in carcere*, illis quidem, *qui tempore Noë inobedientes fuerunt*, ideo autem inclusi carcere, praedicasse. Atque animae, quae in carcere illo sunt, haud dubie a facie Dei rejectae sunt et connexis poenis affliguntur.

c) Certe *purgatorium* seu status poenalis fidelium, vitae aeternae quidem haeredum, sed a peccatis in hac vita plene non purgatorum, medius proinde inter vitam et damnationem fingi non debet.

S. NIEMANNUS: ,,Scriptura sicut duos tantum ordines hominum agnoscit, quorum alii sunt credentes, alii increduli, Marc. 16, 16. Joh. 3, 18., alii benedicti, alii maledicti, Matth. 25, 34. 41., alii oves, alii hoedi, ibid. v. 33.: ita etiam *duorum tantum receptaculorum* meminit, coeli scilicet, in quod recipiantur animae fidelium sive piorum, et inferni, qui destinatus sit animabus infidelium sive impiorum; *duplicis item status* animarum, nempe aeternae vitae sive salutis, et aeternae damnationis sive supplicii, Luc. 16, 22. 23. sqq. Marc. 16, 16. De loco autem vel statu aliquo *intermedio* altum in Scriptura est silentium.'' (Disp. th. de receptaculis etc. th. 30.)

ANTITHESES.

GERHARDUS: ,,*Pontificii quinque animarum receptacula fabricant.* 1. *Infernum*, in quem ablegant animas hominum extreme impiorum, qui incredulitate, impatientia et gravioribus contra conscientiam delictis sive peccatis mortalibus ex hac vita decedunt. 2. *Purgatorium*, inferno proximum, in quod relegant animas eorum, qui nondum plene a peccatis venialibus purgati sunt, necdum pro temporalibus poenis peccatorum perfecte satisfecerunt, in fide tamen Christi ex hac vita discesserunt; illis tamdiu in purgatorio sudandum statuunt, donec peccatorum maculis purgatis puri et mundi in coelum subvolent. 3. *Limbum puerorum*, cui assignant animas infantum non baptizatorum, qui propter peccatum originis, in quo absque baptismi remedio decesserunt, poena damni, non tamen sensus in hac cella subterranea afficiantur, exclusi a gaudiis coeli, non tamen subjecti poenis inferni. Dicitur limbus, quia est quasi ora et extremitas quaedam inferni, sicut limbus vestimenti. 4. *Limbum patrum*, in quem introducunt animas patriarcharum et omnium sanctorum V. Test., ante Christi ad inferos descensum demortuorum, quas in hac cellula poenam damni temporalem sustinuisse asserunt, donec, peccati originalis debito per Christi mortem dissoluto, ex ea liberatae ad fruitionem coelestis beatitudinis fuere introductae, cum Christus ad inferos descendisset. Cat. Trid. p. 56. Sonnius in demonstr. relig. Christ. lib. 2. tract. 3. cap. 15. etc. 5. *Coelum*, in quod animas sanctorum ab omnibus peccatis plene purgatas admittunt. Ordo illarum contignationum juxta pontificios talis est: infernus in ipso terrae centro positus est, huic proximum purgatorium, quod est contignatio quasi secunda, illi contiguus est limbus infantum, cui proxime superincumbit limbus patrum, qui hodie, translatis in coelum a Christo patribus, prorsus vacuus est.'' (Loc. de morte § 166.)

IDEM : ,,*Purgatorium* sic describunt pontificii, quod sit ,locus quidam, in quo tamquam in carcere post hanc vitam purgantur animae,
quae in hac vita non plene fuerunt purgatae, ut nimirum, sic purgatae,
in coelum ingredi valeant, quo nihil intrabit coinquinatum.' Bellarminus lib. 1. de purgat. cap. 1. De *circumstantiis* purgatorii, videlicet de
personis in eo purgandis, loco, tempore, poenis, suffragiis et hujus
generis aliis plurimum inter se variant. De *poena* purgatorii credunt,
,quod ignis ille, quo animae purgantur, sit verus et proprius ignis,
adeoque ejusdem speciei cum nostro elementari.' Bellarminus lib. 2.
de purg. cap. 6.: ,Theologi fere omnes docent, eodem in loco esse et
eodem igne torqueri damnatos et animas purgatorii.' De gravitate poenarum sentiunt, eas esse ,atrocissimas, et cum illis nullas poenas hujus
vitae comparandas. Tanta est differentia inter ignem purgatorii et eum,
quo in hoc mundo homines uruntur, quanta inter prunas torrentes et
oris humani halitum, nulloque tormenti genere caro humana tantum
cruciatum ferre potest, quantum patitur anima, illius ignis purgatorii
ardore afflicta.' c. Nullus in fin. de poenit. dist. 7.'' (L. c. § 181.)

LUTHARDTIUS : ,,Verwandt mit den heidnischen Anschauungen
vom *Hades*, als dem Ort der abgeschiedenen, schattenhaft lebenden
Seelen, theilweise verbunden mit der Idee der Vergeltung, lauten die
alttestamentlichen Aeusserungen über das Scheol. שְׁאֹל. . . Das Neue
Testament nimmt zunächst die alttestamentliche Anschauung vom
Hades in entwickelter Gestalt herüber; so im Gleichniss Luc. 16, 22. ff.
In diesen Hades nun ging Christus selbst mit seinem Tode, aber er ist
zugleich im Paradies, und mit ihm der Schächer, Luc. 23, 43., und
nimmt die alttestamentlichen Frommen mit sich aus dem Hades Matth.
27, 52. f. Seitdem kommen die Gläubigen nicht mehr in den Hades,
sondern als selige und vollendete Geister Hebr. 12, 23. in den Himmel
zu Christo 2 Kor. 5, 6. 8. Phil. 1, 23. Apok. 7, 9. ff., zur seligen Ruhe
6, 11. 14, 13., während der Hades seine Todten erst am Ende heraus-
gibt, um dann nicht mehr zu sein Apok. 20, 13. f. . . Die Dogmatik
lässt, ungeschichtlich, die Entscheidung mit dem Tod schon völlig abgeschlossen sein. Die Frommen kommen alsbald in den Himmel, die
Gottlosen in die Hölle: . . . Seit der Zeit des Pietismus kam aber
die Lehre von einem *Zwischenzustand* wieder auf und wurde in der
neueren Zeit beliebt, wobei es sich noch besonders um die Fragen der
Zwischenleiblichkeit, der Entwicklungsfähigkeit und Bekehrungsmög-
lichkeit und der Möglichkeit vollendeter Heiligkeit handelt.'' (Comp.
p. 290. 291. 293.)

KAHNISIUS : ,,Somit haben wir Grund, in jener Welt einen *Mittel-
zustand* anzunehmen, in welchem noch eine *Entscheidung* möglich ist
für die, welche in dieser Welt sich noch nicht entscheiden konnten.
Auch nach mittelalterlicher Anschauung gibt es zwischen der Hölle
und dem Fegefeuer Uebergänge. In der Idee des *Fegefeuers* aber liegt
unzweifelhaft eine *Wahrheit*, nämlich dass für viele Christen noch eine
Läuterung nöthig ist. Gross ist die Zahl von Christen, von denen man
nicht sagen kann, dass Christus ihr Leben ist. Aber sie haben doch
einen Zug zu ihm und bekennen das, was sie von ihm erkannt haben,
in einer Lauterkeit, Selbstlosigkeit, Treue des Wandels, welche viele
Christen, die stärker in Worten als in Werken sind, nur beschämen
kann. Soll für sie keine Hoffnung sein? Nicht klein ist endlich die
Zahl von Christen, die, so weit Menschen urtheilen können, im wahren
Glauben stehen, aber deren Glaube noch stark versetzt ist mit den
Schlacken des alten Menschen, so dass man urtheilen möchte, dass sie
so, wie sie sind, nicht ins Paradies kommen können, wenn das Paradies
Paradies bleiben soll. Man sage nicht, dass mit dem Leibe auch viel
vom alten Menschen abfallen werde. Warum lässt man den Gläubigen
zukommen, was man den Ungläubigen nicht zugesteht? Die Eigen-
thümlichkeit eines Menschen lässt sich nicht mit einem Zauberschlag

beseitigen. Wie soll einem Christen, dem es an Liebe fehlt, durch den Tod auf einmal ein Strom von Liebe werden? Und so müssen wir wohl annehmen, dass in jener Welt noch für Läuterung und Entwicke-lung Raum ist. Sonach würden in jener Welt *drei Orte* und mit ihnen Zustände zu unterscheiden sein: der *Strafort* (φυλακή), der mittlere *Ort der Entscheidung und Läuterung* und der *Freudenort* (παράδεισος)." (Die luth. Dogm. III. p. 553. sq.)

§ 17.

Corpora hominum exanimata in[a] terram[b] cum honore, sed absque luxu[c] immoderato et superstitiosis[d] ritibus *recondenda*[e] sunt, ut ibidem in cineres[f] resolvantur, *nisi* mortuorum antegressa[g] delicta poenae loco *vel* inhu-mata ea[h] relinqui, *vel* saltem absque honore[i] sepeliri meruerint.

a) Non aeque in *aquam* aut *ignem* immittenda, nedum a *bestiis* aut *hominibus* absumenda, quippe quorum potius est *dormire in pulvere terrae, Dan. 12, 2., seminari* aut instar seminis terrae committi, *1 Cor. 15, 37.*, nimirum velut de *lege communi.*

GERHARDUS: „Profani illi ac gentiles corpora defunctorum tra-ctandi ritus ostendunt, vere ab apostolo de gentilibus dictum esse Ephes. 2, 12. 1 Thessal. 4, 13., quod *spem non habuerint,* resurrectionis scilicet corporum ad vitam aeternam. Sed in ecclesia christiana corpora de-functorum, praesertim piorum, merito honorificentius tractantur. . . Quanti officium sepulturae coram Deo fiat, ex eo colligitur, quod Spiri-tus Sanctus illud vocat ‚misericordiam' Ruth. 1, 8. 2 Sam. 2, 5. . . Christus Matth. 26, 9. factum mulieris ad sepeliendum corpus ipsius ungentis vocat ‚opus bonum'. . . *Terrae autem inferri ac humari,* id est, humo superingesta sepeliri curamus defunctorum corpora: 1. ob divini oraculi promulgationem. Genes. 3, 19.: ‚Terra es, et in terram reverteris'; Dan. 12, 2.: ‚Qui dormiunt in terrae pulvere'; Eccles. 12, 7.: ‚Pulvis revertitur in terram, quemadmodum fuit.' 2. Ob terrae appellationem; vocatur illa ‚mater omnium nostrum' Sirac. 40, 1., quia mortuos sinu suo nos excipit et ossa nostra usque ad diem judicii, qui erit dies παλιγγενεσίας Matth. 19, 28., complexu suo custodit. . . 3. Ob Christi et apostoli Pauli comparationem, qua granis in terram projectis corpora pie defunctorum ad confirmandam resurrectionis spem con-ferunt, Joh. 12, 24. 1 Cor. 15, 37. et 38. Inde in lingua nostra verna-cula coemeteria pulcerrime vocantur agri dominici, in quibus scilicet corpora piorum velut quaedam grana in spem futurae messis seminan-tur. 4. Ob exempli in sanctis Dei viris propositi imitationem. Anti-quissimo et perpetuo ecclesiae usu receptum fuit, defunctorum corpora terrae inferre, Genes. 23, 19. cap. 50, 13. etc.; quin immo Deus ipse hunc morem sepeliendi defunctos confirmavit Deut. 34, 6. 5. Ob se-pulchrorum nostrorum per Christum factam consecrationem. Sicut Christus propter nos mortem in cruce sustinuit, ita quoque propter nos sepeliri voluit, ut contactu sanctissimae suae carnis nostra sepul-chra santificaret, eademque בֵּית־חַיִּים, domus viventium, ac κοιμητήρια sive dormitoria efficeret. Quemadmodum igitur cum Christo consepulti sumus per baptismum in mortem, Rom. 6, 4., ita quoque aequum est, ut in sepultura corporali ipsi conformemur." (Loc. de morte § 79. 80.)

b) Habita ratione non tantum praestantiae *humanae naturae* prae brutis animantibus, simul *status* ac *meritorum* antegressorum in hac vita, sed praecipue, si homines *christiani* fuerint, dignitatis sanctioris, quatenus corpora fidelium jam in hac vita fuerunt templa *Spiritus Sancti, 1 Cor. 3, 16.*, *membra* eorum, *membra Christi, 1 Cor. 6, 19.*, *arma justitiae, Rom. 6, 19.*, posthac autem resuscitanda sunt et *glorioso corpori Christi conformia* futura, *Phil. 3, 21.*

c) Qui *vel* in corporibus defunctorum nimium exornandis, *vel* in exequiis sumtuosioribus consistit, contra et τάξιν et εὐσχημοσύνην christianam.

d) V. g. consecrandi coemeterium aut sepulchrum per aquam lustralem, pulsandi campanas consecratas velut ad abigendos daemones etc.

e) Prout *humatum* dicunt, qui humo contectus est. Quanquam *nec* necesse sit, ut humus *immediate* tangat corpus aut loculi excludantur. Nam et *fornices* aut *cavernae* sufficiunt. Dicimus autem corpora debere recondi, *ut* officia superstitum et honesta desideria mortuorum indicemus, *licet* denegationem sepulturae ab adversariis factam moderate ferendam esse piis et confessoribus, non negemus. Pulchre *Augustinus: Multa corpora christianorum terra non texit, sed nullum eorum quisquam a coelo et terra separavit, quam totam implet praesentia sui, qui novit, unde resuscitet, quod creavit.* L. I. de C. D. c. XII., ubi mox addit illud *Lucani: Coelo tegitur, qui non habet urnam.*

f) Juxta illud: *Pulvis es, et in pulverem reverteris, Gen. 3, 19.*, quod non tam sepulturam ipsam, quam resolutionem corporis in pulverem aut cinerem denotat. Conf. *Ps. 104, 29. 146, 4.*

g) V. g. pertinax propugnatio haereticorum dogmatum, cum seductione aliorum conjuncta: flagitia notoria ad finem usque vitae continuata absque poenitentiae notis.

h) Quam *sepulturam asini* vocat Deus *Jer. 22, 18.*

i) Seu, absque ceremoniis consuetis comitatus populi, psalmodiae sacrae, commendationis defuncti, forte etiam extra coemeterium. De quibus plura in scholis theologiae moralis aut casualis traduntur.

§ 18.

Describi potest mors temporalis,[a] quod sit privatio vitae[b] animalis, ex dissolutione animae et corporis, per peccatum primorum[c] parentum, satana[d] hostiliter instigante, patratum, justo Dei[e] judicio proveniens, omnibusque[f] hominibus ex naturae necessitate subeunda, ad justitiae divinae[g] gloriam.

a) Qualis *in se* est et ratione *originis* seu introductionis suae in mundum. *Non* qualis *per accidens* atque intervenientibus variis casibus circa varia subjecta conspicitur.

b) Hanc enim in casu recto importat. Conf. § 2.

c) Quibus causa efficiens moralis ac meritoria indicatur. Conf. § 5. et 7.

d) Pertinet et hic ad causam moralem, odium autem hostile ad causam ex parte ejus impulsivam; vid. § 4. et 7.

e) Qui est causa mortis per modum *poenae* spectatae. Et quando *justum* dicimus judicium, simul causam impulsivam internam ex parte Dei indicamus; vid. § 6. et 7.

f) Qui sunt subjectum Quod; de quo vid. § 13.

g) Tanquam ad finem, juxta § 14.

Caput IX.

DE RESURRECTIONE MORTUORUM.

§ 1.

Quemadmodum anima hominis post mortem super-stes[a] manet, ita *corpus* etiam, quod per mortem destru-ctum[b] est, *resurget* et in vitam revertetur, quod ex Scri-pturis[c] clarissimum est, ratione naturali autem cognosci equidem certe non[d] potest, licet illi non repugnet.[e]

a) Vid. cap. praeced. VIII. § 15.

b) Dissolutum, putrefactum, in cineres redactum; vid. l. c. § 17. nota *f*.

c) Ita *Jobus* credidit et professus est *cap. 19, 25.*, *Esaias* quoque praedixit *cap. 26, 19. et Daniel cap. 12, 2.*, Christus confirmavit *Joh. 5, 28. cap. 11, 23.*, accedit *Paulus 1 Cor. 15, 12. sqq. et 1 Thess. 4, 16.*

d) Haec enim quamvis animae immortalitatem assequatur, tamen, *utrum* ea absque corpore victura, *an* vero corpori aliquando, et cui, redunienda sit, certo definiri non potest. Conf. b. *Mus.* Introd. cap. II. § 9. p. 39.

e) Nempe quando Scriptura revelat doctrinam de resurrectione mortuorum, tunc ratio, quae Deum scelerum vindicem et bonorum remuneratorem agnoscit, *consentaneum* sibi potius, quam adversum deprehendit, resuscitari corpora, bene aut male factorum organa, ad consortium poenarum vel praemiorum. Et *quamvis* non inveniat ratio, quomodo corpora numero eadem, quae in cineres resoluta sunt, resus-citari queant, *tamen* tantum abest, ut invicto argumento impossibili-tatem ostendere possit, ut potius potentiae divinae illud relinquere cogatur. Conf. b. *Mus.* Introd. in Th. P. II. cap. V. § 12. p. 330. 331.

ANTITHESIS.

Quenstedtius: „*Antithesis* : 1. *Gentilium* extra ecclesiam, quibus resurrectio corporum visa fuit λῃρώδης λόγος Act. 17, 32. . . Act. 26, 27. *Plinius* lib. 2. nat. hist. c. 7. et lib. 7. c. 55. mortuorum resuscitationem vocat ,puerilia deliramenta‘, et addit: ,Quae, malum, ista dementia est, iterari vitam morte?‘ *Aeschylus* in Eumenid.: ,Ἅπαξ θανόντος οὐκ ἐστιν ἀνάστασις‘; *Theocritus :* ,Non est spes ulla sepultis‘; *Catullus* ad Lesb.: ,Soles occidere et redire possunt; nobis, cum semel occidit brevis lux, nox est perpetuo una dormienda‘. . . 2. *Epicuraeorum* in visibili ecclesiae gremio V. T., de quibus vide Es. 22, 13. Sap. 2, 1. 3. *Sadducaeorum* in N. T., qui dicebant tempore Christi, non esse resurrectionem sperandam, Matth. 22, 23. Marci 12, 18. Luc. 20, 27. Act. 23, 6. 8. 4. *Hymenaei* et *Phileti* tempore Pauli, dicentium, resurrectionem jam esse factam. Existimabant enim, non aliam resurrectionem, quam mysticam seu spiritualem (quae a peccatis per regenerationem fit), promitti, 2 Tim. 2, 17. 18., ut exponunt Haymo et Lyranus, vel quod resurrectionem in successione, quae per procreationem liberorum fit, constituerunt. 5. *Quorundam in ecclesia Corinthiaca*, 1 Cor. 15, 12. . . 7. *Haereticorum* in primitiva ecclesia, in qua resurrectionem negarunt *Simoniani, Carpocrates, Saturninus, Basilides, Valentiniani*. . . Vide Epiphanium, qui a *Simone Mago*, haereticorum in ecclesia N. T. parente et duce, resurrectionem rejectam docet, sectasque ab ipso ortas in errore perstitisse. *Dositheo* quoqne Philastrius tribuit, quod ,de carne non speret resurrectionem futuram‘. Summa: ,In nulla re sic contradicitur christianae fidei, quam in resurrectione carnis‘, ut ait Augustin. in Ps. 89. ,Quantum ex auctoribus et historia colligo‘, inquit D. Georg. Calixtus, ,priorum saeculorum haeretici fere omnes ad hunc lapidem impegerunt.‘ Scripsit quoque *Johannes Philoponus* philosophus, cognomento grammaticus, librum de resurrectione, in quo ,τὴν τῶν σωμάτων ἀνάστασιν ἀναιρεῖ‘, corporum resurrectionem rejecit, ut scribit Photius. . . 7. *Amalrici*, Parisiensis doctoris, qui, imperatore Philippo, Aënobarbi filio, praeter alios hunc quoque errorem amplexus. . . 8. *Albigensium*. . . Si scriptoribus istorum temporum habenda fides est, eundem errorem errarunt. . . 9. *Johannis XXIII.*, Rom. pontif., qui ut animae immortalitatem, ita quoque carnis resurrectionem negavit. . . 10. *Libertinorum*, qui resurrectionem carnis irrident et dicta Scripturae, quae de ea agunt, tantum ad animas referunt; teste P. Martyre. Calvinus in lib. de instruct. adv. Libertinos c. 3. inquit: ,Quicquid christiani de vita aeterna, de resurrectione tenent, ipsis fabula est‘; et c. 22.: ,Rident spem omnem, quam de resurrectione habemus, idque jam nobis evenisse dicunt, quod adhuc expectamus‘. . . 10. *Socinianorum*, qui articulum de mortuorum resurrectione penitus negant. . . *Ostorodus* Instit. c. 41. protestatur quidem, ,se credere corporum resurrectionem‘, ast intelligit corpora ea, quae olim nostra futura sunt, non quae jam circumferimus. . . Misere etiam corrumpit verba symboli apostolici: ,Credo resurrectionem carnis‘, quibus hunc sensum affingit: ,Credo resurrectionem carnis, i. e., illius, quod caro fuit, non autem ipsius hujus carnis nostrae‘. . . 12. *Arminianorum*, qui suspenso animo haerent, quid de corporum resuscitatione statuendum sit.“ (Th. did.-pol. P. IV. c. 18. s. 2. q. 1. f. 1770. sqq.)

§ 2.

Consistit autem resurrectio[a] mortuorum in hoc, quod *corpus*, per mortem destructum, ex materia, in quam conversum fuit, *reproducetur* atque animae *redunietur* sive, uno verbo, resurget atque ita una cum anima perveniet *vel* ad beatitudinem, *vel* ad damnationem sibi destinatam.[b]

a) His enim *duobus* actibus formalis ratio resurrectionis constat, quatenus quidem illa *transitive* sive *resuscitatio* dicitur. Atque ita etiam ἀνάστασιν (quae *Joh. 5, 29.* appellatur, alias ἐξανάστασις, *Phil. 3, 11.*, estque vi vocis δευτέρα τοῦ πεπτωκότος στάσις, *iterata statio ejus, quod cecidit*) et ζωοποίησιν, seu vivificationem, juxta *Rom. 8, 11. 1 Cor. 15, 22.* sic dictam, quoad rem unam actionem esse credimus; cui etiam respondet vox παλιγγενεσίας seu *regenerationis* (corporum reviviscentium), *Matth. 19, 28.*

b) Adeoque, quemadmodum mors, ita et resurrectio mortuorum, *conditio* seu *medium* ὡς ἐν πλάτει ita dictum est, sine quo de lege communi non contingit plena totius suppositi beatitudo aut miseria. Conf. *Joh. 5, 28. Dan. 12, 2.*

§ 3.

Causa *efficiens principalis*[a] resurrectionis est Deus[b] trinunus[c] et Christus θεάνθρωπος.[d]

a) Seu quae virtute sua, adeoque juxta exigentium operis et effectus infinita, restaurabit corpora atque animabit.

b) Is enim dicitur *aperire tumulos Ezech. 37, 12.*, *redimere a morte Hoseae 13, 14.*, *vivificare mortuos Rom. 4, 17.*, *suscitare mortuos 2 Cor. 1, 19.*

> HANEKENIUS: „Fit resurrectio non naturae viribus, unde frustra laborant, qui in mortuis exsiccatis hominis cineribus vitae igniculos et semina quaeritant; sed immensa omnipotentis Dei potentia, quae merito contradicenti rationis pervicaciae capistrum injicit." (Verae th. Synopsis. Marpurgi, 1629. p. 155.)

c) Est enim resuscitatio mortuorum opus *ad extra.*

d) Per omnipotentiam, quam, qua *Deus*, habet essentialiter, qua *homo*, per communicationem, vid. *Joh. 5, 21.*, ubi *Filius* dicitur *vivificare mortuos*, sicut *Pater* eos *suscitat et vivificat.* Dicitur etiam *v. 28.*, *mortuos, qui in monumentis sunt, vocem Filii Dei audituros et predituros* ad judicium. Hanc autem, sicut *judicandi potestatem*, ita et virtutem suscitandi mortuos judicandos *datam* esse illi, ὅτι υἱὸς ἀνθρώπου ἐστὶ, id est (evoluta particula ὅτι, quae *specificative* accipienda est), in *quantum filius hominis est*, seu *secundum* eam *naturam*, qua filius hominis aut homo est, *vers. 27.*

> WALCHIUS: Reduplicative wird dem *specificative* entgegengesetzt, welche Wörter man von solcher Beschaffenheit der Sätze braucht, da das Prädicat dem Subject entweder nothwendig, oder zufälliger Weise zukommt. Ist es *nothwendig*, so sagen sie, dass das Object *reduplicative* zu erklären und durch das Wörtchen quatenus zu wiederholen sei; z. E. der König in Schweden hat in Upsala zu befehlen; da könne man sagen: Der König in Schweden als König in Schweden hat in Upsala

zu befehlen. Wäre es *zufällig*, so sei es nur eine Beschreibung und
gleichsam eine *Specification* des Subjects; z. E. der Student ist ein
Maler; hier sei das Subject nicht zu wiederholen: der Student, eben
weil er ein Student ist, wird für einen Maler gehalten, sondern es sei
nur eine solche Beschreibung, dass die Person, die sich unter den Stu-
denten befindet, auch etwas in der Malerei gethan habe.'' (Philosoph.
Lexikon. Lpz. 1733. p. 2132. sq.)

§ 4.

Causa *impulsiva interna* resurrectionis mortuorum *in
genere* est justitia divina[a] et *speciatim*, respectu *piorum*,
justitia remuneratoria,[b] respectu *impiorum* justitia vindicativa.[c]

a) Sic mortui resuscitandi et manifestandi dicuntur, ut reportet
unusquisque τὰ διὰ τοῦ σώματος, ea, *quaecunque fecit per corpus, sive bona,
sive mala, 2 Cor. 5, 10.*

b) Seu, quod Deus, *benignitate* sua motus, beatorum corpora,
sanctarum actionum organa, in societatem beatitudinis vult transferre;
vid. *2 Thess. 1, 5.   B. Scherzerus* vocat *justitiam distributivam,* quae
omnino postulet, ut illud ipsum corpus, in et cum quo pii certarunt, coronetur.
Confer., quae diximus de justitia remuneratoria, cap. I. § 12. not. *e.*

c) Seu, quod Deus ea sui perfectione, qua inclinatur ad *vindi-
canda* peccata, impellitur etiam ad peccata impiorum in corporibus
restauratis punienda. Conf. l. c. *ad Thessal.*

§ 5.

Causa *impulsiva externa* respectu resurrectionis *piorum* est meritum Christi fide finali apprehensum,[a] respectu *impiorum* impoenitentia finalis.[b]

a) Prout Christus *Joh. 11, 25.* dicit: *Ego sum resurrectio et vita;
qui credit in me, etiamsi mortuus fuerit, vivet.* Et *1 Cor. 15, 22.* dicuntur
per Christum vivificari omnes, non quidem homines cujuscunque conditionis, sed omnes, qui a Christo per spiritualem nativitatem descendunt; *quemadmodum per Adamum omnes moriuntur,* qui ex Adamo per
carnalem nativitatem descendunt; quod contextus indicat. Per Christum autem vivificari, est virtute meriti ejus vivificari. Unde et Christus *causa meritoria* resurrectionis piorum dicitur.

b) Vid. *2. ad Cor. 5, 10.* Nempe *mala, quae quisque gessit in corpore,* movent Deum, ut velit eum *manifestare in corpore, ad reportandas
in corpore* poenas. Ut autem *Christi meritum,* etiam respectu *impiorum,* causam resurrectionis impulsivam seu meritoriam dicamus, causae
nihil habemus. Nempe meritum Christi, nostro loco et bono a Mediatore praestitum, causa meritoria dicitur in respectu *ad bonum* aliquod
nobis impetrandum, resurrectio autem impiorum boni rationem quoad
illos non habet. Conf. b. *Gerhard.* L. de Resurrect. Mort. § 55. et sqq.

ANTITHESIS.

QUENSTEDTIUS: „*Antithesis:* 1. *Calvinianorum*, asserentium, resurrectionem impiorum dependere a merito Christi resurgentis, sive
damnatos et impios etiam resurrecturos virtute et efficacia meriti
Christi. Ita *Calvinus*. . . 2. *Quorundam nostratium*, ut D. Henrici
Boethii, professor. Helmstadt., tractatu peculiari de resurrectione impiorum, in quo contendit, quod ‚virtute meriti Christi resurrecturi
etiam sint infideles‘, quam opinionem quoque suam fecit D. *Brochmannus* in system. theol. art. XVI. de servatore Christo s. 15. q. 6.“
(L. c. q. 3. f. 1784.)

§ 6.

Subjectum *Quod* resurrectionis[a] sunt homines mortui[b] omnes[c] non solum *pii* et fideles, sed et *impii* atque
infideles.[d]

a) Sive id, quod *ultimo* denominatur resurgere, aut uno verbo
supposita resurgentia.

GERHARDUS: „Dicendum, quod, cum actiones et passiones sint
suppositi, *totus* homo, ὁλικῶς consideratus, recte statuatur subjectum
resurrectionis, sed *non totum* hominis, μερικῶς considerati sive omnes
partes. Animae enim, utpote spiritui immortali, non competit
resurrectio illa, de qua hoc loco agimus, sed alia, videlicet spiritualis, quam Johannes vocat resurrectionem primam Apoc. 20, 6.,
quae in hac vita duntaxat locum habet. . . Quia vero superius
diximus, formam resurrectionis consistere in duobus, in corporum scil. ex terrae pulvere reformatione et in eorundem animatione
sive animarum, cum corporibus suscitatis redunitione, ideo respectu
operis posterioris etiam animabus resurrectio tribui potest, sed κατ᾽ ἄλλο,
quia corpori resurgenti iterato uniuntur ac ad pristinum officium ani-
mationis, quod in morte ac per mortem suspensum fuerat, iterum
redeunt.“ (L. de resurr. mort. § 106.)

b) Qui enim *vivi* deprehendentur in die ultimo, proprie loquendo
non resurgent, cum per mortem non ceciderint; *immutabuntur* tamen
ac deponent mortalem corporis conditionem, juxta *1. ad Cor. 15, 51. sqq.*
Conf. cap. praeced. VIII. § 13. not. *d.*

c) Sane *Joh. 5, 28.* expresse dicitur, *omnes, qui in monumentis sunt,
audituros vocem Filii Dei et resurrecturos* esse una *hora.* Est enim in
phrasi, *esse in monumentis*, descriptio generalis mortuorum, sumta a
parte potiore. Unde nec *embryones* in uteris matrum extinctos hinc
excludimus. Quod autem *aliqui* homines non demum in universali
resurrectione resuscitandi sunt, sed jam *olim* Christo resurgente *resurrexisse* leguntur, *Matth. 27, 53.*, et cum Christo in coelos *ascendisse*
creduntur, id *extraordinarium* fuit. Qui vero in V. T. a prophetis, et in
N. T. a Christo ante passionem suam et ab apostolis post ascensionem
Christi e mortuis ad *vitam* hanc *naturalem resuscitati* fuerunt, eos *iterum
mortuos* adeoque in resurrectione ultima demum ad vitam immortalem
resuscitandos recte statuitur. Vide disp. nostram, qua τοῦτο et
statum animarum separatarum ad vitam naturalem rursus ordinatarum
expendimus.

d) Sive *justi et injusti*, *Act. 24, 15.*, *qui bonum* fecerunt, et qui *malum*, *Joh. 5, 29.* Confer. *2 Cor. 5, 10.*

ANTITHESIS.

QUENSTEDTIUS: „*Antithesis:* 1. *Judaeorum*, qui ad pios tantum resurrectionem restringunt, et quidem prius istos pios resurrecturos esse credunt, qui in benedicta terra Canaan sepulti jacent; illudque ex desiderio quorundam patriarcharum colligere volunt; alios vero extra Canaan per occultos terrae meatus ingenti cum cruciatu usque ad eandem devolvendos esse; impiorum vero resurrectionem rotunde negant... 2. *Socinianorum*, statuentium, impios quoad animam et corpus perpetuo in morte mansuros, nec ullam aliam poenam aut cruciatum post hanc vitam sensuros." (L. c. q. 2. f. 1777. sq.)

HOFFMANNUS: „In der That ist ja Vernichtung der Unterwelt und Aufhören der Herrschaft des Todes eins und dasselbe. Wir erhalten also den angemessenen Gedanken, dass die Unfrommen mit dem Morgen nach der Todesnacht, wenn des Todes Herrschaft aufhört, unter die Herrschaft der Gerechten, und durch die Vernichtung der Unterwelt, welcher ihr Leibliches mitverfällt, um dessen letzte traurige Wohnung, somit aber um ihr Leibliches selbst kommen, welches nun nicht mehr seines Bleibens hat." (Schriftbeweis. II, 469.)

§ 7.

Subjectum *Quo*[a] est corpus idem numero,[b] quod quisque in hac vita[c] habuit.[d]

a) Sive *pars* illa essentialis hominis, *secundum quam* resurgere dicitur, seu quae, ante destructa, per resurrectionem reproducetur et parti alteri superstiti unietur.

b) Sane ipsa vox ἀναστάσεως, seu resurrectionis, importat *iteratam stationem* ejus, quod ante steterat et ceciderat, juxta § 2. not. *a.*, unde *si* aliud corpus in hac vita stetisse ac per mortem cecidisse, aliud olim productum iri statuas, resurrectio vera *non* fuerit, *sed* nova creatio, aut aliquid simile μετεμψυχώσει vel μετενσωματώσει Pythagoricae. Confer. *2 Cor. 5, 10.*, ubi manifeste indicatur identitas corporis, in quo quis bene vel male operatus est in hac vita et in quo praemia vel poenas in judicio extremo sit accepturus. Adde *Dan. 12, 2. Joh. 5, 28. 29.*, ubi iidem, qui hactenus dormiverunt, evigilaturi dicuntur. Cum ergo non secundum animam, sed secundum corpus dormiverint, secundum ipsum corpus, quo quisque dormivit, resuscitandi sunt. In V. T. *Jobus cap. 19, 25.*, confessionem fidei, aeterna memoria dignam, editurus, dixit, scire se, quod post longissimi temporis decursum, seu *tempore postremo* (אַחֲרוֹן) *in carne sua*, ante corrupta et a vermibus *consumta*, hisce *oculis*, quos hic habuit, *Redemtorem* suum (גֹּאֵל), qui sibi (homini redimendo) cognatione aut consanguinitate junctus sit (qualis nemo, nisi **Messias** intelligi potest), *vivum* et visibili forma apparentem ac, victoris potentis instar, *in pulverem dominaturum*, *visurus* sit. Similiter Messias ipse *Jes. 26, 19.* de martyribus suis, seu fidelibus, propter ipsum et confessionem ipsius occisis, נְבֵלָתִי יְקוּמוּן, *cadaver meum*, i. e. propter me cadaver facti *resurgent*. Itaque ipsum hoc, quod aliquamdiu cadaver fuit, reviviscet.

GERHARDUS: „Argumenta adversariorum potiora haec sunt: 1. Ex oraculis Salvatoris Matth. 22, 30. Luc. 10, 36.: ‚Filii resurrectionis erunt ἰσάγγελοι καὶ ὡς ἀγγελοι.‘ Ergo in angelicam naturam convertentur. Resp.: a. Similitudo non est identitas, ὁμοιότης καὶ ἰσότης non est statim ταυτότης. . . c. Beati erunt ἰσάγγελοι non per essentiam naturae, sed per convenientiam qualitatum et gloriae, unde non dicuntur ἀγγελοι, sed futuri ὡς ἀγγελοι. d. Idem colligitur ex scopo. . . 2. Ex loco apostolico 1 Cor. 15, 51.: ‚Caro et sanguis non possidebunt regnum Dei.‘ Ergo corpora resuscitata et glorificata non habebunt carnem et sanguinem. Resp.: a. Apostolus in eodem capite ejusdem numero et substantia corporis resuscitationem perspicue asserit; b. non ergo de ipsa corporis substantia, ἁπλῶς in se considerata, sed de adhaerente carnis corruptione et ejusdem in hac vita conditione apostolus loquitur, quod scl. corpus, quatenus et quamdiu est animale, mortale, peccato corruptum, vitiosis inclinationibus obnoxium etc., non possit regnum Dei haereditare, sed necessarium sit, ut qualitatum, non autem substantiae ratione mutetur. . . Ut enim corrupta nostra natura non potest regnum coelorum consequi, nisi regeneretur ac renovetur per Sp. S. Joh. 3, 5., sic corpora nostra non possunt regni coelestis fieri participia, nisi prius φϑορὰν et corruptibilitatem exuerint, ac proinde non substantiae, sed culpae nomine caro et sanguis a regno Dei arcentur. . . 3. Ex similitudine apostolica 1 Cor. 15, 37—39.: ‚Quod seminas, non vivificatur, nisi prius moriatur; et quod seminas, non corpus, quod futurum est, seminas, sed nudum granum, puta tritici aut alicujus caeterorum. Deus autem dat illi corpus, sicut voluit, et unicuique seminum proprium corpus.‘ Ergo alia corpora resurgent, quam quae fuerunt, instar seminis cujusdam terrae mandata. Resp.: a. Similitudines quaecunque non sunt extendendae ultra tertium, cujus respectu instituitur collatio. . . d. Confert Christus suum corpus cum grano tritici, quod in terram conjicitur et putrefit, antequam surgit, Joh. 12, 24., nec tamen corpus Christi putrefactum est, nec aliud, sed illud ipsum e mortuis est resuscitatum. Ex similitudine ergo seminis nequaquam substantiae diversitas, sed duntaxat diversa corporum qualitas inferri potest. e. Ex verbis igitur apostolicis: ‚Non corpus, quod futurum est, seminas, sed nudum granum‘, non debet inferri: ergo non idem numero corpus, quod seminatur, resurget; sed hoc tantum sequitur: Ergo non tale corpus, quale seminatur, resurgit. Duobus enim modis potest accipi ταυτὸ, idem, vel ratione essentiae, vel ratione qualitatum. Granum et culmus, qui ex grano nascitur, sunt specie idem, qua ex materia et forma, ut substantialibus grani partibus, quae manent, culmus nascitur, nec grano fabae tritici corpus astruitur, sed eadem natura et forma sementi retinetur et substantia in eadem natura servatur. Non autem idem sunt granum et culmus ratione accidentium, quae alia sunt in culmo, quam in grano. Chrysost. Homil. 41. in priorem ad Corinth.: ‚Spica eadem est et non eadem. Eadem jam haec, quia substantia eadem, non eadem, quia melior.‘ Gregor. lib 14. moral. cap. 29.: ‚Grano seminis non deest, quod erat; sed adest, quod non erat.‘“ (L. de resurr. mort. § 76.)

FECHTIUS: „Resurrectio ejusdem carnis ad eum modum concepta, quo fluvius, quamquam semper mutata aqua, idem fluvius manet (ut eandem in ‚Religione medici‘ Th. Brownius repraesentat), non est resurrectio ejusdem numero carnis.“ (Syllog. controvers. p. 375. sq.)

GERHARDUS: „Alia est ratio resurrectionis, alia accretionis. In accretione materiae novae assumtio fit successive, nec materia prior tota absumitur, sed eidem nova per varias alterationes mutata adjungitur, unde numerica compositi unitas per accretionem minime evertitur. . . In accretione et alteratione physica materia mutatur tantum quoad quantitatem, non autem quoad essentiam.“ (L. de resurr. mort. § 81.)

ANTITHESES.

Quenstedtius: ,,*Antithesis:* 1. *Origenis*, qui existimavit, non eandem carnem resuscitandam, sed corpus coeleste, praeditum pristina figura et specie... 2. *Socinianorum*, statuentium, non eadem illa corpora in die judicii resurrectura, quae nunc circumferimus, sed alia nobis danda, eaque quoad substantiam spiritualia et coelestia... 3. *Arminianorum*, qui de corporum resuscitatione ... animo suspenso haerent μετεωρίζοντες, ,an eadem corpora sanctorum resuscitanda sint, an vero alia a Deo creanda.'" (L. c. q. 4. f. 1789. sq.)

Kahnisius: ,,Die Auferstehung wird nicht die Neubelebung des begrabenen Fleisches sein, sondern die Umkleidung der Seele mit einem verklärten Leibe." (Der innere Gang etc. ed. 3. II, 279.)

Idem: ,,Unserm Leibe sind auf Erden die Elemente, aus denen er besteht, durchaus nicht wesentlich. Der Stoff, aus dem unser Leib heute besteht, scheidet früher oder später wieder aus. Manche Bestandtheile, wie Haare, Nägel, Zähne u. s. w., verlieren wir auf Erden, ohne dass das Verlorene die Integrität unseres Leibes beeinträchtigt. Wenn nun der Apostel Paulus sagt, dass Fleisch und Blut das Reich Gottes nicht ererben (1 Kor. 15, 51.), so kann dies nur heissen, dass nicht dieser aus Fleisch bestehende, der Sünde dienstbare, dem Tode verfallene Leib, sondern ein von Gott gemachter, von Sünde und Tod nicht berührter, geistlicher Leib ins ewige Leben eingeht (2 Kor. 5, 1. ff.). Das vom Apostel gebrauchte Bild vom Samenkorn (1 Kor. 15, 36.) sagt doch aus, dass nicht dieser begrabene Leib auferstehe, sondern ein aus demselben hervorgegangener neuer. Und auch die Verwandlung, welche die Leiber der Lebenden erfahren, fordert einen viel grösseren Unterschied des neuen Leibes vom alten, als die Dogmatik aussagt, die, so zu sagen, nur eine verbesserte Gestalt des alten Leibes lehrt. Nehmen wir an, dass schon in diesem Leben der Heilige Geist aus dem irdischen Leibe den Keim des Auferstehungsleibes bildet, welcher die Seele umhüllt im Zustande ihres Geisteslebens im Todtenreiche, so haben wir uns die Auferstehung als einen schöpferischen Act zu denken, durch welchen Jesus Christus aus der Erde einen Leib bereitet, in dem jener Keim seine Vollendung findet, unser irdischer Leib aber sein Urbild. Aber der Stoff, den wir begraben, wird nicht auferstehen." (Die luth. Dogm. 2. Ausg. 1875. II, 523. sq.)

c) Recipient etiam *sexum et partes* seu *membra* omnia, quae in hac vita habuerunt, licet non ad veterem usum redintegrandum, tamen ad integritatem corporis organici. *Piorum* autem corpora in ipsa resurrectione reddentur *gloriosa*, juxta ea, quae diximus cap. VI. § 13. sqq., et si forte in hac vita membris quibusdam *privati* fuerint, tunc illa *recipient*.

Gerhardus: ,,Quaeritur: Si non periturus est capillus de capite, quomodo corpora resuscitata ob capillorum prolixitatem non eruut deformia ac monstrosa? ... Resp.: ... Monuimus, pios veteres verba illa ad resurrectionis articulum applicare eo quidem sensu, quod ne minima quidem corporis particula sit peritura; interim ex eo inferri nequit, quod humores superflui et excrementitii, capillorum item et unguium superfluitates, quae sunt potius rejectamenta et excrementa, quam membra corporis et ornamenta, quaeque magis gravant et onerant, quam ornant, in resurrectione sint homini restituenda." (L. c. § 90.)

d) In qua autem *statura* resurrectura sint corpora, non deter minamus.

GERHARDUS: ,,Quaeritur: Corpora resuscitata cujus futura sint staturae. Schmaltz. cont. Disp. 7. poster. D. Frantz. p. 415., quaestionis illius theologiae studiosos pudere debere, scribit. Sed hoc procedit ex-falsa hypothesi, quod non eadem corpora sint resuscitanda. 1. Lombardus lib. 4. sent. dist. 44. lit. a. refert, quod nonnulli existimaverint, omnes fideles resurrecturos secundum mensuram staturae Christi; ad quod probandum accommodarint dictum apostolicum Eph. 4, 13.: ,Donec occurramus in virum perfectum in mensuram aetatis plenitudinis Christi.' . . 2. Augustini sententia haec est, quod non de mensura corporis vel staturae, sed aetatis accipiendum sit, quod de conformitate corporum resuscitandorum cum corpore Christi apostolus asserit, cum unusquisque recepturus sit mensuram corporis eam, quam vel habuit in ea aetate, in qua Christus mortuus est et resurrexit, vel fuerat habiturus, si ante est defunctus. . . Sed probabilior videtur eorum sententia, qui statuunt, resurrecturum esse quemlibet in illa aetate ac statura, in qua fuit mortuus. a. Quia Johannes videt mortuos magnos et pusillos stantes coram Deo, Apoc. 11, 18. 19, 5. 20, 12.; atqui si coram tribunali stabunt non solum magni, sed et pusilli, utique etiam resurgent pusilli. b. Illud resurget, quod cecidit; atqui mortuo infante, non cecidit vir aliquis procerae longitudinis, sed pusillus infans. c. Scriptura aequalitatem quantitatis in corporibus resuscitatis nuspiam asserit; quae enim pro ea stabilienda adducuntur, in alienum sensum detorquentur. . . Erunt ergo corpora resuscitatorum χαρακτηριζόμενα, certis ac determinatis suis formis accidentalibus signata et quasi characterisata. Atqui ad formam cujusque propriam et characteristicam etiam corporis statura pertinet, quae aetatis progressu eandem plurimum variat. e. Staturae brevitas vel proceritas nullam resuscitatis ac glorificatis corporibus deformitatem conciliabit. . . f. Varietas illa staturae, perfectioni sapientiae et plenitudini laetitiae in electis nihil quicquam derogans, potius pulchritudinem quandam mirificam triumphantis ecclesiae coetui conciliabit. Deus tenellis istis plantulis coelestem paradisum cupit exornatum, sicut peritus hortulanus cujusvis magnitudinis floribus ac arboribus hortum suum condecorat. g. ,Stella differt a stella in claritate, sic et resurrectio mortuorum', inquit apostolus 1 Cor. 15, 42. et 43. Atqui stella differt a stella non solum in qualitate, sed etiam in quantitate, videlic. in magnitudine; quae differentia stellarum in claritate et magnitudine summam coelesti corpori pulchritudinem conciliat. Eodem modo in resurrectione et vita aeterna sese rem habituram, non improbabiliter statuitur.'' (L. c. § 87.)

§ 8.

Finis resurrectionis mortuorum *proximus* respectu *fidelium* est beatitudinis plena participatio; quoad *infideles*, damnationis consummatio.[a] Finis *ultimus* est gloria justitiae divinae remuneratoriae et vindicativae.[b]

a) Resuscitabuntur enim, ut auferant τὰ διὰ τοῦ σώματος etc., 2 Cor. 5, 10. Et Joh. 5, 28. dicitur, resurrectionem esse vel *vitae*, vel *condemnationis*, denominatione a *fine* petita.

b) Quemadmodum enim Deus ad resuscitandos homines movetur per justitiam illam suam, partim remuneratoriam, partim vindicativam, juxta ea, quae diximus § 4., ita gloriam utriusque intendere recto dicitur.

§ 9.

Describitur resurrectio mortuorum, quod sit opus[a] Dei trinunius[b] Christique ϑεανϑρώπου, ex justitia divina[c] remuneratoria et vindicativa proficiscens, quo homines[d] omnes, et fideles quidem seu pii propter[e] meritum Christi, fide finali apprehensum, infideles autem et impii propter[f] peccata sua eadem numero[g] corpora, quae in hac vita habuerunt, animabus suis redunita[h] accipient; illi ad[i] plenam beatitudinis, hi ad consummatam damnationis participationem, utrique ad Dei et justitiae divinae[k] gloriam.

a) *Opus*, inquam, seu *terminus* actionis divinae. Quod si *resuscitatio* mortuorum definienda sit, *actionem* ipsam (transitivam) in casu recto denotari, dicendum foret.

b) Causam efficientem indicamus, juxta § 3.

c) Quae causa impulsiva interna est; de qua actum § 4.

d) Qui sunt subjectum Quod resurrectionis; vide § 6.

e) f) Ita causam impulsivam externam indicamus, juxta § 5.

g) Hoc enim est subjectum Quo resurrectionis; de quo vide § 7.

h) In quo formalis ratio resurrectionis consistit, juxta § 2.

i) Finis proximus resurrectionis hic est, § 8. indicatus.

k) In qua finis ultimus consistit, juxta § cit. 8.

Caput X.

DE JUDICIO EXTREMO ET CONSUMMATIONE SAECULI.

§ 1.

Cum resurrectio mortuorum universalis hunc habeat finem, ut homines seu praemia, seu poenas auferant, jam porro de *judicio* illo, quo praemia et poenae hominibus contingent, agendum est.

§ 2.

Futurum esse judicium quoddam *solenne*, clarissimum est ex Scripturis.[a] Certum etiam est, uno et eodem die

simul et judicium extremum et resurrectionem mortuorum fore.[b] Quando autem dies ille venturus sit, distincte
a nobis praesciri noluit Deus.[c]

a) Vid. *Matth. 25, 31. et seqq. Actor. 17, 31. 2 Thess. 1, 6. et seqq.*
Praecipue notandum est, quod *Judae v. 6.* dicitur χρίσις μεγάλης ἡμέρας,
judicium magnae diei; unde solennitas futuri judicii cognosci potest.

ANTITHESIS.

QUENSTEDTIUS: „*Antithesis:* 1. *Epicuraeorum* et empaectarum,
qui, audientes, Christum rediturum ad judicium, cum Atheniensibus et
stoicis philosophis χλευάζουσι Act. 17, 32. irrident... 2. Antiquorum
haereticorum, ut *Dositheanorum, Samaritanorum, Prodianitarum.* Eundem errorem tribuit Philastrius *Florianis, Manichaeis, Gnosticis,* quos
et *Borborianos* vocatos fuisse asserit Augustinus. 3. *Libertinorum* et
Davidis anno 1525, qui etiam negarunt futurum judicium." (Theol.
did.-pol. P. IV. c. 19. s. 2. q. 1. f. 1809. sq.)

b) Vid. *1. ad Thess. 4, 16. 17.*

c) Vid. *Marc. 13, 32.* Et experientia hactenus ostendit, quan-
topere lapsi sint, qui divinando se aliquid posse crediderunt.

§ 3.

Interim non desunt *signa*, quibus Deus judicium
appropinquans quodammodo cognoscendum exhibet,[a]
quae plerumque dividuntur[b] in *communia*, seu talia,
qualia saeculo non uno contingunt, ac saepe recurrunt,
aut continuantur, v. g. haereses,[c] bella et similes calamitates publicae,[d] securitas hominum;[e] et *propria*, quae
propius demum accedente judicio, non autem aeque prioribus saeculis conspicienda sunt, v. g. revelatio antichristi,[f] singulares siderum eclipses casusque in terram,[g]
et forte alia.[h]

a) De ipso, inquam, *judicio* secuturo admonet, *non tempus* judicii
determinatum significat, etsi magis magisque appropinquare illud
doceat, prout ex *ramis tenerioribus fici et foliis enatis aestatem appropin-*
quare cognoscitur, *Matth. 24, 3. et 33. Marc. 13, 29. Lucae 21, 25.,*
ubi etiam expresse dicuntur *signa.*

LUTHERUS: „Ich will hier nicht fechten, sondern den Christen befehlen, ob die Zeichen an der Sonne, Mond und Sternen geschehen
sind. Das ist aber mein Glaube und gewisse Hoffnung, dass solche
Zeichen das mehrere Theil schon geschehen sind und nicht viel andere
zu warten." (Tom. Hal. VII, 1360.)

b) Alii in *remota* et *propinqua* dispescunt, sensu fere eodem.
Scilicet *communia* quidem illa et *remotiora* signa, licet tempus judicii
non significare videantur, tamen ex instituto et intentione Dei signifi-

cant, et christianos monere debent, *quod* judicium aliquod solenne sit expectandum ex vi *justitiae* divinae ac *veritate* praedictionum. *Propriorum* vero seu propinquiorum signorum ea differentia est, ut *aliqua* longiore intervallo, *aliqua* breviore antecedant judicium, quae proinde nec ipsa certum tempus determinate significant, nisi quod quaedam (aut saltem illud, de quo in § sq. 4. agetur) cum ipso judiciariae solennitatis initio conjunctum iri creditur.

c) Sic Christus *Matth. 24, 24. pseudoprophetarum* mentionem facit, qui multos in errorem sint adducturi. Et Paulus *extremis temporibus spiritus impostores* ac *doctrinas daemoniorum* deprehensum iri praedicit *1 Tim. 4, 1.* Confer. *2. ad Tim. 3, 8.*, ubi memorantur homines *resistentes veritati, mente corrupti, reprobi circa fidem, seductores* simpliciorum etc. Haec itaque spectantes fideles meminisse simul debent judicii extremi, quo veritas oppressis haeresibus triumphatura sit.

d) Summi Domini adventu finiendae; vid. *Matth.' 24, 6. et seqq.*

e) Qualis fuit hominum *antediluvianorum* particulari judicio tunc abrupta: sic universali tandem abrumpenda, *Matth. 24, 37. 38. 39.* Et *2. ad Tim. 3, 1. et seqq.* ingens catalogus vitiorum, extremis temporibus non solum inter eos, qui prorsus sunt extra ecclesiam, verum etiam inter eos, qui μόρφωσιν εὐσεβείας habent et professione christiani sunt, publice grassantium, recensetur. Unde etiam opinio de *aureo saeculo* ante extremum judicium orituro manifeste refellitur. Confer. Disp. nostram de Regno Ecclesiae glorioso cap. III.

PFEIFFERUS: „Es hat der Chiliasmus seine gewisse gradus, und müssen wir also dieselben hiebei wohl beobachten, und bald Anfangs einen vernünftigen Unterscheid machen (inter chiliasmum crassissimum, crassum et subtilem), zwischen dem allergröbsten, groben und subtilen Chiliasmo. Die *allergröbsten* Chiliasten sind gewesen Cerinthus und die Cerinthianer . . ., welche bei ihrem Chiliasmo den Epicuräismum eingeführt, indem sie vermeint, man würde in Christi Reich in Fressen, Saufen und fleischlichen Wollüsten leben. . . Den *subtilen* Chiliasmum aber nennen wir die Meinung derjenigen, welche zwar dafür halten, die tausend Jahre Apoc. 20. seien noch nicht erfüllet, sondern es stehe die daselbst versprochene Herrlichkeit noch zu gewarten, doch so, dass sie keine sichtbare Wiederkunft Christi zum irdischen Reich, keine persönliche Regierung, keine doppelte Auferstehung, sondern nur halcyonia und einen friedlichen Zustand der Kirche statuiren, dabei die eigentliche Art, ja auch die Zeit (wie lange es eigentlich damit währen werde) Gott heimstellen, wie Launäus, Rallius, Coccejus, Brenius und Andere thun. Solchen Chiliasmum halten wir nun zwar für *falsch und irrig*, allein weil dadurch die Grundartikel des christlichen Glaubens nicht angetastet werden, so halten wir denselben, zumal wenn man problematice davon handelt und seine Meinung niemand aufbürdet, für *keine Ketzerei;* sondern es wird jetzo die Frage sein von dem *mittleren* Chiliasmo, den wir den *groben* heissen, und diejenigen die groben Chiliasten, welche denselben nach seinen Principal-Umständen defendiren." (Antichiliasmus, p. 111. sq.)

GERHARDUS: „Nos *chiliasticae* opinioni, quocumque tandem minio pingatur et quacunque cerussa obducatur, larvam detrahendam esse censemus ac proinde sequenti argumento generali eam impugnamus. Quaecunque opinio est 1. ἄγραφος, 2. ἀντίγραφος, repugnans Scripturae et 3. experientiae, ea merito repudianda. Talis vero est chiliastica opinio a nobis hactenus descripta. Ergo Ῑ. Quod ἄγραφος sit, patet ex primo ejus in ecclesia auctore. *Papias*, Hierapolitanus episcopus, ad *traditiones* apostolicas ejus originem revocabat, sed verisimile est, *Cerinthi* impura dogmata sub ementito apostolicarum traditionum praetextu ipsi fuisse instillata, neque enim ullo modo probabile fieri potest, apostolos alia viva voce tradidisse, alia vero literis mandasse. Constat ex 2 Thess. 2, 2. inter media probandi, quibus seductores Thessalonicensibus persuadere voluerunt, diem Domini instare, fuisse etiam τὸν λόγον, i. e., praetextum traditionis apostolicae; eodem argumento in palliandis erroribus etiam alios fuisse usos, dubium nullum. . . Quaecunque vero pro stabilienda illa opinione ex Scripturae prophetiis afferuntur, ea vel *de primo Christi adventu* in carnem, vel *de statu ecclesiae N. T.* in genere, vel *de gloria coelesti triumphantis ecclesiae* in vita aeterna demum expectanda loquuntur ac proinde ἀπροςδιονύσως καὶ ἀπαιδεύτως ad chiliastica somnia confirmanda adhibentur. II. Quod sit ἀντίγραφος, probamus rationibus ex Scriptura petitis: 1. *a regni Christi conditione*. Regnum Christi in sacris literis describitur ut spirituale et aeternum, non autem ut corporale et terrenum. Ergo chiliastae frustra sperant, Christum per mille annos terrenum aliquod regnum esse administraturum. . . 2. *Ex piorum in his terris constitutione*. Sors et status piorum in his terris ita describitur in sacris literis, ut opinationes et imaginationes pacatissimi et felicissimi cujusdam regni prorsus excludat. . . 3. *A diei novissimi appropinquatione*. Si mille anni, quibus Christus in terris cum suis in omni bonorum abundantia dicitur regnaturus, nondum sunt inchoati, nedum finiti; sequitur, ultra mille annos nostra tempora a die judicii et consummatione saeculi adhuc distare. Ratio connexionis est manifesta, quia, ante judicii diem chiliasticum illud regnum adhuc inchoandum et finiendum esse, statuunt. Consequens repugnat tum dictis Scripturae, quae mundi finem in propinquo esse testantur 1 Cor. 10, 11. 1 Pet. 4, 7. Jac. 5, 8. 9. 1 Joh. 2, 18. Apoc. 6, 11., tum signis illis, quae mundi finem proxime antecessura a Christo et apostolis sunt praedicta Matth. 24. Marci 13. Luc. 21. 1 Thess. 5. 2 Thess. 2. 1 Tim. 4. 2 Pet. 2., quorum pleraque vel jamdum impleta, vel in ipsius complementi ἀκμῇ versantur. . . Vanum proinde est, suavibus somniis de beato quodam in his terris millenario adhuc expectando sese oblectare, ac longe consultius, ad Christi adventum proxime instantem et judicium extremum brevi secuturum vera poenitentia, fide, precibus, studio pietatis ac patientia sese praeparare. . . 4. *Ex substantiali mundi interitu* ac destructione. In secundo Christi adventu ,coelum et terra transibunt et a facie sedentis super thronum ita fugient, ut locus illis non amplius inveniatur', Apoc. 20, 11. . . Ergo Christus post suum e coelis reditum non regnabit in terra mille annis, alias enim terra deberet superstes manere. . . 5. *Ex immediata adventus Christi connexione* cum universali omnium hominum resurrectione, judicii extremi administratione, hujus saeculi consummatione, novi coeli ac terrae creatione, piorum in occursum Christi obviatione, piorum coelestibus praemiis et impiorum aeternis suppliciis. . . 6. *Ex simultaneae omnium hominum resurrectionis assertione*. Scriptura testatur, in secundo Christi adventu omnes homines, tam impios, quam pios, esse uno eodemque tempore, imo hora, imo momento resurrecturos. Dan. 12, 2. Joh. 6, 39. etc. . . 7. *Ex piorum in vitam revocatorum et praemiorum illis reddendorum descriptione*." (Loc. de consummat. saeculi § 80—87.)

HOLLAZIUS: ,,Probamus assertum: 1. Regnum Christi triplex esse, e verbo θεοπνεύστῳ discimus. Etenim regnum Christi est vel regnum potentiae, vel gratiae, vel gloriae. Regnum millenarium neque regnum potentiae, neque gratiae, neque gloriae est. . . Colligimus: Quodcunque regnum neque est regnum potentiae, neque regnum gratiae, neque regnum gloriae, illud non est verum Christi regnum, sed est ens rationis et somnium hominum vigilantium. . . 2. In regno millenario non potest esse major Spiritus S. illuminatio, quam fuit in regno

gratiae temporibus apostolorum : atqui ϑεογνωσία in regno gratiae temporibus apostolorum fuit imperfecta. E. . . 3. Cives regni millenarii non
possunt perfectiori eminere sanctitate, quam qua praediti fuerunt apostoli : at hi praediti fuerunt sanctitate imperfecta, de qua imperfectione
ipsimet apostoli conqueruntur. . . Ergo in hac terra usque ad diem
extremi judicii non vivent homines perfecti sancti. 4. Docet Christus
Matth. 13, 30., futurum esse, ut ,zizania una cum tritico crescant usque
ad messem‘, et intelligit per zizania filios τοῦ πονηροῦ, i. e., diaboli, per
triticum sive bonum semen filios regni, per messem consummationem
saeculi, atque asserit, messores sive angelos demum in messe collecturos
esse zizania atque igne combusturos. E. Ager ecclesiae ante conflagrationem mundi non erit expers zizaniorum, sed segregatio malorum
hircorum a sanctis ovibus fiet demum in die extremi judicii, Matth.
25, 32. 5. Quicunque in hoc mundo plurimis afflictionibus et persecutionibus subjacent, illi perpetua in his terris halcyonia sibi promittere nequeunt : atqui omnes dilecti filii Dei etc. . . 6. Status ecclesiae sive regni
Christi sub finem mundi propter mores impiorum corruptissimos et affli-
ctiones piorum acerbissimas erit turbulentissimus atque tristissimus.
Ergo regnum Christi sub finem mundi eximia sanctitate terrenaqne felicitate non florebit aut eminebit. . . 7. Adventum Christi solemnem, quotidiano gratiae adventui contradistinctum, esse tantum geminum, et
quidem priorem humilem, posteriorem sublimem et majestaticum, e
sacris literis et antiquioribus symbolis patefecit. Paulus diserte dicit
Heb. 9, 28. : ‚Christus semel oblatus ad perferendum multorum peccata,
ἐκ δευτέρου, secunda vice sine peccato videbitur ipsum expectantibus in
salutem.‘ . . 8. Quo tempore omnes homines impii, injusti et reprobi
resurgent, eodem tempore simul omnes pii, justi et electi, adeoque
etiam omnes pii martyres resurrecturi sunt : atqui in die novissimo
omnes homines impii etc. . . 9. Quae animae retributionem praemii
splendidissimi pro temporali afflictione accipiunt in coelo, illas e coelo
ad consortium terrenae felicitatis a Deo corporibus denuo immitti, in-
credibile est. . . 10. Veri christiani quovis momento in salutem suam
vigilant propterea, quod subitaneum et sibi ignotum adventum Christi
ad judicium expectant : ergo veri christiani beatum millennium, quod
extremum judicium antecedat, non expectant. . . 11. Hypothesis de
regno Christi millenario pietatem non accendit, sed extinguit, aut certe
cursum ejus sufflaminat. Nam a) per hypothesin chiliasticam homines
avertuntur a desiderio bonorum coelestium et spiritualium, quod desiderium tamen est verorum christianorum Rom. 8, 23. Phil. 3, 20.
b) Alit opinio chiliastica securitatem hominum, de extremo judicio
aut nihil aut parum cogitantium. Sublesta quippe hac opinione
fascinati sibi persuadent, adventum Christi longissime abesse adeoque
in diem esse vivendum. c) Per opinionem chiliasticam hominibus
novitatis avidis et rebus turbandis, quam gerendis, aptioribus sub-
ministratur occasio ad rebellionem concitandam adversus ordinarium
magistratum. Haec perversa opinio superiori saeculo animos rusticorum ad detrectandum magistratus imperium excitavit et erexit.‘‘
(Exam. P. III. s. 2. c. 10. q. 15. p. 1256. sqq.)

GERHARDUS : ,,Cumprimis ex Apocalypsi urgent, quod cap.
20, 2. satanas dicitur ligandus per mille annos, ac v. 7. sancti dicuntur
cum Christo regnaturi mille annis, in quo vaticinio propriam sedem
chiliastici regni statuunt. . . Quamvis vero tum propter κριτήρια interna,
tum propter antiquissimorum patrum Graecorum et Latinorum testimonia librum hunc et canonicum et ab apostolo Johanne scriptum esse
libenter agnoscamus, tamen cum in ecclesia primitiva de auctore hujus
libri aliquando dubitatum fuerit, ideo ad secundi ordinis canonicos libros
eum referimus. Proinde etiam a chiliastis jure ac merito postulamus,
ut talem hujus libri ac cumprimis controversi istius loci interpretationem proferant, quae cum reliquis canonicis scriptis minime pugnet, sed
exactissime consentiat.‘‘ (L. c. § 93.)

LUTHERUS: „Man muss hier bald im Anfange den christlichen Leser erinnern, dass er sich mit höchstem Fleiss vorsehe vor den falschen Träumen der Jüden und *Chiliasten*, die solche geistliche Verheissung Gottes auf das leibliche und irdische Reich ziehen, und fallen also in zweierlei gröbliche Irrthümer. Denn sie verlieren also und erkennen nicht den Herrn Christum, der ein geistlich Reich hat, und warten umsonst, dass Christus ein leiblich Reich auf Erden werde anrichten." (Auslegung des Propheten Micha. 1542. VI, 2846. sq.)

IDEM: „‚Ich habe noch andere Schafe, die sind nicht aus diesem Stalle: und dieselbigen will ich herführen, und sie werden meine Stimme hören, und wird Eine Heerde und Ein Hirte werden.' Es haben auch etliche diesen Spruch dahin gedeutet, dass es müsse erfüllet werden bald vor dem jüngsten Tage, wenn der Endchrist werde kommen, und Elias und Enoch. Das ist nicht wahr, und hat's eigentlich der Teufel zugerichtet, dass man glaubt, die ganze Welt werde Christen werden. Der Teufel hat's darum gethan, dass er die rechtschaffene Lehre verdunkelte, dass man sie nimmer recht verstünde. Darum hüte dich dafür, dieser Spruch ist wahr worden und erfüllet bald darnach, da Christus gen Himmel ist gefahren, und gehet noch immer im Schwange. Da das Evangelium anging, ward es den Juden gepredigt; dies Volk war der Schafstall. So saget er nun hier: Ich habe noch andere Schafe, die nicht aus diesem Schafstalle sind, die muss ich auch herzubringen. Da saget er, dass den Heiden auch soll das Evangelium gepredigt werden, dass sie auch an Christum glauben, dass also aus Juden und Heiden eine christliche Gemeinde werde; das hat er darnach durch die Apostel gethan, die den Heiden predigten und bekehrten sie zu dem Glauben. Also ist nun alles Eine Kirche oder Gemeinde, Ein Glaube, Eine Hoffnung, Eine Liebe, Eine Taufe und dergleichen. Das währet noch heut zu Tage immerdar, bis auf den jüngsten Tag. Darum müsst ihr es nicht also verstehen, dass die ganze Welt und alle Menschen an Christum werden glauben; denn wir müssen immer das heilige Kreuz haben, dass ihr das mehrere Theil sind, die die Christen verfolgen; so muss man auch immer das Evangelium predigen, dass man immer etliche herzubringe, dass sie Christen werden; denn das Reich Christi stehet im Werden, nicht Geschehen." (Postill. eccles. de ev. Dom. Misericord. Dom.)

J. E. GERHARDUS: „In Augustana Confessione art. 17. non crassus solum chiliasmus, sed omnis omnino rejectus et damnatus est." (A. C. enucleata. Ed. 3. p. 85.)

S. J. BAUMGARTENIUS: „Im andern Theil (des 17. Art. der A. C.) wird ... die aus jüdischen Vorurtheilen geflossene Erwartung eines weltlichen Reichs Christi vor der Auferstehung, so gleichfalls von einigen Wiedertäufern gelehrt worden, verworfen; daher die Vertheidiger solcher Meinungen keine echte Bekenner dieses Artikels sein können, und sich ... weder mit den Ausflüchten eines Unterschiedes ihrer Meinung von den Träumen der Juden, und einer vor solchem von ihnen erwarteten Reich Christi vorhergehenden Auferstehung, oder von ihnen nicht behaupteten weltlichen Reichs mit gänzlichem Aufhören aller Gottlosen, noch auch mit dem Vorgeben, dergleichen Meinungen nicht auszubreiten, vertheidigen." (Erläuterung der im Concordienbuch etc. p. 102. sq.)

ANTITHESES.

QUENSTEDTIUS: „*Antithesis:* 1. *Judaeorum*, somniantium, Messiam futurum regem terrestrem... 2. *Cerinthi*, haeresiarchae, qui jam apostolorum tempore ... statuit, Christum tandem aliquando resurrecturum et mille annos in terris cum suis in voluptatibus Hierosolymis exacturum. ... 3. *Quorundam patrum*, Graecorum et Latinorum, qui etiam chiliasticum errorem amplexi sunt, docentes: Christum ante

extremum judicium in terras iterum descensurum, probatissimosque
fideles e mortuis suscitaturum et una cum illis per mille annos ante
supremam mundi diem in omni bonorum, tum corporis, tum animi
affluentia maximo cum splendore regnaturum. Eamque vocant primam
resurrectionem, alteram universalem, tum demum subsecuturam, postquam id temporis in terris actum fuerit. Fabulae hujus auctorem *Pa-
piam*, Hieropolitanum in Asia episcopum, virum apostolicis proximum,
fuisse, Eusebius prodidit... *Justinum* non memorat quidem Hieronymus, sed is satis se ipsum prodit in dialogo cum Tryphone... *Irenaeum*
quoque chiliastis associat Eusebius.... De *Tertulliano*... negari non
potest sub finem lib. 3. adv. Marcionem c. 24. verba errori millenario
faventia reperiri.... *Lactantius* de extremis mundi varia et mira com-
miniscitur Institut. l. 7. c. 24.... 4. *Aliquorum pontificiorum;* libri
enim, qui sub titulo ‚Onus ecclesiae‘, editus est a. 1524., auctor pontifi-
cius, qui Johannes Chemensis episcopus putatur (errori millenario se
valde addictum esse ostendit; citat hic auctor etiam alios pontificios
pro hac opinione... 5. *Nonnullorum Calvinianorum*, chiliasmum propugnantium, ut Piscatoris, .. Alstedii etc. 6. *Arminianorum;* Steph.
Curcellaeus sententiam Arminianorum de regno Christi in his terris glorioso exhibet.... 7. *Socinianorum quorundam*. Chiliasmum quidem
rejiciunt Smalcius et ipse Socinus.... 8. *Anabaptistarum*, qui superiori
saeculo chiliasmum in ecclesiam reduxerunt. Vid. Aug. Conf. art. 17...
9. *Weigelianorum*... 10. *Methistarum*, novorum enthusiastarum, Ezechie-
lis Methi sectatorum; .. item *Fratrum roseae crucis*; .. Francisci *Puccii*,
qui inter alios errores etiam hunc fovit... 11. Novorum prophetarum et
fanaticorum, ut a. *Quackerorum* .. b. Pauli *Nogelii* .. c. Adolphi *Heldii*,
sectatoris Eliae Praetorii sive Christ. Hohburgii .. d. Frid. *Brecklingii*,
pastoris Zwollensis .. d. *Joh. de Labadie* .. e. H. *Ammersbachii*.“ (L. c.
c. 20. s. 2. q. 3. f. 1862—65.)

GERHARDUS: „Inficias ire non possumus, Lactantium et Nepotem
corporalium deliciarum mentionem injicere ac Hieronymum lib. 11. in
Ezech. indistincte veteres illos ecclesiae doctores Judaicarum fabula-
rum patronos constituere; quo dubio procul respicit Chemnicius,
quando in orat. de lect. patrum primo locorum theol. tomo praefixa
asserit: ‚Irenaeum chiliasticae opinioni addictum *in fundamento
errasse*.‘ “ (L. c. § 69.) Cf. „Lehren die Kirchenväter wirklich einen
s. g. biblischen Chiliasmus?“ Vid. „Lehre und Wehre“ Vol. XVIII,
p. 97—112.)

DELITZSCHIUS: „Wem verdanken wir es, dass die rechtgläubige
Kirche der Gegenwart die chiliastische Anschauung der Endzeit nicht
mehr, wie in sämmtlichen alten Lehrbüchern der Dogmatik geschieht,
als eine Heterodoxie brandmarkt, sondern dieselbe so in ihr innerstes
Leben aufgenommen hat, dass jetzt wohl kaum ein gläubiger Christ
sich findet, der sie nicht theilte? Wem verdanken wir es, dass die
Kirche jetzt an eine herrliche Zukunft des Volkes Israel glaubt und
eben deshalb in seiner alttest. Vorgeschichte eine Prognose auf seine
Endgeschichte, in alttest. Prophetie eine Fernsicht nicht blos auf die
Herrlichkeit der Heidenkirche, sondern Israels im eigentlichen Sinne
erkennt? Wem, dass die Kirche in Anerkenntniss der sinnlichen Wirklichkeit, in welcher das übersinnliche Heil zuletzt sich darstellen soll,
die sinnliche Wirklichkeit der alttest. Geschichte wieder in ihr Recht
einzusetzen und Geistliches und Leibliches in seiner organischen Ver-
schränkung aufzufassen befähigt ist? Wir verdanken es *Bengel* und
keinem andern.“ (Die biblisch-prophet. Theologie. Lpz. 1845. p. 6. sq.)
„Zwar verwirft Crusius den Ausdruck *regnum millenarium* als einen
schriftwidrigen, weil die Apokalypse zwar von einem millennium regni
martyrum in coelo (20, 4.) redet, aber, wie die ganze Schrift, nur ein
ewiges Reich Christi (11, 15.) kennt.... Jedenfalls ist der Ausdruck
regnum millenarium missverständlich, und nimmermehr gewährt Apok.
20, 4. dafür einen zureichenden Schriftgrund.“ (L. c. p. 136.)

f) Hoc est, quod Paulus *2. ad Thess. 2, 3. sqq.* dicit, *adversarium* Christi (τὸν ἀντικείμενον) in *templo Dei* sive ecclesia christiana, velut caput aut monarcham ejus, *sedentem*, postquam *per operationem satanae, signa et prodigia mendacia decepto* magno hominum numero regnum suum erexerit ac stabiliverit, ita ut aliquamdiu et a bene multis, qualis sit, seu quod sit antichristus, non agnoscatur, suo tamen tempore *revelatum* ac tanquam antichristum agnitum iri, *licet nec tunc statim adventurus sit dies Domini,* quin potius ipse antichristus, jam patefactus, porro sit perstiturus, donec *splendore adventus* Christi *aboleatur.* Patefactio itaque antichristi fidelibus, instar signi, significare debet judicium secuturum, quo antichristus jam manifestatus denique sit abolendus.

g) Vid. *Matth. 24, 29.* Quamvis enim modum ac determinatam rationem *signorum* illorum *coelestium,* ac speciatim *casus siderum in terram,* revelatam non habeamus, satius tamen est, *literam* Scripturae in his retinere, ac *modum* rei sapientiae potentiaeque divinae relinquere, quam deserto literali sensu *metaphoram* quaerere aut amplecti, praesertim cum alias signorum *coelestium, terrenis* contradistinctorum, expressa fiat mentio *Lucae 21, 25.*

h) Nempe 1) ex quorundam sententia, *Judaeorum notabilis* (non dico universalis omnino, a qua nemo illorum excipiatur, sed valde ampla et insignis multorum) *conversio,* ita ut in coetibus eorum publicis doctrina evangelii de Christo Jesu, Nazareno, hactenus ab ipsis rejecta, praedicetur eique coetus integri subscribant, et sic per fidem in Christum bene multi salventur, juxta Epist. *ad Rom. 11, 25. et seqq.* Israel enim ille, cui excoecatio hactenus contigit, is est, qui in eodem cap. nomine *ramorum oleae naturalium* in oppositione ad *oleastrum* describitur, denotatque Israelem secundum carnem, in oppositione ad gentes, quam etiam Paulus supra *cap. 9, 3. 4. 5.* descripserat, tanquam *cognatos secundum carnem* etc. Quanquam non ideo vel urbis Hierosolymorum reaedificationem, vel politiae civilis restaurationem, terrae Canaan occupationem, arcae foederis aliorumque sacrorum deperditorum inventionem etc. promissa esse, putari debeat. 2) Huc referri solet urbis (Romae) septicollis desolatio ex *Apoc. 18.* et Gogi et Magogi excidium ex *Apoc. 20.*

LUTHERUS: „Vom ganzen Haufen mag hoffen, wer da will, ich habe da keine Hoffnung, weiss auch davon keine Schrift. Können wir doch unsere Christen, den grossen Haufen, nicht bekehren, müssen uns am kleinen Häuflein genügen lassen: wie viel weniger ist's möglich, diese Teufelskinder alle zu bekehren. Denn dass etliche aus der Epistel zun Römern am 11. Cap. solchen Wahn schöpfen, als sollten alle Jüden bekehrt werden am Ende der Welt, ist nichts; St. Paulus meinet gar viel ein Anders." (Vom Schem Hamphoras, 1541. XX, 2529. sq. cf. III, 2506. sq. VI, 1706.)

IDEM: „Nach dieser Weise soll man auch das Wort Israel in diesen zwei Capiteln (Hes. 38. 39.) vornehmen. Denn die Apostel und andere Jünger Christi, so aus den Jüden kommen, waren rechte Israel, und haben auch des ganzen Volks Israel Namen geerbet, wie St. Paulus den Namen Ben-Jamin. Darum ist der Name Israel hinfort bei den Aposteln blieben und auf alle ihre Jünger geerbet, dass nunmehr die heilige Christenheit, und wir auch, und alle, die dem Wort der Apostel gläuben und ihre Jünger sind, Israel heissen... Das sage ich darum, dass man sich an der Jüden Auslegung nicht kehre, es gehet sie dieser Text nichts an. Daniel 9, 26. 27. hat ihnen angezeiget ihr Ende, dass sie keiner Versammlung mehr hoffen dürfen. Wir sind's, die aus allerlei Völkern zusammenbracht unter einen Herrn Christum." (Vorr. zur Uebers. Hesek. 38. 39. VI, 1410. 1411.)

QUENSTEDTIUS: „Non expectanda est ante finem mundi universalis aliqua vel certe insignis Judaeorum conversio... *Antithesis:* 1. Multorum *patrum* ..., qui voluut, omnes omnino Judaeos vel certe plerosque ante finem mundi ad Deum convertendos esse. 2. *Pontificiorum* fere omnium... 3. *Calvinianorum*... Inprimis hanc sententiam defendendam suscepit ex Calvinianis Joh. Hoornbeck... 4. *Multorum ex nostris*, ut D. *Aeg. Hunnii* Comm. in 1 Tim. 3. tom. IV. p. 782., *Winkelmanni* Comm. ep. Rom. cap. 11., D. *Hafenrefferi* in templ. Exech. p. 313., D. *Menzeri* in analys. cap. 11. Rom. th. 63., D. *Balduini* in Comm. ep. ad Rom. c. 11. p. 2. q. 11., D. *Meisneri* lib. IV de leg. sect. 17. q. 18. et Comm. in Hos. c. 3., qui etiam docent, pene omnes Judaeos conversum iri ad Deum ante finem mundi." (L. c. c. 19. s. 2. q. 2. f. 1813. sq.) „Thesin propugnantes: B. Lutherus, Philipp. Melanchthon, Brentius, Osiander, Pappus, Cramerus, b. Gerhardus, Brochmannus locis in explicatione et vindicatione oraculi Pauli c. 11. ad Rom. v. 25. His adde b. D. Huelsemannum in Comm. in ep. ad Rom. nondum edito et im Calixtinischen Gewissens-Wurm c. 8., b. Wellerum Comm. in ep. Rom. c. 11. p. 644., D. Georg. Grossehein in diatribe de catholica Judaeorum conversione, Wigandum Comm. in ep. ad Rom., Dr. Calovium in Bibl. illustrat. ad Oseae 3, 4. 5., et in system. theol. tom. ult. art. 4. c. 1. q. 1." (L. c. f. 1819.)

Cf. „Wird Röm. 11, 25. 26. eine noch zu erwartende solenne Judenbekehrung gelehrt?" Vid. „Lehre und Wehre", Vol. V. p. 307—310. 321—331. — „Von der Hoffnung einer noch bevorstehenden allgemeinen Bekehrung der Juden." Vid. „Lutheraner", Vol. XIII, 84—87. 91—93. 97—99. 105—107. 130—133. 137—140. 147—148. 161—165.

§ 4.

Instante ipso judicio peculiare conspicietur signum, quod *Filii hominis*[a] vocatur. Quale autem futurum sit, difficile est[b] exponere.

a) Sic appellatur *Matth. 24, 30.*

b) Probabilior· tamen reliquis est sententia, quae docet, signum illud constitutum in *fulgore* ipsius *corporis* Christi, *splendore nubium et comitatu angelico,* juxta *Matth.* l. c. et *cap. 25, 31.*, itemque *sono* ingenti, de quo legimus in *1. ad Thess. 4, 16.*

LUTHERUS: „Signum Filii hominis in coelo futurum judicii die incertum est. Dictum ‚signum Filii hominis', more Ebraeo, pro: signum Filius hominis. Nam crucem per illud signum intelligi, nihil est; sic sentio." (Briefe etc. von de Wette. II, 400.)

GERHARDUS: „Fatemur cum Luthero et Brentio, adventum Christi ad judicium fore localem et visibilem, sed addimus, eum non fore successivum, quasi cum tractu quodam temporis e coelo in nubes sit descensurus, sicut in adscensione subinde altius e terris in nubes, videntibus apostolis, sursum fuit evectus Marc. 16, 19. Luc. 24, 51. Act 1, 9., sed subitum ac momentaneum... Proinde collatio inter adscensionem Christi in coelum et reditum ejus ad judicium Act. 1, 11. non est extendenda ultra illud tertium, in quo instituitur." (L. de extr. jud. § 35.)

IDEM: „Praestat nubium appellationem in sensu proprio accipere, cum in articulis fidei absque urgente necessitate a litera non sit discedendum. Qualis autem futura sit illa nubes, hominem exacte scire arbitramur neminem." (L. c. § 36.)

§ 5.

Judex erit Christus ipse,[a] qui in assumta humanitate, gloriose apparens ac velut pro tribunali sedens, omnibus conspicuus, auctoritate divina[b] sententiam feret.

a) Vid. *Matth. 25, 31. sqq.*, ubi *Filius hominis, super sedem gloriae sedens, gentes omnes coram se congregatas* judicaturus, prolixius describitur. Conf. *Act. 17, 31. Joh. 5, 22.*

b) Quae una est totius SS. Trinitatis, et Christo homini per communicationem competit. Illius respectu judicii *causa efficiens* ab aliis tota *SS. Trinitas* dicitur. Confer. loca cit. *Joh. et Actorum*, ubi, dum negatur, *Patrem judicare quenquam*, scilicet αὐτοπροσώπως apparendo et sententiam ferendo, additur tamen, quod *Pater omne judicium et potestatem judicandi dederit Filio, Joh. 5, 22. et 27.* Et *Act. 17.* dicitur *Deus judicare orbem* ἐν ἀνδρὶ, *per virum.* Non ergo excluduntur personae a Filio distinctae, sed auctoritatem divinam actui illi una largiuntur. Quo pertinent LL. *Rom. 2, 2. 3. 5. 6. 16. Ebr. 12, 23.*, ubi *Dei judicium, Deus universorum judex* memoratur.

GERHARDUS: „Christus non tantum ut Deus, sed etiam ut *homo* judicium illud administrabit. Ut ergo judex erit *visibilis* et conspicuus, ita quoque sententiam proferet *audibilem.* . . Judicii sententiam audient non solum interius in conscientia, sed etiam exterius in certa verborum forma." (L. c. § 69.)

ANTITHESIS.

QUENSTEDTIUS: „*Antithesis:* 1. *Calvinianorum*, qui . . . a) humanae Christi naturae nonnisi nudam sententiae decisivae promulgationem, quae per quemvis judicis ministrum fieri potest, relinquunt. b) Denegant ipsi καρδιωγνωσίαν, dum asserunt, Christum ut hominem judicium illud administraturum, patefactis humanae ejus menti ab ipsius Deitate omnium hominum cordibus et conscientiis. Denegant quoque humanae naturae Christi sententiae judiciariae dictamen et executionem, quod est aperte νεστοριανίζειν. . . 2. *Pontificiorum*, qui easdem cum Calvinianis tibias inflant, dum per ἐξουσίαν κρίσιν ποιεῖν Christo, quatenus Filius hominis est vel homo, per et propter unionem hypostaticam communicatam Joh. 5, 27., externam saltem actus judicialis visibilitatem intelligunt." (L. c. s. 2. q. 3. f. 1820.)

§ 6.

Causa *impulsiva interna* est justitia Dei,[a] *partim* remuneratoria,[b] *partim* vindicativa.[c]

a) Vid. *2. ad Thess. 1, 6. 7.*
b) Quae ad bonitatem Dei spectat.
c) Seu ira Dei, per poenam peccantium explenda.

§ 7.

Causa *impulsiva externa* sunt *partim* meritum Christi fide apprehensum,[a] *partim* peccata,[b] et inprimis[c] finalis impoenitentia eorum, qui judicari debent.

a) Hoc enim movet Deum, ut in judicio extremo non solum *vitam* aeternam, sed etiam, pro diversitate operum ex fide proficiscentium, *gradus gloriae*, quoad praemia accidentalia, adjudicare velit credentibus.

b) Vid. *2. ad Cor. 5, 10.* et conf., quae diximus ad cap. IX. § 5. not. *b.*

c) Sic etiam *Joh. 12, 48.* dicit Christus: *Qui rejicit me, nec accipit verba mea, habet, qui judicet ipsum; sermo, quem locutus sum, ille judicabit eum in extremo die,* quod idem est, ac si dixisset, hominem non credentem hoc ipso, quod non credit, movere judicem ad condemnandum ipsum in judicio extremo.

§ 8.

Habebit autem Christus *assessores* partim, partim *ministros*[a] judicii, homines sanctos[b] et angelos bonos.[c]

a) Qui proinde *causa ministerialis* atque adeo *minus principalis* judicii extremi recte dici possunt. Nam et assessores, quales h. l. sunt, ministrare recte dicuntur; auctoritatem certe, judicis auctoritati parem, non habent, sed plane ab hoc dependentem et valde limitatam.

b) Prout *apostoli* dicuntur *judicaturi duodecim tribus Israel, Matth. 19, 28. Luc. 22, 30.* Et *1. ad Cor. 6, 2.* ait Paulus: *An nescitis, quod sancti mundum judicabunt?*

c) Vid. *Matth. 25, 31.*

§ 9.

Et *angelorum* quidem munus[a] erit, non solum Christum ad judicium accedentem comitari[b] et sono ingenti excitato manifestare ejus adventum,[c] verum etiam homines, cum e morte resuscitatos, tum vivos deprehensos, ex omnibus mundi partibus congregare,[d] segregare deinde pios ab impiis,[e] illis ad dextram, his ad sinistram collocatis,[f] denique damnatos ad infernum detrudere.[g]

a) Cujus jam supra mentionem fecimus cap. III. de angelis § 40.
b) Vid. *Matth. 25, 31.*
c) *1. ad Thess. 4, 15.*
d) *Matth. 24, 31. Marc. 13, 27.*
e) *Matth. 13, 41. 49.*
f) *Matth. 25, 32.*
g) *Matth. 13, 42. 50.*

§ 10.

Homines vero sancti[a] testes et comprobatores judicii Christi erunt.[b]

a) Etsi et ipsi prius judicandi sint, ut mox dicetur.

b) Videntur autem ipsi in *superiore loco* constituti juxta *1 Thess. 4, 14. et proxime* quidem a Christi, in visibili forma apparentis, latere apostoli, vid. *Matth. 19, 28. Luc. 22, 30.*, *deinde* patriarchae, prophetae, martyres, doctores ac fideles caeteri, suo ordine, impios, in inferiore loco positos, aspecturi et horum damnationem approbaturi. Conf. *Apoc. 19, 1. et seqq.*

§ 11.

Objectum judicii extremi[a] duplex est, *materiale*, quod sunt personae[b] judicandae, et *formale*, sive id, secundum quod[c] persona quaelibet judicanda venit.

a) Juxta alios, *subjectum judicandum,* non judicans.

b) Alii dixerint, subjectum *Quod.*

c) Ut sit subjectum *Quo.*

§ 12.

Ad *materiale* objectum pertinent homines omnes,[a] cum *pii,* tum *impii;* cum, quos dies ille *vivos* inveniet, tum *mortui,* eo die prius resuscitandi;[b] praeter homines autem etiam angeli mali.[c]

a) Nempe *omnes nos manifestari oportet coram tribunali Christi, ut unicuique reddatur, quod egit in corpore, sive bonum, sive malum,* pronunciante apostolo *2 Cor. 5, 10.* Et *Rom. 14, 10.: Omnes statuemur ante tribunal Christi.* Conf. *Judae v. 14. 15. et Esaiae 66, 16. Matth. 25, 32.*

b) Ita enim Christus dicitur *judicaturus vivos et mortuos, Act. 10, 42. 1 Thess. 4, 15. 16. 17. et 2 Tim. 4, 1. 1 Petr. 4, 5.*

c) *2 Petr. 2, 4.*, ubi dicuntur *angeli, qui peccaverunt, servari in judicium.* Conf. Epist. *Judae v. 6.* Et *Matth. 25, 41. cap. 8, 29.*

ANTITHESIS.

QUENSTEDTIUS: „*Antithesis:* 1. *Petri Thiraei,* qui lib. de gloriosa Christi apparitione c. 12. asserit, etiam bonos angelos esse judicandos. .. 3. *Quorundam patrum,* statuentium, nec fideles, nec infideles judicandos, sed medios. Ita Lactantius, Hilarius, Augustinus, Gregorius.'' (L. c. q. 5. f. 1831.)

§ 13.

Formale objectum ex parte *piorum* fides est, ex parte *impiorum* incredulitas, *quatenus* quidem utraque ex operibus[a] cognoscitur.[b]

a) Exercebit enim Christus judex judicium, ita ut cuique juxta opera fidei aut incredulitatis testimonia luculenta redditurus sit *2 Cor. 5, 10.* Conf. *Rom. 2, 6. et seqq. Matth. 25, 35. et 36. 42. et 43. Apoc. 20, 12. 13.*

b) Cavendum autem est, ne *objectum formale* (praesertim ex parte piorum, qui, licet *secundum* opera, *non* tamen *propter* opera laetam illam judicis sententiam auferent) cum *causa impulsiva* externa male confundatur.

§ 14.

Ipsum vero judicium[a] distingui solet in judicium *discussionis*[b] et *retributionis*.

a) Ab actibus praeliminaribus, accessus judicis visibilis, congregationis hominum judicandorum et divisionis eorundem in duas classes, distinctum.

b) *Non* quod judex καρδιογνώστης, Christus, opus habeat discussione causarum aut inquisitione tunc demum instituenda (posset enim etiam, citra processum tam solennem, pios, quos novit, ad vitam aeternam deducere, impios, non minus distincte cognitos, praecipitare in infernum); *attamen*, ut justi judicii ratio ipsis, qui judicantur, manifestissime pateat, discussionis illud judicium libere ingredietur, eoque facto tribuet cuique, quod suum est.

§ 15.

Dicitur autem judicium *discussionis*,[a] quo omnium[b] opera, occulta pariter et manifesta, in lucem[c] protrahentur; inprimis, ut quilibet, quae ad se pertinent[d] et ad suam salutem seu damnationem spectant, satis intelligat.

a) Scriptura hoc vocat *rationem reddere Deo*, scilicet tanquam judici, vitam et actiones omnium in examen vocanti, *Rom. 14, 12.*

b) *Non solum* eorum, de quorum seu fide, seu incredulitate, dubitari in hac vita poterat, *verum* etiam reliquorum, quorum sive fides sive incredulitas publicis testimoniis constabat. Universalis enim assertio est apostoli l. c., ubi de omnibus *mortuis* ac *viventibus*, quibus Christus *dominatur*, pronunciat, quod *omnes rationem reddituri sint Deo.*

c) *Piorum* bona opera ad manifestandam eorum fidem, et quantum intersit inter eos et infideles; *impiorum* mala opera ac pudorem ipsorum, et ut constet, eos juste puniri.

d) Atque ita etiam *piorum peccata*, licet non recensenda publice, ipsis in memoriam reditura, quidam existimant, quo *non* quidem pudefiant aut quoquo modo angantur, *sed* tamen, indignitatem suam agnoscentes, gratiae divinae erga se magnitudinem magis admirentur ac celebrent. Conf. *Matth. 25, 37. et seqq.*

GERHARDUS: „Omnia in judicio manifestanda esse, accipiendum est non collective, quasi tam piorum, quam impiorum peccata sint omnibus revelanda, sed distributive, quod piorum *bona* opera, impiorum vero *mala* opera, etiam sine testibus vel arbitris facta, in claram lucem collocanda sint, ut ex processu judiciali Matth. 25, 34. sqq. colligitur. . . Distinguenda igitur *dicta legalia* ab *evangelicis* proprie sic dictis; legale est: ‚Rationem reddent homines in die illo de quovis verbo otioso‘; evangelicum est: ‚Qui credit, non venit in judicium‘; legale est: ‚Thesaurizas tibi iram in die revelationis justi judicii‘; evangelicum est: ‚Attollite capita vestra, quia appropinquat redemtio vestra.‘ . . (Christi justitia) teget universa piorum delicta, quo minus in Dei, angelorum et hominum conspectum veniant.“ (L. c. § 65.)

ANTITHESIS.

QUENSTEDTIUS: „*Antithesis:* 1. *Scholasticorum et pontificiorum*, statuentium, non solum impiorum et incredulorum, sed etiam piorum et fidelium peccata in judicio illo solennissimo omnium angelorum hominumque spectaculo esse exponenda et publicanda. Sic Thomas Aquinas. . . 2. *Quorundam nostratium*, ut Jonae Heuleri idem docentis.“ (L. c. q. 6. f. 1833. sq.) J. FECHTIUS: „Publicabuntur generaliter in hoc judicio, sine ulla tamen exprobratione, imo cum laude ob actam de iis poenitentiam, etiam electorum peccata.“ (Sylloge controvers. p. 383. sq.)

§ 16.

Retributionis judicium consistet in pronunciatione sententiae,[a] quae cujusque causae conveniet, et per quam alii ad vitam,[b] alii ad damnationem[c] aeternam ablegabuntur; ubi statim sequetur sententiae latae executio.[d]

a) Vid. *Matth. 25, 34. et 41.*

b) Quod judicium *absolutionis* quidam vocant, quanquam adjudicatio vitae plus importet.

c) Unde judicium *condemnationis* vocatur.

d) *Matth. 25, 46. cap. 13, 39. ad 43.*

SCHERZERUS: „*Norma* hujus judicii erit uno verbo lex et evangelium, sed diverso et probe notando respectu. *Evangelium* quidem respectu electorum. . . *Lex* vero respectu reproborum, sed ita tamen, ut sit evangelii luce collustrata.“ (System. 1. 21. § 9. p. 598. sq.)

§ 17.

Finis judicii extremi[a] est sapientiae,[b] potentiae,[c] bonitatis[d] et justitiae vindicativae[e] Dei gloria.

a) Quem judex ipse sive auctor judicii intendit.

b) Sive sapientissimi regiminis in hoc universo, hactenus a multis non recte agniti.

c) Quam impii aliquamdiu elusisse aut sese subduxisse videbantur.

d) Per ipsam remunerationem piorum tam solennem patefactae.

e) Cujus plenum opus dilatum, non sublatum fuisse apparebit. Confer. *2 Thess.* *1, 10.*

§ 18.

Describi potest judicium extremum, quod sit actus solennis[a] Christi[b] in assumta humana natura apparentis, quo is, auctoritate et potentia[c] divina et propter justitiam[d] divinam, remuneratoriam et vindicativam, homines[e] omnes angelosque malos, mediante bonorum angelorum[f] opera, ad tribunal[g] coget et, causa cujusque discussa habitaque ratione[h] fidei finalis et peccatorum, inprimis incredulitatis finalis, ex operibus ipsorum apparentium, piis et fidelibus plenam beatitudinem, infidelibus autem et impiis hominibus ac daemonibus consummatam miseriam, approbantibus sanctis[i] hominibus, assignabit[k] et conferet ad sapientiae, potentiae, bonitatis et justitiae suae[l] gloriam.

a) Hunc enim in casu recto importat, communem tamen pluribus, ut generis locum recte sustineat.

b) Qui est causa efficiens, non tamen exclusis personis caeteris, juxta § 5.

c) Ratio causandi haec est, tribus personis revera communis. Ibid.

d) Quae est causa impulsiva interna; de qua vid. § 6.

e) Qui sunt objectum materiale; vid. § 12.

f) Sic ministri judicii denotantur, juxta § 8. et 9.

g) Haec et sequentia ad modum aut rationem formalem processus pertinent, quoad priorem judicii actum; vid. § 14. 15.

h) Quibus objectum formale indicatur; de quo vid. § 13.

i) Tanquam assessoribus judicii (qui ad causam ministerialem pertinent); vid. § 8. 10.

k) Posterior actus hic est, ad formam ac processum judicii spectans, juxta § 14. et 16.

l) Tanquam causam finalem; de qua vid. § 17.

§ 19.

Peracto judicio, statim sequetur *mundi consummatio,*[a] qua coelum et terra, itemque caetera elementa et corpora ex elementis composita, quoad substantiam suam,[b] mediante igne,[c] peribunt.[d]

a) Seu *consummatio saeculi*, prout vox αἰών et mundum et saeculum denotat. Certe mundo destructo, tempus una finietur. Ipsi quoque Ebraei distinguunt inter עוֹלָם הַזֶּה et עוֹלָם הַבָּא, saeculum hoc et futurum. Conf. Disp. nostram ad l. *Rom. 12, 2.* de conformitate cum mundo fugienda, in prooem.

b) Vid. *Ps. 102, 26. 27.* et *Ebr. 1, 10. 11.*, ubi de *terra* ac *coelis* dicitur: *peribunt, veterascent, sicut vestimentum; mutabuntur sicut pallium.* Opponuntur autem h. l. Dei immutabilitas secundum esse et coeli ac terrae mutabilitas et mutatio; primum quidem, cum per creationem a non esse ad esse transierint, deinde postrema illa, qua ab esse ad non esse sint transitura; quae sane mutatio substantialis est. Conf. *2 Petr. 3, 10. et 12.*

GERHARDUS: „*Homo* non est praecipue ad hanc animalem, sed coelestem vitam conditus, ut exacto in his terris vitae transitoriae curriculo cum Deo creatore suo in aeterna gloria ac laetitia vivat. Ergo etiam *mundus* non est conditus, ut in aeternum perseveret, sed ut homini ad hanc vitam necessaria per certum ac definitum tempus suppeditet; proinde etiam completo electorum numero abolebitur et succedet novi coeli ac novae terrae creatio, in quibus perfecta justitia habitet, 2 Pet. 3, 13. Terra ideo condita est, ut esset domicilium hominis viatoris; tota rerum universitas ideo creata est, ut esset speculum quoddam θεογνωσίας et homini in via hujus vitae inserviret; ergo quando homo Deum a facie ad faciem videbit ac in patriam appulerit, adeoque viator esse desierit, nullus amplius erit hujus saeculi usus. *Lutherus* noster fuit dicere solitus: ,Die jetzige Welt ist nur eine Vorbereitung und Gerüste Gottes zu jener Welt; wenn das Haus fertig, so reisset man das Gerüste ein.'" (L. de consumm. saec. § 11.)

IDEM: „Consummatio saeculi videtur etiam in statu integritatis locum habuisse. Neque enim Deus hominem ad animalem duntaxat vitam in hoc saeculo traducendam condiderat, sed ut transacto animalis vitae in his terris curriculo ad vitam coelestem et gloriosam elevaretur; proinde etiam mundus non erat a Deo hoc fine conditus, ut in aeternum perduraret, sed ut completo eorum numero, quos Deus ab hominibus generari et consortes regni coelestis habere voluit, iterum annihilaretur, quia cessante animali omnium hominum vita nullus amplius futurus erat mundi usus. Ut ergo generatio hominum non fuisset in infinitum exporrecta, sed certum habuisset finem ac terminum, quo adventante omnes ac singuli homines in terris viventes ad vitam in coelis spiritualem et gloriosam fuissent translati, ita quoque mundi duratio non fuisset interminabilis ac perpetua, sed una cum animali hominum vita suum habuisset finem. Sed *modus* consummationis videtur fuisse diversus, per simplicem scl. annihilationem, non autem per *ignis* conflagrationem." (L. c. § 66.)

KROMAYERUS: „Argumentum pro adstruenda sententia, quae mundum secundum accidentia, non secundum substantiam, interiturum statuit, affertur ex Rom. 8, 19. sqq. Sed respondemus, liberationem istam fieri non mutatione in melius, sed annihilatione, suique abolitione. Creatura siquidem mavult non esse, quam, abusui hominum subjecta, contra creatorem suum militare. Sic vinum, cum ebrietati servire cogitur, mavult non esse, quam vanitati huic subjectum esse. Gemitus et expectatio creaturis irrationalibus per prosopopoeiam adscribitur... 3. Ex Ps. 102, 25—28. Deus dicitur coelum mutaturus, ut vestimentum mutatur. Sed respondemus, terminum mutationis, ut ex physicis apparet, tam latae significationis esse, ut et φθοράν ... et ἀλλοίωσιν ... ambitu suo includat. Hoc loco ... annihilationem denotat, veluti, cum vestis atteritur et in nihilum tandem redigitur.

Haec vocis acceptio ex ipso textu patet, cum coeli vestis instar vete-
rascere dicuntur; quae certe mutatio non est in melius, sed deterius. . .
5. Quod secundum Lutherum mundus jam indutus sit veste quotidiana
(habe das Werkeltags-Kleid an), olim induendum esse veste mutatoria
(werde das Feier- oder Sonntags-Kleid anhaben). Sed respondemus,
his verbis saltem comparationem inter mundum veterem et novum institui, nullam autem transformationem unius ex alio doceri. cf. Apoc.
21, 1." (Th. posit.-pol. I, 1191. sqq.)

GERHARDUS: „Sententiam de *substantiali* mundi φθορᾷ seu interitu
non defendimus ut *fidei articulum* ad salutem scitu ac creditu simpliciter necessarium, sed, eam emphaticis Scripturae dictis, quae de fine
mundi loquuntur, magis conformem esse, dicimus." (L. c. § 38.)

ANTITHESIS.

QUENSTEDTIUS: „*Antithesis:* 1. *Quorundam patrum,* qui accidentalem mundi mutationem propugnarunt; sane coelum ac terram sine
interitu substantiae in melius quoad accidentia sola commutatum iri,
primus, ni fallor, asseruit *Origenes.* . . Post Origenem Hieronymus . . .,
Augustinus ita disserit: Ipsa substantia eas qualitates habebit, quae
corporibus immortalibus mirabili mutatione conveniunt, ut scl. mundus
in melius innovatus apte accommodetur corporibus, etiam carne, in
melius innovatis. . . 2. *Scholasticorum,* statuentium, mundum non κατ'
οὐσίαν, sed κατὰ ποιότητα interiturum. . . 4. *Quorundam Calvinianorum,*
qui etiam in illam de immutatione accidentali inclinant sententiam, scl.
instaurationem expectandam esse coeli et terrae, non annihilationem.
. . 5. *Nonnullorum ex nostris,* qui existimant, qualitatum tantum immutatione mundum transiturum esse. . . *Brentius* hom. 53. in Lucam
fol. 621.: ‚Num coelum et terra, inquit, ita transibunt, ut nihil eorum
omnino maneat? Minime omnium! Non transibunt omnino, sed mutabuntur. Abjicient vestimentum corruptionis, et induent novam
vestem incorruptionis; futura quidem coeli ac terrae mutatio, non
autem in totum abolitio.' Idem docent *Althamerus* . . . et *Phil. Nicolai.*" (L. c. P. IV. c. 20. s. 2. q. 2. f. 1852. sqq.)

c) Sic expresse *Petrus 2. Epist. 3, 7. 10.: Qui nunc sunt coeli et
terra, servantur igni in diem judicii* etc. De natura autem hujus ignis
curiose magis, quam utiliter, disputatur.

d) Interim habebunt et pii *coelos novos ac terram novam,* i. e. habitationem gloriosam, *2 Petr. 3, 13.* et *Apoc. 21, 1. et seqq.,* impii vero
carcerem et infernum sibi destinatum; vid. *Apoc. 20, 14. 15.*

GERHARDUS: „*Coelum beatorum* . . . tripliciter potest accipi, primo
objective et efficienter, secundo *formaliter,* tertio *subjective.* Si primo
modo accipiatur, coelum beatorum est *ipse Deus* creator; si secundo
modo, coelum beatorum est aliquid a Deo distinctum, videlicet *gloria
ac laetitia coelestis* in ipsis sanctis, non tamen est substantia corporea
in prima creatione a Deo producta; si tertio modo, dicimus, ποῦ illius
quidditatem, qualitatem ac situm in Scripturis non esse nobis revelata;
ideo praestat, de ejus possessione, quam accurata definitione, in hac
vita solicitum esse." (L. de vit. aet. § 40.)

PARTIS SECUNDAE

Caput I.

DE PECCATO IN GENERE.

§ 1.

Cum *subjectum operationis* theologiae revelatae sit homo peccator,[a] ideo, spectato fine theologiae, et quae ad illum pertinent, de peccato nunc dicendum est.[b]

a) Vid. Prolegom. cap. I. § 20. Vol. I. p. 40.

b) Vid. l. c. § ult. Nempe prout alias in disciplinis practicis, quando de ratione introducendi finem in subjectum agendum est, prius considerari debet *subjectum*, tanquam *carens fine; et an?* et quousque *finis capax* sit? ita in theologia, postquam de beatitudine actum est, considerandus est *homo*, non solum ut *carens beatitudine*, verum etiam ut aversus a Deo per peccatum et *carens viribus* consequendi a Deo beatitudinem, scilicet, ut a peccato liberatus Deoque reconciliatus ad beatitudinem perducatur. Conf. b. *Mus.* Introd. cap. III. § 1. p. 214.

§ 2.

Accipitur autem hoc loco[a] peccatum partim *abstractive*, pro ipsa carentia conformitatis cum lege, quae creaturae rationalis vitam et actiones attinet,[b] qua ratione mera *privatio*, non autem positivum quiddam[c] est; partim *concretive*, quatenus praeter absentiam conformitatis cum lege illa complectitur etiam subjectum aliquod, cui privatio illa adjacet, *sive* sit connata qualitas, *sive* habitus acquisitus, *sive* actus, qui aliter se habet, quam per legem certam se habere debebat, ideoque a lege aberrat, aut legi non convenit;[d] qua ratione peccatum aliquid *positivum* esse, certum est.[e]

a) Alias peccatum *generalius* dicitur in ordine ad quamvis regulam, certum operationis modum praescribentem, qua ratione datur

peccatum *naturae* (quod vocatur monstrum), item peccatum *artis*. Hoc
loco autem, *specialiter et proprie* accepta voce, intelligitur peccatum in
respectu ad regulam morum, et vocatur peccatum *morale*.

b) Sic expresse *Johannes 1. Ep. 3, 4.*: ἡ ἁμαρτία ἐστὶν ἡ ἀνομία.
Ἀνομία autem est ipsa ratio formalis, per quam quid habet, quod est
ἄνομον. Et sic per modum abstracti significat.

c) Nihil enim importat, praeter negationem entitatis positivae,
nempe rectitudinis aut conformitatis cum lege, quae adesse debebat.
Nulla autem substantia, nullum accidens positivum formaliter est privatio. Haec enim contradictio foret.

d) Sic concupiscentia prava connata, habitus vitiosi, male agendo
contracti, et actus omnes cum lege pugnantes usitate et recte dicuntur
peccata.

e) Etsi enim illud, a quo, tanquam a forma, habet, quod est et
denominatur peccatum, non sit aliquid positivi, sed privatio mera;
quia tamen in peccato concretive accepto, praeter illud formale, etiam
materiale aliquid involvitur, propterea, quantum attinet ad materiale
peccati, entitatem positivam utique involvere potest. Conf. cum his,
quae ad hunc § diximus, b. *Mus. Theses* Theol. de Peccato an. 1651.
typis expressas et publice ventilatas, sub initium.

§ 3.

Per *legem* autem intelligi debet aeterna[a] et immutabilis Dei sapientia ac judicium[b] de his, quae creaturae
rationali, qua talis est, conveniunt aut disconveniunt,
conjunctum cum voluntate, ut ea fiant vel non fiant.[c]

a) Quia enim peccatum in sua formali ratione importat aberratio-
nem a norma seu regula, ideo quaerenda est norma ejusmodi, quae sit
prima et adaequata omnibus peccatis. Secundaria enim norma resolvitur in primariam; particularis autem ita se habet, ut multa sint, partim recta, partim prava, quae ad eam non quadrant.

b) Qua ratione formaliter est in ipso Deo, etsi ad creaturas, et
quae ad ipsas pertinent, terminetur. Et sic peccatum spectari debet,.
quatenus Deus judicat, illud naturae rationali, quatenus talis est,
disconvenire, et vult illud non fieri, aut fieri oppositum.

c) Vocatur alias *lex naturae*, quia versatur circa ea, quae *natura*
aut *per se* honesta et turpia sunt, sive, quae naturae rationali, ut tali,
conveniunt, vel disconveniunt. Dicitur et *lex moralis*, quatenus
spectat ad *mores*, seu rationem vivendi, quae creaturam rationalem
decet, aut dedecet.

§ 4.

Promulgata[a] est lex illa *primum* in ipsa creatione,[b]
cum conferretur hominibus notitia principiorum practi-

corum[c] et facultas, eadem ad singulas actiones et actionum circumstantias applicandi.[d]

a) Agendum enim hic est de promulgatione legis, ut ratio peccati tanto clarius patescat. Constat enim, legem non obligare, nisi promulgatam, ita ut non censeantur agere ἀνόμως, qui aliter agunt, quam lex postulat, quando haec non est promulgata.

b) Vid., quae supra de imagine Dei ex parte intellectus dicta fuerunt, Part. I. cap. IV. § 9. p. 149. Lex naturae enim, mentibus hominum implantata, est quaedam ipsius in Deo existentis legis aeternae expressa imago, seu communicatio aut promulgatio legis divinae, qua, quae Deus ipse judicaret homini esse convenientia, agenda et fugienda, homini manifestabantur, velut ex auctoritate Dei creatoris observanda.

c) Quae universaliter praescribunt, quid agendum, quid omittendum sit. Scholae illam notitiam συντήρησιν appellant.

d) Ita ut constaret, quid, juxta praecepta illa generalia, hic et nunc agendum et non agendum sit. Scholae φρόνησιν appellant. Quanquam haec non tam sit lex ipsa, quam legis applicatio, aut vis eam applicandi.

REUSCHIUS: „Conscientia et ratiocinium practicum, quo moralitatem (i. e. ἐννομίαν atque ἀνομίαν) actionum liberarum determinamus. Unde postulat illa: 1. notitiam habitualem principiorum practicorum seu generalium judiciorum de moralitate actionum hominis liberarum, quae dicitur συντήρησις et constituit propositionem majorem illius ratiocinii practici, quod vocamus conscientiam; 2. notitiam habitualem actionum singularium quarumlibet, vi cujus subsumi possunt actiones illae singulares sub illis principiis practicis generalibus, quae dicitur συνείδησις et constituit propositionem minorem illius ratiocinii practici, quod appellatur conscientia; 3. facultatem ex illis duabus praemissis, quas suppeditat συντήρησις atque συνείδησις, eliciendi conclusionem practicam, quae determinat, hanc vel illam actionem esse moraliter bonam, eoque perpetrandam, vel malam, eoque omittendam; quae conclusio vocatur dictamen conscientiae." (Annotatt. p. 392. sq.)

BALDUINUS: „Hoc in loco συντήρησις est facultas animae, quae semper adversatur vitiis et perpetrata mala continuo arguit et sic semper cupit animam a peccato conservare immaculatam. Et hanc synteresin nonnulli ipsam conscientiam . . . appellarunt. Sed discrimen inter ista duo manifestum est. Synteresis nunquam potest errare, conscientia interdum in judicando aberrat." (Tract. de cas. consc. p. 9.) .

AD. OSIANDER: „Conscientia erronea ex ignorantia invincibili in honestis et turpibus, praesertim intrinsece talibus, praeceptis etiam et prohibitis lege divina, non obligat, sed ligat. . . Ligare vero est aliquem constringere, ut quis non licite possit procedere, tali conscientia permanente; ita ut peccetur, si contra eam agatur, et peccetur etiam, si juxta ejus praescriptum agatur. Hinc recte dicitur: ‚Conscientia erronea sufficit ad vitium, non ad virtutem, et illaqueat, non obligat.' . . Conscientia erronea ex invincibili ignorantia procedens in objecto indifferente et facto, et etiam consequentibus quibusdam (remotis) principia juris vel naturalis vel divini, obligat, a peccato excusat, et tandem minuit." (Colleg. th. system. P. V. Loc. 14. th. 48. 49. p. 288. sq.)

§ 5.

Postea, amissis per lapsum perfectionibus istis, vi imaginis divinae ante acceptis, lex illa equidem valde *obliterata*[a] fuit, sed tamen manserunt aliqua ejus *vestigia* aut indicia;[b] Deus autem, praeter caeteras revelationes,[c] inprimis in decalogo summam legis voce atque scripto *repetiit*[d] et singula praecepta in sacra Scriptura passim clarius explicavit.[e]

a) Prout infra in loco de peccato originali distinctius dicetur.

b) Prout *Rom. 2, 15.* dicitur: *Gentes, quae legem* (extrinsecus per revelationem peculiarem sibi propositam) *non habent, sibi ipsis sunt lex, ostendentes opus legis, scriptum in cordibus suis* etc., quippe habentes notitiam quandam discernendi honesta et turpia cordibus suis, velut naturae digito, inscriptam; cujus vi etiam, cum post actiones varias patratas in se descendunt, se ipsos nunc ut violatores legis a superiore latae *accusent*, nunc recte se egisse deprehendentes *excusent* (saltem quodammodo) ac defendant.

> APOLOGIA A. C.: „Dieweil das natürliche Gesetz, welches mit dem Gesetz Mosis oder zehen Geboten übereinstimmt, in aller Menschen Herzen angeboren und geschrieben ist, und also die Vernunft etlichermass die zehen Gebote fassen und verstehen kann, will sie wähnen, sie habe gnug am Gesetz und durch das Gesetz könne man Vergebung der Sünden erlangen.“ (Art. IV. p. 87. sq.)

c) Quae patriarchis, et per eos aliis, non una vice contigerunt. Confer. b. *Gerhard.* L. de Lege § 15. sqq. ad 24., ubi praxin legis moralis decalogo comprehensae etiam ante Mosen locum habuisse ostendit.

> KROMAYERUS: „Posset decalogus antemosaicus facile concinnari. Praeceptum *primum* invenire licet Gen. 12, 1. 15, 7.: ‚Ego sum Deus, qui eduxi te‘ etc. Quibus verbis ad excludendam idololatriam Deus ab aliis deastris se separat. *Secundum* Gen. 13, 4., quando Dei nomen extructo altari Abrahamus invocavit. *Tertium* Gen. 2, 3., quando Deus septimum diem sanctificavit et cultui divino consecravit. *Quartum* Gen. 9, 5., quando posteritati Chami, qui parentis erat illusor, maledicit. *Quintum* Gen. 9, 6., cum divina majestas praecipit, ut, qui fuderit sanguinem hominis, sanguis ipsius fundatur ab hominibus. *Sextum* Gen. 2, 24., quod Deus uni mari junxerit feminam unicam, et jusserit, ut duo sint in carnem unam. *Septimum* Gen. 44, 8., quod fratres Josephi propter suspicionem furti metu poenae non parum consternantur. *Octavum* Gen. 3, 14., quod diabolo et serpenti, organo ipsius, propter mendacium poena sat gravis infligatur. *Nonum* et *decimum* Gen. 39, 8—10., quod Josephus pravas concupiscentias, irae divinae pararias, cane pejus ac angue vitet.“ (Th. posit.-pol. II, 266. sq.)

d) *Exod. 20, 1. et seqq.* Et cap. *31, 18.* indicatur, Deum, *postquam complevit loqui cum Mose in monte Sinai, dedisse ei tabulas duas testimonii,* summam statutorum complectentes, *tabulas scriptas digito* (seu per immediatam operationem potentiae) *Dei.* Conf. Deut. *4, 13.* cap. *9, 10.*

e) Vid., quae b. *Gerh.* L. de Lege Sect. IX., quoad singula praecepta decalogi, adductis aliis Scripturae locis explicantibus, docuit.
Speciatim notandum est, quomodo Christus legem *veterem* a corruptelis
Pharisaicis *purgaverit, Matth. 5, 20. sqq. cap. 19, 3. sqq.*, ita ut peccati
rationem habeat non solum, quod *praeceptis* in decalogo *expressis*, verum
etiam, quod *sensui*, per Christum declarato, repugnat. *Summam* quoque legis praeceptis de *diligendo Deo et proximo* comprehendi ostendit
Matth. 22, 37. ad 40. et sic omne peccatum *vel* cum dilectione Dei, *vel*
cum proximi dilectione, *vel* cum utraque pugnare, significat.

§ 6.

Atque ita cognosci potest legis hujus[a] *vis obligandi*
maxima[b] et universalissima,[c] quam nemo hominum effu-
gere potest.

a) Tanquam normae primariae et adaequatae.

b) Est enim 1. de rebus *per se* bonis et malis, ac 2. *Deum* sapien-
tissimum, sanctissimum et potentissimum, *auctorem* habet.

c) Hominem enim esse, nec tamen ad ea, quae creaturae rationali,
ut tali, conveniunt, facienda per auctoritatem legislatoris, qui omnium
creator ac dominus est, obligari, repugnat.

§ 7.

Est autem etiam illud revera peccatum, quod contra
legem aliquam *positivam*, sive *divinam*,[a] sive *humanam*,[b]
committitur, *modo* lex humana non contrarietur[c] divinae.[d]

a) De re *non* simpliciter et per se necessaria, *sed* tantum propter
voluntatem Dei liberam, qui poterat hoc non praescribere, aut praescribere oppositum, v. g. in ceremonialibus, aut forensibus. Ubi tamen,
sicut lex naturae jubet, Deo in omnibus obedire, sic *obligatio* ad obediendum istis praeceptis *fundatur* in obligatione legis naturae, ita ut
peccet, qui aliter agit.

FECHTIUS: „Nonnulli tertium genus legum *positivo-moralium*
addunt, quae *positivae* vocentur, quia a mera voluntate Dei depen-
deant, non a naturali necessitate, quippe quae, Deo volente, aliter sese
habere atque mutari possint; *morales* vero, quia in perpetua omnium
obligatione hominum moralibus sint similes; quarum exempla allegant
gradus prohibitos in Levitico et legem de sabbato qualibet septimana
celebrando. Sed vero, istam legum classem *frustra excogitari*, probatur: I. *A perpetuo Scripturae silentio.* Lex enim positivo-moralis
nullo modo probari potest, cum et in allatis exemplis, quicquid vel in
gradibus prohibitis, vel in sabbato *morale* est, id et *naturale* sit, et
quicquid *naturale non* est, sit *ceremoniale* et judaicum. II. *A consensu
theologorum ecclesiae nostrae antiquorum*, quippe qui hanc legem moralem positivam usque fere ad Gerhardi tempora plane ignorarunt, et
quaecunque in Scriptura occurrunt leges, vel ad naturales, vel ad
positivas retulere. — Plurimi theologi legem hanc positivo-moralem
propugnant. *Probant:* I. *Exemplis graduum prohibitorum*, quippe
quos natura non simpliciter prohibet, et qui tamen tanquam lege divina

indispensabili prohibiti vulgo aestimentur, adeo, ut cum in iis aliquando dispenset pontifex Romanus, ideo jura Dei violare et supra Deum efferre sese dicatur. Resp.: 1) Omnes antiquiores theologi hos gradus ad legem naturalem retulerunt, vel ideo, quod ob earum transgressionem puniverit gentes, quae, cum moralem illam positivam legem nesciverint, ideo illa eos etiam obligare non potuit. . . 3) Distinguendum esse, diximus, inter legem naturalem paulo laxius et strictius acceptam, supra. II. *Exemplo legis sabbaticae* de festo agendo quolibet die septimo, quae cum omnes homines obliget, nec e natura tantum descendat, moralis positiva sit, necesse est. Resp.: 1) In praecepto tertio id solum morale et naturale est, celebrandum Deo publice esse aliquod tempus, qualecunque illud sit. Quod vero vel septimum, vel quemcunque alium diem festum agimus, id ex libera ecclesiae determinatione est, adeoque ad ritus pertinet. 2) In tertio praecepto mandatum est, non ut septimus quilibet dies, sed ut determinate septimus, id est, dies sabbati festus agatur. Id quod ad Judaeos, non ad christianos pertinet. A praecepto vero determinato ad praeceptum indeterminatum non valet consequentia." (Compend. Ed. 2. p. 660—662.)

b) Nam quia principia haec: *Quae magistratus*, qui Dei ordinatio est his, quorum magistratus est, salva lege divina, *praescribit, sunt facienda; quaeque magistratus his* similiter *prohibet, sunt fugienda*, aeternae veritatis sunt et in decalogo implicite continentur, ideo nemo potest contra legem positivam a superiore latam agere, quin simul etiam agat contra aeternam Dei legem.

c) Secus enim valet illud apostolicum, *Actor. 4, 19.: Judicate, an justum sit in conspectu Dei vos potius audire, quam Deum?* et cap. *5, 29.: Obedire oportet Deo magis, quam hominibus.* Alias autem constat, *inferiorum* magistratuum jussa non posse derogare legibus *superioris* magistratus, nec peccare eum, qui, haec observans, oppositis illis non obtemperat.

d) Plura de lege h. l. non addimus, infra P. III. cap. VII. de verbo legis et evangelii plenius acturi.

§ 8.

Causa *physice efficiens*[a] peccati, *abstractive* spectati, proprie loquendo *non*[b] datur. *Actuum* autem et *habituum*,[c] quibus peccatum adhaeret, quatenus actus et habitus sunt, causa physica recte quaeritur.[d]

a) Seu reali influxu suo producens illud, tanquam effectum verum ac realem.

b) Est enim peccatum, qua tale, privatio (vid. h. l. § 2. not *c*.), cui repugnat, realiter produci per causam physice efficientem.

c) Qui in peccato concretive accepto *materiale* sunt, a *formali* distinctum. Vid. not. *e*. ad § 2.

d) Ita actionis peccaminosae *Caini*, qua fratrem interfecit (seu peccati, quod fratricidium aut parricidium dicunt, quatenus positiva actio est), causa physice efficiens fuit ipse Cain, qui percussit fratrem. Habitus vitiosi, v. g. intemperantiae, causa est is, qui crebris actibus propensionem fixam ad actus similes sive habitum ipsum sibi acquisivit.

§ 9.

Interim peccato, qua tali, causa *moralis*[a] recte assignatur.[b] Atque illud semper est *naturae*, quae *intellectu et voluntate* pollet.[c]

a) Seu quae, licet realem influxum in illud, quod privatio mera est, tanquam a se revera producendum, non praebeat, aliquid tamen confert, cujus intuitu ei istud (seu ἀνομία ipsa), tanquam effectus, imputatur, non secus, ac si realiter influeret. Alii *deficientem* appellare malunt cum *Augustino* lib. XII. de Civ. Dei cap. VII. Scilicet quod, si agens praecise in ordine ad ἀνομίαν consideretur, non ratione alicujus influxus, sed ratione alicujus in causando defectus, seu quod legi non conformiter agit, ejus causa dicatur. Conf. b. *Mus.* Thes. cit. n. IX.

b) Vid. *1 Joh. 3, 4.*, ubi expresse dicitur, eum, *qui facit* τὴν ἁμαρτίαν, *facere* simul τὴν ἀνομίαν, scilicet hoc ipso, quod facit id, quod est ἄνομον.

c) Sane *bruta et agentia alia*, rationis expertia, quando id agunt, quod si homo ageret, peccare censeretur, *non* tamen ipsa *proprie* loquendo *peccare* creduntur, quemadmodum nec legi conformiter agere censentur, quando talia agunt, quae lex creaturis rationalibus praescribit, cum facultate cognoscendi ea, quae lex praecipit ac vetat, plane destituantur.

§ 10.

Deus quidem *nec* moraliter,[a] *neque* physice[b] causa peccati recte dici potest.[c]

a) Non enim sive *directe*, sive *indirecte* intendere potest peccatum, qui summe bonus ac perfectus est.

b) Etsi enim per modum causae universalis concurrat Deus ad omnes causarum secundarum actiones, adeoque malas aeque atque bonas; tamen quia actiones illae ratione suae entitatis positivae peccata non sunt, verum ratione suae ἀνομίας, Deus etiam ad positivam illarum entitatem specialem influxum non praebet (*neque* enim vult *nec* decernit, ut fiant; *non* determinat voluntatem peccatoris ad actus peccaminosos, *sed* agentia particularia ipsa se sua voluntate ad illam actionis speciem determinant), manifestum est, Deum nullo modo dici posse causam peccatorum.

c) Quod autem Deus *non impedit* peccata, quae posset, non autem debebat impedire, quodque peccatoribus *gratiam* ad evitanda peccata necessariam (sed qua ipsi se indignos reddiderunt) vi justitiae suae ac majestatis supremae aliquando *subtrahit:* tamen *peccata* ipsa *non* propterea *effectus*, seu *objecta* Dei et actionum ejus fiunt.

FORMULA CONCORDIAE: „Magna cura considerandum est, quando Dominus *peccata peccatis punit*, h. e., cum eos, qui aliquando conversi fuerant, propter subsequentem securitatem carnalem, impoenitentiam, contumaciam in sceleribus et propter voluntaria flagitia *punit excaecatione et induratione*, id non ita accipiendum esse, quasi Deus nunquam serio voluisset, ut tales ad agnitionem veritatis pervenirent et salutem consequerentur." (Declar. art. 11. p. 722.)

GERHARDUS: ,,Quomodo peccata peccatis Deus puniat, et tamen peccati causa non sit, id facile intelliges, si observaveris, quinque modis contingere, ut peccatum sit alterius peccati causa: 1. cum uno peccato admisso amittitur gratia Spiritus S., qua amissa nihil aliud potest homo, quam in scelera prolabi; 2. cum Deus eum, qui peccavit, tradit in manum satanae, qui impellit eum ad varia peccata; 3. quatenus ex uno peccato facilis fit in similia lapsus, ex actibus enim causantur dispositiones et habitus inclinantes ad similes actiones; 4. quatenus unum peccatum sine aliis perpetrari non potest; sic avaritia radix malorum dicitur ab apostolo; 5. quatenus saepe propter unum peccatum alterum etiam admittitur; sicut Judas prodidit Christum ex avaritia. Juxta primum et secundum modum Deus peccata peccatis punit, nec tamen peccati causa vel auctor existit." (L. de prov. § 140.)

ANTITHESIS.

QUENSTEDTIUS: ,,*Antithesis:* 1. *Simonis Magi*, qui blaspheme docuit, Deum esse creatorem et auctorem omnium scelerum. . . 2. *Valentinianorum*, statuentium, hominibus a primaeva rerum origine malitiam inesse. . . 4. *Libertinorum*, Deum peccati auctorem diserta affirmatione statuentium; statuunt enim, Deum operatum esse peccatum Caini, Saulis, Judae. . . 5. *Calvinianorum*, qui . . . faciunt Deum directe et per se causam et auctorem peccati. Qui enim asserunt, Deum esse omnium flagitiorum et peccatorum causam: a. primam, b. supremam, c. praecipuam, d. volentem, e. decernentem, f. instigantem, g. creantem, h. occasiones exhibentem, i. cogentem, k. impellentem, l. non tantum permittentem, sed et efficientem, m. homines vero et satanam esse instrumenta tantum actionum malarum, n. eaque saepe inscia et invita: illi omnino Deum auctorem et causam efficientem peccatorum esse statuunt. . . Qua fronte itaque reformati publico decreto in synodo Dordracena art. 15. de praedestinat. sanxerunt: ‚Deum peccati auctorem constituere, cogitatu blasphemum esse‘? . . . 6. *Pontificiorum* quorundam, qui itidem, Deum disertis verbis causam peccati esse, asserunt, ut Gabriel Biel, Occam, Major, Costerus in Enchirid. Inprimis Dominicani et Thomistae (qui etiam praedeterminationem statuunt)... 7. *Calvinianorum et pontificiorum*, qui Deum causam peccati faciunt per suas hypotheses, statuentes: a. Deum influere efficaci praedeterminatione sua non solum in actiones naturales, sed etiam morales, bonas et malas, adeoque causam esse omnis materialis, quod in actu malo est, etiamsi malitia ab eo sit inseparabilis, tum per modum principii moventis, tum per modum concursus . . . b. contendendo, propensiones contrarias rebellionemque carnis ex ipsius natura a Deo conditae conditione fluxisse. . . 8. *Socinianorum*, Deum itidem peccati causam constituentium." (L. c. P. II. c. 2. s. 2. q. 5. f. 973. sqq.) FECHTIUS: ,,Impropria nec unquam imitanda, imo in Deum iniqua quorundam locutio est: Deum peccata peccatis punire." (Syllog. controv. p. 109.)

§ 11.

Diabolus[a] autem et *creaturae rationales* aliae, ad bonum non determinatae,[b] peccati causa efficiens utique fieri possunt et fiunt.

a) Vid. *Joh. 8, 44.*, ubi diabolus dicitur *homicida, non stetisse in veritate, loqui mendacium ex propriis, mendax et pater ejus* (mendacii), quibus singulis praedicatis illi, tanquam in agendo deficienti, peccata, v. g. homicidium, mendacium, ut causae agenti, tribuuntur.

b) Quae enim ad bonum determinatae sunt, v. g. per lumen gloriae, non possunt agendo deficere, sed sunt impeccabiles, ut diximus in cap. de angelis et de beatitudine aeterna.

§ 12.

Caeterum quod peccatum non sit, nisi sit *voluntarium* respectu ejus, qui inde peccator censetur, universaliter verum non est.

Philosophis quidem peccatorum appellatione nihil venit, nisi in quo aliqua ratio voluntarii apparet, ut, quae contra legem fiunt, in tantum dicantur peccata, in quantum de voluntario participant. In *Scripturis* autem peccatum in *significatione* multo *latiore* accipitur, prout *Johannes 1. Epist. 3, 4.* satis habet, per ἀνομίαν definire peccatum, non expressa ratione τοῦ *voluntarii.* Conf., quae cap. sq. II. de peccato originis docebimus.

ANTITHESIS.

QUENSTEDTIUS: ,,*Antithesis: 1. Quorundam scholasticorum*, ut Petri de Aliaco, qui in princ. ad l. sentent. lit. E. inquit: ,Nullum est ex se peccatum, sed quia lege prohibitum. Praevaricatio est legis transgressio. Quia secundum apostolum Rom. 4, 15., ,ubi non est lex, ibi nec praevaricatio.' 2. *Durandi* et aliorum, contendentium: ,Actus etiam illos, qui sunt jure et lege naturali damnati, non esse per se malos, sed quia lege divina vetiti sunt, adeoque si Deus legem tollat, non esse peccata.' . . 3. Illorum *scholasticorum*, qui asserunt, omnes actiones esse natura sua indifferentes, etiam amare Deum et odisse Deum, parentes honorare vel non. Et notat Petrus ab Aliaco, cardinalis Cameracensis supra citatus, quod multi doctores scholastici teneant, ,quod Deus possit praecipere odium sui'." (L. c. q. 2. f. 965.)

IDEM: ,,*Antithesis:* 1. *Pontificiorum quorundam*, ut Andradii lib. 3. defens. conc. Trid., qui negat, quamvis ἀνομίαν peccatum esse. . . 2. *Pelagianorum*, . . . contendentium, peccatum originale non esse peccatum, quia in infantibus est involuntarium. 3. *Pontificiorum*, statuentium, τὸ voluntarium esse de ratione peccati, adeo ut non sit peccatum, quod nullo modo est voluntarium. Ita Bellarminus. . . 4. *Socinianorum*, ut Socini, Ostorodi, Smalzii, qui peccatum origin. propter eandem rationem (scl. quia non est voluntarium) plane negant. . . 5. *Arminianorum*, in actis synodal. def. art. 4. et in apol. conf. cap. 7. voluntarium ad rationem peccati requirentium. . . 6. *Zwinglii et Calvini*, in cap. 3. Genes. peccatum origin. pari ratione negantium, quod involuntarium sit." (L. c. q. 3. f. 967.)

§ 13.

Subjectum *Quod* peccati est natura rationalis,[a] ad bonum non[b] determinata, seu homo viator,[c] qui peccator[d] denominatur.[e]

a) *Bruta* enim et agentia *inanimata* non denominantur peccare, prout neque causa moralis peccati censentur.   Vid. § 9. not. c.

b) Sic enim excluduntur Deus, angeli boni, homines beati; quanquam et primi homines, licet labiles, non tamen subjectum peccati fuerunt, antequam ad peccandum sese libere determinarent.

c) Huc enim h. l. spectamus, cum de subjecto operationis theologiae agimus.   Atque ita etiam *angelos malos et homines damnatos* suo loco relinquimus.

d) *Sive* quoad actum peccandi, *sive* quoad habitum pravum, aut actus praecepti habitusque, qui adesse debebat, carentiam.

e) Intelligitur autem denominatio, tanquam suppositi, quam alii *ultimatam* vocant, ideoque *totale subjectum* hic appellant.

> J. SCHARFIUS: „*Subjectum* est, quod praeter suam essentiam aliquid in se recipit.   Ut: substantia est subjectum accidentium, quia haec in illa recipiuntur et subjectantur.   Sic paries est subjectum coloris, albedinis, nigredinis.—Est autem subjectum vel inhaesionis, vel considerationis, vel praedicationis.   *Subjectum inhaesionis* in genere dicitur omne id, cui aliquid inesse dicitur quocunque modo.—Est autem subjectum inhaesionis vel totale, primarium sive denominationis; vel partiale, secundarium et informationis.   *Subjectum denominationis* est, quod denominatur ab adjuncto suo.   Ut: homo subjectum doctrinae, corpus quantitatis; nam homo per doctrinam denominatur doctus et corpus per quantitatem dicitur quantum.   Hinc est illud, quod vocatur *subjectum ut quod*.   Et hoc principaliter et proprie sustinet accidentia, estque semper substantia.   *Subjectum informationis* est, cui per se directe inhaeret adjunctum.   Ut: anima est subjectum eruditionis et doctrinae; in hac enim directe est eruditio, hancque informat. Sic materia est subjectum quantitatis, quia materiam accidentaliter informat quantitas.   Huc pertinet id, quod dicitur *subjectum ut quo*, quia est medium, quo mediante inest accidens toti composito.   E. g. paries est *subjectum ut quod* albedinis, sed superficies est *subjectum ut quo*, quia mediante superficie inest albedo parieti.   Porro *subjectum ut quod* vel est universale, vel particulare.   Illud (*universale subjectum*) dicitur πρῶτον δεκτικὸν, in quo inest adjunctum primo, adaequate et reciproce, ita ut aeque late pateat cum suo adjuncto.   Sic homo est primum subjectum disciplinae, risibilitatis, docilitatis; sic corpus est universale subjectum quantitatis; sic ens primum subjectum unitatis, veritatis, bonitatis transcendentalis.   *Particulare subjectum* est secundarium, quod est angustius suo adjuncto et inadaequatum.   Sic homo est subjectum quantitatis; sic paries dicitur albus.“   (Metaphys. p. 229—232.)

§ 14.

Subjectum *Quo*[a] peccati *est anima*[b] ejusque facultates;[c] quanquam et *corpus* ejusque[d] *membra* huc aliquando, et *secundario* quidem, spectant.

a) Alii *partiale* vocant et in *primarium* seu πρῶτον δεκτικὸν, ac *secundarium* distinguunt.   Illud proprie dictum agnoscunt, hoc *minus proprie* dici, non negabunt.

b) A qua, tanquam principio, oriuntur et in ea, tanquam actus immanentes, persistunt actus peccaminosi; ad eandem similiter referuntur omissiones actuum praeceptorum. In eadem sunt habitus vitiorum et privatio virtutum. Sic mediante anima peccata hominem afficiunt.

c) Intellectus, voluntas et appetitus sensitivus, quod infra ex doctrina speciali de peccatis, originali et actualibus, plenius constabit. Interim notandum est, has facultates esse, uti rationis, sic moralitatis et peccati haud dubie capaces.

d) Mediante scilicet anima, quae est in corpore et cujus organa sunt membra corporis; quod et ipsum infra distinctius docebitur.

§ 15.

Consequens omnis peccati[a] est *reatus culpae*[b] *et poenae*[c] proprie[d] dictae, cum *temporalis,*[e] tum *aeternae.*[f]

a) Alii *formale*, quidam cum addito *formale consecutivum* peccati appellant. Et illi quidem peccatum considerant non *absolute et in se* (sic enim fatendum est, formale peccati esse ἀνομίαν), sed *respective* et in ordine ad subjectum, quod afficit eique denominationem tribuit. Atque ita quidem *reatus* potest dici *formale peccati;* per hunc enim homo constituitur coram Deo injustus, filius irae et aeternae damnationis reus. Vid. b. *Mus.* de Pecc. Thes. XIV. *Posterior* vero sententia, qua reatus formale consecutivum peccati dicitur, nobiscum apertius consentit.

b) Nempe quatenus peccatum *naturae rationali disconvenit* eamque *culpabilem* reddit, id est, *culpae ream.* Quanquam enim *reatus* nomen *latius* pateat et aliquando cum addito *reatus poenae* dicatur, quem certum est a culpa seu reatu culpae recte distingui, prout etiam hic in thesi distinguitur; *culpa* tamen et *reatus simpliciter* sic dictus, seu *reatus culpae,* non differunt. *Culpa* enim formaliter est *relatio quaedam ex peccato in ordine ad regulam rectitudinis moralis, seu legem, considerato resultans,* et *reatus* (a reatu poenae distinctus, qui alias reatus simpliciter, sed et culpae reatus dicitur) formaliter importat *obligationem, qua quis sub peccato per ipsum peccatum constrictus tenetur, ut revera sit et dicatur peccator.* Obligatio autem haec etiam ipsa est relatio ad legem aut regulam, ex peccato resultans, per quam homo peccati reus constituitur. Neque differentia apparet inter reum peccati et culpabilem aut culpae reum. Itaque reatum culpae hic breviter, velut uno nomine, diximus. Conf. b. *Musaei* Tract. de Convers. Disp. III. cap. II. § 47. 48. p. 124. 125.

c) Quatenus peccatum in ipsa violatione legis etiam *offensam* Dei, legislatoris ac Domini supremi, importat, atque ita hominem offendentem *poena dignum* constituit, aut *debitum subeundi* poenam ei contrahit.

d) Id est, damni aut mali, quod est contra subjecti inclinationem, contracti ob culpam, et ad vindicandam culpam compensandamque injuriam alteri (atque hic quidem Deo) illatam subeundi. Unde diligenter distinguendae sunt *castigationes paternae* piorum a *poenis* proprie dictis. *Illae* enim fidelibus *vel* ad concupiscentias carnis crucifigendas, *vel* ad explorandam fidem, dilectionem, patientiam et constantiam eorum, *vel* ad testimonium religioni ac doctrinae verae perhibendum, adeoque Dei et Christi gloriam celebrandam, *non* autem ad vindicandam culpam injuriamque Deo illatam compensandam inferuntur. *His* autem postremum hoc proprium, atque adeo prorsus necessarium est. Unde in doctrina de *cruce et calamitatibus* χόλασιν seu παιδείαν (i. e. castigationem emendationis aut correctionis causa factam), δοχιμασίαν (i. e. explorationem aut probationem), μαρτύριον (i. e. testimonium suo quodam malo alteri praebitum) a τιμωρία (i. e. poena proprie dicta, qua satisfiat honori laeso superioris) recte distinguunt auctores.

> LUTHERUS: „Der Schächer kehret sich um und beschuldiget sich selbst und bekennet seine Sünden, hoffet aber, er werde des Herrn Christi geniessen, dass seine Sünden am ewigen Leben ihm nicht schaden. Also wird gar ein anderer Mensch aus ihm, und *sein schmählicher Tod, den er wohl verdienet hat, wird nun ein Gottesdienst,* dass er hinfort nicht mehr leidet als ein Mörder, sondern als ein rechter Heiliger; denn er stirbt in rechtem Bekenntniss und herzlichem Vertrauen auf die Gnade Gottes durch Christum und lässt ihm seine Sünde von Herzen leid sein." (Hauspostille. Tom. Hal. XIII, 741. sq.)

e) Quaedam ex parte *animae,* v. g. *subtractio favoris* Dei, prout *peccata disterminare* dicuntur *inter Deum et hominem* peccantem, aut *facere, ut occultet faciem suam ab illis, Esa. 59, 2.,* unde ex adverso oritur *ira* Dei *de coelo adversus omnem impietatem et injustitiam hominum, Rom. 1, 18.,* cujus vi homines vel *in reprobam mentem traduntur,* ut in varia ruant vitia, *ibid. vers. 28.,* vel certe *horrent et fugiunt* Deum tanquam *ignem consumentem, cum quo diversari non possint, Esaiae 33, 14.* Quaedam autem *ex parte corporis,* v. g. *laborum* gravitas ac sterilitas, unde lassitudo et indigentia; sed et *morbi* ac *dolores* varii, denique *mors* ipsa, *Gen. 3, 16. 17. 18. 19. Rom. 6, 23.*

f) Non solum aliquibus, sed *cuilibet* peccato, tanquam offensae legis aeternae ac majestatis divinae congruae. Vid. *Matth. 12, 36.,* ubi dicitur, *homines in die judicii* (ubi de ultima eorum *justificatione,* seu salute, et *condemnatione* ad poenam aeternam agetur) *rationem reddituros esse de quolibet verbo* ἀργῷ (sive ἀέργῳ), *otioso,* omni inquam eo, *quod aut ratione justae necessitatis, aut intentione piae utilitatis caret,* ut explicat *Gregorius* M. in Moralibus. Conf. *Hieronymum,* et ex utroque *Gerhardum* ad h. l. p. m. 648.

§ 16.

Peccata, quibus humanum genus maculatur, distingui solent I. in *actualia* et[a] *habitualia.* II. Actualia rursum in ea, quae *actum realem,* et quae *actus omissionem*[b] important. III. Habitualia peccata in *connatum*[c] seu[d] originale, et *acquisita.*[e] IV. Habitualia utraque in *habitus proprie* dictos vitiosos, et *carentiam* habitus adesse debiti,[f] distinguuntur. Quia vero in homine, qualem theologia

revelata, tanquam subjectum suum, in posteris protoplastorum invenit, antequam actu peccet, peccatum connatum[g] deprehenditur, ideo communiter doctrina specia-
lior de peccato sic proponitur, ut prius de *originali*, sive
eo, quod inde ab hominis cujusque carnali[h] origine seu
nativitate originem suam habet, deinde de *actualibus*,
quae in homine jam existente accedentibus demum actibus propriis oriuntur, agatur.[i]

a) Licet enim aliqui voces *peccati* et *vitii* sic distinguant, ut *illa*
actus, *hac* habitus pravos aut moraliter malos denotent; tamen jam
pridem *usus loquendi* effecit, ut peccati nomen non solum de *actu*, sed
etiam de *habitu* peccandi accipiatur, ac *vitia* ipsa dicantur *peccata*.
Unde alii dicunt *peccata in actu* et *peccata in habitu*. 'Ανομία certe
utrinque occurrit, et sic ratio formalis ἁμαρτίας seu peccati. Confer.
b. *Musaei* Tract. de Conv. Disp. IV. cap. I. § 2. p. 243.

b) De qua divisione infra cap. III. videbimus.

c) Seu propensio ad actus pravos, quae habitus vim habet; qualem nobis connasci, cap. sq. II. ostendemus.

d) *Non* ratione originis primorum hominum (haec enim sancta et
valde bona fuit, juxta ea, quae de imag. div. diximus), *sed* caeterorum,
qui a primis per generationem carnalem descendunt.

e) Seu actibus peccandi iteratis contractas propensiones ad actus
similes pravos, easque fixas et difficulter mobiles.

f) Scilicet carentiam justitiae habitualis, sive connasci debitae,
sive acquisitae, ad peccatum habituale recte referimus, eo modo, quo
ad actualia peccata etiam omissiones actuum praeceptorum referuntur.
Conf. b. *Musaeum* de Convers. Disp. III. cap. I. § 7. 8. p. 100. 101.

g) Quod nunc supponitur: cap. sq. II. probandum.

h) Sic enim vulgo terminus peccati *originis* aut *originalis* accipitur.
Quod autem alias lapsus ipse primorum parentum peccatum originis
originans dicitur et ab *originato* distinguitur, ad praesens non pertinet,
quia nec pro habituali peccato haberi ipsum potest, sed suo modo inter
peccata actualia locum habet, licet causa originalis peccati fuerit; ut
mox dicetur.

i) Alii distinguunt inter peccatum *primum* et *ex primo ortum*.
Utrumque subdividunt; *illud* quidem in peccatum *primum absolute tale*,
quod sit apostasia angelorum, et *primum in genere humano*, quod sit
lapsus protoplastorum; peccatum ex primo ortum dispescunt in *originale* et *actuale*. Non tamen, opinor, negabunt, peccatum primum, cum
quod absolute tale, tum quod in genere humano primum est, esse, vi
vocis et significationis, actuale.

§ 17.

Describi[a] potest peccatum *abstractive* acceptum, quod
sit carentia[b] conformitatis cum lege, actioni[c] creaturae

rationalis[d] in agendo deficientis, vel etiam omissioni
actus, habitui aut carentiae ejus adhaerens, ideoque[e] culpabilis et poena, temporali atque aeterna, digna.

a) Paulo plenius, quam si solam ἀνομίαν dicas, ita ut caetera simul,
quae hactenus tradita sunt, complectaris.

b) Hanc enim in casu recto importat.

c) Tanquam *materiali* suo; quo etiam spectant, quae de habitu
et utriusque absentia dicuntur; vid. § 2.

d) Cui, tanquam causae efficienti et subjecto, adscribi debet,
juxta § 8.

e) Quae sunt consequentia peccati abstractive spectati.

§ 18.

Peccatum *concretive* spectatum[a] describi potest, quod
sit creaturae rationalis[b] actio aut omissio actionis, habitus aut carentia ejus,[c] pugnans cum lege[d] Dei, et creaturam rationalem culpabilem ac poena dignam[e] reddens.

a) In ea latitudine, qua ad diversas species, mox indicandas, se
extendat. Quanquam ita necesse sit, in ipsa descriptione, quam generalem postulant, *disjunctive* enunciare, quae ad ipsas species peccati
pertinent, cum unum commune nomen, quod et entia et non entia
complectatur, non suppetat.

b) Cui partim ut causae, partim ut subjecto adscribi debet; vid.
§ 8. 9.

c) Quae materiale peccati constituunt; vid. § 2.

d) In quo consistit formale peccati, l. c.

e) Consequentia peccati haec sunt; de quibus vid. § 13.

Caput II.

DE PECCATO ORIGINIS.

§ 1.

Dari peccatum originis, etsi ratio ex suis principiis
certo ac distincte agnoscere[a] non possit, in Scriptura
tamen manifestissime indicatur.[b]

a) Illa enim *vel* judicium suum suspendet, *vel* si quid definire
ausit, negabit et *homines* sua natura *indifferentes nasci* putabit, licet

appetitus sensitivi inclinationem quandam a judicio rationis alienam deprehenderit; vid. b. *Mus.* Dissert. de Insuffic. Lum. nat. contr. Ed. Herb. § 27. p. 22. 23. et *b. Henr. a Lith.* Disp. Inaug. sub praesidio nostro habitam, qua Synopsin Theol. Nat. cum revelata collatae exhibuit, Sect. V. § 33. sqq.

ARTICULI SMALC.: ,,Hoc peccatum haereditarium tam profunda et tetra est corruptio naturae, ut nullius hominis ratione intelligi possit, sed ex Scripturae patefactione agnoscenda et credenda sit.'' (p. 310.)

ROLLIUS: ,,*Materiale* quidem peccati originalis rationi non est incognitum, cum per ipsam experientiam constet, homines naturali quodam impetu in id, quod malum est, ferri et magna cum difficultate ad virtutis studium adsuefieri. Unde illud poetae: ,Video meliora proboque, deteriora sequor.' *Formale* autem ejusdem peccati rationem omnino fugit, cum nemini citra revelationem divinam constare possit, inclinationem ad mala ex lapsu protoplastorum derivari, veri peccati habere rationem et hominem propterea aeternae damnationi esse obnoxium.'' (Vid. Fechtii Syllog. controvers. p. 112.)

b) Vid. inprimis *Rom. 5, 12.*, ubi dicitur, ideo *ad homines omnes mortem descendere, quia in uno homine* Adamo *omnes peccarunt* aut *peccatores constituti* sunt. Etsi enim vox ἁμαρτάνειν alias actum secundum peccandi denotet, fatendum tamen est, accipi illam h. l. etiam de his, qui per aetatem ac defectum usus rationis eo modo non peccant, imo qui, primo homine labente, ne quidem extiterunt. Unde, omnes in Adamo peccasse, non idem est ac omnes Adami peccatum actibus similibus esse imitatos, cum potius vers. 14. expresse dicatur, *mortem* (quae per peccatum intravit in mundum) *pervasisse etiam ad eos, qui non peccarunt ad similitudinem transgressionis Adami.* Itaque dicendum est, peccasse omnes in uno, quatenus, peccante illo, factum est, ut omnes ex ipso naturaliter descensuri necessitatem nascendi cum peccato contraherent et sic propter suum quisque peccatum in ipsa nativitate fieret morti obnoxius. Conf. ad *Ephes. 2, 3.*, ubi, quando homines *omnes natura filii irae esse* dicuntur, supponitur causa hujus reatus, nempe quod omnes natura (non tantum *vere*, sed *natura*, quod sane plus est, seu per naturae suae corruptae conditionem) sint peccatores. *Filium irae* enim esse idem est ac esse obnoxium irae divinae ac dignum poena, a Deo, vindice legis, propter violationem legis infligenda. Itaque filius irae natura esse non potest, nisi natura aut per naturae corruptionem sit peccato pollutus. Sed et *Gen. 6, 5. et cap. 8, 21.* dicitur, *Omne figmentum cogitationis cordis humani tantum malum esse omni die,* inde *a pueritia sua*; quod quamvis actus secundos seu peccata actualia formaliter denotare videatur, *universalitas* tamen *subjecti* ac *temporis* indicat, ipsam *facultatem* cogitandi, quae est in hominibus, per ipsius naturae corruptionem sic esse *depravatam*, ut bonae aut sanctae cogitationis actum exercere *ne possit* quidem, sed sit *propensissima* ad actus cogitandi malos.

SCHERZERUS: ,,Licet ἐφ' ᾧ nonnunquam *causale* sit et ,*eo quod*' notet, hoc tamen loco *subjective*, relative et personaliter per ,*in quo*' reddendum esse, ex textus συναφείᾳ, ἀντιθέσει et peccantium distinctione (quidam enim ,non peccarunt in similitudine transgressionis Adami'

v. 14., i. e., exponente ipsomet Smalzio, in persona propria seu immediate, quos nihilominus apostolus peccasse docet.　Ergo peccarunt in persona aliena seu Adamo) collegium anti - Socinianum f. 264. probat.‟　(System. th. L. de peccato § 7. p. 147.)

GERHARDUS: „Altera Pelagianorum exceptio haec erat: Phrasis ἐφ' ᾧ, in quo, omnes peccarunt Rom. 5, 12., sic explicanda est: propter quod omnes peccarunt, h. e., mors pertransiit in omnes propterea, quod Adamum peccando imitantur.　Respondemus: Augustin. lib. 6. contra Julian. c. 12. hanc versionem improbat et vocabulum ᾧ recipit pro relativo; sed res eodem recidit.　Sive enim ἐφ' ᾧ accipias esse causaliter sive relative dictum, nihil decedet veritati.　Particulas ἐφ' ᾧ quandoque ita usurpari, ut causae redditionem significent, exemplis probant Varinus, Budaeus et Suidas.　Unde etiam Dr. Lutherus in versione Germanica causaliter reddidit.　Erit ergo sensus: Mors pertransiit in omnes homines, quia omnes peccaverunt, i. e., quia Adamus, humani generis parens, omnium posterorum, qui per carnalem generationem ex ipso descendunt, personam repraesentans, peccavit, qui ad divinam imaginem conditus non tantum pro sese, sed etiam pro tota posteritate dona illa acceperat.　Neque hanc versionem inprobat Augustinus, sed novum ac distortum illum sensum, quem ex ea exsculpere nitebatur Pelagius.　Si vero in sensu relativo particulas ἐφ' ᾧ exponas, sequetur itidem, in Adamo, primo hominum parente, tanquam in massa, originaliter omnes peccasse, perinde ut apostolus pronuntiat 1 Cor. 15, 22.: ‚In Adamo omnes mori.'‟　(L. de pecc. orig. § 63.)

ANTITHESES.

QUENSTEDTIUS: „*Antithesis:* 1. *Philosophorum* extra ecclesiam. Hinc Seneca ep. 69.: ‚Erras, si existimas, nobiscum nasci vitia; supervenerunt, ingesta sunt.'　2. *Pelagianorum*, statuentium: a. nullum peccatum ex Adamo in homines per generationem transire; b. neminem propter Adae peccatum damnari; c. parvulis in baptismo nullum peccatum remitti, cum nullum habeant; d. Adami peccatum in homines non alia ratione transire, quam exemplo. . . 4. *Quorundam scholasticorum*, docentium, peccatum originis reatum in nobis esse, non maculam aut labem, itemque sola imputatione peccati Adamitici peccatum originis definientium. . . 6. *Calvinianorum*, quorum alii directe negant peccatum originis, ut Zwinglius lib. de baptismo opp. I. p. 89. 90. et in confess. ad Carolum V. praescripta et anno 30. superioris saeculi edita art. 4. et in comm. Rom. 5., et illi, qui eum excusant, docentes: ‚Peccatum originis non esse proprie peccatum, sed morbum tantum et effectum peccati.'　Alii indirecte et quidem per hypothesin, dicentes, quod liberi fidelium nascantur sancti, et quod sint in foedere gratiae et filii Dei, etiam antequam baptizentur, qua posita hypothesi, tollitur ipsum peccatum originis. . . 7. *Socinianorum*, qui peccatum originale pro mera fabula habent. . . 8. *Arminianorum* in apol. c. 7. et in specimine 7. adv. Leidenses, itemque Adolphi Venatoris, asserentium: ‚Peccatum esse et originale esse, involvere contradictionem in adjecto.'　Item: ‚Infantes esse simplices et stantes in eodem statu, in quo Adam fuit ante lapsum.'. . 9. *Anabaptistarum*, qui contendunt, peccatum originale per Christi mortem plane esse sublatum ex natura humana, ita ut infantes sub N. T. non nascantur in peccatis, sed sint prorsus innocentes et a vitiis immunes, nec indigeant in infantia baptismatis lavacro.‟　(L. c. q. 8. f. 999.)

HOFMANNUS: „Auch die Schrift lehrt nicht, dass es Sünde und Tod gibt, oder was der Begriff von Sünde und Tod sei, noch auch, dass Sünde und Tod erblich sind, sondern führt nur beide auf die erste sittliche Selbstbestimmung des Menschen zurück. . . Wir bedürfen eben so wenig einer eigenen Aussage, dass alle Menschen von Geburt sündig, wie dass alle von Geburt sterblich sind.　Aber auch die Schrift lehrt weder das Eine, noch das Andere, weder, dass alle Menschen sündig und sterblich sind — denn sie müsste Letzteres eben so wohl lehren, als Ersteres —, noch dass Sündigkeit und Sterblichkeit mit der menschlichen Natur sich vererben. Alles, was man beibringt, eine solche Schriftlehre zu erweisen, ist nur Erinnerung an *eine sich von selbst verstehende Thatsache.*" (Schriftbeweis. I, 425. 441.)

§ 2.

Importat autem peccatum originis[a] *partim* privationem[b] justitiae originalis, *partim* inclinationem[c] totius naturae ad prava.[d]

a) Tanquam oppositum originalis justitiae aut imaginis divinae. Neque enim rectius cognosci potest natura peccati hujus, quam facta collatione oppositi, in cujus locum successit.

b) Huc pertinet *mors* illa, seu carentia vitae spiritualis omniumque virium activarum, quae ad actus vitales legi divinae conformiter exercendos requirebantur. Atque haec mors hominibus, quatenus *natura filii irae sunt*, tribuitur *Ephes. 2, 1. et 5. et Col. 2, 13.* Quemadmodum enim justitia originalis, cum facultatibus animae primi hominis inesset, animabat quasi et instruebat eas ad vivendum vitam, quae secundum Deum est, et ad actus motusque spiritualiter bonos intra se eliciendos et exercendos, sic deperdita justitia illa primaeva homo similis est mortuo, per separationem animae a corpore omnibus plane viribus ad actus et motus vitales in se eliciendos exercendosque destituto, destitutus quippe viribus ad actus et motus spirituales. Confer. b. *Musaeus* de Conv. Disp. IV. cap. I. § 10. p. 427. Pertinet etiam ad pecc. originis pro carentia justitiae orig. acceptum, quod *Rom. 3, 10. sqq.* dicitur *Judaeos et Graecos omnes peccato esse obnoxios; sicut scriptum est Ps. 14, 3. sqq.: Non est justus, ne unus quidem* (omnes itaque carent justitia, quam habere debebant). *Non est, qui intelligat, non est, qui exquirat Deum.* (Denegatur ergo omnibus recta Dei ac rerum divinarum intelligentia et scrutinium.) *Non est, qui exerceat bonitatem, non est usque ad unum.* (Omnes itaque carent bonitate morali et exercitio ac viribus exercendi actus moraliter bonos.)

c) Idem enim homo carnalis, qui, ob privationem spiritualis vitae *mortui* instar est, alia ratione *vivus* et valde *actuosus* dicitur, sed ad vitam *a vita Dei alienam, Ephes. 4, 18.*, ad *vitam hujus saeculi et faciendas cupiditates carnis, cap. 2, 3.* Nimirum facultates animae per essentiam sunt facultates vitales, et quando justitia originali privantur, licet careant viribus ad vitam secundum Deum instituendam necessariis, non tamen ipsae, quoad esse vitale et vim eliciendi actus motusque vitales, perditae sunt aut abolitae, sectantur itaque aliam vitae rationem, a priori plane diversam; vid. b. *Mus.* l. c. § 11. p. 247. 248. Respectu propensionis hujus pravae Paulus *Rom. 8, 7.* scribit: Τὸ φρόνημα τῆς σαρκὸς, h. e., *quod caro,* sive homo carnalis, qualis nascitur, *sapit,* vult, desiderat, est *inimicitia adversus Deum.* Quae sane habitualem atque inde ab origine nostra nobis adhaerentem propensionem

ad prava in quolibet homine declarant.   Et *Rom. 7, 17. et 20.* memoratur *peccatum* in nobis *habitans*, vers. 21. *malum adjacens* (κακὸν παρα-
κείμενον), vers. 23. *lex*, quae est *in membris, rebellans legi mentis* etc., quae
vers. 7. et 8. vocabatur ἐπιθυμία, *concupiscentia.* Intelligitur autem
*non solum inferior vis appetendi, quae ab appetitu sensitivo est, sed volun-
tatis etiam inclinatio in malum, quin et ipsius intellectus temeraria de rebus
spiritualibus perverse judicandi pronitas, et subito exortas cogitationes malas
complectitur.   Unde et Apologeta Confess. Aug. art. II. p. 55. inter alia
concupiscentiam intelligit eam, quae quaerit non solum voluptates corporis,
sed etiam sapientiam et justitiam carnalem, et confidit his bonis, contemnens
Deum etc.,* vid. *b. Mus.* l. c. de Pecc. th. XLIV.   Quod autem Jenenses *non* doceant, *peccatum originis proprie et accurate loquendo esse meram
privationem, neque pravam concupiscentiam a peccato originis excludant,*
idem ostendit in der Ausführlichen Erklärung Q. XXXI. p. 229. 230.

d) *Utrumque* autem *peccati rationem* habet, *tum* quod homo desti-
tuitur illis viribus, quas ad actus sibi convenienter exercendos habere
debebat, et sic ineptus est ad facienda ea, quae lex jubet, *tum* quod
facultates ejus inclinant in ea, quae lex prohibet, aut quae legi
repugnant.

§ 3.

Speciatim ex parte *intellectus* importat peccatum originis totalem *privationem* lucis spiritualis,[a] ita ut *nec*
Deum recte[b] cognoscere, *neque* adeo, qua ratione colendus
sit Deus, perfecte[c] praescribere, *aut*, quae divinitus revelata sunt, firmo assensu amplecti possit;[d] simul etiam
pronitatem intellectus ad *temeraria et falsa* de rebus spiritualibus *judicia* ferenda,[e] imo vero etiam in his, quae
lumine naturae subjacent, impotentiam[f] quandam in cognitione Dei et instituenda vita.

a) Vid. *Eph. 5, 8.*, ubi homines, quales natura ante regenerationem sunt aut nascuntur, σκότος sive *tenebrae* dicuntur.   Et ponitur
abstractum pro concreto ad intendendam significationem, ut tenebrae
dicantur, id est, valde, aut plene obtenebrati, carentes omni luce spirituali.   Confer. *cap. 4, 18.*, ubi dicuntur ἐσκοτισμένοι τῇ διανοίᾳ, *obtenebrati* quoad *mentem*, nempe *propter ignorantiam, quae est in illis;* ut
statim exponitur.

b) Qualis est et prout a nobis in hac vita non tantum secundum
essentiam et attributa, sed etiam secundum personas cognosci debet.

c) Deus enim, qualis est, talis coli debet; et in statu post lapsum
primum in cultu divino est, quod in placando Deo consistit.   Atqui
in utroque horum deficit intellectus per lapsum corruptus.

d) Vid. *1 Cor. 2, 14.*, ubi de *homine animali*, seu, qualis juxta
conditionem animae sibi relictae est (quippe opponitur *spirituali*, seu
habenti Spiritum Dei, qui non nisi per peculiarem Dei operationem

confertur, juxta vers. 10. et 12.), dicitur: *Non percipit, non potest intelligere, quae sunt Spiritus Dei*, seu *mysteria*, quae *Deus revelavit per Spiritum suum*, juxta vers. 7. et 10. Conf. b. *Mus.* Disp. IV. cap. I. § 30. sqq. p. 260. sqq.

e) Sic dicitur l. c., *Spiritualia esse homini stultitiam*, seu judicari ab eo, quod sint res stultae, absurdae etc.

> FORMULA CONCORDIAE: ,,Etsi humana ratio seu naturalis intellectus hominis obscuram aliquam notitiae illius scintillulam reliquam habet, quod sit Deus, et particulam aliquam legis tenet (Rom. 1, 19. sqq.): tamen adeo ignorans, coeca et perversa est ratio illa, ut, etiamsi ingeniosissimi et doctissimi homines in hoc mundo evangelium de Filio Dei et promissiones divinas de aeterna salute legant vel audiant, tamen ea propriis viribus percipere, intelligere, credere et vera esse, statuere nequeant. Quin potius, quanto diligentius in ea re elaborant, ut spirituales res istas suae rationis acumine indagent et comprehendant, tanto minus intelligunt et credunt, et ea omnia pro stultitia et meris nugis et fabulis habent, priusquam a Sp. S. illuminentur et doceantur.'' (p. 589. sq.)

f) Talem, inquam, qua fit, ut intellectus in discurrendo et investigandis rerum naturis, causis, affectionibus, imo circa ipsum Deum et res divinas, nec minus in dirigendis actionibus et gubernanda vita erret ac principia luminis naturae male applicet ad inferendas conclusiones falsas, imo impias. Confer. *b. Mus.* Disp. IV. de Convers. cap. I. § 25. p. 257.

§ 4.

Ex parte *voluntatis* consistit peccatum originis in *carentia*[a] *sanctitatis* originalis *seu* virium diligendi Deum super omnia et exequendi, quae intellectus recte dictitavit,[b] *itemque* recte coërcendi appetitum, quodque voluntas ex adverso[c] *propendet* ad opera peccaminosa.

a) Seu impotentia *volendi et perficiendi* spiritualia, ad *Phil. 2, 13.* Quando enim utrumque horum *Deo* in solidum tribuitur ac nos ideo *salutem* nostram *cum timore ac tremore operari* jubemur, certum est, naturalibus viribus nostris id denegari ac nos moneri, ne, quando donati sumus aliena gratia, ea nos indignos reddamus ac privemur. Eandem voluntatis ἀδυναμίαν indicat *mors per delicta*, spirituali vitae opposita. *Eph. 2, 5.* conf. § 2. not. *b.*

b) Neque enim tunc solum voluntas deficit aut exorbitat, cum intellectus in cognoscendo erravit, verum etiam, quando recta est ejus cognitio. Scilicet bonum non solum spiritualiter, sed et naturaliter tale seu honestum, variis molestiis ac difficultatibus plerumque conjungitur, ideoque ab eo alienior est voluntas et ad sectandum illud fere torpet aut languet, etiamsi in humanis doctrina et assuefactio emendationem aliquam aut perfectionem contulerit. B. *Musaeus* l. c. § 26. p. 258.

c) Est enim per naturam suam facultas appetens, et quando a vero bono abhorret, in apparens tanto vehementius fertur, praesertim appetitus sensitivi motibus stimulata; conf. *Mus.* l. c. § 26. 27. p. 258. 259. Ob hanc propensionem ad prava dicitur homo, qualis per naturam est, *servus peccati Rom. 6, 13.*, et *peccatum regnare in ejus corpore mortali ad obediendum illi per cupiditates ejus v. 12. 14.*, quod videlicet, cum ea, quae sancta sunt, agere ex se non possit, in ea, quae mala sunt, ex adverso feratur, ac si ita agere oporteret aut superioris imperio voluntas flecteretur.   Haec etiam est illa πώρωσις, sive *callosa quaedam durities cordis, Ephes. 4, 18.*, qua homines *sunt propensi ad carnalem securitatem, ad contemtum et odium Dei, ad diffidentiam erga Deum et fiduciam rerum temporalium*, interprete b. *Gerhardo* Isag. LL. Disp. XXIV. c. III. de Pecc. Orig. § 7. p. m. 879.

§ 5.

Ex parte *appetitus sensitivi* locum habet *privatio obsequii* superioribus facultatibus debiti,[a] quodque ille contra in ea, quae sensibus grata sunt, licet lege divina prohibeantur, quodam quasi impetu, *sive* non expectato *sive* repudiato rationis judicio,[b] ruit.

a) Debebat enim utique facultas *inferior* conformari *superioribus*, non hae illi.   Vid., quae de imagine Dei supra diximus P. I. cap. IV. § 11.   Conf. *Rom. 7, 18. 19.*, ubi *Paulus* ait, *in carne* sua *non habitare bonum;* ideoque se *non facere bonum, quod velit.*

b) Vid. *Rom. 7, 8.* Etsi enim concupiscentia prava, vocabulo *latius* accepto, per omnes hominis facultates sese diffundat, *speciatim* tamen ad appetitum sensitivum refertur; et hac ratione v. 23. *in membris* sese exserere *adversus legem mentis*, utique recte dicitur.

§ 6.

Quamvis ergo cujuslibet facultatis *vis agendi*, seu tendendi in objecta, quando *praecise et in se* consideratur, *non* sit *peccatum*,[a] propterea *tamen*, quod ἀνόμως fertur in objecta, *peccatum*[b] *recte* appellatur.

a) Ita enim positivum quid est et materiale tantum peccati. *Illam naturae corruptionem, quae complectitur omnium animae virium ad malum pronitatem ac impetum, vocamus positivam qualitatem, non quasi aliqua vis agendi in se et per se sit peccatum, sed quia illa vis agendi in homine est tantum ad peccatum prona et promta; interim non prohibemus, quin inter ipsam agendi vim, et inter vitium illius potentiae subtiliter distinguatur, sicut inter ipsam actionem et vitium actionis distinguitur:* verba sunt b. *Gerhardi* T. II. LL. § 88. p. 402.   Conf. Disp. Isag. XXIV. cap. III. thes. 10. p. m. 880. 881.   Quibus plane respondent, quae b. *Musaeus* Disp. IV.

de Convers. § 7. p. 245. scripsit: *propensio ad malum* dicitur *peccatum, non quatenus est entitas positiva et quoddam agendi principium, sed quatenus perfectione debita destituta et male agendi principium est.*

b) Concretive scilicet loquendo. Unde, si qui eam ad *formale* peccati originis referunt, intelligenda est *forma totius,* seu tota quasi essentia peccati originalis. Ita *concretive sumtum peccatum originis esse aliquid positivi, ob connatam habitualem pronitatem in objectum, in quod inordinate fertur, quam per modum subjecti connotat, abstractive autem et formaliter sumtum esse meram privationem,* docetur in der Ausführlichen Erklärung Q. XXXI. p. 231. sqq. Ea autem antiqua fuit nostratium sententia. Prodierunt a. 1619. duobus quaternionibus comprehensa *Philippi Melanchthonis et Martini Chemnitii,* itemque *Aegidii Hunnii et Leonhardi Hutteri testimonia, quod omne peccatum, etsi non est pura tantum privatio, sed ratione materialis sui saepe etiam habitus corruptus, positiva qualitas etc., ut rectissime docet Apolog. August. Confess., tamen quoad formale suum non positivum quidquam, sed privationem dicat.* Ubi inter alia ex *M. Chemnitii* LL. Theol. Cap. de Causa Peccati, Resp. ad arg. Manichaei, inculcata ante distinctione inter *materiale* et *formale,* eaque ad praesens applicata, *Videntur,* inquit, *haec esse spinosa et dialecticorum argutiis potius convenire, quam theologicae simplicitati; sed quia necessario discernendae sunt res conditae a Deo a peccato, quod est conturbatio ordinis divini, recte et utiliter talia traduntur.* Ex b. *Hutteri* LL. autem illud inter alia notandum est, quod definitionem Philippeam, qua *peccatum* per *privationem* definitur, defensurus, tertio loco hoc argumentum adversariorum adducit: *Quicquid atrocitatem peccati extenuat, doceri non debet. Privatio extenuat atrocitatem peccati. E. doceri non debet.* Respondet autem, quod *in minore propositione falsa hypothesis pro certa et indubitata sumatur, unde principii petitio emergat. Neque enim,* ait, *privationis voce extenuatur, sed exaggeratur potius peccati atrocitas, et ostenditur, quantam cladem et quam ingens damnum genus humanum ex privatione hac acceperit. Graves autem sunt causae, propter quas privationis vocabulum in definitione peccati est retinendum, nempe ut conspiciatur discrimen inter res conditas et rerum privationem non conditam, sed a diabolo ortum trahentem.* Quae et plura videri possunt in Locis Theol. b. *Hutteri* eodem anno cum praefatione Facult. Theol. Witteberg. editis p. m. 308. 309. Quod si aliorum testimonia conformia desiderentur, videri possunt, quae ex b. *Grauero,* b. *Gerhardo,* b. *Himmelio,* b. *Hoepfnero,* b. *Kromayero,* adduxit b. *Musaeus* in der Ausführlichen Erklärung p. 234. sqq. Repetierunt autem illa ll. cc. proposita b. *Grauerus* et b. *Kromayerus* etiam alibi. *Ille* quidem in Cent. QQ. Illustr. Coroll. 1. Disp. ult., cujus haec sunt verba: *Peccatum originis formaliter non est aliquid positivum, sed materialiter, quando hi termini recte et non vulgariter usurpantur. Hic* vero in Theol. Aphorist. L. VIII. Aphor. X. scribit: *Apologia confessionis Augustanae definitionem Anshelmi, quod peccatum sit carentia justitiae originalis, quidem retinet, sed concupiscentiam addit. Verum ipsa quoque concupiscentia, vel, ut est inclinatio ad suum objectum, vel, ut declinatio a norma, consideratur. Quod si per carentiam justitiae originalis privatio boni connaturalis inesse debiti (pontificii vero justitiam originalem bonum aliquod supernaturale fuisse volunt, qua ratione peccatum originis extenuari senserunt pii confessores*) *magnam corruptionem secum trahens intelligatur, et nos Anshelmi definitione possemus esse contenti. Quicquid sit, in distinctionibus ab evolutionis initio positis, si nimirum peccatum metaphysice et in abstracto consideretur, quod sit privativum quid; si vero ethice et in concreto, quod positivum quid dici queat, acquiescimus.* In praecedentibus dixerat, eos, qui peccatum originis *positivum quid esse* statuunt, concretivas locutiones, quod cor lapideum Ezech. 36, 26., caro de carne Joh. 3, 6. dicatur, urgere; hanc autem *sententiam de positivo proprie dicto ramusculum vel ἀποσπασμάτιον Flacianismi dici quibusdam, quod iisdem argumentis, confusione concreti et abstracti laborantibus, propugnetur.* Haec b. *Kromayerus*, ex quo et praeeuntibus *Gerhardo* atque *Hoepfnero*, quos ille allegat, et istud denique notamus, quod consideratio τοῦ *positivi*, quae sit κατ᾽ ἀκρίβειαν, ad *metaphysicam* pertineat, quae inter ens et non-ens, positivum et privativum, distinguendi munus sibi suo jure arroget, ita ut, si peccatum formaliter spectatum *positivum* dicas, *sensu catachrestico* id fieri moneat Hoepfnerus. Quod si ergo ad *entitatem moralem seu ethicam* hic provocetur, fatendum tamen est, non ideo contemni debere ἀκρίβει ν metaphysicam; neque etiam privationes, quae relationem habent partim ad subjectum, quod moraliter afficiunt, partim ad formam, quam negant aut excludunt, propter hanc relationem privationes esse desinunt, neque, invita doctrina metaphysica, et tamen velut ἐξ ἀκριβείας, in positivorum entium classem transcribi debebunt.

CARPZOVIUS: ,,Ut ipse *Flacius* postea variis scriptis tueri voluit, quod semel in fervore disputationis elapsum fuerat . . . ita non minus assentatores ejus nulli operae pepercerunt, longe duriores, impudentiores et absurdiores ipso praeceptore facti, nec satis intellexerunt mentem praeceptoris sui, qui, si *linguam* corrigere voluisset initio, . . . nunquam tantas turbas dedisset et concordare cum eo facile potuissent orthodoxi. Non enim hominem *absolute* seu in absoluta sua substantia considerabat, sed *concrete* et cum statu suo, atque per essentiam et formam essentialem non intelligebat substantiam ipsam, prout significat rem per se subsistentem et opponitur accidentali praedicamento*), sed essentiam illam, quae homini, non qua homo est, sed *qua talis sive corruptus est*, competit, nempe formam accidentariam, quae cum subjecto absoluto constituit ens concretum et homini corrupto essentialis est, ita ut, quamdiu et quantum corruptus est, ne quidem cogitatione possit separari ab eo corruptio seu vitiositas.'' (Isagog. in libb. eccles. luth. symb. p. 1160. sq.)

ANTITHESIS.

QUENSTEDTIUS: ,,*Antithesis:* 1. *Manichaeorum*, apud Augustinum statuentium, quasdam substantias malas a Deo esse ortas, quae per suam naturam sint ipsum peccatum. . . 2. *Matthiae Flacii Illyrici et asseclarum*, Johannis Coelestini, professoris Jenensis, et Cyriaci Spangenbergii, decani Mansfeldensis, itemque M. Christophori Irenaei, concionatoris aulici Vimariae, asserentium, peccatum originis esse ipsam substantiam humanam, ipsam substantialem hominis formam, ipsum cor, ipsamque animam rationalem, ut jam post lapsum inter substantiam et naturam hominis et inter peccatum nullum amplius sit relictum discrimen.'' (L. c. q. 10. f. 1022.)

*) CRUSIUS: ,,Dasjenige, worinnen wir nichts weiter denken, als etwas, welches, wenn es ist, nothwendig in einem andern subsistiren muss, nennt man ein ens praedicamentale.'' (Entwurf der nothw. Vernunftwahrheiten. Ontologie. C. III. § 20. p. 32. sq.)

Carpzovius: ,,Nonnulli theologi, quando peccatum non esse privativum quid, sed etiam *positivum quid* docuerunt, . . . indicare voluerunt, duplicem esse privationem in peccato originali. Unam esse absentiam boni, alteram vero praesentiam mali seu defectum moralem seu pugnantiam cum lege Dei; ut humana natura non tantum sit non-justa, sed etiam injusta, non tantum non-sancta, sed etiam prava; quemadmodum in Apologia c. 4. p. 99. b. id exponitur. Etenim in intellectu non tantum deest lux, sed etiam inest summa coecitas ac corruptio, ut etiam mysteria fidei pro stultitia habeat; in voluntate non tantum deest rectitudo, sed etiam non potest ullam bonam actionem elicere et ad mala natura sua fertur; appetitus sensitivus inordinate in objecta fertur et rectae rationis dictamini se opponit etc. Alias peccatum *in se* non est positivum quid." (Isag. p. 1173.)

Apologia A. C.: ,,Nicht allein die alten Väter, als Augustinus und dergleichen, sondern auch die neulichsten Lehrer und Scholastici, die etwas Verstand gehabt, lehren, dass diese zwei Stück sämmtlich die Erbsünde sind, nämlich der Mangel und die böse Lust. Denn also sagt St. Thomas, dass ,Erbsünde ist nicht allein ein Mangel der ersten Gerechtigkeit, sondern auch eine unordentliche Begierde oder Lust in der Seele. Derhalben ist es', sagt er, ,nicht allein ein lauter Mangel, sondern auch aliquid positivum.'" (Art. 2. p. 82.)

§ 7.

Causa *efficiens* peccati originalis [a] *remota* diabolus est,[b] *propinqua* protoplasti, Eva[c] et *inprimis* Adam.[d]

a) Equidem causa efficiens *physica* peccati originalis *formaliter* spectati *nulla* datur, cum hac ratione sit privatio, ut vidimus; quaeriter autem causa *deficiens*, seu quae deficiendo aut peccando effecit, ut homines nascantur absque justitia originali et cum prava concupiscentia. Vid. Ausführliche Erklärung Q. XXXV. p. 305.

b) Hoc est, quod diabolus *homicida* dicitur et *pater mendacii Joh. 8, 44.* Causa enim *caedis* aut mortis *humanae* esse non potuit, nisi esset causa peccati in genus humanum introducti, cum homines ante peccatum immortales fuerint, mors autem per peccatum introierit in mundum. *Pater mendacii* etiam est, qui mentiendo homines a fide et obsequio Deo debito abstraxit atque ita corruptioni secutae causam dedit. Nimirum sermo ille insidiosus, qui *Gen. 3, 1. sqq.* serpenti adscribitur, satanae, cujus ille serpens instrumentum erat, adscribi debet; unde ipse satanas serpentis nomen traxit. Vid. *2 Cor. 11, 3. Es. 27, 1. Apoc. 12, 9.*

c) Quae *seducta* a diabolo *praevaricatrix facta est*, ita ut in memoriam deceptae a satana primae mulieris (quae peccans ad peccatum sua suasione induxit virum, unde illa corruptio totius humani generis orta fuit) nulla mulier ad praedicandum publice in ecclesia admitti debeat. *1 Tim. 2, 14.*

d) Vid. *Rom. 5, 12.*, ubi *unus homo*, Adam, tanquam communis parens totius humani generis et radix ac principium activum illius, peccati causa declaratur, quippe quod *per eum* peccatum in mundum venerit.

§ 8.

Sunt autem parentes primi, et inprimis Adam, causa
peccati originis, mediante *lapsu* suo.[a] Hoc enim facto indignos se reddiderunt,[b] quibus Deus influxum ad conservandam in ipsis et propagandam ad posteros justitiam
originalem necessarium porro largiretur,[c] dignos potius,
quibus eum justo judicio subtraheret, adeoque ut posteris ipsorum ex parentibus, justitia originali privatis, per
generationem[d] carnalem descendentibus jam non posset
connasci illa justitia, in ipsis protoplastis amissa, sed
carentia illius justitiae ac pronitas omnium facultatum
ad prava illis connasceretur.[e]

a) Quem alii causam peccati originalis *proximam et adaequatam*,
alii *causalitatem* appellant, seu rationem, per quam protoplasti facti
sunt actu causa peccati originalis.

b) Sive *demeruerunt*, aut Deum judicem *moverunt* atque *impulerunt*.

c) Hoc enim quasi *pactum* Deus cum hominibus primis, quibus
pro sua bonitate indebita imaginem divinam concreaverat, iniit, ut eo,
tanquam dono *naturali*, non tantum *personali*, uterentur idque, intercedente constante obedientia sua, et servarent ipsi et ad liberos poste-
rosque caeteros, Deo concurrente, propagarent.

d) Sane protoplasti, cum peccarent, statim sibi *actu* perdiderunt
justitiam concreatam seu originalem, quam hactenus actu possidebant;
posteris autem nondum existentibus *potentia* amiserunt eandem justitiam, ne posthac nascituris conferretur (quod fortasse aliqui dixerint,
amissum his esse *jus* aut *facultatem* consequendi originalem justitiam);
privantur autem posteri Adami, omnes et singuli, justitia originali,
cum nascuntur ex parentibus justitia originali destitutis et prava concupiscentia laborantibus.   Unde sunt, qui peccati originalis, quatenus
ad singulos *propagatum* deprehenditur, *causam proximam* dicunt esse
ipsam *carnalem generationem, quae conjuncta est cum inordinata generantium
concupiscentia, sive quae est ex libidine carnis et libidine viri*, juxta Joh.
1, 13., unde sit, ut, *quod natum est de carne, sit caro, Joh. 3, 6.*, hominesque *in peccato formati et calefacti* peccatores nascantur, *Ps. 51, 7.*,
ut *mundus ex immundo nascatur* nemo, *Jobi 14, 4.*

e) Ut autem subtilius disputetur: *Quomodo* Deus lapsum protoplastorum posteris ipsorum, nondum existentibus, ita *imputare* potuerit,
ut propterea etiam ipsos justitia originali destitutos et peccatores nasci
oporteret? *non opus* est, *nec* fortasse *consultum*.   Sufficit enim τὸ ὅτι
esse revelatum, etsi τὸ πῶς ignoretur.

QUENSTEDTIUS: ,,Disting. inter caput naturale et morale. Adamus, in quantum caput naturale generis humani, infecit omnia membra,
atque ita ab ipso per propagationem transiit malum inhaerens in totam
posteritatem; posteriori modo, in quantum fuit caput morale, repraesentans totam posteritatem, in tantum imputatione derivatum est in
posteros, quod ipse peccavit.‘‘   (L. c. P. II. c. 2. s. 2. q. 7. f. 998.)

IDEM: „Quaestio 7.: An peccatum adamiticum vere meritoque
toti humano generi a Deo imputetur? . . . In controversiam hic venit,
. . . an primus ille actus, in quantum sc. fuit actus peccaminosus et
transiens, nobis ita approprietur itaque imputetur, ac si ipsi manum
extendissemus ad malum vetitum et peccassemus. . . Spectatur peccatum primum 1. *ex parte ipsius Adami,* qui unica numero legis ruptione
omnes posteros cum culpae, tum reatui, tum poenae implicuit, quatenus nempe voluntas ejus interpres erat voluntatum omnium omnino
eorum, qui, ut Scriptura loquitur, in lumbis vel femore ejus erant sive
qui in virtute ejus seminali delitescebant, quorum jam interpretative
proprium factum est peccatum, ita ut nascantur in absentia perfectionis debitae inesse. Voluntas, inquam, Adami utpote principii et radicis
generis humani censebatur nostra, non formaliter, sed interpretative.
Nam primus homo omnium posterorum voluntates in sua quasi voluntate
locatas habuit, unde et contra datam legem pro se et posteris suis suum
et posterorum declaravit animum. *2. Respectu Dei, ut judicis,* qui
jure, quo pollet, summo crimen majestatis laesae etiam in posteris, utpote in Adamo lapsis, carentia, qua tali, justitiae originalis punit, adeoque peccatum adamiticum justissime illis ad damnationem imputat.‟
(L. c. q. 7. f. 993. sq.)

HEERBRANDUS: „Estne peccatum originis proprium, an alienum?
Utrumque est, et proprium et alienum. *Alienum* est ratione primae
originis, quia nos non sumus primi ejus auctores, sed aliunde nobis ad-
venit. *Proprium* est et dicitur, quia in nobis haeret et non tantum
imputatur, nec imitatione discimus; sed innascitur nobis et implanta-
tur nostrae naturae, cui inhaeret.‟ (Compend. th. p. 310.)

ANTITHESES.

QUENSTEDTIUS: „*Antithesis:* 1. *Pelagianorum,* qui statuunt, nulla
ratione concedi, ut Deus aliena peccata imputet. . . 2. *Socinianorum.*
Sic enim Socinus lib. IV. de serv. Christ. et praelect. theol. c. 4., ubi
negat illis, qui ea ratione non delinquunt, ut Adam, delictum Adami
imputari. . . 3. *Arminianorum,* ut Joh. Arnoldi, Corvini, qui inquit:
‚In Adamo non sumus lapsi, nisi imputatione.‘‟ (L. c. q. 7. f. 995.)

HOFMANNUS: „Wir brauchen keine künstliche Annahme, wie
dass alle von Adam Stammenden in ihm gewesen, oder dass er als Bun-
deshaupt des menschlichen Geschlechts gesündigt habe, sondern bleiben bei der einfachen Thatsache jener Einheit des Menschengeschlechts,
vermöge welcher jeder Einzelne nicht nur Glied des Geschlechts, sondern auch der Anfang desselben sein Anfang ist. Nicht hat der Einzelne die Sünde Adams mitgethan, sondern weil der Anfänger des Geschlechts sie gethan hat, so ist sie die Sünde Aller, welche von ihm
stammen. In diesem Sinne haben wir sie in unserm Lehrsatze Selbstbestimmung nicht blos der Erstgeschaffenen, sondern des Menschen
genannt.‟ (Schriftbeweis. I. 491. sq.)

VILMARIUS: „Man hätte mit diesem Wort reatus nicht das ältere
und schärfere lateinische Wort culpa identificiren sollen, wie es die
ungenaue und in dem Wortgebrauch zumal der rhetorischen Synonymik
oft geradezu leichtfertige Latinität des 16. und noch des 17. Jahrhunderts that: culpa bezeichnet die Urheberschaft; und diese kann nur
den Protoplasten, nicht den Nachgebornen zukommen. Aus dieser
Vermischung von culpa und reatus, woran schon die Apologie der
A. C., sodann die F. C. sich betheiligt hat, folgte dann mit dem Anfange des 17. Jahrhunderts auch der Begriff der imputatio, Zurechnung,
welcher streng genommen lediglich dem Begriff culpa correspondirt. . .
Man unterschied hiernach eine imputatio *mediata* = Zurechnung der
Schuld wegen der übergeleiteten Sündhaftigkeit (defectus *und* concu-
piscentia), und einer imputatio *immediata* = Zurechnung der Sünde
Adams an und für sich. Dieser letzteren, der imputatio immediata,

gegenüber stellt sich nun die Frage: wie kann mir eine fremde Schuld zugerechnet werden? und dieser Frage, *so* verstanden, kann eine genügende Beantwortung allerdings nicht zu Theil werden... Die imputatio immediata lässt sich nicht anders begründen, als durch die schriftwidrige Lehre von der Präexistenz der Seelen, welche vor Adam schon vorhanden waren und bei seinem Fall (oder vorher schon) sich direct, unmittelbar, wie gegenwärtig sich befanden so auch mitthätig waren." (Dogmatik. I, 370. sqq.)

§ 9.

Et *lapsus* quidem ille protoplastorum perficiebatur actu *externo* comedendi de fructu arboris vetitae contra expressam Dei legem,[a] quem tamen praecesserunt plures actus *interni* peccaminosi: in *intellectu* quidem dubitatio de veritate divinae comminationis, et mox plenior incredulitas;[b] in *voluntate* inclinatio inordinata ad similitudinem majorem cum Deo;[c] in *appetitu sensitivo* motus inordinatus, tendens in objectum sensibus gratum,[d] etsi prohibitum.

a) Nam *Dominus Deus* quidem *praeceperat homini*, dicendo: *Ex arbore boni et mali non comedes, Gen. 2, 17.*; sed *cap. 3, 6. et 11.* scribitur: *Mulier cepit de fructu* arboris illius *et comedit, et dedit etiam viro suo secum, et comedit.*

b) Vid. *Gen. 3, 3. et seqq.* usque ad 6., ubi docemur, Evam primum quidem recordatam fuisse legis divinae adjectaeque comminationis, mox autem serpenti illi ἐνεργουμένῳ, alia docenti v. g.: *Non moriemini, aperientur oculi vestri* etc., auscultasse et credidisse; virum vero *paruisse voci uxoris, v. 7.*, seu blandam vocem uxoris seductae praetulisse interdicto divino Deique auctoritatem contemsisse.

ANTITHESIS.

Hofmannus: „Die biblische Erzählung von der Sünde des Erstgeschaffenen lehrt uns, dass es ein Gegenstand der körperlichen Welt gewesen, auf welchen sich das Begehren und Thun desselben sündhaft gerichtet hat. Nicht hat sich sein Wille dem Willen Gottes in der Art feindlich entgegengesetzt, dass er, was Gott wollte, darum, weil es Gott wollte, nicht wollte, oder so, dass er wissentlich das gerade Gegentheil von dem wollte, was Gott wollte... Denn wenn man von dem absieht, was die Sünde wird, indem sie sich der Gnade Gottes entgegensetzt, so ist sie wesentlich Verlangen, die Welt so zu besitzen, wie Gott sie dem Menschen überhaupt oder diesem Menschen insbesondere nicht zu besitzen gegeben hat, Verlangen nach Beseitigung der Schranke seines Weltbesitzes. Mit Einem Worte, sie ist ἐπιθυμία... Es ist recht gesagt, dass am umfassendsten die gesammte Lebensrichtung, welche aus der ersten Sünde hervorgegangen ist, mit dem Namen Selbstsucht bezeichnet wird; aber minder richtig ist es, Selbstsucht die Wurzel der Sünde zu nennen, aus welcher auch die erste Sünde hervorgegangen sei. Weder die Erzählung vom Sündenfalle, noch die oben besprochene paulinische Stelle stimmen hiezu: beide lassen inne werden, mit wie gutem Rechte die Sünde auch als Liebe des Geschöpflichen anstatt des Schöpfers, oder als Sinnlichkeit benannt worden ist. Nicht sich zu wollen im Widerspruche gegen Gott, war der Schrift zufolge der menschlichen Sünde Anfang, und ist fortwährend der Anfang ihrer Bethätigung, sondern die Welt für sich zu wollen im Widerspruch gegen Gott; und die verführende Zusage der Schlange, dass sie Gott gleich Gut und Schlimm, also was es um diesen Gegensatz sei, erkennen werden, ändert daran nichts, indem sie den Menschen nicht nach Selbstvergötterung, sondern nach gottgleicher Welterkenntniss und Weltbeherrschung verlangend macht. Dies ist aber nicht die Selbstsucht eines sich wider Gott und das, was Gottes ist, setzenden, sondern die eines nach Gottgeschaffenem widergöttlich begehrenden Ich." (Schriftbeweis. I, 411. 413. 414. sq.)

c) Nempe satanas *Gen. 3, 5.* per serpentem promiserat, fore, ut sint protoplasti כֵּאלֹהִים, *sicut Deus;* mulier autem videns, quod *arbor* sit *concupiscibilis ad intelligendum,* ita *cepit de fructu, v. 6.* Itaque voluntas mulieris bonum illud apparens, a satana promissum, falsum tamen, neque hac via consequendum avidius appetiit.

d) Loc. cit. *v. 6. vidit mulier, quod bona arbor ad cibum, et quod desiderabilis esset oculis.* Itaque desiderio fruendi accensa cepit et comedit.

§ 10.

Deus autem, etiamsi ut justus judex denegaverit lapsis protoplastis influxum ad conservandam et propagandam justitiam originalem necessarium,[a] tamen *causa* lapsus aut peccati originalis dici *non* potest.[b]

a) Sicut enim *omnia mala* poenae, juxta *Amosi cap. 3, 6.,* ita et *carentia justitiae originalis,* tanquam *malum poenae* spectata, posset dici *a Deo inflicta.* Potuit autem profecto Deus donum illud, quod vi bonitatis suae in prima creatione hominibus dederat, intercedente postea delicto hominum, ex vi justitiae vindicativae, auferre, postquam homines dono illo ac beneficiis divinis omnibus indignos se reddiderunt. Conf. b. *Meisn.* Consid. Theol. Photin. cap. V. p. 701. 702.

b) *Prohibuit* enim severe lapsum: *dedit vires* ad *praecavendum* peccatum; *non* autem vel *impulit* vel *determinavit* protoplastos ad lapsum, licet ut *causa universalis* ad materiale actus illius non posset non concurrere. Et sic constat, Deum *neque* lapsum protoplastorum, *nec* peccatum originis hinc secutum *intentione directa* vel *indirecta* intendisse.

LUTHERUS: „St. Augustinus spricht: So gut ist Gott, dass er kein Böses liesse geschehen, wo er nicht ein Besseres daraus machen wollte. Adam hat er lassen fallen; aber daraus ist kommen solch gross Heil, dass Gott ist Mensch und unser Heiland worden, und hat damit die menschliche Natur unmässlich höher geehret, weder sie der Teufel durch den Fall geschändet hatte; wie St. Ambrosius singet: ,O beata culpa, quae talem meruit habere redemtorem!' Nicht, dass er das Böse lieb oder gerne habe (sonst würde er das Gute nicht darauf schaffen, sondern das Böse also lassen bleiben und zunehmen), sondern dass er, zu Verdruss dem Bösen und dem Teufel, seine Güte desto reichlicher erzeige zu seinem Lob und Ehren." (Vorr. auf Dr. U Rhegii Ausl. über den 52. Ps. An. 1541. XIV, 186. sq.)

§ 11.

Subjectum *Quod*[a] peccati originis sunt *omnes* homines[b] ex primis parentibus per *carnalem generationem*[c] descendentes, et suo modo ipsi *protoplasti.*[d]

a) Sive id, quod ab hoc peccato denominatur *peccator* et culpae ac poenae reatum contrahit.

b) Vid. *Rom. 5, 12.*, ubi expresse dicitur, homines *omnes peccasse, per peccatum* (quo omnes polluuntur) *mortem pervasisse ad omnes, etiam illos, qui non peccarunt ad similitudinem transgressionis Adami,* seu, qui peccatum Adami actuale et voluntarium simili praevaricatione imitati non sunt, attamen morti obnoxii facti ideo, quod in *Adamo peccassent* adeoque peccatum originale ex ipso ad se traherent. Ac jam antea *cap. 3, 19.* dixerat apostolus, totum mundum factum esse *obnoxium Deo* judici. Nemo autem reus est, nisi ob peccatum; unde et in infantes a primo sui initio cadit peccatum. Similiter, quod Christus dicit *Joh. 3, 6.*: *Quod* (quicquid) *natum est de carne, caro est,* ita quidem, ut *non possit ingredi in regnum Dei, nisi regeneretur,* nihil aliud est, quam quod homines omnes et singuli, quales per carnalem generationem sunt, exclusi sint a regno Dei adeoque peccato inde a sua origine infecti. Neque enim quicquam, nisi peccatum, separat homines a Deo et regno Dei.

ANTITHESES.

HOFMANNUS: ,,So lange das Ich noch ein werdendes ist, wird man nicht eben so, wie nachher, sagen können, dass es Subject der Sünde sei, sondern das wird es in dem Masse, als es selbst wird, als es sich *bewusster* Weise selbst zu bestimmen, oder vielmehr durch die angeborne Sünde sich bestimmen zu lassen anfängt.`` (Schriftbeweis. Ed. 2. I, 562.)

Pius IX.: ,,Declaramus, pronuntiamus et definimus: doctrinam, quae tenet, beatissimam virginem *Mariam* in primo instanti suae conceptionis fuisse singulari omnipotentis Dei gratia et privilegio, intuitu meritorum Christi Jesu, Salvatoris humani generis, *ab omni originalis culpae labe praeservatam immunem,* esse a Deo revelatam atque iccirco ab omnibus fidelibus firmiter constanterque credendam. Quapropter si qui secus, ac a nobis definitum est, quod Deus avertat, praesumserint corde sentire, ii noverint ac porro sciant, se proprio judicio condemnatos, naufragium circa fidem passos esse et ab unitate ecclesiae defecisse.`` (1854. d. 8. Decbr.)

c) Atque ita *Christum* hominem excludimus a societate eorum, qui peccato originali maculantur, nempe quia ille carnaliter genitus non fuit. Et notanter angelus ad Mariam dicit *Luc. 1, 35.*: *Sanctum, quod ex te nascetur, Filius Dei vocabitur.* Similiter ad *Ebr. 7, 26.* Christus appellatur ὅσιος, ἄκακος, ἀμίαντος, κεχωρισμένος ἀπὸ τῶν ἁμαρτωλῶν.

J. AD. OSIANDER: ,,Excipitur: Illud ,in quo omnes peccarunt' non est extendendum ad totum genus humanum. . . Ipse Christus censendus esset peccator et de eo dicendum, deliquisse in Adamo, quia in eo fuerit. Peccatores itaque dicuntur, non quod vere peccatores effecti sint transgressione Adamitica, sed quod tanquam peccatores morti facti fuerint obnoxii... Nego consequentiam. 1. Aut dicendum est, Christum genitum esse non vi primaevae benedictionis, adeoque naturaliter non fuisse in Adamo, cum peccaret, sed vi subsequentis promissionis, quae lapsum praesupponit, Gen. 3, 15. Vel 2. cum Christus aperte dicatur filius Adami Luc. 3, 38., distinguendum est inter Adamum, ut fuit *caput naturale*, ex quo proseminandum erat totum genus humanum Act. 17, 26., et ut fuit *caput* totius humani generis *morale*, ex cujus merito vel demerito pendebat sors omnium posterorum vel felix, vel infausta; *priori* modo, quia Christus ut pueri participavit carnem et sanguinem, *Christus* fuit filius Adami in ipso, ut stirpe et capite; *posteriori* autem modo *non* fuit in Adamo; at posteriori modo pactum legale constitutum est cum Adamo, ut, si legem non observaret, suo et totius posteritatis nomine peccaret. Sic autem Christus non subordinatur Adamo, ut descendens ex ipso; sed e latere opponitur tanquam secundus Adam." (Colleg. theol.-system. P. III. Loc. 7. th. 9. p. 116. sq.)

d) Quatenus corruptio illa, quae in nobis est et peccatum originale dicitur, revera in illis post lapsum locum habuit. Vid. *Gen. 3, 7.* *Cognitio* enim illa *nuditatis* suae importat sensum inordinatae et ignominiosae concupiscentiae recens contractae. Unde carentia justitiae originalis omnino colligi potest. Fatendum autem, quod corruptio illa proprie loquendo *originis* peccatum, *respectu* ipsorum *protoplastorum,* dici *non* potuerit, quia ab origine naturae ipsorum, atque ab initio existendi, illis non adfuit.

§ 12.

Subjectum *Quo* peccati originalis *primarium*[a] est anima cum suis facultatibus,[b] intellectu, voluntate et appetitu sensitivo; *secundario* tamen et consequenter etiam[c] membra corporis huc recte referuntur.

a) Sive id, quo mediante peccatum originis homini competit, aut cui *formaliter et immediate* inest peccatum originis. Alias subjectum *proprium*, Graece πρῶτον δεκτικὸν dicitur.

b) Nempe sicut opposita justitia originalis, in cujus ablatae locum successit peccatum originale. Confer hoc loco § 4. 5. 6. Et Ausführl. Erklär. L. VII. Q. 40. p. 312. sqq. Sic autem etiam b. *Balduinus* Comm. in Ep. ad *Ephes. cap. 4.* P. II. Aphor. 7. p. m. 923.: *Subjectum,* ait, *peccati originalis est quidem totus homo cum omnibus suis viribus: primaria tamen ejus sedes est sensus mentis, quem etiam inprimis renovari jubet apostolus,* vers. 23. *Mens enim dominatur toti corpori, ex cujus corrupto dominio facile etiam sequitur corruptio reliquarum in homine partium.* Similiter b. H. *Eckardus*, Tom. II. Disp. Giess. Dis. XII. § 90. p. 435., cum dixisset, *totum hominem secundum totum se, et totum sui, hoc est, singulorum hominum tum corpus, tum animam esse subjectum proximum* (intelligit subjectum *Quo*) peccati originalis, ad objectionem quorundam, *quod corpus, quia sit res bruta, non sit peccati capax ideoque etiam subjectum esse non possit,* illis, qui sic objiciunt, *hoc unicum philosophi cujusdam facile satisfacere* ait; nimirum, *peccatum in corpore per se residere non potest, sed quatenus cum anima communionem habet. Corpus,* inquit, *non per se spectatum peccati reum est, sed alteram naturae humanae partem constituens.* Rursus § 94. p. 438. ostensurus, animam esse subjectum primarium peccati originalis, sic argumentatur: *Quod fuit subjectum originalis justitiae, idem etiam est subjectum originalis injustitiae. Habitus enim eique opposita privatio ad idem se referunt subjectum. At non corpus tantum, sed principaliter anima fuit originalis justitiae subjectum. Totus quippe homo erat ad imaginem et similitudinem Dei conditus, cujus tamen praecipuas partes tenebat anima, luce cognitionis, sapientiae et scientiae, studioque sanctitatis et amore veritatis maxime illustris. Ergo.* Eodem modo b. *Cundisius* Not. ad Comp. Hutt. Loc. VIII. Q. VI. § 3. p. 579. et b. *Joh. Frieder. Koenig,* Comp. Theol. Posit. II. § 84. 85. p. 78. 79. expresse docuerunt, πρῶτον δεχτιχὸν sive *subjectum primarium peccati originalis esse animam rationalem, secundarium esse corpus animatum.*

c) Videlicet, quemadmodum in statu integritatis *corpus* per hoc fiebat particeps justitiae originalis, quod per modum *instrumenti* serviebat animae ad sanctitatis et justitiae opera, ita quoque peccatum originis ad *membra* corporis, tanquam *arma injustitiae,* se diffundit. Sic b. *Cundisius* l. c.: *Subjectum P. O. secundarium,* ait, *est corpus. Unde D. Paulus Rom. 7, 19. ait: In carne mea non habitat bonum. Inde est, quod membra impuri hominis membra scorti, 1 Cor. 6, 15. Sic peccatoribus tribuuntur oculi pleni adulterii 2 Petr. 2, 14. et Rom. 3, 13. 14. 15. nominantur os, labia, guttur, pedes, oculi, quae omnia sunt instrumenta nequitiae illius originalis.* Quod autem, sicut in statu integritatis, impassibilitas atque immortalitas corporibus protoplastorum competierunt, ita nunc *morbida* quaedam *qualitas in corporibus* nostris apparet, per quam ipsa variis morbis et calamitatibus mortique ipsi facta sunt obnoxia, id *non* tam ad *essentiam* ipsius peccati originis *formaliter* pertinet, quam *consequitur* illud, tanquam ejus *effectus.* Prout etiam b. *Cundisius* l. c. Q. VII. p. 180. *morbos corporis et mortem temporalem* inter eos *effectus* peccati originalis recenset, qui sint *poenae tantum,* non *poenae et peccata simul.* Conf. b. *Gerhard.* Disp. Isag. XXV. cap. VIII. § 3. p. 896.

§ 13.

Effectus[a] peccati originalis sunt mala varia: ex parte *animae* quidem defectus liberi arbitrii[b] in spiritualibus et infirmitas ejus[c] in naturalibus, peccata[d] actualia, specie et numero[e] multa, privatio gratiae et opposita ira[f] Dei; ex parte *corporis* morbi[g] et aerumnae aliae[h] ipsaque mors[i] temporalis; *denique* et mors seu damnatio[k] aeterna.

a) Seu *consequens,* quod peccatum illud, velut malum culpae, justo Dei judicio, per modum poenae aut tanquam *res merita* id, *quo* homo *merebatur,* sequitur, sequi certe vi justitiae divinae potest.

b) Seu quod homo, peccato originali infectus, caret viribus ad recte agendum circa bonum spirituale, uti pollet viribus agendi oppositum ejus. Sic enim in praesenti negotio accipitur vox *liberi arbitrii,* ut intelligatur de *requisitis* cum ex parte *intellectus,* tum ex parte *volun-*

tatis, ad exercendos actus *spiritualiter bonos*, seu qui sunt et recte se habent circa *res mere spirituales*, i. e., res a sensibus et lumine rationis remotas, quaeque in Deo, qui spiritus est, latent (quamvis etiam ab eo per revelationem exhibeantur), aut etiam circa res rationi suo modo subjectas, sed sub spirituali quadam ratione tractandas. Sic *negamus*, homini peccato originali infecto, antequam renascatur, inesse vires ex parte intellectus aut voluntatis, ut citra specialem Spiritus S. gratiam novarumque et supernaturalium virium collationem voluntas ad bonum in rebus spiritualibus sese determinare possit. Nimirum *intellectus* ipse ita est corruptus et quasi coecus, ut voluntati bona spiritualia amplectenda non ita, ut par est, repraesentare aut commendare possit. Et quamvis doctrina fidei sufficienter ac perspicue in verbo proposita intellectui objiciatur, ut nihil desit, quo minus apprehendi queat, tamen intellectus ex suis viribus nequit immotum ac verae fidei assensum praebere. Itaque cum alias dicatur, libertatem esse *radicaliter* in intellectu, hic *vitium in radice* esse dixeris, obstans libertati in talibus, eamque excludens. *Voluntas* autem non solum, quod *in se* potentia coeca est atque in ea, quae intellectus, qualia sunt, et prout in ea tendendum est, non repraesentat, ferri non potest, verum etiam ipsa *alienior* est a bonis spiritualibus, ad carnalia, temporalia, vana et caduca *pronior*. Neque adeo suis viribus in bona spiritualia distincte proposita et ab intellectu apprehensa, actu efficaci ferri potest, sed in *omissione* actus tantum subsistit, ad *exercitium* actus congrui non pertingit, nec pertingere potest (et sic non est *libera libertate exercitii* seu *contradictionis*), vel etiam aversatur, quae prosequi debebat, adeoque *alium et contrarium* actum circa haec objecta exercet, quam eum, quem fieri oportebat. (Atque ita prodit, se *non esse liberam libertate specificationis seu contrarietatis*.) Confer b. *Musaei* Disp. de Lib. Arbitrio A. 1642. sub praesidio b. *Dilherri* habitam, quae extat in Disputationibus Dilherrianis Tom. II. n. XVI. p. 442. sqq.

LUTHERUS: ,,Liberum arbitrium post peccatum *res est de solo titulo*, et dum facit, quod in se est, peccat mortaliter." (Propositio 13. Heidelbergens. a. 1518. Vid. Luth. opp. lat. ad reform. hist. pert. Cur. H. Schmidt. Francof. 1865. Vol. I, 388.)

GERHARDUS: ,,Animae rationalis duae facultates sunt: Mens et voluntas; illa cognoscendo, discernendo, consultando, judicando, haec eligendo et repudiando suum expedit officium; ex utriusque potentiae συνδρομῇ et concursu nascitur id, quod vulgo vocatur *liberum arbitrium*, quod mentis et voluntatis facultas est; ita ut *arbitrium* pertineat ad *mentem*, *liberum* ad *voluntatem*." (L. de lib. arbitr. § 2.)

IDEM: ,,*Libertas* assignatur arbitrio, primo, habito respectu ad modum agendi, quia talis est, ut voluntas, quatenus talis, libere agat, hoc est, non cogatur aut violenter rapiatur externo motu, nec ex naturali instinctu solum agat, sed sponte sua seu interno motus principio aliquid vel amplectatur vel rejiciat. Hoc sensu liberum et voluntarium sunt synonyma, et voluntatem non liberam dicere est perinde, ac si quis dicere velit calidum absque calore. Vocatur haec *libertas a coactione*, qua fit, ut non possit voluntas cogi ad faciendum aliquid contra suam inclinationem. Item *libertas a necessitate*, quatenus necessitas pro coactione et violentia accipitur (non autem pro immutabilitate)... *Haec libertas*, cum sit naturalis atque essentialis a Deo indita voluntati proprietas, *per lapsum non est amissa*. Substantia hominis non periit;

ergo nec anima rationalis; ergo nec voluntas; ergo nec libertas voluntatis essentialis. Voluntas est potentia animae essentialis et anima
nihil aliud est, quam ipsae potentiae seu facultates essentiales, proinde
manente anima potentiae etiam ejus essentiales, intellectus et voluntas,
manent. Vicissim vis libere et absque coactione volendi est voluntati
essentialis; manente ergo voluntate, etiam vis illa manet. . . *Hoc
sensu et hoc respectu liberum in homine arbitrium etiam post lapsum
mansisse, firmiter credimus et sonora voce profitemur;* adeo ut cum
Augustino dicamus Hypogn. 3.: ‚Eum, qui neget liberum arbitrium,
non esse catholicum.‘ Apage igitur tragicas accusationes ecclesiis
nostris a Bellarmino in praefat. libror. de lib. arb. intentatas, quasi arbitrii libertatem tollamus, ipsam naturam tollamus, ipsam naturam
violemus et nos ipsos non beluarum similes, sed omnino beluas rationis
expertes profiteamur.“ (L. c. § 4—7. 8)

IDEM: ,,*Tota quaestio est de libertate ratione objecti*, circa quod
voluntas occupata est, hoc est, de libertate rectitudinis: an δυνάμει illa
ad bonum et malum aequaliter se habente homo post lapsum adhuc sit
instructus. . . Fatemur enim, aliquid libertatis remansisse quoad opera,
quae justa sunt justitia morali, politica et oeconomica, quae ad inferius
hemisphaerium pertinent, ut loquitur Dr. *Lutherus*. Potest utique homo
nondum renatus locomotivam externam utcunque regere; potest externis membris dictamine rectae rationis imperare; potest justitiam
civilem aliquo modo praestare et peccata externa graviora, cum paedagogia externa pugnantia, vitare; quin imo potest etiam verbum Dei
exterius audire, meditari; interim tamen libertas illa tum externis
tum internis impedimentis saepius labefactatur. . . Tota igitur
quaestio est de *objecto spiritualiter bono*, de operibus, quae justa sunt
justitia spirituali, quaeque ad superius hemisphaerium pertinent, de
motibus spiritualiter bonis, an homo ex se et suis viribus spirituales
illos motus inchoare, oblatam gratiam acceptare, aliqua Deo grata
praestare possit; quod διαρρήδην negamus. . . Neque quaestio est de
naturalibus animae actionibus, quales sunt audire, legere, meditari,
quae suo modo καταχρηστικῶς spirituales dici possunt, quia ab anima,
quae spiritualis est essentia, proficiscuntur; agnoscimus enim in hisce
quandam arbitrii libertatem: potest homo legere, potest non legere;
potest audire, potest aures avertere; sed tota quaestio est de motibus
proprie dictis spiritualibus, quales sunt: Deum recte agnoscere, verbum Dei cum fructu audire et legere.“ (L. c. § 32.)

QUENSTEDTIUS: ,,*Hemisphaerium superius* ambitu suo comprehendit res mere spirituales seu sacras internas. . . Ad hoc hemisphaerium
etiam referimus τὸ ire in templum informationis ex verbo praedicato
capiendae causa, legere et audire verbum Dei animo proficiendi, desiderio informationis ex verbo teneri; quae omnia opera sunt praevenien-
tis atque incipientis gratiae.“ (L. c. P. II. c. 3. s. 1. th. 29. 30.
f. 1888. sq.)

IDEM: ,,Argumentum Bellarmini est tale: ‚Si homo non pollet
libero arbitrio ad opera pietatis et ipsam etiam conversionem ad Deum,
frustra erunt omnia ad opera pietatis et conversionem mandata, adhortationes, incitationes etc.‘ Respondeo: 1. Haec Scripturae dicta
Zach. 1, 2.: ‚Convertimini ad me‘, Joel 2, 12.: ‚Convertimini ad me in
toto corde vestro‘, Deut. 10, 16.: ‚Circumcidite praeputium cordis
vestri‘, Ez. 18, 31.: ‚Facite vobis cor novum‘, Matth. 11, 28.: ‚Venite
ad me‘ etc., *ostendunt quidem, quid sit officii nostri, non vero, quid sit
virium nostrarum*, h. e., significant, non quid homines in conversione
sui possint, sed quid Deus ab illis sub ratione debiti exigat. Urgent
nostrum debitum, non vim et facultatem. Praecepta non sunt mensura nostrarum virium, sed regula officii. Non in lege discimus, quid
possimus, sed quid *olim* potuerimus. . . 3. Urgent haec testimonia Dei
jus, sc. quid Deus a debitoribus suis jure exigere possit. Deo enim

creditori jus in suum debitorem obaeratum non perit, etiamsi is solvere non possit. Juste Deus ab homine per legem exigit, quod homo per lapsum Adae injuste amisit. Deus praecipiendo, jubendo, hortando docet, quid homo debeat, quid aliquando potuerit et unde exciderit. 4. *Deus saepe ea jubet, quae vult in nobis efficere*, et sic non solum sunt mandata imperativa ejus, quid fieri oportet, sed simul operativa et efficax Dei medium, quo Deus efficit, quod imperat. Non frustra jubetur compeditus currere, si per illud ipsum mandatum compedes ejus solvuntur. Non frustra praecipitur coeco, ut videat, si illis ipsis verbis, quibus hoc jubetur, aperiuntur oculi coeci. Verba enim Dei id efficiunt in nobis, quod jubent a nobis effici. Deus jubet, quod vult, sed et dat, quod jubet. Et familiare est Scripturae, dicere, ea a nobis fieri, quae Deus per nos facit. Verbo enim suo adjungit Spiritus Sancti efficaciam; Deus saepe ea jubet, quae vult in nobis efficere, et sua in nobis opera coronat et remuneratur. Deut. 10, 16. Deus dicit: ‚Circumcidite praeputium cordis vestri‘, sed 30, 6. declaratur, quis istud perficiat: ‚Dominus Deus tuus circumcidet vobis corda vestra.‘ Dicitur quidem Ez. 18, 31.: ‚Facite vobis cor novum et spiritum novum‘, sed ne quis putet, hoc esse nostri arbitrii, dicit ipse Deus apud eundem prophetam 36, 26.: ‚Auferam cor lapideum.‘ 5. Sunt ipsae adhortationes non mere legales sine gratia, sed evangelicae, effectivae, persuasivae, trahentes. Cum Dominus invitat et dicit: ‚Venite ad me‘ etc., invitando monet, concitat et gratiam confert, ut venire possimus. 6. Quando Deus injungit et imperat conversionem, vult, ut homines illi non malitiose resistant. . . 7. Licet ipsa conversio non sit in nostra potestate, ipse tamen externus mediorum usus in nostra potestate est quodammodo. Siquidem homo potest templum frequentare et externam verbi praedicationem audire, per quod Deus vult esse efficax.“ (L. c. s. 2. q. 2. f. 2013. sq.)

IDEM: „A praecepto ad posse N. V. C., sive a mandato Dei ad posse humanum, ab officio ad obedientiam non valet argumentatio, est regula theologica. Sic Deus dicit ad Abrahamum Gen. 15, 5.: ‚Suspice coelum et numera stellas, potesne numerare?‘ (Hic non est sensus textus hebraici) quo certe praecepto impossibilitas potius, quam possibilitas numerandi stellas haud obscure innuitur. Sic Es. 42, 18. dicitur: ‚Surdi audite et coeci intuemini ad videndum‘; sive hic surditatem et coecitatem naturalem, sive spiritualem intellexeris, impossibile tamen praecipitur. Sic Christus filiae Jairi mortuae praecipit et dicit: ‚Puella, surge!‘ Marc. 5, 41. Luc. 8, 54. Lazaro sepulto et jam foetenti: ‚Lazare, veni foras!‘ Joh. 11, 43., et Petrus defunctae discipulae dixit: ‚Tabitha, surge!‘ Act. 9, 40. Quis hinc colliget, aut cadavera ista habuisse facultatem surgendi et semet ipsa vivificandi, aut Christum et Petrum ea frustra sic compellasse aut impossibilia praecepisse? Non tyrannicum mandare impossibilia et obligare ad ea, quae non sunt in nostra potestate. Creditor juste exigit debitum a debitore, qui nihil habet, Matth. 18, 28., et Deus per legem et praecepta legalia ab hominibus debitoribus suis justissime exposcit id, quod facere tenentur. Non frustra jussi sunt a Christo et Petro surgere mortui, quia mandatis illis simul vires surgendi conferebantur. Tales ergo Dei compellationes, adhortationes et invitationes ideo non sunt frustraneae, quia sunt efficax Spiritus S. organon et quasi suscitabulum, quo ipsi homini in peccatis mortuo novas vires aspirat et confert et conversionem in illo per gratiam suam operari vult, modo ipse non contumaciter reluctetur aut operationi ejus obstacula ponat.“ (L. c. s. 2. q. 2. f. 2014.)

J. AD. OSIANDER: „Sicut navis dicitur se convertere, non active, sed neutraliter, quia convertitur a nauta; ita conversio quidem homini tribuitur, nec tamen homini competit revera, sed actio solius Dei est.“ (Colleg. th. V, 63.)

ANTITHESES.

QUENSTEDTIUS: „*Antithesis:* A. Peccantium *in excessu:* 1. *Pelagii et Pelagianorum* . . .; inter praecipua enim Pelagii et Pelagianorum dogmata haec fuere: Non opus esse homini gratia Dei, sed eum propriis liberi arbitrii viribus posse credere evangelio et omnia ad salutem necessaria praestare; hominem naturaliter genitum et nondum ad Deum conversum per solum liberum arbitrium posse evitare omnia peccata, gravissimas tentationes vincere et superare, Deum diligere, legem Dei perfecte implere. . . 2. *Semipelagianorum.* . ., (qui) asseruerunt . . ., esse nonnihil libero arbitrio relinquendum; gratiam praevenientem ad actus spirituales edendos non semper esse necessariam. . . . Alter error fuit de συνεργείᾳ hominis cum Deo, non ex potentia superaddita naturae, sed potentia naturali. . . 3. *Scholasticorum,* Pelagii vestigiis insistentium; contendunt enim: hominem ex suis naturalibus viribus posse verum ac summum bonum cognoscere, ad gratiam se disponere, praeparare, applicare, quodvis peccatum mortale cavere, praecepta quoad substantiam actuum servare et Deum super omnia diligere etc. . . 4. *Pontificiorum,* inprimis Jesuitarum. Sic enim illi in concilio Tridentino sess. VI. c. 1. asserunt: ‚Liberum arbitrium (in hominibus non renatis) minime esse extinctum, viribus licet attenuatum et inclinatum.‘ Cap. 5. ejusd. sess. contrarium sentientes anathemate feriunt. Volunt autem, liberum arbitrium hominis viribus attenuatum et inclinatum in conversione a Deo moveri et excitari, motumque et excitatum cooperari, assentiendo Deo excitanti atque vocanti, quod ad obtinendam justificationis gratiam se disponat ac praeparet, ut habet can. 4. illius sessionis. . . 5. *Socinianorum,* qui docent a. in genere, hominem irregenitum accedente divina revelatione externa in spiritualibus ea facere et praestare posse, quae ad assensum verbi divini internum, conversionem ad Deum, agnitionem et fidem spectant. . . b. In specie docent de intellectu hominis non renati, illum ea virium perfectione pollere, ut, si illi proponantur res divinae in evangelio contentae, ipse possit citra speciale auxilium Spiritus S. easdem percipere et assensu approbare. . . 6. *Arminianorum,* utpote qui etiam a Pelagiana haeresi non longe absunt. . . Nam non ὁλικήν, sed μερικήν saltem ἐνέργειαν in homine convertendo gratiae divinae tribuunt, causamque fidei partim gratiae Dei in Christo, partim homini ejusque libero arbitrio adscribunt. . . 9. *Synergistarum lutheranorum,* συνέργειαν aliquam seu cooperationem virium humanarum cum gratia in opere conversionis statuentium. . . Semina hujus synergistici erroris satis foecunda sparsit *Philippus Melanchthon* in variis scriptis et libris suis. Cum enim art. 18. Aug. Conf. in prototypo aperte damnaretur et Pelagianismus de viribus naturae in spiritualibus et Semipelagianismus de συνεργείᾳ voluntatis humanae, ille in eodem articulo mutatae et adulteratae Aug. Conf. diserte scribit: ‚Nos *adjuvari* a Spiritu S. in efficienda spirituali justitia in nobis.‘ Sic quoque in priori editione Apologiae A. C. Germanicae legitur: ‚Liberum arbitrium et intellectum in rebus spiritualibus *nihil* posse‘, et paulo post: ‚Regenerari intus corde, animo et sensibus renovari, illud operari *solum Spiritum S.*‘ Sed in Apologiae Germanicae editione depravata legimus: ‚Affirmamus tamen, liberum arbitrium et rationem in rebus spiritualibus *solum* (‚allein‘) nihil posse.‘ Et post pauca: ‚Intus regenerari, et corde ac sensibus renovari, credere et timere Deum, illud operatur Spiritus S.‘ Ubi primum particula exclusiva (‚*solus*‘ Sp. S.), quae in priori editione legitur, est omissa; deinde negativa (‚*nihil*‘), quae in priori editione viribus humanis omnem prorsus δύναμιν negat, in posteriori corrupta editione restringitur per adjectam particulam ‚*solum*‘, quod videl. liberum arbitrium in rebus spiritualibus *solum nihil* possit. Quo ipso errorem synergisticum stabiliri, nemo non videt. In locis communibus Philippi biennio post obitum b. Lutheri tertium editis et corpori doctrinae insertis definitio liberi arbitrii, quam tanquam erroneam in

Erasmo reprehendit b. Lutherus, haec habetur: ‚Liberum arbitrium in
homine est *facultas applicandi se ad gratiam;* h. e., audit promissionem et assentiri conatur et abjicit peccata contra conscientiam.'
Itidem etiam haec verba synergismum haud obscure confirmantia habentur: ‚Non possum, inquies, voci evangelii obtemperare, Filium Dei
audire, agnoscere mediatorem.' Respondet Philippus: ‚*Imo aliquo
modo potes* et, cum te voce evangelii sustentas, adjuvari te a Deo petito' etc. . . In examine ordinand. in art. de lib. arbitr. *tres conversionis causas* constituit, inquiens: ‚Concurrunt in conversione hae causae:
Verbum Dei, Spiritus S., quem Pater et Filius mittunt, ut accendat
corda nostra, et *nostra voluntas assentiens et non repugnans* verbo Dei.'
Philippi Melanchthonis vestigiis postmodum contumaciter institit et
συνεργείας idolum incrustavit Dr. *Johann. Pfeffinger.* . . D. *Georgius
Major* quoque cooperationem hominis irregeniti cum Spiritu S. et verbo
Dei in conversione hominis ad Deum professus est. . . Tandem erroris
hujus praecipuus propugnator extitit *Victorinus Strigelius,* . . . Dr.
Joh. Stoesselius. . . 10. *Novatorum,* qui etiam contendunt, liberum
arbitrium a Spiritu S. excitatum in actu conversionis ei cooperari
posse. . . *Joh. Latermanni* in exercitat. de praedest. sub praesidio
D. *Georg. Calixti* habita Helmstadii haec sunt paradoxa th. 32.: ‚Nunc
quod gratia Dei offeratur, ut *ea oblata in hominis potestate sit, per illam
ea,* quae ad conversionem et salutem necessaria sunt, *praestare,* et, si
pravitati suae indulgere velit, non praestare, in hunc modum demonstramus.' It. th. 33.: ‚Omnes', inquit, *‚si velint, possent se convertere'* . . .
Et th. 34.: ‚*In potestate hominis est, velle se convertere* et nolle se convertere.' Th. 35.: ‚Homo *libere se convertit.*' Et denique th. 42.:
‚Quodsi adhortationes frustraneae non sunt, ut certe non sunt, *pende-
bunt omnia simul a cooperatione hominis,* h. e., homine in virtute gratiae
libere operante, libere credente, libere perseverante.' Ad haec verba
Latermanni theologi Argentorat. in judicio suo super disputatis et actita-
tis a Joh. Latermanno p. 8. annotant: ‚Nihil dicit, quod non etiam
Bellarminus, Greg. de Valentia, Becanus et alii dixerunt, asseruerunt,
qui tamen magno theologorum consensu Pelagianismi aut Semipela-
gianismi rei dicti sunt. Nihil dicit, quod non synergistae dixerunt.' . .
B. *Peccantium in defectu: Antiquorum haereticorum,* stoicam et
fatalem necessitatem defendentium, ut *Simonis Magi, Marcionis, Her-
mogenis, Manichaeorum;* quo pertinent etiam Calviniani, qui absolutam quandam necessitatem ex absoluto suo decreto pendentem introducere satagunt." (L. c. f. 2000— 2006.)

KAHNISIUS: „Mit Augustin hat auch unser Bekenntniss anerkannt,
dass der Mensch, der in rein menschlichen Dingen Freiheit hat, *menschlich gute* Werke vollbringen kann (A. C. Art. 18. Concordf. S. 640. 657.).
Dies menschlich Gute aber soll mit dem *geistlich Guten* nichts zu thun
haben. *Allein diese Kluft ist gegen Schrift* (!), Erfahrung und die
Vernunft der Sache. Die Schrift lehrt auf das Bestimmteste, dass das
Evangelium an dies menschlich Gute anknüpft. (AG. 10, 35. [!]
1 Pet. 3, 1. [!] Joh. 3, 21. [!]). . . Es ist eine unbestreitbare Thatsache, dass die schnelle Ausbreitung des Christenthums auf dem Boden
der classischen Welt sich *nur aus der Vorbereitung* derselben auf
Christum erklären lässt, die wieder einen Anknüpfungspunct des
Christenthums im natürlichen Menschen voraussetzt." (Die Luth.
Dogm. III, 310.)

IDEM: „Die Schriftlehre, dass durch Adams Fall in allen Menschen die Sünde die Herrschaft gewonnen hat, *übertreibt* Augustin zu
einer Doctrin von der *gänzlichen Erstorbenheit des natürlichen Menschen
zum Guten* und von der massenhaften Verdammniss, welche gegen
Schrift wie gegen Tradition und christliche Erfahrung ist. Die Schrift
lehrt und die Erfahrung bezeugt, dass *im natürlichen Menschen ein Zug
zum Wahren, zum Guten, zum Frieden ist,* der zwar nicht im Stande ist,
den mächtigen Zug des Fleisches nach unten zu brechen, wohl aber

eine *Anknüpfung für die Gnade* sein kann. Mit demselben dualistisch raschen Sprunge, mit welchem Augustin den in der natürlichen Menschheit herrschenden Zwiespalt zwischen dem göttlichen und dem menschlichen Willen sogleich zur *gänzlichen Unfreiheit* des letzteren übertrieb, . . . lehrte nun auch Augustin, dass lediglich die *Gnade* den ganz unfreien Willen zum Heil bringe. . . Die erneuernde Kraft der Gnade gewinnt in dem Menschen seligmachende Gestalt *nur dadurch, dass sie alle Kräfte in Bewegung setzt und zur Mitwirkung treibt.*" (L. c. II, 137. sq.)

IDEM: ,,Melanchthon hatte durch die Lehre von der *Mitwirkung des menschlichen Willens bei der Heilsaneignung* (*Synergismus*) den *rechten, evangelischen und zugleich wahrhaft traditionellen Weg betreten, die Substanz der augustinischen Lehre festzuhalten ohne ihre Auswüchse.*" (L. c. 539.)

HOFMANNUS: ,,Der Apostel redet (Röm. 2, 14.) von dem Falle, dass *Heiden*, ohne ein Gesetz, eine Offenbarung des fordernden Willens, zu besitzen, dasjenige thun, was der in Israel geoffenbarte Gotteswille fordert, und sagt von solchem Thun derselben, dass es φύσει (*von Natur*) geschehe. . . So sehr achtet es der Apostel (Röm. 2, 14.) für möglich, dass einer vermöge dieses Gesetzes im Stande sei, obzwar nur im Einzelnen, göttlicher Forderung gemäss zu handeln, dass er in Aussicht stellt, es möge etwa am Tage des Gerichts aus den durch das Zeugniss des Gewissens hervorgerufenen Gedanken eine *Selbstrechtfertigung vor Gott* werden, die da gnädig angenommen werden kann von dem, welcher sein Gericht durch Jesum Christum, den Mittler der Gnade, übt." (Der Schriftbeweis. I, 494. 495. sq.)

LUTHARDTIUS: ,,Was . . . das Verhalten des Willens zur Gnade in der Bekehrung anlangt, so hat die orthodoxe Dogmatik im Ganzen im Anschluss an die C. F. den *göttlichen* Factor in der Bekehrung (conversio transitiva) *einseitig* betont. Die C. F. lässt meistens (!) die Thätigkeit des eigenen Willens erst *nach* der Bekehrung eintreten." (Kompend. der Dogm. 1868. p. 204.)

IDEM: ,,Martensen spricht von einer anerschaffenen Gnade, welche, mit der wesentlichen Freiheit identisch, in der Hingabe an die Gnade zum Durchbruch innerhalb des natürlichen Willens kommt. § 204. S. 336. Die entschiedener kirchlichen Theologen weisen zwar *diesen* Synergismus zurück, fordern aber doch (so Thomasius, Harless, Frank u. s. w.), dass nicht nur das *active Verhalten in der Bekehrung* auf Grund der innerlich befreienden Einwirkung der Heilsgnade betont, sondern auch die Möglichkeit eines *Vorbereitungsstandes* auf die Heilsgnade *auf Grund der allgemeinen Wirkung Gottes durch das Gewissen* u. s. w. anerkannt werde." (L. c. p. 135.)

NOTA. QUENSTEDTIUS: I. *Libertas contrarietatis* est, quae versatur *inter duos vel plures specie diversos actus* (nam terminus contrariorum hic latius accipiendus est), quando scl. voluntas non est determinata ad certam speciem, v. g. ad solum bonum vel ad solum malum, sed alterum potest vel eligere vel rejicere, potest unum velle, alterum nolle; velle autem et nolle sunt contraria. Dicitur alias *libertas specificationis* sive quoad speciem actus, quia non determinatur ad certam speciem actus vel objecti. — II. *Libertas contradictionis* est, quae *circa unum idemque objectum* sibi propositum versatur inter terminos contradictorios; quando scl. quis uno objecto proposito potest agere vel non agere, velle vel non velle. Velle vero et non velle, agere et non agere, sunt actus contradictorie oppositi. Dicitur alias *libertas exercitii*, quia in ipso actus exercitio versatur vel quia, postquam voluntas jam ad unam speciem actus vel objecti (bonum scl. vel malum in communi vel in particulari hoc vel illud bonum aut malum) determinata est, libere tamen se habet in exercitio, ut unum illud idemque, ad quod determinata est, possit velle et non velle, agere et non agere; v. g., quando virtus et vitium proponuntur, et in electione fit conclusio: Volo virtutem, nolo vitium, tum haec *libertas contrarietatis et specificationis* vocatur; quando vero objectum unicum (v. g. virtus, temperantia, fortitudo) proponitur, possunt illud eligere et non eligere, velle et non velle, et tum *libertas contradictionis seu exercitii* a scholasticis nominatur. Utraque libertas conjungitur Ecclesiastici 15, 14. sqq." (L. c. s. 1. th. 12. f. 1080. sq.)

c) Quanquam enim circa res rationi subjectas libertatem aliquam homini post lapsum superesse non negamus, prout et *Augustana Confessio* docet *Art. 18.*, ita ut in rebus creatis differentiam aliquam bonorum malorumque cognoscere possit ratio, indeque voluntas in illa ferri, ut appetenda, haec vero fugere et sic etiam, quemadmodum *Deum* ex creaturis cognoscere, ita Deum, tanquam auctorem naturae et naturalium bonorum, diligere, *proximum* quoque *sive* propter virtutes, quibus pollet, *sive* propter utilitatem, quae ab ipso expectari potest, *sive* ob communionem naturae aut propinquitatem sanguinis, *sive* ob aliam quandam in natura fundatam convenientiam diligere possit; nullibi tamen eae sunt vires activae in homine post lapsum, quae non aliquando deliquium necessario patiantur. Nam et intellectus in judicando saepe fallitur, et voluntas una cum appetitu sensitivo ad sectandum bonum ab intellectu cognitum saepe torpet aut languet et contra in oppositum malum ita propendet, ut non raro, ac frustra reclamante ratione, in actus pravos erumpat. Confer b. *Mus.* Tract. de Conv. Disp. IV. cap. I. § 25. 26. 38. p. 257. 259. 266.

APOLOGIA A. C.: „Neque vero adimimus humanae voluntati libertatem. Habet humana voluntas libertatem in operibus et rebus deligendis, quas ratio per se comprehendit. Potest aliquo modo efficere justitiam civilem seu justitiam operum, potest loqui de Deo, exhibere Deo certum cultum externo opere, obedire magistratibus, parentibus, in opere externo eligendo potest continere manus a caede, ab adulterio, a furto. Quum reliqua sit in natura hominis ratio et judicium de rebus sensui subjectis, reliquus est etiam delectus earum rerum et libertas et facultas efficiendae justitiae civilis. Id enim vocat Scriptura justitiam carnis, quam natura carnalis, hoc est, ratio per se efficit sine Spiritu Sancto. Quamquam tanta est vis concupiscentiae, ut malis affectibus saepius obtemperent homines quam recto judicio. Et diabolus, qui est efficax in impiis, ut ait Paulus (Ephes. 2, 2.), non desinit incitare hanc imbecillem naturam ad varia delicta. Haec causae sunt, quare et civilis justitia rara sit inter homines, sicut videmus ne ipsos quidem philosophos eam consecutos esse, qui videntur eam expetivisse." (Art. 18. p. 218.)

d) Prout *David* adulterii a se commissi fontem in peccato originali collocavit, *Ps. 51, 7.* Et *Paulus* peccata, quae actu admittat, peccato in se habitanti adscribit, *Rom. 7, 17.*

e) Quamvis enim homo *non* sit per corruptionem naturae determinatus ad certum in *individuo* actum peccandi, sed, si quem exercet, libere exerceat, ita ut potuerit non exercere; ad *aliquos* tamen peccati actus *confuse* determinatus est, ut quamvis nec hunc in individuo, neque illum in individuo, necessario exerceat, aliquos tamen actus peccandi non possit non exercere. Caeterum peccatorum actualium ex

labe originaria provenientium varietatem, quoad speciem, videre licet
ex catalogo *operum carnis, Gal. 5, 19. et Marc. 7, 21. 22. 23.* Tanto
minus mirum est, peccata ejusdem rationis frequentata ex eadem radice
propullulare.

f) Dicuntur enim homines φύσει, *natura,* seu per naturae corruptae conditionem esse τέχνα ὀργῆς, *filii irae,* i. e., obnoxii irae divinae,
quae negationem favoris divini importat, cum effectu contrario, velut
justitiae vindicativae.

g) Certe morbida qualitas, subtracto dono immortalitatis, atque
adeo accurata illa χράσει humorum et vigore corporis, orta est in poenam lapsus et hinc ortae labis peccaminosae in hominibus omnibus.
Ac morbi, mortis prodromi, aliquando mortis ipsius nomine appellantur. Vid. *2 Cor. 1, 10.* Unde et in comminatione mortis, lapsum
antegressa, simul comprehensi fuisse non male putantur.

h) Scilicet calamitates illae, quae protoplastos ipsos post lapsum
afflixerunt, juxta *Gen. 3, 16. sqq.,* suo modo ad posteros, cum peccato
et propter peccatum haereditarium sunt derivatae.

i) Ita enim *mors* temporalis *per peccatum ad omnes homines pervasisse* dicitur *Rom. 5, 12. 14.* Et *cap. 6. ult.* vocatur θάνατος ὀψώνια
τῆς ἁμαρτίας, scilicet, quod, quemadmodum *stipendia,* cibaria pariter
ac pecuniaria, militibus quondam solvi consueverunt, ita peccatores,
castra satanae secuti, mercedis loco mortem consequantur.

HOLLAZIUS: ,,Quamvis primo lapsus momento protoplasti mortem
corporis non oppetiverint, illico tamen *debitores mortis* facti sunt, cum
isthaec peccati sit stipendium.‟ (Exam. P. II. c. 3. q. 9. p. 513.)

LUTHERUS: ,,Dominus prohibuit, ne quid comederet Adam, alioqui
futurum, ut morte moreretur, non quod natura hujus arboris fuerit occidere, sed quod per verbum Dei sic pronuntiatum erat, quod verbum
omnibus creaturis tribuit suam efficaciam, et conservat etiam omnes
creaturas, ne degenerent, sed ut certae serventur species in infinita propagatione. Sic verbo factum est, ut petra in deserto daret largissimas
aquas, ut aëneus serpens adspicientes sanaret etc. Ad hunc modum
haec una arbor, seu ista certa species plurium arborum in medio paradisi occidit Adamum, non parentem verbo Dei, non quidem sua natura,
sed quia per verbum Dei sic erat definitum. Idem sentiamus de ligno
vitae quoque, quo jussit Deus Adamum vesci, quoties vellet restaurari
vires; virtute verbi id praestabat arbor. Rationi valde videtur ridicu-
lum, quomodo unum pomum sic potuerit esse noxium, ut totum genus
humanum per infinitam quasi successionem perdiderit, idque aeterna
morte. Sed pomi haec non fuit virtus; Adam quidem in pomum figit
dentes; revera tamen figit dentes in aculeum, qui erat prohibitio Dei
et inobedientia erga Deum. Haec est vera causa mali, scilicet, quod
contra Deum peccat, ejus mandatum negligit, et paret satanae. Fuit
arbor scientiae boni et mali bona arbor, quae nobilissimos protulit fructus. Sed quia prohibitio accedit, et homo prohibitioni non paret, fit
quovis veneno magis noxia. Sic quia verbo Dei sancitum est, ne fure-
ris, peccat, quisquis alienam rem attrectat. In Aegypto cum Judaei
argentum a vicinis petere, et id secum auferre juberentur, non fuit id
peccatum; excusantur enim mandato Dei, cui in omnem eventum debetur obedientia. Procus cum amat puellam, et concupiscit eam in uxo-
rem ac ducit, non committit adulterium, cum tamen lex prohibeat concupiscentiam. Nam matrimonium divinitus institutum est, et mandatum iis, qui sine matrimonio non possunt caste vivere. Eadem plane

ratio est harum arborum: arbor vitae vivificat virtute verbi promittentis, et sic ordinantis; arbor scientiae boni et mali occidit virtute verbi
prohibentis. Habet autem nomen scientiae boni et mali, sicut Augustinus dicit, quia, postquam in ea peccavit Adam, non solum vidit et expertus est, quid boni amiserit, sed etiam, in quantam miseriam per inobedientiam suam conjectus sit. Fuit itaque per se bona arbor, sicut
etiam mandatum, quod additum est, bonum fuit, ut esset Adae arbor
cultus divini, in qua probaret Deo etiam externo opere obedientiam.
Sed propter peccatum sequens fit arbor meledictionis." (Ad Gen. 2, 9.)

ANTITHESIS.

DELITZSCHIUS: „Der Baum der Erkenntniss war ein Segensbaum
seiner Bestimmung nach, aber war er es auch seiner *Natur* nach? Mit
andern Worten: ist der Tod, welcher dem Menschen gedroht wird, nur
als Folge der Uebertretung des zufällig gerade an diesen Baum ge-
knüpften Verbotes zu denken oder als Folge der in diesem Baum wirk-
samen Kräfte? Mir scheint das Letztere im Sinne der Erzählung zu
liegen. Denn der Baum der Erkenntniss Gutes und Böses wird nicht
erst, als Gott das Verbot stellt, ausgewählt, sondern er steht von Anfang an V. 9. als Baum der Entscheidung im Garten, schon V. 9. merkt
man, dass er einen Gegensatz bildet zu dem inmitten des Gartens ste-
henden Baume des Lebens. Dieser aber theilt Leben mit kraft der ihm
anerschaffenen Natur 3, 22., *also wird auch der Baum der Erkenntniss
den Tod wirken kraft seiner Natur*. Aber kraft der ihm von Gott anerschaffenen? Der Tod ist, wie wir aus Gen. 1. wissen, nichts ursprünglich von Gott Gewolltes; sonach wird auch die Kraft des Todes in diesem Baume nichts schöpferisch von Gott Gesetztes sein. Erinnern wir
uns nun, dass die *paradiesische Berufsbestimmung des Menschen ihr Ab-
sehen auf Ueberwindung des in die Schöpfung eingedrungenen Argen* hat,
so kann es uns nicht wundern, dass im Paradiese selbst ein Baum ist,
den zwar Gott geschaffen, aber die Macht des Argen in Besitz genommen hat, dessen Genuss den Menschen in Beziehung zum Argen setzt
und desshalb tödtet, und welcher, damit der Mensch nicht der Gemeinschaft des Argen und damit dem Tode verfalle, vom göttlichen Verbote
umhegt ist." (Die Genesis. Lpz. 1852. p. 107. sq.)

k) De qua supra diximus P. I. cap. VII. praesertim § 15. not. *e.*
Conf. *Rom. 5, 18.* Atque hanc damnationem aeternam peccatum originis, tanquam causa *sufficiens et adaequata*, attrahit omnibus, in quibus
non expiatur per fidem in Christum. Confer. Ausführl. Erklärung
Q. XXXVIII. p. 307.

§ 14.

Affectiones peccati originalis sunt 1. *Tenacitas* seu
pertinax inhaerentia [a] per omnem vitam. 2. *Propagabilitas* naturalis a parentibus ad liberos. [b]

a) Sic enim et Paulus, jam conversus, fatetur, *peccatum in se habitare* tanquam hospitem nunquam expellendum, *Rom. 7, 17.* Intelligit
autem *concupiscentiam*, de qua dixerat v. 7. 8. Et aperte illi tribuit,
sicut nomen, ita et rationem formalem aut conceptum peccati proprie
dicti. Confer *Ebr. 12, 1.*, ubi vocatur ἁμαρτία εὐπερίστατος, *peccatum
firmiter* nobis *adhaerens* et nos *undiquaque cingens*, ideoque non facile,
nisi cum ipso corpore, exuendum, aut instar oneris nobis alligati, quod
deponere non possimus.

APOLOGIA A. C.: „Augustinus ait: ,Peccatum in baptismo remitti-
tur, non ut non sit, sed ut non imputetur.'" (Art. 2.)

ANTITHESIS.

QUENSTEDTIUS: „*Antithesis:* . . . 3. *Pontificiorum*, qui Pelagianum
dogma ex orco revocant; de reliquiis enim peccati originalis post
baptismum sive de concupiscentia, quae in baptizatis in hac vita adhuc
reliqua est, decretum 5. Sess. Conc. Trid. ita habet: ,Si quis per Jesu
Christi, domini nostri, gratiam, quae in baptismo confertur, reatum
originalis peccati remitti negat, aut etiam asserit, non tolli totum id,
quod veram et propriam peccati rationem habet, sed illud dicit tantum
radi et non imputari, anathema sit.'" (L. c. q. 12. f. 1037.)

b) Hoc est, quod Christus dicit *Joh. 3, 6.: Quod natum est ex carne,
caro est,* id est, qui a parentibus carnalibus seu peccato corruptis gignitur, ipse quoque carnalis et peccato corruptus est. Cui respondent verba
Jobi cap. 14, 4.: Quis dabit mundum ex immundo? id est, nemo mon-
strabit mundum, ex immundo parente genitum. Et verba *Davidis
Ps. 51, 7.: Ecce in iniquitate formatus sum, et in peccato calefecit me mater
mea,* indicans, contagium peccati *per carnalem generationem in se actu
transfusum.* Caeterum sicut propagabilitas illa peccati originalis a
generantibus ad genitos recte tenetur, ita *satis esse* potest, scire, *primos
parentes lapsu suo meritos esse, ut, quales ipsi erant post lapsum corpore et
anima, tales procrearentur omnes postea. Quomodo* autem *malum illud con-
trahat anima, salva fide potest ignorari, quia Spiritus Sanctus non voluit
hoc certis et perspicuis testimoniis patefacere,* quae verba sunt b. *Chemnitii*
P. I. LL. CC. de Pecc. Orig. fol. 236. Secutus autem is est vestigia
Augustini, qui, cum in Ep. XXVIII. ad Hieron. quaestionem de origine animae et contracta labe peccati originalis tractasset, in Epistola
seq. XXIX. mentionem faciens prioris, *Eleganter,* ait, *dictum esse narratur, quod huic rei satis apte convenit. Cum quidam ruisset in puteum,
ubi aqua tanta erat, ut eum magis exciperet, ne moreretur, quam suffocaret,
ne loqueretur, accessit alius, et eo viso admirans, ait: Quomodo huc cecidisti?
At ille: obsecro, inquit, cogita, quomodo hinc me liberes, non, quomodo huc
ceciderim, quaeras. Ita quoniam fatemur et fide catholica tenemus de reatu
peccati, tanquam de puteo, etiam parvuli infantis animam Christi gratia
liberandam, satis est ei, quod modum, quomodo salva fiat, novimus, etiamsi
nunquam, quomodo in malum illud devenerit, noverimus.* Haec *Augustinus* l. c. Quemadmodum autem hactenus de *origine animae* paulo solicitius in scholis theologorum disquiri coepit, ita factum est, ut propagationem peccati originalis per carnalem generationem *aliter* explica-
rent, qui sententiam *de propagatione* animae *per traducem, aliter,* qui
sententiam *de creatione* animae amplectebantur. Et quidem, quando
statuitur, *peccatum originis, in se, abstractive et formaliter* sumtum, esse
privationem seu carentiam justitiae originalis, adeoque hoc ipso, quod
non est entitas positiva, sed mera privatio, non agnoscere causam efficientem, cujus reali et positivo influxu producatur, jam simul apparet,
modum propagationis statui *negativum,* quippe qui consistat in non-pro-
ductione formae oppositae, justitiae originalis, seu quod, cum anima
efficienter producitur, non simul justitia originalis in et cum ea producatur. Sic ergo *illi* quidem, qui propagationem animae per *traducem*
statuunt, id indicare videntur, quod cum parentes, velut causae secun-

dae, producunt, tanquam de suo, et largiuntur soboli animam rationalem, Deo tanquam causa prima concursum generalem impertiente, ideo iidem, quorum animae justitiam originalem jam in primis parentibus perdiderunt, non possint in actu generationis una cum anima transferre ad liberos aut propagare justitiam originalem, qua ipsi carent, sed largiantur animam originali justitia destitutam et sic peccato corruptam, prout etiam Deus concursum suum praebeat ad propagationem animae in sobolem, non autem ad propagationem justitiae originalis. Qui vero *creationem animarum* statuunt, existimant, peccatum originis sic propagari, quod cum primi parentes lapsu suo reatum auferendae justitiae originalis sibi contraxissent atque hanc revera, sua culpa quidem ac justo Dei judicio, perdidissent, intuitu hujus lapsus et culpae jam denegetur a Deo, in productione animarum sobolis, influxus ad comproducendam justitiam originalem, qui alias, si homines in statu integritatis mansissent, semper in actu generationis concursurus fuisset creando animam cum justitia originali. Post lapsum enim, a communi parente generis humani commissum, jam deinde hominem quemvis ad generationem sobolis, veluti effectus sibi connaturalis, non exigere concursum causae primae ad producendam cum anima sobolis justitiam originalem, cum effectus connaturalis non sit perfectior sua causa. *Quod* si vero *peccatum originis, in se, abstractive et formaliter* spectatum, dicatur esse *non mera privatio, sed ens positivum,* quod per realem ac positivum causae efficientis influxum produci ac propagari postulet, sane *utrinque difficultas* insignis apparet, ne Deum causam peccati originalis propagati statuas, *sive* animam a parentibus per traducem, Deo tamen tanquam causa prima concurrente, propagari, *sive* eam a Deo immediate creari statuas. Confer b. *Mus.* Ausführl. Erklärung Q. XXX. et XXXV. p. 301. sqq. Cui in hac re admodum difficili atque dubia placet Augustini modestia malentis ἐπέχειν.

§ 15.

Describi potest peccatum originis, quod sit carentia justitiae originalis,[a] per lapsum Adami[b] ad omnes homines[c] per carnalem generationem propagata,[d] ipsam naturam hominis omnesque animae facultates[e] intime corrumpens, ad bona spiritualia prosequenda ineptos, ad mala autem quaevis propensos reddens eosque adeo subjiciens[f] irae divinae et morti aeternae, nisi intercedat remissio peccatorum propter Christi meritum fide apprehensum.

a) Quam in casu recto significat. Et confer § 2. sqq.

b) Tanquam causam meritoriam aut causalitatem causae efficientis moralis; vid. § 7. et 8.

c) Qui sunt subjectum Quod; vid. § 11.

d) Quae *partim* ad causam efficientem peccati orig., uti in singu-lis est, pertinent, juxta § 8. not. *d.*, *partim* affectionem hujus peccati in se spectati designant; vid. § 14.

e) Moralitatis quidem capaces; quae sunt subjectum Quo prima-rium; vid. § 2. sqq. et § 12.

f) In quibus effectus peccati originalis consistit; vid. § 13.

§ 16.

Accidit[a] peccato originali,[b] quod in aliquibus *regnat*,[c] in aliis *non*[d] *regnat*.

a) *Per se* quidem tendit ad dominium in omnibus exercendum; quia tamen *per gratiam Dei* non raro impeditur, ne regnet, ideo *utrum-que* ei *accidere* dicimus.

b) Seu pravae illi et connatae concupiscentiae. Certe Scripturae stylo τὸ *regnare* et *non regnare* peccato inhaerenti, quod nobis connatum est (non aeque actibus secundis, seu peccatis actualibus voluntariis) tribuitur. Vid. *Rom. 6, 12.* Quanquam et peccata *habitualia*, crebris actionibus *acquisita*, dominari aut regnare in homine dici possunt, quoad usque non minuuntur, sed vigent et ad frequentanda actualia peccata stimulant.

c) Seu irritationibus suis obsequentem habet hominem, velut do-minus imperio suo servum, rex subditum.　Confer *Rom. 6, 16. 17.*

d) Quando ejus motibus resistitur atque ita imperium eripitur, quamvis ipsum supersit, ut homo, liberior factus, *non ambulet secundum carnem, sed secundum spiritum, Rom. 8, 1.*, aut si quid mali fiat, id tamen non tam faciat ipse volens, quam peccatum inhabitans, nolente ipso, prout servus aliquid facit, nolente domino, aut subditus, in-vito rege.

Caput III.

DE PECCATIS ACTUALIBUS.

§ 1.

Peccatum actuale *vi vocis* est peccatum, quod *actu* quodam aut *agendo* perficitur.　Sed *quoad rem* ipsam fatendum est, peccata actualia censeri[a] debere, non solum quae *agendo*, verum etiam quae *non agendo* fiunt.

a) Quemadmodum enim *leges* quaedam sunt *de faciendis*, aliae *de omittendis*, ita peccata, legibus opposita, *alia* quidem agendo, quod lege prohibitum est, *alia* non agendo, seu omittendo actum lege praeceptum patrantur.

§ 2.

Itaque describitur peccatum actuale, quod sit actio aut actionis omissio,[a] pugnans cum lege[b] Dei aeterna.

a) Ita *materiale*, quod in casu recto significatur, idque duplex ac disjunctive positum, indicatur.

b) Hoc *formale* est, quod peccato actuali, non quatenus actuale quiddam est, sed quatenus in esse peccati constituitur et ab actibus atque omissionibus actionum rectis aut indifferentibus distinguitur, competit.

> GERHARDUS: ,,Quaedam sunt *per se peccata*, quaedam vero κατ' ἄλλο, *propter aliud*. Sic quando infideles furantur, fornicantur, rapiunt etc., ea sunt *per se et natura actus* peccata; quando vero cooperiunt nuditatem proximi, eidemque subveniunt etc., ea ex se et quoad naturam actus non sunt peccata, sed *per ac propter aliud* fiunt peccata, quia persona Deo nondum est reconciliata, quia talia opera non procedunt ex puro corde, quia non diriguntur ad Dei gloriam. Usus hujus divisionis est multiplex. Dicebat Dr. *Lutherus: ,Justum in omni bono opere peccare';* graviter hoc exagitat Bellarminus; sed observa, bona opera renatorum non dici peccata *per se et quoad substantiam actus*, sunt enim cultus Deo gratissimus et odor suavitatis coram ipso; sed quia renatis bona operantibus *adhaeret* peccatum et quia illa ipsa bona opera *non sunt perfecte bona*, ideo hoc respectu verissime dicitur, justum in omni opere bono peccare et bona opera renatorum esse peccata, nimirum κατὰ τί, propter adhaerentem pravam concupiscentiam et multiplicem imperfectionem, propter quam Deus ipsa renatorum bona opera repudiare posset, si ad rigidam legis normam ea velit exigere, atque inde est, quod Es. 64, 6. . . pronuntiat.'' (L. de pecc. act. § 104.)

§ 3.

Causa efficiens peccati actualis[a] est homo peccans, quatenus, dum actus positivi, cui adhaeret ἀνομία, causa physice efficiens est, hoc ipso ἀνομίας adhaerentis causa *moralis* evadit,[b] et quatenus non agens, quod agere debebat, hoc ipso ἀνομίαν istius omissionis sibi omnino vendicat.[c]

a) Spectamus autem hic peccatum actuale, non qualecunque, sed quod in subjectum theologiae, id est, in hominem viatorem cadit.

b) Vid. supra cap. I. § 8. et 9.

c) Etsi enim *omissio* actus praecepti in se spectata non nisi *negatio* sit, adeoque non aliquid positivum et realiter producibile censeatur, tamen homo ejus causa judicatur, *partim*, quod est causa alicujus actionis, quae est incompossibilis cum actione lege praecepta, quam hic et nunc fieri oportebat, *partim*, quod nonnunquam homo in se ipso elicit actum voluntatis de omittendo actu praecepto, inprimis externo.

§ 4.

Deus peccati actualis, qua talis, causa[a] neutiquam[b] est aut dici potest.[c]

a) Prout supra de peccato in genere monuimus cap. I. § 10.

b) *Neque* obligando per praeceptum suum ad exercendum actum vitiosum, *neque* suasione immediata aut mediata, occulta aut manifesta, inducendo ad ejusmodi actum, *neque* influxu positivo speciali flectendo, determinando aut necessitando ad eum, *neque* actionem hominis dirigendo ad objectum, a quo ea formaliter et per se habet, ut sit peccatum. Haec enim omnia abesse oportet ab eo, qui non est causa peccati, qua talis.

c) Unde etiam ab ea scandalosa phrasi, qua dicitur, *Deum esse causam peccati per accidens*, abstinendum esse, censemus cum b. *Musaeo* Ausführl. Erklärung Q XXXIX. p. 310.

MUSAEUS: „Diejenigen Theologi, theils Philosophi, die an dieser Phrasi oder Redensart (Deum esse causam peccati per accidens) in Streit gerathen, haben ihre Meinung erklärt, nämlich dass sie solche nicht verstehen de causa peccati per accidens *ex parte causae*, sed de causa per accidens *ex parte effectus*, und dass in dieser Formel der Zusatz ‚per accidens‘ ein terminus alienus sei und importire eine negationem verae causae; dass die assertio: Deus est causa peccati per accidens ex parte effectus, keine andere, als diese Meinung habe: Deum non esse causam ipsius *peccati*, sed tantum *effectus*, cum quo peccatum praeter Dei intentionem et absque ullo ejus influxu conjungitur. . . Quicquid tandem sit, certum hoc est, phrasin esse scandalosam.‟ (Ausführl. Erklärung der Jenaischen Theologen. Jena 1677. p. 309. sq.)

LUTHERUS: „De malo, quod facit Deus, quid est quod contendatis? otiosi estis, video, in tantis motibus satanae. Non indiget opere, nec est opus, de quo disputatis, sed est omissio operis Dei. Ideo enim nos mala facimus, quia ille cessat in nobis operari, et sinit naturam in sua malitia agere, quod agit. Alioqui ubi ipse operatur, non nisi bonum sequitur. Et hoc omittere Dei vocat Scriptura indurare. Malum enim non potest fieri, cum sit nihil; sed hinc fit, cum bonum non fit vel impeditur.‟ (Briefe ges. von de Wette. II, 181.)

IDEM: „Admonendus est lector de proprietate, quam habet Hebraeus. Sic enim in hebraeo legitur: Et exsultabunt ossa, quae tu contrivisti. Est autem hic magnus scrupulus, cur prophetae singulari studio hoc observent, ut pronuntient mala ab ipso Deo venire, cum tamen verum sit, Deum per se mala non facere, sed uti mediis instrumentis. Nam sic in Hiob dicit dominus: ‚Tu me coëgisti, ut eum affligerem frustra‘, Hiob 2., cum tamen historia clare ostendat, diabolum incendisse domum, occidisse liberos, suasisse desperationem et murmur contra Deum. Haec, inquam, vere diaboli opera sunt, et tamen dicit dominus: Ego afflixi eum. Ad eundem modum dicit hic David quoque: Tu contrivisti ossa mea, cum tamen Deus nihil aliud fecerit, quam quod subtraxerit manum et Spiritum suum, et reliquerit Davidem exercendum ignitis telis satanae. . . Tale instrumentum seu medium est lex quoque, per quam accusantur et damnantur peccata. Utitur autem his mediis Deus ideo, ut humiliet nos et eximat praesumtionem nostrorum operum, ut simpliciter discamus nos sola gratia et benignitate Dei vivere. Sed respondeamus ad argumentum: Cur ista tribuuntur Deo, cum ea proprie non faciat, sed utatur mediis suis, satan occidit, lex accusat, et tamen Deo utrumque tribuunt sacrae literae? Ejus rei haec causa est, ut retineamur in articulo fidei nostrae, quod tantum sit unus Deus, ne cum Manichaeis plures faciamus deos. Hi enim ponebant duo principia, quorum unum bonum, alterum malum esset, in bonis currebant ad bonum Deum, in malis ad malum Deum. Vult autem Deus nos tum in secundis tum in adversis rebus in se uno habere fiduciam, non vult nos inter eos esse, de quibus Esaias dicit: ‚Non est populus conversus ad percutientem se.‘ Nam hoc solet natura nostra, in subitis terroribus et periculis a vero Deo avertitur, quia credit eum esse iratum, sicut Hiob: ‚Es mihi factus in crudelem.‘ Hoc autem est alium fingere Deum, et non manere in simplicitate fidei, quod sit unus Deus. Neque enim Deus est crudelis, sed est pater consolationis. Quia autem suspendit auxilium, ideo mox corda nostra ex Deo semper sui simili et constanti faciunt idolum iratum. Hoc volunt prophetae prohibere, cum uno ore dicunt: ‚Ego dominus, qui creo bonum et malum‘, ne cogitemus, cum sol impeditur nubibus, omnino solem e mundo sublatum, aut ex lucido corpore atrum et obscurum factum esse, retinet enim sol lumen suum, sed nubibus impedimur nos, ne id possimus videre. Sic Deus est bonus, justus et misericors, etiam cum percutit. Qui hoc non credit, is discedit ab unitate fidei, quod sit unus Deus, et fingit sibi alium Deum, qui sui sit dissimilis, jam bonus, jam malus. Sed donum insigne Spiritus Sancti est, credere Deum, cum mala immittit, esse propitium et misericordem.“ (Ad Ps. 51, 8. Exeget. opp. lat. Cur. Irmischer. Erlang. 1847. Vol. XIX, 104. sqq.)

§ 5.

Aliae autem causae peccati actualis humani cum *extra* hominem, tum *intra* eum occurrunt. *Illic* diabolus et mundus, sive res et homines, in hoc mundo contenti; *hic* ignorantia intellectus, affectus seu passiones, aut motus appetitus sensitivi, et malitia voluntatis.

§ 6.

Diabolus causa peccati humani est,[a] quatenus *partim* objecta, quae ad peccandum invitent, homini proponit,[b] *partim* suadet ipse,[c] aut consilium perficiendi criminis suppeditat,[d] *partim* certas imaginationes in phantasia, aut etiam alteratis humoribus passiones in appetitu sensitivo excitat,[e] quibus homines ad peccatum inducantur.

a) Vid. *Joh. 8, 44. et 1. Ep. Joh. cap. 3, 8.* Quando enim homines mali et calumniatores, qua tales, dicuntur esse *ex diabolo*, tanquam *patre, et desideriis patris* sui, cum peccant, *obsequi*, dicitur sane diabolus ad peccata illa aliquid, ac plurimum quidem, conferre per modum causae. Conf. *2 Cor. 4, 4.*, ubi dicitur *Deus saeculi hujus excoecare sensus incredulorum, ne illucescat illis lumen evangelii.* Est ergo causa actualis ac malitiosae repugnantiae illorum, quam objiciunt Spiritui S. et verbo fidem accensuro. Et *Ephes. 2, 2.* dicitur idem *Spiritus* ἐνεργεῖν, *efficaciter agere in filiis incredulitatis,* hominibus infidelibus, respectu variorum *delictorum et peccatorum,* παραπτωμάτων καὶ ἁμαρτιῶν, *in quibus* illi *ambulant et conversantur in concupiscentiis carnis* suae, *facientes, quae carni ac menti libent.*   Conf. *Act. 5, 3.*, ubi Ananiae *mendacium* adscribitur *satanae, cor illius implenti.*

b) Sic *Gen. 3, 6.* satanas, in serpente latens, fructum arboris vetitae, quo appetitus Evae objective moveretur ad concupiscendum, atque ut actus externus comestionis sequeretur, Evae exhibuisse legitur.

c) Ita l. c. vers. 4. 5. *argumento* ab *utili*, seu secutura pleniore conformitate cum Deo et excellentiore dignitate desumto actum comedendi fructum illum Evae *commendavit* satanas et *persuasit*, ut exerceret.   Conf. *1 Paral. 21, 1.*, ubi memoratur, quomodo satanas *incitaverit Davidem* ad *numerandum populum.*

d) Vid. *Joh. 13, 2.*, ubi indicatur, quomodo diabolus non solum argumentis ad persuadendum accommodatis Judam induxerit, ut vellet Christum prodere, verum etiam docuerit, *qua ratione* actus ille sine impedimento et commode, εὐχαίρως, posset perfici; quod *consulentis* est. Conf. *Luc. 22, 3. et 6.*

e) Pertinet huc exemplum Saulis, quem satanas *perturbavit* et in illo quasi raptu ad jaciendum telum in insontes excitavit. Vid. *1 Sam. 16, 15. et cap. 18, 10. 11.*   Quanquam et somnia a diabolo profecta, quibus homines ad peccata pelliciuntur aut peccant, huc non immerito referantur.

§ 7.

Interim diabolus *non necessitat* aut immediate determinat voluntatem humanam ad peccandum,[a] sed homines *sponte* consentiunt[b] impostori.

a) Vid. *Jac. 4, 7.*, ubi dicitur, homines posse *resistere diabolo*, ad peccandum incitanti, *ut fugiat* ab ipsis.   Cui autem sic resisti potest, is non ipse necessitat ad peccandum. Conf. *Ephes. 6, 11. 12. 13. 1 Petr. 5, 9.*

b) Certe *principiis obstare* poterant homines, saltem *integri* aut *regeniti*, ne a satana in peccata grandia perducerentur aut mancipia ejus fierent, licet semel ei *consentientes* aut jugo colla *subjicientes* facile in deteriora aut extrema praecipitentur ac velut *vivi capti* ad *voluntatem* ejus circumducantur, *2 Tim. 2. ult.*   Quo pertinent, quae de *obsessione spirituali* diximus P. I. cap. III. § 51. p. 136.

HUELSEMANNUS: ,,Modi, quibus agat satan, utrum sint mere morales persuasiones a jucundo, utili, odioso etc., ut in suasione rapinae; an vero etiam physici, tum per intrinsecam determinationem intellectus, voluntatis et affectuum, tum per extrinsecam locomotivam corporis, manuum ac pedum? Vide Feurbornii Tr. de pecc. in Sp. S. c. 2. et Meisn. Anthropol. Dec. I. D. 3. q. 4. th. 4., quem caute legeris. Nobis videtur res distinctione expediri posse inter peccata regnantia et non regnantia, quibus quotidie resistitur. In regnantibus enim diabolum non solum persuasiones et suggestiones agere, sed etiam per determinationem locomotivae, tum dictis, tum exemplis constat latronum, αὐτοχείρων, veneficarum atque aliorum, quos diabolus captivos ducit ad suammet voluntatem. 2 Tim. 2, v. ult.'' (Praelect. F. C. p. 356.)

H. KROMAYERUS: „Nec etiam pravas cogitationes suggerendo ad peccandum homines (diabolus) *cogit*, sed tantum suadet et incitat, cui etiam per Dei gratiam, si volunt, resistere piisque precibus ipsi obviam ire possunt." (Th. pos.-pol. II, 140.)

§ 8.

Homines, qui mundi nomine appellantur, peccati alieni causa fiunt objecta subministrando, suadendo, consulendo[a] et exemplo suo[b] invitando.[c]

a) Quae cum satana habent communia. Unde et mundus *satanae sponsa* et homines impii seu de mundo *organa diaboli* dicuntur. Vide de seductionibus illorum *Proverb. 1, 10.* Confer exempla *Jeroboami 1 Reg. 15, 26.*, *pellicum Salomonis 1 Reg. 11, 3.*, falsorum prophetarum, qui Achabo bellum injustum persuaserunt, instincti a satana, *1 Reg. 22, 21. sqq. 2 Chron. 18, 9. sqq.*

b) Et sic dicuntur venire *scandala Matth. 18, 6. 7.*, quae et ipsa peccata sunt, et proxima causa vel occasio peccandi, quibus videlicet homines in hujus vitae curriculo *offenduntur*, ut quoad actiones suas *vel* a bono abstrahantur, ut segnius aut plane non operentur, *vel* ad malum, alias non peragendum, *sive* scientes ac volentes, *sive* per imprudentiam, perducantur. Conf. *Sap. 4, 11. 12.*

CRUSIUS: „*Aergerniss* heisst hier so viel als Anstoss, woran man sich stossen, beschädigen oder worüber man fallen kann, daher man auch von dem, was einen in Unglück bringt, sagt, dass es ihm zum Aergerniss geworden sei 1 Pet. 2, 7. Im moralischen Verstande heisst also Aergerniss so etwas, wodurch einer ärger wird oder leicht werden kann. Diese Bedeutung des Wortes ist mit einer andern nicht zu verwechseln, in welcher sich ärgern soviel als erzürnen, und einen andern ärgern soviel als ihn zum Zorn reizen bedeutet, Matth. 16, 23. In solcher weiten Bedeutung ist das Aergerniss in ein gegebenes und genommenes einzutheilen. Ein *genommenes* Aergerniss ist ein Anlass zum Irrthum und Sünde, den man an den Worten oder Handlungen eines Andern ohne dessen Schuld nimmt, weil man selber irret und schlecht urtheilet, z. E. Matth. 11, 6. Joh. 6, 61. Ein *gegebenes* Aergerniss aber ist eine Veranlassung zu Sünden oder Irrthümern, welche man durch das, was man selber lehret, redet oder thut, Andern auf so eine Art gibt, dass uns eine moralische Schuld daher zugerechnet werden kann, wodurch wir uns der Sünde des Andern theilhaftig machen, Matth. 18, 6. f. Es geschiehet entweder dadurch, dass man selber *sündigt*, oder dass man die *Klugheit* nicht beobachtet. Dadurch kann man nicht nur durch das, was böse ist, sondern auch durch den Missbrauch oder *unvorsichtigen Gebrauch erlaubter Dinge* Aergerniss geben, Röm. 14, 13. f. Um vom Aergerniss richtig zu urtheilen, sind unter andern folgende Regeln der Vorsichtigkeit zu beobachten. a) Man hüte sich, dass man nicht seine ausdrückliche Schuldigkeit verabsäume, unter dem Vorwande, dass man Andern nicht Aergerniss geben wolle... b) Insonderheit soll man der Wahrhaftigkeit nicht entgegen handeln, und etwan einmal so, das andere Mal anders reden, weil man vorgibt, dass man niemand ärgern wolle... c) Man lasse der Christenheit kein Joch der Menschensatzungen oder irriger Lehren unter dem Vorwande auflegen, dass man den Schwachen nachgebe, um sie nicht zu ärgern. Schwache heissen in diesem Fall, die noch nicht Erkenntniss genug

haben, aber doch ein gut christlich Herz haben und ihren Zweck sein
lassen, Gott zu leben, Röm. 14, 1. 6. 7. . . . Der trotzige und stolze Irr-
geist aber und der herrschsüchtige Gebieter über die Gewissen ist nicht
schwach, sondern er ist ein gefährlicher und schädlicher Mensch,
wider dessen Unternehmungen die göttliche Wahrheit und die christliche Freiheit vertheidigt werden muss, Gal. 5, 1. Daher widerstund
Paulus selber Petro, der doch ganz einstimmig mit ihm dachte
(Ap. Gesch. 15, 10.), da er einst nur in der practischen Anwendung
sich übereilt hatte, und wegen der Ankunft gewisser Eiferer für das
jüdische Gesetz sich nicht über dem Essen mit den Heiden hatte an-
treffen lassen wollen, welches andere ganz natürlich so auslegen konnten, als gebe er sich hiermit selbst eines Fehlers schuldig, und billige
das Vorgeben, dass es zur Seligkeit nothwendig sei, mit dem Glauben
an Jesum Christum die Haltung der jüdischen Satzungen zu verbinden,
und auch in diesen einen Theil der Gerechtigkeit zu setzen, Gal. 2,
11. 12. Paulus selbst aber gab darinnen den Schwachen gern nach,
dass er mit ihrer Unwissenheit Geduld hatte, bei einem guten Herzen
derselben und bei guter Hoffnung ihres Wachsthums im Guten an der
Liebe gegen sie nichts abgehen liess und der Gelegenheit gern auswich,
wo etwas Streitiges hätte vorkommen müssen, worein sie sich noch
nicht zu finden gewusst hätten, und wo Trennungen zu besorgen gewesen wären, oder wo der unberichtete Theil mit zweifelhaftem Gewissen Andern aus Blödigkeit es nachgethan, und gedacht hätte, ein
Christ brauche nicht alles genau zu nehmen. . . d) Man hüte sich,
dass man nicht durch unvorsichtigen Gebrauch unschuldiger und erlaubter Dinge Andern eine Veranlassung zur Sünde werde wegen
Schwäche ihrer Erkenntniss oder ihres Gemüths. Dieses kann sich
auf verschiedene Art ereignen. Manchmal machen Andere aus Men-
schenfurcht, aus Scheu vor Vornehmeren, oder um nicht Schande zu
haben, etwas wider ihr Gewissen mit, was sie nicht für erlaubt halten.
Jene, welchen sie folgen, können ein anderes Gewissen und sie können
auch Recht haben, sollten sich aber ihres Rechtes lieber da nicht gebrauchen, wo es Andern zum Fallstrick wird, 1 Cor. 8, 9—13. C. 10,
23. 33. Ferner, wenn über etwas die Meinungen getheilt sind, und das
Exempel und Ansehen des Einen den Andern bewegt, es nachzuthun,
so gibt jener nicht nur Aergerniss, wenn die Sache wirkliche Sünde
ist, und er also den Andern zur Sünde veranlasst, sondern wenn sie
auch nicht Sünde war, so ärgert er diesen, wenn er die Handlung unter
solchen Umständen that, wobei es diesem wahrscheinlich werden
konnte, jener halte sie allerdings für Sünde, sei aber der Meinung, dass
man kleine Sünden, oder wenigstens Sünden dieser Art, auch wissentlich thun dürfe, und dass es nicht nöthig sei, im Christenthum eben
Alles genau zu nehmen, und verdiene darinnen Beifall und Nachfolge,
weil er die Präsumtion für sich habe, dass er die Sache besser ver-
stehe." (Kurzer Begriff der Moraltheologie. II, 1557—1562.)

BALDUINUS: „An iis Lutheranis, qui in papatu vivunt, die Veneris
necessario abstinendum a carnibus, ne offendant infirmiores in papatu?
Resp.: Minime, quia regula Pauli agit de talibus infirmis, qui fratres
sunt, i. e., qui in caeteris capitibus religionis christianae nobis sunt
ὁμόψηφοι." (Vid. Dedekenni thesaurus consil. Appendix, f. 202.)

LUTHERUS: „Was Gott nicht verbeut, sondern freilässet, das soll
jedermann frei bleiben, und niemand zu gehorchen ist, der da verbeut,
das Gott will frei haben; sondern schuldig ist jedermann, wider solche
Verbote mit Worten und Werken zu thun und immer das Widerspiel
zu Trotz darwider zu treiben Gal. 2, 5. . . Wohlan, dieweil sie denn
schlechts nicht hören und mit Gewalt solche göttliche Freiheit gewehret
und gedämpft haben wollen, so sollen sie wieder zu Trotz ihrer
tollen Gewalt alles das sehen und hören, was sie nur auf das aller-
höchste verdreusst und auf das allerbitterste ärgert. . . Ich habe auch
eine Nonne genommen zu der Ehe, wiewohl ich es hätte mögen ge-

rathen und nicht sonderliche Ursache gehabt, denn dass ich es dem Teufel mit seinen Schuppen, den grossen Hannsen, Fürsten und Bischöfen, zu Trotz gethan habe, welche schlecht unsinnig wollen werden, dass ‚geistliche' Personen sollen frei sein. Und wollte gerne noch mehr Aergerniss anrichten, wenn ich nur was mehr wüsste, das Gott gefiele und sie verdrösse. . . Dass aber etliche Schwache auch sich daran ärgern, das ist nicht unser, sondern der Tyrannen Schuld, die dem Evangelio wehren, dass es nicht dahin kommen und die Schwachen unterrichten kann; darum müssen sie dafür antworten. Auch wenn es dahin kommt, dass christliche und göttliche Freiheit will gedämpft oder geschändet werden, ist derselbigen mehr wahrzunehmen, denn der Schwachen. Denn an Gottes Wort liegt mehr, denn an der ganzen Welt." (Schreiben an N. 1526. Opp. Hal. T. X, 962. sqq.)

c) Fit tamen etiam aliquando, ut homines pii, simul autem infirmi, peccatis quibusdam, licet non adeo magnis, scandalum aliis praebeant.

§ 9.

Res mundi, quae sensibus nostris subjiciuntur, appetitum sensitivum et voluntatem objective movent[a] ad peccata.

a) Vid. *1 Joh. 2, 15. sqq.*, ubi ea, *quae in mundo* sunt, *diligere* prohibemur, eo quod hinc nascuntur *cupiditas carnis, libido oculorum et fastus vitae.* Conf. exemplum Davidis, viso Bathsebae corpore denudato, libidine accensi, *2 Sam. 11, 2.*

§ 10.

Intra hominem causa efficiens peccati actualis est ipsa corrupta hominis natura vel, abstractive loquendo, ipsa connata homini perversitas, in carentia justitiae originalis et pravitate concupiscentiae consistens.

Sic *ab interioribus, de corde hominum procedere* dicuntur *malae cogitationes, adulteria, stupra, homicidia* etc. *Marc. 7, 21. 22. 23.* Et *Rom. 7, 17.* dicit Paulus, *non se* patrare, quae fiunt contra legem, sed *inhabitans* in ipso *peccatum* originale, seu *concupiscentiam* pravam. Confer *Gal. 5, 19.*, ubi *opera carnis*, quae a carnali concupiscentia proficiscuntur, varia recensentur. Confer supra cap. II. § 8. not. *d. e.*

§ 11.

Speciatim ex parte *intellectus* ignorantia[a] causa est peccatorum, quatenus excludit scientiam, quae actum peccandi alias fuisset impeditura.[b]

a) Sive ea, qua quis nescit, quod poterat scire ac tenebatur, et sic ignorans agit, quod est contra legem, non tamen acturus, si scivisset; qua ratione actus, qui ex ignorantia oritur, haud dubie est peccatum.   Sive etiam illa, quae sic *antecedit voluntatem*, ut quis ignoret, quod vel poterat scire in certa re, vel saltem tenebatur; a qua differt *concomitans*, cum quis ignorat, quod facit, ita tamen, ut, si sciret, idem facere vellet, et *consequens*, quae *vel* est *affectata*, seu talis, qua quis simpliciter voluit ignorare, quod scire poterat, *vel supina*, cum quis per negligentiam suam ignorat, quod scire poterat ac debebat.   Interim et ipsa ignorantia voluntatem consequens, ex qua proficiscitur peccatum, sive *affectata* sit, sive *supina*, peccatum est.

> HOLLAZIUS: ,,*Antecedens* ignorantia est causa, ut homo aliquid velit, quod non vellet, si scivisset. Talis ignorantia est, cum ea quis ignorat, quae nescire poterat in hac aut illa re, nec scire tenebatur, et coincidit cum ignorantia *invincibili*; v. g. cum quis in proelio hostem interfecturus interficit fratrem, quem nec scivit nec scire potuit proelio isti interesse." (Exam. P. II. c. 4. q. 16. p. 545.)
>
> DANNHAUERUS: ,,Ignorantia facti minuit peccatum et excusat a certa specie peccati, non peccato omni. Judae cum Thamare congressus excusatur ab incestus, non a scortationis crimine." (Liber conscient. I, 107.)

b) Adeoque tanquam removens impediens, prout Paulus *1 Tim. 1, 13.* dicit, se *persecutorem* fuisse factum, cum careret scientia verae religionis, quam si habuisset, non fuisset passurus induci se ad persequendos veros fideles.

§ 12.

Ex parte *appetitus sensitivi* causa peccatorum sunt passiones seu *affectus*,[a] quatenus *partim* distrahunt aut impediunt voluntatem, ut *vel* remissius, *vel* plane non tendat in objecta ab intellectu sibi commendata,[b] *partim* turbant imaginatricem facultatem atque ita ipsum intellectus judicium eoque mediante voluntatem ad bona sensibilia trahunt,[c] *partim* denique, si admodum vehementes sint, suo quasi pondere voluntatem ad bonum sensibile, contra dictamen rationis, dejiciunt.[d]

a) Vid. *Jac. 1, 14.*   Nam *concupiscentia* quidem l. c. denotat peccatum nobis connatum, sed quando dicitur *concipere*, significantur motus inordinati, sive passiones hinc proficiscentes, qui quidem et ipsi peccata sunt, simul tamen causae, unde porro oriantur *peccata* κατ' ἐξοχὴν sic dicta, seu actus externi peccaminosi, iique etiam graviores, hominem de statu gratiae in reatum *mortis* praecipitantes. Atque huc pertinent, quae de *incontinentia* ejusque speciebus, *praecipitantia et infirmitate* earumque actibus disserunt philosophi.

> QUENSTEDTIUS: ,,Sumitur vox actus et actuale h. l. non stricte, pro externis tantum *operibus* et peccatis commissionis, sed late, ita ut etiam internos vitiosos *motus*, tam primos, quam secundos, nec non peccata omissionis complectatur." (Th. did.-pol. P. II. c. 2. s. 1. q. 40. f. 923.)

b) V. g. quando *metus* subitaneus hominem arcet ab actu fortitudinis aut professionis fidei exercendo, prout Petrus, per undas ad
Jesum iturus, sed *vento validiore territus*, animum abjecit in actu a
Christo mandato, *Matth. 14, 29. 30. 34.* Idem etiam *metuens* Judaeos
subduxit se a consortio gentilium conversorum, *Gal. 2, 12.*

c) Ita *affectus amoris intellectum sapientem excoecare* dicitur.

d) Huc pertinent, quae de appetitus sensitivi cum appetitu rationali, i. e. voluntate, arctissima connexione in scholis philosophorum
traduntur. Et experientia docet, quomodo amor aut ira vehementior
in furorem aut insaniam aliquando degenerent.

§ 13.

Ex parte *voluntatis* causa peccati est *habitualis malitia,*[a] qua quis sciens et volens[b] ad peccandum se accingit.[c]

a) *Actibus peccaminosis* crebrius iteratis acquisita; aut, ubi citra
ignorantiam intellectus et passionem appetitus sensitivi, ac potius praevia consultatione, libere eligitur, quod malum est, neque actionem
perpetratam mox sequitur dolor et poenitentia.

b) Alias enim homines mali etiam ex passione quadam peccata
committere possunt. Hoc loco autem spectantur, quatenus, licet *cum*
affectibus peccent, *non* tamen aeque *ex* passione aut affectu vehemen-
tiore, *sed* liberiore voluntate peccant.

c) Vid. *2 Tim. 3, 1. sqq.*, ubi prolixum catalogum peccatorum
malitiae exhibet apostolus.

§ 14.

Quatenus satanas,[a] homines, qui in hoc mundo[b] sunt,
et corrupta nostra[c] natura ipsique[d] affectus ad peccata
nos[e] inducunt, *tentare*[f] nos dicuntur[g] *sive* circa[h] spiritualia, *sive*[i] saecularia, *blandiendo*[k] aut *terrendo.*[l]

a) De quo supra § 6. diximus.

b) Vide § 8.

c) Juxta § 10.

d) Vide § 12.

e) Seu per modum causae aliquid conferunt ad id, ut peccemus,
sive absque impedimento id obtineant, *sive* resistentibus nobis per gratiam impediantur et peccata, ad quae impellimur, non perpetrantur.

f) Id est, *experiri*, an aliquid adversus nos possint? conari, ut
nos a Deo veroque cultu ejus ac via salutis abstrahant aut arceant,
sive intentio *directa* conantibus sit adscribenda, *sive* saltem *indirecta.*
Alias equidem et *Deus* dicitur tentare *homines*, quando eorum fidem,
obedientiam, patientiam etc. explorat, aut certa documenta edendi

occasionem vel etiam mandatum suppeditát (quod certum est bono
fine fieri), et *homo* dicitur tentare *Deum*, quando Dei verbum, promissiones, mandata, minas, itemque perfectiones scientiae, sapientiae,
bonitatis, justitiae, potentiae in dubium vocat ac documentis quibusdam probari temere postulat, et *homo hominem* tentare dicitur vel sui
(ac forte liciti), vel publici, vel ejus, quem tentat, commodi causa, cum
vires animi corporisve, inclinationes, studia, profectus explorat. Sed
haec aliena sunt a praesenti negotio.

> DANNHAUERUS: „Egregie Augustinus l. 2. de serm. Dom. in monte
> c. 14. et ep. 121. c. 11.: Aliud est, induci in tentationem, aliud tentari.
> Nam sine tentatione probatus esse nullus potest, sive sibi ipsi, sive
> alii. Non ergo hic (Matth. 6, 13.) oratur, ut non tentemur, sed ut non
> inferamur in tentationem, tanquam si quispiam, cui necesse sit igne
> examinari, non oret, ut non igne contingatur, sed ut non exuratur.
> Quanquam enim non per se Deus in tentationem nos inducit, induci
> tamen, ait Augustinus, patitur eum, quem suo auxilio deseruit ordine
> occultissimo ac meritis; causis enim saepe manifestis dignum judicat
> illum, quem deserat et in tentationem induci sinat. Hieronymus in
> Matth. 26.: ‚Impossibile, inquit, est, humanam animam non tentari,
> unde et in oratione dominica dicitur: Ne nos inducas in tentationem,
> quam ferre non possumus, non tentationem penitus refutantes, sed
> vires sustinendi in tentationibus deprecantes.‘ Et cum Christus ait:
> Vigilate et orate, ne intretis in tentationem, hoc est, ne tentatio vos
> superet et vincat et vos intra casses teneat.“ (Hodosoph. p. 486.)

> QUENSTEDTIUS: „Agit hic (Jacob. 1, 13.) apostolus de tentationi-
> bus non illis, quibus fides, constantia et patientia piorum exploratur,
> sed de illis, quibus homo ad malum sive peccatum solicitatur et insti-
> gatur, et has a Deo non proficisci, affirmat Jacobus. Tò πειράζεσϑαι
> enim h. l. idem est ac incitari et solicitari ad peccandum. Aliter ten-
> tat pater filium, herus servum, vir uxorem, magister discipulum, ut in-
> genium, affectum, studium exploret, acuat, accendat. ‚Alia significa-
> tione‘, ait Augustinus l. 2. de consens. ev. c. 30., ‚intelligitur tentatio,
> de qua dictum est: Deus neminem tentat, et alia, de qua dictum est:
> Tentat vos Dominus, Deus vester, ut sciat, si diligitis eum, Deut. 13.
> Illa seductionis est, haec probationis.“ (L. c. P. IV. c. 10. s. 1. th. 2.
> f. 1432.)

g) Hoc enim est, quod in oratione dominica Patrem nostrum ora-
mus, *ne nos inducat in tentationem*, i. e., ne patiatur nos a diabolo, mundo
aut carne nostra gravius tentari, quam per vires gratiae sustinere et
superare possimus, adeoque ne nos deserat, ubi, cum soli pugnamus,
succumbere oporteret, etc. Supponitur ergo *triplex* illa tentatio, a qua
non immunes sint etiam *fideles* et *pii*, quanto minus *infideles* atque *impii?* quibus caro vegetior est, mundus familiarior, satanas propinquior.

h) V. g. ad infidelitatem, atheismum, haeresin aut heterodoxiam,
superstitionem, diffidentiam, desperationem, aut ex adverso ad fidem
hypocriticam, ad vanam de statu gratiae aut perfectione spirituali
praesumtionem, quae omnia circa objecta spiritualia, Deum, verbum
ejus, bona supernaturalia, aut mala eis opposita versantur.

i) Quo spectant voluptas carnis, voluptas oculorum, superbia
vitae, juxta *1 Joh. 2, 16.*

k) Objiciendo, quae delectant, quae amorem, spem, gaudium in-
ordinatum excitant. Sic praetextu magni boni comparandi quidam
inducuntur ad conandum ea, quae sunt supra vires et vocationem ipso-

rum; praetextu justitiae, diligentiae, magnanimitatis, simplicitatis, liberalitatis, recreationis, pacis seu quietis, aut tranquillitatis salutaris perducuntur homines ad opera crudelitatis, avaritiae, superbiae, ignorantiae, profusionis, intemperantiae, securitatis carnalis, etc.

1) Ea, quae adversa sunt, quae metum, fugam, tristitiam gignunt, objiciendo. Quemadmodum calamitatis singularitate aut novitate, auxilii aut liberationis dilatione, minis, fallacibus nunciis etc. ab honesto proposito abstrahuntur etiam illi, qui forti animo esse videbantur, vel in diffidentiam, desperationem, vindictam privatam, αὐτοχειρίαν et similia, conjiciuntur.

§ 15.

Sed et peccata *praecedentia* sequentium peccatorum causa esse solent, *partim* quatenus inclinant ad actus similes peccaminosos,[a] *partim* quatenus excutiunt gratiam, qua ablata homines in peccata graviora ruunt.[b]

a) Sic enim communiter actus post se relinquere solent dispositiones quasdam, inclinantes ad actus alios similes, et saepius iterati gignunt habitum.

b) Adeoque causa dicuntur, quatenus removent impediens.

§ 16.

Subjectum peccatorum actualium *Quod*, seu denominationis, est homo ipse, qui peccat.

§ 17.

Subjectum *Quo*[a] sunt *facultates* animae humanae, quae sunt principia actionum humanarum,[b] *intellectus, voluntas, appetitus sensitivus.*[c]

a) Seu illud, quo mediante peccata, ut peccata, hominem afficiunt.

b) Atque ita ἀνομία actui adhaerens ad idem subjectum refertur, a quo, tanquam principio, actus ipse efficienter dependet.

c) Ratione τοῦ *voluntarii* vero peccata actualia omnia subjective pertinent ad voluntatem, quatenus *vel* imperantur ab ea, *vel* approbantur. *Secundario* etiam membra corporis subjectum quorundam peccatorum actualium a quibusdam dicuntur, quae aliis *organa* illorum commode dicuntur.

§ 18.

Effectus peccati actualis *partim*[a] dispositio quaedam est voluntatis, per quam haec inclinatur ad actus alios

similiter perficiendos, et, si illi crebrius iterentur, obfir-
matio voluntatis in malo, *partim*[b] reatus culpae et poenae,
cum temporalis, tum aeternae.[c]

> DANNHAUERUS: ,,I. Omne peccatum, *etiam minimum* et cordiale,
> etiam in regenitis, natura sua et *per se est mortale, legaliter*, ex rigore
> justitiae divinae merito, Deut. 27, 26. Matth. 5, 22. Rom. 6, 23. Gal.
> 5, 21. Jac. 1, 15., cfr. Augustin. lib. 2. confess. c. 4. II. Omne pecca-
> tum, *etiam maximum*, e. g. Ninivitarum, *evangelice*, ex eventu sub con-
> ditione poenitentiae, 1 Joh. 1, 9., ex parte Dei est *veniale*. III. Omne
> peccatum *in irregenitis, etiam minimum*, est *actu mortiferum*, quia ira
> Dei manet irrevoluta, Joh. 3, 36. Irregenitus autem non est solum
> Turca, Judaeus, sed et circumcisus Saul, David, ,vir mortis', 2 Sam.
> 12, 5. 7. IV. Nullum peccatum *infirmitatis* in regenitis *actu mortem
> infert*.'' (Hodos. phaen. 4. p. 195.)

a) Nempe, si peccata actualia ratione sui *materialis* spectentur.
Conf., quae diximus § 15. et not. *a*.

b) Quatenus peccatum actuale ratione sui *formalis* importat disconvenientiam cum natura rationali et cum lege Dei, adeoque non
solum maculat hominem et culpabilem reddit, verum etiam Deum,
quem offendit, movet ad infligendam poenam.

c) Atque hoc etiam *omni* peccato competit, licet levissimum
videatur. Vid. *Matth. 12, 36.* et conf. h. l. cap. I. § 15. Quod autem
peccata quaedam *venialia* sunt, id *per accidens* est, ut mox dicetur.

§ 19.

Dividitur autem peccatum actuale I. ratione *causae
efficientis* in *voluntarium* et *involuntarium*. Voluntarium
dicitur, cujus causa est plena et deliberata voluntas ex
sua malitia ad actum peccandi se determinans, non autem
vel per ignorantiam intellectus, vel per vehementiorem
passionem impedita.[a] Involuntarium dicitur, cujus causa
non est plena et deliberata voluntas, sed potius ignorantia non affectata,[b] vel passio vehementior,[c] quae tamen
rationis usum non omnino abstulit hominique citra culpam obtingit.[d]

a) Vid. supra § 13. Dicuntur hinc peccata *proaeretica*, peccata
malitiae etc. Alias autem peccatum actuale quodvis ad voluntatem,
tanquam ad subjectum, pertinet, juxta ea, quae diximus § 17. not. *c*.,
atque hoc sensu omne peccatum actuale dici posset voluntarium; sed
hic intelligitur voluntarium κατ' ἐξοχήν.

> HOLLAZIUS: ,,Consideratur *peccatum voluntarium* tum in ordine ad
> conscientiam, tum in ordine ad voluntatis propositum. I. Peccatum *con-
> tra conscientiam* est quadruplex. Committitur enim vel contra conscien-
> tiam *rectam*, cum homo in agendo vel omittendo dictamen conscientiae
> cum lege divina consentiens non sequitur, sed contemnit; vel contra con-

scientiam *erroneam*, quando homo in agendo vel omittendo a dictamine
conscientiae errore imbutae deflectit; vel contra conscientiam *probabilem*, cum quis delinquit contra dictamen intellectus, probabiles ob causas
aliquid hic et nunc agendum vel omittendum suadentis; vel contra conscientiam *dubiam*, quando quis id agit vel omittit, de quo dubitat, sitne
agendum vel omittendum. Qui contra conscientiae *rectae* dictamen delinquit, gravissime peccat. . . Qui sequitur conscientiam *erroneam in re per
se turpi* ac legibus prohibita, is, sive secundum, sive contra conscientiam
agit, peccat. E. g. si Persa olim fuisset persuasus, solem esse Deum
adorandum, is adorando solem peccavit, quia cultu religioso veneratus
est eum, qui verus Deus non est; non adorando etiam peccavit, quia
egit contra dictamen conscientiae atque adeo, quantum in ipso, agere
voluit contra legem Dei, qui conscientiam nobis ut agendi ducem dedit.
. . . At qui sequitur conscientiam *erroneam in re adiaphora*, legibus nec
praecepta, nec prohibita, is delinquit, qui agit contra eam; non peccat,
qui secundum eam agit. V. g. sub initium N. T. nonnulli christiani
arbitrabantur, non licere idolothytis seu carnibus idolo immolatis
vesci, cum tamen idolum nihil sit in mundo (ratione divinitatis et virtutis divinae, quam ethnici illi affingebant). Hi peccassent comedendo
contra conscientiam, licet erroneam; non edendo non peccassent, quia
conscientiam suam tanquam cynosuram secuti fuissent. Vid. 1 Cor.
8, 7. Si hodie quis statuit, illicitum esse christiano militare, is peccat
militando; non peccat, cum a militando abstinet. Contra conscientiam *probabilem* peccat, qui viam tutiorem negligit. V. g.
peccat medicus, morbo desperato depellendo adhibens medicinam
desperatam. Quamvis enim fieri possit, ut eadem adhibita aegro-
tus convalescat, non tamen tutus est; nam fieri potest, ut violento
illo medicamine vita aegroti exstinguatur. Contra conscientiam
dubiam peccat, qui alterutram contradictionis partem, quaecunque
ea sit, amplectitur. V. g. si homo Augustanae Confessioni addictus satelles foret principis pontificii et in dubio haereret, utrum sibi
licitum sit comitari principem ad missam pontificiam, an illicitum. Is
peccaret tam comitando, quam non comitando. Quia 1. quidquid ex
fide non est (i. e. quidquid animo fluctuante suscipitur), peccatum est,
Rom. 14, 23. 2. Quia vult aliquod malum; cum enim in utroque objecto sentiat aliquam malitiam, quodcunque susceperit, in malum incli-
naverit. Semper igitur vel propria prudentia vel aliorum sapientiorum
consilio res transigenda est, ne diutius anceps haereat animique pendeat. — Peccatum voluntarium *in ordine ad propositum voluntatis* spectatum duplex est. Aliud enim est, quod *ex mera malitia* et voluntate
plane libera, aliud, quod ex voluntate *vi metuve* et circumstantibus periculis inclinata committitur. . . Proditio Judae, qua Dominus Jesus
in manus hostium traditus est, fuit peccatum simpliciter voluntarium,
ex mera malitia et voluntate plane libera commissum. . . Peccavit
Petrus ter Jesum abnegando. Quod peccatum non fuit simpliciter voluntarium, eo, quod Petrus non ex mera malitia et voluntate plane
libera Jesum abnegavit. . . Neque tamen extenuandum est peccatum
Petri cum quibusdam Romanensibus." (Exam. P. II. c. 4. q. 10—12.
p. 542. sqq.)

GERHARDUS: „Quaedam peccata sunt *nostra*, quaedam vero *aliena*,
quibus participamus. Fundamentum hujus divisionis extat in sequentibus Scripturae locis: 1 Tim. 5, 22.: ‚Ne communices peccatis alienis‘
(temere eos ordinando ad sacrum ministerium, quorum eruditio et vita
non satis explorata). Ephes. 5, 7.: ‚Nolite fieri participes eorum‘,
v. 11.: ‚Nolite communicare operibus infructuosis tenebrarum.‘ Rom.
1, 32.: ‚Qui talia non solum faciunt, sed etiam facientibus consentiunt.‘
2 Joh. 11.: ‚Qui dicit seductoribus ave, communicat operibus eorum
malignis.‘ Apoc. 18, 4.: ‚Exite ab ea populus meus, ne participes sitis
delictorum ejus.‘ Modi, quibus alienis peccatis participetur, comprehenduntur his versiculis:

Consulo, praecipio, consentio, provoco, laudo,
Non retego culpam, non punio, non reprehendo,
Non obsto, sed praecipio et defendo aliena.

Omnes hi modi ad duo generalia capita revocari possunt. Reddimur enim participes alieni peccati vel committendo, vel omittendo. I. *Committendo,* cum peccati alieni vel auctores sumus, vel adjutores, idque 1. vel *consensu et approbatione,* cum ea, quae ab aliis committuntur, nostro comprobamus suffragio (Act. 8, 1. Rom. 1, 32.); 2. vel *consilio,* cum mali perpetrandi auctores sumus et consultores (2 Sam. 16, 23. Joh. 11, 49.); 3. vel *jussione* et *mandato,* cum vel superiorum decreta in malo perpetrando sequimur, vel alios jubemus malum agere (Exod. 1, 16. sqq. 2 Reg. 11, 15. Matth. 2, 16. Joh. 19, 16.); 4. vel *excusatione* ac *defensione,* cum mala aliorum facta defendimus (Es. 5, 20. Ez. 13, 18.); 5. vel quacunque *criminis et commodi* ex eo participatione, ut, cum in partem lucri ex furto recipi nos patimur (Ps. 50, 18.) etc. II. *Omittendo,* cum officium nostrum, quo peccata reprehendi ac puniri debebant, negligimus, quod fit intempestivo silentio, conniventia ac nimia lenitate (Ez. 3, 17. 18. 33, 7. Es. 58, 1.) etc." (Loc. de peccat. actual. § 89.)

b) Vid. supra § 11. Et vocantur haec peccata peculiari nomine peccata *ignorantiae,* quo pertinent verba Davidis *Ps. 19, 13.*: *Delicta quis intelligit?* (id est, nemo intelligit.) *Ab occultis meis munda me,* id est, ab his, quae intellectui vel memoriae meae sunt incognita, quae pro peccatis non habui; qualia inprimis ea sunt, quando ex ignorantia vel ἀκριβείας legis divinae vel circumstantiarum quarundam actionis agitur, quod, si sciremus, quae ignorantur, non ageremus. Nam ex adverso ignorantia *concomitans,* imo et *consequens,* quae *affectata* est, non facit peccatum involuntarium, sed voluntarium. Ea vero ignorantia consequens, quae non est affectata, minuit τὸ voluntarium quodammodo, etsi non facit actionem prorsus involuntariam.

c) Vid. § 12. Appellantur autem haec peccata peccata *infirmitatis,* non in oppositione ad peccata praecipitantiae, sed paulo *latiore* sensu, habito respectu ad imbecillitatem virium nostrarum, *partim* ad praecavendos affectus, qui in nobis exoriuntur, *partim* ad superandos, qui exorti sunt et cum quibus aliquamdiu luctati sumus.

d) Praecipue ad peccata involuntaria pertinent motus inordinati *subitanei,* qui a connata concupiscentia, velut ex naturae corruptae necessitate, proficiscuntur citra voluntatis consensum; quae a quibusdam ad ipsum originale peccatum ideo referri solent. Unde etiam fortasse decidi potest quaestio: *Utrum in infantes cadant peccata actualia?* Caeterum peccata involuntaria a voluntariis semper et accurate in praxi distinguere difficillimum est. Vid. b. *Musaei* Tract. Germ. de poenit. contra *Stengerum* Part. II. cap. II. p. 173. et P. III. c. IV. p. 499. sqq.

BALDUINUS: ,,In formula precum, quae baptismo praemittuntur, mentio fit peccatorum ab ipso baptizando perpetratorum: ,Und die er selbst dazu gethan hat'; quaeritur, an minister ecclesiae illa verba in baptismo infantum omittere possit, cum infantes actualiter peccare non videantur? ... Distinguendum est inter actionem προαιρετικὴν, quae cum deliberato proposito est conjuncta, et inter eam, quae peccato originis est propria, quam φυσικὴν nominare posses, quia a natura corrupta oritur, et tanquam effectus vitiosus a peccato originis, tanquam a causa prava, profluit. Actuale peccatum, quod ex proaeresi et·

destinato proposito fit, non est in infantibus, quia destituuntur adhuc usu rationis, Deut. 1, 39. Jon. 4, 11. Actuale autem peccatum, quale in peccato originis esse solet, cujus radix nunquam otiosa est, sed semper actiones vitiosas gignit, infantibus, licet insciis, inesse negari non debet. Ejus enim indicium est ira, impatientia, reluctatio in bono, fastidium et similes pravi motus, quibus infantes etiam ante annos discretionis sunt obnoxii. . . Deinde respiciunt etiam ista verba ad actum proaereticum, qui in adultis post baptismum sequitur. Non enim in baptismo tantum peccati originis fit remissio, sed omnium, quibus homo omni vitae suae tempore pollutus esse potest, ideo baptismus stipulatio bonae conscientiae cum Deo appellatur 1 Pet. 3, 21., quia nullum est peccatum, quod nos in conscientia angere possit, cujus remissio non sit facta in baptismo." (Tract. de cas. consc. lib. IV. c. 8. q. 3. p. 1065—67. cf. *Hollazii* Exam. P. II. c. 4. q. 7. p. 540—42.)

ANTITHESIS.

QUENSTEDTIUS: ,,*Antithesis:* 1. *Pontificiorum*, ut Bellarmini et aliorum, infantibus omne peccatum actuale, etiam omissionis, derogantium. Bellarminus scribit, quod absurdissimum sit, infantes habere peccatum actuale, saltem omissionis, siquidem' (ut paulo ante dixerat) ,infantes non teneantur fidem et timorem Dei actu habere.' . . 3. *Novatorum.* Nam D. G. Calixtus et Hornejus parte II. apol. contra Buscherum q. 8. p. 217. sqq. negant, infantes statim post nativitatem et ante usum rationis habere peccata actualia. 4. *Zwinglii* et *papistarum*, qui ex falsa illa sua hypothesi, quod nihil habeat rationem peccati, nisi committatur a sciente et volente, statuunt, in infantes peccata actualia non cadere. 5. *Socinianorum*, asserentium, infantes ad peccatum nec aptos nec natos esse, ac proinde peccare non posse." (L. c. q. 14. f. 1053.)

§ 20.

Dividuntur peccata actualia II. ex parte materialis in *commissionis* et *omissionis* peccata. *Illa* vocantur, quae consistunt in actibus positivis, cum praecepto negativo pugnantibus. *Haec* in negatione aut omissione actus, praecepto affirmativo praescripti, consistunt.

Vid. supra § 1. et 2.

HOLLAZIUS: ,,Quamvis plerumque in peccato *omissionis* sit aliquis actus positivus illicitus, vel interior voluntatis, ut, velle omittere, quod praeceptum est, vel exterior, ut, operatio, qua impeditur quis ab eo, quod facere tenetur: non tamen semper aut necessario requiritur talis actus positivus, sed *ipsum non facere, quod praeceptum est*, peccatum est." (Exam. P. II. c. 4. q. 26. p. 552.)

§ 21.

Porro III. peccata dividuntur ex parte objecti[a] in peccata *in Deum, in proximum*, et *in ipsum peccantem*. Illa dicuntur, quae immediate et directe Deum tangunt;[b] ista, quae immediate respiciunt proximum;[c] haec, quae in ipsam peccantis personam[d] directe feruntur.

a) *Immediati*, seu circa quod *directe* versantur peccata, quemadmodum oppositos actus bonos legi conformes ita dividit apostolus, ut alios dicat fieri εὐσεβῶς, alios δικαίως, alios denique σωφρόνως, ad *Tit. 2, 12.* Alias enim ἡ εὐσέβεια totum cultum divinum utriusque tabulae denotat et ex adverso omne peccatum in Deum committitur, cujus offensam importat. Quidam huc referunt distinctionem peccatorum actualium in *carnalia*, quibus ea, quae in hominem ipsum et adversus proximum fiunt, comprehenduntur, et *spiritualia*, quae in Deum committuntur.

b) Coincidunt cum peccatis *primae tabulae* decalogi, sicut posteriores species duae simul sumtae cum peccatis *tabulae secundae* conveniunt. Pertinent itaque ad peccata in Deum actus *idololatriae, blasphemiae, superstitionis* etc.

c) Talia peccata sunt, quibus proximi seu *persona*, seu *fama*, seu *bona fortunae* laeduntur, e. g. *caedes* aut *vulneratio* corporis ejus, *convitium, calumnia, furtum, defraudatio* etc.

d) V. g. *scortatio* (per quam homo *in proprium corpus peccare* dicitur *1 Cor. 6, 18.* peculiari sane modo, quia suo corpore abutitur adversus se ipsum idque in materiam illicitae voluptatis convertit et membrum scorti facit; quod et contextus l. c. indicat); *ebrietas* (sanitati adversa, et sic quidem in proprium corpus peccans, non tamen eo modo, quo scortatio; quia quo abutitur ebrius, est aliquid extra corpus, vinum, cerevisia etc.); αὐτοχειρία (qua quis in ipsam vitam suam injurius ac violentus est) etc.

§ 22.

Ratione gradus IV. dividuntur peccata[a] in peccata *cordis, oris* et *operis*.

a) Juxta alios in peccata *inchoata* (in corde) et *consummata* (ore atque opere), in peccata *interna* et *externa*. Spectantur enim h. l. peccata cordis, oris et operis, quatenus sibi *subordinantur*; sic quoad *gradum actuum* internorum et externorum, simul et *quoad gradum reatus* differunt. Alias fatendum est, posse aliquod peccatum cordis quoad reatum gravius esse aliquo peccato oris aut operis, quemadmodum odium habituale erga proximum innocentem, aut conatus nocendi, animo diu agitatus, gravius peccatum est responso asperiore ad injuriam insonti illatam, vel etiam excessu aliquo tutelae, aut vulnere levi praeter intentionem illato. De peccatis cordis, oris et operis vid. *Matth. 5, 21. 22. 28. cap. 15, 19.*

<small>KROMAYERUS: „Dantur peccatorum *gradus* vel non omnia peccata sunt aequalia. Haec θέσις . . . opposita est Stoicis et Jovinianis, qui omnia peccata paria esse, occidere servum et patrem familias, imo gallum gallinaceum et hominem, paria contendebant. . . Praeterquam, quod ex mente Augustini sit contra omnem sensum generis humani, sequentibus etiam Scripturae locis destruitur: 1. ex loco Matth. 23, 24., ubi quaedam peccata camelo, quaedam culici comparantur; 2. ex Matth. 7, 3., in quo peccata quaedam trabi, quaedam festucae conferuntur; 3. ex Joh. 19, 11., ubi Christus ad Pilatum inquit: ‚Qui me</small>

tibi tradidit, majus peccatum habet'; 4. ex 1 Tim. 5, 8.: ‚Qui suorum
et maxime domesticorum curam non habet, fidem abnegavit et infideli
deterior est‘; 5. ex 2 Pet. 2, 20., posteriora prioribus pejora fieri, et
melius fuisse talibus, justitiam non agnovisse; 6. ex Luc. 12, 47., quod
servus sciens voluntatem domini et non faciens, duplo vapulaturus sit;
7. ex iis locis, quae gradus poenarum post hanc vitam futuros dicunt,
ut Matth. 11, 24. . . Stoicorum sententiam pingit Cicero in paradoxis,
quod peccare sit transilire lineas. . . Sed respondemus eatenus quidem concedendo peccatorum aequalitatem, quatenus praescriptam legis
normam transgrediuntur; . . . eatenus autem peccata inaequalia statuimus, quatenus unum a praescripta norma longius recedit, quam alterum. . . Largimur, omne peccatum esse meritorium maledictionis,
mortis et damnationis aeternae, sed, ut dantur gradus peccatorum, ita
etiam dabuntur gradus poenarum in vita futura.“ (Th. posit.-pol. I,
516. sqq.)

§ 23.

Ratione consequentis V. peccata dividuntur 1. in
mortalia seu mortifera,[a] quae peccanti actu secundo ad
mortem imputantur,[b] et *venialia,* seu quae, licet morte
digna sint, non tamen ad mortem peccanti imputantur;[c]
2. in *clamantia*, seu quae, etiam tacentibus hominibus,
Deum ad vindictam publicam permovere solent,[d] et *non-
clamantia*, seu quae Deus sua longanimitate saepe tolerat
et dissimulat;[e] 3. in peccata *remissibilia*, seu quae, sicut
poenitentiam sua natura non excludunt, ita quoque remitti possunt ac solent,[f] et peccatum *irremissibile*, seu
quod per se tale est, ut nunquam remittatur.[g]

a) Alias enim *omne* peccatum *per se* est *mortale*, seu morte dignum;
nullum veniale, venia aut remissione per se dignum.

KROMAYERUS: „Nullum datur peccatum sua natura veniale. Inter
scyllam pontificiam et charybdin Calvinianam hic media via est inceden-
dum. Pontificiorum sententia est, dari nonnulla peccata sua natura
venialia, ut sunt quaedam ex suo genere talia, nimirum verbum otiosum, quaedam ex subreptione, ut peccata praecipitantiae, quaedam ex
imperfectione actus, ut motus peccati secundo-primi, quaedam ex vili-
tate materiae, ut furtum unius oboli aut aciculae. De his poenitentiam, nisi sumatur tantum pro displicentia actus, non esse agendam,
nec esse in speciali peccatorum enumeratione necessario exprimenda,
nec satisfactiones iisdem imponendas volunt. Remedia vero iisdem
formationem crucis, tunsionem pectoris, aspersionem aquae lustralis,
benedictionem episcopalem vel etiam sacerdotalem et monialem, usum
eucharistiae, orationem dominicam et si quae sunt alia, praescribunt.
. . . Calviniani rursus omnia electorum peccata, licet enormissima,
etiam extra poenitentiae statum, non tantum quoad eventum possibilem, sed etiam actualem venialia, reproborum vero omnia acta et facta,
τῶν προσκαίρων etiam peccata mortalia esse volunt. In quo quidem nobiscum conveniunt, quod non ex sua natura, sed Christi merito peccata
quaedam, vel potius *quorundam* peccata (quia ex distinctione personarum, quae vel in statu gratiae, vel extra eandem positae sunt, haec
distinctio fluit) venialia statuant; in hoc vero a nobis absunt, quod in-

differenter omnia electorum peccata, licet ad tempus extra poenitentiae statum positi sint, exemplo Davidis, tamen quoad eventum actualem, peccata venialia statuant." (L. c. p. 511. sq.)

LUTHERUS: ,,Opera hominum, ut semper sint speciosa bonaque videantur, probabile tamen est, ea esse peccata mortalia. . . Justorum opera essent mortalia, nisi pio Dei timore ab ipsismet justis ut mortalia timerentur. . . Tunc vere sunt peccata apud Deum venialia, quando timentur ab hominibus esse mortalia. . . Homo putans se ad gratiam velle pervenire faciendo, quod est in se, peccatum addit peccato, ut duplo reus fiat." (Disputatio Heidelbergensis. 1518. Vid. Opp. lat. varii argum. ad reformationis hist. pert. Vol. I, 387. sq.)

IDEM: ,,Petrus verleugnete Christum und wäre beinahe verloren gegangen. *Er fällt zwar aus der Gnade*, aber verliert doch nicht alles Nachdenken. . . Weil er an dem Wort bleibt, so fällt er nicht in ewige Ungnade, sondern thut wahre Busse." (Ad 1 Joh. 3, 23. Opp. Hal. IX, 1178.)

ANTITHESIS.

QUENSTEDTIUS: ,,*Antithesis*: 1. *Scholasticorum et pontificiorum*, . . . statuentium, quaedam peccata esse ex se et sua natura venialia seu venia digna, non pugnare cum lege Dei (sive non committi contra, sed praeter legem Dei), causare maculam non in anima, sed in sensualitate, adeoque mereri tantum poenam temporalem, quae ipsa tamen facile remittatur. . . 2. *Socinianorum*, qui statuunt, in N. T. non quemlibet peccati actum, sed tantum vitiosum habitum seu peccandi consuetudinem homines a regno Dei excludere. . . 3. *Arminianorum*, qui idem docent; sic enim in confess. c. 7. s. 6.: ,Quaedam, inquiunt, peccata sunt talia, ut leviores lapsus potius dici mereantur, quam crimina, per quae juxta gratiosum Dei foedus et paternam benignitatem non excluditur homo a spe vitae aeternae.' . . 4. *Calvinianorum quorundam*, . . . usum istorum terminorum et quaestionis tanquam papisticae rejicientium. 5. *Anabaptistarum*, qui discrimen peccati in mortale et veniale prorsus explodunt, idque a Luthero retentum tanquam scholasticorum commentum sugillant." (L. c. q. 13. f. 1048.)

b) Atque huc pertinent *renatorum* peccata illa, quae *fidem excutiunt*; *non-renatorum* autem peccata *omnia*.

GERHARDUS: ,,Peccata mortalia *septenarii* numeri ambitu amplectuntur scholastici plerique, eademque memoriae causa includunt voci *Saligia*, significantes: superbiam, avaritiam, luxuriam, iram, gulam, invidiam, acediam. Vere autem monet Toletus Jes. instruct. sacerd. tract. de pecc. mort.: ,Rectius ea dici capitalia, quam mortalia, cum plura sint omnino peccata mortalia.'" (L. c. § 102.)

c) Nempe quia, qui peccat, non ideo desinit esse fidelis, adeoque in statu gratiae permanet. Et talia peccata sunt *partim* motus indeliberati hominum fidelium, *partim* peccata eorundem ex ignorantia aut ex passione commissa, quae dolorem et poenitentiam comitem habent.

d) Qualia inprimis quatuor numerantur: *homicidium, Gen. 4, 10.*, *sodomia*, seu libido ab humana natura alienissima, *Gen. 18, 20.*, *oppressio insontum*, v. g. subditorum a tyrannis, *Exod. 3, 7.*, sed et viduarum atque orphanorum et pauperum, *Exod. 22, 23. 27.*, *denegatio debitae mercedis, Jac. 5, 4.*, non tamen exclusis peccatis aliis gravioribus atque effreni licentia patratis.

e) Quasi *connivendo*. Ita enim ὑπεριδὼν dicitur *Act. 17, 30.*

f) Atque huc pertinent peccata omnia, praeter illud, quod dicitur *in Spiritum S.* Nam et *mortalia*, quae, cum patrantur, ad mortem actu imputantur, tamen postea *remitti possunt*, quia per poenitentiam ac fidem, quae sequi potest, retractari atque expiari possunt.

g) Nempe quod *per se* et *quatenus tale* est cum finali impoenitentia conjungitur. Et hoc est, quod vocatur *in Spiritum Sanctum;* de quo paulo distinctius nunc agendum est.

§ 24.

Peccatum actuale omnium gravissimum, quod vocatur in Spiritum Sanctum,[a] consistit[b] in veritatis coelestis jam agnitae[c] abnegatione malitiosa[d] et impugnatione blasphema[e] et pertinaci.[f]

a) Ratione denominandi ab *objecto* petita, quod est *Spiritus S.* hoc loco *metonymice*, ratione officii spectatus, quod per ministerium verbi in convertendis hominum animis exercet; qualis acceptio vocis etiam habetur *2 Cor. 3, 8.*, ut adeo peccatum in Spiritum S. sit peccatum, quod in Spiritus S. officium et ministerium patefactamque per illud veritatem coelestem commissum est. Dicitur etiam alias *peccatum ad mortem*, denominatione *ab effectu* petita, quod mortem seu damnationem aeternam certissime afferat, *1 Joh. 5, 16.* Confer Disput. nostram ad h. l. anno superiore LXXXVIII. habitam.

> DANNHAUERUS: „Varie in Spiritum S. peccari potest, contristando Eph. 4, 30., tentando Act. 5, 4., sacrilega nundinatione Act. 8., resistendo Deut. 29, 18. Act. 7., irritando Es. 64, 1., extinguendo 1 Thess. 5, 19.; sed his hujusmodi actibus non absolvitur enorme et consummatum in Sp. S. scelus. Sunt illa peccata partim divina τροποφορίᾳ tolerata a Sp. S., partim etiam actu remissa Act. 13, 18., at hoc est irremissibile, quia est *officii* Spiritus Sancti coelestis, Joh. 5. . ., sufflamen . . . Matth. 12, 31. 32. non solum negatur τὸ γινόμενον, quod futurum sit, sed etiam negatur δυνατόν; sicut etiam in membro opposito quod peccatum in Filium hominis remittitur, de potentia debet intelligi, non actu, quia multis in F. h. peccantibus non remittitur." (Hodos. Phaen. XI. p. 709. sqq.)

b) Sedes doctrinae de hoc peccato habetur *Matth. 12, 30. et seqq. Marc. 3, 28. Luc. 12, 10.*

c) *Sive* doctrina illa assensu fidei divinae ac professione publica semel approbata, *sive* tantum ita clare percepta fuerit, ut animus convictus nihil habeat, quod ad rem possit opponere. *Priore* modo peccant in Spiritum S. apostatae illi, qui veritatem semel agnitam et creditam abnegant et convitiis petunt, quales describit auctor Ep. ad *Ebr. 6, 4. sqq.* Ad *posteriorem* classem pertinent Pharisaei et scribae, qui doctrinam Christi nunquam sua confessione comprobaverant, interim de veritate ejus ex Scripturis et miraculis Christi ita convicti erant apud animum, ut praeter convitia nihil haberent, quod opponerent. Vid. ll. cc. *Matth. 12, 24. Marc. 3, 22. Luc. 12, 10.* et conf. *Joh. 11, 47. et 48. cap. 15, 22. Act. 4, 16. 17. cap. 7, 51.*

QUENSTEDTIUS: „Nobis probabilior videtur eorum sententia, qui *solis vere renatis*, justificatis et renovatis peccatum in Spiritum S. adscribunt. . . Ebr. 6, 4. 5. peccator in Spiritum S. describitur: I. ab illuminatione gratiosa, quae non fit nisi per μετοχὴν τοῦ ἁγίου πνεύματος. . . II. A gustu doni coelestis virtutumque futuri saeculi. Gustu, inquam, non levi ac tenui, sed perfecto, conjuncto cum immutatione voluntatis ad diligendum Deum; ille enim gustus est fidei gustus. . . III. Dicuntur v. 4. μέτοχοι πνεύματος ἁγίου. IV. Additur v. 6.: Non posse talem peccatorem πάλιν ἀνακαινίζειν εἰς μετάνοιαν. Qui non possunt πάλιν seu iterum renovari ad poenitentiam, illi antea poenitentes et consequenter renati fuerunt. . . Accedit auctoritas multorum theologorum, v. g. b. Gerhardi, Hutteri, Lyseri, Balduini, Huelsemanni, qui solis renatis hoc peccatum tribuunt. Imo ipsa Scriptura subjecta peccantia in Spiritum S. ita ubique describit, ut descriptio illa irregenitos expresse excludat. . . Addunt hic nonnulli exemplum Francisci Spierae, de quo Sleidanus lib. XXI., qui Venetiis coram legato pontificis veritatem abnegaverit anno 1548. Ast hic pro peccatore in Spiritum S. minime habendus est, quia 1. non ex malitia, sed infirmitate, non ἑκουσίως et sponte, sed persuasus ab amicis defecit ad papatum. 2. Non impugnavit aut blasphemavit doctrinam evangelii, sed summe doluit, quod a veritate defecerit. Fuit ergo *desperatio* quidem, sed *non blasphemia* in Sp. S., ut ait b. Meisnerus; vel ex sola opinione istius peccati, quod cognitam veritatem evangelicam abjurasset, nulla admissa consolatione desperabundus obiit, ut inquit Maresius, id quod verissimum, si modo ex illa angustia tandem non sit eluctatus. Hodie nemini temere tantum scelus debet impingi, cum de nullo debeamus desperare. At tempore apostolorum, quo vigebat inter charismata Spiritus S. discretio spirituum, 1 Cor. 12, 9., poterant taliter peccantes cognosci. . . Quoniam individuali discretione hodie nullum peccatorem in Sp. S. ante mortem a priori certe et indubitate novimus, non possumus etiam scire, pro quo in individuo intermittendae preces sint.“ (L. c. q. 16—18. f. 1060. sq. 1064. 1069.)

HUELSEMANNUS: „Peccatum in Spiritum Sanctum committitur ab hominibus illuminatis, in veritate fidei et interno Sp. Sancti testimonio convictis.“ (Breviar. c. 5. § 16.)

QUENSTEDTIUS: „Diuturnitas, continuatio et perseverantia in hoc peccato sive, quod idem est, *finalis impoenitentia non est formalis ratio* sive definitiva quidditas peccati in Spiritum S., ita ut ea absente hoc peccatum definitive et essentialiter non sit perfectum, sed est *accidens* ejus commune et quidem perpetuum et inseparabile, hoc est, ipsa perduratio incessabilis est huic peccato ἐπουσιώδης, non οὐσιώδης.“ (L. c. q. 17. f. 1066.)

d) Seu ut negatio et impugnatio doctrinae coelestis fiat ἑκουσίως, *Ebr. 10, 26.*, ita ut principium abnegationis et impugnationis sit pura puta malitia. Qui autem ex ignorantia aut metu periculi abnegant fidem, non ideo peccatores in Spiritum S. sunt, sed remissionem peccati consequi possunt. Vid. exempla Pauli *1 Tim. 1, 13.* et Petri *Matth. 26, 70. sqq.*

e) Vocatur enim ll. cc. *verbum, quod quis locutus sit adversus Spiritum Sanctum*, et *blasphemia in Spiritum Sanctum*, ideoque formaliter importat dictum contumeliosum, quo Spiritui Sancti officium petitur, v. g. cum doctrina ejus aut opera miraculosa, ad confirmationem doctrinae facta, virtuti et operationi satanae adscribuntur, quod faciebant Pharisaei, *Matth. 12, 24. Marc. 3, 22.*

f) Adeoque suapte natura tale est, ut remitti non possit ac nemini unquam remittatur, juxta ll. cc. *Matth.* et *Marci*, nempe, quia per se et sua natura viam ad poenitentiam praecludit. Cur autem cum hoc peccato finalis impoenitentia sit tam arcte conjuncta, *causa* est, quod homines ejusmodi directe et plena malitia se opponunt mediis conversionis ideoque Deus illis subtrahit suam gratiam eosque in reprobum sensum tradit. *Difficile* tamen est de homine adhuc *vivo*, velut *a priori* et ex causis pronunciare, quod peccet in Spiritum S. Conf. b. *Musaei* Disp. peculiarem de hoc peccato habitam An. 1668.

QUENSTEDTIUS: „*Irremissibilitatis* peccati in Spiritum S. *causa communis* est impoenitentia et *incredulitas finalis*, causa vero *singularis* et huic peccato propria est *concursus requisitorum* huic peccato a priori essentialium, qualia sunt verbi divini clare et evidenter agniti malitiosa abnegatio, oppugnatio, blasphematio et omnium mediorum obstinata ac perseverans rejectio. Non vero absoluta reprobatio, vel passionis, mortis et satisfactionis Christi pro peccatoribus in Spiritum S. praestandae omissio." (L. c. q. 19. f. 1070.)

ANTITHESIS.

QUENSTEDTIUS: „*Antithesis:* 1. Dr. *Balth. Meisneri et Feurbornii*, qui *etiam non-renatis* peccatum in Spiritum S. adscribunt. 2. *Calvinianorum plerorumque*, qui *solis non-renatis* peccatum illud assignant, statuentes, vere renatos et renovatos peccatum in Sp. S. patrare non posse (vide acta synodi Dordrac. contra Remonstrant.); ex falsis hisce hypothesibus: a. reprobos non vere regenerari, b. vere regenitos apostatare sive ex gratia Dei excidere non posse." (L. c. q. 16. f. 1061.) „*Augustini*, qui variis in locis inprimis serm. II. de verbis Domini, ep. 50. et lib. de vera et falsa poenitent. c. 4., peccatum in Spiritum S. describit per solam finalem impoenitentiam." (L. c. q. 17. f. 1066. sq.) „1. *Calvinianorum*, irremissibilitatis peccati in Spiritum S. *causam* assignantium: a. absolutam Dei reprobationem sive absolutam gratiae salvatricis denegationem, b. absolutam mortis satisfactionis Christi intermissionem pro peccatoribus in Spiritum S., et c. absolutam seriae vocationis divinae omissionis. . . 2. *Pontificiorum*, qui etiam tres falsas adducunt causas irremissibilitatis et irremissionis peccati in Spiritum Sanctum. Prima est meriti remissionis peccatorum carentia; secunda est hominum Spiritum Dei blasphemantium, ut plurimum intermissa conversio (Bellarminus inquit: ,Quia ut plurimum ejusmodi homines non convertuntur, nec ejusmodi peccata remittuntur'); tertia est salutaris post hanc vitam poenitentiae carentia. . . 3. *Episcopii*, Arminiani, statuentis: ,Id genus peccati vel ad tempora Christi in carne versantis ac miraculis variis doctrinam suam confirmantis, vel ad tempora apostolorum et effusionis miraculosae Spiritus S. in illos debere restringi, adeo ut illi postea locus nequeat esse inter christianos.' . . 4. *Socinianorum;* Socinus contendit: ,Peccatum in Spiritum S. non esse simpliciter irremissibile.'" (L. c. q. 18. f. 1071. sq.)

CONSPECTUS VOLUMINIS SECUNDI.

PARS PRIMA.

PARS SECUNDA.

www.ingramcontent.com/pod-product-compliance
Lightning Source LLC
Chambersburg PA
CBHW071847090426
42811CB00029B/1943